海の「京都」

日本琉球都市史研究

髙橋康夫 著
Takahashi Yasuo

京都大学学術出版会

目次

序章　1
一、本書の概要　1　／　二、東アジア中世の「京都」　10　／　三、日本の中世都市像　27
【コラム1】道は「公界」　32
【コラム2】京都の空間構造　38

第一部　海の「京都」の空間構造――土地と社会と空間形成

第一部　はじめに　45

Ⅰ　京都

第一章　中世の巨大都市・京都――空間構造と社会　53
一、室町期京都の特色　53　／　二、室町期京都の空間形成　59　／　三、都市空間の形態と構造　65
【コラム3】寄合と雑談の建築　78

第二章　日本中世の「王都」　85
一、「京都」へ　86／二、「王都」の成立　89／三、「王都」の展開　91／四、武家の「王都」　98
【コラム４】　平泉　105
第三章　足利義満の「王都」――大規模開発と地域空間形成　111
一、内裏と仙洞　111／二、室町殿　122／三、相国寺　135
第四章　中世「王都」の解体――上京の地域形成　155
一、将軍御所と地域空間形成　155／二、上杉本洛中洛外図屏風にみる室町殿と細川殿　172
三、細川殿と上京の地域空間形成　177
第五章　織田信長と京の城――近世都市・京都へ　185
一、義輝の城――都市支配の城の出現　186／二、天下人信長と「武家の城」　195
三、「武家の城」の歴史的意義　204
第六章　豊臣秀吉の「王都」　211
一、秀吉の政権構想と「首都」　213／二、京都〈首都城下町〉の大造営　220
第七章　京・まちづくり史　253

一、京都人の誕生と「住みこなし型まちづくり」——平安時代～室町時代　256
二、まちづくりの担い手・町衆の誕生と「計画型まちづくり」——戦国時代　260
三、町人と「町（ちょう）」の「計画型まちづくり」——安土桃山時代・江戸時代　263
【コラム5】　四条綾小路——祇園祭と町・町家　272

小論1　京の通り名　281
一、京の通り名の歌　281　／　二、通り名の歌は何を物語っているか　283
三、「通り」はいつ生まれたのか　290　／　四、町小路から新町通りへ　294

第八章　生業と地域空間形成　301
一、表長屋の同業者店舗　302　／　二、中世前期の市と町　306　／　三、町座とその施設　309
四、立売の展開　320
【コラム6】　京都・六角町——「まち」から「ちょう」へ　329
【コラム7】　扇の座——製作と商いの場　335
【コラム8】　茶屋——町衆文化の一断面　340

小　結　346
一、義満と秀吉の「王都」　346　／　二、武家政権の「首都」　348

Ⅱ　首里・那覇

第九章　「王都」首里の大規模都市開発　351
一、琉球王国の成立と王都の荘厳　351　／　二、禅宗寺院の状況――鐘銘を素材として　370
三、禅宗寺院と国家・王権　388

第一〇章　「浮島」那覇の造営と地域形成　401
一、浮島はげらえて――造成された「那覇」　404　／　二、「那覇」の造営と首里王権　412
三、十五世紀那覇島の諸相　419

第一一章　那覇の三つの天妃宮――成立と展開、立地をめぐって　445
一、久米村と上天妃宮　446　／　二、天妃宮の外交機能　450　／　三、天妃宮の所在地　454
四、天妃宮の創建　461　／　五、天妃宮の変遷　471

第一二章　波上権現護国寺の再興　487
一、近世の波上権現・護国寺――問題の所在　487　／　二、波上権現の再興　494　／　三、護国寺の再興　497

付論　補陀落渡海僧日秀上人と琉球――史書が創った日秀伝説　512

一、近世琉球と日秀　514　／　二、金峰山三所大権現の創建――日秀の漂着地とその時期　520
三、波上権現の再興と日秀　523　／　四、日秀と那覇・首里・浦添における事蹟　530
小　結　542
一、首里・那覇の並列性・二重性　542　／　二、首里・那覇の社会・文化・空間の構造（双対性）　543
第一部　おわりに　545

第二部　海の「京都」と自然

第二部　はじめに　553

Ⅰ　京都

第一章　京都と山並み　561
一、古代日本の山・山並み　565　／　二、都城と山・山並み　571　／　三、平安京と山・山並み　578
四、都市生活の発展と自然――五山の送り火を素材として　587

第二章　京都と名所の形成　607
一、平安京と名所　607／二、「花の都」　613／三、「面白の花の都」　614
四、都市と名所をみる視点　616
第三章　「市中の山居」と京町家の庭　619
一、京町家の庭　619／二、前栽や坪庭はどのように成立したのか　622
三、「市中の山居」と「下京茶湯」　625／四、「市中の山居」の意味　628
第四章　京都――中世日本の環境都市　631
一、資源としての町家　632／二、洛中と洛外の共生――路上の公衆便所をめぐって　639
第五章　慶長大地震と京都・伏見　647
一、慶長大地震と京都　648／二、慶長大地震と伏見・伏見城　650
第六章　平安京・京都と危機　655
一、古都京都と災害　655／二、「水の都」平安京・京都　657／三、内乱と天変地異と京都の危機　660

Ⅱ　首里・那覇

第七章　古琉球の禅宗寺院とその境致　671
一、那覇の禅院の〈境致〉――「中山八景」　672　／　二、円覚寺と「円覚寺八景」　679
第八章　首里・那覇とその八景　691
一、八景の伝来と受容　693　／　二、那覇の八景――都市八景の創出　711
三、首里の八景――都市八景の定着　730　／　四、八景の持続と展開　746
第九章　東苑とその八景　761
一、創建期の東苑　765　／　二、能仁堂――仏堂から書院へ　773　／　三、東苑八景の成立　783
第一〇章　同楽苑とその八景　801
一、問題の所在　802　／　二、蔡文溥による同楽苑の詩文　805
三、同楽苑とその八景の特色――結びにかえて　816
第一一章　首里・那覇の風景――胡靖『琉球記』から　821
一、胡靖撰『琉球記』(『杜天使冊封琉球眞記奇観』)　821　／　二、琉球図の変遷――琉球過海図から使琉球図へ　826
三、描かれた首里・那覇――絵画史料としての胡靖「琉球図」　833
第二部　おわりに　840

第三部　居住環境の中世史

プロローグ——集落・都市のはじまり　848

第一章　中世的都市空間の創出　859
一、平安京から京都へ　859　／　二、平城京から奈良へ　863　／　三、東国の「都」　864
四、都市住居の成立　866

第二章　荘園領主の都市・京都　869
一、京都の都市的発達　869　／　二、荘園領主の邸宅　873　／　三、住空間の分化と発展　887

第三章　地方の都市と農村　899
一、武家の首都・鎌倉　899　／　二、国衙・守護所　904　／　三、地方武士の住居　906
四、津・宿・市・町　908　／　五、農村と住居　911

第四章　巨大都市・京都　915
一、南北朝・室町期の都市発展　915　／　二、喫茶の空間の展開——都市文化の発展　921
三、会所とその発展——書院造の形成へ　925　／　四、十境——環境造形の思想　942

第五章　首都圏とその文化の形成　951
一、三都の発展　951　／　二、住空間構成の変質　960　／　三、草庵の伝統と茶屋の文化　967

第六章　近世都市の胎動　977
一、畿内近国の村と町　977　／　二、地方都市の展開　983　／　三、織豊政権と近世都市化　991

小論2　将軍御所の壇所――雑談の場として　997
一、武家護持僧と壇所　997　／　二、義教と月次壇所　1000　／　三、将軍御所と壇所　1006

小論3　聚楽第と「唐獅子図屛風」　1010
一、聚楽第の大造営と後陽成天皇行幸　1010　／　二、聚楽第の大広間　1012
三、狩野永徳の「唐獅子図屛風」　1015　／　四、「唐獅子図」を飾る御殿　1019

結　章　都市史研究とまちづくり　1029
一、「まちづくり史」とは　1030　／　二、京都らしい都市景観とその継承　1036
三、京都・岡崎の文化的景観――京都のなかの岡崎　1047
四、京都・祇園祭山鉾町の文化的景観――京町家とまちづくり　1069　／　五、都市・建築史学と文化的景観　1081

あとがき　1093
初出一覧　1097
図版・写真一覧　1110
索引（事項索引／地名索引／人名・組織名索引）　1150

序章

一、本書の概要

最初に、本書の成り立ちを説明しておきたい。本書のもとになった論文の多くは、拙著『京都中世都市史研究』(思文閣出版、一九八三年)と『洛中洛外――環境文化の中世史』(平凡社、一九八八年)を基盤としつつ、その後の高橋康夫・吉田伸之編『日本都市史入門』(空間・町・人)全三巻や高橋康夫・宮本雅明・伊藤毅・吉田伸之編『図集　日本都市史』を直接の起点とし、それらが描いた中世都市史の軌道上に展開したものであり、おもに日本の京都と琉球の首里・那覇を取り上げている。それらに加えて、近年の高橋康夫・中川理編著『京・まちづくり史』や都市の「文化的景観」の問題にかかわった成果も取り込んで、現代の視点を内包する都市史研究の一書としたものである。

さて、本書は、表1にあるように、それぞれ密接に関連する視点ないし方法のもと、この序章と次の三部、結章から構成される。

第一部「海の「京都」の空間構造」　Ⅰ　京都　Ⅱ　首里・那覇

第二部「海の「京都」と自然」　Ⅰ　京都　Ⅱ　首里・那覇

第三部「居住環境の中世史」

結　章「都市史研究とまちづくり」

本書の大きな枠組となっているのは、海の「京都」という主題の設定、そして都市を通時的・共時的に捉えるための居住環境と都市形成（まちづくり）という視点ないし方法の設定である。主題と視点・方法のそれぞれの詳しい議論は第二節と第三節に譲り、この節では、海の「京都」を主題とした意図とあわせて本書の目的を述べ、その後で視点と方法の概要、そして本書の構成との関係をかんたんに説明することにしよう（表1）。

1　本書の目的

目的1　——海の「京都」の探究

「京都（きょうと）」とは東アジア漢字文明圏において首都を表す言葉であった。したがって「両京都」と称された唐の長安・洛陽はもとより、明・清の北京、李氏朝鮮のソウル、琉球の首里、日本の平城京や平安京、京都などは、いずれも「京都」なのである。本書の主な検討対象は、これらの「京都」のうち、中世における二つの「京都」、すなわち、

Ⅰ　日本の首都・京都、

Ⅱ　琉球の首都・首里と海港・那覇

（首里と那覇は不即不離、一体的な関係にある）

である。これらの都市は、東アジア中世都市の重要な典型というべき「京都」の一つである。とはいえ、中国、それと陸続きの朝鮮の「京都」——陸の「京都」——に対して、東シナ海があいだを隔てる琉球と日本の「京都」——海の「京都」——にはおのずから大きな違いが生じたであろう。

一例を挙げると、都市壁をもたない琉球の首里と日本の京都においては自然と深く関わる固有の都市空間が形成されたこと、言い換えると、非囲郭・拠点散在・風景都市（Landscape city）としての様相・特質を指摘することができよ

表１　本書の構成

構成 コンセプト	海の「京都」── 日本・琉球都市史研究		視点 キーワード
序章　本書の概要 目的・視点・方法	・非囲郭・拠点散在・風景都市（Landscape city）としての京都と首里の様相・特質、都市性を解明 ・〈まちづくり史〉、都市の〈文化的景観〉へ知見を提供 ・居住環境と都市形成（まちづくり）		居住環境・都市 東アジア 囲郭都市 非囲郭・風景都市 公界 空間構造
序章　東アジア中世の「京都」	・明の北京と朝鮮のソウル：　都市壁に囲まれた陸の「京都」　囲郭都市　Walled city ・琉球の首里と日本の京都：自然に包まれた、都市壁のない海の「京都」　風景都市　Landscape city		
序章　日本の中世都市像	・〈境内〉と〈町 まち・ちょう〉による都市空間形成 ・都市的な場の特性 【コラム 1】道は「公界」 【コラム 2】京都の空間構造		
本論	Ⅰ　日本　京都	Ⅱ　琉球　首里・那覇	
一　海の「京都」の空間構造 土地・社会・空間形成 〈境内〉 中核的要素 王城・王宮 寺・社・廟 〈町 まち〉 市場 〈町 ちょう〉 地域生活＝空間 地域社会＝空間 地域文化＝空間	はじめに 第一章　中世の巨大都市・京都 【コラム 3】寄合と雑談の建築 第二章　日本中世の「王都」 【コラム 4】平泉 第三章　足利義満の「王都」 第四章　中世「王都」の解体 第五章　織田信長と京の城 第六章　豊臣秀吉の「王都」 第七章　京・まちづくり史 【小論 1】京の通り名 【コラム 5】四条綾小路 【コラム 6】茶屋 第八章　生業と地域空間形成 【コラム 7】六角町 【コラム 8】扇座 小結	第九章　「王都」首里の大規模開発 第一〇章　「浮島」那覇の造営と地域形成 第一一章　那覇の三つの天妃宮 第一二章　波上権現護国寺の再興 【付論】　補陀落渡海僧日秀上人と琉球 小結 おわりに 対外関係・文化交流 明 朝鮮 日本⇕琉球	居住環境史・まちづくり史・都市の文化的景観 「王都」 大開発 大造営 京中・京外 洛中・洛外 中心と周縁 中心市街地と ヒンターランド 景勝地 拠点の集中・散在
二　海の「京都」と自然 １都市と自然 ２東アジアの環境文化	はじめに〜1 都市と自然 第一章　京都と山並み 第二章　京都と名所の形成 第三章「市中の山居」と京町家の庭 第四章　京都──中世日本の環境都市 第五章　慶長大地震と京都・伏見 第六章　平安京・京都と危機	（はじめに〜）2 東アジアの環境文化 第七章　古琉球の禅宗寺院とその境致 第八章　首里・那覇とその八景 第九章　東苑とその八景 第一〇章　同楽苑とその八景 第一一章　首里・那覇の風景	自然・都市化 山並み・森林 風景 名所・八景・十境 危機 アイデンティティ
三　居住環境の中世史	プロローグ〜集落・都市のはじまり 第一章　中世的都市空間の創出　第二章　荘園領主の都市・京都　第三章　地方の都市と農村 第四章　巨大都市・京都　第五章　首都圏とその文化の形成　第六章　近世都市の胎動 【小論 2】将軍御所の壇所　【小論 3】聚楽第と唐獅子図屏風		住居・集落・都市 中心と周縁 生活文化 環境デザイン
終章　都市史研究と まちづくり	はじめに 第一章　「まちづくり史」とは　第二章　京都らしい都市景観とその継承 第三章　京都・岡崎の文化的景観　第四章　京都・祇園祭山鉾町の文化的景観 第五章　都市・建築史学と文化的景観		地域 生活・生業 都市景観 アイデンティティ
	場所性・重層性・象徴性		

う。とくに京都は古代都城・平安京として誕生し、十世紀ころより中世都市・京都に変容するなかで、Landscape city（非囲郭・拠点散在・風景都市、「園林」都市）というべき固有の都市性を備え、その後、明治維新まで発展と衰退、再生を繰り返しながら成長し、現代都市として今に至っている。そのあいだ、持続する中心市街地と周縁後背地（ヒンターランド）が京都の存続・成長を支えてきた。この事実は、Landscape cityというべき都市類型が通時的にも共時的にも一般的で確固とした存在であることを証明ないし明示するものと考えられる。

こうした海の「京都」の様相と社会＝空間的特質をつぶさに調べ、その普遍性と固有性、特殊性、多様性を探究することが本書の第一の目的である。このこと自体、日本中世都市史ひいては日本都市史における十分に解明されていない重要な課題であり、とくに首都・京都の都市性の明示は日本中世都市の概念の確立に結びつくであろう。さらに囲郭都市（walled city）としてのヨーロッパ中世都市・東アジア古代都城の〈普遍性／一般性／画一性〉の相対化が必要とされる今、海の「京都」の議論を通してそれらに対置しうる都市性、そ

写真1　都市壁で囲われたヨーロッパ中世都市（スペイン、アビラ）

写真2　都市壁で囲われたヨーロッパ中世都市（イギリス、ヨーク）

の〈固有性／特殊性／多様性〉を提示することも視界に入ってくるであろう。
ここでユーラシア中世都市の特性について私見を簡潔に示すと、次のようになる。

ユーラシア（中世）における都市の特性

1．（中世）都市を規定する3つの関係性

①安全保障（Security）との関係：生活・すまい・都市・地域・国の安全保障

・都市壁（city wall）⇒ 囲郭都市 walled city と無囲郭都市 non-walled city

都市を防禦し人と物の流れを制御する機能、都市の統合と象徴。

※都市壁だけが安全を保障するのではない。宗教や文化も安全保障とかかわる。

②統治（Government）との関係：国・地域・都市

・国家や政治・行政・軍事・宗教、社会や市場の様態との関係

Government, Market and Society〈境内〉と〈町 まち・ちょう〉

・権力拠点や都市機能、インフラの集中と分散・散在

・都市圏：都市（狭義）には第一次産業以外に従事する人の住居の集合に加えて、製造・商業、政治・行政・軍事・宗教などの施設がある。そして、集落がその生活や生産の基盤となる耕地、山林、漁場などを含めて捉えられるのと同じように、都市についても、都市生活の拠点地域に加えて、都市と補完しあう周辺の都市や村落、また製造、流通、交通・運輸などの地域ネットワークを含めて、すなわち都市圏を含めて考える必要がある。

・後背地（ヒンターランド、hinterland）：都市の経済的・社会的機能の及ぶ地域、後背地は都市圏のなかで重要な位置を占める。

③自然・環境（Nature, Environment）との関係：

・自然・環境の征服と共存、対立と補完、自然と人と社会、都市内の自然と人工。

2．いくつかの類型と事例

①〈都市壁・拠点集中・人工〉：ユーラシアに一般的な都市性

都市壁をもち、権力拠点や宗教施設、市場、町などが集中配置され、周囲の自然と隔絶された人工空間の都市

②〈無囲郭・拠点散在・風景〉：日本・琉球に顕著、ユーラシアに稀な都市性

都市壁をもたず、散在する権力拠点や宗教施設、市場、町などが周囲の自然とともにゆるやかに結びついた都市　六朝時代の建康

③〈都市壁・拠点散在・人工〉：広大な都市域・都市壁。豊臣期京都・明代南京

④〈無囲郭〜囲郭〉〜〈拠点散在〜集中〉〜〈風景〜人工〉：

目的2　――〈まちづくり史〉と〈都市景観〉の探究

この一〇年ほどのあいだの大きな変化として、都市・地域にとって歴史と景観が大切であることが広く認められるようになったことがあろう。美しい景観の実現を目指す景観法の制定（二〇〇四年）、「文化的景観」を加えた文化財保護法の改正（二〇〇四年）、「歴史的風致」の維持・向上を支援する、いわゆる歴史まちづくり法の制定（二〇〇八年）などは、端的にそうした社会の動向を示している。さらにいえば、自然、都市・地域、地域の人びと、歴史と文化を重視する傾向はより顕著になってきているということができる（結章第五節）。

※〈都市景観〉はいうまでもなく歴史的・文化的な景観であり、文化財保護法の「文化的景観」に強く関わる場合に文化的景観と書く。

文化的景観：地域における人々の生活又は生業及び当該地域の風土により形成された景観地で我が国民の生活又は生業の理解のため欠くことのできないもの（文化財保護法、二〇〇四年改正）。

歴史的風致：地域におけるその固有の歴史及び伝統を反映した人々の活動とその活動が行われる歴史上価値の高い建造物及びその周辺の市街地とが一体となって形成してきた良好な市街地の環境（地域における歴史的風致の維持及び向上に関する法律、二〇〇八年）。

歴史と伝統をもつほとんどすべての都市の多様な〈まちづくり〉の現場において必要とされるのは、〈まちづくり〉の視点からの〈まちづくり史〉の叙述である。それには都市史の広い知識と、現場固有の都市史にかかわるテーマの解決が必要である。現代社会における景観まちづくりや歴史まちづくりに対して歴史的立脚点を提供することは、都市史研究の大切な役割であろう。

本書は都市景観（自然と調和しつつ都市の記憶につながる歴史的・文化的な景観）の保存と継承、歴史都市の景観・歴史〈まちづくり〉、都市の〈文化的景観〉、とくに都市の「重要文化的景観」の選定に向けた調査研究との連携にも大きな関心を有している。結章において、まちづくり史、そして京都の文化的景観（特に岡崎と下京・祇園祭山鉾町）について都市史の立場から具体的に論じる。また、第一部、第二部、第三部は、こうした地域のまちづくりや文化的景観の価値評価の基礎となるべきものと考える。そうした議論に際して、都市史研究の上でも重要な概念であり、かつ文化的景観の価値評価の基準とされる場所性・重層性・象徴性に十分に留意する。

2　本書の視点と方法――居住環境と都市形成（まちづくり）、対外関係・文化交流

1　居住環境、都市と自然との関係

人と社会が自然との深い相互作用のもとで土地・場所に織り成した「居住環境」（*Living environment/Built environment*住まい・集落・都市）の歴史を、都市と自然、環境文化を重視する立場から考えることが、本書の第一の柱である。

第一部（空間構造）は都市のありかた――人と社会と土地・場所・空間の関係――を都市形成（まちづくり）の視点と方法を基軸に詳しく検討する。

第二部（都市と自然）Ⅰの京都は、都市と自然との関係、とくに都市を囲繞する自然、都市の内なる自然について考える。日本や琉球の都市は、世界史的にみても都市と自然の融合・共存、都市と周縁との境界の曖昧性などに大きな

特徴があるといえよう。

第二部（都市と自然）Ⅱの首里・那覇は、東アジアの環境文化というべき瀟湘八景や禅院十境（境致）に注目し、首里・那覇など都市におけるそれらの伝来・受容・定着・展開など、琉球史上未解明であった課題を取り上げる。八景や十境という自然との関わりかたは、琉球や日本において、漢詩や書・画の創作にとどまらず、室内・庭園・環境のデザインへと広がり、自然を内からも建築・都市と強く結びつけることになった。

第三部（居住環境史）は、住まい・集落・都市＝居住環境の歴史を、日本中世を対象として叙述した総説（ないし序説）である。居住環境、環境文化という視点からの初めての試みといって差しつかえあるまい。

結章（まちづくり）は、こうした都市と自然との関係を前提としている。

2　都市形成（まちづくり）、空間形成と空間構造、分節構造と総体把握

本書では、〈境内　けいだい〉と〈町　まち・ちょう〉を都市の基本的な空間形成要素とする考え方と、都市の分節構造と総体把握を基軸として都市形成（まちづくり）史を構想する。高橋康夫・吉田伸之・宮本雅明・伊藤毅編著『図集　日本都市史』（東京大学出版会、一九九三）を継承した枠組である。「空間形成」史、「空間構造」史であり、〈社会＝空間〉構造論や〈文化＝空間〉構造論をおもな基盤ないし方法とする。王権による大規模開発・大規模造営や自然との関係などいくつかの共通の論点を設定することによって比較都市史的な視点・方法も志向している。

第一部（空間構造）が都市の分節構造の把握を目指すものに対し、第二部（都市と自然）、第三部（居住環境史）、結章（まちづくり）は、都市のいわば〈本質〉を捉えようとする総体把握に基づいて都市と自然、居住環境、まちづくりなどの問題を検討している。

3　対外関係・文化交流

対外関係・文化交流という視点は、琉球の成り立ち、琉球史そのものに由来する。とくに琉球の首里と那覇は、東

シナ海をめぐる、そして時空を共有する東アジア中世世界のなかで都市（さらには国家）の形成を考えることが不可欠である。第一部（空間構造）Ⅱの「「浮島」那覇の造営と地域形成」はそうした試みの所産である。

明と日本と琉球の文化交流については、よく知られているように禅宗・禅僧を介した交流が中心であった。第二部（都市と自然）Ⅱにおいて言及した八景と十境は、こうした三国間の文化の交流とみるべき側面をもっていた。

日琉の人的交流については国家と王朝の視点から著名な禅僧（護持僧）二人、すなわち琉球人の渓隠安潜と日本人の芥隠承琥を検討し、国家的な寺社の再興造営に関係した真言宗の補陀落渡海僧日秀を取り上げ（第一部Ⅱ）、琉球の八景に関わって浄土宗の僧袋中に言及する（第二部Ⅱ）。

なお、海上貿易に従事する人々の信仰――海の女神ともいうべき観音・天妃（媽祖）・マリア（海の聖母）信仰――とその堂・廟も、都市のイデアやインフラと深い関連をもち、とりわけ中世都市には重要な構成要素となっている。天妃信仰について詳細に論及するが（第一部）、こうした視点の展開については今後の課題としたい。異文明・異文化との接触・交流のなかで形成される都市を解く理論と方法は、今後深化させていくべき課題であろう。

二、東アジア中世の「京都」

先に触れたように、「京都」とは東アジア漢字文明圏において首都を表す言葉であり、明・清の北京、李氏朝鮮のソウル、琉球の首里、日本の京都は、いずれも東アジア中世の「京都」である。中国古代の都城を規範とするこれらの「京都」に共通するところがあるのは当然のことであろう。しかし、東シナ海が大陸・中国とのあいだを隔てる琉球と日本においては、陸路によって結ばれている朝鮮とはおのずから異なる「京都」の展開があったはずである。

日本の京都を中心として都市住民による「まちづくり」の視点から、その空間的・社会的特質について考え、東ア

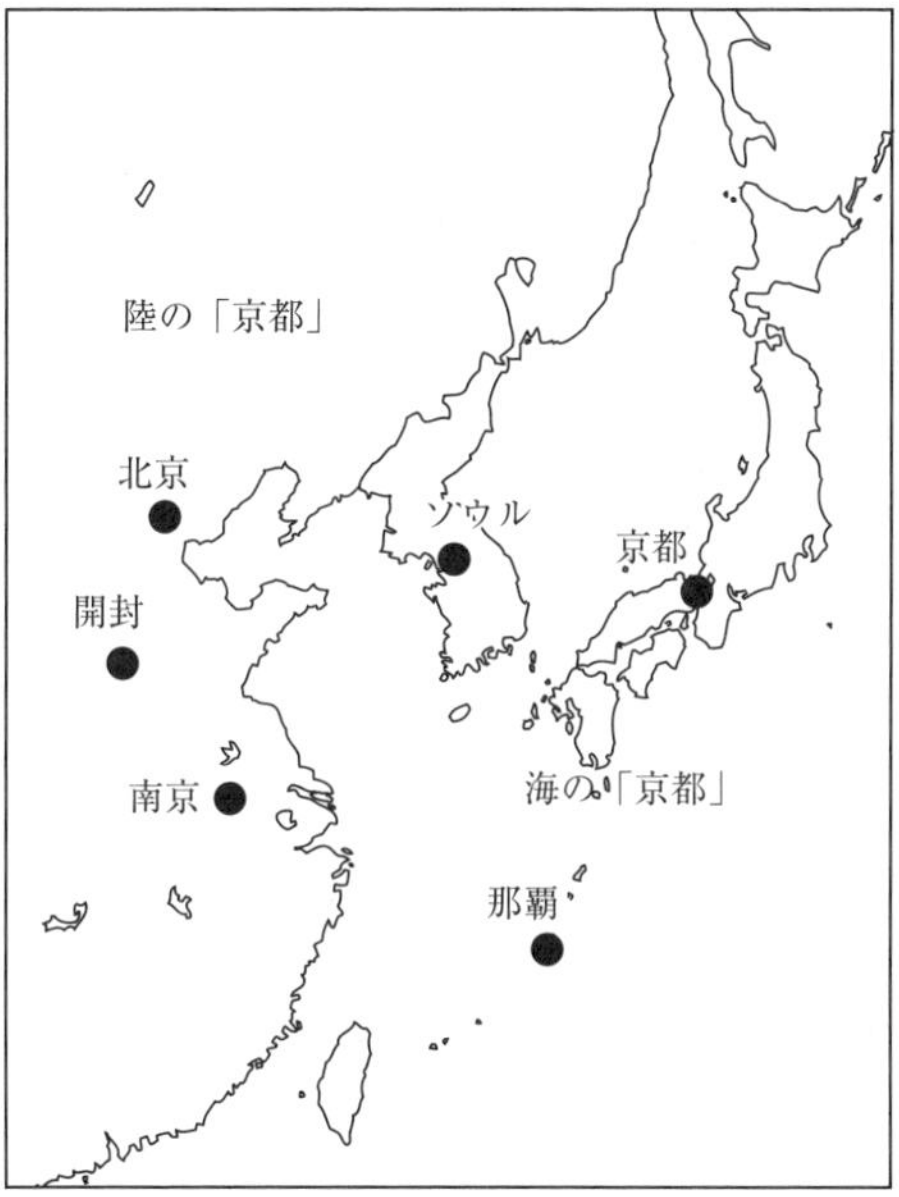

図1　中世の東アジア世界

ジア中世の「京都」の普遍性と多様性を検討する一助としたい。

1 「京都」と都市壁——海の「京都」、陸の「京都」

東アジアの都市の原点は、長安や洛陽を代表とする古代中国の都城である。都城という言葉は多くの場合首都や副都になった都市を指して用いられ、またこの意味で経済的・軍事的に不可分な役割を担った長安と洛陽はしばしば「両京都」と記される(1)。

この都城が都市壁（Ciry wall）に囲まれた都市であることは、あらためて指摘するまでもない。都城ではその内部空間を構成する大きな要素である坊もまた牆壁《しょうへき》を続らしている。都城に住む人々の生活空間を坊牆《ぼうしょう》によって囲い込み、さらに外郭の都市壁によって外部から隔離し、それを皇帝が支配するのである。このように二重の都市壁が居住空間を取り囲む都城の空間は、坊市制、坊牆制として特色づけられている。坊を区画し坊牆を築くことからはじまるという意味で、都城の建設は「坊（まち）つくり」ということができよう。

宋の開封、元・明の北京もまた都市壁で囲まれた都市であった。人口増加によって都市壁の外に市街地ができた明代の北京では、新たに外郭の都市壁を構築して市街地を内部空間化した。

「京都」のありかたは、隋・唐・宋・元・明などの大陸の国家からの政治的・地理的な距離などの地政学的な条件や自然条件によるところが大きいであろう。朝鮮半島では早い時期から中国古代都城の影響を受けていた。李氏朝鮮王朝の時代には、中国の都城制を規範として、また朝鮮の風水説にもとづいて城郭都市漢陽（現代のソウル）が建設される。一三九四年に李王朝の首都となり、翌年漢城と名を改めた。住民の大部分は郭内の「城内十里」という街区に住み、一部が都市壁の外の「地底十里」とよばれる近郊の村に住んだが、これらはともに同一の法秩序の下にあり、漢城府の直轄支配下に置かれた(2)。漢城は二元構造をもっていたといえよう。

中国や韓国では現在でも、都市壁は都市に不可欠なものと考えられているようである。「都市を囲む城壁がないならば都市は都市ではなく、……北京は荒涼とした華麗な大村落」といわれ(3)、またソウルでは一九七五年以来、都市壁の復元工事が進められているように、都市壁は都市のアイデンティティそのものなのであろう。

一方、陸路で結ばれた朝鮮半島とはちがって、あいだに東シナ海が広がる日本の「京都」や琉球の首里では都市壁を構築することはなかった。

藤原京にはじまり平城京、長岡京、平安京にいたる日本の「都城」は、隋・唐の長安と洛陽をモデルとしたといわれる。とくに最後の都城というべき平安京が左京を洛陽、右京を長安と称したことは、その都市理念が中国の「両京都」に由来したこととともに、長安に比して洛陽をより重視していたことを示している。こうした点は、長安と洛陽が中国の都城の歴史において『周礼』考工記にみられる伝統的な都城とはちがった、異端の都城とされることからして興味深いところである。

ところで注目されるのは、中国の都城を模倣したとはいわれるものの、むしろ相違点のほうが際立っていることで

写真３　南京の都市壁

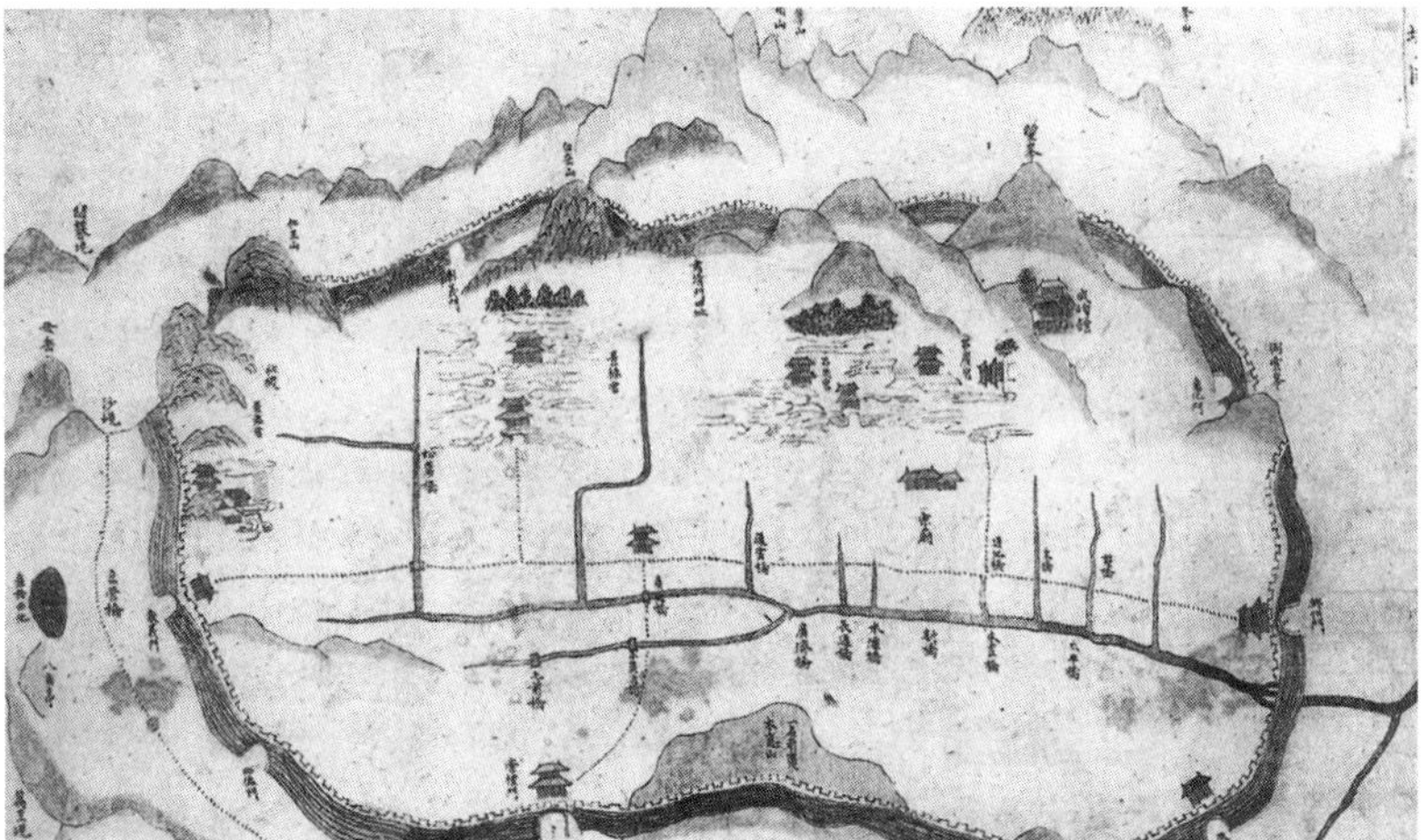

図２　ソウルとその都市壁

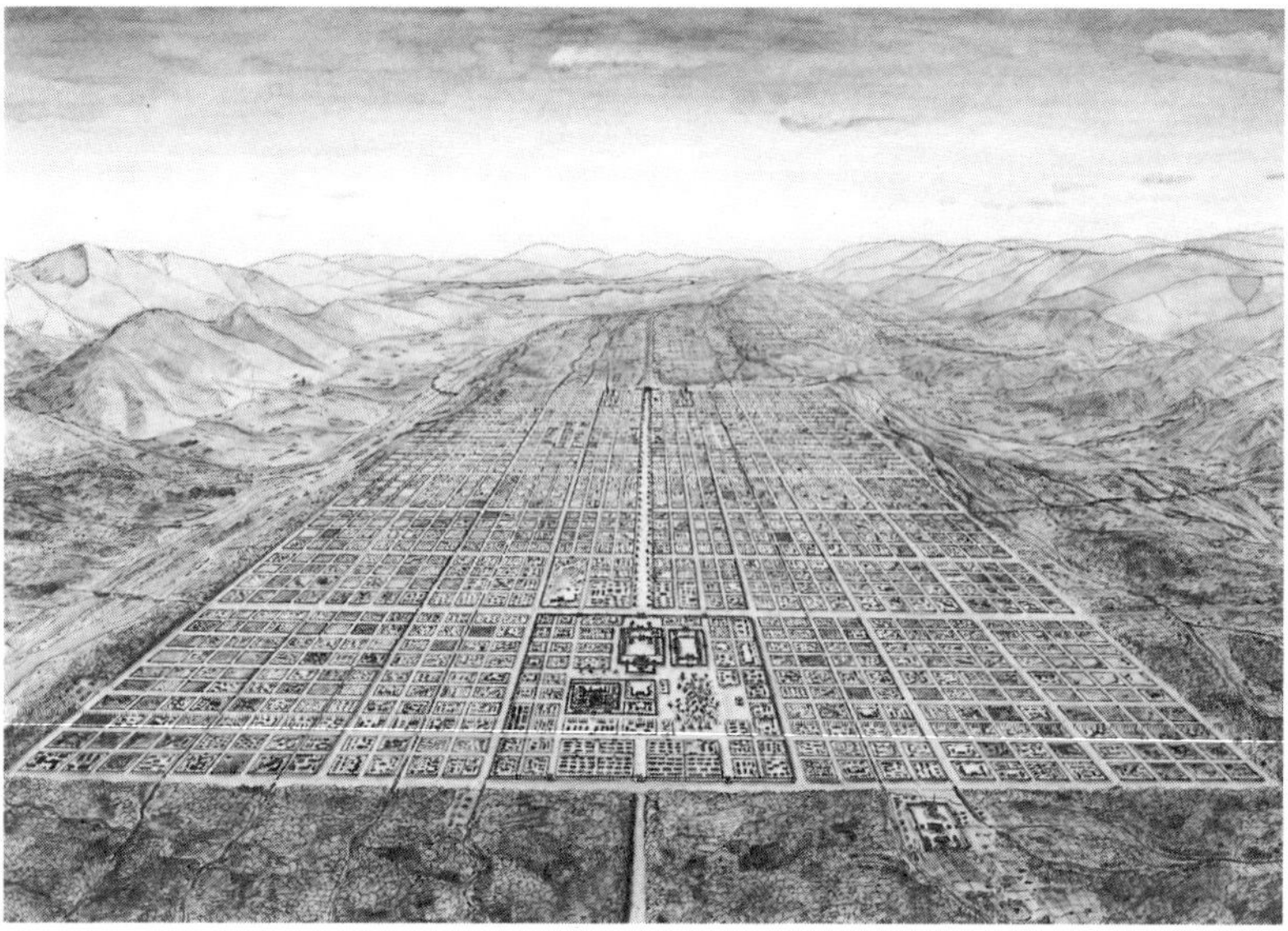

図3　平安京復元図（梶川敏夫氏作成）　北から南を望む

ある。第一に、都市を防御する都市壁や坊を囲む牆壁を築かないし、[4] 第二に、宗廟（祖先の位牌をまつる建物）や社稷《しゃしょく》（土地の神と五穀の神）も設置しない。後者は文化的・宗教的な伝統のちがいによるものであろうが、ただ都市壁を築かなかったことは、都城の語義からしても無視できない重大なちがいである。日本の「京都」は非都城的な「京都」であるといわざるをえないであろう。とはいえ、当時の日本の人々がこうした都市壁をもたない都市を、たとえば長岡京の造営について『続日本紀』が「經始都城、営作宮殿」と記したように、「都城」と認識していたことは注意しておく必要があろう[5]。

付け加えるならば、日本の都市史上、都市壁を構築した都市はとくにめずらしい存在ではない。戦国期から近世初期にかけての短い期間のできごとではあったが、「惣構」をもつ城下町や寺内町、すなわち環濠城塞化された都市が数多く建設されている。京都についてみると、一二〇〇年に及ぶその歴史のなかで一六世紀から一七世紀半ばにいたる百数十年ほどのあいだ、洛中を取り囲む「惣堀《そうぼり》」（堀と土居）を構えていた。要するに、日本では戦国時代というま

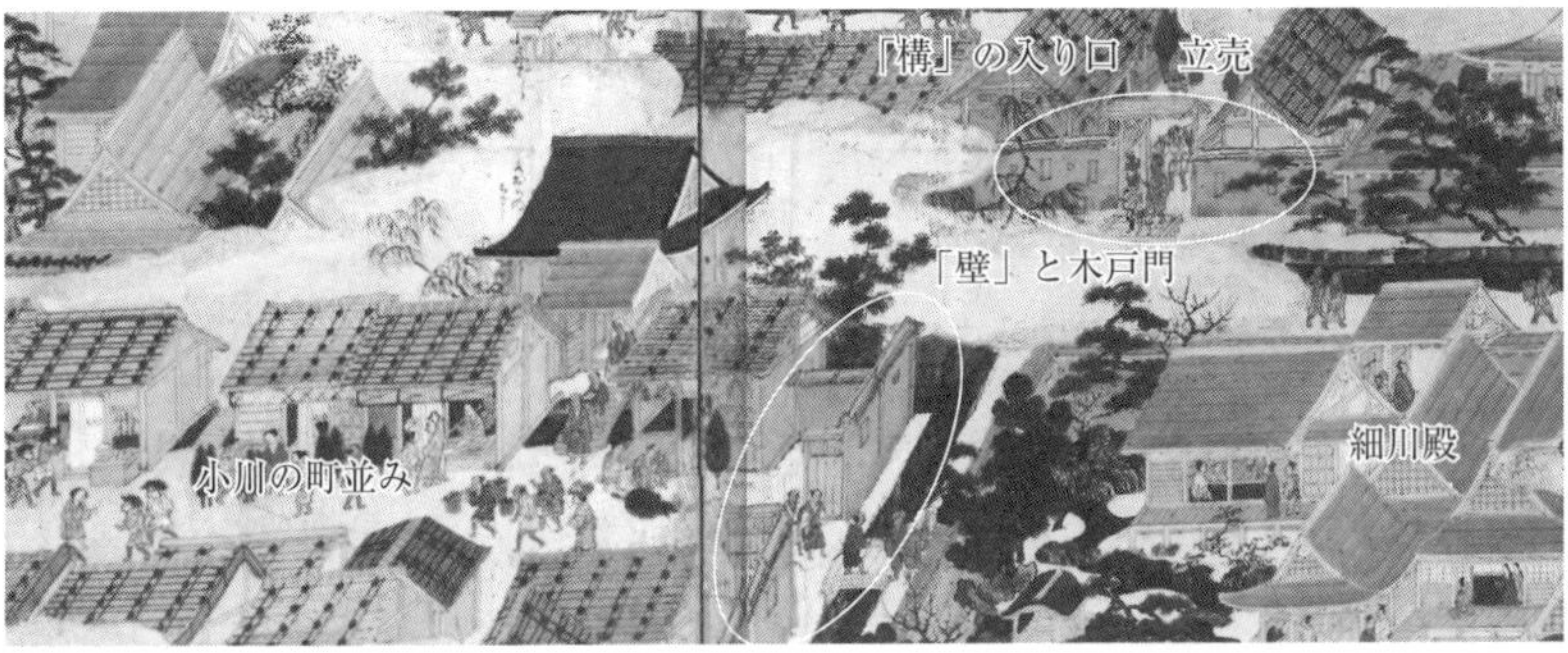

図４　戦国期京都上京の「構」（上杉本洛中洛外図屛風）

図５　戦国期京都下京の「構」（上杉本洛中洛外図屛風）

れな動乱の時代を除いて、都市壁をもたないのが通常の状態であったといってよいのではないか。

そうした日本の都市の歴史において、都市の建設とは、道路を計画し建設することであったと指摘することができよう。「坊をつくる」ことでもなく、城郭を構築することでもなく、ただ「道をつくる」ことこそが都市の造営なのである。

ところで、こうした日本の都市は周囲の農村から隔離されることはなく、それらに対する開放性、連続性ともいうべき特質を備えている(6)。条坊制によって綿密に計画、施工された平安京の街路網はやがて京域を越えて近郊地域にまで延伸し、それらは「末」を付加して二条大路末などと呼ばれた。都市壁をもたず、道を介して周辺地域に連続する開放的な都市は、都市民や周辺住民などのさまざまな活動に応じて拡大し縮小することになる。以下では平安京・京都を事例として都市域と都市支配について概観しておく。

平安京は、その建設当初から理念・計画としての平安京と、現実の都市空間としての平安京とのあいだに大きな乖離が存在した。それは、明確な計画にもとづいて平安京が建設されたにもかかわらず、実際には京の西南隅の部分では街路が建設されず、都市建設は全体として未完成のままであったからである。さらに、もともと都城は宮と京というまったく異なる構成原理をもつ空間が一体化し、他から隔絶されたものであるが、永遠の都と位置づけられた平安京は、九世紀以降そうした都城制の理念と実体がしだいに崩れていき、「京都」という固有の名で呼ばれる中世的な都市へ変容を遂げる。「京都」の範囲は、五位以上の王族や貴族の「京都」居住を義務化した寛平七年（八九五）の法に、「東は会坂（逢坂）関、南は山崎・与渡（淀）の辺り、西は摂津・丹波との境、北は大兄山」となっているという(7)。ここで興味深い点は、「京都」の範囲が平安京域に限られておらず、周囲の自然を含んだはるかに広い地域を都市的な領域としていることである。現在、常識的に「京都」という場合、東は東山、北は北山、西は西山、南は淀にいたる地域をさすようであるが、その概念よりもかなり広い。現代的ともいえる地域概念が、九世紀末には成立していたことがわかる。

「京都」は、平安京を意味する場合と、東山・北山・西山に囲まれた広い地域を意味する場合と、二重の意味をもった。平安京・京都という観念、京中・京外あるいは洛中・洛外という観念は、平安京の理念と現実、京都の両義性、その都市活動と都市域の広がりとのあいだでゆれうごくことになった。こうした点が一元的・統一的な中国や朝鮮半島の城郭都市との大きなちがいであろう。

中世の京都は、公武寺社権門が相互に補完し合いながら権力を分有する都市であり、その拠点もそれぞれ京中（洛中）と京外（洛外）に建設された。京都の実体は朝廷・幕府の拠点都市である洛中と、寺社権門（荘園領主）の門前都市が散在する洛外からなっているのである。幕府は洛中を直接支配するが、洛外は寺社を介した間接的な支配にとどまった。このように京都はある意味で散在的、多元的な構造をもっており、大陸の都市と比較してあえていうならば村落的な都市と表現しても誤りではあるまい。村落的な都市である京都は自然を克服したり、自然と対立したりすることはなく、自然と共存しているのであり、それは京都の特質の一つともなっている。

京都という複合的、重層的な構造をもった都市では、周縁地域が重要な役割を果たしていたと考えられるが、その検討はほとんどなされていない。「洛中」と「洛外」の境界をなす周縁地域においては農家風の町家や町家風の農家が混在し、町→半町・半村→農村、すなわち都市からしだいに町であり村でもある（あるいは町でもなく村でもない）地域へと緩やかに変化していたであろう。戦国期、一六世紀半ばのことではあるが、洛中洛外図屏風（国立歴史民俗博物館所蔵甲本）の「西の京」の集落をみると、「構」のなかにある民家はいずれも草葺の農家風に描かれているが、農家本来の姿というべき屋敷型ではなく、道に直面する住居、すなわち町家と同じ型となっている。「洛中」の周縁に両義的な領域が広汎に存在するこうした状況こそ、おそらく室町期京都の巨大さの実体であり、大きな都市的特性ということができよう。

2　中世の「京都」――〈町家〉の成立と街路の占有

中国と日本における都城の変化は商業の発達と不可分であるといってよいであろう。日本における中世都市の発展、いいかえると京都の政治都市から商業経済都市への変化、守護大名などの拠点となった守護所や府中の発展、市・町・宿・津など都市的な場の発達は、中国における都市の発展、すなわち国都と郡県都市そして草市・鎮市の発展とおそらく軌を一にするものであろう。

都市における商業の発達は、都市空間の変貌をもたらした。ここではこの問題を考える一環として都市住民による都城の破壊、すなわち中世都市の創出について検討しよう。重要な史料用語として平安京・京都の「巷所《こうしょ》」（道路が宅地や田畑になったところ）と中国の「侵街」に着目し、宋の開封と中世日本の京都、さらに近世琉球の首里を事例として取りあげたい。

開封

宋の開封では商業の発展にともなって、坊の牆壁を破壊し街路を私的に占拠して店舗が建てられた。このように街路を不法に占有することが「侵街」といわれる。侵街について考察した吉田歓「東アジア世界の中の都市平泉」（『平泉文化研究年報』第一号、二〇〇一年三月）によると、唐律に巷街・阡陌（道路）を不法に占拠すること、および植物を植えて耕作し食用とすることを禁じる条文があり、国家の管理する街路に対する侵街などが早くから禁じられていたことが知られる。以下では吉田が掲載した史料を二点眺めておこう。安史の乱（七五五〜七六三）の後、長安は世界帝国の首都の姿を失いつつあったが、その一方で活況を呈する商工業が都市空間に変化を与え、新たな生活空間をもつ都市へと変貌を始めた。大暦二年（七六七）の勅には次のような一文がある。

諸坊市街曲、有侵街・打牆・接簷・造舎等、先処分一切不許、並令毀折、（『唐会要』巻八六、街巷）

勅が禁じたのは、街路を不法に占拠する「侵街」、勝手に牆を築く「打牆」、坊牆に屋根の軒を差し掛け街路を占拠する「接簷」、街路上に建物を建てる「造舎」であり、街路を不法に占拠するさまざまな手段が禁止されたのであろう。しかし繰り返し禁止されたにもかかわらず、侵街はその後も五代・宋の時代まで行われ続けた。

後周の顕徳三年（九五六）の詔には、

其京城内街道闊五十歩者、許両辺人戸各於五歩内取便種植・井、修蓋涼棚、其三十歩已下至二十五歩者、各與三歩、其次有差、（『五代会要』巻二六、街巷）

とある（一歩は約一・五六メートル）。京城の中の街路においては、幅員五〇歩では五歩、三〇歩～二五歩では三歩と限度を定めて、両側の民家による植樹と井戸の設置、日除けの建造などを許した。すなわち侵街を認めざるを得ない状況となっていたことがわかる。

ところで、同じ侵街という言葉が用いられるとはいえ、唐代長安の侵街と宋代開封の侵街とはその実態が大きく異なるのではないかと思われる。唐代の侵街は坊を取り囲む垣牆の破壊をともなうものではなく、ただたんに道に小屋を建てて街路を占有する行為を意味した。これに対して、宋代の侵街は坊の牆壁を破壊しさらに道に面して、あるいは道を浸食・占有して小屋を建て、街路の機能を損なうことを意味すると考えられる。すなわち道の私的占有にとどまる唐代に対して、宋代においては坊市制・坊牆制の破壊であることに大きな発展段階の相異があると考えられるのである。

宋代には道幅を確保するために「標木」を立て、侵街に歯止めをかけようとした。しかし、大きな流れを抑えることはできず、仁宗の景祐年間（一〇三四～一〇三七）、初めて住民が街路に面して店舗を開設することを許可したという。そして結局、徽宗の時代、一二世紀初頭には侵街を公認するに至り、街路を浸食したところについて「侵街房廊

図6　中国北宋の首都・開封の賑わい（『清明上河図』）

銭」を賦課した。こうして坊牆が破壊された跡に住民が街路に面して住居を構え、また街路の至るところに店舗が並ぶようになり、主要な街路の景観は大きく様変わりした。『清明《せいめい》上《じょう》河《か》図《ず》』や『東京《とうけい》夢《む》華《か》録《ろく》』はそうした繁華な開封の姿をみごとに描いていることはよく知られている。

　侵街という表現は、おそらくそれを犯罪と見る価値判断を含んだ支配者の視点からつくられたものであり、都市内部の空閑地を活用しようとする民衆の立場を反映したものではないであろう。侵街を行った住民にとって道を利用する行為は、必ずしも犯罪的な行為ではなく、街路が国家のものであるとする観念とは異なる道路観があったのではないかと想像される。

京都

　平安時代中期になると、大路や小路の一部を水田や畠、住宅の敷地とするところが生じた。道路と宅地の境界線を越えて垣の基、犬走、溝、さらに道路の路面部まで深く浸食し、私的に占有するのである。このように宅地化・耕地化した道は、「巷所」と呼ばれた。巷所に関する初見史料は次に掲げる永久三年（一一一五）の「東寺権上座定俊申状写」（『平安遺文』一八一八）である（読み下して引用）。

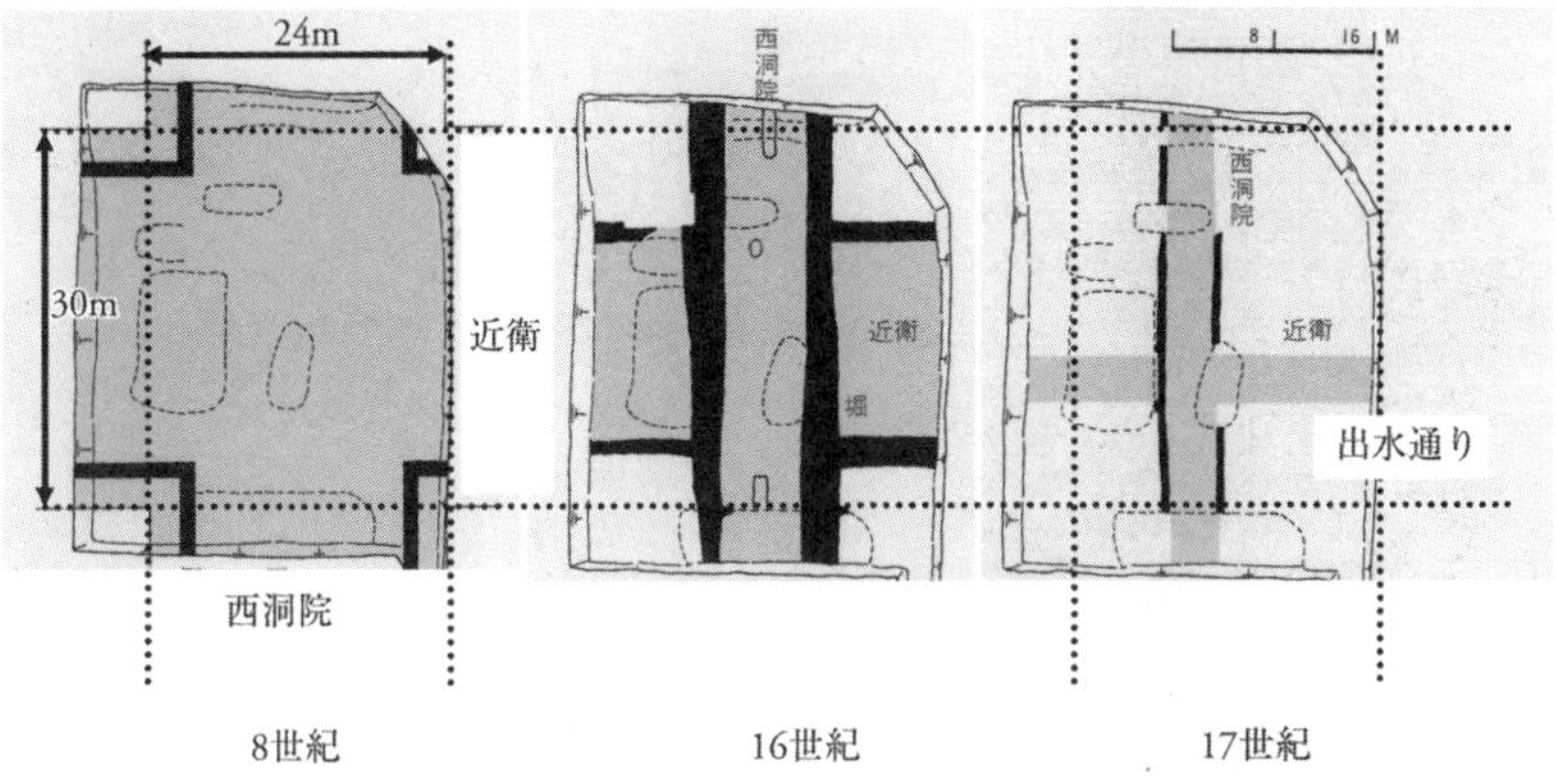

図7　近衛大路・西洞院大路の辻周辺　街路空間の浸食

一針小路通并に以北の巷所等は、先祖慶秀執行の時、開発の以降、定俊相伝し領知し来る所也。但し件の巷所、元は古えより道路たり、耕作することなし。而して慶秀云く、左京職云く、寺家方旁沙汰を致し開発せしむるの後、一円に領作する所なり。然り而して唐橋以南は、去進せしめ畢んぬ。

針小路并に以北の巷所は、開発本作主たるに依て、所当の稲を免除され畢んぬ。此の条の証文明白なり。

最初の頃、巷所は禁止されたが、それが押しとどめられない勢いになると、国家（左右京職）は巷所を容認し、地子を徴収するようになった。都市化が進んでいるところでも、またそうではない農村的な地域でも、巷所化が進行した。道、川の上、藪、田畑、河原、沼、森など、都市の中にあるあらゆる種類の未利用空地の活用、いわば都市の「すきま」の利用を追求する住民の動向の一端と考えられる。

巷所という言葉は、侵街とはちがって、こうした利用行為による所産を示すものであり、そこには価値判断は含まれていない。巷所という表現が示しているのは、道路としての機能を十分に果たしていない空間から宅地や田畑を創り出す行為が必ずしも犯罪的と考えられていなかったことであろう。平安京内の道路は、もともとは唐と同じように国家（左右京職）が管理したが、やがてそれは道に面する諸官司・

諸家が行うようになっていった。これは、朱雀大路だけが国家が管理する特別な意味をもった道路であるということに加えて、道路が共用の場、「公界」と考えられていたことによるものではなかろうか。(8) こうした社会通念が広く存在したことがいっそう巷所化を推し進めたのであろう。

ところで、巷所は、実は平安京条坊制の解体を示すいくつかの現象の一つでしかない。道に関わって興味深い都市現象を付け加えるなら、「辻子《ずし》」と呼ばれる、条坊制に規定されていない道路を街区内に開通し、そこに新たな宅地を形成したことである。

巷所の発生、辻子の開発、それにともなう都市空間の形成などの動向は、まさに平安京とその条坊制を破壊しつつ、新たに中世的な都市空間を創り出すという大きな潮流のあらわれであったが、都市に住む人々の視点に立つと、これらの現象は、住民による住みこなしの積み重ねなり、すなわち「まちづくり」であったと理解できる。坊牆制が存在しなかった平安京・京都では、ものを商う店が道に直面することも、さらには道を浸食することも容易なことであったにちがいない。

こうした新たな京都の姿は『今昔物語集』や『年中行事絵巻』にいきいきと描写されているが、さらに詳細に実態を示すのがやや後の史料ではあるが、康永三年（一三四四）の「不動院仙恵所領紛失状」である。そのごく一部分を簡略化し、読み下して引用しよう（〈　〉は割注を示す、第一部第八章参照）。

一所　四条町《しじょうまち》小物座地、小物座十家のうち北の端の地也、四条より北、町面東頬に在り。　口南北一丈六尺三寸、奥東西六丈五尺三寸。此地に於いては、二種の商人有り。一方には〈南寄り〉小物座商人四人、即櫃《ひつ》四合なり、但後座《うしろざ》之有り。一方には〈北寄り〉腰座商人四人之有り。即櫃五（四の誤りか）合なり。各皆女性なり。

一所　四条町行縢《むかばき》座屋形《やかた》地券一帙《ちつ》、

四条面、町より西南頬に在るなり。但し、少路（小路）の中に之有る巷所《こうしょ》なり。
嶋屋《しまや》と号す。此屋形、惣十間有り。
其の中の三間は私領なり。其の三間の内一間は、西端に之有り。百姓三人なり。一間は中程に之有り。百姓二人なり。
一間は、東端より第二番屋形なり。百姓二人之有り。

「町《まち》」における座商業、すなわち町座の営業形態の中でもっともありふれていたのは、きわめて零細に分割された屋地において、露天で、あるいは「家」（住居ではなく、屋根のみの売買施設＝仮屋）を建て、数人の同業の商人が地面に櫃を置き並べて営業するものである。櫃は商品を納めて運ぶために用い、またふたを裏返せば品物を置き並べる台ともなり、露店商人にふさわしい商売道具であった。

史料から判明する小物座の地のひとつは、間口二丈（約六メートル）と小規模であるが、これでさえ実は間口二メートルほどの極小の土地三筆を買い集めて、ようやく間口二丈に広げたのである。史料ではこの小さな屋地をことさらに「広き屋地」と記すのであるから、四条町周辺の町座の屋地は、一般に間口が六尺〜一〇尺（約一・八〜三・〇メートル）程度とみてよかろう。

町小路の四条より北、東側にはこうした零細な屋地に「小物座十家」が建ち並んでいた。先にみた小物座の「家」は北より三番目にあり、一三人の小物商が営業し、また北端にある間口が五メートルに満たない「家」では、南寄りに小物商人四人、北寄りに腰座商人四人、合わせて八人の女商人が櫃を並べていた。

四条町の南西角地にあった刀座は、間口南北三・三メートルに奥行東西九メートルの土地には「家」もなかった。つまり露天なのである。そうした露天の店で、七人の商人が地面に櫃を置いて刀を売っていた。

路上を占拠して営業する座も、けっしてめずらしくはなかった。四条町の辻の西方、南側、まさに四条大路の中に

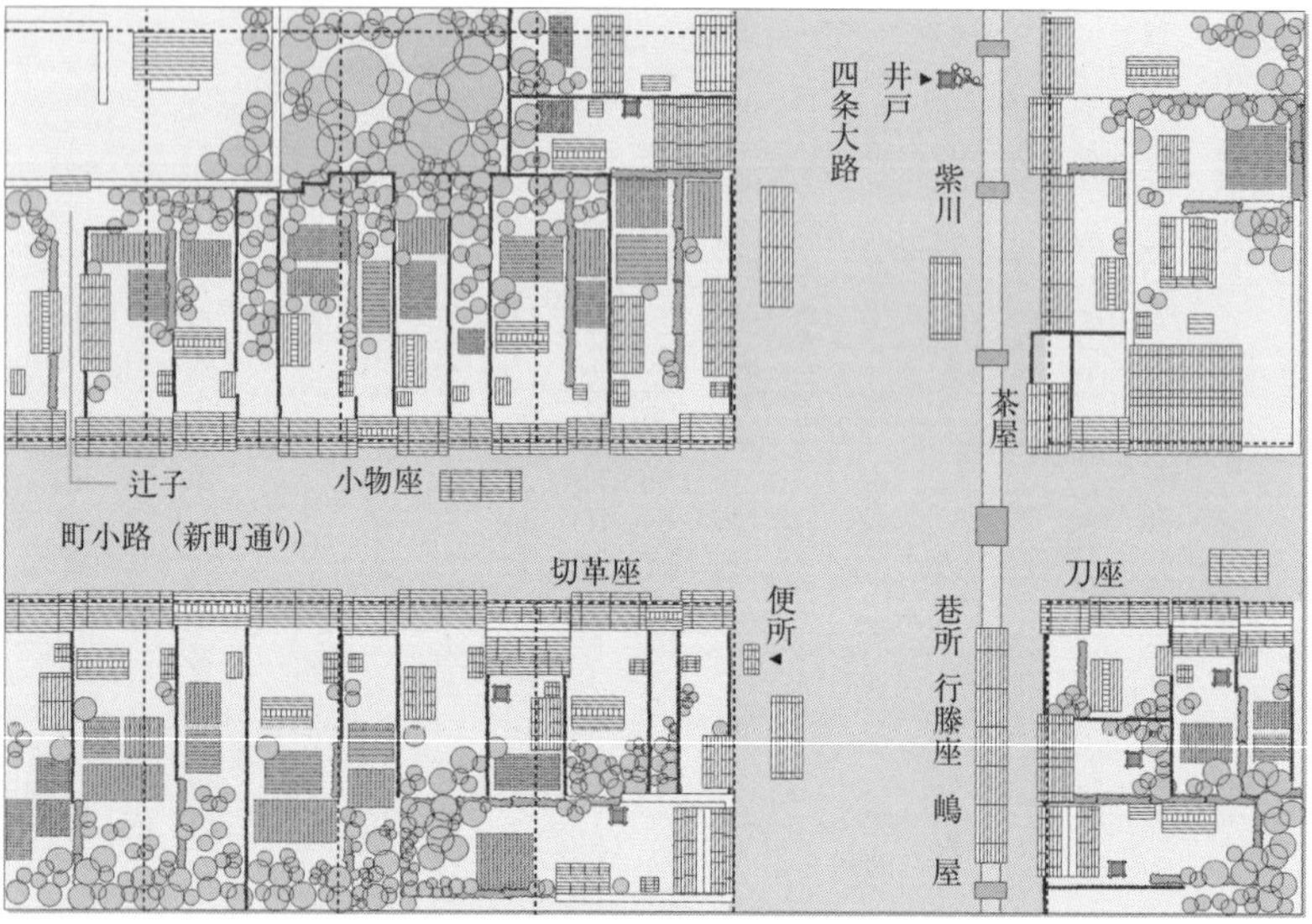

図 8　中世四条町復元模型の町並み配置図

写真 4　町小路周辺の景観（中世四条町復元模型）

たっていたのは、行縢《むかばき》（旅や狩りなどの際に足をおおった布や革）を販売する行縢座の「屋形」であった。この屋形には「嶋屋」という名があるのもおもしろい。屋号として史料上の早い事例である。路上の商業施設である「屋形」からは、おのずと市の屋形＝仮屋との類似が指摘できるが、実際、建築形式にはそうした特色がある。すなわち、柱間が一〇間もある長大な建物、すなわち長屋形式であり、さらに柱間が吹き放しであることも共通しよう。

街区中央の空閑地＝広場を利用し、町小路に面しないものもあった。「後座」とか「中座」とよばれ、かつてのブロック型の市場のありようを継承しているのであろう。

町小路とその周辺には、露店を初め、土間の小屋、さらには「屋形」が業種ごとに密集し、商人たちが隙間もなく並んで、活況を呈していたようである。

四条町から推定される町小路の風景は、おそらく喧騒に満ちた猥雑な雰囲気の空間である。むしろアジア的な市場に近い姿といえるのではなかろうか。

首里

首里は、一五世紀初頭に琉球を統一した第一尚氏王朝が首都として開発、整備を進めた。隆起石灰岩の丘陵上に建設された首里城と隣接する円覚寺を核として、その周辺に禅宗寺院、王族、武士団などの屋敷地が配置されている。改めて比較するまでもなく中国の都城などとは大きく異なり、もちろんグリッドプランはもたないし、坊市制・坊牆制はいずれも採用されていない。

首里では、商業活動は首里城の西に設けられた市場（「首里町」）に限定されていた。その状況が大きく変化するのは、近世に入ってからそれも十八世紀ころからのようである。一七一五年、琉球王府は首里の市街地にあった市場の南に小店を置き、また市場を南に拡張している（『球陽』尚敬王三年条）。また一七四二年には、

図 9　琉球の町並み　イベガマ周辺（「琉球進貢船図屏風」）

> 前に市法を定め、人集りて晩に至るを禁止す。然れども多方の男女聚集して、以て之れを制し難し。是を以て、命じて柵欄門六口を市の左右前後に設けて、以て小民生弊の端を杜ぐ。

と、市場に対する規制を厳しくしている（『球陽』尚敬王三十年）。琉球王府の直接支配下にあった首里においてさえ、住民の商業活動あるいは都市的な暮らしが王府の規制を超える広がりをみせていた。

ところで、士族人口がしだいに増加したことにより商工業に従事する士族の存在を肯定せざるを得なくなり、その結果として屋敷の石垣を破壊して店舗を構えることも広く行われるようになっていたらしい。一七二八年、王府はこうした状況を認め、市場を規制する一方で、緩和政策も実施し、

> 往昔の時より、本国の人宅、或いは石を築きて垣と為し、或いは竹を栽して囲と為す。而して家、以て垣と為し、竝びに店を開き貿易するを許さず。是の年に至り、始めて開店並びに家垣を免ず。

と、「家垣」と「開店」を許可している（『球陽』尚敬王十六年条）。この史料によると、首里の住宅は石垣あるいは竹牆を廻らすのが伝統的な屋敷構えであったこと、道路に面して店を構えることのなかったことなどがわかる。店舗を屋敷の垣の一部とする「家垣」・「開店」の新たな出現は、首里の街路景観に少なからぬ変貌をもたらしたにちがいない。この意味で画期的な都市政策ということもできよう。「家垣」と「開店」は、宋の開封における坊牆の破壊と店舗の形成、日本の京都における桟敷と町家の出現などにそれぞれ似たところがあるが、首里では侵街し、あるいは巷所をつくり出すまでには至らなかったようである。(9)

三、日本の中世都市像

実証的な研究がまだまだ不足している現在の研究状況において、日本中世都市の特質をとらえ、全体像を把握することは困難といわざるを得ないが、ここでは空間的側面からあえて日本中世都市のスケッチを試み、日本中世の都市像ないし都市形成（まちづくり）の図式を示したい。

1　中世都市の特質、イメージ、都市形成（まちづくり）

かつて『図集　日本都市史』（東京大学出版会、一九九三年）において髙橋康夫・宮本雅明・伊藤毅は、中世都市の性質・特質を的確に端的に表現するキーワードとして、〈境内《けいだい》〉と〈町《まち》〉をあげ、中世に特徴的な都市空間形成の二つの類型とすることを提案した。〈境内〉と〈町〉は都市の類型ではなく、都市空間形成の原理や理念を示す論理的、理論的な概念であることはあらためていうまでもないであろう。

ただ、著者（髙橋）の考え方は少々変化（深化）し、都市空間形成の第三の型として〈町《ちょう》〉を想定したほうがより実態

表2 〈境内〉と〈町 まち・ちょう〉の空間的特質

〈境内〉（けいだい）	〈町〉	
	〈町〉（ちょう）	〈町〉（まち）
政治・軍事・宗教権門の拠点空間	民衆の集住する地域＝社会生活空間	自然発生的な市場、交易の空間
中核が存在する（領主 / 象徴核）	原則的に核をもたない	
核を中心とした同心円状の面集合	道を基軸とした線状の集合	
閉鎖系の集合—結界と囲繞	開放系の集合	
定着性	流動性	
重層的・階層的構造	水平的構造 均等な単位の連続 「町（ちょう）並み」*	垂直的構造 均等な単位の連続 頭と尾、縦と横・脇の構造
一円性とその論理	両義的存在	境界性と両義的存在
屋敷型の住居	町家型・屋敷型住居の混在	店家・町家型の住居

* 「町（ちょう）並み」: 町（ちょう）の構成員として平等な義務を負うこと

に即して理解しやすいと考えている。すなわち、前近代の社会において広く用いられている〈町《ちょう》＝均等な単位と線状形成、地域＝社会、*Society*〉という概念が、〈境内《けいだい》＝中心核と領域形成、権門、*Government*〉や〈町《まち》＝均等な単位と線状形成、市場、*Market*〉とともに、前近代社会において重要な役割を果たした都市空間形成の型、都市の特性を示していると考える。

〈境内《けいだい》〉は政治・軍事・宗教権門の拠点、あるいは寺社などの聖域を核とした同心円状の、かつ都市軸となるような道をともなう面的な地域集合であり、重層的・階層的構造をもち、屋敷型の住居からなる。一方、民衆の集住する地域社会生活空間〈町《ちょう》〉と自然発生的な交易の場〈町《まち》〉はともに道路を基軸とした線状の地域集合であり、水平・均質的構造をもち、道に面する町家型の住居からなる。

これら〈境内《けいだい》〉と〈町《まち》〉と〈町《ちょう》〉の空間的な特質は、多くの点で対照的であり、中世から近世にかけての都市空間の変化、さらにいえば前近代の都市空間の変化を通時的に見通すための有効なキーワードと考える。前近代日本の都市は〈境内《けいだい》〉と〈町《まち》〉と〈町《ちょう》〉の多様な実相とそれらの変化

——発生・展開・結合・複合・融合・純化・解体・再編・移動など——をもつというみかたである。

古代から中世へという大きな社会変動が進行するなかで、また分業と流通の発展を背景に、数多くの都市が発生し成長していく。在地領主の居館や寺社を中核とする地域空間形成が進み、軍事権門の守護所・城下、宗教権門の門前・寺内などの〈境内〉系都市が発達する一方、各地に市・宿・津などの〈町〉系小都市が族生する。博多や堺、琉球の那覇などの港町のように、〈境内〉系と〈町〉系の複合した都市もあった。そうした都市発展の動向を牽引する役割を果たしたのが政治・軍事・宗教権門の拠点というべき京都・鎌倉などの大都市（権門拠点都市）であった。

宗教都市（宗教権門都市）は典型的な中世都市と考えられているが、東寺境内を例にその特質の一端を示しておこう。応仁の乱ころの東寺の境内地（八条大路以南、九条大路以北、大宮東大路以西、朱雀大路以東の一六町を占める）は、堀などの要害によって明確に分節されていた。そして金堂などの立ち並ぶ「伽藍」、院や坊そしてそれらに仕えた人びとの住居が営まれる「寺内」、百姓や商工業者などが住む「境内」という、「聖」から「俗」にいたる三重の空間構造をもっていた。ところで、興味深いのは東寺の境内が大内裏に準じた「公界の通路」（次項参照）であるという観念があったことである。この空間意識は、おそらく東寺のみならず寺社境内の空間的な特質を暗示するものであり、寺社境内がしばしば市の場となることの社会＝空間的背景を示唆している。〈境内〉はときに「公界」性を介して〈町《まち》〉と重層するともいえよう。

ところで、〈境内《けいだい》〉と〈町《まち》〉と〈町《ちょう》〉という都市空間形成の概念が、現代のまちづくりについて提起された図式とある種の対応関係を持っていることは興味深い。現代の‘City Governance（まちづくり）’の模式に触発されながら、日本中世の都市形成、そして日本中世都市のイメージをおおまかにスケッチすると、次のようになる（図10）。この図の読解には、もちろん公・私そして利益・非営利の概念など、現代社会と中世社会との大きな相違点に留意する必要があるが、こうしたいわば射影関係を認めうることは現代と中世それぞれの都市空間形成が根本的なところで共通するこ

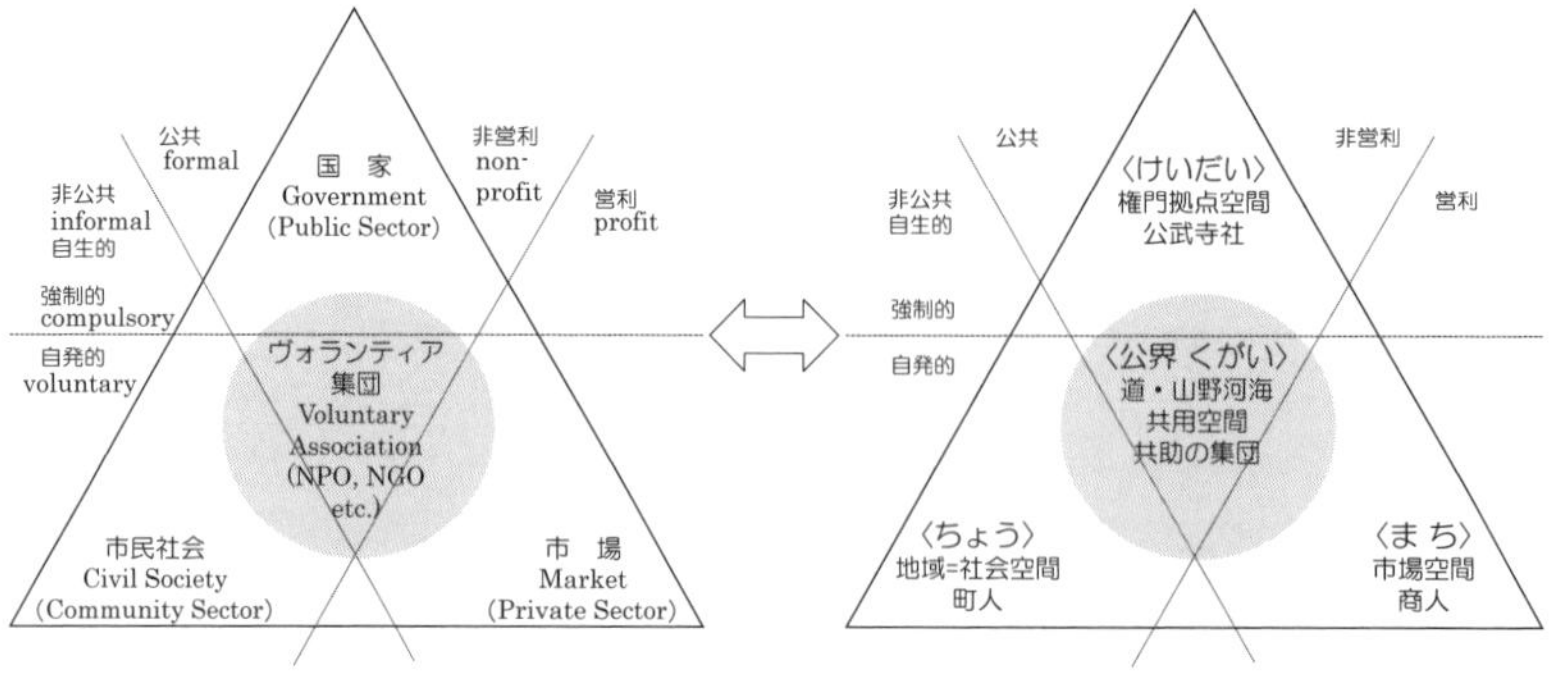

現代の‘*City Government*（まちづくり）’
門内輝行氏作成資料（英文）に日本語表記を補足

日本中世の都市空間形成

図10　現代と日本中世の都市空間形成（まちづくり）

とを示唆しているのであろう。

2　都市的な場の特性

土地と人と社会のかかわりという視角から、都市的な場の特性をみておきたい。一つは道の「公界《くがい》」性である。「公界」である道は「平和」・「自由」・「開放」・「共用」をその空間的特質とし、都市民衆による生活空間の形成、「まちづくり」に重要な意味をもち、大きな役割を果たした。道が都市民衆の暮らしの場所と空間そして地域＝社会を支えたのである（【コラム】道は「公界」）。

ちなみに小学館『日本国語大辞典』は公界を、①私《わたくし》の世界に対する、共同の世界、②人々が共存する生活の場、③共同の場として公平・公明性をもつ世界、と説明しているが、いずれの解釈も現代のまちづくりへの示唆に富んでいて、興味深い。

もう一つは都市空間の構造に関わる特性である。都市空間が道路と街区から構成されるという観念は近・現代と共通するが、前近代社会においては公界の道路と私有の宅地からなる街区のあいだに中間的・境界的・両義的ともいうべき空間が広汎に存在するという点に留意すべきであろう。その都市空間構成を〈オモテ―ナカ―ウラ・オク〉というなら、その三元論的空間構造は都市民の住居空間の構成にも共通してみることができる。都市と町家は同じ空間構造をもっているのである(【コラム】京都の空間構造)。

注

(1) この「両京都」の用例はきわめて多いという(十川陽一「八世紀の宮都造営——唐制との比較を通じて」、『史学』第七四巻第三号、二〇〇六年一月)。
(2) 岩本通弥「都城の象徴性と王権の祭祀——朝鮮の事例を中心に」、『国立歴史民俗博物館研究紀要』第七四集、一九九七年三月、吉田光男「漢城の都市空間——近世ソウル論序説——」、『朝鮮史研究学会論文集』三〇集、一九九二年。
(3) 白井澄也「「北京　都市想像與文化記憶」国際学術検討会」、『東方学』第一〇八輯、二〇〇四年七月。
(4) 九世紀につくられた『延喜式』の「京程」には坊の牆壁があることを前提とした、「大路辺町」の宅地割の記述があるが、朱雀大路の東西を除いて坊牆は構築されなかった。
(5) 『続日本紀』延暦三年(七八四)六月十日条「以中納言従三位藤原朝臣種繼……、爲造長岡宮使。六位官八人。於是。經始都城。營作宮殿」とあり、ほかにも『三代実録』貞観二年(八六〇)九月十五日条「風雨未止。都城東西兩河洪水」などとある。
(6) こうした特性は近世における都市の発展を示す「町続町」という言葉によく表れている。
(7) 保立道久『平安王朝』、岩波書店、一九九六年、五八頁。『類聚三代格』所収寛平七年十二月三日付太政官符。
(8) 公界に関しては網野善彦『無縁・公界・楽——日本中世の自由と平和』(平凡社、一九七八年)。
(9) 首里や那覇などの経済活動が発達していなかったことは、与那国暹「近世末沖縄における「市」と流通貨幣の実情に関するノート」『文献史料による近世沖縄の社会・文化史的研究』、琉球大学・短期大学部、一九七九年三月。

コラム1　道は「公界《くがい》」

道は、商業・交易の場すなわち市場や繁華街、祭・踊りの場、また巷所や辻子、路上の井戸や洗い場、コミュニティ・スペースなど都市民衆の暮らしの場となり、中世後期には地縁自治共同体でもある〈町 ちょう〉の成立基盤ともなった。それが可能であった理由として考えられるのは、道が「公界《くがい》」であったからということである。『日葡辞書』は「公界の大道」という表現について「皆がそこを通る公道」と解説しているが、その「公道」という概念は、現代の私道に対する公道ではなく、もっと広く豊かな内容をもっていた。道は無縁性・公界性に根ざした「平和」・「自由」・「開放」・「共用」をその空間的特質としていたのであり、「有縁」性のもとに「閉鎖」・「私有」を空間的特質とした宅地とはきわめて対照的である。公界である道は都市住民の大切な場所・空間であるとともに、道に深く関わる地域的生活共同体である〈町《ちょう》〉に水平性・平等性をもたらすなど京都の〈社会＝空間〉のありかたを規定し、また「まちづくり」の大きな前提条件となっている。

ところで都市における公界には道と川、河原と藪と野などが考えられるが、線状の空間形態をもつ道や川が交差・重層するところには公界の特殊な相がみられた。道と道のまじわる辻は、神祠がつくられ辻祭が行われるなど聖なる空間であったり、立売の場となったりしたし、また道と川が重なる橋の上も物売りの集まる場所であった。ただヨーロッパや中国にくらべ、橋上に集会所や商店街、共同住宅が建てられなかったのは、日本では木造橋であったせいであろうか。

さて計画都市として建設された後、自律的発展を遂げた京都では、そもそも無主・無縁の空間であるはずの道でさ

図11　路上の井戸と洗濯石（『融通念仏縁起』）

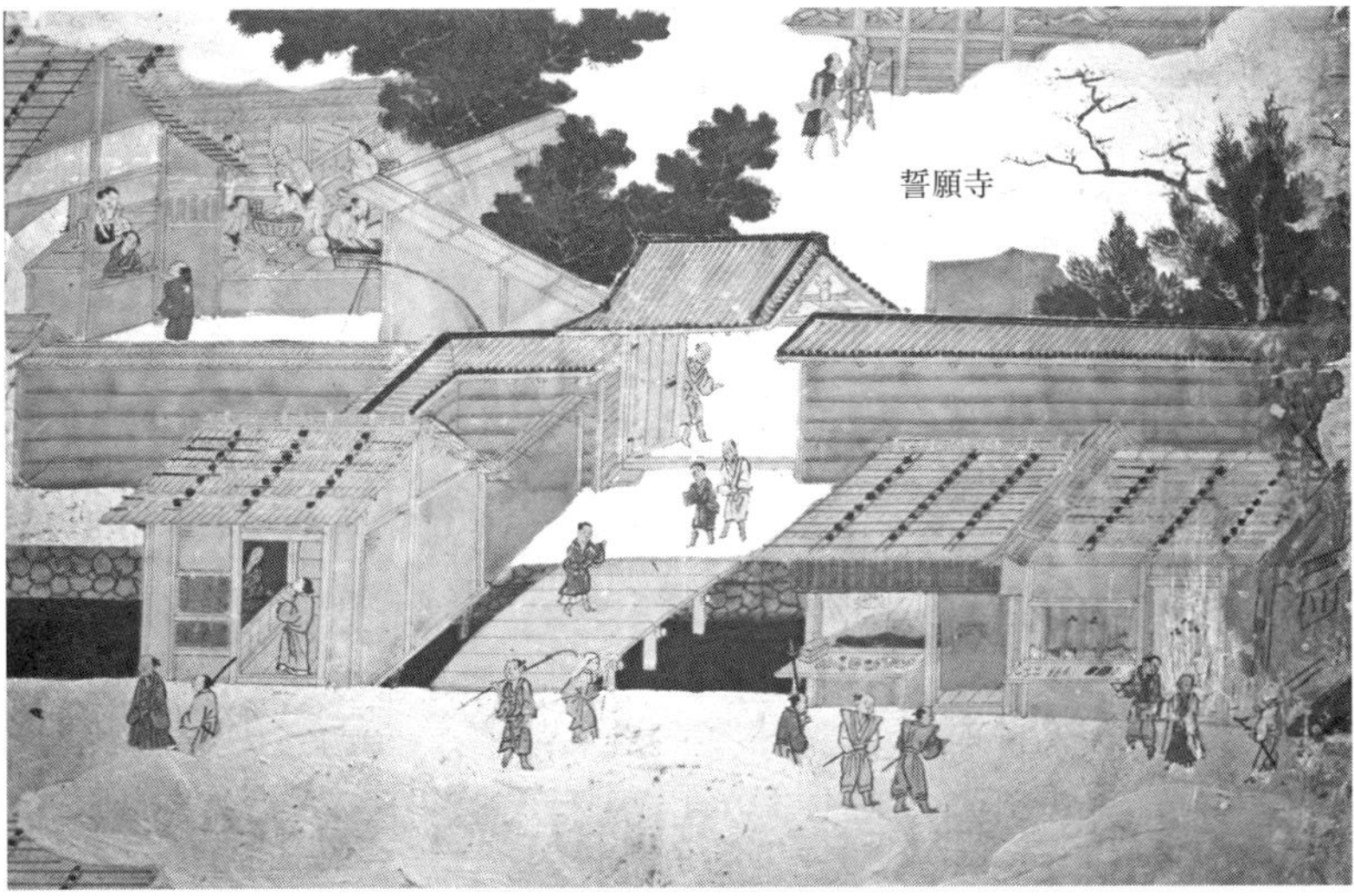

図12　川の上の空間利用——水上の町家（歴博乙本洛中洛外図屏風）

え、古代には左右京職の管掌すべきものであり、また中世には左右京職を引き継いだ小川坊城家・中御門家の管轄下にあった。都市支配のなかに組み込まれていた大路・小路は公領なのであり、公界の有する本質の一つ〈無主〉が国家的な所有の制約をうけている。その結果、公界は政治的・社会経済的な変化の過程で消滅・発生の複雑な動きをする。そこに都市的な場における公界の特質があるということもできよう。

以下では中世京都の公界、主として道について、〈無主〉と〈公領・私領〉の関係に着目しつつ検討を加えたい。

公界の発生と消滅

平安京ではそもそも公界の大道は、条坊制によって明快に秩序付けられた大路・小路・小径であった。しかし平安京の中世化の過程で、都市住民による道の私的占有の結果として公界が交通・運輸の機能や自由や開放、公共などの特質をなくし、私領となることがある。巷所という言葉はそうした公界性の失われた道を意味するのである。

一方、私領のなかにあらたな道が開設されたり、公領・私領の支配が衰退して事実上〈無主〉といって差し支えのない空間、すなわち野・藪が生じたりすることもある。後者の代表的な事例が大内裏の跡、内野である。平安末期には大内裏はすでにすたれており、内裏そのものも鎌倉時代初期の安貞元年（一二二七）に焼けてからは再建されることもなく放置され、蕪などが植えられる畠、また藪となり、「内野」とよばれるようになった。西陣機業の源流として知られる大宿直の織手集団は、安貞元年にはすでにこの大内裏の地域に居住し、唐綾などを織りだしていたのであるが、機業集団の立地は大内裏の地が屋地子などを支払う必要がなかった、すなわち〈公界〉になっていたことが大きな理由ではなかったかと考える（なお、のちには諸官衙の公領としてふたたび支配が行われるようになる）。

道の所有と利用の形態についてみておこう。

①私領として所有・伝領され、しかも私的利用に限られる場合（屋敷内通路、路地）。一条今出川西頬にあった藤原氏女の敷地は今出川に直接面していなかったため、進入路として幅一丈五尺・長さ二一丈六尺の「辻子」を設けてい

る。他者が利用しないこの辻子は、敷地と一体的に売却されている。

②私領として所有・伝領されるのではあるが、「公界の大道」である場合。「敷地、在り正倉院東上山、但し門通りの道路一丈五尺は、上下の惣道たるべきなり」(『鎌倉遺文』一二九九三)は、京の事例ではないが、参考になろう。鴨東八坂の地域にあった宮辻子は、祇園社や建仁寺、愛宕珍皇寺などの寺社の所領の住人が利用する道であったらしい。延文二年(一三五七)の珍皇寺領執行管領敷地売券をみると、

在り白川愛宕、珍皇寺より西、宮辻子南東角地、口南北拾六丈五尺〈宮辻子東西／通路加定〉、奥東西十二丈〈限る西建仁寺東築地、／同宮辻子南北通路定〉

注〈　〉は割注を示す。

とあり、当該敷地の西と北を境する宮辻子を敷地に含み、私領であることがわかる(「阿刀文書」)。正平七年(一三五二)に、建仁寺が宮辻子を塞いだために、祇園社領であることを主張する祇園社と相論になったが、祇園社が復旧工事を行った。これによっても宮辻子が寺社領などの私領であったことがわかる。おそらく交通の便を計るために、近辺の寺社がそれぞれの所領を提供して宮辻子を開通したものであろう。

「此の通路を加うる定」・「道を加うる定」というような特記文言をそえた史料は、ほとんど残っていない。このことから推せば、敷地の売買などに際しては一般に、私領に形成された道を敷地そのものから切り離したのであろう。そのような道が公界となったのである。

道と屋地の境界

平安京は四〇丈四方の街区(町)と道路の二つの要素から単純明快に構成されていた。十世紀初頭につくられた『延喜式』「左京職」の「京程」には二八丈の朱雀大路から四丈の小路、さらに街区内部の小径にいたるまでの道の幅員を記し、また大路・小路について街区との境界となる垣・犬行・溝の寸法の詳細な記述がある。これは道路幅員に応

じた築地の建築基準を定めたものであって、すべての町を垣で囲むことを規定したものではない。したがって実際にはそれぞれの町の位置やまた住人の官位などの状況にあわせて垣がさまざまであったと考えられる。

大路に面する垣、「坊城の垣」はおそらく構築されていたのであろうし、五位以上の貴族官人の四分の一町以上の邸宅でも築地を築いていたにちがいない。しかし六位以下の人々（四分の一町に満たない宅地）では築地を許されなかったから、京中の「町」のほとんどでは掘立柱塀（土塀）や板塀（拱板塀）、生け垣などの簡単な境界装置を設けていただけである。庶民の居住地域、そしておそらく平安京の南端に近くなればなるほど、公界・公領たる道と屋地との境界は、物理的にもかなりあいまいであったと推定される。

ところで、築地によって強固に隔離されている場合でさえ、道と屋地はそれほど明瞭に分節されているわけではなかった。たしかに『延喜式』のとおり、道と屋地の境は築地の中心線なのであるが、実際に道路として通行可能であったのは、幅員四丈の小路を例にとると、垣基の半分（二・五尺）と犬行（三尺）、溝（三尺）を除いたわずか二丈三尺にすぎない。いいかえれば築地から溝までの非通行部分が小路で六尺、大路では九尺に達するのである（板塀や生け垣の場合ではもっと広くなり、小路で約八尺、大路で約一二尺となる）。京中にはこうした道路としてはもちろん屋地としても使うことができない境界領域が大量に存在していたのであった。それは通念のうえでは公領・公界ではあるが、しかし共用可能な空間ではないという特殊な相をもつ。築地と側溝の間の空間は、公領かつ公界でもある道と私領である屋地とをゆるやかに結びつける緩衝空間ということができよう。建築において屋外と屋内をつなぐ縁側や土庇——日本的空間と評価される——とよく似ている。

垣・犬行・溝などの都市施設は左右京職の管理によって維持されていたが、賀茂祭などの都市祭礼化のなかで臨時に、のちには恒常的に桟敷の敷地となり、また京職の衰退につれ、しだいに無主の空地と化して自由な私的占有が行われ、小屋や畠がつくられた。巷所化の進行である。賀茂祭の行列が賀茂社境内に近づくところを描いた『年中行事絵巻』巻十六に興味深い画像がある。右端の一郭に注目すると、片引きの出入口のほか物見の狭間があいている拱板塀があり、その奥には片流れの板葺の小屋が築地に寄せ掛けられている。小屋は前面に四幅の幕を垂らし、また舞良戸をたて、内部にも舞良戸がみえるので、いくつかの室からなることがわかる。この小屋はたんなる仮設の桟敷ではなく、常設の居住可能な建築なのである。拱板塀と築地との間に立つこの小屋の敷地が屋地か、道路かは明らかでないが、いずれにしてもこれは京中の桟敷屋、また庶民の小屋の状況を示すものとして、あるいはまた条坊制の大路・小路から公界の大道へ揺れ動く一面を具体的にうかがわせるものとして参考になろう。

コラム2　京都の空間構造

日本の建築空間については、外部空間や内部空間に加え、庇や縁などまさに中間的・境界的な空間のあることがこれまでにもしばしば指摘されてきた。現代の都市空間は、ふつう外部空間としての道と、内部空間としての街区からなると考えられているが、歴史上の都市にもはたして庇や縁に似た中間的・境界的な空間があったのであろうか。

都城の空間

古代都城の空間構成を子細にみると、道路と街区の二元的構成ではなく、両者の境界に中間的な領域のあったことがわかる。藤原京では、藤原宮の外郭をめぐる大垣と外周道路との間には五六メートルにわたる広大な空閑地が設けられていた。すなわち道路に沿う幅二八メートルの空閑地、五メートルの大堀、さらに二三メートルの空閑地があって、宮城の大垣が築かれる（大官大寺にも規模は小さいが、おなじような空閑地があった）。こうした広大な空閑地はやや特殊な例かもしれないが、道路と街区のあいだに空閑地があることは、平城京から平安京にいたるまでめずらしいことではない。

平安京は、『延喜式』の京程によれば、条・坊・保・町と大路・小路、すなわち街区と道路から構成されていた。しかしそうした制度的な枠組と実態とのあいだにはかなりの隔たりがあったようである。『延喜式』では、最小規模の小路でさえ幅員が四丈（一二メートル）と規定されているが、しかし実際に通行可能な部分はその六〇パーセント弱の二丈三尺に過ぎなかった。それは築垣の基の半分二・五尺、犬行（犬走り）三尺、溝三尺が道路の両側に設けられていたからである。大路小路にともなう空閑地は、六尺から一二尺、つまりおよそ二メートルから四メートルに近い広さがあった。

聖から俗へ

このように道路でありながらも、道路の基本機能である通行・運輸さえ不可能な空間が都市内に大量に存在していたのである。これらの空閑地（オープン・スペース）は、藤原宮のように、外から穢れや疫が住まいへ浸入するのを防ぐこと、すなわち隔離を意図したもので、都城の生活に不可欠であったのかもしれない。ともかくも、空閑地の広汎な存在に注目すると、古代都城には三つの空間要素――街区と道路と空閑地――があったとみることができよう。この三つの空間要素のあいだの関係では、外部空間―道路と、内部空間―街区との対比がきわめて強く、空閑地の存在は、両者のあいだを結びつけるというよりも、街区の閉鎖性＝居住空間の閉鎖性を際立たせることになっている。

平安京から京都への発展は、都城の空間に「巷所」（道路が宅地や田畠になったところ）をつくりだした。巷所はある意味で都城の空閑地を意図的に利用したともいえるが、空閑地の規模を越えて道路敷部分を侵食したようである。この巷所は、公権力と都市住民の間にあって揺れうごき、道路でもなく、また宅地でもないファジーな空間領域であったが、やがて巷所の存在が定常化すると、道路と街区と並ぶ空間要素となった。

このような中間的・両義的な空間は、前近代の京都のみならず、おそらくは歴史都市の空間的特質の一つであったと考えられる。近代法のもとで制度的にはその両義性が解消されたものの、伝統的な町並みのなかではまだ生き続けている。

〈町〉の形成

ところで、平安京が道を主体として織り成された都市空間へと構造的に移り変わったことが重視される。十一世紀末から地点表記にみられる「室町面東頬」など、面《おもて》と頬《つら》の表現もその変質を示す指標の一つである。オモテの一筋の道に正面を向け、道のツラ、両側に列をなして家々が並ぶ都市状況を端的に示している。都市空間がオモテとツラの二つに分節化されているようにみえるが、そうではなくてオモテの観念には当然の存在としてツラの背後に茫漠と広がるウラの空間が想定されていると考えたほうがよい。

道を生活基盤として線形に地域空間が形成される集住形態――〈町《ちょう》〉とよばれる――が、京都では社会的に広く定着していた。このような〈町〉の形成は、平安京に固有の都市的発展の成果ではなく、おそらくは全国各地の都市的な場においてみられた普遍的な現象であろう。この意味では平安京の変容とか、中世京都の成立と表現される事象は、都城の和風化であり、またヴァナキュラー（土着的）な生活空間への変容であったといえよう。

〈町〉の空間志向

こうした〈町〉の空間形成の方向として、オモテの道に対する関係から三つの基軸、すなわち並行軸と直交軸と垂直軸とを想定することができよう。ただ、第三の垂直軸は、日本の都市社会においては住居空間の型としても、住居集合の型としても発展しなかった

第一の並行軸は、住居集合の形成原理となった。等質の家屋・宅地が連なり並んで、水平性・均質性を基調とする社会をつくり、そうしたありかたは「町並み」と表現された。第二の道に直交する軸は、オモテの道からの遠近に応じた層序的構造〈オモテ―ナカ―ウラ・オク〉をもたらし、住居空間の形成原理となった。道に面した生業の空間＝オモテと居住の空間＝ナカに対し、より注目されるのは後背地の空間利用であり、それはウラ借家やオク座敷、侘数奇の草庵などの営まれる場となった。ウラは〈町〉の社会構造を、オクは〈町〉の文化構造を反映したのである。

戦国期の〈町〉衆がきわめて狭隘な敷地の奥に創造したのは、「市中の山居」、「市中の隠」という環境造形の理念によって、山里の閑寂な風景を擬構（シミュレート）した人工の自然、すなわち虚構の自然である。奥の空間は、時間的・空間的に遠く隔たった、また目に見えない所であり、ふつう時間的に現在から遠い先のことを意味し、過去の意には用いないというが、ノスタルジーを漂わせる侘数寄の造形が象徴するように、町家のオクは、現在でも未来でもなく、

過去に向いており、オクの空間は二重の虚構によって演出されていた。

マチとムラ

前近代京都の都市空間と住居においては、〈オモテ―ナカ―ウラ・オク〉という三元論的空間構造が入れ子構造になっているようにみえる。そしてこの空間構造は、ムラの「共同体の原風景」の構造とも共通するらしい。都市のなかにムラ「共同体の原風景」の空間構造をもちこんでいるのであり、日本の都市の農村的性格を示すものであろう。

第一部　海の「京都」の空間構造
——土地と社会と空間形成

上京の中心市街（上杉本洛中洛外図屏風）

第一部　はじめに

第一部「海の「京都」の空間構造」は、「空間構造」という共通テーマのもとに、日本の首都である京都、そして琉球の首都である首里、首里と一体的な関係にあり首都機能を分担する海港・那覇を検討対象とする。日本の京都は最大の公武寺社権門〈境内〉都市、首都として日本中世都市の類型のなかで独自の位置を占め、一方、琉球国中山王の〈境内〉都市、首里も十五世紀から十九世紀まで王国の首都、王権の拠点であった。ただ、首里はそれ自体が京都のように経済的基盤として国家や王権を支える都市ではなかったから、海外貿易や外交などの機能を担う都市・那覇が不可欠であった。首里と那覇は都心と副都心の関係とみることができよう。

同じ海の「京都」とはいえ、京都と首里のあいだには歴史や文化、人口の構成と多少などのちがいは少なくないが、ここでは大造営、都市整備、都市開発など共通の視点から王権による都市形成（まちづくり）と空間構造を具体的に明らかにし、日本と琉球の中世都市の特質を探る。

京都と首里の人口：十五世紀、京都は十数万人、首里は六千人ほどという。また首里は王家をはじめ王子・按司などの上層階級、士《さむらい》が居住する都市であったのに対して、京都は天皇や公家、将軍と大名以下の武士、寺社家、商工業者などの民衆が混住する都市であった。

なお、各章は個別のテーマをもった論考であり、それぞれの結論はその章のなかで示しているが、全体として興味深く重要な点を第一部「おわりに」にまとめていることを付記しておきたい。

Ⅰ　京都

第一章「中世の巨大都市・京都——空間構造と社会」は「Ⅰ　京都」の序説というべきものであり、続く第二章「日本中世の「王都」」は公武権門の京中と京外の権門拠点に着目して王権と都市形成のかかわりを考える。それを踏まえて、第三章「足利義満の「王都」——大規模開発と地域空間形成」は場所性・象徴性・重層性を念頭に置きながら、足利義満の大開発による中世的な「王都」の姿をヴィジュアルに提示する。公武寺社権門の統一を志向する義満、明から冊封された「日本国王」義満の「王都」は、中世権門体制の都市的表現であり、また義満の中世首都空間システム（室町殿レジーム）の表現でもあり、大きな画期をなすものと言えよう。

ついで第四章「中世「王都」の解体——上京の地域形成」と第五章「織田信長と京の城——近世都市・京都へ」は、戦国期における「王都」の変容（室町殿レジームの解体）、そして織田信長の京都再統合（近世首都空間システムの導入）を検証する。これら三章は秀吉による京都大改造の歴史的な前提というべきものであり、とくに場所性・象徴性・重層性の継承を確認する意味を併せもっている。第六章「豊臣秀吉の「王都」」は、軍事力による天下統一を志向する豊臣秀吉の大開発・大造営、近世的な「王都」への再編を具体的に検討し、近世首都空間システム（聚楽第レジーム）の確立を総括するとともに、義満の「王都」との対比によってそれぞれの特質をより鮮明にする。

以上と視点を変えて〈町まち・ちょう〉を中心的な論点とするのが以下の章と小論、コラムである。第七章「京・まちづくり史」はまちづくりという現代的な視点から都市民による〈町まち・ちょう〉の形成史を概述する。第八章「生業と地域空間形成」は都市民衆の側から商いと市の空間・施設を切り口として中世的な都市空間の特質を論じる。そして小論と四本のコラムがこれら二つの章を補う説明となっている。

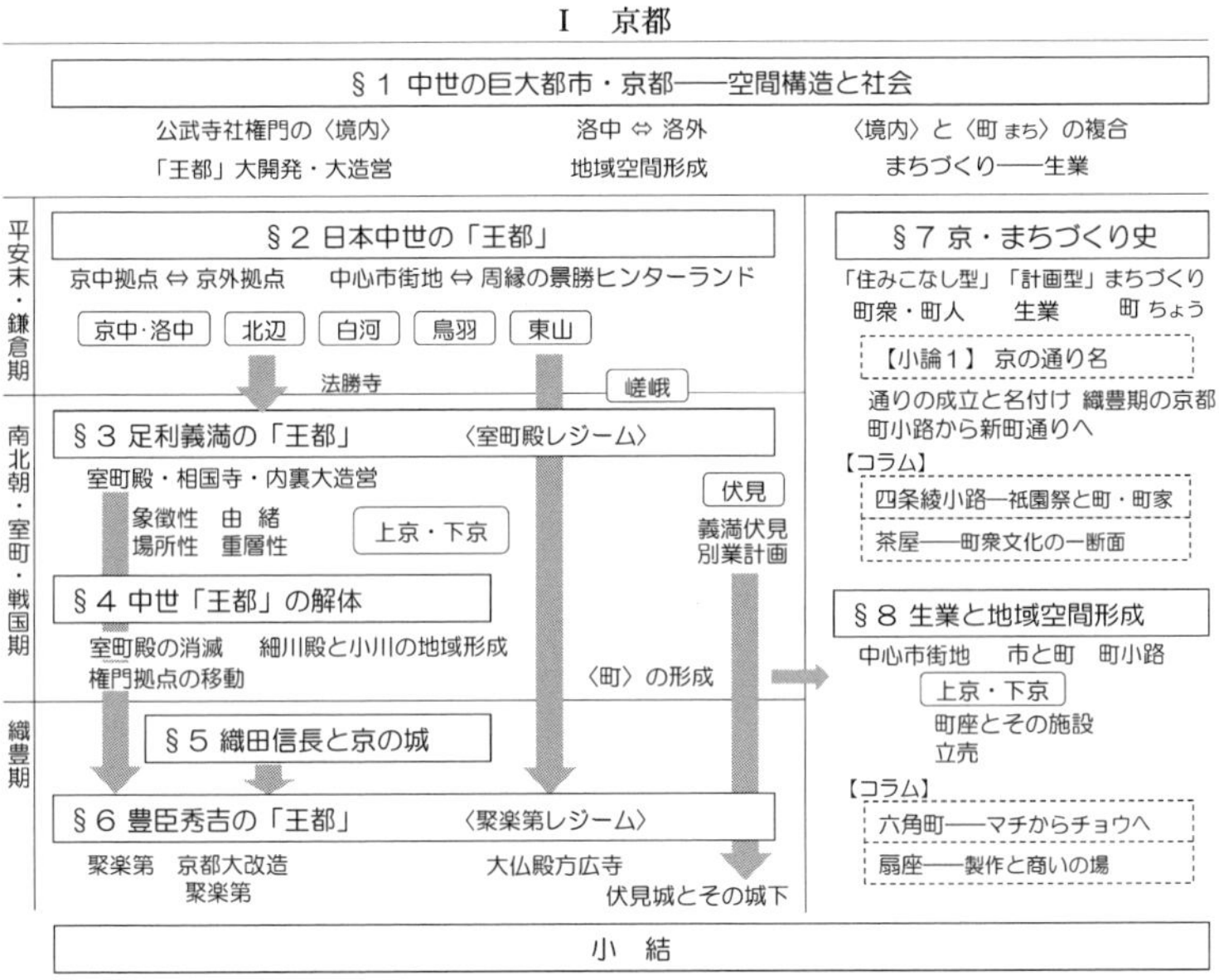

図13　第一部Iの構成

「王都」：国政の実権を掌握した公・武などの権門の拠点——摂関家の邸第、院御所、幕府など——を中核に形成された王権と深く関わる都市社会＝空間。

巨大都市：現在、人口一〇〇〇万人以上のメガシティが二六都市ある。巨大都市の概念は歴史的であり、近世では人口一〇〇万人超、中世では一〇万人超と考えてよいであろう。西洋中世において一〇万人を超える三つの都市、ヴェネツィア、パレルモ、パリは「世界都市」と呼ばれていたという。

　これにしたがえば、京都は「世界都市」であり、首里は一般的なヨーロッパ中世都市の規模ということになる。

Ⅱ　首里・那覇

「Ⅱ　首里・那覇」の各章は、琉球王国の成り立ちから自ずと日本・明・朝鮮など東アジア諸国との対外関係・文化交流という視点が基底にある。歴史的そして地域的な視点からの検討もあわせ、第二部「海の「京都」と自然」の「Ⅱ　首里・那覇」の中心テーマである八景と十境を理解するための準備的な作業ともなっている。

冒頭の第八章「「王都」首里の大規模開発」は、琉球王国の成立にともなって実施された首都・首里の大造営を眺める。そして史料不足という大きな制約を克服すべく鐘銘を同時代史料として活用することを試み、王朝（第一・第二尚氏王朝）と琉球王国を支えた禅宗寺院や禅僧を詳細に検討する。第九章「「浮島」那覇の造営と地域形成」は、東アジア海域世界のなかで都市（さらには国家）の形成を考える立場から、第一尚氏王朝の尚巴志による新たな都市と港湾施設の造営（都市那覇の成立）、那覇の地域的展開を論じている。琉球史あるいはその都市形成史の基点ともなる主題を扱うこと、また伝承や誤解などに起因して史実が判然としないことなどのため、丹念に事実関係を実証する作業が必要であり、以下の三つの章は各章本来の目的とともに、そうした役割ももっている。

第一〇章「那覇の三つの天妃宮――成立と展開、立地をめぐって」と、第一一章「波上権現護国寺の再興」、付章「補陀落渡海僧日秀上人と琉球――史書が創った日秀伝説」は、中国の天妃信仰や日本の熊野信仰・真言宗など外来信仰の伝来、そして天妃宮や権現宮の成立・展開、さらに外来信仰と国家・王朝との関係などを追究している。天妃宮は一般に中国人移民・植民による都市形成（いわゆる中華街など）の核として重要な意味を持ち、中世都市那覇においてもそれは同様である。ちなみに首都・首里では禅宗寺院以外の宗教施設はきわめて稀にしか許されなかった。

「Ⅱ　首里・那覇」では古琉球史料の限界から国家や王朝の視点、つまり〈境内〉の視点に拠らざるを得なかった。〈町〉の視点からの検討は、きわめてわずかながら本書「はじめに」の第二節「東アジア中世の「京都」」に記述がある。

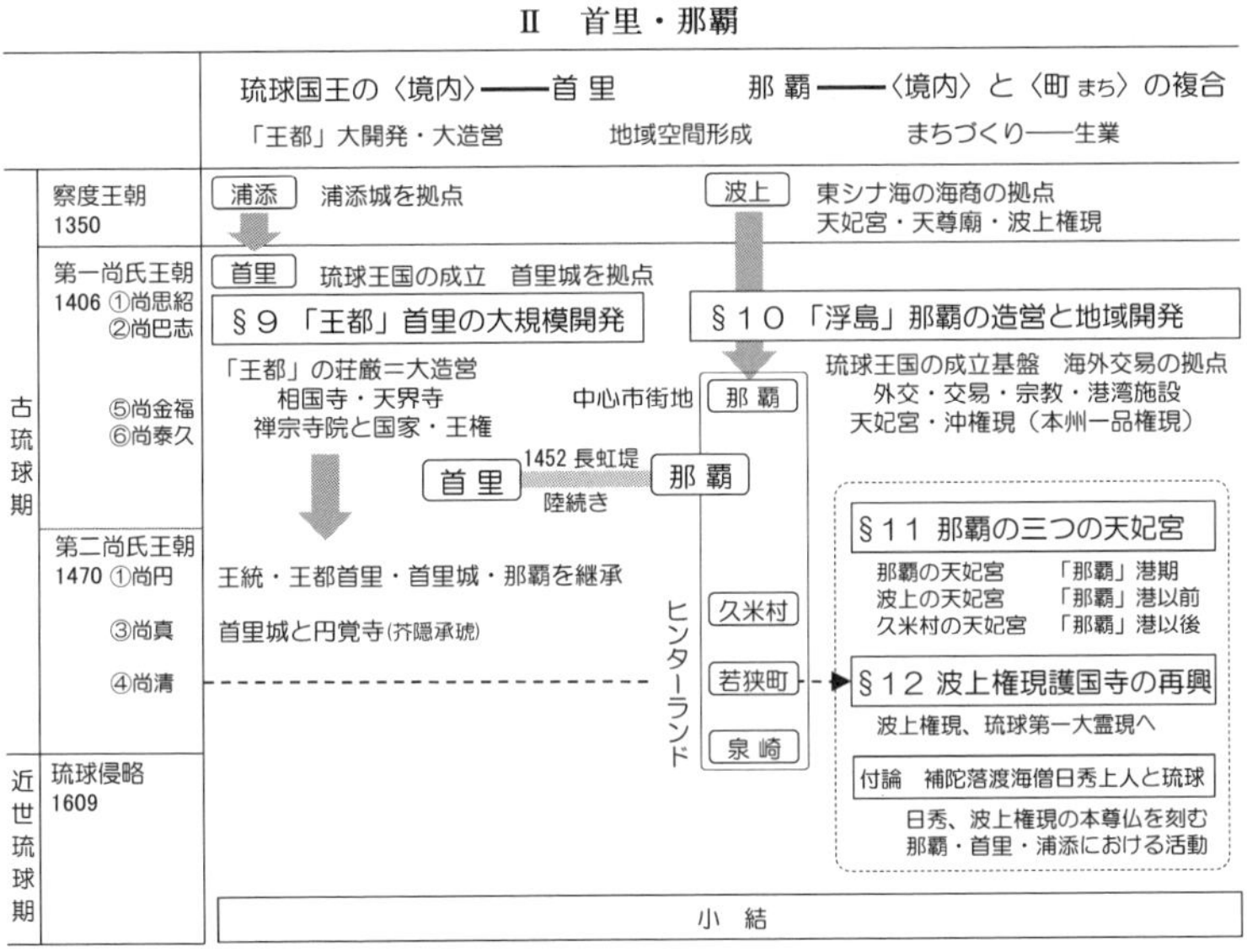

図 14　第一部IIの構成

首里のコスモロジー：風水による見立てから実際の方位を右に九〇度回転させている。このようなコスモロジー観念・空間概念は中世、十五世紀なかばにまで遡るであろう。風水、四神相応の観念は首里城と王宮の創建当初から強い影響を与えていたようである。

　日の出の方向・東（アガリ）と日の入りの方向・西（イリ）、すなわち東西の軸もまた琉球の太陽信仰に由来する重要な意味をもっていた。伝統的・固有の方位観と外来の方位観が重層しているのである。

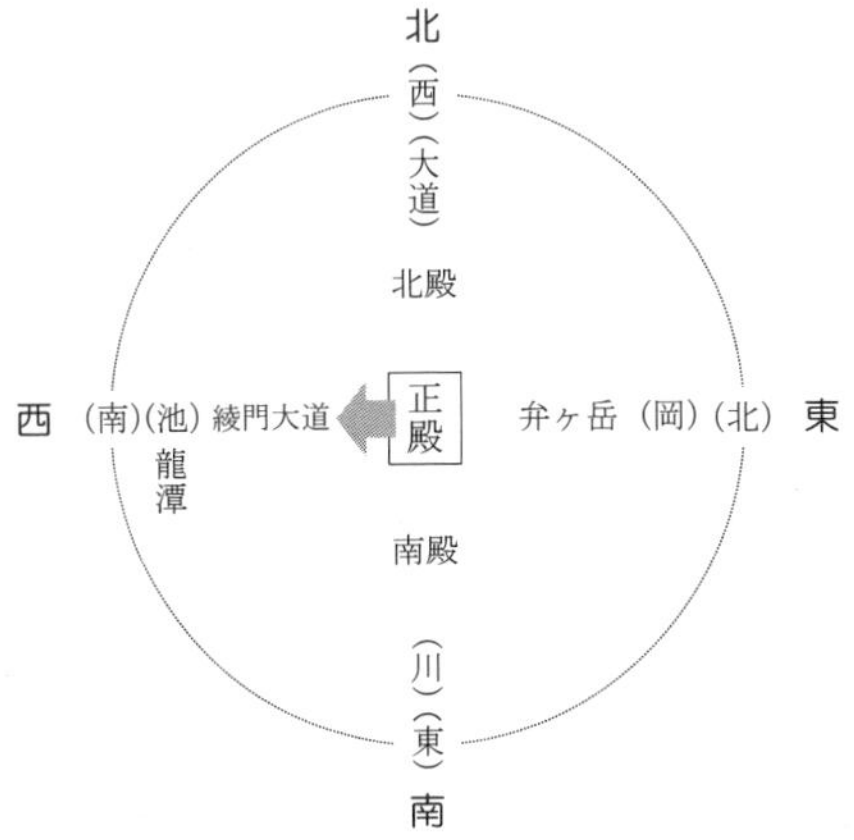

※（ ）内は四神相応の占地を示す。

近世琉球の都市：「町方」と呼ばれ、「首里三平等」（真和志・南風・西の三つの平等《ひら》）、「那覇四町」（東・西・若狭町・泉崎の四つの村）、「久米村」、「泊村」である（村は行政上の呼称）。町方はもともと士《さむらい》の居住地であったが、商人や職人、下働きなどの人びとも居住が許された（「町百姓」）。

町方のうちサンゴ礁の島、那覇に立地するのが東・西・若狭町・久米村である。古琉球の時代の那覇島には那覇（近世の東・西にあたる）と若狭町・久米村・波上などがあった。琉球史の先達、東恩納寛惇によると、広域の那覇を「ナーファ」、狭域の那覇を「ナファ」と明確に呼び分けていたという。

I　京都

第一章　中世の巨大都市・京都——空間構造と社会

室町期、とくに十五世紀前半の京都の空間構造と社会について総括することが本章の課題である。(1)あらためて述べるまでもなく、室町期京都は、上京・下京からなる「洛中」を中核として、新興市街地の嵯峨など「洛外」の多くの都市的な集落と密接な関連をもって成り立っていた。複合的・多元的・散在的な構造をもつところに室町期京都の最大の特質があるといってもよい。したがっていわゆる「多核複合都市」京都の全体像を問題とすべきであるが、本章ではそうした京都像を検討するための前提作業として、京都の中核をなす「洛中」に重点を置いている。「洛中」と「洛外」の関係とその特性、構造については、次章や結章第三節・第四節などにおいても言及する。

一、室町期京都の特色

1　首都

南北朝の動乱のあと、京都を拠点とする室町幕府が成立し、守護大名と武士団が入京、居住した。公武寺社権門の本拠地となった京都は、日本の政治・経済・文化・宗教の中心として、名実ともに首都たる地位を回復する。こうして首都・京都は、その人口が公武寺社五万人、庶民五万人、合わせておよそ十万人を超えるという、世界的にみてもまれなほどの発展を遂げた。巨大な人口を背景として、京都は、公武寺社・衆庶の人々、また都鄙の人々の活動と交

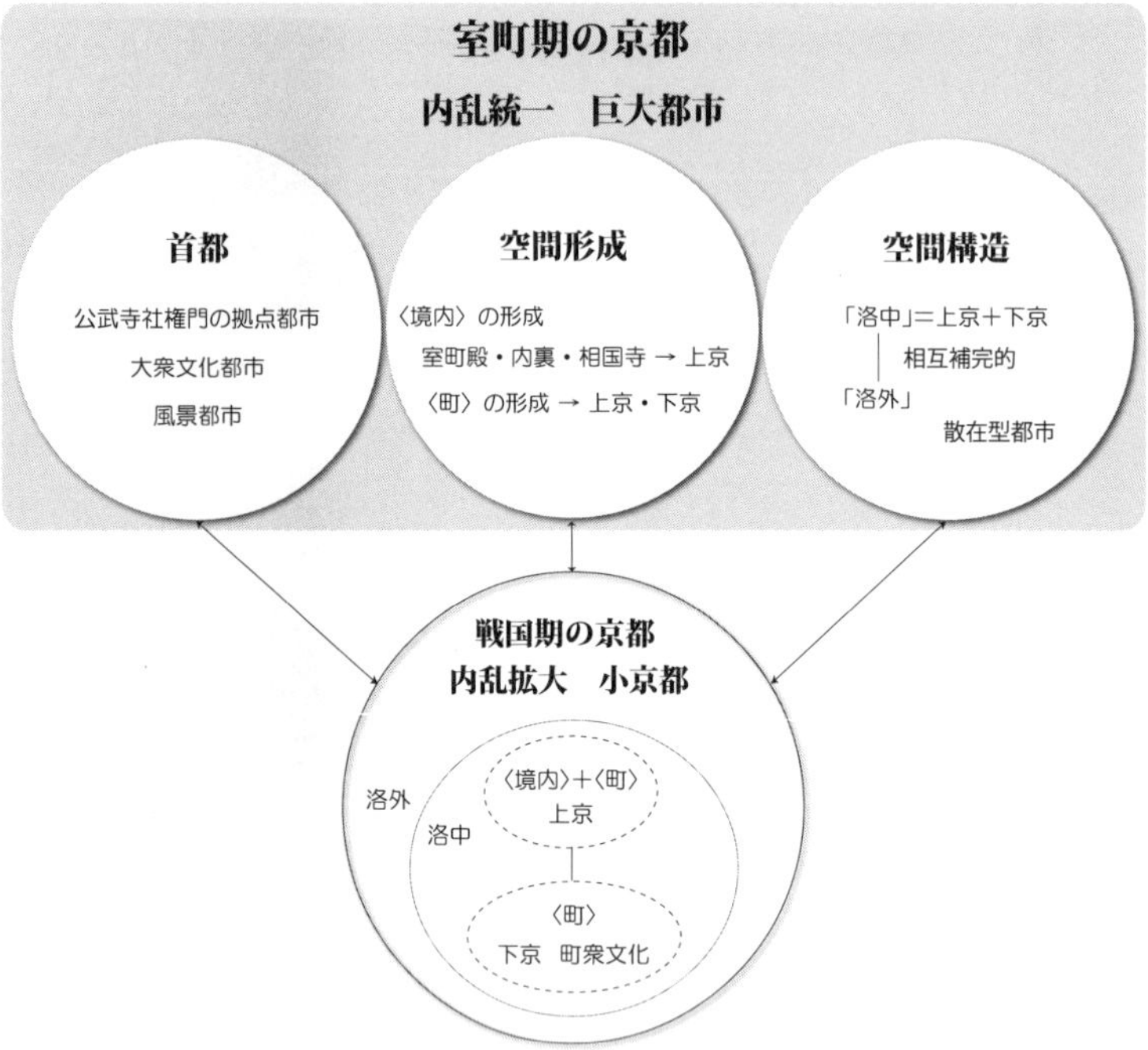

図 15　本章の論点

流の場となった。

社寺参詣の盛行ともあいまって、東山・北山・西山などの豊かな自然に包まれて歴史と文化と宗教を体現する名所を訪ねる物見遊山が流行した。観光都市としての色彩が濃くなり、洛陽三十三箇所観音霊場・七仏薬師・六地蔵などのように、名所のネットワーク化も行われる。

「十境」や「八景」など、中国から将来された新しい環境造形理念が広く普及し、定着した。それに加えて、王朝時代以来の文化的伝統は、繁華な市街地のなかに「山中の趣」をもつ閑寂な生活空間を創り出した。「市中の隠」や「市中の山居」が巨大都市に生きる住民の共感を呼び、また喫茶の大衆化によって茶屋が流行した。このように、戦国期における「下京茶湯」などの町衆文化の興隆を予期させる状況が生まれたことは興味深い。また祇園会が都市民衆ないし「町」＝地域生活空間を母体とした祭礼にかわったことも、下京の都市空間の構造変化を規定す

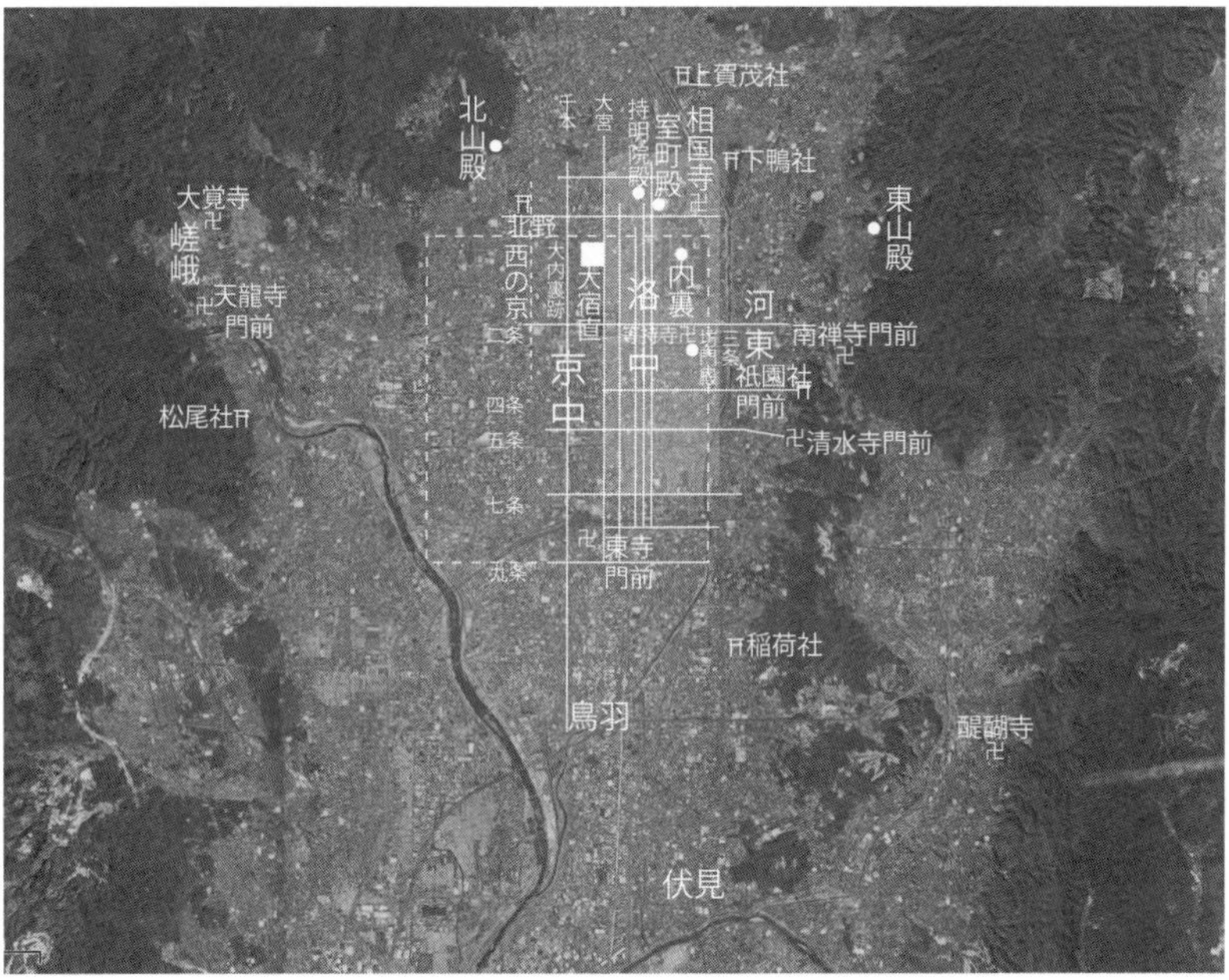

図16　室町期京都と現在の京都市街地

るものとなった。

こうした首都・京都のさまざまな特質は、武士や商工業者による地域間の絶えざる交流を通じて、地域文化や領国文化の形成に多大な影響を与えた。

2　白河と嵯峨と上京

暦応五年（一三四二）年三月二十日、鴨東白河の地を占めていた院政政権のシンボルというべき法勝寺、この南都の東大寺に匹敵する壮麗な大伽藍が、創建以来最大の火災にみまわれた。高さ八〇メートルを越え、白河のランドマークとなっていた八角九重塔をはじめ、金堂以下ほとんどすべての堂宇が焼亡してしまったのである。(2) 法勝寺は白河天皇が四海の泰平を祈り、また百王の安全を得るために建立した霊地と考えられていた。法勝寺の焼亡が公家にとって「天下之重事、愁歎無極者」であったのは、それが公家の衰微の前兆とも感じられたからであり、事実、かつては「京・白河」と並び称された白河も、しだいに衰退していった。

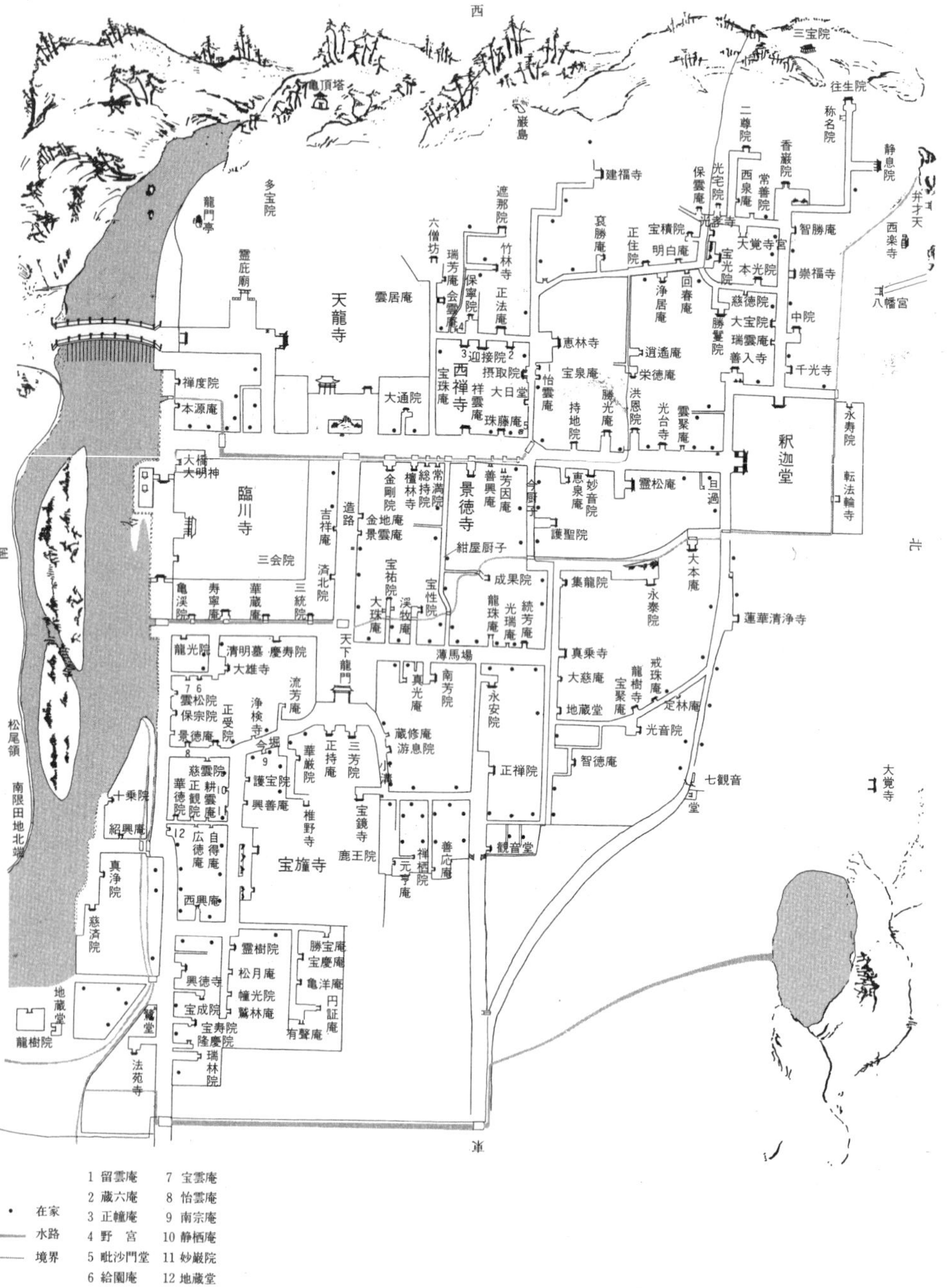

図17　室町時代の嵯峨を描いた「山城国嵯峨諸寺応永鈞命絵図」

一方、法勝寺の焼亡から七日後、洛西嵯峨において天龍寺の礎始めが行われた。足利尊氏と直義は、暦応二年（一三三九）に夢窓疎石の勧めによって後醍醐天皇の菩提を弔う勅願寺として天龍寺を創建し、主要な堂宇が完成した貞和元年（一三四五）に落慶総供養を行った。天龍寺の造営は、仏法と王法の興隆を目指し、また初期の室町幕府の宗教政策を反映したものであろうが、それは結果として、嵯峨の地域的な発展をもたらす大きなきっかけとなった。院政期の白河の発展に匹敵する都市的な発達が、京の西郊で進行することになったのである。室町時代における新たな都市域の形成として注目したい。

夢窓疎石が落慶供養の翌年、貞和二年に選定した「天龍寺十境」は、普明閣・絶唱渓・霊庇廟・曹源池・拈華嶺・渡月橋・三級岩・万松洞・龍門亭・亀頂塔という、十の境致からなっていた。それぞれ天龍寺の山門、大井川、鎮守八幡宮、方丈集瑞軒の庭、嵐山、現在より一町ほど上流にあった渡月橋、嵐山の音無瀬の滝、門前の老松の並木、音無瀬の滝に向かう河畔の茶亭、そして亀山の山頂にあった宝塔のことである。

亀山や嵐山、大井川などまわりの自然を取り込んだ、壮大な「天龍寺十境」は、まもなく『太平記』にも取り上げられ、名所として広く知られるようになった。新都市たる嵯峨は、豊かな自然に包まれ、かつ王朝以来のいくつもの名所を内包していたのである。京都において開花した禅宗文化は、八景や十境、眺望といった新しい環境デザインを、禅寺はもとより、公家や武家、そして庶民の住まいにまで、また洛外の名勝の地から洛中の市街地にまで、広くもたらすことになった。

足利義満は、明徳三年（一三九二）に法勝寺を勝るとも劣らない巨大な伽藍相国寺を、花御所・室町殿の東、賀茂川の西の地に完成した。かなり遅れて応永六年（一三九九）九月に完成した相国寺七重大塔は、高さ三六〇尺といわれ、法勝寺八角九重塔の高さ二七〇尺（推定）をはるかに越えている。義満がみずから主催して盛大に執り行った落慶供養の法会は、天皇が中心となって行われる御斎会に準じたものであったという。義満の相国寺には、白河天皇の法勝寺と共通する点や、対抗しようとする点が認められる。義満は白河院政を凌駕しようとする意志のもとに相国寺を建設したといえそうである。

この七重の塔は、相国寺境内のなかに立地していたのではなく、上京の入口に聳えたっていた。伽藍のなかにあって寺観に威容を添えることよりも、義満と室町幕府の権威を京の内外に誇示することを意図したからであろう。相国寺七重大塔は、室町幕府政権の拠点としての地位を獲得した上京の、その地域的性格をもっとも端的に示すランドマーク的な存在であった。

3　喫茶の流行と町角の茶屋

人は喜びて茶をすする。路傍に茶店を置きて茶を売る。行人銭一文を投じて一椀を飲む。

申叔舟『海東諸国紀』

南北朝期には、連歌や田楽とならんで茶の寄合が流行していた。建武三年（一三三六）に足利尊氏は、「或いは茶寄合と号し、或いは連歌会と称して、莫大の賭に及ぶ」ことを禁じている（『建武式目』第二条）。この茶寄合は、「異国本朝の重宝を集め、百座の粧をして」、豪華な景品を賭けて茶の品種を当てることを競う、いわゆる闘茶の会であった。こうした「茶寄会」では、「会所」や、眺望を楽しむ「喫茶の亭」、築山や池泉など、奥向きあるいは山水向きの施設が、権門相互間の交流や娯楽を支える重要な場としての役割を果たしていた。

一方、喫茶が大衆化したことを背景に、東寺や祇園社など有名な寺社門前や行楽地には数多くの茶屋がつくられ、また町の中を「一服一銭」の振売りが歩きまわっていた。さらに注目されるのは、洛中を往き来する人々に茶を飲ませる街角の茶屋（「喫茶店」）が生まれていたことである。(3) 土御門烏丸の南西角、すなわち内裏のごく近くにも茶屋があった。享徳四年（一四五六）には、祇園社の犀鉾神人が、四条猪熊と堀川との間にあった家の前、川の上に差掛けの茶屋を建てた。

町角の茶屋は、たんに茶を飲む店というだけではなかった。町人の集う空間、茶を介した都市民衆の交流の場であった。茶屋は、もちろん茶を出したが、団子や餅のような食べ物、また酒をも供したらしい。「鬮取り」や「博奕」の賭場になった茶屋もあった。さらに茶屋には客に酌や給仕をし、遊び相手となるような女もいた。都市民衆による都市民衆のための娯楽・社交施設の流行は、京都の巨大都市性を明瞭に示すものである。

二、室町期京都の空間形成

都市を構成する社会階層は、その社会階層に固有の空間志向をもっている。室町期においては、公武寺社権門と都市民衆のそれぞれが都市＝「洛中」を形成する主体であったといってよい。そして前者が〈境内〉、後者が〈町〉という空間の形成を志向していた（表3）。

1　〈境内〉の形成

洛中洛外の土地は、荘園領主である公武寺社などの諸権門の手に集中していた。したがって、洛中洛外の空間形成が、大きく公武寺社権門の動向に左右されるのは当然のことであった。権門の本拠地を中核とし、かつ領主権門によって直接に住民支配の行なわれる地域空間、つまり〈境内〉が、洛中洛外の地域的展開に重要な契機となった。洛南には大荘園領主東寺の〈境内〉があり、右京の北部には北野天満宮の門前集落「西の京」があった。また鴨東では祇園社や吉田社・清水寺・建仁寺などの寺社門前の町々が発達していた。洛西の嵯峨も、天龍寺や臨川寺、宝幢寺、清涼寺などを中核に新興の都市として繁栄していた。

こうした洛外寺社門前における都市的な集落は、寺社〈境内〉の状況を具体的に示している。とくに東寺〈境内〉は、寺社権門の〈境内〉としてきわめて典型的な構造をもっていた。北は八条、南は九条、東は大宮、西は千本（朱雀）の範囲の敷地が、東寺の根本所領であるが、南方の金堂や塔のある「伽藍」を中心として、その北に院や坊のある「寺内」、さらに北方に百姓や商工業者の住む「境内」がある。言い換えれば、〈境内〉を「伽藍」―「寺内」―「境内」という形に分節している。これが〈境内〉の基本的な特質である。東寺では室町期から〈境内〉全体を囲む「惣堀」を構築しており、要害の装置で物理的にも明確に〈境内〉を限っていた(4)。

一方、東寺が洛中に多数の散在所領をもっていたように、洛中では権門の一円所領と散在所領が混在していた。複雑に交錯する支配関係により、洛中の空間形成もまた、複雑多様であり、複合的であった。

足利尊氏が建武元年（一三三四）に京都を本拠地として室町幕府を開創したことは、京都にとって重大な意味をもった。連合して幕府を支えた守護大名も、京都に本拠を構えることを原則としたため、京都にはあいついで大規模な武家邸宅がつくられることになる。

室町幕府＝将軍御所の所在地は、始めから一定していたわけではなかった。尊氏は押小路高倉邸、二代義詮は三条坊門殿（姉小路北・万里小路東、下御所）を用い、下京を拠点とした。これに対して、三代義満は、三条坊門殿を引き継いだものの、平安京外の北小路室町に室町殿（花御所、上御所）を新造し、上京に本拠を据えた。三条坊門殿から室町殿へ拠点を移した義教以後、ほぼ上京に定まったのである(5)。

在京武士団の居住形態は十分には明らかになってはいないが、おおよそ将軍御所を中核としてその周辺に集住したと考えてさしつかえない。十五世紀前半、六代義教の時代は、幕府体制の確立した時期にあたるが、義教が三条坊門殿から室町殿へ御所を移転するに際して、「大名・近習宿所の地」が問題になった。義教らが談合した上で指図を作成し、かれらの名を書き込んでいるが、これは室町殿周辺の土地を計画的に守護や奉公衆（直轄御家人）などに配分したことを示唆している。[6] 八代義政も奉公衆のための屋敷地開発を大規模に行っており、幕府の所在地＝将軍御所の移動にともない、近辺の土地を収公して武士団を集住させるのが慣例となっていたということができる。[7]

一方、公家勢力の拠点であった内裏は、南北朝の対立がはじまってまもない建武四年（一三三七）に土御門東洞院の地に移り、その後応永八年（一四〇一）の再建にあたって方一町の敷地規模に拡大された。この土御門東洞院内裏は、その後明治維新にいたるまでの間、およそ五百年という長期間にわたって、天皇の居所、ひいては公家の中核として存続したのである。

要するに、室町殿と内裏という二大権門が、特定の地域、すなわち上京に並び立つことになった。室町殿そして内裏の存在と安定が地域形成の核、求心力となって、周辺に公武諸家の邸宅や寺家（たとえば三宝院門跡の洛中里坊など）、さらにそれらの被官の屋敷などが集まり、「武家地」・「公家地」ともいうべき状況を呈した。同じように商工業者も引き寄せられて〈町〉を形成した。室町期の居住形態は、近世の武家地や公家地のように身分的に規制されてはおらず、さまざまな身分・職能の人々が混住していたのが特色である。戦国期に、幕府近辺の立売四町や禁裏近くの「六町」のような地域が形成される基盤が整った。

将軍の御所の立地についてかんたんに触れておきたい。初めて上京に邸宅を構えたのは、義詮であり、一条北辺つまり平安京外の地に山荘を営んでいる。室町幕府の早い時期から将軍が本拠としての本所御所と京外の山荘御所とを合わせ営んだことが注目される。

義満は、崇光院の仙洞御所ともなった義詮の上の山荘を入手し、永和四年（一三七八）に南隣りの菊亭家の屋敷跡地を合わせて大規模、かつ本格的な将軍御所＝花御所、室町殿を営んだ。このとき義満は、武家の頂点に立つとともに、公家の頂点にも近い立場にあり、将軍である公卿として上京の室町殿を本拠としたのである。下御所の三条坊門殿は、放棄されたのではなく、その後も将軍御所として用いられていることに留意したい。

義満は、応永元年（一三九四）に太政大臣となり、直後に出家しているが、その後しばらくして洛中から離れた形勝の地に山荘、北山殿を営んだ。もちろん、この北山殿はたんなる山荘ではなかった。将軍を引退し、また太政大臣も引退してはいるが、しかし実際には公武双方の権力を一手に掌握した立場にあったし、また義満の妻日野康子は准母となっており、ある意味で天皇の父というべき立場にもあった。「日本国王」にふさわしい天下支配の本拠、ないしは「治天の君」にふさわしい「院御所」として北山殿を構えたのである。義満の念頭にあったのは、洛外の風光明媚な地に営まれた、大覚寺殿や持明院殿などの本格的な院御所であったにちがいない。

義満の室町殿・北山殿は、武家の御所の重要な先例として、おそらく二つの意味が引き継がれた。一つは、「洛中」に御所を営み、天皇の行幸を迎えるということ、また「国王」的な立場で天下を支配するときには、天皇の在所である洛中を離れて本拠を構えるということである。戦国末期から近世初期にかけて営まれた、織田信長の二条御所と安土城、豊臣秀吉の聚楽第と伏見城、徳川家康の二条城と伏見城など、天下人の拠点の立地にそれがよくあらわれているように思われる。

2　〈町〉の形成

公武寺社権門の〈境内〉と都市民衆の〈町〉は、たがいに深く係わり合いながら、洛中を形成した。とくに京都の北半部に室町殿・内裏が立地したことが、地域空間の分節の大きな契機となって、政治機能を担う上京と、経済・流通機能を担う下京という、性格の異なる二つの地域へと発展していく。

権門〈境内〉の上京に対して、下京は、平安京以来の道を基盤として都市民衆の住居が成り立っている〈町〉である。もちろん下京にも武士の集住地がありはしたが、義教の移転政策によって相対的に武士の比重は低下したにちがいない。こうして下京でもっとも重要となったのは、商業的な機能を果たす場所、〈町〉である。町小路を基軸として、三条、四条、五条、七条などの大路との結節点である辻の周辺が繁華な商店街となった[8]。

祇園御霊会に山や鉾を出す地域は、下京の中核部分である祇園社の祭祀圏（二条以南、五条以北）のなかでも、とくに富裕な商工業者の集住する地域をあらわしている。そこに酒屋や油屋などの分布状況を重ね合わせると、特異な分布形態があらわれてくる。南北に走る室町小路と町小路、東西に走る四条大路と錦小路に沿って分布し、とりわけ四条町の辻をかなめに北と東、つまりLの字の形に集中している。逆にいうと、L型の隅の部分、この下京の中核地域の東北の部分には土倉・酒屋の分布が少ないし、山鉾も拍子もひとつとして出さない地域が広がっている。ここがおそらく武士の集住地なのであろう。すなわち、下京の繁華な市街地の形成は、平安時代以来の商業地域の発展と祇園社の祭祀圏、鎌倉時代以来の武士団の集住に規制されているようである。

下京の町の姿を示す新史料である文正元年（一四六六）「五条町前後八町地検帳」と文明九年（一四七七）「五条町前後八町地検新帳」は、南は五条大路、北は高辻小路、東は室町小路、西は西洞院大路に限られた地域「五条町前後八町」における屋地の間口と奥、地子銭の収取の仕方、屋地の請人の名などをあげており、室町期と戦国期の五条町周辺の状況を教えてくれる[9]。

室町期の「五条町前後八町」では、街区の奥まで四面の宅地に取り込んでおり、ほとんど中央に空地はない。町小路と五条大路との辻の北にあるこの地域は、平安時代以来繁華な市街地であったとみられるが、この史料はその点を明確に示している。というのは、地子銭は、室町期においてはふつう「二季」、すなわち夏冬二回納める例が多いが、ここでは二季のほかに、四季・月別といった記載がある。地子銭の収取形態が多様であることが特色といってよい。近世初頭の姉小路町の事例[10]から推察して、この地域が市の場であること、その様子や特性、土地利用のありかたを示しているようである。つまり、「五条町前後八町」は〈町〉であったと解釈される。

ところで八つの類のなかで、地子銭収取の記載が二季だけになっているところが二ヶ所ある。西洞院面東頬と、高辻面南頬（町西洞院間）である。ここでは商業活動がそれほど活発に行われていなかったらしい。この二つの頬は、応仁の乱後になると、ほとんどといってよいほど屋敷がなくなり、家並みが消えてしまう。しかし、特殊な事情があったと思われる町面東頬を除いて、そのほかの〈町〉的であった頬では、応仁の乱後も家並みは引き続き存在しているし、室町面西頬はいっそう高密化している。

都市民衆による〈町〉の形成には、もう一つ、注目される動きがあった。荒れ果てていた大内裏の中に人家が営まれ、官衙跡が市街地化したことである。「大宿直」の地域には、かつては官衙工房である織部司に属していた織手が数多く居住し、機業者の座、すなわち大舎人座を形成した。この地域こそ、京都の伝統産業である西陣機業の母胎となったのである。[11]また、千本の二条と冷泉の間に、酒屋が四軒ほどあるのも注目される。朱雀門の北の辺りに市街地が生まれていたのである。

平安宮内の地は、即位儀礼や大嘗祭などの儀礼空間として用いられている。即位儀礼は、鎌倉時代の後鳥羽天皇以後になると、大内裏内の太政官庁で行われたが、室町期においても、応永二一年（一四一四）の稱光天皇、永享元年（一四二九）の後花園天皇、寛正六年（一四六五）の後土御門天皇などの即位に際して、太政官庁が即位儀礼の場として使われた。また永享二年（一四三〇）に行われた大嘗祭に関連して「龍尾道」の記述があり、当時においても大極殿の前に龍尾壇が残っていたことがわかる。[12]

また、神祇官庁には八神殿が残っていた。正長元年（一四二八）以来、京郊村落の徳政一揆が頻発したが、嘉吉元年（一四四一）九月の土一揆では、「東寺執行日記」に「西岡衆二三千人ハ官庁・神祇官・北野・ウツマサ寺籠[13]」とあるように、東寺や広隆寺、北野天満宮などの寺社と並んで、太政官と神祇官の官庁に土一揆の衆が立て籠った。太政官庁と神祇官庁は、宗教的に大きな意義のある場所となっていたようである。

三、都市空間の形態と構造

1 「洛中」

「京都」とは、「洛中洛外」、「洛中辺土」などとよばれる地域の総称である。たんに中心市街地や都市的な領域だけをいうのではなく、東山・北山・西山などの三山に囲まれた、鴨川以東や一条以北、西の京、嵯峨などの周縁地域を広く含む概念である。室町期の「京中」・「洛中」は、どのような地域をさしていたのか、都市的な場の広がりや構成を調べてみたい。

京都（平安京）が洛陽・洛中など、「洛」を冠してよばれるのは、平安時代初期、嵯峨天皇の弘仁年間（八一〇～二四）に中国・唐の都城の名に因んで左京を洛陽城、右京を長安城と名付けたことに由来する。洛陽・洛中とは、ほんらい左京（一条以南・九条以北・朱雀大路以東・東京極大路以西の地域）をいう。ただ、右京が早くから衰退したために、もともと左京の唐名であった洛陽だけが残り、これが現実の京（都市域）をあらわす別称ともなって、洛中＝京中として用いられた。洛外は、右京および平安京外、すなわち現実の京（都市域）の周辺地域を意味する。

十世紀ころより左京が平安京の範囲を越えて北と東へ市街地を拡大していったことが、規範的・理念的な概念としての京中・左京・洛中と、現実の都市域としてのそれらとの間に大きな乖離を生んだ。長寛二年（一一六四）には、京中への賑給に際して、一条北辺と京極以東の地域が「京中」なのか否かを議論している[14]。規範としての平安京は、はるかのちの永正十五年（一五一八）に、酒麹役賦課にかかわって「一条以北は是洛外なり、京中との差異分別なき歟[15]」ともあるように、ながく戦国期にいたるまで生き続けた。

京中・左京・洛中は、このように両義的であるが、社会の一般的通念としては、現実の市街地を意味するようになったといえよう。

なお、そもそも平安京自体が、九世紀には七条大路を境界として京の内と外に区別されており、十一世紀後半には七条朱雀が西国への流人を引き渡す地点、すなわち京の出入口になっていたとする見解[16]も、平安京・洛中の空間分節を指摘するものとして注目される。

さて、室町期の文献資料には、「洛中洛外」、「洛中辺土」、「洛中河東西郊」、「洛中辺土并田舎」、「京中并東山・西山[17]」などの表現があらわれる。

一括して京都をあらわすこれらの表現は、この時代に「洛中」と「辺土」がどのような関係であったことを示しているのであろうか[18]。「洛中」と「辺土」のあいだには、空間形態や空間認識、支配形態にちがいはなかったのであろうか。室町期の人々が「洛中」、「洛外」、「辺土」、「河東」、「西郊」、「田舎」をどのようにみていたかをかんたんに探ることにしよう。

まず、明徳四年（一三九三）の「洛中辺土散在土倉并酒屋役条々」に始まる室町幕府の京都支配のなかで、「洛中」がどのように把握されていたかを検討する。寛正六年（一四六五）に節季要脚の「洛中」地口銭を賦課したときには、対象となった「洛中」を十四の区域に分け、それぞれに担当の奉行人をきめている[19]。「洛中」は、南北に通る道によって区分された十三の地域、つまり西の大宮から始まり、東の「朱雀」にいたる範囲と、それに「一条以北」の地域を加えたものであった。この「朱雀」とは、平安京の朱雀大路とは異なる道であって、東京極大路の東に位置する南北の道、「東朱雀」のことである。すなわち地口銭の賦課地域「洛中」は、平安京の京外にあたる「一条以北」および「京極と朱雀間」を含んでおり、室町幕府は「洛中」の範囲について現実的な理解を示しているといってよい。

これより前の康正二年（一四五六）、内裏造営のために「洛中洛外」に「棟別」銭を課したときも、「洛中」においては同じような方式が採用された[20]。飯尾常恩（貞元）と布施貞基を担当奉行として、「右筆方老若」の奉行人を「鬮子」によって分け、八手に分かれた「町別」奉行二人が、侍所被官人を召し連れ、在所に宿を取り、町々の棟数を注した。

四月三日から六日にかけて、斎藤親基は、治部国通とともに堀河と油小路の間、万里小路と富小路の間、一条以南、九条以北の町々を検注した。一宇当り百文の棟別銭は、送り状に「町別奉行」と担当奉行二人の署判を加え、御倉に納めている。

文安元年（一四四四）には内裏造営料として諸国に段銭を、一方、「洛中」に棟別十疋（百文）を課した。(21)このときは、飯尾為種（永祥）が「惣奉行」となり、「洛中」に対しては、「右筆方老若相分竪少路、自身相向取宿所居、以若党注之、要脚所納事、町々奉行與永祥、眞妙、性通等加判、納御倉了」とあって、康正二年の場合とほぼ同じ方式であった。

ところで、康正二年の造内裏料「洛中洛外」棟別課役において注目されるもう一つの点は、「洛中」では「町別奉行が棟数の検注にあたったのに対し、「洛外」では「仰領主所納」、すなわち領主に納入を命令したことである。「洛中」と「洛外」では、徴税の方式、いわば支配のありかたが大きく相違しており、この意味では室町幕府が現実に都市住民を直接支配している地域こそが「洛中」であるといってもよい。つまり「洛中」・「洛外」のありようは、幕府がどのように京都の市街地の実態を認知し、掌握しているかにかかわっていたのである。

少なくとも文安元年から康正二年、寛正六年と実施された棟別銭・地口銭課役を通じて、当該期の室町幕府にとって、「洛中」とは、西は大宮、東は東朱雀、南は九条に限られる地域であったと推定できる。北は不明であるが、おそらく清蔵口（鞍馬口）であろう。

次に、京都の実態に即して「洛中」の範囲を考えてみよう。諸国から洛中に通じるおもな街道は、「自諸州入京之路、其数七也(22)」といわれ、京への出入口も「七道の口」と称された。それらはかならずしも七ヶ所とはかぎらず、史料には清蔵口・鞍馬口・御霊口・出雲路口・大原口・粟田口・長坂口・丹波口・七条口・東寺口・鳥羽口などがでてくるが、それらを「七口」と総称していたようである。

嘉吉元年（一四四一）の土一揆では、洛外辺土に発する一揆が洛外の十六ヶ所に陣を構え、四方八方から連日のように「京中」に攻め入った。[23] また享徳三年（一四五四）の土一揆でも「於都鄙之間、号徳政、所々住民等構土一揆、令蜂起」とある。[24] 周知のように、土一揆は、「都」と「鄙」、「洛中」と「辺土」のあいだの経済的な対立抗争であった。幕府は、土一揆の要求に対して「七道の口々」に制札を打っているが、[25] これは「七口」が行政的な意味でも「洛中」と「洛外」との境界領域であったことを示唆するものであろう。

これらの「七道の口」の所在地を手がかりに、大きく洛中の範囲を求めることも可能であり、大宮—朱雀—九条—上御霊の範囲と推定する説がある。[26]

ところで、飯尾常房の『応仁広記』によると、「北は清蔵口より下は七条にいたり、西は壬生より東は朱雀に至る。その交い皆ことごとく人家なり」という。これが京都で生活する多くの人々の、日常的な実感ではなかったか。家並みが続く範囲を都市域とみており、都市住民の抱く都市のイメージ、「洛中」イメージといってもよい。これを室町幕府の認識と比べると、少なくとも西の境が二町西に広がっている。

酒屋・土倉・油屋などの有力な商工業者の分布も、「洛中」というべき市街の範囲を物語っているはずである。注目すべきことの一つは、『応仁広記』は「西は壬生より」とするが、大宮と千本のあいだは、大宿直の地域を除いて空白地帯となっていることである。この事実を重くみて、また「西は壬生より」が大宿直の地域を意識した表現とみて、「西は大宮より」と考えるのが妥当であろう。また、酒屋などが六条以北に集中的に分布するのに比べ、六条以南は激減し、七条の南になるとわずか数軒しかみられなくなるのは、洛中の南限が七条であったことを傍証しているといえよう。要するに、大宮と七条を境界として、その外と内とのあいだには大きな地域的な落差があったようである。

以上の検討から、室町期京都の都市的な領域としての「洛中」は、西は大宮、東は東朱雀、北は清蔵口（鞍馬口）、南は七条の範囲とみなして大過ないであろう。

「洛中」を現実の都市的な領域を意味するものとして考えてきたが、以下では、この点を少し補強しておこう。応仁の乱後、文明十一年（一四七九）に、足利義政は内裏修理の費用を得るために洛中洛外に棟別課役を命じている。このとき、「洛外」がどこを称しているのかが問題となり、文安三年（一四四六）の造内裏洛中洛外棟別賦課が想起されている。[27] この先例は、あるいは前述した文安元年（一四四四）か、康正二年（一四五六）のことなのかもしれないが、それはともかくとして、「洛外」がどこから始まり、どこまで広がっているのかという疑問は、「洛中」と「洛外」の境界、そして「洛外」と「田舎」との境界を質しているのであろう。後者についてはおそらく前代と変わらず、おおよその境界が東は東山、北は北山、西は西山であるのは明白であって、問題とはならなかったように思われる。むしろ、現実の市街地の範囲、すなわち文明十一年当時の「洛中」が、先例であるかつての「洛中」よりあまりにも小さく変わり果てたため、新たに内側に生じた「洛外」の取り扱いこそが、問題の発端ではなかったか。

戦国期における「洛中」と「洛外」の新しい空間認識を明示している史料がある。永正十二年（一五一五）の造酒正役銭算用状は、酒屋の名と住所、役銭額などを上京分、「下京分」、「辺土并寺方分」に分けて記載している。[28] 注目されるのは、「洛中（上京分＋下京分）」に対する「辺土」分のなかに、「しようの小路（塩小路）東洞院」の酒屋二軒、「七条いのくま与大宮」の酒屋三軒が含まれていることである。この二地域は、室町期には明らかに「洛中」であったのに、今や「辺土」として把握されているのである。

戦国期の人々にとって、「惣構」に囲まれた都市空間「上京」・「下京」こそ、「洛中」であって、その外は「洛外」・「辺土」なのであった。室町期と同様に、現実の都市の姿に即した、明確な空間認識が行われていたということができる。

室町幕府の「洛中」概念は、西は大宮、東は朱雀、南は九条とするものであった。したがって大宮大路以西にあった東寺境内と大宿直の地域は、「洛中」ではなく、「洛外」に含まれる。大宿直の地域は、市街地として連続しているにもかかわらず、室町初期から「大宿直并洛中」と並び称され、もともと「洛中」とは異なる地域と理解されていたらしい(29)。

2　「洛外」・「辺土」

一方、平安遷都以来の法灯を守る東寺境内が「洛外」であり、伽藍の東方に広がる、いわば門前集落などが「洛中」であるのは、やや意外な気がしないわけではない。この点を少し考えてみよう。

室町幕府は、康正二年の造内裏料「洛中洛外」棟別課役において東寺に対して、「境内」・「洛中散在敷地」・「野畠」などの所領にかかわる「棟別」銭の納入を命じた(30)。しばらく後、「地口」銭の賦課に変更され、東寺も「地口」銭として在地から徴収し、幕府に納入した。これによって東寺が「洛外」の領主であることが傍証されるが、大宮以東、九条以北にある多数の「洛中散在敷地」についても、「地口」銭を納めたことは、何を意味するのであろうか。それは、一つには「洛中散在敷地」が領主の所納すべき地、すなわち「洛外」とみなされたことを示している。

また「地口」が課せられたのは、屋敷地よりも畠地が多くを占めており、したがって「棟別」では税収が期待できなかったからであろう。ちなみに長禄二年（一四五八）の造内宮地口課役では、「洛中散在敷地」の地子銭の八十六パーセントが野畠の分であり、屋敷分は十四パーセントに過ぎなかった。地口銭は、野畠が尺別五文、屋敷は尺別十文であったから、面積ではいっそう野畠の占める比率は高くなる。

「洛中散在敷地」が、幕府の「洛中」支配のなかでさえ現実的に「洛外」とみなされたのは、「洛中散在敷地」の大多数が分布する七条以南の地域が、「洛中」とはいうものの、家並みが続いているわけではなく、いわば近郊農村的な地域であったからであろう。

「洛中」と「洛外」が空間的に連続しているため、そのあいだの移行形態はかなり多様である。鴨川を挟む河東でさえ、祇園社門前のように早くから洛中と町並みが接続し、近世的ないい方をすると、「町続町」であったところもある。他方で、相対的な表現ではあるが、室町期における都市民衆の農民的性格と都市の農村的性格、また農村民衆の都市的性格に由来して、いわば中間的な、境界的な、両義的な領域も広汎に存在していたはずである。こうした点を街区に即してみておこう。

街区空間の利用形態は、当然のことながら都心部ではほとんどが屋地であり、一方、周縁部では畠地としての利用が多くなる。ここでは利用形態とそれによる空間構造の相違によって、市街地中心部に立地する都心型と、周縁部に立地する周縁型という二つの類型に分けてみたい。

都心型は、中央部に大きな区画を残しているものと、前述の「五条町前後八町」のように、そうではないものとに分かれる。街区中央に「核」を残している事例としては、土御門家〈境内〉の土御門四丁町が明快である。[31]中央部には平安時代以来領主であった土御門家の屋敷が「核」として存在し、その周囲に土御門家の被官を含めた商人や職人の屋敷が並ぶ。宝徳四年（一四五二）に土御門家が断絶して大徳寺の所領になると、空間形成の機能をもたない中央部にかつての〈境内〉的な痕跡を残すものの、〈境内〉から〈町〉へ大きく様変わりした。

周縁型の一例に、永享五年（一四三三）に本能寺が境内用地として入手した敷地――六角以南、四条坊門以北、櫛笥以東、大宮以西の方一町の地――がある。[32]永享十年（一四三八）になってもまだ堂舎をたてていなかったため、将軍足利義教によって東北角の東西十三丈、南北十五丈の敷地が取り上げられ、非人風呂が設置された。永享十年本能寺旧地図をみると、周囲の道に面した区画には「四貫文」、一方街区中央部の区画には半分の額である「二貫文」という記載がある。これは前者が屋地、そして後者が畠地であることを示している。土御門四丁町とほとんど同じ形態であるが、中心部の機能が大きく異なっている。この街区は、室町幕府の見方では「洛外」、また常識的には「洛中」

ともいえようが、都市的な町並みのなかに農村的な要素を内包している。

「洛中」の北小路大宮（現在の今出川大宮上ル）にあった大徳寺領敷地をみると、奥地には畠地が多いが、一方で屋地が増加している。しだいに都市化している状況であり、近世西陣機業の原型、つまり「糸屋町八町」の中核をなす観世町がかたちづくられつつあった[33]。

「洛中」と「洛外」の境界をなす周縁地域では、おそらく農家風の町家や町家風の農家が混在し、《町→半村・半町→農村》へと、緩やかに変化していたにちがいない。戦国期のことではあるが、歴博甲本洛中洛外図屏風にみられる「西の京」の集落が注目される。「構」のなかにある民家は、いずれも草葺の農家風であるが、農家本来の姿というべき屋敷型ではなく、町家と同じ型の、道に直面する住居として描かれているのである。

周縁に両義的な領域が広汎に存在する、こうしたありかたこそ、おそらく室町期京都の巨大さの実体であり、大きな都市的特性といえるのではないか。

おわりに——戦国の世へ

1　要害の構築

京都の町が戦乱の巷となったのは、応仁の乱が初めてのことではない。およそ一世紀前の南北朝の動乱も、京都に大きな被害をもたらした。この動乱期には、釘貫や木戸、堀などの防御施設が、院御所や内裏、室町殿、寺社、公武邸宅の近辺など、所々に構築された。内裏西辺の東洞院大路の中央に構築されていた「裏築地」も、要害の機能をもっていたであろう。

町家においても、屋敷の正面、さらには四周に高い土塀＝「壁」を構えた。洛中洛外の酒屋の名前と所在を列挙し

図 18　町家の「壁」（上杉本洛中洛外図屏風）

た応永三十三年（一四二六）の「酒屋交名」[34]に、「粟田口東北頬壁内　左衛門次郎」という記載がある。京から山科へ通じる道の要衝に位置する集落、粟田口の東北頬には「壁」が構築されており、その内部に左衛門次郎という酒屋が住んでいたのである。このように「壁」によって囲い込んだ民家は、これだけでもなく、粟田口の集落だけでもなかったにちがいない。応仁の乱の直前になると、「面壁」とか「高壁」、「面築地」、「築地内」などの表構えをもつ酒屋や油屋が少なからずあった[35]。道路に直接面してたつ町家のありかたから離れた、防備を重くみた屋敷構えの実態がうかがえる。

　文明九年（一四七七）の「五条町前後八町地検新帳」には、「ノキモカリ」、「木カウシ」という記載が数多くみられる。前者は、もがり（虎落）、すなわち竹の先端を斜めに切って筋違いに組み合せ、縄で縛った柵を軒の高さまで構えたもの、また後者は木を組んでつくった格子と考えてよかろう。これらも、「壁」と同じく、町家の自衛装置であった。かなり粗末なつくりのものであり、庶民的な構えの一つであったとみられるが、おそらく乱前から広く利用されていたのであろう。

壁よりもさらに強固な要害施設、堀も構築された。すでに述べたように、東寺境内では早くから周囲に「惣堀」を築いていた。大乱の直前になると、堀を構築する動きは、洛中洛外を問わず、いっそう加速した。相国寺の北には大堀が築かれ[36]、寛正六年（一四六五）、壬生寺の近くでは住人たちが用心のために四方の堀を掘り上げている[37]。「構」は、社会の不穏な動向を反映し、それを物理的に可視化したものであって、来るべき戦国動乱期の京都の姿を予期することができよう。

2　戦国期の京都

室町期の京都と戦国期の京都を比較すると、応仁の乱による人口の激減と市街地の荒廃によって、とくに都市形態に大きな変化が生じている。しかし、戦国期の京都は根本的なところでは以前と変わってはいない。すなわち別の性格、機能の都市に変質したわけではなさそうである。戦国期の京都は、室町期の京都の骨格、枠組、空間構造が、目に見える形で、いっそうあらわになったと理解することができる。「上京」と「下京」、また東寺や「洛外」の集落は、堀や「壁」＝土塀、土居などの物理的な要害の装置、すなわち「構」によって境界が明確であり、それぞれが限定された都市的領域を形成している。つまり「上京」と「下京」は、それぞれ独立した都市集落となり、また東寺や西の京の集落なども孤立している。戦国期の京都は、明快な形で都市空間が分節されていた。

これらは戦国期京都を構成する基本要素を示してもいる。先に述べたように「洛中」は、「上京」と「下京」からなる。政治機能を担う公武権門の〈境内〉およびそれと結び付いた商工業地域の〈町〉からなる「上京」と、商業・流通機能を担う都市民衆の〈町〉からなる「下京」は、それぞれ固有の空間と機能と文化を確立し、自立的に都市活動を行っている。室町小路は、「上京」と「下京」の相互交流の幹線道路、〈都市軸〉となっていた。散在する寺社〈境内〉

や農村集落がつくる「洛外」は、自然と歴史と文化と宗教が一体となった京の名所を保存・継承し、また蔬菜を供給する一方で、「洛中」の土倉・酒屋の顧客や特産品の消費者となり、また都市が排出する屎尿を運び出して耕作に利用している。

戦国期京都の都市形態は、相互補完的な役割をもつ〈境内〉と〈町〉、「上京」と「下京」、「洛中」と「洛外」からなる京都の空間構造と社会の関係をきわめて明確に示しているといえよう。こうした状況は、たしかに戦国期特有の京都のありかたによるものであるが、それぞれ応仁の乱前の京都の本質的な部分が存続したものであり、したがって、これらは室町期京都の空間構造と社会の関係を示すものでもあると考えることができる。

注

（1）本章に関連する著者の既発表の論考には、以下のようなものがある。『京都中世都市史研究』（思文閣出版、一九八三年十二月）、『洛中洛外――環境文化の中世史』（平凡社、一九八八年三月）、高橋康夫・吉田伸之編『日本都市史入門』（Ⅰ空間、Ⅱ町、Ⅲ人、東京大学出版会、一九八九・一九九〇年）、高橋康夫・吉田伸之・宮本雅明・伊藤毅編著『図集・日本都市史』（東京大学出版会、一九九三年九月）、「京都町衆の生活空間――数寄空間の形成」（『茶道聚錦　七　座敷と露地（一）』、小学館、一九八四年十一月）、「都市と名所の形成――京都を素材として」（『季刊　自然と文化』、No. 27、1990 新春号、一九八九年十二月）、「応仁の乱」（『京の歴史と文化　3　南北朝時代　乱　伸びゆく町衆』、講談社、一九九四年五月）、「「町堂」と「銭湯」と人々」（『京の歴史と文化　4　戦国安土桃山時代　絢　天下人の登場』、講談社、一九九四年六月）、「室町時代の京都」（『京都・激動の中世――帝と将軍と町衆と』、京都文化博物館、一九九六年十一月）。

（2）『大日本史料』（第六編七）同日条に関連史料が収録されている。

（3）茶屋については、拙稿「茶屋――町衆文化の一断面」（前掲『日本都市史入門　Ⅲ人』所収）、「喫茶店」（上田篤編『マスシティ――大衆文化都市としての日本』、学芸出版社、一九九一年十一月）。

（4）拙稿「応仁の乱」（『京の歴史と文化　3』、注1）。
（5）将軍御所については、川上貢『日本中世住宅の研究』（一九六七年）が詳しい。
（6）『満済准后日記』三年八月十九日条。
（7）『京都中世都市史研究』第三章第三節。
（8）〈町〉の具体的な姿については、第八章で詳述する。
（9）宇野日出生「中世京都町屋の景観――八坂神社文書を中心に」（『京都市歴史資料館紀要』、第一三号、平成八年三月）。
（10）天正十六年（一五八八）の「うしとらくみ姉小路まち家屋敷地子之事」（「姉小路町文書」、『中村直勝博士所蔵文書』、京都大学総合博物館所蔵影写本）。
（11）『京都中世都市史研究』第四章第二節「西陣の成立」。
（12）『康富記』永享二年十一月十八日条。
（13）「東寺執行日記」嘉吉元年九月五日条。
（14）『山槐記』長寛二年六月二十七日条。
（15）『壬生家文書』所収の同年八月日付文書。
（16）大村拓生「中世前期における路と京」（『ヒストリア』第一二九号、一九九〇年十二月）。
（17）『大乗院寺社雑事記』文明二年一月一日条。
（18）「洛中洛外」については、『京都市の地名』（平凡社、一九七九年）の「洛中・洛外」の項や、川嶋将生「近世都市京都への道程」（『近世風俗図譜』、小学館、一九八三年）、高橋慎一朗「六波羅と洛中」（五味文彦編『都市の中世』、吉川弘文館、一九九二年）などがある。
高橋慎一朗によれば、室町時代になると、鴨川以東や一条以北、西の京、嵯峨などは、用語上の区別さえ問わなければ、洛中と一体のものとみてもよい状況になっていたという。京都を一元的に支配するようになった室町幕府にとって、「洛中河東西郊」は京都全体を一括して表わすような言葉であり、洛中・河東・西郊・辺土などは、支配形態や空間認識のちがいという実態をともなわない、たんなる用語の区別に過ぎないとされる。
（19）『斎藤親基日記』寛正六年十二月七日条。
（20）『斎藤基恒日記』康正二年四月二日条。
（21）『斎藤基恒日記』文安元年閏六月条。
（22）『碧山日録』長禄三年九月七日条。

(23)「東寺執行日記」嘉吉元年九月五日条。
(24)「東寺執行日記」(佐藤進一・池内義資『中世法制史料集　第二巻　室町幕府法』第二部追加法、二三九)
(25)『建内記』嘉吉元年閏九月三日条。
(26)『京都の歴史』第3巻、二七～二九頁。
(27)『晴富宿禰記』文明十一年三月十一日条。
(28)小西康夫氏所蔵文書(『史料京都の歴史　4　市街・生業』、三〇七～三一一頁)。
(29)拙著『京都中世都市史研究』、三一七頁。
(30)東寺領地口銭について、馬田綾子「都市史料としての東寺百号文書」(一九九八年度中世都市研究会での報告と資料)を参考にさせていただいた。
(31)土御門四丁町の形態と構造、変遷などについては、拙著『京都中世都市史研究』、第三章。
(32)本能寺文書。
(33)拙著『京都中世都市史研究』、第四章第二節。
(34)『北野天満宮史料　古文書』文書番号六二。
(35)『真乗院文書』。「洛中洛外図屏風にみる建築的風景」(『文学』、第52巻3号、一九八四年三月、のちに前掲『洛中洛外——環境文化の中世史』に収録)を参照。
(36)『応仁記』に「明ル十八日ノ早天ニ御霊へ押寄ケル。此御霊ノ森ノ南ハ相国寺ノ藪大堀、西ハ細川ノ要害ナレバ、北ト東口ヨリ攻入ケル」とある。
(37)『晴富宿禰記』同年九月十九日条。

コラム3　寄合と雑談の建築

室町時代には貴賤を問わず、さまざまな「寄合」がさまざまな場で行なわれ、また一定の目的をもって集まる寄合のほか、とりとめのない話をする「雑談《ぞうたん》」も、社会や人間の関係を円滑にするのに大いに役立っていた。寄合や雑談に関連して鎌倉・南北朝期と比べた室町時代の特性を指摘すると、一つは公家・武家・寺家など権門相互の交流、関係の調整が前代にもまして大切なものとなったこと、もう一つは京都が人口十数万人ともいわれる巨大都市に発達したことであろう。こうした時代背景のもと、権門の邸宅においては和歌・漢詩・連歌・和漢連句・歌合などの文芸、また闘茶や花競べ、さらに貴人との対面や接待などの場として会所が設けられるにいたったし、また都市内には、町角の喫茶店にもたとえられる茶屋が、喫茶の大衆化を契機として発達し、都市民衆の雑談の場となっていた。室町時代の首都京都は、寄合と雑談の専用建築、すなわち「会所」と「茶屋」とを生み出したのである。

一、会所

最も豪華な会所を造営したのは、三代義満から八代義政にいたる歴代の室町幕府将軍であった。なかでも幕府体制の確立期にあたる六代義教（義政の父）は、会所を数多く新造し、活用したといってよい。行幸や御幸を迎えるためであり、また和歌会や連歌会などが年中行事として整備されたからでもあった。

義教が最初に本拠とした三条坊門殿には会所がすでにあったが、将軍になった永享元年（一四二九）、新たに奥会所をつくっている。翌年、新造してまもなく迎えた御幸では、まず寝殿で三献の儀をすませ、その後、東会所に座を移してふたたび三献と御膳が供され、食事が終わると、新造会所へ移り、部屋ごとの飾りや置物を見物した。一二間という広い部屋が主座敷であった。遊芸や接待、対面のために三条坊門殿を来訪した人々は、しばしば会所と庭園の見物を勧められているが、その一人、伏見宮貞成親王は「会所以下の荘厳、置物・宝物目を驚かす、山水殊に勝れ、言語に非ざる所か、極楽世界の荘厳も此の如きか」と、感嘆の思いを日記に残した。

義教は永享三年（一四三一）に移り住んだ室町殿でも毎年会所をたてている。すなわち「南向き会所」を敷地の東北にある池の北岸に、「泉殿北向き会所」を池の南岸に、さらに「新造会所」を南向き会所の東北にたてた。新しい会所になるほど規模が大きく、また座敷飾りも前代の会所よりいっそう豪華になり、「浄土荘厳もこれには過ぎじ」といわれるほどであった。永享九年（一四三七）、後花園天皇が室町殿へ行幸したときには、まず南向き会所で一献あり、次に泉殿で一献、そして新造会所で一献というように使用しており、三会所は、同等ではなく、序列があったらしい。この時の会所の飾り付けは『室町殿行幸御餝記』に記録されており、これに基づいて会所の間取りが推定されている。

室町殿の三会所に共通する特色として、第一に「山水向き」の建築であることが指摘できる。泉殿が南面とも記され、また新造会所が南とともに東方を重視しているのは、庭園構成との関連によるものであろう。第二に、間取りは全体として禅院の方丈の形式によく似ている。南向き会所の主室である「九間」は、正面に呂洞賓と龍虎の三幅対を掛け、前に五具足をおき、中央に香炉を置いた卓があり、曲ろく（椅子）一対を飾るが、これと同じような唐物飾りをした部屋が、泉殿の南と北に二室（「四間」、「北向四間」）、新造会所に一室（「五間」）あり、いずれも会所の中心となる室である。これらの飾りかたは禅院方丈の室中の間における茶礼の飾りに類似している。第三に、将軍の私的な居室（居間・寝所）がつくられ、そこには押板や違棚、付書院、床を構え、また囲炉裏を備えている。

義政は、烏丸殿をはじめとして室町殿・小川殿・東山殿などを使用したが、その晩年に営んだ山荘、東山殿が重要である。『小河御所并東山殿御餝図』などによって復原された義政の東山殿会所は、南の広縁に面した「九間」(「嵯峨の間」)と「西六間」が対面の主座敷であって、九間には北に二間の押板が付き、そこに絵と三具足、脇花瓶を飾り、中央の卓に香炉などをおく。

一方、北面に並ぶ「石山の間」と「納戸」は、義政の居間・書斎と寝室にあたる。石山の間には押板・違棚・付書院が備わり、一段高く床を張った「床」があった。納戸は閉鎖的な部屋で、石山の間との境は、両側を袖壁とし、襖障子を引き分けにする帳台構えとなっている。また東南の「狩の間」にも広縁に張り出した三畳の「床」があり、違棚・付書院を備える。この会所が義教の会所の特色を引き継いでいることは明らかであるが、主室である九間に押板が造り付けになるなど、新たな傾向も認められる。

会所を豪華に彩る多数の唐物の鑑定と購入、保管を担当し、また実際の座敷飾りから、茶湯所に詰めて茶を点てるなど、会所の寄合にかかわるすべてを管掌したのが同朋衆とよばれる人々であり、立阿弥や、能阿弥・芸阿弥・相阿弥の親子三代など、時宗遁世者がよく知られている。永享二年(一四三〇)義教が花見のために醍醐寺を訪ねたとき、接待の場となった金剛輪院(醍醐寺の院家)の常御所兼会所の座敷飾りを行なったのも、同朋衆の一人立阿弥であった。御成の前日、将軍家から会所飾りの唐絵・唐物の置物が贈られ、立阿がそれらを会所に飾り付けている。その折りの記録「御会所御飾注文」によると、主座敷となったのは、押板と違棚と付書院を備えた「とこの間」と、南向きの押板のある座敷であった(この「床の間」は、現在の床の間のことではなく、床が一段高くなった部屋、あるいは床が一段高くなった一画をもつ部屋のことを意味している)。

「床の間」の座敷飾りをみると、押板には三幅の絵を懸け、胡銅の三具足・香箱・卓を置き、また棚には食籠・草花瓶・壷・盆・卓を並べ、付書院には水瓶・小盆・印籠・水入・硯・筆架・墨・筆・小刀・軸物など文房具と書籍を飾っている。また南向き押板の座敷には絵四幅・花瓶・卓・石の鉢二を飾った。

　こうした座敷飾りは、のちの方式と大きなちがいがなく、将軍家では座敷飾りの規範が十五世紀前半におおよそ成立していたことがわかる。先にみた座敷飾りの記録は、「御会所御飾注文」が立阿弥、『室町殿行幸御餝記』が能阿弥、『小河御所并東山殿御餝図』が相阿弥の筆記ないし撰述というように、同朋衆の手になるものであった。座敷飾りの規範は、義教・義政に奉仕した同朋衆が実務のなかから抽出したものであろう。

二、壇所

　ところで義教の三条坊門殿や室町殿には、義教がしばしば渡御し、そこで黒衣の宰相ともいうべき醍醐寺の満済や家臣たちと「雑談」に時をすごした場所があった。壇所がそれである。壇所とは、将軍自身やその居所を守護するために北斗法などを修する道場として設けられた施設であり、将軍御所において大きな意味をもっていた。義教は将軍職の継承者となってまもない正長元年（一四二八）七月五日、三条坊門殿に月次壇所を急造しているし、室町殿にも会所と同じ時期に月次壇所をたてている。特異な機能を担う施設なのであるが、この壇所が将軍義教にとって日常の雑談の空間なのであり、おそらくは唯一の雑談の場ではなかったか。

　『満済准后日記』によると、三条坊門殿に壇所が完成した次の月、八月十日に初めて渡御し、その後二十三日には「今日御所様壇所に渡御、数刻御雑談」とある。将軍となった正長二年（一四二九）三月以降もその習慣は続いており、「将軍壇所に渡御、数刻御雑談」という記事は、四月二十三日条や五月二十七日条などしばしばみえている。とくに永享二年（一四三〇）四月は、三日以後毎日のように訪れ、八日には一度も壇所に来ることがあった。将軍義教が壇所に赴き、そのとき壇所に詰めていた満済などの護持僧と長時間にわたって「雑談」することは、めずらしくなかったといってよい。義教は、壇所を訪れる際に、比叡山上の桜の枝や、梅の枝と実を持参したこともあった。

義教が壇所においてどのような内容の雑談をしたかは、もちろん雑談のこととて断片的なことしか記録に残っていないが、例えば「心気興盛」であるとか、「塩断ち」をしているとか「御物語る」というものであった。将軍と側近の僧侶や家臣たちが身近な話題をめぐって気さくに雑談しあうことは、身分の関係が厳重な当時においてはきわめて稀なことであった。このような場が成り立ちえたのは、おそらく壇所自体の備える場の性格によるものであろう。壇所が仏事・祈祷の場、つまり宗教的な場として世間を超越した空間とみなされていたこと、また壇所が義教個人に深くかかわる施設であったなどの理由が想定できよう。

ときには、壇所において私的な、あるいは内密の対面が行なわれることもあった。摂政二条持基が壇所を訪れた時、たまたま義教が現れたので、そのまま壇所で対面が行われ（永享四年〈一四三二〉正月十七日）、また「乗阿御前に召し出だされ、面目の至り」（永享三年〈一四三一〉七月二十四日）ともみえる。

こうした日常的なありかたを踏まえてであろうが、壇所では政務にかかわる重要な用件や情報が内々に将軍と側近衆とのあいだに交わされている。永享三年（一四三一）七月二十八日には管領以下、諸大名の評定が行なわれ、室町幕府の拠点である将軍邸を上御所、つまり花御所（室町殿）へ移すことに決定をみたが、実はこの日の評定に先立って、義教は満済から内々に話を聞いていた。つまり三日前の二十五日に、満済は壇所において義教に室町殿御所の件について畠山が去年より内々申し入れていた事情を説明しており、義教は「御悦喜極まり無し」という様子であったという。逆に、将軍から命令が発せられることもあったことは、「早旦将軍壇所に渡御す、条々仰せらる」（永享四年〈一四三二〉正月二十三日）という記事からもわかる。

壇所ではあいかわらず数刻に及ぶ雑談が義教を交えて行われているが、先の例にみられるように永享四年（一四三二）正月頃から政治の場として重要さを増してきたことに注意を向けるべきであろう。室町幕府の体制確立期において、壇所は私的にも公的にも重要な雑談と寄合の場となったのである。

※壇所について詳しくは、第三部小論2を参照されたい。

三、茶屋

室町時代の京都では喫茶はすでに大衆化しており、「一服一銭」という、路傍において一服の抹茶を銭一文で売る行商の茶売りが広く行なわれていた。このように都市民衆にとって茶の空間は、はじめは露天であったが、しかし注目されるのは、おそらく室町時代の早い時期から常設の店舗「茶屋」を構えて茶を飲ませる茶売人が現われたことである。東寺の南大門前で営業した茶売りはよくしられているが、参詣人をめあてにした有名な寺社の門前の茶屋のほかにも、人通りの多い町角には茶屋がつくられ、通行人に茶を供していた。

こうした町角の茶屋には、いくつかの大きな建築的特色があった。第一に、茶屋は道路に対して開放的につくられている。すなわち道に面する部分には壁や建具などをつくらず、吹き放しにし、あたかも街路の一部であるかのようになっている。第二に、茶屋はごく小規模な建築であり、内部空間の広さ、というよりも狭さのために、茶屋は、多数の人間が集うことができるホールのような機能的・空間的特徴を備えることができない。第三に、内部は土間であり、その一隅に竈土をすえ、他方に客用の床几をおいている。イスに座って茶を飲むこの茶屋の方式と、畳に座って茶を飲む正統的な「書院の茶」とのちがいは興味深いが、最初の二つの特色が、同じ頃に成立したアラビアのコーヒー店や、少し遅れて発達したヨーロッパのコーヒー店と大きく異なるユニークな特質であることも注目されよう。

街角の茶屋は、茶を出すばかりではなく、団子や餅、また酒をも供したが、もちろん飲んだり食べたりすることだけが茶屋へ行く楽しみではなかった。四方山話など雑談にふける場となり、ときには「鬮《くじ》取り」や「博奕」の賭場に

図19　街角の茶屋（歴博乙本洛中洛外図屏風）

もなったし、さらに客に酌や給仕をする女と遊ぶこともあった。「四条道場前の茶屋の事、夜陰に及び、悪党等集会の間、不用心の条之を除かるべき」と幕府が祇園社に命じているが、支配者の目からすると、茶屋は、ときに犯罪者が集まり、あるいは反体制的な集会の場にもみえた。このようにさまざまな活動や情報交流の場を提供したのが茶屋であって、茶屋は、たんに茶を飲む店というだけではなく、町人の集いあう空間、茶を介した都市民衆の交流の場となった。

会所と茶屋の文化は、戦国期から近世初期にかけてもともとそれを育んだ社会集団を超えて大きく広がり、また書院から民家の座敷へ、権門の会所から民衆の会所へ、町衆の茶屋から貴族の茶屋へとたがいに交響しつつ、寄合と雑談の場をより豊かに変えていった。

第二章　日本中世の「王都」

前章では首都の地位を回復した室町期の京都についてその特色や空間形成、空間構造などを説明し、戦国期の京都へと受け継がれる特性を示したが、中世の前後の時代を含めて概観すると、権門拠点〈境内〉とくに「王都」は、どのように変遷していったのであろうか。

織豊期から近世初頭にかけて、京都はもとより、織田信長の安土、豊臣秀吉の大坂・伏見、徳川家康の伏見といった、「首都」ともいえるところがあった。そうした首都には、天下人の権力拠点が営まれたが、それらは京都における権力拠点と不可分な関係を持っていた。例えば、信長の場合は二条御所と安土城、秀吉の場合は聚楽第と伏見城、家康の場合は二条城と伏見城であり、権力拠点の二重性が注目される。

こうしたありかたは、足利義満が営んだ室町殿と北山殿と類似している。武家勢力の権力拠点たる将軍の「洛中」御所であり、かつ天皇の行幸を迎える室町殿と、将軍を超えた、公武双方の権力を一手に掌握した「日本国王」あるいは「治天の君」に相応しい権力拠点としての「京外」の北山殿である。この二つの拠点のありかた、いわば先例が、統一権力者に受け継がれたのである。

本章は、「首都性」という現代的な視点から、「一国を統治する都市」の歴史的特質の一面を読み解こうとするものである。国家公権・統治権力の分有・分立がどのような社会＝空間構造をもたらしたのかという大きな課題のもとで、京都という「都」を核としつつ、その近辺にもう一つの権力拠点を構築し、都市的な場を形成するありかたを歴

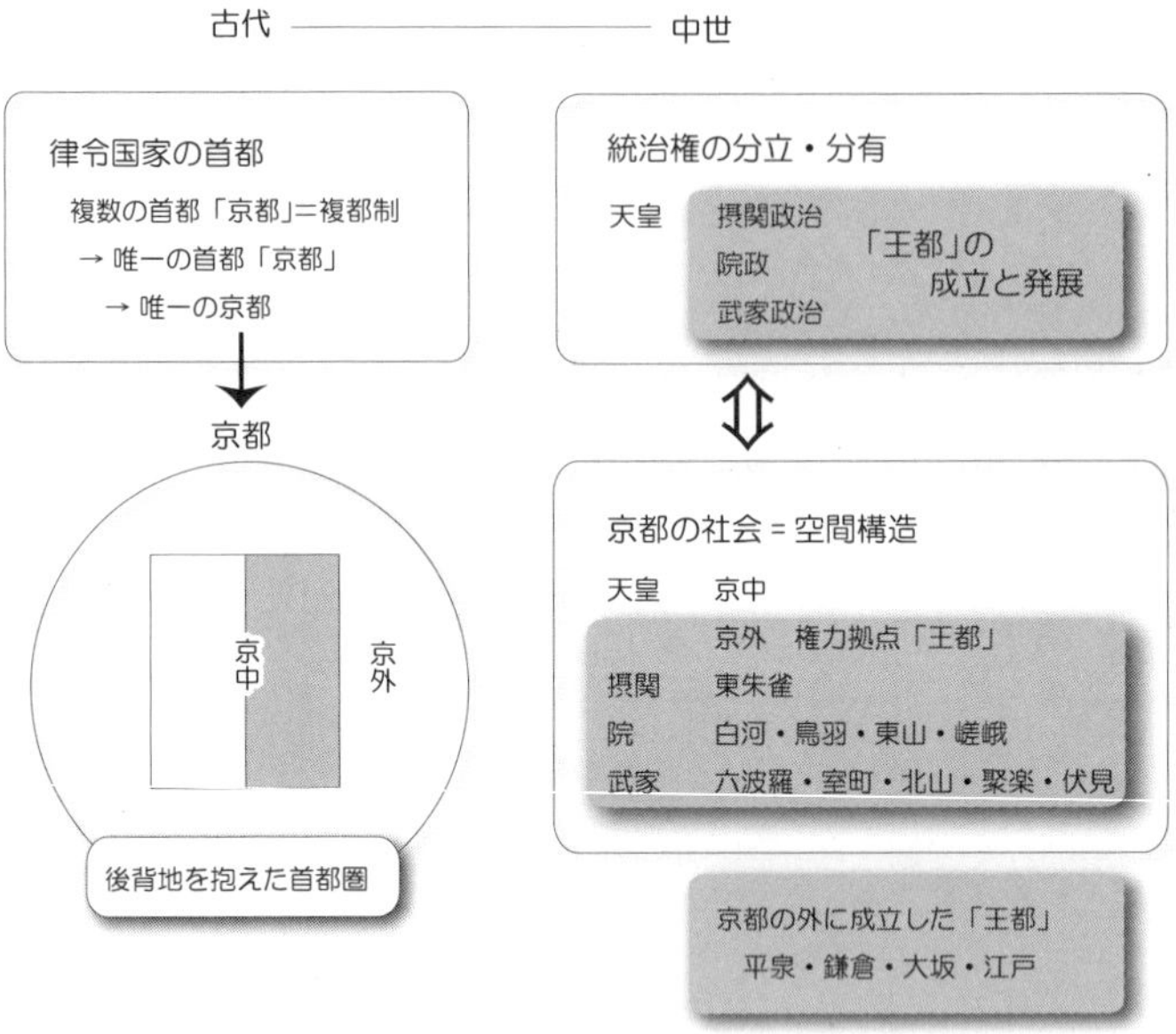

図 20　本章の論点

史のなかで概観したい。

なお、天皇の在所、国家公権や統治権の存在する場所として「皇都」・「都」を、また統治の実権をもつ（分有する）権力者たちの本拠として「王都」を用いている。

一、「京都」へ

天武天皇はよく知られているように天武天皇十二年（六八三）十二月の詔において、「凡そ都城・宮室は一処に非ず、必ず両参を造らん。故に先ず難波に都せんと欲す。是を以て、百寮の者、おのおの往きて家地を請え」とし、複数の京による首都機能の分担をはかった。その後、聖武天皇、淳仁天皇、称徳天皇のときには、同時に三つ以上の京が存在したこともあった。聖武天皇は、平城京から天平十二年（七四〇）十二月に恭仁京、天平十六年（七四四）二月に難波京（後期難波宮）、天平十六年（七四四）十一月頃に紫香楽宮（新京）に遷都し、天平十七年（七四五）五月に平城京に還都したが、これらはいずれも「首都」になった。

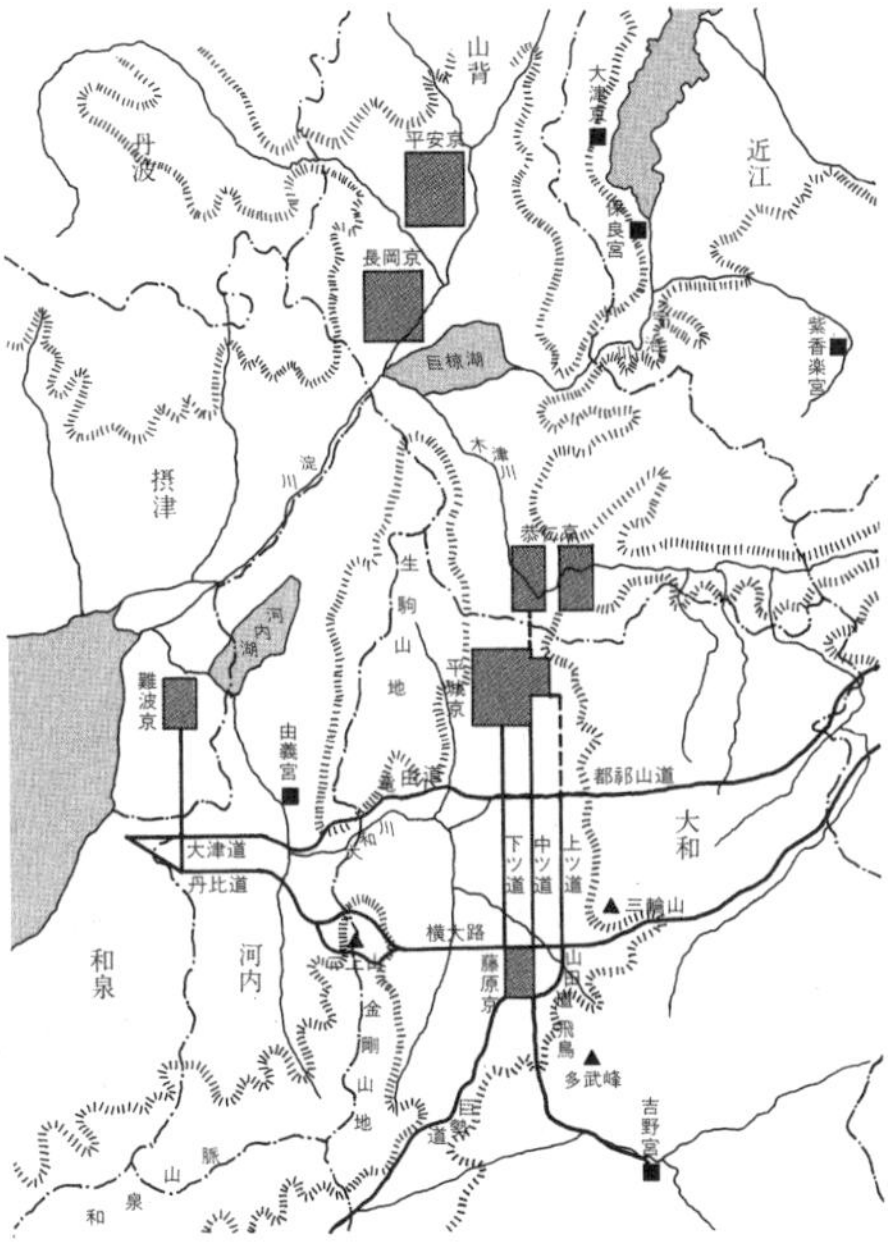

図 21　「京都」へ——都城の展開と収斂

しかし、宮と京はいくつあってもよいが、都は現に天皇が住んでいることが肝心な点であり、「皇都」は一つしかありえない。『続日本紀』天平十六年（七四四）閏正月丑朔条に「恭仁、難波の二京、何れを都と定めんや」とあるように、いくつかの京から一つの都を定めねばならなかった。こうした場合に注目しておきたいのは、必ずしも廃都をともなわないことである。平城京から恭仁京へ遷都したからといって平城京が廃都されたわけではなく、したがって聖武天皇のときには、四つの京が同時に存在することになった。

複数の京が存在するシステムは、延暦三年（七八四）桓武天皇の長岡京遷都によって完全に停止された。平城京も難波京も廃都され、分担されていた首都機能を統合して京が一つになるという大きな変化が生じた。さらに長岡京を廃して、延暦十三年（七九四）に平安京へと移ったが、弘仁元年（八一〇）九月、平城上皇の命により平城京へ還都するという事態が起きている。平安京の嵯峨天皇と平城京の平城上皇との対立、いわゆる薬子の変が勃発し、嵯峨天皇が勝利した結果、平安京が「万代の宮」、唯一の永遠の都と定まった。

嵯峨・淳和期に、新しい王権の体制が形成された。保立道久によると、国家のありかたが、奈良時代的な政治システムから、「中央都市京都を固有の支配領域とする都市的な王権」となり、「そのもとに畿内の本貫地からは離れて平安京に集住するようになった都市貴族が結集して宮廷を構成し、そのさらに下に、……官人が官衙組織を構成するような、分節化された支配組織」に変わったという。(1) つまり平安京への集住によって、真の意味で「都」が一つ、あるいは「都」と「京」が一体になったのである。

この点を、「京都」という言葉を手がかりにみておきたい。『続日本紀』には八世紀初頭から「京都」の用例がみられる。養老元年（七一七）十二月廿二日の条に「貢於京都」とあるのは平城京を指しているし、天平十二年（七四〇）十二月十五日条の「始作京都矣」、天平十三年（七四一）九月八日条の「勅、以京都新遷大赦天下」、十二日条の「班給京都百姓宅地」は、恭仁京のことである。いずれも、「京都」は「京」でもあり、「都」でもある都市、「京」と「都」が一体化している都市、すなわち「首都」であるというニュアンスを含んでいる。「京都」は、その時々の「首都」を指しているとみてよい。

当然のことながら、長岡京についても、延暦五年（七八六）五月三日条に「新遷京都」とあり、平安京でも当初から「京都」という言葉が使われている（『日本後紀』延暦二十四年〈八〇五〉二月十日条）。平安定都以後は、「京都」が指す実体は一つしかありえなく、「京都」がそのまま平安京の固有の名称となる状況が生まれた。『京都市の地名』（平凡社、一九七九年）では、有名な永延二年（九八八）の尾張国郡司百姓等解文（『平安遺文』三三九）のなかに「京都」「京洛」などとあることから、「京都の固有名詞としての早い現れ」とするが、おそらく九世紀初頭からしだいに定着したのであろう。

二、「王都」の成立

1　朱雀大路

もともと都城は、宮と京というまったく異なる構成原理をもつ空間が一体化し、他から隔絶されたものであるが、平安定都後、まもないころから、そうした都城制の理念が崩れ、「京都」へ変容する。

「京都」の範囲について、保立道久は五位以上の王族や貴族の「京都」居住を義務化した寛平七年（八九五）の法に、「東は会坂（逢坂）関、南は山崎・与渡（淀）の辺り、西は摂津・丹波との境、北は大兄山」となっていると指摘する。(2) ここで興味深い点は、「京都」の範囲が平安京域に限られておらず、周囲の自然を含んだはるかに広い地域を都市的な領域としていることである。現在、常識的に「京都」という場合、東は東山、北は北山、西は西山、南は淀にいたる地域をさすようであるが、その概念よりもかなり広い。現代的ともいえる地域概念が、九世紀末には成立していたことがわかる。一一〇〇年以上前から、京都は都市と村落と豊かな自然とからなる場所と考えられていたのである。

そのような地域空間のなかで、統治権力の分立・分有にともなって「京都」にどのような社会＝空間構造がもたらされたか。都市史的な立場から「朱雀（スザク、古くはシュシャカ・シュシャクとも）」を冠する大路に着目する。朱雀大路は平安京の中央を南北に走る、京の都市軸というべき大路であるが、京都にはいくつもの朱雀という名の道があった。「東朱雀」は、栄華をきわめた藤原道長の法成寺の南を、南北に通る中心道路である。藤原兼家・道長などの邸宅・御堂に近く、東京極大路の東、鴨川とのあいだ、つまり京外にある。白河には「朱雀」あるいは「今朱雀」があり、鳥羽の造道も、「朱雀」とも呼ばれていた。また嵯峨にも「朱雀大路」がある。東山の方広寺門前には慶長十五年（一六一〇）には「大仏しゅしやか（朱雀）通」という、近世的な「通り」がつくにせよ、朱雀を冠した道があった。(3)

都城や京の空間構造を象徴する朱雀という名をもった道がいくつもあって、摂関期、院政期、そして鎌倉期、桃山期に特徴的にあらわれる。朱雀という道の開通は、あるいはそうした道の移り変わりは、新たな中心的市街の成立と都市軸の形成、現代風にいえば都心を補完する副都心の成立を意味しているということもできよう。「朱雀」の変遷は、権力の分立・分有に関わる都市的な場の移動と形成に深く関わっているようである。

2　「王都」の萌芽

国政の実権を掌握した摂政・関白が、天皇に代わってその権力を行使し、国政を主導した摂関期において、天皇の在所に大きな変化が生じた。内裏に住むべき天皇が京に居所を構えるようになったのである。それも朱雀院や冷泉院など「累代の後院」の利用から、公家邸を御所とした里内裏となり、さらには寛弘七年（一〇一〇）新造の一条院や、康平三年（一〇六〇）新造の高陽院などのように当初より皇居として建設された里内裏もあらわれる[4]。

京中に営まれた里内裏は、それを核とする三町四方の「陣中」とよばれる空間を介して平安京とかかわり、また四方の辻に設けられた「陣口」を宮城門になぞらえ、邸の諸門を内裏門に擬して、内裏としての空間秩序を表わしたという[5]。

天皇の京中の在所、里内裏は、もともと内裏の火災焼失時などに便宜的に行われたものであったが、摂関政治さらには院政などの政治的状況と深く関連し、その意義は大きく変化した。

さらに摂関家の邸第も変質する。第一に、宅地の規模は、摂関家であっても方一町に規制されていたが、道長の土御門殿は東西一町・南北二町となり、さらに頼通の高陽院は二町四方となり、大規模な寝殿造を営む。第二に、屋敷のなかに競馬を行うために馬場をつくり、馬場殿をたてることである。邸第の規模も、また馬場と馬場殿も、もともと後院のもつ大きな特色であった。つまり摂関政治全盛期の道長や頼通は、上皇に匹敵する立場に自らを置いていたということになる。

摂関家の権力拠点を、寝殿造の邸第のみで理解するのは不十分である。道長の場合、後院に倣った土御門殿と、御斎会に準じる法会を行った法成寺、御倉町と摂関家領、すなわち〈御所〉と〈御堂〉と〈御倉〉が複合的に権力拠点をつくりあげていたと考えなければならない。

摂関期の里内裏がおおむね三条以北にあり、内裏そして摂関家の邸第にほど近い場所を占めていたのは、ある意味で当然のなりゆきである。大内裏の八省院や太政官庁・外記庁、そして里内裏、摂関家の邸第は、相互に補完しあいながら、政治機能を果たしたからである。これは律令制機構に依存した摂関政治が新たな支配組織を生むことはなかった以上、やむをえないことであった。

摂関家は、権力拠点の制度的な枠組として内裏と後院を借用することによって、擬制としての里内裏と摂関家の邸第を権威づけ、それらを中核に王権と深く関わる社会＝空間「王都」を成立させた。東京極大路以東の鴨の河原、すなわち京外に新たな都市的な場を形成し、特色ある東朱雀という名の新たな道を生んだのは、こうした摂関政治の展開であった。

三、「王都」の展開

退位した天皇（上皇・法皇をあわせ、便宜的に院と総称する）の居住形態が変化することも注目される。本来、院も大内裏を在所としたが、平安京内に営まれた朱雀院や冷泉院などの後院に住むようになり、時には京を離れて、すなわち「京都」の嵯峨院や雲林院などの離宮・山荘に住んだ。

とくに院政期になると、国政の実権を掌握し、国政を主導した白河院や鳥羽院、後白河院などは、多数の御所を造営し、譲り受け、借り受けて居所としたが[6]、そうした院の御所を立地から整理すると、①京中の本所御所、②京外の拠点御所、③京外の形勝の地に営まれた離宮・山荘御所となる。京の内外に営まれた後院は、院の御所と御堂、御倉町、後院領などの政治・経済・宗教・文化複合体、すなわち院政の権力拠点として大きな意味をもつものが現われる。(7)

1　里内裏と院の京中本所御所と摂関の邸第

堀河天皇が死去した嘉承二年（一一〇七）以降、専制的な院政を確立した白河上皇は、天永三年（一一一二）、鳥羽天皇の御所を決めるにあたって、内裏があるにもかかわらず、わざわざ内裏を使わないこと、里内裏を造営してそこに住むことを認めさせた。(8) これにより天皇が京内に居住することが正当化され、里内裏は、内裏を前提とした擬制的な存在ではなく、平常の居住形態となった。こうして永久五年（一一一七）再建の土御門烏丸殿は、内裏の殿舎を模して造営される。一方、内裏は、晴れの儀式・儀礼の場として用いられるにすぎなくなった。

院政期においても里内裏は主として三条大路以北に営まれたが、五条大路から六条大路にかけての地域にも多くの里内裏が所在した。白河院政期にあっては里内裏と院御所はきわめて近い距離を保持した。天仁元年（一一〇八）二月、白河院が鳥羽天皇の小六条殿（西六条殿）の南隣、六条中院に移ったため、御所が隣接することになった。すなわち、天皇と上皇が「陣中」に在所をもつことさえあったのである。このとき、摂政の忠実も院の仰せにより、「陣中」に隣接する近所に移り住んでいる。(9)

要するに、里内裏と院御所、摂関家の邸第の位置には深い関係があった。その後も、白河院は、里内裏と院御所を至近の距離に保とうとした。こうした白河院の姿勢に対し、忠実は「御在所近辺条無由事歟、日本第一奇恠事歟」(10)と強い批判を記している。しかしながら、新たな段階に達した天皇と院と摂関家の拠点のありかたとそこにおける政務のありかた、いいかえれば権力の分有にともなって多極化した権力者とその拠点の不即不離の関係こそ、院政に固有の社会＝空間構造の一面を端的に示しているというべきであろう。

2　白河と鳥羽の開発

京外の拠点御所の特質として、①形勝の地に計画性をもった大規模な造営が行われる、②泉殿・桟敷殿など特色のある施設をともなう、③御願寺・御堂系寺院など寺院街が建設される、④交通の要衝であり、御倉町が設けられるなど経済的な拠点である、などがあげられている。(11)

とくに鳥羽と白河の地域では、一つの御所と御堂からなるのではなく、多数の御所・御堂・御願寺群から構成されるという特色を有する。白河院、ついで鳥羽院は、京外において院の政治・経済・宗教・文化的拠点の開発を行い、院政権力の荘厳・示威をはかった。(12)

白河には、白河天皇によって「国王の氏寺」といわれた法勝寺が承暦元年（一〇七七）に供養されたのをはじめ、康和四年（一一〇二）に尊勝寺、元永元年（一一一八）に最勝寺と、大規模な御願寺があいついで建立された。法勝寺は、その大乗会が円宗寺の法華・最勝会とともに北京三会として大きな意義をもち、また高さ二七〇尺をこえるという八角九重塔が他を圧してそびえ立つなど、際だった存在であった。白河天皇が四海の泰平を祈り、また百王の安全を得るために建立した「霊地」とも考えられた。

一方、白河院の御所は、嘉保二年（一〇九五）には白河泉殿が造営されていたほか、元永元年（一一一八）新造の白河北殿など、いくつかの御所の存在が知られているが、白河院の正式な御所としては、白河泉殿が断続的に使用されたにとどまる。(13)白河の地は居住、ひいては政務執行の場所としてそれほど重要視されたところではなかったと考えられる。

ところで応徳三年（一〇八六）、白河天皇は京外・鳥羽山荘の地においても大建設工事を起こした。『扶桑略記』応徳三年十月条に、「公家近来九条以南鳥羽山荘新建二後院一、凡卜二百余町一焉、近習卿相侍臣地下雑人等、各賜二家地一、営二-造舎屋一、宛如二都遷一」とあるように、御所と御堂、御倉町、広大な苑池を備えた後院の新営と同時に、「近習卿相侍臣地下雑人等」に屋地を与え、家屋を営ませるものであった。たんなる御所や御堂の造営ではなく、あたかも遷都の如しとあるように、「京」の移動、都市軸の移動をともなうほどの規模であった。後院、すなわち院の権力拠点の建設を都市形成の核、契機とする新しい都市の経営とみることができる。治天の君による新しい「京」の開発、すなわち「王都」の建設ともいえよう。

　白河院の居住形態の特徴を朝覲行幸の対象となった御所から調べると、四十三年に近い白河院政期に四十一度を数える朝覲行幸が行われたが、そのうち大炊殿・六条院などの洛中本所御所が三十一度、鳥羽殿が七度、白河殿が三度となっている[14]。洛中の本所御所を重視しているのは里内裏との関係からとみられるが、一方、鳥羽殿はその数以上の大きな意味をもっていた。すなわち、白河院はこの鳥羽の地に南殿・北殿・馬場殿・泉殿・東殿などの御所を営み、長期間に渡って鳥羽殿を使用したし、天仁二年（一一〇九）に鳥羽を終焉の地として墓塔の三重塔を建立している[15]。また白河院は、財宝を納めた二百あまりの御倉を「鳥羽・白川・京御所」に所有していた。それぞれの御倉の数はわからないが、鳥羽・白川・京御所の順に経済的拠点としての重要度を示しているのではないか。

　白河院の後をうけた鳥羽院は、おおむね白河院の方針を踏襲したようにみえる。朝覲行幸二十二度のうち、十九度が洛中本所御所であり、洛外御所の例は三度に過ぎない。そのいずれもが白河殿で、鳥羽殿の例がないことが興味深い。ただ鳥羽における安楽寿院と三重塔の建立は、白河院の例に倣って御堂御所をたて終焉之地としたものであった[16]。

　後白河院については項をあらためることとして、次の後鳥羽院は、むしろ白河院に近い。後鳥羽院は建久九年（一一九八）に院政を開始したが、源通親の専制がその死によって終わった建仁二年（一二〇二）から、後鳥羽院の独裁的な執政が始まる。その後、毎年のように御所などを造営し、十一年の間に移徙の礼を十三度も行って、「諸国為武士雖被押領、天下之力未衰歟」と評された。[17] 後鳥羽院は、鳥羽や白河の御所を修理しては渡り住み、また宇治殿や水無瀬殿などの離宮も営んだが、本所御所というべきは、二条殿、京極殿のあと、元久二年（一二〇五）に移徙した高陽院であった。[18] 後鳥羽院御所への朝覲行幸は、この高陽院への四度を含む七度が洛中本所御所へのもので、他は鳥羽殿一度のみである。

注目されるのは、荒廃していた白河の地に承元元年（一二〇七）御堂御所の最勝四天王院を建設し、そこで「希代之御願」を込めてみずから写経をしたことである。また『承久記』は「関東調伏」を祈念したとも伝える。国家的・宗教的な意義を担った白河の場所性を象徴しているといえよう。

白河の衰微とは異なり、鳥羽は承久の乱後も整備がはかられ、後高倉上皇が行った鳥羽の修復は、「鳥羽修理朱雀面悉如新作路、超過白河院御時之由見物称之」したという。[19] 院の御所、離宮として鎌倉時代末まで使用され続けられるほどに鳥羽殿そして鳥羽は、大きな権力基盤であった。

3　東山の開発

保元三年（一一五八）に院政を開始した後白河院は、白河院や鳥羽院と異なり、白河・鳥羽をほとんど使用しなかった。その代わりに新たに洛外の拠点として「東山御所」、すなわち法住寺殿を造営し、永暦二年（一一六一）に移徙した。法住寺殿の敷地は、平氏の拠点六波羅の南に位置し、九体堂などの堂舎八十余棟や人家を立ち退かせて十余町という広大な地を占め、四つの郭からなる。[20] そこに南殿（狭義の法住寺）と西殿、北殿がつくられた。また長寛元年（一一六三）、蓮華王院（三十三間堂）が平清盛によって郭内に建立された。

南殿は応保元年（一一六一）以後、離宮となっていたが、永万元年（一一六五）の二条天皇の死によって後白河院の執政が復活すると、狭小であった殿舎を破却して新たに南殿を造営し、仁安二年（一一六七）に移徙した。こうして後白河院の執政にふさわしい拠点を確立したが、その地はすでに開発の進んでいた地域であったことに白河や鳥羽とのちがいがある。

後白河院御所への朝覲行幸は、二十二回を数えるが、そのうち十八回が法住寺殿であった。建久元年（一一九〇）の六条西洞院殿と文治三年（一一八七）の鳥羽殿は、寿永二年（一一八三）に法住寺殿が焼亡したためであるから例外的とみてよい。洛中御所が初期に限られること、また白河殿をまったく用いていないことが特徴的である。後白河院は、法住寺殿を長期に渡って使用し、かつそこに自身の墓堂たる法華堂を営んだ(21)。法住寺殿は、後白河院の居住と執政と終焉の地であった。

4　嵯峨の開発

「都近き」鴨東に六波羅探題が設置され、京都に新たな政治・社会・都市的状況が生まれた。新たな「王都」は、それまでとはちがって、里内裏――このころから閑院内裏が定着する――と、上皇の洛中本所御所、洛外拠点御所、そして武家の六波羅探題を核として展開していく(22)。

後嵯峨上皇の院政は、寛元四年（一二四六）に始まる。朝覲行幸は後鳥羽院以来少なくなり、後嵯峨院のときには二十六年間に四度しか行われていないが、洛中本所御所である冷泉万里小路殿（大炊御門殿）の例は一つもなく、すべてが洛外の御所（鳥羽殿三度、亀山殿一度）であった(23)。

新たな院御所である亀山殿は、後嵯峨上皇が嵯峨の地に営んだ御所(24)で、この亀山殿に至る御所群の造営を契機として嵯峨が大きな地域的な発展を遂げた（亀山殿には、狭い意味の亀山殿と、周辺の北殿・浄金剛院・如来寿量院・薬草院を含めた関連施設の全体をいう場合がある）。

建長二年（一二五〇）大井川のほとりに嵯峨桟敷殿を造営・移徙したのをきっかけに、嵯峨の地域には建長六年（一二五四）に源親子や平棟子の嵯峨北殿があいついで営まれた。後嵯峨院はこれらに移徙しているが、建長七年に「凡御所眺望尤殊勝、亀山大井河景気類崑崙者也」と讃えられた亀山殿を造営した。翌康元元年に供養された御堂の浄金剛院は、文永九年（一二七二）に後嵯峨院が死去したあと、遺骨が納められ、墓所御堂となった。嵯峨の地は、白河院・鳥羽院の鳥羽（鳥羽殿）、後白河院の東山（法住寺殿）と共通する地域的な特質をもったといえよう。

嵯峨を描いた絵図[25]によって地域の変遷を概観すると、平安時代の「山城国葛野郡班田図」では、条里地割が規制する地域に「檀林寺」と「栖霞寺」（のちの清凉寺）がたち、その周辺に田畑や森林が広がり、西に山並み、南に大井川が流れている姿が描かれている[26]。

南北朝時代の「山城国嵯峨亀山殿近辺屋敷地指図」は、「檀林寺」の跡に亀山殿の造営にともなって多数の御所や宿所がつくられるなど、大きく変化した状況を伝える。清凉寺（釈迦堂）の南面中央から南へ走る古くからの参詣・遊覧路が「朱雀大路」と記され、地域の中軸道路となっていることが注目される。亀山殿への移徙の時には、まだ「釈迦堂前南行、至于御所」とあるので[27]、「朱雀大路」という名は、おそらく嵯峨の開発が進行する間に生まれ、広まったのであろう。

朱雀大路の西方の田畑や山林を開発して広大な亀山殿の敷地を造成し、また新たに南北の惣門大路とか、これに直行する東西の道を何本も通している。一見すると、条坊制的な町割になっているようでもあるが、書き込まれた街区寸法からみて、三十六丈が街区の計画寸法と考えられる。条坊制の町の規模は四十丈四方であるから、これらの街区計画は、条坊制に則ったものではなく、おそらく先行する地割、すなわち条里制の一町＝三十六丈に基づいていると判断される。つまり嵯峨の開発にあたっては、白河のように条坊制を企図して地割が施行されたのではなく、現地のもともとの地形を活かして地割を行ったようである。

南北朝期における都市的状況は、指図の内容上の制約もあって、特徴が読みにくいが、それを示す書き込みが一、二ある。一つは朱雀大路東側の「土蔵」と、そこに注のような形で書き込まれた「明敷地」である。これは指図作成の時点では土蔵が建物を建てておらず、また土蔵の営業をしていなかったが、将来に備えて土地を所有・保有していたとも解され、商業地域としての将来の発展を予期させる。もう一つは、「浄金剛院敷地在家在之」という書き込みであり、浄金剛院の所有になる土地に在家があったことがわかる。この敷地以外にも、在家は少なからず存在した。嵯峨における商工業活動の萌芽を示すものであろう。

以上を要するに、鳥羽や白河、嵯峨など、京外に新たな都市的な場を形成し、特色ある朱雀という名の道を生んだのは、院政の展開であった。院政は、権力拠点の制度的な枠組として里内裏を確立し、さらにみずからの権力拠点である京中の本所御所に加え、白河院と鳥羽院の鳥羽・白河、さらに後白河院の東山（法住寺殿）、後嵯峨院の嵯峨など、京外に院の御所、御願寺・御堂、御倉町などを造営して、固有の機能を有する地域を形成した。こうした京中・京外の院御所と里内裏を多核複合的に結びつけ、王権と深く関わる社会＝空間「王都」を成立させた。

四、武家の「王都」

建武三年（一三三六）、建武政府を倒して事実上開始された室町幕府は、『建武式目』の第一条において「鎌倉如元可為柳営歟、可為他所否事」を諮問したが、これに対して京都に幕府をおくことが適切であると示唆された。武家勢力の鎌倉と北朝の京都、南朝の南京（吉野）が鼎立する可能性もなくはなかったが、室町幕府は京都に権力拠点を構えた。こうして『大乗院日記目録』建武三年十二月二十日条に「一天両帝、南北京也」とあるように、日本に二つの京、二つの都が存在することになったが、武家と北朝、公武両権門の政庁が共存する京都は、前代に比して大きく変容する。

嵯峨は、南北朝期に入って亀山殿に由来する土地に二つの禅宗寺院、すなわち建武二年（一三三五）に後醍醐天皇によって臨川寺が、さらに暦応二年（一三三九）に足利尊氏・直義によって天龍寺が創建され、宗教的な中核が形成されたことによって、いっそう都市的発展を遂げる。

臨川寺は、元弘三年（一三三三）に亀山殿のうちの川端殿を改めた禅院として始まり、建武二年（一三三五）に夢窓疎石を開山として臨川寺に改められた。貞和三年（一三四七）の「山城国臨川寺領大井郷界畔絵図」によると、釈迦堂の門前から大井川へ向かう南北の大道（「出釈迦大路」＝朱雀大路）と、天龍寺の伽藍正面から東に向かう大道（「造道」）とが、天龍寺の門前でT型に交差している。この二本の大道を東西・南北の幹線道路として、清凉寺や天龍寺と臨川寺とそれらに属する中小の子院・塔頭・寮・庵など、じつに数多くの寺院群が成立している。なお、薄馬場（芒ノ馬場）は、「壹町五段半成薄馬場」という書き込みから、この図の制作年次よりもそれほどさかのぼらない時期に開通されたらしい。

臨川寺の寺地は、道路で画された敷地全体を、寺の敷地としているのではなく、三つの用途に区分されていることに注意したい。すなわち、伽藍の地、薬園の地、それらの周囲に設けられた在家の地である。在家は、嵯峨の幹線道路である朱雀大路と、それに直行する東西の造道に面して配置されるという、きわめて都市的な、都市形成的な配慮をしたことを読みとることができ、注目すべき事実であろう。

ところで、暦応五年（一三四二）年三月二十日、院政権力を象徴していた鴨東白河の法勝寺の壮麗な大伽藍が、創建以来最大の火災にみまわれ、八角九重塔や金堂などほとんどすべての堂宇が焼亡した。法勝寺の焼亡は、公家の衰微の前兆とも感じられた。一方、洛西嵯峨において禅宗寺院・天龍寺の礎始めが行われたのは、法勝寺の焼亡から七日後のことであった。

暦応二年（一三三九）、足利尊氏と直義は、「殿舎傾危、既欲顛倒」という状態であった亀山殿の敷地に後醍醐天皇の菩提を弔う勅願寺として天龍寺を創建し、主要な堂宇が完成した貞和元年（一三四五）に落慶総供養を行った。天龍寺の造営は、仏法と王法の興隆を目指し、また初期の室町幕府の宗教政策を反映したものであろうが、尊氏が開山の夢窓疎石に与えた観応二年（一三五一）の置文に、「公私之発願、濫觴異他、現当之願望、仰伽藍之昭鑑、仍当家之子孫一族家人等、及末代、専当寺帰依之志、寺院並寺領等事、可抽興隆之精誠」とあるように、足利家の一族・家人が末代まで帰依すべき寺、院政期の御願寺に匹敵する「足利氏の氏寺」として天龍寺を位置付けている。

嵯峨ではその後も寺院の造営が続き、康暦元年（一三七九）には足利義満が臨川寺の東に宝幢寺（鹿王院）を創建し、嵯峨に大伽藍を付け足した。これは義満自身の「延命増福」を祈願する、きわめて個人的な、あえていえば王権的な趣旨でつくられた。

応永三十三年（一四二六）の「山城国嵯峨諸寺応永鈞命絵図」によると、天龍寺は周辺に一五〇にもおよぶ塔頭群を擁するほど拡張を遂げ、また薄馬場という大道や紺屋辻子、今辻子などの道に面して在家が散在しているのが注目される。これらの在家が嵯峨の商工業機能を担っていた。応永三十二年（一四二五）の「酒屋交名」（北野天満宮史料）によると、この嵯峨には、十六ヵ所もの酒屋（酒造業兼金融業）があったことがわかっている。嵯峨は経済的にも活発な活動を行っていた地域なのである。

こうした地域の性格は、嘉吉元年（一四四一）に勃発した大規模な土一揆の折りに、「洛中に於いては警固すべし、辺土においては所々の儀成敗難き歟、以て土蔵の財宝、京都に渡すべきの由、管領近月成敗す、仍て嵯峨辺りの土蔵の物、洛中へ渡し置くの由、此儀たらば、嵯峨の在地については放火せしむべし、天龍寺を焼くべきの由、札を立つと云々」(28)という状況にもあらわれており、洛中と辺土が、具体的には洛中と嵯峨であることが興味深い。かつての「京・白河」のように、この時代には洛中・嵯峨とならび称されるほどの地域に発展していた。院政期の白河に匹敵する宗教色を強く帯びた広大な都市空間、嵯峨が成立したのである。

ところで三代将軍義満がみずから政務を執るのは応安五年（一三七二）からであるが、永和三年（一三七七）には土御門東洞院内裏近くに室町殿（上御所・花御所）を造営し、康暦元年（一三七九）に宝幢寺を建立する。永徳二年（一三八二）に相国寺の造営を開始し、明徳三年（一三九二）に法勝寺に勝るとも劣らない巨大な伽藍をもつ相国寺が室町殿の東、賀茂川の西の地に完成した。南北朝合体はその直後のことである。

応永二年（一三九五）には太政大臣を辞して出家するが、このころより法皇として振る舞うようになり、応永四年（一三九七）に院御所というべき北山殿を営み、翌応永五年に移徙している。応永六年（一三九九）に完成した相国寺七重大塔は、高さ三六〇尺といわれ、法勝寺八角九重塔の高さ二七〇尺（推定）をはるかに越えている。義満は白河院政を凌駕しようとする意志のもとに相国寺を建設したといえそうであるが、寺地の外、上京の入口に聳えたつ相国寺七重大塔は、室町幕府政権の拠点としての地位を獲得した上京の、その地域的性格をもっとも端的に示すランドマーク的な存在であった。

土御門東洞院内裏は、応永八年（一四〇一）の再建にあたって方一町の規模に拡大される（この後、明治維新まで天皇の居所として存続した）。この土御門東洞院内裏とその至近の室町殿・相国寺、さらに洛外拠点御所たる北山殿（「院御所」）と嵯峨の臨川寺や天龍寺、宝幢寺など、とりわけ義満による拠点の展開は、かつての院政権力のありかたを踏襲しているところがある。武家勢力による「王都」の構築ということができよう。

おわりに

応永五年（一三九八）、義満は、後白河院から後嵯峨院、後深草院、亀山院、伏見院、後伏見院と受け継がれた後院であり、当時は伏見宮家が所有していた伏見殿を没収している。「天の月・川の月・池の月・盃の月」の四つの月を一度に賞でることができるという景勝の地、指月に北山殿に次ぐ山荘の造営を計画したものというが、しかしこの計画は沙汰止みとなり、伏見殿は翌応永六年に伏見宮家に返却された。

豊臣秀吉が義満のこの計画を知っていたかどうかはわからないが、天下を支配する統一権力の拠点として城と城下を築いたのは、伏見指月の地であった。また東山に造営した方広寺大仏殿も、後白河院の法住寺殿の故地を占めた。秀吉は、洛外権力拠点の伝統を引き継いだようである。「しゅしやか（朱雀）」の名をもつ通りが生まれるのも自然なことといえよう。

注

（1）保立道久『平安王朝』、岩波書店、一九九六年、二九～三〇頁。
（2）保立道久前掲書五八頁。『類聚三代格』所収寛平七年十二月三日付太政官符。
（3）『京都坊目誌』（『新修京都叢書』所収）。
（4）橋本義彦「里内裏沿革考」（『平安貴族』、平凡社、一九八六年）。
（5）飯淵康一「平安期里内裏の空間秩序について」『日本建築学会論文報告集』第三四〇号（一九八四年）、同「都市空間秩序の観点からみた平安期里内裏の空間構成に関して」『日本建築学会大会学術講演梗概集』（一九八一年）。
（6）杉山信三『院家建築の研究』（吉川弘文館、一九八一年）、井上満郎「院御所について」御家人制研究会編『御家人制の研究』（吉川弘文館、一九八一年）、同「六条西洞院殿とその時代」『後白河院――動乱期の天皇――』（吉川弘文館、一九九三年）、平山育男「白河院御所について」『建築史学』第十六号（一九九一年）。
（7）最近の論考に大村拓生「中世前期の首都と王権」『日本史研究』四三九号（一九九九年三月）がある。
（8）橋本義彦前掲論文。

（9）飯淵康一前掲論文、平山育男前掲論文。
（10）『殿暦』永久五年十二月四日条。
（11）井上満郎「院政期における新都市の開発――白河と鳥羽をめぐって」『中世日本の諸相　上』（一九八九年）、北村優季「院御所の御倉町」『山形大学史学論集』第十号（一九九〇年）、後に『平安京―その歴史と構造―』（平凡社、一九九五年）所収。
（12）井上満郎前掲論文（注11）は、白河・鳥羽の開発を詳細に論じた。建築については清水擴『平安時代仏教建築史の研究』（中央公論美術出版、一九九二年）、また考古学的な論考に堀内明博「権門の都から洛中辺土の京へ」（網野善彦・石井進編『信仰と自由に生きる　中世の風景を読む　第五巻』、新人物往来社、一九九五年）、長宗繁一・鈴木久男「鳥羽殿」、上村和直「院政と白河」（ともに『平安京提要』、角川書店、一九九四年）。
（13）井上満郎、注11論文。
（14）詫間直樹編『皇居行幸年表』（続群書類従完成会、一九九七年）による。以下、同様。
（15）大治四年（一一二九）に没した白河院の遺骨は、天承元年（一一三一）竣工の「墓所御堂」（「御所御堂」）、成菩提院の三重塔内に納められた。
（16）『台記』久安元年十二月十七日条。鳥羽院は、保元元年（一一五六）この安楽寿院で崩じ、塔内に葬られた。
（17）「三中記」承元二年七月十九日条（宮内庁書陵部編『図書寮叢刊　仙洞御移徙部類記　上』（明治書院、一九九〇年）、一八九頁。元久元年の宇治殿と五辻殿、翌年の水無瀬殿と高陽院、建永元年の鳥羽小御所、翌年の白河殿と最勝四天王院御所、承元二年の岡崎殿、翌年の押小路殿と高陽院と毎年続く。
（18）『京都の歴史　2　中世の明暗』（一九七一年）、二三七頁。
（19）『明月記』安貞元年十二月十九日条。
（20）『山槐記』永暦二年四月十三日条。
（21）ただし、これには安元二年（一一七六）に没した建春門院が葬られ、院自身は蓮華王院東の別の法華堂に埋葬された。
（22）鎌倉時代の院御所については、近藤成一「内裏と院御所」（五味文彦編『都市の中世』、吉川弘文館、一九九二年）がある。
（23）鳥羽殿は後深草院の正応二年にも朝覲行幸があり、鎌倉末期まで　使用された。
（24）川上貢「亀山殿の考察」『日本中世住宅の研究』、墨水書房、一九六七年。
（25）嵯峨を描いた絵図・指図は、『山城名勝志』も地誌の解説に利用している。『日本荘園絵図聚影　二　近畿一』（東京大学出版会）に収録されている。

(26)　西田直二郎「檀林寺遺址」(『京都史蹟の研究』、一九六一年)も、指図を利用して檀林寺の遺址や、亀山殿や天龍寺など嵯峨の地域的状況を述べている。
(27)　宮内庁書陵部編『図書寮叢刊　仙洞御移徙部類記　下』、明治書院、一九九一年。
(28)　『建内記』嘉吉元年(一四四一)九月三日条。

コラム4　平泉

平泉は、庭園（苑池）都市、宗教都市、仏教都市、仏都平泉、平和都市、黄金都市、文化都市、境界都市、などといわれる。たんにキャッチコピーに過ぎないものもあるのかもしれない。しかし、都市としての平泉の特性を簡潔に名付けしようとする試みは、都市の全体像や本質、アイデンティティをどのように捉えるかという点で、都市史の視点のみならず、都市の文化的景観や歴史まちづくりにおける基本的な視点としても注目される。また、さまざまな視点から日本の都市の特性を指摘することは、東アジアやユーラシアのなかに日本（中世）都市を定位するためにも重要と考えられる。以下ではこうした立場から都市平泉のもつ特性を考えたい。

一、平泉

奥州藤原氏初代の清衡は、康和年中（一〇九九〜一一〇四）に江刺郡の豊田館を岩井郡平泉に移し宿館とした（『吾妻鏡』文治五・九・二十三日条）。『吾妻鏡』は、四代泰衡の「平泉館」を「三代之旧跡」「累跡之郭内」、すなわち清衡・基衡・秀衡三代の館とも記している。この伝承や考古学資料に拠って、平泉館＝柳之御所と考えるのが自然である。三代秀衡の拠点平泉の中核は、「宿館」すなわち政庁の平泉館と、常の居所である加羅御所、隣接する無量光院、西木戸の嫡子国衡家・四男隆衡宅、泉屋の東の三男忠衡家、倉町（高屋）などからなっている。「安倍頼時衣河遺跡」（後述）や武家地の同心円構造（城下町の原型）、また摂関期・院政期の権力拠点（御所と御堂、御倉町・細工所などからなる地域空間、〈境内〉などと共通する特色をもつ。在地の武士のイエと中央・京都の〈境内〉との複合・重層といえよう。

さて、清衡が中尊寺を造営したころ、衣河は商業・交易都市として機能していた。中尊寺は、その衣河に深く変わる軸線の上、その基点ともいうべき関山《かんざん》に立地し、衣河からヴィスタの目標、ランドマークとなるとともに、逆に仏(清衡)の眼が衣河を俯瞰するものでもあった。衣河は中尊寺の「正方」(北方)にあたるといえよう。一方、中尊寺金色堂はその「正方」(東方)が平泉館に当たっている。平泉と衣河は中尊寺・金色堂を媒介項として繋がっている(宗教的空間構造)。

商業都市・衣河が、王城都市・平泉の流通・経済機能を担っていた。平泉と衣河は一つの都市圏をつくっていたといってよい。王城都市と商業都市が交易の河川を挟んで複合する都市形態は、ユーラシアにおいてもめずらしくはない。

二、衣河

文治五年(一一八九)、奥州藤原氏を滅ぼした源頼朝は平泉一帯を歴覧した。『吾妻鏡』には安倍頼時の衣河館とその周辺、奥州支配の領域とその中心である衣関、海と陸の双方にかかわる人々の生活と生業(海陸の交易)、街道の桜並木など、「都市」衣河の文化的景観が具体的に記されている。

十一世紀前半に造営された寺院の跡である長者ヶ原廃寺跡は、その南北中軸線が関山の頂上を通ること(南山思想)、周辺地域の地割を規制していること、などにおいて際だった特徴をもつ。安倍氏による「都市」衣河の中核施設というべきであろう。また安倍氏の拠点である館は、頼朝の巡覧時に「安倍頼時衣河遺跡」と記され、「礎石の場所も分からず、古い苔が百余年の跡を埋めていた」とあることが示すように、すでに久しく廃墟となっていた。

この文治五年（一一八九）ころ、注目すべき館は、藤原基成（秀衡の舅、泰衡の外祖父）の衣河館である。そこには源義経とその妻子も同居していた（持仏堂があった）。秀衡の遺言によって大将軍（軍事首長）とされた義経とその庇護者である藤原基成の衣河館は、平泉軍事政権の最重要の拠点であり、政権のシンボルであったといえる。

この基成の衣河館と「安倍頼時衣河遺跡」が異なることはいうまでもなく明らかであろう。基成の衣河館と関わる遺跡として堀と土塁に囲まれた接待館遺跡がある。大量のかわらけが出土したことから柳之御所遺跡と同様の政治・儀式機能をもっていたとみられている。接待館遺跡は、①安倍氏の政庁跡、②藤原基衡の妻（三代・秀衡の生母）の居館跡、③藤原基成の衣河館跡などに比定されるが、①でないことはすでに明白である。柳之御所遺跡に匹敵する可能性がある館として③基成の衣河館を考えるのが自然であろう。

衣河を奥羽安倍氏以来の古都・旧都というならば、清衡以来の平泉は新都となろう。また大将軍義経が拠点とする衣河を京に、軍事首長を支え実権を握る国衡・泰衡兄弟の平泉を白河に例えることもできよう。

三、日本都市史のなかの平泉

都市平泉の領域・境界はあいまい、開放的である。山や森林、河川に接し、毛越寺の庭をはじめ数多くの苑池が営まれた。ヴィスタが強く意識され、衣河から関山を眺め、あるいは平泉館から金色堂あるいは金鶏山を眺めるといった構想のもとに伽藍や邸館がつくられている。都市空間の構成要素をみると、平泉には城館があって、統治機能を担う。城館と一体的な寺社があって信仰を支えている。一方、衣河にも城館があり、統治機能を担っていた、あるいは分有していた。衣河は市ないし宿、交易機能を担う場でもあった。都市軸というべき奥大道が衣河と中尊寺と平泉とを結びつけ、また平泉と衣河という二つの大きな核を中尊寺・金色堂が結合するような形で一体的な都市空間をつくるという空間構造があった。要するに都市平泉の大きな特性は、無囲郭・拠点散在・風景都市であり、また宗教（仏教）が統合する宗教都市ということができる。

平泉政権は、たんなる地域権力ではない、「日本列島北部領域」を支配する軍事政権であり、都市平泉はその拠点の都市である。日本列島最初の武人政権の「王都」といってよいのかもしれない。また衣河と白鳥という川沿いの地域が、川を媒介とする交易と陸の交易の結節点であったとすると、平泉は陸海の港市国家の首都というイメージが浮かび上がってくる。琉球や東南アジアの港市国家のように交易に基盤を置いた国家のありよう、あるいはその首都のありようを考えてよいのではないか。

史料　中尊寺　『吾妻鏡』文治五年（一一八九）九月十七日条「寺塔已下注文」

（五味文彦・本郷和人編『現代語訳 吾妻鏡4　奥州合戦』、吉川弘文館、二〇〇八年）

一、関山中尊寺の事。

寺塔は四十余宇、禅坊は三百余宇である。

清衡が六郡を支配した最初にこれを創建した。まず白河関より外浜まで二十余ヵ日の行程であるが、その道の一町ごとに笠率塔婆を立て、その正面に金色の阿弥陀像を描いた。当国の中心を計って、山の頂上に一基の塔を立てた。また寺院の中央には多宝寺があり、釈迦・多宝像を左右に安置した。その中間に関路を通して旅人の往還の道とした。

史料　衣河　『吾妻鏡』文治五年（一一八九）九月二十七日条

（五味文彦・本郷和人編『現代語訳 吾妻鏡4　奥州合戦』、吉川弘文館、二〇〇八年）

二品（源頼朝）が安倍頼時〔元の名は頼義〕の衣河の遺跡を巡って御覧になった。郭の跡はむなしく残ってはいたが、秋草が数十町にわたって覆い、礎石の場所も分からず、古い苔が百余年の跡を埋めていた。頼時が国郡を掠め領した昔、この地を選んで家屋を構えた。（中略）以上八人の男女子の宅が軒を並べ、郎従らの家が門を囲んでいた。

西は白河関を境として十日余りの行程で、東（の境）は外浜であるとすると、また十日余り。その中央に広く関を開き、名づけて衣関と言った。（中略）

産業はまた海陸（の産業）を兼ね、三十余里の間に桜の木を並べ植えた。

第三章　足利義満の「王都」——大規模開発と地域空間形成

前章では中世「王都」の成立と展開を概観し、室町幕府による「王都」の構築についてはかんたんに述べるにとどまった。本章では南北朝内乱を収束させ公武支配を確立するなど、「天下統一」を果たした足利義満がどのような「王都」を建設したかを詳しく検証する。

室町幕府は首都として長い歴史をもつ京都を政権の拠点にした。ふたたび京都が首都ないし「王都」となることによって、その都市空間はどのように変容したのであろうか。あるいは室町幕府には武家の「王都」たるにふさわしいどのような都市空間の理念や理想、都市計画、都市空間政策があったのであろうか。室町初期における大建設事業の事例として足利義満による室町殿、相国寺、土御門東洞院内裏の造営を取り上げ、権力の建築的・空間的表出の一端に触れつつ、これまでほとんど論じられなかった、それら権力拠点と都市空間とのかかわりを、主として空間的な視点から具体的に明らかにしたい(1)。得られた成果の一端を図化したのが、図23である。

一、内裏と仙洞

1　土御門東洞院内裏と陣中

土御門東洞院内裏は、元弘元年（一三三一）九月、光厳天皇が土御門東洞院殿を内裏と定めたことにはじまる。土

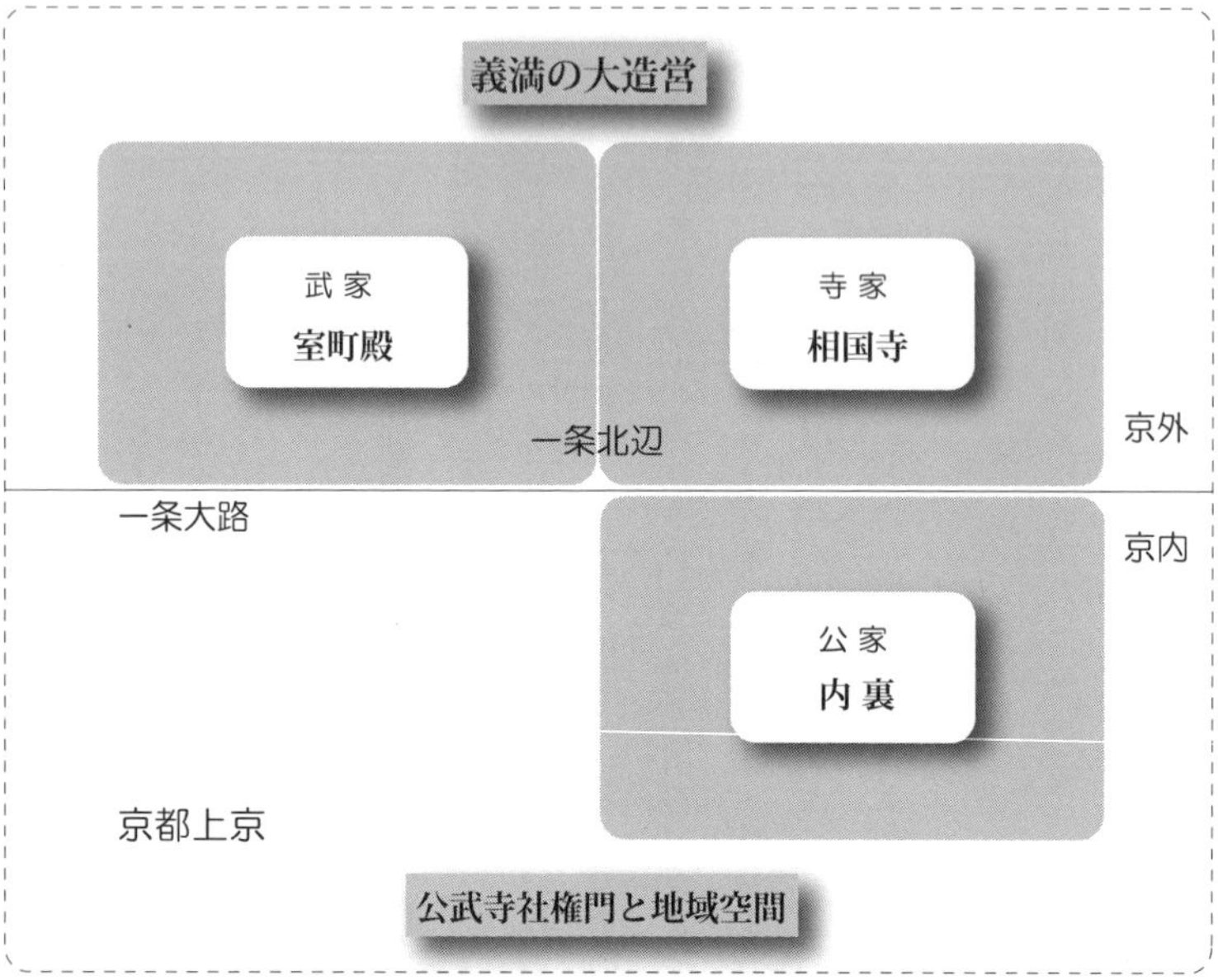

図22　本章の論点

御門以北、正親町以南、東洞院以東、高倉以西の地にあり、由緒のある敷地であったが、方一町の規模ではなく、南北を半町ずつに分かち、北を内裏、南を長講堂が占めていた(2)。応永八年（一四〇一）二月、土御門内裏は小御所から出火して炎上するが、内裏の再建にあたって南の長講堂の敷地を合わせ、方一町の規模に拡大された。翌応永九年（一四〇二）十一月、後小松天皇は新内裏に移り住み、この後、土御門東洞院内裏は、永続的な拠点として長くもちいられることになった。この応永度内裏の焼亡を記した『康富記』嘉吉三年（一四四三）九月二十三日条には、

今夜子刻内裏焼亡、于時皇居土御門殿也、北正親町、南土御門、東高倉、西東洞院、方四町々也、以西為晴、西面有二門、南者四足、左衛門陣是也、北者唐門也、長橋局通也、北者上土門也、東者棟門也、為里内之間、南方無門者也、

とあり、応永度内裏の立地や諸門の位置と形式などが簡潔に示されているが、ここではあらためてこの内裏

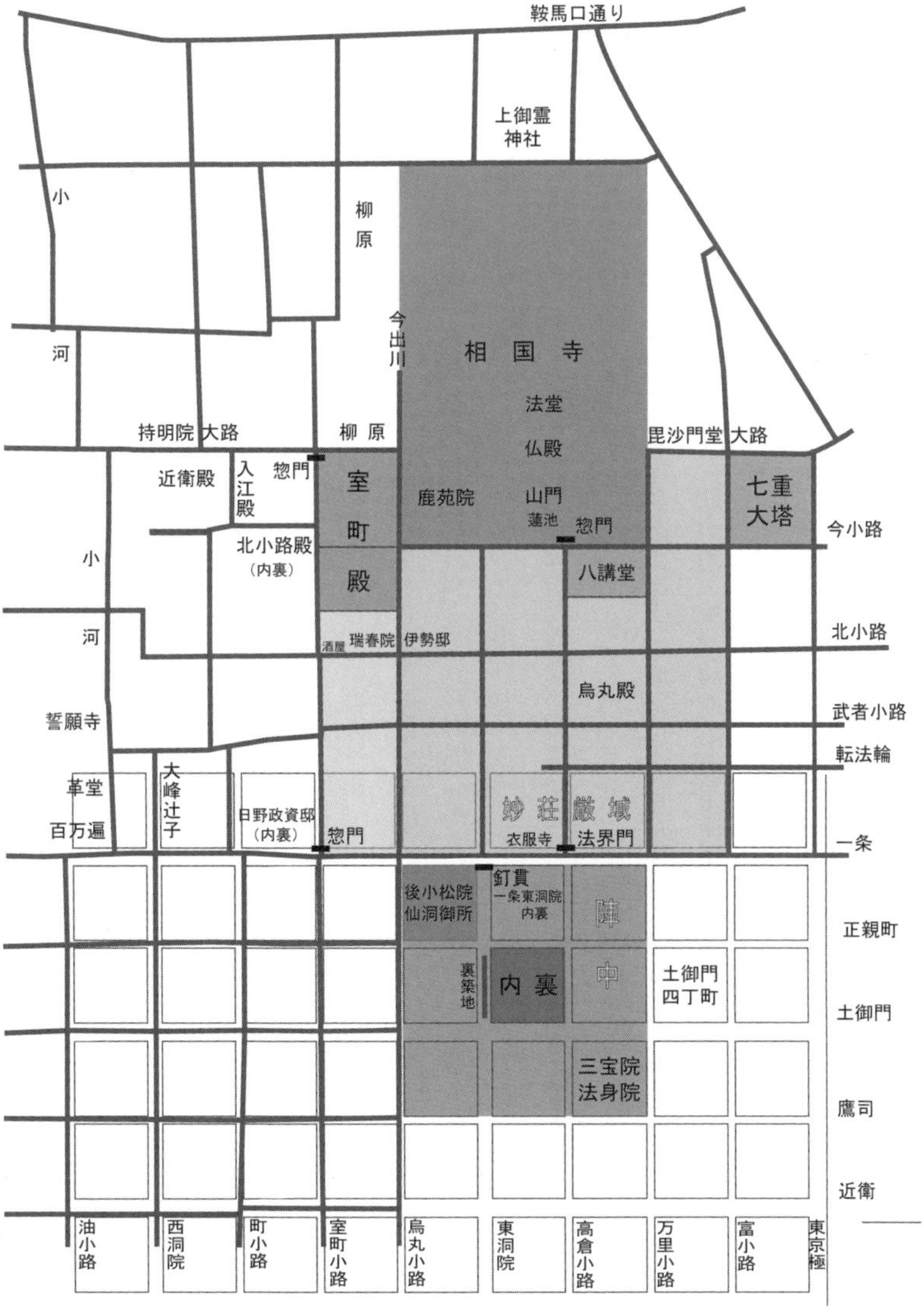

図 23　室町殿周辺推定復元図
（作図：マシュー・スタブロス、高橋康夫）

が里内裏であったことを再確認しておきたい。

さて、京中に営まれた里内裏は、それを核とする三町四方の「陣中」とよばれる空間を介して平安京とかかわっていた。四方の辻に設けられた「陣口」を宮城門（「礼」側は陽明門代）に擬し、邸の諸門を内裏門（「礼」側の四脚門は建礼門・建春門）に擬して、内裏としての空間秩序を表わしたという[3]。室町期においても平安時代以来の陣中の観念が生き続けていたことは、以下にあげる史料からも明らかである。

土御門東洞院内裏の場合は、北は一条大路、南は鷹司小路、東は万里小路、西は烏丸小路を限る三町四方の空間が陣中であった。また、西を晴とするので、東洞院大路の方が晴、礼の側になる。たとえば、康暦元年（一三七九）七月二十五日の義満の拝賀に際しての参内経路をみると、室町殿を出て室町を南行、一条を東行、万里小路を南行、中御門を西行、室町を北行、近衛を東行、東洞院を北行して陣口の陽明門代に至っている[4]。西の東洞院大路に面して門が二つ設けられ、南は四足門、北は唐門であったが、これらの門への直接の見通しや侵入を避けるために、東洞院大路の中央に南北一町の裏築地が構築されていたことが注目される。

平安時代の陣中は庶民はもちろん貴族でさえ通行できない空間であったが、室町期にはそうしたことはなくなっていた。陣中の都市空間の実態をみるために、まずいくつかの事例を列挙し、検討する。

（1）公武邸宅――後小松院仙洞御所、足利尊氏邸、中納言日野時光邸[5]
（2）醍醐寺三宝院里坊の法身院――土御門以南・鷹司以北・万里小路以西・高倉以東[6]
（3）庶民の住居――番匠男の小屋、酒屋、後小松院仙洞御所跡敷地

・正親町高倉内裏陣中炎上、小屋四五間云々、後聞、火起、蔵人懐国（物加波）放火番匠男屋之云々、但浮説歟、猶不足信用、為実事者、言語道断所為也、……『後愚昧記』応安三年（一三七〇）二月二十九日条
・亥刻終頭有炎上、正親町高倉小屋也、内裏東面門前也、……『後愚昧記』永和四年（一三七八）五月二日条

・越後　土御門万里小路北西頬　経覚在判……応永三十三年（一四二六）二月十六日付「酒屋交名」（『北野天満宮文書』）

・正親町以北烏丸以東頬東、相国寺僧有女犯事、件僧自侍所召捕之、彼宿借用之所云々、検封云々、……『建内記』嘉吉元年（一四四一）七月二十七日条

応永十九年（一四一二）称光天皇に譲位した後小松上皇は、皇太子の御所であった日野資教の一条東洞院邸を仙洞御所とした[7]。この御所は応永二十三年（一四一六）の火災に焼失するが、一条南、正親町北、東洞院西、烏丸東の方一町に敷地を拡大し、西の烏丸小路を晴とする御所として再建された[8]。後小松院は陣中に位置する一条東洞院の御所において、永享五年（一四三三）の死にいたるまで二十年あまりのあいだ、院政を行った。

まず陣中に後小松院仙洞御所があったことから想起されるのは、白河院政期にあって里内裏と院御所がきわめて近い距離を保持したことである。天仁元年（一一〇八）二月、白河院は鳥羽天皇の小六条殿（西六条殿）の南隣、六条中院に移り、また摂政の忠実も院の仰せにより、「陣中」に隣接する近所に移り住んだ[9]。その後も、白河院は里内裏と院御所を至近の距離に保とうとしたため、忠実は「御在所近辺条無由事歟、日本第一奇恠事歟[10]」と、白河院の姿勢に対して強い批判を記しているが、ともあれ里内裏と院御所、摂関家の邸第の位置には深い関係があったのである。

従前は持明院統の仙洞御所として持明院とその周辺の邸宅が選ばれてきたが、後小松院はそうした先例からはずれた京中、しかも陣中に所在する日野資教の一条東洞院邸を仙洞とした。この場合、院政期のような強い政治的な意味を考える必要はないであろうが、それにしても内裏との一体性を維持しようとする意図があったと推定することができよう。

将軍足利尊氏の土御門亭は、『園太暦』貞和五年（一三四九）三月十四日条に、

戌刻有火事、相尋之処、武者小路今出川辺云々、而重説、土御門将軍第云々、已陣中也、仍大夫忩令参内、（中略）亥終剋火消畢、尊氏卿亭成灰燼了、

とあるように、陣中に所在した。尊氏の亭は洛中洛外の各所に設けられたが、土御門亭について、前述のような政治的意図を考えることができよう。

天皇や将軍にかかわる祈祷、護持を担った三宝院門跡の京中の坊、法身院が陣中の東南隅に所在したことは興味深い。法身院は、時に宮中真言院ないしその阿闍梨坊に擬せられもした(11)。

室町期の陣中には公家はもちろん武家の邸宅そして番匠など庶民の小屋も少なからず混在した。公家がおそらく多数を占めるとはいえ、身分をこえた混住というかぎりでは陣中は他とそれほど異なった都市空間ではないようである。この点は、伏見宮貞成親王による後小松院仙洞御所跡敷地の開発をみても首肯できよう。後小松院の死後、仙洞跡地は伏見宮貞成親王が管領することになり、南北の辻子を開通して分割された敷地の東方が近臣の公家や奉公被官人に、また西方が外様の公家などに分かち与えられているからである(12)。

ところで擬制的に大内裏を表すという意味に加えて、陣中は現実的には火災などから内裏を守るために設けられたある種のバッファ・ゾーン（緩衝領域）として理解することができよう。『師守記』貞和五年（一三四九）二月十四日条に、

今夜一条今出川焼亡、陣外近々之間仰天、然而無程静謐、

と類焼の危険性を気にしたり、また後述するように「いまだ陣中及放火事無先規」とあることなどからも、火の難を避けるべき領域であるという通念が知られる。

本来、陣中の諸口と内裏の諸門の警固は衛府の官人の役割であり、室町期には内裏門役に引き継がれているが、大

きな争乱に際しては幕府が守護を担当した。

こうした内裏の安全への配慮という視点から二つの事件に注目しておきたい。一つは応安二年（一三六九）四月二十日、南禅寺との抗争から延暦寺衆徒が日吉神輿を奉じて入京した事件である。(13) 今回の入洛では内裏の門内に神輿を振り入れるとの風聞があったので、幕府は近江守護佐々木氏頼に内裏の西北両門、黒田高満に東門の警固を命じた。『後愚昧記』には内裏近辺における神輿の振り捨てをめぐる攻防が次のように記されている。

及申刻神輿四基令過一条面給、……先陣既及内裏陣辺（一条東洞院）之時、後陣尚及富小路以東、……後聞、内裏陣外車逆毛木引之、是可奉禦神輿之料也、武士等在逆毛木内、而衆徒等不拘防禦、打破逆毛木而乱入陣中、於内裏西面唐門前及合戦、

「車逆毛木」というのは、移動可能なバリケードのようであるが、こうした仮設的な装置では規模の大きい強訴には対抗できず、武士と衆徒の双方に死者を出すなかで、佐々木氏頼の家人たちが「命を惜しまず防戦」し、内裏門内への神輿振り入れは防いだものの、大宮神輿一基が内裏北築垣の北に、二宮・三宮・聖眞子神輿三基が一条東洞院などの「陣頭」に振り捨てられた。また退散に際して衆徒・神人が周辺に放火したという。『後愚昧記』同日条所収の二条良基の書状案に、「いまだ陣中及放火事無先規」ともあり、陣中の性格の一端がうかがわれよう。

次に陣口の防御に設置された釘貫にかかわる文安四年（一四四七）五月八日の事件を取り上げたい。この当時の内裏は、応永度内裏が嘉吉三年（一四四三）九月二十三日にほとんど全焼したため、一条以南、正親町以北、東洞院以東、高倉以西に移っていた。一条大路に面していたので、陣中は変則的な形となり、南北は一条大路と土御門大路、東西は万里小路と烏丸小路の範囲であった。

・今夜、一条東洞院釘貫闔置之処、或男五六人可開之由雖申之、不可叶之由、内裏門役返答之処、昇越釘貫欲出之間、

門役者共取籠、尋子細之処、山名方土橋被官人云々、申遣土橋之間、自彼方乞請無為帰云々、依之聊物忩也、雖然静謐了、（『康富記』）

・今夜　禁裏西面門外針貫内有狼藉人云々、以外物忩、武士等為警固馳参云々、仍至禁庭内々参入、高倉針貫示案内令開之参了、冬房同道之、自東門廻西面、……相尋之処、不示案内欲穿通針貫之者有之、仍門役番衆等遮留之相尋之処、山名内犬橋内者也云々、仍自門役所尋遣之処、無相違、仍渡彼許了、非殊事云々、静謐弥重々、翌日伝聞、参詣一条衣服寺薬師者也、仍諸方針貫近日早閇失帰路、可開四足門前針貫由種々懇望之処、不承引、依無力少々穿通之時、号狼藉欲打留之間、両方已欲及珎事、仍遣人相尋之処、被官人無相違之由犬橋申請云々、為事実者非殊事歟、（『建内記』九日条）

・高倉面針貫不開之、仍参自東洞院面針貫、（『建内記』七月十六日条）

南北朝から室町時代中期にいたるころの釘貫の設置や管理の権限をめぐってこの事件を取り上げた今谷明は、①禁裏の釘貫は、各門の外側に常設された構築物であり、内裏門役が管理・開閉していること、②武士一般、特に山名宗全のような有力大名の被官人といえども自由通行が許されず、通行は全面的に朝廷側の権限に属すること、③当時「諸方」に釘貫が設置されており、夕刻には閉鎖されるのが例となっていたことの三点を指摘している。(14)

陣中と釘貫に関連してさらに検討を加えると、注目されるのは、『康富記』に山名宗全の内者土橋たちが一条東洞院の「釘貫を昇り越え出でんと欲するの間」とあることである。すなわち土橋らはほかならぬ陣中に閉じ込められていたのであり、釘貫は、史料に記された一条の東洞院と高倉の辻のみならず、四方の陣口に構築されていたと推定できる。また陣中においては昼間は自由通行が許されていたにせよ、夜間は通行が禁止されており、これは陣中に居住する在家にとっても生活の安全に資するものであったことを補足しておきたい。

2　仙洞御所の地——持明院大路室町周辺

さて、北小路以北、室町以東、今出川（現在の烏丸通り）以西の地は、菊亭家や室町家など西園寺家ゆかりの貴族邸宅が集まっていたところであるとともに、仙洞御所の地であったということもできる。義詮の上山荘や義満の室町殿の敷地になった室町亭、菊亭を中心に周辺の貴族邸宅を検討しよう。

菊亭は、『園太暦』観応元年（一三五〇）十月十五日条に、「先参新院〈菊第〉、而新院入御持明院殿、依咫尺御歩行也」とあり、新院すなわち光明院の仙洞御所に使用されていた。文和二年（一三五三）二月四日、持明院殿が出火炎上したとき、後光厳天皇は菊亭に移っている(15)。その後、貞治五年（一三六六）の年末には、崇光院の御所として今出川公直の菊亭が用いられた(16)。延文三年（一三五八）九月、崇光院は菊亭に御幸し、十一月二十六日伏見殿に戻るまで、菊亭を御所とした(17)。

菊亭の正門が室町に面していたことは、観応二年（一三五一）に足利直義が仙洞御所に伺候したときの順路が「一条東行、今出川北行、北小路西行、室町北行」であり(18)、また応安二年（一三六九）正月に行われた今出川公直の右大将拝賀の記事に菊亭を「西礼屋」とすることからわかる(19)。

義詮の「上の山荘」は、四辻季顕からその屋敷を買得して建設したものであった。『師守記』貞治六年（一三六七）七月十二日条には、「今夜於鎌倉前大納言上山荘〈菊亭殿地也〉、招引申二条関白殿下云々」と記されているが、「菊亭殿地也」という注記は中原師守の誤解であり、正しくは四辻季顕室町亭の地である。同年十二月七日に義詮が死去すると、この上山荘は崇光院に譲られ、翌貞治七年（一三六八）二月に崇光院は南隣りの菊亭から移徙した。関連史料を列挙すると、次のようになる。

・故大樹義詮別業室町第元公全朝臣宅、自旧冬大樹逝去之後、武家進仙洞云々、来月五日可有御移徙云々、（『愚管記』正月二十三日条）

・今日院御移徙室町第云々、自去年御坐菊亭也、（『愚管記』二月五日条）
・今夜可移住室町亭、本所事、鋪設以下前権中納言藤原朝臣光教行之、（『荒暦』二月五日条）
・仙洞伏見殿（崇光院）御所、号花御所、元季、顕卿宅、而故大樹買得之後、進上皇也（『後愚昧記』永和三年（一三七七）二月十八日条）

これらによると、この屋敷は、公全朝臣が住んでいたときも、義詮の別業であった時も、そして崇光院御所となってからも、室町第・室町亭と呼ばれ、またしばしば「花御所」・「花亭」と呼ばれている。義満の室町殿・花御所の名称の由来を示すものとして注目される。[20]

この「花御所」と菊亭が隣接していたことは、『後愚昧記』応安二年（一三六九）四月七日条に「右大将（今出川公直）亭為　仙洞合壁之間」とあることから明らかである。[21]

応安四年（一三七一）三月二十一日、後光厳天皇は日野忠光の柳原亭に行幸し、二十三日譲位の儀がこの柳原亭で執り行われた。京外で譲国の儀が行われた例はないが、京中にしかるべき御所がなかったからであり、譲位後は、後光厳院の仙洞御所となった。[22]『広橋大納言仲光卿記』に、

今日聖上遷幸藤中納言忠光卿柳原亭、今出川以西、室町以東、四辻以南、仙洞之北隣也、故按察資明卿経営之地也、新造後及三十余廻歟、仲光所奉行也、譲国之礼、於此所可被行之故也、

とあって、日野忠光柳原亭＝後光厳院仙洞御所が、今出川以西、室町以東、四辻以南、そして崇光院の仙洞御所（菊亭）の北隣に所在したことが判明する。[23] 四至の表記は明確であるが、広橋仲光の表現のままでは、北限の「四辻」が現在のどの辺りを指しているのか、よくわからない。「四辻」については、管見のかぎり、史料がきわめて少なく、『後愚昧記』永徳元年（一三八一）九月二十七日条に「鴨社前社務〈祐―〉、於四辻今出川辺被殺害了」とあるぐらいで、今出川と交わる北辺の東西路であることのほかはまったく不明といわざるをえない。

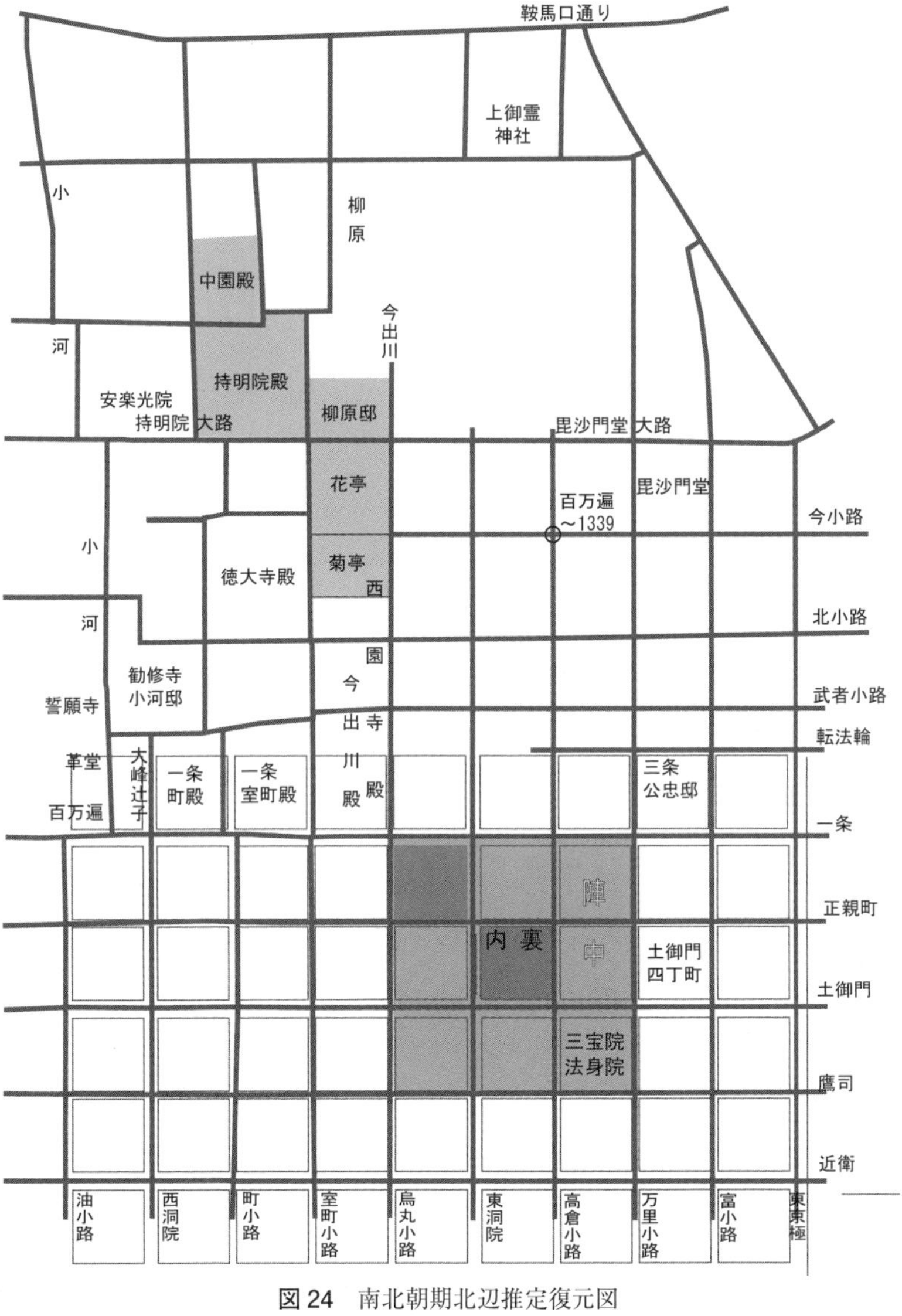

図24　南北朝期北辺推定復元図

後光厳院仙洞御所は、「柳原仙洞」とも「柳原御所」とも呼ばれているので、[24]「柳原」という道路に接した御所である可能性が高いと思われる。「四辻以南」すなわち北限が四辻と明記されているので、柳原は南限と考えてよいであろう。

後光厳院は応安七年（一三七四）正月二十九日にこの仙洞御所において死去し、その葬列が仙洞西面の上土門から出て、室町を南に進んでいるので、御所の正門は室町に面していたとみられる。[25]なお、月忌の仏事は柳原亭の小御所で行われたが、百日後、御所は日野忠光に返された。[26]

二、室町殿

1　義満の室町殿

義満は、永和三年（一三七七）二月の罹災後、再建が行われなかった花亭や菊亭の土地を取得し、自身の邸宅の造営を開始した。いずれも仙洞御所に用いられた敷地であることが注目される。六月二十四日には早くも「花亭」の「寝殿」が立柱上棟し、[27]七月六日にはこの「花亭」において管弦の催しが行われている。[28]

翌永和四年（一三七八）三月十日、義満は「北小路亭」に移徙したが、『後愚昧記』同日条はその間の事情を次のように記している。

> 今日大樹北小路亭元院御所也、而去年炎上之後、依無御造作、大樹申請造営之、不日終功、前右大将（今出川）公直菊亭跡、同混領之、不便事也、移徙也云々、

義満は少なくとも「花亭」＝崇光院御所跡と菊亭跡を混領した。今回の移徙は先に立柱上棟した「花亭」寝殿ではなく、北小路の菊亭跡に営まれた建物であった。「花亭」への移徙は翌康暦元年（一三七九）の七月八日であり、造作

はまだ完了していなかったという。[29] この後、「花亭」・「北御所」に対して、「北小路亭」は「南御所」・「下宿所」「下亭」と呼ばれる。[30]

室町殿の所在について、「大樹上亭今出川辺、号花御所」、「右大将室町亭号花御所」、「将軍第柳原室町」、「北小路以北、室町以東以室町面為晴」などの記述があり、[31] 柳原以南、北小路以北、室町以東、今出川以西を四至としていたことは、前述した通りである。

義満の死後、義持は室町殿を使用せず、新たに三条坊門殿を造営して本拠としたために、室町殿は放置され、荒廃の一途をたどった。

室町殿の位置と規模に関して依拠すべき先行研究として、川上貢の説があり、[32] 義満の室町殿の所在地について、

崇光院仙洞と菊亭の両跡地につくられているので、北小路以北、柳原以南、今出川以西、室町以東の四至内に所在したことは明らかである。

と述べ、さらに次のような註を付している。

室町殿四至のうち、北限は『一条故関白記』（後鑑所収）永徳元・七・二十三条に「将軍第柳原室町」とあり、四辻と北小路のあいだに柳原と呼ぶ路があり、日野忠光邸はこの柳原に面してその南限としていたところから柳原邸と呼ばれていたのであろう。そして室町殿の北限はこの柳原に面していたのであろうか。

室町殿の四至について、史料上の結論は一応得られているのであるが、実際には問題がそのまま残されているといわざるをえない。というのは、室町殿の四至を現在の通り名に当てはめると、東が烏丸通り、西が室町通り、南が今出川通りにほぼ該当するが、問題は北限であって、「柳原」にあたる東西の通りを見出すことができないのである。

川上貢は、柳原と呼ばれる東西の道が、北小路以北のどこにあったのかを示していないが、ただ、毘沙門堂大路（持明院大路とも呼ばれ、現在の上立売通りにほぼ該当する）を間にはさんで、義満の室町殿と位置的に近い関係にあった持明院殿の位置を検討するなかで、「柳原」という名の道に言及している。

> 持明院殿の東限は室町通に面していなくて、それよりも更に東に寄ったところに在った。つまり、室町通と今出川通の間に柳原通があり、これに東面して御所築垣が設けられていたのであろう。そして南面の惣門は柳原通より西、毘沙門堂大路に南面していたと思われる。北限は北大路を以て限られていたろう。西限は西大路と新道に面していたと思われる。

この持明院殿の東にある「柳原通」は南北の道であるから、義満の室町殿の北限の東西路である「柳原」とは明らかに異なっている。ある一つの地域のなかに同じ「柳原」の名をもつ南北路と東西路があったことは興味深いが、室町殿の四至の決定には有益な情報ではない。『一条故関白記』の「将軍第柳原室町」が著者の記憶ちがい、書きまちがいではないのかとも思われるが、この点は、室町殿などにかかわって他の史料にもみえるので信頼してよいと考える。とするならば、問題は、「柳原」が現在のどの通りにあたるのか、あるいは地図上でどこにあったのかを明らかにし、そして室町殿が北小路、柳原、今出川、室町に限られる地域のなかのどこに位置していたかを明確にすることである。

室町期の京都を理解する上で、室町殿の所在地を確定することは重要な課題であり、以下では、川上貢の驥尾に付して、室町殿の所在地とその周辺の都市的状況を明らかにすべく努めたい。

2　柳原の地名について

『京都市の地名』は、京都には柳原と呼ばれるところが、東寺東北角の中世の最勝光院領柳原、鴨川西岸七条辺の柳原庄、室町寺ノ内上ルの三ヵ所あるといい、『中昔京師地図』に「此辺ノ地名柳原」とあることや、『上古京親町之古地由来記』に「上柳原・下柳原ハ、室町通上立売より一町過て北弐町に有。古しへ此所に道の左右ともに柳木数本有し故に土地を柳原といへり」などとあるのをあげている。(33)

さて、柳原という道は、戦国期においても南北路の柳原と東西路の柳原がともに存在しているが(34)、ここでは東西路の柳原に焦点を合わせて関連の史料を検討する。

文明八年(一四七六)十一月十三日、近くの酒屋から出火した火災により、室町殿が全焼し、そのため室町殿を皇居としていた後土御門天皇は、北小路室町北西頬の北小路殿(御台日野富子の母の御所)に移り住んだが(35)、この御所も文明十一年(一四七九)七月二日、近所の在家に発した火事に類焼した。この時の北小路殿から聖寿寺(安禅寺、白雲寺)への避難のようすを『長興宿禰記』と『晴富宿禰記』は、

・今夜丑剋焼亡、内裏御近辺在家火出、木下柳原辺所々焼行、……火煙自北方掩皇居、……主上駕腰輿、自東門御出、……柳原小路西行、小河小路南行、到于安禅寺、

・主上駕輿出御、暫於花御所跡御逗留、伺室町殿之處、可有行幸安禅寺殿(白雲寺方丈也、主上御妹御比丘尼)之由被申、仍自此所西行、小川南行、北小路東行、迄白雲寺方丈下御為御所、

と記している。これらによると、花御所跡のところに東西の道、「柳原小路」があり、西方には小川の通りまで通じていたことがわかる。

文明十二年(一四八〇)四月一日にも室町殿近くで火災が発生しており、『宣胤卿記』と『大乗院寺社雑事記』にはそれぞれつぎのようにみえる。(36)

・今夜子刻許、室町殿東、柳原以南、数百家焼失、
・去朔日（四月一日）夜、四時分、御方御所（義尚）前、室町東のつら、東西へ一丁、広寿院、伊勢被官人共、済々焼失了、

これによると、柳原の道は、室町の通りよりさらに東、今出川の方まで通じており、柳原という道が室町殿周辺において大切な道の一つであったことがわかる。

東西路の柳原について特徴的なことは、南北の通りである室町と深くかかわって史料にあらわれる点である。応仁元年（一四六七）四月の「日吉社末日右方御油座神人交名帳」に「僧重舜　上柳原室町北東頬」とあり、[37]『政所賦銘引付』には吹田彌次郎元道の「柳原室町北頬小家一宇」（文明六年）、また四条家の「柳原室町西南頬〈東西十丈、南北廿丈〉屋地」（文明十五年）などとあり、[38]こうした「柳原室町」という表記の例は枚挙にいとまない。

ただ、右にみたような表記から柳原の所在地を知ることはできないので、現在も残るいくつかの道路との関連から所在地を絞っていくことにしたい。一条北辺の主要な東西路として、一条から北へ、「転法輪小路」、「武者小路」、「北小路」、「今小路」、上立売通り（鎌倉期の「持明院大路」、南北朝期の「毘沙門堂大路」、戦国期の「西大路」）が通じていた。[39]柳原が北小路以北であることは確実であるので、今小路と上立売通りとの関係が問題となろうが、北辺でただ一つ大路と呼ばれた東西路である上立売通りと柳原の関係から検討を進めると、両者の関係は以下の三つの場合のいずれかであろう。

1　柳原は上立売通りの北に位置する。
2　柳原は上立売通りの南に位置する。
3　柳原は上立売通りと同一の道である。

まず、柳原が現在の上立売通りよりも北に位置していた場合、室町殿の在所が、「北小路以北、室町以東」などと、北小路との関連で表記されることはないであろう。したがって、柳原は上立売通りの南にある道のことであるか、あるいは上立売通りと同じ道と推定することができる。

次に第二の場合について考えると、柳原亭・室町亭・菊亭は前述のように北から南に順に並んでいたから、当然、柳原亭の北限「四辻」が上立売通りと同じ道を指すと考えざるを得ない。この場合、柳原が今小路と同じか、あるいは別の道であるのかという点も問題となる。どちらの場合であっても、寛永十四年（一六三七）の『洛中絵図』から推定される戦国期の北小路以北、上立売以南、今出川以西の地域において、室町から小川に通じる行幸も可能な東西の道を想定することはむずかしい。また「四辻」が北辺の主要路であったというには、史料に「四辻」の名を残すことがあまりにも少なすぎるように思われる。第二の場合についても、納得できる仮説ということはできない。

結局のところ、前掲史料なども勘案して、柳原は上立売通りにあたると考えるのが妥当である。柳原の名は、上京北方の広い地域をさす柳原に由来しており、その柳原の西辺の南北路と南辺の東西路の両方が同じ名で呼ばれることになった。戦国期には、持明院大路や毘沙門堂大路の呼称が用いられなくなり、かわって室町殿周辺では柳原、西方では西大路がもっぱら使われることになったのであろう。

義満室町殿の北限が確定したこと、戦国期にとくに頻出する東西路の柳原の位置が明らかになったことに少なからぬ意味があると考える。

3　義教と義政の室町殿の位置と規模

次の義教と義政の室町殿についても川上の説を手がかりに検討してみよう。川上の説くところは、おおむねつぎの三つの史料に拠っている。

A　武家室町殿御事也、従五位下源義勝、御第室町面東頬、北少路以北、猶去北也……『建内記』嘉吉元年十一月二十日条

B　普広院殿御後室（割註省略）、今日午剋御移徙新造御寺北小路以北、今出川以西也……『建内記』嘉吉元年十月二十三日条

C　室町殿ハ東西行四十丈、南北行六十丈之御地也、然而南北行四十丈ニツイチ（築地）被仰付之、南方二十丈ニハ小屋共在之故云々……『大乗院寺社雑事記』文明十一年三月六日条

これらの史料によって川上が推論した結果を整理して箇条書きにすると、次のようになる。

（1）義教の御所は、義満の室町殿と同じく、室町小路東、今出川西に位置し、北小路に直面していた。その北限については明らかでないが、室町殿の南北の規模は一町半をかぞえたと考えられる。

（2）義教の薨後、義教夫人が室町殿の南辺を区切り、その施設の一部を利用して寺につくりかえた。

（3）義勝の室町殿は、規模を縮小し、また北小路に直面しない。

御台と称された義教後室の新造寺院、「御台御寺」・瑞春院を中心に少し検討を続けよう。

嘉吉元年（一四四一）六月二十四日に義教が暗殺されると、諸大名はただちに八才の義勝を後継者に選び、その結果義勝は御所としていた伊勢守貞国の宿所（北小路以北、今出川以東）から父の室町殿に移住することになった。(40)『建内記』Aの記事は、十一月二十日、室町殿における義勝の評定始を記したものであるが、これに先立って十月上旬には室町殿を舞台に二人の人物の移徙の日程が決定された。一人は義勝であり、十月二十日に伊勢守貞国宿所に戻り、その後管領細川持之宿所に方違をし、二十三日に室町殿に正式に移徙している。

他方、出家して尼となった義教の御台（勝智院）は、当初は管領細川の申し入れによって室町殿における居住を続けたが、閏九月には「御台御方被立御寺左衛門督（正親町三条実雅、御台御方の兄）亭以北、伊勢入道（貞国）宿所前」（『建

内記』）とあるように[41]、みずからの居所として寺院（瑞春院）を造営していた。そして十月二十三日に新造の瑞春院（「北小路以北、今出川以西」）に移徙したのである。

十月二十六日には室町殿移徙の参賀が行われ、関白以下の諸家は、会所の北に新築された建物において義勝と対面し、ついで御鞠懸方において義勝の母日野重子（義教の妾）に移徙を賀し、その後、「御台御寺在北小路以北、今出川以西也、」に参賀している。

『建内記』の著者万里小路時房がたびたび御台とその新造寺院に言及しているのは、実は時房の年少の娘が喝食として御台に仕えていたためでもあろう。したがって瑞春院についての記載内容もおそらく正確な情報をつたえているものと思われるが、注目されることは、この瑞春院の度重なる記述において、正親町三条実雅亭や伊勢貞国宿所に触れはするものの、室町殿の敷地とのかかわりについて何一つ言及していない点である。

また、義勝の室町殿移徙を記した後で注記した義満以来の室町殿の沿革においても、

此甲第者　鹿苑院殿草創送多年至応永初比為御所、応永初比移徙北山殿之後、勝定院殿以此第為御所、至応永十五六年温等持院・宝篋院御旧蹤、新造甲第為御所、此御第荒廃了、普広院殿初比以下御所為御所、永享比被温　鹿苑院殿佳躅如元建立、悉新造也、此御第上御所事也、為御所、今任其例御移徙也、先日数日先白地為御所、今式之御移住也、

とするだけであり、義勝の室町殿に創建以来の大きな規模の変化があったようなことを思わせる記述は、ここにも認められない。

以上から、『建内記』の記述を文字どおりに解釈して、次のように推定することも、一つの説として成り立ちうるであろう。

（4）義教の御台〔勝智院〕は、北小路以北、今出川以西の敷地〔室町殿とは別の敷地〕に瑞春院〔御台の寺院〕を新造した。

（5）義勝の室町殿は、北小路に直面していなかった。当然のことながら、義教と義満の室町殿も北小路に直面していない。

応永三十三年（一四二六）二月十六日付「酒屋交名」（『北野天満宮文書』）は、「上北小路室町北東頬」の酒屋を記載するが、これも筆者の仮説を傍証するものといえよう。

室町殿の四至がほぼ明らかになったところで、次にその四至のなかで室町殿がどの位置を占めていたのかを検討しよう。東の今出川と西の室町は道に接していたであろうから、問題は北の上立売通りと南の北小路とのあいだのどこに位置していたかである。上立売通りと北小路の間の距離は、寛永十四年（一六三七）の『洛中絵図』によると、一六二間ほどあり、また地図上で計測すると、およそ三一〇メートルである。『大乗院寺社雑事記』文明十一年三月六日条の「室町殿ハ東西行四十丈、南北行六十丈之御地也」によるならば、南か北、あるいは両方にあわせて四〇丈ほどの余地があることになる。先に室町殿の南が北小路に接していないと推定したが、北が上立売通りに接していたかどうかなど、考えてみたい。

手がかりは義政室町殿の「北御所」である。応仁の乱がはじまってまもなく天皇と院は室町殿に移住し、義政・義尚父子と、いわば同居することになった。この異常ともいうべき事態は文明八年（一四七六）十一月十三日に室町殿が炎上するまで続いたが、そのあいだの文明三年（一四七一）七月、義政は御台日野富子との不和もあって、細川勝元が建てた小川殿を譲り受け、折にふれて居住した。(42)

文明五年（一四七三）十一月十二日には小川殿の新殿の立柱上棟を行っているが、そのとき方違のために「北御所」

に御成している。『親元日記』の同日条には、

　御成北御所、上御所（小川殿）立柱上棟御方違也、

とあり、室町殿を指す「上御所」の語が小川殿を意味するものとして用いられていること、北御所という施設があることが知られる。このころ北御所といえば、文明八年の室町殿炎上後、内裏となった「北御所」、あるいは「北小路殿」が有名であったにちがいない。しかし、この北御所は、日野富子の母北小路三位禅尼が居住している御所であるから、そこに義政が方違のために訪れたという可能性はあまりないであろう。

文明七年（一四七五）正月の幕府政所納銭算用状には、「御方御所（義尚）様油」五八〇文などと室町殿などにかかわる諸費用を列挙しているが、そこに「北御所鳥餌」四五〇文や「杉原一帖北御所御成之時」三〇文などの記載がある。[43] 義政が御成した北御所とは、おそらくこちらの北御所のことと考えてよかろう。

室町殿と北御所の位置関係について、明応四年（一四九五）ころの作成とされる土倉酒屋注文に「北御所北柳原室町南西頬」という興味深い記載がある。[44] この「北御所北」という傍注は明らかに柳原を補足説明するためのものであり、逆に北御所が柳原の南にあったことを明確に示している。北御所は室町殿とは別の一郭をなしていたから、室町殿が北の柳原に直接面していないこともおのずから明らかである。

とはいえ、文明七年（一四七五）正月の幕府政所納銭算用状にあるように、北御所を含めて広い意味で室町殿とよぶこともあり、それゆえ室町殿が柳原に面していたということもできるのである。明応四年（一四九五）の酒屋新加注文に「上御所御前北頬」という記載があることも傍証としてあげられる。[45]「上御所」と呼ばれた小川殿はすでに延徳二年（一四九〇）に破却されていて、上御所は明らかに室町殿を指しているから、この「上御所御前北頬」は室町殿が柳原に面しているという観念があったことを示唆しているといえよう。

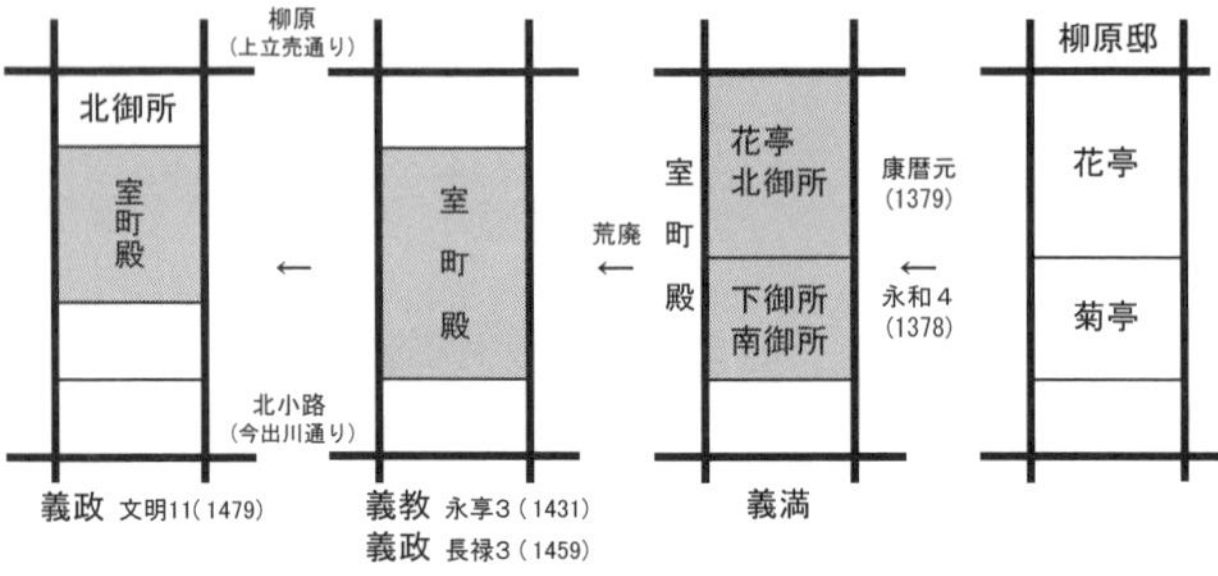

図25　室町殿変遷模式図

数少ない史料から北小路室町の邸宅や室町殿の位置について考察を重ねてきたが、最後にもう一つ北御所の南北の規模について推定しておきたい。次の節で取り上げる史料によると、上立売室町の辻に建てられていた惣門の脇から室町殿まで半町ほどであったという。そうすると、北御所について、おおざっぱな数字であるにせよ、東西一町、およそ四〇丈ほど、南北半町、およそ二〇丈といった規模を想定してみることができよう。さらに室町殿は、義政再建の室町殿が南北四〇丈、本来の規模が六〇丈であるとすれば、室町殿の南方には、戦国期には四〇丈、室町期には二〇丈ほどの敷地があったことになる。数字の正確さはともかくも、室町殿周辺のおおまかな姿をみることはできるのではなかろうか。それらを模式図化したのが図25である。

4　室町殿の惣門と裏築地

『親町要用亀鑑録』に収められた「上古京親町之古地由来記」に室町殿の惣門についていくつかの記述がある。

裏築地町ハ、室町上立売の南に有。此所、室町御所の北門上立売の辻に有て、南を面とし、北を裏とす。其築地有故の謂なり。

築山町は、室町今出川の北に有。当町は、足利家三代将軍義満公新造し給ふ柳営ニして、庭に多く花を栽らるゝにより、室町花の御所といふ。庭に泉水を湛へ、仮山を築き、大石を集めて翫び給ふ。其奇石于今町内に数多あり。

当町北半町ニハ彼築山の厳石多く有、中ニも一ツを烏帽子岩と申大石有、中比天正十五年、太閤秀吉公聚楽城造営ニ付、彼庭江此石を引移さるべしとて、人夫を遣ハされ堀出したりしに、一夜に元の如く埋れる事再三に及びしかバ、奇数事に聞し召て其事を止り給へりと、古老世々の伝承也、

室町今出川の辻南面に惣門有、仍て惣門の辻といひ、町名も惣門仮山町と名づく。中古略して唯築山町と八呼り。烏丸の東西に四ツ脚門有て、四方に堀を構ゆ。

室町殿の跡に形成された町々に残る近世初頭の伝承から、室町と北小路の辻、そして室町と上立売の辻の両方に門があり、南の門は惣門と呼ばれ、町名もそれにちなんだものであるという。この惣門は相国寺の法界門があったことにはじまるという伝承もあるが[46]、次章の相国寺のところで述べるように、法界門が立っていた場所は北小路室町ではないので、この伝えは何らかの誤伝によるであろう。

永正十二年（一五一五）正月の造酒正役銭算用状には、当時の上京・下京などの酒屋の名前と居所が記されているが、そこに「田中与三郎惣門室町西頬」と「宇野勘解由惣門室町東頬」という記載がある[47]。「惣門」は東西の道を示すものではなく、先にみたような室町殿の惣門のことを意味しているのであろう。ただ、この記載では北小路の惣門か、上立売の惣門か判然としないが、ともかくも、この二軒の酒屋は惣門の内に居住していたのであろう。明応四年（一四九五）ころとされる酒屋・日銭屋加増注文に「北御門前北頬」という在所の記載がある[48]。これは上立売の辻の北門か、あるいは北御所の北門を指すのであろう。

文明八年（一四七六）十一月十三日に発生した火災によって室町殿をはじめ数多くの家屋が罹災したが、この火事の火元は室町殿惣門脇の酒屋兼土倉であった。『大日本史料』同日の条から関連史料をあげておこう[49]。

・ソウ門ノワキサカヤヨリ火イタシヤケアカル也、……『歴代残闕日記』『言国卿記』

・裏辻小家土蔵失火出、……『実隆公記』

・今夜子刻焼亡、室町殿西半町計、在家（土倉、酒屋）、放火、……『長興宿禰記』

・出火在所室町裏築地　馬場與四郎……「古文書」（内閣記録課所蔵）

出火地点である惣門の脇と「室町裏築地」は、もちろん同じ場所を指しており、室町通りの裏築地町ということであろうから、現在の裏築地町にあたると考えてよい。つまり上立売の辻の門も惣門なのであり、室町殿の前の室町通りは北小路の辻と上立売の辻に立つ惣門によって京の他の地域から隔離されていたのである。

二つの惣門は応仁の乱を契機にして建設されたようにも思えるが、実はそうではなく、室町期にさかのぼることができる。『建内記』嘉吉三年（一四四三）五月二十五日条に、

先日洪水、室町殿惣門内（室町北也、〇〔之通〕南一条以北、）自上方水流来如川、

とあり、義勝のころにはすでに建設されていた。また南の惣門は、北小路ではなく、一条室町の辻にあったようである。一条から北小路への移転こそ、おそらく応仁の乱による変化なのであろう。

室町期の室町殿は、一条大路から上立売通りにいたる室町通りを他から隔絶し、特別な領域としたた地域のなかに立地していたのである。

惣門を検討する過程ですでに「裏築地」にふれているが、それは近世以降の町名、裏築地町に関連したものであった。ここでは惣門のなか、室町をはさんで室町殿の西向かいの地域がなぜ「裏築地」と呼ばれたかを推察してみたい。町名の由来について先に「此所、室町御所の北門上立売の辻に有て、南を面とし、北を裏とす。其築地有故の謂なり」との伝えをあげておいたが、裏築地町は北門の南、内部にあるから「裏」ではなく、「面」であり、満足の行く説明になっていないからである。

前掲の史料にいくつか追加しておこう。『晴富宿禰記』文明十一年（一四七九）三月十五日条には、

室町第花御所可有、新造之所、裏築地在家乱中立陣屋、于今在家有之、皆被撤却、今日壊之云々、

とあり、応仁の乱のあいだに陣屋が建てられ、それが今は在家にかわったという。「裏築地」という地名は少なくとも十五世紀中頃以前にさかのぼる。『応仁記』応仁元年（一四六七）五月二十六日条に「花御所裏築地」、『康富記』嘉吉二年（一四四二）十一月二十八日条に「室町殿裏辻内」と記され、それぞれ一色義直と一色教親の在所である。

以上のきわめてわずかな史料から推察を重ねるのはいささか気が重いが、問題の所在を指摘する意味で私見を述べておきたい。一つは、この地は本来的には奉公衆の屋敷地ではなかったかという点であり、もう一つは「裏築地」は文字どおりに裏築地であるという点である。すなわち土御門内裏の晴側にあたる東洞院大路中央に築かれた裏築地と同様のものが、室町殿の晴側の道、室町通りの中央にも構築されていたのではなかろうか。

いずれも武家の拠点、室町殿とその周辺の地域的性格を如実に示すものと思われる。

三、相国寺

1　伽藍の創建と寺域

永徳二年（一三八二）九月二十九日、相国寺の建立を思い立った義満の意図は、「吾以道服不時入寺行道、是建寺本意也」ということであったらしいが、春屋妙葩と義堂周信の「関東造立建長・円覚等寺、……先帝創建南禅・天龍」との勧めにしたがい、「大伽藍」・「大叢林」の建設を開始した。[50] 永徳三年には寺号を相国承天禅寺と改め、故夢窓疎石を勧請開山、春屋妙葩を第二世とした。また、安聖院を鹿苑院に改称し、初代鹿苑院主として絶海中津を入れた。至徳二年（一三八五）には仏殿＝「大仏宝殿」に本尊の盧舎那如来と脇侍の普賢・文殊両菩薩を安置し、義堂周信を

写真５　相国寺境内　山門から法堂を望む

導師として安置法要を営んでいる。翌至徳三年（一三八六）には南禅寺を五山の上、相国寺を天龍寺に次ぐ五山の第二位とした。

明徳三年（一三九二）八月二十八日、完成した相国寺の供養が御斎会に準じて盛大に執り行われた。都市民衆を巻き込み、壮麗な伽藍を舞台に展開された華美な供養会は、相国寺創建の宗教的・政治的意義に加え、義満の権威そして義満による「王都」の荘厳を強烈に印象づけるものであったにちがいない。

「相国寺供養記」によると、このとき完成していた建築として、排門・惣門・山門・仏殿・土地堂・祖師堂・法堂・庫院・僧堂・方丈・浴室・東司・講堂・鐘楼などがあり、そのほか塔頭として鹿苑院（三重塔あり）・資寿院・大智院・常徳院・雲頂院があり、さらに帰一・集雲の寮舎以下枚挙にいとまないとある。また伽藍の周囲をめぐる築地は二〇町余りであったという[51]。

ところで、相国寺を含む烏丸以東、北小路以北の地域は、平安時代から開発が進んでおり、十四世紀のなかごろには一条以南の京中とほとんど変わりのない市街地となっていたと考えられる。(52) したがって広大な相国寺敷地の確保は大きな問題であったはずであるが、義満は強大化しつつあった権力を背景に、寺地にあてられた地域はもちろん周辺の貴族や寺院、庶民の小屋を移転させ、問題を強引に解決したようであり、『荒暦』には「近辺貴賤遷居於他所、如此事、福原遷都之時之外無例云々」と記されている。(53)

この相国寺の寺域については、確かな史料に基づいた明快な所説がないところに、大きな問題点がある。『京都市の地名』はとくに見解を示さず、ただ『中昔京師地図』によって「東は万里小路、西は烏丸、南は北小路（現今出川通）、北は上御霊社」とし、また『中古京師内外地図』によって「東は万里小路、西は東洞院、南は上立売と北小路の中間、北は寺之内通を東へ延長した地点」とする。近年、相国寺に言及した細川武稔や田坂泰之の論文においても、前者は『中古京師内外地図』にしたがい、後者はとくに根拠を示してはいないが、『中昔京師地図』と『中古京師内外地図』を勘案して、「烏丸以東、万里小路以西、北小路以北、寺之内を東へ延長した線以南」と述べる。また寛永十四年（一六三七）の『洛中絵図』によって相国寺の寺域をみると、北は上御霊神社、西は烏丸通り（今出川）、東は万里小路、南は上立売通りと今出川通りの中間（持明院大路・毘沙門堂大路と北小路の中間、「今小路」とみられる）を占めている。この境内地の東西三町、南北四町以上の規模は、おそらく相国寺創建期からのものと考えられ、白河の法勝寺の東西二町、南北三町の規模を優に超えていることはいうまでもない。

相国寺と室町殿が今出川をはさんで隣接していることは重要である。相国寺南西部に立地する鹿苑院の主＝僧録が「小門を通って室町殿との間を往き来した」との指摘は、相国寺と室町殿の関係を端的に示している。(54)

ところで、相国寺の建築のなかで注目されるのは、相国寺と称されながら、相国寺境内ではなく、その外に二つの重要な堂塔が建てられたことである。すなわち一つは明徳元年（一三九〇）に新造された相国寺八講堂であり、もう一つは応永六年（一三九九）に完成した相国寺七重大塔である。

明徳元年（一三九〇）、相国寺境内の東南に八講堂を建て、将軍家にとって重要な法華八講の場を、これまでの等持寺から移した。[55] 八年後の応永五年（一三九八）に二条万里小路に移築され、その跡には塔頭の法住院が建てられたという。[56] 天明八年（一七八八）大火以前という「承天相国禅寺寺域図」によると、[57] 法住院の位置は惣門よりもかなり南に突出しており、八講堂は寺域の外に立地した可能性が少なくない。「和久良半の御法」にも「彼道場は相国寺の傍に七間の大堂を俄に建立せらる」とあり、[58] あきらかに寺域外にあった。

一方、八講堂と入れ替わるかのように、応永六年（一三九九）には境内の東方の敷地に、初重に金剛界五仏、二重に胎蔵界大日如来を安置し、「三百六十尺」という高さを誇る七重大塔が竣工し、これも御斎会に準じて盛大に供養法会が行われた。『兼宣公記』に「雖為相国寺々中、別郭也」[59]、『薩戒記』にも「件塔在寺外、入道内府所建立彩色之間也、在富小路ノ東、毘沙門堂（毘沙門堂大路の意味――引用者注）南也」とあって、[60] 別の敷地、寺域の外であることが明確に記されている。また、『薩戒記』から富小路末の東、毘沙門堂大路（上立売通り）の南に立地したことがわかる。

八講堂と七重大塔は、七堂伽藍とは異なる別の一郭を構え、建立された。これらの堂塔に共通するのは、禅の建築ではなく、顕密の建築であることであり、したがって相国寺は、禅宗伽藍と顕密の建築がたつ一郭とから構成されていたことになる。

細川武稔は、相国寺を「公方の寺」と定義し、相国寺が五山に列せられたこと、寺内鹿苑院に住む蔭涼職が禅林行政の統括にあたったことなどから、同じ菩提寺ではあるものの、先代を供養する法華八講を営む等持寺よりも公的な性格をより強く持った寺院と考えている。[61] また冨島義幸は、七重大塔が安置仏と供養会のいずれからみても顕密仏教の塔として建立、供養されたこと、顕密仏教を統括する義満の権威を示すことになったことなど、重要な事実を明らかにした。そしてこの顕密仏教を本質とする性格のゆえに禅院である相国寺の寺外に建てられたと指摘している。[62]

八講堂と七重大塔は、『兼宣公記』がいうように「相国寺の寺中たりといえども、別郭」なのであるが、相国寺八講堂、相国寺大塔という当時の呼称からも疑問の余地なく相国寺の堂塔なのであった。むしろ郭外ではあるにもかかわらず、相国寺の「寺中」であったことが注目される。相国寺の伽藍はその内外に禅の空間と顕密の空間を併置し、しかもひとつの寺院として禅と顕密を統合するものであった。そうした統合を可能とし、それを広く誇示したのは、いうまでもなく義満とその主宰する大塔供養法会であった。相国寺を中央に東西に立地する室町殿と七重大塔は、そうした関係を象徴しているように思われる。

2　相国寺十境――大伽藍の姿

禅宗寺院では、境致と称して境内やその周辺にあるさまざまな建築や木、石、水など、人工と自然の景物に佳名を与える。それらをいくつか定め、とくに十境として選定することがおおく、また境致や十境を主題として漢詩を詠み、また絵を描いて楽しむ。これは中国南宋の江南五山禅院から伝来した景観ないしは風景に関する一つのみかたといってよいが、近世の『扶桑五山記』や『和漢禅刹次第』には、寺院ごとに境致の項目がたてられるほど、境致・十境は広く普及している。こうした境致・十境に着目して、室町期の相国寺伽藍の姿をうかがってみよう。

『扶桑五山記』に記載された相国寺の境致を示し、あわせてかんたんな説明を補足しておこう。

祝釐《り》堂 輪蔵　護国廟 鎮守八幡　円通閣 山門之上
功徳池 池蓮　大宝塔　洪音楼 鐘楼
天界橋 池蓮　龍淵水 前川　般若林 惣門前壇
妙荘厳域 外門　覚雄宝殿 仏殿、三世如来、舊曰三世如来殿、又曰清浄宝殿
鉄鶴【仏光国師、】　金鳥【仏国々師、】　無畏堂

注が施されているので、どの建物がどのような佳名を与えられていたか判明する。『和漢禅刹次第』もほとんど同

じ境致をあげているが、「輪蔵」を「輪堂」、「円通閣山門之上」を「國通閣山門閣（國は圓の誤りであろう――引用者注）」、「妙荘厳域外門」を「妙荘厳一条外門」とし、「無畏堂」を四番目にあげる。『扶桑五山記』・『和漢禅刹次第』はともに「厳中和尚十境頌在之」と注記する。厳中和尚とは、義持の代の鹿苑院僧録司であり、応永二十年（一四一三）に第二十二世相国寺住持となり、応永二十五年（一四一八）に相国寺再住し、その後鹿苑院に移り、正長元年（一四二八）六月二十六日に没した(63)。厳中和尚が応永二十年（一四一三）～正長元年（一四二八）までのあいだに相国寺の十境詩を詠んだとすれば、応永元年の火災後、復興を遂げた相国寺の寺観であろうが、その内容は伝わっていない(64)。

相国寺の十境について具体的なことがわかるのは、季瓊真蘂の『蔭涼軒日録』嘉吉元年（一四四一）二月十五日条である。

当院御焼香。蓋八日御懈怠之謂也。山門十境名、書而献之。十境名曰祝釐堂、護国廟、円通閣、功徳池、大宝塔、洪恩音楼、天界橋、龍淵水、般若林、荘厳域。天界橋、図而懸御目。

これにより蔭涼軒主季瓊真蘂が義教に「山門十境」の名を書いて進呈したこと、天界橋については絵を描いてみせたこと、山門十境が祝釐堂、護国廟、円通閣、功徳池、大宝塔、洪音楼（洪恩音楼）、天界橋、龍淵水、般若林、荘厳域であることなどが知られる。当時、ほぼ再建が成り、かつての壮麗な寺観を取り戻した相国寺を念頭においてのものであろう。

「山門十境」は、山門を中心として十境を数え上げたものであるが、仏殿（覚雄宝殿）を除いて、この十境の構成と順序がそのまま『扶桑五山記』などに継承されていることからみて、おそらくこれ以外に十境はなく、「山門十境」を相国寺全体の十境と考えてよいであろう。この相国寺の十境は、伽藍の正面にある山門を中心にして選定されていることが大きな特色といってよい。選ばれた境致のある範囲がきわめて狭く、内部の景観の良さよりも、外から見たところや、境内に入ったところの寺観を重視しているようである。東山や鴨川を含む東山十境（建仁寺）、嵐山や大堰川を含む亀山十境（天龍寺）との大きなちがいであり、市街地に立地することによるものであろう。

「山門十境」がいつ選定されたのかは『蔭涼軒日録』からは判然としないので、伽藍を構成する建築などへ佳名を与え、境致とした時期を探ってみることにしよう。明徳三年（一三九二）八月二十八日の供養会のようすを詳細に記した「相国寺供養記」には、「所造之殿門等」としてつぎのようにみえる。

> 排門妙荘厳域、惣門万年山、山門相国承天禅寺、門前有池有橋、仏殿覚雄宝殿有之、東西有廊、土地堂冥資、祖師堂密符、法堂雷音堂、庫院香積院、僧堂選仏場、方丈、浴室宣明、東司西浄、講堂、鐘楼。

これから、いくつかの点を指摘することができる。

（1）創建時から境致が選定されていた。
排門妙荘厳域、仏殿覚雄宝殿、土地堂冥資、祖師堂密符、法堂雷音堂、庫院香積院、僧堂選仏場、浴室宣明、東司西浄などは境致と考えられる。

（2）山門の「門前有池有橋」は、功徳池と天界橋を指すのであろうが、境致であることを示しているのかどうかはわからない。

（3）惣門の万年山、山門の相国承天禅寺は、それぞれに掲げられた額の題字であり、境致の名称ではない。

（4）山門十境に含まれるのは、排門＝外門の妙荘厳域だけであり、また『扶桑五山記』に記されるのは、妙荘厳域のほか、覚雄宝殿のみである。

（5）山門十境を構成する境致が創建時に設定されていたのかどうかは不明であるが、いずれも伽藍の重要な構成要素であり、また自然の川などであるので、工事にかかっていなかった七重大塔を除いて、存在した可能性の方が高いと思われる。

このような状況から、相国寺の創建期には数多くの境致が設定されていたこと、また山門十境がそうした境致の一部でしかないことを理解することができよう。

3　法界門と門前境内

相国寺に「法界門」と呼ばれる門があり、史料上に時折その名が記されている。この相国寺法界門の所在や意義について考える。名称と位置についての結論を先に示しておくと、法界門は、排門・妙荘厳域門・外門とも呼ばれ、相国寺の境内と外の都市空間とを隔てるために設けられた、もっとも外側に位置する門のことである。相国寺の法界門は、惣門のはるか南、一条大路と高倉小路の辻の北側に立っていた。

さきに室町殿の惣門に関連して惣門築山町の町名が室町北小路にあった相国寺の法界門に由来するとの異なる伝承をとりあげ、それが誤解にもとづくものであることを指摘しておいた。そうした誤伝を生んだ大きな原因の一つは、おそらく『応仁前記』の叙述であろう。寛正六年（一四六五）三月四日条に、

> 公方家、花頂山御花見に御成あり。室町北小路の法界門より出御有て、一条万里小路近衛河原を東へ、法勝寺を通らせ給ひ、花頂山に御着、

とあり、これからただちに法界門は室町北小路にあったと読みとることができるのであるが、そもそも中世京都ではこうした場合東西の道を先にして「北小路室町」と書くのがふつうであり、「室町北小路」とするのは不自然である。

実は、この叙述自体が誤解にもとづいているといえる。『応仁前記』のこの部分は、次に引用する『蔭涼軒日録』の同日条に依拠しているようである。

> 四皷刻花覧出御。華麗奪レ目。天下改観。皆曰一代奇事也。自二室町北小路法界門一。一条万里小路近衛川原東行。法勝寺。華頂山御連歌以後若王子御成云々。（句点と訓点は、刊本のまま）

足利義政の路次を記した部分が、通常とはかなり異なる簡略化した記載方式になっているために誤解を招くことになったと思われる。この路次は、次のように東行・南行を補って解釈するべきである。

> 自二室町一北小路（東行）、法界門（南行）、一条（東行）、万里小路（南行）、近衛（東行）、川原東行、法勝寺、華頂山。

『蔭涼軒日録』の筆者季瓊真蘂がふつうに東行・南行を書いておれば、誤解の余地はなかったのであろうが、彼にとってあまりにも当然のこの路順はわざわざ記す必要のないことであったにちがいない。ここでは、法界門が北小路室町にあったのではないことを確認しておきたい。

『蔭涼軒日録』は、「法界門」を、室町以東、万里小路以西、一条以北にあった一筋の道の名称として扱っており、しかもそれが将軍の使用する主要な道であることも注意される。ちなみに、賀茂祭に際して近衛使が土御門内裏参内に用いる路次でもあり、『建内記』には「日来之儀、自室町経法界門内、万里小路南行、鷹司西行、至東洞院置石参土御門内裏了」とし、また帰路についても「近衛使経法界門内先帰彼宿所在北小路室町」と記す[65]。

『蔭涼軒日録』寛正四年（一四六三）正月二十二日条によると、義政は法界門の再興を命じており、四月十日条には「法界門東辺一条面」の寺領を相国寺に返すといっている。『蔭涼軒日録』文正元年（一四六六）三月十日条には、

今月当寺法界門落成、掲於妙荘厳域之額、今日府君（義政）始而歴過、尤為寺門幸矣、

とあって、相国寺法界門が竣工したこと、また「妙荘厳域」の額を掲げたこと、義政が竣工後はじめて法界門を通過したのが相国寺にとってたいへん幸いであることを記している。

法界門が妙荘厳域門とも呼ばれ、一条大路に面して立っていたことが、『蔭戒記』応永三十二年（一四二五）八月十四日条に「法界門在一条面、号妙荘厳域」とあることから判明する。明徳三年（一三九二）八月の「相国寺供養記」に、義満が室町殿から相国寺に向かう路次を記して、

路次行列、室町南行、一条東行、至妙荘厳域門、

あることも、同じ事実を示しており、妙荘厳域門という名称とその一条大路面の位置が創建当初からであることもわかる。おそらく「妙荘厳域」の額も掲げられていたにちがいない。

義満はこの後、一条大路から妙荘厳域門をくぐり、北にある惣門に向かって進み、惣門の前の「壇」（般若林）に到り、惣門を入り、ついで山門を入って仏殿に進んだ。妙荘厳域門は惣門から南へまっすぐ下がったところ、一条大路に南面していたと推定される。現在の惣門の位置から考えて、おおよそ高倉小路の末にあたるものであろう。

応永六年（一三九九）九月十五日の相国寺七重大塔の供養法会を記した「相国寺塔供養記」によると、北山殿から大塔へいたる義満の参路は、惣門を出て、

御道は高橋より東へ、大宮へ（をカ）南へ、一条を東、たかくらをのほりに法界門に入て北へ、相国寺の南のついかきの（ほ脱カ）とを東、までの小路を北へなり、

ということであった。この史料によって、法界門＝妙荘厳域門が一条大路と高倉小路の辻、北側にあったことがほぼ実証されたといえよう。また創建のころの寺域の東南角が、惣門の築垣（今小路沿い）と万里小路で画されていたことも判明する。さらに、法界門の名は応永六年（一三九九）にさかのぼり、おそらく創建以来の名称とみてよかろう。

要するに、法界門＝妙荘厳域門は明徳三年（一三九二）創建のときから応仁の乱のころまで、火災により何度か焼失はしたものの、一条高倉の辻の北に立っていたのである。

ところで、法界門の佳名は、おそらく「真理そのものの現れとしての現実の世界」、宗教的霊地への入り口というほどの意味でと名づけられたのであろう[66]。法界とは、とくに禅宗の教義にかかわるものではなく、むしろ顕密にかかわる概念のようである。一方、妙荘厳域門の命名は、いうにいわれぬほど美しく飾られた仏国土への門という意味であろう。法界門に比べると、やや即物的な表現に思えるが、掲げられた「妙荘厳域」の額は、この門を入ると、なみはずれてすばらしく荘厳された仏の世界があることをたからかに標示しているのである。法界門は、聖域・相国寺と俗域・京中を隔離する結界の建築であったと考えられる。

『蔭涼軒日録』文正元年（一四六六）五月二十六日条「法界門衲築地之事、厳可被仰付之旨、竊披露之」によると、義政は、二月ほど前に竣工した法界門に衲築地を設けることを厳命している。義政による法界門再興の延長上にあるのか、このとき初めて衲築地を負荷することになったのか、不明であるが、仏国土の結界としての法界門の意味からすると、創建時から衲築地を備えていたと考えるべきであろう。

さて、妙荘厳域から七堂伽藍の地（狭い意味の境内）を除いた地域は、いったいどのような都市空間であったのか、わずかな史料から推測し、考えてみたい。この地域の範囲については、南北は明確である。北は惣門とその脇から発する南の築地によって限られ（狭い意味での寺域の南限）、そして法界門とその衲築地によって南が限られる。南北はおよそ三町ほどの規模になる。一方、その東西を示す史料が見当たらないので、ここではとりあえず寺域の東と西の境界である万里小路と今出川を想定しておく。便宜上、この地域を「門前境内」と呼ぶことにする。

田坂泰之は、室町期における守護、守護被官、近習・奉公衆・奉行人、公家の屋敷地の所在を検討し、将軍とその御所の所在を主な指標として八つの時期に分けて、それぞれの時期ごとに屋敷地を地図上にプロットしている(67)。これら八葉の地図を参考に門前境内に所在したことが明確な事例を求めると、烏丸殿（烏丸資任邸）と伊勢貞親邸のみである。このように史料上のことではあるが、公武諸家の屋敷がきわめて少ないようにみえることが特徴というべきであり、このような傾向は義政が烏丸殿を御所とした時期でさえ、明瞭である。

続いて、門前境内の状況を知るためにいくつかの史料を検討しよう。『看聞御記』応永二十五年（一四一八）三月三日条に、

自北小路今出川焼出自酒屋火出云々佛之辻子ヲ南へ、衣服寺幷相国寺法界門一條南頬へ焼出、

とあり、北小路今出川の酒屋から東南の一条高倉南頬へ延焼したこの火事は、門前境内をおもな被災地としたといえよう。記述の順序が延焼の経路を示しているとすると、仏の辻子は今出川と東洞院のあいだ、また薬師が参詣人を集めていた衣服寺は法界門の西方にあったことになる。

相国寺がほぼ全焼した応永三十二年（一四二五）八月十四日の火災は、塔頭の賢徳院に発し、北風に乗ってはるか南方の法界門にまで火が飛んだ。門前境内の被災状況が諸家の日記にみると、『薩戒記』は、「遂吹付法界門在一条面、号妙荘厳域、彼大路東西小家等悉焼」とし、一条高倉の東西の民家が全焼したとする。また『満済准后日記』も、「門前東西在家同焼失、妙荘厳域門焼失」と同様の記事を載せる。『看聞御記』が罹災状況を詳細に記録している。

相国寺鹿苑院以下塔頭々々悉炎上云々、法界門・衣服《エミ》寺同焼失、今出川以東、富小路以北、万里小路以西、一条以北焼了、

前源宰相宿所焼失不便無極、……菊亭ハ無為云々、……故興衡朝臣宿所近年相国寺成塔頭云々、其も焼失了、

延焼範囲の記載のなかに富小路以北とあるのは、富小路が南北路であり、また以南とすべきであることから、書きまちがいといってよい。北の堺はおそらく惣門前の東西通りであり、あるいは「今小路以南」と書くべきところを誤ったのかもしれない。今出川以東、万里小路以西、一条以北という焼失地域は、まさに門前境内である。

この焼失地域には、多数の民家があったのであろうが、焼けたという以外ほとんど触れられず、庭田家が焼失した一方、法界門東方の菊亭家が無事であったこと、故興衡朝臣の宿所が近年相国寺の塔頭となり、この度類焼したことなどが記述される。このころ境内の外に塔頭が形成されつつあったことを示唆していよう。

応永三十三年（一四二六）二月十六日付「酒屋交名」（『北野天満宮文書』）には、「伊与　相国寺門前西南頬」との記載がある。「相国寺門前」は、北方の門前かもしれないが、おそらく南の惣門のこととみてよいであろう。「西南頬」の地点表記から酒屋が門前の東西路の西、そして南側にあったと推定できる。惣門の前のあたりが「相国寺門前」と呼ばれ、門前東西路の南側に家並みを形成していたのではないか（北側は築地）。

最後に、『蔭涼軒日録』寛正四年（一四六三）の一連の記事を検討する。

・法界門東辺一条面、可レ被レ返二下于寺家一旨申レ之。即御領掌也。（四月三日条）

・法界門東一条届出地子則久住之者、不レ可レ改之由、依三高倉殿為二御被官一、以二結城勘解由左衛門尉一被二仰出一也。（四月七日条）

・法界門東辺、塗師并経師可レ被レ居。其外出地子而久住之者、可レ被レ居之由、以二結城勘解由左衛門尉一、依二高倉殿御申一被二仰出一。即命二于寺家修造司章都寺一也。（四月十日条）

・法界門東雖レ為二寺家之敷地一、依三菊亭殿無二替地一、先被レ閣レ之。仍新地拝領之間、可レ免二地子一之由被二仰出一。即

命二于寺家一也。（七月十八日条）

相国寺の寺領であった法界門東方、一条面の敷地が、この年寺家に返却された（おそらく法界門の東西、一条面は創建時より相国寺の寺領であったにちがいない）。ふたたび寺領として使えることになった土地について、相国寺はあらたな用途を計画し、そのためこれまで土地の使用者を改易し、あるいは更地にする意図をあらわしたのではないか。これが現居住者に不安、不満を引き起こし、ついには権門を頼って権利の保持を求めたのであろう。結果的に塗師と経師の居住が認められ、また地子銭を出し、長期にわたって住んでいる者は、改易してはならないということになった。菊亭家の場合は替地がないので差し止められ、新地を拝領するまで地子銭が免除されることになった。

『蔭涼軒日録』寛正六年（一四六五）六月十二日条に

当寺門前商売公事、就二御即位一段銭被レ懸レ之。往古不レ致二沙汰一之由歎二申之一。仍御領掌。即以二此旨一命レ之。

とあるので、相国寺門前では臨時課役が免除されていたようである。

まとめ

（1）室町殿・相国寺・内裏は、それぞれの周囲に惣門や釘貫などの結界装置によって象徴的に隔離された固有の地域をつくり、さらに隣接し合うそれらは一体として特別な地域空間を形成していた。

（2）法界門の通りを中軸線として、室町殿と七重大塔とは、左右対称の位置にある。

（3）顕密の七重大塔や八講堂は寺外に位置するが、それらも禅宗寺院相国寺の名のもとに包括されていた。

（4）この地域空間は、義満による相国寺を中核とした公武寺社権門体制の統合を象徴している。

注

（1）細川武稔「空間からみた室町幕府——足利氏の邸宅と寺社——」（『史学雑誌』第百二巻十二号、一九九八年十二月）、田坂泰之「室町期京都の都市空間と幕府」（『日本史研究』四三六号、一九九八年十二月）、高橋康夫「室町期京都の空間構造と社会」（『日本史研究』四三六号、一九九八年十二月）。川上貢『日本中世住宅の研究』（墨水書房、一九六七年、『日本中世住宅の研究〔新訂〕』、中央公論美術出版、二〇〇二年）は、都市史的な意図を持った著作ではないが、公武の邸宅の所在など有益な情報が豊富であり、基礎的文献として参照した。

（2）川上貢前掲書（注1）。

（3）飯淵康一「平安期里内裏の空間秩序について」（『日本建築学会論文報告集』第三四〇号、一九八四年六月）、飯淵康一「都市空間秩序の観点からみた平安期里内裏の空間構成に関して」（『日本建築学会大会学術講演梗概集』、一九八一年九月）。

（4）『花営三代記』（『後鑑』所収）康暦元年（一三七九）七月二十五日条。

（5）『後愚昧記』貞治二年（一三六三）正月一日条「左大将（洞院実夏）拝賀、自陣家〈藤中納言（日野時光）宅、一条東洞院西頬、禁裏咫尺也〉出立」。

（6）「法身院伝法灌頂〈永嘉門院御所跡、鷹司万里小路〉」（『醍醐寺新要録』八八〇頁）、「長者僧正本坊〈号法身院、土御門万里小路〉」（『東寺長者補任』、『続々群書類従』史伝部、六五九頁）。以上、高橋慎一朗氏の御教示によるものであり、記して謝意を表したい。

（7）例えば、『兼宣公記』応永十九年（一四一二）十月二十七日条、「北行万里小路、至一条西行、至東洞院南行、自仙洞（後小松院）東面御参」。

（8）川上貢前掲書（注1）、「後小松院の仙洞御所」。

（9）飯淵康一「平安期里内裏の空間秩序について」『日本建築学会論文報告集』第三四〇号（一九八四年）、同「都市空間秩序の観点からみた平安期里内裏の空間構成に関して」『日本建築学会大会学術講演梗概集』（一九八一年）。平山育男「白河院御所について」『建築史学』第十六号（一九九一年）。

（10）『殿暦』永久五年十二月四日条。
（11）「三宝院賢俊僧正日記——貞和二年」正月八日条「今日後七日法始行之、以万里小路法身院　擬真言院阿闍梨坊……自門前乗車擬真言院之故也」、「三宝院賢俊僧正日記——文和四年」六月二十四日条「以法身院為阿闍梨坊」（橋本初子翻刻、『研究紀要』第一二・一三号、醍醐寺文化財研究所、一九九二・一九九三）。
（12）高橋康夫『京都中世都市史研究』、「第二章　後小松院仙洞御所跡敷地の都市再開発」、思文閣出版、一九八三年。
（13）『大日本史料』第六編之三十、応安二年（一三六九）四月二十日条に関連史料が収録されている。
（14）今谷明『戦国期の室町幕府』（角川書店、一九七五年九月、一三六—一三七頁）がある。
（15）『園太暦』文和二年二月四日条「世間以外喧嘩有声、是炎上云々、相尋之処、持明院云々、仰天周章之間、大納言入道帰来、已過惣門辺之処、見付彼火下車、進車於仙洞了、歩行入来、（中略）而火已熾盛之間、（後光厳天皇）出御新御所、自其幸菊第了、広義門院、徽安門院等御向車幸了云々、後聞、火起放火随身所後方、自其次第焼、仙洞無人番衆又無之、而大納言入道所進下部青侍等雖横行、無階之間不能上、又無水、希有而伝屏雖上得、火勢漸盛之間、希有而逃去云々、此宿所又咫尺、非無怖畏」。その後、持明院殿は荒廃した。
（16）『伏見宮御記録』（『大日本史料』第六編ノ二七）貞治五年（一三六六）十二月十八日条「余〈崇光上皇〉日来寄宿藤原朝臣〈公直〉公亭〈号菊亭〉」。
（17）『後深心院関白記』延文三年（一三五八）九月八日・九日・十日ほか、十一月二十六日条。
（18）『園太暦』観応二年（一三五一）三月二十九日条。
（19）『後愚昧記』応安二年正月日条。
（20）川上貢前掲書（注1）。
（21）『後愚昧記』応安四年正月十六日条にも「右大将〈公直〉亭〈菊亭、仙洞合壁〉」とある。
（22）『後愚昧記』応安四年三月二十一日、二十三日条。
（23）「中古京師内外地図」と『京都市の地名』（「柳原仙洞跡」）は、東西を室町、新町とするが、これは明らかに誤りである。
（24）『後鑑』同日条所収の「続教訓抄」に「今夜〈寅刻〉、新院於柳原仙洞崩御」とあり、また『後鑑』応安七年（一三七四）三月十八日条所収「曼陀羅供見聞略記」に「旧院〈後光厳院〉御四十九日御法事、於柳原御所被行之」とある。
（25）『後愚昧記』応安七年二月二日条。
（26）『後愚昧記』応安七年五月二十九日条。

(27) 『後鑑』永和三年（一三七七）六月二十四日条所収「足利家官位記」。
(28) 『後深心院記』康暦元年七月六日条、「伝聞、武家於花亭有管弦之興云々」。
(29) 『後深心院記』康暦元年（一三七九）七月八日条、「今夜花亭有移徙之儀云々、於造作者、不周備云々」。
(30) 「『後深心院記』康暦元年七月十日条、大樹今日自花亭帰下宿所云々」、八月五日条、「今日武家和歌会云々、（中略）、於下亭有此事云々」。
(31) 『後愚昧記』康暦元年閏四月十四日条、永徳元年七月二十三日条、『一条故関白記』（『後鑑』所収）永徳元年七月二十四日条、『吉田家日次記』応永九年十一月十九日条。
(32) 川上貢前掲書（注1）。
(33) 『京都市の地名』（平凡社、一九七九年）「柳原」の解説。
(34) 前者については、柳原西頬の「ひもの屋」や中村、東頬の「土屋」など酒屋の所在が知られるので、繁華な市街であったと推定されるし、「木下」という新しい名も用いられている（「小西康夫氏所蔵文書」永正十二年正月造酒正役銭算用状、『蜷川家文書　二』、二七五号）。
(35) 「北小路殿」・「北御所」については、「室町西頬」「東面棟門」「板屋」、「御台御私所也、北小路三位禅尼居住」、「室町殿御台御母儀三位禅尼御所也」（以上、『大日本史料』文明八年十一月十三日）、「皇居〈室町通二町計北也、唯称院左府武家御台等母儀北小路殿第宅也、以前皇居花御所炎上以後御座此所〉炎上」（『晴富宿禰記』文明十一年七月二日条）などの記事がある。『如是院年代記』には北小路殿を「柳原仮内裏」と記すので、北小路殿も花御所と同様に北を柳原に接していたとも考えられる。
(36) 『宣胤卿記』文明十二年（一四八〇）四月一日条、『大乗院寺社雑事記』文明十二年（一四八〇）四月七日条。
(37) 「真乗院文書」（『史料京都の歴史　第4巻　市街・生業』、平凡社、一九八一年一月、二四八頁）。
(38) 桑山浩然編『室町幕府引付史料集成　上』、近藤出版社、一九八〇年。
(39) 高橋康夫前掲書（注12）、第一章第五節。
(40) 『建内記』嘉吉元年六月二十六日条。伊勢貞国の宿所が北小路以北、今出川以東であったことは、「自御所〈室町殿〉当巳方」（『建内記』十月二十日条）、北小路以北、今出川以西に新造された瑞春院が「伊勢入道〈貞国〉宿所前」（『建内記』閏九月十四日条）、伊勢貞親の邸が「北小路今出川北東頬」（『親元日記』寛正六年十二月二十日条）などと記されることから明らかである。
(41) 『建内記』嘉吉元年閏九月十四日条。
(42) 川上貢前掲書（注1）。

(43)『蜷川家文書』(『大日本古文書』)文書番号七五。
(44)『蜷川家文書』(『大日本古文書』)文書番号三〇八。
(45)『蜷川家文書』(『大日本古文書』)文書番号三〇二。
(46)『京都市の地名』(平凡社、一九七九年)「築山南半町」。
(47)『小西康夫家文書』
(48)『蜷川家文書』(『大日本古文書』)文書番号三〇七。
(49)『大日本史料』文明八年(一四七六)十一月十三日条、以下同じ。
(50)『相国考記』(相国寺史料編纂委員会編『相国寺史料 第1巻』、思文閣出版、一九八四年十月)、『空華日用工夫略集』の関連日条、「相国寺供養記」による。以下同じ。
(51)「相国寺供養記」(『後鑑』明徳三年(一三九二)八月二十八日条所収)。
(52)高橋康夫前掲書(注12)。
(53)『荒暦』永徳二年十月三十日、十一月二日条。
(54)細川武稔「空間からみた室町幕府――足利氏の邸宅と寺社――」(『史学雑誌』第百二巻十二号、一九九八年十二月)。
(55)『蔭凉軒日録』延徳三年(一四九一)十二月三日、四日条。
(56)同右。
(57)『北山・東山文化の華　相国寺金閣銀閣名宝展』(根津美術館、一九九五年)掲載の写真による。
(58)「和久良半の御法」『群書類従』四二八。
(59)応永十年六月三日条。
(60)『大日本史料』応永六年(一三九九)九月十五日条。
(61)細川武稔「空間からみた室町幕府――足利氏の邸宅と寺社――」(『史学雑誌』第百二巻十二号、一九九八年十二月)。法華八講の意義については、大田壮一郎「室町幕府の追善仏事に関する一考察――武家八講の史的展開――」(『仏教史学研究』第四四巻第二号、二〇〇二年三月)。
(62)冨島義幸「相国寺七重塔――安置仏と供養会の空間からみた建立の意義――」(『日本宗教文化史研究』第五巻第一号、二〇〇一年五月)。
(63)『建内記』永享元年(一四二九)七月二十一日条

（64）『蔭涼軒日録』長禄二年（一四五八）七月四日条に、「御所（三条坊門殿）十境之偈頌。厳中和尚所作之由白之」とあり、あるいは『扶桑五山記』・『和漢禅刹次第』の「厳中和尚十境頌在之」との注記はこれを誤解したのかもしれない。
（65）『建内記』文安元年（一四四四）四月八日、十八日条。なお、この日来の儀とは土御門内裏使用時のものであり、当時は火災炎上のため、一条以南、東洞院以東の地が内裏となっていた。
（66）法界については、岩波書店『仏教辞典』などを参照。
（67）田坂泰之「室町期京都の都市空間と幕府」（『日本史研究』四三六号、一九九八年十二月）。

第四章　中世「王都」の解体——上京の地域形成

前章においては、足利義満による室町殿など権門〈境内〉の造営、それらと都市空間とのかかわりを空間的な視点から検討した。その結果、室町殿と惣門に囲われた空間、相国寺と妙荘厳域、内裏と陣中というように、各々の権門とそれらの形成する地域空間の様相を解明し、首都京都の都市的状況の特質を視覚的にも明示することができた(1)。

本章は、それに続いて応仁の乱以降、信長入京以前の京都を対象として「一地方政権都市」となった京都・上京の特質、とくに地域空間の成り立ちを探る。あわせて王権の象徴としての花御所（室町殿）のありかたをめぐって、将軍御所の建築とその構成について、さらに上杉本洛中洛外図屏風の「公方様」と「細川殿」の描写とその建築的解釈を検討する。

一、将軍御所と地域空間形成

将軍御所が都市形成の核になるというのは一般的に想定しうる見方であるが、義満の時のような大規模な造営、地域形成が戦国期にあったのかどうか、将軍御所と地域形成の問題について検討したい(2)。ここでは歴代将軍の御所とその所在について、文献史料にのみ基づいて実証する立場を貫いていきたい。いいかえると、洛中洛外図屏風の援用を回避し、文献史料だけで何がどこまで言えるのか、何がわかるのかを考える。そして結論として、室町期のような将

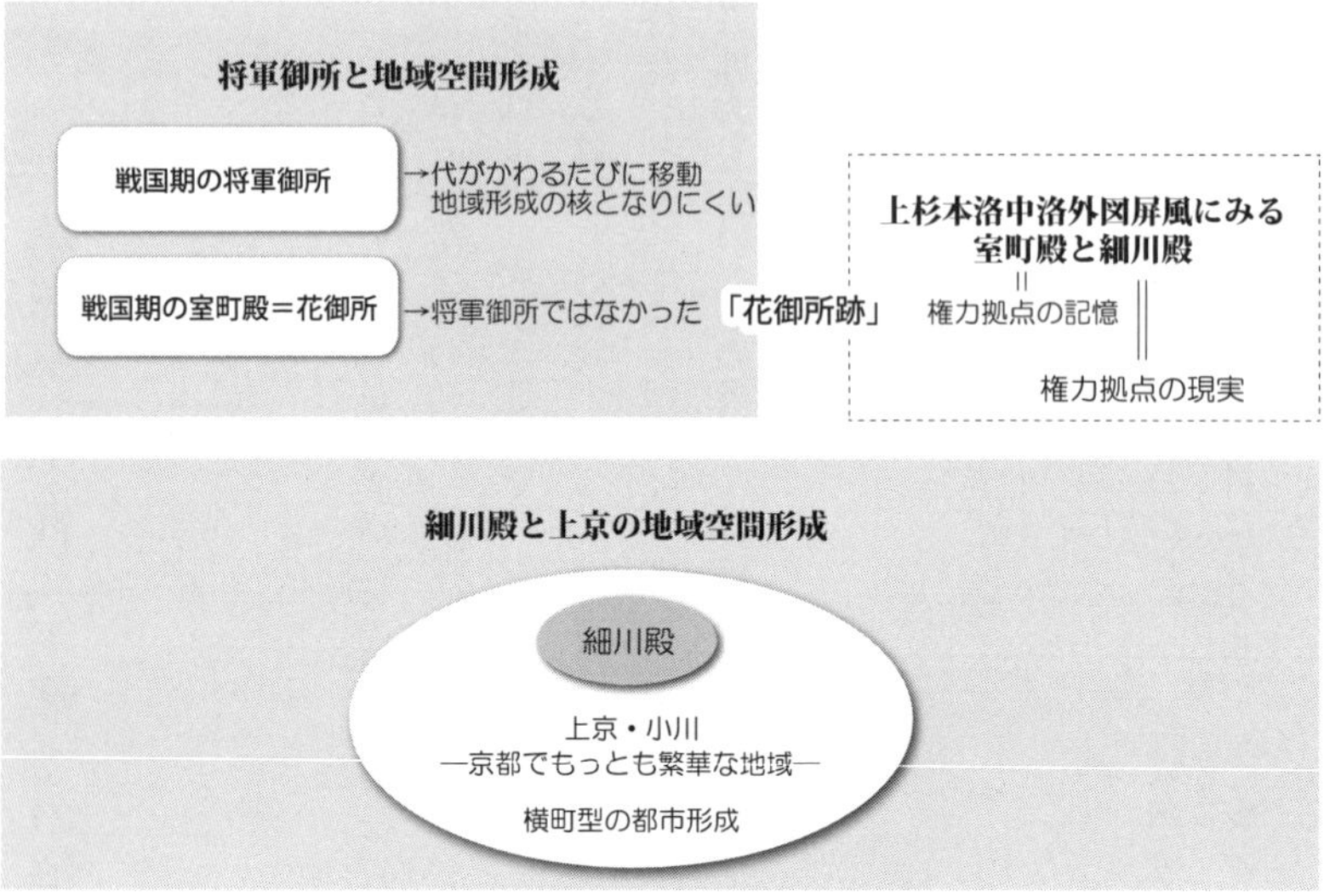

図 26　本章の論点

軍御所を中核とする大規模な造営、地域形成が認めがたいこと、あわせて戦国期においては少なくとも文献史料によるかぎり花御所の敷地に将軍御所が営まれたことを証明することはできない、すなわち上杉本洛中洛外図屛風に描かれている「公方様」の描写には大きな疑問があるということを指摘したい。

1　戦国期の将軍御所

まず、戦国期の将軍がどのように居所を構えたかを概観しよう。[3] 文明八年（一四七六）に室町殿が焼失したとき、室町殿には義政と富子、九代将軍義尚のみならず、実は後土御門天皇も応仁の乱の難を逃れてここに移り住んでいたが、室町殿の全焼によってそれぞれ住むところを変えていく（この後の室町殿の再建の試みそして荒廃については第4項で詳述する）。

義政・富子・義尚は小川殿に移るが、[4] 小川殿が狭小の御所であったことから義尚は小川殿を出て、伊勢貞宗の北小路室町宿所を借りて住んだ。[5] 文明十三年（一四八一）義政が小川殿を出て岩倉に移ったので、翌年五月義尚が小川殿に移住した。[6]文明十八年（一四八六）七月に義尚は小川殿を本所として右大将拝賀を執り行うが、十一月になって高倉御所の新造を決定する。[7]この義尚の高倉御所は義政の高倉御所（烏丸殿、北小路南・武者小路北・万里小路西・高倉東）と紛らわしいが、それとは別の土地に営まれた御所と考えられる。[8]義尚が長享三年（一四八九）に陣没したため、この高倉御所は完成しなかった。

義材（十代、義稙）は、将軍後継者として入京した長享三年（一四八九）四月通玄寺に入り、まもなく小川殿に移り住む。[9]しかし七月富子との不和から通玄寺に戻って御所とした（「三条御所」[10]）。延徳二年（一四九〇）五月義材は小川殿（東御所）を破却したので（第5項で詳述）、七月の将軍宣下は細川政元の邸を本所として行われた。[11]延徳三年（一四九一）通玄寺より細川讃州邸（「一条御所」）へ移った。[12]

明応二年（一四九三）細川政元と富子は京を留守にしていた義稙を追放し、代わって義澄を擁立し、翌三年十一代将軍に就けた。義澄は自身の将軍御所を営むことはなく、細川政元宿所の敷地の一郭を御所として住んだ。[13]まさに空間的にも傀儡という立場をあらわしている。

永正五年（一五〇八）将軍職に復帰した義稙は吉良邸に入り、[14]永正十年（一五一三）になって下京の地に「三条御所」の造営を開始し、同十二年に移徙した。[15]この御所の所在地について『不問物語』はかつての下御所、三条坊門殿の位置（姉小路北・三条坊門南・万里小路東・富小路西）を当て、鈴木充は『不問物語』の説を否定して、中御門宣胤の日記『宣胤卿記』に「三条万里小路御亭」とあること、[16]永正十七年（一五二〇）五月の戦いの状況などから、三条北・姉小路南・高倉東・万里小路西の区画、通玄寺の東隣に推定している。『経尋記』に「三条高倉御所」ともあるので、[17]鈴木充説が正しいように思われる。しかしながら、次の掲げる祇園会関係の史料から別の可能性を考えることができる。筆者自身は、三条北・姉小路南・万里小路東・富小路西、すなわち鈴木説の一町東側、また三条坊門殿の一町南と考えるほうがよいと思う。[18]

大永二年（一五二二）六月二十七日、公家の鷲尾隆康は伏見宮に供奉し、「等持寺之内、（中略）南門之西坤角方」に構えられた桟敷において祇園会の山鉾巡行を見物した（『二水記』[19]）。同じ山鉾巡行を見物した将軍義晴の桟敷は、三条御所の「坤角方」（『二水記』）、「未申角」（『経尋記』）にあった。鷲尾隆康は、山鉾の路次を「山・鉾等、等持寺前東行、御所唐門前南行渡之」と記している。これらの記事から、山鉾は等持寺の南門の前、三条坊門小路を西から東に進み、その後、三条坊門万里小路の辻を右折して万里小路を南行し、そのまま次の姉小路の辻を直進し、三条御所の唐門の前を渡ったと推定することができる。もちろん、等持寺の前を東行し、山鉾の辻まわしを姉小路と万里小路の辻、そして姉小路と高倉小路の辻と、二度行って高倉小路に面した唐門の前を通ったとみることも可能ではある。しかし、鷲尾隆康の路次の記しかた、さらに山鉾の辻まわしの困難さを勘案すれば、山鉾は万里小路を南行したと考えるのが妥当であろう。

この巡行を御所の南西角にある桟敷から見物したのであるから、三条御所は万里小路の東に所在したということになる。こう考えると、奈良の興福寺大乗院門跡経尋の日記『経尋記』に「三条高倉御所」とあるのとは齟齬を生じるが、京に住む中御門宣胤の日記『宣胤卿記』の「三条万里小路御亭」とは矛盾しないし、永正十七年（一五二〇）五月の戦いにおける三好などの布陣、「公方之北、等持寺辺に居陣」[20]から知られる等持寺と三条御所との位置関係とも整合する。ともかくも、義稙の三条御所は唐門を正式の門とする御所であること、さらに三条坊門殿旧跡ではないことが注目されよう。

義晴（十二代）は、大永元年（一五二一）に上京の岩栖院に入った[21]。岩栖院滞在中には元服や将軍宣下、乗馬始め、祇園会見物などに義稙の三条御所を使っている[22]。大永五年（一五二五）になって三条御所を上京に移築して新造された御所に移る（この御所が花御所でないことは第2項で詳述[23]）。大永七年（一五二七）京都を追われて近江に逃げ、天文三年（一五三四）の上洛では建仁寺に、翌天文四年の上洛時には南禅寺に入った[24]。天文五年には京外の南禅寺門前の新造御所に移徙している。[25]天文八年（一五三九）になって御所の造営を始め、天文十一年にも造営を重ねる。この御所を花御所とするのが通説的な見解となっているが、これまで史料的根拠が示されたことはないし、管見のかぎり名称や所在地を明確に記す史料はない。所在について第2項で検討するが、先に結論を言えば、三条御所を上京に移築、新造した御所と同じである。

義輝（十三代）は天文十五年（一五四六）近江坂本に仮御所を構え、元服、将軍宣下、乗馬始めなど一連の行事もそこで行われたが、その前後に居所としていたのは東山慈照寺である。[26]元服後はじめての参内で入京した時には慈照寺を経て「今出川之御所」に入った。『言継卿記』が、花御所ではなく、今出川（現在の烏丸通り）の御所と書き残したことは、この御所の所在についての重要な手がかりとなっている（第2項）。永禄になって権力基盤が安定し、室町幕府の復活と言われる状況のもとで義輝が営んだ本所御所が武衛御所（勘解由小路室町）である。[27]最初は「構」であるが、後に大規模に改造され本格的な城郭となった。

永禄十一年（一五六八）、織田信長に支援されて入京した義昭（十五代）は最初は本国寺に入り、翌年に信長の造営による御所、すなわち義輝の武衛の城を一回り拡張した大城郭（いわゆる旧二条城）を本所とする。[28]

以上、戦国期の将軍御所の沿革と所在地を中心に概観してきたが、以下、いくつかの点を指摘しておきたい。第一に、義尚の高倉御所、義稙の三条御所、義晴の大永・天文御所、義輝の武衛御所、義昭の旧二条城というように、それぞれ独自に本所御所を造営している。応仁の乱前のように、上御所（花御所）あるいは下御所（三条坊門殿）というような形で一定した御所あるいは場所に定着することがなかった。例えていうならば歴代遷宮のように本所御所を移動しているというのが戦国期の現実であった。『不問物語』は義稙の三条御所の造営にともなって上京から町人が移ったと、将軍御所の移動にともなう町あるいは町人の移住を語っている。[29]これが事実とすれば、将軍御所にも多少の地域形成の力が残っていたことを示すものであろう。ただ代がかわるたびに移動する将軍御所は、将軍自身がたびたび京都を離れたこと、権力自体の弱体化と相まって地域形成の永続的な核となりにくい特質をもっていたといって差し支えあるまい。

第二に、将軍御所は義稙の三条御所を除いて、上京それも多くは北小路以北の地に営まれたといえよう。第三に、文献史料に依拠する限り、義尚を最後に花御所に居住した将軍はいないと考えるほかはないが、この点については第2項で検討することにしたい。

2　義晴の御所は花御所か

義晴の大永度の御所と天文度の御所、そして義輝の今出川御所がどこにあったか判然としないことが大きな問題として残されている。この問題は国立歴史民俗博物館所蔵洛中洛外図屏風甲本（町田本）や上杉本洛中洛外図屏風に描かれている将軍御所の理解にもかかわってくる。以下ではそれぞれについて検討を加えていきたい。

義晴の大永度御所については「御作事日記」にいくつかの史料が残されている。

> 大永四年正月廿八日三条御所上京へ可被引移之事、伊勢守貞忠、常興以両人、於殿中、右京兆高国朝臣被申入之、尤御意得之由仰也。(30)

大永四年（一五二四）正月、三条御所を上京へ引き移すべきであるとの申し入れが伊勢貞忠と大館常興の両人をもって細川高国になされた。

> 御在所事、花御所御跡、高倉御所御跡、伊勢守近辺新地、凡此所之儀、御方之事、被尋仰在富朝臣、随其可被相定也。其旨右京兆へ可申旨仰也。(31)

そして二月五日の御所移転の評定始めでは、その移転先すなわち新造御所の在所として花御所跡、高倉御所跡、伊勢守近辺新地の三つの敷地があげられ、これらのうちどれを選ぶのが良いか、方角の占いを勘解由小路在富に尋ね、それにしたがって敷地が決定されるべきであるとしている。

翌大永五年四月二十日の作事評定の記録によって敷地が定まっていたことが判明する。

此御敷地者、香川以下四五人の旧跡也。仍御所望候段、そと以御使被仰出候。可然候由、内々典厩談合候て、今朝早早高信ヲ為御使、右京兆へ被仰出候処、忝畏存候旨、御返事被申。(32)

花御所跡、高倉御所跡、伊勢守近辺新地から実際に選ばれたのは「香川以下四五人の旧跡」であった。鈴木充が指摘するように、これは花御所跡でもなく、高倉御所跡でもなく、したがって義晴の大永度御所の場所は伊勢守近辺の新地であろう(33)。鈴木は、その所在地については確実な史料はないとしながら、花御所跡、高倉御所跡は北小路今出川近くに位置し、伊勢守の旧跡もその近くに位置するから、大永度御所もまたそれらの近辺にあったとする。この鈴木の見解はおおむね首肯すべきものと思われる(34)。

戦国期の伊勢邸がどこにあったかについて鈴木充は不明というが、おそらく応仁の乱前の本拠のまま、つまり北小路今出川北東と考えてよい。乱前に伊勢貞宗の本邸が北小路今出川の北東にあったことは、伊勢貞国の邸について『建内記』に「瑞春院前、御所巳方北小路以北、今出川以東カ」（嘉吉元年十月二十日条）、『師郷記』に「貞国宿所北小路以北、今出川以東」（享徳三年正月十日条）、伊勢貞親の邸について『親元日記』に「北小路今出川北東頬」（寛正六年十二月二十日条）とあることからわかる。また戦国期にも同じであったことが次の史料からわかる。『鹿苑日録』明応八年（一四九九）三月二十二日条に「内裡庭池之水近日減少。究之則相国寺南門石橋下通其水。而石橋之下地高而水不通也。先是水注般若林北。乱中溝壑而一折。通於南之伊勢宅之北。而出于今出川」とあることから、相国寺南門の石橋と伊勢邸、今出川の流れとの位置関係、そして伊勢邸の所在が乱前と変わっていないことが判明する。義晴の大永度御所は、北小路今出川北東の伊勢邸の近く、その東か北のいずれかと推定される。

この位置は、義晴の大永度御所を描いたとされる歴博甲本（町田本）洛中洛外図屏風の「公方様」の所在地とはまったく異なっている。歴博甲本の「公方様」の描写は、描き混まれた場所自体に問題があって、そのまま信じる人はいないと思われるが、史料的に検討した結果とは大きな食い違いがあることに留意する必要がある。

義晴の大永度御所は、花御所跡や高倉御所跡など由緒のある候補敷地を避け、新地を選んだこと、伊勢邸近辺であること、というよりもむしろ相国寺に近接する敷地であることが注目される。

次に義晴の天文度御所について検討しよう。これを多くの歴史家・美術史家は花御所と考え、上杉本洛中洛外図屏風が描く「公方様」と考えているが、明確な史料的根拠が示されたことはないのではないか。これはおそらく史料的な限界があるからなのであろう。鈴木充は前掲書の中で、この天文度御所については名称も所在もともに不明であると述べており、筆者も管見のかぎりではあるが、名前と所在地を直接に示す史料は見あたらないと思う。やむを得ない状況にあるとはいえ、史料による検討を加えないまま花御所・「公方様」と考えている現状はやはり問題というべきであろう。そこで少し煩雑な作業になるが、所在地を推定してみたい。次の三つを順次論証していく形で所在地の推定を進めることにする。

A　義晴の天文度御所は、義輝の「今出川御所」と同じである。

B　「今出川御所」は花御所とは異なる。ゆえに義晴の天文度御所は花御所とは異なる。

C　義晴の天文度御所＝「今出川御所」の所在を求める。

A：さて、義輝の「今出川御所」について『言継卿記』に二つの関連記事がある。天文十六年（一五四七）正月二

十五日条に、

今日左馬頭（義輝）殿、御元服以後始御参内也。従慈勝（照）寺五過時分出京云々。先今出川之御所へ御成候、

とあり、天文十七年六月七日条に、

武家両御所（中略）自坂本御上洛云々。路次今道也。於慈勝（照）寺御盃参云々。辰下刻今出川御所へ御上洛也、

とある。入京するにあたって慈照寺を経て今出川の御所に「御成」し、「御上洛」している。この今出川の御所は義晴の天文度御所と考えられている。義輝が将軍になって初めての入京であってまだ自身の御所を造営していないこと、義輝による今出川御所の用い方が義晴が義稙の三条御所を用いたのと同様であること、また幕府将軍の慣例としてまずは先代の本所御所へ入るという慣行があると考えて良いとすると、この義輝の「今出川御所」を義晴の天文度御所とみるのは妥当な見方というべきであろう。

B：室町幕府将軍の御所は「西面を晴」とするのが規範とされる[35]。花御所はいうまでもなく室町小路に面する西側をハレとする御所である。この敷地につくられた御所を、「花御所」・「室町殿」の名称やその伝統・故実を抹殺して新たに「今出川御所」と呼ぶことはまずありえない。あるとすれば、それは東をハレとする御所に造り替えた場合だけである。上杉本洛中洛外図屏風に描かれた「公方様」が西面ハレの御所であることは明白であり、この「公方様」が「今出川御所」と異なることは自明であろう。

C：そこで改めて「今出川御所」の場所を求めていく必要がある。「今出川御所」は南北の道である今出川（現在の烏丸通り）の名を冠しており、その名付けから今出川面をハレとする御所であると考えられる。また北限が花御所跡や相国寺の寺域（今小路）を越えて立地することはないし、南限が一条大路を越えることもなく、おそらく北小路と

考えてよいであろう。そうすると、「今出川御所」の所在地はおおよそ北小路以北、今小路以南の地域に絞られ、今出川の東か、西のいずれかになる。将軍御所の規範からすると、今出川の東方に位置していると考えるのが自然である。

ところで、「今出川御所」＝義晴の天文度御所についてのこの推定と、さきに義晴の大永度御所が北小路今出川北東の伊勢邸の近辺にあると推定した結果とを合わせ考えるならば、義晴の大永度御所と天文度御所が極めて近い場所にあったことになる。義晴が二つの本所御所を造営したとは考えにくいことも配慮すると、両者が同じ敷地である可能性はかなり高いということができよう。

改めて結論を述べると、第一に、義晴の大永度御所と天文度御所、義輝の「今出川御所」は同一の御所と考えて大過ないであろう。第二に、それらは花御所ではなく、したがって戦国期に花御所に居住した将軍はいないと考えるほかはない。

3　将軍御所の空間構造

室町時代から戦国時代にかけて将軍御所はどのように変化したのか。御所の空間構造の変化に焦点を絞って考えてみたい。将軍御所の施設の構成を比較検討するために、豊臣秀吉の城もあわせて一覧表にしたのが、表3・4である。足利義満の室町殿についてはほとんど史料がなく判然としないが、他方、義教や義政の室町殿についてはかなり詳細にわかっている。将軍御所の構成は、律令的儀礼にそなえた晴向き施設群（武家の公家的側面をあらわす）、公的・私的な形式をとって催される文芸と遊興と対面の施設からなる庭園施設群、将軍の日常の暮しの場となる奥向き居住施設群、将軍邸の運営・管理を業務とする北方の施設群からなるといえよう。もともと寝殿の南と北と二棟廊で行なわれていた儀礼・生活・接客の機能を、それぞれ寝殿・常御所・会所という一棟の建物（ないし一群の施設）として独

表3　将軍御所の構成　室町期

	義満の室町殿	義持の三条坊門殿	義教の室町殿	義政の室町殿
晴向き 公家的儀礼	中心に寝殿、透渡殿・二棟廊 四足門・中門、その北に中門廊 中門廊の北端西に侍所	寝殿・公卿座・殿上 四足門—中門—中門廊 随身所・車宿	寝殿・公卿座・殿上 四足門—中門—中門北廊・中門南廊 随身所・車宿・月次壇所　諸大名出仕在所	寝殿（天皇の居所）・公卿座・殿上（中門西、北、桁行七間） 南四足門—西中門—西中門廊、 随身所・車宿（中門西、南）
奥向き 居住 ※寝殿東方	寝殿の北に対屋・台所 寝殿の東方に小御所	常御所 小御所 （息義量、のちに夫人） 9間対屋・台所・厩	常御所 唐門—屏中門 北対屋（夫人）：鞠懸壺庭に面する 小御所（夫人） 鞠庭*：屏中門より入る 「御懸（かかり）〈皆松〉にて有御鞠」 9間対屋・対屋2棟	対面所（御小袖間あり、昼の御座所？、参賀対面） 北棟門（唐門）—屏中門 常御所（「夜之御座所」） 「武家十二間」＝「武家一対」←義教室町殿の北対屋にあたる？ 「屏中門下〈御懸（かかり）庭〉」、「中門下〈西面御懸屏中門也〉」 ←棟門（唐門）から入る、鞠庭に面する 小御所（夫人、御所の東面に所在、南面、桁行五間）
庭園向き 「山水向き」	会所、泉殿 池庭の周辺に勝音閣（観音殿）、 「指月」の篇額を掲げた禅室	会所・泉殿 観音殿・持仏堂・禅室 7間厩	南向き会所・泉殿（北向き会所）・新造会所 観音殿（南向会所と四十余間の檜皮葺渡廊で連絡）・持仏堂 厩	会所（南面、池の北辺、対面所の縁を経て会所南面に至る） 泉殿（前庭＝善阿弥による泉水、、寝殿の東方、院の居所） 「泉之西殿」＝「舞十二間」＝「四季十二間」？←寝殿の東方 観音殿・小持仏堂・仏護堂 厩
運営・管理			台所・雑掌所	
そのた		唐門・上土門	上土門、番屋　東面2門、北面2門　馬場	「東南有兵櫓、高十余丈」*、堀　　馬場

川上貢『日本中世住宅の研究』（初版、墨水書房、1967年、新訂版、中央公論美術出版、2002年）を参考にした。

表4　将軍御所の構成　戦国期　　附 豊臣秀吉の大坂城

	義稙 三条御所 永正 12 年（1515）～ 大永 5 年（1525）	義晴 「今出川御所」 天文 8 年（1539） ～天文 18 年	義輝 武衛の御所「近衛御所」 「武家之御城」 永禄 2 年（1559）～永禄 8 年（1565）	義昭 武衛の城（信長造営） 「公方之御城」 永禄 12 年（1569）～天正 4 年 （1576）	豊臣秀吉 大坂城 天正 11 年（1583）～ 天正 13 年（1585） ～工事継続
表向き	対面所 東門・西門 唐門・御番所	対面所 表門・裏門	義輝：主殿（常御所、永禄 2 年 8 月立柱） 対面所・小座敷・御末 西門・東門・裏門（北門？）	天主（三重櫓）、南櫓 常御所（新旧） 南門・東門	二の丸御殿群 遠侍―対面所、黒書院・広間・書院 料理の間・台所
奥向き	常御所 台屋（対屋） 厩	御殿（常御所）	慶壽院（義輝母）： 常御所・対面所・小座敷・茶湯所・風呂・蔵・雑舎、庭	奥御殿	天守 本丸御殿群 遠侍―広間―対面所―小書院、 御殿・納戸、風呂屋、 焼火の間・上台所、内土蔵・土蔵
庭園向き 「山水向き」	会所	庭、はた板塀	東庭 厩	庭	山里丸
運営・管理					
そのた		鎮守 築地 堀（天文 11 年、1542）	南北 2 町・東西 2 町 二重の堀・石垣・土居 馬場：「武家之馬場」、桜馬場	西門櫓・南門櫓 南巽のだし、東のだし、二の堀、 「磊三重」 桜馬場	

山荘御所（東山殿）・狭小御所・仮御所などを除く。
鈴木充『日本中世都市建築の研究』（1965 年）を参考にした。

立させたものとみてもよい。それは単に施設規模の巨大化に伴う空間分節というよりも、当代の最高権力者としての立場を具体的に表明するものであった。つまり諸権門間の関係調整を機能とする会所を独立・専用の建築として用意している。広大な部屋を備えた会所は、遊芸の場から行幸・御幸や参賀の公卿・寺家との接客・対面の会所へとその機能を展開させていった。その空間構造は、きわめて単純化して、

〈晴向き－寝殿＋庭〉＋〈奥向き－会所＋庭〉

と表すことができよう。

さて、室町殿にとってもっとも重要なことは、相国寺が付属しているということである。摂関期以来の御所と御堂という構成が将軍御所にも持ち込まれていると考えたい。室町殿と相国寺、それらの機能が合わさって幕府の権力が成り立っている、そのことを象徴するのが室町殿と相国寺の並立ということであろう。

次に、室町殿は、正確に言うならば、一区画の御所ではなく、南御所と北御所二つの区画からなる御所と考えなければならない。義満の北山殿も南御所と北御所二つの区画からなっていたが、北御所は義満の居住空間、南御所はその夫人の居住空間であった。しかし室町殿では義満自身が南御所と北御所の両方を用いており[36]、北山殿の使用法との大きな相違点となっている。義政の室町殿の場合も同じような状況とみられるが、南御所と北御所の使い分けは史料が乏しくよくわからない。将軍の公私に応じた機能の分担があったのではないかとも推測される。こうしたあり方の延長線上に、織豊期以降における表向き御殿を二の丸、奥向き御殿を本丸につくる構成が形づくられたのではないか。

戦国期の将軍御所は、表4から知られるようにかなり大きな変化を遂げている。義稙と義晴の御所は、一つの郭からなる御所、すなわち単郭の「構」である。義政の室町殿はその末期に堀をめぐらしたので「構」の先蹤ということにもなろうが、義稙と義晴の御所は本格的に要害の堀を構えた将軍御所の事例といえよう。

義輝の御所は複郭として拡張され、「武家之御城」という表現にふさわしいものになる。そして、義昭の御所「公

方之御城」は、織田信長の構想が濃厚に出ているのであろうが、複郭の城郭の構えをとり、そして天主を上げている。京都に造られた天主をもつ最初の大規模な城郭として重要である。[37]

城郭としての展開とともに、内部にも大きな変化があったことは、表を比較することからも一目瞭然である。その一つは寝殿に代わって主殿が中心建築の位置を占めるようになったこと、主殿に加えて対面所が重要性を増したことである。中世的な「晴」から近世的な「表」への変化を示しているもといえる。

これらの空間構造をおおざっぱに概括し整理すると、次のようになろう。

①表向きの主殿、奥向きの会所と庭：義稙の三条御所

〔〈表向き－主殿〉＋〈奥向き－会所〉＋庭〕

②表向きに主殿と対面所が並列：義輝の武衛御所

〔〈表向き－主殿・対面所〉＋庭〕＋〔〈奥向き－常御所・対面所〉＋庭〕

③さらに表向きに天主を付加：義昭の御所

〔〈表向き－主殿・対面所＋天主〉＋庭〕＋〔〈奥向き〉＋庭〕

そして、秀吉の大坂城のような発展段階が考えられる。

〔〈表向き御殿〉〕＋〔〈奥向き御殿＋天主〉〕＋〔庭〕

表向き御殿と奥向き御殿の両方に、

〔〈表向き－対面所・広間〉＋〈奥向き－書院〉＋庭〕の構成が使用される。

4　戦国期の花御所

さて、室町殿・花御所の実態はどうであったか。室町殿を維持し継承するような営みがあったのであろうか。

文明八年焼失以降、再建の試みは文明十一年（一四七九）、同十三年となされはしたが、実際に移徙するに至らなかった。むしろ花御所は文明十一年（一四七九）にはすでに「花御所跡」と記され[38]、文明十七年（一四八五）に「花御所跡」[39]、長享元年（一四八七）に「花御所旧跡」とあるような状況であった[40]。このような事態は幕府関係者のなかでも問題になっていたのであろう。長享二年（一四八八）、蔭涼軒主亀泉集証は金山備中入道との会話のなかで、花御所の実態を次のように指摘して在家にすべきであると主張している[41]。

花御所跡可為在家否、毎々夜夜盗集会、又者常殺害人捨死人、徳政起則土一揆張陣、近来者博徒相集、所々成團闘樗捕、或時及諠譁、或時張飯宴、庶民家之可然、

一方、金山は、義政の意見を引きながら、

不可成民家、前年於高倉可被立御所之命有之、然東山殿不被與同、此御家代々号室町、然者花御所御所之地可然云々。

と、反対の意見を述べている。しかし御所とすべきであるという議論は、次に述べる義政自身や義尚の現実の行動のなかではそれほどの意味をもたなかった。

室町殿を本所とした義政と義尚の二人の将軍自体が室町殿を否定したり、破壊したりするようなことをしていることが注目されよう。文明十八年（一四八六）、義尚は義政の室町殿や高倉御所（烏丸殿）を再興するのではなく、前述のように高倉御所の新造計画を決定し、小川殿の御所を高倉殿に引き移そうとした[42]。自分が受け継ぎ本所とした小川御所さえ破壊して新造御所に移築しようとしている。義政はそれに反対して称号の地である花御所に新造することを主張していたようであるが[43]、しかしこのような義政も、長享元年（一四八七）十一月には室町殿の庭石を、延徳元年（一四八九）三月には大松を自分が造営している東山殿へ運ばせているのである[44]。矛盾した言動がみられるが、結局のと

ころ、義政も義尚も室町殿を無視、否定、破壊する方向へ向かったといえよう。

大永四年（一五二四）義晴の御所の新造が計画されたときに候補地の一つとして「花御所御跡」があげられたが[45]、なぜか御所の地に選ばれなかった。この「花御所御跡」は民家の立つ地域となっていたのであろう。天文十六年（一五四七）の引付に「花御所御地上中筋紺屋乗蓮」とある[46]。

花御所の地はついに将軍御所として用いられることはなかったのである。こうして花御所を中核とするかつての政治色の濃い地域空間も消滅していったのであろう。

5　場所・家の記憶

慶長四年（一五九九）豊臣秀吉の天下支配の拠点となった伏見城は、秀吉の死、そして石田三成の伏見城退去後、徳川家康に引き継がれるが、家康が伏見城の本丸に入城を果たしたときに、『多聞院日記』の著者は、家康が「天下殿ニ被成候」と書き記している。つまり、旧天下人の居所、本所御所に入るということが天下人の権威ないし正統性などを受け継ぐものであるという考え方があったことをうかがわせる。

同じことが延徳二年（一四九〇）義稙が小川殿を破却した事件を通じて言い得ると思う。川上貢の説明を参照しつつ事件の経過を概述すると、次のようになる[47]。

長享三年（一四八九）三月義尚が陣没し、小川殿はその主を失った。翌四月十四日に義材（義稙）とその父今出川殿（義視）が入京して通玄寺に入り、十九日に義材は小川殿（東御所）に移徙した（日野富子は小川殿の西御所に住んでいた）[48]。七月富子との不和によって通玄寺に戻り、これを本所御所とした[49]。延徳二年（一四九〇）正月、義政も没した。四月になって富子は義政から譲られた小川殿を元の所有者である細川家に返したが、しかし細川家では「公方御座之在所也、其恐有之」、すなわち将軍の本所御所であっておそれおいとして返上した[50]。そこで富子は天龍寺塔頭香厳院の喝食（旭山清晃、のち還俗して十一代将軍義澄）に小川殿を譲り、そこで香厳院は六月に移徙することになった[51]。五月十八日、義稙は小川殿を破却した[52]。

なぜ義稙は小川殿を破却したのであろうか。当時、将軍家の家督について富子が細川政元と計って香厳院を取り立てようとしているとの風聞があったという[53]。川上貢は、富子の意を察した義稙が義澄の手に小川殿がわたることを恐れ、小川殿を破却して事を未然に防いだという。義澄が将軍候補として地歩を固めるのを阻止したかったからということであろう。換言すると、「公方御座之在所」を居所とすることは、将軍就任への足固めとして重要なことと考えられていたといってよい。富子が義澄に小川殿を譲ったことを聞いた大乗院尋尊が「今出（川脱）殿　御身上無御心元[54]」と記しているのもそうした見方を裏づける。

七月五日、義稙は後継争いに勝って将軍職に就いたが[55]、明応二年（一四九三）四月には義稙の御所通玄寺に軍勢が押し寄せ、義稙は細川政元によって将軍の地位を追われた。尋尊によると、これは義稙の小川殿破却に対する富子の報復という[56]。翌年末、義澄が将軍となった。

要するに、将軍の権威、秩序の継承にあたって、御所あるいは土地、家屋の記憶と再生が関連するのではないか。権力の継承（征夷大将軍叙任など）に際して、旧権力者の本所御所に入り、その後、自身の本所御所を造営する慣行があったのではないかと考えられる。義尚と義政花御所・小川殿、義稙と義尚小川殿そしてその破却、義晴と義稙三条御所、義輝と義晴「今出川御所」、義昭と義輝武衛御所など、前将軍の本所御所の使い方（居住と移築、土地の利用など）は、そうしたことを示しているのであろう。

二、上杉本洛中洛外図屛風にみる室町殿と細川殿

洛中洛外図屛風を援用することを避け、文献史料にのみもとづいて歴代将軍の御所とその所在について何が実証できるかを考えてきた。文献史料に依拠する限り、実際に花御所・室町殿に移徙・居住した形跡は認められず、むしろ室町殿を否定し、破壊する動きが認められ、「花御所跡」と呼ばれ続けたことが如実に示すように、室町殿は空き地、あるいは町地と化していたといってよい。そうすると、上杉本洛中洛外図屛風・東京国立博物館所蔵洛中洛外図屛風模本（東博模本）・国立歴史民俗博物館所蔵洛中洛外図屛風（歴博乙本）に描かれた室町殿は何を意味するか、大きな疑問が生じるが、ここではその問題に立ち入ることはせず、権力拠点がどのように表現されているか、その特色を探ることに焦点を絞りたい。

本章の考察は、上杉本に描かれた室町殿と細川殿を建築的な解釈を中心に考え直してみようとするものである。すなわち室町殿や細川殿の描写が歴史的事実であるかどうか、また描かれた建築が様式的・技術的に正確であるかどうかは問わないで、建築の形式・機能と屋敷の建築構成を把握することに努める。具体的に述べると、描かれた建築の様式からどのような建築として描かれているのか、その建築の名称や機能・用途を推定する作業を試み、ついでどのような建築から構成されているのかという問題を考えたい。ただし、門はその描写から様式をほぼ特定することができるが、それ以外の建築については、主殿、常御所、会所などと特定するのは、その全体が描かれることがまれなため容易なことではなく、多くの場合、文献史料を勘案した推定が可能なだけであることをお断りしておきたい。

1　上杉本洛中洛外図屛風の構図

六曲一双の屛風である上杉本は京都の都市空間、名所、町並みなどを描きながら（「地」）、左隻（上京隻）では「公

方様」の正月参賀と「細川殿」、右隻（下京隻）では「内裏様」の節会を華やかに壮麗に描く（「図」）。絵師そして鑑賞者の視点は「内裏様」を表の方（西南）から俯瞰し、「公方様」とは裏の方（東北）から俯瞰するものとなっている。これは上杉本がいわゆる逆勝手（奥行方向の線が右上がりとなるもの）の画法をとったためである。重要な画題である「内裏様」と「公方様」をそれぞれ右隻と左隻に振り分け、逆勝手を採用したときに、建築描写のありようはおおむね決まったといってよい。南面する建築が多い公武寺社の描写については、逆勝手の構図は下京隻には有利に働くのであり、とくに西がハレの「内裏様」にとっては、ハレの西面と建築の正面（南面）が活写されることになる。

ところがこの構図は上京隻に対しては南正面を描くことができないので不利に働く。「公方様」は、西がハレの御所であるため、仮に順勝手の構図にかえたとしても、南面が描かれはするものの主として裏側からの描写となる。東から西をみる画面構成のために「公方様」は正面・ハレ側を描くことができない。上杉本の描写方法の選択は、「公方様」が大きな主題ではあるものの、それがもっとも大切な主題ではないことを示している。そもそも「公方様」を中心画題とするならば、西面がハレの室町殿を描くためには東博模本のように右隻（下京隻）に移して西方から東をみる画面構成とする必要があった[57]。付け加えるなら、東博模本が逆勝手を選んでいたならば、花御所を十分に描き尽くすことができたはずであり、順勝手であることが惜しまれる。

上京隻におかれた「細川殿」は東がハレの邸宅であり、左隻なので東正面と北側が描かれ、内裏の描写ほどではないが、花御所よりはましな表現となっている。

六曲一双屏風の左隻・右隻の構成そして順勝手・逆勝手の構図の選択が絵師の意図を示すものとするならば、上杉本の絵師は下京と内裏の描写に力を傾けようとしたといえよう。あえていうなら、構成と逆勝手の構図から判断するかぎり、絵師がもっとも描きたかった主題は下京隻の「内裏様」、上京隻の「細川殿」と考えざるをえないのではないか。

図 27 「公方様」室町殿とその建築構成（上杉本洛中洛外図屏風）

図 28 「細川殿」とその建築構成（上杉本洛中洛外図屏風）

2　花御所と細川殿――追憶と現実

花御所の建築構成をみると、西面をハレとして室町小路に四足門・唐門を開く。四足門に対して中心建築である主殿（常御所）が立ち、その東方に対面所と会所が続き、一方、唐門に直面して向唐門とその奥の対屋が立つ一郭がある。このような構成は、義政以前の寝殿を中心とした室町殿のあり方（表3）とは異なっているし、義尚以降の御所（表4）とも考えられない。この描写の姿のままの花御所が現実の花御所の建築を描いたものであるとは考えにくい。

ここで、主殿を寝殿と中門廊、中門に置き換えてみると、義政のころの花御所とほぼ同じ姿になることは注意すべき点であろう。上杉本の絵師は、その生きた時代の常識から中心建築を主殿に描いてしまったが、本来は義政のころの花御所を描こうと意図したのではなかったか。このような見方から興味深いのは、西面に唐門が描かれていることである。実は、義政の花御所の同じ場所に建てられていたのは唐門ではなかった。唐門より格の低い棟門が建てられていたのであり、それを義政はことさらに「唐門」と呼ばせていたのである[58]。正しく唐門として描き込まれた上杉本の花御所は、したがって義政の花御所とは異なるものなのであり、むしろ義教の花御所に近い。というよりも、多分に理想化されたあるいは概念化された将軍御所として義政の花御所が描かれていると考える方がよい。絵師の視線は当代ではなく、はるかな過去に向いているともいえよう。

ところで、当時の京都を実質的に支配した管領細川氏の権力拠点が細川殿であるが、それはどのように描写されているか。

細川殿は東方の道に面して上土門と棟門を開く。上土門を入ると、右手に切妻屋根の遠侍があり、正面に軒唐破風をのせ中門廊の付いた主殿（常御所）が立つ。この主殿の外観は典型的な主殿の様式を示している。主殿の南、みごとな庭に面した泉殿（会所）、その西に会所（対面所）、その北に対屋が配置される。西方の道に棟門を二つ開くが、南の棟門を入ったところ、敷地西南隅に厩があり、北の棟門を入った敷地西北隅近くに台所が立っている[59]。すでに指摘されているように、歴博甲本・東博模本・上杉本のいずれもがほとんど同じ姿の細川殿を描いている。これが事実を表現しているのか、たんに同じ粉本を採用しただけであるのか、判然としないが、ともかくもほぼ同じ内容、いわば定型的な描写である点に特徴がある。

上杉本は、細川殿と花御所を明確に描き分けており、上土門と四足門、唐門と棟門、板葺と檜皮葺の違いなどは、管領と将軍の身分・地位による格差を具体的に表現しているものである。さらに中心建築である主殿と前庭の関係、そしてハレ側の門からのアプローチが大きく異なることが注目される。細川殿と花御所は、建築配置の基本的な方針が異なっているのである。

花御所の場合は、四足門から主殿に入る正式の経路、そして唐門から向唐門を通って対屋に入る経路の二つのルートがある。注目されるのは後者の使い方であり、たとえば応仁の乱が勃発したとき、足利義政の花御所に天皇が同居し、寝殿を使用したことがあった。このとき、邸の本来の主である義政は対屋に移り住み、唐門を用いたのである。(60)唐門と対屋の関係が大きな意味をもつこういうアプローチの方式は、明らかに義政の花御所の特色であり、過去の花御所の姿が示されている。

細川殿の場合も二つの経路があるが、上土門の右側に立つ棟門は、事実上、通用門のようなものでしかない。主要な建築を囲む内側の塀と外の築地との間の空間に出入りするための門が棟門なのである。他方、上土門は細川殿でもっとも格の高い門形式をもち、そこから主殿車寄に至る経路が正式なものであり、それらの間の空間が塀や塀中門によって明確に囲われているところに大きな特徴がある。これは戦国期の上層邸宅の特色であり、近世初期の上層邸宅の特色ともなっている。この意味で細川殿は近世住宅のプロトタイプということもできるのである。

上杉本に見られる花御所と細川殿のこのような対比は、花御所—権威—過去—追憶、そして細川殿—権力—現在—実像という絵師の構想があったのではないかとの思いを引きおこすが、しかしそれほど積極的な意図によるものではなく、おそらくは歴博甲本や東博模本と同様に、「室町殿」（足利将軍とその御所を指す）といえば義政の花御所、細川殿といえば政元の細川殿というような、戦国期の常識ないし固定観念にもとづいて描かれたことから生じたものに過ぎないのではなかろうか。事実関係を明らかにする術はないが、ともあれ、花御所が権力拠点の記憶でしかないのに対し、細川殿は権力拠点の現実そのものとして眺められたことであろう。

上杉本上京隻は京都を支配する武家権門の権威・秩序・体制の象徴としての「公方様」と、その実体として「細川殿」を対比的に描き、そのことによって京都の現実の姿を示した。描写の対比は都市上京の中核が花御所ではなく細川殿であること、また都市支配の下克上というメッセージを発信しているように思われる。

三、細川殿と上京の地域空間形成

細川殿と上京、とくに一条以北、小川周辺の地域形成とのかかわりを少し検討したい。

戦国期の将軍御所は、義稙の三条御所を除いて上京それも多くは北小路以北の地域に営まれたが、歴代将軍はそれぞれ独自に本所御所を造営し、一つの御所ないし場所に定着することがなかった。代替わりごとに移動する将軍御所は、権力自体の弱体化と相まって地域形成の核となりにくい。それにかわって幕府を事実上支配した細川京兆家の本拠、細川殿が上京の地域形成の要因として重要な位置を占めることになったのではないか。

細川殿をはじめ細川氏に関係する邸宅や寺院の分布をみると、(61)いくつかの興味深い事実が知られる。これらは、およそ一条以北、堀川以東、今出川（烏丸通り）以西の地域に位置している。そして上御霊前通りと小川通りの辺りを中心に、大きく花御所を取り囲むように分布している。一色邸や畠山邸が室町殿の直近にあったとのとは異なり、細川氏は上京・花御所の周縁の地域に屋敷を構えたといってよい。

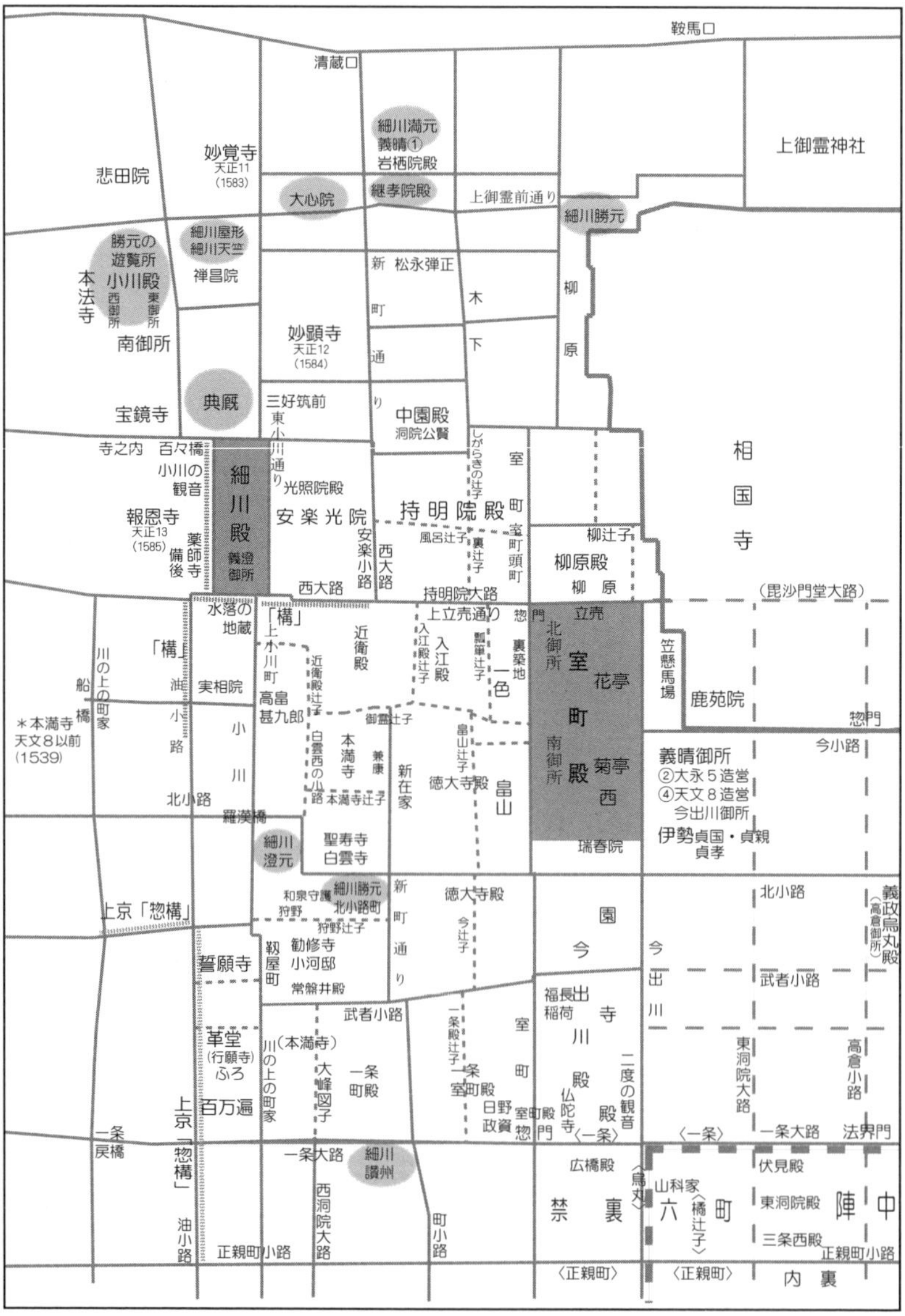

図29　中世の一条北辺（細川氏関係施設の分布）

改めて指摘するまでもなく細川勝元・政元・高国・晴元などが居住した細川京兆家の細川殿が、これら細川氏の屋形の中核となった。細川殿の所在地について、上立売以北、小川以東、寺之内以南、新町以西とみるのが通説のようであるが、しかし東限については新町通りよりもさらに西の東小川通り以西と考えたほうがよい[62]。細川殿は、延徳二年（一四九〇）義稙の将軍宣下に際して御所として用いられ、また前述のように明応三年（一四九四）から永正五年（一五〇八）にかけてその敷地の一郭に将軍義澄の御所が設けられた。細川殿や細川一族の屋形の周辺には家臣たちの屋敷も営まれ、ある程度武家地のような景観を示していたと思われる。

室町時代における小川周辺の地域は繁華な町並みではなかった。酒屋の分布状況からみると、応仁の乱前、応永三十三年（一四二六）の『酒屋交名』には一軒も酒屋の記載がない。しかし、永正十二年（一五一五）に「造酒正役銭」を納入した小川周辺の酒屋は十軒に上っている[63]。十六世紀初頭には酒屋など有力な商工業者も居住し、また小川や堀川の水面上に町家、町並みがつくられるなど、小川周辺は繁華な市街地に変化していたのである[64]。ルイス・フロイスは、上京の、この小川の町々が京都で最もにぎやかな通りであると述べている。

ここには、絹や緞子の機織り、その他扇子の製作者、また各種の別の職人が大勢いた。それらの店舗の真中に、〔全市でもっとも参詣人の多い〕、百万遍という阿弥陀の寺があった。〈全市中最も通行多き所にして〉ここでは終日、ことに夕刻になって、かの職人たちが店を閉じ、仕事から解放されると、おびただしい群集が殺到して喜捨をしたり、大声でそこの偶像に祈ったりした[65]。

地域形成過程の具体的な姿はほとんど不明というほかないが、古くから革堂（行願寺）や誓願寺、百万遍など庶民の信仰を集める寺院群や、一条殿や勧修寺殿などの公家邸宅など有力な地域形成の核があった[66]。戦国期になると新たに京都の実権を握る細川殿が大きな地位を占めるに至った。こうして寺院群を南の核として、また細川殿を北の核と

図 30　細川殿と小川の町並み（上杉本洛中洛外図屏風）

して細川殿の門前、すなわち小川の通りが発展したのであろう。細川殿を中心として見ると、横町型の都市形成が行われたといえよう。

小川の町々は、応仁の乱後、空間的にも実質的にも、戦国期上京の市街の中心に位置することになった。この地域発展は、室町幕府権力の衰退、逆に細川殿の安定と権力からもたらされたのであろう。小川の町々は、いわば細川殿体制の都市的所産ということになるのではないか。

上杉本洛中洛外図屏風の左隻（上京隻）では、細川殿と小川の町々、革堂（行願寺）や誓願寺、百万遍などが画面の中央部を占拠し、主要な画題となっている。上杉本左隻（上京隻）は、細川殿とその「城下」を描いたということもできよう。

注

（1）　高橋康夫「室町期京都の都市空間――室町殿と相国寺と土御門内裏――」（『政権都市　中世都市研究９』、新人物往来社、二〇〇四年）、前章（第三章）参照。

（2）将軍御所については小島道裕の「花御所体制」論や小野正敏「中世武士の館、その建物系譜と景観―東国の事例を中心として―」（小野正敏・五味文彦・萩原三雄『中世の系譜　東と西、北と南の世界』、高志書院、二〇〇四年）など興味深い説がある。

（3）鈴木充『日本中世都市建築の研究』（私家版、一九六五）、「室町時代末期の将軍御所」（一〇九頁～一二〇頁）を参考にした。鈴木の著書は、洛中洛外図と戦国期の将軍御所を取り上げた、この分野では数少ない仕事であるが、私家版であるにしても取り上げられることがほとんどない。内容にいろいろ問題があると言わざるを得ないが、参照すべきであろう。

（4）小川殿が義政が細川勝元の「遊覧所」を譲り受けたものであることが、『宣胤卿記』文明十二年正月十日条「今日室町殿年始参賀、毎年式日也、早朝乗輿、〈直垂〉先参小川〈准后御所也、元細川右京大夫勝元遊覧所也、乱中有御所望時々令渡給、花御所炎上以後、為不断之御所〉」から知られる。小川殿については、川上貢『日本中世住宅の研究』（墨水書房、一九六七年、新訂版、中央公論美術出版、二〇〇二年）の「小川殿」を参照されたい。なお小川殿の位置について、川上貢が今の宝鏡寺にあてるのに対し、鈴木充は今の本法寺の位置と推定する。鈴木説が妥当と考えられる。

（5）『宣胤卿記』文明十二年正月十日条「次参宰相中将殿〈北小路室町也、元伊勢守貞宗乱中之宿所也、花御所炎上已来、御座於此所、狭小左道之在所也〉」。

（6）『長興宿禰記』文明十四年五月一日条「今日将軍〈権大納言殿〉御移住小河御所、〈御父准后御座于長谷、御守留故也、〉此間北小路室町伊勢守宿所為御所」。

（7）『大日本史料』第八編之八、長享元年正月四日条。

（8）『蔭涼軒日録』長享元年正月十日条によると、同日に高倉御所事始めがあり、翌日丈尺が打たれる予定で、相国寺に対して北の石橋から南の一条法界門の間の東西南北の丈数を注進するように命じられている。改めて測量が実施されているのは義政の高倉御所と異なる敷地を求めたからであろう。

（9）『蔭涼軒日録』同月十五日・十九日条、『大日本史料』第八編之二十七、同月十五日条に関連史料が掲載されている。

（10）『大乗院日記目録』同月十四五日条（『大日本史料』第八編之二十七、同月十五日条）。

（11）『大日本史料』第八編之三十七、同月五日条。

（12）『親長卿記』同年六月二十一日条「今日大樹自通玄寺徙移細川彦九郎義晴〈讃州人号之、〉宿所〈依仰進上之云々、〉」。

（13）『宣胤卿記』文亀二年正月十日条「已許刻参賀将軍御亭〈左馬頭源義高御在所、細川右京大夫政元宿所〉」、「次各行政元〈細川右京大夫〉方〈将軍御在所隔垣、〉」、同文亀四年正月十日条「先向政元朝臣方〈大樹同所門在別、〉」。

（14）『拾芥記』永正五年六月八日条「筑紫御所自泉境御上洛、被構吉良亭為御座所」。

（15）「正月以下御事始記」（『大日本史料』第九編之五）同年七月五日、「下京三条御所御普請初、御事始」、『公卿補任』「十二月二日、将軍家三条亭新造移徙」。

（16）同、永正十四年正月十日条。

(17)『大日本史料』第九編之十六、大永二年六月七日条。
(18)祇園会関係史料は河内将芳氏のご教示による。氏の見解は同『中世京都の都市と宗教』(思文閣出版、二〇〇六年)、一三二頁〜一三七頁を参照。
(19)以下、史料は『大日本史料』第九編之十六、同月七日条による。
(20)『大日本史料』第九編之十一、同月五日条。
(21)『二水記』大永元年七月六日条「今日播州若君《義晴》(略)御上洛(略)、上京岩栖院殿為御所云々」。
(22)『二水記』大永元年十二月二十四日条「今日、武家御元服也。仍渡御于三条御所」、同二十五日条「伝聞、有陣宣下、(中略)、直参三条御所」、同大永二年六月二十七日条「今日祇園会事、武家為御見物令沙汰了、(中略)、武家今日早朝渡御三条御所」。
(23)『二水記』大永五年十二月十三日条「室町殿今夜《戌刻》御移徙也」。
(24)『二条寺主家記』(『後鑑』天文三年九月三日条)に「公方従江州御上洛、建仁寺御座」、『長享以後畿内兵乱記』(『後鑑』天文四年九月三日条)に「将軍自坂本南禅寺江被移御座」。
(25)『厳助往年記』「同月(天文五年四月)公方様御殿、於南禅寺門前御新造也、同月廿六日、御移徙云々」。
(26)『後鑑』同年十二月十六日、十八日、十九日、二十日、二十四日条。
(27)高橋康夫「織田信長と京の城」(『豊臣秀吉と京都——聚楽第・御土居と伏見城』、文理閣、二〇〇一年)、次章(第五章)参照。
(28)拙論、注27。
(29)「一向ニ其御アタリニハ在家等一宇モナカリケレ共、令復旧規、御先祖之御跡ヲ恋慕シマシマシケルコソ目出度ケレ。去間一条ヨリ上ニ有ケル地下町人、大略家ヲ引テ、御所之御アタリ富貴繁昌驚目セリ」(引用は『史料京都の歴史　第4巻　市街・生業』、平凡社、一九八一年一月、二六七頁によった)。
(30)「御作事日記」(『後鑑』所収)同月二十八日条。
(31)「御作事日記」(『後鑑』所収)二月五日条。
(32)「御作事日記」(『後鑑』同日条所収)。
(33)鈴木充前掲書、一一六〜一一七頁。
(34)『足利季世記』(『改定史籍集覧』所収)は「同年(大永元年)八月ヨリ三条ノ御所ヲ上京へ引、今ノ柳御所ヲ造営アル」とし、「柳御所」の名を記すが、『足利季世記』のみの記載であることや移築の年時を誤っていることから、信を置きがたい。
(35)川上貢前掲書(注4)。

(36) 永和三年（一三七七）に「花亭」・「北御所」、翌年に「北小路亭」・「南御所」・「下宿所」「下亭」が存在したことが知られる。
(37) 高橋康夫、（注27）論文。
(38) 北小路殿（仮皇居）の火災にさいして「主上駕腰輿出御、暫於花御所跡御逗留」と『晴富宿禰記』同年七月二日条にある。
(39) 『蔭涼軒日録』同年八月十四日条。
(40) 『蔭涼軒日録』同年九月十二日条。
(41) 『蔭涼軒日録』長享二年二月十一日条。
(42) 『尋尊大僧正記』文明十八年十一月十八日条「小川御所可被引遷云々、今日事始之由、兼日聞之者也、細川殿於御近所主従儀以外緩怠故云々」
(43) 『蔭涼軒日録』長享二年二月十一日条「前年於高倉可被立御所之命有之、然東山殿不被興同、此御家代々号室町、然者花御所御所之地可然云々」。
(44) 『蔭涼軒日録』長享元年十一月十四日条、延徳元年三月三日条。
(45) 「御作事日記」（『後鑑』所収）大永四年二月五日条。
(46) 花御所跡の変遷については森田恭二「花の御所とその周辺の変遷」（『戦国期公家社会の諸様相』、和泉書院、一九九二年）を参照。
(47) 川上貢前掲書（注4）。
(48) 『蔭涼軒日録』同月十五日・十九日条、『大日本史料』第八編之二十七、同月十五日条。
(49) 『大乗院日記目録』同月十四五日条（『大日本史料』第八編之二十七、同月十五日条）。
(50) 『尋尊大僧正記』同年五月十二日条「難波修理亮下向、色々相語、小川御所ハ自東山殿被進御台了、自御台如元細川ニ返給之、公方御座之在所也、其恐有之、不可存旨細川申入之、返上」。
(51) 『蔭涼軒日録』同年四月二十八日条「自香厳院以貞首座曰、小河御所事。自上様賜之。昨日請取之。来六月可有御移可得其意云々」、『大日本史料』第八編之三十六、同月二十七日条参照。
(52) 『実隆公記』同日条「今日小河御亭被破却云々、事次第不能筆端矣」、『蔭涼軒日録』同日条「此日小河御所俄毀之。諸奉行衆警固之」、『大日本史料』第八編之三十六、四月二十七日条参照。
(53) 『後法興院記』五月十八日条。
(54) 『尋尊大僧正記』同年五月十二日条「仍鏡現院殿（義澄）ニ被進之、御僧御所来月廿一日可移御云々、今出（川脱）殿　御身上無御心元云々」（『大日本史料』第八編之三十六、四月二十七日条）。

(55)『大日本史料』第八編之三十七、七月五日条参照。
(56)『尋尊大僧正記』明応二年閏四月十日条「通玄寺発向事ハ内々御台御下知歟云々、小川御所之報答云々」。
(57)ただし東博模本における室町殿の描写には、東から西を見て描くという構図の上での大きな誤りがあることに注意しなければならない。
(58)『親長卿記』文明七年正月二十五日条「先参室町殿自西棟門号唐門、参入」。
(59)主殿—泉殿—会所について、鈴木充は常御所—泉殿—会所とし、『洛中洛外図大観』（上杉本、一三四頁）は主殿—常御所—会所と推定する。細川殿の史料はきわめて乏しいが、政元の屋形を用いてなされた義澄の元服などの記録から、東向きの大門、常御所、泉殿、会所、があったことが判明する（鈴木充前掲書）。
(60)川上貢前掲書（注4）、第五編「第六章　義政の御所」の「二、室町殿」。
(61)岩栖院・大心院・継孝院・禅昌院、勝元の遊覧所（小川殿）、「子刻焼亡北小路町、細川屋形前東頬」（『長興宿禰記』文明九年一月二十九日条）、「細川天竺宿所小川御所良也」（『長興宿禰記』文明十四年五月一日条）、「今日大樹自通玄寺徙移細川彦九郎義晴讃州人号之、宿所依仰進上之云々、」（『親長卿記』延徳三年六月二十一日条、一条御所と称された）など。
(62)文明十八年七月二十九日に行われた義尚右大将拝賀の路次から細川の屋形の位置が推定されている（川上貢前掲書、義政の「小川殿」の節、鈴木充前掲書、一四七頁）。関連史料は、「小川御所之東御門北行、自角東行一町歟、細川之屋形之前南行、自角東行、室町南行、近衛東行」（『尋尊大僧正記』）、「門前之小路東行、折南々行、西大路東行、室町南行、近衛東行、東洞院北行、至陽明門代」（『文明大将拝賀次第』（狩野亨吉氏蒐集文書）、「御所南小路東行至一町、更南行、至于□□□東行、室町小路南行、近衛小路東□（行カ）」（『長興宿禰記』）。なお、『宣胤卿記』永正四年八月一日条に「淡路守護等押寄九郎在所細川家、督也大樹御在所之北、上京無小路之名所也」とあり、東方は名もない小路であった。
(63)「小西康夫氏所蔵文書」『史料京都の歴史 第4巻 市街・生業』（平凡社、一九八一年）、三〇七頁。
(64)高橋康夫『洛中洛外——環境文化の中世史』、平凡社、一九八八年、一〇一頁～。
(65)松田毅一・川崎桃太訳『フロイス日本史』（中央公論社、一九七八年）に拠る。なお、フロイスが永禄八年（一五六五）四月二十七日にインドのイルマンなどに送った書簡にもとづき以下のように補足、〔　〕が『日本史』、〈　〉が書簡による補足。
(66)前掲拙著（注64）。

第五章　織田信長と京の城――近世都市・京都へ

前章では応仁の乱以降、室町幕府の衰退にともなう「王都」の解体、新たな地域権力細川氏と上京小川の地域形成などの動向について述べたが、十六世紀後半、天下の掌握を狙って上洛した織田信長は、上京と下京二つの集落からなる京都をどのように造りかえたのであろうか。

戦国時代の京都では、町人は「壁」で家を囲み、また町人の地縁生活共同体である町は「町の囲い（壁）」や堀を築き、さらに町の連合体である町組や上京・下京の惣町も、堀を掘り、土塁を築き、「壁」をめぐらした。

室町幕府の本拠である「花御所」室町殿も、堀に囲まれた要害「御構」に変貌していたが、将軍権力の政治・軍事拠点となる施設は、戦乱から天下統一の過程で、洛外における戦いのための山城――中尾城・霊山城――を経て、洛中における戦いと都市支配のための平城――十三代将軍足利義輝の城と、織田信長が十五代将軍足利義昭のために築いた城（いわゆる旧二条城）、そして豊臣秀吉の聚楽第――にいたる大きな転換が生じている。

筆者はすでにこうした歴史的動向について概観したことがあるが[1]、本章ではとくに義輝と信長・義昭の城郭を取り上げ、城郭史と住宅史と都市史の視点から考えてみたい。

図 31　本章の論点

一、義輝の城——都市支配の城の出現

義輝の御所は、将軍御所としてはじめて「城」とよばれた点で重要である。それは、将軍権力の拠点が、これまでのたんなる「御所」・「御殿」から、軍事拠点としての機能を重視し、かつ都市支配を意図する平地の城郭、すなわち「御城」という新たな段階に達したことをあらわしている。室町幕府が京都を中心とする地域権力に過ぎなくなったとはいえ、注目すべき変化である。また、義輝の城は、後に信長が建設した義昭の城郭（いわゆる旧二条城）の中核となった点でも重要である。以下では、義輝の「御所」・「城」の歴史とその特質を考える。(2)

1　造営・拡張・廃絶

近江に亡命していた義輝は、永禄元年（一五五八）に三好長慶と和睦し、京都に戻る。義輝は、まず相国寺に入り、まもなく二条の本覚寺（妙覚寺）に移り、仮御所としている。

武衛の邸宅跡における新御所の建設は、『厳助往年記』永禄二年八月の条に「従当月武家御所御新造事有之」とあり、この八月に始まったようにみえる。しかし、実際には少なくとも七月以前に御殿や要害の堀などの本格的な建設工事が始まっていた。このことは、中心施設である主殿の立柱が八月三日であったことからも明らかである。(3) 新造工事は、沼田上野介・結城七郎が御殿を、上野民部大輔が橋を、松田対馬守が堀を担当するといったように、奉公衆たちがそれぞれの工事の担当奉行となって実施していた。(4)

八月三日を主殿の立柱の日と定めた義輝は、北野社に対し北野地下中から家並みに人足を出すように命じている。(5) 十一月には、内裏近くの町組「六町」に堀を掘る人夫役を命じ、(6) 同じころ、庭の木の進上を命じた。(7) 翌永禄三年二月にもまだ建設工事が続いており、山科言継は「武家の御殿・御堀」などを見物し、また慶壽院（義輝の母、前将軍義晴の室）や春日局の御殿の様子を見て歩いている。(8) 竣工した御所への移徙が行われたのは、造営を始めてほぼ一年が経過した永禄三年六月十九日のことであった。(9)

この後も御所の防御能力を高める工事を継続していたことが注目される。永禄四年八月に「六町」に堀普請の役を負わせ、(10) ついで永禄五年冬より用心のため御所のまわりに「大堀」を構築している。(11) さらに永禄七年の冬、大規模な改造工事が開始された。(12) 十月末には『言継卿記』が「武家石蔵《いしぐら》（＝石垣）(13) へ院御所御跡之虎石被引之云々」(14) と記すように、院御所跡など各地から石を集めて、石垣の建設を行っている。また堀普請の役が上下京に課されたが、これは禁裏普請と重なり、延引されたという。(15)

一方、十月の半ばには「対面所」の作事が進んでおり、(16) 十二月中旬には他の建物の工事や庭造りなども行われていた。(17)

永禄八年（一五六五）正月、この御所を訪れたヨーロッパ人宣教師ルイス・フロイスがみたのは、こうして「構」から大きく変貌を遂げた将軍の「城」であったにちがいない。

公方様の宮殿は深い濠で囲まれており、それには広く良くしつらえられた木橋がかかっていた。入口には伺候するために各地から参集した三、四百名の貴人がいるようであり、御殿の外の広場には、おびただしい馬と輿が並んでいた。(18)

堅固な城郭を目指した要害の構築は、その後も引き続き行われたようである。しかし五月十九日、「御館ノ四方ニ深堀、高塁、長関堅固ノ御造作」ではあったが、「御門ノ扉以下」がいまだ完成しないところに、(19)三好義継や松永久秀らの襲撃をうけた。義輝をはじめ近習幕臣の多くが戦死し、建物も放火によって炎上した。(20)城の「跡を焼き、黒土になし候」という。(21)

たまたま罹災を免れた慶壽院の御殿はゆかりの深い寺々へ移築されていった。対面所は相国寺に移して光源院を建立し、また小座敷・茶湯所・風呂は嵯峨鹿王院に移して慶壽院を建て、蔵・雑舎は本国寺に引き移された。(22)こうして義輝の御所は廃墟と化し、ただ堀や石垣、土居だけが残った。後に、非業の死を遂げた義輝の菩提を弔うため、跡地に真如堂の堂舎が建てられた。永禄十年（一五六七）二月に盛大な弔いの行事が催され、五月には連日にわたって千部経が行われている。(23)

2　立地とその意義

義輝の御所の所在地については、さまざまな説がある。近代では、湯本文彦他編『平安通志』（明治二十八年、一八九五）が「烏丸、室町、勘解由小路、春日小路の間」の東西一町、南北二町とする。また吉田東伍『大日本地名辞書』（明治三十三年、一九〇〇）は、勘解由小路南、烏丸西で、今の武衛陣町に当てる。碓井小三郎編『京都坊目誌』（大正四年、一九一五）は、武衛陣町を中心に北は勘解由小路、南は春日小路、東は烏丸小路、西は町小路の二町四方と述べる。

近年の研究では、鈴木進一や瀬田勝哉が「勘解由小路室町」の武衛邸跡とし、およそ通説的な見解といってよい。鈴木進一および『京都の歴史4』は、この武衛邸跡を、勘解由小路の南で室町の西に推定しているようである。一方、横田冬彦は、やや詳しく勘解由小路の烏丸と室町の間にあり、「武衛陣町」の地名の残る勘解由小路南側の一町四方と考えている(24)。

既往の論考は、必ずしも確かな根拠に基づいて所在地を特定しているとは思えない。次節で義昭の城の位置・規模について検討するためにも、可能なかぎり根拠を列挙し、明確にしておく必要がある。以下では、義輝御所が「武衛」斯波氏の邸宅跡地、いいかえると勘解由小路南、中御門大路北、室町小路東、烏丸小路西の方一町の地を占めていたことを論証する。

以下の史料引用で、〈 〉は割注、（ ）は引用者による注記。

史料1「武家（義輝）之御旧跡勘出（解由）小路烏丸室町間也」、「勘解由小路室町真如堂光源院（義輝）御古城又御再興」（『言継卿記』永禄十年五月十七日条、永禄十二年正月二十七日条）

史料2「光源院殿御座所御跡勘解由小路（室町脱カ）東頬」（永禄十二年二月二十日付室町幕府奉行人奉書『真如堂遺文』八号(25)）。

史料3「ふ永（武衛）之跡ニ公方（義輝）しゆてん（主殿）被申候」（『目代日記』永禄二年八月三日条）。

史料4「二条御所武衛陣ノ御構」、「二条勘解由小路武衛陣ノ前御所」（『足利季世記』）

史料5「二条武衛陣の御構」、「二条武衛陣の前の御城」（『細川両家記』永禄八年条）

史料6　斯波義将邸「勘解由小路室町」（『教言卿記』応永十六年十一月六日条）

史料7「武衛〈勘解由小路〉」（『看聞御記』応永二十三年八月九日条）

史料8　斯波義淳邸「中御門烏丸」（『建内記』永享三年十二月二十七日条）
史料9　斯波義廉邸「勘解由小路室町」（『応仁記』応仁元年七月二十五日条）
史料10　「上京の二条、すなわち「第二の通り」という名称の地」（フロイス『日本史』第十九章）

史料1・2から、義輝の御所が勘解由小路室町の東側、烏丸との間に所在したことが判明する。ただ、勘解由小路の北か、南かまではわからない。しかし、史料3に義輝御所を武衛邸の跡地につくったとあることが、大きな手がかりとなる（史料4・5も傍証となる）。

武衛斯波氏の邸宅は、史料6・7・8・9を勘案して、とくに「中御門烏丸」とあるのに着目して、勘解由小路の南、中御門大路の北、室町小路の東、烏丸小路の西にあったと考えることができる。ちなみに、上杉本洛中洛外図屏風の「武衛」邸がまさにこの場所に描きこまれている。この点も有力な傍証といえよう。

以上から、義輝の城の中心部＝御所が勘解由小路以南、室町以東の方一町の土地を占めたことは、ほぼ明らかである。

ただ、後述するように、北に隣接して馬場があり、また発掘調査によって一筋北の近衛大路に東西の堀が構築されていたことも判明している。したがって城郭に付随する施設が北方に広がっていたことにも注意を払う必要がある。こうした意味からは、最末期の義輝の城は、北は近衛、南は中御門、東は東洞院、西は室町にいたる二町四方の規模に達していたといってもよい。

義輝の移徙を記した『伊勢貞助記』に「近衛御所」とある近衛大路は、こうして判明した義輝の御所の北限である勘解由小路の一筋北にあたる。(26)「武衛」を「近衛」と誤ったのかもしれないが、名の知られた近くの大路を御所の名とした可能性も少なくない。

「二条」という地名表記が義昭の城とも関連してやや問題になる。フロイス『日本史』の「上京の二条」という記述は、二条を東西大路の「二条大路」とする解釈と、これを条坊制の「条」を意味する「二条」という解釈の二つを可能にする。しかし二条大路に面しているどころか、かなり離れていることは明らかである。また後者の意味の二条は、ほんらい中御門大路以南、二条大路以北の街区のことであって、中御門大路の北にある義輝御所は「二条」の範囲外に位置している。

フロイス『日本史』だけが二条と記すのであれば、まちがいとみなしてもよいが、実際には、史料4・5のように、『足利季世記』や『細川両家記』が、つねに「二条」を付して義輝御所を表している点にも留意する必要がある。フロイス『日本史』や『足利季世記』、『細川両家記』などはともに後代に編纂されたものであり、「二条」の表記を重視しないむきもある。しかし、これらの記録は、日記のような意味で同時代史料でないにしても、注目している記述に関してみると、ほぼ同時代に編纂されたといってよく、史料的価値が乏しいわけではない。したがって、当時、相当広範囲の地域が、二条と呼ばれていた事実を示唆するものと理解しておきたい。フロイス『日本史』や『足利季世記』、『細川両家記』の記述は、同じ敷地を踏襲した義昭の城郭を二条城とよぶ理由の一つを示している。後述するように、義昭の城の南限は、中御門大路を越えて春日小路近くにあり、「二条」の範囲に達しているから、この意味で「二条城」の呼称はまちがいではない。

ところで、鈴木進一は『増補大日本地名辞書』「武衛陣址」によって永正五年（一五〇八）足利義稙以来将軍の邸地であるとし、また今谷明は「上古京親町之古地由来記」に依拠して天文十六年（一五四七）に将軍足利義輝が住んだとする。これらについては瀬田勝哉が批判するように、もとの根拠が不明であったり、同時代史料ではなく、信を置くことができない。将軍御所の沿革に関する鈴木充の研究では、将軍邸となったことはない。

要するに、義輝は上御所（室町殿）近辺でもなく、下御所（三条坊門殿）近辺でもない土地に本拠を建設した。ここは将軍御所として先例のない、まったく新しい地域といってよく、[27]しかも上京・下京の「惣構」からも離れた土地であった。

こうした場所が選ばれた理由は、いくつか想像することができる。一つには瀬田勝哉がいうように、義輝が幼時期を過ごした屋敷地であったからかもしれない。[28]また、義輝の母、慶壽院は近衛尚通の娘であり、また義輝の妻も近衛稙家の娘であったから、実家である近衛殿に近いということも理由の一つであるかもしれない（鈴木充はこの敷地を「義輝の妻近衛氏の旧領」とするが、根拠となる史料をあげていない）。[29]しかしながら、それよりもこの立地には、都市軸というべき室町通りに面して拠点を構え、上京と下京を等分に、しかも不即不離に押さえようとする、政治や都市支配などの現実的な意味を推測することもできる。

3　構成と特質

義輝の御所の施設構成は、おおよそ次のようであった。

屋敷地は、堀や石垣、土居で囲まれていた。フロイスは義輝の御殿が深い堀で囲まれていたとしか記さず、また『足利季世記』も「四方ニ深堀」と述べているだけである。史料では堀が一重であったか、あるいは二重であったかも不明であるが、ただ発掘調査によって、近衛大路と烏丸小路の辻から東西に走る堀の跡が検出され、義輝の御所をめぐる堀の遺構と考えられている。[30]この見解に従うと、義輝の城は少なくとも二重の堀と南北二町の規模をもっていたことになる。おそらく東西も二町あったのであろう。

屋敷地には義輝の居住施設のほかに、母の慶壽院、御台、また春日局や側室たちの御殿が営まれ、さらに厩などの施設もあった。東の庭など、いくつかの庭がつくられ、みごとな菊も植えられていた。[31]慶壽院の住む施設は義輝の御所とは別の一郭となっており、そこには前述のように常御所のほかに対面所・小座敷・茶湯所・風呂・蔵・雑舎などがあり、庭もあった[32]。

　義輝の御所には主殿（常御所）をはじめ、対面所・小座敷・御末などがあった。また慶壽院の施設からみて、このほかに茶湯所・風呂・蔵・雑舎などもあったと推定できる[33]。永禄三年（一五六〇）に移徙の祝いを行った常御所には、「御座敷」「御次の間」などがあり、また「常御所と御末の間、ツクリ合マデ大隅持テ参ル[34]」とあるので、御末と接続していたことがわかる。

　公家や武将との対面の場として、ふつうは対面所が用いられたのであろうが、時には常御所や小座敷で対面することもあった。山科言継との対面では、永禄六年正月元日には小座敷が、また同年三月ほか、たびたび常御所が用いられているが、永禄七年十月十八日に常御所で対面が行われたのは、対面所が工事中であったからという[35]。屋敷の出入口として西御門と東御門、裏御門（北門か?）があり、室町通りに面した西御門が正式の入口のようである。言継はそこで義輝に会い、言葉をかけられている[36]。

　また、馬場があった[37]。『言継卿記』に「武家之御馬場にて、来月賀茂へ不出之馬共十四五疋、奉公衆被乗、競馬心有之、申刻也、見物群集所無之」とあるように[38]、多数の人々が「競馬」見物に集まった。また『言継卿記』にみえる「桜之馬場」とは、この馬場のことであろう[39]。後に、桜の馬場は義昭の城の馬場として使用される。

　以上のように、もともと都市支配を意図した義輝の御所は、当代の将軍御所の施設構成に加え、二重の堀や石垣、土居などの要害を備え、「武家の御城」とよばれる状態に達した。「城」と記されるのが廃絶して数年を経た永禄十二年（一五六九）のことであるように[40]、「構」から城郭へという大転換は、永禄七年の冬以降、義輝時代の最末期であった。

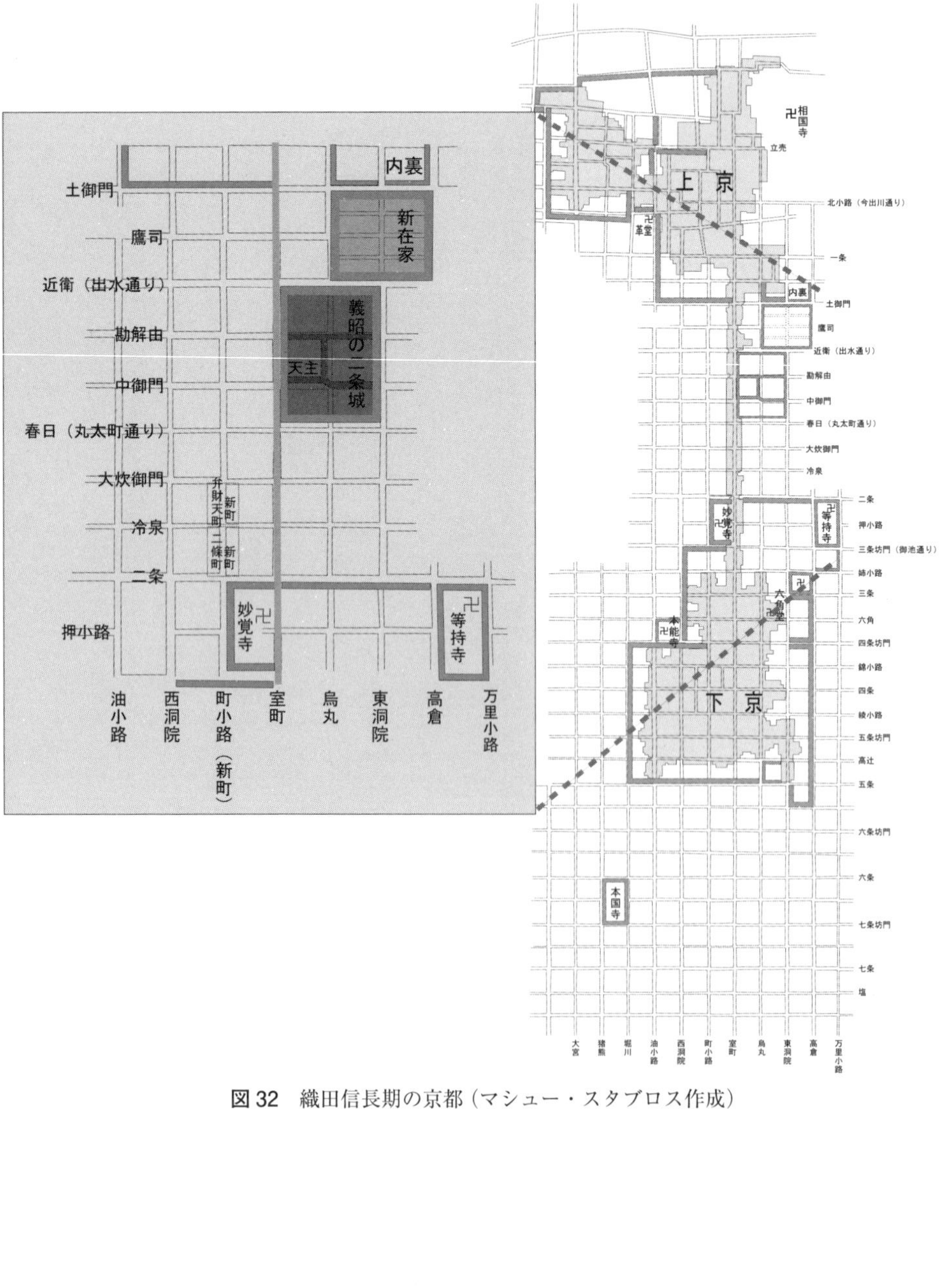

図 32　織田信長期の京都（マシュー・スタブロス作成）

二、天下人信長と「武家の城」

永禄十一年（一五六八）、織田信長は十五代将軍義昭（義輝の弟）を擁立して入京した。義昭は下京にあった法華宗の大寺院、本国寺に入ったが、あくる永禄十二年正月五日、その本国寺が、突然三好三人衆によって取り囲まれるという事件が起きた。この事件をきっかけとして、信長は将軍義昭の本拠の建設に本格的に着手することになった。

義昭の城郭は、これまでの将軍邸とはまったく異なり、京中の平地に建てられた、名実ともに本格的な城郭であり、しかも天主を備えていた。歴史上たいへん重要な城郭であるにもかかわらず、城郭としての特質についての本格的な論考はこれまでほとんどなく、全体像はまだまだ明らかにはなっていない。(41) 史料上の困難は少なくないが、横田冬彦の成果に学びながら、とくに都市史的な観点から、立地と規模に関して再検討を行いたい。

1　建設の経過

義昭の二条城(42)の建設経過をかんたんにみておこう。(43)

永禄十二年（一五六九）正月末、信長は真如堂の堂舎が立っている土地に、元のように義輝の古城を再興し、義昭の御所と城郭にあてることにした。(44) フロイスの書簡によると、信長は今日まで日本において見たことがない新たな城と、はなはだ広大で華麗な宮殿を築こうと決意したという。(45) まず真如堂の二つの大きな堂宇を破壊し、ついで周囲の地所を収用した（規模については後に検討を加える）。

二月二日、将軍の城の建設は西方の「石蔵（石垣）」を積む工事から開始された。七日には早くも高さ四間一尺という西方の石垣のほとんどができており、十九日には西と南の石垣がほぼできあがっていた。三月七日には内の「磊《いしぐら》」（＝石垣〈『文明本節用集』〉）がほとんど完成している。山科言継は工事の速さに驚嘆し、それを「十一ヶ国衆の普請」

表5　義昭の城の立地と規模

		北	南	東	西	規模
A	『大日本地名辞書』(48)	近衛	春日	烏丸	町	3町×2町
B	『京都の歴史4』、『京都市の地名』	勘解由	春日	烏丸	町	2町×2町
C	鈴木進一説	鷹司	中御門	烏丸	町	3町×2町
D	横田冬彦説	近衛	春日	烏丸の東	町の西	3町×2町
E	高橋康夫説	近衛	春日の北	東洞院	室町	3町×2町

注：鷹司小路（下長者町通り）、近衛大路（出水通り）、勘解由小路（下立売通り）、中御門大路（椹木町通り）、春日小路（丸太町通り）、町小路（新町通り）、烏丸小路（烏丸通り）、東洞院大路（東洞院通り）

によるものとみた。その後、十日には南の門櫓を建てあげ、二十八日には西の門櫓が完成した。庭の石も三四百ほど立てている。四月二日には「磊三重」、また南と東南の「だし」（「城の少し外側に作られた堅固な場所」『日葡辞書』）の石垣が完成し、東の「だし」の工事も進み出していた。こうして四月十四日、義昭は新たな城郭に本拠を移した。

工事期間中、信長はみずから鍬を取り、また竹の杖を持ち、陣頭に立って工事の指揮をした。尾張・美濃・伊勢・近江・伊賀・若狭・山城・丹波・摂津・河内・和泉の各国から上洛した十一ヶ国の侍衆が、「自身普請」とか、「自身沙汰」、「十一ヶ国衆普請」とあるように、いわば軍役のようなかたちで建設に従事した(46)。工事現場では、通常二万五千人が働き、少ない時でも一万五千人を数えたという。

こうして少なくとも四、五年は必要とすると思われたものを七十日間で完成したと、フロイスは述べている。移住を早く実現するために、それまで住んでいた六条本国寺にあった坊舎を解体移築して、義昭をはじめ家臣たちの居住施設の多くを建てたという(47)。また、堀や石垣、建築用の石が欠乏していたため、信長が多数の石像を倒し、頸に縄をつけて工事場まで引かせたこともよく知られている。信長の建設工事の特色は、建設と破壊がまさに表裏一体となっていることであった。

2　規模と立地

義昭の城の規模については、いくつもの説がある（表5、ただしEは本章での著者の説）。

『大日本地名辞書』は軍記物や近世の地誌によって、義輝の御所を東北に1町ずつ、また西南に一町ずつ拡張したと考えている。武衛陣跡を勘解由小路南、烏丸西とするので、義昭二条城の東限は東洞院となるはずであるが、なぜか東は烏丸と記す。『京都の歴史4』は、フロイス説を採ったとするが[49]、フロイスの『日本史』や書簡からは規模を二町四方と解することができるだけで、所在地を推定できるような記述はない。

ところで、京都市営地下鉄烏丸線の建設に際して行われた発掘調査によって、新たな資料が加わった[50]。義昭の城の遺構とみられる東西の堀や石垣などが、烏丸通りにおいて四ヶ所――出水通り（近衛大路）・下立売通り（勘解由小路）・椹木町通り（中御門大路）の交差点、および丸太町上ル（春日小路北）の地点――で発見されたのである。『京都市の地名』や鈴木進一、横田冬彦など、近年の見解は、当然のことながらこうした考古学的な知見を参照している。その結果、南北の規模を三町とみる説が定着している。しかし、調査および報告書の刊行が数年次にわたったこと、また遺構そのものの解釈の相違によって、いくつもの説が生じているのが現状である。そこで、まず可能な限り文献史料を活用し、そのうえで考古学の成果にも整合する見解を探ることにしたい。

第一に、義昭の御所が「勘解由小路室町」の地、義輝の城跡に建設されたことは多くの史料からすでに明らかである。また前節において義輝武衛邸の所在地が勘解由小路南・中御門大路北・室町東・烏丸西の方一町であったことを示した。したがって規模を推定するために必要な作業は、義輝の城を拡張したとするいくつかの史料を吟味することである。

最初に取り上げる史料は、宣教師ルイス・フロイスが都から書き送った永禄十二年五月十七日付書翰である[51]。フロイスは、信長から義昭の「城と宮殿」をことごとく見ることを許された。フロイスがみずからの見聞を記した書翰は、第一級の史料といってよい。

前の公方様の殺されたる宮城には、二つの大なる堂宇（真如堂）、建築しありしが、今日まで日本に於て見たることなき城を、此處に築かんと決意せり、（中略）、彼は先づ堂宇を破壊せしめ、四街四方の地所を収容し、（中略）、工事は日本に於ては、嘗て見たることなき石造とするに決せしが、……

「城」を建設するために「四街四方」の地所を収用したというが、この「四街四方」は、東西・南北ともに四つの街、すなわち四町四方を意味するのではなく、四つの町からなる広さ＝二町四方のことである。この点は、『日本史』の同じ箇所の記述が、「三街の面積の（地所）を収用し」[52]とか、「三つの街衢に亙る平地を四角形にとり」[53]と、翻訳されていて明らかである（もちろん、ここでは義輝の御所部分は除かれている）。

要するに、義昭の御所は義輝の敷地をそのまま踏襲し、城郭はまわりの土地三町分を収用して、あわせて二町四方の規模とした、というのがフロイスの説明であった。

次に拡大の方向を検討すると、『細川両家記』には「同二月より二条武衛陣の前の御城構を、東北へひろけ、堀を掘、石蔵をたたみ、御所を立られ、公方様御入城候也」とある。東北へ拡張したことを記す史料は、ほかに『總見記』・『足利季世記』などがあり、共通の資料に依拠して記述されたようである。しかしながら、すでに義輝の城が東と北へ拡張された事実を文献史料や考古学的知見にもとづいて推定しておいたが、そうすると、あらためて東北へ広げたという意味がわからない。義昭のときに南と東と東南の三方に「出し」が構築されたから、あるいは「東南へひろげ」の誤りであるのかもしれない。また『細川家記』のように、東北のみならず、「四方一町広めさせ」たという説を記す史料もある[54]。こうした記述のちがいは、中心部に加え、張り出し部をもった城郭の規模をどう見るかにもよるのであろうが、もともとの典拠史料の質にも依存しているようである。

諸史料を勘案して、次のように考えておきたい。義昭の城郭は、義輝の城跡を中核として東と南へおよそ一町ずつ広げて、東・東南・南の三つの「出し」をつくり、およそ二町四方の規模となった。また義輝時代からの拡張部が少なくとも北と北東にあり、それらを囲い込む素掘りの堀をともなっていた。したがって、東西の範囲はおよそ室町通りと東洞院通りである。また、北は出水通り（近衛大路）、南は丸太町通り（春日小路）の北、に限られ、南北の範囲は、発掘調査の成果に従うと、およそ三九〇メートルとなる。

3　城郭の構成

義昭の新しい城と御所について、フロイスは前述の書簡のなかで次のように記している。

> 外には甚だ大なる堀を造り、之に水を満し、家鴨及び諸種の鳥を入れ、釣橋を架し、石垣の高さ六七プラサ、厚さは各所建築の必要に応じ、六七八プラサなり、三ヶ所に甚だ大なる門を設け、石堡を以て之を防禦し、其内に少しく狭き堀を造り、又遊歩場を設け、一切の設備をなしたり、内部の整備の巧妙にして美麗なること言語に絶せり。[55]

堀

義昭の城には、内外二重の堀があったことがわかる。『言継卿記』のいう「内之磊」、また『原本信長記』に義輝の「御構」の堀を広げ、石垣を両面に高く築き上げたとあるのも、内堀のことを指すのであろう。

ところで、烏丸通りの発掘調査によって、東西方向の堀跡が、出水通り（近衛大路）・下立売通り（勘解由小路）・椹木町通り（中御門大路）の交差点、および丸太町上ル（春日小路北）の四ヵ所の地点で発見されている。報告書によれば、これらはいずれも義昭の堀の遺構と推定されるものであり、下立売通りと椹木町通りの堀が内堀に、また出水通りと丸太町上ルの堀が外堀に比定されている。[56] 内堀は両面に石垣を積み、北側では幅（底部）が約八・五メートルあり、南側では堀が北西から東南へ屈曲するところと推定されている。一方、外堀は北側が八・五メートル以上、南側が幅（底部）約七・二メートルであった。北側の外堀には陸橋部が造られ、両側の堀は暗渠でつながれていた。しかもこの堀は、幅約十メートルの素掘りの堀を利用して構築されていた。すなわち、二条城築城以前に大規模な要害の堀が築かれていたのであり、義輝の御所の堀と考えられている。

門と櫓と天主

門は南、西、東の三ヶ所に設けられ、北の陸橋部にも門の構えがあったと思われる。前述のように、少なくとも西と南は防御のために門の上に櫓をのせた門櫓の形式で[57]、「楯」・「矢蔵」などともよばれた。南の櫓は、義昭がしばしば出向いており、納涼、雑談、物見の場ともなった[58]。

注目すべきは、御所の西南角にそびえたっていた「櫓」・「御矢蔵」・「西之御楯」、そして「天主」などとよばれる三重の櫓である。『言継卿記』元亀元年七月二十二日条に「坤角三重櫓見之、御成之間暫祗候、御雑談被申之」などとあるように、天主にはときどき義昭の御成があって、公家などとの対面や雑談、また町衆の踊りの見物に用いられた[59]。

元亀二年（一五七一）七月、洛中洛外の人々は貴賤を問わず、風流踊りに熱狂した。『言継卿記』や「元亀二年記」によると、上京中やそれに対抗する下京の町々の踊りの主な舞台となったのは、伏見殿の門前や桜馬場、そして武家の御城の「天主」と南櫓の前であった。将軍や公家たちは高層建築である天主や櫓から祭礼をながめ、楽しんだ。「元亀二年記」の七月二十四日条には「当町若衆躍興行、（中略……躍った場所を列挙して）、櫓南之前、天主之前、」とあるが[60]、第一次史料というべき同時代の確かな記録に現われた、「天主」の初めての例として重要である。

義昭の城の天主はいったいいつ造られたのであろうか。前述のように、山科言継は元亀元年七月に三重櫓をみている。このときすでに西南角の三重櫓＝天主ができていたが、しかし久しぶりに義昭を訪れた言継が見物していることからすると、竣工してそれほど時間が経っていなかったのかもしれない。城の建設工事が始まったころに積まれた高さ四間一尺もあるという西・南の石垣は、あるいはこの三重の櫓＝天主を構築するための基礎、いわゆる天主台ではなかったかとも思われる。

御殿

移徙の後も本格的な殿舎をめざして新造工事が続けられた。本丸には御殿としてしばしば対面にも用いられた常御所や奥御殿が立てられたが、(61)義昭の生活空間には、こうした御殿群に加えて、前述のように天主や南櫓も含まれていた。この意味で義昭ははじめて近世的な城郭に住んだ将軍ということができよう。

また御所の庭も、細川邸の有名な「藤戸石」を三四千人の人夫が笛鼓で囃ながら運び込むなどして造られた(62)。

城内の屋敷

城内に家臣たちの住居がどのように配置されていたのかはまったく不明である。しかし、聖光坊なる人物が夫婦で住む家もあった事実には注目してよい。『言継卿記』によると、「今夜於武家御城内聖光坊女敵討」とあり(63)、また『兼見卿記』にも「武家御屋敷之内ニ令正光坊居宅、今夜彼妻女嫁田村与」とある(64)。城内の家に帰った聖光坊が妻女の浮気の現場に出くわし、そこで相手の田村に殺害されてしまったというのである。「武家御城内」とか「武家御屋敷之内」は、義昭の御殿群の一郭を指すのではなく、聖光坊の住居は内堀と外堀のあいだにあったと考えてまちがいあるまい。

桜の馬場

『原本信長記』によると、義昭の居城を建設するにあたって馬場に桜を植え、それにちなんで「桜馬場」と号したという。しかし、桜の馬場とよばれる馬場は、『言継卿記』永禄九年（一五六六）十二月二十八日条に「桜馬場武家之御堀之様見物了」とあり、義昭の城郭建設以前から存在した。しかもそれは義輝の城に関連する施設であった。義輝の城の廃絶後も、桜の馬場は馬を責めるのに使われ、酒宴の場となるなど、開放された広場であっていた(65)。

義昭の時代の桜の馬場では、義昭が馬を責め、また三河徳川家の内衆が二万人の見物人を前に乗馬を披露し、戦いがあった後には首実検の場ともなった(66)。興味深いのは、山科言継など公家衆が月下に納涼していることであろう(67)。もっとも華麗で、しかも賑やかであったのは、元亀二年（一五七一）七月、盛大な踊りが行われたときである。前述のように、桜の馬場は伏見殿門前や将軍の城の櫓と天主の前などと並ぶ踊りの空間となり、上京の町々の踊りはもちろん、奉公衆の踊りも繰り広げられた。見物の人々は十余万人に及んだという(68)。

桜の馬場は、たんに将軍の城に付属する馬場ではなく、納涼や祭礼など都市住民の遊楽の場ともなっており、広場といってもよい空間であったらしい。その所在については不明であるが、近世の町名から敢えて推測すると、近衛烏丸南の「桜の馬場町」を含む地域、近衛の南、勘解由小路の北、室町の東、東洞院の西の範囲に位置したのであろう。

周辺の武家屋敷

『原本信長記』に「諸侯之御衆、御構の前後左右に思々の御普請、歴々甍を並刷御安座」とあるが、諸大名の屋敷が義昭の城の周囲に建設されたかどうかは不明である。

他方、『言継卿記』永禄十二年四月二日条に「此方の近衛の敷地悉く奉公衆の屋敷に成り了んぬ」とあるように、城郭の周囲に将軍に仕える武士たちの屋敷地が計画、形成された。『老人雑話』に「家中の武士ハ、面々に屋敷を構へよとの事なれは、本国寺の宿坊をミな引取て家居とせり」とあり、また『当代記』に本国寺の坊などの建物が近習の衆の私宅として移築されたとあるのも、同じ状況を述べているのであろう。

このように将軍の本拠地周辺に奉公衆屋敷をおいた先例として、室町幕府六代将軍足利義教が室町殿近辺の土地を収用して奉公衆屋敷を配置し、また八代義政がその居住した烏丸殿の周辺の土地を没収して、奉公衆屋敷地を開発したことがあげられる。将軍御所＝政庁の移転にともなって必要不可欠な措置なのであった。

奉公衆屋敷地の全体規模は不明であるが、北と南を上京と下京の要害にはさまれているから、城の四周およそ三町の範囲が武家屋敷地に設定されたとみて大過あるまい。

ところで、『言継卿記』永禄十三年十月八日条に「於春日町新在家言注房酒振舞之」と記されているのが注目される。「春日町」が町名ではなく、春日小路と町小路の交わる辻とすると、この辺りは、以前は洛中洛外図屛風にみられるように人のそれほど住まない空地・荒地であったが、城ができて間もないこのころには新在家とよばれる新興地となっていたのである。これは城の周辺において市街化が進んでいたことを示唆している。

4　城の破壊

かつては父とも仰いだ信長との関係がもはや修復不可能になった元亀四年（一五七三）、義昭は城中の堀普請、また天主の壁の普請などを吉田郷に命じた。[69] 戦闘に備えて防御を強化しようとしたものであるが、しかし三月二十三日に兵を挙げて失敗し、七月三日、よぎなく京の城を出た。城および御殿は「洛中洛外取り次第なり」と、略奪、破壊された。[70]

義昭の御殿と城郭の跡はしだいに荒廃した。義昭が没落して数年が経過した天正四年（一五七六）九月、残っていた「西之御楯」や南門、東門などがあいついで解体され、安土城の建設が始まっていた安土へ引かれていった。[71] 京の人々も石垣の石や庭木を持ち去った。[72]

信長には自身の京都における拠点として将軍の城跡を使うつもりはまったくなく、これによって城跡はいっそう廃墟と化したかのようにみえる。しかし建物の解体移築には城跡を市街化する意味もあったようである。同じ天正四年の十月、信長が上京町衆に「御城之二之堀」（外堀のことであろう）を埋めさせたのは、[73] ふたたび城郭として利用されることを防ぐとともに、市街化政策の一環としての意味があろう。『老人雑話』は、「いまの武衛陣、東カハ石垣也、西かわハ町屋也」と、かなり後まで石垣が残存したことなど、復興期の町の姿を伝えている。

城郭の跡に形成された町々は、義輝や義昭の時代の状況にちなんだ町名を付けた。近世初頭の「洛中洛外地図屛風」

や『洛中絵図』をみると、勘解由小路室町の南に「武衛陣町」、その南に「大門町」、また近衛烏丸の南に「桜の馬場町」、その南に「堀の内町」があり、往時の姿をうかがいみることができる。

三、「武家の城」の歴史的意義

永禄十二年（一五六九）に竣工した二条城は、将軍義昭のために、実質的に信長が采配を振るって築城したものである。この義昭の城は、元亀元年（一五七〇）には三重の「天主」が完成しており、「天主」を備えた最初の平城となった。高層の櫓を築いた城郭の早い例は、永禄年間（一五五八〜七〇）に建設された松永久秀の奈良・多聞山城で、平山城に四階の櫓がたっていた。本格的な「天主」をもつ最初の城郭が、天正四年（一五七六）に建設が始まった信長の安土城であり、平山城に屋根五重の天主が空高くそびえたっていた。

近世的な城郭の先駆として、義昭の城のもつ意義は大きい。その特色として、（1）洛中に立地する平城であること、（2）二重の堀をもつこと、（3）石垣を多用して要害をつくったこと、（4）天主を備えていること、（5）天主を備えた郭（本丸）と、門櫓を構えたいくつかの「出し」＝外郭から構成されていること、（6）城内には家臣が家族居住する屋敷があったこと、（7）大手門というべき西門櫓が中心街路である室町通りに面していた、城と町の関係でいうと、より近世的な「横町」型の形態をとっていたこと、などをあげることができよう。「十一ヶ国衆の普請」といわれた工事形態も注目してよい。

こうした特色のなかで、（1）洛中に立地する平城であること、（2）二重の堀をもつこと、（3）石垣を用いて要害をつくったこと、などは、すでに義輝の城にもみられたものである。基本的な骨格、あるいは原型は、明らかに義輝の城を踏襲したといえよう。また特色の（4）と（5）はおそらく信長の創意によるものであろう。これらの特色の多くが、豊臣秀吉の聚楽第と徳川家康の二条城に受け継がれている。

ところで、本章における主要な成果は、義昭の城の所在地について新たな説を提出したことである。すなわち、義昭の城、いわゆる旧二条城は、北は近衛、南は春日の北、東は東洞院、西は室町を限り、およそ南北三町・東西二町の規模を有していたと考えている。

当時、室町通りは上京と下京を結ぶ幹線道路であったが、これまでの諸説では、義昭の城郭の建設によって室町通りのおよそ三町ほどが城内に取り込まれ、その結果、都市軸としての通行機能が阻害されたことになる。筆者もかつてはそのように考えていたが[74]、上述の検討作業を通じて、そうではなく、都市軸である室町通りに正面を向けて立地していたと考えるにいたった。この結論がもたらす都市史的な意義をあらためて述べておきたい。

義昭の城は、上京の南端である内裏の南築地から南へ二町、下京の北端である二条から北へ三町にあたり、上京と下京のほぼ中間、しかも室町の通りに面して立地した。一五七〇年代の京都は、二条城と武家屋敷地の建設によって、上京と下京の集落が一体化し、室町時代と同様の都市空間形態になったようにみえる。しかし、これは室町時代と同じ空間構造に戻ったというわけではない。権力拠点である二条城を核として、その廻りに武家屋敷地を配し、さらにその外に町場を含む市街地を付属させる都市空間のありかたは、市街地のなかに武家地が点在する中世的状況とは明らかに異なっている。書院造形成期の住宅である室町殿と、天主をもつ城郭である二条城のちがいはいうまでもない。

当時の上京は、公武寺社権門に従属した商工業者が数多く居住する地域であり、またこれに対して下京は、市町的といえるような町場であった。それぞれに特徴をもっているが、いずれも市町や寺院などを有する複合的な、二つの大規模な集落であった。信長は、分散的・二極的な地域集落であったこの上京と下京を、城と城下の建設によって一元化、統合したのである。中世的都市空間の止揚、近世的な都市空間への再編とみなければならないが、近世初期城下町に多い「竪町」型ではなく、より新しい傾向の「横町」型の立地であったところに先駆的かつ画期的な意味を認めることができる。

注

（1）高橋康夫「「京の城」の歴史」（『二条城』、学習研究社、一九九六年五月）。
（2）義輝の御所に言及した主な論考として以下のものがある。鈴木充『日本中世都市建築の研究』私家版、一九六五年。鈴木進一「二条城と二条御所」（『国学院雑誌』第八十巻一号、一九七九年一月）。瀬田勝哉「公方の構想」（『洛中洛外の群像』、平凡社、一九九四年）。横田冬彦「城郭と権威」（『日本通史　第11巻　近世1』、岩波書店、一九九三年）。
（3）『目代日記』永禄二年八月一日条、「ふ永（武衛）之跡ニ公方しゆてん（主殿）被申候」（同三日条）。
（4）『言継卿記』永禄三年二月二十四日条。
（5）『目代日記』永禄二年八月一日条。
（6）『御湯殿上日記』同年十一月三日条。
（7）『厳助往年記』同年十一月条。
（8）『言継卿記』永禄三年二月二十四日条。
（9）『伊勢貞助記』〈『後鑑』同日条、所収〉、『御湯殿上日記』同日条。
（10）『御湯殿上日記』永禄四年八月十九日条。
（11）『厳助往年記』永禄六年二月四日条。
（12）『足利季世記』に「永禄七年冬ノ初メヨリ京公方室町殿御殿御造作アリ。攝州上下郡エ棟別課役カヽリ一家ニ金子二歩ツヽ可出ト責ラルヽ。（中略）乱後の大営ナレハ、畿内迷惑大カタナラス」とあり、これにより『史料綜覧』巻十は「新第ヲ室町ニ営ム」とするが、これは武衛御所の大改造と見るべきである。
（13）「石垣に同じ、石でつくった垣または塀」〈『邦訳日葡辞書』、岩波書店、一九九五年〉。
（14）『言継卿記』永禄七年十月二十六日条。
（15）『兼右卿記』永禄八年二月十日条。
（16）『言継卿記』永禄七年十月十八日条。

（17）『言継卿記』永禄七年十二月十六日条。
（18）フロイス『日本史』第十八章。
（19）『足利季世記』。『言継卿記』永禄十年二月十日条に「四方土居」とあって、「土居」が完成していたことがわかる。
（20）『言継卿記』同日条。
（21）『御湯殿上日記』。
（22）『言継卿記』永禄八年七月九日条。
（23）『言継卿記』永禄十年二月十日、五月十七日、十九日、二十日、二十一日条。
（24）横田冬彦前掲論文。
（25）赤松俊秀『京都府寺史考』、一九六二年。
（26）『後鑑』永禄三年六月十九日条所収。
（27）鈴木進一前掲論文は、『増補大日本地名辞書』の「武衛陣址」によって、永正五年（一五〇八）足利義稙以来将軍の邸地となっているとする。また、今谷明『京都一五四七年』（一九八八年、平凡社）二八頁・四一頁は、「上古京親町之古地由来記」に依拠して、天文十六年（一五四七）に将軍足利義輝が住んだとする。
　これらについては瀬田勝哉前掲論文が批判するように、もとの根拠が不明であったり、同時代史料ではなく、信を置くことができない。なお、室町将軍御所の沿革について検討した鈴木充前掲書によると、将軍邸となったことはないようである。
（28）瀬田勝哉前掲論文。
（29）鈴木充前掲書一一九頁。
（30）京都市高速鉄道烏丸線内遺跡調査会『平安京関係遺跡調査概報』一九七五年。京都市高速鉄道烏丸線内遺跡調査会『京都市高速鉄道烏丸線内遺跡調査年報』一・二・三、一九七九・八〇・八一年。
（31）『言継卿記』永禄七年六月四日、九月十八日条。フロイス『日本史』第十九章。
（32）『言継卿記』永禄六年三月一日条。
（33）慶壽院の住む施設は、義輝の御所とは別の一郭となっていた。そこには常御所があり、ほかに対面所・小座敷・茶湯所・風呂・蔵・雑舎などがあり、庭もあった（『言継卿記』永禄六年三月一日、永禄八年七月九日条）。
（34）『伊勢貞助記』同前。
（35）『言継卿記』永禄六年正月一日条、三月一日、永禄七年五月二十二日、十月十八日条。

(36)『言継卿記』永禄七年六月四日、十月二十六日条。
(37)『言継卿記』永禄六年二月十四日、永禄七年四月二十四日条。同記永禄十年二月二十八日条にみえる「桜之馬場」は、この馬場のことであろう。後に、この桜の馬場は義昭の城の馬場として使用される。
(38)『言継卿記』永禄七年四月二十四日条。
(39)『言継卿記』永禄十年二月二十八日条。
(40)「勘解由小路室町真如堂光源院（義輝）御古城」、「勘解由小路室町真如堂、如元武家御城に近日普請云々」（『言継卿記』永禄十二年正月二十七日、二月二日条）。
(41)鈴木進一・横田冬彦前掲論文。鈴木進一は、義昭の二条城の位置について論及しているが、その結論には検討の余地がある。横田冬彦は、義昭御所の位置、沿革、構造について概要を記述し、「あらためて寺院要害や旧義輝御所などから義昭御所、聚楽城にいたる平城型城郭の独自な発展過程を考える必要がある」と指摘している。
(42)義昭の城は、よく旧二条城とか、あるいは二条第とも呼ばれる。いずれも当時の呼称ではないが、便宜上、二条城という表記も用いることにしたい。
(43)義昭二条城の建設については、『大日本史料』第十編之二、永禄十二年二月二日、四月十四日条に関連史料が収録されている。
(44)「勘解由小路室町真如堂光源院（義輝）御古城又御再興」（『言継卿記』永禄十二年正月二十七日条）。「真如堂当屋敷如元被立御殿」、山城真如堂宛信長朱印状『真正極楽寺文書』永禄十二年正月二十六日付、奥野高広『織田信長文書の研究』（一九六九年、吉川弘文館）147号。「光源院殿御座所御跡〈勘解由小路（室町脱カ）東頬〉事、雖被寄付当堂、重被立御殿」、永禄十二年二月二十日付奉行人奉書（『真如堂遺文』、赤松俊秀『京都寺史考』一九六二）
(45)『日本耶蘇会年報』（『大日本史料』）
(46)「十ヶ国計諸侍共也」（『言継卿記』同年二月十四日条、三月七日条）、「普請ノ様、人夫数万侍衆自身沙汰之」（『多聞院日記』同年二月二十八日条）。
(47)「去年義秋、御所ノ六条本国寺寺中坊共、不残近衛ノ御所江被運送」（『当代記』）。
(48)吉田東伍『大日本地名辞書』（明治三十三年、一九〇〇）「二条城址」。『大日本地名辞書』では軍記物や近世の地誌によって、義輝の御所を東北に一町ずつ、また西南に一町ずつ拡張したと考えている。武衛陣跡を勘解由小路南、烏丸西と記しているので、そうすると、義昭二条城の東限は東洞院となるはずであるが、なぜか東は烏丸と記している。
(49)同書五三頁。

(50) 京都市高速鉄道烏丸線内遺跡調査会『平安京関係遺跡調査概報』一九七五年。京都市高速鉄道烏丸線内遺跡調査会『京都市高速鉄道烏丸線内遺跡調査年報』一・二・三、一九七九・八〇・八一年。玉村登志夫「発掘が語る信長二条城」(『二条城』)、一九九六年五月。
(51) 『耶蘇会士日本通信』一五六九年六月一日(永禄十二年五月十七日)ルイス・フロイス書簡。
(52) 松田毅一・川崎桃太訳『フロイス　日本史　4』(中央公論社、一九七八年)、第三二章に義昭の城に関する記述がある。以下同じ。
(53) フロイス『日本史』の『大日本史料』所収翻訳文による。
(54) 『大日本史料』第十編之二、永禄十二年二月二日条。
(55) 『耶蘇会士日本通信』一五六九年六月一日(永禄十二年五月十七日)ルイス・フロイス書簡。フロイス『日本史』では「彼は吊り上げ橋がある非常に大きく美しい堀を造り、その中に種々の多数の大小の鳥を入れた。彼はそこ(堀)に三つの広大でよくしつらえた入口を設け、その見張り所と砦を築いた。そして内部には第二のより狭い堀があり、その後にははなはだ完全に作られた非常に美しく広い中庭があった」となっている。
(56) 京都市高速鉄道烏丸線内遺跡調査会『平安京関係遺跡調査概報』一九七五年。京都市高速鉄道烏丸線内遺跡調査会『京都市高速鉄道烏丸線内遺跡調査年報』一・二・三、一九七九・八〇・八一年。玉村登志夫「発掘が語る信長二条城」(『二条城』)、一九九六年五月。
(57) 「南御門昨日建、櫓揚之」(『言継卿記』永禄十二年三月十一日条)、「西之門矢蔵取立之」(『言継卿記』永禄十二年三月二十八日条)、「昨日南之御門、今日東之御門崩之、江州安土へ引之」(『言継卿記』天正四年九月二十四日条)。東門については櫓をあげたことを示す史料はないが、西と南と同じ形式と推定される。
(58) 『言継卿記』に、「南之楯に御座也」(永禄十二年閏五月三日条)、「南之矢蔵に御座納涼、御雑談共被移刻」(永禄十二年閏五月二十一日条)、「南之楯へ御成、御側に候見物之」(元亀二年七月二十五日条)、「西之御楯江州へ被引之」(天正四年九月十三日条)などとある。
(59) 「久不参間、武家へ参、坤(南西)角三重櫓見之、御成之間暫祇候、御雑談被申之、」(『言継卿記』元亀元年七月二十二日条)、「当町若衆躍興行、(躍った場所を列挙して)櫓(南)之前、天主之前、」(「元亀二年記」七月二十四日条、『大日本史料』元亀二年七月二十五日条)、「巳刻参武家、下京衆四鼻(花)有之、……於御矢蔵見物申、……於常御所御盃参、」(『言継卿記』元亀二年七月二十九日条)。
(60) 『大日本史料』第十編之二、元亀二年七月二十五日条。
(61) 「於新造(常脱カ)御所御対面」(『言継卿記』永禄十二年七月一日条)、「於御新造常御所御対面」(『言継卿記』元亀二年正月二十五日条）、「於奥御殿御対面」（『兼見卿記』元亀四年四月九日条）ほか。

(62) 「細川右馬頭庭之藤戸石、織弾三四千人にて引之、笛鼓にて囃之、勘解由小路室町迄、日暮之間御堀之内へは不入云々、見物了、驚目者也」『言継卿記』永禄十二年三月三日条。

(63) 同記、元亀二年正月二十五日条。

(64) 同記、元亀二年正月二十六日条。

(65) 『言継卿記』永禄十年二月二十八日、十二月六日条。

(66) 「於武家桜御馬場三川徳川之内衆馬共被乗、被御覧、予同祗候、五十疋、逸馬鞍具足以下驚目者也、見物之貴賤二万計有之、」（『言継卿記』永禄十三年三月十七日条）、「於桜馬場大樹被責御馬」（『兼見卿記』元亀元年十一月十五日条）、「去四日於和州合戦有之、……今日首二百四十武家へ参云々、桜御馬場に有之、見物群集云々、随分之首共云々、」『言継卿記』元亀二年八月七日条。

(67) 「月下於桜馬場納涼」（『言継卿記』元亀元年七月九日条）。

(68) 『大日本史料』元亀二年七月二十五日条。

(69) 『兼見卿記』元亀四年の関連記事をあげると、「自武家御所被仰出而云、御城中堀二間可申付之旨、奉行人七人折紙到来」（二月十七日条）、「武家御所御普請之事又被仰出之間」（四月二十日条）、「御普請、召連人足祗候了、天主壁之義也、二方請取、今日急出来了、」（四月二十一日条）、「武家御所御普請之義又被仰出了、即罷出、奉行衆へ相尋之処、堀之義也、大方請取了」（四月二十八日条）。

(70) 『兼見卿記』、「御城之内乱妨、即時破却云々、」（七月十二日条）、「御城御殿等、洛中洛外取次第也、当所者堅申付不出一人、」（七月十三日条）。

(71) 『言継卿記』「公方西之御楯（櫓）江州へ被引之、」（九月十三日条）、「武家御城之内桃木廿本計令堀（掘）之、此方之土居ニ栽之、昨日南之御門、今日東之御門崩之、江州安土へ引之、石共弥方々取之云々、」（九月二十四日条）。

(72) 「武家古城見物ニ罷向了、石カキノ石諸人取了」（『言経卿記』天正四年九月十四日条）、「武家御旧跡御庭等見度之由被申間、令同道見物了、予今朝見之、石垣之石共方々へ雑人取之、」（『言継卿記』天正四年九月十八日条）。

(73) 「公方之御城之二之堀上京衆ニ申付埋之、」（『言継卿記』天正四年十月二十五日条）。

(74) 高橋康夫「中・近世都市の空間と構造」（『関西近世考古学研究　Ⅲ』、関西近世考古学研究会、一九九二年）。

第六章　豊臣秀吉の「王都」

前章では織田信長による近世都市への転換ともいうべき京都の再編について検討したが、戦国期の内乱を統一した「天下人」・「武家関白」豊臣秀吉は、信長の構想や上京・下京の統合後の市街発展を承けて、どのような「王都」＝「首都」を構想し、建設したのであろうか。

天下人豊臣秀吉がその権力拠点として京都・伏見・大坂の都市大造営を行ったことはよく知られている。それらの「王都」ないし「首都」の構想、とくに〈京都首都構想〉とその都市計画を検討することが本章の中心的な課題である。その理由の一つは、後述するように京都が秀吉の政権構想と深く結びついた首都の一つの典型を示していること、京都における政治・行政・経済・文化・宗教などの中枢管理機能の配置に政権構想の一端がうかがえることである。また京都・伏見・大坂のいずれにも大城郭・大名屋敷（武家権力の拠点）と町人地が新規に大規模建設されたが、それらのうち京都においてのみ内裏と公家町、大寺社、上京・下京の旧市街地などとの共存を計りながら換骨奪胎というべき大規模な都市改造を実施していること、すなわち京都の近世都市化の視点からも興味深いからでもある。

首都：①国を統治する政治・行政機能（機関）の存在する都市が首都である。統治のありようや首都機能の分担などにより首都は二つ以上になることがある（京・鎌倉、京・伏見、京・江戸）。②首都は統治にかかわる機能に加え、経済・交通・文化・宗教などの中枢管理機能を併せもつことが一般的である（平安京・京都）。一般的な首都にたいして、とくに政治・行政機能に重点を置く首都（秀吉・家康の伏見や初期江戸など）を「首都」と表記する（「王都」と重なることがある）。

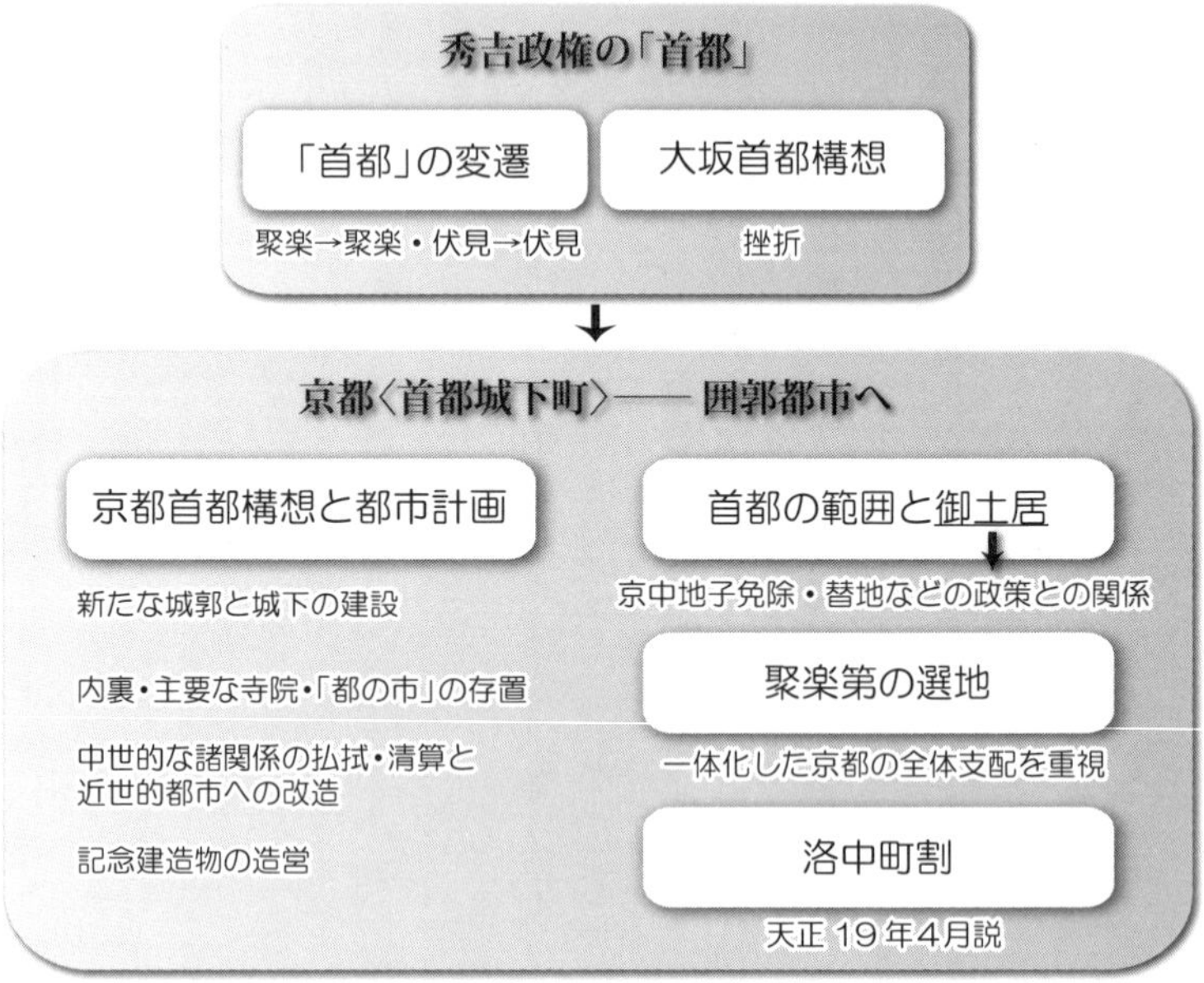

図 33　本章の論点

そこで、第一節「秀吉の政権構想と「首都」」は、先行研究に拠りつつ秀吉の政権構想とその変遷のなかに首都京都を位置づける。つぎに第二節「京都〈首都城下町〉の大造営」は、いわゆる京都改造についての諸説を踏まえて、都市空間と都市計画の視点から秀吉による〈首都城下町〉京都の構想と計画、建設、すなわち近世首都空間システム（聚楽第レジーム）の確立過程の問題点を再検討する。なお、第一部Ⅰの小結において、本書の視点から秀吉と義満の「王都」の都市史的な位置づけを整理、総括したい。

惣構（御土居）：「御土居」とは天正十九年（一五九一）に豊臣秀吉が京都の周囲に構築した要害である。正月に人夫の徴発があり、閏正月に堀の掘削が始まり、翌二月には過半ができあがったという。五月には秀吉が「堤」を検分しているので、全体がほぼ完成していたのであろう。猛烈な突貫工事であったようである。

御土居は総延長が二二・五キロメートルに及ぶ長大なもので、東は鴨川の西岸、北は上賀茂から鷹ヶ峰、西は紙屋川に沿って南下し、西の京の辺りから屈曲して東に寄り、千本通り（朱雀大路）の西や東を下って、南は東寺を囲む。御土居には竹が植えられていた。

土居という言葉は、寛永十四年（一六三七）の地図『洛中絵図』にみえるが、当初から「土居」ないし「御土居」と呼ばれていたかどうかはわからない。当時の史料には、「堤」・「山城の（内）堤」・「京廻りの堤」、「洛外ニ堀」と記され、堤防や要害、また山城・京・洛外などと理解が分かれていたらしいが、これは御土居の機能が、鴨川の水害を防止する堤防、戦乱に際しての要害、洛中洛外を隔てる境界装置など、多様であったことを示すものであろう。

ヨーロッパ人宣教師フロイスは、いかにもヨーロッパ人らしく、都市の「城壁」とみていたようであり、「都の町の周囲をことごとく堡塁と濠を有する高い城壁で取り囲み、町の装飾となり美観を添えしめるために、その上に繁茂した樹木を植えさせた」といっている。戦乱に際しての要害、洛中洛外を隔てる境界装置など、多様であったことを示すものであろう。

一、秀吉の政権構想と「首都」

1　秀吉政権と「首都」の変遷

ここでは既往の京都（復興）論や城下町論にとらわれることなく、秀吉政権の変化から首都京都を位置づけることを考える。

豊臣秀吉は、内田九州男が明らかにしたように大坂城の造営に着手したばかりの天正十一年（一五八三）九月（関白任官のおよそ二年前）の段階で、早くも大坂首都構想（大坂遷都構想）を推進していた。[1] 朝尾直弘は秀吉の京都改造がその政権構想と密接に関わっていることを指摘し、[2] その後、杉森哲也は政権構想と京都の歴史過程、都市計画、京都改造などとの関係を詳細に検討した。[3] 横田冬彦は秀吉政権の変化とその「首都」――天下人秀吉の城郭を中心として全国の大名屋敷が集結する武家権力の拠点――の建設と移動を論じている。[4]

朝尾と杉森、横田らの研究に拠りつつ、天正十一年（一五八三）から慶長三年（一五九八）に至る秀吉政権とその首都の変遷について時期を区分し、その概要を記すと次のようになろう。[5]

秀吉政権初期

Ⅰ期――天正十一年九月京都妙顕寺城と大坂城の築城　**大坂首都構想**

秀吉政権前期

Ⅱ期――天正十三年～同十八年　天皇・武家関白政権　**首都京都創出期**

天正十四年二月内野に聚楽第の建設開始→武家関白の洛外権力拠点

天正十六年四月聚楽第へ後陽成天皇行幸

Ⅲ期――天正十八年～同十九年　天下統一　京都改造　**首都京都完成期**

天正十九年　御土居（惣構堀）完成　聚楽第は武家関白の洛中権力拠点

秀吉政権中期　文禄の役

Ⅳ期――天正十九年十二月関白秀次　天下人大閤・天皇・武家関白政権　**首都京都**

天正二十年正月聚楽第行幸　五月秀吉二十五箇条覚書〈**北京・京都首都構想**〉

八月伏見に大閤「隠居城」の建設開始→大閤の洛外権力拠点

文禄二年八月秀頼誕生　閏九月秀吉伏見城に移る。諸大名屋敷と城下の建設

Ⅴ期――文禄三年正月伏見城拡張

八月秀吉移徙　十一月秀頼移徙　「**首都**」**京都・伏見**

文禄四年七月秀次粛正、天皇・武家関白政権の中断（停止）　聚楽第破却

秀吉政権後期　慶長の役

Ⅵ期――文禄四年七月天下人大閤政権　諸大名京屋敷の伏見移転　「**首都**」**伏見**

文禄五年閏七月大地震　伏見城倒壊　伏見木幡山に伏見城を再建

Ⅶ期――後嗣秀頼への政権移譲の方向を試行錯誤

慶長二年正月京都新城計画　四月計画変更、京都新城「秀頼卿の御城」建設

五月秀吉と秀頼が伏見新城へ移徙

九月秀吉と秀頼が京都新城へ移徙(6)

慶長二年二月伏見城増強工事

慶長三年六月大坂城三の丸を拡張し諸大名伏見屋敷移転を予定　**大坂首都構想**

七月頃五大老・五奉行合議体制

秀吉没後　**慶長三年八月**

慶長四年正月遺言により秀頼は豊臣「家」の大坂城、家康は「公儀」の伏見城

九月家康、大坂城西の丸へ。諸大名屋敷の大坂移転　「**首都**」**大坂**

家康政権　**慶長五年九月**　**関ヶ原戦後**

慶長六年三月天下人家康、再建伏見城に入る　諸大名屋敷も伏見へ

慶長八年二月家康、伏見城で将軍宣下　「首都」江戸の建設

秀吉は、①信長の後継者として〈首都大坂〉を構想し、②武家関白の首都として京都を大改造し、③天下人大閤の「首都」として伏見を建設し、ついで④秀頼のために大坂を「首都」とする意向を示したと要約できよう。以下、秀吉の首都の変遷について留意すべき点を二、三記しておこう。

一　秀吉の描いた二つの〈大坂首都構想〉がともに挫折し、壮大な首都京都〈聚楽・伏見〉が実現したことは秀吉の権勢の興隆・衰退と強く関係している。秀吉政権ないし武家政権の理想、達成点を如実に示している首都は政権絶頂期の京都〈聚楽・伏見〉であるといえよう。

二　横田冬彦は「天下人の「家中」と諸大名の「公儀」とが一体化した武家国家の首都が、江戸において確立したことを指摘しつつ、「豊臣政権の首都は、むしろ聚楽　↓　伏見　↓　大坂という変遷をたどったというところに、その特質がある」という(7)。

この首都の変遷とは秀吉の首都の核心をなす都市要素――天下人秀吉の城郭（天下支配の城）と大名屋敷群（武家町）、すなわち武家権力の拠点――の建設と移動にほかならない。

三　諸大名の伏見居住が「在京」と表記されたことが示すように(8)、当時、伏見は京都に含まれると考えられていた。御土居に囲まれた洛中そして惣構をもつ伏見城下町の出現にもかかわらず、伝統的な洛中洛外観・京都観は変化していなかったのである。このような京都観からすると、伏見を首都として評価するのは、京都や伏見を独立の都市としてみてしまう見かたが出すぎているようにも思われる。伏見は京都なのであり、したがって首都京都における秀吉政権の権力拠点が〈聚楽　↓　聚楽・伏見　↓　伏見〉という変遷をたどったと考えたほうがよいのかも

しれない。

京と伏見の関係をこのように捉えるなら、言いかえると「京・白河」と同じように位置づけるとするならば、「首都」伏見に対する「首都」京の統治機能や首都機能をあらためて検討することが必要である。

そこでまず秀吉の首都構想の原点というべき大坂首都構想を考えることから始め、ついで第二節において首都京都の計画と建設について再検討を行うこととしたい。

2　大坂首都構想

前述のように、豊臣秀吉は京都の妙顕寺城や大坂城の造営に着手した天正十一年（一五八三）九月ころには大坂首都構想（大坂遷都構想）を画策していた。徳川家康の家臣本多忠勝の九月十五日付書状に「只今は大坂ニ普請仕られ候、来春は京都をも大坂に引き取るべきの由候」とあり(9)、京都から大坂への遷都が計画されていたことがわかる。

イエズス会士ルイス・フロイスの報告などによって内田九州男は秀吉の「城下構想」を、大坂城の築造、諸大名屋敷の建設、内裏の移転、五山並びに都の主要な寺院の移転(10)、セミナリヨ（神学校）の建設、繁栄する巨大な市の建設、と要約している(11)。ただ、これは秀吉の大坂城下の構想として整理されたものであって、秀吉の首都計画・遷都構想の核心について考えるときには検討の余地が残されている。史料に記載された「都の市」の移転計画（後述）を省略することは合理的とはいえないし、同様に「都の主要な寺院」の移転なのか、「京都の寺院」すべての移転なのかも大きな違いであろう。またセミナリヨ（神学校）などキリシタン関連施設の建設が不可欠なものかどうかも考えるべきではないか。

そこでルイス・フロイスの報告と書簡を見直してみることにしよう（引用に際して適宜、改行を施した(12)）。

フロイス報告、天正十一年十一月三十日付
・堺から三里の、都への途上にある大坂と称する所に（中略）新しい宮殿と城、ならびに都市を建て、（中略）
・他の諸国の領主たちには城の周囲に非常に大きな邸宅を建てることを命じた、（中略）
・聞くところによれば、日本の王たる内裏と都の主要寺院、そして（都の）市（まち）そのものをも己れの宮殿を築くこの地に移転することを命じたとのことである。（中略）
・（秀吉が――引用者注）司祭たちに教会を建てさせる心積りであることは間違いなく、（中略）
フロイス書簡、天正十一年十二月十八日付
・羽柴は（中略）大坂に新たな城と市を建設することとした。（中略）
・彼は征服した各国の諸侯に対し、〈同所に〉居を定め、城の周囲に大邸宅を建設することを命じた。（中略）
・新たに建設する市（まち）が大坂より三里離れた堺に続くよう拡張することを望んでいる。〈工事は〉本年、始まったにもかかわらず、聞くところによれば、家屋はすでに約二里離れた天王寺にまで達しているという。（中略）
・さらに羽柴は、もし可能ならば都の市（まち）を同所に移そうと決心し、
・このため、五山と称するかの地の五つの主要な僧院と、その他すべての仏僧の宗派に対し、建物を移転するよう命じた。（中略）
・また（中略）内裏の許に人を遣わし、大坂に移ることを請い、彼のため信長が安土山に造った邸に劣らぬ立派なものをただちに建てさせると（伝えた）。

横田冬彦はこのフロイス書簡によって大坂城を核とする〈大坂首都構想〉のなかに「大名屋敷のほか、「内裏」、五山等の諸寺院、および「都の市」が含まれる」とする。[13] 内田とは異なり、「都の市」を含めるものの、なぜか「新たに建設する市」をあげていないし、セミナリヨにも言及しない（これはフロイス書簡に記載されていないからかもしれない）。寺院の移転についてはもともとフロイス自身が異なる説明をしているところに混乱の理由があり、内田と横田

はともに「その他すべての仏僧の宗派に対し、建物を移転するよう命じた」という書簡の字句を評価しないが、それはすべての寺院の移転に意味が認められないからであろう。「都の主要なる寺院」とするフロイス報告のほうが妥当と判断される。

つぎに、大坂城下にキリシタンの教会や居住施設などが必要と秀吉が考えていたことは確かであろう。実際に大坂で最良の場所の一つである広大な土地をキリシタンに与え、そこに河内の岡山にある教会の移築を認めたことからも明らかである。(14) 問題はそれが首都構想の一環なのかどうかという点であるが、信長の安土や京都にキリシタンの教会があった先例の踏襲、また大坂のいわば美観の向上を意図しているとみるなら、(15) 大坂首都構想のなかに含めることもできよう。

以上、ルイス・フロイスの報告・書簡などから秀吉の大坂城下建設・首都（遷都）構想を再整理すると、次のようになる。

①大坂城の築造――天下人秀吉と豊臣家の居館と城郭、政権の拠点
②諸大名屋敷の建設――諸大名の大坂居住
③新たな市（まち）の建設――国際貿易港堺とつながり、大坂の新たな経済機能を担う。
④「内裏」の移転――天皇の新造御所への移徙、朝廷・公家の移転
⑤五山など都の主要な寺院の移転
⑥「都の市（まち）」の移転――京都の中心市街地である下京の移転。
⑦キリシタンの教会の建設

①・②・③は大坂における新設、④・⑤・⑥は京都からの移転（いうならば首都として不可欠な伝統的都市要素の組み

込み）である。秀吉は、近世城下町大坂（御殿と城郭、大名屋敷、新市街）を中核として中世的な首都京都の要素（内裏と公家、寺院権門、下京）を再配置し、軍事・政治・行政・経済・社会・宗教的機能を統合した新首都大坂を構想したといえよう。

武家権力の基盤である大坂城・諸大名屋敷・新市街はもとより、伝統的権威を担う内裏・寺院・「都の市（まち）」もまた、軍事・政治・行政などの統治機能をはじめとする首都機能を分担する。それらを適切に配置する合理的・機能的な都市地域計画、すなわち近世的な都市計画、用途・身分地域制が構想されていたと考えるのが自然であろう。

しかしながら、天正十一年（一五八三）当時の秀吉に大坂首都構想を実現する軍事・政治的力量はなく、早々に断念せざるをえなかった。同年十二月十八日付のルイス・フロイス書簡はその経緯の一端を伝えている。すなわち遷都の要というべき「内裏」移転には「君侯貴族」との事前協議・承認が必要であるとして事実上、拒否されたという。[16]こうして「京都をも大坂に引き取る」企てが挫折した結果、秀吉の大坂は、「かつての美しかった安土の市および城をはるかに凌いでいるという定評がある」にしても、[17]首都になることはかなわなかった。秀吉の首都構想は大きな政権課題として持ち越されるが、選択肢はもはや大坂を京都に引き取って京都を首都とすることしかなかったにちがいない。次節において京都における首都実現の過程を検討することにしよう。

二、京都〈首都城下町〉の大造営

京都の支配権を掌握したころの秀吉の動きには所領や既得権益の安堵など懐柔策ともいうべき傾向がみられたが、関白となった天正十三年（一五八五）七月以降は強大な権力を背景に大規模な京都改造政策に転じ、天正十九年（一五九一）にかけて、周知のとおり一連の都市改造事業を実施した。それらをおおよそ年代順に列挙すると、洛中洛外の

表6　秀吉の京都改造　年表

		秀吉と京の城 妙顕寺城・聚楽第・伏見城・新城	方広寺 大仏殿	内　裏	公家町・ 武家町・寺町	洛中検地・地子免除	洛中町割	橋・御土居
1583	天正 11	5 前田玄以が京都奉行職につき、秀吉の京都支配が進展する 9 妙顕寺城を造営し、天主を築く。 9 大坂城の築造を始める						
1584	天正 12	10 従五位下左近衛権少将 11 従三位権大納言						
1585	天正 13	3 秀吉、正二位内大臣となる 7 秀吉、従一位関白となる 11 大地震		1 仙洞御所の造営に着手 3 同、ほぼ完成	公家町の建設Ⅰ期	5 諸社寺・公家に指出を徴する（検地）④ 391 11「京廻」の指出検地	←「社領京都地子」・洛外農村検地	
1586	天正 14	2 内野に聚楽第の建設が始まる	4 着工	11 後陽成天皇、即位	11 秀吉、家康の屋敷を内野に営ませる			
1587	天正 15	9 大坂より聚楽第に移徙			9 大名屋敷地・武家地の建設	5 京中、「軒別間口書上」を提出、 9 京中、「軒別間口書上」を提出、「饅頭屋町軒別坪数書」 吉田伸之リスト	※書上の寸法精度はさまざま 奥行 31 間、 冒頭に「奥へ卅間」 No. 13	
1588	天正 16	4 後陽成天皇の聚楽第行幸 7 刀狩令	5 定礎			2「姉小路町軒別坪数地子書上」指出		
1589	天正 17	7 小田原征伐を命令		1 修理の打合せ 3 内裏造営を開始 9 常御所・小御所・紫宸殿・御湯殿・対屋・女御御殿などほぼ完成 12 常御殿・内侍所・女御対屋・台所などの棟上げ	聚楽廻に「奉公人」屋敷を建設 公家町の建設	7 上京「つけぬけ町」 11 上京・下京、検地（縄打による実測）	2 聚楽町の条規を定める	
1590	天正 18	7 後北条氏降伏、家康関東に移封 天下統一		12 新造内裏に移徙	公家町の建設Ⅱ期	6～11 検地 （大中院文書？）		1 三条橋と五条橋を石柱橋として造る
1591	天正 19	9 朝鮮出兵指令 12 秀次に関白職を譲る	5 立柱	3 清涼殿竣工 内裏修理が完了	閏 1 本願寺を六条に移す 閏 1 禁裏六丁町・聚楽町を移転、 「大名屋敷」公武屋敷地にあてる 3 誓願寺移転、寺町建設が進む	9 京中地子銭を永代免許 （上京中・下京中・六丁町・聚楽町） →豊臣政権の京都土地の一元支配	閏 1 禁裏六丁町・聚楽町・長者町を強制移転「京中屋敷かへ」 4 冷泉町東面奥行 31 間が室町に 18 間、「つきぬけ」に 13 間と分割される 洛中町割を施行し、突抜を開通する	1 御土居普請人夫を集める 閏 1 御土居の堀の掘削 5 御土居、ほぼ完成 三条小橋
1592	天正 20 文禄 1	1 後陽成天皇の聚楽第行幸 8 伏見指月の「隠居城」の建設を開始						
1593	文禄 2	8 大坂城で秀頼が生まれる 閏 9 伏見指月の新城に移る	9 上棟					
1594	文禄 3	3 伏見指月城、拡張、新営に着工						
1595	文禄 4	7 秀次自害、聚楽第破却	9 ほぼ竣工					
1596	文禄 5 慶長 1	6 明、秀吉を「日本国王」とする 閏 7 大地震　伏見城が崩壊 伏見木幡の城の建設を開始	閏 7 大仏倒壊					
1597	慶長 2	1 伏見城の増築を始める 4 京都新第の造営を開始 ➡ 5 伏見城、天主などが完成、 秀吉・秀頼が移徙→天下支配の城		当初計画：三条坊門以南 4 町・東洞院以東 4 町 「町人家破リ運ヒ了」 町家強制移転 実施計画：土御門以南 6 町・京極以西 3 町 「町屋悉相替」 町家強制移転				
1598	慶長 3	8.18 秀吉、伏見城で没する	8.22 大仏開眼供養					
1599	慶長 4	1 秀頼、大坂城へ移る 閏 3 徳川家康、伏見城に入る						
1600	慶長 5	8 関ヶ原の戦いに際し伏見城落城、本丸 以下すべて焼亡						

表7　秀吉の京の城　年表

1.	天正 11 年（1583）9 月	羽柴秀吉、妙顕寺城を造営し、要害・堀をかまえ、天主を築く。 また、石山本願寺を利用して、大坂城の築造を始める。
2.	天正 13 年（1585）7 月	羽柴秀吉、関白となる。
3.	天正 14 年（1586）2 月 21 日	内野に聚楽第の造営を始める。
4.	天正 14 年（1586）4 月 1 日	大仏殿建立のための土地を東福寺辺に定める。
5.	天正 15 年（1587）9 月 13 日	豊臣秀吉、大坂より、ほぼ完成した聚楽第に移徙する。
6.	天正 15 年（1587）10 月	北野大茶の湯
7.	天正 16 年（1588）2 月 24 日	淀城を築くため人夫を徴発する。
8.	天正 16 年（1588）4 月 14 日	後陽成天皇、聚楽第に行幸する。
9.	天正 18 年（1590）9 月 23 日	聚楽第において茶会を催す。
10.	天正 19 年（1591）12 月	豊臣秀次、関白となる。大閤豊臣秀吉。
11.	天正 19 年（1591）	本願寺を六条に移す、お土居を築造、禁裏六丁町・聚楽町を移転し 公武屋敷地にあてる、寺町を建設、大仏殿立柱。
12.	文禄元年（1592）1 月 26 日	後陽成天皇、豊臣秀次の聚楽第に行幸する。
13.	文禄元年（1592）8 月 20 日	伏見指月の地に新城（隠居城）の建設を始める（『兼見卿記』）。
14.	文禄 2 年（1593）8 月	淀君、大坂城で秀頼を生む、大仏殿上棟。
15.	文禄 2 年（1593）閏 9 月	新城に移る。
16.	文禄 3 年（1594）1 月 3 日	伏見城の拡張、新営を計画する。3 月 7 日着工する。
17.	文禄 3 年（1594）3 月 20 日	淀城を壊し、伏見城に移す。
18.	文禄 3 年（1594）8 月 1 日	伏見城が完成し、移徙する。
19.	文禄 4 年（1595）7 月	豊臣秀次、自害する。 聚楽第を破壊し、その材料を伏見に運ぶ。向島城の用材か。
20.	文禄 5 年（1596）6 月 8 日	伏見城で能を催し、庶民の見物を許す。
21.	文禄 5 年（1596）閏 7 月 13 日	京都・伏見に大地震、伏見城が倒壊する（慶長大地震）。
22.	文禄 5 年（1596）閏 7 月 14 日	伏見木幡山の地に伏見城の再建を始める（『義演准后日記』）。
23.	文禄 5 年（1596）10 月 10 日	伏見城の本丸、一応完成する。
24.	慶長 2 年（1597）1 月 20 日	伏見城の増築を始める。
25.	慶長 2 年（1597）4 月 26 日	京都新第の造営を開始する。
26.	慶長 2 年（1597）5 月 4 日	伏見城の天主や主な殿舎が完成し、秀吉・秀頼が移徙する。
27.	慶長 2 年（1597）9 月 26 日	秀吉・秀頼が新造の京都第に入る。
28.	慶長 3 年（1598）8 月 18 日	秀吉、伏見城において没する（63 歳）。
29.	慶長 4 年（1599）1 月	豊臣秀頼、大坂城へ移る。
30.	慶長 4 年（1599）閏 3 月 13 日	徳川家康、伏見城に入る。
31.	慶長 5 年（1600）8 月 1 日	関ヶ原の戦いに際し落城、本丸・松の丸・名護屋丸以下すべて焼亡。
32.	慶長 6 年（1601）	徳川家康・秀忠、再建のなった伏見城に入る。
33.	慶長 7 年（1602）5 月	諸大名に命じ、二条城を造営させる。
34.	慶長 8 年（1603）2 月	家康、征夷大将軍に任じられ、幕府を開く。伏見城で宣下式を執行。
35.	慶長 10 年（1605）4 月	秀忠、伏見城で将軍宣下式を執行。
36.	元和 5 年（1619）	伏見城を廃する。
37.	元和 6 年（1620）1 月	諸大名に大坂城の修築を命ずる。
38.	元和 9 年（1623）7 月	家光、伏見城で将軍宣下式を執行する。 この後、伏見城は破却される。 天主は二条城に移築、石垣は大坂城の修築に利用される。

検地、聚楽第と東山大仏殿（方広寺）の大造営、内裏の新築というべき修造、武家町と公家町の建設、三条橋・五条橋（石柱橋）の架設、洛中町割の施行（いわゆる天正地割、長方形街区の設定）、物構（御土居）の築造、市域の拡大と洛中洛外の境界の確定、本願寺とその寺内町の六条移転、寺町と寺の内の建設（市中寺院の移転）、京中の地子銭永代免除、と進行した。これらの総合的な結果として中世的な社会経済関係を払拭し、天下人秀吉による一元的支配が貫徹する近世城下町・京都が出現したとされている。

ところで、京都改造直後の天正二十年（一五九二）五月に秀吉が関白秀次に送った二五箇条の覚書によると、日本・朝鮮・中国を領土とする政権構想は、中国の北京に後陽成天皇を移し、関白豊臣秀次を配置し、日本の京都にも天皇（良仁親王か智仁親王）と関白（羽柴秀保か宇喜多秀家）を置くものであった。(18) ここには政権の枠組として首都―天皇（公家）―関白（武家）の二重構造が認められるが、大閤秀吉自身の立場については、この枠組の外に位置して、最高の権限を統括するつもりであったとみるほかないであろう。こうしたことから、天皇と関白の官位など伝統的な制度の権威を借りつつ、根本的には武家権力が一元的に支配する政治体制を創りあげることが秀吉の政治目標であり、国内的には天正末年には一応その目標を達成していたと考えることができる。

ところで、このような政治目標がある程度明確に設定されたのは、大坂首都構想の挫折前後のことではないか。そして目標実現のための最重要な権力拠点、というよりも唯一無二の首都として改めて位置づけられたのが京都である。前述のように大規模な京都改造が集中的に実施された経過から、武家による一元的支配が貫徹する首都京都に造りかえる構想が入念に練り上げられていたであろうことが推測される。

1　京都首都構想と都市計画

武家関白秀吉政権による京都首都構想は、基本的な考え方については大坂首都構想を引き継いでいると考えるのが自然であろう。したがって、京都首都構想の核心をなすのは、第一に、新たな城郭と城下の建設である。豊臣家の拠点である大坂城とその城下を京都に引き取ることは当初から選択肢になかったであろう。第二に、大坂移転の対象であった「内裏」、主要な寺院、「都の市（まち）」を〈存置〉することである。大坂首都構想からの論理的な帰結であるが、論点として重視されたことはほとんどない。〈存置〉した都市空間の構成要素、すなわち秀吉が変えようとしなかったものに十分に留意する必要があり、杉森哲也の「内裏の位置の変更や規模の拡大が構想されていなかったことは、注目すべき事実である」との指摘は重要である。(19)

首都構想の核心の第三は、京都を首都に選んだことに起因するものであり、複雑に交錯する中世的な諸関係の払拭・清算と近世的都市への改造である。いわば更地の大坂に対して、古都京都はたんに〈存置〉するだけでは武家による京都一元的支配を行うことができないことは自明である。中世的社会＝空間関係そして公武寺社と都市民が雑居する居住形態などの清算、すなわち中世的な〈境内〉と〈町〉を解体・再編・純化することが不可欠であった。そのため公家地・武家地・寺社地・町人地などのように、身分秩序と用途に即して明確に地域を分ける近世的な都市システムが一貫して採用された。近世的な〈境内〉と〈町〉への再生・新生である。

京都という既成の都市空間を改変するために採られた方法のうち、前述の〈存置〉のほか、〈屋敷替――屋敷の配置と機能の転換〉や〈替地――土地の配置と機能の転換〉、〈町割――道路・宅地・街区・町の新設〉などの地域空間の再配置を、重要かつ中心的な方法として位置づけておきたい。従来から「京中屋敷替」や「替地」はそれぞれ武家町・公家町の建設や洛中地子免許にともなう措置として知られているが、秀吉の都市建設の主要な方法というべきであろう。都市改造は新構想がもたらした顕著な特質であり、大きな政治的課題ともなる。

核心の第四は、記念建造物の造営である。よく知られているように、秀吉は天下支配の実権を掌握したこと、またその権威と権力をを天下に周知し、誇示することに努めた。聚楽第行幸をはじめ北野大茶湯や大仏踊りもそうした意図のもとに記念碑的な事業として実施されたのであるし、首都の建設自体にも同じ目的があった。とりわけ天正十四年（一五八六）の聚楽第とその天主、方広寺大仏殿と大仏、そして掉尾を飾る天正十九年（一五九一）の寺町、御土居などの大規模というより巨大な建造物群は、その本来の目的・機能や政治的な意図・意味に加え、秀吉の権威と権力、その首都のイデアを象徴する記念建造物として重要な意義を担ったと考えなければならない。

こうして京都首都構想と都市計画ないし京都改造計画は、大坂首都構想と関連深い首都創出の段階と、京都固有の都市改造の段階の二つに分けて捉えるのが自然である。それぞれについて短い説明を加え、記述すると次のようになろう。

首都の創出（秀吉政権前期　Ⅱ期）

——近世的な〈境内〉と〈町〉の創出・再生

洛中洛外の検地（首都となるべき土地・空間の実態調査）

①聚楽城の築造 → 武家関白秀吉の御殿と城郭、行幸御殿、天下支配の拠点

②諸大名屋敷の建設 → 諸大名の京都居住、武家町の建設

③新たな市（まち）の建設 → 聚楽町の形成

④「内裏」の〈存置〉→ 院御所の新築、内裏の修築（新造）、公家町の建設

⑤五山など都の主要な寺院の〈存置〉→ 寺社権門の〈存置〉

⑥「都の市（まち）」の〈存置〉→ 上京・下京・六丁町などの存置

⑦キリシタンの教会の〈存置〉→ 天正十五年（一五八七）キリスト教を禁止

旧都の改造による首都の完成（秀吉政権前期　Ⅲ期）
――中世的な〈境内〉と〈町〉の解体・再編・純化
身分・用途地域制、替地、社会＝空間関係の一元化、京中地子免許

⑧「町割」（いわゆる天正地割、長方形街区の設定）
⑨「屋敷替」（市中雑居の解消＝身分・用途地域制の徹底）
ア　上京・六丁町・聚楽町の移転（〈存置〉からの転換と市中雑居の解消）
　↓武家町・公家町の再整備
イ　市中雑居寺院の移転　↓寺町・寺の内など寺院街の建設
⑩「替地」（領主の洛中散在所領と洛外の土地との交換）
⑪「洛中惣構」（御土居）
⑫新たな市（まち）の建設＝大坂・天満から本願寺と寺内町の移転

こうした構想と計画のもと、前述のように既存の都市空間に大規模な改変を加え、地域の用途や機能、構造、象徴を転換し、京都首都城下町を形成する一連の都市改造政策・事業、それぞれが複数の目的や意義をもち、また相互に関連する政策・事業が実施されたのである。

これらのうち検地と地子免除、聚楽第と武家町、内裏と公家町、東山大仏殿、惣構（御土居）、本願寺と寺内町、寺町と寺の内などについてはある程度の研究の蓄積があるといってよい[20]。一方、検討すべき重要な論点あるいは議論の余地があると思われる論点も、少なからずある。以下では構想と計画の基幹をなす首都の範囲や聚楽第の選地、将来の都市発展・開発にかかわる洛中町割の実態などを検討しておきたい[21]。

2　首都の範囲と御土居

（一）首都の範囲

秀吉政権による洛中洛外の検地には、土地と百姓・地主・領主の関係や町ごとの地子銭高の把握など、後の洛中地子免除にもかかわる社会経済的意味と、京都（洛中洛外）の土地情報――間口・奥行、面積、用途（田畠・屋敷地）、隣地との境界、町や村の構成・規模・境界――の把握という空間的意味があったといえよう。

首都・京都を一元的に直轄支配したい秀吉政権にとって、室町・戦国期のように不定形で変動する洛中洛外の境界をそのまま許容することはできなかったから、早期に新たな豊臣政権の洛中、すなわち首都・京都の都市域を確定することが必要であった。早くから検地が実施された理由には、都市域の確定に不可欠な土地情報を獲得する意味も含まれていたはずである。検地は天正十年（一五八二）の指出検地に始まり、天正十三年以降本格化したという[22]。

洛中の範囲が決定された時期については今のところ不明であるが、直轄支配を意図していることを考えると、洛中の輪郭は天正十三年検地からそれほど歳月をおかずに設定されたと推測される。この点に関して天正十三年の検地関係史料を検討しよう[23]。

松浦弥左衛門尉打口京廻分

一、東ハ西洞院河限、北ハ六条限、南ハ南大門、西ハ朱雀河限。……①

一、（北脱カ―引用者注）御霊口限、東ハ賀茂河限、南ハ土御門限。……②

大野与左衛門尉分

一、東ハ堀川、南ハ六条ヨリ、北（西―引用者注）ハ西院領、北ハ三条通限。……③

一、北ハ土御門通ヨリ、南ハたこ薬師※ヲ限、同東ハ賀茂川限。……④

一柳勘左衛門尉分

一、東ハ堀川、北ハ一条の道限、西ハ西ノ京ノ領限、南ハ三条通まて。……⑤
一、上千本舟岡山田ヨリ御霊口ヲ限、北（西カ？──引用者注）ハ宇治井賀茂田限。……⑥
山口次左衛門尉分
一、北ハ三条通限、東ハ賀茂川限、南ハ五条通限。……⑦
民部卿衆打口
一、二条たこやくし通※の道ヨリ南三条かい道の間、東ハ賀茂川かきる。……⑧
一、五条通、西ハ西洞院川をかきる、東ハ賀茂河限、南ハ八条の道をかきる也。……⑨
惣別、今度検地中之内ニ在之知行書入ましきと被申衆在之者、法印かたへ可被申候。

右之内ニ知行在之衆ハ、今日より夜の七ツ時迄の間ニ、指出持せ可越候。不然して明日夜明になり候ハハ、落地に成候間可有其心得候。以上。

五くミの□□（指出）法印所へ持せ可越候。

玄以在判
十一月二日　賀茂上下　大徳寺

この史料は「京廻」の指出検地を分担する検地奉行それぞれの区域割りを記載したものであり、各区域の四至は次の表8のように整理、理解することができる。

「京廻」の意味は、この区割りのもとになった全域が「京廻」であること、そして御土居が「京廻ノ堤」とよばれたことから、[24]京中が京外と接している辺りやその内部、すなわち洛中と同じ意味と解してよいであろう。また年代は記載されていないが、検地奉行の名から天正十三年と推測されている。[25]地域範囲を示す地名がいくつか不明であるので、明確に地域区分することはできないが、おおよそ次の図のように描くことができよう。

この図からうかがえる興味深いことは、「京廻」検地の実施範囲が当時の洛中をはるかに上まわる広大な領域であ

表8　天正13年（1585）「京廻」検地の区域一覧

	東	西	北	南
①	西洞院河	朱雀河	六条	南大門（東寺）
②	賀茂河	―（堀川）	御霊口（上御霊前通り）	土御門
③	堀川	西院領	三条通	六条
④	賀茂川	―（堀川）	土御門通	たこ薬師（二条通り）
⑤	堀川	西ノ京ノ領	一条の道	三条通
⑥	賀茂田？	宇治井？	千本舟岡山田	御霊口
⑦	賀茂川	―（堀川）	三条通	五条通
⑧	賀茂川	―（堀川）	二条たこやくし通（二条通り）	三条かい道
⑨	賀茂河	西洞院川	五条通	八条の道

*1 西限の記載がない②④⑦⑧はいずれも堀川と推定される。
*2「朱雀河」については文明19年（1487）3月6日付二郎左衛門百姓職売券（『東寺百合文書』）に「四塚之堂前《限東朱雀河　南限縄手 / 限西作道　北限橋爪》」とあり、羅城門旧跡付近の地名とされる四塚の堂前の地の東限が「朱雀河」である。西限が造道なので朱雀河が朱雀大路より東方に位置することがわかる（『京都市の地名』「四塚」の項）。
*3「西院領」「西ノ京ノ領」の具体的な境界は不明であるが、おそらくそれぞれの東端を西限としているのであろう。
*4「たこ薬師」と「二条たこやくし通」はともに現在の二条通りと推定される。室町二条下ル（蛸薬師町）に蛸薬師（永福寺）があったことに由来するのであろう。

ること、後に構築される御土居によって区画される範囲に近いことであろう。言いかえると、天正十三年末頃には「京廻」、すなわち洛中の範囲、洛中洛外の境界について素案ないし原案というべきものがあったと考えてよいのではなかろうか。この史料はこれまで未知であった問題点について京都改造の最初期に都市域についての素案があったとの推定を可能にするものであり、重要な史料と言えよう。

首都の範囲がおおよそ定まったころには秀吉の城郭の選地をはじめ、大名屋敷や新市街地の立地、将来的に市街地開発を進める地域の範囲なども概要は決まっていたであろう。

（二）御土居（「洛中惣構」）の築造

天正十九年（一五九一）いわゆる「御土居」が構築された。御土居については近年もいくつかの研究があり、名称を始めその築造過程、形態、機能など全体像に迫りつつあるといってよい(26)。ここでは先行研究に依拠して、その都市史的意義を確認しておきたい。

御土居の同時期の名称として「山城之内堤」「山城

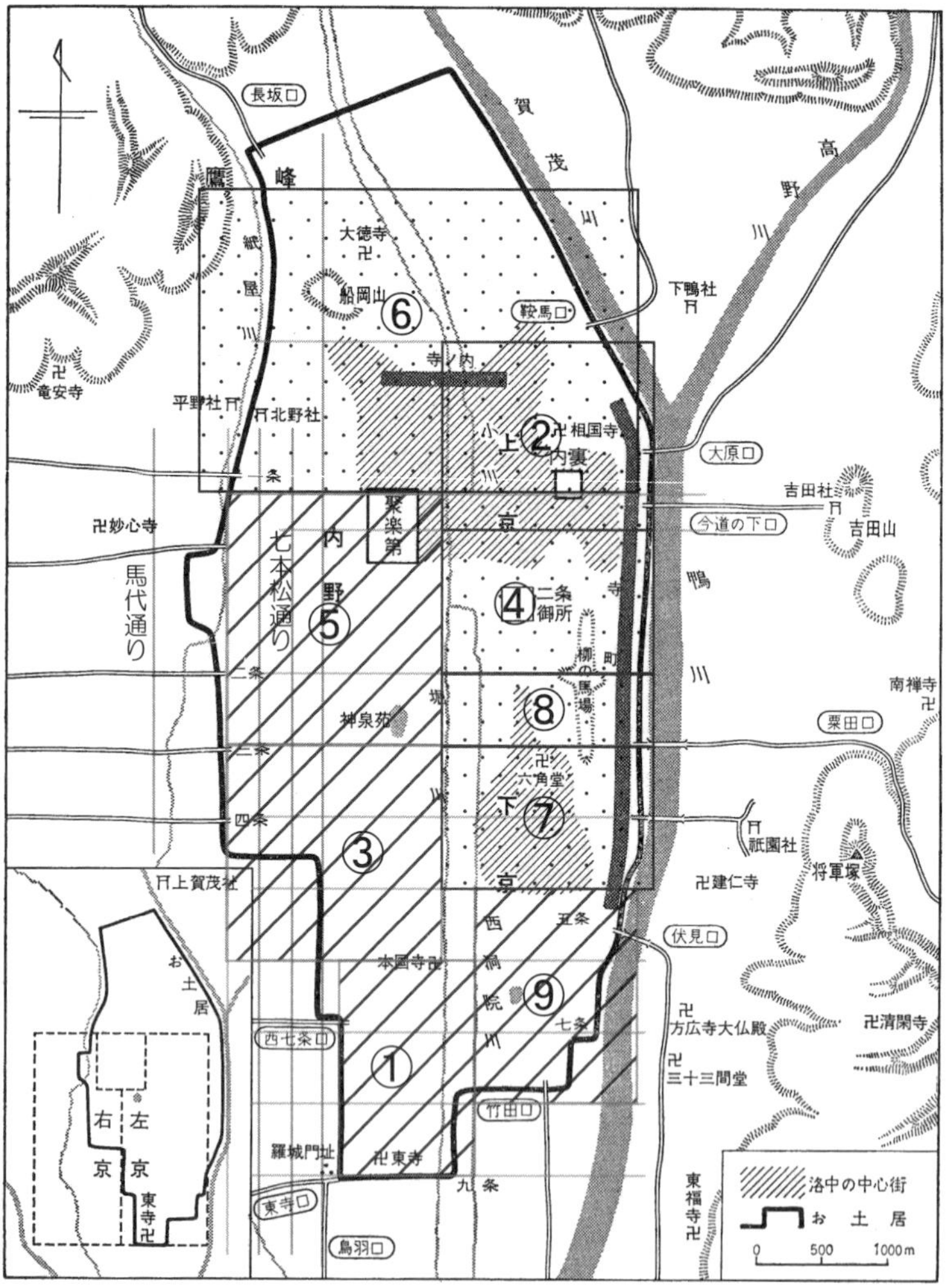

四至に一部記載のないもの
②④⑥⑦⑧：西限の記載なし

図 34　天正 13 年（1585）「京廻」検地の区域割図
（『京都の歴史 4』296 頁の図に追加）

堤」「洛下四方新堤」「京廻ノ堤」「京中惣ほり」「洛中惣構」「土居堀」などがあるが[27]、秀吉の重臣浅野長吉（長政）の書状に見える「洛中惣構」は、政権中枢部の呼称として注目される。

御土居は、洛中洛外の区画、洛中の防御、水害・洪水対策、悪人逃亡阻止、さらに商工業・流通の保護など、さまざまな機能を持ったといわれる[28]。御土居には本来的にそうした構造物固有の機能――分離・防御・遮蔽・遮断・封止・封鎖・隔絶・断絶など――が内在し、必要に応じてさまざまに制御することができた（逆に意図しない結果をもたらすことも少なからずあったにちがいない）。なお、中村武生が「敵からの攻撃を想定した防御性は希薄といってよい」と指摘するように、御土居を軍事防御のためとするのは現実的ではないであろう。ともかくも、御土居によって物理的に明示されたその内部が京中・洛中であることはその呼称、とくに「洛中惣構」からも明瞭に伝わってくる。御土居が洛中洛外の境界の装置であり、首都「京」の範囲を確定・固定するいわば巨大な牓示であることは、速やかに知れ渡ったにちがいない。

この新たな京都の範囲として、平安京域でもなく、また室町期の洛中とも異なり、はるかに大きく拡げられた独自の地域が設定されたことが注目されている。戦国期の「洛中惣堀」が既存の都市集落、上京・下京を囲むものであったのに対して、秀吉の「洛中惣構」はその内部に都市域に加えて少なからぬ村落や大量の田畠を抱え込んでいる。既存の市街地を中心に将来的に発展を期待する地域を囲むとみなすのはやや過大な評価であり、そのことは江戸時代の『洛中絵図』（寛永十四年、一六三七）に描かれた景観からも読み取れる。こうした点について、福島克彦による御土居北西端の長坂口と南西端の東寺口などいわゆる「七口」の地域の研究や、三枝暁子による西方中央の西の京の検討から、既成市街地・都市的集落を取り込む、また流通などに活用する意図があったことが「洛中惣構」の大拡張の理由と考えられている[29]。

ところで、杉森哲也は「京都改造という観点から、惣構（御土居）の築造がいつ構想されたのか」を考えることが重要と指摘している。[30] この問題を少し検討してみよう。

単純に考えると、大坂首都構想が挫折した時期＝天正十一年（一五八三）末を遡ることはなく、京都首都構想が当然生まれていたはずの時期＝天正十三年（一五八五）正月をそれほど下ることはないと推定できる。遅くとも天正十三年（一五八五）十一月検地のころには京中の範囲が定まり、新たな「洛中」を具現化する惣堀築造構想が生まれていた可能性が高いと考えられる。ただ、これらの推定は当初から京都首都構想の中に「洛中惣構」の築造が含まれていたとする仮定の下に成り立っている。この仮定が正しいかどうかやや気になるのは、天正十八年（一五九〇）の天下統一後に秀吉が洛中の四方の境がないのを見て洛中洛外の境を定めることを決意し、御土居の築造を命じたと伝承されているからである。[31] 秀吉の京都構想の段階的変遷と照らし合わせるならば、惣構（御土居）の築造は首都を創出するためというよりも、その完成を目指した施策、とくに京中地子免除・替地などの政策との関係が強い。そうした点から天正一八年（一五九〇）以降に案出された構想とする見かたのほうがより妥当性が高いのではなかろうか。

巨大な土木構造物、惣構（御土居）の築造によって秀吉の首都京都は、ユーラシアの堅固な都市壁とは大きな違いがあるものの、囲郭都市に変貌を遂げた。それは秀吉政権の記念建造物、シンボルであるとともに、洛中洛外を隔絶する境界であり、京都を支えるいくつもの機能を合わせもっていた。またその内部は、歴史を重ねた中心市街地とその周縁の新興市街地、御土居近辺の既成の町並み、村落や田畠など、多様な構成要素からなり、京都は都市景観と田園景観が並存する特徴的な都市空間をもったといえよう。

3　聚楽第の選地

聚楽第とは、周知のように豊臣秀吉が、天下統一のための拠点として、また権力の誇示と安定に大きな意味を担った後陽成天皇行幸の晴れの舞台として、天正十四年（一五八六）京都に建設した大規模な城郭・御殿のことである。[32]

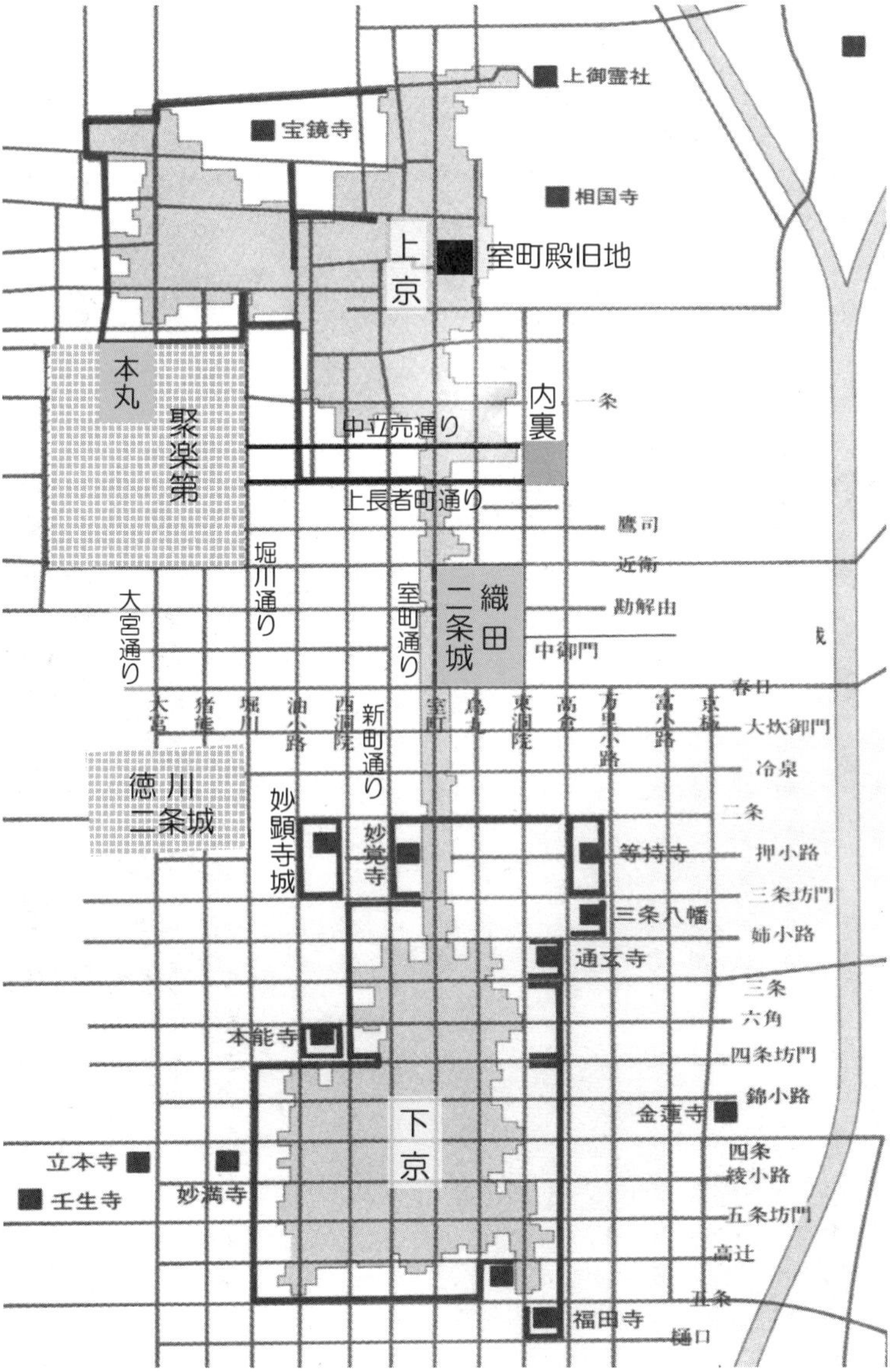

図 35　聚楽第の選地　京都のなかの聚楽第

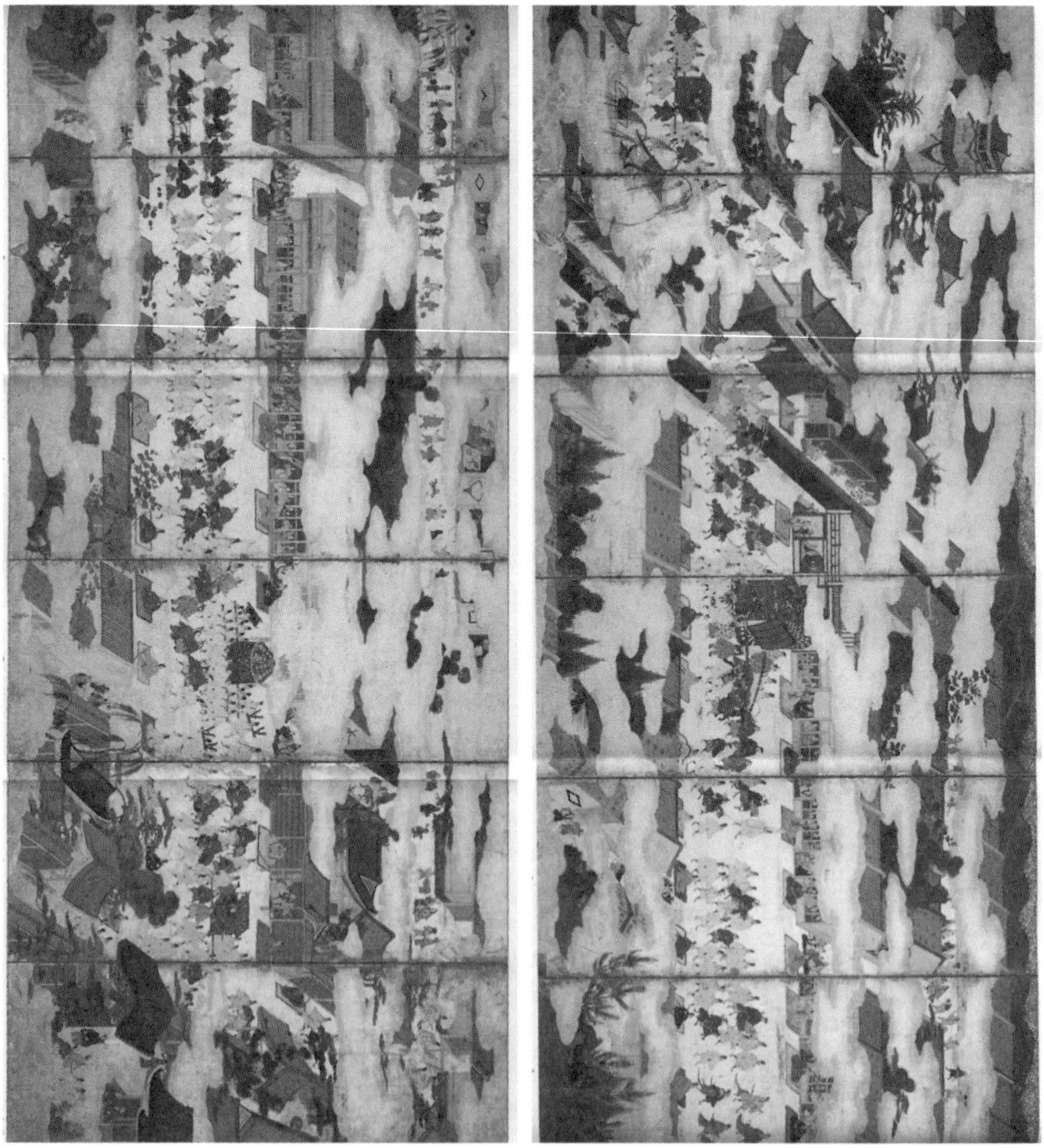

図36「御所参内・聚楽第行幸図屏風」にみる聚楽第と内裏

一元的支配の貫徹を志向する武家関白の権力拠点の核といってよい。近年の考古学的な成果によって城郭を廻る堀跡がおおよそ判明し、その立地や規模をうかがうことができる[33]。

聚楽第は「内野御構」ともいわれたように[34]、内野に立地している。内野は大内裏（平安宮）の跡であり、したがって聚楽第は平安宮のあった土地を占めたのである。律令国家の統治機構である二官八省の所在する平安宮の地が、武家関白の基幹施設である大城郭の場所として選ばれたことは偶然ではないであろう。

京都市埋蔵文化財研究所作成の図によると[35]、聚楽第本丸は大内裏の東北部、内裏の東北にあたる一郭（茶園・主殿寮・内教坊・大宿直・梨本・左近衛府のあるおよそ東西二町・南北三町の地）を占め、北の丸は大内裏の北（京外）に突出し、南二の丸は梨本・職御曹司・左近衛府にまたがり、西の丸は縫殿寮の一部を占めている。外郭西南隅の堀の内側に内裏の大部分が含まれ、とくに紫宸殿は東西堀の中にある。いいかえると、聚楽第は大内裏跡を選んだ立地であるが、大極殿などのある中心部や内裏のあった場所を占めているわけではない。内裏跡の踏襲を意識した選地ではなかったとみられる。

また、聚楽が当時の上京や下京の市街の外、すなわち洛外に位置していることにも留意すべきであろう。上京や下京の市街地に近接しているとはいえ、聚楽第は当時にあっては洛外拠点なのである。

こうした選地の意味について考えると、当時すでに上京と下京の惣町組織が成立していたこと、そして「禁裏様御境内」と称された禁裏六町、聚楽第の城下というべき長者町なども合わせ考えるなら、聚楽第の立地には、秀吉・聚楽第と天皇・内裏が京の都市共同体を統合する秀吉の意図、都市構想を読み取ることもできよう。新出の「御所参内・聚楽第行幸図屏風」は右隻に内裏と中立売通り、その近辺の禁裏六町、左隻に聚楽第と上長者町通り、長者町を描いており、こうした京都中核部の姿を絵画的、象徴的に表現していると解される[36]。

足利義満が室町殿と相国寺が内裏と対峙する構想を実現したことと対比すると[37]、秀吉の構想は内裏との平和的・相補的な関係の構築を重視する一方で、寺社との関係の払拭を意図していると評価できよう。(38)また織田信長が上京と下京の間に旧二条城（室町幕府将軍足利義昭の居城）を建設して上下京を統合しようとしたことと比較すると、秀吉の構想は一体化した京都の全体支配を重視しているといえよう。

4　洛中町割

前述のように、都市と田園が並存する京都は、広大過ぎるともいえる都市空間のゆえに、洛中といえどもその全域が市街地として計画されたとは考えがたい。おそらく洛中は三重の地域圏からなるように計画されたであろう。存置された旧市街地を中心に、積極的・計画的に市街化を図る地域、その周辺の市街化を想定しない地域である。そして将来的に市街化すべき地域として位置づけられた地域に対して、新規の〈町割〉の施行――いわゆる天正地割、長方形街区の設定、「突抜」（南北の通り）の開通――が実施されたと考えるのが妥当であろう。〈町割〉はいわば土地区画整理事業であり、また都市インフラとしての道路の整備であったともいえよう。

ところで、筆者は以前に『京都の歴史　4』に拠って「街区再編成の中心事業であった市中町割の改造は、天正十八年に立案・実施され、ふつう短冊型の町割といわれているが、平安京の規模に基づいて町割を整理し、寺町―室町間、堀川以西の地域に半町ごとに南北の小路を通したものである。この新たな地割の実施された部分は、人口・町家の少ない地域であり、京都の将来像を考慮して、整然とした町区画となるように改造が行なわれたと考えられることが注目に値しよう」と述べたことがある。(39)定説を祖述したものであるが、実は定説の論拠は不十分なものであり、同時代史料を用いて改めて検討する必要があると考える。(40)

洛中町割について冷泉室町下ルに位置する冷泉町に伝わった『京都冷泉町文書』を史料として再考したい。まず史料を三点、引用する。(41)

【史料1】(42)（年未詳、天正十八年カ）十月
冷泉室町惣中申状写
言上
一冷泉室町東縁家屋敷おくへ三十一間御座候キ、此内十八間室町へ去卯月之頃被仰付候、相残分十三間つきぬけへ御わたしなされ、むろまちへ十八間分之御地子者八月ニ運上申候御事
一右之御地子銭之儀、他町のなミに被仰付候ハヽ、忝可存候御事、以上
十月十八日　冷泉室町惣中
法印様
御奉行衆
人々御中

【史料2】(43)（年未詳、天正十八年カ）十一月
東縁申状写
言上
一冷泉室町東方家屋敷おくへ卅一間御座候キ、此内十八間室町へ去卯月之頃被仰付、相のこりふん十三間つきぬけへ御わたしなされ、室町へ十八間分之御地子八月ニ運上申候事
四十九町
一五十町のつきぬけ丁こと〱く相すミ申候処ニ、此一町別に被仰付候事めいわく申候間、右之御地子他町のなミに被仰付候ハヽ、忝可申候事
十一月六日

【史料3】(44)（年月未詳、天正十八年十一月カ）
東縁申状写

言上　　冷泉室町東縁
一家屋敷地子帳おくへ三十一間やふおりかけて御座候旨先年　法印様へあけ申候御事
一去此廿五日ニ他町ことく〳〵室町通とつきぬけと相たいし地子銭相すまし申候、返召よせられ行事共判形仕あけ申候
御事、以上

史料1の最初の条（以下、史料1―①と略記する）から、冷泉室町東側の家屋敷は奥行三一間であったこと、それが「去卯月」に室町通側一八間と「つきぬけ」側一三間に分割されたことがわかる。(45) さらに、家屋敷の分割が京都所司代前田玄以の命令によるものであること、また所司代が地子銭高を決定していること、冷泉町東側は所司代に地子銭を納めていること、すなわち冷泉室町の領主は豊臣政権であることも留意したい。

冷泉室町東側の屋敷地は四〇丈（およそ六二間）四方の街区のほぼ西半分を占めていたことになる。もともと奥行が一定規模であるなど、計画的な整備が行われた街区であることをうかがわせる。それはともかくとして、問題は所司代が冷泉室町東側の奥地一三間を強制的に没収し、「つきぬけ」に付与した「去卯月」がいつの年の四月なのか、ということである。『京都冷泉町文書』の編者は右の史料三点について、年未詳ないし年月未詳としながらも天正十八年（一五九〇）かと推定しているが、ここではそれに依拠することは避ける。順を追って考えていくことにしよう。

天正十六年（一五八八）二月算用の冷泉町東側の指出高は、家数三〇間、六貫四四八文であり、ほかに「うら分」三七二文があげられている。これが示すように、「うら」、「藪」、「裏ノ藪」などと呼ばれた裏地（裏藪）が存在していた。(46) 天正十八年（一五九〇）正月の日行事から奉行衆への指出においては、「うら分」の記載はなく、「屋地子高」七貫五八文となっている。(47)「うら分」の消滅は、天正十七年十一月に始まる洛中検地に際して裏藪が屋敷に改められたことによると考えてよい。(48) 史料3―①に「家屋敷地子帳おくへ三十一間やふおりかけて御座候旨先年　法印様へあけ

申候」とあるのは、そうした状況を語っているのであろう。

天正十九年（一五九一）七月時点の地子銭高の書上によると、[49]屋地子の合計は四貫一二三文となっている。天正十八年正月の七貫五八文に比べて大幅に減少している点が注目される。吉田伸之が推定しているように、四貫一二三文は以前より短くなった奥行一八間分の地子銭（七貫五八文の一八／三一、約四貫九八文に近い）を示すとみるのが妥当であろう。[50]そうすると、冷泉町東側の家屋敷の分割は天正十八年正月から翌年七月のあいだ、具体的にいえば天正十八年四月か、天正十九年四月かのいずれかに実施されたと考えることができる。

ここで史料1に関連する史料2・3の検討に戻ろう。史料1と史料2とを比較すると、経過を説明する最初の条はほとんど同一の文言であり、二つ目の条もまた要点は同じといってよい。相違点は史料2に事情や不満を説明する「五十町（四十九町）のつきぬけ丁こと〴〵く相すミ申候処ニ、此一町別に被仰付候事めいわく申候間」という字句があることである。十月十八日の惣中の陳情には効果がなかったので、十一月六日にもう一度願い出たのであろう。史料3は年月ともに未詳であるが、その内容と史料1・2を比較、勘案すると、史料3は史料1・2よりも早い時期に作成されたと推定することができる。三点の史料を総合的に判断し、各条の解釈とともに冷泉町東側家屋敷の変遷の過程をあわせて示すと、次のようになろう。

一　先年、「冷泉室町東縁」の家屋敷地子帳には家屋敷は奥へ三一間あり、竹藪を折り曲げて垣（奥の境界）を作っていると、玄以法印に申し上げた。

二　去る四月、奥行三一間の「冷泉室町東縁」の家屋敷は、所司代前田玄以の命によって室町通側の一八間と「つきぬけ」側の一三間に分割された。

三　この四月の二十五日、他町すべてと同じように「室町通」と「つきぬけ」とが相談して地子銭に合意した。またの行事たちも判形を仕上げた。史料3には「去此廿五日」とあるので、四月末日頃の作成と推定できる。
四　八月、冷泉室町東側奥行一八間分の地子を運上した。
五　十月十八日、「冷泉室町惣中」として右の地子銭について他町と同じように仰せつけられると有り難い、と言上した
六　十一月六日、五〇(四九)町の「つきぬけ丁」がことごとく済んでいるところに、この冷泉室町東側一町だけ別の地子銭高を仰せつけられたことはたいへん迷惑であるので、この地子銭については他町と同じように仰せつけられると有り難い、と言上した。

「つきぬけ丁」については少なからぬ情報が含まれているが(後述)、他方、冷泉室町東側の家屋敷の分割は天正十八年四月か、天正十九年四月かという点に関しては、手がかりが乏しいというほかないようである。ただし、史料3―①に「先年　法印様へあけ申候」とあり、昨年ではなくて「先年」と書いていることに着目するなら、この文書は天正十九年に作成されたとみるのが自然であろう。すなわち、家屋敷の分割は天正十九年四月となる。「つきぬけ丁と申事の時、市ゑもん殿吏にて妙佐へわたし申候、了仁かたより天正十九年十一月出申也」とあるのはその傍証である可能性がある。[51]

そこで天正十九年四月説を、天正十八年の竹木上納の一件を材料としてさらに検討することにしよう。[52]

この年、冷泉室町東側の裏藪に「上竹」(竹木上納)が課せられた。冷泉町東側南の「くぎぬき」(釘貫門ではなく、簡単な木柵と解すべきであろう)の方の藪に八〇本、北の「くぎぬき」の方の藪に六〇本の定めであったが、これらの代わりに上竹一一〇本でよいかどうかと伺いを立てた。その理由は、これより以前に裏藪は「屋敷」(屋敷地)になっており、すでに竹は一本もなかったからである。その後、冷泉町は十月二十五日に四寸竹一一〇本を納入した。十一

月十四日には所司代前田玄以配下の竹木奉行河原長右衛門の了承も得た。

天正十八年十一月において冷泉室町東側は裏の屋敷地（もと裏藪）とそれに課される「上竹」の負担を抱えこんでいた。竹が生える裏藪の姿、屋敷地となった姿は、「おくへ三十一間やふおりかけて御座候」や「家屋敷おくへ卅一間御座候キ」からうかがえる姿でもある。天正十八年十一月においては、冷泉室町東側家屋敷の分割は実施されていないと推定すべきであろう。

以上、洛中町割の実施時期については、定説というべき天正十八年四月説を暗示する手がかりさえつかめず、逆に天正十九年四月説を支持する論拠はいくつか見い出すことができたと考える。したがって天正十九年四月と結論するのが妥当であろう。

最後に、『京都冷泉町文書』による検討結果を要約し、洛中町割について言及すると、つぎのようになる。

一　冷泉町東側の家屋敷は奥行が三一間あり、竹藪を折り曲げて垣（奥の境界）を作っていた（およそ四〇丈四方の正方形街区の西半）。

二　天正十九年四月、室町通側一八間と「つきぬけ」側一三間に分割された（南北に長い長方形街区の形成）。

三　京都所司代前田玄以の命令によるものであり、冷泉室町の領主は豊臣政権であった。

四　「五十町のつきぬけ丁」が成立していたという。洛中町割の規模をうかがうことができる。

五　天正十九年四月頃は市中雑居の解消を狙った寺町・寺の内などの建設が進行していた時期でもあり、寺院移転跡地の整備とも連動しているのであろう。都市計画として整合性のある実施時期ということもできよう。

これまでの検討をもとに秀吉の「王都」京都の計画構想や都市政策、実現された首都とその空間構造を図式化してまとめると、次のようになる。

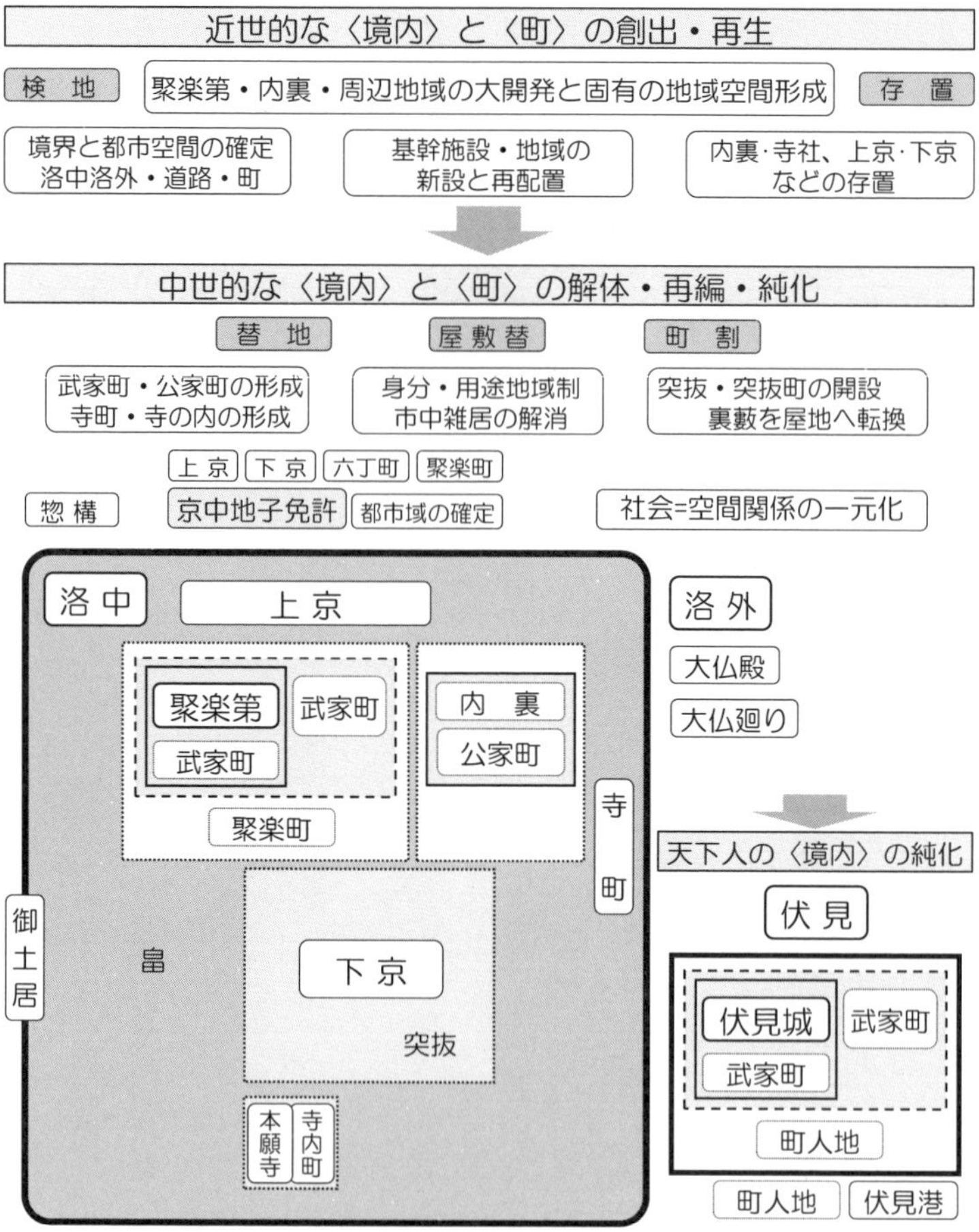
近世的な〈境内〉と〈町〉の創出・再生
検　地
聚楽第・内裏・周辺地域の大開発と固有の地域空間形成
存　置
境界と都市空間の確定
洛中洛外・道路・町
基幹施設・地域の
新設と再配置
内裏·寺社、上京·下京
などの存置
中世的な〈境内〉と〈町〉の解体・再編・純化
替　地
屋敷替
町　割
武家町・公家町の形成
寺町・寺の内の形成
身分・用途地域制
市中雑居の解消
突抜・突抜町の開設
裏藪を屋地へ転換
上 京
下 京
六丁町
聚楽町
惣 構
京中地子免許
都市域の確定
社会=空間関係の一元化
洛 中
上 京
聚楽第
武家町
武家町
聚楽町
内　裏
公家町
寺
町
御
土
居
畠
下 京
突抜
本
願
寺
寺
内
町
洛 外
大仏殿
大仏廻り
天下人の〈境内〉の純化
伏 見
伏見城
武家町
武家町
町人地
町人地
伏見港

図 37　秀吉の「王都」とその空間構造模式図

おわりに

最後に天下人大閤秀吉の「首都」伏見の構想に言及し、まとめをしよう。

秀吉の構想は、①指月伏見城の大改造（秀吉の御殿と城郭を名実ともに天下支配の拠点とすること）、②諸大名屋敷の建設（諸大名の伏見居住、武家町の建設）、③新たな市（まち）の建設（京町通り、両替町通りなどの中心市街地の新設、惣構の外の町々の建設など）であったといえよう。そして特徴的なこととして寺社の排除を付け加えてよい。伏見「首都」構想に「京都をも引き取る」ことが含まれていなかったことはいうまでもない。

当然のことながら伏見は首都機能、とりわけ政治・行政機能を担ったから、この意味で伏見を「首都」と表現する通説は妥当であろう。この「首都」伏見は京とどのような関係をもったのであろうか。伏見と京、二つの都市の関係を考える際、秀吉政権と伝統的国制の関係も大切な論点となろうが、ここでは本格的な議論をする余裕はないので、ひとまず秀吉は武家関白を停止したものの天皇・朝廷などとの関係を維持し続けた、言いかえれば秀吉は伝統的国制を克服し、武家権力による一元的統治を実行しようとしたのではないと考えておきたい。ただ、聚楽と内裏の不即不離の関係ではなく、伏見と京の隔たりが示すような、一定の距離をおいた関係へ変わったのであろう。この意味で諸大名の伏見滞在が「在京」と考えられていたこと、すなわち古代からの通念のとおりに伏見が京都の中と認識されていたことは興味深い。伏見は、洛外の新たな地に構築された武家「公儀」の拠点＝「王都」なのである。

伏見の建設工事が進行するなかで、京中では内裏・公家町・寺社・上下京などがそのまま存置され、破却と屋敷替が聚楽第と諸大名屋敷にとどまったことに留意すべきである。伏見の大造営は、武家関白とその拠点である聚楽第の廃止（跡地の完全な更地化＝武家関白の継承の阻止）、それにともなう諸大名屋敷の移転など、京都再改造の一環と位置

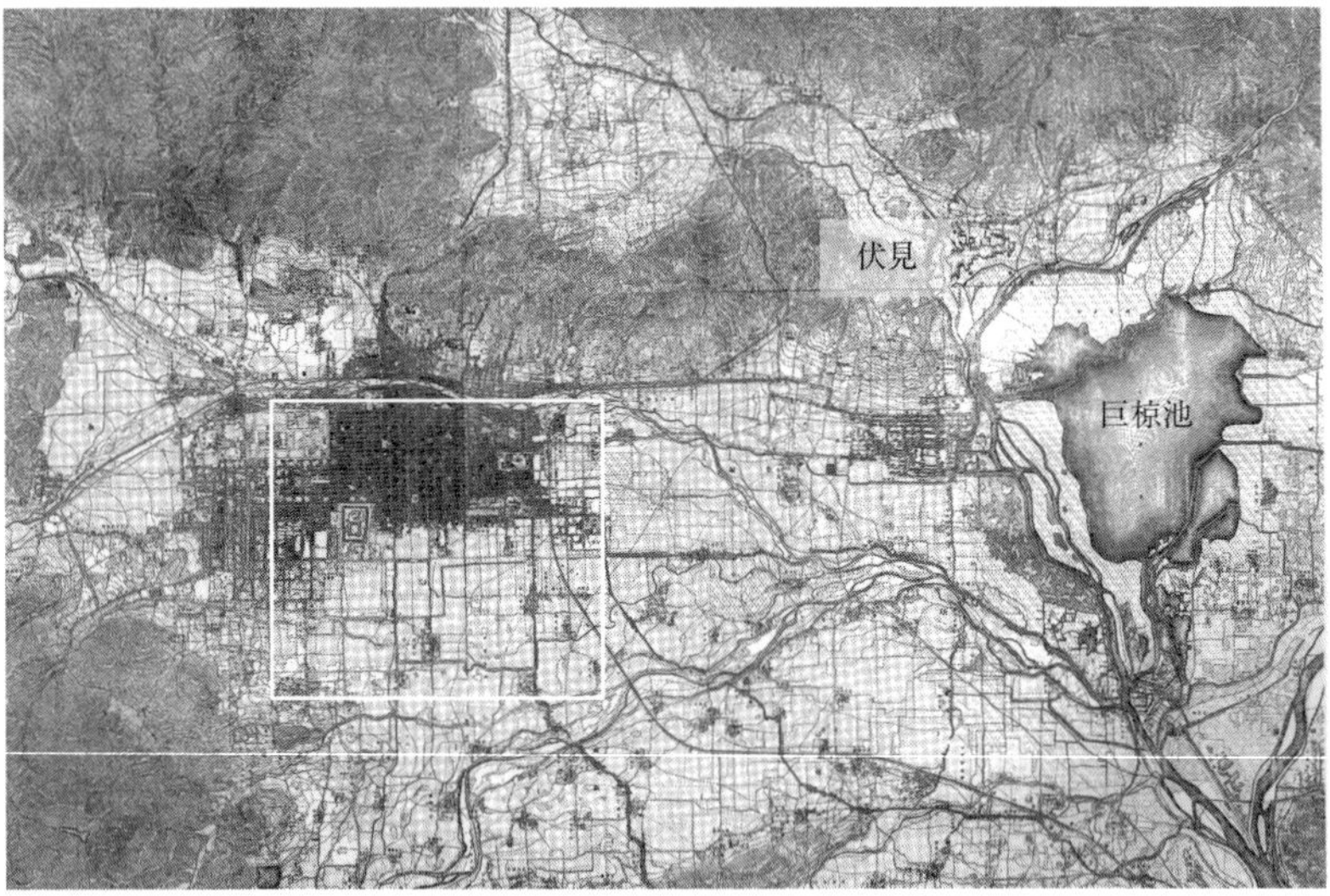

図 38　平安京・京都・伏見（明治 22 年（1889））

づけることができよう。伏見と京はそれぞれ大閤と天皇の洛中・洛外の拠点であり、補完しあいつつ、武家による一元的支配が貫徹する首都京都を形成していた。換言すれば、京都は二つの都市壁をもつ都市、京と伏見を核とする〈無囲郭・拠点散在・風景都市〉の首都であった。

注

（1）　内田九州男「豊臣秀吉の大坂建設」（『よみがえる中世2』、平凡社、一九八九年、四一～四三頁）、また内田九州男「城下町大坂の誕生」（大阪市『まちに住まう――大阪都市住宅史』、平凡社、一九八九年、一〇〇～一〇一頁）。

（2）　朝尾直弘「豊臣秀吉――政権構想と密接な京都改造」（上田正昭ほか編『千年の息吹き――京の歴史群像　中』京都新聞社、一九九三年）。

（3）　杉森哲也「近世京都の成立――京都改造を中心に」（同『近世京都の都市と社会』、東京大学出版会、二〇〇八年、に収録、四一～四七頁、初出は佐藤信・吉田伸之編『新体系日本史6　都市社会史』、山川出版社、二〇〇一年）。

（4）　横田冬彦「近世社会の成立と京都」（『日本史研究』四〇四、一九九六年）、横田冬彦「近世京都の成立」（『京の江戸時代』、京都文化博物館、一九九八年）、横田冬彦「近世武家政権と首都」（『年報都市史研究』九、二〇〇一年)、横田冬彦「豊臣政権と首都」(『豊臣秀吉と京都——聚楽第・御土居と伏見城』、文理閣、二〇〇一年)。

(5) あわせて鎌田道隆「京都改造:ひとつの豊臣政権論」(『奈良史学』一一号、一九九三年十二月、二一〜四九頁)も参考にしている。

(6) 朝尾は「天下人秀吉が禁裏・公家と一体化し、公権の体現者となったことを示そうとしたのではなかろうか」とする(前掲注2)。この年、秀頼は参内して従四位下左近衛権少将となり、翌年、従二位となる。なお、横田は「伏見在城四年二ヶ月の内、伏見を離れたのは八ヶ月に満たない」と指摘する(横田前掲論文「豊臣政権と首都」、四〇頁)。

(7) 横田は、豊臣政権の首都は聚楽→伏見→大坂という変遷をたどったところにその特質があり、豊臣政権の権力構造の特質とその到達点を最もよく示す首都は伏見であると述べる(横田前掲論文「豊臣政権と首都」、三八頁)。

(8) 横田前掲論文「豊臣政権と首都」、三一〜三二、三四頁)。

(9) 『大日本史料』十一編五、六九頁。

(10) 内田は「五山並びに京都の寺院の移転」とも記している(同「城下町大坂の誕生」、注1、一〇一頁)。注1

(11) 内田前掲論文「豊臣秀吉の大坂建設」、四一頁、また同「城下町大坂の誕生」、一〇一頁。注1参照。

(12) 訳書には村上直次郎『イエズス会日本年報　上』(雄松堂書店、一九六九年)と松田毅一監訳『十六・七世紀イエズス会日本報告集』(Ⅲ—六、同朋社出版、一九九一年)があり、引用は後者による。天正十一年十一月三十日付ルイス・ブロイス報告、二〇六〜二〇八頁、天正十一年十二月十八日付ルイス・フロイス書簡、二二五・二二六頁。

(13) 横田前掲論文「豊臣政権と首都」。横田は前掲「近世社会の成立と京都」において「大坂首都構想」を取り上げているが、ここでは新しい論稿の記述を引用した。

(14) 松田毅一監訳『十六・七世紀イエズス会日本報告集』(Ⅲ—六、同朋社出版、一九九一年)、天正十一年十一月三十日付ブロイス報告、二〇八〜二一〇頁。

(15) 「地所は長さ六十ブラサ余りで、幅は五十ブラサ近くあり、彼自ら地所の所有権を同行したロレンソ修道士に譲渡し、司祭たちが樹木を多数植えることができるようにするためかくも広き地所を与えるのであると言った。(中略)地所は一方を川に沿い、他の三方は切り立っていてはなはだ険しいので誰もそこから登って侵入することができず、あたかも城のようである。ジュスト右近殿はこのことを非常に喜び、同所には教会の他に彼の邸と称して我らのために家数軒を建てると言った」。松田毅一監訳『十六・七世紀イエズス会日本報告集』(Ⅲ—六、同朋社出版、一九九一年)、天正十一年十一月三十日付ブロイス報告、二〇九〜二一〇頁。

(16) 「彼は内裏の許に人を遣わし、大坂に移ることを請い、彼のため信長が安土山に造った邸に劣らぬ立派なものをただちに建てさせると（伝えた）。これに対して内裏は彼に感謝するがその身を国外に移すことは〔三百年以上の間、先祖が行なわなかったこと故〕新奇であり、思慮が足りぬと評されかねず、日本のすべての君侯貴族と協議すべきであり、彼らがこれを承認した後、内裏はその可否を考えるであろうと答えたという」。松田毅一監訳『十六・七世紀イエズス会日本報告集』（Ⅲ―六、同朋社出版、一九九一年）、二二五・二二六頁。

（17）松田毅一・川崎桃太訳『完訳フロイス日本史④』、中央公論社、二〇〇〇年、五三頁。

（18）前田尊経閣文庫蔵『古蹟文徴』所収（「前田家所蔵文書・事林明証」二、東京大学付属史料編纂所架蔵影写本）。三鬼清一郎「関白外交体制の特質をめぐって」（田中健夫編『日本前近代の国家と対外関係』吉川弘文館、一九八七年、後に三鬼清一郎『豊臣政権の法と朝鮮出兵』、青史出版、二〇一二年、に再録）を参照。

（19）杉森前掲論文（注3）、三五頁。

（20）近年の主要な文献に限ってあげることにする。『豊臣秀吉と京都――聚楽第・御土居と伏見城』、文理閣、二〇〇一年。

聚楽町：杉森哲也前掲論文（注3）

公家町：登谷伸宏「陣中から惣門之内へ――公家町の成立とその空間的特質」（『年報 都市史研究 19 伝統都市論』、二〇一二年）、同「近世における公家町の形成について」（『建築史学』五五号、二〇一〇年十月）。

（21）ほかにも検討すべき論点はいくつもあろう。一例を挙げると、都市改造において上京と下京に差異、格差がみられることも注目される。寺町建設に際して、洛中の寺院――とくに浄土宗・法華宗・時衆寺院――は移転をよぎなくされたが、上京の惣堂である革堂（行願寺、天台宗）が寺町に移されたのに対し、下京の惣堂である六角堂（頂法寺、天台宗）が下京の中心に残されている。市中町割の施行範囲も、下京の周辺といってよい。秀吉政権が存置し、さらに活性化すべき中心市街地と考えたのは下京であったようである。

（22）『京都の歴史　4』、二七九・二八〇頁、三九一・三九二頁。下村信博「公家・寺社領と天正十三年検地」（本多隆成編『戦国・織豊期の権力と社会』吉川弘文館、一九九九年）。

（23）「岩佐家文書」、引用は京都市歴史資料館蔵のマイクロ写真本による。なお、『史料京都の歴史　第4巻　市街・生業』（平凡社、一九八一年一月）三五九頁の翻刻を参照し、二箇所の脱字を補った。

（24）『時慶卿記』天正十九年二月二十三日条。

（25）注23。同年十月二十日秀吉は民部卿法印以下この五人の検地奉行に命令を下している（『大日本史料』十一―二十三、同年十一月二十一日条、十一頁）。

（26）中村武生「豊臣政権の京都都市改造」（『豊臣秀吉と京都――聚楽第・御土居と伏見城』、文理閣、二〇〇一年）、仁木宏「「御土居」への道――戦国・織豊期における都市の展開――」（『豊臣秀吉と京都――聚楽第・御土居と伏見城』、文理閣、二〇〇一年）、福島克彦「「惣構」の展開と御土居」（仁木宏編『都市――前近代都市論の射程』青木書店、二〇〇二年）、三枝暁子「豊臣秀吉の都市改造と「西京」」（『伝統都市1　イデア』、東京大学出版会、二〇一〇年）。

（27）中村武生前掲論文（注26）。

（28）『京都の歴史　4』（二九四〜二九九頁）や、前掲論文（注26）。

（29）福島克彦前掲論文（注26）、三枝暁子前掲論文（注26）。

（30）杉森哲也前掲論文（注3）、三七頁。

（31）「室町殿日記追加」によるもので、『山城名勝志』巻之五下、「洛外惣土堤」の項や、『古事類苑』地部二などに引用され、広く知られている。

（32）聚楽第、また聚楽第を描いた絵画作品については建築史学・歴史学・考古学・美術史学などの立場から数多くの著書・論文が刊行されている。近年の論著をあげると、京都市歴史資料館編『聚楽第と京都』（二〇〇〇年）、日本史研究会編『豊臣秀吉と京都――聚楽第・御土居と伏見城』（文理閣、二〇〇一年）、狩野博幸『秀吉の御所参内・聚楽第行幸図屏風』（青幻舎、二〇一〇年）などがある。

（33）京都市埋蔵文化財研究所『京都 秀吉の時代　〜つちの中から〜』、二〇一〇年。二〇一二年には本丸南端の石垣が確認されている（京都市埋蔵文化財研究所「平安宮跡・聚楽第跡　現地説明会資料」平成二五年十月七日）。寛永初年（一六二四〜）の景観年代、もっとも古い京都の町地図とされる『洛中洛外地図屏風』にも聚楽第の内郭の姿が明瞭に描かれ、平面的ながら本丸や南二の丸、北の丸、西の丸など諸曲輪の形態や規模などがおおよそわかる（杉森哲也「京の城下町化」『図集日本都市史』、東京大学出版会、一九九三年）。

（34）『多聞院日記』天正十四年（一五八六）二月二十七日条に「去廿一日ヨリ内野御構普請、大物以下事々敷、諸国衆自身々々沙汰之、ヲヒタ、シキ事也」とある。また行幸直後に秀吉の右筆大村由己がその様子を詳しく書き留めた『聚楽行幸記』にみられるように「聚楽」と呼ばれた。

（35）前掲京都市埋蔵文化財研究所「現地説明会資料」（注33）。

（36）「御所参内・聚楽第行幸図屏風」については狩野博幸前掲書（注32）を参照。

（37）拙稿「室町期京都の都市空間――室町殿と相国寺と土御門内裏――」（『政権都市　中世都市研究九』、新人物往来社、二〇〇四年）本書第一部第三章。

（38）　拙稿（注37）。
（39）　高橋康夫『京都中世都市史研究』、思文閣出版、一九八三年、四六～四七頁。
（40）　関連する論稿に、藤田元春『都市研究平安京変遷史』（スズカケ出版部、一九三〇年、日本資料刊行会、一九七六年）、小野晃嗣「京都の近世都市化」（『社会経済史学』第十巻七号、一九四〇年十月、同『近世城下町の研究』、法政大学出版局、一九九三年に収録）、秋山國三『公同沿革史』上巻、元京都市公同組合聯合会事務所、一九四四年（『近世京都町組発達史』、法政大学出版局、一九八〇年に収録）、林屋辰三郎『町衆――京都における「市民」形成史』（中央公論社、一九六四年、中公文庫版として一九九〇年刊）などがある。

以下、研究史について一瞥すると、『京都の歴史　4』（第四巻、学芸書林、一九六九年、二九九頁）は、内裏修築に伴う公家町の形成、聚楽第造営に伴う武家町の建設、市中の町割り、寺院街の編成を、秀吉政権による「街区の再編成」と把握し、京都の容貌を一変させたと評価する。おおむね小野晃嗣「京都の近世都市化」を祖述するものであるが、小野が言及していない洛中町割（長方形街区）を都市改造事業として付け加えたのは、藤田元春や秋山国三、林屋辰三郎などの先行研究を受け継いだのであろう。とくに林屋の影響が大きかったのではないかと推測される。というのは、林屋が秀吉の聚楽第を中心とする「天下の城下町」構想の政策として、①洛中町割、②寺町と寺の内への寺院の集中、③御土居、の三つを提示し、とりわけ洛中町割の意義を強調していたからである。林屋は、洛中町割を「天正十八年（一五九〇）、平安京の規模にもとづく町割りの整理であり、寺町―高倉間、堀川以西・押小路以南の地域に半町ごとに南北の道路をつけた短冊型の新地割りが断行されたこと」であると説明したが（文庫版、一八九～一九〇頁）、それは藤田の所説に従ったものであった。なお、都市論として研究水準を一段階高めた小野の論考は、藤田元春の概説を知り、それを参照しつつ行われたが、なぜか市中町割については言及していないことが注目される。

藤田元春の所説は、森幸安「中昔京師地図」（宝暦三年、一七五三）[40]に依拠して京都の「地割」を検討し、市中町割について右に記したような諸点を指摘したものであった。それは注目すべき重要な指摘と評価すべきものとはいえ、史料的な実証の欠如という点で検討の余地が少なくない。要するに、市中町割説のルーツは、「町割」という用語も含めて、森幸安「中昔京師地図」にあるといってよい。図の注記を次に引用する。

天正十八年京師町割時、如御幸町堺町等一町半、各不貫一通云。亦其戦国時、内裏東洞院土御門東北方一町、四外六町。然天正以降、皇城増益時轉北。雖然今免除〈諸役〉。此故今三條、五條〈今松原街〉東洞院、油小路、此交皆以一町四方、其時野原ノ地、京極以西、高倉以東、又堀川西、押小路以南之類、皆毎半町有南北街路、今ノ京師街路、以是可知其時野原地。亦六條以南本願寺領。及一條堀川西南聚楽等数百町街通町家。天下一統日、如舊定割町小路之後、慶長以降町街可知。其天正復舊式圖、載近昔京師・近世京師二圖。

さて、近年になって中村武生「豊臣政権の京都都市改造」は、最初に従来の諸説を「裏付ける同時代の史料は皆無である」と指摘し、森幸安「中昔京師地図」、藤田元春説、足利健亮の「中昔京師地図」に拠る説（『中近世都市の歴史地理』、地人書房、一九八四年）、鎌田道隆の『洛中絵図』による説（「天下人と豪商」、川嶋将生・鎌田道隆『京都町名物語』、京都新聞社、一九七九年）など、地理学的な手法を用いた説について検討を加え、「中昔京師地図」や『洛中絵図』、「京都図屛風」などによっても「「天正地割」の実態は全く明らかに出来ない」と結論している。

(41)　史料引用は、京都冷泉町文書研究会『京都冷泉町文書』（第一巻～第六巻、思文閣出版、一九九一年～一九九八年）により、巻・文書番号を記載する。

(42)　第六巻、九七五号文書。

(43)　第六巻、九七六号文書。

(44)　第六巻、九七七号文書。

(45)　吉田伸之と朝尾直弘はこれらによって冷泉町と「つきぬけ」の家屋敷の関係を示す図を描いている（吉田伸之『近世都市社会の身分構造』、東京大学出版会、一九九八年、一八～一九頁、初出は同「公儀と町人身分」『歴史学研究』別冊報告、一九八〇年十一月。朝尾直弘「惣村から町へ」（『日本の社会史』六巻、岩波書店、一九八八年、朝尾直弘『都市と近世社会を考える』、朝日新聞社、一九九五年に再録）。

(46)　第一巻、一号・二号文書。

(47)　第一巻、一号文書「冷泉町東面大福帳」、一頁、九頁。

冷泉町東面

さしたしの高　　家数三十間

　合六貫四百四十八文

　うら分合三百七十二文

　以上合六貫八百弐拾文也

天正十六年二月十八日算用也

弾正殿よりの帳面高

合六貫九百四十五文

冷泉室町東縁屋地子高
合七貫伍拾八文
此艮参枚弐拾弐匁八分五リンか
天正十八　　　　　　　　　日行事
正月廿七日　　　　　　　　喜介
　　　　　　　　　　　同
　　　　　　　　　　　　与兵衛
御奉行衆
人々御中

(48)「天正十七年　此代ハ七月よりやふ事ニ方々へつかい申也」という記事がある（第一巻、一号文書、八頁）。
(49)第一巻、一号文書、二九〜三〇頁。
(50)吉田伸之前掲論文（注45）、一八頁。
(51)第一巻、一号文書、六頁。
(52)関連史料三点を引用しておく。

・（天正十八年）「大福帳」（第一巻、一号文書、一頁、貼紙1）
れんせんもろ町東かわ南之くきぬきノ方薮屋敷ニ成申候分八十本、北ノくきぬきのかた二六十本、
右合百四十本のけ、上竹百拾本之分ニ可仕候哉、いか、御とへあるへし

・天正十八年十月二十五日「大福帳」（第一巻、一号文書、五頁、貼紙1）
請取申竹之事　　れんせんむろ町東かわ
三寸
合百拾本ハ四寸竹也
右天十八十月廿五日　　　　　河長右内
　　　　　　　　　　　　　中路助六（花押）

・（天正十八年）十一月十四日「大福帳」（第一巻、一号文書、五頁、貼紙2）

百四拾本八東かわ北南之うら、屋敷ニ被取上ニより竹一円無之候て不被上旨、長右へ被申上、相済候也（読点は引用者）

河長右内

助六（花押）

十一月十四日

むろ町東かわ中

第七章　京・まちづくり史

第二章から第六章までおもに権門〈境内〉また「王都」の変遷について検討を重ねてきたが、もう一つの視軸である〈町 まち・ちょう〉、すなわち住まいやなりわいの空間がどのように変化してきたのかを考えてみることにしよう。ここで現代社会が要請する「まちづくり史」という新規な切り口を設定すると、どのような空間形成史像がみえてくるのであろうか。

まちづくり史の観点（結章第一節参照）から平安京から現代京都にいたる「まちづくり」の道のりを考えると、

「住みこなし型まちづくり」→「計画型まちづくり」→「参加・協働（コラボレーション）型まちづくり」

という、大きく三つの段階を考えることができる。また、まちづくりの主体である平安京・京都の住民の歩みについて、古典的名著というべき林屋辰三郎『町衆――京都における「市民」形成史』（中央公論社、一九六四年）は、

京戸（きょうこ）→京童（きょうわらべ）→町衆（まちしゅう）→町人（ちょうにん）→市民

の段階を描いている。さらに平安京・京都の住民は長い歳月をかけて、生活基盤である住まいを、貴族にさげすまれた「小家」からすぐれた都市住宅の型である「京町家」にまでつくりあげていったが、この足跡には六つの段階が想定される。

これらの発展段階を踏まえると、京・まちづくり史の歩みは次のようになる。

図 39　本章の論点

写真 6　平安京復元模型　南から羅城門、朱雀大路、平安宮を望む

前史　京戸の平安京居住——平安初期
1　京童の「住みこなし型まちづくり」——平安中期（十世紀〜）から室町時代まで
京町家の誕生——平安中期（十世紀〜）
京町家の成長——鎌倉・室町時代
2　町衆の「計画型まちづくり」——戦国時代
京町家の開花
3　町人の「計画型まちづくり」——安土桃山時代・江戸時代
京町家の発展——江戸時代初期〜
京町家の成熟——江戸時代中期〜
4　市民の「計画型まちづくり」——近代〜
京町家の変貌——大正・昭和期〜
5　市民の「参加・協働（コラボレーション）型まちづくり」——現代〜

前近代の京・まちづくり史は、大きく二つの段階、平安時代から室町時代の「住みこなし型まちづくり」と、戦国時代以降の「計画型まちづくり」に分けられ、後者はさらに二期に区分することができる。それぞれの時代においてまちづくりを担った都市住民やまちづくりの特色、都市権力との関わりを具体的に語ることによって、前近代の京・まちづくり史を素描し、「まちづくり」の礎を築く一助としたい。

一、京都人の誕生と「住みこなし型まちづくり」――平安時代〜室町時代

1　「住みこなし型まちづくり」と空間志向

京都の原点は、街区中心の都市空間理念によってつくられた計画都市平安京である。平安京に住むことになった人々は、やがて都市に住まうという新たな生活スタイルにもとづいて自主的な改善の努力、住みこなしによって暮らしに便利、快適なように生活空間、生業空間、商業空間を創り、数百年をかけて平安京をかえていった。平安京はついには道が中心となる都市空間に姿を変えてしまうことになる。京都人によるまちづくりは、平安京の空間理念・都市計画の無視、否定あるいは逸脱として進んだ。

大路の築垣（ついがき、築地）が崩されて大路や小路の階層的な秩序がなくなり、大路や小路の一部を水田や畠、また住宅の敷地とするところがでてきた。このように宅地化・耕地化した道は、「巷所《こうしょ》」と呼ばれた。また条坊《じょうぼう》制に規定されていない道路である「辻子《ずし》」が街区内に開通され、そこに新たな宅地割が生まれた。さらに東西の道に面した南北に長い宅地が形成され、街区の東西しか家並みがない四行八門《しこうはちもん》制の宅地割、いわゆる「二面町」から、東西南北に家並みをもつ「四面町」に変わっていった。

巷所の発生、辻子の開発、四面町の形成などの都市動向は、まさに平安京を破壊しつつ、新たに中世的な都市空間を創り出すという大きな潮流のあらわれであったが、まちづくりの視点に立つと、これらの現象は、京都の住民による住みこなしの積み重なりであったと理解できる。

「住みこなし型まちづくり」の特色として、空間志向や空間利用形態、開発手法など、以下の数点をあげておこう。

（1）街区の東西南北に家が並ぶ「町《まち》」づくり

律令国家・平安京の都市理念・計画による二面町から四面町へ宅地割を改善する。住民は、より本質的には街区の南面と北面に家並みを形成する二面町を志向していたのかもしれない。近世初期に町人が開発した新在家絹屋町、近代の区画整理事業の町割が想起される。

（2）均質な「町《まち》」づくり

平安京の大路・小路の整然とした階層秩序よりも、いうならば無秩序な、均質な都市空間へ。都市空間の均質性・等質性を特色としている。

（3）空閑地を活用した「町《まち》」づくり

都市空間の利用形態として、都市の中にあるあらゆる種類の未利用の空地、道、川の上、藪、田畑、沼、森などの空閑地、いわば都市の「すきま」の利用を追求していることが指摘できよう。

（4）辻子を利用した「町《まち》」づくり

街区内の空閑地を再開発するのに用いられる典型的な手法は、辻子の開発による宅地の形成である。辻子は、近世以降の路地、いわゆるロージとは異なる点もあるが、その前例といってよい面がある。

2　「町（まち）」づくり

官設の市場である西市は早くから廃れ、東市も、十世紀末になると、無人といわれるほどに衰退するが、注目されるのは「町《まち》」と呼ばれる市場の発達である。左衛門府《さえもんふ》の官人たちの宿所であった左衛門町《さえもんのまち》と、その南隣に位置し、宮城の修理を担当する木工や檜皮工、瓦工などの建築職人の居所であった修理職町《しゅりしきのまち》に、十世紀前半にはつくられていたようである。十二世紀前半には「左衛門町は潤屋《じゅんおく》の地なり、店家屋《てんかおく》を比《なら》べ、百物自らに備《そなわ》る」といわれたように、あ

写真７　四条町周辺の景観（中世四条町復元模型）

らゆる商品を扱う活気に満ちた商業地域に変貌を遂げていた（修理職町も同様であろう）。

厨町に生まれた「町《まち》」は、基本的に築地塀に囲まれた街区のなかの市場である点で、東市や西市と共通している。「町《まち》」というきわめて多義的な言葉のなかで重要な二つの意味——街区と市場——は、東西市や左衛門町など、実体として同じ空間に認められるが、いまだに「町《まち》」は街区であって、通りになっていない。つまり商店街の様相は呈していない。

十二世紀後半になると、都市住民の生活用品などを売買する場は、「町《まち》」と呼ばれる南北に走る小路、「町《まち》の小路」（現在の新町通り）に変わっている。市の開かれる道という、「町」という言葉にふさわしい新たな都市状況を反映しているのであろう。「町」の成立は、物・人・情報の交流が道において行われる、つまり道が生活空間の中核となったことを意味する。市の開かれる場が街区から道へと推移しているのは、道が主体となる都市構造へと変化した平安京の趨勢とまさに軌を一にするものといえよう。

鎌倉時代のはじめには、町の小路と東西の大路が交差する地域、上の三条・四条と下の七条とが商業地区として並びたち、繁栄を競っていた。七条町の繁栄はめざましいものがあり、「土倉員数を知らず、商賈《しょうこ》充満し、海内《かいだい》の財貨ただその中にありと云々」（『明月記』）と記されている。

3　同業者集住の「まち」づくり——西陣の源流・大宿直

鎌倉時代前半には、綾織の織手が壬生東・土御門北、つまりかつての大内裏の中の「大宿直《おおとのい》」に集住していたことが知られる（高橋康夫「西陣の成立」『京都中世都市史研究』、思文閣出版、一九八三年）。室町時代初頭においてもこの大宿直が織物業の中心地であり、『庭訓往来』（南北朝期）の諸国名産のなかに「大舎人《おおとねり》（大宿直のこと）綾」があげられている。室町幕府将軍の足利義満・義持・義教も、大宿直に赴いて織手を見物した。

室町時代になって大宿直は大きく変わった。かつては方一町の街区＝「町《まち》」であったが、今やかなり広域の地名として洛中と同列の、またときには洛中と対比される地域となっていた。大宿直には少なくとも酒屋八軒と土倉二軒があるから繁華な地域であって、祇園会に際して「大舎人の笠鷺鉾」を出している。

4　「住みこなし型まちづくり」を支えたもの

京戸に始まる京都の住民個々の、また集団としての地道な努力が「住みこなし型まちづくり」を着実に進めていったことは、それを明らかに示してくれる史料がないとはいえ、疑いのないところであろう。ここではそれに加えて、もう一点注目しておきたいことがある。

道が、都市民衆の生活空間として「まちづくり」に重要な役割を果たしたことである。道は、商業・交易の場や繁華街、祭・踊りの場、また巷所や辻子、路上の井戸や洗い場、コミュニティ・スペースなど都市民衆の暮らしの場となり、後には地縁自治共同体でもある〈町《ちょう》〉の成立基盤ともなった。そうしたことが可能であった理由として考えられるのは、道が「無縁」の場、「公界《くがい》」であったからということである。つまり道は、無縁性・公界性に根ざした空間的特質（「平和」・「自由」・「開放」・「共用」）を備えており、自由空間、オープン・スペース（公開空地）、パブリック・スペース（共用空間）などとして用いることができたからである。〈無縁＝公界〉は、都市における住まいの原理、〈町《ちょう》〉の水平性・平等性の原理ということもでき、京都の〈社会＝空間〉のありかた、ひいては「まちづくり」の大きな前提条件となっている。

二、まちづくりの担い手・町衆の誕生と「計画型まちづくり」――戦国時代

1　「町（ちょう）」の成立と「集団的自衛のまちづくり」

京都の自治の歴史において有名な「町《ちょう》の囲い」構築事件が起きたのは、大永七年（一五二七）の年末のことであった。町衆との交流で知られる戦国期の公家、山科言継《やましなときつぐ》の日記の『言継卿記《ときつぐきょうき》』は、「昨日の無念に、此のちゃうへよせ候由申し候、ちゃうのかこい（町の囲い）仕《つかまつ》り候間、竹所望の由申し候間十本遣わし候、此方のつしの口に構《かまえ》を仕り候了んぬ、此方よりちゃうへ酒をのませ候了んぬ」と、事件のようすを生き生きと伝えている。当時、新たな支配者として京に登場した堺公方府の横暴に対し、同じ町内に住む公家や町衆《ちょうしゅう》が一致協働して積極的に「町の囲い」、つまり敵から町を防ぐ土塀などの要害を構築し、町の安全を守ったのである。

都市住民の地縁的共同体である町が発展し、それが連帯して集団的な行動を行うのもこのころである。天文二年（一五三三）には下京六十六町の月行事《がちぎょうじ》が祇園社に群参して「神事これなくとも、山鉾《やまぼこ》渡したし」と主張した。都市民衆の結束と自治的活動はいっそう発展し、十六世紀なかごろには上京・下京それぞれの地域ごとにいくつかの町が連合

して町組を結成するようになった。そうしてさらに町組の上に上京・下京の惣町組織が成立する。構成を示すと、上京五組は立売《たちうり》組・一条組・中筋《なかすじ》組・小川《こかわ》組・川より西組からなり、下京五組は、中組・西組・巽《たつみ》組・艮《うしとら》組・七町半組からなっていた。町組の結成が地縁によることは、その名称によくあらわれている。また天文十九年（一五五〇）には上京中百二十町の宿老《おとな》衆が、一条殿門前町と誓願寺門前町とのあいだに起きた喧嘩《けんか》を仲裁している。これらは上下京の惣町的な行動形態の一端と、当時のおよその町数を示している。

戦乱の世のなかで、上下京の都市民衆は、こうした地縁的な生活共同体である町を基盤として、人夫役などの諸役免除や寄宿免除《きしゅくめんじょ》（軍兵の宿泊免除）、非分課役停止《ひぶんかやくちょうじ》（臨時の課税や夫役の禁止）などを求め、また生活の安全や都市祭礼の維持のために、自治的な活動を行った。生活空間を防御する「構」も、やがては町や町組が積極的、計画的に構築・維持するようになった。

2　同業者集住の「まち」づくり

戦国期の京都を描いた洛中洛外図屏風には、いずれも上京小川の通り、誓願寺門前から北にかけて扇屋を見出すことができる。室町時代以来、小川の地域は扇の特産地として広く知られ、このころは小川に近い狩野辻子を本拠とした狩野家を頂点とする絵師、扇屋の集住地であった。

小川に集住した商工業者には、「絹や緞子の機織り」などの職人やこれらの製品を販売する商人もいた。小川の西方、堀川以西には、大舎人座《おおとねりざ》の織物業集団の本拠地西陣があり、一方、小川の東には大舎人座に対抗する練貫座《ねりぬきざ》の人々の集住地、白雲絹屋町《しらくもきぬやちょう》があった。

絹屋町は、同業者集団として生業にはげみながら、一方で天文十五年（一五四六）には早くも町として寄宿免除・非分課役停止の禁制《きんせい》を獲得しており、その動きは活発であった。元亀二年（一五七一）の夏、京都の町を熱狂させたの華麗な風流《ふりゅう》踊りのなかで、山科言継《やましなときつぐ》は西陣の踊りを「第一の見事なり」としたが、次いで第二位と評価したのがこの絹屋町の踊りであった。伝統産業を支える町の活況がうかがえよう。

3　土地所有権・居住権の安定と空閑地の開発

戦国時代は町衆にとって初めて自らの居住敷地を思ったように活用することができ、またその住居や離れ座敷・土倉・小屋などを永続的に安定して営むことのできるようになった時代であった。不動産としての家屋を所有し、安定した敷地利用を行いえたことこそ、町衆による主体的な生活空間の造形、さらには「計画型まちづくり」を可能ならしめる根本条件であった。このような条件はどのようにして成立したのであろうか。かんたんに振り返ってみよう。

室町時代には町人は自分の家の処分・売買の自由をもてなかったことに加え、居住する敷地の継続的な利用も保証されてはいなかった。敷地請文に「御敷地、御用有るの由、仰せ下されば、何時たりといえども、一言の子細におよばず、御地を返上つかまつるべく候」といった誓約文言を記さなければならなかったように、領主や地主の恣意的な都合によって立ち退きを余儀なくされることがあった。とはいえ、時には立ち退きの条件として立ち退き料や替地が用意されることもあったことは、領主・地主の用益権がやや制約をうけ、一方、都市住民の土地用益権あるいは居住権がやや向上したことを示している。

十六世紀の前半には、町衆は敷地用益権を確保できるようになり、その結果としてまっさきに自分の敷地の利用を進めたことは当然として、さらに市街地の内部に残る空閑地の活用にも配慮するようになった。こうして街区内空閑地を開発し、自らの敷地に取り込んでいった結果、近世的な町割が形づくられたのである。

三、町人と「町（ちょう）」の「計画型まちづくり」――安土桃山時代・江戸時代

戦国の乱世は、織田信長・豊臣秀吉・徳川家康が強大な武力によって統一する。京都の都市支配についてはそれぞれに独自の政策があり、一方、「町《ちょう》」共同体が確立し、さらに統一権力の都市支配機構のなかに組み込まれることによって、まちづくりにも大きな進展と変容があった。

1　織田信長の二条城と「新町」の形成

一五七〇年代の京都は、織田信長による「二条城」（足利義昭の居城）と武士団居住地の建設によって新たな道を歩み始めた。権力拠点である二条城を核として、そのまわりに武家屋敷地が配置された。さらにその外に町場を含む上京と下京の市街地がつらなり、かつてのように上京と下京が一体化する。当時の上京は、公武寺社権門に従属した商工業者が数多く居住する地域であり、またこれに対して下京は、市町《いちまち》的といえるような町場であった。それぞれに特徴をもっているが、いずれも市町や寺院などを有する複合的な大規模な集落であり、要害を構えた「構《かまえ》」であった。信長は、分散的・二極的な地域集落であったこの上京と下京を、城下の建設によって一元化、統合して近世的な都市空間へ再編した。

上京と下京の「構」のあいだ、旧二条城と武家地の周囲にあった空閑地にはしだいに家屋が建て続き、町並みを形成していった。京都の住人は、天下統一を目前にしてより積極的に「まちづくり」を行うようになっていたのであろう。こうして形成された町々を、当時の人々は「新町」とよんだ。信長の時代から江戸時代初期まで継続される自然形成的なまちづくりの端緒ということができる。

2　「町（ちょう）」の「計画型まちづくり」――新在家絹屋町の計画的開発

元亀四年（一五七三）、信長との関係が悪化した義昭の挙兵そして二条城落城の間に勃発した、京都の住民にとって恐怖の事件が信長による上京の焼討《やきうち》であり、これによって町衆によるまちづくりの成果は灰燼に帰した。

上京焼討後の京都は、三つの異なった市街発展の道を歩むことになった。焦土からの復興をめざす上京と、また中世的な市街が残存した下京と、新たな土地に新市街を開発した新在家絹屋町である。上京の白雲の地にあった絹屋町は、もちろん上京焼討のときに焼失したが、信長は、室町幕府と特別の関係にあったこの絹屋町に移転を命じ、新地において復興させた。新在家絹屋町の建設は、商工業者による商工業者のための地域開発であり、「計画型まちづくり」として特筆に値するものである。

新在家絹屋町に宛てた「条々」によると、新屋敷地の位置は、内裏の惣堀より南、近衛より北、高倉より西、烏丸より東で、方二町の規模をもち、惣構《そうがまえ》は下京に倣って構築するように命じられた。また町中《ちょうちゅう》にそれぞれ法度《はっと》を定めるように命じたのは、信長の洛中支配のありかたを示すものである。すなわち信長は、自治・自主・主体的な町とそのルールを権力支配の目的に利用し、上意下達の機構ないしは行政末端組織として位置づけた。統一権力との対抗と敗北のなかで、江戸時代の「町《ちょう》」の原型が形づくられたのである。

新在家絹屋町のようすを寛永ころの史料も含めて推定すると、少なくとも「上ノ町」・「中ノ町」・「下ノ町」があった。町割の形態は、寛永の『洛中絵図』によると、東西に長い長方形街区、南北の二面町であったようである。寛永十七年（一六四〇）の遊廓島原と比べるならば、規模や惣構の存在、また町割の方式（ただし街区は南北に長い長方形であるが）などの基本的構成がよく似ていることに気付く。新在家絹屋町は、近世都市の先駆的形態ということもできよう。

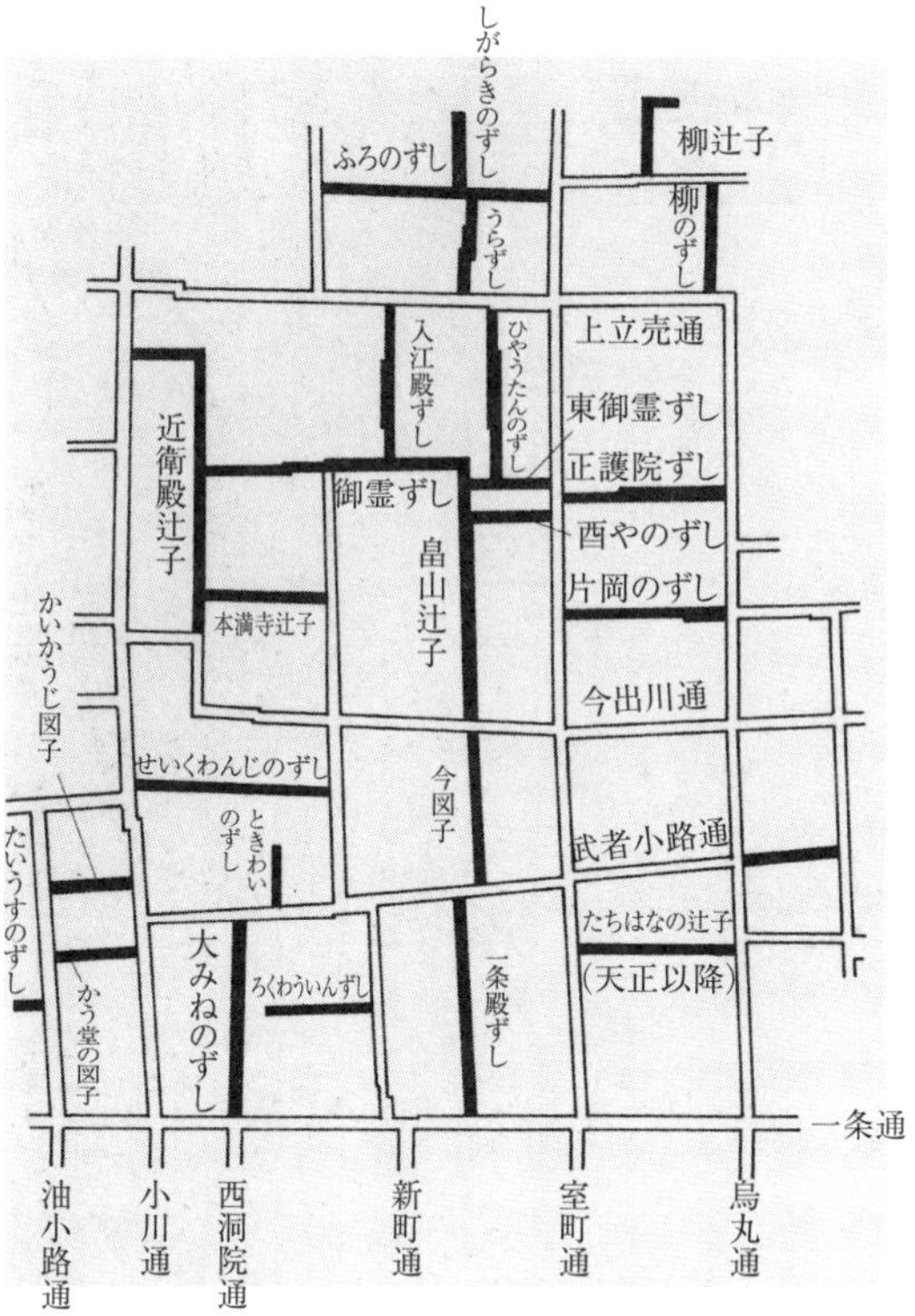

図40　上京・一条室町周辺の辻子

3　辻子・突抜・路地（ロージ）

奥地・裏地を実際に座敷や借屋として活用するためにはこれに至る通路を設ける必要がある。できれば、この通路は主屋の通り庭と別であることが望ましかったにちがいない。敷地規模にゆとりがあった室町期においては、主屋は敷地間口全部を占めてはおらず、築地を構えたり、道路から敷地内部への出入り口として「竹戸」が設けられていたりした。しかし、応仁の乱によって市街域が半減し、しかも高密度居住を余儀なくされた洛中では、もはやそのような余裕はなくなってしまった。そのため、極端な場合には敷地内の建物と建物との間に狭い通路をつくる必要が生じたのであるが、これが当時「ろぢ」だとか「つきぬけ」、「辻子」などとさまざまに呼ばれた宅地内の道路であった。

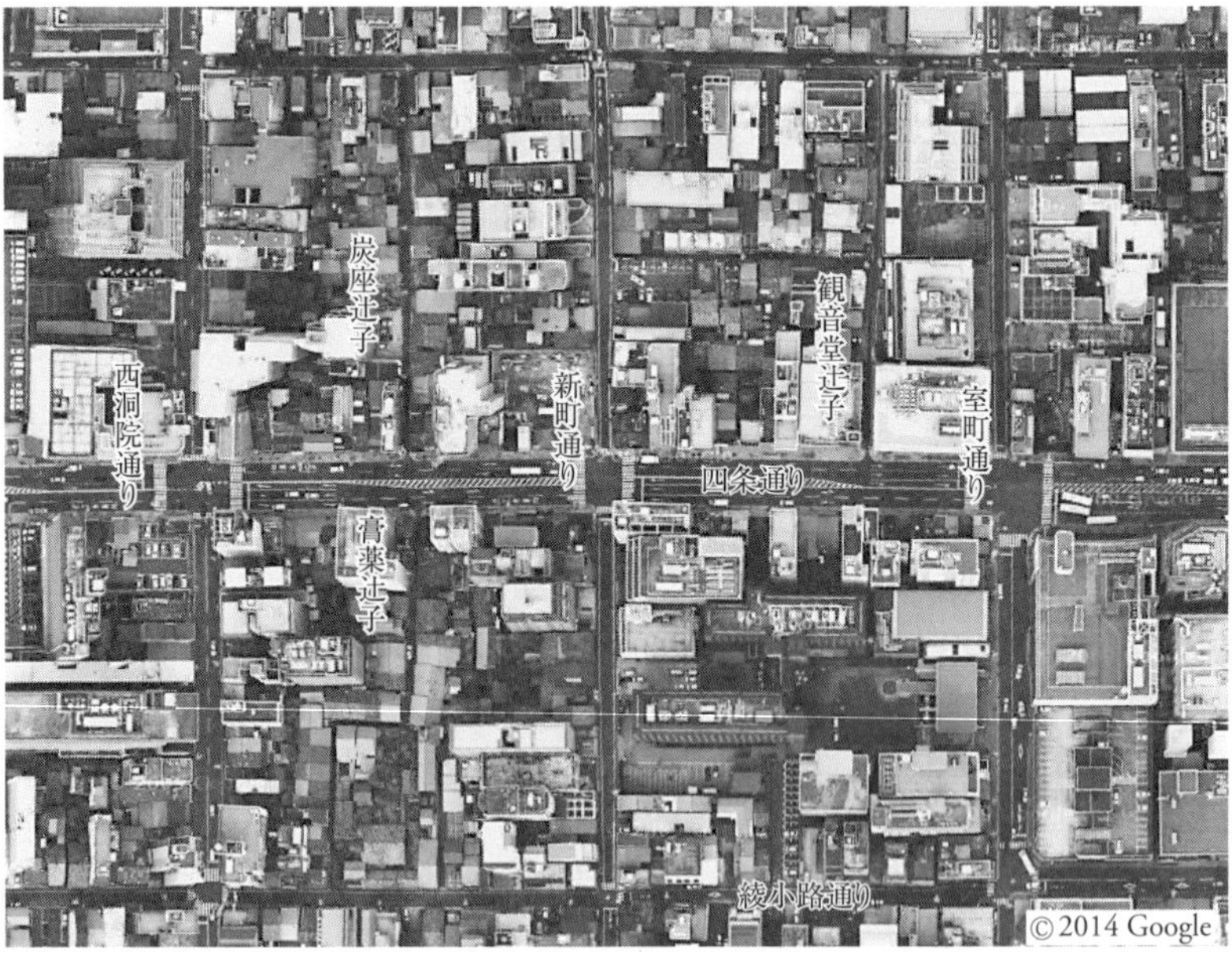

図 41　下京・四条新町周辺の辻子

宅地内道路による敷地の高密度利用は、実は戦国期になって初めて現れた現象ではなく、かなり早くから行われてきた。これらは、一つの宅地内に設けられた路地とは少し意味が異なるが、小規模な宅地にさらに零細地割を施して高密度利用をはかるという機能の点では共通している。

しかしながら、こうした機能の道が町衆の手によって数多く開発されたことが戦国時代らしいのであって、やや後の事例ではあるが、道可が上京信楽図子町にもつ間口四間二尺の敷地には幅二尺の「ろち」がつくられていたし、上京木下横半町の五間の屋地には間口二尺八寸の「つきぬけ」がつくられていた(「上京文書」。日向進「天正年間の上京立売組の地域構造について」『日本建築学会大会学術講演便概集』昭和五十五年九月)。下京姉小路町の頬中央部近くには間口間半四寸の「ほそみち」があり、この「辻子」の奥には三軒の借屋がたっていた(「姉小路町文書」)。

下京三条烏丸饅頭屋町の道徹はおよそ五間ほどの屋敷地とは別に、間口間半八寸・奥行八間九寸の土地を保有し、これを裏の数寄屋に至る幅四尺ほどの「すきや通道」として使っていた（「三条烏丸饅頭屋町文書」）。この「すきや通り道」、すなわち路地は、他の通路が実用的・機能的でしかなかったのに比べ、茶室への路地として「露地」ともいうことができよう。道は「公界」であることが通念であった洛中に専用の道路「私道」が発生したという事実こそ、町衆による町づくりの発展を雄弁に物語るものとして注目すべきである。

4　豊臣秀吉の京都改造——「住みこなし型まちづくり」の集大成

天正十年（一五八二）、信長の跡を襲った秀吉は、強大な統一権力を背景に大坂と京と伏見の計画的な都市建設をなしとげる。京では天正十四年（一五八六）に聚楽第を建設し、天正十五・十七年に洛中検地、天正十八年に市中町割と寺町形成、天正十九年に御土居築造と地子免除と、あいついで画期的な都市政策や大規模な都市基盤の整備を実行し、京都の城下町化をはかっている。

秀吉の洛中の拠点となった聚楽第の周辺には、大名屋敷のほかに、二階建てのりっぱな町家が並ぶ長者町などの町もつくられた。こうした町々は惣町の「聚楽町《じゅらくまち》」を構成しており、聚楽町は上京・下京・禁裏六丁町と並ぶ惣町として独自の立場にあった。

ここでは洛中検地と市中町割のもつ意味を「まちづくり史」の視点から考えてみよう。洛中検地は町人の宅地の規模を一筆ごとに測量、確定し、町ごとに列挙したものであるが、自ずから町々の規模が決定されることになった。さらにその結果として洛中を走る東西南北の通りの道幅をも定めることになったのではないか。寛永十四年（一六三七）の『洛中絵図』に記された道幅は、おそらく洛中検地によって固定されることになったものと考えられる。これは平安京条坊制にもとづく大路・小路の幅員が都市支配者によって否定されたこと、ある意味で明確に平安京の都市理念が否定されたことを示している。応仁文明の大乱後、弱体化した室町幕府でさえ、市街復興の過程で道路幅員を平安京の姿に戻そうとしたのに、豊臣秀吉政権はそのような政策は採用しなかったのである。いいかえれば、平安京条坊制の規範から離脱し、平安時代以来八百年の歳月をかけた住民のまちづくりの成果、具体的には巷所化、人間的スケールの道幅と街区形態、宅地割をおおやけに認めたということである。これが近世、そして近・現代の都市空間の原型となった。

街区再編成の中心事業であった市中町割の改造は、天正十八年に立案・実施され、ふつう短冊型の町割といわれているが、平安京の規模にもとづいて町割を整理し、寺町—室町間、および堀川以西の地域に半町ごとに南北の小路を通したものである。この新たな地割の実施された部分は、人口・町家の少ない地域であり、京都の将来像を考慮して、整然とした町区画となるように改造を行なったと考えられる。この新たに開通された南北の通り、およびそこに成立した町を、一般に「突抜」、「突抜町」と呼んでいた。だから秀吉による市中町割の改造は、「突抜」を開通し、そこに整然と「突抜町」を開発することを構想したものといえよう。

「突抜」とは文字通りに街区を貫通する形態に因んで用いられた言葉なのであろうが、町割改造以前からすでに使われており、辻子と類似した語義、形態をもっているといってよい。辻子による土地高度利用は、平安時代に始まり、室町時代後期から広汎に成立しつつあった。秀吉の市中町割改造事業はこれに着目し、開発を先行的、計画的、誘導的に実施することによって無秩序な都市発達を防止しようとしたと理解することができる。

「新町」の発展が続くこの時期にふさわしい事業といえようが、これもまた住民のまちづくりの手法を都市支配者が利用し、都市計画手法としたものであった。

豊臣政権は、平安京・京都の住民によるまちづくりを継承して近世都市の礎をおいたということができるのではないか。近世初頭の京都は、ある意味で住民によるまちづくりの集大成なのである。

5　幕藩体制と「町並み（ちょうなみ）」――町（ちょう）と暮らしと町並み

慶長五年（一六〇〇）の関ヶ原の戦いに勝利を収めて天下統一の道を進んだ徳川家康は、慶長六年に儀礼の場とするために二条城の造営を開始した。こうして京都は大天守をいただく近世城下町となる。元和五年（一六一九）に政権の拠点を江戸に置くことに決定したため、京都は首都としての地位をふたたび失い、都市の活力に翳りが見えた。しかし十八世紀になると、人口増加が始まり、市街地内部の空閑地の再開発や周辺の市街化が進行した。これらの開発の多くは、寺社などの領主による大規模なものにしろ、商人資本による小規模なものにしろ、経済的開発行為であり、利潤をあげることを目的に行われたことが特徴である。

強固な幕藩体制のもとで「平和」な生活が根付くにしたがって、生活基盤である「町」共同体の規制（町規《ちょうき》・町掟《ちょうおきて》）が、土地の売買・譲渡・賃貸から住人の職業、町家のファサード（正面外観）、町並みの構成にいたるまで、およそ生活全般におよんだ。京都の町人は日常生活をできるだけ円満に行うためのさまざまな約束事を町規として定めていたが、そこには「家作り格子路地、古来より無用のこと」といった、町家の構えについての規定もあったのである。このように町規として成文化されていなくとも、たとえば、家屋敷の売買の時に買い主は、表に障子を立てたりのれんを引き回したりしないこと、「町《ちょう》並み」に、つまり隣近所の家と同様に見世棚をつけることを誓約しなければならなかったところもある。町家のファサードについて「町《ちょう》」のなかで共同体的な規制を行っていたことは、現代の建築協定との関連でじつに興味深い。

こうした町の約束事を背景に、一階にばったり床机（あげ見世）と出格子、「通り庇」、二階に虫籠《むしこ》に似た出格子窓や土塗りの窓、切妻造りの平入、桟瓦の屋根、弁柄塗りの木部、といった町家のファサードは、自ずから整然とした統一感のある独自の町並みを形づくった。町家のファサードや屋根に防火的な材料を用い、また敷地の奥に土蔵を並べて延焼防止の工夫をするなど、いわば「防災まちづくり」もしだいに行われるようになった。度重なる火災がそう

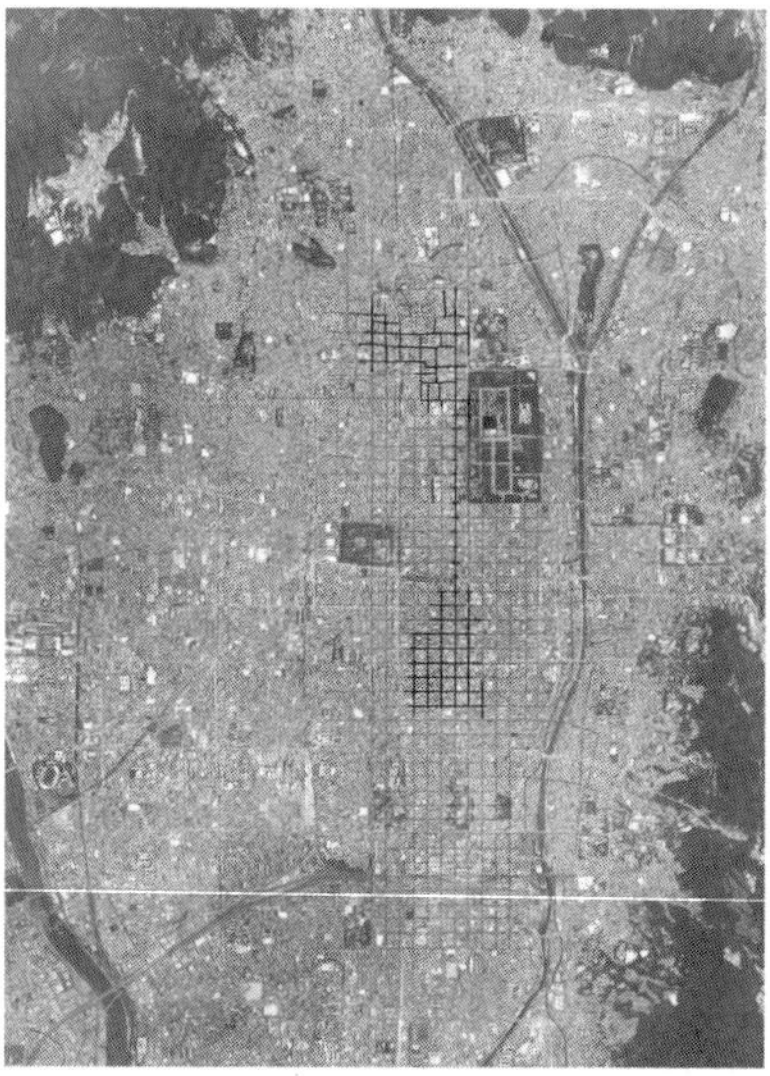

戦国期の京都

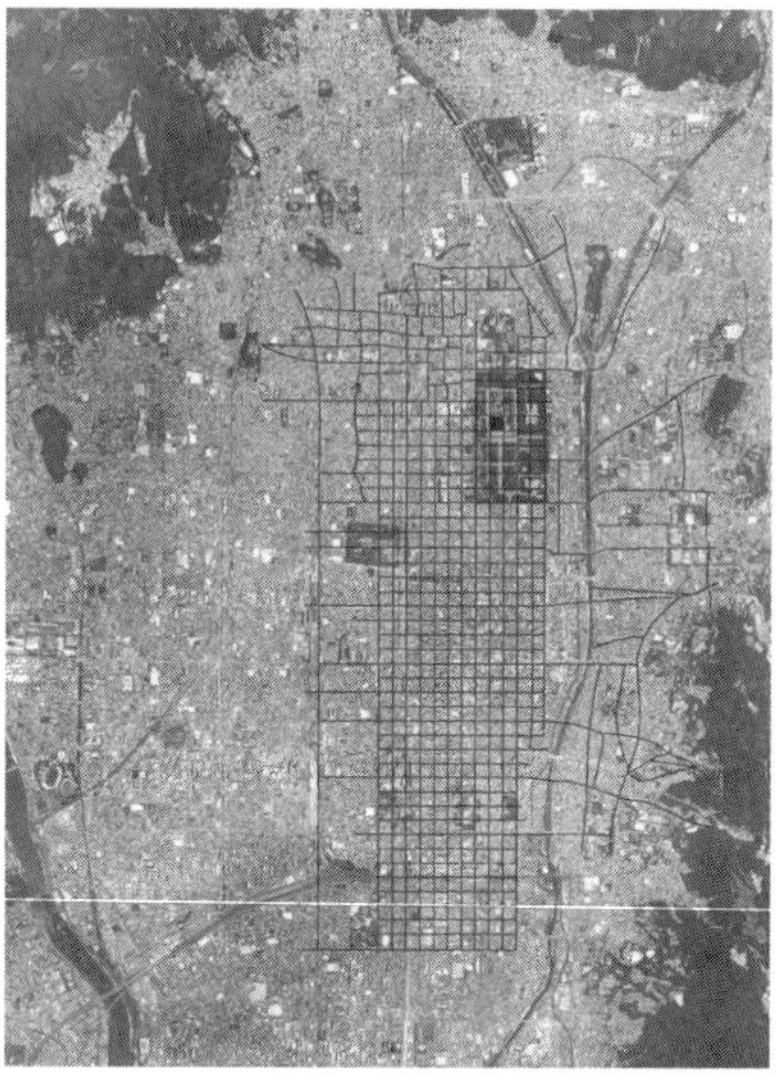

室町期の京都

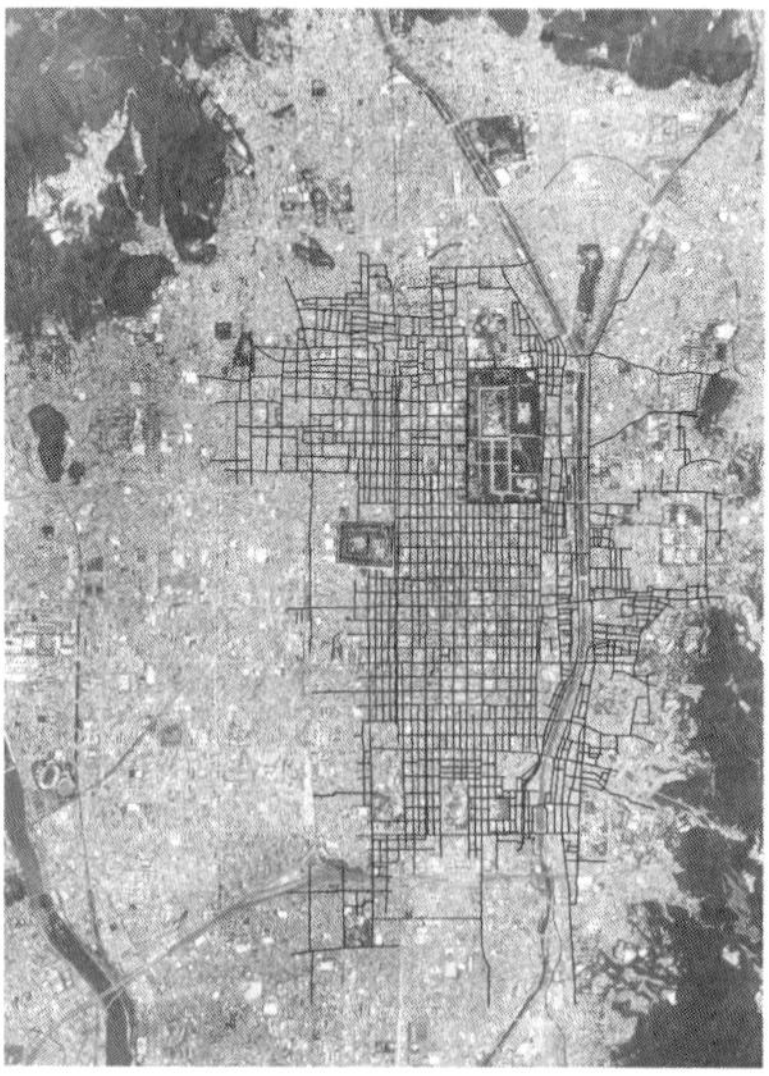

明治期の京都

江戸期の京都

図 42　京都市街地の移り変わり

した努力を加速した。

興味深いのは通り庇である。公界である道に差し掛けるために、柱によって庇をうけることはせず、腕木によって支えるという構造的な工夫を行っている。ここには道―中間領域―屋地からなる町人の都市空間観念が建築化されている。

おわりに

元亀四年（一五七三）の上京の焼討や、慶長元年（一五九六）の大地震、天明八年（一七八八）の大火など、京都のまちづくりを破滅の淵に追いやった災害は、長い歴史のなかで決して少なくなかった。また、京都は長期にわたって首都であり、政治経済の中心であった。これは京都の繁栄をもたらしたものの、一方では政権の交代にともなってしばしば大規模な都市改造が行われ、「まちづくり」の成果が破壊されてしまうこともあった。にもかかわらず、京都の住民はこうした災害や破壊にめげず、屈することなく、めざましい復興と再生を遂げ、前代以上のまちづくりを実現してきた。「まち」に住む人々による「まちづくり」を支えたのは、いうまでもなく住民個々の、そして住民の組織のたゆまぬ努力であったと思わざるを得ない。ただ、この努力の足跡を歴史の記録に叙述することはほんとうにむつかしい。

コラム5　四条綾小路――祇園祭と町・町家

「四条綾小路」というのは、中世後期の京都においてある地域、またある町《ちょう》の固有名称として使われていた表現である。四条、そしてその一筋南にある綾小路は、ともに東西に走る道路であり、したがって一体それがどの地域や町をさしていたのかは、必ずしも自明ではない。いかにも奇妙な表現にみえるが、しかしそうした呼称は、おそらく都市の発展のなかからいわば自然に生まれでたものといえよう。下京の中心部に位置する「四条綾小路」という地域、町をめぐって、その特質の一端をうかがうことにしよう。

一、四条綾小路

応仁の乱前および明応二年（一四九三）に再興された祇園会の山鉾について記した史料をみると、東西方向の道二本で山鉾の所在地を示した例がいくつかあるのが注目される。それは「姉小路と三条間」・「錦小路と四条間」・「四条と綾小路間」・「五条坊門と綾小路間」であり、これらは他の記載と比較していずれも南北の道路を省略した表現であることが明らかである。省略された南北の道が町《まち》（現在の新町通り）と室町であることは山鉾の名から容易に知られるが、当時の人々がこのように町と室町、とりわけ町を省いて簡略化した表現をしたのは、ふつうの場合ではそれで十分に特定の場所がイメージできたからである。

そうした状況のなかからしだいに「四条綾小路」という地域概念が形成されていった。長禄二年（一四五八）の室町幕府奉行人奉書《ぶぎょうにんほうしょ》に北野天満宮燈明料所《とうみょうりょうしょ》として「四条東洞院東頬四町」・「三条町西頬」とともに「四条綾小路北頬」がみえるのをはじめ、天文八年（一五三九）の「披露《ひろう》事記録」に時宗《じしゅう》の尼の屋地の在所として「四条綾小路あまるへの辻子」、天文十六年（一五四七）の「鹿王院《ろくおういん》文書」では「四条綾小路の北、室町面東頬、烏丸間」、永禄二年（一五五九）の幕府奉行人奉書に「洛中四条綾小路屋地」、また『言継卿記』同年七月二十五日条に南都春日大社への手紙を託された宮田の住所として「四条綾小路」とある。「あまるへの辻子」が四条京極の余部辻子のことであるならば、四条綾小路は、西方では少なくとも町、東方では京極にいたるかなり広い地域を含む概念といえようが、それは戦国時代の終わりまで使われていたのである。

　ところで、それはある町の固有名称、すなわち町名でもあった。『親俊《ちかとし》日記』天文十一年（一五四二）五月二十九日条に「一昨日四条綾小路の古市中間喧嘩《ちゅうげんけんか》を仕り候、十一ヶ所疵を被り候、今日貴殿として彼町へ御発向也」とあるように、四条綾小路が特定の地域と、そこに形成された地縁組織の名称つまり町名として使われている。天文十八年（一五四九）の「四条綾小路町人等申状」によると、「当町東はし南頬正西と申す者……（中略）……彼の家の余地を烏丸町竹山」に売ったという。これによると、四条綾小路は、烏丸町に隣接していたのであるから、四条室町の東方、烏丸の間にあったことになる。すなわち、現在の函谷鉾町にあたる。

「四条綾小路」が町名として定着するまでの経過を振り返ってみるだけでも、二三の都市的動向を読み取ることができる。すなわち、

（1）町と室町の二本の南北街路が都市生活の上で大きな意味をもっていたが、十六世紀には上京・下京を貫く軸が、町・室町から室町一本へと変化した。

　こうした都市軸の推移の結果、四条綾小路が、町の周辺ではなく、室町周辺を意味するように変わった。なお、「三条六角」という地点表記の例も、同じく室町を省いた表現である。

（2）下京では四条と綾小路で限られた帯状の地域の観念――「四条綾小路」――が広く存在した。四条の、東洞院以東三町の範囲の地にあったという立売と関係があるのかもしれない。

こうした背景のもとに、狭義には四条と綾小路の間、室町面を意味する「四条綾小路」が、室町ではなく、四条通りをはさんで位置する町の町名となった。

二、町と祇園会出銭

さて、四条綾小路は、祇園会で函谷鉾《かんこぼこ》をだす町である。四条室町の西方には月鉾町《つきぼこちょう》、南には鶏鉾町《にわとりぼこちょう》、北には菊水鉾町《きくすいぼこちょう》があり、いずれもその名の由来となった鉾をだす。実は四条室町の辻は「鉾の辻」とも呼ばれ、都市祭礼と町のかかわりをみるのに格好の地域であって、さらに史料にも恵まれている。天文十八年（一五四九）にこの四条綾小路の町で起きた、祇園会の運営にかかわる一つの相論をみよう（川嶋将生『町衆の町　京』、柳原書店、一九七六年）。関連する三つの史料が残されており、いずれも短くはないが、当時の祇園会の運営や民衆の暮らし、町の様子などがよくわかるので、要約かつ現代語訳して引用する。

A　四条綾小路の町人等の申状《もうしじょう》（天文十八年四月付、「賦政所方《くばりまんどころかた》」、桑山浩然編『室町幕府引付史料集成　上』、近藤出版社、一九八〇年）

当町東はしの南頬に正清《しょうせい》と申す者がいました。彼の者が死去した跡を娘が相続し、その家の余地を烏丸町の竹山次郎三郎と申す者に売却しました。これは言語道断の曲事です。

その理由は、家の敷地だけでは商売にならないので、余地をもって商売していますが、おおよそ下京は空き地であっても祇園会に出銭しており、他の町へ土地を売却したときには家だけでは商売が成り立たないので、祇園会に差し支えが生じます。そのため御雑色《ぞうしき》をもって前々から相触れられ、禁止されているところです。

それなのに、この家の余地を売るという話が前々からあったので、使者を立てて曲事であると申し伝えたところ、そのようなことはまったく無いと返事をしながら、こうした所行は前代未聞のことです。

所詮、土地の売買は町内に限るのであって、他の町へ土地を売買してはならないとの旨、御下知《げち》を成し下されば、かたじけなく畏れ存じます。

ほしいままに裏以下の土地を他所へ売買するようになると、その町の祇園会の山は退転するということを申し上げた次第です。

B　竹山次郎三郎宗吉申状（天文十八年四月付、同右所収）
当町（四条綾小路）の正清の居屋敷内の裏地を買得したのは確かな事実です。

売買だといって他町の領分に入ると、もとの町においては祇園会が衰退してしまうと主張して、綾小路町人がほしいままに御下知を掠《かす》めとったのは、もってのほかの次第です。

買得した分は裏地として最小の大きさであり、さらに諸役の煩いにかかわらない上、ことにこのような売買の件は当該の両町がともに関係しているところを、あれこれいって紛らわしくしたことについて、問状《といじょう》を成され、御糺明を遂げられ、道理にかなっているかを聞かれて、速やかに御成敗を成し返されるならば、もっともかたじけなく存じ奉ります。御披露していただきたいので、申し上げた次第です。

C　『親俊日記』天文十九年（一五五〇）十二月二十八日条
綾小路の正清と竹山の相論の事は、既に原告の訴状と被告の陳状《ちんじょう》が交換されているが、隣町の衆などの仲介の事情などを披露させたところ、そうであるならば売券状の内容にしたがって所有をまっとうさせると、竹山に対して御下知を成し下さるべきであるということになった。
※Cとほぼ同じ内容をもつ史料が『蜷川家文書之三』、六三五、飯尾貞広書状。

四条綾小路町人と竹山との裏地の売買をめぐる相論の論点は、角地・裏地を隣町の竹山へ売買することが、町共同体的な規制の対象になるのか、あるいはまた通常の売買として許されるのか、ということであった。町は敷地の売却・移動が祇園会山の衰退につながるから売買を禁止すべきであるといい、竹山は当該裏地が「最小分」の規模であり、「諸役」も問題視するほどではないと主張しており、結果的には竹山の買得を認める奉行人奉書が発給されたようである。

相論の経過は以上のようであるが、そこから町と祇園会祭礼と屋地売買をめぐって、次のような興味深いいくつかの事実がうかがえる。

（1）下京の町々は、祇園会山鉾をそれぞれの町《ちょう》の出銭によって運営していた。
（2）祇園会出銭は町内の敷地（面積）に対して賦課される「役」であった。
（3）町内の敷地規模を維持することが、祇園会出銭を安定確保するために不可欠な条件であった。
（4）角地や裏地などの屋地売買に対して、町は常々監視を行っていた。
（5）幕府は、町内の敷地が売却によって他町の領域へ移動することを禁止していた（雑色が周知徹底していた）。

祇園会、とくに山鉾の巡行は、すでに知られているように幕府がさまざまな形で保護や助成を行っており、制度的に保障されていたといってよいほどの祭礼行事であったが、さらに一つの町だけで山鉾を運営できないような場合に備えて戦国期においてすでに「祇園会寄町」がつくられていたことが注目される。寄町の存在が応仁の乱以前に遡るかもしれないことを示唆する史料もあるが、具体的に寄町の姿がみえてくるのは、次の史料である（理解のために表記などを変えて引用する）。

二条室町〈本覚寺前〉人ならびに四条東洞院の町人申す祇園会寄町に就いての事、去年これを言上せしめ、落去の処、松田豊前守去今合力銭《ごうりきせん》催促の段、迷惑の趣これを申す、彼の一町、吉村彦左衛門尉、右京兆《うけいちょう》（右京大夫細川晴元、幕府の実権を握っていた人物）の恩補《おんぽ》（恩賞として与えられたもの）として恣《ほしいまま》に進退（処置）せしむるの条、諸人私宅を相構えずと云々、茲《これ》に因って家数少きの間、町人歎き申し候上は、去年仰せ懸けらるる旨を以て、開闔両人、御使として京兆（右京大夫細川晴元）へ罷向き、吉村一町違乱を退かるるべきの段、申し届くべきの至り、両町催促に至りては、然るべからざるの由、申し通さるるべし、（『披露事記録』天文八年〈一五三九〉五月七日条）

これから次のようなことが推定できる。

（1）祇園会に出銭する義務を負う「寄町」が設定されていた。
（2）下京の構の最北端に二条室町が位置したことからみて、山鉾町以外の町のすべてが寄町に編成されていた。
（3）町単位に合力銭の額が定められていた（町家の数が少なければ免除されるのであるから、通常の棟別や地口ではない）。
（4）合力銭の徴収は侍所開闔の松田が行うことがあった（通常は町自身が徴収したのであろう）。
（5）町を疲弊させるような領主支配は否定された。

三、祭礼と都市構造

ところで、さきの祇園会出銭のありかたから容易にわかるように、個々の町《ちょう》の領域、いいかえると下京の町割はすでに基本的には固定されていた。現在の下京山鉾町にみられる町割の骨格は、少なくとも天文期（一五三二〜一五五五）

にさかのぼり、おそらくは町単位の祇園会出銭によって山鉾運営が行われるようになった時期に形づくられていた敷地割の状態に源をもつと推定される。

一方、戦国後半期の京の道路は、ほとんどすべてが条坊制の規模・形態を失っていた。つまり巷所化して道幅がかなり狭くなっていた。そして前述のように町割が固定化するにしたがい、道幅もおのずから定まったとみられよう。巷所化した道路部分をそのまま敷地と公的に確定することになったのが、おそらく豊臣秀吉による天正年間の京中《きょうちゅう》検地《けんち》であり、その後実施された道路幅員の統一などの整備の結果、実体としても確定されたのであろう。

さて、祇園会山鉾を維持するための条件が、町共同体の存続、「役」負担における町共同体間の平等であるとすると、それは町割形成の大きな要因として、必然的に下京全域における町の規模の平均化、町内の均質化をもたらす契機となったにちがいない。逆に、祇園会にかかわる役負担そのものが、下京の町々にいわゆる山鉾町と寄町の上下関係をもちこむ契機となった。

本来的には水平的・平等的な地縁組織であるはずの町々は、祇園会のみならず、構《かまえ》の堀普請など恒常的な、あるいは臨時に賦課された少なからぬ課役に対応を余儀なくされるなかで、おのずと経済力の差にもとづく階層分化が進行したのであろう。結果的にはそうした階層差が町の内部にまで入り込み、町人による自治、町組の自治をその根元からゆるがせたのであった。

町衆の祭といわれる祇園会山鉾の維持運営が下京の都市空間構成＝町割に大きな影響を与え、また地域社会を構成する町々の間に階層構造をもたらした。惣構《そうがまえ》に囲まれた戦国期の下京は、都市民の祭礼に規定された都市集落なのであった。

四、角地の利用形態

こうした状況のもとでどのような土地利用、空間形成が行われたかを少し広くみておこう。山鉾の維持そして町の形態に大きな影響を及ぼすのは、裏地よりもむしろ、町の間口規模の増減に直ちに結びつく角地の売買である。角地は、その立地の特性のゆえに商業上少なからぬメリットを備えていたから売買などの現状変更の機会も多く、しばしば町同士の利害が衝突した。前述の相論も、表の店だけでは商売が成り立たないほど小規模な角地の、しかも裏地をめぐるものであった。

近世でも鯉山町《こいやまちょう》と橋弁慶町《はしべんけいちょう》が争い、「当町（鯉山町）南東角の家、今度修理いたし、打ち付け隔子《こうし》の所を明たてのみせ（見世）に仕り候ニ付、（中略）毎年祇園会地口ニ銀子弐両宛、橋弁慶の町へ永代出シ申す約束」（「橋弁慶町文書」〈『史料京都の歴史　中京区』、平凡社、一九八五年〉）になったのは、開口部の建具の形式を変更したのがきっかけである。この例では土地の移動がまったくないのに、祇園会地口を負担しているのは、一般に町並みに店を出すことが町への加入を意味していたからであろう。

一軒の町家で二方へ店舗を構えることができる角地は、どのように利用されていたのか。町単位の「役」負担のなかった室町期における角地の利用は、やや様相が異なるようであり、はなはだ大雑把ではあるが、『康富記《やすとみき》』によってうかがうと、次のようになる。大きく異なる三つの場合があり、いずれも角地の特性を表わしているといえよう。

（1）大きな敷地を酒屋・土蔵など有力商工業者が占拠
　鷹司烏丸南西角土蔵
　土御門西洞院南東角

（2）零細敷地に都市下層民

土御門烏丸南西角茶屋、
大炊《おおい》御門《みかど》堀川西南角（巷所）髪剃屋、間口一丈二尺奥二丈七尺

（3）街角の神祠

正親町《おおぎまち》高倉西南角天満宮

注　宝徳四年（一四五二）の土御門四丁町の復原図をみても、同様のことがいえそうである（高橋康夫『京都中世都市史研究』、思文閣出版、一九八三年、二二六頁）。

戦国末期・近世では、洛中洛外図屏風などに明らかなように、町の両端に木戸門が設けられ、角地ないしは角の近くには番屋《ばんや》、髪結《かみゆ》い床《どこ》があるのがふつうであった。先にあげた髪剃屋の例は、それが髪結いを意味するならば、近世的な町角のありふれた景観の先駆的な例とみてよかろう。また角地の茶屋も都市大衆文化の一面を示すものとして注目され、歴博乙本洛中洛外図屏風にも描かれている。

角地に大規模な町家（たとえば江戸の櫓屋敷のようなもの）があったかどうか、これについては不明なところが多く、考古学的調査に期待したい。ただ、近世初頭の舟木本洛中洛外図屏風には、角地に立ち、そして二方に見世を構えた表長屋店舗を描いている場面があり、興味をひく。

小論1　京の通り名

「通り」といういいかたは戦国時代の末に始まる。そして近世初頭の都市発展期に、平安時代以来の道の名称とは異なる新しい通り名も数多く生まれた。京の町を縦横に走る通りの名は、長い歳月をかけて行われてきた都市民衆のまちづくりと深いところでかかわっている。

一、京の通り名の歌

「丸竹夷二《まるたけえべすに》、押御池《おしおいけ》」と京の通りの名をつらねたわらべ歌は、広く知られている。二〇〇二年十一月、この「丸竹夷《まるたけえべす》」や「寺御幸《てらごこう》」、「坊さん頭は丸太町」などのわらべ歌をCD化した『京の通り名の歌——都の歳時記とわらべ歌——』が異例の売れ行きを見せていると報じられた。[1]「中高年のノスタルジーを刺激したのかも」とい

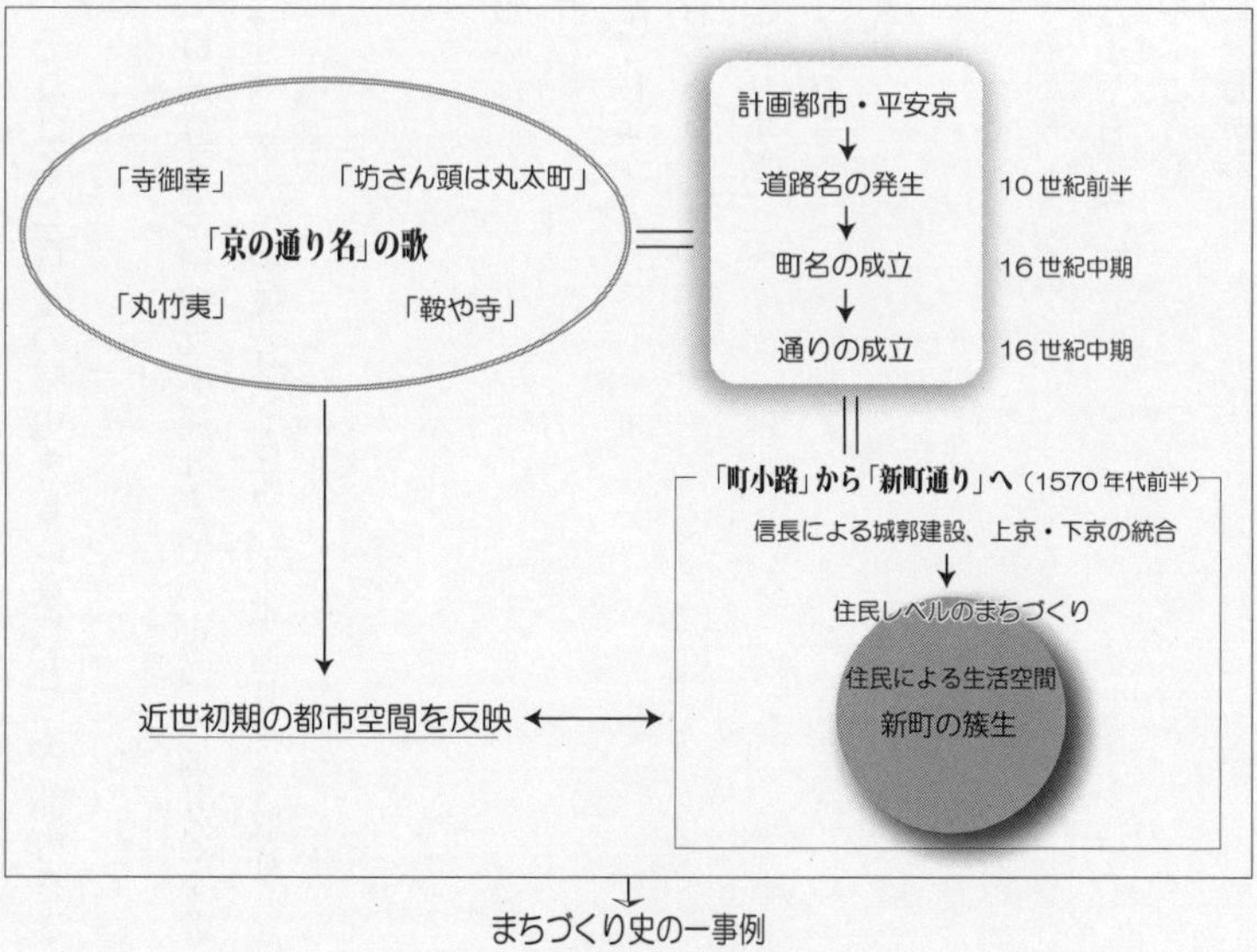

図43　本稿の論点

う業界関係者らの話を伝えているが、京都の道や通りについての出版物やインターネットのホームページを検索してみても、京都の通り名についての関心はかなり高いといえよう。それは千二百年の歴史をもつ京都という都市を歩き、理解するのに現在でも役に立つからなのであろう。

京の通り名の歌としてもっとも有名な「丸竹夷」は、北の丸太町通りから南の九条通りまでの東西の通り名を歌い、またあまり知られていないが、南北の通り名を歌った「寺御幸」は、東の寺町通りから西の千本通りまで取りあげている。

「丸竹夷」

丸　竹　夷　二　押　御池　　まるたけえべすに、おしおいけ
姉　三　六角　蛸　錦　　あねさんろっかく、たこにしき
四　綾　仏　高　松　万　五条　　しあやぶったか、まつまんごじょう
雪駄　ちゃらちゃら　魚の棚　　せきだちゃらちゃら、うおのたな
六条　七条　とおりすぎ　　ろくじょうひっちょう、とおりすぎ
八条　こえれば　東寺道　　はっちょうこえれば、とうじみち
九条大路でとどめさす　　くじょうおおじでとどめさす(2)

「寺御幸」

寺　御幸　麩屋　富　柳　堺　　てら、ごこ、ふや、とみ、やなぎ、さかい
高　間　東　車屋町　　たか、あい、ひがし、くるまやちょう
烏　両替　室　衣　　からす、りょうがえ、むろ、ころも
新町　釜座　西　小川　　しんまち、かまんざ、にし、おがわ

油　醒井で　堀川の水　　　あぶら、さめがい、ほりかわのみず
葭屋　猪　黒　大宮へ　　　よしや、いのくま、くろ、おおみや
松　日暮に　智恵光院　　　まつ、ひぐらしに、ちえこういん
浄福　千本　さては西陣　　じょうふく、せんぼん、はてはにしじん(3)

この「丸竹夷」や「寺御幸」の歌詞にあげられた通り名は、いうまでもなく京都の通り名のすべてでも、大部分でもない。なぜ、このような通り名が取りあげられているのか。また、これらの通り名によって示される地域は、いったいどのような意味をもった地域であるのか。そもそも、「〜通り」というようないいかたはどの時代に始まるのか。さらに平安京の大路・小路の名と異なる通り名が多いが、それらの通り名はいつ、どのようにして生まれたのであろうか。

知りたいことがつぎつぎと出てくるのは、わらべ歌とはいえ、それらが京都の人々が日々の暮らしのなかで京都の都市空間をしっかりと見つめ、長い歳月をかけてまちづくりを行ってきたことに深いところでかかわっているからであろう。本稿では「通り」に焦点を合わせて、まちづくり史の一端を述べてみたい。

二、通り名の歌は何を物語っているか

1 「寺御幸」

「寺御幸」は、平安時代以来の主要な南北路はもちろん、天正期以降、すなわち豊臣秀吉の京都改造事業によって方一町の街区のなかにあらたに開かれた南北の道——当時は突抜《つきぬけ》とよばれた——も含め、三〇の通りを取り上げて

いる。しかし、①寺町通りの東を走る河原町通りが含まれていない、②千本通りより西方の七本松通り、御前通りがない、など気になるところがある。寺町通りから始まり、千本通りで終わるのは、いったい何を意味しているのであろうか。いろいろと理由を考えることができそうであって、例えば、ただたんに主要な南北の通りだけを取り上げた結果にすぎない。あるいは、平安京の左京の範囲、すなわち京極大路（寺町通り）から朱雀大路（千本通り）までを取り上げただけのことである。あるいは、この歌詞が生まれたころ、洛中といえば、その東と西の範囲は寺町通りから千本通りまでであったからである。このほかにもありうるが、通り名をおぼえるためのわらべ歌であることからすると、三番目の可能性が高いようにも考えられる。わらべ歌は、ある時期の京都の都市的状況を反映しているのかもしれない。

「寺御幸」の歌詞は、江戸時代、十八世紀末頃に神沢杜口が著した『翁草』にみえる「洛中竪小路」の歌がもとになっているようである。次のようにいくつかのちがいがある。(4)

『京の通り名の歌』	『翁草』
寺　御幸　麩屋　富　柳　堺	寺　御幸　麩屋　富　柳　堺
高　間　東　車屋町	頂妙寺通、今高倉ト云　間の東に車
烏　両替　室　衣	烏丸　両か室　衣
新町　釜座　西　小川	新　釜　西　小西（川の誤り――引用者注）
油　醒井で　堀川の水	油　醒　堀
葭屋　猪　黒　大宮へ	よしや　猪隈　黒　大みや
松　日暮に　智恵光院	松　日暮しに　智恵光院
浄福　千本　さては西陣	浄福　千本　扨《さて》は西陣

興味深いのは、『翁草』が「頂妙寺通、今高倉ト云」と記していることである。当時、頂妙寺通りという呼び方はすでに廃れて高倉通りといわれているのに、「頂」と記したことは、この詞が著者神沢の記憶のための作ではなく、「古より有来る所の歌」であることを示唆している。ところで高倉の名は平安時代からあるのに対し、頂妙寺通りは早くとも戦国期に生まれたものである。頂妙寺は移転を繰り返し、天正十五年（一五八七）以来旧地である中御門高倉に戻っていたが、寛文十三年（一六七三）の禁裏大火の後、鴨東に移転させられる。こうした事情によって十八世紀末には頂妙寺通りは使われなくなっていたのであろう。以上から、『翁草』の「寺御幸」は十七世紀につくられたと推測することができよう。さらに推測を重ねるなら、その時期はまだ河原町通りの町々があまり発達していなかったころではなかろうか。

河原町通りについて宝暦十二年（一七六二）の『京町鑑』に、「中古まで寺町より東は川原なりしゆへに号す。古老曰、天正年中に開けり、然れ共、人家所々に有し、正保年中（一六四四～四八）より、段々家建つづきしと也」とあり、十七世紀の半ば頃よりしだいに町並みができたという。また寛文五年（一六六五）の『京雀』は、「二条より下にては角倉通といふ」と記している。河原町通りが急激に発展を遂げ、繁華街となるのは、寛文十年（一六七〇）に御土居の東に鴨川新堤、いわゆる「寛文の新堤」が築かれてからのことである。寛文以前の河原町通りは、とくに取りあげるほどではなかったにちがいない。したがって『翁草』の「寺御幸」の成立時期は、その上限が判然としないためあいまいないいかたにならざるをえないが、一六七〇年以前をそれほどさかのぼることないころと考えられる。戦国期の京都から目を瞠るような発展をし、新たな都市形態となったこの時期に、通り名の歌がつくられたということは、まちづくり史にとってたいへん興味深いできごとと考えられる。

あともう一つ、注意しておきたいことがある。平安京の大路・小路のうち、東京極大路が寺町に、万里小路が柳馬場通りに、高倉が一時頂妙寺通りに、町小路《まちのこうじ》が新町通りに変わったほかは、平安時代以来の名称が、富小路・東洞院・

烏丸・室町・西洞院・油小路・堀川・猪熊・大宮とよく残し伝えられている。その理由として、おそらく京都が衰退した戦国時代においても高倉から堀川あたりまで市街地として存続したことが考えられよう。ただ、そのなかでなぜか町小路だけが新町通りと名を変えているのがいかにもふしぎである。古代・中世においてもっともにぎやかであった通りの名が変わるには、何か特別の状況があったはずである。それはいったい何であったのであろうか。

2 「丸竹夷」

「丸竹夷」についても、同じような点を指摘することができる。「丸竹夷」の通り名のあげかたをみると、丸太町から六条まで一町ごとに通り名をあげているが、六条からあとは通り名の示し方がおおざっぱであり、東寺道をのぞいて、七条や八条など、かつての平安京の大路を取り上げているだけである。また通り名のあらわしかたに長短があり、五条通りまではほとんどが頭の一字だけであるのに、それ以後は二字から四字までと詳しく表記している。要するに、丸太町―五条間と、それ以降のあいだには表現にかなりの温度差があり、「丸竹夷」の歌詞でよく知られているのが五条までであることからも、後半部はあるいは付け足された歌詞ではないかとも思えてくる。(5)

これと符合するのかもしれないが、「丸竹夷」の歌詞の後半部には、いくつか別の詞がある。同じ高橋美智子が採譜した一九九三年の『京のわらべ歌』では、

六条　三哲　とおりすぎ　　ろくじょうさんてつ、とおりすぎ
七条　こえれば　八　九条　　ひっちょうこえれば、はっくじょう
十条　東寺でとどめさす　　じゅうじょう、とうじでとどめさす

となっている。(6)こちらの歌詞のほうがむしろ巷間に広く流布しているようである。戦後につくられた道路である十条

を含むなど、現代京都の都市空間のすがたを反映し、新しい気分が感じられるからであろう。ただこれには、三哲通りはかつての八条坊門小路にあたり、七条の南に位置するから、六条と三哲、七条は北から南の順になっていないこと、また九条と東寺が重複し、行ったり来たりする記載となっていることなど、十分に推敲された歌詞とは言いがたいところがある。これらの点からみて、この歌詞はそれほど古くはない時期に作り替えられた、いわば替え歌と思われる。

この「六条三哲とおりすぎ」のところを、

花屋　正面　北　七条(7)

にかえた歌詞もある。花屋町通りは、かつての六条大路（六条通り・魚の棚通り）と七条坊門小路（正面通り）の間にあるから、この歌詞の場合、魚の棚通りから正面通り、北小路通り、七条通りまで、北から南へ一町ごとに通り名を順序正しくあげていることになる(8)。すなわち丸太町通りから七条通りまで、すべての東西の通り名を列挙しているのが大きな特色といえよう。

このように後半部分にヴァリエーションがあるのに対して、丸竹夷から松万五条までに変化がないことは、丸太町通りや五条通りが境界として何らかの意味をもっていたこと、あるいは丸太町から五条にいたる地域が何かしら重要な意味をもっていたことを暗示しているのであろう。丸太町通りは、宝永五年（一七〇八）の大火後、拡張再建された御所の南を限る通りとなり、広い意味で下京の北の端となったからであるといえなくもないが、五条通りを南限とする理由を同じ十八世紀初頭以降に求めるのはむつかしい。

3　「鞍や寺」

ところで、丸太町通りの北にはあらためて言うまでもなく、もっと多くの東西の通りが存在する。平安京の範囲に限っても一条大路まで七本の通りがあるし、旧市街地の範囲をみると、一条大路よりもさらに北に今出川通りや上立売通り、鞍馬口通りなど七本ほどの通りがあり、昔から有名な通りが少なくない。巷間にはこうした丸太町以北の東西通り名を数多く取りあげたわらべ歌も伝わっており、このほうがはるかに洛中の実態にあっているのであるが、なぜかあまり知られていない。(9)「寺御幸」と同様に、十八世紀末頃の神沢杜口著『翁草』にみえる「洛中横小路」の歌がもとになっているようである。この歌の成立時期はわからないが、いうまでもなく十八世紀末以前、おそらく「寺御幸」と同じ、十七世紀中ごろ以前と考えてよいであろう。

鞍や　寺　上立　五つ　今や　元
武　一　中立　長者三通り
出水　下　椹木
丸太　竹　夷　二　押　お池に
姉　三　六角　蛸　錦
四条　綾　仏　高辻や　松　万寿寺に
五条　せきだや（雪駄屋）　魚の棚
珠数屋二筋　万年寺
七条越えて通り町なし

くらや、てら、かみだち、いつつ、いまや、もと
む、いち、なかだち、ちょうじゃさんどおり
でみず、しも、さわらぎ
まるた、たけえびすに、おしおいけに
あねさんろっかく、たこにしき
しじょう、あやぶつ、たかつじや、まつまんじゅじに
ごじょう、せきだや、うおのたな
じゅずやふたすじ、まんねんじ
ひっちょうこえて、とおりまちなし(10)

「鞍や寺」は、北の鞍馬口から始まって椹木町にいたる東西の通りを数え上げていることが大きな特色であるが、六条以南にも興味深い点がある。その一つは、「丸竹夷」系の花屋町通り・正面通り・北小路通りのかわりに、それ

ぞれ上数珠屋通り・万年寺通り・下数珠屋通りをあげていることである。六条から七条にいたる通りに異名がいくつかあり、一つの名前が定着していなかったことがこのちがいをもたらしたのであろう。『翁草』の「鞍や寺」は、「丸竹夷」と異なる時期、おそらくは「寺御幸」と同じく十七世紀の通称によっているのであろう。

もう一つ注目されるのは、「鞍や寺」では南限が七条であることを明確に歌っていることである。「七条越えて通り町なし」という結句は、おぼえるべき通り名の南限を断定的に示しているが、しかし、いうまでもなく八条通りや九条通りなどがなかったはずもなく、おそらくこの歌詞がつくられた十七世紀中ごろの洛中の範囲についての常識、いわば洛中観を示しているのであろう。

鞍馬口から七条にいたる東西の通りが走る都市域というと、中世の室町時代、そして縮退した戦国期の状況から回復した江戸時代初頭から近代にいたるまで、およそ四百年ほどのあいだの洛中の範囲とみてよい。「鞍や寺」は、もちろんその歌の成立時期からして、近世初期の京都の都市空間を反映しているわらべ歌といえよう。

4　「坊さん頭は丸太町」

「鞍や寺」とは逆に、通り名が少ないわらべ歌もある。

坊さん頭は丸太町　　つるっとすべって竹屋町
水の流れは夷川　　二条で買《こ》うた生薬《きぐすり》を
ただでやるのは押小路　　御池で出逢《お》うた姉三に
六銭もろうて蛸買《こ》うて　　錦で落とし《し》て四からまれて
綾《あや》まったけど仏々《ぶつぶつ》と　　高がしれてる松《ま》どしたろ(11)

「坊さん頭は丸太町」の歌詞は、ユニークで京風のおもしろさをもっているが、「鞍や寺」はもちろんこと、「丸竹夷」よりもはるかに通り名が少ない。北は丸太町通りから始まり、南は松原通りまでしかなく、「丸竹夷」の前半部よりもさらに狭い範囲の東西の通り名しか取り上げていない。「坊さん頭は丸太町」はぎりぎり最小限に絞り込んでいるというよりも、むしろこれだけでよいという思いもあるようである。京都の通り名として鞍馬口から九条までおぼえると、ほぼ完璧なのであるが、丸太町から五条まで知っていれば、洛中の中心部を生活圏とする人々にとって、さらには京都に住む人々にとっても十分役に立ったのであろう。

「坊さん頭は丸太町」や「丸竹夷」は、京都にかかわって生きる人にとって必要不可欠な知識を教えるものであったといってもよい。そのミニマム・エッセンスともいうべき京都が、下京の北限である二条よりもおよそ三町北へ広がり、丸太町通りが起点になっていること、南限が松原通り、五条通りであるのは、なぜなのであろうか。

三、「通り」はいつ生まれたのか

1　平安京の都市計画と道路名の発生

平安京は条坊制に基づいてつくられた計画都市である。平安京は「左京」と「右京」からなり、左右両京はそれぞれ東西に通る大路によって区画された「条」、東西南北の大路で区画された「坊」、坊を四つに分けた「保《ほ》」、さらに保を四つに分けた最小の街区である「町」からなっている。四十丈四方の大きさをもつ「町」は、さらに東西を「四行」、南北を「八門」に分ける。この三十二分の一町、すなわち南北五丈（一五メートル）、東西十丈（三〇メートル）、およそ四五〇平方メートルの宅地を最小単位とするものであり、それを戸主《へぬし》とよんでいた。こうした街区の階層的構造は、左右両京をわける朱雀大路以下、東西・南北に碁盤目状に走る大路・小路のシステムと密接に関連づけられており、街区を道路の明確な階層的秩序のもとに整然と組み立てたこの都市システムこそ、「条坊制」とよばれるものである。[12] 平安京はこのように、道よりも条や坊、保、町などの街区を中心に成り立っていた都市なのである。

平安初期の道路名称についてはわからないことが多いが、二条大路の南の「押小路」など、いくつかの道の名が平城京に由来することが知られている。[13] 平安京が古代都城から中世都市に変化していく過程、いいかえると都市住民が計画都市を改造し、住みこなす歩み（まちづくり、まちづくり史）を端的に示す史実に、十世紀後半にいたって町小路・室町小路・錦小路・綾小路・油小路・塩小路など暮らしにかかわる道路名称が自然に発生、定着し、しかも新たな道路の名称を用いて都市空間を表現するようになったことがある。[14] 平安時代末期の百科全書ともいうべき『掌中歴』は、左京の東西路について、

　一正土北辺、鷹近勘中一、春炊冷二条、押坊姉三条、角坊錦四条、
　綾坊高五条、樋坊桃六条、牝坊北七条、塩坊梅八条、針坊信九条

と、条ごとに道路名を簡潔に示している。[15] 平安京を理解し、表現するためのノウハウとして、通り名のわらべ歌と共通するところがある。

京都の住民がこれらの道路名によってどのように都市空間を表現していたのか、おおよその変遷を示すと、表9のようになる。

2　「通り」の成立時期

今日、誰もが日常的に使っている～通りという表現は、長い時間をかけて創り出され、戦国時代に広く用いられるようになった。戦国時代の終わりころに狩野永徳が描いたといわれる国宝の上杉本洛中洛外図屏風は、バードアイ

表９　地点表記の変遷

	地点表記の例： 京都市下京区室町通り四条下ル鶏鉾町東側、北端の地	年代
条坊制	左京五条三坊四保九町西一行北一門	平安時代
道路名の発生		
①東西路・南北路	四条大路と室町間	十世紀前半～十二世紀初頭
	四条大路南方、室町東方	十世紀前半～
	四条室町	十一世紀初頭～
②面《おもて》・頬《つら》	四条南、室町東、室町面	十一世紀末～
	四条より南、室町より東、室町面東頬	十三世紀初頭～
	四条室町、室町南東頬	十三世紀後半～
③道路の範囲	四条室町南東頬	十四世紀初頭～
	四条室町と綾小路の間、東頬	十五世紀前半～
町名の成立	鶏鉾町	十六世紀中期～
通りの成立		
④通り＋町名	室町鶏鉾町	十六世紀中期～
⑤直交する通りによる補足	室町通り四条	十六世紀中期～
④＋⑤	室町通り四条下る鶏鉾町	十七世紀中期～

ヴューによる都市のイメージマップというべき特色をもっているが、そこには「通り」によって都市空間を説明するという新しい時代の息吹が明瞭にうかがえる。それは都市の構造を表わす道路網を精細に図示したうえ、下京隻では「東洞院とおり」・「烏丸とおり」・「室町とおり」・「町とおり」・「西洞院とおり」・「油小路とおり」の書き込みを加えている。すなわち下京市街地の南北の道路をすべて「とおり」をつけた道路名称であげている。これは通り名称を一覧的に示す早い時期の史料といってよい。(16)

文献史料をみると、天正七年（一五七九）の「永養寺文書」に「五条通」とあり、また『親俊日記』の天文八年（一五三九）十月九日条に「室町通立売角之材木屋昼焼失」とみえている。後者は通りであることが明らかな早い時期の例であろう。

通りは道路名にたんに「通り」を付け加えただけのようにみえるが、道路の基本的な属性である「とおり」を中心にすえて、また生活空間である「町」の連なりとして都市空間を意識している点に注目しなければな

図44　下京の「室町とほり」(上杉本洛中洛外図屏風)

らない。「とおり」が定着した戦国時代の末期には、京都の都市空間は通りを経糸・緯糸として織りなされた空間となっていたのである。

さらにいえば、戦国時代から織田信長・豊臣秀吉の時期にかけて、新たな道路名がぞくぞくと生まれた。上中下の立売のほか、寺町、御池、蛸薬師、仏光寺など、新たな道路名称をいくつもあげることができるが、これらの新名称は、近世初頭になると、平安時代以来れんめんと受け継がれてきた道の名にかわってしだいに定着していく。こうした道路名称の変遷は、都市民衆の生活のなかで、道が、さらには都市空間が新たな意味をもって再編成されたことを端的にあらわしていよう。

新たな装いをまとった通り名と町名による表記は、街区を中心とした条坊制表記の対極にある観点といってよいが、それは政治的計画都市平安京が建設された後、八百年間にわたって継続された都市民衆による計画都市の「住みこなし」、すなわちまちづくりの到達点を示していよう。京都の通り名を覚えるための「丸竹夷二押御池、姉三六角蛸錦、四綾仏高松万五条」という有名な詞が童歌であることは、こうした民衆的な都市形成をよく表わしているといってよい。

四、町小路から新町通りへ

先に述べたように、上杉本洛中洛外図屏風では町小路《まち》のことを「町とおり」と書いている。「通り」といういい方が用いられてはいるものの、名称自体は平安時代以来の「町」そのままである。町衆との交流で知られる公卿山科言継の日記『言継卿記』の元亀元年（一五七〇）十月八日条に「春日町の新在家の言注房において酒これを振舞う」とあり、まだ町とよばれていることがわかる。

町小路が「新町通り」とよばれていることが確実な史料として、まず寛永年間に作成されたいくつかの地図をあげることができよう。寛永十四年（一六三七）と寛永十九年（一六四二）の『洛中絵図』にはそれぞれ「しん町通」、「新町通」という書き込みがある。寛永元年（一六二四）の洛中洛外地図屏風には「町小路」とあるので、このころにはまだ町小路の名も使われていたようであるが、これはかならずしも新町通りの名称がなかったということを意味しているのではない。慶長から元和、すなわち十七世紀初頭の京都を描いた舟木本洛中洛外図屏風には、その書き込みの場所も参考にして「五条しんまちとほり」と読みとることができる文字がある。

文献資料では、天正四年（一五七六）の「洛中勧進記録」に、「新町二條町」・「しんまちへんさいてん町」などとある。[17]これは通り名と町名を併記したものであり、先にあげた二つの『洛中絵図』と比較して、「新町」が今の新町通りを指し示していることは明らかである。公卿吉田兼見の日記である『兼見卿記』の同じ天正四年の七月十四日条には「近衛新町の地子銭を修理進に遣わす」と記されている。天正四年には「新町」という通り名が京都に住む人々のあいだに広く知られ、使われていたと考えてよかろう。以上から新町通りという名への転換期は、およそ元亀ころから天正初年ころ、すなわち一五七〇年代前半と推定される。

このころの京都でどのようなことが起こっていたのであろうか。

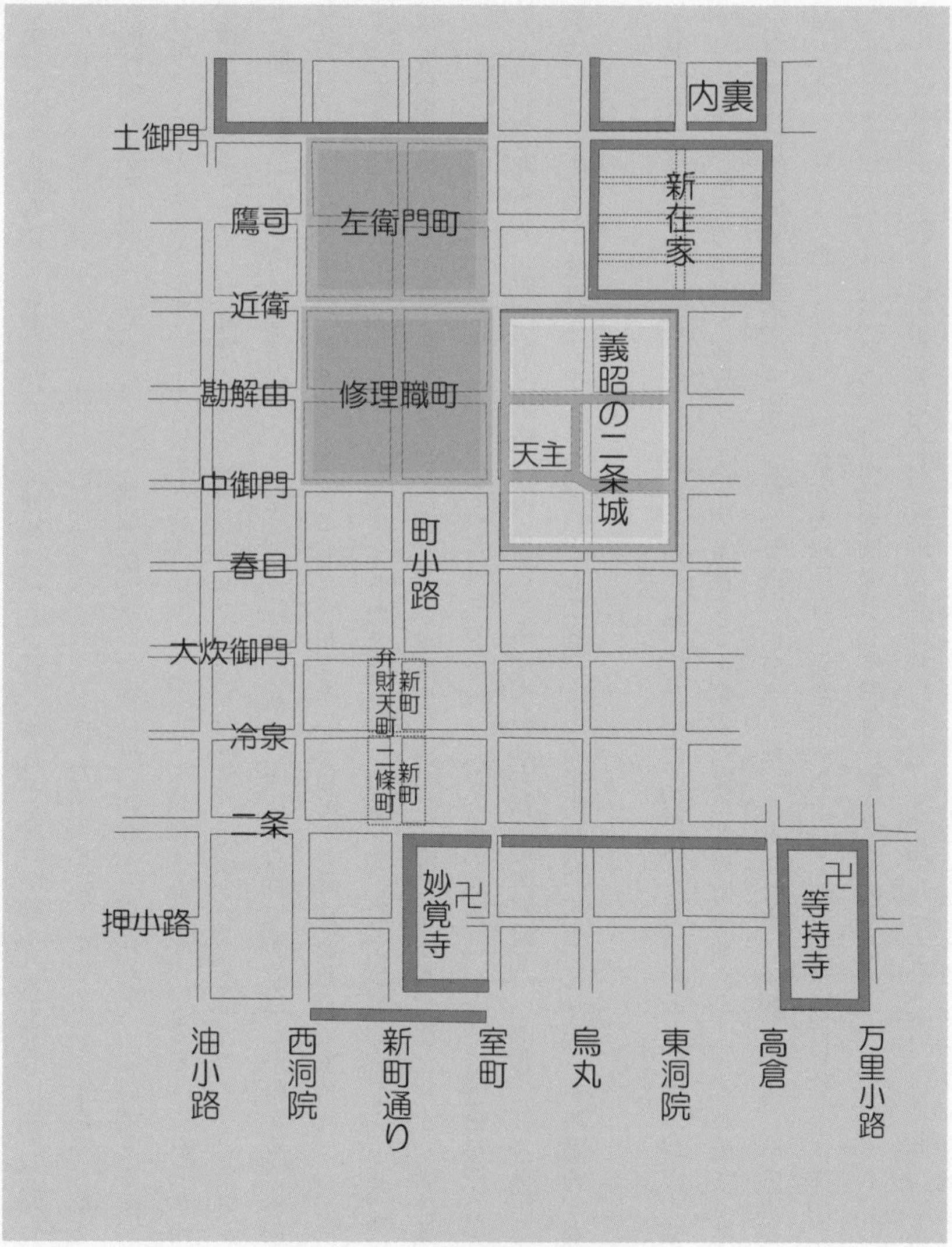

図 45　諸司厨町・町小路・新町通り

さきに掲げた『言継卿記』の記事において興味深いことは、それが春日小路（丸太町通り）と町小路（新町通り）の交わるあたりに「新在家」、すなわち新しい町並みがつくられていた事実を示していることである。明らかに上京と下京の「構」の外、戦国期には荒廃していた地域に位置する春日町の辺りが市街化しているのであるが、同じことを「新町二條町」・「しんまちへんさいてん（新町弁財天）町」についても指摘することができる。これらの町々は、いずれも新町通りに沿って成立した町であり、二つの『洛中絵図』の町名と比較することによって、二条町が二条―冷泉（夷川通り）間、弁財天町が冷泉（夷川通り）―大炊御門（竹屋町通り）間にある町であることがわかる。下京の要害の外に形成された、このような新興の町々が、文字どおり「新在家」、「新町」と呼ばれたのであった。

このように町小路に「新町」がぞくぞくと形成された背景には、京都を掌握した織田信長が、永禄十二年（一五六九）に将軍足利義昭のために天主をそなえた大城郭（旧二条城）を建設し、奉公衆屋敷地など武士の居住地をつくったことなど、新たな都市形成・計画的な動きがあると考えられる。将軍の城の立地は、およそ北は近衛大路（出水通り）、南は春日小路（丸太町通り）、西は室町小路（室町通り）、東は東洞院大路（東洞院通り）、南北三町、東西二町の範囲を占めていた。この信長の二条城建設を大きな契機として周辺、とくに町小路に沿って早くから町並みが発展したのであろう。

信長は義昭との確執から、元亀四年（一五七三）に二条以北の上京の町々を焼き討ちし、その後、上京の再興を命じるとともに、織物業者の集団、練貫座《ねりぬきのざ》の人々の集住する上京の白雲の絹屋町を新たな土地へ移転させる。この新在家絹屋町の屋敷地は、内裏の惣堀より南、近衛より北、高倉より西、烏丸より東に位置し、方二町の規模をもち、下京に倣って惣構（そうがまえ）を構築した。新在家絹屋町の建設は、おそらく新たな住民自身の手によってなされたものであり、商工業者による商工業者のための地域開発として特筆に値するものである。(18)

天正元年（一五七三）、義昭は京都を退去し、室町幕府は滅亡した。天正四年（一五七六）には義昭の二条城は完全に破却され、跡地はふたたび市街地に戻ることになった。信長を渦の中心とする一連の都市的動向、とくに上京の焼き討ち以降の新市街地形成の過程で、上下京の「構」の外には都市住民の手によって「新町」が数多く創り出されていったにちがいない。「新町」ということばは、「町通り」との共通性もあって、しだいに固有の通り名に転化していったのであろう。

「新町」は、天下人による京都の城下町化の動きとかかわりはするものの、権力者による都市形成・計画とは異なった、住民レベルのまちづくりの表れであって、近世都市の胎動を象徴することばであるといえよう。平安京の住民による市場・繁華街、すなわち町《まち》の形成を示す「町の小路」から、近世京都の住民による生活空間、すなわち町《まち》の形成を示す「新町通り」への移りかわりは、まちづくり史の一こまを端的にしかも雄弁に物語っているのである。

おわりに

戦国末期のきわめて小さく凝縮した下京の都市空間は、おおよそ東は高倉、西は堀川、北は二条、南は五条（松原通り）に限られていた。織田信長そして豊臣秀吉の時代になると、しだいに「構」の外にも町家を建て、町並みを発展させ始めた。上京と下京のあいだの空閑地は北と南の双方から町家が建て続き、町並みがつくられ、新しい町が生まれていった。そうした上京と下京のまちづくりの接点が春日小路、すなわち丸太町通りであったのではなかろうか。

近世京都への胎動が始まったころの下京は、まさに「坊さん頭は丸太町」のわらべ歌がぴったりする状況であったと考えられる。とはいえ、このわらべ歌が近世初頭につくられたとも考えることができないから、のちに大きく発達をした下京の中心部を取りあげたものとみるべきなのであろう。都市の記憶、あるいはまちづくりの歴史の記憶と言ってよいのかもしれない。

注

（1）二〇〇二年十一月二日付け毎日新聞。『京の通り名の歌——都の歳時記とわらべ歌——』、高橋美智子監修、あいりす児童合唱団、京都レコード、二〇〇二年九月。

（2）丸太町、竹屋町、夷川、二条、押小路、御池
姉小路、三条、六角、蛸薬師、錦小路
四条、綾小路、仏光寺、高辻、松原、万寿寺、五条
雪駄屋町（現在は楊梅）、鍵屋町、魚の棚
六条、七条、
八条、東寺道、
九条、

（3）歌詞の最後の句は、解説では「浄福　千本　さては西陣」と記され、歌のなかでは「浄福　千本　はては西陣」と聞こえる。
寺町、御幸町、麩屋町、富小路、柳馬場、堺町
高倉、間之町、東洞院、車屋町
烏丸、両替町、室町、衣棚
新町、釜座、西洞院、小川
油小路、醒ヶ井、堀川
葭屋町、猪熊、黒門、大宮
松屋町、日暮、智恵光院
浄福寺、千本

（4）『日本随筆大成　20』（新装版、吉川弘文館、平成八年）に拠る。

（5）魚の棚は六条通りであり、したがって六条が重複していることも気になるところである。

(6)『京のわらべ歌』、高橋美智子採譜・解説、あいりす児童合唱団、京都レコード、一九九三年。
(7)花屋町、正面、北小路、七条。
(8)六条のかわりに七条が重複している。
(9)「鞍や　寺　上立　五つ　今や　元　武　一　中立　長者三通り　出水　下　椹木　丸　竹　夷　二　押　御池　姉　三　六角
　蛸　錦　四条　綾　仏　高辻や　松　万寿に　五条　雪駄屋　魚の棚　珠数二筋　万年寺　七条　越えて通り道なし」。
(10)鞍馬口、寺之内、上立売、五辻、今出川、元誓願寺
武者小路、一条、中立売、上長者町、中長者町、下長者町
出水、下立売、椹木町
丸太町、竹屋町、夷川、二条、押小路、御池
姉小路、三条、六角、蛸薬師、錦小路
四条、綾小路、仏光寺、高辻、松原、万寿寺、
五条、雪駄屋、(鍵屋町なし)、魚の棚
上数珠屋、(正面通りなし)、下数珠屋、万年寺
七条
(11)前掲『京のわらべ歌』(注6)。『京の通り名の歌――都の歳時記とわらべ歌――』にも収録されている。
(12)この条坊制による呼称、たとえば「左京三条一坊一保一町」というと、それは住所表示のための地番であり、かつ行政の末端組織の一つをも意味した。
(13)『京都市の地名』、平凡社、一九七九年。
(14)このほか、「四面町」の形成や巷所《こうしょ》の発生、辻子《ずし》の開発などもある。
(15)錦小路の由来は、『宇治拾遺物語』に「十世紀のなかばころ、清徳聖という人がいた。右大臣の藤原師輔が米十石を施行したところ、清徳の尻に付いていた人の目に見えない数万の餓鬼・畜生・虎・狼・犬・馬・鳥獣などがすべて食べてしまった。そして出歩くうちに、四条の北の小路に「ゐど」をまった(排泄した)。この尻に付いていたものがそこら中にしちらしたので、ただ墨のように黒い「ゐど」を、すきまもなく、はるばるとしちらしたので、人々もきたながって、その小路を「くその小路」と名付けた。そのことを帝が聞かれて「その四条の南は何という」と問われたので、「綾の小路です」と申しあげると、「さらば、これをば錦の小路といへかし。余りきたなきなり」と仰せられた。これにより「錦の小路」というようになった」とある。

(16) 上京ではたんに「北舟ばし（橋）」・「たちうり（立売）」・「にしおち（西大路）」と、道路名ではなく地域名称をわずか三ヵ所に書き込むのみであり、この点、上京隻と下京隻とできわめて対照的である。
(17) 頂妙寺文書編纂会『頂妙寺文書・京都十六本山会合用書類　三』、大塚巧藝社、一九八九年。
(18) 高橋康夫『洛中洛外——環境文化の中世史』、平凡社、一九八八年三月。

第八章　生業と地域空間形成

前章では都市住民によるまちづくりの歴史を概観したが、自律的な「住みこなし型まちづくり」の代表的な事例として、古代から近世初期まで商いの空間がどのように変化してきたのかを考えてみることにしよう。

日本中世における巨大都市京都は、歴史学からする都市論の原点である。この章では京都を素材として、都市における主要な社会経済的活動の一つである生活必需品などの売買・交換が、いかなる場において、またいかなる建築施設において行われたかを検討する。古代から近世初頭にかけて売買・交換の場であった市《いち》と町《まち》と立売《たちうり》の変遷を具体的にあとづけることによって、空間分節化の様相と、さらにはその特質の一端を示したい。

ところで、交易の空間のみならず、中世京都のさまざまな都市空間の実態をリアルに復原するためには、同時代の絵画史料の利用が有効であることはあらためていうまでもない。しかし残されている絵巻物や洛中洛外図屏風などの絵画史料はきわめて数少なく、とりわけ中世前期についてはないも同然というのが実情である。こうした史料的限界を克服する方法として、近世都市そして近世絵画史料——とくに都市図——を参考にして、そこに失われた中世京都の姿を探ってゆく作業も試みる必要があろう。また、こうした絵画史料を読み解く手がかりとして、近世の都市風俗にも着目したい。こうした方法を用いることによって、中世京都の新たな歴史像を描くことができるのではなかろうか。

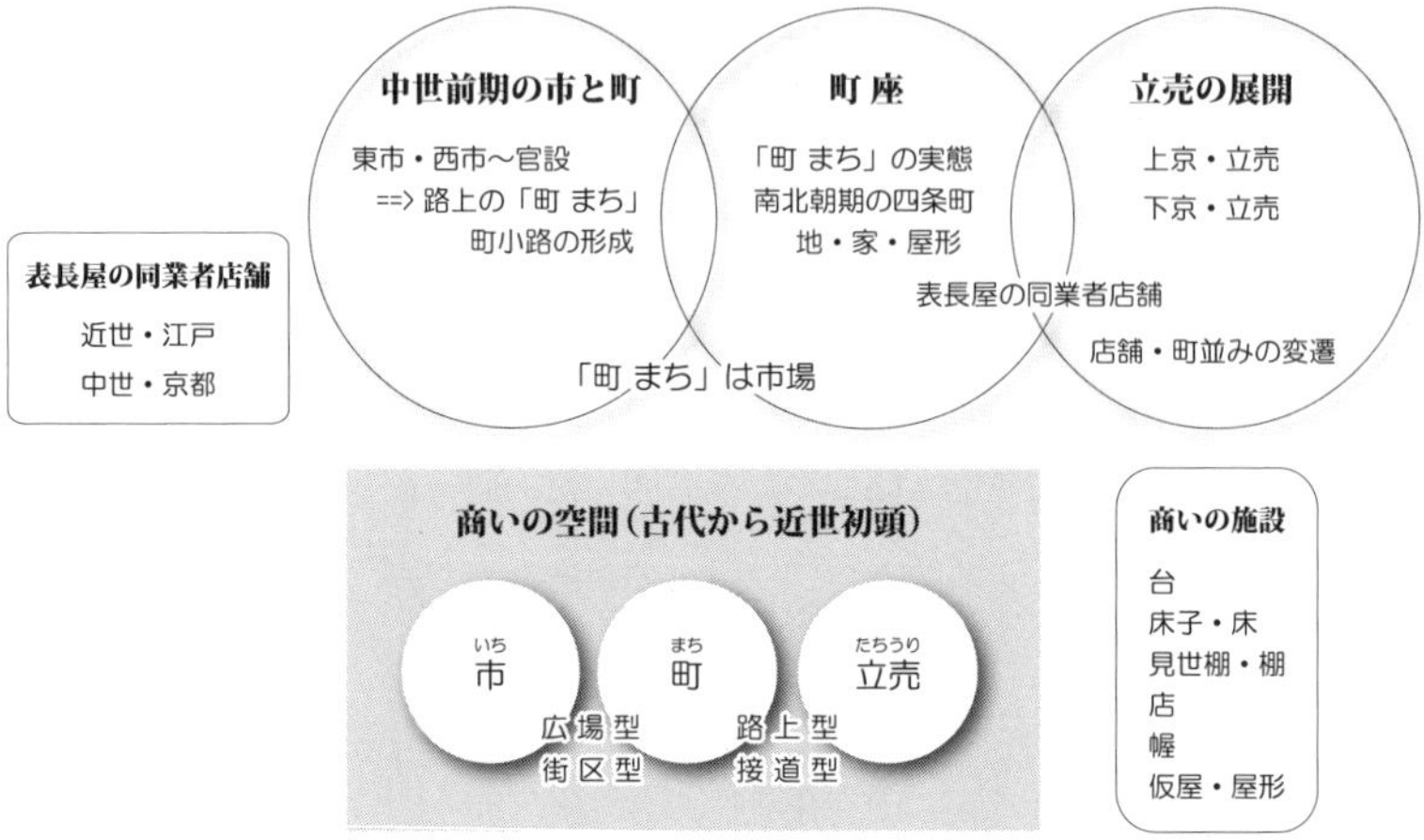

図 46　本章の論点

一、表長屋の同業者店舗

1　江戸の表長屋

右のような新しい方法を模索する観点から注目されるのが、玉井哲雄の江戸図屏風に関する論文「表長屋の町並み」である。(1) 玉井は出光本江戸名所図屏風に描写された日本橋北西角地の一軒の町家にスポットをあてる。店先に数種類の暖簾が吊られているが、一つの暖簾が一つの店舗にあたることを手がかりに、この画面は数人の商人が出店している「表通りに面した長屋店舗」であり、また取り扱っている商品がいずれも同じ漆器なので、「同業者集住の長屋店舗」を描いていること、同じような表現が歴博本江戸図屏風にもあることを指摘している。

大伝馬町の表長屋《おもてながや》については随筆『そらおぼえ』が、「(太物《ふともの》店は)一ケ町通しに、西より東へ建て続けし長屋造りなりし、其家凡五十人の木綿太物商人にて住居し、壱軒の店に、二名三名暖簾を掛け、雑居して商売せしといふ、前にいふ如くなれば、家の数も分らず、ゆえに、屋根にうだつを揚げて、家々の境界とす」と記している。商人の個別性を象徴するのが暖簾であり、一軒の店舗の境界を表わすのが卯建《うだつ》であった。「享保五年大伝馬町一丁目店間仕切図」

によると、間口六尺から十尺程度の零細な間口の店舗がならんでいることがわかる。大伝馬町では一つの町屋敷の表側を数人の問屋で共同で所有し、町家の普請も共同で行っていたらしい。

興味深い町の状況が明らかにされたのであるが、ただ、こうした表長屋店舗においてふつうの意味での住生活が行われていたかは疑問の残るところであり、同業者の「集住」というには慎重を要しよう。「表長屋の同業者店舗」と規定する方がより妥当ではなかろうか。

さて、江戸図屏風からうかがわれる初期江戸町の状況を、玉井は表長屋から零細独立町家へという過渡期を示すものとするが、この見解は、初期江戸のみならずほかの近世都市、さらには中世の京都の状況を見直すうえでも重要な意味をもっている。中世京都を対象とする本論では、とくに中世的な状況を示すとみられる「表長屋の同業者店舗」というシェーマに着目したい。このような形態の町家が中世京都にあったかどうかは知られていないし、また都市居住（あるいは営業）の様態、商業建築である町家の形態、町・町並みの形成に密接に関連するから、商業都市の基本構造にかかわる問題として検討する価値があろう。

2　洛中洛外図屏風にみる表長屋

まず洛中洛外図屏風の描写のなかに、大伝馬町の表長屋のような建築、すなわち建築的特徴が明瞭な、卯建を上げた長屋を探してみることにしよう。室町時代の町家の卯建を検討した伊藤鄭爾は、慶長前年の南蛮人図屏風にはそうした長屋の画像が比較的多くみられるが、戦国期の京都の景観を描いた洛中洛外図屏風にはほとんど見出されない、歴博甲本洛中洛外図屏風にただ一例、四条通りに認められるだけである、と指摘している(2)。これらの表長屋は、いずれも明らかにいわゆる棟割《むねわり》長屋であって、それぞれの住戸ユニットを個別に使用していること、すなわち同業者が集団で営業している姿ではないから、京における「表長屋の同業者店舗」の事例とみることはできない。

歴博甲本にみる表長屋の屋根に置かれた卯建は、必ずしも「表長屋の同業者店舗」を示す指標とはいえないようである。伊藤によると、こうした卯建は、社会的地位の上昇した長屋住いの家主層のシンボルであるといい、屏風にあらわれた卯建の描写の変化から、慶長期を中小家主層の展開期とみているが、それはともかくも、京の長屋の卯建には下層都市住民の社会的自立、住居の所有を示す意味合いが付け加わり、一方、大伝馬町の表長屋の卯建は一軒の店の個別性を示している。いずれにしても長屋の各ユニットの区分を明示し、ユニットの独立性を外部にあらわすのが卯建であった。

しかし、ことさら卯建をあげない長屋もあったにちがいない。実際、江戸日本橋の「表長屋の同業者店舗」をみると、その屋根の両端に卯建をあげるだけであり、一つ一つの店の区画を示すべき卯建はつくられていない。そこで、つぎに日本橋の表長屋に似た事例を調べることにしよう。

近世初頭の京都を描いたとされる舟木本洛中洛外図屏風は、さまざまな商いの風景を表現していておもしろい。店舗商業はもちろん振売《ふりうり》の姿、地面に座りこみ前に櫃《ひつ》を置く、いわゆる座売り、一坪ほどの床《とこ》の上に座って品物を並べる商人の姿など、おそらく当時の物売りの状況をよく示しているのであろう。さらに、そこには三例の表長屋らしき店舗も、たしかに描写されている。そのうち二つが、京都の町家としてはめずらしく、角地に立地して通りに面する二方に店を構えた大きな町家であることも気になるところであるが、ここでは店の構えに注目することにしよう。

（1）瓦葺き長屋（五条新町角か）

扇屋と反物屋の店があり、そのほかにも営業しているらしい。庇付きの入口の一部が描かれており、そこが主要な出入口であろうが、さらに角のところにも土間が二つ設けられていて、少なくとも三個所の通り庭があったことがわかる。梅鉢《うめばち》懸魚《げぎょ》を吊った妻《つま》をみせ、きわめて特異な外観をもった町家といえよう。

（2）柿葺き長屋（「五条寺町通り」）

扇屋と両替屋と薬屋が営業している。角地にあり、土間は妻側に一つしかない。

（3）板葺き長屋（「五条新町通り」）

反物屋と薬屋。片側に通り庭を設けた標準的な形式の町家であるが、店の方では、商人がそれぞれ一つの部屋を使って商売をしている。

以上を江戸と比較しながら整理すると、まず相違点としては、いずれの場合も異なる業種の組み合せであって、「表長屋の同業者店舗」ではないことがあげられる。しかしながら、京都に「同業者集住」の町があったことは確実であるから[3]、おそらくたんに洛中洛外図屏風などの絵画史料に描かれなかったというだけで、「表長屋の同業者店舗」が京都に存在しなかったことを示唆するものではあるまい。したがってこの相違点はさほど大きな意味をもたないと考える。

つぎに共通点としては、①一軒の町家のなかに数人の商職人が店を構えている、②棟割長屋の住戸を使用しているのではなく、通りに面した店空間を分けあってそれぞれの店としている、③住居として使用されていたとは考えにくいものがある、などを指摘することができよう。

具体事例が数少ないにせよ、さまざまな業種の商人が表長屋や一軒の町家で営業していたことが、舟木本によって判明したのであるが、江戸との共通点を重視するならば、舟木本の町家の形態からうかがえる京都の姿も、表長屋店舗から零細独立町家へいたる過渡的な、たぶん最末期の状況を示しているといって差し支えあるまい。

そうすると、戦国期以前の洛中では表長屋店舗も数多くあり、また「表長屋の同業者店舗」も存在したはずであるが、すくなくとも初期洛中洛外図屏風（歴博甲本・東博模本・上杉本・歴博乙本）にはそうした姿はまったく描かれていない。店を構える町家の多くは零細ながらも独立した町家であり、また表長屋であっても棟割長屋の店舗である。なぜ舟木本のような画像がみられないのかわからないが、町人の町家所有が早くから進んでいたからなのであろうか。かりにそうだとすれば、「表長屋の同業者店舗」の姿は戦国期をさらに遡らないとみえてこないであろう。

二、中世前期の市と町

1　東西市と町

平安時代の末期にはかつての官設市場である東西市は、その名残を生後五十日に餅（「市餅」）を買う習俗に残すに過ぎなかったようである。(4)東市にかわって都市住民の生活用品などの売買の場になったのが、よく知られているように南北に走る「町《まち》」とよばれた通り（現在の新町《しんまち》通り）であり、とくに三条、四条、七条などの大路との交点付近であった。

通りとしての「町《まち》」は、元来は土御門大路より北を「町口小路」、中御門大路より南を「町尻小路」と称したが、それは左衛門町と修理職町というそれぞれが東西二町・南北二町の大きな規模をもつ官衙町（厨町）の上部と下部から発していたからであった。町口・町尻小路が口・尻を省略してたんに「町」とよばれるようになったのは十二世紀の中頃とされるが、通り名としての「町」が、「物品を売買する場所」・「店の集った地域」・「市場」などの意味ではなく、官衙の存在した「町」、すなわち街区に源をもっていることをあらためて確認しておく必要があろう。(5)

ところで、商いにかかわる「町」は、実は通りの「町」よりも古くから使われていた。『蜻蛉日記』にみえる「町の小路の女」という用例は、町口・町尻とよぶ時代のものであるから、通りを意味しているのではなく、ある種の場所、地域を示すとみてよい。この意味で十世紀前半に成立した『倭名類聚抄』居処部が「店家」を見出し語としてあげ、「俗に云く東西の町是也、坐して物を売る舎也」と注することに着目したい。(6)この「東西の町《まち》」は、明らかに町口・

町尻小路、南北に走る町通りのことではない。そうすると、平安京の東と西に存在し、売買のための施設のそなわった場所、地域と解するのが妥当であろう。すなわち「東西の町《まち》」とは東市と西市を意味すると考えるほかない。とすると、「町《まち》」という言葉は、「市」を意味する言葉として広く用いられ、十世紀前半の平安京にあってはとくに東西市を意味していたといえよう。

「店家」・「店」とは、『倭名類聚抄』にしたがえば、商いの場である市(町)、東西の市そのもの、より具体的には市に設けられた、坐して物品を売る建物のことである。いわゆる町家商業の施設などではなく、市場の、とくに東西市の売買施設なのであった。こうした施設は、『延喜式』によると、東市に五一廛《てん》、西市に三三廛《てん》があり、それぞれの販売品目が定められていたことは周知のとおりである。

「廛」はふつう店舗のことと考えられているが、柴謙太郎によると、厘・壥と同じで、一般に「肆《いちくら》」、個々には商品名を冠して「絹肆《きぬくら》」、「菓子肆《このみくら》」などといわれ、「くら」は「物品を収蔵する場所」、「貨物の収蔵所」、「倉庫」であるとする。(7) しかし、柴が引用している史料、たとえば『令義解』の「肆」の註である「市中物を陳処也《おける》」などからは、むしろ市において売買・交換のために「物をならべて(のせて)おく場所」で、広い意味で店舗空間と理解する方がよい。そうした場所を覆う建物も「廛」とよばれ、ときには「廛舎」、「店家」とよばれたのであろう。

なお推定を重ねるならば、特定の一品目を扱う廛が各々ただ一人の市人によって経営されていたのではないとすると、このような営業形態は「表長屋の同業者店舗」にかなり近い姿であったとみることができる。(8)

『倭名類聚抄』の「店家」から、いわゆる町家建築ないしは町家商業の一般的存在を想定する見解がときにみられるが、以上のような意味でいささか疑問のある解釈といえよう。ともかく、ここでは「町」が売買・交易の場＝「市」を意味する言葉でもあったことをとくに強調しておきたい。

2　路上の「町」

さて平安時代末期になると、街区としての「町」と市としての「町」が同じ一つの空間ないし場を示すことが興味深い。諸司厨町に属し、東市に匹敵する二町四方の広さをもつ左衛門町は、「左衛門町は潤屋の地なり、店家屋《テムカ》を比べ、百物自らに備る」(9)というように、十二世紀前半にはおそらくは東市をはるかにうわまわる市場の活況を呈していた。『延喜式』によると、「凡そ京中の衛士・仕丁らの坊、商売することを得ず、但し酒食はこの例に在らず」とあるが、十二世紀前半にはそうした規定は意味を失い、左衛門町など諸司厨町のいくつかはあらゆる商品を扱う商業地域に変質していたのである。「町」の二つの意味が、実体としては同じ左衛門町の空間に認められるが、ただし、いまだに「町」は街区であって通りではない、つまり商店街の様相は呈していないらしいことが注意される。

十二世紀前半の成立とされる『今昔物語集』に「町に魚を買いに遣りつ」とあるのは、(10)これはまさに町口・町尻がたんに町と呼ばれるようになる時期にあたり、東市か、左衛門町のような街区＝市場か、あるいは町通りなのか、簡単には解釈できない。町通りであるとすると、そこにはすくなくとも魚を売る店があったことがわかり、道の機能変化を示唆している。町通りの呼称の成立は、おそらく口や尻の脱落、省略といった発音上の問題ではなくて、「町」という言葉にふさわしい、市が開かれる道という新たな都市状況を反映しているのであろう。市の開かれる場所が街区から道へと推移しているのは、平安京の変容動向——道が主体となる都市構造への変化——とまさに軌を一にするものといえよう。

こうした新たな状況を、顕昭は寿永二年（一一八三）の『拾遺抄註』に、「昔ハ其市（東市）ニテアキナヒハシケリ、町ハ私事ナリ」と記す。この当時、官設市場である東市はすでに過去のものとなり、都市民により自律的に形成された「町」＝市が商いの場となっていたことがよくわかる。顕昭の表現には市が正規の市場で、町は民間の市場といった区別があるが、『倭名類聚抄』に「俗に町と云う」とあるように、一般にはおそらく市よりも町という言葉がよく用いられたのであろう。

ところで、『寂蓮法師集』の歌の詞書《ことばがき》に、「隆房卿別当の時都の政みなむかしにあらためられけるとき、七条の市のたちけるを追せければ、上の三条四条のあせたりけるに、もとのことくにむらがりわたりければ」とある。(11) 藤原隆房が検非違使別当になったのは文治三年（一一八七）だから、そのころは七条（おそらく七条町）に市がたっていたが、隆房の復古政策によって三条と四条に昔のように市がたつようになって繁栄したという。また、『古今著聞集』に「鎌倉初期の建永ころ（一二〇六―七）花山院右大臣忠経に仕えた侍が七半という博奕に勝った銭を斉料として出家をし、四条町に半月、七条町に半月、商家の屋根の上で念仏をして行いすました」という話がある。上の三条・四条と下の七条とが商業地区として並びたっていたことがわかるが、さらに、さきの指摘と関連して、世間話においては町とあるものが、民政を行う立場からは市と表記されていることも注意される。町通りに展開する市場＝「町」が公的に認知されたことを示し、そうした結果として「内蔵寮内膳司は市辺において魚鳥を召し取り、交易上分を日次供御に備進(12)」とか、「三条以南に於て魚鳥精進菓子已下交易の輩(13)」に対する課役など、「町」に対して上分徴収を行うことになる。「町」が東市にとってかわったのである。ただ中世前期の「町」についてはこれ以上判明しないので、やや時代を下げて検討することにしたい。

三、町座とその施設

1　店舗の諸形態

これまで検討を加えてきたのは、「町」が市の開かれる場、すなわち市場であることを示すことによって、「町」の空間的・建築的実態を考える手がかりを得るためであった。すでに東西市が同業者の店舗空間からなっていた可能性を推定したが、さらに比較的史料の残るさまざまな市の状況から、「町」の実態を推定できるはずである。そこで予備的考察として、市をはじめ売買に使われた種々の施設を調べてみよう。なお、東西市の「廛」、「店家」はすでに触れたので省略する。

（1）台

道の傍らなどに簡単な屋根と柱の付いた台を設け、立ったままで商うのがいわゆる屋台店（屋台）であるが、文字通りの姿は絵画史料にもなさそうである。しかし、屋根も柱もないが、腰の高さほどの台を設けて立ったままで営業している姿は、上杉本洛中洛外図屏風に見出すことができる。立売の一例であろう。

（2）床子《しょうじ》・床《とこ》

南北朝期に綿商売を業とする祇園社の神人《じにん》が本座と新座にわかれて争ったことはよく知られた史実である。その相論のなかで「本座町人の前に床子を敷き、商売を致す事」が問題になっており、これは「新座神人と号するは、本座町人の前に床子に着す」ともみえる。[14] 本座の店の前で営業していたのは、結局、新座神人ではなく、本座神人の下人であるということになったが、相論はともかくとして、床子（床）、すなわち長方形に張った板の四隅に足を付けた台に座って商売をするという営業形態が注目される。こうした業態を立売とみなす見解があるが、[15] 腰掛のような台に座って品物を販売している姿は立売とはいえまい。

絵画史料には舟木本洛中洛外図屏風の四条河原の歌舞伎の場面にみえる。鼠木戸にほど近い路上に向い合って二軒の床子の店があり、高さ三十センチメートルぐらいで、一坪ほどの大きさの床子の上に品々をならべ、編笠をかぶった男が真中あたりに座り込んでいる。屋根もなければ、柱もなく、ただ床がある。地面に座って商う露店商との違いはその床の有無一つだけである。露店商の持物である櫃の描かれていない点も注意されよう。

なお、「葭簀張りに床を張ったりしただけの、人が常時住まない店」が「床店」であるというが、[16] 葭簀《よしず》張りなどの

図 47　食べ物や雑貨を売る下町の店（『福富草紙』）

囲いを除けばよく似ている。

（3）見世棚《みせだな》・棚

「商品を陳列して人にみせる台、また商品を陳列した場所」を見世棚とするならば[17]、肆・廛・店家とほとんど同じといえよう。見世棚の構造は、『年中行事絵巻』などの町家の見世棚をみると、窓の半蔀《はじとみ》を下ろし、棒で支えた、いかにも間に合わせの簡略な形式であって、専業の店でもこのようなものであったか疑問が残る。

棚という言葉を手がかりとすると、小さな神社本殿にみられる見世棚造りや、また閼伽棚《あかだな》などの「棚」の構造が参考となろう。いずれも柱によって床を地面からかなり高い位置に支えている点が共通しているが、商品を並べるためには見世棚造りの神社や閼伽棚よりもすこし広い面積を必要とする。座っては営業できず、立った姿となろう。『庭訓往来《ていきんおうらい》』には市町興行について「市町は辻子小路を通し、見世棚を構えせしめ」とあり、見世棚も、市立てにともなって仮設的につくられる施設であった。

（4）店

鎌倉時代の辞書『名語記』[18]は、「商人の家に様々の物をいだしおきて、沽却するをみせとなづく」とする。近世の「内店」と同じ内容であり、店舗・住居併用建築、いわゆる町家である。絵巻物や洛中洛外図屛風などに数多くみられる。

一方、同じような建築でも商業機能のみとみられるものもある。鎌倉時代中期に近江粟津供御人《くごにん》が生魚商売のために御厨子所《みずしどころ》供御人から借受けた「売買屋四宇」は、文字通りにみれば商店専用である。また初期洛中洛外図屏風には「一服一銭」の茶売りの姿（振売や立売）がしばしば描かれているが、また一方では、祇園社門前などに店構えの茶屋、「見世茶屋」もみえる。いずれも正面を開放した土間の建物であり、ごく小規模で居住機能をもっていないようにみえる。さらに祇園社や北野社門前の茶屋が、二間茶屋・七間茶屋など長屋形式であるのもおもしろく、文明ごろの壬生地蔵堂の惣門内には茶屋などの諸商売の仮屋が打ち連なり、時には十間、二十間というありさまであったらしい(19)。寺社の門前や境内など、市場のような状況になると、専用店舗は、臨時・常設にかかわらず、長屋形式の仮設の小屋であったことが、絵画史料のほかに文献史料からもわかる。

（5）幄

平安京内で臨時に行われた市を調べると、承和六年（八三九）に朝廷が立てた市、すなわち「宮市」では内蔵寮官人や内侍などに唐物を交易させたが、それは建礼門の前にたてた三つの幄舎――四隅に柱を立て棟木、桁などを架け渡してつくった骨組に幕を張った、テント小屋のような仮建築――において行われた(20)。

（6）仮屋・屋形

元徳二年（一三三〇）に洛中の飢饉に際して二条町に市を立て、商人を集めて米を売買させたのは、東西の長さ五十間余という「仮屋」においてであった(21)。さらに地方の市にも、たとえば大和の「矢木市ニ毎日市を立つ可きの由、（中略）、数百の屋形之を打つ(22)」とあり、また大坂四天王寺の浜市では「オノ座借屋《仮屋》」「小物借屋十二間」「塗物借屋」など数多くの仮屋が営まれ、その中には「カイケタ《桁》六間のオノ座」とあるように棟の長い仮屋もあった(23)。武蔵の国の膝折の市にも「假《仮》屋」があり、旅人の休憩所ともなっていた(24)。

中世の市の姿としてよく例示される『一遍上人絵伝』にみえる福岡の市や伴野の市などの画像からみると、これらの市の建物は、横長、床をつくらず土間のままで、ただ掘立柱に梁や桁をわたし、板屋根をのせただけの、きわめて簡素な構造の建物であった。

最後に仮屋や棚と関連する桟敷《さじき》について触れておきたい。桟敷は、祭礼や行事の際の行列などを見物するために、道路より一段高くつくった席で、その多くは臨時・仮設のものであった。藤原道長は一条桟敷において三千人に施《せ》行《ぎょう》しているが、[25]施行のありさまは市と似ていると言えないことはない。このように桟敷は本来の機能とは異なる目的にも容易に対応できる構造をもっていた。ところで桟敷はときに「棚」とも記される。長保二年（一〇〇〇）の賀茂祭にあたってある僧侶が、見晴らしの良さを意図して高く「棚」を構えたところ、御所の中からみえることを理由に撤去されてしまった。[26]これによれば、桟敷と棚とは座席になる床の高さが異なるだけで、その他の構造は類似しているようである。

これらを勘案すると、市に営まれた建物あるいは売買に用いられた建物にみられる最大の特徴は、いずれも臨時的、仮設的な性格をもった施設であることである。建築に近い屋形・仮屋・桟敷・棚などでさえ、それらを営むことが「打つ」と表現されることも、こうした特徴を浮き彫りにしている。仮設性を基本とする建物に共通する点として、柱と柱の間には壁などの仕切りはなく、吹き放しであること、またいずれも多くは道路上あるいは広場にあることが指摘できよう。「町」にもこのような建物が営まれていたのであろうか。

2　南北朝期の四条町

新町通り、とくに四条周辺には現在でも炭座町・釜座町・扇座町といった座にちなむ町名や、革棚町・衣棚町・小結棚町などの商品と店構えにちなむ町名が使われており、「町」周辺の地域のかつての空間的な意味を伝えている。この町通りに展開した座については、すでに赤松俊秀の研究があるが、[27]ここでは「町」の座、いわゆる町座が売買に使っていた建物の形態や、さらには「町」の空間形態を明らかにすることを目的として考えてみよう。すでに指摘したように町座が市座であることを念頭におきながら、南北朝期の四条町に焦点を絞って、「町」の状況を具体的にみていきたい。取り扱う史料は南北朝期康永二年（一三四三）の不動院仙恵所領紛失状である。(28) 長文かつ表記が煩雑なので、四条町に直接かかわる部分を整理し読み下して引用しよう。

一所　四条町小物座地、小物座十家のうち北の端の地也、
四条より北、町面東頬に在り。
口南北一丈六尺三寸、奥東西六丈五尺三寸。
此地に於いては、二種の商人有り。一方には〈南寄り〉小物座商人四人、即櫃四合なり、但後座之有り。一方には〈北寄り〉腰座商人四人之有り。即櫃五（四の誤りか）合なり。各皆女性なり。……〔A〕

一所　四条町広屋地、此地は本三ケ所なり。漸々買得して口二丈に成したり。

其の直物合四百三十結云々。

四条より北、町面東頬に在り。小物座十家のうち北より第三番目の屋なり。

口南北二丈、奥東西七丈なり。但し奥に多少有り。口六尺が奥は六丈五尺之有り。又口六尺五寸が奥は六丈七尺之有り。又口七尺五寸が奥は七丈之有り。

小物商櫃十三合之有り。……〔B〕

一所　四条町刀座地、嘉元二年癸卯七月十二日、油小路女房より買得し畢んぬ。

四条より南、町より北（西の誤り——引用者注）角地に在り。

口南北一丈一尺、奥東西三丈之有り。

櫃七合、即百姓七人なり。……〔C〕

一所　四条町行縢座屋形地券一帙、具書之多し。

四条面、町より西南頬に在るなり。但し、少路の中に之有る巷所なり。嶋屋と号す。此屋形、惣十間有り。其の中の三間は私領なり。其の三間の内一間は、西端に之有り。百姓三人なり。一間は、東端より第二番屋形なり。百姓二人之有り。具に目録の如し。一間は中程に之有り。百姓二人なり。此地は去る正安元年母儀より相伝せしむる所なり。……〔D〕

以上から明らかになるところを二、三の史料を補足しつつ整理すると、次のようになろう。まず、町座の立地形態には二つの類型があった。

（1）通常の屋地にあるもの

――四条町の北東頬の小物座〔A・B〕、南西角の刀座〔C〕

（2）巷所にあるもの

――四条町の西南頬、四条通りの路上を占拠した行縢座〔D〕

第一のタイプの町座は、きわめて零細に分割された土地の上にあった。小物座地〔B〕はもともと三カ所の土地（間口と奥行は①六尺、六丈五尺、②六・五尺、六丈七尺、③七・五尺、七丈）に分れていた。いずれの間口も二メートルほどというきわめて小さな土地の買得を積み重ねて、ようやく間口二丈にしたのであるが、この屋地をことさらに「広屋地」と記すから、四条町周辺の屋地は、一般に間口六尺～十尺程度の規模であったらしい。ところで、小物座地〔A〕間口一丈六尺三寸もおそらく土地集積の結果にちがいなかろう。小物座北端の地とその北にあった腰座の地の二筆を合せたものと推定される。[29] 四条町周辺における零細分割土地所有の実態、およびその集積・統合への動きが窺われよう。市によく似たタイプである巷所の座も、けっして珍しい事例ではない。行縢座の存在自体、正安元年（一二九九）

以前にさかのぼるし、また康永三年（一三四四）の「文殿廻文」に「四条町土屋形以下の巷所の事」、「土屋形の商人」[30]とあるのも、おそらく巷所の町座を意味しているのであろう。

町座の所在に関連して、小物座〔A〕には「後座」があったと記されている点が注意される。後座は屋地の後方寄り、街区中央に近い部分の営業座席を意味するのであろうか。関連する用語として思い出されるのが、「中座」である。それは扇座の史料に「町座の事也、町より外は別所商わず」とあるように、町（市場）の領域内においてのみ商売のできる町座（市座）のことであった。[31]しかし、これでは中座という用語で町座のどのような特質が示されているのか判然としない。近世の用語では中座と角座とが対になっており、直交する道路網を念頭においた地理的位置関係からする名称であるが、中世でも同じで、角地に立地せず、なかほどにある町座のこととみてよいのであろうか。

『大乗院寺社雑事記』によると、寛正六年（一四六五）に三条町でおきた火事は町から西洞院まで広がって、「三条中座」が全焼したといい[32]、また文亀三年（一五〇三）の細川政誠書状案によれば、彼が当知行していた四条坊門町の屋地八段の田地には「中座」があった[33]。わずかな史料ではあるが、一、二の知見が得られる。まず第一に、「中座」と呼ばれた場所が少なくとも二つ、三条の町から西洞院にいたる一町の間と、四条坊門町とにあったことがわかる。四条坊門は三条の二町南になるので、おそらく中座は連続していない、したがって中座が特定の場所を意味しないと考えてよかろう。第二に、中座は、角座と対になるものではなく、すなわち一町の道路の中央部にあるのではない。中座が田地の中にあった事実が示唆するように、むしろ方一町の街区の中央部にある場所と推定されよう。そうすると、街区中央の空閑地＝広場を利用した市場、市の営業空間が中座であったのではないか。中座や後座は、要するに町通りに面してはいないが、しかし「町」の領域に含まれる市座なのであろう。

つぎに商業の形態をみると、座の商人について、小物座〔A〕と腰座商人がすべて女性であると明記しているのが注意される。他がすべて男性商人であったと考えてよければ、性による店舗の区分が行われていたわけで、あるいは東西市以来の伝統をひくものかも知れない。

さて、町座の営業のための空間についてみていこう。小物座・腰座が一軒の「家」を、行縢座が「屋形」を、刀座が「地」を、数人から十数人の同業の商人で使用している。商人一人あたりの売場の間口と面積を調べると、刀座は間口約三・三メートル、奥行約九メートル、面積三十平方メートルという小さな土地（角地）に七人の商人が営業し、一人あたり約四平方メートルの売場面積である。また小物座〔A〕は間口が五メートルに足りない零細な土地であり、道に面して八人の商人が営業するのは容易ではない（約六三センチメートル／人）。「後座」があったのは、そのせいではないか。小物座〔B〕は間口二丈に十三人である（約四五センチメートル／人）。櫃一合を置くのがやっとのスペースである。小物座の売場面積について推定すると、建物の奥行規模はともに不明であるが、刀座地よりも広く梁間二間、計二十尺と仮定しても、刀座よりもさらに小さな数字（三・七メートル、二・八平方メートル）となる。要するに、商人一人あたりの占有する売場間口ないし面積はきわめて狭少である。

そうした場に小物座・腰座・刀座の商人たちはそれぞれ商品を納めた櫃一合を置いて営業している。櫃の数が概して商人の数を示すことは、〔B〕が小物商の櫃数のみを記す点からも傍証される。なお、初期洛中洛外図屏風をみると、櫃をもって商いをしている商人は、ほとんどすべてが地面に座り込んでいる姿、露店商人として描かれている。櫃は商品を納めて運ぶために用い、またふたを裏返せば品物を置き並べる台ともなるのであり、店舗を構えない商人にふさわしい道具である。櫃が露店商をあらわすとすると、「家」の記載のない刀座はまずまちがいなく露店商であろうし、小物座・腰座は、屋根のみで床がない建物のなかで、地面に座って営業していたと想像される。

3　町座の「屋形」

町座の営業形態に関して注目すべきは、行縢座の「屋形」である（史料D）。この「屋形」では、行縢を販売する同業者集団である行縢座が営業している。「嶋屋」という建物の固有名称があることは、屋号として史料上の早い事例であるとともに、これらの行縢座商人達に商品を卸す問屋の存在をも暗示していよう。さらに「屋形」が巷所に立地することが重要である。先に少し言及したように私有地として伝領されている巷所とはいえ、道路を占拠する建築的施設があってはじめて巷所そのものが成り立つのであるから、この「屋形」は発生的には路上の施設といってよい。「屋形」が道路の上に建設され、その後敷地が巷所として左京職に把握されたと推定される。

路上の商業施設である「屋形」からは、おのずから市の屋形との建築的類似が想定されようが、実際、建築形式にはそうした特色がある。すなわち、柱間が十間もあることである。柱間寸法が六尺～七尺程度とみても「屋形」の規模は二〇メートル前後となり、いかにも長大な建物、すなわち長屋形式であることがよくわかる。この点で「屋形」は、二条町の「仮屋」などと共通する建築形式といえる。

さらに、柱間が吹き放しであることも共通する可能性があろう。ただ、土間であったか、板張であったかという点、つまり床の有無については多少検討の余地がないわけではない。「土屋形」が後述するように土間の建築であったとすると、行縢座「屋形」は、「土」の形容をしないことから、逆に床を張った建築と考えることができるからである。四条町巷所の「土屋形」や、またとくに行縢座屋形に向い合うかたちで立っていた四条町西北頬の「土屋形三間」などは、「土」の語義からみて、内部が土間になっている屋形、あるいは土塗りの屋形のいずれかと解するほかない。ところで、同じ史料には「一所　四条西洞院南東頬土倉一宇　居屋一宇、　四条町西南頬　土倉一宇」とあって、土蔵と土屋形との建築的な違いが用語においても、また一宇と三間という規模の表記においても、明確に区別されているのである。(34) したがって、少なくとも四条町の「土屋形」は、土塗りの建物、土蔵などではない。「土屋形」を内部が土間になっている屋形とするのが妥当な解釈であろう。

ところで、屋形はもともと土間の建物であったから、ことさら「土屋形」という表現を使用しているのは、あるいはこのころ一般に内部に床を張った屋形が造られるようになっていたことを示唆するのではあるまいか。行縢座に関して商人たちの櫃の数を書き上げていないことも、また土間でない可能性をうかがわせて暗示的である。いずれにしても、板張りの床をもった屋形と土間の屋形とが併存していたというのが、おそらく当時の実情であろう。

次に、柱間を単位とする分割所有が行われており、「東端より第二番の屋形」と表現するように、長屋の各区画の独立性を意識していたことも注意される。江戸大伝馬町の長屋の姿が思い起されるが、そうするとこの「屋形」も各区画ごとの差異を主張する建築的な特徴を少しは備えていたのかもしれない。

以上から、行縢座の「屋形」が貴族や大名の邸宅＝「舘」などではないことはもちろん、本格的な建物でもないことは明らかである。「屋形」は、要するに物品の売買を機能とする仮設的な長屋形式の施設であったと言えよう。

なお、行縢座の「屋形」が町座の建築のなかで特異な例ではないとすると、それは「小物座十家」の建築形態を考えるのに示唆的である。史料〔A・B〕では土地のありかを特定するのに「小物座十家のうち北の端の地」「北より第三番目の屋」と座の建物の位置によって示しているが、[35]これは小物座の建物が、バラバラにあったのではなく、一続きに並んでいた事実に基づく表現なのであろう。行縢座の屋形と同じような長屋形式をもった建物であった可能性は大きい。[36]

以上の考察を江戸の「表長屋の同業者店舗」と関連させて、①長屋形式である、②同業者集団が営業していた（一つの店舗で数人づつ）、③間口を零細に区分して営業している、④土地・建物は領主層の所有である、⑤店舗として使用しており居住とはいえない、などの諸点を指摘することができよう。小さからぬ相違があるが、ともあれ「表長屋の同業者店舗」は少なくとも南北朝期の京都に遡ることができるのである。

三条町や四条町を中核とする「町」は、これまで「店屋のたちならぶ通り」、「店舗街」などと理解するのが一般的であった。その店屋のイメージは古くは『年中行事絵巻』、新しくは洛中洛外図屏風などの絵画史料から形成され、一軒の店は、零細独立町家であれ、長屋の町家であれ、一つの住戸区画を占有し、そこが営業と居住の場であったと考えていた。確かにそうした町家も存在しているが、しかし、「町」商業が中心であると考えるかぎり、町家ではなく、市の屋形を基調とするべきではないか。市場である「町」に展開した町座の屋形は、従来とはかなり異なる商業空間のイメージをつくりだすことになろう。店舗商業が主体と見える近世においてさえ市が行われていたのであるから(37)、中世前期の交易のなかで重要な位置を占めた市を、都市においても十分に考慮すべきである。今後さらに「町」の実態を史実に即して具体的に再検討しなければならない。

四、立売の展開

さて、戦国期京都における売買の姿は、屋形にしろ町家にしろ店舗を構えたものに限られていたわけではなく、ほかに振売、立売、座売り（地面に座って商うもの）など種々の形態がみられたし、またそれぞれに営業範囲を区分していた。周知のように扇座は、本座・中座・下座・里座（脇座）に分れており、本座・脇座は「天下うるべし」であったが、中座は市場の領域内においてのみ商売ができ、下座は自分の家の前でしか販売できなかったのである(38)。換言すれば、町家商業にあたるのが本座・下座、振売と立売にあたるのが脇座、中座は市座である。

こうした業態は、座の制約から原則的には固定的であるが、しかし商業活動上の成功や拡大、社会的地位の上昇にともなって変化が起きる。振売の商人が店舗を構え、また小売から卸売になろうとするのはまさに自然の趨勢であり、応仁の乱の少し前からこうした傾向が各地の市においてもあらわになってきていた。奈良の町中における振売しか認められていなかった「シタミ座」の塩売のなかに「居座」、すなわち通りに「屋形」を構え、「屋内において本座の如く我意に任せ売買」する人々が九人いたし(39)、四天王寺の西門前の市では、数多くの仮屋のなかにわずかではあるが、

「常住の小物売屋四間」ができていた。[40]

戦国の動乱とその後の安定は、こうした動向を加速したにちがいない。町座の屋形のような営業形態がすたれる一方、長屋であっても一つの区画を占有して卯建を上げ、また零細独立の町家に住み、さらには二階のある立派な町家を構えるようになる。このような発展は、ついには都市の景観そのものを変えてゆくことになる。こうした動向を立売の様相――商行為、市、通り――に注目しつつみておこう。

上京における立売という地域の存在は、十六世紀前半に遡ることができる。永正十七年（一五二〇）の徳政定の奥に「立売の辻」とみえるし、[41]また大永八年（一五二八）の史料には「立売西町」の町名がみえる。[42]これらはいまの上立売通りに位置するのであるが、室町期には上立売通りは毘沙門堂大路と呼ばれていた。道路の名として上立売通りが定着したのは近世初頭であり、正親町が中立売、勘解由小路が下立売とよばれるにいたった動向と関連している。

一方、下京では「四条町ノ立ウリ」と応安二年（一三六九）の禁制にあることはよく知られている。[43]もっともこれは地名などではなく、四条町における立売の行為を禁止しているにすぎない。町座商業に対立する商人の活動を原則的に禁じていたからであるが、しかし実際には逆に立売の商人たちの活動が四条町周辺でもしばしばみられたにちがいない。『京町鑑』に「麩屋町より柳馬場までを立売といふ事は中頃此辺荒廃し、人家いまだ建ざりし時一切の商物を此所にて市を立て売し故、名とす。但昔は富小路より東洞院まで三町の間をいへり」とあるのは、[44]室町から戦国期にかけてのそうした様相を伝えているのであろう。

立売の名がつく通りの起源について、近世の地誌『京雀』などは「古しへ太閤秀吉公の御時に、上中下の立売はみな呉服たなにて、大名小名小袖かたびら此町にして買もとめらる。きぬまき物を裁縫て売けれは立うりといひけると也」と、絹布の商いの「裁売」が立売に転化したものという。「裁売」からでたとは信じがたく、むしろさきの『京町鑑』のように「市立て」に起源を求める説の方が、四条町の立売禁制とも関連して説得力に富んでいる。

なお、絹布の売買も立売と無関係ではない。絹布が市の主要な取引商品であったからである。貞治三年（一三六四）二月一日、四条室町の扇商人の尼の家の前に立った虹市では「絹布以下の諸物之を売る」とあり、[45]また『庭訓往来』も市町興行に際しての商品の筆頭に「絹布の類」をあげている。

わずかながらも戦国期以前の関連史料が残る上京の立売と下京の立売の二つは、「市立て」、そして市における商人の立売に由来するとみて大過あるまい。おそらくは中立売や下立売も同様の成立経過をもつのではないか。上京の立売の辻、下京の四条町の辻が室町幕府の制札の立つ場所であったことは、[46]平安京の東西市が罪人の処刑の場でもあったことと通いあうところがあるし、また、「立売」をなのる通りがいずれも戦国期の京都の都市軸であった町・室町の通りに直交し、東西方向に発展したこと、いわば派生的に脇に成立したことも、町座商業に対抗する新たな動きを感じさせる。二つとも市の空間的特質の一端を示すものとして傍証となろう。戦国期の京都の二大集落である上京と下京のなかで、もっとも繁華な市街地に立売があるのは偶然ではない。

さて、毘沙門堂大路から上立売通りへの名称の移り変わりは、次のような場の様相の変遷を踏まえていると考えられる。市、立売の場の成立→立売という地域名称の定着→立売の町名の成立→立売通りの名称の定着→上立売通りへ移行、という経過である。どのような過程をとったにせよ、道路名称が入れかわるほどの変化は、立売の空間が京の人々の日常生活にとって身近な存在であったことに主因を求めるしかあるまい。そうした空間を絵画史料がどのように描いているかをみておこう。

歴博甲本洛中洛外図屏風は、立売室町の辻、西方に「たちうり」と貼札をし、上杉本は辻に「たちうり」、その西方に「にしおち（西大路）」と書込む。上杉本の書込みを調べると、下京では室町・町・西洞院・油小路をいずれも「とおり」を付けて書込んでいることからすると、立売を通りではなくて、地域ないしは地点と考えていたようである。さらに、立売の「東町」・「西町」といった町名の対比表現もあることから、[47]辻の空間そのものが立売の場であったとみられよう。無縁・公界性を特質とする道の交わる辻、広場ともいいうる空間において立売の市が開かれたとすると、実に興味深い。ただ、歴博甲本・上杉本などはいずれも立売が行われている姿を描いていない。

歴博甲本にみる立売室町近くの町家の姿は、屋号を記した長暖簾を、出入口のみならず窓のところにも垂らした家々が並び、いずれも店の中が見えないようになっている。そのなかには立派な二階建の町家もある。同じような描写が東博模本の立売の地域にもみられるから、こうした画像は事実を反映したものとみてよい。これらの画像は、商品を表の見世棚に並べ、見世の間から客と応対するふつうの町家と比べて相当に趣が異なっている。この風景は何を物語っているのであろうか。

ややのちの時代の見聞であるが、『京都土産』を手がかりに考えてみよう。

> 町家にて、三条・四条等の東西の通り、ならびに寺町などの往来繁き所は、皆江戸の如く見世を張り商売いたし、南北通りの室町・新町等往来少き所は、皆戸を閉し、或いは長布簾にて、内の見えざる様にいたし、代呂物（商品）を表へあらわさず、尤も招牌或いは家名等の布簾は出し置くも有り、其内商人諸職人等仕入物、又は問屋卸物ばかり致す者は、皆同じ様の家作にて、戸を〆切り居る事故に、何商売致すか、又は其貧富もわからざる事なり、

とある(48)。江戸時代後期の状況とはいえ、二、三の興味深いことが書かれている。

第一にメイン・ストリートが交代していた事実を読み取ることができる。近世初頭まで京都の都市軸といって差し支えないほどの中心街路であった町や室町の通りの交通量が少ないというのは言い過ぎであろうが、三条・四条・寺町などの方が人の動きが活発になり、新たな繁華街になったのは、おそらく事実であろう。それはおそらく近世京都が、中世とは違って、周辺の都市伏見などと深く結びつくようになったからであろう。第二に店構えのありかた、業態（小売か卸売りかなど）のちがいを、通行人の多少と関連させて説明しているのが注目される。ただし、これも三条

や四条はともかく、室町や町については、人通りが少なくなり、ひっそくしたから戸を閉ざし、長暖簾をかけたのではなく、商人たちの経済力が高まったために卸売りなどの業態に変わった結果、形成された町並みであると理解しなければならない。

以上と前節の考察から店舗の変遷を簡単な発展図式にまとめると、

Ⅰ　町座の屋形　→　Ⅱ　見世棚を構える町家　→　Ⅲ　長暖簾を掛ける町家

となる。それぞれの店舗を基調とした町並みの発展段階を考えることもできよう。そうすると、洛中洛外図屏風の立売の画像は、立売がもっとも商業的発達を遂げたありさまを描いていることになり、文献史料による立売のイメージ、つまり上層町衆の居住地としての立売とよく合致している。要するに、立売の画像から知りうることは極値というべき特異な町並み景観なのである。これはまた市としての立売が、大永五年（一五二五）頃とされる歴博甲本の景観年時よりかなり以前に姿を失った可能性を示唆していよう。(49)

戦国後半期から近世初頭の京都を描いた洛中洛外図屏風には、立売はもちろん、どこにも「表長屋の同業者店舗」が見当らない。あるいは画家の眼にとまらなかっただけかも知れないが、しかし職住一致の独立町家を基調としている町並みの描写は、京都の商工業の発達、ひいては都市建築の充実を如実に示しているようである。

おわりに

市や町などの売買・交換の場に焦点をあてて中世京都の都市空間の諸相、場の推移などをみてきたが、まとめに代えて一つ強調しておきたいことがある。

さきに少し触れたように、近世初頭は、古代以来連綿と受け継がれてきた道の名が変っていった時期である。上中

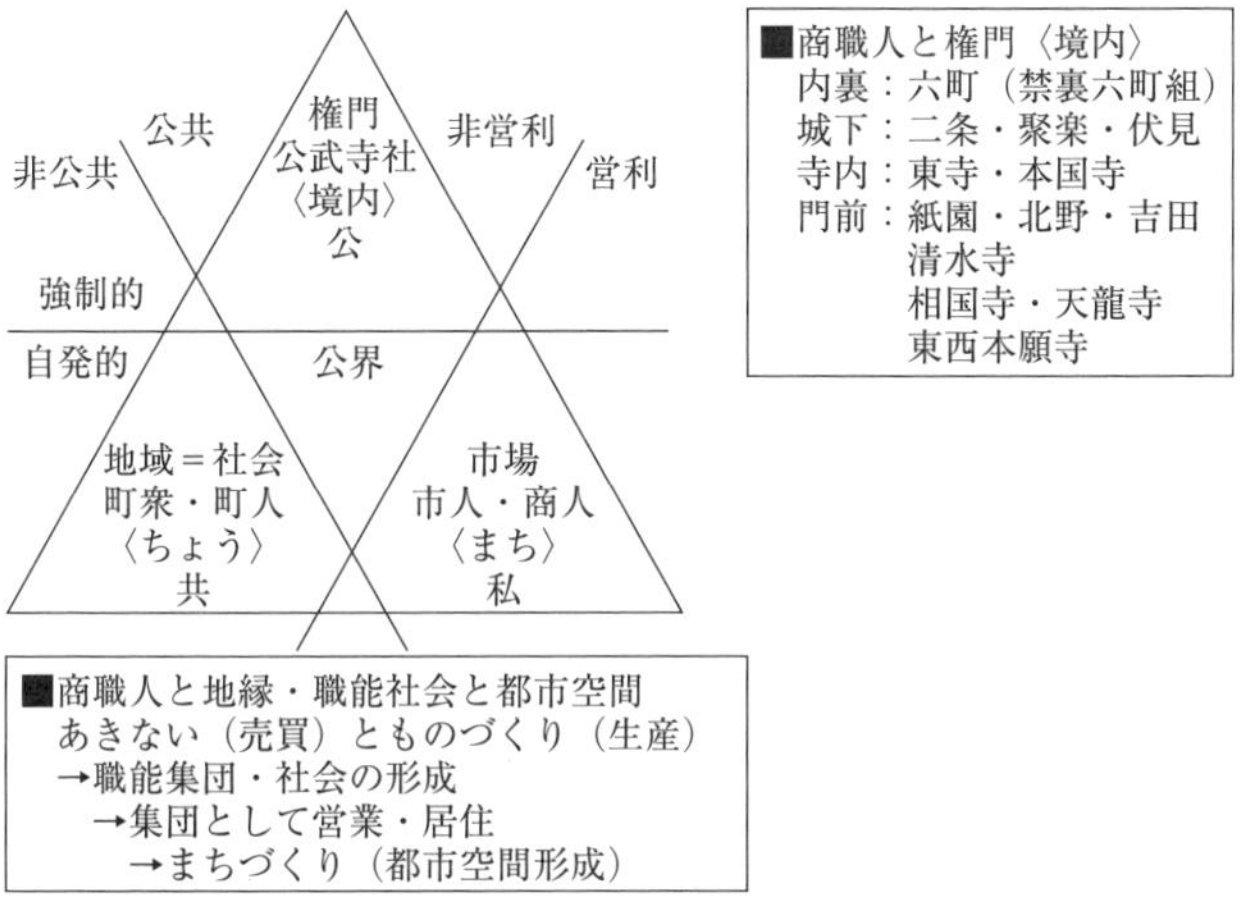

図 48　商職人と社会と都市空間

下の立売のほか、御池、蛸薬師、仏光寺など、新たな道路名称を少なからずあげることができる。こうした道路名称の変遷は、都市民衆の生活のなかで、道が、さらには都市空間が新たな意味をもって再編成されたことを端的にあらわしていよう。かつて平安京の名もない道が綾小路、具足小路（錦小路）、塩小路などの生活に密着した固有の名をもつに至ったことに比せられる重要な変化といってよい。こうした現象は、都市空間がまさに生きられる空間であることを、明らかに示している。

注

（1）玉井哲雄「表長屋の町並み」（『江戸　失われた都市空間を読む』、平凡社、一九八六年）

（2）伊藤鄭爾『中世住居史』、東京大学出版会、一九五八年。

（3）白雲絹屋町・新在家絹屋町、中立売町など。

（4）「康平記」康平五年十一月二日条。

（5）秋山國三「条坊制の「町」の変容過程」（秋山國三・仲村研『京都「町」の研究』、法政大学出版局、一九七五年）。町口小路を修理職町から発するとする見解は、秋山が指摘している通り、誤りであろう。

（6）京都大学文学部国語学国文学研究室編『諸本集成倭名類聚抄　本文篇』所収の元和古活字那波道圓本による。また高山寺本の「店家」条では

「店、坐売舎也」とし、店の註に「今案俗云町、此類也」ともある。なお、平安末期の菅原是善『類聚名義抄』には「店家　俗云町」とある。

(7)柴謙太郎「平安京の市に関する一考察」(『歴史地理』第四八巻第一・二・三号、一九二六年)。
(8)「関市令」(『延喜式』四二)に「凡そ肆(いちぐら)毎に標を立て行名を題せよ」とあるが、この「行」の意味は「同業商店の並び」と考えられる。
(9)『続本朝往生伝』(『群書類従』伝部所収)の阿闍梨覚真の条。
(10)巻十二—三十五話。
(11)『寂蓮法師集』(『群書類従』和歌部所収)。
(12)『平戸記』仁治元年閏十月十七日条。
(13)赤松俊秀「座について」(『史林』三七巻一号、一九五四年)所収の六角町供御人関係史料、蔵人所牒(抄写)(文永十一・正・廿五)。
(14)『祇園執行日記』康永二年十月二十八日条ほか。
(15)赤松俊秀「町座について」(『日本歴史』二一号、一九四九年)。
(16)小学館『日本国語大辞典』「とこみせ」による。
(17)小学館『日本国語大辞典』「みせたな」による。
(18)小学館『日本国語大辞典』「みせ」による。
(19)『晴富宿禰記』文明十年三月一三日条、『山科家礼記』文明十三年八月十日条。
(20)『続日本後紀』承和六年十月二十五日条。
(21)『東寺執行日記』元徳二年五月二十一日条。
(22)『大乗院寺社雑事記』文明十八年十一月九日条。
(23)伊藤毅『近世大坂成立史論』(生活史研究所、一九八七年)所収の「四天王寺門前町の構成」。
(24)道興准后「廻国雑記」(文明十八年頃の紀行記)。
(25)『日本紀略』寛仁元年五月三日条。
(26)『権記』長保二年四月十四日条。
(27)赤松俊秀前掲論文(注15)
(28)奥野高廣「京都の町座」(『歴史地理』第八三巻四号、一九五二年)所収。

(29) ちなみに、七条町の北、東頬にあった干魚座の土地が間口一丈五尺・奥行四丈（東京大学史料編纂所架蔵「田中教忠氏所蔵文書」、観応元年〔一三五〇〕十月十五日付屋地売券）、また紺座の屋敷は間口一丈六尺・奥行五丈であった（『中村直勝氏収集古文書』文書番号九一、文安二年十二月三日付紺座屋敷売渡状）。間口一丈五尺程度に収束する傾向にあったのであろうか。

(30) 「広島大学所蔵文書」所収、康永三年（一三四四）四月一日付。赤松前掲論文所引の建武四年ごろとされる文書中にも「一所　四条町西北頬　土屋形三間」とみえる。

(31) 『大日本古文書　蜷川家文書之二』四三八・四三九。なお中座については、小野晃嗣「中世に於る奈良門前市場」（『史学雑誌』四五巻四号、一九三六年）が、奈良の事例ではあるが参考になる。

(32) 『大乗院寺社雑事記』寛正六年三月十一日条。

(33) 『大日本古文書　蜷川家文書之二』三六七。

(34) 赤松前掲論文（注13）所引史料。

(35) 座またはその建物が地域の目印であったことは、それが「四条町の直垂の座の奥」（建武三年九月十三日付敷地売券、京都大学文学部古文書室架蔵「鹿王院文書」所収）、「在所紺座の後」（貞和五年十月七日付景平屋敷寄進状、『中村直勝博士蒐集古文書』文書番号五八）など地点表記に使用されたことからわかる。

(36) 切革座棚を記す町座史料、久安六年（一一五〇）の藤原氏女敷地并座棚證文案（『大徳寺文書』一三九八）は偽文書ではあるが、南北朝期の状況を伝えるとされる。四条町の北（あるいは南）、町通りに面する切革座棚二か所が南から二番・三番目の位置にあったとする記事は、切革座屋形の存在を反映しているのかもしれない。

(37) 『京雀跡追』（延宝六年〔一六七八〕刊）「ゐのくま丁（現大猪熊町）　中のゐのくま丁　新猪熊東町」に、「右三町が中にて毎日ひるさがりよりせんじ絹の市たつ所也、かめやじま此辺に織屋多くある所也」、また『京雀』（寛文五年〔一六六五〕刊）は小結棚町の項に、「此町は毎年七月と極月とに万の物をもち出てあきなふ市の棚ある故に町の名とす」と記す。

(38) 『大日本古文書　蜷川家文書之二』四三八・四三九。

(39) 『大乗院寺社雑事記』文正元年閏二月十九日、文明五年五月二十九日条。

(40) 伊藤毅前掲書（注23）。

(41) 「室町家御内書案」（『史籍集覧』所収）。

(42) 大永八年三月日付五郎右衛門尉申状、（「賦引付三」、桑山浩然『室町幕府引付史料集成　上』所収）。

(43) 『中世法制史料集　室町幕府法』、岩波書店、一九五七年。

(44) 宝暦一二年（一七六二）刊。
(45) 『師守記』貞治三年二月一日条。
(46) 注41の徳政定の奥に、「右二枚上下京ニ打レ之為二公人一與二雑色一打レ之、立売辻二枚、四条町止（辻）一枚」とある。
(47) 元亀二年（一五七一）「御借米之記」（『立入宗継文書』）。
(48) 『古事類苑』産業部、商店所収。
(49) 長暖簾の町家の画像の例を補足すると、近世初頭の舟木本が二条城の正面の通りである二条通りに立派な二階建町家の町並みを描き、華麗な長暖簾で正面を飾っている。また林原本では、一条室町近くの町家と、立売室町かと思われるところに同じ描写がある。

コラム6　京都・六角町――「まち」から「ちょう」へ

祇園祭に観音山《かんのんやま》を出す六角町《ちょう》（中京区新町通六角下ル）は、室町時代以来、有力な商人の集住するところで、下京の町々の中でも中心的な位置を占めていた。

この六角町が十六世紀の何時頃に成立したかは詳しくはわからない。六角町《ちょう》という町名と、六角小路と町小路（現在の新町通り）の交わる地域としての「六角町《まち》」との区別が、史料上ではあいまいなことが多いからである。それでも他の町と同様におよそ大永から天文の頃（一五二一～一五五五）には成立していたと推定される。元亀二年（一五七二）には下京の町組のひとつ、中組《なかぐみ》に所属していた。

六角町という地点表記をそのまま町共同体の固有名称にしていること、また六角の「まち」から「ちょう」へという読み方の推移は、市場から地域生活空間へ、さらに地縁共同体へという「町（まち・ちょう）」のありかたの重層性、変化を端的に意味していることが注目される。ここでは戦国期に重点をおいて六角町における町の形成にかかわる社会的・空間的構造を検討したい。

一、女松拍子

室町時代には「松拍子《まつばやし》」という正月の芸能が流行し、専門の芸人である唱門師《しょうもじ》などではない人々も舞《まい》や囃子《はやし》を演じていた。永享九年（一四三七）正月、将軍足利義教は「町人（＝商人）」に命じて女性ばかりが演じる「女松拍子」を催させた。二日には三条町の「店屋」以下の「町人の女（＝女商人）」達による松拍子が室町殿に参上し、駒舞《こままい》そして唐人《からびと》がさまざまな宝物を捧げる姿、桂女《かつらめ》などの華麗な仮装をし、囃子にのって舞った。十一日には六角町・錦小路町・四条町から、さらに十四日には六角町から女松拍子が催された。いずれも風流を尽くしたもので、見物人が群集し騒ぎ立てるなど大きな盛り上がりをみせたという。

中世都市の芸能の風景として興味深いが、ここで注目される重要な点の一つは、女松拍子の演技者たちが町の住人の妻などではなく、実は町座に所属し、町小路で商業を営む女性達であったことである。六角町について史料をみると、十一日には「六座の寄合」、十四日には「五方の寄合」と『看聞御記』《かんもんぎょき》にあるし、また後者について『東寺執行日記』《とうじしゅぎょうにっき》は具体的に「女房ハヤシ（拍子）、糸座・コウ（紺）ノ座・生ウヲ（魚）ノ座沙汰也」と記している。これによると、六角以南・四条坊門以北の町小路を営業の場とするいくつかの座、すなわち糸座や紺座、生魚座《なまうおのざ》を含むいわゆる町座のなかの五つないし六つの座が連合して女性による松拍子を催したのである。そして座名がわかった糸座・紺座・生魚座は、すでに指摘されているように女性の専業、ないしは女性が主体の座なのであった。「女松拍子」は、こうしたいずれも女性のみによって（あるいは主に女性によって）構成されていた座に対して、いわば臨時の人夫役として課されたのであろう。機業集団である大宿直座《おおとのいのざ》が祇園会の鵲鉾《かささぎぼこ》を出したことが思い起される。

二、生魚座

女性専業の座の一つであり、また都市の食生活に深くかかわる生魚の座を事例に簡単にみておこう。平安時代の終わりごろから町小路《まちこうじ》は、市場としての役割を果たしてきた。市場で交易に携わる商人達に対する支配も早くからあり、鎌倉初期には三条以南の地で魚・鳥・菓子などを販売する人々が御厨子所供御人《みずしどころくごにん》に組織され、六角町《ろっかくまち》の「売買屋《ばいばいのや》」四

図49　六角町の魚屋（『年中行事絵巻』）

棟などにおいて売買を行っていた。近江《おうみ》粟津《あわづ》・橋本の供御人達も琵琶湖で釣った魚をこの六角町の「売買屋」を借り受けて売っていた。嘉元四年（一三〇六）の史料によると、六角町「四宇供御人等に於ては皆女商人」であったというから、女性の商人たちが生魚をはじめ、諸雑物を販売していたのである。元弘三年（一三三三）の内蔵寮《くらりょう》目録によると、生魚・菓子・蓮根・鳥などの供御人は、内蔵寮すなわち内蔵頭《くらのかみ》山科家の支配下にあり、六角町には十数人の生魚供御人がいた。「女松拍子」に加わった生魚座は、この生魚を売る女達を中心に構成されていたとみられる。

永正十三年（一五一六）の法令に「江州粟津の座の商売物、先規に任せ、魚棚《うおのたな》に於て諸商人対し商売す可き事、付、鎰物新儀共小売停止《ちょうじ》す可き事」とあり、粟津座の販売場所が変化していないとすると、六角町は生魚の卸売市場でもあったといえよう。十六世紀半ばにおいては、近江粟津・橋本、下京六角町、上京今町そして振売からなる「座」の人々のみが都市住民に生魚を売るのが建前であった。なお山科家の生魚供御人に対する支配は、今町では天文期も継続しているが、六角町では応仁の乱以降支配が動揺し、同じ天文期には供御人を名乗るものがいなくなっていたという。

ところで、商いを業とする座が六角町など町周辺にあったことは、必ずしもそうした集団の居住を意味するものではない。町座の営業形態は、道に沿ってあるいは路上に立つ市場の屋形に座り込み、前に置いた櫃の上に商品を並べて売る、いわゆる座売りであったから、座の所在地はたんに売場の所在を示すだけなのである。前述のように生魚の座は、六角町にある四棟の「売買屋」を中心に営業していた。六角町における商業のありかたは、もちろん町座一般に共通するものである。したがって座が集中する町通りの地域は、市場でありかつ居住地であるという二重の相貌をもっていた。町の景観だけではなく、おそらく町の社会構成も他の地域と大きくちがっていたと思われる。

こうした町座の存在形態が町の社会構成にどのような影響を与えたのか、また座の所在地と座人の居住地との関係など、十分に検討しなければならないが、史料の制約のため困難な問題であるといわざるをえない。

三、小舎人・雑色

戦国期の六角町の住人として注目されるのは、「ちきりや」を屋号とし、水谷を家名とする町衆である。この水谷が史料上にみえるのは応仁の乱後のことであり、酒屋を業としていたことがわかる。有名な史料である北野天満宮「酒屋交名《きょうみょう》」には室町時代、十五世紀前半に当町に住んだ酒屋として三人の名がみえるが、水谷との関連は不明である。「ちきりや」水谷の経済的活動を列挙すると、①酒屋、②土倉、③四府駕輿丁左兵衛座《しふかよちょうさひょうえのざ》の兄部職《このこうべしき》、④本所三条西家の塩合物《しおあいもの》公事《くじ》代官などがある。また町共同体のなかでも宿老として活躍していたことが、年寄《としより》として町の重要文書に名を連ねていることからわかる。

ところでこの水谷は小舎人《ことねり》・雑色《ぞうしき》の一人でもあった。幕府の行政末端にあって諸雑務に従事する小舎人・雑色は、居住敷地の地子銭免除や諸役免除などの特権を認められていたから、家業の上で実に好都合な立場にあった。興味深いことに、六角町など町通りに形成された町々には小舎人・雑色が少なからず居住している。

下京の小舎人・雑色衆を対象とする居所・敷地間口・名前のリスト（年未詳）をみると明らかなように、六角町・四条坊門町・錦小路町・四条町の連続する四町が、人数でも敷地間口でも全体の半分以上を占めている。「女松拍子」を催した地域とまったく重なっている点が注目される。四つの町の地域的・社会的な特殊性を示すものなのであろう。

表 10　小舎人雑色衆敷地丈数注文（「家間数注文」）

町　名	間口	名　　称
	4.0	小はんとうや
二条室町	0.75	ふれ口衛門
三条坊門室町	1.6	ふれ口
	1.75	一左衛門
姉小路室町	1.2	松井
六角室町	3.16	小嶋
四条坊門室町	2.2	山さきや
錦小路室町	4.1	下村
	3.26	藤田
四条室町	2.0	井上
	3.4	そうにん
	3.0	源介
	4.0	せいくわん
	3.1	五郎衛門
	2.1	彦左衛門
綾小路室町	3.0	臼井
三条町	2.3	小嶋
	1.73	同弥七
六角町	3.4	大黒や
	2.7	ちきりや
	2.3	ますや
	2.6	くみや
	1.3	新五郎
	2.29	源左衛門
	2.35	坂本屋
六角町	1.95	與次
	2.6	ちきりや
四条坊門町	3.5	おくの山
	3.4	五の井
	1.65	小嶋
	3.55	舟木
	2.8	桑名
	2.1	うつみ
	1.75	たわらや
	2.65	せのお
	2.65	しやうほん
	1.3	大黒屋
	1.75	福田
	2.0	奥山
四条町	1.3	與三郎
	1.5	宗清
	1.8	名村
	1.9	吉村
	1.8	木邊
	1.3	かう山
	2.4	新四郎
	3.48	桑名
	1.67	よとや
	1.68	昻や
錦小路町烏丸	1.3	ふれ口
	1.0	しハな
四条西洞院	1.75	清水新五郎
	1.0	同甚四郎
三条御倉町	2.44	與二郎
六角	1.35	ふれ口与五郎
錦小路	2.43	二郎左衛門
錦小路町	2.75	太郎二郎
	2.0	與次
	1.85	弥次郎
	1.65	甚三郎
	1.8	孫三郎
	1.1	源右衛門
	2.58	四郎左衛門
	1.38	與次郎
四条長刀鉾町	1.4	衛門
西町	2.2	小五郎
かさほこの丁	2.5	おしろいや
あや小路	6.45	沢村源二郎
矢田町	3.1	秋田
五条坊門	1.6	四郎衛門
	1.7	おきの
	1.6	や二郎
	1.2	新五郎
	2.6	弥五郎

惣丈数百六拾六丈八尺
五貫百五十七文歟
（計 74 名）
（1 人あたり間口 2.25 丈）
（間口 1 尺あたり 3.09 文）

コラム７　扇の座——製作と商いの場

「京辺土の事ならば幾度も見たが、やまひで知らぬといふ処はなし。世の中の人の見たなどいふは、白河を夜舟にのりたるたぐひならん。それがしがやうに見覚えたる者はあるまいと思ふ。」「うらやましや。さて祇園と清水との間は、いかほどの遠さぞや」と問う時、扇に書いたる絵をひろげ、「それは一寸ほどあらうまでよ」と。

『醒睡抄』

扇は、公家・武家・寺社家から庶民にいたるまで広く使われていたほか、遣明船で二三〇〇本が輸出されるなど代表的な輸出商品でもあった。さきの笑い話から、そうした大量生産品である扇の絵のなかには京の景観を描いたものがあったこと、おそらく洛中洛外図は扇面絵の主題としてありふれたものであったことがうかがえる。『醒睡抄』の扇には祇園と清水が一寸の間隔で描かれているのであるから、それは少なくとも東山の景観を主題とするものであろう。『田植草紙』にみえる「君に参せう　京絵書いたる扇を」という「京絵」なども、京のさまざまな名所を描いたものとみるよりも、まさに「京」そのものを描いた洛中洛外図扇面絵であったと考えるべきかも知れない。

そうすると、京都の景観を描いた扇の流行は、各地で「小京都」が生まれていたことと共通する文化現象であるといってよい。

室町時代にはすでに「城殿扇」や「御影堂扇」などのブランド製品が有名であったが、扇の素材や折りかたに特色をもつそれらにかわって、洛中洛外図が時代の好みとなった戦国期の京都において、扇の生産と流通をめぐってどのような活動が行われていたのであろうか。

一、扇売り

京の町々を「あふぎは候。みな一ぽん扇にて候」と呼び声をあげながら売り歩いていたのが「扇うり」である。こうした扇商人の実態をわずかではあるが教える史料の一つ、永正十三年（一五一六）の「あふぎ（扇）のあきない里座譲状案」・「扇座注文」（『蜷川家文書』）などに注目しよう。

この史料によると、木工寮を本所とする「扇座」は、扇地紙や骨を仕入れ、完成品に仕立てて販売する人々、つまり「扇売り」の団体であり、本座・中座・下座の三座から構成されていた。本座は鶴屋（高辻烏丸因幡堂前）・菊屋（二条室町）・布袋屋（四条富小路）・雉屋（四条万里小路）の四軒であり、「天下売るべし」とあるように販売方式に制限がなかった。また本座の下に脇座衆がいた。扇座を支配する本座「おとな衆」のなかでも公験の札を三枚もつ布袋屋玄了尼がとりわけ有力であったらしいが、玄了尼が布袋屋「本所」として脇座＝里座の正親町高倉布袋屋も支配していたことからすると、同族の営む布袋屋がいくつもあったのかもしれない。山科言継が扇を注文した上京小川の布袋屋もその一つであろうか（『言継卿記』）。

中座は「町より外は別して商わず」、もっぱら町＝市においてあきなうので「町座」（＝市座）ともいい、下座は「その身の家前ばかり」（「前売」といったらしい）で営業するが、中座・下座については扇売りの名も所在も記されていない。以上の本座・中座・下座のいずれもが店舗営業であって、振売の「扇売り」がみられないようであるが、広汎な扇の需用を背景に扇売りの地位が上昇して店舗商人となったのであろう。

扇屋の姿をみると、歴博甲本洛中洛外図屏風では男性職人が扇を折っているが、店内の様子はよくはわからない。

近世初頭の舟木本洛中洛外図屏風には、暖簾に「扇屋」としるす五条新町近くの店など少なくとも二軒の扇屋があり、店内にはさまざまな絵の描かれた扇地紙や扇骨が置いてあって、二人の女性職人が扇地紙を骨にあわせて折り、商品に仕上げながら売っている姿がはっきりとみえる。このころにはすでに扇生産の分業が進んでおり、絵師・扇折り・骨師・要師・地紙師などに分れていたから、これは扇の最終加工の状況と販売の姿を示しているのである。

なお中座について少し補足しておくと、町＝市において商売をするのが中座であったが、その市の座は四条室町西にあったのではないか。天文二十一年（一五五二）にはあった扇座町という町名は、いうまでもなく扇座の所在にちなむものであろう。実際、南北朝期にこの地に虹市がひらかれたが、その原因となる虹がたった家に住んでいた尼は扇商人であった。また永禄二年（一五五九）に「四条扇の座ツルヤ與太郎」とみえる扇屋は、扇座本座の鶴屋に関係があろう。

二、小川の扇屋と絵師

上京小川の地が室町以来扇の特産地として広く知られていたことは、洛中洛外図屏風の描写においても明瞭である。戦国期の京都を描いた歴博甲本・東博模本・上杉本・歴博乙本など四本をながめると、上京小川の通り、誓願寺門前から北にかけて扇屋を描いており、歴博甲本・歴博乙本では四軒もの扇屋の姿があるから、実際にはかなり多くの扇屋が立ち並んでいたのであろう。また東博模本・歴博乙本がともに北方の一軒の扇屋をりっぱな二階建町家に描くのが目立っている。山科言継などの公家たちはこの小川の布袋屋や大黒屋などの扇屋に扇を注文していたし、また伊勢貞孝が将軍家に調進する節分宝船の扇絵を描いたのも小川の扇屋であったから、近世の地誌『雍州府志』に「今良賎常用の扇小川」とある状況は、室町時代に遡るものといってよい。

永享十二年（一四四〇）に土蔵、加賀、将監、安芸の四人の絵師がそれぞれ扇子一本を献上しているが、これは相国寺の三門に彩色を施すにあたり、洛中の絵師のなかから技量の優れた絵師を選抜することを意図して扇絵を描かせたものであった。その結果、土蔵一人が三門の彩色を勤めることになるが、この土蔵を称する絵師がその他の加賀・将監（絵所の土佐か）・安芸と異なることに注目した林屋辰三郎は、土蔵を営む人々のなかに高度な文化的芸術的素養をもつものがいたことに東山文化の基盤の一つを認めている。

ところで、加賀という絵師もおそらく民間の絵師であり、「加賀扇」といわれた扇をつくる扇屋であったとおもわれる。文明十五年（一四八三）、粟田口に住む絵師隠岐越後守の替銭の請人として返済を迫られた誓願寺近くの扇屋加賀祐賢は、おそらくその子孫であろうし（「政所賦銘引付」）、また永禄十年（一五六七）誓願寺門前の小川靫屋町の西頬、川の上につくられていた家を誓願寺に寄進した加賀清賢も関係があろう。洛中洛外図屏風にみえる誓願寺の隣の扇屋が加賀なのかもしれない。ともかくもここでは扇屋自身が絵師であること、また絵師と密接な関係があることなどが注意され、さきにみた扇座が扇の販売や「折り手」と関連しているのとは対照的である。

そうした点を明確に示すもう一つの扇座史料がある。

> 永明院并扇座中中当職事、相続人数の外、細工と号する非分の族においては停止せらるる段、度々御下知の旨に任せ、違乱の輩なきの処、近年本所公用立てず、座中の案内を能わず、猥に其の職を致すの間、重ねて先々の如く、御下知を成し下さるるべきの旨、請文を捧げ之を申す、仍之を御裁許、（下略）、（「披露事記録」天文八年（一五三九）五月二十七日条）

この史料で注目されるのは、第一に、「扇座中」がみずからの製造の独占権を主張し、座外の人々の製作停止を命ずるよう求めていること、すなわちこの扇座は制作が主体の座であることである。第二に、請文の差出人の一人が狩野元信であること（もう一人は西陣の織屋蓮池秀明）。狩野派の巨匠が実は扇座中の代表者なのであるから、この扇座はおもに扇面絵を描く絵師、絵師を兼ねる扇屋などから構成されていたにちがいない。洛中には本所および構成員、業態などの性格を異にする二つの扇座が存在していたことになる。

ところで、狩野の屋敷は、その祖である正信以来、小川に近い狩野辻子にあったと考えられる。小川は狩野を頂点とする絵師、扇屋の集住地なのであった。狩野派が洛中洛外の名所や年中行事を主題とした扇面絵を多数制作したことは、「元信」の朱文壷形印をもつ実用に供された扇を組み合わせた光円寺蔵の月次京洛風俗図扇流屏風や、永徳の弟宗秀の洛中洛外図扇面などからよくわかる。また狩野元信とその工房の制作とされる歴博甲本をはじめ、東博模本・上杉本・歴博乙本などの洛中洛外図屏風の遺品のいずれもが狩野派の作品であるのも軌を一にした動向である。町絵師の扇面絵の主題の一つが「京絵」であったことは、扇座の主導者である狩野派のこうした活動と無関係でないことは明らかであろう。時代の好みに対応して扇絵に新たな趣向をもたらしたことによって、小川の扇座は戦国期においてまた近世になっても扇生産の中心地としての地位を保持しえたのであろう。

扇絵の制作過程、町絵師および狩野派の工房の様相、町絵師と狩野派の関係など、扇座の実態を解明することは、扇絵や洛中洛外図屏風などすぐれた絵画史料である都市図の史料批判のためにも不可欠な基礎作業といえよう。美術史・歴史学の学際的な研究が望まれる。

参考文献

豊田武『増補中世日本商業史の研究』。林屋辰三郎「東山文化とその社会的背景――洛中絵師土蔵に関連して――」（『中世文化の基調』）。
武田恒夫「初期洛中洛外図における景観構成――その成立をめぐって――」（『美術史』五三号、一九六四年六月）。

コラム8　茶屋――町衆文化の一断面

人は喜びて茶をすする。路傍に茶店を置きて茶を売る。行人銭一文を投じて一椀を飲む。

申叔舟『海東諸国紀』

一、街角の茶屋

『七十一番職人歌合』にみえる一服一銭は、「こ（粉）葉の茶をめし候へ」と路傍において一服の抹茶を銭一文で売っている姿であるが、こうした茶売り人に、振売《ふりうり》、座売《ざう》り、見世売《みせう》りなどの業態があったことはあらためていうまでもない。京都にあって注目されるのは、おそらく室町時代の早い時期から見世売り、すなわち常設の店舗を構えて茶を飲ませる茶売り人が現われたことであって、それが「路傍にあり、茶碗に茶をいれて売る店」（『日葡辞書』）、すなわち茶屋（「見世茶屋」）であった。こうした茶屋の出現、店舗商業の発展という状況のなかに、京都の巨大都市性をみることができよう。

これまで東寺門前の茶売り人など、有名な寺社への参詣人を目当てにした振売・立売・茶屋の生態について論じられてきたが、社寺参詣の盛行もさることながら、膨大な都市人口があったことからすると、むしろ茶売りの都市的なありかたこそ、もっと重視すべき論点ではなかろうか。

明らかに参詣人を相手にした茶屋でないものとして、土御門烏丸南西角にあった茶屋をあげることができる。宝徳二年（一四五〇）、この茶屋の「家主」が逐電したために、家二棟が闕所《けっしょ》となり、その闕所処分をめぐって本所である鷹司家と侍所開闔《かいこう》とのあいだで相論が生じたが、結局、鷹司家が侍所を抑えて家屋の解体処分を行っている。この茶屋が茶のほかに酒食も供したのか、また給仕女がいたのかなどの点についてはまったくわからないが、いずれにせよこのように領主権のなお強い権門貴族の所有地において茶屋の営業が認められていたこと、また土御門内裏のごく近辺、公家の居住地域にまで茶屋が進出していたことは、都市生活のなかで茶屋が小さくない位置を占めていたことを示唆している。

また、享徳四年（一四五六）、祇園社犀鉾《さいのほこ》神人《じにん》は、四条猪熊と堀川との間にあった家の前に茶屋を建てている。それは四条通りの通行人を目当てにしたものであろうが、その茶屋が、家の前を流れる川のうえに差しかけたものであったこともおもしろい。

以下では茶屋における営業の実態、また喫茶を媒介とする都市民衆の交流・社交の諸相など、社会文化史的な視点から茶屋を眺めてみることにしよう。

二、茶屋の形態

茶屋のすがたは、洛中洛外図屏風や社寺参詣曼荼羅の描写によって知られる。これらの画像史料などによって茶屋の建築的形態をみると、①差し掛け、長屋、床店などの「仮屋」、すなわち社寺の祭礼などのときなどに臨時に構築された仮設の建物、②内見世、つまり常設の店舗、などの諸形式があり、屋根は草葺または板葺、内部はいずれも土間で、その一隅に竈をすえ、他方に床几《しょうぎ》をおいている。

アラビアやヨーロッパのコーヒー店と比べてみると、いくつかの大きな特色を指摘することができよう。

第一に、日本の茶屋は道路に対して開放的につくられている。すなわち道に面するところには、壁や建具などを設けたりせず、吹き放しにしている。あたかも街路の一部であるかのようになっているのである。

第二に、茶屋はごく小さな規模な建築である。内部空間の広さ、というよりも狭さのために、茶屋は、アラビアやヨーロッパのコーヒー店にみられる、ホールのように多数の人間が集うことができる機能的・空間的特徴を備えることができない。

第三に、茶屋の内部は土間であり、その一隅に竈をすえ、他方に客用の床几をおいているが、床几に座って茶を飲む方式は、正統的な「書院の茶」が畳に座って茶を飲むのと大きく異なり、この点では、アラビアのコーヒー店よりも、むしろヨーロッパのコーヒー・ハウスにより近いといえよう。

概して茶屋の形態は粗末なあるいは簡素なものであるが、「茶屋」とよばれる建築は必ずしもそのようなものばかりではなかった。

お盆のころ善根功徳を積むために寺院が道を通行する人々に茶をもてなすのを功徳茶といったが、そのなかには祭礼化した功徳茶というべきものもあった。応永三十年（一四二三）七月十四日の盂蘭盆会《うらぼんえ》の夜、山城伏見庄では光台寺の「茶接待」が行われた。そのためにわざわざ設けられた「茶屋」には「風流《ふりゅう》灯籠」や「座敷飾《ざしきかざり》」など目を驚かせるようなしつらいが施されており、貴賤をとわず群集したという（『看聞御記《かんもんぎょき》』同日条）。

この茶屋は、もちろん寺家が主催したもので、茶売りによる営業ではなかったが、それでも注目すべき点がある。第一に民衆を魅了するような意匠をもった茶屋がつくられたことである。魅力の一端は「風流灯籠」にもあろうが、中国からの舶来品をみごとに並べ立てた「座敷飾」が人々の興味を引く意匠の中心であった。そうすると、当時の「書院の茶」の空間に通じるところがあるが、それは寺家による施茶、功徳茶とはいえ、「茶接待」であるからには室礼《しつらい》として座敷飾りを備えることが必要とされたのであろう。座敷飾りを調《ととの》えた茶屋などは、街角の茶屋のなかでは特異なケースにあたるのかもしれないが、ある意味で典型的な茶屋の姿の一つであり、見落とすことはできない。

ところで、「茶接待」を受けた群集、街角の茶屋で茶を飲む客の姿は、禅僧歌人であった清巌正徹の歌論書『正徹物語』（十五世紀中ごろ成立）にある言葉「茶数寄・茶飲み・茶くらい」に照らすと、「茶くらい」に相当しよう。茶くらいとは、「茶といえば飲みゐて、更に茶の善悪も知ら」ないものであるが、こうした人々が大衆的な喫茶の文化、いうならば「茶屋」の文化の担い手であったのである。

三、「衆会」の空間

町角の茶屋は、たんに茶を飲む店というだけではなかった。町人の集う空間、茶を介した都市民衆の交流の場であったようである。茶屋は、もちろん茶を出したが、団子や餅のような食べ物、また酒をも供したらしい。唐橋大宮の茶屋などは「鬮取り《くじ》」や「博奕《ばくえき》」の賭場になった。さらに茶屋には客に酌や給仕をし、遊び相手となるような女もいた。有名な東寺南大門の茶売りの請文（応永十八年、一四一四）に「遊君を集め、茶按排を用うべからざる事」とあるのは、そうした茶屋の実態を反映しているのである。そうすると、都市的社交施設として現代の喫茶店、料亭、御茶屋、クラブなどと大したちがいはなさそうである。こうした茶屋は、歓楽街・繁華街はもちろんのこと、ふつうの市街地にも少なくはなかったであろう。

ところで応仁の乱以降になると、茶屋が室町幕府の法的規制の対象として記録に現われるのも特徴的である。『晴富宿禰記』には「近日下辺諸方の新関往反人を煩わす、言語道断の次第也、仍今日所司代浦上の手の者大勢下より〈鳥羽辺以北歟〉追却せしむ、諸所の茶屋等焼き払う、五条大宮茶屋放火見及び了んぬ、尤も然るべき事也」（文明十一年〈一四七九〉五月十九日条）や、「四条油小路西洞院間北頬茶屋、赤松より別所に仰せ付けられ発向す、数輩を誅伐せらる、（中略）、強盗の類歟」（明応四年〈一四九五〉二月八日条）とあり、また侍所開闔松田頼亮は祇園社執行に「四条道場前の茶屋の事、夜陰に及び、悪党等集会の間、不用心の条之を除かるべき」と命じている。

茶屋は、ときには犯罪者が集まり、あるいは反体制的な集会の場にもなったが、こうしたさまざまな活動の場を提供したのが茶売り人・「茶屋家主」であって、一服一銭の茶を売るというよりも、サービスをともなった空間を提供するのが彼らの商売であったとみるべきであろう。

四、「市中の山居」

四条室町に住んでいた町衆奈良屋宗珠は、「下京茶湯」の主導者「数寄の張本」として公家達のあいだでも知られていた。公卿鷲尾隆康は、宗珠が屋敷のうちに営んだ午松庵をみて、「山居の躰もっとも感あり、誠に市中の隠と謂うべし」と賞賛したが、その午松庵は書院でもなく、たんなる草庵でもなく、「茶屋」なのであった。

宗珠は、路傍や境内など開放された外部空間に立つ茶屋を町家の内部へ持ち込んだ。そして閉鎖的な内部空間において、町人の娯楽施設であった茶屋と町家の素朴な庭を「山里」という王朝の美意識によってデザインしたのである。庭園建築として東屋や亭のかわりに茶屋を配したところに宗珠の創意があり、ある意味で宗珠の茶屋午松庵は、桂離宮の松琴亭や笑意軒などの茶屋の先例ともみられる。

それはともかく、王朝文化の伝統のもとにウラ空間の意匠を洗練し生活環境を芸術化した宗珠は、町人の文化的素養の高揚——「茶くらい」から「茶数寄」へ——を如実に示す事例といえよう。

五、茶と町衆と町

町家の裏側の空地に庵や奥座敷や離れ座敷を設け、寄合などの空間として用いるのはなにも奈良屋宗珠だけのことではなく、とりわけ戦国末から近世初頭の上京・下京の有力町衆の家ではありふれたものであった。こうした「茶湯座敷」における寄合の姿は、茶会記によって一端をうかがうことができる。

博多の豪商神谷宗湛の残した「宗湛日記」に、天正十四年（一五八六）から十五年にかけて上京立売の大文字屋や針屋、また新在家や裏築地、下京四条の町衆との茶会が記され、また「利休百会記」には禁裏六町の宿老渡辺（川端）道喜・又七の名もみえる。要するに、京都、奈良、堺、博多などの有力町人の相互交流が茶の湯の場、すなわち私的な寄合の場においてしばしば行われていたのである。茶会は上層町衆間の社交であり、私的な形式をもっているがゆえに、そこではさまざまの重要な内容の情報が交換されたにちがいない。京都は都市間に渡る情報が集中し、あるいは情報の発信される地であったわけであるが、ここに茶会の都市史的意義があろう。

いかにも世俗的な街角の茶屋にせよ、またやや高踏的なまた虚構性をもった宗珠の午松庵のような茶屋にせよ、それは京都の民衆の暮らしのなかから形づくられたものであって、その意味で茶屋は都市民衆世界の所産にほかならない。

喫茶の流行は、結論的にいえば、大衆化にともなって喫茶を媒介とする社交の空間である町の茶屋を生み、さらには芸術的洗練を遂げて「下京茶湯」を創造するにいたったといってよかろう。都市民衆の交流ないし社交の場の様態は、都市的な場において大衆化、町家のウラにおいて芸術化の双方向へ両極分化をとげたのである。家の外と内——外部空間と内部空間——における空間の対照的なありかたが興味深い。

小結

ここでは第一部Iのまとめをしつつ、興味深く重要な点をいくつか指摘しておきたい。

都市支配者による上からの都市計画史と都市住民による下からのまちづくり史を視軸として、おもに室町期京都から戦国期京都、豊臣期京都にいたる変遷を検討してきた。それは端的にいうと、中世的な〈境内〉と〈町〉の成立からその変容・解体・崩壊、そして近世的な〈境内〉と〈町〉の確立の過程にほかならない。いいかえるなら、義満は中世社会の統治に適合した都市社会空間システムをつくり、秀吉は近世社会の統治に適合した都市社会空間システムをつくった。一方、都市住民は長い歳月をかけて、〈町（まち・ちょう）〉すなわち道を基盤としたコミュニティ（地域共同体）と居住と生業の地域社会空間、そして縦横に走る「通り」からなる都市空間をつくりあげてきたということである。

一、義満と秀吉の「王都」

① 秀吉の聚楽第・内裏を核とする地域空間（公武の結合・統合）、義満の室町殿・相国寺・内裏を核とする地域空間（公武寺社の結合・統合）など、それぞれが固有の権力拠点たる地域空間を形成した。

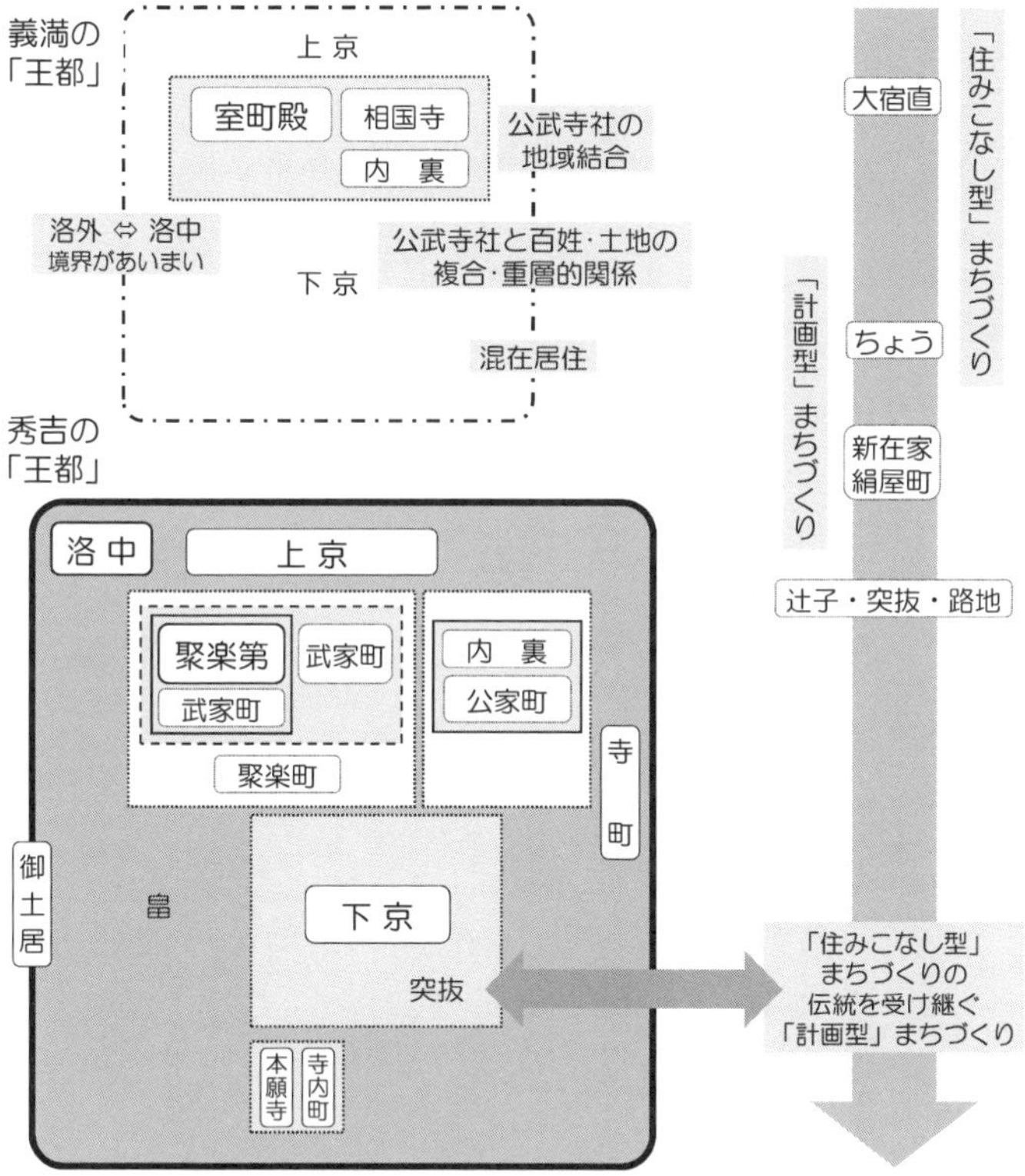

図 50　義満と秀吉の「王都」を比較する

② 天皇と武家関白を軸に国政、首都を考える秀吉の立場は、治天たるべき義満とは異なり、そのちがいはそれぞれの大造営による地域空間にも反映している。「日本国王」義満の室町殿と相国寺と内裏の位置関係には内裏との対峙がうかがえるのに対して、武家関白秀吉の聚楽第と内裏の位置関係には内裏との平和的・相補的な関係構築がみえる。

③ 義満の中世首都空間システム（室町殿レジーム）と秀吉の近世首都空間システム（聚楽第レジーム）の対比は鮮明であり、それぞれの時代の社会秩序が空間化されている。

④ 秀吉の大造営はその規模と質において義満を圧倒的に凌駕している。聚楽第は、義満の室町殿（東西一町・南北二町）はもちろん、信長造営の将軍

義昭居城（東西二町・南北三町）をもはるかに超える。
⑤　秀吉は都市京都と公武寺社の複雑な社会＝空間関係（中世的関係）を解体・清算し、武家による一元支配を貫徹した。
⑥　秀吉は替地・屋敷替・町割などにより首都の都市空間全体を大改造し、混在居住の洛中から公家町・武家町・寺町・上下京とその他の町々などに再編・純化した（身分・用途地域制）。

二、武家政権の「首都」

さて、秀吉の〈大坂首都構想〉と首都京都（聚楽・伏見）、大坂のいずれにおいても、伝統的国制に拠って統一政権を推進し、また維持する姿勢が通底している。しかし、実際には京と大坂・聚楽・伏見・大坂の距離、すなわち不即不離の関係から距離を置いた関係へという距離感が示唆するような天皇と武家権力の関係の変化があったのであろう。

徳川家康も伝統的国制を克服した武家国家を樹立しようとはしなかった。「京都をも引き取る」どころか、京都からいっそう大きな距離を置いたのが家康の「王都」江戸であった。

明治政府は、武家の「首都」江戸を引き継ぐとともに、京都（天皇と公家、内裏と公家町）を引き取り、「天下の台所」大坂をも首都東京に引き取った。近世「三都」の主要な都市機能を首都東京に統合したといえよう。江戸城を皇居としたことも、前政権の拠点を踏襲する伝統に倣ったかのように見える。

Ⅱ　首里・那覇

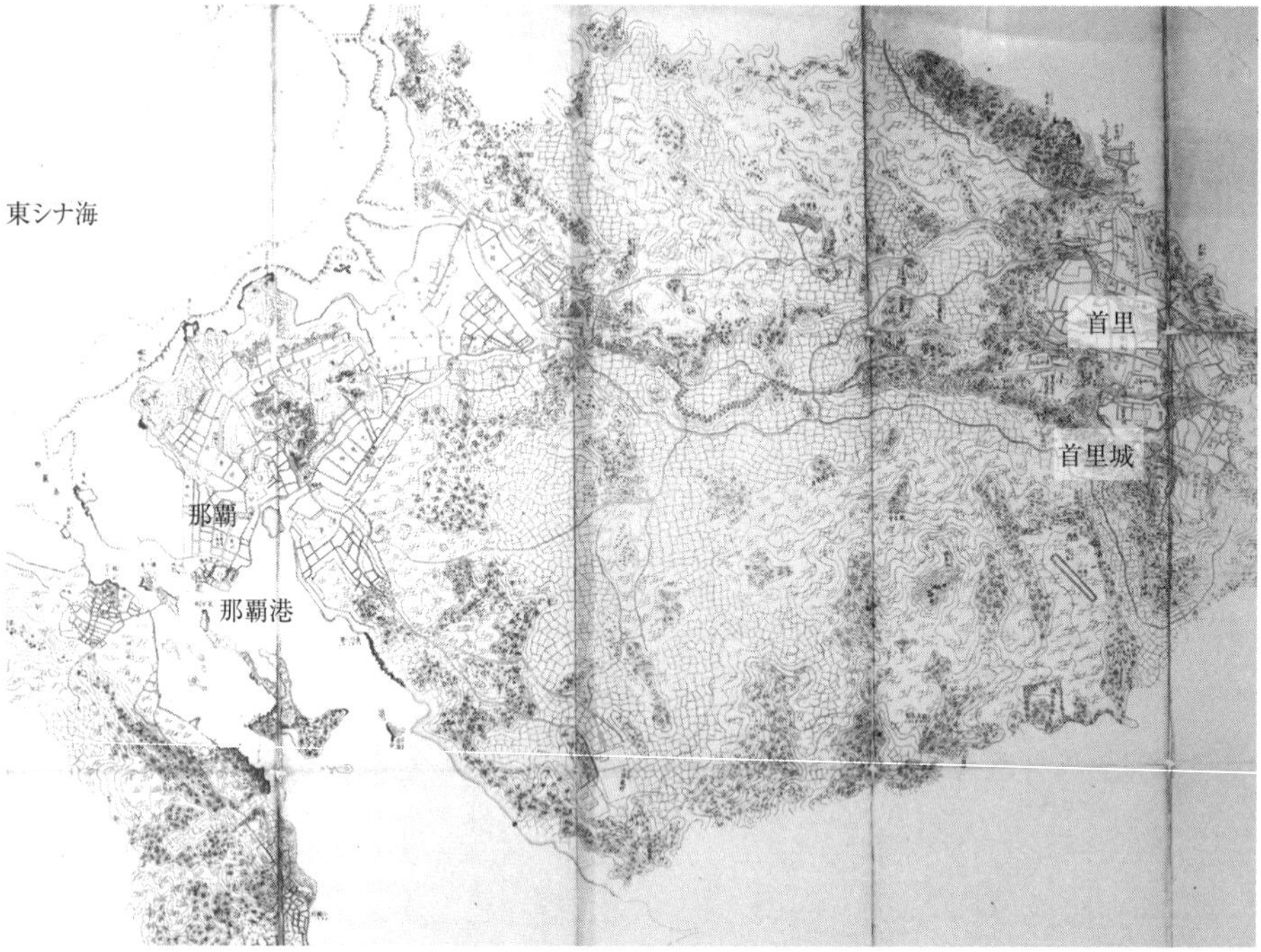

図 51　「琉球那覇港及首里城間之図」(近代初頭)

図 52　現在の那覇 (河角龍典氏作成)

第九章　「王都」首里の大規模都市開発

足利義満の「天下統一」や大造営の少し後、十五世紀初頭に成立した琉球最初の統一王朝は、中国や朝鮮、日本などとの国際関係のなかでどのような「王都」を創りあげたのであろうか。

本章第一節では、とくに琉球王国の成立期である尚巴志王の時代と、その展開期にあたる尚真王の時代に注目し、首里の都市空間の整備そして宗教建築の造営など、王都の荘厳の実態を具体的に明らかにし、あわせてこのころ琉球の国際貿易港として重要な位置を占めた外港・那覇にも眼を向ける。

第二節では、琉球王国における禅宗寺院の発展やその実態、寺院造営の動き、〈境致〉を創出した歴史的背景について考える。十五世紀の中頃、禅宗寺院の造営が隆盛を極める時期を詳細に取りあげる。

第三節では、いくつかの禅宗寺院が保持した国家・王権との重要な関係に注目し、禅宗および禅宗寺院が担った機能の一端を明らかにする。

一、琉球王国の成立と王都の荘厳

1　琉球王国の成立

十五世紀は、琉球王国の成立期であった。北山・中山・南山に分かれて権力抗争を繰り広げていた琉球を武力によっ

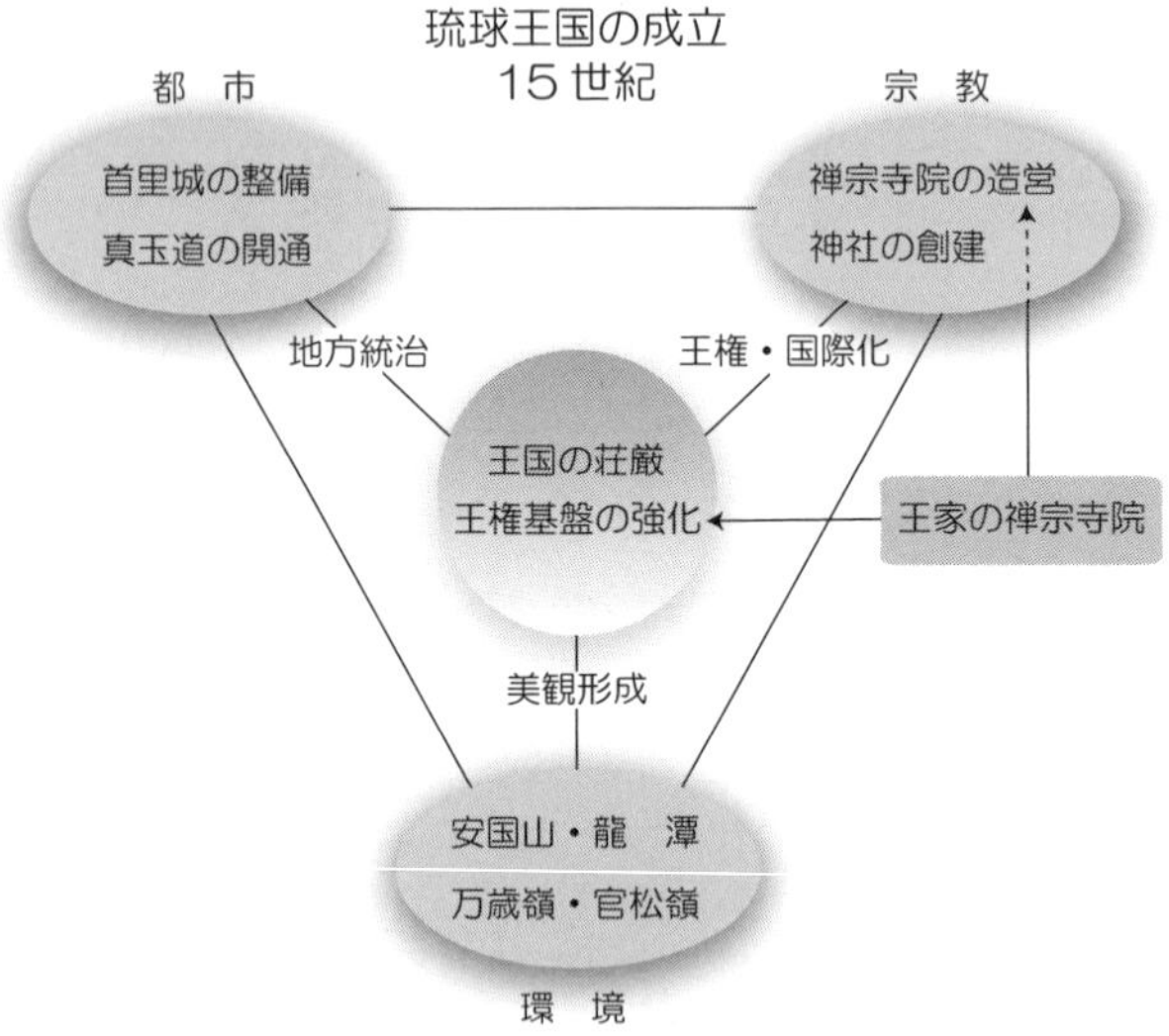

図53　本章の論点

て平定し、最初の統一国家である琉球王国の基盤を築いたのが尚巴志《しょうはし》である。

尚巴志は、一四〇六年に浦添の中山王武寧を武力によって滅ぼし、父尚思紹を王位につけた。翌一四〇七年、尚思紹は明の永楽帝より冊封を受け、正式に中山王となる（いわゆる第一尚氏王朝）。このころ、尚巴志は中山を支配する権力拠点を浦添から首里グスク（首里城）に移したという。[1] 一四二一年、尚思紹が没すると、尚巴志がその跡を継ぎ、一四二五年に明の永楽帝より「琉球国中山王」に封じられている。

三山を統一した「琉球国中山王」尚巴志の時代には、首都というべき首里の城の整備が行われたのを初めとして、少なからぬ仏教寺院が建立されたようである。一四二七年には、国相懐機が人工池「龍潭」を築造している。五代尚金福の一四五二年には、同じ懐機によって首里と、当時は浮島であった那覇を結ぶ道「長虹堤」が建設されたという。仏教の興隆をはかった六代尚泰久は、首里や那覇に天界寺など数多くの禅宗寺院を創建し、また「舟楫《しゅうしゅう》をもって万国の津梁《しんりょう》（懸橋）となす」と、海洋貿易国家としての自負を刻んだ万国津梁の鐘を鋳造して王宮に懸けた。

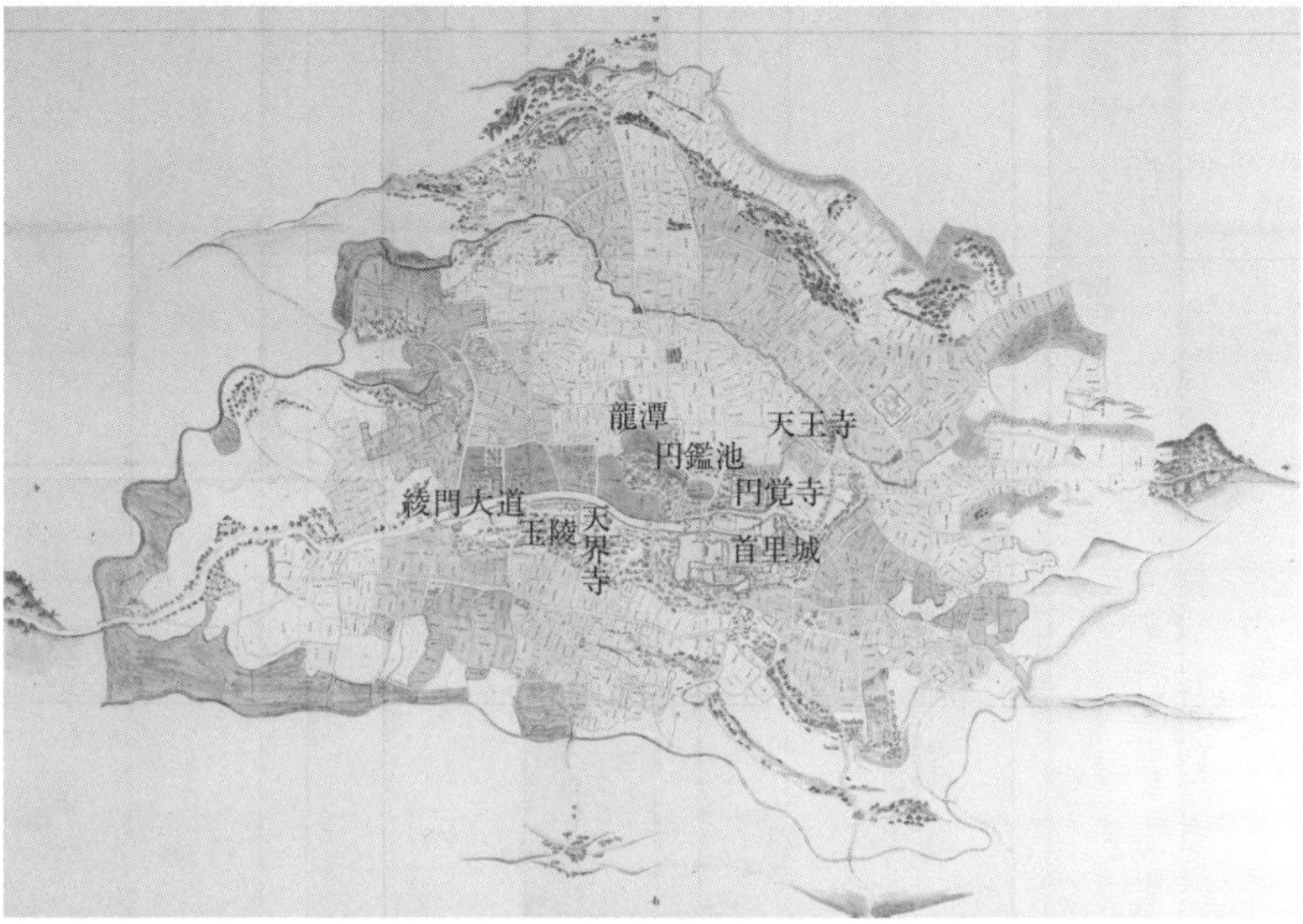

図 54　『首里古地図』(近世中期)

写真 8　首里城正殿と御庭《うなー》

写真９　龍潭（人工の池）

琉球の統一から四〇年後の一四六九年、第一尚氏王朝はクーデターによって滅んだ。王位についた尚円は明に冊封使の派遣を求め、一四七二年、憲宗帝より「琉球国中山王」に封じられた（第二尚氏王朝）。王国支配体制の強化・安定を目指した政策は、尚円、そして尚円の没後、事実上その跡を継いだ三代の尚真によって実行された。尚円は、天王寺・崇元寺・龍福寺の三寺を創建したという。

琉球史上、もっとも名の知られた王である尚真は、王都・首里に按司を集住させるとともに、地方統治の強化をはかり、また王権を支える神女組織を確立した。また琉球第一の大寺院、円覚寺を創建して王家の菩提寺としたり、首都とその周辺においていわば風致の形成をはかるなどの造営事業によって王都を荘厳した。

王と国家による造営事業は、主として寺院の建立と都市空間の整備にかかわるものであり、王権の支持基盤を強固にすることを意図した宗教政策・都市政策の一環であるが、王権の象徴である王都を荘厳することによって、広く琉球国王の権威を知らしめる意図も

写真 10　首里城正殿にかけられた万国津梁の鐘（複製）

担っており、中国や朝鮮、日本に対する、外交ならびに文化的な政策としての意味合いがあったともいえよう。

十五世紀は国際化の時代でもあって、琉球にはさまざまな職能の人々が行き来し、それにともなってさまざまな信仰・宗教が流入し、将来された。王都の首里には王家と国家が必要とした禅宗寺院が建設されたし、一方、外港の那覇には、国家や王権とかかわる寺院よりも、むしろ那覇に住む人々、すなわち琉球人と中国人、日本人の信仰の対象となる寺院が創建された。当然のことながら、仏教（臨済宗と真言宗）の寺院のみならず、天妃宮・上天妃宮・天尊殿など道教の神々をまつる廟や、熊野権現や天照神などの日本本土の神をまつる神社も創建されている。琉球王国の宗教界は、固有の伝統的な信仰に加えて、新興の仏教、道教などの信仰、熊野や伊勢などの信仰などが広く共存し、国際的な様相を呈していたのである。

袋中『琉球神道記』の序には、次のように記されている。

写真 11　旧崇元寺石門および石牆（1527 年以前、重要文化財）

當初、国中の高處を掄《えらん》で城を卜《し》め、中山府と名づく、景は八を該《か》ね、隅は三を離る。神祠遠く囲遶《いじょう》して、而して衛護験《しるし》有り、禅刹近く羅列して、爾して祈板闕くこと無し(2)（注……原文のカタカナを平仮名に改めている、以下同じ）

首里城の近くには、禅寺が多数並びたって祈祷を欠くことはなく、また、遠くには神祠、すなわち熊野権現を祀る神社が王都である首里を取り囲んでいて、国や王、人々を守護していたという。実際、禅宗寺院は、前述のように首里の王城近くに営まれていた。

一方、十六世紀の琉球王国には少なくとも大社七社とほかに二つの神社があった。袋中『琉球神道記』第五巻では、冒頭に、

波上《なみのうえ》ノ権現護国寺　洋《おき》ノ権現臨海寺
尸棄那《しきな》神應寺　天久《あめく》権現性元寺（聖現寺）
末吉権現満寿寺（万寿寺）　普天間権現神宮寺
八幡大菩薩（安里八幡宮）神徳寺　伊勢太神長寿寺
天満天神長楽寺

と、これら九つの神社とその神宮寺を列挙し、大社七社のうち六社が日本の熊野権現であること、残る一社が同じく日本の八幡大菩薩であると述べる。次いでそれぞれの神社の縁起などを説明している。

伊勢太神や天満天神も、いうまでもなく、日本の神祇であるから、琉球の神社はいずれも日本から伝来したものであったことになる。

これらの神社の推定創建時期をみると、十四世紀には波上権現・洋権現、次いで十五世紀には伊勢太神・末吉権現・安里八幡宮・天久権現、十六世紀になって識名権現・天満天神・普天間権現が創建されたようである。

また、これらの神社を首里からの距離に応じておおよそ近・中・遠に分けてみると、次のようになる。

近……末吉権現・安里八幡宮・識名権現

中……波上権現・洋権現・天久権現・伊勢太神・天満天神

遠……普天間権現

神社は王都・首里の地にはひとつもなく、その周囲に分布している。首里を囲繞するという表現は、必ずしも当たらないのかもしれないが、しかし末吉権現・安里八幡宮・識名権現は王都・首里を取り囲むように分布し、また伊勢太神・天満天神は那覇に、波上権現・洋権現・天久権現は外港・那覇の周縁に分布している。要するに、袋中が「神祠遠く囲遶して」というように、琉球王国の大社は、外縁に立地して琉球王国を守護していると見ることができよう。

以下では、王都の荘厳の様相を禅宗寺院に焦点を合わせ、より詳細に具体的に検討しよう。

2　尚巴志の時代

尚巴志は、琉球ただ一人の王として権威を高める一方、王国の首都・首里と、外港・那覇において、大規模な土木工事、建築工事を行った。

首里では、王宮であり、政庁でもある首里城の建設はもちろんのこと、首都として備えるべきさまざまな施設の建設も行われたにちがいない。そのなかには宴遊の施設も含まれていた。

一四二七年に建てられた現存最古の石碑の銘文「安国山樹華木之記」には、次のように記されている（原文は漢文であるが、読み下して引用する。以下同じ）(3)。

永楽丁酉、其の国相懐機は、王命を奉じ、天京に朝し、中国の礼楽文物の盛なるを観じ、名山大山の荘なるを覧じ、還らしむ。楽歳の豊は、民の和を悦ぶ。乃ち王城の外に、安国山を増してこれを高くし、池を北に鑿り、台榭を南に築き、以て政暇に遊息の所と為す。山は則ち植えるに松柏槭櫧《せきしょ》□□花果薬木を以てし、水は則ち被うに美□萋茨の属を以てす、猶以て未慊観望を是に為し、諸国の奇花……を求む。

（中略）

宣徳二（一四二七）年歳次丁未八月既望　安陽澹菴倪寅記(4)

一四一七年、国相であった懐機は、王の命を奉じて明に朝貢し、中国の盛んな礼楽・文物やおごそかな名山・大山の姿を見て帰国したが、その後一四二七年に、国王がまつりごとの暇に遊息する所をつくった。すなわち、王城の外にある安国山を増してこれを高くし、北に池（龍潭）を掘り、南に台榭を築き、山には松柏や花果薬木を植え、また飽きることのない眺望をつくるために諸国から奇花・名木を集めたという。

新たに掘られた池の佳名である「龍潭」がいつの時代に名づけられたのかはわからないが、「安国山」の名は、古くからの名称ではなく、石碑の建立にあたって命名されたのであろう。安国山という佳名は、八景・十境の概念に関係するかどうかはともかく、景勝の地に佳名を与える中国文化が伝わっていたことを示しているようである。

ところで、尚巴志王の時代には、報恩寺という禅宗寺院があった。琉球王国の外交文書集である『歴代宝案』におさめられた一四三八年の国王尚巴志の咨文は、尚巴志が、報恩寺の僧官裔則に度牒を給賜することを請うたものであり、そこには「本国十刹内の報恩寺の僧官を授得し、住持すること年久し」、「僧官裔則、道号は天屋なり、実に本国十刹内の報恩寺の僧官に係わり、住持して歴年を経たり、深く修行に勤む」（傍点は引用者による）とある。

通説は、この史料によって琉球に報恩寺という寺院が存在し、裔則がその住持であったこと、裔則は道教の出家号として天屋とも称していたことなどを示すとする。(5) たしかに中国では、「道号」は道教の道士に授けられた称号をさすこともあるとされるが、ここではかならずしも道士の称号と解さなくてもよいのではなかろうか。琉球の報恩寺の住持なのであるから、ふつうに禅僧が師から与えられる称号として「道号」を考え、「天屋裔則」と称していたとみて差し支えあるまい。要するに、報恩寺と裔則を、禅宗寺院と禅僧と考えるのである。

注目されるのは、「本国十刹内の報恩寺」とある十刹である。これは、十の「刹」、すなわちたんに十か寺を意味するのではなく、おそらく「十刹」という熟語である。そうだとすると、①中国の禅院制度にならった五山十刹の寺格、ないし官寺制度が琉球に存在し、②報恩寺はその十刹のひとつであった、ということになる。当然のことながら、こうした禅院の制度を整備したのは尚巴志とみるほかはない。しかしながら、尚巴志の当時において、禅寺がそれほど多く創建されていたのか、またそこまで禅院制度が整備されていたのか、検討の余地が少なくないであろう。

なお、報恩寺の寺号は、南宋の高宗が父徽宗の菩提を弔うために各州に建てた報恩光孝禅寺にちなむものであろうか。

「安国山樹華木之記」を記した安陽澹菴は、いかにも禅僧らしい名前であり、詩文の巧みな僧であることも、禅僧という推定を補強する。報恩寺は、天屋裔則が「歴年」すなわち長年に渡って住持をつとめているというのであるから、安陽澹菴は報恩寺の住持ではないようである。

当代の禅宗寺院として大安寺が知られているが、次に述べるように、大安寺は明から派遣された柴山が一四三〇年に創建したことが明らかである。したがって大安寺は安陽澹菴の住した禅寺ではなく、報恩寺や大安寺のほかに少なくとももうひとつ禅宗寺院があったことになる。

大安寺は、尚巴志の時代の禅宗寺院としてもっとも有名である。一四二五年に尚巴志を冊封するために琉球に派遣された柴山が、三度目の琉球滞在となる一四三〇年に大安寺を創建した。彼自身が記した「大安禅寺碑記」・「千佛霊閣碑記」によってその経緯などを知ることができる(6)。

大安寺は、しばしば琉球における禅宗の始まりとされるが、疑問がないわけではない。というのも、報恩寺の天屋裔則が一四三八年においてすでに「年久しく」住持であったとすると、大安寺が創建された一四三〇年以前に、報恩寺の創建がさかのぼる可能性が大いにあるからである。

柴山は、大安寺建立後の一四三三年にも琉球に来ており、そのとき「千佛霊閣」を建立したが、翌年の帰国に際して「日本国の僧」受林正棋を殺害したその下僕の八郎を乗船させている(7)。この受林正棋を、小島瓔禮は大安寺の僧ではないかと疑っているが(8)、その推定はおそらく当たっていよう。

受林正棋について興味深いことは、尚巴志が「本国の用うる所の其の僧」としている点である(9)。それは、報恩寺の天屋裔則が「本国十刹内の報恩寺の僧官を授得し」たのと同じ意味で、琉球王国の任命した住持であるということなのであろう。中国人である柴山が創建した大安寺であっても、その住持の任命権は琉球国王にあった。また、仮に受林正棋が大安寺の僧ではなかったにしても、彼は琉球王国によって任用されている僧であった。寺院の住持の任命権は琉球国王が掌握していたのである。このような意味では、柴山の大安寺を、国王による建立とみることも可能である。

要するに、尚巴志は住持の任命を通じて寺院を国家の管理下においていたとみてよさそうであり、ある程度整備された十刹などの官寺制度の存在を推定することができる。尚巴志の時代の寺院については、当時の状況を具体的に示す関連史料がほとんどないのであるが、次節において多少検討を加えることにしたい。

さて、「大安禅寺碑記」によって大安寺の姿を眺めてみよう。

> 地を海岸の南に得たり。山環り、水深く、路転じて林密なり。四顧清芬、頗る双林の景に類す。逐《かく》て山を闢きて地と為し、水を引きて池と為す。……石を累ね、泉を引き、井を後に鑿ち、……内は花卉を列ね、外は椿松を広め、遠く山光を呑《ふく》み、平《たやす》く灘瀬に挹《く》み、

とある。冒頭に「地を海岸の南に得たり」とあることなどから、東恩納寛惇は、大安寺の所在地を、波上の護国寺の近くと推定している(10)。

柴山は、景勝の地に山を拓いて敷地を造成し、水を引いて池をつくり、石を積んで泉を引き、井戸をうがち、内外に花卉や椿松を植えるなど、造景を行っている。ただ、この「大安禅寺碑記」には、とくに八景や十境に関連するような景の名づけは見当たらない。

前述したように、柴山は一四三三年に「千佛霊閣」を建てている。すなわち、「千佛霊閣碑記」には、「是に於て弘仁普済の宮を重修し、泉を引き、井を鑿ち、宮の南に大安・千佛霊閣を鼎造す」とある。この記事によると、柴山は弘仁普済の宮、すなわち天妃宮の修理を行い、その南の地に、天妃宮と鼎のような位置を占めるように、大安寺と千佛霊閣を建立したという。これからすると、波上の地には、中国・福建地方で生まれた航海守護神の媽祖をまつる天妃宮が、少なくとも大安寺創建以前、すなわち一四三〇年以前から存在していたようであり、大安寺は天妃宮の南にあったから、天妃宮は大安寺よりもっと海岸に近いところに立地していたことになる。

「千佛霊閣」は、かならずしも禅宗寺院に営まれた仏堂とはいえないのであるが、「千佛霊閣」という佳名には、注目に値するところがある。「千佛霊閣」という名は、十二世紀末に栄西が日本から巨材をおくって修造した天童山景

徳寺（天童寺）の「千佛閣」とほとんど同じであり、一一九八年には宋の詩人楼鑰が栄西の功績を顕彰する「千佛閣記」を書いている。中国から琉球に渡って「千佛霊閣」を建てた柴山は、あるいはこうした故事を想起したのかもしれない。

これによって南宋以来の禅院の〈十境〉概念が琉球の地にもたらされたとみることもできるのではあるまいか。十境が選定されていたかどうかはともかく、大安寺にも、自然の景物や建築・庭などの人工の景物に〈境致〉として佳名が付けられていた可能性は残っていよう。

尚巴志の時代に活動したことが判明する三人の禅僧のうち、受林正棋は日本僧であり、残る安陽澹菴と天屋裔則はおそらく中国僧であろう。日本僧受林正棋は那覇周辺の大安寺の住持であり、それは中国人の柴山が創建したものであった。一方、安陽澹菴が住持である禅寺と天屋裔則の報恩寺は首里に所在したと思われる。「安国山樹華木之記」を記した安陽澹菴、そして明への朝貢の使節に任じられた報恩寺の天屋裔則は、ともに王家にかかわる禅僧であり、その寺院もまた王家や国家と深いかかわりがあったのではあるまいか。

禅宗とその文化の導入経路も、中国と日本、王家・官と民、首里と那覇の双方があったにちがいなく、したがって二つの文化的背景の対立と融合のなかで、禅宗寺院は、それぞれにさまざまな色合いを呈していたであろう。八景や十境の伝来についても、同じようなことがいえるはずである。

3　尚真の時代

各地の按司を首里に集住させる政策が実施されたという。これにともなって道路の開通や宅地の造成など、都市開発が大々的に行われたであろう。ただ史料上の制約のため具体的な事実はわずかしか判明しないが、一五二二年に首里と那覇、島尻を結ぶ幹線道路として真玉道を建設し、国場川に真玉橋を架けたことが「真玉湊碑文」（「石門之西之碑文」）によって知られている。

ここでは王都の荘厳に関連して、とくに首里周辺における景勝の地の顕彰や、丘陵地における松苗植樹、王宮や禅寺における造園などの事業について注目したい。このような一連の環境形成ともいうべき事業は、琉球を代表する寺院であり、王家の菩提寺でもある円覚寺の創建とも関連している。[11]円覚寺の建立は、国家と王家を支える禅宗大伽藍の造営であると同時に、様式的にも技術的にも時代の先端を走る建築群がつくりだす壮大で華麗な美によって、王都を荘厳することでもあったのである。

円覚寺は、一四九二年に着工し、一四九四年に大殿（仏殿）や法堂など伽藍の主要部がほぼ竣工したようであるが、[12]その後も造営事業は継続された。鐘楼の鐘が鋳造されたのは一四九六年のことであり、おそらくこのころには伽藍全体が整っていたのであろう。

一四九七年九月に建てられた石碑の銘文「円覚禅寺記」（荒神堂の南の碑文）は、造営の状況などを次のように記している。

万世太平の洪基を開いた尚真王が円覚道場を創建した。壮麗な七堂伽藍をつくるために良工を精選し、そのすぐれた技の美をつくした。老若貴賤を問わず、国の果てまで、ともに天子の恵みに浴していたので、円覚寺の造営にあたって役を課すこともなかったのに、子のように来集した。そこで、王は公卿大夫士庶人などに諭して、各々稚松一株を植え、もって後人の標榜とせよといい、人々は喜んで大声をあげて賛同し、道の整備は絶えることなく長く続いた。こうしてついに南海随一の巨刹が完成した。

この円覚寺に登る者は、王宮を仰ぎみる。また梵刹（寺院）は高く広く壮麗であり、或いは坐して息み、跪いて拝み、或いは頂礼（五体投地）し、合掌する。皆万歳と称して、虚しく過ぎ行くことはない。（下略）

写真12　円覚寺跡　正面の総門を望む

　ここにはおそらく誇張や文飾もあるのであろうが、円覚寺の壮麗な建築美と、各地から首里に集まり工事に従事する人々、松苗の植林と道の整備、熱心な信仰のありさまなどが述べられている。「各々稚松一株を植え、もって後人の標榜とせよ」という一文は、臨済宗の祖、唐代の臨済義玄（?—八七六）の語録である『臨済録』にみえる話を思い起こさせる。すなわち、義玄が松の並木を植えたのに対して、弟子の黄檗が疑問を呈すると、義玄は、「一には山門（禅院）の与に境致を作し、一には後人の与に標榜と作さん」といったというのである。この文章は、禅宗寺院の十境を構成する「境致」という言葉の初見のようであるが、それはともかくとして、「円覚禅寺記」の作者である熙山周雍（明からの渡来僧）、さらには尚真王も、『臨済録』の故事を知っていたのかもしれない。

　最初に、円覚寺の伽藍についてみておこう。一五三四年、尚清王（即位一五二七年）の冊封使として琉球に来た陳侃は、見物した円覚寺の姿を『使琉球録』に記し留めている。

写真 13　第二尚氏王統の墓、玉陵《たまうどん》（1501 年、重要文化財）

寺は王宮の左右にあって、簡単に往来することはできない。天界寺があり、円覚寺があった。これは最も大きい寺で、その他の小さい寺は記すいとまがない。これらの二つの寺の山門と殿宇は、広大にして壮麗であり、王宮につぐものである。

円覚寺の正殿（仏殿）は五間で、仏像一座を安置している。左右には経典数千巻を蔵している。屋根は板葺である。

（中略）

正殿の外もまた、小さい池を掘り、怪石を敷いている。池のほとりには草花がいろいろと植えてある。蘇鉄が一本あり、樹は棕櫚に似ており、葉は鳳凰の尾に似ている。春夏秋冬いつも、茎は伸びるが、葉をかえることはない。これは中国にはないもので、そこをしばらくゆっくりと散歩すると、俗世の雑念も消えて心がすっきりとする。(13)

陳侃の記録によって、円覚寺が王宮に次ぐ広大壮麗さを誇ったことや、正殿の屋根が、瓦葺ではなく、板葺であったようす、伽藍のなかに趣のある庭園がつくられていたことなどが知られる。

ところで、首里城正殿の欄干に刻まれた「百浦添之欄干之銘」(一五〇九年)は、欄干築造の趣旨や経過を記し、さらに尚真の功績を十一項目にわたって讃えている。注目されるのは、その七に、「内園梵刹の仮山水、是宸遊之佳境也」とあることである。すなわち王が行幸して景色を楽しむところとして、王宮の内園および仏寺に庭園を造ったことを、とくに功績としてあげているのである。尚真による「梵刹の仮山水」には、当然のことながら円覚寺の庭園も含まれていたにちがいない。

円覚寺の庭園は、冊封使陳侃が中国にはないという一本の蘇鉄が趣を添えており、中国の庭園のたんなる模倣ではなかったといえよう。庭園のことを中国では「仮山」というから、「仮山水」という言葉は、むしろ日本から伝わったのではないかとも疑われる。円覚寺の庭園、さらには琉球王国の「内園梵刹の仮山水」は、おそらく中国と日本双方の影響を受けつつ、独自の庭園文化を創造していたのであろう。

陳侃が描く円覚寺の庭園は、近世の「円覚寺八景」の一端を想起させ、八景・十境の原型とも推測されるのであるが、しかし陳侃の記述のかぎりでは、円覚寺に八景あるいは十境があったのかどうかはわからない。

さて、「円覚禅寺記」において注目されることのひとつは、広く松苗の植林と道の整備を行わせたことについて述べていることである。松苗の植林は、一五〇一年の「サシカヘシ松尾之碑文」や「円覚寺松尾之碑文」から知られるように、円覚寺の修理に備えて建築用材を確保することを目的としたものもあるが、それだけに限られていたわけではなく、美観を意図したものでもあった。先に述べたように、『臨済録』の故事が念頭にあったとすると、それは「後人の標榜とせよ」というように、記念性をも意図していたともいえようか。

尚真は、一四九七年ころに円覚寺や首里の周辺においていくつもの都市・環境整備事業を実施しており、次に述べる一四九七年の万歳嶺や官松嶺もそうした事業の一環であったとみてよい。また一五〇二年、円覚寺の西に池を掘り(円鑑池)、池のなかに島をつくってそこに輪蔵を建て、朝鮮国王から贈られた方冊蔵経を納めた(14)というのも、たんな

写真 14　園比屋武御嶽《そのひやんうたぎ》石門（1519 年、重要文化財）

る経蔵の建設なのではなく、龍潭と並ぶ、王宮周辺の美観形成とみるべきであろう。

一四九七年八月の「官松嶺記」（下ミヤジキナハの碑文）(15)によると、中山府の西に丘があり、官遊の地となっていた。尚真は、諸官僚に命じてそこに稚松数千株を植えさせ、「官松嶺」と命名したという。

もともと官松嶺は、木々の緑が豊かな丘ではなかったようであり、植林事業によって「鬱々」とおい茂り、また「亭々」と立ちならぶ森を後世の人々に残そうとしたものである。

一六三三年に渡琉の胡靖は、その『琉球記』に、官松嶺をつぎのように記している(16)。

> 茲れ（崇元寺）より王城に登る。通道海石粧砌し、嫩草《どんそう》も生えず。
> 道を夾みて結頂するの長松は、状龍虬《みずち》のごとし。皮細かく色丹くして、文待詔画く所の者と別無し。故に之を松嶺と謂ふ。徑、迂廻して升陟《ちょく》す。

一六六三年の冊封使張学礼の『中山紀略』は、那覇の三清殿（天尊廟）や天妃廟、長虹橋、漫湖について述べたあと、官松嶺について言及する。

橋を過ぎると、松嶺があり、その嶺の長さは二十里ばかりで、みわたすかぎり整然と松が植えられていて、あおあおと、またこんもりと茂っている。(17)

といい、「これまた琉球の一景である」と記している。

一六八三年に渡琉した汪楫の『使琉球雑録』でも、

ここ（崇元寺）をすぎると、松嶺である。古めかしい幹、虬なす枝、ことごとく松は姿のおもしろさを尽くし、林立し高下し、岡の路と互いに起伏している。嶺の長さは十余里で、（道は）うねうねとのびて、ただちに王宮に達する。往来は、龍の背をゆくようである。(18)

と、官松嶺の起伏や、さまざまなおもしろい姿をした松について述べている。

同じ一四九七年、尚真は、冊封使が長虹堤を通って首里城に入る最初の景勝の地に「万歳嶺」と名づけ、その美しさをほめたたえた。不材一樗（日本からの渡来僧）が記した同年八月の「万歳嶺記」（上ミヤジキナハの碑文）は、その名の由来と形勝の美を次のように記している。

（前略）それ、山の名を得るは其の形勝に由るなり。茲の嶺は万歳を以て名と為す。蓋し万呼の義に取る。以て中山の一都会と作す。是に於いて尚真君上、夫に命じて己に斯の記を為らしむ。其辭に曰く、嶺皆松也。蒼翠四時を貫き、勁操を積み、千載を閲して堅し。黄鶴其の上に呼び、神仙を馭して駕す。霊珀其の下に在りて、此の上珍を産す。是れ万歳嶺の勝状也。主君輿覧し、国士観遊す。（中略）

万歳嶺がとくに讃えられたのは、形勝の美もさることながら、そこからの眺望が思わず感嘆の思いを口にしてしまうほど、万人の心をうったからであろう。碑文は、そうした点を詩情豊かに伝えている。

玉闕金刹崢嶸《そうこう》として上に連ぬる者、王府の梵宇也。瓦屋茅舎広闊にして下に接《すむ》者は、民居漁民なり。坎（北）に当りては回巒畳嶂が烟霞の表に屹立し、朝望の佳致なり、兌（西）に当たりては落潮斜日、嶋嶼の交るに渺然として、晩眺の幽趣なり、盡く是れ此嶺の偉観なり。（下略）

（美しい門やりっぱな仏寺が取り巻いて競い立ち、上に連なっているのは、中山王府の寺院群である。瓦葺きや茅葺きの家々が広々と開けて下に連なっているのは、民家や漁民である。北にはいくえにもつらなる山々がかすんで見え、朝の眺めに優れた趣があり、西には引き潮と夕日のなかに島々のつらなる姿が遠くかすかに見え、晩の眺めに奥ゆかしい静かな趣がある。）

大明弘治十白竜舎丁巳仲秋之吉旦　奉詔扶桑散人樗不材謹記

琉球王国の成立・確立期には、仏教を国内統一の道具とする宗教政策のもとで、多数の禅宗寺院が創建された。そうした寺院には王の命によって数多く鋳造された鐘が掛けられ、王国に時を告げ、また王法と仏法を教えた。末吉にある万寿寺の鐘のように、「末好の晩鐘」として八景にも選ばれ、後には琉歌にもうたわれるほど、音風景としていつの時代にも好まれるものもあった。

これらが龍潭や長虹堤、万歳嶺、官松嶺、円鑑池などの景観形成と相まって、琉球王国を、とりわけ王都の首里を荘厳したのである。

万歳嶺は自然の形勝であるが、龍潭・長虹堤・官松嶺・円鑑池は、いずれも人の手によってつくられた池・道路・松の林であった。人工的に構築された景観であるとはいえ、その美しさとそれぞれにふさわしい佳名が与えられたことによって、万歳嶺とともに記憶と歴史に残ることになった。すなわち、これらはそれぞれがひとつの〈境致〉をなしているが、さらにのちに「首里八景」の「龍潭夜月」と「万歳嶺夕照」、「経台新荷」、また「中山八景」の「長虹秋霽」として、近世琉球の「八景」の構成要素となることに注目しておきたい。十五世紀から十六世紀にかけての時代は、琉球の空間文化の形成期であったといえよう。

二、禅宗寺院の状況——鐘銘を素材として

1　史料としての鐘銘

十五世紀後半、尚泰久王（在位一四五四〜六〇年）の時代には、その仏教興隆政策のもとで王都首里や港市那覇、また旧都というべき浦添などに多数の禅宗寺院が創建され[19]、また数多くの鐘が鋳造されて、これらの寺院をはじめ各所に寄進された。鐘は、一四五六（景泰七）年に一〇口、一四五七（景泰八、天順元）年に九口、一四五八（天順二）年に二口、一四五九（天順三）年に二口、合計二三口がつくられており、すべて和鐘の形式であるという[20]。これらの鐘は、一二の禅宗寺院と一品権現（臨海寺）を含む一八の仏教寺院、天尊殿・天妃宮・上天妃宮など道教的な信仰の建築、尚泰久の居所であった魏古城（越来城）や首里城の正殿などに懸けられ、王法と仏法の音を響かせたのである。

これらのうち、一九の鐘について銘文が判明しているが、それによると、鐘はいずれも尚泰久の寄進であり、また銘は相国寺の住持である渓隠安潜の作ったものがすべてに用いられている。資料の少ないこの時期にあって、これらの鐘銘は貴重な同時代史料となっている。先学の調査報告や成果に学びつつ鐘銘の内容や形式を分析することによって、禅宗を中心とした寺院の実態の一端を明らかにし、〈境致〉をめぐる状況を理解する一助としたい[21]。以下では、これらの鐘銘史料を主な検討対象とするが、一四六六（成化二）年以降の鐘銘史料も適宜参照する。

鐘銘の一覧は表11のとおりであるが、まず銘文の典型としてかつて普門寺に懸けられた鐘（現存、沖縄県立博物館・美術館蔵）の銘文を、原文と読み下しの双方を示そう。(22)

【銘A】

〔第一区〕

琉球國
王大世主庚寅慶生、茲現法王
身、量大慈願海、而新鋳洪
鐘、以寄捨本州普門禅寺、
上祝萬歳之
寶位、下済三界之群生、辱

〔第二区〕

命、相国安潜為其銘、
銘曰、
華鐘鋳就、掛着珠林、
撞破昏夢、正誠
天心、君臣道合、蛮夷不侵、
彰凫氏徳、起追蠡吟

〔第三区〕

萬古
皇沢、流妙法音

（読み下し）

琉球国
王大世主《おおよのぬし》、庚寅の歳に慶生す。ここに法王身を現はし、
大慈の願海を量《おも》ひて、新たに洪鐘を鋳て、
もつて本州の普門禅寺に寄捨す。
上は万歳の宝位を祝し、
下は三界の群生を済《すく》ふ。命を辱《かたじけの》うし、
相国の安潜、その銘を為《つく》る。
銘に曰く、
華鐘鋳就《いをわ》りて、珠林に掛着すれば
昏夢を撞破して、正誠天心たり
君臣道合して、蛮夷侵さず
凫氏《ふし》の徳を彰はし、追蠡《ついれい》の吟《おと》を起こせば

萬古の皇沢、妙法の音を流《つた》ふ

表11　鐘銘一覧

2001.11.15

年　紀	西暦	寄捨先	奉　行	大工・小工	住持、銘文の筆者など	銘文	形式	銘の作者	典拠	所在	高さ	備　考
景泰七年歳次 丙子九月廿三日	1456	本州 相国禅寺	奉行　名なし	大工 名なし	二世谿隠叟書之	銘A	Ⅰ①-YSBD	本寺二世 谿隠安潜叟	拓本	首里		→神應寺
景泰七年歳次 丙子九月念三日	1456	本州 建善禅寺			住持紹省	銘A	Ⅰ①-YS	相国住持	釈文	首里		
景泰七年歳次 丙子九月廿三日	1456	本州 長寿禅寺			住持秀乙証之	銘A	Ⅱ　-SY	相国安潜	釈文	那覇		久米村久茂地
景泰七年歳次 丙子九月廿三日	1456	本州 大聖禅寺	与那福・中西	大工 衛門尉藤原国満	住持裔幸證之	銘A	Ⅰ①-YSBD	相国安潜	現存			藤原国満は、豊前小倉の職人
景泰七年歳次 丙子九月廿三日	1456	天尊殿	**智賢** 与那福・中西	大工　　国吉	住持権律師良舜證之	銘B	Ⅰ①-YSDB	相国安潜	現存	那覇	87.7	若狭町
景泰七年歳次 丙子九月廿三日	1456	本州 普門禅寺	**智賢** 与那福・中西	大工　　国吉	開山承琥證之	銘A	Ⅰ①-YSDB	相国安潜	現存	那覇	62.6	竜頭欠損 藤原国吉は、豊前小倉の職人
景泰七暦丙子 小春（10月） 吉日	1456	本寺 広厳梵宮	**智賢** 与那福・中西	大工　　国吉	開基沙門承琥謹記之	銘B	Ⅱ　-BDYS	相国安潜	釈文	那覇		若狭町
景泰七暦丙子 小春（10月） 吉日	1456	本寺 天龍精舎		藤原国善？	古林第五世法孫 開基沙門承琥謹記	銘B	Ⅰ①-YS	相国安潜	現存	浦添	118.8	上帯と草の間に唐草紋。→天王寺 藤原国善またはその系統の大工（筑前芦屋の大工）の作品であろう。
景泰七丙子 小春	1456	本寺 報恩寺										『琉球国由来記』、『歴代宝案』1438年咨文
景泰七歳次 丙子十一月廿日	1456	本州 大安禅寺	与那福・中西	大工 衛門尉藤原国光	住持秀英證之	銘A	Ⅰ①-YSDB	相国安潜	現存	那覇	76.2	若狭町→護国寺
景泰丁丑年朔旦	1457	本州 天妃宮	与那福・中西	大工 衛門尉藤原国光		銘A	Ⅰ②-YBD	相国安潜	現存	那覇	98.0	1424年に尚巴志が創建（『那覇市史』）草の間に唐草紋。
景泰八暦丁丑 仲春吉日	1457	大華山 霊応寺	与那福・中西		住持比丘琳盛謹誌之	銘B	Ⅰ①-YSB	相国安潜	現存		87.3	様式から、豊前小倉の職人の作と推定されている。
景泰八年歳次 丁丑四月十三日	1457	本州 永福寺	**智賢** 巴那城	大工藤原国義	住山比丘三省	銘A	Ⅰ②-YBDS	相国安潜	釈文			
景泰八丁丑四月	1457	大禅寺										『琉球国由来記』
景泰八年五月 初一日	1457	本州 上天妃宮	与那福・中西	大工 衛門尉藤原国光		銘D	Ⅰ①-YSBD	相国安潜	釈文	那覇		久米村、『琉球国由来記』
景泰丁丑六月 十四日	1457	龍翔寺	沙門**智源** 与那福・中西	大工藤原国吉	住持重宥 住相国渓隠叟誌之	銘A	Ⅰ②-YDBS	相国安潜叟	現存	那覇	91.5	若狭町

天順元年六月十九日	1457	本州 潮音寺	大旦越　伊奴毎	大工藤原国義	住持比丘以芳	銘 A	I ①-YSBD	相国住持 安潜	釈文	那覇		泉崎
天順元年十月	1457	万寿禅寺	花城・大城	大工　　国吉	相国住持比丘渓隠誌之 住山比丘霊輝	銘 C	I ②-YBDS	相国安潜叟	拓本	末吉		
天順元年十二月九日	1457	魏古城	花城・大城	大工藤原国吉	(渓隠か) *銘 C による	銘 C	Ⅱ　-BDY	相国安潜	釈文	越来		尚泰久の旧居城→安国寺
天順二戊寅五月	1458	永代院										『琉球国由来記』
戊寅六月十九日	1458	本州 中山国王殿		大工藤原国善	住相国渓隠叟誌之		I ② -YDS	相国住持 渓隠安潜叟	現存	首里	154.5	首里城正殿、万国津梁の鐘。 上帯と草の間に唐草紋。 藤原国善は、筑前芦屋の職人。
天順三年三月十五日	1459	本州 一品権現	与那福	大工　花城	(渓隠) *銘の叟による	銘 A	I ②-YBD	相国住持 谿隠叟	現存	那覇	66.3	臨海寺、宝殿 「小倉工人の作になる鐘の竜頭そのままを踏襲」(坪井)
天順三己卯三月	1459	東光寺										『琉球国由来記』
成化二年次丙戌七月十六日	1466	天界禅寺		大工花城 小工大城	(渓隠)		I ②-D	開基安潜	現存	首里	91.5	→護国寺 「小倉工人の作になる鐘の竜頭そのままを踏襲」(坪井)
成化己丑 (五年) 十月七日	1469	相国寺			住持渓隠記之		I ①-YS	(渓隠)	釈文	首里		一部現存→天界寺 尚徳王は四月に没。
弘治八年乙卯七月吉日	1495	円覚寺		大工大和氏相秀	住山文爲作		I ①-YSD	(文爲)	現存	首里	114.0	殿前鐘 大和氏相秀は、周防の国防府の住人
弘治八暑龍舎乙卯孟秋 (7月) 吉日	1495	円覚寺		大工大和氏相秀 小工藤原家信	扶桑散人一樗謹誌		I ②-YDS	(不材一樗)	現存	首里	77.2	殿中鐘 (大仏宝殿) 藤原家信は、周防の国防府の住人
弘治九歳次丙辰首夏初吉	1496	円覚寺		大工 藤原朝臣家信	四明山人熙山叟周雍		I ①-YSD	(熙山周雍)	釈文	首里	206.0	楼鐘

出典　坪井良平『日本の梵鐘』、角川書店、一九七〇年七月、小島瓔禮・辻雄三『琉球古鐘銘集成』、琉球大学教育学部小島研究室、一九八六年七月、小島瓔禮・豊平峰雲『万国津梁の鐘』、沖縄総合図書、一九九一年一月、二〇〇〇年三月改訂版、に拠った。沖縄県教育庁文化課編『金石文　―歴史資料調査報告書Ｖ―　沖縄県文化財調査報告書第六十九集』、沖縄県教育委員会、一九八五年三月、大城将保「「旧大安寺鐘・一名護国寺の鐘」について」、『沖縄県教育委員会　文化課紀要』第５号、一九八八年三月、『琉球国由来記』、『琉球国旧記』を参照した。

註
(1)　→は鐘の移動先を示す。
(2)　鐘の高さは、『金石文　―歴史資料調査報告書Ｖ―　沖縄県文化財調査報告書第六十九集』による。
(3)　形式
　表記　年代＝Y、奉行＝B、大工・小区＝D、銘文の筆者、住持など＝S。
　記載順序を、YBDS のように示す。
　I とⅡのちがいは、年紀の位置による。
　I の①と②のちがいは、S の位置による。

景泰七年歳次丙子九月廿三日
開山承琥證之

〔第四区〕
大工國吉
奉行智賢
與那福
中西

鐘銘は、概していえば、序と銘、年紀、銘文の證者・筆者、住持の名など、大工の名、奉行の名、などからなっている。

半数をこえる鐘銘が、同じ前文と渓隠作の銘を使用しており、「普門禅寺」とあるところをそれぞれに応じて変えているだけである。国王の寄捨によるものであるから、共通の例文が流布しているのは当然のことであろう。しかるに、引用した銘文の下線を引いたところに異同のある鐘がいくつも現存しているのであって、このことは注目に値するのではないか。すでに坪井良平が、「現法王身」のないもの、「洪鐘」を「巨鐘」とするもの、「相国安潜」を「相国住持谿隠」としているものなどのあることを指摘しているが、ただそうした相違点よりも、ほとんど同文であることを強調している。

しかし、以下では、相違点に着目し、分類して詳細に調べてみることにしよう。年紀、住持や銘文の筆者など、大工の名、奉行の名などの記載、またその順序にも、いくつかの場合があることに注意したい（表11　鐘銘一覧参照）。

【銘B】……天尊殿（現存）・天龍精舎（現存）・広厳梵宮（釈文）・霊応寺（現存）

①「法王身を現はし」が脱落。
②―1「新たに巨鐘を鋳て、天尊殿に寄捨す。もつて」。
―2「新たに巨鐘を鋳る。而して本寺天龍精舎に寄捨す。もつて」
……広厳梵宮・霊応寺も同じ。
③―1「本州」なし……天尊殿、たんなる脱字か。
―2「本州」なく、かわりに「本寺天龍精舎」、「本寺広厳梵宮」、「大華山霊応寺」とする。
④「群生」を「衆生」。
⑤「正誠天心」（正誠天心たり）を「正禱天心」（正に天心に禱《いの》る[23]）とする。
……広厳梵宮は正しく「正誠」とする。
⑥天龍精舎・広厳梵宮・霊応寺では、「万歳之宝位……三界之衆生」を「万歳宝位……三界衆生焉」と、「之」を入れず、「焉」を付加する。

【銘C】……万寿禅寺（拓本）・魏古城（釈文）
①「法王身を現はし」が脱落。
②「本州」なし。

【銘D】……上天妃宮（釈文）
①「洪鐘」を「法鐘」とする。

このような文言・字句のちがいは、何によるものであろうか。後世に誤って写し取られたらしいもの（銘D）もあるが、銘Bや銘Cのように明らかに鋳造に際して作成された銘文の内容自体が、銘Aと異なっているものがある。

万寿禅寺鐘銘（銘C）では、「渓隠誌之」とあるように、前文も銘も渓隠自身が記している。にもかかわらず、重要な文言である「法王身を現はし」が脱落する事態が生じている。これはおそらく渓隠の不注意なのであろう。魏古城の鐘銘も同一の欠陥を有しているが、この点や、後述するように奉行と大工が同じであることなどの共通点から、魏古城の鐘銘を記したのは渓隠ではないかと考えられる。

銘Bの様相は少々複雑である。①「法王身を現はし」が脱落し、⑤「正誠天心」が「正弦天心」になっている点は、銘文を証した天尊殿住持良舜、銘文を記した天龍寺・広厳寺の開基芥隠、霊応寺の住持琳盛のミスというべきであろう（共通のミスの原因については後述する）。

⑤の字句については、近世の冊封使のなかでもっとも詩文にすぐれた徐葆光さえ、読み誤っていることが注意される。『中山伝信録』を著した徐葆光は、下天妃宮（天妃宮）の鐘銘を写してこの部分を「誠祷天心」と記し、前使の汪楫『使琉球雑録』（一六八四年）が「誠」を「正」に誤っているとわざわざ指摘している。しかし、徐葆光の天妃宮鐘銘の読みそのものがまちがっていることは現存鐘銘から明らかである。

なお汪楫が記録に残したのは天尊殿の鐘銘であり、それには「正弦天心」であるので汪楫の読みは正しい。徐葆光はおそらく鐘銘をいくつかかみたために混乱したのであろう。こうしたことが生じたのは、もともとの文言、すなわち「撞破昏夢、正誠天心」は「昏夢を撞破して、正に天心を誠にす」と読むべきなのであろうが、その意味が必ずしも明快ではなかったからなのではあるまいか。

⑥については、銘Aと同じく渓隠の作である万国津梁の鐘の銘には「万歳宝位……三界群生」とある。「之」を入れない方が漢文らしい表現であろうし、「之」を入れると、「守禮之邦」と同様に、和文の感がある。作者の好みの問題であろう。

一方、②・③・④は、作成者が意図して銘Aの文言・字句を変えたとみてよいであろう。②の「巨鐘」については、渓隠作の万国津梁の鐘の銘に「新たに巨鐘を鋳て」とあり、実際に鋳造された鐘も巨大であるが、同じように銘Bは巨鐘を鋳造するという意気込みが反映したのかもしれない。事実、天龍寺の鐘は「巨鐘」といってよいほどの大きさであった（霊応寺はそうではない）。③―2の点についてはいくつか興味深いことがあり、後に取りあげたい。

以上を念頭において、まず鐘の鋳造をめぐる奉行・檀越と大工に注目し、次いで目覚ましい宗教活動を展開した二人の人物、すなわち渓隠と芥隠を中心に禅寺の状況をみることにする。

2　奉行・檀越と大工

鐘銘には、「奉行」として智賢・与那福・中西・花城・大城などの名が見えている。「新たに洪鐘を鋳て、もつて本州の普門禅寺に寄捨する」という王の命を受けて、鐘製作のさまざまな実務を執行するのが奉行の役割であるとするならば、それは鐘に名を刻すほどのことではあるまい。王の寄進とはいいながら、鐘の鋳造費用は、国家財政や王家から十分には支出されなかった、おそらくはほとんど支出されなかったのではなかろうか。すなわち、費用は当事者が自ら負担、調達しなければならなかったと推定される。現存する鐘の寸法が大小さまざまであることが[24]、そうした経済事情とそれがもたらした現実を物語っているようである。

一例をあげてみよう。芥隠承琥と渓隠安潜は当代を代表する禅僧であるが、芥隠が開基となった天龍寺の鐘が高さ一一七センチメートルであるのに対し、渓隠が自ら銘を記した万寿寺の鐘の高さはおよそ八〇センチメートルほどであり[25]、一・五倍近い大きさのちがいがある。

奉行とは、実務の円滑な遂行もさることながら、鋳造に要する費用を捻出することがより重要な役割であったにちがいない。これらの人々の存在意義は、要するに民間からの募金を中核とする造営活動の推進であった。潮音寺の鐘銘に「大旦越　伊奴毎」とあることが、その点を明らかにしている。

智賢は、龍翔寺の鐘（現存）の銘に「沙門智賢」とあるので、寺院や鐘の造営をことする勧進僧と見ることができよう。智賢は、巨額の資金やすぐれた技術を必要とする造営に携わったのではなかろうか。

与那福・中西・花城・大城は、名前から地元の人々であることがわかる。花城は、波上宮の鎮座する、海に突出した断崖が「花城」・「端城」と呼ばれていたというから、波上近くの出身の可能性が高い[26]。花城は大工として天順三年に一品権現の鐘を鋳ており、また大工花城と小工大城が、渓隠が開基となった天界寺の鐘をつくっていることも注目される。二人は職人でもあった。おそらく奉行を勤めるあいだに鋳造技術を習得したのであろう。

鐘を製作した職人として、衛門尉藤原国光（国満）、藤原国吉、藤原国義、藤原国善、花城、大城、大和氏相秀、藤原家信の名が知られる。坪井良平によると、大和相秀と藤原家信は周防国防府の職人、そして藤原国光と藤原国吉は豊前国小倉の職人、藤原国善は筑前国芦屋の職人であり、残る一人、藤原国義には作品が残っていないので、藤原国吉や藤原国善と同一人であるかは確認できないとする。また、鐘の様式から天龍精舎の鐘は、藤原国善またはその系統の大工の作品とみるべきであるという[27]。

奉行同士の関係、奉行と大工の関係には、いくつかの組み合わせがある。鋳造した鐘を吊した寺院などを含めてその関係をみると、表12のように6つの群に分類整理される。

分類結果の考察

表12より、大工を介して鐘の生産をみると、以下の指摘ができるであろう。

（1）国吉は、奉行の智賢や花城と密接にかかわって仕事をしているが、国義も智賢・花城との仕事があり、親近性があるといえよう。両者を同一人物とみてよいのではないか。そうすると、A群とB群は、鋳物師国吉の琉球における活動の内容を示していることになる。

（2）国吉は、魏古城の鐘など王家にかかわる仕事を担当し、また芥隠や渓隠などの宗教界の有力者の関係する寺

表 12　奉行と大工の関係

	奉　　行	大　工	寄　捨　先　な　ど
A 群	智賢・与那福・中西	藤原国吉	普門寺・天尊殿・広厳寺・龍翔寺
	智賢・花城	藤原国義	永福寺
B 群	花城・大城	藤原国吉	万寿寺・魏古城
	伊奴毎	藤原国義	潮音寺
C 群	与那福・中西	藤原国光	大聖寺・大安寺・天妃宮・上天妃宮
D 群	与那福	花城	一品権現（臨海寺）
E 群		藤原国善	中山国王殿
		花城・大城	天界禅寺 1466
		大和氏相秀	円覚寺殿前鐘
		大和氏相秀 藤原家信	円覚寺殿中鐘
		藤原家信	円覚寺鐘楼
F 群			相国禅寺 1456
		（藤原国善）	天龍精舎
			相国寺 1469

院などの仕事も多い。多くの奉行や檀越との仕事は、製作技術の優秀さ、信頼性などを物語っていよう。

（3）坪井は花城と大城の作品が小倉の職人のつくる鐘の竜頭そのままを踏襲していることを指摘し、そのことから、小倉の職人が琉球に渡り、現地で鐘を鋳造したとみている。花城と大城は、国吉（国義）から鐘鋳の技術を習得したのであろう[28]。

（4）国光は、国吉とはちがって宗教界の実力者や、王家と関連する仕事はなく、与那福・中西と組んで、那覇と波上の二つの天妃宮や大安寺など仕事を行っている。海港那覇の地域の要望に応えようとするものであろう。

（5）国善は、万国津梁の鐘や天龍寺の鐘など、大きさにおいて最上位を占める鐘を鋳造している。ただし、坪井によれば、国吉や国光などの小倉系の大工に比べ、その作品は、「相当粗雑な感じを免れない」という[29]。とはいえ、鐘の大きさからみて、浦添の天龍寺は、他の寺院とは格別の位置を占めていたのであろう。

(6)奉行として多数の鐘鋳にかかわっている与名福は、おそらく那覇の有力者なのであろう。

(7)芥隠の創建になる普門寺・天龍寺・広厳寺の鐘は、智賢の奉行によってつくられているが、おそらく伽藍の造営も智賢によって推進されたのではないか。

(8)霊応寺の鐘には大工の名がないが、坪井は小倉大工の特徴のある竜頭をもっているので、同系の大工の作と推定している。(30) もちろん、国吉か国光であろうが、与那福・中西が奉行であること、また銘文のタイプがBであることなどがC群と共通するので、国光の作である可能性が高い。また、霊応寺が那覇に所在したとみることができる。

(9)E群は奉行の情報を、またF群は奉行と大工の情報を欠いている。E群・F群の鐘が掛けられたのは、首里城や相国寺、天龍寺、天界寺、円覚寺など、別格といってよいところである。鐘の鋳造事業は、琉球王国の国家機構によって実施されたのではなかろうか。F群では、天龍寺の鐘の大工が藤原国善と推定されているが、相国寺の一四五六年の鐘も、彼の作品である可能性があろう。相国寺一四六九年の鐘は、天界寺の鐘の大工、花城と大城が鋳造したのかもしれない。

(10)円覚寺の創建に際して周防国防府大和相秀と藤原家信が鐘鋳を依頼されたのは、おそらく琉球と大内氏の関係によるものであろう。彼らが実際に琉球に渡ったか、あるいは鐘を琉球へ運んだのかはわからない。

3　渓隠安潜

詩文の才が豊かであり、多数の鐘の銘の作者となった渓隠安潜は、この時代に目覚ましい宗教活動を展開しており、後述する有名な芥隠と双璧をなす禅僧であるといわねばならないが、なぜかこれまでほとんど注目されていない。『沖縄大百科事典』（沖縄タイムス社、一九八三年五月）には取りあげられていないし、わずかに小島瓔禮が芥隠について論じたなかで、やや詳しく言及しているだけのようである。(31) じつは、小島が指摘するまで芥隠と同一視され、その存在すら認められていなかったのである。以下では、渓隠安潜が第一尚氏王朝末期のもっとも有力な禅僧であったことを明らかにしたい。

一四五六（景泰七）年の相国寺鐘銘によると、渓隠は相国寺二世の住持であり、また一四六九（成化五）年の銘がある相国寺の鐘にも「住持渓隠」とあるから、渓隠は永年に渡って相国寺の住持を務めていたことがわかる。景泰年間（一四五〇〜一四五七）に天界寺が創建されるが、一四六六年の天界禅寺の鐘銘に「開基安潜」とあり、渓隠が天界寺の開基であったことも知られる。天界寺は当代きっての大禅宗寺院であり、その開基に選ばれたことは渓隠が禅僧のなかで格別の立場にあったことを雄弁に語っている。

銘の作者名として多くは「相国安潜」と記されるが、なかに「相国安潜叟」、「渓隠安潜叟」、「渓隠叟」とするものがある。安潜あるいは渓隠に「叟（老人のこと）」を付し、安潜老あるいは渓隠老人などと記すのは、判明するかぎり、渓隠が自ら銘文を記したもの（相国禅寺・龍翔寺・万寿禅寺・首里城）に限られているが、ある意味で当然のことであろう。この事実から、「渓隠叟」とある一品権現（臨海寺）の鐘は、渓隠自身が銘を記したと推定できる。

渓隠は、長く住持であった相国禅寺、「開基」である天界禅寺のほかに、龍翔寺・万寿禅寺・臨海寺などの寺と縁が深かったようである。

渓隠は、第一尚氏王家や琉球王国、とくに尚泰久を護持する禅僧であったと推定されているが、(32) これは渓隠が尚泰久のかつての居所である魏古城の鐘銘を記していることからも傍証される。その活躍の基盤は、住持・開基であった首里の相国寺や天界寺であろう。

小島瓔禮によれば、天界寺は「尚巴志王統（第一尚氏、とくに尚巴志→尚泰久→尚徳の王統）の菩提寺の色彩が強い」というが、その天界寺が、成化五年（一四六九）の銘のある相国寺の鐘を引き継いでいることからすれば、相国寺は、天界寺創建以前、少なくともその直前の時期には第一尚氏の菩提寺であった可能性が高い。また相国寺の創建時期は、渓隠が一四五六年（景泰七）の時点で相国寺の二世の住持であったから、あるいは前王の尚金福の代（一四五〇〜一四五三）に遡るかもしれない。

ちなみに、尚巴志の代に琉球に派遣された明使柴山が大安禅寺を建立したのが一四三〇年、王国の国相をつとめた中国からの渡来人懐機が長寿禅寺を建立したのが一四五二年である。王家にかかわる禅宗寺院の創始は、それほど古い時期とは考えがたい。

いずれにしても、相国寺は王家にかかわる最初の臨済宗寺院であったと推定される。

万寿寺と龍翔寺の鐘は、住持がいるにもかかわらず、住持以外の人物、すなわち渓隠が鐘銘を記している。その理由のひとつとして、渓隠が万寿寺と龍翔寺の開山であった可能性をあげることができよう。首里城の北、末吉にある万寿寺と渓隠との関係について少し考えてみたい。

近世の一七一三年に編纂された『琉球国由来記』巻十一は、「大慶山万寿寺」の項で、末吉権現と万寿寺の建立を同一時期（尚泰久王の景泰年間）かとし、その創始にかかわる人物も同じ「鶴翁和尚」とする。万寿寺の創建の由緒に触れるところはないが、末吉権現については説明の代わりに、一六〇五年に袋中が著した『琉球神道記』巻第五の次のような文章を引用している（引用は片仮名を平仮名に改め、句読点を適宜変更した）(33)。

紹運第五代、封尚泰久の時、天界寺前住鶴翁和尚、壮年の頃をひ、倭修行の時、熊野の方に向て、誓て云。我学成就せば、帰国本意の後、参詣すべしと。既にして学成、国に帰り、住持遂る故に、国王に暇を請上り、祈誓を遂んとす。王許給はず。請こと亦頻なり。有時、夢に人来て云。師、志を遂んとせば、是より北山に向て、高声に呼べし。応ずる處に験あらん。其所、即居所也。我は是熊野権現也と見る。希有の思を成て、一峯に至り、音を揚。前山に響あり。其處を尋至に、崎嶇嶄岩として、宛か霊地也。人迹の及所に非ず。此に一の鬼面あり。即ち験として拝す。此由を王殿に奏す。国王亦霊夢在す。此義虚ならずとて、其地に大社を起。因に古鏡一つ見拾たり。師、殊に以貴て、内陣に蔵すと。仏殿の本尊は医王薄伽梵（如来）なり。垂迹は知べし。

問題は、天界寺の前住とされる「鶴翁和尚」である。鶴翁という名の僧としては、十六世紀はじめに京都に赴き、東福寺の彭叔守仙を訪れ、一五二四年（大永四）には関東の足利学校に入ったという鶴翁智仙がよく知られている。[34]活躍した年代に大差があるので、「鶴翁和尚」が鶴翁智仙を指すとするのは無理であり、おそらく袋中が誤り伝えたのであろう。[35]

さて末吉権現と万寿寺の建立時期を景泰年間とするならば、天界寺の住持であること、国王との深い関係などから、この袋中の伝承に登場する禅僧を天界寺の住持渓隠とみてよいのではあるまいか。すなわち「大社」末吉権現の創始に根本的にかかわり、また万寿寺の開山となったのは、渓隠であったと推定したい。一四五七年（天順元）の万寿寺の鐘銘は、こうした背景の一端を示唆しているように思われる。

このように考えてよいとすると、出身や経歴について確実な知見がなかった渓隠その人に関連してさらにいくつか重要な点を指摘することができる。渓隠は、これまで日本の五山僧と推定されていたが、[36]そうではなく、琉球の人であること、壮年のころに日本で禅の修行をしたこと（詩文のすぐれた能力はおそらく京都五山で磨かれたのであろう）、強い熊野信仰をもっていたことなどが判明する。このような渓隠が王家の護持僧となり、相国寺や天界寺など、いくつもの臨済宗寺院の住持や開山となっていたのである。

「妙高山天界禅寺記」は、天界寺を景泰年間、尚泰久の創建と伝える。[37]『李朝実録』の一四六一年十二月二日条にみえる琉球国王尚徳の咨文に、一四五五年に朝鮮国王から方冊蔵経（大蔵経）を贈られたこと、これによって天界禅寺を建立したことが記されている。おそらく、朝鮮から方冊蔵経が手に入った一四五五年に天界寺が創建されることになり、造営工事が開始されたのであろう。「妙高山天界禅寺記」には「寝室・方丈・両廊・東房・西房・大門・廚司」などが巧美を尽くして竣工したとある。仏殿や法堂などの建築の名称がみられないが、これらが完成する前の一四六〇年に尚泰久が没している。

その後、成化年中（一四六五〜一四六九）に、跡を継いだ尚徳の勅願によって「大宝殿」を建立し、また金鐘を鋳造したという。一四六六年の天界寺鐘銘から渓隠が天界寺の「開基」であること、またこの鐘を仏殿（大宝殿）に掛けたことが明らかであり、仏殿の竣工もおそらく同じ一四六六年のことであろう。着工からおよそ一〇年を経て、ようやくこのころ天界寺の伽藍が完成したようである。

一五三四年に琉球に来た冊封使陳侃の『使琉球録』には、円覚寺とともに天界寺の姿が記されている。

寺は王宮の左右にあって、簡単に往来することはできない。天界寺があり、円覚寺があった。これは最も大きい寺で、その他の小さい寺は記すいとまがない。これらの二つの寺の山門と殿宇は、広大にして壮麗であり、王宮につぐものである。(38)

天界寺が円覚寺に匹敵する広大さと壮麗さをもっていたこと、いいかえればこれまでに建立されたもっとも立派な禅寺であったことは、特筆されてよい事実である。渓隠は、こうした寺院の開基となることを求められる禅僧であった。

渓隠が琉球出身の禅僧であるとして、いまひとつ検討しておきたい史料がある。それは、小葉田淳が紹介した大内政弘の二月十三日付天界寺宛書状（「大内氏実録」所収）である。

追啓
屛風一双・扇面扇子貳拾柄・椀五具・筵百枚・紙百帖奉献之候、軽微不顧恐惶表御礼而已、誠惶敬白、分国御経歴之時節者、雖為幼年之比、対謁にと無忘却之儀（限）候、其儀（後カ）御住居之地、不存知之處、於貴国道躰堅固之由、近日就及承、尤悦可候也、就中為沈□認得献書畢、檀命可然様、令執啓給者可為旧交之所致候、委細猶彼使節秀三可令演説候条、省略畢、恐々不宣、
二月十三日　　御字
天開寺待者禅師

大内政弘は一四四六年に生まれ、一四六五年に父教弘の跡を継ぎ、一四九五年に没している。この史料を紹介した小葉田は、「政弘の幼年の頃といへば、享徳頃であらう。分国経歴中対謁し、近年琉球にて道躰堅固を知ると述べ、又力めて敬親の意を示す所からいって、天開（界）寺住は、かの芥隠ではあるまいか[39]」と推定している。

しかしながら、この推定にはいくつかの疑問がある。「貴国において道躰堅固である由」の「貴国」という表現は、日本僧ではなく、琉球僧であることを示唆している。また大内氏と琉球の間には先代から通交があったと同日付の政弘の琉球国王宛書状は述べているが、渡琉以前に教弘を訪ねて政弘とも対面した芥隠が、一四六六年七月に琉球国の使節として京都へ赴いた際に、家督を継いだばかりの政弘と、没交渉であったとは考えがたい。いいかえれば、旧知の親愛の情をしたためた書状を出すこともなかったはずである。後述するように、そもそも芥隠が天界寺とかかわりを持ったことはないといってよい。

政弘の旧知の僧として考えられるべきは、天界寺の開基渓隠であろう。渓隠が一四五六年に琉球で活動していることは鐘銘から明らかであるので、彼が教弘を訪ねて政弘とも対面したのはそれ以前、政弘が一〇歳になるまでのことである。文字どおり幼年の頃であったが、渓隠は政弘に強い印象を与えたようである。

表13　渓隠と芥隠の関連寺院一覧

		渓　　隠	芥　　隠
住　持		相国寺（首里）	普門寺（那覇）
創建寺院	尚泰久	天界寺（首里）・万寿寺（末吉）	普門寺・（那覇）・広厳寺（那覇） 天龍寺（浦添）
	尚円		天王寺（首里）・崇元寺（泊）・龍福寺（浦添）
	尚真		円覚寺（首里）
関連寺社		沖権現（那覇）・龍翔寺（那覇）	霊応寺（那覇）・天尊殿（那覇）

王家との深い関係をもつ渓隠を介して、政弘は琉球との交渉を有利に進めようとしたのであろう。琉球との外交をめぐる大内氏と天界寺の関係は、その後も続き、一五二七年、大内義興は尚清の即位の礼などについて天界寺に書状を送っている。

4　芥隠承琥

琉球においておよそ四〇年間にわたって大きな足跡を残した芥隠承琥は、十五世紀の琉球宗教界を代表する僧としてもっともよく知られている。芥隠は、京都南禅寺の椿庭海寿の法孫であるといい、日本から琉球に渡って、尚泰久王（在位一四五四～六〇）の崇敬を得た。一四五六年（景泰七）には那覇に普門寺と広厳寺、浦添に天龍寺を創建している。芥隠の創建寺院について唯一の同時代史料である鐘銘からわかることを多少付け加えておきたい。

芥隠の記した天龍寺と広厳寺の銘文（ともに銘B）をみると、たとえば「本州普門禅寺」などとあるところに「本寺天龍精舎」、「本寺広厳梵宮」というユニークな表記をしている。「精舎」とか「梵宮」という表現は、寺院を表す言葉としてときどき使用されているが、ありふれた表現というわけでもない。

景泰七年当時においてそれぞれの寺の開基である芥隠自身が「本州」とせず、「本寺」と形容し、また「天龍禅寺」・「広厳禅寺」のように「禅寺」と記載しないで、ことさらに「精舎」とか「梵宮」と表現したのはなぜであろうか。おそらく、そのように表現せざるをえなかった現実的、特殊な事情があったのではあるまいか。

「本寺」という形容詞がつく寺院として、「天龍精舎」と「広厳梵宮」のほかに「本寺報恩寺」がある。(40)「本寺」ということばは、ふつう本山の意であるというが、このころにはある種の寺格をも意味したのではなかろうか。先に検討したように、報恩寺は、『歴代宝案』におさめられた一四三八年の国王尚巴志の咨文に「本国十刹内の報恩寺」とある。「本寺」とは、こうした十刹に列せられた寺院を意味したとも推測できよう。

「精舎」や「梵宮」についてはよくわからないが、「本寺天龍精舎」の特質を少し指摘することができる。浦添に建立された天龍寺の鐘が、前述のように、万国津梁の鐘に次ぐ大きさをもっていたことは、「本寺」とともに天龍寺の寺格の高さを示唆している。さらに銘文を記した芥隠が、「古林第五世法孫開基沙門承琥謹記」と、ことさらに自身の法系を書き残していることも、天龍寺創建時の芥隠の意気込みに加えて、天龍寺の占める位置の高さを表しているように思われる。かつて都であった浦添には極楽寺があって、前王朝の王廟としての機能を担っていたが、このころには荒廃していた（後述）。天龍寺は、この極楽寺に代わる前王朝の王廟として創建されたと考えておきたい。

ところで、鐘銘のなかで「法王身を現はし」が脱落し、また「正誠天心」が「正禱天心」になっている銘Bが四点存在することは、偶然の結果ではないであろう。すなわち、銘文を証した天尊殿の住持良舜、そして銘文を記した天龍寺と広厳寺の開基芥隠、霊応寺の住持琳盛のミスということができるが、しかしそこには共通する銘文のモデル、もちろん銘Aを下敷きとしたものがあったはずである。おそらくそれは芥隠の手になるものではなかったか。芥隠が誤り記した銘文を共用したことによって、一群の銘Bが生まれることになったのであろう。このように考えてよいとすると、天尊殿の住持良舜や霊応寺の住持琳盛と芥隠とのあいだに、宗教上の交流や日常の親交があったと推測することができる。

十五世紀半ばころの芥隠は、尚泰久の帰依を得て那覇の普門寺や広厳寺、浦添の天龍寺を中心に宗教活動を展開しはじめたが、それは天龍寺から推定されるように、王家や王国とかかわる宗教活動の側面をもっており、彼の際立った宗教的事績の出発点として注目すべき点であろう。芥隠は、第一尚氏王朝末期の一四六六年には最後の王、尚徳の外交使節として京都に赴くなど、対日外交に関与していたことも留意する必要がある。

一四六九年（成化五）のクーデターによって第二尚氏王朝の世になると、芥隠の活動には目覚ましいものがある。芥隠は尚円王や尚真王に崇敬、重用されて、きわめて高い地位に登りつめた。第二尚氏王朝を開いた尚円は、王家の宗廟である首里の天王寺（円覚寺創建後は王妃の祖廟）、「歴代先王の祖廟」である泊の崇元寺、最初の先王の祖廟すなわち極楽寺の系譜を引く浦添の龍福寺など、王家や国家とかかわる重要な禅宗寺院を創建し、芥隠をそれらの寺院の開山・住持とした。

尚円の没後、二代尚宣威は在位わずか六ヶ月にして退いたが、替わって即位した尚円の世子尚真は、一四七七年から一五二六年まで半世紀にわたって王位にあった。尚真が一四九四年に琉球第一の禅刹である円覚寺を創建し、これを王家の宗廟としたときにも、芥隠が開山となっており、芥隠は長期間その地位を守っていたことがわかる。(41)芥隠は第二尚氏王家や琉球王国を護持する禅僧であったともいえよう。渓隠と芥隠の立場は、王朝の交代を契機として入れ替わっている。言いかえるならば、渓隠は第一尚氏王朝を、芥隠は第二尚氏王朝を代表する禅僧であった。

三、禅宗寺院と国家・王権

1　第二尚氏王朝期の「王廟」・「国廟」・「歴朝の王廟」

国家によって創建された禅宗寺院として注目されるのは、尚円王の天王寺・崇元寺・龍福寺の三寺である。『中山世譜』や『球陽』が記すところからその要点を摘記し、整理すると、以下のようになる。

①尚円王は、その治世の成化年間（一四七〇～七六年）に、天王寺・崇元寺・龍福寺の三寺を創建した。
②天王寺を、「家廟」・「王廟」とした。しかし一四九四年、尚真王が円覚寺に宗廟を創建したので、天王寺は「王妃廟」とされた。
③「中山国王廟」（「国廟」）を、泊村の地を卜して創建した。廟の側に寺を建て、崇元と名づけた。
④極楽寺を浦添村に移建、改名して龍福寺を創建し、旧制に遵って「歴朝の王廟」とした。英祖王が浦添城の西に建てた極楽寺は、英祖の家廟か。
⑤「中山国王廟」の制と家廟とは大いに異なり、「中山国王廟」においては冊封のたびに諭祭の礼が執り行われる。

天王寺・崇元寺・龍福寺の三寺はいずれも廟としての性格をあわせもち、それぞれ「王廟」・「国廟」・「歴朝の王廟」の機能を果たした。とくに重要な廟が「国廟」であった。

崇元寺

『琉球国由来記』巻四の「宗廟」や巻十の「霊徳山崇元禅寺記」、また『琉球国旧記』巻之一「泊邑記」の「国廟」によると、宣徳年間（一四二六～三五年）に尚巴志がこの廟を創建して歴代国王廟としたとも、成化年間に尚円王が国廟を建てたともいい、どちらかわからないとする。しかし、『琉球国由来記』は一方で崇元寺の開山を芥隠としていることから、尚円王の代、成化年間（一四七〇～七六）の創建とみているようでもあるし、また尚巴志王が「崇廟」を創建し、それを今の霊地に移して大にしたのが尚円王であるとの推定も示している。また、樫木山のもとにある寺には察度王の位牌があったとか、慈恩寺に先王の廟があるといった世伝があるところからすれば、国王の廟所は昔からあったのであり、今の崇元寺に限らないのではないか、と述べているのは、妥当なみかたというべきである。

冊封に際して諭祭が行われる国廟は、おそらく王朝ごとに設けられたにちがいない。第一尚氏王朝の国廟については後に検討するので、ここでは第二尚氏王朝の国廟である崇元寺の創建時期に焦点を絞ることにしよう。

崇元寺門前の下馬碑に「嘉靖六年（一五二七）丁亥七月廿五日」とあることから少なくとも一五二七年に崇元寺が建っていたことはまちがいない。東恩納寛惇は、前年の一五二六年十二月に尚真が死去しているので、子の尚清が父尚真のために崇元寺を創建したのであり、おそらく一五二七年が崇元寺落慶の年であると思われると述べており[42]、この背景には、尚円と尚真の代には国廟の制がなかったとのみかたがある。しかし、この説に首肯することはできない。一四七七年に王位についた尚真に対して冊封使が派遣されたのは一四七九年のことであり、冊封の儀礼が首里城正殿前の広場（御庭）で、また先王尚円の論祭が崇元寺において行われたという[43]。したがって崇元寺の創建は一四七七年以前のことになる。

前述のように、国廟と冊封使の論祭が不可分であったことからすると、崇元寺の創建は第一尚氏王朝の成立期にさかのぼるであろう。尚円王の冊封使官栄は、尚円王が即位して三年目にあたる一四七二年に琉球に渡り、先王尚徳の論祭と、尚円の冊封を行っている。おそらくこのときには崇元寺は竣工しており、論祭の礼も崇元寺で執り行われたのではないか。崇元寺が尚円王の代、一四七〇年から一四七二年のあいだに創建されたと考えてほぼ誤りあるまい。『琉球国由来記』や『琉球国旧記』は、崇元寺の年中行事として「春秋祭祀」、すなわち仲春・仲秋の「中華の祭礼」をあげており、王が派遣した法司官たちが釈奠の礼を執り行う。

極楽寺

英祖王の家廟とされる極楽寺とは、英祖王の時代、一二六五年〜一二七五年（咸淳年間）に浦添に営まれた補陀洛山極楽寺のことである。禅鑑によって開かれ、琉球で最初の仏教寺院とされている。

『琉球国由来記』巻十の「琉球国諸寺旧記序」には「英祖王の咸淳年間、禅鑑禅師というものがいたが、どこの人かわからない。かつて一艘の軽舟にのって飄然と小那覇津にやってきた。俗にその名を称えず、ただ補陀洛僧といった。蓋し朝鮮人か、あるいは扶桑人か。（中略）英祖王はこれを重んじて浦添城の西に精舎を創建し、号して補陀洛山極楽寺といった」とあり、また「天徳山龍福寺記」には「英祖王の咸淳年間、異域より海を渡ってきた仏僧があり、俗にその名を称えず、ただ補陀洛僧といった。英祖王はこの僧を重んじ、精舎を浦添城の西に営み、極楽寺と号した」とある。極楽寺の創立や沿革などに関して同時代の史料を欠いているため、近世の編纂史料を利用しつつ、日本や中国の関連史料から推測するしかないが、その結果、禅鑑の出自についても宋の禅僧であるとか、鎌倉五山の僧、紀州補陀洛寺の天台僧、東大寺の僧などの諸説が行われているのが現状である。[44]

その後、極楽寺は荒廃するに至り、浦添城の南に移建されたが、火災によって滅びたという。極楽寺についてはすべてが伝承の域を出ないのであるが、ともかくも、このような由緒沿革、とくに「歴朝の宗廟」という特質を引き継いで龍福寺が創建されたことが注目される。

天王寺

天王寺の特質について考えてみよう。[45]第二尚氏王朝にとって天王寺は、王家の宗廟として、国廟の崇元寺とともに重要な意味をもっていた。その敷地は、尚円の即位以前の旧宅であり、また尚真の誕生の地と伝えられ、第二尚氏王朝にとってきわめて由緒あるものであった。そうした格別の場所に建てられた天王寺は、その名が示すように、護国天王を本尊とし、「僧堂・香積・大門」を構えた。そして「聖跡」であることにより、毎年隔月一日に道場を荘厳し、もっぱら今上国王のために「聖躬万安を祝延」する。これを「甲子祈念」というとする。天王寺は王の身体を護持する機能を担っていたのである。円覚寺が創建されると、甲子祈念は円覚寺・天王寺の両寺において行われた。その祈祷の趣旨は「聖躬万万歳、御子孫御繁栄、国家豊饒」であり、両寺の祈念は尚真王の代から始まることは明らかであるという。[46]

ところで、天王寺を創建して「一方之巨刹」となしたというが、この「一方之巨刹」という表現は、まちがいなく天界寺を意識し、対抗しようとしたものであろう。しかし、天王寺の伽藍の立地や規模は、前王朝の建立になる天界寺に匹敵するものではなく、新王朝にふさわしい寺観とは思われなかったようである。ここに尚真王による琉球王国第一の王家の宗廟、すなわち円覚寺の創建の必然性があったのではないか。一方、天界寺は、一六〇六年には「貴戚の、王薦を受くべき者を請じて、この廟に奉安」することとされるに至った。(47)

2　第一尚氏王朝期の「王廟」・「国廟」・「歴朝の王廟」

さて、『中山世譜』・『球陽』が国廟の起源に関連して述べる、次のような事柄が興味深い。

① 論祭の礼を受けたのは察度王が最初であり、ゆえに武寧王より「国廟」の設けがあったはずである。
② 万寿寺に察度・武寧・尚思紹・尚巴志の位牌があった。
③ 尚泰久が創建した天界寺には、尚泰久と尚徳の位牌が奉安されている。
④ 遺老伝によると、昔は諸王は慈恩寺を廟としていた。その廟は王城の近くにあり、尚徳の亡き後、貴族が廟に入って時ならず泣哭し、その声が王宮に聞こえた。このため尚円王は泊村に地をトして「国廟」を建てたという。

冊封体制下にあって前王に対する論祭の礼は、きわめて大切なものであり、したがって武寧王の時から「国廟」の設けがあったはずであるという推定は首肯すべきものである。こうした視点から、第一尚氏王朝期の「王廟」・「国廟」・「歴朝の王廟」について、第二尚氏王朝期のそれらと対比しつつ、簡単に検討しておこう。

慈恩寺

冊封使によって論祭の礼が執り行われた「国廟」は、崇元寺のほかには、その名を知ることができない。ただ、すでにあげたように、『中山世譜』・『球陽』には、「昔は諸王は慈恩寺を廟としていた。（中略）尚円王は泊村に地をトして「国廟」（崇元寺）を建てた」という「遺老の伝」（『球陽』外巻「遺老説伝」とは異なる）が残されている。わずかな手がかりにすぎないが、第一尚氏王朝の「国廟」として、諸王の廟であったという慈恩寺をあててよいであろう。慈恩寺は観音大士を本尊とした(48)。

慈恩寺は首里城のごく近くにあったというが、『琉球国由来記』巻五には「慈恩寺は蓮小堀の辺、今、向氏新里親方朝住屋敷の奥にあり」とみえている。「蓮小堀」は、「首里古地図」によると、首里城正殿の後方に隣接しており、道をはさんで北側には天王寺がある。つまり首里城に近いということに加えて、王廟である天王寺の近くに「国廟」慈恩寺があったことが、泊村に「国廟」と崇元寺を新営した大きな理由であったのではないかと考えられる。

万寿寺

『球陽』・『中山世譜』は、察度の御影は近年まで末吉万寿寺にあったが、万暦三八年（一六一〇）の失火のために焼失したとする伝承（『中山世鑑』）を載せ、さらに今も万寿寺には察度・武寧・尚思紹・尚巴志の位牌が奉安されているという。

『球陽』は万寿寺を察度・武寧が建てたもので、尚思紹・尚巴志はそれを継承したと記しているが、すでに述べたように、万寿寺は尚泰久の創建であり、渓隠を開山とする。ここに尚泰久の祖父と父に当たる尚思紹・尚巴志の位牌をまつり、さらに前王朝の察度・武寧の位牌をまつっていたというのであるから、万寿寺は第一尚氏王朝、とくに尚泰久王の「歴朝の王廟」とみなすことができよう。

相国寺・天界寺

第一尚氏王朝の王家の宗廟として相国寺を想定することができよう。ただ、尚泰久王にとって王家の宗廟たるべき寺院はより壮麗であることが望まれたようである。前述のように、のちに建立される円覚寺に劣らない規模と質をもった天界寺を創建して、王家の宗廟としたようである。天界寺では、冬夜と除夜には法司官が諸官を領して音楽を奏し、

「天壇の拝」をして祝し、万歳の賀を嵩呼したという。(49)

天界寺には尚泰久と尚徳の二人の王の位牌があったといい、そうすると、前王の位牌は相国寺に安置されたままであったのであろう。万寿寺や天界寺の創建そして前王の位牌の安置状況を見ると、尚泰久には自分が尚巴志の直系の王であるとの意識があったと思われる。

安国寺

「太平山安国寺記」(50)によると、安国寺は景泰年間に尚泰久王が創建し、開山は熙山周雍という。熙山は、神應寺の開祖であり、安国寺は第二の遺址とされるが、安国寺と神應寺の創建年代については確かめるすべもない。しかし「太平山安国寺記」が寺号の由来に触れて、日本の一国一寺の安国寺の制にならい、山号を太平、寺を安国寺というとあるのに着目して、日本の安国寺・利生塔建設の原因になった元弘の乱（一三三一～三三年）に匹敵するような内乱を琉球に求めると、それは一四五三年のいわゆる志魯・布里の乱であろう。尚金福王（尚巴志第三子）の死後に起きた王位継承をめぐるこの争乱では、王子の志魯と王弟の布里（尚巴志第四子）が戦い、首里城が焼亡し、明の皇帝から下賜された国王印も焼失するといった事態になった。志魯と布里がともに倒れ、漁夫の利を得たのが尚巴志の第五子尚泰久であった。

このようにみると、熙山周雍は少なくとも尚泰久の代に活動を開始したことになる。ただ、熙山について確実に判明する事実は、一四九六年の円覚寺の楼鐘に「四明山人熙山叟周雍」とあることから中国浙江省四明山の出身であり、また翌一四九七年の「円覚禅寺記」には「天界精舎……周雍謹撰」とあってこのころ天界寺の住持であったことの二点であろう。詩文の才に優れていたことはいうまでもない。一四九九年には円覚寺五世の住持となっていたようである。

尚泰久の代に始まる熙山周雍の活動は、尚真の代まで四〇年以上の長期にわたっている。二つの王朝にまたがって

表 14　国家・王と禅僧、禅寺の関係

王朝	王	護持僧	王廟	国廟	歴朝の王廟	現国王	神社	備考
			追善	論祭	追善	身体護持		
第一尚氏	②尚巴志 1422–39		相国寺	慈恩寺	極楽寺（第2期）		一品権現	首里へ遷都 寺院・天妃廟の建立
	⑥尚泰久 1454–60	渓隠	相国寺 ↓ 天界寺	慈恩寺	万寿寺	安国寺	末吉権現	仏教興隆 寺院建立・鐘鋳
第二尚氏	①尚円 1470–76	芥隠	天王寺	崇元寺	龍福寺	天王寺	天久権現	
	③尚真 1477–1526	芥隠 仙岩	天王寺 ↓ 円覚寺	崇元寺	龍福寺	天王寺	天久権現	天王寺は王妃廟 天界寺は王薦を受けた王子の廟

宗教活動を展開した芥隠承琥とほぼ同じ時代に、同じように活躍しており、熙山周雍は芥隠に匹敵する傑出した禅僧といわねばならないことになる。

安国寺の宗教的機能は、「一には世祖之冥福を修し、一には亦た当君之康健を祈る」ことにあった。注目されるのは、これが「肇創天徳山円覚禅寺記」に「世祖の冥福を修し、専ら当君之康寧を祈る」とあるのと共通する点であり、安国寺は円覚寺と同じく、歴代諸王の追善と今の王の身体護持を主要な役割としていたようにみえる。また、天王寺の「聖躬万安」を祈ることとも通じる点にも留意すべきであろう。

国家・王家と禅僧、禅寺の関係は、尚巴志と尚泰久、そして尚円と尚真によって制度として整えられた。これまで述べてきたことを整理すると、次の表のようになる。近世中期の一七三六年頃になると、王府が寺禄を与える官寺は、円覚寺・天王寺・天界寺の三大寺と崇元寺・龍福寺・安国寺などの八寺にすぎなかった。

注

（1）浦添から首里への遷都については、察度王の遷都とする説と、尚巴志王の遷都とする説とがある（例えば、甦る首里城歴史と復元編集委員会『甦る首里城　歴史と復元』（首里城復元期成会、一九九三年三月）所収の當眞嗣一「遺構から見たその特徴」、又吉眞三「首里城の建築」などを参照）。同時代史料を欠くため、どちらが妥当か判断し得ないが、首里城そのものは、考古学的な調査によって十四世紀にさかのぼるという。

（2）横山重編著『琉球神道記　弁蓮社袋中集』、大岡山書店、一九三六年。

（3）以下、石碑の碑文の引用については、沖縄県教育庁文化課編『金石文—歴史資料調査報告書Ⅴ—　沖縄県文化財調査報告書第六十九集』（沖縄県教育委員会、一九八五年三月）、沖縄県立博物館『刻まれた歴史——沖縄の石碑と拓本』（沖縄県立博物館友の会、一九九三年十月）に依拠し、読み下しについては塚田清策『琉球国碑文記』（啓学出版株式会社、一九七〇年）を参照した。

（4）「安国山樹華木之記」の読み下しは、那覇市企画部文化振興課『那覇市史　通史篇第1巻　前近代史』（那覇市役所、一九八五年）、二一三頁の読み下しを参照した。

（5）前掲『那覇市史』、一一九頁。この咨文が実際に発信されたか否かは確認しえないという。

（6）柴山「大安禅寺碑記」・「千佛霊閣碑記」（郭汝霖『使琉球記』所収）。柴山の宗教的・文化的活動を記した「大安禅寺碑記」・「千佛霊閣碑記」は、後の冊封使の郭汝霖や蕭崇業の使琉球録に掲載されることによって後世に伝承されていった。

（7）沖縄県立図書館史料編集室編（訳注和田久徳）『歴代宝案　訳注本第一冊』、沖縄県教育委員会、一九九四年三月、1-01-13、1-12-13、1-16-24

（8）小島瓔禮「芥隠承琥伝」、島尻勝太郎・嘉手納宗徳・渡口眞清三先生古希記念論集刊行会編『球陽論叢』、ひるぎ社、一九八六年十二月。

（9）『歴代宝案』1-12-13。

（10）東恩納寛惇『南島風土記——沖縄・奄美大島地名辞典——』、沖縄文化協会・沖縄財団（東京）、一九五〇年三月。

（11）円覚寺の歴史的研究として、葉貫磨哉「日本禅宗の琉球発展について」、『駒沢史学』、第七号、一九五八年十二月、真喜志瑤子「琉球極楽寺と円覚寺の建立について——本土との交流の二つのかたち（一）（二）」、『南島史学』二七、二九、一九八六年四月、一九八七年四月、がある。

(12) 外間守善・波照間永吉『定本　琉球国由来記』(角川書店、一九九七年)所収「肇創天徳山円覚禅寺記附重修事」による。以下、『琉球国由来記』の引用は同書による。

(13) 陳侃『使琉球録』は、那覇市企画部市史編集室編『那覇市史　冊封使関係資料(原文編)資料編第一巻三』(那覇市役所、一九七五年)に依拠し、読み下しは、那覇市企画部市史編集室編『那覇市史　資料編第一巻三　冊封使関係資料(読み下し編)』(那覇市役所、一九七七年)、現代語訳は、原田禹雄訳注『陳侃　使琉球録』(榕樹社、一九九五年)を参照した。

(14) 『琉球国旧記』巻之七、および『琉球国由来記』巻十の円覚寺の項。以下、『琉球国旧記』は、伊波普猷他編『琉球史料叢書　第三巻』(名取り書店、一九四二年)、鳳文書館、一九九〇年復刻による。

(15) 沖縄県教育庁文化課編『金石文―歴史資料調査報告書Ⅴ―　沖縄県文化財調査報告書第六十九集』。

(16) 胡靖の残した記録は、松浦章「胡靖撰『琉球記』(『杜天使冊封琉球眞記奇観』)解題」(夫馬進編『増訂　使琉球録解題及び研究』、榕樹書林、一九九九年九月)によると、中華人民共和国北京図書館所蔵の『琉球記』と、アメリカ合衆国ハワイ大学宝玲文庫所蔵の『杜天使冊封琉球眞記奇観』があり、「両者の記述内容はほぼ同じである」という。
以下の読み下し引用は、沖縄県立図書館蔵マイクロ複写本『琉球記』に拠った。なお那覇市企画部市史編集室編『那覇市史　資料編第一巻三　冊封使関係資料(読み下し編)』(那覇市役所、一九七七年三月)所収の『杜天使冊封琉球眞記奇観』を参考にした。

(17) 張学礼『中山紀略』は、那覇市企画部市史編集室編『那覇市史　冊封使関係資料(原文編)資料編第一巻三』(那覇市役所、一九七五年)に依拠し、読み下しは、那覇市企画部市史編集室編『那覇市史　資料編第一巻三　冊封使関係資料(読み下し編)』(那覇市役所、一九七七年)、現代語訳は、原田禹雄訳注『張学礼　使琉球紀・中山紀略』(榕樹書林、一九九八年)　を参照した。

(18) 汪楫『使琉球雑録』巻二「彊域」。汪楫『使琉球雑録』は、原田禹雄訳注『汪楫　冊封琉球使録　三篇』(榕樹書林、一九九七年)所収の康熙二十三年(一六八四)自序刊本(京都大学文学部蔵)の影印に依拠し、読み下しと現代語訳については、同書および那覇市企画部市史編集室編『那覇市史　資料編第一巻三　冊封使関係資料(読み下し編)』(那覇市役所、一九七七年)所収の嘉手納宗徳の汪楫『使琉球雑録』、谷川　健一編『日本庶民生活史料集成　第二十七巻　三国交流誌』(三一書房、一九八一年)所収の島尻勝太郎の汪楫『使琉球雑録』を参考にした。

(19) 葉貫、前掲論文、葉貫磨哉「琉球の仏教」『アジア仏教史　中国編Ⅳ』、佼成出版社、一九七六年、那覇市企画部文化振興課『那覇市史　通史篇第1巻　前近代史』、那覇市役所、一九八五年、村井章介「十五～十七世紀の日琉関係と五山僧」(金関恕・高宮廣衞編『沖縄の歴史と文化――海上の道探究』、吉川弘文館、一九九四年)。

(20) 坪井良平『日本の梵鐘』、角川書店、一九七〇年七月。

(21) 一四五〇年代後半の鐘銘は、この時代の宗教政策の一端を示す史料として古くから活用されている。史料として掲載した早い時期のものに、『琉球国由来記』巻十、『琉球国旧記』附巻之九があり、これらを用いた歴史叙述の一例として東恩納寛惇『黎明期の海外交通史』(帝国教育会出版部、一九四一年)や、小島瓔禮「芥隠承琥伝」(『球陽論叢』、島尻勝太郎・嘉手納宗徳・渡口眞清三先生古希記念論集刊行会、一九八六年十二月)をあげることができる。
　刊行された鐘銘資料集として、『金石文―歴史資料調査報告書V―』(沖縄県文化財調査報告書第六十九集、一九八五年三月)があり、鐘銘を網羅的に集成したものに、小島瓔禮「一五世紀後期鐘銘一覧」(那覇市企画部文化振興課『那覇市史　通史篇第1巻　前近代史』、那覇市役所、一九八五年、二〇四頁)、小島瓔禮・辻雄三『琉球古鐘銘集成』(琉球大学教育学部小島研究室、一九八六年七月)、小島瓔禮・豊平峰雲『万国津梁の鐘』(沖縄総合図書、一九九一年一月、二〇〇〇年三月改訂版)がある。

(22) 銘文の読み下しは、小島瓔禮・豊平峰雲『万国津梁の鐘』、沖縄総合図書、一九九一年一月、二〇〇〇年三月改訂版によるが、一部読みを変えたところがある。

(23) 原田禹雄訳注『汪楫　冊封琉球使録　三篇』(榕樹書林、一九九七年)の読み下しによる。

(24) 小島瓔禮・豊平峰雲『万国津梁の鐘』、沖縄総合図書、一九九一年一月、二〇〇〇年三月改訂版、「現存する15世紀後期琉球の梵鐘の大きさの比較図」参照。

(25) 万寿寺の鐘は、竜頭を欠いているが、ほぼ同じ口径の円覚寺殿中鐘の高さが七七センチメートルであることから、全高をおよそ八〇センチメートルと推定した。

(26) 『沖縄百科事典』、沖縄タイムス社、一九八三年。

(27) 坪井、前掲書。

(28) 同前書。

(29) 同前書。

(30) 同前書。

(31) 渓隠については、小島瓔禮「芥隠承琥伝」『球陽論叢』、島尻勝太郎・嘉手納宗徳・渡口眞清三先生古希記念論集刊行会、一九八六年十二月、が詳しい。なお、東恩納寛惇「室町期頃南島の通貨」、『日本歴史』二十八号、一九四九年、葉貫麿哉「日本禅宗の琉球発展について」、『駒沢史学』、第七号、一九五八年十二月、四八頁、注7、など、従来の説では、「渓隠」を芥隠承琥のこととするが、小島の指摘するとおり、別人であることは明らかである。

(32) 小島瓔禮「芥隠承琥伝」『球陽論叢』、島尻勝太郎・嘉手納宗徳・渡口眞清三先生古希記念論集刊行会、一九八六年十二月。

(33) 袋中『琉球神道記』巻第五、(横山重編著『琉球神道記　弁蓮社袋中集』、大岡山書店、一九三六年)。
(34) 小葉田淳『中世南島通行貿易史の研究』、日本評論社、一九三九年、九～十一頁や、那覇市企画部文化振興課『那覇市史　通史篇第1巻　前近代史』、那覇市役所、一九八五年、一六九～一七〇頁を参照。
(35) 小葉田前掲書はこの点について「琉球側史伝の誤り」とすでに指摘している。琉球において伝承に誤りが生じていたのか、伝承を聞いた日本僧袋中が『琉球神道記』に誤り記したのかは不明である。
(36) 小島瓔禮「芥隠承琥伝」『球陽論叢』、島尻勝太郎・嘉手納宗徳・渡口眞清三先生古希記念論集刊行会、一九八六年十二月。小島瓔禮・豊平峰雲『万国津梁の鐘』、沖縄総合図書、一九九一年一月、二〇〇〇年三月改訂版では、いっそう「五山僧」であることを強調している。
(37) 『琉球国由来記』巻十。天界寺については東恩納寛惇『南島風土記』の「天界寺址」がある。
(38) 原田禹雄訳注『陳侃　使琉球録』、榕樹社、一九九五年。
(39) 小葉田淳前掲書。
(40) 『琉球国由来記』「公私廃寺本尊併鐘事」には、「本寺報恩寺」と「本寺天龍寺」があげられている。
(41) 葉貫磨哉「日本禅宗の琉球発展について」『駒沢史学』、第七号、一九五八年十二月、小島瓔禮「芥隠承琥伝」『球陽論叢』、島尻勝太郎・嘉手納宗徳・渡口眞清三先生古希記念論集刊行会、一九八六年十二月、真喜志瑤子「琉球極楽寺と円覚寺の建立について——本土との交流の二つのかたち(二)」、『南島史学』二九、一九八七年四月。
天界寺も芥隠の創建とする説もあるが、そうではない(小島論文、五九〇頁)。
(42) 東恩納寛惇『南島風土記』。
(43) 那覇市企画部文化振興課編『那覇市史　通史編第一巻　前近代史』(那覇市役所、一九八五年八月)、一三〇頁。
(44) 伊波普猷『孤島苦の琉球史』、名幸芳章『沖縄仏教史』、護国寺、一九六八年九月、三一—八頁、真喜志瑤子「琉球極楽寺と円覚寺の建立について——本土との交流の二つのかたち(一)」(『南島史学』二七、一九八六年四月)、多田孝正「沖縄仏教の周辺——禅鑑禅師をめぐって——」(窪徳忠先生沖縄調査二十年記念論文集刊行記念会『沖縄の宗教と民俗』、第一書房、一九八八年三月)。
(45) 『琉球国由来記』巻十、「福源山天王寺」。
(46) 『琉球国由来記』巻一、「御甲子御祈念」。
(47) 『球陽』巻四。
(48) 『琉球国由来記』巻十。

(49)『琉球国由来記』巻十、「妙高山天界禅寺記」。
(50)『琉球国由来記』巻十。

第一〇章　「浮島」那覇の造営と地域形成

前章では琉球国王の拠点である首里城と首里に加え、外交・交易を担った那覇についてもさまざまな視点から叙述したが、ここではさらに東シナ海をめぐる人々や王権の動向を視野に入れながら、基礎的な課題を検討したい。那覇や那覇港は、いつ、誰が、どのようにして開発したのであろうか。

琉球の「大交易時代」の舞台となった港町那覇は、琉球史の上で重要なテーマであり、古くは東恩納寛惇・島袋全発・伊波普猷から高良倉吉、近年の上里隆史・新島奈津子・田名真之にいたるまでさまざまな視点からの研究の蓄積がある(1)。とくに近年、古琉球期那覇の研究を精力的に推進した上里は古琉球期の那覇を復元し「全体構造」を描くなど多くの成果をあげており(2)、那覇の研究水準を一段階前進させたと評価してよいであろう。本論もまたそれらに大きな学恩と刺激を受けている。とはいえ、今後さらに解明すべき課題も少なくないと考える。

もっとも大きな論点の一つは那覇港の成立をめぐる問題であり、上里と田名の最近の論争が注目される。琉球における王権・国家の形成とその特質など琉球史の根幹にも深くかかわっているからである。上里が那覇港が十四世紀中頃以降の「南島路」の活況を背景に外来勢力によって自然発生的に形成されたとしたのに対し(3)、田名は那覇港の形成は対明関係の成立にともなう官製大型ジャンク船の入港が契機と批判した(4)。上里は田名に反批判を行いつつ、外洋航海の大型船が入出港可能な港は前近代においては那覇港しかないとの論証に努めて自説を補強し、「沖縄島を中核とする国家形成を促した契機が、十四世紀中頃における日中間航路「南島路」の活況と、それにともなう港湾都市・那

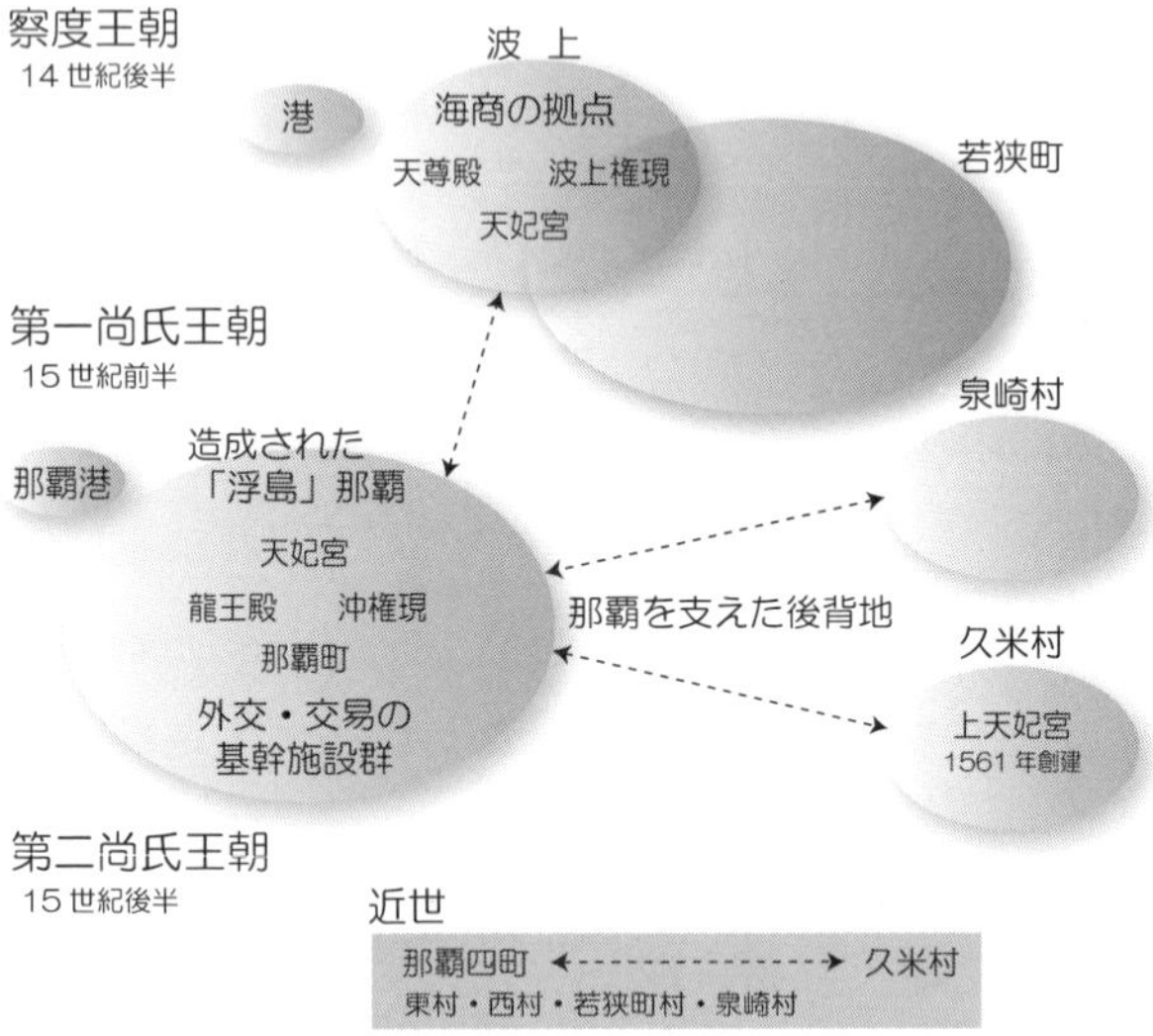

図 55　本章の論点

覇の形成であった」と主張する。(5)

那覇港が十五世紀前半、尚巴志の時代には成立していたという点は衆目の一致するところであるが、十四世紀の那覇港について議論となるのは関連史料が皆無であって東アジア世界と琉球の関係などからの推定に留まらざるをえないことに原因がある。こうした状況を打開するために、翻って関連史料がないのは十四世紀に那覇港がなかったからと考えてみてもよいのではないか。新島も指摘するように(6)、那覇港を古来より連綿と変わることのない港とアプリオリに捉えてきたことに疑問をもたざるをえないからである。那覇港の成立時期を厳密に証明しうるのは考古学的な発掘調査以外にはないのかもしれないが、新たな視点から文献史料などを見直すことによって那覇港、ひいては那覇の形成過程を探る作業が必要不可欠であると考える。

さて、現代都市那覇の原型ともいうべき琉球王国の港町那覇がもともとは孤立した島であり（この島を便宜上那覇島と呼ぶ）、那覇が周辺の浜・浅瀬・干潟・汀地、また入江を埋め立てて拡大していったことはよく知られている。(7)本稿は、海中や海辺、干潟などの土地造成が那覇の発展にとって本質的

図 56　那覇の景観（「首里那覇泊全景図」、19 世紀）

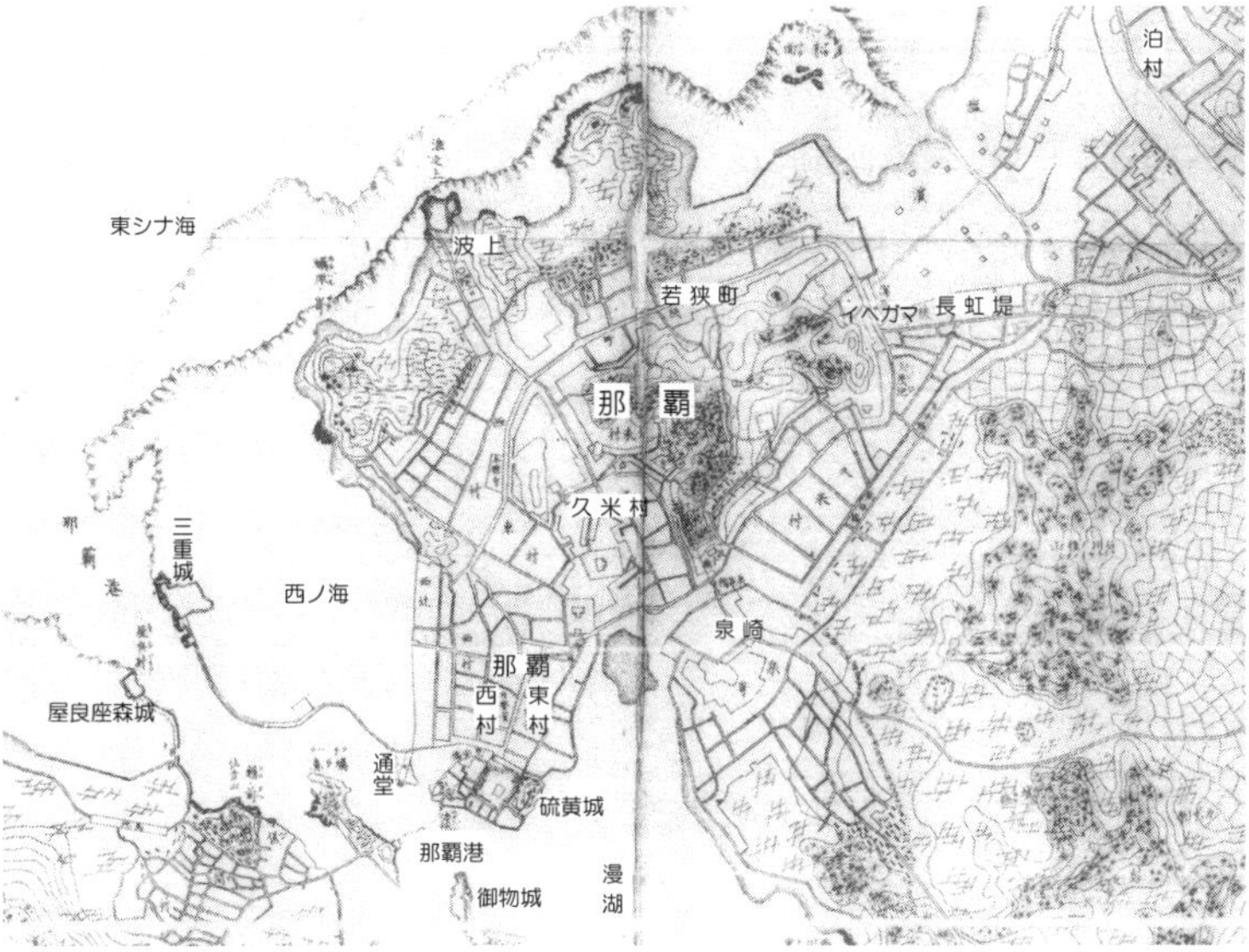

図 57　那覇周辺（「琉球那覇港及首里城間之図」、近代初頭）

に重要な意味をもったこと、すなわち地域形成史の一側面（土木史的な側面）を念頭に置きつつ、都市史研究の立場から古琉球期、とくに十四世紀末から十五世紀半ばころまでの那覇を対象とする。この時代は「南島路」が活況を呈した時期であり、また琉球と明のあいだの朝貢使節の往来と交易の最盛期であると考えられており[8]、したがって本稿は最盛期の那覇島やその港町の姿を検討することになる。以下、第一章では琉球古謡オモロの一節「うきしまはげらえて（浮島を造営して）」の新たな解釈、第二章では港湾都市「那覇」（狭義の那覇、近世に西村・東村となる）の造営と琉球首里王権、第三章では久米村の成立と「南島路」の港町波上の様相、那覇の地域社会＝空間構造など、について検討する[9]。なお、本稿では都市という用語を、農業や漁業以外の産業に従事する人びとによって主に構成される集落の意味で用いている。

一、浮島はげらえて――造成された「那覇」

1　那覇と呼ばれた地域

那覇という地名は、歴史的に広狭ふたつの地域――近世の那覇四町（西村・東村・若狭町村・泉崎村）と古琉球の那覇（近世の西村・東村にあたる）――を表し、また那覇四町と久米村の総称、さらに広く島全域などのように便利に用いられている。本稿の考察の準備として、また誤解を避けるためにも那覇の地域的展開を確認することから始めることにしよう。

古琉球の時代に遡ると、那覇は『おもろさうし』巻十三の八のオモロに、「うきしま」（浮島）とも、また「なはとまり」（那覇泊）とも謡われている[10]。「那覇泊」は十七世紀初頭の「那覇津」、「那覇港」と同じと見てよいであろうが[11]、那覇のことと広く理解されている「うきしま」の解釈については小さからぬ問題があり、次節で取り上げることとし

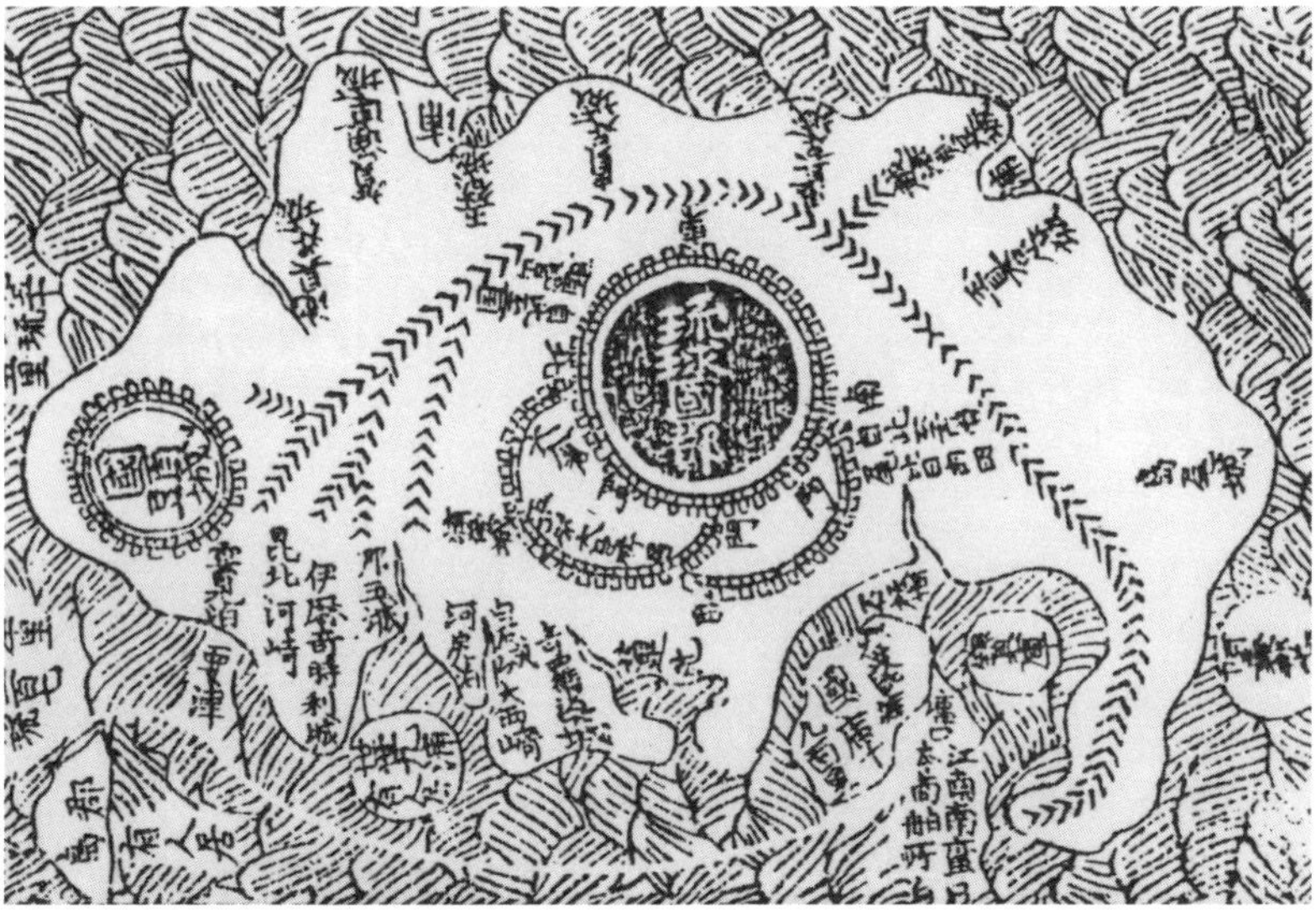

図 58　「琉球国之図」（申叔舟『海東諸国紀』）

たい。

申叔舟『海東諸国紀』（一四七一）所収の「琉球国之図[12]」、そして近年になって注目を集めている『琉球国図[13]』は、古琉球期、十五世紀の状況を具体的に示す重要な地図史料であるが、これらの地図には那覇の位置する地域は一つの島として描かれ、地名や説明が記載される。「琉球国之図」には「湾口江南南蛮日本商船所泊」・「那波皆渡」・「國庫」・「九面里」・「寶庫」・「石橋」とあり、また『琉球国図』には「那波皆津口江南南蛮日本之船入此浦」・「那波皆津日本人本嶋人家有此」・「此地王之庫藏衆多有」・「九面里江南人家在此」・「波上熊野権現」・「江南南蛮宝物在此、見物具足廣」・「石橋此下有五水」と書かれている[14]。

これらから「那波」＝那覇は江南や南蛮、日本の商船が停泊する港口の名であり、日本人と琉球人の住む集落の名であったこと、また中国人の「九面里」（久米村とされる）があったことなどが知られる（若狭町の記載はない）。この那覇は、『おもろさうし』の那覇泊、近世初頭の那覇・那覇港と同じ狭い意味の那覇と見てよい。

十七世紀初頭における那覇は、那覇四町から若狭町と泉崎を除いた狭い地域（西村と東村、ただし二つに分かれていたか

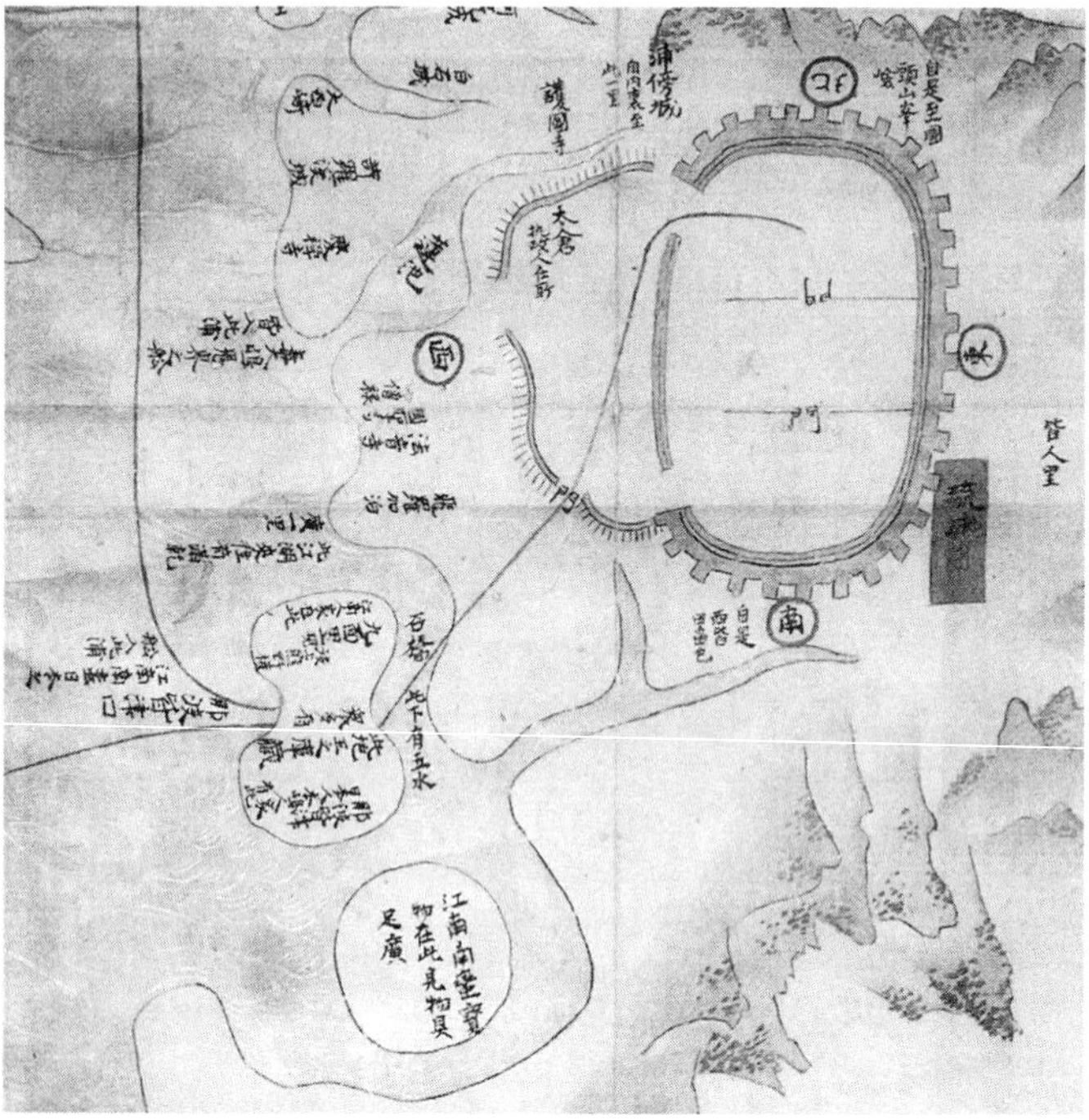

図 59　『琉球国図』

どうかは不明）を指していた[15]。一六〇九年～一六一一年の薩摩出兵の顛末を記した喜安入道の『喜安日記』に「那覇・泊・若狭町・久米村・和泉崎」とあり[16]、また那覇に滞在した袋中の『琉球神道記』（一六〇八）は、「那婆《なは》ノ町」、「若狭町」・「古米村[17]（久米村）」という島内の地域名を記している。那覇町・久米村はもちろん、若狭町・泉崎などの都市も古琉球期、十六世紀に遡ると考えてよい。

「琉球国高究帳」は、一六三五年から一六四六年の間、一六三五年に近い頃に成立したとされるが[18]、町方が独立する以前、間切の下にあった古琉球期（十六世紀）の地域の姿を留めていて貴重である。それは真和志間切に所属する「那覇町」の畠高をあげ、そして「右之内」として「若狭町」・「久米村町」・「泉崎町」の畠高を列挙し、そのすべてを「浮免」（年貢免除）と特別扱いしている[19]。これによって「那覇町」をはじめ若狭町・久米村町・泉崎町が「町」と呼ばれ、都市と認知されていたことがわかる。また若狭町・久米村町・泉崎町の三町が行政的に那覇町に属していたこと、実態は不明ながらも地域格差あるいは階層構造が存在したことが判明する。久米村町が那覇町の所属下にあったことはとくに興味深い点といえよう。十七世紀前半までの那覇町は島全域を管下に置くとともに、沖縄本島にまでその領域を拡張していた。

一六四九年の「絵図郷村帳」は、間切に属さない独立した行政区域、町方として首里・泊・那覇をあげる一方、真和志間切の中には泉崎、若狭町、久米の名を記載していない[20]。これら三町はおそらく「琉球国高究帳」段階と同じように行政的には那覇に含まれていたのであろう。

一六五四年、首里王府は田舎の人びとが都市である首里・那覇・久米村・泊村に移住して籍を得ることを禁じ[21]、また同年の人数改は首里三平等、泊村、久米村、那覇四町を一つのまとまりとして実施している[22]。これらは那覇町の行政的再編とその時期を示しており、那覇（四町）は十七世紀中頃に首里三平等、久米村、泊村とともに「町方」（士族や商工業に従事する「町百姓」の居住地）になった、すなわち都市として行政的にも確立されたといえよう[23]。これはまた那覇町の西と東が若狭町・泉崎と連立して那覇四町という惣町組織を結成したこと（那覇四町の成立）、また久米村が那覇町から分離したこと（久米村の独立）も意味して重要である[24]。十七世紀後半からの那覇は、あいかわらず沖縄本島に拡がりをもつ一方、島の全域を占めてはいないことに留意したい。

近・現代をみると、一八九六年には那覇四町に久米村、泊村を編入して那覇区となり、さらに周辺の村を編入しながら一九二一年に那覇市となり、戦後の一九五四年首里市などを編入するなどして現在に至った[25]。那覇が島全域を指す行政地名に戻ったのは久米村編入後の一八九六年からであるが、すでに近代初頭には「那覇村数」として東村・西村・若狭町村・泉崎村・久米村をあげている[26]。広域の那覇はこうした慣行や行政区の出現によって広く使われるようになったのであろう。

以上を要するに、歴史地名・行政地名として知りうる那覇は、十五世紀の集落・港の名称に始まり、十六世紀末までに那覇町に若狭町・久米村町・泉崎町を加えた広域地名となり、十七世紀中頃には町方である那覇四町（西村と東村、泉崎村、若狭町村）の総称となり、近代には久米村を編入して那覇区、さらに広域の県都・那覇市へと変遷してきた。それは那覇の都市的発展を端的に示しているということもできよう。一方、近・現代の人びとはそれぞれの那覇の観念を近世・古琉球期に投影しがちであり、古琉球期の那覇といった場合など、観念と実体との乖離が理解を少し難しくしているようにも思われる。以下の記述においては、古琉球期の那覇の港・集落であることを明確にしたい場合には「那覇」と表記する。

2　オモロにみる「那覇」

『おもろさうし』巻十三の八の歌謡にみえる「うきしまは　けらへて」の「うきしま」（浮島）が那覇を意味することは、確かなことと考えられてきた。それは、『おもろさうし』の原注に「那覇ノ事なり」とあり[27]、また『混効験集』が「うきしま」を「那覇の事也」とするからである[28]。これによって琉球史の先達たちから今に至るまで、浮島とは珊瑚礁の海に浮かぶ小さな島、那覇と理解（実際には誤解）されてきた[29]。

すぐに浮かぶ疑問は、那覇という地名はオモロの時期には集落ないし港の名称であり、島全体を示すような使い方はなかったのではないか、という点である。「浮島」＝那覇島とする解釈を再検討する必要があろう。実をいえば、東恩納寛惇も『南島風土記』では、那覇島とするこれまでの理解を踏襲する一方、那覇の「西東の地は浮島と唱へられ」と説いて、島の一部に過ぎない狭い意味の那覇西・東が「浮島」であるという異なる解釈も示しているのである[30]。『おもろさうし』の「うきしま」は本来どのような意味の言葉なのか。また、どのような意味で那覇は「浮島」なのであろうか。さらに「うきしまは　けらへて（浮島を造営されて）」とはどのようなことなのか。順を追って考えていきたい。

仲原善忠・外間守善の『おもろさうし辞典・総索引』では「うきしま」は次のように説明されている（便宜上、①、②の番号を付した[31]）。

①地名。那覇のこと。那覇は十五世紀までは島であった。原注に「那覇ノ事なり」（十三―七五三）とある。『混集（坤、乾坤）』（混効験集のこと――引用者注）に「那覇の事　首里おわるてだこがうきじまはげらへてとあり」とある。

②喜界島のこと。海上に浮いているように見える島の意。「おきしま」に同じ。

『沖縄古語大辞典』の「うきしま」の説明も、記述の順序はともあれ、内容はほぼ同じである[32]。

①海に浮かぶ島のこと。島を遠くから望むと、光線のかげんで海上に浮き上がって見える場合がある。そのような視覚から出た語か。「うき」（浮き）は美称辞のようにも思われる。喜界島・与論島・永良部島などを指して、用いられている。オモロでは対語「もいしま」。

②地名。那覇のこと。那覇は十五世紀までは島であった。オモロ原注に「那覇ノ事なり」（一三巻七五三）、『混集』（坤・乾坤）に「うきしま　那覇の事也」とある。

両者はともに「浮島」が地名で那覇のこと、「那覇は十五世紀までは島であった」とするのみで、東恩納の那覇の西・東とする説は取り上げないし、それがなぜ「うきしま」なのかについても語らない。また、二つ目の意味、すなわち「逃水」や蜃気楼と似た現象とされる「浮島」の事例として、両者ともに那覇を挙げないのは、「うきしまはけらへて（浮島を造営されて）」という用例から、「海上に浮いているように見える島の意」では理解できないことがほとんど自明であるからなのであろう。また、『沖縄古語大辞典』は「「うき」（浮き）は美称辞のようにも思われる」との推定を補足しているが、仮に美称辞とすると、「うきしま」は「浮かんだ姿の美しい島」といった意味になるのであろう。しかし、首里の王がそのような島である那覇を造営したというのでは、残念ながら意味が通らない。なお、「浮島」にはもう一つ「植物や植物遺体（泥炭または枯死体）からなり、湖沼や河川に浮遊する島」という意味もあるが、[33]那覇はこのような意味の浮島とも関係がないといってよい。

辞書などに示された語義によって那覇のこととされる「うきしま」を理解するのは難しい。それは、「うきしま」本来の意味が早いうちに忘れさられたからではなかろうか。それを探っていくと、忘れさられた歴史も明らかになるようにも思われる。

さて、那覇を「うきしま」と謡った『おもろさうし』巻一三の八の歌謡はよく知られているが、あらためて引用しておこう（読みやすさのため空白を補い、括弧内に現代語訳を示した[34]）。

一　しより　おわる　てたこか（首里におられる王が）
　うきしまは　けらへて（浮島を造営されて）
　たう　なはん　よりやう　なはとまり（唐、南蛮の船が寄り合う那覇泊）
又　くすく　おわる　てたこか（ぐすく《首里城》におられる日子が）

このオモロを原注を参考にして現代語に置き換えると、「首里の王が浮島＝那覇を造成し、唐、南蛮の船が寄り集まる那覇泊」となろう。伊波普猷は、前述のように「うきしま」を那覇島と解していたが、このオモロについては「那覇の築港を歌ったもの」とし、「首里に在す王が、浮島を修理して唐南蛮の船舶の輻輳する那覇泊にした」という意味であると説いている。[35]「うきしま」を那覇の港と捉えており、語義の理解を大きく変えているが、その根拠の説

図 60　長虹堤（葛飾北斎「琉球八景」の「長虹秋霽」）

明はない。オモロから自ずとわかるということなのであろう。外間守善も同じように「うきしま」を「那覇の港」と解し、「首里に、ぐすくにまします国王様が那覇の港をお造りになって、唐、南蛮の船が寄り集まる那覇港よ」と口語訳している[36]。

伊波や外間そして前述の東恩納のように、「うきしま」は那覇の港、古琉球期の小さな「那覇」のことであり、「うきしまは　けらへて」とは首里の王が「那覇」の町や港を造営したとするのは、このオモロの素直な理解といってよいであろう。その半面、「うきしま」の意味がなぜそのように限定できるのか、また「うきしま」のニュアンスは汲みとられているのか、という疑問が残ることになる。

ここで想起されるのが「浮道」である。首里と那覇を結ぶ長虹堤や那覇から三重城に至る臨海堤などが浮道と呼ばれており、それらはふつう「海中道路」と説明される。東恩納寛惇『南島風土記』は「浮道」の項を立て、「那覇由来記に、この長虹堤の事を浮道と出てゐるが、此処に限らず、海岸・河岸等の道路を一般にかく唱へたものである」としている[37]。東恩納によると、海中道路のほか、海岸・河岸などの道路も浮道と呼ばれたということであり、珍しくない日常的な言葉であったようである。『琉球国由来記』をみると、「浮道」には大きく二つの用例がある。一つは、那覇から首里に至る海中の道、長虹堤を「浮道」と記している例であり、もう一つは、首里城正殿前の御庭中央に設けられた国王と賓客だけが歩くことのできる磚敷の通路を「浮道」とするものである。(38) 両者の様相は大きく異なるのであるが、人工的に設置された道であるというところは共通する。後者については、「宮城内の大路中央の延長線上を一段高く土を盛って勅使や上卿出入のためとする通行路」を「置道」ということとの関連が興味を惹く。(39)「置道」が「浮道」に転訛したかどうかはともかく、同様の考えかたから造成された道とみてよいであろう。(40)

以上から、「浮島」は「海中や海辺に造成されたしま」を意味する言葉であると考えることができよう。ただし、この「しま」は人工の土地なのであるが、たんなる造成された土地ではなく、自然地理学的な島の意味あいを含み、かつ琉球の歴史や社会に即して集落の意味を内包していると理解したほうがよい。(41) 要するに、「うきしま」は「海中や海辺に造成された土地・集落」のことなのである。したがって「うきしまは　けらへて」とは、海中や海辺を埋め立てて新しい土地を造成し、そこに「那覇」の集落と港を開発したと解釈しなければならないと考える。(42)

二、「那覇」の造営と首里王権

十五世紀半ばの「那覇」とその近辺の施設については、「琉球国之図」・『琉球国図』から、那覇湊（集落）・港湾施設・親見世（「國庫」）・御物グスク（「寶庫」）などの存在がわかる。また天使館・迎恩亭・突堤・硫黄グスク・渡地・唐船堀・下天妃宮・龍王殿・沖権現など、琉球王国の外交・交易・軍事などの機能を担った施設も古琉球の時代に遡るものと考えられている。地誌の『琉球国由来記』（一七一三）・『琉球国旧記』（一七三一）、史書の蔡温本『中山世譜』

（一七二五）・『球陽』（一七四五）などには、沿革の詳細や史実としての正確さはともあれ、これらの施設についての記載がある。(43)

こうした国家的というべき大規模インフラストラクチュアを必要とし、またその構築を実現しえた権力について、「うきしまは　けらへて」のオモロからは「しより　おわる　てたこ」、すなわち「首里」を本拠とする王権が推定されるにすぎないが、考えを進める手がかりにはなろう。まず留意、確認すべきことは、「那覇」を造営したのは、中国人でもなく日本人でもなく、首里を政治拠点とする琉球の王と考えられていたということである。琉球の王や王朝にとって海外との交易・交流がとくに重要な意味をもつようになったのは十四世紀半ば、明の成立以降のことである。明の皇帝による冊封・朝貢（進貢）が王権と国家の維持に不可欠となる時代状況のなか、可能性がある造営主体として二つの王統があげられる。すなわち、浦添を首都とし後に首里に遷都したとされる察度・武寧王朝と、首里を首都とした第一尚氏王朝である。伊波普猷は先のオモロを「第一尚氏の初期頃のものか」と推測しているが、(44)その当否はともかくとして、以下ではいくつかの視点から二つの王統のいずれが妥当なのかを検討したい。

1　「那覇港」とその施設の造営時期

「那覇港」という地名はいつから使われるようになったのか。この疑問は那覇港が古い時代に遡ると考えられていたために、これまでは明示的に問われることはなかった。文献史料に「那覇港」が姿を現すのは、『歴代宝案』に収められた正統四年（一四三九）三月六日付の中山王尚巴志の咨文であろう。前年に派遣された慶賀の進貢船が出港した港こそ、「那覇港」であった。(45)同じく尚巴志による宣徳六年（一四三一）九月六日付咨文によると、尚巴志が派遣した謝恩船一隻が風のため「本国港口」で沈没しているが、(46)この「港口」は「琉球国之図」の「湾口」や『琉球国図』の「那波皆津口」と同じ意味であろう。遭難の状況などから那覇港での出来事と考えられ、一四三一年には那覇港が機能していたことがわかる。

さて、那覇の歴史のなかで大土木工事というと、冊封使の来琉に備えたものが少なくない。十五世紀では、第一尚氏王朝尚金福の冊封時（一四五二年）に実施された、那覇島と沖縄本島を結ぶ「石橋」（長虹堤・長虹橋）の造営がよく知られている。こうした点を加味して大規模開発の時期を考えるなら、①琉球で初めて冊封を受けた武寧の一四〇四年（永楽二）、②その翌年に武寧を滅ぼした第一尚氏王朝の尚思紹冊封の一四〇七年（永楽五）、ついで③実質的に第一尚氏王朝を興した尚巴志冊封の一四二五年（洪熙元）が重要な画期として想定されよう。

「那覇」の施設の創建年時をみると、『琉球国由来記』は、冊封使の宿泊施設である天使館について造営年代は未詳としながら尚巴志の冊封時、一四二五年の経営かとする一方、[47] 冊封使の上陸地点に設けられ王府の百官が出迎える迎恩亭（通堂）について尚巴志の冊封時に建てられたことは疑いないとする。[48] これに対して武寧一四〇四年説を採るのが蔡温の『中山世譜』であり、永楽二年（一四〇四）の条にこの年武寧が琉球で初めて冊封の大典を受けたことを述べ、それをもって武寧が天使館と迎恩亭を創建したと推定する。[49]『球陽』もこの蔡温説を祖述し、[50] また御物城と親見世についてもいつ建てられたか不明としつつ、同じ一四〇四年の条に付記している。[51] いずれも尚思紹一四〇七年説は採らない。なお、蔡温『中山世譜』の叙述には論理的な整合性を追求するあまり問題が生じたところがいくつかあることに留意すべきである。[52]

発掘調査の成果をみると、御物グスクは出土した陶磁器などから十五世紀前半から中葉にかけて機能していたと推定されている。[53] これは残念ながら武寧一四〇四年説と尚巴志一四二五年説のいずれかを決定するものではないが、海中の島に「寳庫」・グスクを築造することは、建設のみならず防御を含めた維持にも強固な軍事権力の存在が不可欠であり、尚巴志一四二五年説を指し示している。

ただ一つ年紀が記された資料をもっていた下天妃宮に注目したい。下天妃宮は、冊封の儀礼に直接かかわる施設で

写真15 明治橋からみる那覇港と御物グスク（城）

はないが、冊封使の航海安全の祈願所として、また琉球王府の外交・朝貢、信仰にかかわる重要な施設といってよい。東恩納寛惇や李獻璋の検討によって、下天妃宮は一四二四年に尚巴志によって創建されたと考えられている[54]。尚巴志が天妃宮を創建した理由について、李獻璋は明による媽祖信仰の保護と海外へ派遣される使者たちの媽祖への強い信仰を背景に王家が積極的に保護しようとしたこと、冊封・朝貢を始め海外交易にかかわる外交文書を作成・管理する公館としての機能を担わせようとしたことを挙げている[55]。筆者も、東恩納や李獻璋の説を再確認・補強している[56]。

本節での検討から「那覇」造営の主体は尚巴志政権であり、「那覇」の画期は尚巴志冊封の一四二五年と考えることができる。

2　那覇港の立地

次に地理的な条件から「那覇」の成立を考える。しばしば指摘され、上里隆史も強調するように、那覇港の大きな特徴の一つは、港口が狭く浅いことにある[57]。

外洋航海の大型船舶はサンゴ礁のあいだのきわめて狭く浅い航路（「唐船口」）を通って港内に出入りしなければならなかった[58]。出入港の不便さ・危険性は、早くに真境名安興『沖縄県土木史』が「古より安全なる良港湾にあらざりし」と指摘するように、港として致命的な欠陥といってよい[59]。

那覇港の特性を示す史料を具体的に確認していこう。『那覇築港誌』によって近代化以前の那覇港についてとくに留意すべき特徴を挙げると、次のようになる[60]。

①那覇港付近の沿岸はサンゴ礁の暗礁が多く、航海に常に困難がある。十七世紀半ばの「正保国絵図」は干潮や東風・南風の時には入港できないと記す[61]。②北あるいは西北の風の時には常に波浪を起こし、とくに暴風に際しては外港はむろん内港においても安全を期すことはできなかった（八〇〇トン級の球陽丸が暴風のため港内で沈没した事例がある）。「正保国絵図」は港内では風向にかかわらず「大船」三十艘ほどが停泊できる良港とする[62]。③喫水の深い船舶は港外に仮泊し、艀船による荷役が終わりしだい出航する。④荷役は港内においてもすべて艀船によって行われた（風波の強いときは荷役ができなかった）。⑤主な陸揚げ場は通堂波止場であり、船との往復にも時間と労力を要した。

「琉球交易港図屛風」（浦添市美術館蔵）など那覇港を描いた十九世紀の絵画作品をみると、冊封・進貢・接貢船などの大型船を多数の小舟が港内に曳航する姿がリアルに描写されている[63]。また十八世紀半ば頃の那覇住民（四町のうち西村・東村・泉崎村と久米村）の嘆願書によると、進貢・接貢船の入出港において小舟での曳航やロープでの引き入れなどに動員され、また夜間出港時には浅瀬や砂洲に出向き篝火を焚くなどの公役の義務を負っていたという[64]。

冊封使たちもほとんどが異口同音に「那覇港口一里九曲」における入出港・曳船の難しさや岩礁の危険を述べる。一六八三年の冊封使汪楫『使琉球雑録』は、港口にサンゴ礁が拡がり、この土地で成長したものでなければ船を引いて入港することができないと説明し[65]、一六三三年の冊封使の従客胡靖『琉球記』は、「舟、海涯に到る。即ち那覇港口なり。逐に風帆を卸す。……夷人千餘を率ゐて曳船して入港す」という[66]。一五三四年の冊封使陳侃は、「（十二日）

泊舟の港は海を出づる僅かに一里、中に九曲有りて夾岸皆石たり。惟、風を滅して後に行くべし。坐して守ること六日なり。……（十八日）風少しく息む。舟を挽いて出づるも亦岸に斜倚す。衆、其の石に傷つかんことを恐れて大いに驚く」と、那覇港出港時の六日に及ぶ風待ちと座礁の危険を記している。(67)

最後に、尚巴志の宣徳六年（一四三一）九月六日付咨文によると、謝恩船のうちの一隻で馬二十疋硫黄一万斤を搭載して那覇港を出港した盤字号海船が港口辺りで悪風に遭い、貨物ともども沈没したという。(68)

さて、これまでの検討から自然と浮かび上がってきたのは、外洋航海の大型船舶が停泊し利用する港としての那覇港の特異性である。暗礁が多くしかも港口の狭く浅い那覇港は入出港に際して曳船が不可欠であり、紛争や悪天候時などはいうまでもなく、平時においても不便さに耐え、危険に対処しなければならなかった。那覇港は前近代の港湾のなかでめずらしく自然の良港ではなかったのである。一方、港湾としてきわめて不都合な自然環境条件にもかかわらず、那覇港が建設され、しかも長期にわたって機能し続けることができたのは、地政学的条件に恵まれていたことに加え、大型船舶の曳航や荷役を担う港湾労働力、それを提供する周縁の都市の存在があったからである。那覇港は後背地の都市に支えられて始めて港湾として機能する、いわば人工の良港なのである。これは古琉球の時代から近代直前まで変わることのなかった特性と考えてよいであろう。

このような特性を踏まえて港湾都市「那覇」の成立、運用を考えると、次の点を指摘することができる。①港湾利用が徐々に増加し国際交易の拠点として活況を呈するようになったとは考えがたい。那覇港は自然形成の港ではないであろう。②那覇港が港湾機能(69)を発揮するためには、国際関係や国内情勢の安定、治安の維持が不可欠の大前提となる。③自然環境条件をあえて無視した港湾建設には強い意思、明確な意図・目的の存在がうかがわれる。王権・国家による新たな港湾建設と考えるのが自然であろう。④港湾新営の意図・目的が既存の交易拠点港から強引に港湾機能を奪って新港に移転すること、それによって外交と交易の拠点を直接的・独占的支配下に置くことであることは容易に推定できる。

以上を総合すると、「那覇」の造営は、特異な立地条件のもと、海中や海浜の土地造成と多くの施設の建設をともなう、まさに画期的・国家的な大事業であったといえよう。「那覇」の成立は、社会情勢が未だ安定していない察度・武寧の時期やそれ以前に遡ることはなく、一四二二年に琉球の統一を実現した首里王権・尚巴志によってはじめて可能になったと考えるのが妥当であろう。(70)

3 「那覇」の整備

一四二二年に即位した尚巴志王にとって当面最大の課題は王国の政治的・経済的基礎の確立につながる冊封と朝貢・進貢貿易、中継貿易であり、港湾都市「那覇」はそのために建設された。その経過は次のようであったと考えられる。

冊封使の到来・滞在にあたって必要不可欠な施設——封舟が着岸する突堤（通堂崎）と迎恩亭（通堂）、中核施設として並び立つ天使館（冊封使の宿泊施設）と下天妃宮、親見世（交易施設）、突堤から天使館にいたる中心道路（親見世の前の大通り）、「那覇」の土地など——は、遅くとも一四二五年の春までには竣工していたと考えてよい。

一方、海中に御物グスクと硫黄グスク（進貢品の硫黄を保管する施設）(71)を築造し、また「那覇」の突堤から東シナ海に向かって延びる浮道（臨海堤）と板橋を築き、大橋を渡った台場に熊野権現を祀る沖権現（一四五九年の鐘銘に「本州一品権現」）、さらに中橋をこえた仲三重城に道教の龍王殿を創建する事業も進められたであろう。(72)

親見世と天使館、下天妃宮が海辺の微高地を占めていたのに対し、「那覇」の中心道路と土地、突堤、浮道（臨海堤）などは、珊瑚礁の礁原を盛土によって造成したと推定される。(73)こうした「那覇」の整備が一段落したことを示しているのが一四五二年の「石橋」築造であり、那覇島と本島を陸続きにする浮道と石橋の竣工をもって、尚巴志王統による那覇島整備の完了とみることができよう。

「那覇」は、外交・交易、軍事・防御・保管、行政、信仰、居住にかかわる第一尚氏王朝の基幹施設が集中的にまた合理的に配置された土地ということができる。浮島「那覇」の造営の目的が琉球王国の外交と交易の拠点を築くことであったことは明らかであり、実際に新営の「那覇」港が中国・南蛮・日本の船が入る港となり、「那覇」が日本人や琉球人の集落となるまでに、それほど歳月を必要としなかったであろう。「唐、南蛮の船が寄り集まる那覇泊」と謡うオモロは王国の大事業の成功を寿ぐものであったにちがいない。

三、十五世紀那覇島の諸相

『歴代宝案』や『明実録』などから少なくとも十四世紀には環シナ海世界の交易にかかわる拠点の一つが琉球に存在したことは確かな事実といってよい。従来、那覇港がそうした港湾機能を果たしたとされてきたが、那覇港は尚巴志によって新営された港であり、また地理的条件から十四世紀に那覇港が自然形成的に営まれていたとも考えがたいのであるから、中国人などの海商勢力の交易拠点とその港が「那覇」とは異なる地に存在していたと推定するのが合理的であろう。以下ではこの問題を念頭に置きつつ、十五世紀における那覇島の地域状況を検討したい。(74)

1　那覇島の都市・集落

十五世紀中葉の那覇島に二つの都市――「那覇」と「九面里」（久米村とされる）(75)――があったことは周知のことがらに属するが、それらのほかには都市・集落はなかったのであろうか。この問題を検討するために、以下では中世都市の基幹的な構成要素であり、地域形成の核となる宗教的施設に注目し、(76)それらの地域分布をみることにしよう。

表 15　15 世紀半ばの那覇島の宗教施設

	「那覇」	波上（花城）	イベガマ
媽祖	天妃宮（「那覇」の天妃宮）	上天妃宮（波上の天妃宮）[*1]	
道教	（龍王殿）[*2]	天尊殿	
禅宗 中国系	（大聖寺）	大安寺[*3]・千佛霊閣[*3]	長寿寺[*4]
日本系	東光寺[*5]・（霊応寺）	広厳寺[*6]・龍翔寺	普門寺[*6]
真言宗			
熊野信仰	沖権現（沖宮）	波上熊野権現（波上宮）[*7]	
伊勢信仰			伊勢太神（長寿宮）[*4]

1456 年鋳造：天尊殿、大安寺・長寿寺・普門寺・広厳寺・大聖寺
1457 年鋳造：天妃宮・上天妃宮・霊応寺・龍翔寺・永福寺（所在地不明）
1459 年鋳造：本州一品権現（沖権現・沖宮）・東光寺
※第二部第七章の表「1463 年に那覇周辺にあったと推定される禅宗寺院」（表 17）では近世那覇の行政地名によって所在地を表記している。
*1　近世久米村の上天妃宮とは異なる。いわばその前身にあたる（第一一章）。
*2　「那覇」の天妃宮と同じ頃の創建と推定される（第一一章）
*3　中国人柴山が 1430 年に大安寺、1433 年に千佛霊閣を創建（第九章）。
*4　「伊勢太神長寿寺」（『琉球神道記』）、天照大神を勧請した神社（『琉球国由来記』）。
*5　『琉球国由来記』巻八、162 頁。
*6　日本人禅僧芥隠承琥が創建（第九章）。
*7　『琉球国図』（注 13）。

よく知られているように、第一尚氏王朝六代の尚泰久は国家統治のために宗教政策を推進し、多くの寺院を建立するとともに数多くの鐘を鋳造させた。現存する鐘の銘、[77]また『琉球国由来記』・『琉球国旧記』などに掲載された鐘銘の釈文[78]は、貴重な同時代史料であるといってよい。[79]一四五六年から一四五九年にかけて鋳造された鐘の銘をみるだけでも、那覇島に寺院、神社、道教の廟など、さまざまな宗教施設が少なからず存在していたことがわかる。[80]他の史料から所在地が判明する寺・社・廟も含めて整理したのが表15である。

禅宗寺院しか建立されなかった首都首里に比べ、那覇島には琉球の域を越えた国際的といってよいほどに多様な宗教施設が認められる。しかし、ここで注目すべきなのは、那覇島には「那覇」のほかにも寺・社・廟などが集中する地域――イベガマと波上――、とくに波上があったことである。

イベガマの長寿寺や長寿宮を創建したのは長虹堤を造営したことなどで知られる国相懐機であり、それらの敷地は懐機の「家宅」、「私宅」であったという。[81]懐機は明

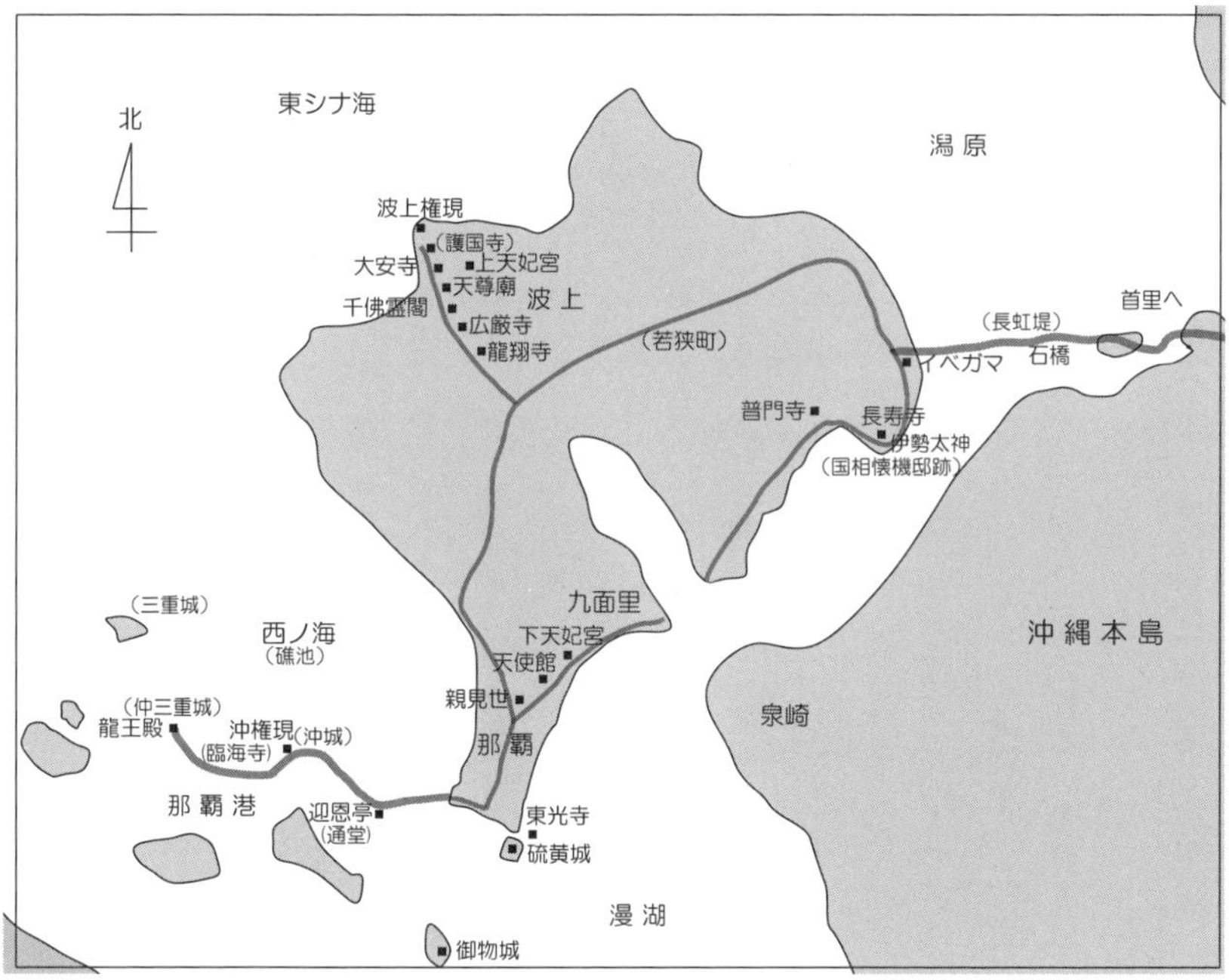

図 61　15 世紀半ばの那覇島推定図

の皇帝に任命された国相として首里王権の外交を主導した中国人であり、[82] そうした要人の邸宅がイベガマに位置したことが注目される。それは、イベガマが首里へ通じる交通の要衝というべき地（長虹堤の起点）であったからであろうが、イベガマには懐機の邸宅を含む集落の存在を推定することもできよう。あるいは、十六世紀に存在が確認される「若狭町」[83] の萌芽と考えてよいのかもしれない。

波上（「花城《はなぐすく》」）の地域には、[84] 航海守護の上天妃宮（波上の天妃宮）や道教の天尊殿、中国人柴山が一四三〇年に創建した禅宗寺院大安寺、同じ柴山が一四三三年に建立した千佛霊閣、日本人僧芥隠承琥が創建した禅宗寺院広厳寺、また龍翔寺などが立ち並んでいた。[85] さらに、『琉球国図』によると、波上の先端、東シナ海に突出した琉球石灰岩の断崖上には琉球人や日本人の信仰する小祠「波上熊野権現」があった。[86] 波上は那覇を凌駕するといってよいほどに寺・社・廟が並び立っている土地であったが、それは信仰の霊地としての波上の場所的性格を物語るとともに、さまざまな宗教を信仰する人びとの集落の存在、さらにいえば都市的な集落が形成されていたことを指し示しているといってよい。国際色豊かな宗教施設が共存する波上は、「那波皆津」が「日本人本嶋人家有此」とされたように、多様な住人構成をもつ都市であったに違いない。

他方、表15に「九面里」の項目がないのは、いうまでもなく「九面里」に宮や廟、寺が所在したことを示す鐘銘などの同時代史料がなかったからである。近世の久米村は、上天妃宮・下天妃宮・天尊廟・龍王殿・孔子廟・関帝廟など六つの宮・廟を管掌していたが、『琉球国旧記』によると、これらのうち龍王殿は那覇、天尊廟は波上、下天妃宮は那覇と久米村の境にあり、久米村内に所在していたのは上天妃宮と龍王殿と関帝廟の三つであった（後の二者は上天妃宮の敷地の中にあった）[87]。関帝廟と孔子廟はそれぞれ一六九一年、一六七四年の創建、龍王殿は近世初頭の移築であり、さらに久米村の上天妃宮自体も十六世紀の創建であることはすでに明らかにしたとおりである[88]。

したがって、久米村には那覇との境に下天妃宮があっただけで、その下天妃宮も天使館と並んで「那覇」に正面を向けていたのであるから、事実上、久米村の内には宮や廟がなかったとみなければならない。そして通説のように久米村＝「九面里」と考えると、遡って十五世紀の「九面里」に宮や廟がないのも当然であろう。「江南人」の家がある「九面里」は華人の街として航海守護の天妃宮や道教の廟をもたないというきわめてまれな特徴を示していることになる。

東恩納寛惇が「閩人三十六姓」など渡来中国人の居住地を十四世紀後半から近代までずっと「九面里」・久米村と考えて以来[89]、それが通説化しているが、「九面里」の姿はそれが誤りであることを示唆している。また中山王察度が中国皇帝から「下賜」された閩人三十六姓を久米村に居住させたと伝える『琉球国由来記』や『琉球国旧記』、家譜などの史料も[90]、通説に一定のよりどころを与えてきたと思われるが、閩人三十六姓の「下賜」が史実かどうかについて論争になっているように[91]、居住地についても伝承をそのまま無批判に受け入れることはできないであろう。

通説に信がおけないとするならば、久米村への集落移転を推定する検討は必然の流れであり、問題は二つに分かれる。一つは、十四世紀後半から十五世紀前半にかけて海域アジアの交易にかかわった渡来中国人の居住地はどこか、すなわち本章冒頭で設定した論点に帰結し、もう一つは「九面里」ないし久米村はいつどのように成立したのか、である。これまでの検討によって結論を予想することが可能で、簡潔に述べると、前者は波上、後者は尚巴志の開発、となる。以下では波上と「九面里」・久米村の様相を検討し、あわせてこの問題を考えることにしたい。

2　「九面里」・久米村

十五世紀の都市・集落にかかわる興味深い記述が『朝鮮王朝実録』にある。一四五六年から四年あまり那覇に滞在した朝鮮漂流民梁成らの見聞で、「(梁成らは) 水辺の公館に住す。館は王都より距つること五里余。館傍の土城に百余家有り、皆、我が国及び中原人之に居る。家毎に輪日、成等に餉せしむ」というものである。[92] よく使われている史料にもかかわらず、「記述の一つ一つが慎重な検討の対象となるべきもの」[93] として扱われてこなかった。問題点の一つは梁成らが滞在した「水辺の公館」についてである。これが何を指すかよくわからないが、[94] 東恩納寛惇は「この文中の館と云へるのが、天使館と稱して支那冊封使一行の宿驛に充てられた處」と理解し、[95] 近年には真栄平房昭も「水辺の公館」に天使館と注記している。[96] しかし、一四五六年には尚泰久の冊封使が来琉しており、漂流民の宿泊施設として当初から天使館などの冊封使関係施設があてられたとは考えがたい。少なくとも一四五六年中は那覇江の水辺に設置されていた公的施設を外国人宿泊所に用いたと考えた方がよいであろう。[97]

もう一つの問題点は、「土城」を「九面里」＝久米村とみることであり、これも自明ではないはずである。梁成らの見聞によると、那覇江に近いその「公館」の傍の「土城」、すなわち土塁をめぐらした集落に百軒あまりの家があって、そこに朝鮮人と中国人が居住していた。そしてそれらの家々は毎日輪番で梁成らに食事を提供したという。東恩納はこの梁成らの陳述と、申叔舟『海東諸国紀』（一五〇一年の補遺）に「中朝の人の来り居する者は三千（十カ）余家なり。別に一城を築き之に處る」[98]とあることから、「館傍の土城が謂ふ所の唐營に當ってゐる」、すなわち「土城」＝唐営＝久米村と考えたが[99]、とくに根拠を示してはいない。

『琉球国図』に「江南人家在此」と注された「九面里」は、『海東諸国紀』がいう中国人が定住している「城」と照応するとみられよう。しかし、それらと梁成らのいう「土城」とが一致すると即断することはできない。というのは、梁成らのみた「土城」には朝鮮人と中国人が住み、『琉球国図』の「九面里」と『海東諸国紀』の「城」には中国人が住んでおり、両者のあいだには住人構成において注目すべき相違点があるからである。

この点に関連して、一四五〇年に琉球に漂着し三年間滞在した朝鮮人万年（卜麻寧）・丁録（田皆）の見聞として、「朝鮮の人六十余、漂して琉球に到るも皆物故す。只、年老五人の生存する有り。其の女子は皆国人と交嫁し、家産富饒なり。老人等は略朝鮮語を暁る」という史料がある[100]。これらの朝鮮人は漂流人であり、交易に従事する人びとではないことに注意しなければならないが、梁成らが滞在した頃には朝鮮人は少なくなっていた。したがって「土城」にあった「百余家」の多くは中国人と考えてよく、『琉球国図』と『海東諸国紀』が中国人の集落と記載するのは不自然なことではない。

このような住人構成の差異と推移を確認した上で、次に述べる理由からこの「土城」集落を「九面里」と比定してよいと考える。十五世紀の那覇島に波上と久米村、イベガマのほかに中国人の集住地があった可能性は考えがたく、しかも「那覇」の「公館」の傍らに立地する「土城」が波上やイベガマの集落でないことは明らかであり、したがってこの「土城」を「九面里」（近世久米村のルーツ）と考えるのが妥当である。

そうすると、十五世紀の「九面里」についていくつかの興味深い情報を獲得できることになる。①「九面里」は少なくとも十五世紀中葉においては純然たる華人街ではなく、朝鮮人も混じり住んでいた。「九面里」は、琉球人と日本人の「那覇」と好対照の都市なのである。②金非衣らが唐人の「家は皆瓦を蓋す。制度宏麗にして内に丹雘を施す。堂中に皆交倚を設く」と述べたように、[101]「九面里」の多くを占める華僑は中国風の住環境を創り出していた。③土塁によって囲まれた集落景観も「九面里」の特色といえよう。土塁が防御を目的としたものか、あるいは逆に周囲から隔離することを意図したものか、その両方であるのかはわからないが、「土城」は、「九面里」が「那覇」などとは異なる地域空間、おそらく中国・朝鮮の雑居居留地であることを示唆している。

さて、十五世紀半ばの「九面里」が、住環境の上では中国風であるにもかかわらず、天妃宮や道教の廟など華僑集団の信仰対象となる宗教施設をもたないという点について考えてみよう。この「九面里」が当初から渡来中国人の居住地であったとするならば、きわめて異常な状況が一世紀にわたって継続している不自然さを認めなければならない。むしろ「九面里」は華人によって自然に自律的に形成された集落ではないと考えるべきであろう。「九面里」の異常な状況は華人街形成の初期段階にあるためと考えると自然に首肯できるものであり、言いかえると「九面里」は華人以外の手によって十五世紀になって造られた集落と推定してよいであろう。

「九面里」はまた、すでに指摘したとおり住人構成や集落景観など、「那覇」とは異なる際立った特色をもっていた。隣接する都市である「九面里」と「那覇」のこのように鮮明な対比は偶然ではなく、都市計画的な所産とみるべきものであり、「九面里」は「那覇」と同じように、十五世紀前半に尚巴志政権によって造られたと考えるのが自然であろう。

さらに「唐栄旧記全集」の冒頭に記載された、中山王察度が閩人三十六姓の「下賜」を喜び、「宅を久米村に卜して居せしむ」という伝承を考えてみたい。[102]閩人三十六姓の「下賜」について、真栄平房昭はそれが史実であることを否定した上で、「華僑集団としての久米村のルーツを「私」的渡来から「公」的派遣へと転回させ、久米村の歴史的正統性を保証する機能をもった」と指摘している。[103]重要な指摘なのであるが、岡本弘道が批判するように公的に派遣された渡来中国人が少数ながらいたことは確かな事実であるから、[104] そうした史実があったことを認めた上で、一部の公的派遣を華僑集団全体のものとし、久米村華僑集団の歴史的正統性を保証する機能をもたせたものと考え直すべきであろう。

そして察度が閩人三十六姓を久米村に定住させたという部分も、まったく同様の機能を分担したと考えなければならない。琉球国王が王相・国相・長史などの中国人要人に宅地を与え住まわせることは十分にあり得たことであり、おそらく尚巴志も華僑要人を久米村などに居住させたであろう（尚巴志や尚徳に仕えた懐機のイベガマの「家宅」もこのような事例とみられよう）。こうした少数の「公」的定住という史実を下地に、中国人と朝鮮人が来居、混住した「九面里」の実態、つまり「私」的滞在の事実を無視して華僑集団全体（閩人三十六姓）の本来的・「公」的定住地と転換し、さらに起源を古く遡及させる操作を加えて、久米村という場所の歴史的正統性を保証する機能を担わせたのである。久米村のこの伝承は、真栄平が主張するようにある種の神話的性格を帯びた出自観念といえよう。

以上、「九面里」を開発したのは尚巴志政権であり、「那覇」造営の一環と考えるのが妥当である。なお、久米村がその後華人街の形成、確立に向かったことは改めていうまでもない。[105]

3　波上

これまでの検討から、十四世紀中頃から明と琉球のあいだで旺盛な活動を展開する渡来中国人集団など海商の居住地として自然に浮上するのが波上である。筆者はこの問題に少し触れたことがあるが、[106] その後の研究を加え改めて論を展開したい。[107]

波上の宮や廟、寺のうち、上天妃宮が十五世紀初頭、あるいはそれ以前に遡ると考えられる点は重要である。というのは、アジアの海域の各地に形成された華人街を調査・検討した泉田秀雄によると、天妃宮は華人街の中核の位置

写真16　波上の波上宮（左）と護国寺（中）と天尊廟（右）

を占めているからである。(108) これはある意味でよく知られた事実であって、天妃宮と華人街の深い関係は認めてよいであろう。(109)

十五世紀の那覇島に波上の上天妃宮と「那覇」の天妃宮の二つがあったことは明らかであり、そしてその二つしかなかったに違いない。(110) 一四二四年に尚巴志が後者を創建したことは確実なのであるから、波上の上天妃宮こそが渡来中国人の古くからの信仰対象であったと考えるほかはない。そしてその上天妃宮の立地する波上の地域を渡来中国人の交易拠点、滞留地として推定するのは自然な考えであろう。

一四二五年以降しばしば来琉した柴山は、波上の上天妃宮を修造するとともに、それと鼎立する位置に一四三〇年に大安寺、一四三三年に千佛霊閣を建立した。それはすでに波上の地域に上天妃宮や天尊廟などがあったから、というよりもそこに華人街があったからであろう。さらに柴山の寺院造営は、波上の華人街が尚巴志の「那覇」造営以降も持続していたことを端的に示しているといってよい。その後も華人社会は一四五六年に大安寺の鐘、一四五七年に上天妃宮の鐘を鋳造、寄進するなど、波上の宗教施設を支えている。

ところで、一六〇六年の冊封使夏子陽は『使琉球録』に、「閩人三十六姓の人びとが昔住んでいたところを営中というが、今や営中の半分以上が廃墟となっている」と記している。(111)「営中」は唐営すなわち唐人街の中という意味であって、夏子陽は華人街の変遷——昔の「営中」と今の久米村——を伝えているのである。夏子陽のみた、半ば廃墟と化した「営中」こそ、波上の華人街であろう。

以上、渡来中国人や閩人三十六姓、海商の集住地、琉球最初の華人街は、波上の上天妃宮や天尊廟（現在の久米至聖廟辺り）、大安寺（現在の護国寺辺り）などの近くにあったとみるのが妥当である。

このことから、「那覇」港の造成以前において渡来中国人たちが拠点とした港もまた、波上の海辺にあったと考えてよいであろう。『琉球国図』には航路を示す線が描かれているが、その琉球国への発着点は「那覇」港の地理的に妥当な位置ではなく、東シナ海に面した波上あたりになっている。『琉球国図』のこうした描写は、製作時期における「那覇」港の正確な情報を反映しているとはいえず、むしろ古い時期の情報がそのまま残ってしまったと思われるが、ともかくも航路の描写は波上の港が海外交易の拠点であったことを示唆している。また、一五六一年の冊封使郭汝霖『重編使琉球録』には「小姑米山（粟国島）より循りて波上に入る」とあり、風待ちをした後に五〇余隻の琉球船に曳かれて那覇港に着いたのをみると、[112]波上は十六世紀になっても外洋航海の大型船が停泊できる港湾機能を維持していたようである。

要するに、波上こそ、東シナ海の航路の一つ「南島路」の港であり、十四世紀後半の中山察度・武寧の浦添政権や山北・山南の政権、そして十五世紀初頭の第一尚氏王朝の外交・交易を支えた港なのであり、かつそれらを担った渡来中国人の集落が自然形成された地域であったと考えなければならない。

なお、波上はまた琉球人や日本人の住むところでもあって、華人と共存しつつ交易に従事していたと考える。熊野権現を請来した波上宮や芥隠承琥の広厳寺などのように日本人や琉球人の信仰の対象となる寺社もあったからである。広厳寺の寺地は芥隠が琉球ではじめて草庵を営み、数年過ごしたところと伝えられている。[113]

4　地域社会＝空間構造

史料が乏しいなかで十五世紀中葉の那覇島の都市と住人の構成をかいまみると、十四世紀から中国人と琉球人と日本人が住んだと推定される波上、十五世紀に造られた琉球人と日本人の「那覇」、中国人と朝鮮人の「九面里」という、住人構成の異なる三つの都市（農漁村ではない集落）があった。これらのうち「九面里」は華人の集住する町として天妃宮や道教の廟などをもたないきわめて特異な状況にあったが、波上と「那覇」には天妃宮と道教の廟、熊野信仰の神社、禅宗や真言宗の寺院などが並存し、中世都市らしい姿、国際色豊かな様相をみせる。全体として国際交易の港町という場所の特性を示しており、「那覇」の入江辺りの市場で見られた互市する賑やかな光景はその象徴ともいえよう[114]。

「那覇」と波上を比較すると、基幹的な都市機能である宗教要素がほぼ同じであること、すなわち天妃宮と上天妃宮、龍王殿と天尊廟、沖権現と波上権現などが照応していることは一目瞭然といってよい（表15）。また、「那覇」の龍王殿と沖権現、波上の天尊廟と波上権現はそれぞれ隣接して海辺にあり、立地と配置の関係も共通している。おそらく「那覇」と波上はその空間構造において大同小異であったに違いないと考えられる。「那覇」と波上のこうした相似的状況は明らかに偶然ではなく、意図的な所産と考えなければならない。

ところで「那覇」の天妃宮は天使館と並んで那覇港を向いており、そのため那覇の湊町は海域アジアの華人街のような構成となっていることも注目される。しかし実際には華人が「那覇」に住むことはなかった（華人の集住地として久米村を別置している）のであるから、華人街の構成とはいってもその形態と機能、構造の類似だけなのであるが、それがいっそう明確に尚巴志の都市観念を示している。つまり尚巴志にとって華人街モデルはいわば理念的原型ないし様式的なレベルに留まっているのであって、彼の都市イデアが東アジアに普遍的な華人街を志向していたことを示すものではないと解される。先に述べたように「那覇」は琉球人と日本人の街であった。そのことを如実に表している

のが熊野権現を勧請し「本州一品」と格付けた沖権現の存在である。(115)

要するに、尚巴志は波上の地域社会＝空間をモデルとして「那覇」を造りあげたと考えるのが自然であろう。とはいえ、尚巴志による「那覇」は、たんなる波上の複製ではなかった。天使館と親見世の新設、外交・交易機能を持たせた天妃宮の設置などにも新規性が認められよう。「那覇」は波上を換骨奪胎したものといってよい。尚巴志の「那覇」造営の意図が、中国や南蛮、日本との外交や交易の主導権と場を中国人と波上から奪い取り、尚巴志王統の港湾都市「那覇」へとまるごと移転・再編するものであったことは自ずから明らかである。こうして十五世紀中葉の那覇島には同じ空間構造をもった港湾・宗教都市が新旧二つ存在することになった。

おわりに

本稿の核心は、海中や海浜を造成して港湾都市「那覇」を建設、整備したのは、琉球を統一した首里王権、第一尚氏王朝の尚巴志であり、一四二五年を画期とするという点にある。その論証の中心をなすのが第一節と第二節であり、それから導き出されるいくつかの論点を検討したのが第三節であった。ここではそれらの要約に代えて十四～十五世紀の那覇形成史を概述しておきたい。

十五世紀以前の那覇島は、東シナ海、礁池の西ノ海、国場川や久茂地川、安里川などの河川、潟原などで囲まれた小島であり、その中央部をいくつかの琉球石灰岩の小高い丘陵地が占めている。農耕に適した土地が乏しく、しかも居住に適するとはいえない（真水さえ手に入れにくい）那覇島に農業民が定住して村を形成する可能性は低かったであろうが、一方、サンゴ礁の海を漁場とする漁民の小村落はいくつか点在したであろう。

こうした那覇島の一角、東シナ海に面した波上は、十四世紀後半からのいわゆる日中間航路「南島路」の活発化に起因して自然形成的に海域アジアの交易にかかわる中国人などの海商勢力の根拠地・居住地になったと考えられる。交易拠点として波上の地が選ばれた理由やその港湾機能を明らかにする史料はないが、しばしば指摘されるように沖縄本島の現地勢力から隔絶された孤立した島という地政学的条件は私貿易の根拠地形成の大きな要因であったに違いない。上里隆史の古琉球社会にかかわる説(116)の趣旨を認めたうえでその部分的な修正を行うならば、沖縄島を中核とする国家形成を促した契機は、十四世紀中頃における「南島路」の活況と、それにともなう港湾都市・波上の形成であった、となろう。

一三六八年の明朝の成立と冊封・朝貢関係という国際的な状況の変化によって、那覇島、とくに波上は私貿易の中継点から中山・山北・山南王権の外交・交易の拠点へ変質し、いっそう重要性を増すことになった。沖縄島の浦添や首里などから適度な距離を置く孤島であることが、外交・交易を担う華人集団(華僑)にとって有利に作用していたと考えられる。波上は明朝から派遣された華人たちを核とする華僑集団によって本格的な港、港町へと整備されたであろう。上天妃宮や天尊廟の創建はそうした動向の一端を示すものと考えられる。

那覇島の重要な転機となったのは、一四二五年、尚巴志王権による港湾都市「那覇」の大造営である。これによって波上と華人集団をハブとする交易の枠組は解体され、代わって琉球王国と「那覇」が海域アジアの外交・交易拠点機能を担った。「私」から「公」への転換と言い換えても大過ないであろう。その後の「那覇」、さらには旧港の波上、新営の「九面里」(久米村)を含む那覇の地域的発展は、自然形成的あるいは自律形成的な側面もあるにせよ、概していえば琉球王国と東シナ海世界の潮流に依存することになったのである。今や、本島から隔絶されていることは大きな欠点に変わり、陸続きにすることは必要不可欠な事業と考えられたはずである。一四五二年、浮道と石橋が築造されて沖縄島、とくに首里と直結したことは、那覇島の地域開発・都市化の大きな契機となったにちがいない。那覇は琉球王国の所産といってよい。

最後に次の三点を指摘しておきたい。

（1）琉球王国は港市国家・交易国家などといわれるが、尚巴志による「那覇」の造営はそうした港市国家の存立基盤を築いたのであり、琉球統一後の最優先の政治課題であったにちがいない。

（2）「那覇」は、東シナ海世界の外交・交易の拠点、国際的な商品や琉球内の物資の集積地であったが、琉球王国の外交・交易を支えるさまざまな港湾機能を実質的に担ったのは、「那覇」とその後背地――波上や久米村、周縁の漁村など――であった。こうした関係が首里王府の行政制度として明確に設定されていたかどうかは知られていないが、「那覇町」が「若狭町」・「久米村町」を内包する十六世紀の階層的な地域社会構造は、中心都市「那覇」をヒンターランドの都市が補完する十五世紀の地域構造に由来するのであろう。いずれにしても、那覇は、このような都市圏として理解されなければならない。

（3）「那覇」を原点とする那覇は、古琉球の時代十五世紀から近代に至るまで五百年に渡って人・モノ・情報の交流の場として、都市機能が集中する拠点として、地域の中核として持続的に発展し、沖縄本島唯一の中心市街地となった(117)。

注

（1）初期の論文に武藤長平「対外貿易史上に於ける那覇港」（『東亜経済研究』3巻4号、東亜経済研究会、一九一九年十月、「那覇と其對外修好」と改題して『西南文運史論』に収録、岡書院、一九二六年、復刻版　同朋舎、一九七八年）がある。那覇の概説・地誌に、東恩納寛惇『大日本地名辞書　続篇（第二　琉球）』（冨山房、一九〇九年、『東恩納寛惇全集6』、第一書房、一九七九年、引用は全集による）、島袋全発『那覇変遷記』（沖縄書籍、一九三〇年、復刻版、琉球タイムス社、一九七八年）、伊波普猷『沖縄考』（創元社、一九四二年、『伊波普猷全集 第四巻』、平凡社、一九七四年、引用は全集による)、東恩納寛惇『南島風土記――沖縄・奄美大島地名辞典――』(沖縄財団、一九五〇年、『東恩納寛惇全集7』、第一書房、一九八〇年、引用は全集による)、那覇市企画部文化振興課編『那覇市史 通史編第1巻 前近代史』(那覇市役所、一九八五年、以下『那覇市史』と略記)、『沖縄県の地名』(平凡社、二〇〇二年)、萩尾俊章「琉球王国の首里と那覇―政治都市と貿易都市の位相―」(歴史学研究会編『シリーズ港町の世界史2 港町のトポグラフィ』、青木書店、二〇〇六年)、田名真之「港町那覇の展開」『沖縄県史 各論編 3 古琉球編』(沖縄県教育委員会、二〇一〇年)。

那覇の港湾機能について、高良倉吉「琉球王国における王宮と港」(『琉球王国史の課題』、ひるぎ社、一九八九年、三九八～四〇三頁、初出は「MUSIUM KYUSYU」一六号、一九八五年)、新島奈津子「古琉球における那覇港湾機能――国の港としての那覇港――」(『専修史学』三九号、二〇〇五年十一月)。

(2) 上里隆史:①「古琉球・那覇の『倭人』居留地と環シナ海世界」(『史学雑誌』一一四編七号、二〇〇五年七月、②「琉球那覇の港町と「倭人」居留地」(小野正敏・五味文彦・萩原三雄『中世の対外交流 場・ひと・技術』、高志書院、二〇〇六年)、③「15―17世紀那覇の港町と「倭人」居留地」(『立教大学日本学研究所年報』第6号、立教大学日本学研究所、二〇〇七年四月)、④「一五～一七世紀における琉球那覇の海港都市と宗教」『史学研究』二六〇号、二〇〇八年六月)、⑤「琉球の大交易時代」(荒野泰典・石井正敏・村井章介編『日本の対外関係 4 倭寇と「日本国王」』、吉川弘文館、二〇一〇年)、⑥「古琉球社会の特徴と沖縄島の港湾機能」(『沖縄文化』一一〇号、二〇一一年十月)、⑦『海の王国・琉球』(洋泉社、二〇一二年)。

(3) 上里隆史前掲論文②(注2)、八二～八三頁。

(4) 田名真之前掲論文(注1)、三九〇頁。なお、田名は「古琉球王国の王統」(『沖縄県の歴史』、山川出版社、二〇〇四年)において「尚巴志政権はあらたな港として那覇港を用意し」たとも推測していたが、この論文ではなぜかその推測を捨てている。

(5) 上里隆史論文⑥(注2)、一二～一四頁。

(6) 新島奈津子前掲論文(注1)は近世から遡上して古琉球の港の景観を復元したり、那覇港が「大交易時代」の港として一括に扱われたりしていると批判し、歴史展開と併せて詳細に検討する必要があると指摘している(四三頁および注10)。

(7) 那覇の原地形については、伊波普猷前掲書(注1)、名嘉山光子「那覇付近の埋立てによる拡大」(琉球大学地理研究クラブ編『琉大地理』第六号、一九六七年十二月)、『那覇市史』(注1)、池野茂「首里外港としての那覇」(『琉球山原船水運の展開』、ロマン書房本店、一九九四年)などによって検討されているが[7]、しかし地名や伝承に依拠しすぎたり、現在の四メートル(あるいは四・五メートル)の等高線をもってかつての海岸線とみなすといった根拠に乏しい方法が用いられたりするなど、方法上の疑問や問題点が少なからずある。したがって信頼しうるデータに基づいて那覇の原地形を復元することは、那覇の地域形成過程を考察するにあたって必須の作業であると考える。こうした観点から筆者と協働して研究を行ってきた地理研究者の河角龍典は、あらためて那覇における土地の盛土、造成の状況に着目し、那覇のボーリングのデータと自然地理学の方法を用いることによって島であった那覇の地形を探り、古琉球期那覇の地形景観の復元を行ってその概要を報告している（河角龍典「歴史都市那覇の地形景観復原のためのGISデータ構築」、立命館大学歴史都市防災研究センター『学術フロンティア推進事業「文化遺産と芸術作品を自然災害から防御するための学理の構築」二〇〇九年度末報告書』、二〇〇九年、一九一〜一九六頁）。

（8）岡本弘道「琉球王国における貢納制の展開と交易──「琉球弧」域内統合と交易システム」（加藤雄三・大西秀之・佐々木史郎編『東アジア内海世界の交流史──周縁地域における社会制度の形成』、人文書院、二〇〇八年）、五五頁。

（9）本章にかかわる著者の論考は、①「古琉球の環境文化──禅宗寺院とその境致──」（『都市・建築・歴史　四　中世の文化と場』、東京大学出版会、二〇〇六年五月、五五〜一二一頁）、②「古琉球期那覇の三つの天妃宮──成立と展開、立地をめぐって──」（『沖縄文化研究』三六、二〇一〇年三月、四九〜九九頁）、③「古琉球の波上権現護国寺について」（『沖縄文化』第四四巻一号（一〇七）、二〇一〇年七月、一〜二一頁）。それぞれこの第一部の第九章、第一一章、第一二章となっている。

（10）外間守善校注『おもろさうし　下』（岩波書店、二〇〇〇年）、一三頁。

（11）東恩納寛淳『南島風土記』（注1）、二八一頁。

（12）『海東諸国紀』は申叔舟著・田中健夫訳注『海東諸国紀』（岩波書店、一九九一年）による。「琉球国之図」（『海東諸国紀』、三九一頁）は、一四五三年に博多の商人、道安が朝鮮に持ち込んだものであり、「地図の作成者は琉球渡航の経験をもつ日本人航海者─おそらくは道安自身─と考えて大過なかろう」という（田中健夫「中国・朝鮮の史料にみる琉球」、『新琉球史　古琉球編』、琉球新報社、一九九一年、一〇〇頁）。

「琉球国之図」については、東恩納寛惇「申叔舟の海東諸国紀に見れたる琉球国図について」（『史學』第十六巻第三号、一九三七年十一月、後に東恩納寛惇『黎明期の海外交通史』、帝国教育会出版部、一九四一年、『東恩納寛惇全集　3』、第一書房、一九七九年）がある。

（13）『琉球国図』（太宰府神社旧蔵、沖縄県立博物館・美術館所蔵）については、安里進「太宰府神社旧蔵「琉球国図」にみる一五世紀の琉球王国」（『浦添市立図書館紀要』一五号、二〇〇四年）、上里隆史・深瀬公一郎・渡辺美季「沖縄県立博物館所蔵『琉球國圖』──その史料的価値と『海東諸国紀』との関連性について──」（『古文書研究』六〇号、二〇〇五年）があり、写真図版とその翻刻が掲載されている。

(14) 那覇と首里を結ぶように図中に書き込まれた線や「石橋」の文字が示すのは長虹堤であろう。長虹堤は、一四五二年に尚金福の冊封使を迎えるために国相懐機が築いたものであり、その完成は冊封使の琉球渡来以前、すなわち一四五二年夏以前と推定される。『李朝実録』瑞宗元年（一四五三）五月丁卯条によると、道安が朝鮮においてこの図を示したのは一四五三年五月の礼曹の宴の時であった（池谷望子・内田晶子・高瀬恭子『朝鮮王朝実録琉球史料集成―訳注篇―』、榕樹書林、二〇〇五年、九三〜九四頁、以下『李朝実録』の引用は同書による）。

(15) 島袋全発前掲書（注1）、六〜七頁、伊波普猷前掲書（注1）、四〇九〜四一〇頁、東恩納寛惇『南島風土記』（注1）、二八〇〜二八一頁。

(16) 『喜安日記』（『日本庶民生活史料集成　第二七巻　三国交流誌』、三一書房、一九八一年）、万暦三十七年（一六〇九）三月十六日条、五九九〜六〇〇頁。

(17) 横山重編著『琉球神道記　弁蓮社袋中集』（大岡山書店、一九三六年）、一一五頁、一一〇頁、八〇頁、以下の引用は同書による。なお原田禹雄訳注『琉球神道記・袋中上人絵詞伝』（榕樹書林、二〇〇一年）は袋中筆琉球神道記稿本（重要文化財）の影印を収録する。

(18) 「琉球国高究帳」については、梅木哲人「薩藩統治下の沖縄の農村について」（『史潮』、新二号、一九七七年）、田名真之「琉球国高究帳」（『南島地名考』、ひるぎ社、一九八四年、五九〜六六頁）がある。成立時期については田名真之説に拠った。

(19) 『沖縄県史料　前近代1　首里王府仕置』、沖縄県教育委員会、一九八一年、一二四頁。

(20) 絵図郷村帳については田名真之「絵図郷村帳・乾隆二年（郷村）帳」（田名真之前掲書（注18）、六七〜七九頁）。

(21) 球陽研究会編『球陽　読み下し編』（角川書店、一九七四年）巻六、尚質王七年、「始めて田家の人の、首里・那覇・久米村・泊村に移居して、遂に其の籍に入るを止む」、一九一頁。『球陽』の引用は同書による。

(22) 一六五四年の人数改は「琉球評定所僉議」の未十一月二十一日付（一六九一）の「覚」に引用されている（崎浜秀明『沖縄旧法制史料集成　第三巻』、一九七六年、三九〜四一頁）。

(23) 田名真之前掲書（注18）、四九〜五一頁。

(24) 久米村が十七世紀半ばになって行政的にも那覇町から独立したことは、華人街の伝統を継承する久米村の歴史を考える上で重要な転換点として注意しておいてよい。那覇四町と久米村は歴史や文化が異なるという認識は、地誌『琉球国由来記』（一七一三）の巻八「那覇由来記」、巻九「唐栄旧記全集」の構成にも顕著にあらわれている。同書の引用は、外間守善・波照間永吉『定本　琉球国由来記』（角川書店、一九九七年）による。

(25) 那覇に県庁が置かれて県都となったのは一八八〇年（明治一三）である。
(26)『旧記書類抜萃・沖縄旧記書類字句註解書　沖縄研究資料二七』（法政大学沖縄文化研究所、二〇一〇年）、一三頁。
(27) 外間守善・波照間永吉編著『定本　おもろさうし』角川書店、二〇〇二年、オモロ番号一三―七五三の注による（四四四頁）。
(28) 池宮正治『琉球古語辞典　混効験集の研究』（第一書房、一九九五年）、一五二頁。
(29) 武藤長平前掲論文（注1）、「その昔首里人が那覇を俯瞰して浮島と呼んだ」（四〇四頁）。東恩納寛惇『大日本地名辞書』（注1）、「那覇は古名浮島と称す。現今久茂地川の水道は狭穿して舟楫を通ずべからずと雖、尚金福王長虹隄を築く以前にありては、其北は久茂地、若狭町の東半を没する泊の湾水に通じ、其南は那覇江を控へ、那覇は全く一個の浮島たりしなり」（一三八頁）。島袋全発前掲書（注1）、「首里の王都より、当時の那覇を見下せば、緑樹蒼々たる水郷であった。那覇全体が安里川と国場川の三角洲と云ってもいい位の隆起珊瑚の浮島である」（三一～三二頁）。伊波普猷前掲書（注1）も首里から見た那覇の島のようすが「浮島」であるとし、同じ理解を示している（四二五頁）。
　こうした見解は近年の『沖縄県の地名』においても踏襲され、「四方を海や川で画された入江の小島は、「うきしま」と称されていた。那覇はその一角の漁村にすぎなかったと考えられている」と、説明する。ただしこの場合、「浮島」＝那覇と、その一郭の漁村に過ぎない那覇と、両様の解釈を用いているので、矛盾したあるいは両義的な説明となっている。
(30) 東恩納寛惇『南島風土記』（注1）、「浮島」の項（二八〇頁）、「泉崎」の項（三五八頁）。
(31) 仲原善忠・外間守善『おもろさうし辞典・総索引』（角川書店、一九七八年）。
(32) 沖縄古語大辞典編集委員会編『沖縄古語大辞典』（角川書店、一九九五年）。
(33)「うきしま　浮島」（『世界大百科事典』、平凡社、二〇〇五年改訂版）。
(34) 外間・波照間前掲書（注27）、四四四頁。現代語訳については、外間守善前掲書（注10）、一三頁を参照した。
(35) 伊波普猷前掲書（注1）、四二三頁。
(36) 注10。
(37) 東恩納寛惇『南島風土記』（注1）、四〇一～四〇二頁。
(38) 御庭の浮道の用例は『琉球国由来記』巻一、二〇頁、三六頁、四〇頁、四三頁、長虹堤の浮道の用例は、巻三、八三頁ほか、巻七、八、十などにある。
(39)「おきみち　置道」（『日本国語大辞典』、小学館、二〇〇一年）。
(40)『琉球国由来記』巻八の「唐船堀ノ事」に「本ハ東西堀通リテ、シアン橋トイフ橋有ケル。今ハ沖道ヲ築キ、橋ナシ」（一五九頁）

とあり、橋の代わりに海中に築造した道、浮道を「沖道」と書いている。

(41) 仲原・外間前掲書（注31）は「しま（島）」について、「故郷。地方。国。島。「しま」は大小にかかわらず地理学的な意味と同時に、生まれ故郷という意味を持っている。血縁集団によるもっとも古い共同体の集落をマキヨといっているが、十二世紀頃から形成される地縁集団の新集落をウラ（浦）またはシマ（島）とよんでいる」とする。

(42) 東恩納寛惇『南島風土記』（注1）の「島中（しまなか）」の項（二八三頁）は、久米村から那覇四町を指して「島中」と呼び、久米村貫内に居住を許された四町人もまた「久米村島中」と呼んだといい、「その原意は不明で、或は那覇が浮島であった為めに、かく呼ばれると云はれる」、「本来は那覇の主体である西・東辺の汎称であつたとも考へられる」とする。

(43) 『琉球国旧記』は伊波普猷・東恩納寛惇・横山重『琉球史料叢書　第三』（井上書房、一九六二年）、蔡温本『中山世譜』は伊波普猷・東恩納寛惇・横山重『琉球史料叢書　第四』（井上書房、一九六二年）による。

(44) 伊波普猷前掲書（注1）、四二二頁。

(45) 「本國那覇港開洋」。引用は沖縄県立図書館史料編集室編（訳注和田久徳）『歴代宝案　訳注本第1冊』（沖縄県教育委員会、一九九四年、以下『歴代宝案』と略記する）、五二三頁、文書番号一―一七―〇七。

(46) 『歴代宝案』（注45）、五〇八頁、文書番号一―一六―一八。

(47) 『琉球国由来記』巻八、「館屋ノ事」の項に「夫、官屋ハ、天使館トテ勅使ノ旅館也。然レドモ、造営ノ年代未レ詳。勅使ノ□り給フ事ハ、尚巴志王、請二封爵一タマヒシ時、宣徳三年ニ欽差内監柴山ト云人、当国ニ渡海シテ勅封有ト云リ。此時代ニ経営有ケル歟」（一六六頁）とある。ただし、冊封の年を宣徳三年（一四二八）とするのはまちがいであり、正しくは洪熙元年（一四二五）。

(48) 『琉球国由来記』巻九、「迎恩亭」の項に「一　迎恩亭。俗呼レ之曰二通堂一、按、万暦七年、欽差蕭公録云。「抵二那覇港一、登レ岸。岸上有レ亭。榜曰二迎恩一。」因レ此考レ之、尚巴志王、請レ封時、亦建二斯亭一也。無レ疑焉」（一七一頁）とある。

(49) 『中山世譜』巻三、「察度王。始通中朝。自爾而後。天使數次來臨。至于武寧。始受冊封之大典。著爲例。以此考之。則天使館。武寧王創建之。可知矣。但迎恩亭。何代建之。疑是亦有武寧建之歟」（四六頁）。

(50) 『球陽』武寧王九年条「察度王始めて中朝に通ず。爾よりして後、天使数次来臨す。武寧に至り、始めて冊封の大典を受け、永く著して例と為す。此れを以て之れを考ふるに、則ち天使館は、武寧王此の館を創建し、以て冊使を駐むること知るべし。但迎恩亭は何れの代に之れを建つるや。疑ふらくは是れも亦武寧之れを建つる有らんや」（一一一頁）。

(51) 『球陽』武寧王九年条「今の那覇親見世は、諸国と交通貿易するに因り、故に公館を那覇に建て、官吏を置きて以て其の事を掌らしむ。其の館を名づけて親見世と曰ふ。又公倉を那覇江中に建てて以て貿物を蔵す。其の倉を名づけて御物城と曰ふ。然れども何れの代に之れを建つるや、今以て詳考し難し。故に此に附記す」（一一二頁）。
(52) 田名真之は「伝承を否定し、年代を設定し直し、かえって誤りをおかす結果を招いたりもしている」と指摘する（「史書を編む──中山世鑑・中山世譜」、『沖縄近世史の諸相』、ひるぎ社、一九九二年、一五～一六頁）。
(53) 新島奈津子「那覇港湾施設、御物グスクにみる琉球」（『立教大学日本学研究所年報』第6号、立教大学日本学研究所、二〇〇七年四月）。
(54) 東恩納寛惇『南島風土記』（注1）、四一九～四二〇頁、李獻璋『媽祖信仰の研究』第三章「唐人の琉球定住と媽祖の伝来」、泰山文物社、一九七九年、四七八～四七九頁、初出は『東方學』第二十二輯、一九六一年七月。『那覇市史』（注1、一一八頁）もこれらの説を踏襲している。
(55) 李獻璋前掲書（注54）、四七九～四八〇頁。
(56) 第一一章第四節。
(57) 『沖縄県の地名』、一三八頁、上里隆史前掲論文⑥、三～九頁。
(58) 近代初頭の『旧記書類抜萃』（『旧記書類抜萃・沖縄旧記書類字句註解書　沖縄研究資料二七』、法政大学沖縄文化研究所、二〇一〇年）に、「港口礁多クシテ出入便リナラス、港内湖形ヲ為シ周廻二里余、極メテ浅シ、潮落レハ中間一条ノ水路ヲ通スルノミ」（六一～六二頁）とある。
(59) 真境名安興『沖縄県土木史』、一九一八年謄写版、『沖縄県史研究叢書7』、沖縄県教育委員会、一九九九年、八四頁。武藤長平前掲論文（注1）も「良港とはいへぬ」という（四〇七～四〇八頁）。
(60) 沖縄県『那覇築港誌』（沖縄県、一九一六年）、四～一四頁。
(61) 琉球国絵図史料編集委員会・沖縄県教育庁文化課編『琉球国絵図史料集第一集──正保国絵図及び関連史料──』、沖縄県教育委員会、一九九二年、七一頁。
(62) 注61。
(63) 九州国立博物館編『うるまちゅら島　琉球』（九州国立博物館、二〇〇六年）に代表的な作品が掲載されている。
(64) 豊見山和行「漁撈・海運・商活動──海面利用をめぐる海人と陸人の琉球史」（新崎盛暉・比嘉政夫・家中茂『地域の自立　シマの力下』、コモンズ、二〇〇六年）、一八九頁。
(65) 汪楫『使琉球雑録』（黄潤華・薛英編『國家圖書館藏琉球資料匯編　上』、北京図書館出版社、二〇〇〇年、七二八頁、以下、同書を『琉球資料匯編』と略記）。現代語訳は原田禹雄訳注『汪楫　冊封琉球使録　三篇』、榕樹書林、一九九七年）を参考にした。

(66) 胡靖『琉球記』（『琉球資料匯編』、二六四頁）を読み下して引用した。
(67) 陳侃『使琉球録』（『琉球資料匯編』、四七頁）、読み下しは那覇市企画部市史編集室編『那覇市史　資料編第1巻3　冊封使録関係資料（読み下し編）』（那覇市役所、一九七七年）、九頁による。
(68) 『歴代宝案』（注45）、五〇八頁、文書番号一―一六―一八。
(69) 港湾としての機能には、入出港船の管理、積荷の荷役・輸送、食料・水など物資の提供、船舶の修理・造船、通訳、外交文書の作成・管理、さらに宗教施設の整備、滞在・居住地の整備など、多数の機能が含まれよう。十六世紀の那覇の港湾機能については新島奈津子前掲論文（注1）がある。
(70) 琉球の三山統一の時期について正史の記述は、向象賢『中山世鑑』と蔡鐸本『中山世譜』が一四二二年（永楽二〇）、蔡温本『中山世譜』が一四二九年（宣徳四）と異なり、また田名真之前掲論文（注4）は「三山統一の過程、達成時期を含め事実関係はいまだ確定に至っておらず」（七九頁）と述べる。しかしながら、丹念な史料の検討により一四二二年三山統一を主張する和田久徳「琉球国の三山統一についての新考察」（『お茶の水女子大学人文科学紀要』第二八巻、一九七五年三月、『琉球王国の形成――三山統一とその前後――』、榕樹書林、二〇〇六年に収録）は説得力に富んでおり、また一四二四年の下天妃宮創建、一四二五年の尚巴志冊封と「那覇」造営、一四二七年の首里城外の龍潭や安国山など外苑整備（「安国山樹華木之記碑」）などの動きとも整合していると考える。
(71) 『琉球国由来記』巻八に「往昔、海賊襲来時、為二備防一、番頭トテ兵士アリ。諸卒ヲ帥イテ武具ヲ用意シ、此硫礦城ニ居ケルト也。硫礦ヲ格護シケルニヨッテ、硫礦城ト云由也」（一六一頁）とある。
(72) さらにその先に延びる三重城（北砲台）が建設されたのは一五五四年の屋良座森城（南砲台）と同じ頃である（東恩納寛惇前掲書、注1、二九八頁）。
(73) 伊波普猷前掲書（注1）は、落平から親見世の前まで水道を引いたときに目撃したこととして、親見世の前の通りやそれから三重グスクに至る大通りを三尺くらい掘り下げる白砂が現れると書いている（四一〇頁）。
(74) 上里は論文①（注2）で「古琉球期の那覇を復元し全体構造を概観」し、「古琉球期の那覇概念図」を作成しているが、その内容は、例えば十五世紀初頭には創建されていた上天妃宮などから十七世紀初頭創建の桂林寺を含むなど時期的に広範囲にわたり、那覇島の概要を眺めるには適しているかもしれないが、歴史的に古琉球期における変化を把握することは難しい。また上天妃宮の位置など地域構造の根幹にかかわる誤りもある。
(75) 東恩納寛惇前掲論文（注12）、四頁。なお、「九面里」の所在地域は近世久米村の一部でしかないことに注意する必要がある。伊波普猷の那覇復元図などによれば、十五世紀には久米村の地域の多くが入江（内兼久＝内浜）であったと推定されている。

(76) 古琉球期那覇の宗教についての近年の研究に、上里隆史論文④（注2）があり、拙稿①・②・③（注9）、「補陀落渡海僧日秀上人と琉球――史書が創った日秀伝説――」（『沖縄文化研究』第三七号、二〇一一年、一～四〇頁）においても少なからず論及している（第一部第九・一一・一二章および付論）。

(77) 刊行された鐘銘資料集として、『金石文―歴史資料調査報告書V―』（沖縄県文化財調査報告書第六十九集、一九八五年三月）があり、鐘銘を網羅的に集成したものに、小島瓔禮「十五世紀後期鐘銘一覧」（那覇市企画部文化振興課『那覇市史　通史篇第1巻　前近代史』、那覇市役所、一九八五年、二〇四頁）、小島瓔禮・辻雄三『琉球古鐘銘集成』（琉球大学教育学部小島研究室、一九八六年七月）、小島瓔禮・豊平峰雲『万国津梁の鐘』（沖縄総合図書、一九九一年一月、二〇〇〇年三月改訂版）がある。

(78) 『琉球国由来記』巻九・十・十一、『琉球国旧記』附巻之九〔鐘銘〕。

(79) 第九章第二節は鐘銘を史料として活用したもので、当時の禅寺の状況や禅僧渓隠安潜や芥隠承琥の姿を明らかにしている。

(80) 第九章第二節、第二部第七章第二節。

(81) 『琉球国由来記』巻十、「壺宝山長寿禅寺記」、二〇一～二〇二頁。

(82) 豊見山和行「南の琉球」（入間田宣夫・豊見山和行『日本の中世　5　北の平泉、南の琉球』、中央公論新社、二〇〇二年）、二一七頁。

(83) 『琉球神道記』巻五、一一〇頁。

(84) 東恩納寛惇『南島風土記』（注1）によると、波上の地域は古くは真和志間切に属する「花城村」であった（四九四～四九五頁）。

(85) 第一二章第三節、一二二頁。

(86) 隣地に護国寺が建立されるのは十六世紀のことである（第一二章第三節）。

(87) 『琉球国旧記』巻之一、「唐栄記」、二六～二九頁。

(88) 第一二章第四節3項。

(89) 東恩納寛惇前掲論文（注12）、一六～一九頁。

(90) 「宅を久米村に卜して居せしむ、因って其地を名づけて唐栄と曰う」、『琉球国由来記』巻九、一六八頁、『琉球国旧記』巻一、二六頁。

(91) 岡本弘道「明朝における朝貢国琉球の位置附けとその変化」（『東洋史研究』五七―四、一九九九年三月、一六頁、『琉球王国海上交渉史研究』、榕樹書林、二〇一〇年に収録）にこの問題の論点整理がある。代表的な論考に、東恩納寛惇「三十六姓移民の渡来」（『黎明期の海外交通史』、帝国教育会出版部、一九四一年、『東恩納寛惇全集　3』、第一書房、一九七九年）、真栄平房昭：①「琉球＝東南アジア貿易の展開と華僑社会」（『九州史学』第76号、一九八三年）、②「対外関係における華僑と国家―琉球の閩人三十六姓をめぐって―」（荒野泰典・村井章介・石井正敏編『アジアのなかの日本史　Ⅲ　海上の道』、東京大学出版会、一九九二年）、田名真之「古琉球の久米村」（『新琉球史　古琉球編』、琉球新報社、一九九一年）、がある。

（92）『李朝実録』世祖八年（一四六二）二月辛巳条（池谷・内田・高瀬前掲書（注14）、一四〇頁）。

（93）二件の朝鮮人漂流民の記録について、池谷・内田・高瀬前掲書（注14）が指摘している（一四七頁）。

（94）「公館」の用例は、『朝鮮王朝実録琉球史料集成』ではこの一例のみである。ほかに用例を探すと、『琉球国由来記』にはなく、蔡温本『中山世譜』巻三には、親見世を「公館」（四七頁）とし、『琉球国旧記』には「那覇公館」（二三頁）、「那覇里主公館」（二四頁）などがあり、『球陽』には交易を掌る「公館」を親見世と名付け（一一二頁）、また那覇「里主公館」（一八四頁）などとあるように、広く公的施設と解してよいと思われる。

（95）東恩納寛惇前掲論文（注12）、一八頁。

（96）真栄平房昭「外国人の記録に見る古琉球」、（財）沖縄県文化振興会史料編集室『沖縄県史　各論編　第三巻　古琉球』（沖縄県教育委員会、二〇一〇年）、四二一頁。

（97）『李朝実録』世祖八年（一四六二）二月辛巳条によると、那覇の「江辺」には酒庫や軍器庫を置いた「城」が築かれていた（池谷・内田・高瀬前掲書（注14）、一四五頁）。

（98）『海東諸国紀』（注12）、二七三頁。

（99）東恩納寛惇前掲論文（注12）、一八頁。同じ見解は、李獻璋前掲書（注54）、四六五～四六六頁、また『那覇市史』（注1）一九五～一九六頁にもある。

（100）『李朝実録』瑞宗元年（一四五三）五月丁卯条（池谷・内田・高瀬前掲書（注14）、九五頁）。なお、東恩納寛惇前掲論文（注14、一八～一九頁）と李獻璋前掲書（注54、四六六～四六七頁）はこの見聞を梁成らのものとするが、誤りである。

（101）『李朝実録』成宗十年（一四六四）六月乙未条（池谷・内田・高瀬前掲書（注14）、二三八頁）。

（102）『琉球国由来記』巻九、「勅二賜三十六姓一、以敷二文教于中山一、兼令レ掌二中国往来貢典一焉。国王察度、深喜、令下卜二宅于久米村一而居上。因名二其地一曰二唐栄一」（一六八頁）。

（103）真栄平房昭前掲論文②（注91）、二五〇頁。

（104）岡本弘道前掲論文（注91）、一五～一八頁。

(105)　十六世紀の久米村についてかんたんに触れておこう（詳しくは第一一章第四節3項を参照）。十六世紀の中程、第二尚氏王朝尚元の冊封の一五六一年、冊封正使郭汝霖が久米村の地に「天妃新殿」＝上天妃宮を創建したのが久米村における宗教施設建設の端緒である。久米村の上天妃宮が波上の上天妃宮の歴史と伝統を継承したことは、『琉球国由来記』などからも明らかであるが、それは波上の「営中」から久米村への集落とその機能の実質的移転を傍証するものである。久米村には、上天妃宮の創建以降、十七世紀初頭に龍王殿が上天妃宮敷地内に移築され、ついで一六七四年に孔子廟が創建され、一六九一年に関帝廟が上天妃宮内に創建されるなど、華人にとって重要な宗教施設が整えられていった。このような長期にわたって実施された宗教施設の創建・整備自体が、当初の久米村が天妃宮などの宗教施設を欠いた異常な状態であったこと、すなわち本来の特色を備えた華人街ではなかったことを端的に示しているし、また新たな土地における久米村人自身による華人街の形成（華人街としての純化）、地域社会＝空間の拡充、発展の動向を物語っている。

近世久米村の景観を地理学的に遡及、復元した高橋誠一（「琉球唐営久米村の景観とその構造」『関西大学東西学術研究所紀要』三五、二〇〇二年、三三頁、後に同『琉球の都市と村落』、関西大学出版部、二〇〇三年に収録）は、近世久米村が風水思想を重要な基本理念として建設・経営された集落であり、自然的なものではなく、人工的に意図して生み出されたものであった可能性が高いと指摘しているが、これも久米村整備の一環として理解できる。

(106)　（第一一章「結びにかえて」）。

(107)　関連論文に、拙稿①・③（注9）がある。

(108)　泉田秀雄『海域アジアの華人街——移民と植民による都市形成』、学芸出版社、二〇〇六年、一二八～一三五頁。

(109)　田名真之もまた、那覇の下天妃宮に触れて、航海安全の媽祖を祀った天妃宮の存在は此の地に航海にかかわる中国人が住み着いており、港が成立していたであろうことを意味する、と述べている（田名前掲論文（注1）、三八八頁）。

(110)　第一一章。

(111)　夏子陽『使琉球録』「三十六姓者昔所居地曰營中、今強半邱墟、過之殊可慨焉」。引用は那覇市企画部市史編集室編『那覇市史　資料編第1巻3　冊封使録関係資料（原文編）』（那覇市役所、一九七七年）、三七頁によった（ただし句読点など表記を改めた）。これと『琉球資料匯編』所収本を比較すると、後者では「者昔」が空白となっている（四九八頁）。現代語訳は、那覇市企画部市史編集室編『那覇市史　資料編第1巻3　冊封使録関係資料（読み下し編）』（那覇市役所、一九七七年）、三八頁、原田禹雄『夏子陽　使琉球録』（榕樹書林、二〇〇一年）、一八六頁を参照した。

(112)　郭汝霖『重編使琉球録』（殷夢霞・邊靖『國家圖書館藏琉球資料續編　上』、北京図書館出版社、二〇〇二年、七七～七八頁）を読み下して引用した。
(113)『琉球国由来記』巻十、「万年山広厳禅寺」、二〇〇頁。
(114)『李朝実録』世祖八年（一四六二）二月辛巳条、「市は江辺に在り。南蛮・日本国・中原の商船、来りて互市す」（池谷・内田・高瀬前掲書（注14）、一四六頁）。
(115) 第一二章第一節。
(116) 上里隆史前掲論文⑥、一四頁、本稿「はじめに」に引用した。
(117) 近代において那覇が県庁の所在地となったのは、「諸船ノ湊合スル所」「百貨ノ集マル所」が大きな理由であった（沖縄県令鍋島直彬の明治一三年（一八八〇）四月廿七日付「県庁設置之儀上申」『沖縄県史　第12巻　資料編2』、四八六頁）。
近代以降、とくに第二次世界大戦の戦渦を被って以降、那覇は大きな変貌を遂げる。そうしたなかで、久米村とその近くにあった宗教施設も移転をよぎなくされ、現在は波上の久米崇聖会（もともと天尊廟の敷地）の中に、かつての上天妃宮、下天妃宮、龍王殿、孔子廟、関帝廟などが祀られている。故地である波上への回帰ともいえ、興味深い（補注　二〇一三年に久米の地に新至聖廟（孔子廟）を新築・移転した）。

第一一章　那覇の三つの天妃宮――成立と展開、立地をめぐって

第八章・第九章の記述から那覇はもちろん、琉球にとっても天妃宮が重要であったことはおのずから明らかであろうが、意外にもその歴史をはじめとしてわからないことが多い。そうした課題を検証する本章は、とくに第九章の議論の基礎となるものである。

古琉球の時代の那覇に、上天妃宮や下天妃宮、天尊廟、龍王殿など中国渡来の信仰の宮・廟があったことはよく知られている。(1)これらの宮・廟などのうち上天妃宮と下天妃宮は、琉球の宗教史のみならず、外交・政治・文化・貿易史上において重要な位置を占めているといってよい。しかしながら、上天妃宮と下天妃宮の創建時期や時代背景、その後の変遷などを明らかにするのは、信頼しうる一次史料がほとんど残されていないため容易なことではない。

後述するように、琉球最初の正史である向象賢『中山世鑑』(一六五〇)をはじめ、蔡鐸本『中山世譜』(一七〇一)、蔡温本『中山世譜』(一七二四)、『球陽』(一七四五)などの史書、また琉球最初の地誌である『琉球国由来記』(一七一三)の巻九「唐栄旧記全集」と、それに続く鄭秉哲『琉球国旧記』(一七三一)巻一所収の「唐栄記」などの地誌においても、明快な叙述はなされてはいない。また天妃(媽祖)信仰に関する包括的な研究書である李獻璋『媽祖信仰の研究』は上記の基礎的な問題を論じているが、天妃宮の創建と変遷の過程などについて、後に検討するようにいくつかの疑問を呈せざるを得ない。(2)天妃宮の研究については、具体的な史実、事実関係でさえ明確にされたとはいえないのが現況である。(3)

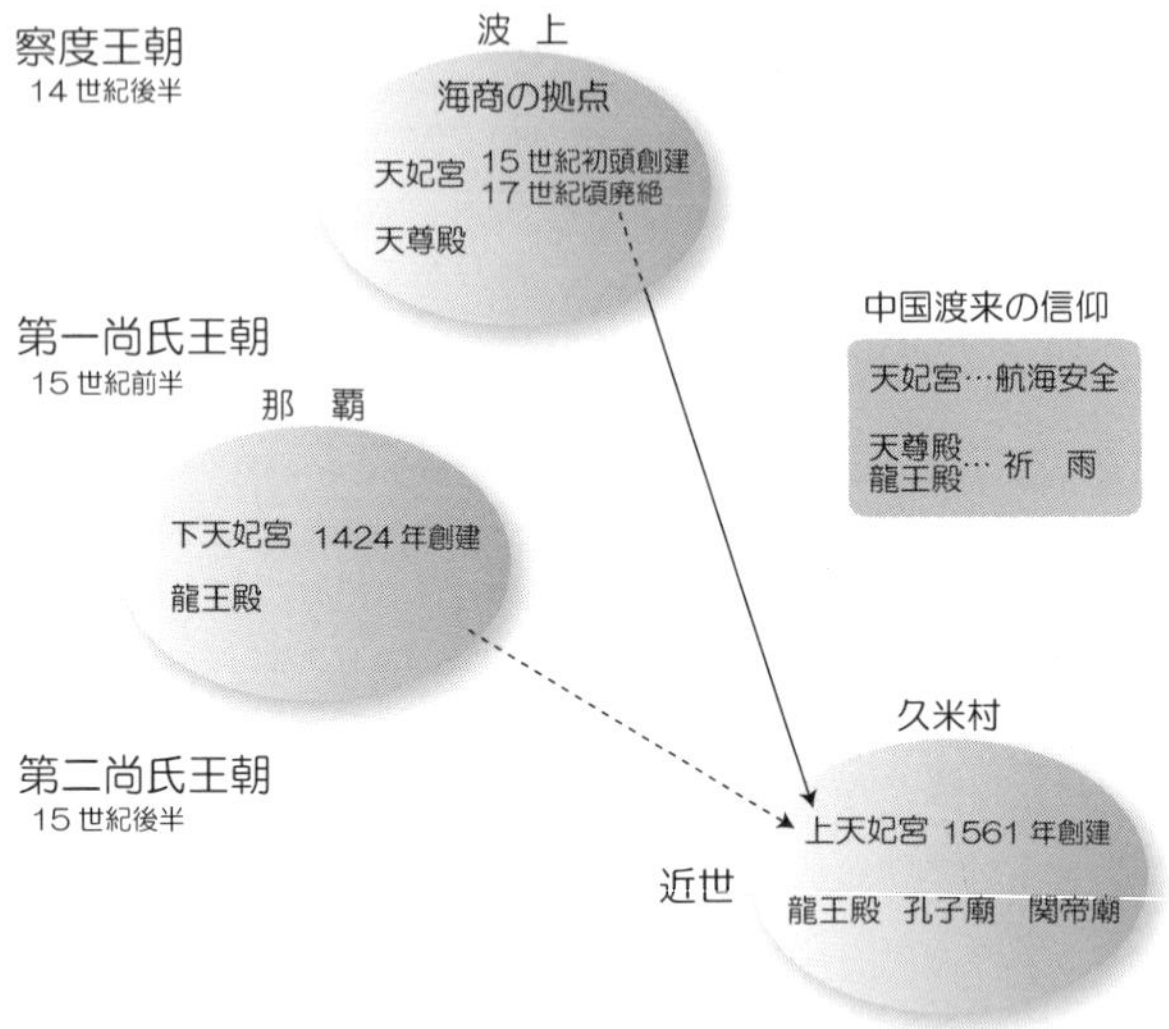

図 62　本章の論点

大きな問題点として、古琉球から近世琉球にかけてのおよそ一世紀にわたって久米村の上天妃宮と那覇（狭義）の下天妃宮のほかに、もうひとつの天妃宮が波上の地にあったという事実が見落とされてきたことがある。久米村と那覇と波上、三つの天妃宮が同時代の那覇（広義）に併存していたのである。この事実はこれまで知られておらず、そのため天妃宮の変遷はもちろん、琉球外交史上に占める位置や意義などに少なからぬ誤解、混乱が生じているといわざるをえない。

そこで、本論ではこうした研究状況をふまえ、琉球史上重要な上天妃宮と下天妃宮に焦点を合わせ、所在地に着目しつつ、数少ない史料を再検討することによって、上記の課題の解決に多少なりとも資したいと考える。(4)

一、久米村と上天妃宮

『琉球国由来記』の「唐栄旧記全集」は二〇箇条からなり、そのうち一〇箇条が下天妃廟・上天妃廟・龍王殿・天尊堂・孔子廟・関帝廟の沿革や祭祀の記述にあてられている。(5) 唐栄、すなわち渡来系琉球人の集住する久米村の人々の信仰の中核をなしていたのは、あらためていうまでもなく中国大陸に由来する上天妃廟・下天妃廟・龍王殿・天尊堂・孔子廟・関帝廟であり、しかもこれらを管理していたのも唐栄の人々であった(6)。したがって「唐栄旧記全集」においてこれらにかかわる記述が半ばを占めているのも当然のことといえよう。

「唐栄旧記全集」に記された年間の行事をみると、上下の天妃宮と天尊廟、龍王殿の祭祀は聖誕の日が異なるだけであって、ほかはほぼ共通している(7)。ただ天妃宮のみ、聖誕の日に大夫から若秀才まで天妃経をとなえるのは大きなちがいといえよう。さらに上元節のあいだ、久米村の大門と西門、上天妃宮、下天妃宮にそれぞれ「結采門」一座を立てることも注目される。これらは上元節の「美観に備ふ」ための装飾であったが(8)、南の大門、北の「西門」(「西」は実際の方位としては北を指す)とともに、東の上天妃宮、西の下天妃宮が久米村の要衝を占めていたことを示している。こうした点から上下の天妃宮に対する信仰が久米村の祭祀の中核であったとみてよい。

「唐栄旧記全集」は、とくに航海安全と雨の祈願について項を立てて記載する。天尊が「護国庇民の天神」、龍王が「風雨の神」であることから、天尊・龍王二廟において祈雨の祭祀も行われる。通常と大旱の時とで祭祀の内容が異なるが、共通するのは、久米村の大夫以下七人が廟ごとに焼香し、「太上玉樞宝経」など、三つの経をとなえることである(9)。

那覇や久米村の人々にとってとりわけ重要な航海安全については、上下の天妃宮・天尊廟・龍王殿において祭祀が行われる(10)。進貢船が船出すると、久米村ではその日から七日のあいだは、天妃二廟において大夫から若秀才にいたる人々が焼香し、天妃経をとなえ、その後、天尊・龍王二廟において焼香し、祈祷する。その次の日より帰国の日まで毎日、大夫以下、若秀才・郷官士まで輪番で四廟に拝祷する。天妃二廟と天尊・龍王二廟においていずれも航海の安全を祈るのであるが、航海の安全が信仰の中心である天妃二廟のほうに、より重みがあるといえよう。

ところで、このような「唐栄旧記全集」の記載内容は、いわば久米村の公式年中祭祀というべきものであって、久米村の住人や冊封使たち、さらには航海にかかわる人々の信仰のありようはそれとは少し異なるものがあったにちがいない。冊封使などによる使琉球録は、それぞれ具体的に彼らの上天妃宮への信仰を記している。たとえば一六三三年の冊封使杜三策の従客として琉球に渡った胡靖の『琉球記』は、冊封使たちはその往還に際して久米村の上天妃宮において五昼夜にわたって祈祷を行うのが慣例化していたという。[11] 上天妃宮は冊封使たちにとって航海儀礼の重要な場となっていたのである。航海の無事を祈る冊封使の儀礼が、少なくとも一六〇六年の冊封使夏子陽の代以前にさかのぼることも読み取ることができる。これも久米村上天妃宮の重要性を示すものといえよう。

また、一六八三年の冊封使汪楫の『使琉球雑録』は上天妃宮について、「使臣、朔望には必ず粛謁して香火す。下宮（下天妃宮）に視ぶるに較盛なり」（原文は漢文、また括弧内は引用者による注記、以下同様。）と述べる。[12] 胡靖のように「琉球への往復に際して五昼夜にわたって祈祷する」とは書かないが、冊封使たちは毎月一日と十五日にはかならず参拝して焼香するとし、下天妃宮に比べると少し盛んであるというのも、下天妃宮の「坧に就く」姿、つまり破れかけている姿と比較して興味深い。[13] 一七一九年の徐葆光『中山伝信録』も「天妃宮行香」として、

> 入館の後、吉を涓び鼓樂儀従して、船上の天妃及び挐公挐公は水神なり、汪使の使録中に詳らか、諸海神の位を奉迎して、上天妃宮内に供す。朔望の日には行香す。[14]

と述べている。孔子廟や天尊廟については天使館に入って二日目に行って焼香するが、朔望に焼香することはないというから、[15] 毎月一日と十五日の参拝と焼香は、上天妃宮に限られていたのである。要するに、冊封使にとって大切な廟は上天妃宮なのであり、それは下天妃宮や天尊廟、孔子廟とは異なった重要さをもっていたといえよう。

この点をさらに考えておこう。「唐栄旧記全集」そして「唐栄記」によると、関帝廟が一六九一年に上天妃宮の廟内に新築されたこと、またもともと那覇の津の中三重城にあった龍王殿が十八世紀初頭には上天妃宮の敷地にあった

写真 17　仲島の大石（久米村の風水にかかわる石「文筆峰」、かつては海中にあった。沖縄県指定史跡・天然記念物）

ことがわかる。[16] 上天妃宮は、龍王殿や関帝廟を内包したことによって久米村の信仰の中心になったのではなく、もともと久米村の信仰の核であったからこそ、関帝廟の新築や龍王殿の移築が行われたのである。このように上天妃宮とその地が中国渡来の信仰にかかわる複合的な、また大きな意味をもつ場所であったことにも注目すべきであろう。

上天妃宮の場所の意味についてもう一つ付け加えることができる。「唐栄記」は所在地情報を記載するのが大きな特徴であるが、それによると、上天妃宮が「在唐栄村中」、龍王殿が「在天妃廟内地」、関帝廟が「在上天妃廟内」とあり、他方、下天妃宮が「在唐栄・那覇之境」、天尊廟が「在唐栄西門（唐栄の北方にある門のこと）外」とある。つまり下天妃宮と天尊廟は唐栄の外に位置したのであって、龍王殿と関帝廟を含む上天妃宮のみが唐栄のなかにあった。渡来系琉球人の生活空間のなかに営まれていたのは上天妃宮だけといってよい。唐栄・久米村にとって、とくに上天妃宮が重要であったことの一端を示すものであろう。

最後に、上天妃宮・下天妃宮・天尊廟・龍王殿・孔子廟・関帝廟など六つの宮・廟の創建年代についてごく簡単にふれると、孔子廟が一六七四年に竣工したこと、(17)また関帝廟が一六九一年に創建されたことは明らかである。残る上天妃宮・下天妃宮・天尊廟・龍王殿については、通説では第一尚氏王朝の尚泰久の時代に鋳造された鐘の銘から上天妃宮・下天妃宮・天尊廟は十五世紀半ばには存在していた、また龍王殿も同じ時期に創建されていたと考えられている。古琉球の時代、十五世紀半ば以前にさかのぼるとみてよい(18)。

二、天妃宮の外交機能

天妃宮が琉球王国の外交機能を担っていたというのは周知のことに属するが、その実態が十分に明快になっているというわけではない。というのは、近年においても、琉球王府の重要な外交文書集である『歴代宝案』が「天妃宮」に所蔵されたと説明されるが、それが久米村の上天妃宮なのか、那覇の下天妃宮なのかは、意外なことにあいまいなままなのである。『沖縄県の地名』(平凡社、二〇〇二)は、「上天妃宮跡」の項において、

> 王府の外交文書は天妃宮に保管されていたが破損散失のおそれがあり、康熙三六年国相向弘才・法司(三司官)向世俊らが蔡鐸らに命じて「歴代宝案」を編纂させた(「歴代宝案」序文)。この編纂事業は当宮で行われたようで、同年四月四日より始め一一月三〇日に完成した(梁氏饒波家家譜・「歴代宝案」)。「歴代宝案」は二部作成され、一部は首里城、もう一部は天妃宮に保管された。
>
> (括弧のなかの注記は原文のまま)。

と説明する。以下の議論のため、この説明が依拠している『歴代宝案』(一六九七年に編纂が完了)の序の冒頭を引用

しておこう。

歴代宝案は天妃宮に蔵し、其の来たれるや久し。（中略）、旧案を重修し、抄して二部と成さしむ。一部は四十九本なり。一部は王城に上り、一部は天妃宮に蔵す。康熙三十六年丁丑四月四日より起こし、十一月三十日に至り告竣す。(19)

『沖縄県の地名』の説明が「天妃宮」を総称的に用い、上天妃宮と下天妃宮の区別を明示しないのは、『歴代宝案』の序の記事にしたがったからであるとともに、どちらか判然としなかったからでもあろう。にもかかわらず「上天妃宮跡」の項に説明をおいたのは、先の引用に続いて「とくに上天妃宮はこの後も外交文書作成を行う事務所として機能していたようで」あるとの推定によるものであろう。

『歴代宝案』の序などにみられる「天妃宮」という表記の意味は、その当時の人々にとっては自明であったにちがいないが、現在では不明といわざるをえなくなっている。上天妃宮と下天妃宮の成り立ち、機能、特質の違いを考えるとき、また琉球王府の外交を考えるとき、外交機能を担ったのは上天妃宮なのか、下天妃宮なのか、両方なのか。これはかならずしも小さな問題ではないように思われる。

この問題に言及した李献璋は、『中山世譜』の記事を拠りどころにして、第一尚氏王朝の尚巴志が永楽二十二年（一四二四）に下天妃宮を創建したと考える。そうして尚巴志が下天妃宮を創建した理由として、琉球王府が冊封使の航海安全の祭祀を掌握しようとしたこと、「貢賜貿易の公所」、すなわち外交・貿易機能を担う役所を必要としたことをあげる。下天妃宮の創建と機能の推定にかかわって、李献璋は現存の『歴代宝案』が永楽二十二年に始まること、「歴代宝案は天妃宮に蔵し、其の来たれるや久し」を重視しているが、(20)『歴代宝案』が下天妃宮に所蔵されたかどうかという点については、李献璋自身も「この廟（下天妃宮……引用者注）に収蔵せられたといふ明・琉間の関係文件」と記述するだけであって、明らかな論拠は示されていないのである。

ともあれ、この李献璋の説は広く受け入れられたようであるが、先に述べたように近年になって『沖縄県の地名』が異なる説を提示している。私もまた、少なくとも近世においては上天妃宮が琉球王府の外交文書を作成、保管し、その集成である『歴代宝案』を管理、所蔵する役割を担った場所であったと考える。この点についてすこし検討してみよう。

一九九四年に刊行された『歴代宝案』訳注本第一冊は、前掲『歴代宝案』の序の「天妃宮」に注を付して、

那覇の下天妃宮は天使館の東にあり、「国中案牘、多儲於此」と『中山伝信録』にある。『歴代宝案』第一集の編集もここで行われた。

と説明し、李献璋と同じ下天妃宮説をとっている。さらに参照すべき事項として注で示されているのは、梁邦基（久米村梁氏、饒波家、九世）と金溥（久米村金氏、阿波連家、十世）の略歴、そして『歴代宝案』編集にかかわる家譜の部分である（以下、原文を読み下して引用）。

梁邦基……康熙三十六年丁丑四月初四日、歴代入貢寶案残缺に因り、法司の令を奉りて、同鄭宗徳宮城親雲上・鄭明良港川親雲上、抄を督せんが為め、日に天妃宮に上り、十一月三十日に至りて抄して二部と成さしむ。一部四十九本。一部は王城に上り、一部は天妃宮に藏ず。

金　溥……予等、毎日天妃宮に于き選抄す、九月二十六日に至り、存留通事と為るに因りて告辭す。

以上の史料ではいずれもただ「天妃宮」とのみ書かれ、上天妃宮か下天妃宮か、内容からも区別を付けることができない。それにもかかわらず訳注者が下天妃宮が『歴代宝案』を所蔵し、そこで第一集の編集も行われたと断定したのは、李献璋の説に加えて、汪楫『使琉球雑録』と徐葆光『中山伝信録』の下天妃宮の説明に「国中案牘、多儲於此」

とあったからであろう。しかし、「国中の案牘、多くは此に儲ふ」とは「琉球国の宗門改めの木札は多くここにたくわえられている」という意味であって[21]、外交文書や『歴代宝案』の所蔵とはなんの関係もなく、したがって下天妃宮と結論づける根拠とすることはできない。むしろ下天妃宮が宗門改めなど内政機能にかかわる施設であったことを明確に示すものである。この事実は、外交機能を担い、『歴代宝案』を所蔵し、その第一集の編集が行われたのが上天妃宮であることを強く示唆しているのではなかろうか。

これに加えて、上天妃宮と考えるのが妥当ないくつかの理由を挙げてみよう。一つは、近世ではたんに天妃宮といわれるとき、久米村にとって重要な上天妃宮を意味することが多いからである。たとえば久米村の鄭謙が撰した「琉球国創建天尊廟天妃宮龍王殿関帝祠総記」（以下「総記」と略称）を見ると、文章の中に最初に現れる天妃宮は下天妃宮のことであるが、その後、宮、あるいは天妃宮とある計三箇所は明らかに上天妃宮を指している。したがって、歴代宝案の「天妃宮」は下天妃宮ではなく、上天妃宮であるとみるのが自然であろう。また、梁氏家譜において天妃宮へ行くのに「上る」と書かれていることも手がかりの一つであり、平坦地にある下天妃宮ではなく、上天妃宮の立地にふさわしい表現である（第四節3項参照）。

少なくとも一六九七年当時に『歴代宝案』の原史料を所蔵し、また『歴代宝案』第一集の編纂作業が行われたのは上天妃宮である。「歴代宝案は天妃宮に蔵し、其の来たれるや久し」を素直に解すると、おそらく一六九七年以前、古琉球の時代に遡って上天妃宮が『歴代宝案』を所蔵したのであろう。逆に、一六九七年以後も上天妃宮が『歴代宝案』を所蔵し続けたことは、上天妃宮に懸けられていた徐葆光の聯（一七一九年）に、

全海の洪波を統べ、俯して人情に順い、應に東西南北を念ずべし。
歴朝の寶冊を綜べ、仰いで聖徳を覘い、一に忠孝慈仁を心とす[22]。

とあることから証される。この徐葆光の聯は「歴朝の寶冊」、すなわち『歴代宝案』の編纂と上天妃宮の関係、ひいては上天妃宮が外交・貿易機能を担う役所であったことを示すもっとも確かな史料といえよう。

付け加えるなら、『沖縄県の地名』も記すように、十九世紀においても外交文書を作成する場は上天妃宮であった。「咸豊五年（一八五五）乙卯六月中日記」の六月九日付の文書には、「上之天后宮（上天妃宮）之儀、[23]先例漢字御右筆方并通書役詰所ニテ御座候処、（中略）漢字方之儀、当時唐エ之御状調方及数通、夫々手配を以書調、且通書役も追々仕口取懸申事候処」[24]と、その役割の一端が記されている。

下天妃宮は、あらためて指摘するまでもないが、十七世紀以降、外交文書を作成したり、『歴代宝案』の編纂・所蔵にあたるようなところではなかった。先に述べたように、徐葆光『中山伝信録』に「国中の案牘、多くは此に儲ふ」とあり、また親見世役人の詰め所となっていることからうかがわれるように、琉球王府の内政、住民支配を管掌していたと考えるのが妥当である。近世において上天妃宮と下天妃宮は、天妃信仰の場であるとともに、琉球王府の行政機関として上天妃宮が外交、下天妃宮が内政というように、ある意味で対極的な王府の機能を担っていたのである。

李獻璋の説は近世においては妥当性を欠くといわざるをえないが、古琉球の時代、とくに第一尚氏王朝の時代に限定するならば、史料の裏付けが必要ではあるものの、現時点で想定できる有力な作業仮説と考えられる。そうすると、外交機能の担い手が古琉球の下天妃宮から近世琉球の上天妃宮に代わったことを認めなければならないが、こうした変化はいつ、どのようにして生じたのであろうか。新たな問題を考える必要が生じている。

三、天妃宮の所在地

下天妃宮にも徐葆光の書いた聯がかけられていた。それには「那覇と唐營、兩宮を並峙して上下に分つ」とあり、[25]

那覇の下天妃宮と唐栄（唐営、久米村）の上天妃宮が並び立つ状況が端的に語られている。本節ではこれらの所在地をより詳しく検討するとともに、それらとは異なる天妃宮が波上の地に存在したこと、しかも三つの天妃宮が同時代の那覇に併存していたことを明らかにする。これにより汪楫や徐葆光、周煌が眺め、『琉球国由来記』などが記す、那覇の下天妃宮と久米村の上天妃宮が並び立つ姿が、歴史的な変化の所産であることを示し、那覇における天妃宮の創建と変容を考える準備作業としたい。

1　那覇の下天妃宮

下天妃宮が天使館の東隣にあったことは、すでに先行研究によって明らかであるが、再確認の意味で、前節であげた史料の他にいくつかの使琉球録の記事を引用しておきたい（以下、渡琉年・筆者・書名・本文の順に記す）。

・一六三三年、胡靖、『琉球記』、「由舘前横道左行、則天妃廟」
・一六八三年、汪楫、『使琉球雑録』、「天妃宮有二、下天妃宮與天使館隣並」
・一七一九年、徐葆光、『中山伝信録』、「琉球天妃宮有二、一在那覇、曰下天妃宮、天使館之東、門南向」[26]
・一七五六年、周煌、『琉球国志略』、「天妃宮有三[27]、一在那覇、天使館東、曰下天妃宮、門南向」

下天妃宮は定説のように近世を通じて同じところ、「那覇」の天使館の東にあったと考えてよい[28]。また明治初期にも同じ位置にあった[29]。

さて、徐葆光と周煌が所在地を「那覇」と書き、また久米村住人鄭秉哲の「唐栄記」が下天妃宮の所在地を「在唐栄・那覇之境」と記していることが注目される。これらから第一に、下天妃宮は唐栄（久米村）に立地していなかったこと、そして第二に、「唐栄記」の記述によるならば、下天妃宮が那覇東村と久米村の境界の地に立地していたという興味深い事実を指摘することができる。さらに「唐栄記」が、隣接する天使館の所在地についても「在那覇・唐栄之境」とすることが注意される。那覇を構成する東村・西村・泉崎村・若狭町村のいずれにも属さず、久米村にも属さない下天妃宮や天使館は、なにか特別の理由のもとに造営されたことを示唆しているのであろう（第四節1項で検討する）。

2　久米村の上天妃宮

上天妃宮は、久米村人による「唐栄記」が「唐栄の村中に在り」と記し、冊封使たちも同様に、徐葆光『中山伝信録』が「上天妃宮、在久米村」、周煌『琉球国志略』が「一在久米村、曰上天妃宮」とする。したがって上天妃宮の所在地は一見単純な問題のようにみえるが、具体的に久米村のどこにあったかを史料に即して簡明に叙述するのは、じつは容易なことではない。窪徳忠が李献璋の研究に依拠しながら、次のように述べていることからも、難しい状況がうかがわれよう。

> 唐栄にあった二廟の位置について、下天妃廟に関しては天使館の隣と諸書の記載が一致しているのに対して、上天妃廟に関しては孔子廟の右（『使琉球雑録』）、天尊廟の東（『中山紀略』）、曲巷（『中山伝信録』）などと不一致の上に、嘉手納宗徳復元の明治初年の那覇の古地図には下天妃宮の隣り、具志堅以徳作の大正末期の「久米村歴史・民俗地図」では下天妃宮跡とは離れた天妃小学校近くに画かれるなど（『那覇市史』資料編第二巻中の七、九二～九三頁）、さまざまである。私にはよくわからないが、重修の際に位置を移したのではないかと憶測している。[30]

李献璋は多くの史料を引用して考察するのであるが、上天妃宮が一貫して天妃小学校敷地にあったと先験的に考えており、そのために史料解釈の混乱をきたし、その結果「よくわからない」といわれる事態に陥っている。以下では、

写真18　上天妃宮石門（近代初頭に立地していた場所に残る）

上天妃宮の関連史料を検討しなおし、前近代における上天妃宮の所在地とその移動を明らかにしたい[31]。

最初に述べたように、上天妃宮が十八世紀中ごろに久米村にあったことは確かな事実といってよい。そして一八〇〇年に来琉した冊封副使李鼎元の『使琉球記』には、

東禅寺に遊ぶ。寺は久米の東北に在り。前は下天后宮（上天后宮の誤り）に臨み、後は平山に倚り、六松盤すること磊の若し[32]。

とある。李鼎元は「下天后宮」と記すが、しかしそれが「上天后宮」とすべきところを書き誤ったものであることは、下天妃宮が久米村の西に位置したこと、上天妃宮が久米村の東に位置したことから明らかである。さて東禅寺は久米の東北にあった。この事実は徐葆光『中山伝信録』に「東禅寺、在久米東北」とあることからも知られる。したがって李鼎元の記述は、上天妃宮が久米村の東北にある東禅寺の前に立地していたことを明確に示しているといってよい。

図 63　「天妃新殿」など那覇の景観（胡靖『琉球記』）

この上天妃宮が天妃小学校の位置に移った時期を明らかにする史料は今のところ見いだしえていないが、一方、いつごろから久米村の東にあったかについては多少の史料が残されている。一六八三年の冊封使汪楫の『使琉球雑録』は、上天妃宮を次のように描写する。

> 上天妃宮は、孔子廟の右に在り。深く曲巷を行き、巷を夾み悪石を塁ねて墻と為す。石面は皆髑髏の如し。……宮外は石埠轟起し、墻壁巍然たり。内に榕樹有りて、垂蔭すること数畝なり。[33]

汪楫によると、上天妃宮は、一六七四年に泉崎橋のたもとに建設された孔子廟の右にあったという。この位置は、李鼎元が記した場所とほぼ一致する。

さらに「唐栄旧記全集」もあげているように、一六三三年の冊封使杜三策の従客胡靖の『琉球記』の記事「湖に沿ひて東し、山半を陟れば、天妃新殿あり」が知られている。これによると、天使館から「湖」すなわち漫湖に沿って東に進み、山半を登ったところに「天妃新殿」、上天妃宮があるという。およその立地がわかるが、これも汪楫や李鼎元の記載と同じ位置と考えてよい。

以上から、上天妃宮は少なくとも一六三三年から一八〇〇年まで同じ場所にあったと考えてよいであろう。[34] 久米村の上天妃宮は一五六一年にこの場所に創建されたと筆者は考えるが、この点に関しては第四節3において詳細に検討することにしたい。

3　波上の天妃宮

一六六三年に琉球に渡った冊封使張学礼の『中山紀略』には、

> 那覇の東北三里に三清殿（天尊廟）有り。……三清殿の東に天妃廟有り。廟は窄隘と雖も、幽邃観る可し。廟の東に演武場有り。（演武場の）南に長虹橋有り。[35]

とある。三清殿とは天尊廟のことであり、それが波上の近くにあって波上権現・護国寺に隣接していたことは諸記録から明らかである。[36] その天尊廟の東に天妃廟があった、と張学礼は記録に残しているのである。演武場やその南の長虹橋などとの位置関係においても矛盾がないので、天妃宮が天尊廟の東にあったとの記事は正しいものとみることができる。そうすると、明らかにこの天妃宮は、那覇の下天妃宮とも、久米村の上天妃宮とも異なる廟ということになる。この点をさらに確実にするために、天妃宮の堂内に掲げられた冊封使の額から考えてみよう。

『中山紀略』によると、張学礼は、重陽節の宴の日、琉球国王尚質に請われて首里城正殿の額に「東南屏藩」、家廟の額に「河山帯礪」、そして三清殿と天妃宮の額にそれぞれ「蒼生司命」と「中外慈母」を書いた。[37]『中山紀略』にはこの波上の天妃宮以外に天妃宮の記事はないのであるが、徐葆光『中山伝信録』や周煌『琉球国志略』には、張学礼が那覇の下天妃宮や久米村の上天妃宮を訪れ、その額の字も書いたことが記されている。『中山伝信録』によると、下天妃宮の神堂の中に張学礼・王垓の「普濟羣生」があり、[38]また上天妃宮の堂内にも同じ張学礼・王垓による「生天福靈」があった。[39]張学礼は、波上と那覇と久米村の天妃宮を訪ね、それぞれに額を残しているのである。

以上から、十七世紀中ごろの波上に、久米村の上天妃宮とも、那覇の下天妃宮とも異なる天妃宮があったことは明白な事実であり、あらためてこれを波上の天妃宮とよぶことにしよう。

4　「琉球図」にみる天妃宮

一六三三年の胡靖『琉球記』をみると、胡靖は「琉球記」において前述のように「天妃新殿」（上天妃宮）と「天妃廟」（下天妃宮）に言及し、また琉球を描いた「琉球図」にも「新殿」と「天妃廟」を描いた。両者を比較して、第一に「新殿」が「天妃新殿」（上天妃宮）と一致すること、第二に「琉球図」の「天妃廟」が、「琉球記」に天使館の「前の横道より左行すれば、則ち天妃廟なり」とある「天妃廟」＝下天妃宮とは明らかに異なること、すなわち「天妃廟」が波上の天妃宮の描写であることを指摘することができる。さらに胡靖「琉球図」が久米村の上天妃宮と波上の天妃宮を描写し、那覇の下天妃宮を描かなかったことも注目される。

このような描写の特徴は一六〇六年の冊封使夏子陽『使琉球録』に掲載された「琉球過海図」にもみられる。夏子陽の『使琉球録』は、本文では琉球の天妃宮について言及しないが、夏子陽らは那覇の下天妃宮と久米村の上天妃宮を訪れ、「靈應普濟神祠」の額をそれぞれの門に立てているし、[40]「琉球過海図」一九葉の図の一つ（第九葉表）に久米村の「天妃宮」を描いている。この場面は中央から左下に大きく描かれた天使館が主題であり、天使館のほかには、中央右、つまり東方の丘陵をこえたところに「三十六姓營中」（久米村）を描き、その上方、東北にあたる小高い山の上に「天妃宮」を描き込んでいる。一方、天使館の右に隣接する下天妃宮が描かれていないのが注意を引く。夏子陽にとって下天妃宮はことさら描くに値しないとの評価があったのかもしれない。

図 64　久米村の天妃宮（夏子陽『使琉球録』）

胡靖は「琉球記」では久米村の上天妃宮とともに那覇の下天妃宮を取りあげ、また夏子陽は現実の行動では久米村の上天妃宮と那覇の下天妃宮の両方に額を掲げている。徐葆光が「那覇と唐營、兩宮を並峙して上下に分つ」というように、公的には（あるいは表面的には）那覇の下天妃宮を無視したりすることはできなかったのであろう。しかしながら、冊封使たちにとって本当に大きな意味があったようにみえるのは久米村の上天妃宮であり、さらには波上の天妃宮であった。このことは両者の創建や沿革について重要な関連があったことを暗示しているのではなかろうか。

四、天妃宮の創建

古琉球の時代にも久米村の上天妃宮と波上の天妃宮は併存していたのであろうか。一四五七年に鋳造された鐘の銘にみえる「上天妃宮」は、久米村の上天妃宮なのか、あるいは波上の天妃宮なのか。併存していたのではないとすれば、久米村の上天妃宮と波上の天妃宮の関係はどのようなものであったか。一方が他方の後身なのか。両者は那覇の下天妃宮とどのような関係にあったのか。さまざまな疑問が生じてくる。ところが、基礎的な情報源である「唐栄旧記全集」や「唐栄記」、「総記」、『中山世譜』、『球陽』などは、いずれも久米村の上天妃宮と古琉球の上天妃宮とを同一視し、さらには久米村の上天妃宮を波上の天妃宮の系譜に連なるもの、というよりも同一の敷地・由来をもつ上天妃宮として理解、あるいは誤解している。これらはいずれも久米村知識人の常識ないし伝承による記述であって、そこには十分注意を払う必要がある。そして同様のことは、前記の地誌や史書の叙述をほぼそのまま踏襲した李献璋を初めとする研究論文についてもいいうることである。ここではそうした情報源のありかたに留意しながら、那覇・久米村・波上の三つの天妃宮それぞれの変遷と相互の関係を考えてみることにしよう。

1　那覇の下天妃宮の創建

「唐栄旧記全集」は那覇の下天妃宮の創建について、拠るべき史料がほとんどなく、ただわずかに廟内に「永楽二十二年造」という七字を書いた古い板があると記しているだけである。[41] この点に関連して東恩納寛惇は、「久米村例寄帳、雍正九年（一七三一）五月廿七日の文書に依ると、下の天妃宮仏壇の内板に「永楽二十二年造」の文字があった」と述べている。[42] 今、板の文字も一七三一年の文書も確認する術はないとはいえ、拠るべき一つの手がかりと考えてよいであろう。「唐栄旧記全集」はこれと「景泰丁丑年」、すなわち一四五七年の銘のある鐘が伝わることに依拠して、「永楽年間」にこの廟がつくられたことは疑いないとする。永楽二十二年（一四二四）としないことが注意されるが、「唐栄記」も同じ内容を記しているので、これが久米村の理解であったとみてよいようである。

ところで、世上に流布し利用されることの多い『球陽』は、先行する「唐栄旧記全集」・「唐栄記」の永楽年間とする説を採らず、尚巴志王の三年、すなわち永楽二十二年（一四二四）の条に「下天妃廟を創建す」の項目を掲げる。そして「天尊廟・上天妃廟・龍王殿を創建す」を付け足し、その根拠として、「杜公録」の「天尊廟は昔琉球に移住した閩人すなわち福建出身の人々が祀廟を創建して国のために福を祈った。これから考えると、上天妃廟・龍王殿もまた同じ時に建立されたものか」とする。(43)

しかし「杜公録」、すなわち一六三三年の冊封使杜三策本人の記録は知られておらず、その従客であった胡靖の残した記録が、『琉球記』として北京の国家図書館に、また『杜天使冊封琉球眞記奇観』としてハワイ大学のハミルトン図書館に現存しているだけであり、それらには『球陽』の前掲引用文は存在しない。近い内容の文を載せるのは、汪楫『使琉球雑録』であり、すでに示したように「天尊廟は、（中略）、相伝うるに、永楽中、貢使、京師より塑像して以て帰り、祷れば必ず応ずる有りと」である。

『球陽』の引用文は、実はいわゆる蔡温本『中山世譜』（一七二四年）の尚巴志王永楽二十二年条の「本年輔臣に命じて下天妃宮を創建す」の割注に、

杜公録云、天尊廟、昔閩人移居中山者、創建廟祠、爲國祈福。以此考之、上天妃廟・龍王殿、亦此時建之歟。

とあるものと同一であり、『球陽』は項目全体をそのまま借用しているに過ぎない。蔡温がなぜ誤った史料引用を行ったのかはわからないが、ともかくも、蔡温や『球陽』の編著者鄭秉哲など十八世紀の久米村知識人は、琉球に移住した閩人が彼らの信仰のために十五世紀前半ころに上天妃廟と天尊廟、龍王殿を創建したと考えていたことは確かである。

一方、下天妃宮の創建事情はまったくちがうものとされる。尚巴志王が下天妃廟を創建したと記述する蔡温本『中山世譜』、それを祖述する『球陽』は、とくにその根拠を示していないが、これらによった通説においてほぼ歴史的事実と理解されてきた。そして李獻璋の説の影響があるのであろうが、「尚巴志が積極的に媽祖信仰の保護策を打ち出したのは、冊封使一行や在琉華僑への優遇策の現われであると同時に、外交機構の整備を目指したものである」な

ど評価されてきた。[44]このように考えることは、当時の状況からみておおむね妥当なように思われるが、やはり史料の裏付けが必要であろう。

十分な証拠とはいえないまでも傍証となりうるのは、少なくとも近世において下天妃宮と天使館が隣り合って建っていたこと、またその敷地がともに那覇東村・西村や久米村などの都市域に含まれていなかったこと、境界の地にあり、あえていえば公的・共有の場、「公界」に所在したことであろう。[45]おそらく第一尚氏王朝の尚巴志王代に遡るこのような立地の特異性は、下天妃宮と天使館が特別の配慮のもとに設置され、維持されたことを示唆している。下天妃宮と天使館はともに補い合って琉球王府の重要な国家機能を果たす施設なのである。天使館が国家の迎賓施設、冊封使の居館であることから、[46]下天妃宮も同じく国家の宗教・外交施設として設置されたと考えられよう。これこそ第一尚氏王朝時代の下天妃宮のもっとも注目すべき特質である。こうした特質をもつ「天妃宮」と天使館を那覇に建設した主体として当然のように想定されるのが、十五世紀初頭に三山を統一した尚巴志なのである。

このように下天妃宮を位置づけてよいとすると、『歴代宝案』第一集の内容が実質的には洪熙元年（一四二五）の文書より始まるという小葉田淳の指摘は、[47]その創建年時と関連してあらためて注目される。そして尚巴志の冊封使柴山の渡琉が同じ洪熙元年であることも忘れてはならない。蔡温はおそらくこうした知識も有していたのであろう。『中山世譜』や『球陽』に記される、下天妃宮永楽二十二年（一四二四）建立説は、編年体の史書としての叙述の都合という以上に、的の中心を射ているように思われる。

古琉球期の国家の宗教・外交施設としての下天妃宮という位置づけからすぐさま生じる疑問は、近世琉球における下天妃宮のありかたと大きな相異、変化があるということである。この問題は第五節において検討することにしよう。

2　波上の天妃宮の創建

一六六三年の冊封使張学礼がみた波上の天妃宮についてその創建に遡って考えてみたい。一四二五年に尚巴志を冊封するために琉球に派遣された柴山はその後もたびたび琉球を訪れ、三度目の琉球滞在となる宣徳五年（一四三〇）に航海の無事を感謝して海岸の南に大安寺を創建し、また宣徳八年（一四三三）に大安寺に隣接して千佛霊閣を建てた。これらは、柴山自身が記した「大安禅寺碑記」・「千佛霊閣碑記」によって広く知られている[48]。

これまでも注目されてきたように「千佛霊閣碑記」には「是に於て弘仁普済の宮を重修し、泉を引き、井を鑿ち、宮の南に大安・千佛霊閣を鼎造す」とある[49]。「弘仁普済」とは一四〇九年に中国の皇帝が媽祖に与えた称号であり、したがって「弘仁普済の宮」とは天妃宮のことである[50]。柴山は天妃宮の修理を行い、そして天妃宮の南の地に、天妃宮と鼎の位置を占めるように、大安寺と千佛霊閣を建立したというのである。この大安寺は、「大安禅寺碑記」に「地を海岸の南に得たり」とあることなどから、波上の護国寺の近くにあったと推定されている[51]。これに加えて、およそ北から南へ波上権現と護国寺、天尊廟が並び立っていたこと、また前掲の張学礼『中山紀略』に「三清殿（天尊廟）の東に天妃廟有り」とあるのを考え合わせると、「千佛霊閣碑記」の「弘仁普済の宮」と『中山紀略』の「天妃廟」を同じものとみるのが自然な考えかたであろう。こうして波上に所在する天妃宮の沿革は、すくなくとも一四三三年にまでさかのぼることになる。

ところで「千佛霊閣碑記」の前掲引用文中には天妃宮を「重修」するとある点が注目される。波上の天妃宮がすでに「重ねて修理すること」を必要とするほどの状態であったというのである。破損の状況はまったくわからないが、海辺にあって傷みやすく建立から修理までわずか十年ほどしか経過していないとしても、その建立時期は下天妃宮の創建時期とされる一四二四年よりも古くなる。波上の天妃宮が下天妃宮よりも古い可能性が高いとみるのが常識的であろうし、国家の宗教・外交施設として造営された下天妃宮よりも、波上の天妃宮の創建時期が早いと考える方が、逆の場合より状況としても自然ではないか。

波上の天妃宮の創建は、一四二四年の下天妃宮よりも早く、十五世初頭、あるいは十四世紀末であったと考えられる。「弘仁普済の宮」が創建当初の名称であるならば、その創建は早くとも一四〇九年ということになる。いずれにせよ、琉球で最初の天妃宮である可能性は少なくあるまい。『中山世譜』が「天尊廟、昔閩人移居中山者、創建廟祠、爲國祈福。以此考之、上天妃廟・龍王殿、亦此時建之歟」とするように、この天妃宮は東アジアの海域で交易に従事する人々に支えられた、民俗的・土俗的な祭祀施設であり、那覇の天妃宮のような国家的な性格はもっていなかったであろう。

3　久米村上天妃宮の創建

ここでは「唐栄記」や、汪楫『使琉球雑録』、徐葆光『中山伝信録』、周煌『琉球国志略』などが久米村（唐栄）の村中にあったとする上天妃宮の創建について、波上の天妃宮との区別に留意しながら検討する。

一六三三年琉球に渡った胡靖の『琉球記』は、久米村の上天妃宮にかかわる興味深い記述「湖に沿ひて東し、山半を陟れば、天妃新殿あり。郭公より造まる」をのせている。(52) これからいくつか重要なことを指摘することができる。

第一に、「湖」すなわち漫湖に沿って（天使館から）東に進み、山半を登ったところにあるという立地の状況から、この「天妃新殿」が汪楫『使琉球雑録』が孔子廟の右にあると記す久米村の上天妃宮であることは明らかである。また、張学礼『中山紀略』が波上の天尊廟の東にあったとする「天妃廟」、すなわち波上の天妃宮ではないことも明らかである。この点を確認しておく必要がある。

第二に、天妃の「新殿」が「郭公自り造（はじ）まる」とあることに注目したい。一五六一年に尚元の冊封正使として琉球に来た郭汝霖が久米村の上天妃宮を創建したと胡靖はいうのである。郭汝霖の『重編使琉球録』には琉球の天妃宮についての記載がなく、また蕭崇業・謝杰『使琉球録』や夏子陽『使琉球録』にもないから、胡靖の情報源は琉球の人々、おそらく久米村の人々と考えるほかないであろう。

これらをふまえて久米村の上天妃宮の創建について考えたい。「唐栄旧記全集」には、

有遺老伝説云。後于下天妃廟而建焉。見其鐘銘文、于景泰八年鋳之。拠此考之、雖後于下天妃廟而建、而二廟相去、決不遠焉。想必宣徳・正統間、創建斯廟也明矣。

但　欽差杜公録云。「沿湖東而陟。山半有天妃新廟。造自郭公。」今、考夫郭公、乃係于嘉靖四十年勅使也。此与鐘銘、先後齟齬。恐杜公誤矣。不然則、廟壊階崩、或係郭公所重修也歟。

とあって、まず指摘すべきことは、十八世紀初頭の久米村では上天妃宮の創建について確かな史実が知られておらず、わずか二つの史料によって推測するしかなかったということである。一つは上天妃宮に所蔵される景泰八年（一四五七）鋳造の鐘の銘であり、もう一つは「杜公録」、すなわち胡靖の『琉球記』の記事、とくに「郭公自り造《はじ》まる」である。創建の時代についてこれら二つの史料には一見して矛盾するところがある。そこで「唐栄旧記全集」では鐘銘を重視する一方、胡靖『琉球記』の記事を全面的に否定し、あるいは郭汝霖の重修かと推測して、矛盾を解消しようとしている。

こうして「唐栄旧記全集」は、景泰八年の鐘銘に「上天妃宮」とあり、また同年の下天妃宮の鐘銘に「天妃宮」とあることから、上天妃宮は下天妃宮におくれて創建された、それが宣徳・正統年間（一四二六〜一四四九）のことであるのは明らかという。創建期の所在地について、「唐栄旧記全集」はなんら言及しないが、およそ二〇年後の著作である「総記」は創建の年代と場所について、宣徳・正統の間に上天妃宮を「営中」すなわち唐営（久米村）の中に重建したと断定している(53)。宣徳・正統年間に久米村の地に上天妃宮が創建され、一四五七年にこの宮の鐘が鋳造された

というのが、おそらく「遺老の伝説」、つまり久米村の常識となっていたのであろう。したがって、胡靖『琉球記』の「郭公自り造まる」という記事については、一四五七年に「上天妃宮」の銘のある鐘が鋳造されたことと齟齬があり、胡靖『琉球記』の誤りではないかといい、あるいは廟が荒廃していたので、郭汝霖が重修したものかとして、結果的に無視することになる。「唐栄旧記全集」が胡靖『琉球記』の記事を全面的に否定するのは、久米村の伝承からしてある意味で当然のことなのかもしれない。以上のようなみかたは、李獻璋をはじめとする先行研究にも受け継がれているといってよい。

しかしながら、そのように考えた場合にいくつもの疑問が生じてくる。冊封使や久米村の渡来中国人が深く関与し、これらの人々の信仰を集めたとみられる波上と久米村の天妃宮が、同じ創建の時代、十五世紀前半に併存したとするのは不自然ではないか。また十五世紀前半の文献史料から那覇と波上に天妃宮があったことを知ることができるのに、同時期の久米村の上天妃宮についてはまったく文献史料が残されていないのは奇妙ではないか。要するに、十五世紀の前半に久米村の地に上天妃宮が創建されたと考えない方がよいのではないか。さらに研究上の問題点として、基本的に第一級の有益な史料である胡靖『琉球記』の上天妃宮や下天妃宮の創建・沿革の記述があまりにも簡単に否定されていないか。上天妃宮や下天妃宮の記述はおそらく久米村の人々からの聞き取り情報というべきものであり、活用することが求められるのではないか。

久米村の伝承そして先行研究には疑問の余地が十分にあると考え、以下、検討を進めたい。

宣徳・正統の間に上天妃宮を久米村に創建したという「唐栄旧記全集」や「総記」の記述は、宣徳八年（一四三三）の柴山「千佛霊閣碑記」に「弘仁普済の宮を重修」とあるのに拠ったのであろう。しかし、それは明らかに波上の天妃宮についての記述であり、久米村の上天妃宮とはまったく関係がない。創建の時期についても、またその場所についても「唐栄旧記全集」や「総記」には波上の天妃宮との混同があり、信頼しうるものではないと考えられる。

また景泰八年鋳造「上天妃宮」銘の鐘の伝来について疑問を提出することもできる。この鐘は、本来は波上の天妃宮に掛けられた鐘ではなかったか。久米村には中国人あるいはその子孫が集住し、一方那覇や波上には琉球人や日本人が雑居したという。(54) 久米村の上天妃宮の鐘と那覇、波上の寺院・廟の鐘のあいだには、こうした地域社会の特色やちがいを反映した鐘の形式や造営過程がみられるはずである。この点を検証してみよう。

十五世紀後半、尚泰久王（在位一四五四〜六〇）の時代には仏教興隆政策のもとで数多くの鐘が鋳造され、仏教寺院をはじめ天尊殿・天妃宮・上天妃宮など道教的な信仰の建築などに懸けられた。いずれも和鐘の形式であるという。「上天妃宮」銘の鐘も、これらの鐘の一つである。上天妃宮と下天妃宮、天尊殿、大安寺など十九の鐘について銘文が判明しているが、それによると、鐘はいずれも尚泰久の寄進であり、また銘の本文は相国寺の住持である渓隠安潜の作ったものがすべてに用いられている。資料の少ないこの時期にあって、これらの鐘銘は貴重な同時代史料となっている。那覇の寺院や廟を中心に、とくに鋳造に際して勧進などにあたった奉行、鐘を鋳造した大工などを検討した結果を要約し、また上天妃宮と下天妃宮、天尊殿、大安寺について述べると、次のようになる。(55)

①奉行の与名福と中西は那覇の十二の寺院・廟・神社のうち十に関わる。

②天尊殿の住持は日本人真言僧「権律師良舜」であった。(56) また大安寺の住持「秀英」も、建立後まもないころの住持受林正棋が国王尚巴志の任命した「日本国の僧」であったことからすると、日本人の可能性が高い。天尊殿と大安寺は、創建において中国と深い所縁をもつにもかかわらず、日本人の僧侶が住持を務める。その信仰の基盤である波上や那覇の地域社会との関係を反映するものであろう。

③天尊殿の鐘の大工藤原国吉は、智賢・与那福・中西と組んで普門寺・広厳寺・龍翔寺の鐘などを鋳造している。

このほか王家にかかわる仕事、また京都出身の有名な禅僧芥隠承琥や琉球国王の護持僧渓隠安潜などの宗教界の有力者の関係する寺院などの仕事も多い。

④上天妃宮・下天妃宮・大安寺などの鐘の大工衛門尉藤原国光は、与那福・中西と組んで那覇の地域の仕事をしている。宗教界の実力者や王家と関連する仕事はない。

以上から、那覇や波上などの寺院・廟の鐘の鋳造に関係したのは琉球の人と大和の人であったといえよう。これらは当時の那覇、波上の地域社会、住民の構成を反映しているものと考えられる。

そして下天妃宮や上天妃宮の鐘の鋳造に久米村、渡来中国人の直接的な関与はみられないといってよいであろう。とくに上天妃宮の鐘が、那覇の他の鐘と同じ和鐘であり、同じように那覇の奉行と大和の大工のもとに鋳造されたという事実は注目に値しよう。中国から渡来した人々の集住する久米村に天妃宮があったと仮に考えても、中国の伝統を保守する彼らの天妃宮の鐘の造営に琉球と大和の人がかかわり、その形式が和鐘であるなどとは考えがたい。要するに、「上天妃宮」銘の鐘は、久米村の上天妃宮のものではなく、波上の天妃宮に寄進され掛けられたと考えるほかないであろう。

以上の検討から宣徳・正統年間に久米村の地に上天妃宮が創建され、一四五七年にこの宮の鐘が鋳造されたという「唐栄旧記全集」などの伝承には少なからぬ疑問があることが判明した。したがって本節冒頭で検討した胡靖『琉球記』の記事、

湖に沿ひて東し、山半を陟れば、天妃新殿あり。郭公より造まる。

の史料価値を再評価し、久米村の上天妃宮についてその創建と沿革を構成し直す必要がある。

天妃「新殿」という胡靖の表現に着目すると、郭汝霖が天妃宮を建立して以来およそ七〇年が経過しているのであ

るから、それが新しい建物という意味ではないことは明らかである。したがって旧来の天妃宮とは異なる、またそれと代わる新たな天妃宮が創建されたという意味で、「新殿」が使われていると理解せざるをえない。要するに、胡靖によるこの文は、一五六一年に渡琉した郭汝霖が久米村の地に「天妃新殿」を創建したと素直に解釈するのが妥当であろう。徐葆光『中山伝信録』も、「唐栄旧記全集」に拠ることはせず、胡靖の記述を採用して「此れ嘉靖中の冊使郭給事汝霖の建つ所なり。他に碑記無く証す可し」と書いている。(57)徐葆光『中山伝信録』は「崇禎六年、杜三策の従客胡靖の記、尤も俚誕（俗っぽいでたらめ）」と厳しく胡靖『琉球記』を批判するのであるが、その徐葆光が胡靖に依拠していることは、胡靖による久米村天妃宮の記述の妥当性を補強するものといえよう。周煌『琉球国志略』もまた徐葆光の説を踏襲し、「嘉靖中の冊使郭汝霖の建つ所なり」とする。これがその後の通説的な理解となったといってよい。(58)

一五六一年、郭汝霖が久米村の地に「天妃新殿」＝上天妃宮を創建した。これを歴史的事実と認めると、当初の疑問のいくつかに答えることができる。まず第一に、久米村の上天妃宮が取って代わった旧来の天妃宮とは、波上の天妃宮にほかならない。第二に、一四五七年の鐘銘にみえる「上天妃宮」が久米村の天妃宮でないことはいうまでもなく、したがって波上の天妃宮こそが古琉球の「上天妃宮」ということになる。

五、天妃宮の変遷

一五六一年の久米村天妃宮の創建とその後の展開は、波上と那覇の天妃宮のありかたに大きな影響を及ぼした。とくに那覇の下天妃宮は本来もっていた外交文書の作成・管理という重要な機能を奪われることになるのである。変化の大きな流れは久米村と那覇の天妃宮の呼び方の変化からもうかがえる。下天妃宮の正式な名称は、少なくとも創建されてから十五世紀なかごろまで、一四五七年の鐘銘に「天妃宮」とあるように、たんに「天妃宮」であった。近世以降ではたんに天妃宮というと上天妃宮のことが多い。呼び名の推移は那覇の下天妃宮と久米村の上天妃宮の役割の転換、琉球王府における位置づけをはっきりと映し出しているのである。下天妃宮が内政を、代わって上天妃宮が外交を担うという役割の転換は、いつ、誰によってもたらされたのであろうか。

1　下天妃宮

下天妃宮の姿は一四五七年以後長期にわたって明らかではないが、近世の冊封使たちが残した記録から古琉球時代の状況が多少判明する。胡靖の『琉球記』は、下天妃宮について「嘉隆の間（嘉靖・隆慶年間、一五二二〜一五七二）より創まるも傾頽を覚へ、略修葺を加ふ」と記述する。(59) これは天妃宮の建築の建立、修理にかかわる興味深い内容をもつ記述であるが、従来はこの「嘉隆の間より創まる」を胡靖が下天妃宮の創建を記したものと解し、明らかに誤りであると批判されることが多い。しかしこれは文意から、創建時期ではなく、胡靖がみた下天妃宮の建物の建立時期を説明したものと解すべきであろう。嘉靖・隆慶年間に再建されたが、その後数十年を経て傷みが進み、そのため簡単な修復を加えたということである。

神堂の建立時期は、「嘉隆の間」を字義通りに解すると、嘉靖元年（一五二二）から隆慶六年（一五七二）にいたる半世紀に及ぶ期間となり、漠然としすぎていてあまり意味をなさない。胡靖はもう少し短く嘉靖末年から隆慶初年にいたる期間をいったものとみてよいのではないか。いいかえると、隆慶元年（一五六七）前後、あるいは嘉靖四〇年（一五六一）あたりから十年ほどのあいだに神堂が再建されたと述べているのであろう。

郭汝霖が久米村に天妃宮を創建したのが一五六一年であり、これとそれほど年月を隔てずに那覇の下天妃宮が再建されていることには何か関連がありそうに思われる。もちろん、下天妃宮の神堂が再建を必要とするほど荒廃していたからに過ぎないかもしれないが、久米村上天妃宮の創建にともなう那覇下天妃宮の再建、すなわちある意味で創建ともいうべき一連の事業である可能性もあるのではないか。

2　波上の上天妃宮

前述のように一四五七年に「上天妃宮」の名称が刻まれた鐘が鋳造され、当宮に寄進されたことが知られている。袋中上人が著した『琉球神道記』（一六〇八）の巻第五に、

又上ノ天妃宮、近ゴロ南蛮走ノ船、久ク帰ラズ。恠テ菩薩（天妃）ニ数人参籠シテ、此音信ヲ聞ント祈リ上ル。聖前ニ、粟ヲ盛、木筆ヲ加テ置ニ、日中ニ聖手、木筆ヲ執テ、書テ云、海難而倒翻ト。後ニ首尾ス。

とある。袋中のいう「上ノ天妃宮」は波上の上天妃宮である可能性が高い。というのは、袋中のもう一つの著作『琉球往来』には「米村（久米村）天妃殿」という表現が使われているからである。那覇に住んでいた袋中は、自身の生活体験にもとづいて波上の上天妃宮と久米村の天妃殿を区別していたと考えてよいであろう。

波上の上天妃宮の信仰は、航海中の船の安否を伝える天妃の特異な能力によるところが大きかったのであろう。「南蛮走ノ船」にかかわる情報を求めて参籠した人々を、かならずしも渡来系琉球人に限って理解する必要はないであろう。袋中は那覇に居住して広く航海にかかわる者の信仰としてこの上天妃宮の話を伝えたものと思われる。

その後の波上の上天妃宮については、前述のように一六六三年に冊封使張学礼が来訪して「中外慈母」の書を残し、「窄隘と雖も、幽邃観る可し」と記したことのほかは、ほとんどわからない。その後の冊封使たちは、汪楫も、徐葆光も、周煌も、李鼎元も、みな久米村の上天妃宮と那覇の下天妃宮について言及するのみで、波上の上天妃宮についてまったく触れるところがない。

もともと波上の上天妃宮にあった一四五七年の鐘も、「唐栄旧記全集」が編集された一七一三年にはすでに久米村の上天妃宮の所蔵となっていたようである(60)。この意味で、久米村の上天妃宮は波上の「上天妃宮」の系譜を引くということもできよう。『球陽』の尚質王十一年（一六五八）の条「始めて二天妃宮の、暁暮に撞鐘することを定む」には、

景泰年間、巨鐘を鋳て以て両天妃宮に懸く。而して天后を祭祀するの時、鐘を撞きて拝礼するのみ。是の年に至り、始めて暁暮、鐘を撞きて、以て時刻を報ずることに定む(61)。

とある。「両天妃宮」のうち、一つが下天妃宮であることは自明であるが、もう一つが波上か、久米村かは検討の余地がある。しかし次項で明らかになるように、久米村の上天妃宮は十七世紀前半には下天妃宮とともに王城の儀礼に組み込まれていたから、この天妃宮も久米村の上天妃宮と考えざるをえない。したがって波上の上天妃宮にあった景泰年間の鐘は、一六五八年以前に久米村の上天妃宮に移されていたと推定される。波上の上天妃宮はその信仰と歴史のシンボルを奪われた時点で、事実上廃絶したといってもよいのではないか。

一六六三年に張学礼がみた波上の上天妃宮は、「窄隘と雖も、幽邃観る可し」であったにしても、それはある意味で抜け殻のようなものであり、歴史の表舞台から姿を消すのも時間の問題でしかなかった。

3　久米村の上天妃宮

十七世紀初頭における久米村の天妃宮を語る史料として、袋中の著した『琉球往来』所載の次の書状がある。『琉球往来』はいうまでもなく往来物の一つであり、この書状も文例の一つに過ぎないが、しかし『琉球往来』の内容はたんなる虚構の文例集ではなく、袋中が琉球に滞在した時期（一六〇三〜五年）の那覇や若狭、久米村などの状況が反映されている。この書状もそのように扱いうるものであり、そこには、

願は米村（久米村）天妃殿を学校と為す。三十六姓の秀才等、常に琢磨せしむれば、何ぞ玲瓏の機無しや、

という文が含まれている。袋中滞在当時の久米村に天妃宮が存在していたことが知られるとともに、さらに天妃宮を学校にして久米村の若者の教育の場としたいという願いのなかに天妃宮のもつ地域社会的な意義がわかる興味深い史料といえよう。(62)

『球陽』尚豊王五年（一六二五）「法司官一員官役等を率いて諸社寺に到り福を祈る」の条に収められた「過達理双紙」の天啓丁卯（一六二七）元旦および十五日における諸社寺参詣の記事をみよう。

城に進みて四拝す。已に畢りて、波上山権現・天尊廟・広厳寺・沖山権現・両天妃廟・龍王殿・長寿寺神社・天久山権現・崇元寺廟・神徳寺・八幡神社・荒神堂・円覚寺廟に拝謁して、以て聖躬万歳、子孫繁栄、国泰民安を祈る。亦、城に進みて九拝す。

那覇・首里の地理を考えると、これはたんに社寺を羅列したのではなく、参拝の順路を示したものと解することができる。具体的にいうと、法司官以下の人々は首里城を出て波上へ行き、波上の波上山権現・天尊廟・広厳寺から那覇の沖山権現・下天妃廟、久米村の上天妃廟・龍王殿、イベガマの長寿寺神社、泊の天久山権現・崇元寺廟、安里の神徳寺・八幡神社、首里の荒神堂・円覚寺廟の順に巡り、首里城へ帰ったのである。これによって上天妃廟・竜王殿が久米村にあったことが確認されると同時に、久米村の上天妃宮が下天妃宮、天尊廟、龍王殿とともに国家的な宗教儀礼の中に組み込まれている姿が判明する。

創建からわずか数十年後の十七世紀初頭には久米村の天妃宮は、久米村においても、琉球王府においても、確固たる位置を占めていた。さらにいえば、一六〇六年の冊封使夏子陽の「琉球過海図」は、この当時すでに久米村の天妃

宮が那覇の下天妃宮を凌駕する地位に到達していたことを暗に示しているのではないか。おそらく久米村の天妃宮が琉球王府の外交文書の作成や、十五世紀以来の外交文書の保存管理などの場として機能していたにちがいない。一六九七年の『歴代宝案』の序に「歴代宝案は天妃宮に蔵し、其の来たれるや久し」とあるのもそれを裏付けていよう。

こうして久米村の上天妃宮は、那覇の下天妃宮と波上の上天妃宮からそのもっとも重要なもの——外交機能と宗教機能——を吸収し、鼎立でもなく、並立でもない、唯我独尊ともいうべき独自の立場を占めることになった。

結びにかえて

郭汝霖が久米村の地に「天妃新殿」を創建した理由を示す史料は残されていない。単純に憶測するならば、久米村の人々や天使館に滞在する冊封使たちにとって波上の地が遠く不便であったこと、また信仰の上から彼ら自身による彼ら自身のための天妃宮が身近な場所に必要とされたこと、などがあげられよう。しかしもっと大きな政治的・社会的理由があったにちがいない。上天妃宮と下天妃宮が一五六〇年代にあいついで新築、再建されていること、国家の宗教・外交施設として設置された下天妃宮の役割が近世初頭以前に上天妃宮に移管されていること、これらには久米村の人々の意図が反映していないはずはないが、むしろ一連の国家的動向の所産とみるべきではないか。

その動向とは、一四六九年の金丸（尚円）のクーデターによる、第一尚氏王朝から第二尚氏王朝への交替である。その後、尚円から尚真、尚清、尚元へと続くあいだに実施された新体制固めの一環として、前王朝の尚巴志が創建した古い下天妃宮に代わり、第二尚氏王朝の新しい天妃宮を必要とする政治状況が生じたのであろう。波上の上天妃宮を王府の宗教・外交施設とするには、それが冊封使の信仰を得てはいたものの、渡来系琉球人のみならず那覇に居住する琉球人や日本人による民間の宗教施設という歴史のしがらみがあった。そこで冊封使郭汝霖の渡来を契機に久米村に上天妃宮を新造し、外交文書の作成・保存・管理などの業務を行わせたのではないか。上天妃宮創建の事情は、下天妃宮と共通したものがあったのであり、王朝の交替にともなう制度の衣更えとみることができよう。

最後に、天妃宮と華人街の形成との関わりについても述べておきたい。アジアの海域では各地に華人街が形成されているが、それは天妃宮と深いかかわりをもっていたという(63)。古琉球の場合、特別の創建事情を持つ下天妃宮を別にして、波上の天妃宮と久米村の天妃宮について閩人による集落形成との関連を想定することができよう。天尊廟や天妃宮、大安寺などが建立された波上において、華人街のあった可能性は少なくあるまい。いいかえると、那覇の中国人集住地は久米村だけではなかったこと、ある時期に波上から久米村の地への移転が生じたことなどの仮説をたてることができよう。

ところで、一六〇六年の冊封使夏子陽の『使琉球録』に、

私、夏子陽をして言わしむれば、琉球は昔は陪臣の子を遣わして国子監に進学する者は、おおむねすべて（閩人）三十六姓であると私はきいている。現在、諸姓は没落して、わずかに蔡・鄭・林・程・梁・金の六家が残っているだけである。そして、一族ははなはだしくは繁栄していない。それで、国子監に進学することも、近頃はまたさびしい限りである。大夫や長史は、昔は詩経をそらんじ、礼を学んだ者が任命されていた。それゆえ、見ためも、心のもちかたも、礼儀ぶかい人が多かった。現在、小まめに働く者を採用しているが、はじめの人のようではなく、末流はだんだんと失われている。三十六姓という人々は、昔、居住していた所を営中といった。現在、その大半は廃墟であって、ここをよぎるとき、感慨殊に深いものがある(64)。

とあることはよく知られている。いわゆる閩人三十六姓の衰微を記し、蔡・鄭・林・程・梁・金の六家が残るのみで、「営中」の半分以上が廃墟となっていたという。よく利用される史料なのであるが、これまでずっと「三十六姓者、

写真 19　波上にある天尊殿（左）と天妃宮（右）

昔所居地曰營中、今強半邱墟」とある「営中」を、久米村と誤解してきたことに問題があろう（久米村は古琉球の時代から近代まで同じ地にあったと考えられている）。

この字句は、十七世紀初頭、閩人の後裔が久米村に住んでいることを前提として、三十六姓の昔の居所の地が「営中」であり、それが今では半ば以上廃墟になっていると理解するのが妥当である。夏子陽は、華人街の変遷を伝えているのである。ここで「営中」、すなわち昔の華人街を波上の天尊廟と天妃宮近くに考えるのは自然な見方であろう。波上から久米村への移動時期についても久米村天妃宮の創建の前後と考えてよいのではないか。

古琉球の那覇における華人街の形成、さらには都市形成は琉球史の大きな課題であり、本章の成果に基づいて第十章において検討している。

注

（1）窪徳忠『増訂　沖縄の習俗と信仰』（東京大学出版会、一九七四年、初版は一九七一年）の「三　沖縄の道教神」（一八五頁〜二七九頁）。

（2）李獻璋『媽祖信仰の研究』第三章「唐人の琉球定住と媽祖の伝来」（泰山文物社、一九七九年）。初出は「琉球への唐人移住と媽祖の伝来」（『東方學』第二十二輯、一九六一年七月）。琉球における天妃宮を論じ、ほぼ網羅的に史料をあげ、多くの論点を取りあげてはいるものの、現時点では誤り、修正・補足すべきところが少なくない。とくに久米村の上天妃宮の所在地についての誤解は、その論述に大きな影響を与えている。

（3）天妃宮を解説した早い時期の著作として、田山花袋編『琉球名勝地誌』（博文館、一九〇一年）の「天女祠」、吉田東伍編『大日本地名辞書北海道、樺太、琉球、台湾』（冨山房、一九〇二）の「天妃」がある。『大日本地名辞書』の琉球を担当した東恩納寛惇は後に増補修正して『南島風土記——沖縄・奄美大島地名辞典——』（沖縄文化協会・沖縄財団、一九五〇年）を刊行している。このほか、窪徳忠前掲書の3章3節「天妃」（二二三頁〜二五二頁）、野口鐵郎「那覇久米村の天妃廟」（『南島史学』第二五・二六号、一九八五年九月）があり、比較的最近のものに窪徳忠「道教的信仰習俗と琉球」（『アジア遊学』第一六号、勉誠出版、二〇〇〇年）、都築晶子「琉球における道教的信仰」（『アジア遊学』第一六号、勉誠出版、二〇〇〇年）などがある。

（4）一七五九年創建の久米島の天后宮（天妃宮）については本稿の目的からはずれるので考察の対象とはしない。李獻璋前掲書の「姑米島の天后宮」、窪徳忠前掲書などを参照していただきたい。

（5）以下、『琉球国由来記』の引用は、外間守善・波照間永吉『定本　琉球国由来記』（角川書店、一九九七年）による。

（6）琉球の道教的信仰については窪徳忠前掲書や同じ窪徳忠の『中国文化と南島』（第一書房、一九八一年）が詳しい。久米村に関する研究は少なくなく、代表的なものをあげると、池宮正治・小渡清孝・田名真之『久米村——歴史と人物』（ひるぎ社、一九九三年）、田名真之「近世久米村の成立と展開」（『新琉球史　近世編（上）』、琉球新報社、一九八九年）がある。

（7）窪徳忠前掲書（注1）。

（8）『球陽』尚敬王十七年（一七二九）条。以下、『球陽』の引用は、球陽研究会編『球陽（原文編、読み下し編）』角川書店、一九七四による。

（9）徐葆光『中山伝信録』に「請雨、毎於十月墾種後、先三日齋、各官皆詣龍王殿及天尊廟拜請。又請龍王神像升龍舟、至豊見城、

設雨壇拜請」とある。以下、使琉球記の引用は、夏子陽『使琉球録』、胡靖『琉球記』、張学礼『中山紀略』、汪楫『使琉球雑録』、徐葆光『中山伝信録』、周煌『琉球国志略』は、善本を収録する黄潤華・薛英編『國家圖書館藏琉球資料匯編』（北京図書館出版社、二〇〇〇年）に、李鼎元『使琉球記』は嘉慶七年刊、師竹斎版（京都大学文学部蔵）による。これらの使琉球録については、夫馬進編『増訂　使琉球録解題及び研究』（榕樹書林、一九九九年）を参照。また原田禹雄による訳注本が刊行されていて有益である。

(10) 真栄平房昭「近世琉球における航海と信仰―「旅」の儀礼を中心に―」（『沖縄文化』第二八巻一号、一九九三年一月）。

(11) 「凡冊使往返、皆於斯起福醮、五晝夜」。

(12) 汪楫『使琉球雑録』「使臣朔望必肅謁香火。視下宮較盛」。

(13) 汪楫『使琉球雑録』「宮亦就圮」。

(14) 「入館後、涓吉鼓樂儀従、奉迎船上天妃及挐公挐公、水神、詳汪使録中、諸海神之位供於上天妃宮内、朔望日行香」。

(15) 「始至館第二日、先詣孔廟行香、次至天妃宮。冬至、則設萬歳龍亭於廟左明倫堂、使臣以次行禮訖、亦載謁夫子像、朔望則否。天尊廟、祀雷聲普化天尊。汪録、永樂中、貢使自京師塑像歸、禱必應。故第二日亦往行香。朔望則不再至云」。

(16) 『琉球国旧記』は、『琉球資料叢書　第三巻』（鳳文書館、一九四〇年）所収のものを用いた。原田禹雄による訳注本『琉球国旧記』（榕樹書林、二〇〇五年）がある。

(17) 「中山孔子廟碑記」（『琉球国碑文記』所収）、「唐栄旧記全集」（『琉球国由来記』所収）。

(18) 天尊廟と龍王殿の沿革や所在について補足しておきたい。「唐栄旧記全集」は龍王殿について「遺老の伝説によると、この龍王殿は昔、中見城にあった。ただ、いつの時代、いずれの年に上天妃宮に移建したかはわからない。龍王は風雨の神であり、航海するものは多くこの神を祭り祈る。これによって考えるに、天妃宮をつくったとき、あるいは龍王殿を中見城に建てたのであろう」という。鄭謙が一七三一年に著した碑文「琉球国創建天尊廟天妃宮龍王殿関帝祠総記」（引用は塚田清策『琉球国碑文記』、啓学出版株式会社、一九七〇、による）も龍王殿について同様の内容を記し、ついで上天妃宮への移転の理由と年代について「海風の為に吹壊し、修葺に堪えず、故に崇禎初年、議して茲に移すと云う」と述べる。龍王殿の移建は崇禎初年（一六二八～）と伝えられていたようである。また一七〇〇年の修理について「天妃宮（上天妃宮）と同じく神堂を大修す」とする。

上天妃宮への移転時期について、「唐栄旧記全集」が不明とするのに対し、「琉球国創建天尊廟天妃宮龍王殿関帝祠総記」は崇禎初年と明記する。しかしそれは正しい伝承ではないようであり、法司官以下の諸社寺参詣の史料は、龍王殿が沖の権現の近くではなく、両天妃宮の近くにあったことを示しており、したがって龍王殿の移建が一六二七年以前であったことは明らかであろう（第五章3節参照）。

以上から、龍王殿は天妃宮を創建した十五世紀初頭ころに那覇港の北の突堤、三重城の二つ目の台場である仲三重城に創建され、その後十七世紀初頭に上天妃宮に移築され、一七〇〇年に上天妃宮とともに修理がなされた。

つぎに天尊廟の創建について、「唐栄旧記全集」は「三十六姓、始めて邑宅を営むとき、或いは此の廟を斯に建てるか」と推測する。すなわち、三十六姓が屋敷を与えられたという洪武二十五年（一三九二）、唐栄の西門（北門）の外、いいかえると波上の地に創建されたと考えているのであろう。「唐栄旧記全集」よりも時期の古い、一六八三年の冊封使汪楫の『使琉球雑録』は、天尊廟を次のように記している。

天尊廟は、雷声普化天尊を祀る。波上を去ること遠からず。国に道士無く、香火を奉ずる者も亦僧なり。相伝うるに、永楽中、貢使、京師より塑像して以て帰り、祈れば必ず応ずる有りと。崇禎末年、中国に故するもの多く、貢使久しく阻して還らず。王尚質、特に命じて之を新たにす。「渡唐の船を通ずるを祈り、懋遷の願を遂ぐるを冀う」の語、上棟文中に見ゆ。旧録（一六六三年の冊封使張学礼の『中山紀略』のこと）は此の地を紀して三清殿と為すも、殿中に三清像無し。国人も亦此の称無し。

これによって、天尊廟が波上宮の近くにあること、琉球に道士がいないため僧が香火を奉じていること、尚質王（在位一六四八～一六六八）が渡唐船の航海安全を祈願して神堂を新築したことなど、いくつもの情報が得られるが、ここでは「相伝うるに、永楽中、貢使、京師より像を塑して以て帰り、祷れば必ず応ずる有りと」に注目したい。鄭謙の「総記」にも同様の由来が記されているが、汪楫を祖述したものではなく、汪楫が「相伝うるに」と記すように、昔から久米村に広く受け継がれていた伝承なのであろう。窪徳忠は、この記事などから天尊廟の創建を永楽年間（一四〇三～二四）と推測している（窪徳忠前掲書（注1）、一九二頁）。

(19) 沖縄県立図書館史料編集室編（訳注和田久徳）『歴代宝案　訳注本第一冊』、沖縄県教育委員会、一九九四年。

(20) 李獻璋前掲書、「王家命建の下天妃宮」、四七八頁～四八一頁。

(21) 東恩納寛惇『南島風土記』の「天妃」の項、原田禹雄訳注『汪楫　冊封琉球使録　三篇』（榕樹書林、一九九七年）所収の『使琉球雑録』巻二、天妃宮の訳と注を参照、六三頁。

(22) 周煌『琉球国志略』、上天妃宮の項「統全海之洪波、俯順人情、應念東西南北。綜歴朝之寶冊、仰覘聖徳、一心忠孝慈仁」。沖縄県立博物館に現存する（沖縄県教育庁文化課編『扁額・聯等遺品調査報告書』（沖縄県文化財調査報告書第四十四集、沖縄県教育委員会、一九八三年、五五頁）。

(23) 『球陽』尚穆王八年（一七五九）の条に「天妃は、曾て封を歴受して天后と称す。然れども本国之れを知らず。此の年に至り、始めて天后宮と称す」とあるように、この年以降、天妃宮は天后宮と改称された。

(24) 『琉球王国評定所文書』第九巻（浦添市、一九九三年）、五五三頁、文書番号一六八。

(25) 周煌『琉球国志略』「冊使徐葆光書聯云、那覇唐營、並峙兩宮分上下、夏來冬往、安流二至合華彝」。

(26) 徐葆光『中山伝信録』所収の「天使館図」には天使館に隣接して下天妃宮が描かれている。

(27) 「天妃宮有三」という記載には周煌も創建にかかわった久米島の天妃宮が含まれている。

(28) 近世の下天妃宮について補足すると、一六四三年八月に「神宮を大修」し、一六六一年に平氏友寄親雲上景友の寄進によって門前に石神二像を建立したことが「総記」に記されている。『球陽』尚質王十四年（一六六一）条にも、「十四年、平万祉、仁王石像を下天妃門内に奉安す。　天妃宮の門は、素、仁王木像を安んず。是の年に至り、神像敗壊す。平万祉（友寄親雲上景友）改めて仁王石像を奉ずるの事を題奏す。幸に諭允を蒙る。資金を喜捐し、薩州より其の像を請来して、此の門内に奉安す」とある。汪楫は、大修理以来四十年が過ぎた一六八三年の下天妃宮の姿を、「宮もまた破れかけている」と述べている。徐葆光は「宮門前、石神二。入門甬道、至神堂三十歩許」、周煌は「門左右、石神二。甬道寬廣、殿宇宏敞」とその姿を記し、徐葆光はさらに一四五七年の「天妃宮」銘の鐘が掛けられていたことを銘文とともに記録している。『球陽』尚敬王十六年（一七二八）の条によると、天使館の隣にあった親見世の「菩薩」（観音像、あるいは天妃像）を下天妃宮に安置している。

(29) 伊地知貞馨『沖縄志』（明治一〇年、一八七七年）所収の「那覇及久米村図」による。

(30) 窪徳忠『中国文化と南島』（第一書房、一九八一年、二四五〜二四六頁）。

(31) 近代の様子を補足すると、下天妃宮は明治一三年（一八八〇）に師範学校の敷地となり、神体は上天妃宮に移された。その上天妃宮は、明治十年には久米村の西、現在の天妃小学校の位置に移っていたが（「那覇及久米村図」、注29）、明治三十二年（一八九九）に天妃尋常高等小学校の敷地となり、校舎が建築されたため、下天妃宮の神体や竜王殿、関帝廟とともに波之上の天尊廟の敷地に移築された。天妃小学校には今も上天妃宮の名残を留める石門が保存されている。

(32) 「遊東禅寺。寺在久米東北。前臨下（上）天后宮。後倚平山、六松盤若虬」。

(33) 「上天妃宮、在孔子廟之右。深行曲巷、夾巷垦悪石為墻、石面皆如髑髏。因悟、一統志所云、王居壁下、多聚髑髏、殆緣此訛傳耳。宮外石埠轟起、墻壁巍然。内有榕樹、垂陰數畝」。

(34) 近世の上天妃宮は、一七〇〇年に「神宮を大修」し、一七一五年に程順則が寄進して門内に石神像を建立したことが鄭謙「総記」にみえる。徐葆光『中山伝信録』は当時の姿を、「宮在曲巷中、門南向、神堂東向。門旁、亦有石神二。進門、上甬道。左右寬數畝、繚垣周環。正中爲天妃神堂、右一楹爲關帝神堂、右爲僧寮。堦下、鐘一所。大門左有神堂、上嚮供龍神」と書き留める。周煌『琉球国志略』は、「門南向、亦有石神二。甬道左右寬數畝、周圍繚垣。正中爲天妃神堂、右一楹祀關帝、左爲久米幼童誦讀地」とし、また所蔵の鐘の銘は下天妃宮と同文であるという。

(35)「那覇之東北三里有三清殿。……三清殿東有天妃廟。廟雖窄隘、幽邃可観。廟東有演武場。場南有長虹橋」。

(36)例えば汪楫『使琉球雑録』に「天尊廟祀雷聲普化天尊。去波上不遠」、徐葆光『中山伝信録』に「天尊廟、在護國寺下、供玉皇。有鐘、爲景泰七年丙子九月二十三日鑄、銘文與天妃宮同」とある。

(37)張学礼『中山紀略』「歸行、王請留匾額、正殿東南屏藩、家廟河山帯礪、三清殿蒼生司命、天妃廟中外慈母、王公亦有贈匾」。

(38)「入門甬道、至神堂三十歩許。堂内有崇禎六年冊使杜三策、楊掄慈航普濟匾、順治六年招撫司謝必振普濟生靈匾、康熙二年癸卯冊使張學禮、王垓普濟羣生匾」。

(39)徐葆光『中山伝信録』「天妃堂内、有崇禎六年冊使杜三策、楊掄立徳配玄穹、康熙二年癸卯冊使張學禮、王垓生天福靈」。なお周煌『琉球国志略』は、張學禮・王垓の額を「生而神霊」と読む。

(40)徐葆光『中山伝信録』、下天妃宮「大門上書靈應普濟神祠、則萬曆三十四年冊使夏子陽、王士禎所立也」、上天妃宮「梁上有靈應普濟神祠之額、乃萬曆中冊使夏子陽、王士禎所立也」。周煌『琉球国志略』、下天妃宮「門南向。明夏子陽、王士禎立靈應普濟神祠額」、上天妃宮「門額、舊夏子陽、王士禎書霊應普濟神祠、年久匾失。康熙中、徐葆光取宋宣和及元天歴兩賜額、合書之曰順濟霊慈之宮」。

(41)「下天妃廟、歴年既久、無従稽考焉。幸廟内有一片旧板僅存。而板面、書永楽二十二年造七字。固足徴焉。且見其鐘銘、乃鋳于景泰八丁丑年。由是考之、自永楽二十二年、至景泰丁丑年、凡歴二十四年。然則建廟也先、鋳鐘也後、而有得其序次。則于永楽年間、乃造斯廟也無疑矣」。

(42)前掲『大日本地名辞書』、『南島風土記』、那覇の天妃の項。

(43)「杜公録云、天尊廟、昔閩人移居中山者、創建廟祠、爲國祈福。以此考之、上天妃廟・龍王殿、亦此時建之歟」。

(44)李獻璋前掲書、第三章「唐人の琉球定住と媽祖の伝来」、那覇市企画部文化振興課編『那覇市史　通史編第一巻　前近代史』(那覇市役所、一九八五年)。

(45)汪楫『使琉球雑録』が「下天妃宮與天使館隣並。門外即館垣之左地、寛平可數十畝。前有大石池。那覇居民、向以此為市易之所。今徙馬市街」と記すように、天使館や下天妃宮の前の広場は那覇の町の中心であり、女たちによる露天の市は有名である。ここにも場の特質が表れている。

(46)天使館の創建された年は、『琉球国由来記』・『琉球国旧記』が尚巴志王の冊封時の永楽年間(一四〇三～二四)かとし、『球陽』が「察度王始めて中朝に通ず。爾よりして後、天使数次来臨す。武寧に至り、始めて冊封の大典を受け、永く著して例と為す。此れを以て之れを考ふるに、則ち天使館は、武寧王此の館を創建し、以て冊使を駐むること知るべし」(同王九年附条)と、武寧王(一三九六～一四〇六)の冊封時とする。『球陽』は天使館の起源を考証したものであり、那覇の天使館の創建は『琉球国由来記』や『琉球国旧記』のいうように、尚巴志王代であろう。
(47) 小葉田淳「歴代宝案について」、『史林』四六巻四号（一九六三年七月）初出、『歴代宝案研究』創刊号（沖縄県立図書館、一九九〇年三月）に再録。
(48) 柴山の宗教的・文化的活動を記した「大安禅寺碑記」・「千佛霊閣碑記」（郭汝霖『使琉球記』所収）は、後の冊封使の郭汝霖や蕭崇業の使琉球録に掲載されることによって後世に伝承された。
(49) 「千佛霊閣碑記」に「於是重修弘仁普濟之宮、引泉鑿井於宮之南、鼎造大安千佛靈閣」。
(50) 李獻璋前掲書。
(51) 東恩納寛惇『南島風土記』。
(52) 「沿湖而東、陟山半、有天妃新殿。造自郭公。凡冊使往返皆於斯起福醮、五晝夜」。
(53) 「宣徳・正統之間、重建上天妃宮于営中」。
(54) 上里隆史「古琉球・那覇の「倭人」居留地と環シナ海世界」『史学雑誌』一一四巻七号、二〇〇五年七月。
(55) 髙橋康夫「古琉球の環境文化――禅宗寺院とその境致――」、『都市・建築・歴史　4　中世の文化と場』、東京大学出版会、二〇〇六年（第九章第二節）。
(56) 一六八三年の汪楫『使琉球雑録』は天尊廟について「国に道士無く香火を奉ずる者も亦僧なり」と記す。
(57) 「夏給諫子陽使録云、此爲嘉靖中册使郭給事汝霖所建」。ただし、知られている夏子陽『使琉球録』（黄潤華・薛英編『國家圖書館藏琉球資料匯編』（全三冊、北京図書館出版社、二〇〇〇年十月）所収本）には徐葆光が引用するような記事はなく、おそらく胡靖『琉球記』と混同したのであろう。
(58) 齊鯤・費錫章『続琉球国志略』も同じ。また田山花袋編『琉球名勝地誌』（博文館、一九〇一年）の「天女祠」は久米村の上天妃宮の創建について周煌『琉球国志略』をほぼ引用、記述する。
(59) 胡靖『琉球記』「創自嘉隆間、覺傾頽略加脩葺」。
(60) 「上天妃宮」銘の鐘は、『琉球国由来記』が「上天妃廟」の項にその釈文をあげ、周煌『琉球国志略』に「有鐘一、鐫文與下天妃宮同」とあることから、久米村の上天妃宮に伝えられていたことがわかる。
(61) 「景泰年間鋳巨鐘、以懸于両天妃宮。而祭祀天后時、撞鐘拝礼耳。至于是年、始定晩暮撞鐘以報時刻」。
(62) この願望が実現されたことが、徐葆光『中山伝信録』に「設學於上天妃宮、以教七歳以上之初學者」、周煌『琉球国志略』に「久米七歳以上初學者、則設塾於上天妃宮以教之」とあることから知られる。上天妃宮のどこかは『中山伝信録』に記載はないが、一七五六年の周煌『琉球国志略』によると、「天妃神堂」の左の建物を「久米幼童誦讀地」としている。

(63) 泉田英雄『海域アジアの華人街——移民と植民による都市形成』、学芸出版社、二〇〇六年。

(64) 原田禹雄『夏子陽　使琉球録』(榕樹書林、二〇〇一年)。原文は「夏子陽曰、余聞諸琉球昔遣陪臣之子進監者、率皆三十六姓。今諸姓凋謝、僅存蔡、鄭、林、程、梁、金六家、而族不甚蕃。故進監之舉、近亦寥寥。大夫、長史、昔以誦詩學禮者充之。故多彬彬禮讓。今僅取奔走濫觴匪人、則末流漸失矣。三十六姓者、昔所居地曰營中、今強半邱墟、過之殊可概焉」。

第一二章　波上権現護国寺の再興

前一一章においては那覇の原点ともいうべき波上の地域、中国から伝わった天妃宮や天尊廟などに焦点をあわせたが、波上には日本渡来の波上権現が営まれ、また護国寺もあった。それらは波上また琉球王国とともにどのような歴史を歩んだのであろうか。

琉球八景（中山八景）の一つ「筍崖夕照」の波上は、古来より聖地、名勝として知られ、そこには特色豊かな歴史をもつ波上宮と護国寺が立っている。これらの社寺は伝承によって語られることが少なくないが、その創建・再興について、同時代史料にもとづいて新たな見解を提示し、波上権現が「琉球第一大霊現」「宗廟之霊社」、護国寺が琉球王国第一の真言宗寺院、「国家鎮守の祈願所」とされるにいたった理由・背景・経過の一端を明らかにすることが本論の目的である。

一、近世の波上権現・護国寺——問題の所在

袋中『琉球神道記』（一六〇五）にみえる「当国大社七處」の波上権現・沖権現・識名大権現・天久権現・末吉権現・普天間権現・八幡宮は、それぞれ護国寺・臨海寺・神應寺・聖現寺・万寿寺・神宮寺・神徳寺と併置され、(1)また十六世紀の創建とされる金武権現も観音寺と併置される。(2)古琉球の時代には神社の方が重要とされ、したがって本来

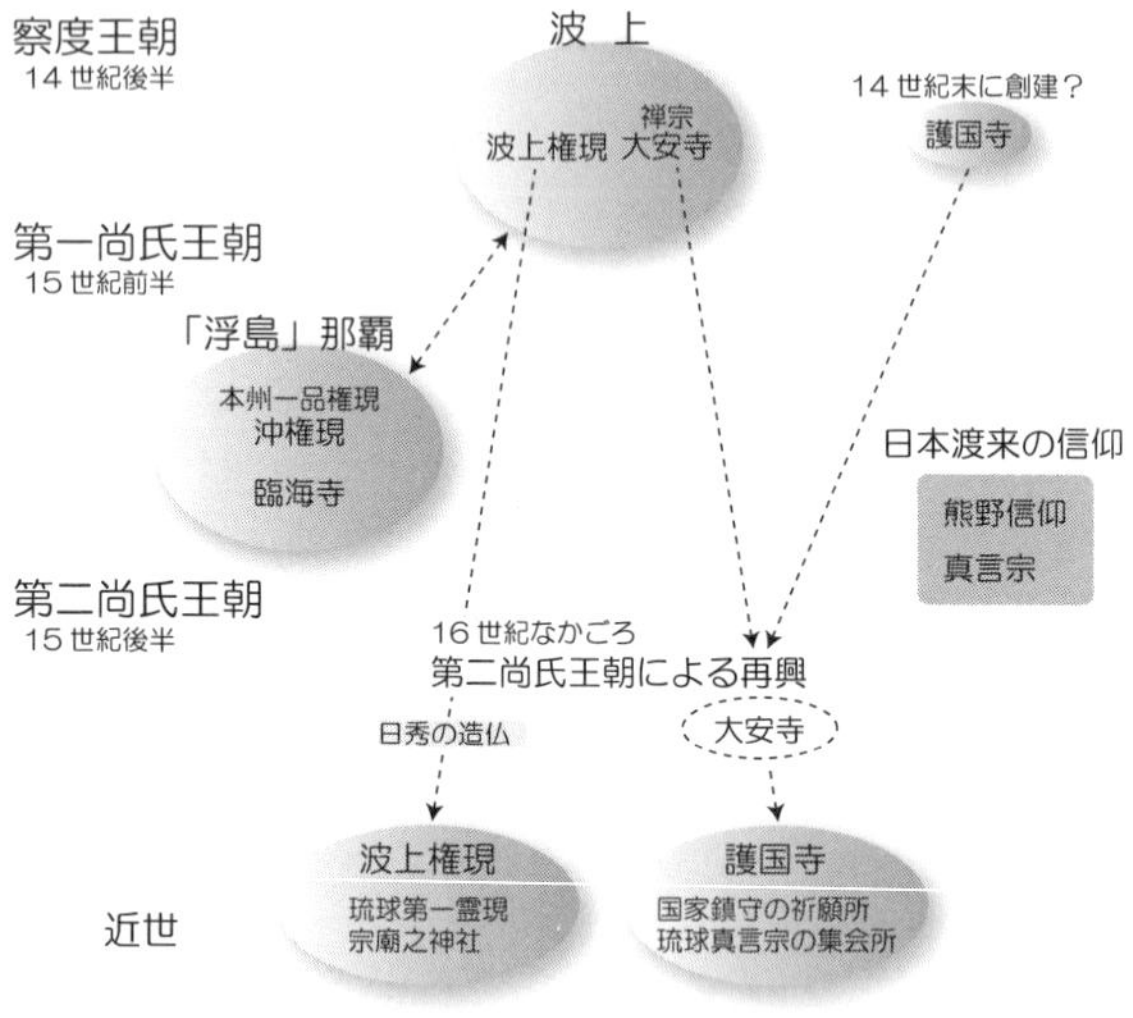

図65　本章の論点

は熊野信仰の神社と真言宗の神宮寺などと考えるのが妥当であろうが、[3] しかし、寺院に重きが置かれた近世以降は真言宗の寺院と熊野信仰の鎮守社とみるのが普通のようになった。

こうして近世・近代を通じて神社と寺院を一体視し、寺院境内の一角に社殿があるように思い、そのため沿革についても少なからぬ混乱が生じている。波上権現と護国寺についても同様であり、明確な議論のためにまずは両者を区別することが重要となる。波上権現と護国寺にかかわる史料をそれぞれ峻別する姿勢も必須であろう。

1　護国寺

波上に立地する真言宗寺院、護国寺は、知行高が端的に示すように琉球真言宗の首位にあり、[4] 禅宗寺院首位の円覚寺とともに、琉球近世宗教社会において重要な位置を占めていた。また護国寺が琉球王国・王家と深いかかわりをもっていたことは、「国家鎮守の祈願所」であったこと、[5] 国王が即位すると護国寺に群臣を召して霊社神文の水を飲ませたこと、[6] 中国へ派遣される使者が護国寺において誓詞血判をしたこと、[7] などからも知られる。[8] また袋中『琉球往来』によると、護国寺

図 66　波上周辺（「琉球那覇港及首里城間之図」、近代初頭）

図 67　波上の景観（「首里那覇泊全景図」、19 世紀）

図 68　波上宮・護国寺の景観（「琉球進貢船図屏風」、19 世紀）

は琉球真言宗の「集会所」であり、「節々の仏事、月次の行ひ、天供、御影供、怠転なし。是に併せて天地長久、国王万歳、諸人快楽を祈り奉る」寺院であったという[9]。

こうした特色を有する護国寺の創建に関して現在、二つの説がある。一つは『琉球国由来記』や東恩納寛惇『南島風土記』[10]などのいわば通説であり、察度王の時代、十四世紀の後半に日本人僧の頼重法印が波上の現在地に創建したとする。もう一つは島尻勝太郎の説で、日本人僧の日秀上人が大安寺跡に護国寺を創建したとする[11]。近年刊行された『沖縄県の地名』（平凡社地方資料センター編、平凡社、二〇〇二）では「総論」の「外来宗教と琉球」の項が島尻の説、「那覇市」の「護国寺」の項が通説を採用しているように、論者によって支持が分かれており、いまだ説得力のある結論が得られていない状況にあるといえよう。

琉球王国・王家と護国寺の深い関係の背景・

要因を探るためにも、波上の護国寺がいつ、誰によって建立されたのかを明らかにする必要があろう（第三節1項）。

2　波上権現

袋中『琉球神道記』巻第五の「波上権現事」には、

当国大社七處アリ。六處ハ倭ノ熊野権現、一處ハ同ク八幡大菩薩也。抑此権現ハ、琉球第一大霊現ナリ。建立ノ時代ハ遠シテ人知ラズ。

とあり、十七世紀初頭の波上権現が「琉球第一大霊現」とされていたことが知られるが、これは本土の熊野本宮の「日本第一大霊験所」と対比されるものである。(12)『琉球国由来記』に「一品霊社」とあるのも、「琉球第一大霊現」と同じ格付けを示している。(13)

また崇禎八年（一六三五）完成の本尊阿弥陀如来の銘によると、波上権現は「宗廟之霊社」とも表現されている。(14)「宗廟」は通常は国廟の崇元寺を指すのであろうが、(15)ここでは波上権現を意味している。波上権現に国王の神霊位が安置されていたというのである。「宗廟之霊社」として波上権現が王家自体と深い関わりがあったことを端的に示している。

『琉球国由来記』巻十一に「当国鎮守七社」という文言がいくつかみられるが、この七社は波上権現・沖権現・識名大権現・天久権現・末吉権現・普天間権現・八幡宮を指し、袋中『琉球神道記』の「当国大社七處アリ。六處ハ倭ノ熊野権現、一處ハ同ク八幡大菩薩也」と一致している。十七世紀初頭にはこれらの七社が琉球の鎮守という考え方も広く定着していたのかも知れない。

ところで、『琉球国由来記』巻十一の「沖山臨海寺」において、臨海寺現住の頼英は袋中の文を引きつつ次のように述べている。沖権現臨海寺は、目の前に展開する風光のすばらしさがいよいよ信仰を高め、諸国出入りの船が尊信しないことはなく、旅客は貴賤をとわず願望しないことはないのであるから、「本州一品之顕名」は実にふさわしいという。[16]当時、「琉球第一大霊現」の波上権現とともに、沖権現も「本州一品」の権現であったということである。これはどういうことなのであろうか。

実は、十五世紀においては熊野権現三社をまつる沖権現こそが「本州一品権現」であった。このことは天順三（一四五九）年に鋳造され、沖権現に寄捨された鐘の銘本文から明らかであり、[17]頼英が記した「本州一品之顕名」も、鐘銘の「本州一品権現」を踏まえている。鐘の鋳造にかかわった那覇の人々、寄捨した第一尚氏王朝の尚泰久王、その護持僧で銘の作者である相国寺渓隠安潜などにとって、[18]沖権現は「本州一品権現」なのであった。ここで渓隠安潜が尚泰久王の許しを得て創建した末吉権現が同じ時代に存在したことを想起するならば、[19]「一品」の格付け自体は尚泰久王の時代よりさらに古く遡るものとも考えられる。ほかにもいくつかの熊野権現の社が創建されていたことも自明であるが、ここでの問題は、仮に十五世紀に波上権現が存在していたとしても、それは「琉球第一大霊現」ではなかったということである。

「琉球第一大霊現」の号を波上権現に付与したのは誰か、またいつかという論点が重要である。格付けが意味をもちうる権威として王権を想定するほかないが、そうすると、誰かという点は第一尚氏王朝に取って代った第二尚氏王朝とみるのが自然である。時期の問題は「琉球第一」を沖権現から波上権現に置き換えた意図や目的などとも関連しよう。

波上権現の創建については護国寺ほどの大きな問題はなく、袋中『琉球往来』や『琉球国由来記』などに依拠して、崎山里主（察度王の子という）による社の創建、[20]ついで第二尚氏王朝尚清王の時代、十六世紀前半における倭僧日秀による本尊本地仏の造立と社殿の再興、[21]崇禎五年（一六三二）の社殿焼失と崇禎八年（一六三五）の頼慶による社殿

写真 20　琉球石灰岩の上に鎮座する波上宮

写真 21　沖宮本殿（旧地を離れ、今は奥武山公園にある）

再興[22]、嘉慶八年（一八〇三）に大破した社殿三棟を一棟に建て替えたこと[23]、などの大筋は共通した認識となっている。

ただ、日秀による再興の時期について『琉球国由来記』は、⑤「本尊」では嘉靖元年（一五二二）と説明する一方、⑥「軸銘」では嘉靖二十三年（一五四四）と考えねばならない史料（仏像軸銘）を掲載している。このため後者が有力であるものの、二つの説が行われている。いずれが妥当なのか、というよりなぜ同時代史料として有力な軸銘と異なる説が生じたかを検証する必要がある[24]。再興時期については「琉球第一大霊現」の格付けと関連するものであって、沿革史の中に転機・画期を探る作業として大きな課題といってよい。

二、波上権現の再興

波上権現再興の時期を課題としてあげたが、実際にはこの問題は同時代史料である本地仏の「軸銘」に即して、嘉靖二十三年（一五四四）十二月に日秀による本尊本地仏三体が完成したと考え、この事実によってその後の社殿への安置と供養（おそくとも嘉靖二十四年）をもって波上権現の再興とするのが妥当なみかたであろう。この論拠をより強固にする史料として伊東忠太と鎌倉芳太郎が報告した日秀作本地仏の銘があり、それにも同じ事実が記されている[25]。この論点を再興の時期に限るならば、これ以上議論の余地はないと考える[26]。それゆえ造営のありかたが重要なのであり、勧進僧である日秀の動向もさることながら、創建伝説に「国家守護」が謳われ、王の許可のもとに社が建立されたことを念頭において、王権との関係が問われる必要がある。

あらためて二つの銘文を示し、その内容を見てみよう。


奉建立熊野三所大権現御本地三尊形像。自嘉靖二十一年壬寅卯月吉祥日、始之。同二十三年甲辰十二月七日、三仏像、一身一手一刀作奉成就。殊者、国土安穏、万民快楽。別者、三世諸仏、三部界会、一切三宝、垂哀納給。世々生々、仏法興隆、化度衆生、令成就大願給。以此功徳、普及於一切、我等与衆生、皆共成仏道、
日本上野国住侶渡海行者広大円満無礙大悲大願日秀上人随縁正衆千松々子
大明嘉靖二十三年甲辰十二月大吉日敬白

「軸銘」によると、少なくとも波上滞在期の日秀が、組織とはいえないまでもある種の集団、「随縁正衆」と行動を共にしていたこと、また「千松々子」など「随縁正衆」が仏像の製作にも関与していたことをうかがわせる。波上権現の宮の再興も日秀と「随縁正衆」の手になる可能性が高い。

奉建立熊野三所大権現御本地阿弥陀・薬師・観音各形像。自嘉靖二十一年壬寅四月吉日始之。同二十三年甲辰十二月吉日、一身一刀作之奉成就。右意趣者、奉為金輪聖王天長地久、御願円満、殊者、両部界会、諸尊聖衆、一切三宝、垂哀愍納受給。於世世生生、仏法興隆、化度衆生、令成就所願給願、以此功徳普及於一切、我等與衆生皆共成仏道、
日本上野□□□呂補陀落渡海行者上人日秀
大明嘉靖二十三年甲辰十二月吉日

この銘文が造仏の意趣について「奉為金輪聖王天長地久、御願円満」とすることが注目される。金輪聖王が尚清王を指していることは明らかであり、日秀は尚清王の天長地久、御願円満を目的の一つとして一身一手一刀にて本地仏を刻んだというのである。「随縁正衆」の「千松々子」による「軸銘」が「国土安穏、万民快楽」とするのと対照的である。これは波上における日秀の宗教活動と王権（第二尚氏王朝）が結びついていたこと、また波上権現護国寺と第二尚氏王朝とのあいだに強い関係があったことを示唆している。

そこで注目されるのが同時期、第二尚氏王朝の尚清王の大土木工事である。尚清王は弁ヶ岳への道や首里城の城壁

などの建設を行っているが、波上権現の造営も国家による造営ではなかったか。『おもろさうし』巻一〇の一七「ありきゑとのおもろ御さうし」は、そのことを傍証する史料と考えられる。(27)

一　しょりくになるあんし　(首里国におられる按司)
又　くすくくになるあんし　(ぐすく国におられる按司)
又　しょりちよわる　あちおそい　(首里にまします按司襲い)
又　くすくちよわる　あちおそい　(ぐすくにまします按司襲い)
又　けおのよかるひに　(今日の良き日に)
又　けおのきやかるひに　(今日の輝く日に)
又　大きみは　たかへて　(大君に祈って)
又　くにもりは　たかへて　(国守りに祈って)
又　かみしもは　あとへて　(〈島の〉上下の人を集めて)
又　ちはなれ　そろいて　(地離れの人を揃えて)
又　いしへつは　このて　(石槌を作って)
又　かなへつは　このて　(金槌を作って)
又　いしらこは　おりあけて　(石を織上げて)
又　ましらこは　つみあけて　(真白石を積上げて)
又　なみのうへは　けらへて　(波の上を造営して)
又　はなくすく　けらへて　(花城を造営して)
又　物まいり　しょわちへ　(物参りしたまいて)
又　てらまいり　しょわちへ　(寺参りしたまいて)

又　かみも　ほこり　よわちへ　（神も喜びたまい）
又　こんけんも　ほこり　よわちへ　（権現も喜びたまい）

波上権現の竣工を祝うこのおもろについて、東恩納寛惇は「このおもろは多分最初の権現祠営建の時のものに違いない。何故かといえば、再興の尚豊時代にはおもろは通用しないからである」[28]とする。東恩納は尚清王の時代の可能性を示さずに、なぜか崎山里主による創建の時代に遡及させるが、その根拠を示していない。一方、湧上元雄は尚真王か尚清王の時代とし、おもろの字句から尚清王の時代と推定しており[29]、この説が妥当と考える。

要するに、波上権現の造営は琉球王府の大規模な事業として行われたと考えてよい。波上の崖の上、石を積み上げ造成された敷地に立つ三棟の社殿は、『琉球国旧記』のいう「壊宮」を新築したというよりも、旧態を一新するものであったにちがいない。事実上の創建といってもよいであろう。第二尚氏王朝の尚清王による造営が大きな契機となって、波上権現は王家にゆかりの社、「宗廟之霊社」となり、第一尚氏王朝の沖権現・「本州一品権現」に代わって「琉球第一大霊現」となったと考えられる。

三、護国寺の再興

波上権現が第二尚氏王朝の社となった大きな画期に、その神宮寺として護国寺が再興（ある意味で創建）されたのではないか。この想定は自然な考え方であろう。以下ではこの仮説をめぐって考えてみよう。

1　諸説の検討

護国寺の創建について、龍洞寺住持（護国寺前住）心海の手になる護国寺の縁起に、

竊按、当寺者　察度王御代、有建立哉。開山頼重法印者、洪武十七年八月二十一日入滅。惟恨、第二世以来数百年、無記櫧。故不知其幾世矣、

とあるように[30]、確たる史料はなく推測に過ぎないものの、察度王の時代、十四世紀の後半に日本人僧の頼重が波上の現在地に創建したと考えられていた。これを蔡温『中山世譜』（一七二五）[31]、『琉球国旧記』（一七三一）[32]、『球陽』（一七四五）[33]など琉球の地誌・正史が踏襲し、いわば通説のようになっている。ただ、このように考えるとき、少々問題になるのが一七一九年に琉球に来た冊封副使徐葆光の『中山伝信録』が、

宣徳中、冊使柴山三到琉球、曾建大安禪寺、千佛閣、明夏子陽「録」中載其記二篇。今皆莫知其處護國寺、舊名安禪寺、或即所建、問國人、皆不知。

と、護国寺の旧名を大安禅寺とすることであった[34]。尚巴志の冊封使であった柴山が一四三〇年に創建した大安禅寺が護国寺の前身であるとすれば、護国寺の前史をはじめ、不明であった大安禅寺の所在など、いくつかの史実が判明するため、徐葆光の記述は大きな意味をもっているからである。

しかし、この点について東恩納寛惇『南島風土記』は「鐘銘以外は何の拠もない」と否定的である。鐘銘というのは護国寺に伝わる一四五六年鋳造の大安禅寺の鐘のことであるが、徐葆光がこの鐘の銘を根拠としているというのは東恩納の推測なのであり、『中山伝信録』は何も根拠を示していない。東恩納は楊氏仲地通事系譜の墓地の竿図（年代を欠く）に多少参考に資すべきものがあるとして、①十四世紀末に頼重が護国寺を建立した、②大安寺は一四三〇年に護国寺・天尊廟の近くに敷地を得て建設された、③大安寺の廃絶後、その鐘が護国寺に移された、と述べている[35]。

東恩納寛惇の説を含む通説に対して、島尻勝太郎は大安禅寺が護国寺の前身であるとする立場（徐葆光『中山伝信録』に近い）から新たな批判的見解を提示した[36]。島尻は十四世紀末葉に頼重が渡来したことは認めつつも、ただちに護国寺の開山と考えてよいであろうか、と疑問を呈した。頼重が入滅してから次の頼玖まで一六四年の空白の年代があること[37]、『琉球国図』（沖縄県立博物館・美術館蔵）の浦添城の西に「護国寺」とあることに注目し[38]、それはその間に波上に護国寺が存在しなかったからではなかろうかという。そして大安禅寺の鐘が護国寺に残されていることなどから、十六世紀までに大安寺が廃絶し、その跡地に護国寺が創建されたこと、『三国名勝図会』により日秀上人が開山であること、などを論じている。

島尻の所説を検討してみよう。史料として『琉球国図』の「護国寺」を指摘したことは重要であり、古くは波上に護国寺がなかったことを示すとの島尻の見解は従うべきものと考える。一方、頼重の入滅から頼玖に至る住持次第の空白から、その間護国寺が存在しなかったと考えるのは適切ではない。『琉球国由来記』に拠ると、十五世紀以前に創建された寺院では、円覚寺のように第一世から歴代住持の名が判明する寺も確かにあるが、これはむしろ例外的なのであって、天王寺や天界寺、崇元寺、龍福寺、安国寺などの名刹でさえ、最初期には住持次第の記録がなく、長期に渡って空白になっているのが実情である。つまり空白の年代は必ずしも、寺院が存在しないことを意味するわけではない。また東恩納寛惇が批判するように、鐘の伝来によって大安禅寺の跡地に護国寺が建立されたと結論することも正しくない。護国寺と大安寺の関係について具体的に検討を深める必要がある。

さらに島尻が『三国名勝図会』によって日秀を護国寺の開山とすること、そもそも『三国名勝図会』が「波上山護国寺は真言宗にて一国の祈願所なり。上人を以て開山とす」とすることにも[39]、大きな疑問がある。この点について明快な根拠が示されているわけではない。おそらく『球陽』尚真王四十六年の条の見出しに「日秀上人、弥陀・薬師・観音を護国寺に奉安す」とあるのが根拠なのであろうが、これは波上権現の由緒を記した本文の中から、「嘉靖（元年）壬午、日域の比丘日秀上人、自ら弥陀・薬師・観音の三像を作り、此に奉安す」の「此」を「護国寺」に変えて見出しとしたものである。この文言自体は『由来記』に拠るもので、そこには「嘉靖元年辛巳（壬午の誤り――引用者注）、日域比丘、日秀上人、当社を再興し、自ら弥陀・薬師・観音三尊正体を刻し、神宮に崇め奉る」[40]とあるから、『球陽』のこの項の著者鄭秉哲は、『由来記』の干支の誤りを訂正する一方で、「神宮」を「此」と記し、ついで「護国寺」と記したことがわかる。『球陽』は、日秀が波上権現を再興した、また本地仏三尊を造立して神宮に奉崇したという史料を改変しているのであり、この記事を拠り所にして日秀の護国寺創建を主張したのであれば、それは誤りというべきであろう。

護国寺の「住持次第」は、頼重法印（一三八四没）を開山とし、その後百年以上の空白時期を経て、嘉靖二十七年（一五四八）に去った頼玖以後の歴代住持を列記するが、そこには日秀の名は記されていない。これが覚遍など歴代住持の認識なのであった。『琉球国由来記』は日秀と護国寺とのかかわりについてまったく記載しないのである。『由来記』が神仏習合の時代にもかかわらず、護国寺と波上権現の記事を書き分けていることにも留意すべきであろう。

要するに、日秀は波上権現を再興したのであって、護国寺の開山などではなかった。古くは波上に護国寺がなかったという主張を別にすると、島尻の説は根拠に乏しいといわざるをえない。以下では、波上における護国寺の再興について、護国寺と大安寺の関係を中心に検討を加えたい。

2　護国寺と大安寺の関係

大安寺は、一四二五年に尚巴志を冊封するために琉球に派遣された柴山が、三度目の琉球滞在となる一四三〇年に航海の無事を感謝して海岸の南に創建した寺であり、また一四三三年に千佛霊閣を建てていることなどが、柴山自身が記した「大安禅寺碑記」・「千佛霊閣碑記」によって知られる[41]。その後一四五六年に大安寺は尚泰久王より鐘の寄捨を受けており、[42]その銘に大安寺の住持として秀英の名がみえる。[43]

慶長八年（一六〇三）に琉球に漂着した浄土宗の僧、袋中の著作『琉球往来』には、大安寺が禅宗ではなく、真言宗の寺院として現れる。『琉球往来』はいわゆる往来物の一種であり、書簡集のかたちをとって琉球のさまざまなことがらを説いているが、そのなかに臨済宗安国寺の僧と真言宗大安寺の僧による往復書簡が含まれている。この安国寺が十五世紀に創建された実在の臨済宗寺院であること、往来物が実際に役立つことを意図してつくられたことから、大安寺もまた実在の寺院と考えて差し支えないであろう。

大安寺僧都の書簡は、禅宗の安国寺西堂が書簡において密宗の来由を承りたいと求めたのに応じたものであり、当時の琉球真言宗の一端を伝える興味深い史料といってよい。

> 琉球に於ては、波上山護国寺を以て集会所に為す。節々の仏事、月次の行ひ、天供、御影供、怠転なし。是に併せて天地長久、国王万歳、諸人快楽を祈り奉る。

以上から十七世紀初頭の状況として指摘できることは、第一に大安寺と護国寺が併存していたこと、第二に護国寺は琉球における真言宗寺院の宗教活動の中心となっていたこと、第三にもともと禅宗寺院であった大安寺が、遅くとも十六世紀末には真言宗に宗旨をかえていたこと、などである。

ところで注目されるのは、護国寺がその本尊として大安寺に安置されていた仏像を祀っていたことである。『琉球国由来記』は護国寺の「本尊」として、虚空蔵菩薩・地蔵菩薩・不動明王・愛染明王をこの順であげているが、[44]『琉球国由来記』と『琉球国旧記』が本尊のいずれもがもともとは他寺の本尊であったと記すことが興味深い。すなわち、『琉球国由来記』では、虚空蔵菩薩について「此の本尊は、大寺建立の初より安置の者か（傍線は引用者による、以下同じ）」、地蔵菩薩について「此菩薩、嘉靖年中、薩州川内の郡、太平寺御本尊なり、此の地に縁有りて波上山に飛来す」、不動明王について「本来、神徳寺御本尊なり」[45]、愛染明王について「此の本尊は大寺建立の初より安置の者か」と記している。『琉球国旧記』も、地蔵菩薩と不動明王について同じ伝承を伝える。[46] 護国寺本来の本尊がなく、「大寺」と太平寺と神徳寺の本尊を移して祀っているということは、護国寺にやや特別な創建の事情があったことを暗示しているのであろう。

ところで、『琉球国由来記』が虚空蔵菩薩と愛染明王を護国寺に伝えたとする「大寺」については、これまで見過ごされ、検討されずにきたようである。この「大寺」とはどの寺を意味しているのであろうか。その手がかりは護国寺に懸けられた一口の鐘の銘にある。この鐘の説明にも「大寺に有り」と注記されているが、鐘に刻された銘によってこの鐘が一四五六年に尚泰久王から「大安禅寺」に寄捨されたものであることが明らかである。すなわち、「大寺」とは大安寺のことなのである。

護国寺は、大安禅寺の古鐘を受け継いだだけではなく、大安寺に創建以来安置されてきたという本尊、虚空蔵菩薩と愛染明王の二体を自らの本尊として安置していた。このことは、護国寺と大安寺が真言宗の寺院として本末関係にあったという以上に、護国寺が大安寺の歴史・由緒を継承したことを示していると理解したほうがよいのではないか。とはいえ、これは護国寺の前身が大安寺であるとか、大安寺の跡地を引き継いだということとはまた別のことである。

大安寺の所在について、『中山世譜』などはどこにあったかわからないとする。前述のように、島尻勝太郎は護国寺の寺地がかつての大安寺の寺地であると考えたが、大安寺の鐘を引き継いだからといって、そのように考えることはできない。袋中『琉球往来』によるなら、護国寺と大安寺は併存していた可能性が高く、したがって両寺の敷地は異なっていたとみるのが妥当である。

東恩納寛惇は柴山の「大安禅寺碑記」に「地を海岸の南に得たり」とあることや、揚氏仲地通事系譜に載る図面の書込み「海南之寺」が大安寺とみられることなどから、大安寺の跡を護国寺と天尊廟の東、広厳寺の西隣と推定した[47]。しかし、次のように別の可能性を考えることができる。

同じ柴山の「千佛霊閣碑記」には「弘仁普済の宮を重修し、泉を引き、井を鑿ち、宮の南に大安・千佛霊閣を鼎造す」とある。柴山は自ら修理を行った弘仁普済の宮、すなわち天妃宮の南に大安寺と千佛霊閣を建立したが、これは鼎の位置を占めたという。「大安禅寺碑記」に従って海辺に近い方を大安寺と考えるなら、その後に建てた千佛霊閣は遠い方となろう。護国寺と天尊廟の東、広厳寺の西隣に比定すべきは大安寺ではなく、千佛霊閣でなければならない。護国寺と天尊廟のあいだに大安寺があったと推定する方が、「地を海岸の南に得たり」の表現にふさわしい立地となる。大城将保は「（大安寺の）寺跡に隣接して護国寺が建立された」という護国寺の伝承を紹介しているが[48]、この伝承は東恩納や島尻の説とは異なっていて、後人の推察や思い込みなどではなく、古くからの言い伝えであることを示唆し、興味深い。

袋中『琉球往来』や護国寺の伝承は、傍証となりうるものと考えられるものであり、護国寺は隣接する大安寺の本尊や鐘とともにその土地も継承したとみるのが自然である。

3　再興の時期と院号「三光院」

島尻勝太郎は波上における護国寺の建立を創建と考えたが、それにはたしかに一理あるものの、護国寺という寺名の継承、その沿革を頼重の護国寺に遡及させていること、その由緒が広く認められていたこと、などから再興と考えなければならないであろう。

さて、護国寺の「住持次第」は、護国寺第二世とされる頼玖和尚から康熙五十二年時点の第二五世の現住覚遍まで連綿と代々の住持の名が書き連ねている。他の住持は名を羅列するだけであるのに対し、第二世頼玖だけに「嘉靖廿七年戊申四月八日去」とあるのが注目される。この年に住持を辞去（交代）したのか、住持のまま死去したのか、いずれにしても頼玖が嘉靖二十七年（一五四八）四月まで護国寺の住持を勤めていたといえよう。この「住持次第」からごく自然に第二世頼玖の住持期が護国寺の大きな画期、すなわち再興時期と推定されるが、それが波上権現の再興時期と重なっていることは偶然の一致ではないであろう。波上権現とその神宮寺たる護国寺の再興は王府による一連の造営事業なのであるから、第二世頼玖が中興開山である可能性は少なくないと思われる。

さて、醍醐寺三宝院の義演の日記『義演准后日記』によると、慶長三年（一五九八）九月十九日に護国寺の僧が段子一巻・竹心香・天子台・酒などを進上し、翌二〇日に「准三宮義演令旨」が発給され、義演から「三光院」の院号を許されている。(49)この時から「波上山三光院護国寺」が正式の寺名となった。(50)

ただし実際には、護国寺はこれより先に三光院を自称していたようである。このように推定するのは、日秀（天正三年没）が自身の寺を三光院と称したと推定されるからである。元禄十年（一六九七）の三光院秀遍の書出によると、日秀は永禄十二年（一五六九）に大隅において自身の寺を創建し、自ら「三光院」と称したという。(51)また根井浄は境内に「通堂」と名づけられた茅屋があること（『三国名勝図会』）に注目し、それが那覇の港に設けられた冊封使を迎える施設、迎恩亭を指すこと、また三光院が波上山護国寺の院号でもあることなどから、琉球那覇の景観を意識して三光院を建立したと指摘している。(52)これらに従うなら、護国寺の院号「三光院」はかなり早い時期、おそらく日秀が波上に滞在した頃、嘉靖二十三年（一五四四）前後には使用されていたことになろう。いずれにせよ、「波上山三光院護国寺」が正式の寺名となったことは、名実ともに寺基が確立されたことを端的に表している。

護国寺は、再興からまもない時期に第二尚氏王朝の「国家鎮守の祈願所」、重要な儀礼の場となり、琉球真言宗の「集会所」となったにちがいない。また対外的には、薩摩の大乗院（醍醐寺末・大覚寺末）との関係を通じて遠く京都の当山派修験道の中心である醍醐寺と関係のあったことを院号の一件が示しているし、薩摩坊津の一乗院と琉球の古くからの関係から考えて、紀伊の根来寺、智積院とつながりをもったことも推定できる。袋中『琉球神道記』と『琉球往来』、『義演准后日記』はそうした確立期の護国寺の状況を伝えるものであろう。

おわりに

以上の成果に他の知見や推定を加え、およそ年代順に整理してまとめとしたい。

（1）十四世紀末、察度王の時代に日本僧頼重により護国寺が創建されたと伝えられている。それは浦添城の西にあり、察度王朝の「祈願所」であった可能性がある。察度王朝が滅び、第一尚氏王朝の時代になると、護国寺は衰退した。

（2）同じ察度王の時代、波上権現が崎山里主により創建されたと伝えられている。

（3）一四三〇年に柴山が波上に大安寺を創建し、ついで一四三三年に千佛霊閣を建てた。尚泰久王が大安寺に寄捨した一四五六年鋳造の鐘が護国寺に伝わり、現存する。

（4）十五世紀中ごろの波上には波上権現・大安寺・千佛霊閣・天尊廟・天妃宮が並び立ち、ヤマトの神社信仰、中国の禅宗や道教など宗教色の濃厚な地域、いわば聖域を形成していた。このことから周辺に集落の存在が推定される。

（5）十五世紀中ごろ、波上権現ではなく、沖権現が「本州一品権現」と称されていた。

（6）十六世紀中ごろの波上において、第二尚氏王朝尚清王によって波上権現と護国寺の再興などの大規模な寺社造営事業が行われた。

（7）嘉靖二十三年（一五四四）十二月、波上権現の宮の再興に尽力した日本の補陀落渡海僧日秀は、自ら本地仏を刻み、完成させた。
（8）波上権現は第二尚氏王朝の庇護のもと、沖権現に代わって「琉球第一大霊現」となった。
（9）護国寺は波上権現と大安寺に隣接して建立され、日本僧頼重の創建とされる護国寺の名や由緒を受け継いだ。また第二尚氏王朝の「祈願所」となり、国王即位後の誓約や渡唐役人の誓書血判など特別な儀礼の場ともなった。
（10）大安寺は十六世紀末には真言宗寺院となっていたが、十七世紀には廃絶し、その本尊や鐘は護国寺に移された。護国寺は大安寺の由緒を引き継いだともいえる。

注

（1）袋中『琉球神道記』巻五（横山重編『琉球神道記』、大岡山書店、一九三六年　六九頁）。
（2）『琉球国由来記』巻十一「密門諸寺縁起」、外間守善・波照間永吉編著『定本　琉球国由来記』（角川書店　一九九七年　二〇五―二二二頁）。
（3）『琉球国由来記』巻十一「密門諸寺縁起」注（2）によると、神應寺・聖現寺・万寿寺は当初は禅宗寺院であったが、「当国鎮守七社」の神宮寺であることから一六七一年に真言宗に宗旨を変えた。
（4）『球陽』尚貞王二年条「素、護国寺に知行六十斛、臨海寺に三十斛を賜ふ。其の知行の内、各十斛は乃ち其の寺を修算するの費と為す。又神応寺・万寿寺・神徳寺・聖現寺・神宮寺は、知行二十五斛なり。其の知行の内各十三斛は乃ち其の寺を修葺するの費と為す。是の年に至り、各寺の住僧呈請し、以て其の修葺する所の知行を還す。此れよりの後、公朝より以て修葺を為す」（原文は漢文）、球陽研究会編『球陽（読み下し編）』（角川書店　一九七四年　二二五頁）。
（5）『琉球国由来記』巻十一「密門諸寺縁起」の「波上山護国寺」の項、⑦（見出し番号）「波上山三光院護国寺」の条（二〇八―二〇九頁）、「波上山者、為国家鎮守、祈願所也」。なお、『琉球国由来記』⑦のように略記することがある。

（6）『琉球国由来記』巻四の「人事門」（一一六頁）に「中頃ヨリ、御即位以後、於護国寺令飲神水〈霊社ノ神文焼之和水〉于諸臣也。且諸間切諸島ハ遣検者令飲神水也」とある。『球陽』外巻「遺老説伝」に「中古より来、王すでに即位すれば、必ず吉日を択び、偏く群臣を護国寺に召し、霊社神文の水を飲ましめ、且つ使者を遣はし、諸郡諸島に往き至りて、神水を庶民に飲ましめ、永く君臣の義を守り、敢て弐心有らざらしむ」（嘉手納宗徳編『遺老説伝　球陽外巻　原文・読み下し』角川書店、一九七八年　八八頁）。

（7）東恩納寛惇『大日本地名辞書　続篇（第二　琉球）』（冨山房、一九〇九年、『東恩納寛惇全集　6』第一書房　一九七九年に収録）は、「波上宮」の項（全集一七六―一七九頁）で「古へ渡唐人員は波上に於て、薩州役人立ち合ひの上誓書血判するを例としたり」として一六六六年の文書をあげる（ただし、この波上は権現宮ではなく、護国寺と解すべきである）。なお「親見世日記」（那覇市企画部市史編集室編『那覇市史　資料編第一巻一〇　琉球資料（上）』、那覇市役所、一九八九年九月）乾隆三三（一七六八）年十月五日条（二〇六頁）に「今月十三日於護国寺渡唐人数誓詞被仰付候間、例之通被相勤候」、十三日条（二〇六頁）「渡唐人数波之上於講堂誓詞付」とある。

（8）真栄平房昭「近世琉球における航海と信仰―「旅」の儀礼を中心に―」（『沖縄文化』第二八巻一号、一九九三年一月　一―一六頁）はこのような護国寺の特殊性に言及している。

（9）袋中『琉球往来』下（横山重編『琉球神道記』、大岡山書店、一九三六年　一四一頁）。

（10）東恩納寛惇『南島風土記――沖縄・奄美大島地名辞典――』（沖縄文化協会・沖縄財団、一九五〇年、『東恩納寛惇全集　7』第一書房　一九八〇年に収録）の護国寺の項（全集三八七―三九〇頁）。

（11）島尻勝太郎「護国寺と大安禅寺」（『球陽研究』第五号、一九七八年七月　一―一二頁）、同「護国寺の創建と日秀上人」（『沖縄大学紀要』、第1号、一九八〇年三月　一―一五頁）、同「頼重法印」『沖縄大百科辞典』（下巻、沖縄タイムス社、一九八三年　八二八頁）。

（12）慶長十八（一六一三）年に豊臣秀頼が寄進した神額（県指定文化財）の銘に「日本第一大霊験所　根本熊野三所権現」とある。鳥羽院が日本第一と認めたことによるという。

（13）「波上山隠居龍洞寺心海」が記した①「波上山権現縁起序並真言宗由来事」（二〇五―二〇七頁）に「神境之祥景、霊山、海島羅立無窮。先当震位、秀聳半天者、王城也。向其坤、断卓立海畔者、一品霊社也」とある。

（14）伊東忠太・鎌倉芳太郎「琉球における日秀上人造像考」（『芸苑巡礼』第一冊　巧藝社　一九二九年　二―八頁）によると、崇禎六（一六三三）年の社殿焼失後、崇禎八年新たに造立・安置された本地仏三体のうちの阿弥陀如来背面の銘文は次のようなものである（便宜、読点を補った）。

崇禎八年乙亥八月吉日成就了、□當社□熊野山之三社十二所大権現御勧請之宗廟之霊社也、爾不時崇禎六年癸酉初冬廿一日回禄、是故今尚豊皇帝以勅定、同八年乙亥欲奉令勧請、遣使於薩摩国鹿児島大興寺住成辨、御本地三体之尊像請来之、以所奉崇敬也、然則神者依人之敬増威、人者依神之徳添運矣、彌国家長久万民豊楽上君下臣皆以無漏神明之巨益者也、

補注一　社殿に安置されていた日秀作の本地仏三体は護国寺に移されていて火災を免れた。伊東・鎌倉がこれらを調査し、銘文を紹介している。

補注二　社殿焼失を『琉球国由来記』⑤「本尊」の項は崇禎六年六月とする。しかし、前掲の銘文には「初冬廿一日回禄」とあり、また一六三三年六月九日冊封使とともに那覇に到着した胡靖の『琉球記』（黄潤華・薛英編『國家圖書館藏琉球資料匯編』（北京図書館出版社、二〇〇〇年、上巻二七三頁）に波上権現の三棟の社殿をみたことが記されている。これらによって社殿焼失は、崇禎六年十月二十一日と修正すべきであろう。

(15) 琉球国王にかかわる廟として、国廟の崇元寺、王廟の円覚寺、歴朝の王廟である龍福寺があった。

(16) ⑭「沖山三所大権現縁起」の項（二一一頁）、「権現社在之霊地、厳厳石地囲、後津涯漫々流、右海顔万里、映宮甍、風光千里、満殿前、輪円是（具―引用者注）足之秋月者、浮瑜伽歓門之性海、随縁真如之風波者、灑妄想顛倒之心垢、感応豈少乎。故渡唐之官船、開帆帰檣之願祈、薩州上下之貢船、共奉神楽、諸国出入之船、無不尊信、旅客之貴賤、無不願望、可謂本州一品之顕名、良有以也」。

(17) 鐘銘は次の通りである。引用は小島瓔禮・辻雄三『琉球古鐘銘集成』（琉球大学教育学部小島研究室、一九八六年　六六―六八頁）により、原文の漢文を読み下した。

琉球国王大世主、庚寅の歳に慶生す。ここに法王身を現はし、大慈の願海を量ひて、新たに洪鐘を鋳て、もつて寄捨し、本州一品権現御宝殿前に掛け奉る。上は万歳の宝位を祝し、下は三界の群生を済ふ。命を辱うし、相国住持渓隠叟、その銘を為る。銘に曰く、

華鐘鋳就りて　珠林に掛着すれば
昏夢を撞破して　正誠天心たり
君臣道合して　蛮夷侵さず
梟氏の徳を彰はし　追蠡の吟を起こせば
萬古の皇沢　妙法の音を流ふ

天順三年三月十五日
奉行　與那福
大工　花城

(18) 琉球人禅僧・渓隠安潜については第九章第二節3項を参照されたい。
(19) 右同。
(20) 袋中『琉球神道記』巻第五の「波上権現事」(六九―七〇頁)に、
当国大社七處アリ。六處ハ倭ノ熊野権現、一處ハ同ク八幡大菩薩也。抑此権現ハ、琉球第一大霊現ナリ。建立ノ時代ハ遠シテ人知ラズ。

抑此ノ権現ハ、琉球第一大霊現ナリ。建立ノ時代ハ遠シテ人知ラズ。昔崎山ニ、即チ崎山ノ里主ト云フ者アリ。常ニ釣魚ス。アル日汀ヲ行クニ、後ヨリ呼ル音アリ。顧見ルニ人ナシ。其ノ辺リニ、木ニ似タル石アリ。此ノ所作ト覚ヘテ、高処ニ置キテ、祈リテ云フ。此ノ石、霊アラバ、今日釣ヲ能クセシメヨ。ソノ日大ニ得モノアリ。喜ビテ還ル。後ニハ祈ルコト度度ナリ。皆験アリ。夜見ルニ、石ノ辺リニ当タリテ光アリ。爾ラバ霊石ナリト思ヒテ、把リ来タリテ崇ム。時、此ノ国ノ諸神、何ゴトゾヤ、此ノ石ヲ取ラントス。所々ニ北(ニゲ)ヌ。諸神ノ嫉ミ給フカト疑フ。爾レドモ、志深クシテ棄テズ。遂ニ此ノ波ノ上ニ来ル。思イヤウ、爰ニシテハ死スル共、他ニ行クベカラズ。爾ニ諸神ノ祟リモ無クシテ安心ス。

アル時、神託ニ云フ。我ハ是日本熊野権現ナリ。汝ニ縁アリ。此ノ地ニ社スベシ。此ノ国家ヲ守護スベシ。コノ由王殿ニ奏ス。ココニ立テ給ヘリ。
(21) 『琉球国由来記』⑤「本尊」、⑥「軸銘」、⑨「末社」。
(22) 『琉球国由来記』⑤「本尊」、⑥「軸銘」。
(23) 『球陽』尚成王元年条(四五三頁)。
(24) この問題については、次の付論「補陀落渡海僧日秀上人と琉球」において詳細に検討している。
(25) 伊東忠太・鎌倉芳太郎注(14)前掲論文。
(26) 注(22)参照。
(27) おもろの引用、現代語訳は『沖縄県の地名』(平凡社、二〇〇二年十二月)の波上宮の項(一五二―一五三頁)によった。あわせて外間守善校注『おもろさうし』(上下、岩波書店、二〇〇〇年三月)を参照した。
(28) 『南島風土記』波上宮の項(全集 三九一―三九三頁)。
(29) 湧上元雄「波上宮の由来」(『沖縄民俗文化論』、榕樹書林、二〇〇〇年、四九九―五〇〇頁)。
(30) 『琉球国由来記』①「波上山権現縁起序並真言宗由来事」(二〇五―二〇七頁)。
(31) 蔡温『中山世譜』、洪武十七年条「本年(一三八四)八月二十一日護国寺開山住僧頼重法印入滅、蓋頼重乃日本人也、何年至国、以建寺于波上山今不可考、然洪武十七年頼重入滅、則元朝之末或明朝之初、其至国也無疑焉」（『蔡温本 中山世譜』沖縄県教育委員会 一九八六年 三五〇頁）。

(32) 『琉球国旧記』巻之七「護国寺」の項、「窃按、開山住持日本僧頼重法印、洪武十七年甲子八月二十一日入滅。由是考之、察度王世代、建立此寺、以為祈願之所也」（『琉球史料叢書 第三巻』井上書房 一九六二年 一三三頁）。

(33) 『球陽』察度王三五年の条、「日本人僧頼重法印は、護国寺開山住持なり。何れの年に国に至り、以て寺を波上山に建つるや、今考ふべからず。然れども洪武十七年、頼重入滅すれば、則ち元明の際其れ国に至ること疑ひ無からん」（一〇六頁）。なお、尚真王四六年（一五二二）条に、「窃に按ずるに、護国寺の開山住僧日本僧頼重法印は、洪武甲子八月二十一日入滅す。是れに由りて之れを考ふるに、察度王此の寺を建立し、愛染明王・弘法大師・地蔵菩薩（割注略）・不動明王等を奉安し、以て祈願の所と為せしならんや。然り而して歴年已に久しく、従りて稽詳する莫し」（一五七―一五八頁）とある。

(34) 徐葆光『中山伝信録』の引用は、黄潤華・薛英編『國家圖書館藏琉球資料匯編』（中巻、三五〇頁、北京図書館出版社、二〇〇〇年）。

(35) 東恩納寛惇注（10）前掲書。

(36) 島尻勝太郎前掲論文、注（11）。

(37) 『琉球国由来記』⑬「住持次第」（二一一頁、現住覚遍作）によると、

開山者、頼重法印也、入滅日洪武十七年甲子八月二十一日日本人也、生国不可考矣。
恨、第二世以来、数十年、無記楮故、不知其幾世矣。嘉靖以来住持次序、左記之。
頼玖和尚　嘉靖廿七年戊辰四月八日去、芸瑜和尚……（中略）……覚遍和尚
到現住覚遍和尚第二十五世也。

(38) 『琉球国図』については近年注目され、上里隆史・深瀬公一郎・渡辺美季「沖縄県立博物館所蔵『琉球國圖』――その史料的価値と『海東諸国紀』との関連性について――」（『古文書研究』六〇巻、二〇〇五年八月 二四―四五頁）などの論考がある。

(39) 五代秀尭・橋口兼柄編『三国名勝図会』第三巻（青潮社 一九八二年）の三光院の項（七一六頁）。

(40) 護国寺住持覚遍による「波上山護国寺」、⑤「本尊の項。

(41) 柴山「大安禅寺碑記」・「千佛霊閣碑記」（郭汝霖『使琉球録』、殷夢霞・賈貴榮・往還編『國家圖書館藏琉球資料續編』上巻一六六―一七二頁、北京図書館出版社、二〇〇二年）。柴山の宗教的・文化的活動を記した二つの「碑記」は、後の冊封使の郭汝霖や蕭崇業の使琉球録に掲載されることによって後世に伝承されていった。

（42）大安寺の鐘については、大城将保「「旧大安寺鐘・一名護国寺の鐘」について」（『沖縄県教育委員会　文化課紀要』第5号、一九八八年三月一一―一七頁）がある。
（43）小島瓔禮ほか注（17）前掲書。
（44）『球陽』も同じ本尊をあげる（注（33））。なお『琉球国旧記』は地蔵菩薩と不動明王をあげ、また近世の使琉球録には護国寺の本尊として不動明王が記述される。
（45）この不動明王は、『琉球国由来記』と『琉球国旧記』によると、護国寺住持頼久が一六八五年に神徳寺から勧請したものであるという。一六八三年に渡来した冊封使汪楫の『使琉球雑録』（黄潤華・薛英編『國家圖書館藏琉球資料匯編』北京図書館出版社二〇〇〇年上巻七四二頁）には「神像の剣を手にして立つを供ふ。名を不動と曰う」とあって、当時不動明王が祀られていたことがわかる。一六八五年という所伝に混乱があるのであろう。
（46）ただし『琉球国旧記』では、「神應寺」住持頼聖が不動明王を「神應寺」に移安したとするが、「神徳寺」の誤りであろう。
（47）東恩納寛惇注（10）前掲書。『沖縄県の地名』も同じ。
（48）大城将保注（42）前掲論文。
（49）『義演准后日記』慶長三年九月十九日・二十日条、および慶長三年九月二十日付「准三宮義演令旨案」（『大日本古文書　醍醐寺文書之八』一九〇六号）。
（50）『三国名勝図会』第一巻「大乗院」の項（二三八頁）は、護国寺について「大乗院末流、而湛上都醍醐法水、扇南紀根来智風」とする。
（51）東京大学付属史料編纂所所蔵『神社調』「大隅国之部六」の三光院の項。
（52）根井浄『補陀洛渡海史』宝蔵館、二〇〇一年、二七六―二七七頁。

付論　補陀落渡海僧日秀上人と琉球——史書が創った日秀伝説

前章において検討した波上権現護国寺の再興には一人の日本人僧日秀が関わっていた。補陀落渡海僧ともいわれる日秀上人とはどのような人物であり、また琉球のなかでどのようにみられていたのか。

十六世紀に活動した日秀上人は、真言密教と観音信仰、熊野信仰、法華信仰をあわせもち、補陀落渡海と那伽定を実践した捨身行者であった。また琉球、薩摩・大隅において宗教活動を行い、寺社を建立・修復し、仏像を彫刻するなど、遊行宗教者・勧進僧・仏師でもあった(1)。日秀の活動はいかにも多面的であるが、日秀三十三回忌の法筵に列して南浦文之が呈した「水雲の僧にして密宗の徒なり」(『南浦文集』中)がもっとも簡にして要を得た人物評と思われる。こうした日秀の事蹟は、琉球では王府編纂の正史や地誌に取りあげられ、また薩隅では『三国名勝図会』(一八四三年)に詳しい伝記が載り(2)、さらに清の徐葆光『中山伝信録』(一七二一年)や周煌『琉球国志略』(一七五九年)などの冊封使の記録においても言及されている。

日秀は多くの研究者の注目も集めてきた。このような僧としてはめずらしく関連資料に恵まれていること、また琉球への真言宗や熊野信仰の伝播・普及とかかわっていること、さらには琉球那覇における波上権現護国寺の再興や薩隅における坊津一乗院と正八幡宮(鹿児島神宮)の復興など有名な寺社の造営に従事したことなどによるのであろう。すでに戦前の東恩納寛惇『大日本地名辞書　続篇(第二　琉球)』(冨山房、一九〇九年)から近年の根井浄『補陀洛渡海史』(宝蔵館、二〇〇一年)(3)、知名定寛『琉球仏教史の研究』(榕樹書林、二〇〇八年)に至るまで少なからぬ研究・概説

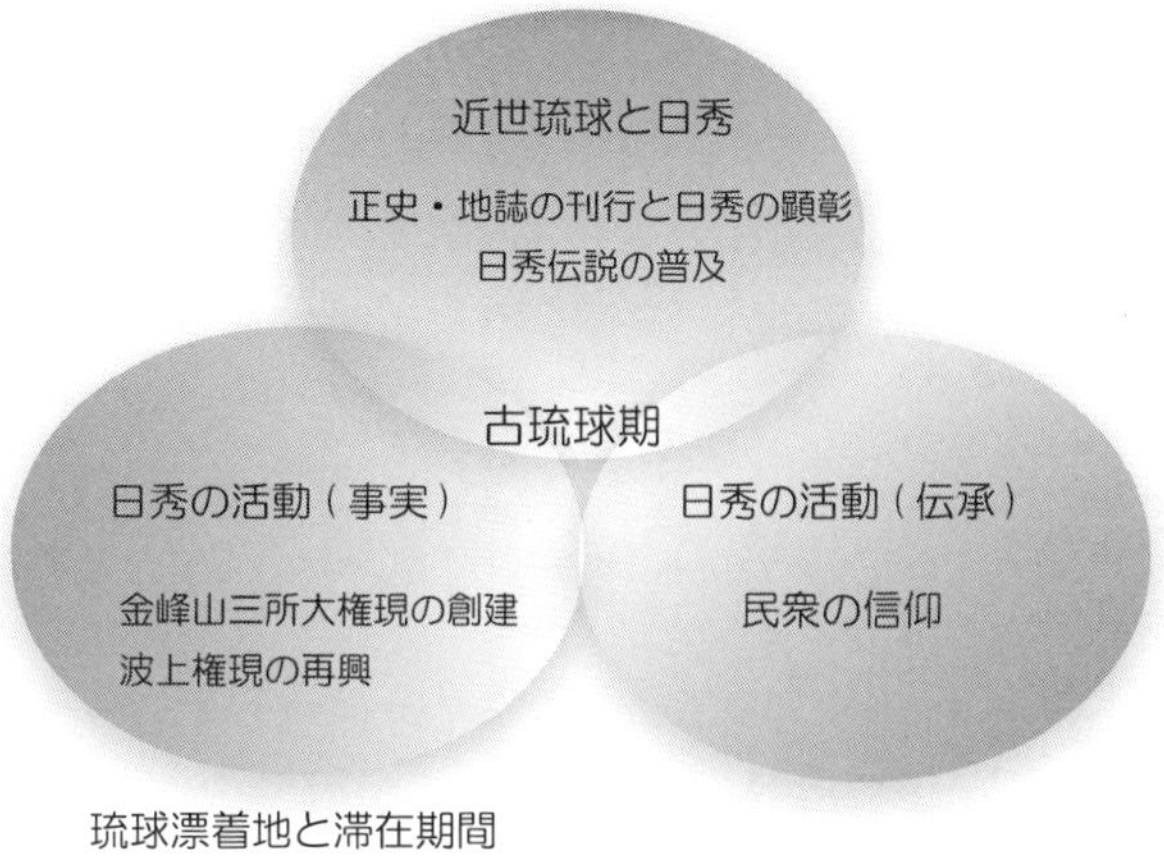

図69　本論の論点

の蓄積がある。(4)

　しかし、さまざまな視点から研究されてきたとはいえ、日秀の事蹟、歴史的意義が十分に明確になったとはいえない状況である。同時代史料がきわめて少ないこと、また琉球の正史と地誌、薩隅の日秀伝記類のあいだに事実関係の食いちがいが多々あることも大きな問題となってきた。(5) 琉球における日秀の活動については、とくに『琉球国由来記』と『中山世譜』・『琉球国旧記』・『球陽』のあいだの異同をどのように解決し、信頼性を確認するかが不可欠の課題である。

　本論では先学の業績に学びつつ、近世琉球の正史・地誌などの基本史料を、内容のちがいはもとより著者の立場や見方にも留意しながら詳細に考察する。その上で、日秀の琉球漂着地とその時期、琉球滞在期間などの基礎的な事実関係を検討しつつ、琉球における日秀の事蹟とされることがら、すなわち金峰山観音寺の創建、波上権現護国寺の再興、那覇・首里・浦添における旧跡や祭祀などを捉え直し、近世社会と日秀信仰のかかわりなど歴史的意義の一端をあらためて提示することにしたい。(6)

一、近世琉球と日秀

1　正史・地誌の刊行と日秀

琉球王府は十七世紀半ばから十八世紀半ばにかけて、いくつもの正史と地誌を編纂させた。正史として向象賢『中山世鑑』（一六五〇年）をはじめ、蔡鐸『中山世譜』（一七〇一年、蔡鐸本）、蔡温『中山世譜』（一七二五年、蔡温本、以下では『世譜』と略称）、鄭秉哲らによる『球陽』（一七四五年）があり、また地誌として『琉球国由来記』（一七一三年、以下では『由来記』と略称）と『琉球国旧記』（一七三一年、以下では『旧記』と略称）がある(7)。

これらの中で最初に日秀を取りあげたのは『由来記』である。その記事は四巻十七項目にわたり、内容は、那覇・首里・浦添の旧跡や祭祀、そして寺社（波上権現護国寺・金武観音寺・大日寺）の縁起にかかわるものとに大別される（表16）。

『由来記』に続いて、『世譜』・『旧記』・『球陽』も、日秀の事蹟を取りあげる。これらは『由来記』を祖述する一方で、後に明らかにするように伝承を改変し、史実として記述するなど、史料として利用する上で注意が必要なことも多い。

正史として初めて日秀に言及した蔡温の『世譜』は、わずか一箇所とはいえ、尚真王の正徳十六年（一五二一）条の附に、正徳年間のこととして「日本僧日秀上人、随流至國。自建社宮于金武村(8)」と記載した。このことは大いに注目されてよい。『由来記』の内容を熟知していたにちがいない蔡温が、日秀の事蹟の中からただ一つ、金武における「社宮」（金峰山三所大権現）の造営を取りあげたことは、それが日秀の経歴において重要な位置を占めると考えたからであろう。蔡温本が琉球国の正史のなかに、しかも『由来記』の「尚清王代」とは異なり、尚真王の時代に日秀を位置づけたこと、また近世琉球の代表的な政治家・学者として知られる蔡温がそのような歴史的評価を下したことは、

表 16　『琉球国由来記』の日秀関係項目

■巻八　「那覇由来記」

①「那覇地蔵ノ事」

②「（那覇）夷殿ノ事」

③「西照寺旧跡」（堂を建立し、阿弥陀如来像を刻した石を安置）

④「若狭町地蔵ノ事」

⑤「同所（若狭町）夷殿ノ事」

⑥「湧田地蔵ノ事」

■巻十一　「密門諸事縁起」

「波上権現護国寺」の項

⑦「波上山三所権現縁起」

⑧「本尊」（波上宮再興、本尊造像）

⑨「軸銘」（本尊の軸銘）

⑩「大日如来堂」（阿の字を刻んだ石を建立）

⑪「開聞山正一位権現」　※日秀の勧請とするが、名幸芳章『沖縄仏教史』（護国寺、1968 年、93 頁）によると、無関係

⑫「弁財天対面石」（腰掛石）

「金峰山観音寺」の項

⑬「金峰山補陀落院観音寺縁起」（日秀の簡単な伝記を含む）

⑭「観音寺」（金峰山観音寺の創建）

「大日寺」の項

⑮「日秀上人」（日秀像を勧請し、安置）

■巻十二　「各処祭祀」

「真和志間切」の「旧跡」項

⑯「指帰橋北方小岡碑文」

■巻十四　「各処祭祀　三」

「浦添間切」の「旧跡」の項

⑰「経墓」（金剛経を書写・埋設し、経塚＝金剛嶺碑を建立）

次代に少なからぬ影響を与えたにちがいない。

『由来記』を補訂し漢文に改めたとされる『旧記』は、当然のことながら日秀についてもほぼ同じ内容の記事を載せている。しかし大きく異なる点は波上山三社の項の「附」として、『由来記』にはない日秀の伝記を掲載していることである。『由来記』が古琉球期の有名な日本人禅僧、芥隠承琥――琉球第一の禅宗寺院で王家の菩提寺である円覚寺などの開山、仏智円融国師――を取りあげ、「開山国師行由記」の項を立ててその伝記を記載したのに対して、『旧記』の著者鄭秉哲は芥隠の伝記を省略し、日秀を顕彰したのである。この「日秀上人伝」が『旧記』におけるただ一つの伝記であることをあわせ考えると、『旧記』の著者が日秀を格別に評価していたことがうかがわれる、注目すべき点といえよう。

『球陽』は、『由来記』や『旧記』などが掲載した日秀の伝承・説話のほとんどすべてを編年体の正史のなかに組み込んだ。それは、国王の事蹟から庶民の暮らしや伝承に至るまで採録する編纂方針の所産であるとともに、先行の正史や地誌の評価を反映しているのであろう。日秀に琉球史上きわめて高い評価・位置づけを与えた『球陽』が巷間に流布し、こうして日秀の事蹟は世に広く知られることになった。ただ、『球陽』は年代不詳の事蹟の多くを尚真王の時代、古い時期のできごととして記載するなど、無理な史料操作が目立つことに注意を払う必要がある(9)。

2　日秀の顕彰

琉球を離れて一世紀ほどの時が経過したにもかかわらず、日秀が琉球の王府や知識人の関心を集め、地誌さらには正史にまで記録されるにいたったのは、なぜであろうか。この疑問に答えるのは後にして、まずは『由来記』が十七世紀前半に始まる日秀の顕彰という動向を掲載していることに着目したい（以下の典拠は表16の丸数字で示す）。

イ　一六三三年、日秀作の波上権現の本地仏が焼失を免れる⑻

崇禎六年（一六三三）に波上権現の社殿が炎上したとき、[10] 日秀作の本地仏三尊像はたまたま前日に護国寺に移されていて焼失を免れた。これは「日秀霊作の尊像」であったからという。本尊の移動について、『由来記』が「無思慮」とするのに対し、『球陽』では「あらかじめその火焼を知り」と伝説化が進行し、新たな霊験譚が創りだされている。

ロ　一六四八～九年、「弁財天対面石」（腰掛石）の石囲いが築かれる⑿

『由来記』によると、弁ヶ岳の弁財天（琉球の象徴とされる）[11] に会うことを望んだ日秀が七日にわたって毎夜祈願したところ、つぎの夜に弁財天が垂迹し、この石の上に立って日秀と対面、「密契」したという。石囲いを築いたのは「順治子丑之年間」（一六四八～九）で、日秀と琉球とのかかわりを象徴する遺跡を保護、顕彰するために設けられたものという。[12] おそらく護国寺によるものであり、あるいは琉球王府の意向も反映しているのかも知れない。[13]

ハ　一六六二年、金武観音寺が再興される⒁

日秀が開いたとされる観音寺はその後衰退し、禅宗寺院に変えられたため、霊山は日に衰え、神明の現れることもなかったという。そこで尚質王は康熙元年（一六六二）大臣具志川王子朝盈に命じてもとの真言宗寺院に戻した。その後も王の庇護が続いたようで、一七〇〇年、時の住持慧朗が腐朽していた草葺の社堂の新造瓦葺を尚貞王に願い出て許可され、翌年には本堂などが新造されたという。

ニ　一六七四年、日秀作の阿弥陀如来像が海蔵院へ移される⑶

日秀は内辻村に小堂を建て、阿弥陀如来像を石に刻んで安置したという。[14] 康熙十三年、海蔵院開山当住の有盛座主が海蔵院に移し、またこの経緯を記した碑を建てて日秀の事蹟を広く伝えた。[15] この年が日秀入定後百年の遠忌にあたることと関連しているのであろう。有盛の撰になる碑文によると、西照寺は歳月を経て廃絶し、周囲に民家が連なり、また道路の傍らにあって塵穢の恐れもあるので、「三公（三司官）の命を受け」て阿弥陀如来像を移し、これを崇敬して「十方の檀門を休（たず）ね道場を建立」したという。

ところで、『由来記』巻八の典拠資料である『那覇由来記』には碑文の全体を載せており、その末尾には「願主」の名前、すなわち「前中村柄親雲上」・「香手納親雲上」・「友寄子親雲上」が記されている。[16] 願主の三名はおそらく那覇にかかわりのある人々であって、阿弥陀如来を刻んだ石を海蔵院に移し、碑を建てる事業を実行したのであろう。願主は地域の人々の要望を代表していたのであろうから、日秀信仰が那覇にあったことも示唆していると考えられる。

ホ　一六八〇年、若狭町夷堂の夷神画像が修復される⑤

那覇の若狭町には日秀が建立したという夷堂があり、夷神の絵を安置していた。この画像は長年の間に破損していたが、「村人がまた信心を発し」、夷神像を模写して夷堂に懸けた（『旧記』）。

へ　一六九二年、佐敷王子尚益が日秀上人の像を大日寺に奉安する⑮

尚益（一七一〇年即位）は「朝覲」のために薩摩へ渡った時に日秀上人像を勧請し、帰国の後、首里の大日寺に安置した。[17] 尚益の意図はわからないが、王家（第二尚氏王朝）と日秀とのかかわりを示唆しているようである。大日寺は、護国寺住職を務めた頼慶が尚質王（在位一六四八～六八）から寺地を得て十七世紀の中ごろに創建した真言宗寺院である。頼慶を尚質王の身近に置くことが創建の目的であったとはいえ、大日寺は禅宗寺院しか建てられなかった王都首里において初めての、そしてただ一つの真言宗寺院なのであり、創建の意味はけっして小さくはない。そのような寺に日秀上人像が勧請・安置された意味もまた小さくはあるまい。

ト　一六九七年、「阿」字石を保護するため大日如来堂が創建される⑩

日秀は石に「阿」の字を刻んで波上の海辺に立て、即身成仏の意を知らしめたという。この阿字の石が風雨により破損するのを恐れ、また日秀の教えを伝えるために、護国寺の住持頼賢が「人民に縁募」して建立した石堂が大日如

写真 22　金武観音寺

来堂であった。

要するに、ロ・ハ・ニ・ヘは日秀と琉球王国・王府・王権との関係を示すものであり、イ・ロ・トは護国寺が日秀信仰を広げようとしていたこと、ホ・ニ・トは日秀信仰が那覇の民衆のあいだにあったこと、あるいは受け入れられていたことを示している。十七世紀において王家から民衆に至るまで、日秀への信仰は忘れ去られることなく受け継がれ、むしろ関心が増しているようにみえる。島津侵略以降の近世琉球においても、日秀信仰が息づいていたといえよう(18)。

このような社会的状況があったから、王府による琉球の正史・地誌編纂事業のなかで日秀の事蹟が広く取りあげられたと考えることができる。しかしながら、それよりも正史・地誌における日秀の叙述そのものが日秀を顕彰する大きな動きの一環であったとみておいたほうがよい。『由来記』から『世譜』、『旧記』、『球陽』に至る日秀関連事蹟の記述には、特定の意図や立場からの歴史叙述が想定されるのであり、十分に内容を吟味する必要があるといわねばならない。

以下ではそうした見地から日秀の宗教活動の中心をなす金

武と那覇における造仏と社殿の創建・再興を検討する。

二、金峰山三所大権現の創建――日秀の漂着地とその時期

『由来記』巻十一「金峰山観音寺」の項は次の二項目を挙げる。いずれも康熙五十二年（一七一三）、観音寺現住頼仁によるものであり、金武の観音寺に伝承された縁起を知ることができる（傍線は引用者による）。

⑬「金峰山補陀落院観音寺縁起」

A　南瞻部州中山国、金武郡金武村、金峰山三所大権現者、弥陀・薬師・正観音也。日秀上人自作。按二開基一、封尚清聖主御宇、嘉靖年中、日域比丘日秀上人、修二行三密一、終而欲レ趣二補陀落山一、随二五点般若一、無二前期一到二彼郡中富花津一。上人自安レ心、歎曰、誠知レ為二補陀落山一。又行二何所一、求レ之耶。留レ錫安住。（中略）。上人爰刻二彼三尊一、建レ宮、奉レ崇二権現正体一也。

⑭「観音寺」

B　金峰山観音寺者、社堂一時建立歟。御本尊者、弥陀・薬師・正観音也。……開山日秀上人也。（下略）

金武における伝承の主な内容は、補陀落山を目指した本土の僧侶日秀が「封尚清王」の嘉靖年間、金武郡の富花津に漂着したこと、日秀が阿弥陀・薬師・正観音像を彫刻し、金武村に社殿を建てて安置したこと（金峰山三所大権現の創建）、観音寺を同時に創建したらしいことなどである。また「誠に補陀落山たることを知れり。またいずこに行きて之を求めんや」といった日秀のことばを引用していることも、真偽は別として興味深く、あるいは観音寺には近世までそうした所伝が遺されていたのかもしれない。

この縁起Aで注目されるのは内容がきわめて具体的なことである。漂着年についても、たんに「嘉靖年中」とするのではなく、「封尚清聖主御宇」という特徴的な表現で漂着年代を記していることが注目される。「封」尚清王の「封」とは、即位はしたものの、いまだ中国皇帝から冊封を受けていないことを意味している。尚清王は尚真の没後の嘉靖六年（一五二七）に即位し、嘉靖十三年（一五三四）七月二日に冊封を受けた(19)。したがって、日秀の富花津漂着は、嘉靖六年から嘉靖十三年に至る七年半ほどの期間に限定される。この結論は、別に薩摩の日秀伝記から憶測した漂着年、享禄元年（一五二八）すなわち嘉靖七年とも矛盾することなく整合している(20)。

つぎに、『世譜』以下の関連部分を引用し、それらの内容と典拠を検討しよう。Cは蔡温、D・E・Fはいずれも鄭秉哲が著したものである。

C　正徳年間、……又日本僧日秀上人、隨流至國、自建社宮于金武村。観音寺、何代何年。建之、今不可考焉　（『世譜』尚真王の正徳十六年（一五二一）条の附）

D　嘉靖年間、尚清王世代、有日本僧日秀上人者。隨流漂至富花津。遂創建寺社于金武邑。自刻弥陀・薬師・正観音三像、而奉安焉。（『旧記』「金峰山三社並観音寺」）

E　日本僧日秀上人、隨流至國。自建社宮于金武邑。今有観音寺。何年建之、今不可考焉。（『球陽』巻三、尚真王四十三年、正徳十四年（一五一九）条の附（鄭秉哲の担当））

F　嘉靖年間、有日本僧日秀上人者、流至金武富花津、創建寺社于其地、而栖居焉。自刻彌陀薬師観音三像奉安之于此中、名之曰金峯山観音寺。（『球陽』附巻一、尚質王十五年（一六六二）、鄭秉哲の担当）

これらの典拠を考えてみると、Dが『由来記』を、EがCを、FがDを祖述していることは、字句の比較から明らかであろう。『球陽』では、蔡温本に拠ったEを中国・清を意識した正巻に、また自身の著作『旧記』に拠るFを琉球薩摩関係が中心の『球陽』附巻に配置したが、それは鄭秉哲が蔡温本を正史として重く見たからであろう。いずれも『由来記』の「金峰山観音寺」を根本史料としているので、ほとんど同じ内容にならざるを得ないのであるが、なぜか年代についてはかなりの食いちがいが生まれている。この点を検討しておこう。

蔡温のCは簡潔である。先行する『由来記』にある漂着の時期や場所、本地仏の造像などについて言及しないのは、伝承を史料として評価しない蔡温の立場が表れているようである。[21]このような編纂方針によった蔡温が、『由来記』の掲載する日秀の事蹟のうちからただ一つ金峰山三所大権現の創建を取りあげたことは、小さくはない意味をもっているといえよう。ただ、「封尚清聖主御宇、嘉靖年中」を無視したことはその立脚点からすると当然のことなのであろうが、「何れの代、何れの年に之を建つるや、今考ふべからず」と注記する一方で、とくに新たな根拠を示すこともなく、尚真王の時代、しかも嘉靖よりも古い「正徳年間」に配置した。蔡温の説は、自身の史的な判断に加えて、金武漂着を二百年前のことと伝えた徐葆光『中山伝信録』に影響された可能性も考えられなくはない。一七一九年に尚敬王の冊封副使として琉球に渡来した徐葆光は、帰国後、康熙帝への復命報告書というべき『中山伝信録』(一七二一)を刊行し、その巻四、「琉球地図」の項において金武を解説して、「二百年前、有日秀上人泛海到此」と述べる。蔡温が金武の三社権現の創建を尚真王の正徳年間に置いたのは、二百年前のこととする琉球の定説、さらに波上権現の再興を嘉靖元年(一五二二)とする説(後述)を疑わなかったからであろう。編年体史書としてある意味で当然の操作ないし配慮ともいえようが、しかしこれには疑問を呈しておく必要がある。

このように琉球の地誌や正史には年代不詳の日秀上人の事蹟を根拠を示さないまま古く遡らせて記載する傾向があるといってよく、とくに『球陽』は先に指摘したようにその傾向が顕著であり、正徳年間に当てはめていることが少なくない。[22]『球陽』Eはこの問題点をより大きくして引き継いだのであり、蔡温本をそのまま引用するにかかわらず、正徳年間ではなく、正徳十四年(一五一九)条の附に掲げており、年代観にさらなる歪みをもたらした。

さらに年代の異同についてAとD・Fを比較すると、Aに「封尚清聖主御宇、嘉靖年中」とある文言が、Dでは重要な意味をもつ「封」が脱落して「嘉靖年間、尚清王世代」となり、Fではさらに「尚清王世代」も略されてたんに「嘉靖年間」となったと考えることができる。これらの異同（脱落・省略）も、新史料に基づく修正がなされたためというよりも、故意によるものか、たんなる不注意によるものなのであろうが、結果としてしだいに年代の幅が広がってあいまいになっている。より古く遡及しうる余地が生じているといってもよい。

以上から明らかなように、観音寺住職の頼仁はもとより蔡温、鄭秉哲なども、日秀が金武の富花津に漂着したと信じていた。徐葆光『中山伝信録』が「二百年前、有日秀上人泛海到此」に続けて「時年大豊、民謠云、神人來兮、富藏水清、神人遊兮、白沙化米」と金武の俗謡を引用し、今日も金武に多くの日秀説話が伝えられているように、金武漂着は琉球の人々には疑問の余地のないできことであった。その時期については諸説あるとはいうものの、実質的には「金峰山補陀落院観音寺縁起」が唯一の根拠史料というべきであり、それが伝える「封尚清王」の嘉靖年間、すなわち嘉靖六年（一五二七）から嘉靖十三年（一五三四）に至る七年半ほどの期間とする説がもっとも説得力に富むと考えられる。嘉靖七年（一五二八）との憶説が正鵠を射ている可能性も高い。ともかくも、琉球における日秀の活動は金武の地から始まり、その冒頭を飾ったのは阿弥陀・薬師・正観音の造像と宮の建立、すなわち金峰山三所大権現の創建であったといえよう。

三、波上権現の再興と日秀

前節の成果によって、日秀の活動を嘉靖初年に遡らせる正史・地誌の記述、またそれらによる所説は訂正する必要がある。以下では、この点を踏まえ、波上権現の再興と日秀のかかわりについて考え直してみたい。

『由来記』巻十一、「密門諸事縁起」の「波上権現護国寺」は、六つの項で日秀に言及する（表16）が、そのうち日秀がかかわるとされ、かつその年代が示されるのは、⑧「本尊」、⑨「軸銘」、⑩「大日如来堂」の三項である。まず年代を嘉靖の初頭に遡らせる二つを示そう。

⑧于時嘉靖元年辛巳（壬午の誤り――引用者注）、日域比丘、日秀上人、当社再興、自刻弥陀・薬師・観音三尊正体、崇奉神宮。霊光燿然。

⑩嘉靖三年甲申、日秀上人、為書真言本有素性之阿字、建即身成仏之旨。

これらによると、日秀が波上権現を再興し、みずから彫刻した熊野権現の本地仏、阿弥陀・薬師・観音三像を「神宮」に安置したのは嘉靖元年（一五二二）のことであり、その後の嘉靖三年には海辺に営んだ庵の地に阿の字を刻んだ石を建立し、即身成仏の意を知らしめたとする。右のような由緒は、『旧記』巻七、「寺社」の「波上山三社」と「大日如来堂」や、『球陽』尚真王四十六年（嘉靖元年）条の「日秀上人奉安弥陀・薬師・観音于護国寺」、尚貞王二十九年（一六九七）の「移建大日石堂于波上山」条に引き継がれていて、日秀の事蹟を尚真王代のできごととみるのが地誌・正史三者に共通の認識であった。

前節で明らかにしたとおり、日秀の活動が尚真王代に遡ることは考えがたい。とくに波上権現の本地仏と社殿の造立年時については、早く伊東忠太・鎌倉芳太郎「琉球における日秀上人造像考」が論じたように、⑨「軸銘」、そして伊東・鎌倉の調査による本尊底部の銘（後掲）からも、本地仏が嘉靖二十三年（一五四四）十二月完成であることは確かな事実と考えなければならず、嘉靖元年説の成りたつ余地はない。したがって、考えるべき問題は、社殿の造営や造仏などをめぐる具体的な状況を探るとともに、なぜ嘉靖元年説が創られたのか、そしてなぜ『由来記』などの地誌・正史に広く記載されたのかということであろう。

まず⑨「軸銘」からみていこう。

奉建立熊野三所大権現御本地三尊形像。自嘉靖二十一年壬寅卯月吉祥日、始之。同二十三年甲辰十二月七日、三仏像、一身一手一刀作奉成就。殊者、国土安穏、万民快楽。別者、三世諸仏、三部界会、一切三宝、垂哀納給。世々生々、仏法興隆、化度衆生、令成就大願給。以此功徳、普及於一切、我等与衆生、皆共成仏道、
日本上野国住侶渡海行者広大円満無礙大悲大願日秀上人随縁正衆千松々子
大明嘉靖二十三年甲辰十二月大吉日敬白

「軸銘」は伊東・鎌倉をはじめ、多くの研究者が古琉球時代の事実を伝える同時代史料として用いてきたといってよいが、(23)造仏の期間を除いて、その内容自体にはほとんど言及されたことがない。以下では銘の作者である「日本上野国住侶渡海行者広大円満無礙大悲大願日秀上人随縁正衆千松々子」に着目し、もう少し内容を考えよう。これから知りうるのは、第一に、銘の作者が日秀の「随縁正衆」である「千松々子」の手になるものであること。これは、言い方を変えれば、「千松々子」が本地仏を製作したということになるのではないか。銘の作者についてこれまでとくに言及されることはなく、日秀であることが自明のように扱われてきたが、日秀作という所伝に小さくない疑問を抱かせるものである。第二に、少なくとも波上滞在期の日秀が単独行動をとっていたのではなく、組織とはいえないまでもある種の集団、「随縁正衆」と行動を共にしていたこと、また「千松々子」など「随縁正衆」が仏像の製作にも関与していたことをうかがわせること。第三に、「随縁正衆」が日秀を上野国出身の補陀落渡海行者、「広大円満無礙大悲大願(24)」、「上人」と呼んでいたことがわかるが、日秀がそのように呼ばせていた可能性も示唆している。これらはいずれも重要な情報といえよう。

ところが、「波上権現護国寺」の項の著者護国寺現住覚遍は、社殿再興・本尊造像嘉靖元年説を公的な見解として

示し、「軸銘」はいわば史料紹介として掲載するだけで、それほど重視していないようにも見える。さらに『旧記』や『球陽』になると、⑧「本尊」と⑩「大日如来堂」の内容を踏襲する一方、⑨「軸銘」を掲載しないのである。内容が重なっている⑦「波上山三所権現縁起」と、日秀上人に関係がないとされる⑪「開聞山正一位権現」を掲載しないのは肯けるが、稀少な同時代史料というべきこの「軸銘」に言及しなかったことには留意する必要があろう。

ところで、現実には護国寺に日秀の製作とその年代を明証する仏像が残されていた。一六三三年に波上権現の社殿が炎上した際、たまたま護国寺に移されて難を逃れた日秀作本地仏である（前述）。戦前に護国寺の仏像などの調査を行った伊東と鎌倉は本尊底部に記された銘を発見し、紹介している。

奉建立熊野三所大権現御本地阿弥陀・薬師・観音各形像。自嘉靖二十一年壬寅四月吉日始之。同二十三年甲辰十二月吉日、一身一刀作之奉成就。
右意趣者、奉為金輪聖王天長地久、御願円満、殊者、両部界会、諸尊聖衆、一切三宝、垂哀愍納受給。於世世生生、仏法興隆、化度衆生、令成就所願給、願以此功徳、普及於一切、我等與衆生、皆共成仏道、
日本上野□□□呂補陀落渡海行者上人日秀
大明嘉靖二十三年甲辰十二月吉日

銘の本文には「軸銘」と同じく、日秀による波上権現本地仏の造像が尚清王の治世、嘉靖二十三年であることが記される。重要なちがいは、「補陀落渡海行者上人日秀」とあるように、日秀自身が銘の作者であって、確かに造仏にかかわっていたことが判明する点である。

日秀自身の手になる銘であることからいくつかの興味深い事実がわかる。第一に、日秀が上野国出身であること（最も早い時期の史料）。第二に、「補陀落渡海行者」と称していたこと。第三に、造仏の意趣について「奉為金輪聖王

天長地久、御願円満」と述べることである。金輪聖王が尚清王を指していることは明らかであり、日秀は尚清王の天長地久、御願円満を目的の一つとして一身一手一刀にて本地仏を刻んだというのである。「随縁正衆」の「千松々子」による「軸銘」が「国土安穏、万民快楽」とするのと対照的である。これは波上における日秀の宗教活動と王権（第二尚氏王朝）が結びついていたこと、また波上権現護国寺と第二尚氏王朝とのあいだに強い関係があったことを示唆している。

さて、嘉靖元年造仏説はあらためて指摘するまでもなく誤りである。しかもこの誤りは本尊の銘などから誤りであることが容易にわかる誤りといってよい。波上権現護国寺では日秀の造仏について事実関係を把握していたにちがいないと見るのが自然ではなかろうか。護国寺覚遍の手になる「波上権現護国寺」においても、事実ではないことを十分に承知の上で、尚真王の時代、嘉靖元年の社殿再興・本尊造仏説と尚清王代の嘉靖二十三年の造仏を示す「軸銘」が併記されたと推察される。なぜ、あえて併記する必要があったのか不明であるが、一六三三年に社殿が焼失したため、仏像が日秀との縁を伝える唯一の遺物となり、そのことを記録に留めるため「軸銘」を記載する必要があったという推定もあり得よう。「軸銘」を記載しても社殿の嘉靖初年再興が否定されることはないと考えたのかもしれない。

いずれにせよ、波上権現護国寺にとって波上権現の再興は尚真王の嘉靖元年のほうが望ましい、都合がよいという状況があったのではなかろうか。『由来記』はとくに尚真王の名をあげて言及することもなく、日秀の個々の事蹟を簡潔に記載するにとどまるが、『旧記』になると、「嘉靖元年壬午、尚真王世代」と明言するように、尚真王の時代という点が強調され、そして前述のように「波上権現護国寺」の「附」として新たに「日秀上人伝」が掲載される。これは日秀に対する評価の上昇を明確に示していて、重要な差異というべきである。優れた真言僧日秀と琉球史上もっとも有名な尚真王をある意味で結び付けたことは、大きな宣伝効果をもったはずである。

ここで、高僧の伝記の有無に注目して、『由来記』と『旧記』を対比すると、次のようになる。(25)

『由来記』　尚真王 ― 芥隠 ― 円覚寺（禅宗寺院首位、菩提寺）創建
『旧記』　尚真王 ― 日秀 ― 波上権現（琉球八社首位、「宗廟之霊社」）再興
護国寺（真言宗首位、祈願所）

『由来記』巻十、「諸事旧記」は冒頭から芥隠の名を上げ、尚真造営の大伽藍円覚寺を詳説し、芥隠の伝記「開山国師行由記」を掲載する。初代尚円の創建した天王寺と、三代尚真の創建した円覚寺（禅寺最高位にあり、第二尚氏王朝の菩提寺）の開山はいずれも芥隠承琥であり、芥隠はまた王家の信任が厚く、護持僧の立場にあったものと考えられる。(26) 第二尚氏王朝と禅宗寺院との強固な関係は、尚真王と芥隠・円覚寺より始まるといってよい。『旧記』は真言宗寺院についても禅宗寺院と同様の由緒があったといいたかったのではないか。すなわち第二尚氏王朝と真言宗の深い関係が尚真王と日秀・波上権現より始まると主張しようとしているように見える。

背景には琉球王国の宗教社会における「聖家」（真言宗）と「禅家」（禅宗）の対立構造があろう。禅宗に比べて王権との関係が弱い真言宗寺院の中にあってその最上位に位置する護国寺の立場からすれば、なるべく歴史や由緒を古くし、しかも尚清王よりも、高名な尚真王の時代に王権との関係があったとするほうがさらによかったにちがいない。そうした真言宗の強化をはかる意図から、嘉靖元年や同三年とする由緒・縁起が創り出されたといっても誤りではあるまい。(27)

最後に、日秀が琉球を去った時期について私見を示しておきたい。先に検討したように日秀が琉球・金武に漂着したのが嘉靖六年（一五二七）から嘉靖十三年（一五三四）に至る七年半ほどの間（あるいは嘉靖七年）、また波上権現護国寺の本地仏の造像を終えたのが嘉靖二十三年十二月であるから、およそ十数年間琉球に滞在したことになる。これを

踏まえて日秀がいつ琉球を去り、薩摩に渡ったかを考えておきたい。

早い時期に日秀の在琉年代を検討したのは、伊東・鎌倉である。(28) 両人はまず『旧記』「日秀上人伝」の「上人留在波上、已経三年。然後亦欲帰本国而重修仏閣伽藍之破壊。遂辞国王而帰」を根拠に「日秀在琉三年」の説をなすものを批判した。日秀の在留期間が三年を超えることは、「日秀上人伝」自体に日秀が波上に滞在してすでに三年が経過したとあるので、自明といってもよいのであるが、伊東・鎌倉は論拠として、日秀の事蹟(『由来記』・『旧記』)のなかから、嘉靖十七年(湧田地蔵)、嘉靖十八年(那覇地蔵)、嘉靖二十三年(波上権現本地仏軸銘)の年代が記されているものをあげ、「日秀上人の来琉を嘉靖十年代とし、約十箇年こゝに過ごしたりと考へる」と主張した。この結論はおおむね首肯すべきもののようにみえるが、日秀の事蹟であるとの確証を欠く那覇・湧田地蔵の銘に依拠していることに疑問があり、また来琉と帰国の時期が明確でない憾みがある。

ところで、先の「日秀上人伝」引用箇所の要点は、日秀が波上に滞在してすでに三年が経過した、その後日本に帰った、ということである。こうした経過を述べるのは、薩隅における日秀の伝記、すなわち『日秀上人縁起』・「開山日秀上人行状記」・「日秀上人伝記」(『三国名勝図会』)も同じであるから、これは共通の伝承ということができよう。(29) ただ、徐葆光『中山伝信録』のみ「日秀上人波上に住まうこと三年、のち北山に回《かえ》る」と記す。(30) 波上から北山(おそらく金武の観音寺)に帰ったというのであり、その後日本に渡ったのであろう。どの伝記も船出の港や年月を記さないが、日秀の帰国は波上権現の再興後まもないころ、嘉靖二十四年(一五四五)ころのできごとと推定できる。

薩摩における事蹟から帰国時期の下限を推定してみよう。『三国名勝図会』巻六「行屋観音堂」の項に「天文弘治の際、真言僧日秀上人、本藩に来り」とあって、編者が日秀の薩摩坊津着を天文二十四年＝弘治元年(十月改元、一五五五)前後と考えていたことが知られる。しかし、宮下満郎の紹介した史料「日新公御譜中」によって、すでに日秀が天文二十一年(一五五二)十月に薩摩坊津一乗院の多宝塔の造営に着手していたこと、また「殿堂閣舎、補已破、興未足、以琉球國之珍材」とあるように、その前から一乗院全体の復興を行っていたことが明らかである。[31] 波上権現の再興に三年、一乗院多宝塔の造営にも三年を費やしていることから、この「殿堂閣舎」の復興事業に仮に三年を要したとすると、坊津への船出は一五四五年（嘉靖二十四）から一五四九年（天文十八）の間、およそ五年ほどの間に限定することができよう。さらに坊津の人々や一乗院の僧侶が日秀上人を信仰するに至る期間として数年、また一乗院全体の復興に至る準備（勧進）の期間として数年を考慮する必要もあろう。推測を重ねているが、日秀は一五四五年（嘉靖二十四）からさほどまもないころに坊津へ渡ったとみて大きな誤算はない。

以上のように、日秀上人の琉球滞在は、一五二七年（嘉靖六）～一五三四年（嘉靖十三）ころ（あるいは一五二八年）に始まり、一五四五年（嘉靖二十四）ころに終わった。滞在期間は十数年間（あるいは十八年間）とみるのが妥当であろう。

四、日秀と那覇・首里・浦添における事蹟

さて、琉球における日秀の活動は、金峰山三所大権現の本地仏の造像と社殿の創建に始まり、波上権現の本地仏の造像と社殿の再興に終わる。在琉期間中に金武から那覇、波上に至る地域において宗教活動を行ったと考えられているが、ここでは『由来記』をもとに日秀の足跡をたどりながら、その事実と伝承、実像と虚像について考えてみたい。

前述のように、『由来記』には日秀関係記事が四巻十七項目にわたって掲載されている（表16）。そのなかで日秀の活動に関連するものに限って、また金武と波上を除外して地域別に見ると、那覇が六項目①・②・③・④・⑤・⑥、首里の真和志間切が一項目⑯、浦添間切が一項目⑰となっている。

那覇における日秀の事蹟について、『由来記』巻八、「那覇由来記」と、その典拠資料とされる『那覇由来記』[32]を比

べると、③は事実を事実、②や④、⑤、⑥は伝承を伝承として踏襲し、表記の変更を別にすると、記載内容をおおよそそのまま受け継いでいる。ただ一箇所の例外が①那覇地蔵の記述であり、伝承を事実として取りあげている[33]。

③西照寺旧跡は、『由来記』巻八の典拠資料である『那覇由来記』がただ一つ事実として記載する事例である。『由来記』もまた同様に掲載するが、注目されるのは、碑文の一部、すなわち碑文の末尾にあった「願主」の三名、「前中村柄親雲上」・「香手納親雲上」・「友寄子親雲上」を省略したという大きな相違である[34]。『由来記』がなぜ願主以下の文言を掲載しなかったのかはわからないが、③西照寺旧跡の記述からそれらが削除されることによって、地域民衆の信仰を背景とした動きも消え去り、「三公の命」を受けた王府の事業という意味合いがより強くなったことはまちがいない。事実の一部を記載しないことによって、地域的なものから国家的なものへとその意義が大きく膨らんでいるのである。『由来記』の記述の仕方に、ある種の意図を感じざるを得ないであろう。

つぎに『由来記』をもとに、『旧記』、『球陽』の取りあげ方を考えてみよう。『旧記』では、

事実→事実……①那覇地蔵、③西照寺旧跡
伝承→伝承……②那覇夷殿、④若狭町地蔵
伝承→事実……⑤若狭町夷殿、⑥湧田地蔵、⑯指帰橋北方小岡碑文、⑰経墓

と整理することができ、また『球陽』では、

事実→事実……①那覇地蔵、③西照寺旧跡
伝承→伝承……なし
伝承→事実……②那覇夷殿、⑤若狭町夷殿、⑥湧田地蔵、⑯指帰橋北方小岡碑文、⑰経墓

となる（『球陽』は④若狭町地蔵を取りあげない[35]）。

興味深い点は、『旧記』と『球陽』が日秀の事蹟のほとんどを事実として語ることである。伝承を事実化する強い

写真23　金剛嶺碑

傾向があるといってもよい。伝承から事実への経過を示す特徴的な事例は、⑰経墓＝金剛嶺碑の建立である。[36]『由来記』は浦添間切の旧跡として次のように記載する（傍点は筆者による）。

浦添ヨリ首里往還ノ大道ノ側、松岳ニ経墓トテ立レ石。銘書ニ金剛嶺トアリ。俗説ニ、昔此ノ所、悪魔時々出現シテ怪事共アリテ、人々通道仕兼タルニヨツテ、経ヲ書写為レ埋ヨリ、悪魔退、人々往還タヤスクシタルトナリ。此竊ニ思フニ、日秀上人当国滞在之時、金剛経書写シ玉ヒテ為レ被レ埋歟。

傍点部は、『由来記』の著者がこの碑の由来を改めて考えてみたとき、日秀が琉球滞在時に金剛経を写して埋めたのではないかと推定したということであって、これは一つの憶測としての意味しかないものである。石碑を建てたのが誰かはもともと不明であり、日秀建立という伝えさえなかったのが実情であろう。ところが、『旧記』では、

昔日、此地多妖怪、時時出来、詐変状貌、屡悩行路

之人、時有日秀上人、写経于小石、蔵之于此山、即建碑石、以圧之、碑石有大書、金剛嶺三字。自此而来、妖怪不復起、
而行旅之人、亦楽往還之安矣、

と、日秀の建碑として記され、『球陽』もまたこれを祖述する。新たに日秀の事蹟が創りだされたということができよう。『由来記』が日秀建碑の推測を掲載したことは多大な影響を及ぼした。

ところで、『由来記』は、同様の目的で建てられた⑯指帰橋北方小岡碑文の項では、「此碑文者、日秀上人立レ之也。古老伝云。此辺時々、有二妖怪気一。犯二往来人一。是故、日秀上人立レ之也。以後、妖怪気止云云」と述べる。「此竊ニ思フニ」と注記することもなく、古老の伝えによって梵字一字を記した碑を日秀の建立としている。『由来記』の段階で早くも伝承が事実と記され、日秀の事蹟が創り出されていたといってよい[37]。

右のように、『由来記』には伝承を事実化する傾向、少なくともその萌芽が認められ（①・⑯・⑰）、さらに『旧記』と『球陽』になると、日秀の事蹟のほとんどを事実として語っている。それに加え、地誌・正史はそれぞれのやり方でより豊かな内容に膨らませようともしている。『由来記』の③西照寺旧跡や⑰経墓＝金剛嶺碑のような事例は、『旧記』・『球陽』にも明瞭に認められるのである。『球陽』では年代不詳の日秀の事蹟の多くを尚真王の時代のできごととして記載し（②・⑤・⑯・⑰）、また③西照寺旧跡について『由来記』に「三公（三司官）の命を受け」とあるを「恭しく欽命を請い」と変えている。また『旧記』では、『由来記』に加えた補足説明が注目される。③西照寺旧跡の項で「四季祈福、以済群生」と補い、また同じように⑤若狭町夷殿の項で「而為衆生求福焉」、「村人亦発信心」、⑥湧田地蔵の項でも「而為衆生求福焉」と説明を付加している。客観的に事実を述べることが『旧記』の基調とされることを考えあわせると[38]、日秀の業績を強調、評価するこうした補足は、興味深く重要な情報といってよい。民衆のためと強調する意図は、おそらく近世真言宗寺院の立場を反映しているのであろう（第三節）。

ところで、日秀の事蹟という伝承が那覇にいくつかあったのは確かであり、それは日秀の宗教活動を物語るものかもしれないが、問題となるのはそれを傍証するような史料さえないことである。言い伝えではなく、事実とされる③日秀作の阿弥陀如来石仏についてもないし、また同時代の史料が掲載された事蹟、すなわち造仏を除いた①那覇地蔵、④若狭町地蔵、⑥湧田地蔵の三件にもない。①と⑥は広く日秀の事蹟と考えられているものであるが、『由来記』編集の時点で判読し得た石厨子の銘は、

一紙半銭助成輩、現世安穏、後生善所、嘉靖十八年己亥二月十二日　敬白（①）

欽奉……六道能化地蔵菩薩……現世安穏、後生善所、嘉靖十七年戊戌三春晦日　敬白（⑥）

であり、これによって日本僧の勧進と民衆の寄進によって地蔵・石厨子がつくられたことがわかるものの、その僧が日秀かどうかは知り得ない。また④若狭町地蔵の場合は、木像の蓮台に「舜姓普請」とあるので、『由来記』は日秀の建立との言い伝え自体に疑問を示している。

那覇・首里・浦添における日秀の事蹟はいずれも伝承に過ぎないから、結局、事実と考えてよい事蹟はないということになる。金剛嶺碑のように、十八世紀初頭までは日秀建碑伝説さえなかったということにも留意する必要があると考える。

要するに、那覇・首里・浦添などの地域におけるいくつもの伝承が、日秀の事蹟として、それも確かな事実として『由来記』から『旧記』に語り継がれ、正史『球陽』にも史実として登場した。これらは、日秀の事蹟が地誌・正史に記録されたというよりも、地誌・正史に掲載されることによって日秀の史実、伝説として確立、定着したといってよいであろう。

おわりに

日秀は補陀落渡海を行い琉球に漂着した。琉球における日秀の活動として確実なものは、金峰山三所大権現の創建と波上権現の再興のわずか二つに過ぎないが、「琉球第一大霊験」（袋中『琉球神道記』）となる波上権現の再興、すなわち本地仏の造像と社殿の造営に関わったことは重要な功績というべきであろう。またこれら二つの事例のみによっても、日秀が補陀落渡海行者、熊野信仰を持つ僧、遊行聖、勧進聖、仏師であったことを知ることができる。

一方、日秀によるとされた事蹟の多くは、新たに創られたものか、あるいは日秀に付会された伝説であるが、それらは①那覇地蔵・⑥湧田地蔵を除いて、古琉球の時代のものかどうかもわからないのである。しかし、実際の功績もさることながら、日秀がどのような活動をしたと考えられていたかという点も、当時の社会をうかがわせ、興味深い。

日秀によるとされた事蹟や伝説、実際には日秀と関係のない十七世紀の伝説から、中世の社会的・宗教的状況についていくつもの推定がなされてきたが、それについては妥当性を確かめようがない。ただ、古琉球の時代には「修験的性格を強く持った熊野系の遊行聖」（宮家準）がきており、また隠遁僧や修行僧が地方に隠れ住み、地域の住民と結縁するなど仏教の流布にかかわっていた（知名定寛）といわれるように[39]、那覇地蔵や湧田地蔵を建立した日本僧のような、名もない遊行僧・隠遁僧・勧進僧たちの事蹟が有名な日秀のものとして集約されたと考えることもできる。この場合、日秀は固有名詞ではなく、ある遊行僧を意味するたんなる普通名詞にすぎないのである。

古琉球の日秀の実像はともかくとして、近世琉球社会において、日秀は波上権現護国寺と尚真王、薩摩藩と琉球を結ぶ鎖・紐帯であったこと、それとともに日秀が民衆を救う仏教の実践者、その代表としての役割を担わされたこと（琉球仏教に欠落していた側面）も重要である。こうした背景のもと、護国寺ないし真言宗の政治的・社会的・宗教的地位の維持向上を意図した、日秀顕彰へのさまざまな動きが、伝説の収集、評価、創造をもたらし、正史と地誌に結実することになった。

日秀伝説を創った史書と地誌は、近現代の琉球史・地誌の叙述にまで大きな影響を及ぼし[40]、日秀の事蹟・伝承をあたかも史実であったかのように記述する著書・論文は少なくない。ある意味で現在も日秀顕彰が行われ続けているといってよい[41]。

注

（1）日秀の出自は上野国（琉球護国寺本尊の銘、薩摩一乗院多宝塔五仏の銘など）、字は照皆・照海（根井浄『補陀洛渡海史』、二八五頁）、生没年は「開山日秀上人行状記」（『神社調』「大隅国之部六」、東京大学史料編纂所蔵）と『三国名勝図会』三光院の項所収の「日秀上人伝記」からそれぞれ文亀三年（一五〇三）、天正三年（一五七五）と考えるのが妥当である。

（2）日秀の伝記については、藤浪三千尋「旧三光院（隼人町）と日秀上人について」、『鹿児島民俗』第九二号、一九八八年六月）が『日秀上人縁起』などを、五味克夫「坊津一乗院関係史料について」（『鹿児島中世史研究会報』四〇号、一九八一年十二月）が「開山日秀上人行状記」を紹介した。

（3）同書、第二章三「日秀上人の補陀洛渡海」（二一六頁～三三一頁）は、日秀についてのもっとも包括的かつ詳細な著述である。根井浄には最近刊行された概説書『観音浄土に船出した人びと――熊野と補陀落渡海』（吉川弘文館、二〇〇八年）もある。

（4）以下、主要な論考とその論点をあげるが、日秀の活動時期（渡琉年代、漂着地、琉球滞在期間）、金武観音寺と波上権現護国寺における造仏については本論中において検討する。

①東恩納寛惇『南島風土記――沖縄・奄美大島地名辞典――』（沖縄文化協会・沖縄財団、一九五〇年）。『大日本地名辞書』の三項目で日秀に言及した東恩納寛惇は、『南島風土記』では十一項目で日秀を取りあげる。史料を博捜し、また日秀による護国寺本尊造仏の年時を尚清王代とするなど、妥当な見方を示している。

②真境名安興・島倉龍治共著『沖縄一千年史』（一九二三年、二五九頁）は、「沖縄に真言を伝へたる日秀上人」について、『続日

本高僧伝』巻第二、「紀州智積院沙門日秀伝」によって「紀州真言宗智積院の住僧なり。字は玄紹」とした（この結論は誤り。⑤参照）。

③伊東忠太・鎌倉芳太郎「琉球における日秀上人造像考」（『芸苑巡礼』第一冊、巧藝社、一九二九年十月）は最初の専論といえよう。右の真境名説を踏襲しつつ、金武と波上の造仏を論じ、新たに発見した銘文をもとに護国寺本尊三仏像の嘉靖元年造立説を否定し、嘉靖二十三年造立説を提示した（本論第三節参照）。造仏以外の布教活動（「密教流伝」）として『琉球国旧記』・『球陽』などにみえる経墓・大日如来堂・対面石、那覇と湧田の地蔵をあげる。ついで那覇・湧田の地蔵の厨子の銘から日秀在琉三年説に疑問を呈し、嘉靖十年代の来琉、そして在琉約十箇年と考える見地（本論第三節参照）から、『球陽』が那覇夷堂の創建を尚真王代に掲載することにつき、尚清王代に訂正すべきであるとした。広く用いられる『球陽』に編年上の問題点があるというのは重要な指摘といえよう。

伊東・鎌倉の論文は画期的なものであるが、なぜか研究史上これまでまったく参照されず、そのため同じ議論が繰り返されることになったことが惜しまれる。

④宮家準「遊行宗教者――山伏の跡を求めて」（窪徳忠『沖縄の外来宗教――その受容と変容――』、弘文堂、一九七八年）は、琉球に渡来して宗教活動を営んでいたと推定できる修験的性格の遊行宗教者と民衆との交流を、「遊行僧の宗教活動に関して沖縄の人々が語り伝えてきた史話や伝説の中に求めてみる」という新たな視点を提示した。『中外経緯伝』の「日種上人」を紹介し、「日秀上人とも考えられるが、定かではない」と述べる。日秀を「修験的性格を強く持った熊野系の遊行聖」と推定し、「沖縄に本格的な密教をもたらしたのは日秀である」という。『琉球国由来記』（以下、『由来記』と略称）により伝承を紹介しつつ、遊行した僧侶たちの「修験的な活動が権威づけの為に日秀に付会されたことは充分推測されよう」とする。『由来記』の若狭地蔵について「伝説が付会されている」、対面石について「修験と結び付ける話を創作した」とするなど、『由来記』の日秀伝を批判的にみている。

⑤島尻勝太郎「護国寺の創建と日秀上人」（『沖縄大学紀要』、第1号、一九八〇年三月）、同「日秀上人の事蹟」（窪徳忠先生沖縄調査二十年記念論文集刊行記念会『沖縄の宗教と民俗』、第一書房、一九八八年）。論述の充実した後者を主に取り扱う。史上の「日秀」について検討し、琉球や薩摩・大隅にかかわる日秀は、『続日本高僧伝』の日秀ではないこと（真境名説の否定）、『南聘紀考』と『三国名勝図会』にみられる「行動的、行者的な色が濃厚」な日秀であることを示した。『三国名勝図会』の日秀の没年一五七七年、七十五歳から生年を文亀三年（一五〇三）と推定、これを軸として日秀の活動を検討し、『由来記』の護国寺の記事から嘉靖二年に薩摩から那覇に渡来し、護国寺を創建、本地仏を奉安した（造仏を嘉靖元年とする記事と嘉靖二十三年とする軸銘を無視）。その後金武へ移り、本地仏を観音寺に安置したとする。観音寺創建を『球陽』が尚真王四十三年の条の附に置くのを、まだ来島して

いないと批判する。『由来記』・『球陽』によって日秀の事蹟を列記し、那覇・湧田の地蔵の厨子の銘から在琉年代を、「嘉靖の初年から十八年までは滞琉し、十九年か二十年頃に薩摩に渡ったのではなかろうか」と推定する（ここでも軸銘を無視）。概して、薩摩の十九世紀の編纂資料『三国名勝図会』に依拠しすぎている感が否めない。

⑥伊藤　聡「渡琉球僧の物語――特に日秀上人をめぐって」（『文学』（季刊）第9巻・第3号、一九九八年夏）は、琉球における密教の伝播と流布を解明しようとしたものであるが、伊東・鎌倉の前掲論文を見落とし、また島尻説をそのまま受け継いだため、問題点が少なくない。興味深く重要な指摘として、「八嶋の記」（『慶長年録』・『慶長見聞録案紙』）の紹介と詳細な検討を行い、「「日種上人」が日秀であることは疑いがない」としたこと、また琉球の密教について「坊津一乗院を中心とする密教僧の間歇的な渡来の中で、徐々に定着していったのであろう。それが十七世紀以降に禅密二門体制が確立していく中で、日秀一人に諸伝承が収斂・整備されていったと考えられる。薩琉双方で造寺・造仏活動を行った彼の存在は、宗教的方面においても、琉球支配を正当化しようとする薩摩側の政策とまさに合致するものであった」などがある。

（5）日秀の伝記、薩隅における活動については、拙稿「補陀落渡海の勧進僧日秀上人の伝記について」（『建築史学』第五十四号、二〇一〇年三月）において検討している。

（6）波上権現護国寺については、前章（一二章）において創建と再建を論じている。

（7）『由来記』・『旧記』・『球陽』の編纂のあり方については、伊波普猷「琉球国旧記解説」（伊波普猷・東恩納寛惇・横山重編『琉球史料叢書　第三』、名取書店、一九四〇年）、東恩納寛惇「中山世鑑・中山世譜及び球陽」（伊波普猷・東恩納寛惇・横山重編『琉球史料叢書　第五』、名取書店、一九四〇年）、島尻勝太郎「球陽解説」（球陽研究会編『球陽』（原文編）、角川書店、一九七四年）、田名真之「史書を編む―中山世鑑・中山世譜」、「首里王府の史書編纂をめぐる諸問題――「球陽」を中心に」（『沖縄近世史の諸相』、ひるぎ社、一九九二年）、波照間永吉「（琉球国由来記）解説」（『定本琉球国由来記』、角川書店、一九九七年）、玉城伸子「『由来記』と基礎資料――編集作業のありかたについて――」（『沖縄文化』九三号、二〇〇二年五月）、島村幸一「『琉球国由来記』を読む――『那覇由来記』との比較から」（『国文学解釈と鑑賞』第七一巻第一〇号、二〇〇六年一〇月）、呉海燕「『旧記』の編纂特性について――『由来記』との比較を通して――」（『沖縄文化』一〇一号、二〇〇六年十一月）がある。

（8）蔡温本『中山世譜』の引用は、沖縄県教育庁文化課編『蔡温　中山世譜』（沖縄県教育委員会、一九八六年）による。

（9）『球陽』にこうした問題点があることは、田名真之「首里王府の史書編纂をめぐる諸問題」（『沖縄近世史の諸相』、ひるぎ社、一九九二年、四四～四七頁）が指摘している。

（10）『由来記』は崇禎六年六月焼失とするが、その後崇禎八年に作られた阿弥陀如来の背面の銘に「崇禎六年癸酉初冬廿一日回禄」（伊東忠太・鎌倉芳太郎前掲論文、注4の③とあり、同時代史料のこれを採るべきであろう。

(11) 原田禹雄「琉球を守護する神」(『琉球を守護する神』、榕樹書林、二〇〇三年)。

(12) 『旧記』の「日秀上人伝」に「円圍其石、永存遺跡、往来此路者、不敢入其圍」とある。

(13) 東恩納寛惇『南島風土記』は、伝説を記す一方、諸方に存在する一里塚の一つとみている。

(14) 『旧記』とこれに拠った『球陽』が阿弥陀如来の五文字を石に刻んだとするのは誤りである。

(15) 『由来記』所収の碑文は次の通りである。

夫以、阿弥陀如来者、司二於于西方一、構二九品浄土一、救二穢土之群迷一、示二於于抜苦与楽之正路一。導二即身成仏本一。故、日秀上人、刻二尊像於石一、経二営小堂於辻村一、安二置之一。雖レ然至レ今、俗家如二魚鱗一連、又在二道路傍一、恐レ有二塵穢一。是故、受二三公命一、於二于斯地一崇二敬之一。扣二十方檀門一、建二立道場一、温レ故、惟レ新、廟堂巍巍乎奮、神威赫々兮如レ在。仰願一切衆生、二世安楽、可下令二所願成就一給上故也。

大清康熙十三年甲寅八月吉日

海蔵院開山当住有盛

(16) この海蔵院碑は現存しないが、『金石文—歴史資料調査報告書V—』(沖縄県教育委員会、一九八五年、二三九頁)に台湾大学所蔵拓本による翻刻が掲載されている。同書は碑の年紀を「康熙十二年甲丑」とするが、康熙十二年は甲丑ではなく、癸丑である。本論文では、『由来記』や『那覇由来記』の「康熙十三年甲寅」にしたがう。なお、このほかにも読みの異同は少なくない。

(17) 『由来記』巻十一、「東松山大日寺」の項。

(18) 日秀が建立した三光院に「乾隆辛卯、定、中山向」の銘のある円相の額が残っている(藤浪三千尋前掲論文、注2)。一七七一年にこれを書いた中山の向とは、『三国名勝図会』によると「向越中」のことという。王家一族と三光院の関係は十八世紀の終わり頃にも続いていたらしい。琉球家譜には「向越中」と名乗る人物はみられないが、「向執中」の誤りとするなら、伊江按司、唐名向越中、一七四〇～一八〇一)を比定することができる。ただ彼が薩摩に赴いたのは「乾隆辛卯」の一年前、乾隆三十五年庚寅であり、ずれがある。

(19) 陳侃『使琉球録』嘉靖十三年七月二日条。

(20) 日秀の漂着年について、『日秀上人縁起』が「永禄元亀間歟」、「開山日秀上人行状記」が「永禄初元戊午」と、ともに誤り記している。両者の依拠した典拠資料には「享禄元年」とあったが、破損・汚損などのため判読が困難な状態になっていたためか、「行状記」の著者は永禄元年と読み、正親町天皇の即位をうけての改元なので、「初元」とし、また『縁起』の著者は永禄元亀と読んだという憶測を試みた（前掲拙稿、注５）。
(21)　田名真之「史書を編む―中山世鑑・中山世譜」（田名真之前掲書所収、注９）一五頁。
(22)　田名真之前掲論文（注９）。
(23)　島尻勝太郎の護国寺の創建、本地仏の造像の検討は、軸銘を無視している。
(24)　これが日秀の呼称であることは、根井浄『補陀洛渡海史』、二七八～二八五頁。
(25)　『由来記』には一六〇九年の薩摩侵略に際して尚寧王に随行し薩摩に渡った恩叔宗沢（報恩寺・円覚寺住持）の伝もあるが、時代も事蹟も異なるので取りあげない。
(26)　小島瓔禮「芥隠承琥伝」、島尻勝太郎・嘉手納宗徳・渡口眞清三先生古希記念論集刊行会編『球陽論叢』、ひるぎ社、一九八六年。
(27)　知名定寛は、『由来記』の神徳寺の条を引き、「糸蒲の寺院を真言宗と推定し、その本尊が首里城に飛来、やがて神徳寺本尊となり、ついには真言宗寺格第一の護国寺に安置されるようになったという経緯は、禅宗に比して王国との結合関係に遅れをとっていた真言宗側が、王国との関係強化あるいは正当化を歴史的に遡って主張しようとする意図が反映されているようにも理解できる」と述べている（「『旧記』が創った寺」、『がじゅまる通信』四一号、原田禹雄『訳注　琉球国旧記』、榕樹書林、二〇〇五年、所収）。
(28)　伊東忠太・鎌倉芳太郎前掲論文（注４の③）。
(29)　「開山日秀上人行状記」のみ三年ではなく、「秀不能固辞、留滞三十年」とある。伊東・鎌倉以後の通説的・常識的な説から懸け離れた年数であるが、これはたんなる誤写によるものであり、内容の問題とはならないと考える。仮に誤写ではないとしても、日秀が人を殺めた一五二一年と一乗院多宝塔着工の一五五二年のあいだに合理的に収まるとは考えられない。殺人事件の年代は、「開山日秀上人行状記」の天正三年（一五七五）入定の年齢七十三歳、『三国名勝図会』の「日秀上人伝記」の没年齢、天正五年（一五七七）、七十五歳から算出したものであり、誤りの可能性がないとはいえない。しかし、この没年情報を誤りとして捨てるよりも、もともと誤字脱文の多い「行状記」の誤写と推定し、他と同じように波上滞在三年と考える方が、史料評価の上でも妥当性が高いと考える。
(30)　徐葆光『中山伝信録』巻四の「琉球地図」、「日秀上人住波上三年後回北山」。
(31)　宮下満郎「薩隅の補陀落信仰小考」（『鹿児島中世史研究会報』四〇号、一九八一年十二月）は、『神社調　薩摩国之部九』「一乗院」、「日新公御譜中」天文二十四年（一五五五）条（『鹿児島県史料　旧記雑録後編１』）を掲載する。
(32)　那覇市市民文化部歴史資料室編『那覇市史　資料編第１巻12　近世資料補遺・雑纂』（那覇市役所、二〇〇四年）所収。
(33)　『那覇由来記』では「地蔵菩薩の縁起を尋るに日秀上人の立給ひけると」とあり、「云伝り」を省略した表現となっている。これに対し、『由来記』では「此地蔵菩薩ノ開基ハ、倭国ノ人、日秀上人、建立ナリ」と事実として記述しているのである。地蔵の木像六体を納めた六角の石厨子に銘があったからなのかもしれないが、同じ状況の⑥湧田地蔵では、「是モ日秀ノ建立トゾ」と述べている。

(34)　注15および注16参照。

(35)　④「若狭町地蔵」については『由来記』と『旧記』がともに日秀の建立との伝承に疑問を呈している。それは、言い伝えは残るのであるが、地蔵像の台座に「舜姓普請」あるいは「舜氏普請」の文字があることによるものであり、『由来記』は「如何成ユヘニヤ、知人ナシ」と述べ、『旧記』は「二説不合、不知孰是」、すなわちどちらが正しいかわからないとする。このような場合、日秀の活動として事実化しうる可能性は乏しく、『球陽』が「若狭町地蔵」を記載しないのはこのためではないか。

(36)　前掲『金石文』(三三頁、注16)によると、浦添市字経塚に現存、年代は不明とし、『球陽』の伝承を載せる。金剛経を小石に書写して埋め、経塚碑を建てた例として金剛山碑(国頭村字奥間、一七〇六年)と金剛尊経碑(伊江村字東江上、一七七四年)、『球陽』の真和志郡松川邑の梵字碑(⑯指帰橋北方小岡碑文)をあげる。また、多田孝正「浦添経塚について」(『沖縄県歴史の道調査報告書―国頭・中頭方西海道(Ⅰ)・弁ヶ嶽参詣道―』「第六章　道と仏教関係遺跡」、沖縄県教育委員会、一九八五年三月)は経塚、金剛の意味について重要な指摘がある。

(37)　国頭村字奥間の経塚についても日秀伝説が付会されているという(多田孝正前掲論文、注35)。

(38)　呉海燕、前掲論文(注7)。

(39)　多田孝正前掲論文(注35)、知名定寛前掲論文(注27)。

(40)　例えば、東恩納寛惇『南島風土記』は、久茂地の「才神」ではこの道祖神が「日秀上人の勧請と思はれる」とし、また「長寿寺」では本尊の薬師如来を「日秀上人の奉斎ではないか」とするなど、新たに事蹟を指摘・追加している。

(41)　一例を挙げると、『沖縄県の地名』(平凡社、二〇〇二年)は、『由来記』があげる事例のほかに、嘉手苅観音堂(うるま市指定文化財)について「日秀が伊波按司に勧めて建立させたという」と掲載し、また読谷村渡具知の項には「比謝川河口断崖上には胎蔵界大日如来の真言アビラウンケンを刻んだ梵字碑があり、十六世紀前半の日秀の関係者による建立ではないかとされる」と伝承を伝える。

小結

ここでは首里・那覇の空間構造にかかわる興味深くまた重要な点をいくつか指摘しておきたい。

一、首里・那覇の並列性・二重性

琉球の王朝交替（察度王朝→第一尚氏王朝→第二尚氏王朝）は王権簒奪によるものであるが、琉球国王を冊封する明に対して禅譲と主張したため、第一・第二尚氏王朝はともに前代の王統を継承するかたちをとった。第二尚氏王朝はそのうえに首里と首里城、そして海港那覇もそのまま踏襲した。これが新旧二つの王朝の菩提寺などが並立・重層する根本的な要因となっている。第一尚氏王朝の都市・文化資産や伝統の継承に対する反作用は、察度王朝に遡るとみられる波上権現・護国寺などの再興に向かった。その結果、とくに外来信仰の施設に次のような並列性ないし二重性が表れた。

首里：　第一尚氏王朝 ― 相国寺・天界寺
　　　　第二尚氏王朝 ― 円覚寺（←相国寺）・天王寺

那覇：　天妃宮　龍王殿　沖権現　　臨海寺　「臨海潮声」（中山八景）

波上：　天妃宮　天尊廟　波上権現　護国寺　「筍崖夕照」（中山八景）

二、首里・那覇の社会・文化・空間の構造（双対性）

首里城の中心部には御庭の周りに正殿（百浦添御殿）・北殿（北宮、西之御殿）・南殿（南宮、南風之御殿）・奉神門（君誇御門）が並び立っている。この空間の構造を図式化すると、次のようになる。

- 首里城正殿（琉球国王の宮殿）
  - 北殿（平時は評定所、冊封時は冊封使の接待施設）
  - 南殿（年中行事、薩摩藩の在番奉行の接待施設）

琉球と中国と日本の関係を端的に示している同様の事例をあわせて挙げてみよう。

- 琉球の固有信仰
  - 天妃信仰・上天妃宮・下天妃宮、天尊廟・龍王殿
  - 熊野信仰・波上権現・沖権現、護国寺・臨海寺
- 那覇親見世
  - 天使館（冊封使）
  - 御仮屋（在番奉行）
- 那覇（東・西）
  - 久米村（中華街）
  - 若狭町（日本町）

これらの事例のいくつかは古琉球の時代に遡るものであり、もっとも明瞭な事例として有名な万国津梁の鐘（一四

五八）の銘「琉球国は南海の勝地にして、三韓の秀をあつめ、大明をもって輔車となし、日域をもって唇歯となす」（原文は漢文、読み下し文）をあげることができる。

琉球（黒）
- 中国（黄）＝「輔車」（肉体　ほお骨と下あごの骨）
- 日本（青）＝「脣歯」（肉体）

朝鮮＝「三韓の秀をあつめ」。

※　各国の色彩は、東恩納寛惇『童景集』（『東恩納寛惇全集5』、二五一頁）

第一部　おわりに

これまで第一部ⅠとⅡの小結において海の「京都」(京都・首里)の特質など重要な点を整理、指摘したが、ここでは視野を東アジアないしユーラシアに拡大し、海の「京都」がどのように位置づけられるのか、を考えたい。そのための一助として十二世紀の日本列島北部における都市平泉を媒介軸として設定する。それは、京都や首里と同じように〈非囲郭・拠点散在・風景〉都市であり、また首都ないし「王都」として位置づけられる平泉を比較の軸に加えることによって、京都と首里の特性をより鮮明に描くことができるのではないかと期待されるからである。

一、平泉と京都——都城から中世都市へ

1　国家統治と首都・「王都」

奥州藤原政権の都市平泉は、たんなる地域権力ではない、日本列島北部を支配する軍事政権の拠点都市である。日本の国家統治権を分有する政権として平泉政権を理解しようとするなら、都市平泉は首都京都に対抗する「王都」と評価することができる。しかもそれは北方アジア世界との交易が創出した最初の辺境の「王都」とみられよう。

一方、北方アジア世界との交流を背景に日本列島北部を基盤とする独自の政権として平泉政権を理解しようとするなら、都市平泉は首都京都と並び立つ北の「首都」と位置づけられるべきであろう。日本列島内とはいえ、日本の京都との交渉は、国際関係・対外関係ということになる。東シナ海をめぐる交易によって成立、発展した琉球王国とその首都首里、日本との関係がおのずから想起されるであろう。

平泉の王権と領域の境界はそれぞれが両義性を帯びていることもあって、実態はあいまい模糊としているといわざるをえない。「王都」と「首都」、そのいずれかであるということにはならないのかもしれない。

2　都市形成

平泉の都市空間形成の担い手は藤原氏三代である。初代清衡から基衡、秀衡まで平安京・京都を規範〈理想〉としているが、平安京・京都の重層する伝統と革新の都市要素を、平泉では並存的、複合的に受容している。

平泉には都城平安京のコスモロジーとグリッドプラン、そして摂関期・院政期京都の〈境内〉形成、つまり御所と御堂、御倉町などのセットの双方が導入され、その都市空間を創りあげている。また平安京の伝統〈鎮護国家・王城守護の寺社〉そして摂関期・院政期京都の最新の流行〈地域統合と政権の象徴、都市・地域・国土を規定する寺社〉を受容し、中尊寺・毛越寺・無量光院、惣社と四方の鎮守などの寺社を造営した。

藤原氏三代の空間志向は神仏への信仰と武士のイエを基調とするが、平泉・衣河の都市構想・計画の全体を貫くのは国際宗教の仏教である。〈宗教（仏教）─中尊寺・金色堂〉と〈王権─平泉館〉の位置関係など、意図的な都市空間計画が行われ、特有の構造を持たされているところに平泉の宗教性、あるいは宗教都市平泉の特徴がある。

平安京・京都における都市と神仏の密接な結合は院政期・鎌倉期・室町期を経て戦国期まで長期にわたって継続するが、平泉に似た都市構想・計画として義満の「王都」建設があげられる。

3　軍事政権の拠点都市

日本列島における内乱の統一と武家政権の拠点都市〈首都ないし「王都」〉の確立のあいだには深い関わりがある。東北の統一者藤原清衡と平泉・衣河、天下統一を進めた日本国王足利義満と上京・北山、天下人豊臣秀吉の首都構想と聚楽・伏見・大坂などである。権力・権威を象徴する黄金建築――金色堂、北山殿観音殿(金閣)、聚楽の金箔瓦――も特徴的といえよう。

秀吉の「首都」がもち、平泉がもたないものは、「大名屋敷」=「公儀」と、惣構堀(御土居)に当たる要素であり、逆に豊臣秀吉の「首都」がもたず、平泉がもつのは寺社、そして軍事権力を超える宗教性であろう。義満の「王都」は、守護大名の京都居住、宗教による統合など、中世「王都」の都市性を示している(義満と秀吉の比較については第一部第六章三節)。端的にいって、中世都市と近世都市の鮮明な対比がうかがえる。

二、平泉・衣河と首里・那覇――北と南の国際都市

奥州藤原氏の平泉と琉球尚氏王朝の首里は、それぞれ北方アジア世界、東・南アジア世界との交易を基盤に形成された軍事政権の「首都」とみることができ、衣河と那覇はそれぞれの交易・外交を支えた商業都市、副都といってよい。

1　首里・那覇

那覇島の一角、東シナ海に面した波上は、十四世紀後半からのいわゆる日中間航路「南島路」の活発化に起因して自然形成的に海域アジアの交易にかかわる中国人などの海商勢力の根拠地・居住地になった。沖縄島を中核とする国家形成を促した契機は、「南島路」の活況とそれにともなう港湾都市・波上の形成であった。

一三六八年の明朝成立という国際的な状況の変化によって、那覇島とくに波上は私貿易の中継点から中山・山北・山南王権の重要な外交・交易(冊封・朝貢体制)を支える拠点へ変質した。

琉球を統一した第一尚氏王朝の尚巴志は首里を首都として整備する一方、一四二五年、波上に替わる港湾都市「那覇」を建設した。これによって波上と華人集団をハブとする交易の枠組は解体され、代わって琉球王国と「那覇」が海域アジアの外交・交易拠点機能を担った。尚巴志による「那覇」の大造営は港市国家の存立基盤を築いたものといえよう。

「那覇」は、東シナ海世界の外交・交易の拠点、国際的な商品や琉球内の物資の集積地であったが、琉球王国の外交・交易を支えるさまざまな港湾機能を実質的に担ったのは、「那覇」とその後背地——波上や久米村、周縁の漁村など——であった。「那覇」には禅宗・真言宗の寺院、媽祖（天妃・天后）の廟、道教の廟、神社（熊野ほか）、御嶽、などがあり、海港都市として宗教の国際性が際立っている。

2　平泉と首里、衣河と那覇

首里は平泉と同様に防御性集落を原点とする（一般的な様態といってよい）。

平泉の藤原氏は中尊寺を核とする仏教と衣川や奥大道を介する海陸の交易を基盤にし、さらに外交・貢物などによって日本の官位（権威）、また軍事首長（貴種）を得て奥羽を統治した。平泉の都市空間構造には京都・白河と共通する外来の特性が含まれている。

一方、首里の第一・第二尚氏王朝においては禅宗が公的・対外的な表層、風水や御嶽信仰（女性神官）が基底にあって王と王権・王国を護持する。前述のように、琉球は明の冊封・朝貢体制の下、国際貿易により独自の王国を経営し、また深い対日本関係もあり、そうした結果、双対性ともいうべき都市空間構造を備えるにいたった。改めていうまでもなく、首里や平泉の都市空間構造が対外関係を反映しているのは周縁地域の「首都」の一つの特性であろう。

都市衣河の様相についてはまだ十分には明らかになっていないため、衣河から那覇を照射することはむずかしいが、逆に那覇から手がかりを得ることができよう。衣河には海陸交易の要衝という立地条件に加えて「衣河館」や長者ヶ原廃寺跡、宿、市などが存在したことに注目すると、那覇と同様に外交・交易機能のみならず宗教機能、またそれらを支える後背地があったと考えられる。

琉球の対中関係においては中国人の懐機、対日関係においては琉球の渓隠安潜や日本の芥隠承琥などの禅僧が活躍した（禅僧二人は王の護持僧でもあった）。平泉政権の対日本関係において同様の役割を果たしたのは亘理権大夫藤原経清（清衡の父）、元陸奥国司藤原基成（秀衡の舅）であった。渓隠や芥隠は首里の相国寺、円覚寺に止住したが、これに対して懐機の屋敷が那覇にあり、また基成の館（そしておそらく経清の館）が衣河にあったのは、政権に対するそれぞれの関係のありようと、那覇と衣河の都市性の共通点を示唆しているのであろう。

三、京都と首里――琉球と日本の「京都」

京都も首里も、政治・社会・文化的なありようが都市空間構造に明確に表れている。

室町殿と相国寺、首里城と相国寺（後に円覚寺）というように、王権の拠点である幕府・王城と官寺として創建された大禅宗寺院が並立する地域空間が同時期に出現した。「京都」の禅宗寺院は、宗教はもちろん外交・文化などを含めて王権を護持する機能を担った。

中国の古代都城・宮殿に源をもつ京都は、摂関期以降独自の中世都市空間を形成するようになり、室町期には武家権力による固有の地域空間そして都市住民による地域空間〈町　まち・ちょう〉が成立していた。さらに仙洞御所や大内裏の跡、前王権の拠点や重要施設など、象徴性を帯びた場所を意図的に継承する動きが顕著にみられ、都市に重層性を産み出していることが注目される。

ところで、琉球においては大規模な城郭首里城が出現したが、これに比べると、日本における武家拠点室町殿の防御機能は無いも同然であった（堅固な城郭と惣構は戦国末期から急激に発達する）。京都も首里も都市壁を築かないこと、内乱を統一した政権であることは共通するが、しかし王権や拠点の安全保障のありかたには大きなちがいがある。首里はいわば近世を先取りしているように見える。

さらにいえば、琉球の首里は身分的規制の強い、いわば近世城下町的な都市を実現していたが、日本の京都はあらゆる身分の人びとが混住・雑居する中世的な都市であった。

四、東アジア（ユーラシア）都市史のなかの海の「京都」

海の「京都」――京都・首里・平泉――は、都城の系譜を引くこと、国際的な宗教である仏教の受容と展開、仏教思想と寺院の都市への組み込み、宗教都市、軍事政権都市といったような点で、東アジア中世都市の普遍性をそなえている。

一方、〈無囲郭・拠点散在・風景〉を都市性とする海の「京都」は、〈都市壁・拠点集中・人工〉都市が一般的な東アジア（ユーラシア）においては数少ない存在であるが、例外的ではないし、またそれは日本・琉球の都市史において一般的なありようといってよい。海の「京都」は、いくつもの固有の都市性を備えた、ユーラシアのなかでも独自の都市類型として位置づけることができる。

第二部　海の「京都」と自然

「城嶽霊泉」（葛飾北斎「琉球八景」）

第二部　はじめに

都市史は都市のみを視界に置くことがふつうである。しかし当然のようにみえる、そうした観点からでは捉えきることができない都市は少なからずあるのもまた事実である。とりわけ東アジアでは都市と自然、都市生活と自然、都市文化と自然の問題など、都市とその周りの自然を切り離して理解しようとすることは、文字通り不自然といえよう。

第二部「海の「京都」と自然」は、海の「京都」とそれを囲繞する自然が融和的・一体的・補完的であるということを基調の一つとする。第二部もまた、第一部と同様に「I　京都」と「II　首里・那覇」の二つに分かれ、前者は「都市と自然」を主題とする六章から、後者は「東アジアの環境文化」〈とくに〈八景〉と〈十境〉〉を主題とする五章から構成される。以下では、もう少し敷衍して主題の内容を説明しよう。

I　京都——都市と自然

「京都」の発展を支えたのは豊かな自然である。都市にとって自然はきわめて重要な意味を持っているが、これまでもっぱら文芸・美術の対象としての自然に関心が集中し、ときに都市を取り囲む環境や、生活基盤そのものとして、また都市に大きな災害をもたらすものとして留意されるにすぎなかった。すなわち、従来の研究では、文学や美術、宗教に表われた自然観、文化史・災害史、集落・都市立地論、防災史、自然環境史など、個別の対象、個別の視点からしか行なわれていない。

都市と自然の多様なかかわりを解明するためには、個別分野の研究をさらに発展させなければならないが、それだ

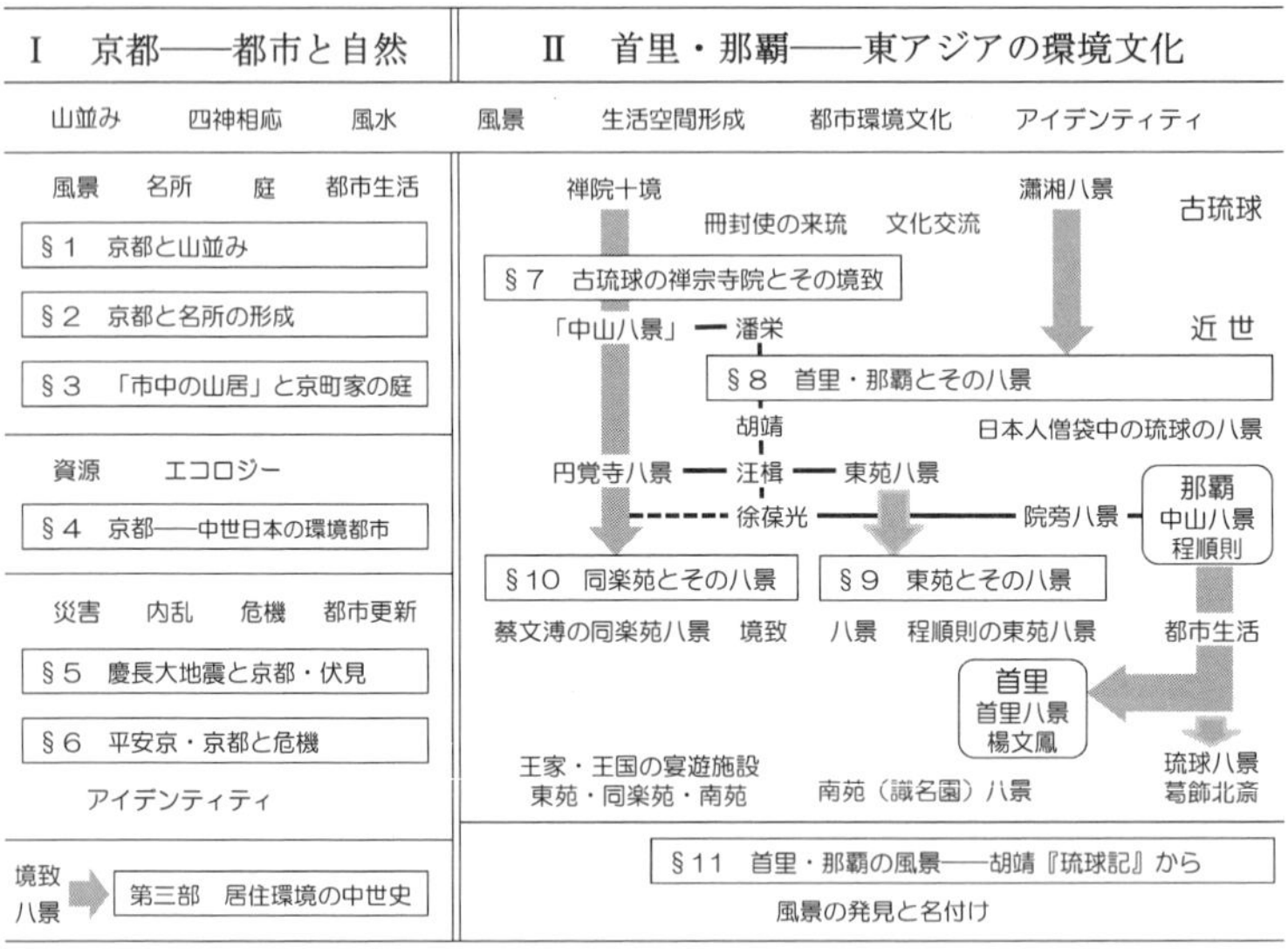

図70　第二部の構成

けでは不十分である。文芸・美術・宗教・民俗に表われた自然観と環境形成の関係、大災害と都市更新の関係など、都市と自然の多様な関係を、新たに生活空間（ないし居住環境）の形成や都市のアイデンティティという視点から全体的に捉え直す必要があると考える。

第二部Ⅰの第一章～第四章は、平安京から京都にいたる歴史的な展開のなかで、自然と都市生活とのかかわりを検討している。各章はそれぞれ山並み――京都形成にかかわる自然的・歴史的・文化的条件――、名所――都市形成と名付け、自然美の発見、都市をみる視点など――、市中の山居（虚構の自然）と庭（坪庭・前栽）、資源の再生と都市環境問題、などのキーワードをめぐって追究する。第五章・第六章は、都市の危機と大災害を扱い、文禄五年（一五九六）の大地震（いわゆる慶長大地震）と京・伏見の動向を述べ、そして人的災害（内乱など）なども含めた都市災害がもたらす平安京・京都の危機を通時的に考察した。

Ⅱ　首里・那覇——東アジアの環境文化

東シナ海をめぐる中国・朝鮮・琉球・日本のあいだには古来よりさまざまな交流があり、とくに中世、十五世紀には同時代の時空を共有していたという。そうしたなかで東アジア世界が共有した環境文化は、どのようなものであり、どのような特質をもっていたのであろうか。

文化交流を考えるのに好適な環境文化の事例として、宋・元の時代に源を発する八景と十境（境致）をあげることができよう。

八景の概念は、北宋の画家宋迪《そうてき》が描いた「瀟湘八景」が原点であって、それは洞庭湖の南、瀟水と湘水が合流する辺りのすぐれた景勝の地からえらんだ瀟湘夜雨・洞庭秋月・煙寺晩鐘・遠浦帰帆・山市晴嵐・江天暮雪・漁村落照（夕照）・平沙落雁の八景からなっている。日本では「近江八景」がもっとも有名であり、「瀟湘八景」の趣をもとに選ばれた、琵琶湖をめぐる八つの景、すなわち粟津晴嵐・矢橋帰帆・石山秋月・唐崎夜雨・三井晩鐘・勢田夕照・堅田落雁・比良暮雪からなっている。また琉球・沖縄の琉球八景（中山八景）——泉崎夜月・臨海潮声・粂村竹籬・龍洞松濤・筍崖夕照・長虹秋霽・城嶽霊泉・中島蕉園——もよく知られている。

八景では、景勝の地（場所・空間）に四季や時刻、情景などの環境条件をあたえることによって、より深い情趣を喚起する。瀟湘八景では、瀟湘と洞庭のみが特定の場所・地点であり、他はいわば環境イメージであるが、瀟湘八景の観念が普及するにしたがって、近江八景のように特定の場所・地点が多くなる。さらに瀟湘八景のような景のみかたからも解放され、地域固有の歴史や文化を反映し、風土に根ざした、さまざまな環境条件があらわれる。八景の大きな特質は、ここにあるといえよう。

一方、十境は、南宋の五山禅院において発展した。境（境致）とは、伽藍の内外にある自然や人工の景物に佳名を付与したものであり、それらのなかから重要な境を集めて十境という。南宋五山のひとつである天童寺の十境は、十四世紀には万松関・翠鎖亭・宿鷺亭・清関・万工池・登関・玲瓏岩・虎跑泉・竜潭・太白禅居からなり、また日本では夢窓疎石が一三四六年に選定した天龍寺の十境（「亀山十境」）が有名であるが、それは普明閣（三門）・絶唱渓（大井川）・霊庇廟（鎮守八幡宮）・曹源池・拈華嶺（嵐山）・渡月橋・三級巌（戸難瀬の滝）・万松洞（門前に栽えられた松の並木）・竜門亭・亀頂塔（亀山の頂きにある塔）であった。

八景や十境は、もともとは文字どおり、八つの景、十の境（境致）からなるのであるが、その発展と変容の過程で、景や境の数がいつも守られたわけではなかった。また、中国はもとより琉球や日本でも、景と境が同じ発音・意味で使われ、したがって時には混乱が生じることもあった。本書では誤解や混乱を避けるために、八景と十境、さらにその構成要素を、とくに概念的に明確に表現したいときには、それぞれ〈八景〉と〈景〉、〈十境〉と〈境〉と区別して表記することにしたい。また、後者については、日本での用例を尊重して〈境致〉とも表記する。〈十境〉の十という数が必ずしも本質的なことでないとすれば、むしろ〈境致〉とするのが学術的には明快である。

〈八景〉と〈十境〉は、自然と歴史と文化、さらには宗教などが混然一体となった環境概念ということができようが、中世以来、今にいたるまで中国・朝鮮・琉球・日本によって共有され、とくに卓抜な自然景勝と豊かな歴史と文化が融合した〈八景〉は、現代においても生き続けている。

〈八景〉と〈十境〉の文化的基盤が、「東アジア諸民族の共同財産」としての漢詩文・山水画にあるのは当然であるが、それらのみならず、朝鮮の歌辞、琉球の琉歌、日本の和歌などによっても支えられている。このことは、中国に発した環境概念が環東シナ海世界をめぐる地域に、固有の文化として根付いたことを物語っている。

生活空間のなかからすぐれた自然や人工の景物をえらびだし、風雅な名を与え、絵を描き、詩文をつくるのは、ありふれた文芸や造形の営みである。しかし、ときにはそれが自然の唯一の記録となり、あるいは「風景」の唯一の記憶となる。破壊の二十世紀を経た今、かつての景勝はただ語り継がれた記憶のなかにしか残っていないことが、痛ましいほどに多い。

環東シナ海世界の都市にとって〈八景〉と〈十境〉は何であったのか。これまでのように、たんに禅院の〈境致〉や〈八景〉を論じるのではなく、とくに都市文化のありようが反映している空間、都市の環境文化、また自然と都市・建築・庭の相互関係を示唆する〈八景〉と〈十境〉を考えることが必要であろう。このような立場からすると、中世日本の京都や博多などの都市もさることながら、とくに伝来から定着、展開に至る歴史過程を詳しく観察することができる琉球の首里と那覇が興味深い。

以下、第二部Ⅱでは、首里・那覇を対象とし、土地の記憶、都市の風景の記憶を支えている文化的基盤、都市の環境文化としての〈八景〉と〈十境〉に注目する。第七章ではとくに一六〇九年の島津侵略以前の琉球、いわゆる古琉球の時代の〈十境〉について検討することとし、第八章以下において近世の〈八景〉と〈十境〉について論じる。

これらによって、都市の風景の大切な記憶をよみがえらせ、さらに記憶を語り継いで行く一助としたいと考える。

なお、第三部「居住環境の中世史」において、中世日本に伝来した〈八景〉と〈十境〉の自然観・環境観が、京都や博多、奈良、堺などの生活空間を新たな眼で見なおす大きな契機となり、さらに和風化した環境概念をつくることになったことなどについて概述する。

また、日本では名所と〈十境〉と〈八景〉の流行ないし定着の大きな流れとして、古代—名所、中世—〈十境〉、近世—〈八景〉とみることができるが、それらは時代の推移とともに置き換わっていくのではなく、重層することによって豊かさを積み増していくことに留意しておきたい。

I 京都

第一章　京都と山並み

最近（一九九〇年代初め）、京都の景観問題が、京都のみならず、全国的な関心を集めている。[1] 京都の周辺をとりまく山や森林などの自然景観の破壊・変容、また古都らしい町並みなどの歴史的景観の破壊・変容がたいへんな早さで進行しており、京都の都市環境を大きく変えつつあるからである。

山と森林

自然環境にかかわる深刻な問題はいくつかあるが、五山の送り火で知られる大文字山などの破壊を防ぎ、また市街地建築物の高層化がさらに進むなかで、東山や北山、西山などいわゆる京都三山のスカイラインをどのようにして保持していくかといった都市環境の形成にかかわる問題もその一つである。[2] また、いっそう大きな焦眉の課題となっているのは、京都三山と嵐山、高雄などにみられる植生の変化にどう対処するかである。

京都の山々は、文字どおりの自然ではなく、長年にわたって人の手の加わった森林であった。[3] 京都はアカマツ林景観がみられる代表的な地域といわれる。二十世紀の初期には「東山の林冠の六割以上がアカマツによって占められて主として山の稜線部にあり、山裾や谷間には落葉広葉樹があり、その調和が東山の森林美の根幹をなしていた」。[4] このアカマツ林は、建築用材や、燃料（落葉・割り木・根）、照明（明し松）、食料（キノコ類）を産み出す場として、また松茸狩りなど都市の遊楽の場としても大切であったから、よぶんな木を切り、柴を刈り、落葉かきをするなどして、長期間にわたって維持し続けてきたのである。「このような利用形態でアカマツ林を育て、安定した植生を維持する

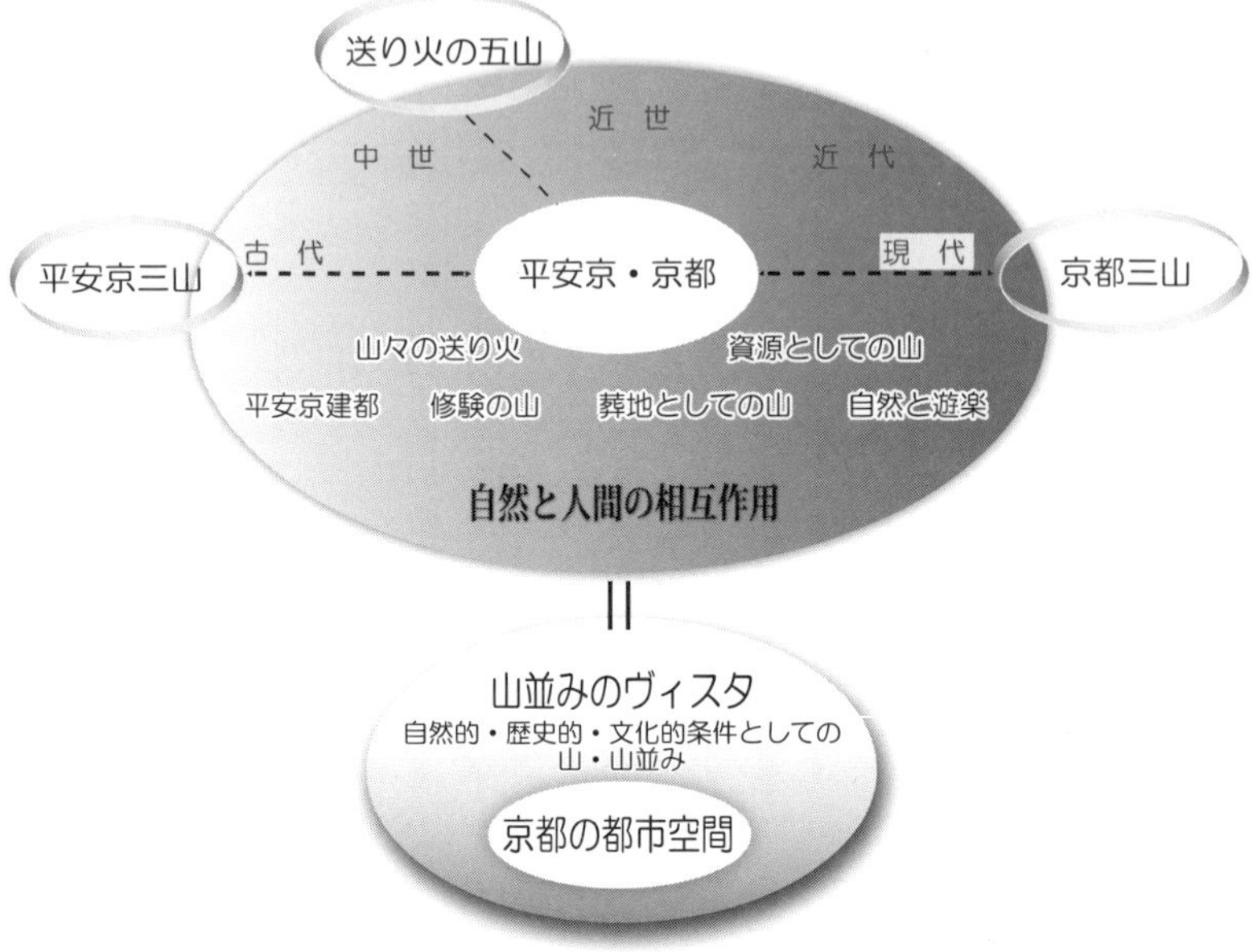

図71　本章の論点

ことは、京都周辺の痩せ山を最も効率よく利用するという点で、自然をうまく利用した京都人の生活の知恵」が感じとれるという(5)。

近代になると、燃料革命によってアカマツ林を維持する生活上の必要がなくなり、また自然保護のために実施された風致林の指定などにもとづいて禁伐の措置がとられ、森林は、いうならば自然の成りゆきにまかされた。当然の結果として森林は本来あるべき姿、つまり照葉樹林へと遷移していき、シイの林が東山を占め、嵐山のアカマツや桜がみられなくなり、高雄の紅葉などが減少しつつあるという状況が生じたのである。「自然」ということばの意味を、自然と人間との相互作用という視点を取り入れてもう少し広く捉えるなど、「自然」の概念をあらためて考え直すことも必要となろう。この問題は、「自然環境を保護する」ことのむつかしさを示している。

京都が「京都」として発展しえた大きな要因に、周辺の豊かな自然があることは、しばしば指摘されるとおりである。しかし、最近の問題はいずれも、近代以前とは異なり、周辺の自然と生活との関係が大きく変質した現代都市のありようが引き起こしたものである。したがってこの解決が容易でないことはいうまでもないが、歴史都市でありつつ将来にわたって発展すべき京都にとって避けてとおれない大切な問題である。京都をめぐる自然環境の問題は、本源的に都市と山・森林のそれぞれのありかた、そして相互の関係のありかた、ひいては京都の将来像を問い直しているといってよい。

山並み

ところで、京都の市民は、京都の市街を取り囲む山並みを自然であり、緑であり、「庭」であると考えているという。そして山並みは、いわば借景として都市の背景につねにみえているもの、みえているはずのもの、みえていなければならないものと思っているようである。三山に囲まれていることは、京都の住民にとってアイデンティティの確認であるのか。あるいは囲われた閉鎖的な空間に住むことに居心地のよさ、安心感があるからなのか。あるいは人工的空間である都市に不可欠な自然の要素が山並みであるからなのか。いずれにしても、山並みがみえていなければならない理由や、ひいては山並みを鴨川からのスカイラインとして、また通りからのヴィスタとして保全する理由を明快に説明しているものは、京都の景観問題の議論のなかにもみあたらないようである。京都の人々にとって、これはあらためて理由を説明する必要のないほど、当然至極のことのようであるらしい。

日本の大多数の都市では、市街中心から三キロメートル以内に山があるという注目すべき調査がある。(6) 京都と同様の社会的通念は、そうした都市ではあるいは共通するかもしれない。一方、そうではない都市ではおそらくあたりまえのこととは思わないかもしれない。こうしたちがいを示す二つのエピソードをあげてみよう。

江戸の旗本であった狂歌師二鐘亭半山は、十八世紀の終わりごろ京都を訪ね、その見聞を『見た京物語』(天明元年〈一七八一〉)に記した。(7)『見た京物語』は、「花の都は二百年前にて、今は花の田舎たり。田舎にしては花残れり」という名文句で知られるが、他の一節にもおもしろい寸評がある。「京は竃の形したる所なり」というのである。これ

に続いて、

東北西山々囲みあり。南のみひらきたる地なり。はれたる日は山々近きゆゑうつとし。雨中は山々見えぬゆゑ、かえってはればれし。

と断言している。山がはるかかなたに遠景としてしかみえない関東平野、その江戸の住人の実感なのであろう。

逆に京都の人々の場合は、次のようになる（木村探元『京都日記』（享保十九年〈一七三四〉）、修学院茶屋の条）。[8]

松か崎・岩倉など云所、御庭の内に引つゝきて遠く見ゆ。加茂川又桂川・山崎・八幡の方迄も見ゆ。昔日此庭作らせ給ふに、千宗旦に勅有て作たりしを御覧有りて、只爰元の事のみをするそとて、くつ（崩）させ給ひ、四方の遠近に山こそ自然の庭なれと仰ことありし。

京の山並みに竈を連想する江戸の人と、同じ山並みを庭と見立てる京の人。山並みの見えと気分の対比は実に鮮やかである。このように身近に山々があることがよいことかどうかさえ、かならずしも自明ではない。こうしたちがいが生じたのは、個性的な差異によるのではなく、おそらく江戸と京都の「風土」的なちがいによるものであろう。京都の住民にとって三山をはじめとする山並みの意味は何であったか、あらためて検討する必要がある。

居住環境史

京都をめぐる山並みのもつ歴史的・社会的・文化的な意味、また都市生活と自然との関連など大切な論点は数多くある。こうした課題は、都市を中心に据えているこれまでの都市史の枠組を越えた新たな学問分野といってよい。「居住環境史」は自然と都市と建築の相互作用の解明を主目標とするが、その中核となる重要な領域といってよかろう。

筆者はすでに、平安京から京都にいたる歴史的な歩みのなかで、自然と都市とのかかわりを、名所をめぐって考えたことがある。[9] そこで、古代日本の山岳観や、古代宮都と山・山並みとの関係にもふれつつ、京都の創世期である平安京を中心にして、京都形成にかかわる自然的・歴史的・文化的条件としての山・山並みの意味を概観してみたい。

一、古代日本の山・山並み

古代日本においては、山をどのようなものとみていたのか、文献史料によって概括しておこう。[10] 六世紀から八世紀の時期に注目すると、結論的には、農耕生活の発展からうまれた自然崇拝に基づく伝統的・土着的な観念、中国大陸・朝鮮半島から渡来した新しい外来の観念、それらを適宜取り込んで生まれた新たな観念などが併存していたとみてよいようである。

1　伝統的・土着的な山の観念

（1）神なる山／神の住む山

山そのものが神であり、またそこに神が住むという。山の神秘性、不可侵性を特質としている。こうした特質によって人々の信仰の対象となった山は、世界的にもめずらしくない。『万葉集』の歌では「三諸の　神名備山」（神のいらっしゃる、神のいる山）とつよく表現される。神奈備山は日本の各地にあったが、大和の三輪山がとくに有名である。三輪山そのものが神体であり、山麓にある大神神社には、礼拝の施設はあるが、本殿はない。また、『万葉集』には「神丘」の用例もある。[11]

（2）国見の山

国見は、ほんらい農耕にともなう行事であり、「春の初めに山に登って、自分たちの耕作する田園を見晴らして、神様をお祭りする」ものという。(12) 国見の山は、各地の農村共同体それぞれにあったはずである。大和の香久山や常陸の筑波山（高さ八〇〇ｍ）は国見の山であった。『万葉集』の「筑波岳に登りて、丹比真人国人《たじひのまひとくにひと》の作る歌」（巻3－382）には、「鶏《とり》が鳴く　東《あづま》の国に　高山は　多《さは》にあれども　朋神《ふたかみ》の　貴き山の　並み立ちの　見が欲し山と　神代より　人の言い継ぎ　国見する　筑羽の山を」とある。

（3）歌垣の山

春や秋に村人たちが飲食し、掛け合いで歌を歌うなど、饗宴を行なった山である。歌垣は、国見と同じく農耕予祝儀礼であったが、しだいに年中行事となって遊楽化した。常陸の筑波山が、「かがい」（歌垣を表わす上代東国のことば）の山であったことはよく知られている。『常陸国風土記』には「坂より東の諸国《くにぐに》の男女《おとこおみな》、春の花の開くる時、秋の葉の黄《もみ》つ節《おり》、相携ひ駢《つら》なり、飲食《おしもの》をもちきて、騎《うま》にも歩《かち》にも登臨《のぼ》り、遊楽《たの》しみ栖遅《あそ》ぶ」とみえる。

持統天皇が吉野の宮に行幸したときに柿本人麿が詠んだ歌には、「畳づく　青垣山　山神《やまつみ》の　奉《まつ》る御調《みつき》と　春べは花かざし持ち　秋立てば　黄葉《もみち》かざせり」（『万葉集』巻1－38）とある。春に桜、秋に紅葉をかざすのは山神への供えであったという。春には桜の一枝を手折り、また秋になると紅葉狩りをする遊楽の伝統は、農耕生活を支える山の神に対してなされた祭祀に由来する習俗なのであった。(13)

（4）青垣山

たたなづく　あおかき　山隠れる　大和しうるはし（『古事記』―中・歌謡）

幾重にも重なり、垣のように周りを取りまいている青々と木の茂った山々、その青垣山に囲まれている大和の国はまことにうるわしいとする。山並みに囲繞された地域生活空間をすばらしいとする観念、いいかえると居住環境の理想像の一つがすでにこの時代に形成されていたといいえよう。

（5）葬地としての山、死者の住む山

民俗学においては、山は浄化された死者の霊が赴くところと考えられている。山の麓の野は、死者を捨てたり、埋めたりするところ（捨て墓・埋め墓）であり、山の入り口には詣り墓を設ける（両墓制）。そして死霊は浄化されてそこから近くの聖なる山に向かうという。[14] こうした民俗学の所説に対して考古学からの問題指摘もあるが、[15] ともあれ、墓や墳墓を「山」というのは、古くからの葬送習俗に由来するものであろう。

（6）修験の山

深山は霊性を帯びており、そうした山中が宗教的修行の場として好まれたことは、修験道や、さらには最澄・空海などの修行のありかた、山岳寺院の造営などに反映している。

（7）資源としての山

山は、あらためていうまでもなく都市・集落を営み、生活を続けるために不可欠な天然資源であった。近郊農業のための水資源として、住居や都市を建設するための建築木材資源として、落ち葉や腐蝕土、雑草など田畑に施す肥料資源として重要であり、そして食料・燃料・燈料などの生活資源を供給する場でもあった。[16] そのため早い時期から下草の刈取の禁止や木々の禁伐などの保護措置がとられていたが、[17] とくに都市に近い山々は、乱伐により荒廃することもめずらしいことではなかった。

山を荒廃させた元凶としてしばしば指摘されるのは、都城の造営である。内裏を初めとする官衙や寺院、邸宅などの建設に膨大な材木を必要としたからである。最初の都城というべき藤原京の造営において、都から遠く離れた近江の国の田上山（滋賀県栗太郡）の木々が伐採されたのであった。[18] 近畿地方でもっとも大規模なはげ山といわれたのは、この田上山の荒廃林地であった。藤原京や平城京の多数の施設の建築用材として古くから多量の木材がきりだされたことがその原因とされ、[19] 二十世紀初頭以降の育林によってもいまだ復興するにはいたっていない。

近郊山林の乱伐による荒廃は、平安京では災害をもたらした。大同元年（八〇六）に律令政府は大井川の治水のために、「山城国葛野郡大井山者、河水暴流して、則ち堰堤淪没し、材を遠処に採りて、還りて漼溉を失う」として、国司らに川辺での伐木を厳禁させている（『日本後紀』大同元年（八〇六）閏六月己巳条）。

2　渡来思想にみる山

中国大陸や、朝鮮半島から日本へ伝わってきた渡来文化のなかには、山と山並みにかかわる観念も含まれていた。改めて指摘するまでもないが、古代日本の山岳観には、早くから外来思想と土着観念の重層が進んでいたことも注意すべきであろう。

（1）須弥山

須弥山は仏教の世界観を表わしている。世界の中心にそびえる、高さが八万由旬（一由旬＝四〇里）の山であり、七つの香海と七つの金山が須弥山を取り囲んでいる。[20]

『日本書紀』によれば、百済から来たという路子工が推古天皇の小墾田宮の南庭に須弥山の形と呉橋をつくり、また斉明天皇の六五七年と六五九年には飛鳥寺の西に須弥山をつくって異境の地の人々を饗応し、六六〇年には石上池のほとりに高い須弥山をつくり、おなじような饗宴を行ったという。事実、斉明天皇の飛鳥板蓋宮に付属した官衙施設とみられる石神遺跡からは、須弥山を象った須弥山石が出土している。

これらはいずれも象徴的に表現された山、いわば人工の山であって、自然の山を須弥山に見立てたものではなかった。また、須弥山はさきの例でもわかるように、作庭における重要な景観要素であるが、都城の計画理念にはかかわらなかった。

（2）玄武の山――北岳

最適な居住地を求めるため中国で古くから行われた考え方に風水思想がある。それは四神相応の地が居住に最適であるとする。すなわち東西南北の方位を司る青竜・白虎・朱雀・玄武の四神（四獣・四禽）にふさわしい形象の地形を選ぶことである。平安時代の『作庭記』によると、東に川、西に大道、南に池水、北に丘がある立地という。四神相応の思想は、実際の地形に適合することが大切なのであり、玄武にあたる丘を見定める必要があった。北魏洛陽城がその北に山並みを負って立地しているのは、風水思想によるものと考えられているし、また日本では古代の都城から、家相を通じて現代の住宅にいたるまで、四神相応の観念は生活空間形成に多大な影響を及ぼした。

（3）神仙の山――「三山」・「五山」と「南山」

神仙思想には、不老不死の仙人が住むという神山がある。『史記』封禅書によると、秦の始皇帝は不老不死の神仙薬を求めて東方の渤海にある蓬莱・瀛洲《えいしゅう》・方丈の三神山に人を派遣した。(21) 隋の煬帝は、洛陽を再建したおりに、その離宮の西苑に蓬莱・瀛洲・方丈を模倣した山をつくったという。(22)『列子』湯問篇によると、以上の三山に岱輿と員嶠を加えて「五山」とするみかたもあった。

神仙思想はのちに道教に取り入れられ、それにともない東方の三神山に対して、中国大陸での神仙の住む三山が見立てられた。この三山は、「太白・終南・釼積」であったらしい。(23) 太白山と終南山は、陝西省の南に連なる山並みを表わす名称であり、双方ともに終南山、あるいは「南山」と呼ばれていた。神山・神仙郷である南山は、また天を象徴すると考えられた。漢・隋・唐の長安城は、その南方に神仙の山であり、天を表わす南山を控えていた。(24)

また、『史記』武帝紀には、中国にある神仙の山として、華山・首山・太室・泰山・東莱の「五山」をあげ、黄帝が常に遊び、神と会ったところとする。五山の見立ても行われたようである。

東方および中国における三山・五山の観念は、いずれも日本に伝わってきた。神仙思想は、日本には五世紀ころ渡来したとされるが、東方三神山の観念も七世紀には知られていた。香久山を蓬莱山と見立て、また天武天皇の諡号である天渟中原瀛真人《あまのぬなはらおきのまひと》の瀛真人が三神山の一つ、瀛洲山に住む奥義を悟った人を意味している[25]。

南山の思想は、日本の宮都にも大きな影響を与えたという。飛鳥の宮とミハ山（神山）、藤原京と吉野の山、平城京と見瀬丸山古墳ないし越智岡、さらには平安京と甘奈備山（京都府綴喜郡田辺町）など、長安城と南山との関係と同じ意味をもつと、近年つよく指摘されている[26]。

有職故実に関する平安時代の分類辞典『掌中歴』は、東方の五山を記載し[27]、また中国の五山についても、『二中歴』（『掌中歴』や『懐中歴』をもとに鎌倉時代末期に作られた）が、「八山」の見出しの下にそれらの名をあげ、残る三つの山は夷の地にあるとし、その名を尋ねるべしと註している[28]。

（4）鎮めの山——五嶽・五岳

中国では古くからそれぞれの地域において特別な山岳・山神を崇拝していた。州ごとの名山のなかでことに大きいものをその州の「鎮」とし、さらに信仰を集めた名高い山が、東西南北の「四鎮」・「四岳」として定着した。

戦国時代（前四〜前三世紀）になると、五行思想が盛んになり、その結果、中岳を加えた「五岳」の観念が生まれた。漢の時代には国家の祭祀として「五岳」をまつるようになり、東岳泰山（山東）、西岳華山（陝西）、南岳霍《せん》山（安徽、のちに湖南の衡山）、北岳恒山（山西）、そして中岳嵩山（河南）がその五岳とされた。いずれも平野にそびえ、景観として目立つ山である[29]。

五岳の中でもっとも有名なのは泰山であり、秦の始皇帝をはじめ多くの帝王が、山頂に土壇を築いて天をまつり、山の下で地を祓い清めて山川をまつる「封禅」の儀式を行なった。五岳は国の鎮めとして崇拝されたのである。泰山と華山が、五山と五岳に共通してあげられているのは、古くからの信仰の深さとともに、神仙思想との重合を示すものであろう。

五岳の思想が平安時代初頭に知られていたことは、『凌雲集』（弘仁五年（八一四）成立）や『本朝文粋』（十一世紀中頃の成立）の漢詩文によって明らかである。『本朝文粋』の漢詩「山水を弁ず」には、「三山五岳、天下に鎮めとして錯《まじ》り峙《そばだ》つ(30)」とあり、「三山五岳」はともに国土の鎮めの山として理解されていたことがわかる。ただ、ここでは、神仙の山であるはずの三山も、鎮めの山として五岳と交じって聳えているという。むしろ八山の観念に近いが、すでに中国においてこのようなみかたがあったのかもしれない。日本にもこうした五岳があった。

二、都城と山・山並み

七・八世紀は都市形成の時代といってよい。古代日本の都城の計画理念には、いくつもの思想が大きな影響を与えたが、都城の計画・造営にあたって、山・山並みがどのような意味・関連をもっていたかを考えてみよう。

1　飛鳥の宮都と山・山並み

香久山

香久山は、標高わずか一五二メートルにすぎない山であるが、いくつかのきわだった特質をもち、それは日本における都市の形成とも深い関連があった。『日本書紀』の神武即位前紀や崇神紀には、香久山の土、またそれでつくった土器を自分の物にし、祈ることによって大和の国を纂奪・平定できると考えられていた記述がある。その土が霊力をもつ香久山は、国土を象徴する山であった。ただ、土をとるなどの行為が可能であったことからすると、香久山は、神聖な山とはいえ、三輪山のように人間の立ち入れない山ではなかったともみられよう(31)。

『万葉集』には舒明天皇の作という「大和には　群山あれど　とりよろふ　天の香久山　登り立ち　国見をすれば」

（巻一―二）という歌がある。これが舒明天皇の在位期、つまり七世紀前半の状況を反映しているとすると、大和においては国見という農耕にかかわる民間の習俗が天皇の行う政治的儀礼となっており、そしてその国見の山こそ香久山であったといえよう。香久山は国土の象徴から、支配を確認する国見の山へとその意味がうつりかわっている。

ところで、飛鳥に営まれた宮は、舒明天皇の飛鳥岡本宮以下、天武天皇の飛鳥浄御原宮にいたるまで香久山の南方に立地したといってよい。これらの宮からみれば、北に香久山が位置し、南には南山であり、しかも神丘であるミハ山（神山）がある。こうした位置関係を地と天の関係とみなし、中国都城の思想が及んでいたとする見解もある。[32]また宮の選地を規定した、根強い伝統文化と新奇な外来文化の対抗を読み取ることもできよう。

最初の都城である新益京（藤原京）と山の関係について検討しよう。[33]藤原京の造営されたころ、つまり持統天皇の時期から、香久山の意味が大きく変わったようである。それを端的に示すのが「天降りつく　天の芳来山《かぐやま》」（『万葉集』巻三―二五七）、「天降りつく　神の香山」（『万葉集』巻三―二六〇）という表現である。

第一に、記紀において香久山は、ただ一つ「天」によって形容される山であり、また香久山が天から降ってきたという二つの点から、高天原神話との関係が指摘されている。香久山は高天原に深くつながる神山として、持統天皇の朝廷において神聖視されるようになった。[34]

つぎに、香久山を表現するのに「芳来山」の文字をあてている点が注目されている。香久山が神仙思想（道教思想）にいうところの三神山の一つ蓬莱とみなされていたことをはっきりと示すからである。[35]天武・持統期における道教の流行と、藤原宮の造営によって香久山が東方にあたるようになったことなどによるものであろう。

このように、香久山の観念には伝統的な思想や外来の思想、さらに政治的な思想までが重なりあっているのである。

三神山と南山

耳成山・香久山・畝傍山の大和三山は、大和平野に浮かぶような独立の山であり、地形的にめだつ存在である。や

や後の史料ではあるが、『日本後紀』（延暦二十四年（八〇五）十二月丁巳条）に、

　勅ス、大和国畝火、香山、耳梨等山、百姓意ノ任ニ伐損ス、国吏寛容シテ、禁制ヲ加エズ、自今以後、更然令ムルコト莫カレ

とあり、三山が本来木々の伐採を禁じられた神山であることを示す。またこれらの三山については、よく知られているように、中大兄皇子の有名な「三山の歌」に、「香具山は　畝火雄々しと　耳梨と　相あらそひき　神代より」（『万葉集』巻一―一三）とあり、また『播磨風土記』に「大倭国畝火・香山・耳梨三山相闘う」とみえる。三つの山は古くからともに神山とされ、また「三山」として伝説ともなっていたのである。

　こうした三山の組み合わせに留意すると、神仙思想の三神山には香久山にあてられた蓬莱のほかに瀛洲と方丈があったから、畝傍山と耳成山も瀛洲と方丈に見立てられていたと考えることができる。[36] 伝統的・神話的な三山に、新来の神仙思想の三山が習合したといってもよかろう。はるかな東海のかなたにあると考えられていた三神山を、卑近なほどに生活空間に近い山々に見立てたところが興味深い。藤原京の地を神仙郷とみなしていたのであろうか。

　ところで、藤原京と山については、「藤原京の御井の歌」という長歌（『万葉集』巻一―五二）が有名である。

やすみしし　わご大王　高照らす　日の皇子
荒栲の　藤井が原に　大御門　始め給ひて
埴安の　堤の上に　あり立たし　見《め》し給へば
大和の　青香久山は　日の経の　大御門に　春山と　繁さび立てり
畝火の　この瑞山は　日の緯の　大御門に　瑞山と　山さびいます
耳無の　青菅山は　背面の　大御門に　宜しなへ　神さび立てり

名ぐはし　吉野の山は　影面の　大御門ゆ　雲居にそ　遠くありける
高知るや　天の御蔭　天知るや　日の御影の
　水こそは　常にあらめ　御井の清水

この長歌には、藤原京を囲んでそびえる四つの山、つまり大和を代表する東の香久山、西の畝傍山、北の耳成山、そしてはるか南の吉野の山が、方位と関係づけて詠み込まれている。吉野の山も神山であり、神仙郷であると指摘されているから、(37)都の間近に「さび立つ」三神山と、「遠くありける」南山が、藤原京の東西南北にあって都を守り鎮めていたと、当時の人は考えていたようである。これらの四神山は「四岳」の思想が伝来していたことを意味するともみることができるが、三山と南山の重ね合わせとみるべきであろう。

藤原京は持統八年（六九四）に遷都されたのであるが、『日本書紀』によると、それに先立つ持統五年（六九一）に「新益京を鎮め祭」り、翌六九二年に「藤原宮の地を鎮め祭」っている。新しい京と宮の土地を鎮め固める、いわば地鎮祭を執行していたが、その大きな前提条件として、三山ないし四岳の鎮めがあったのであろう。二重の意味をあわせもつ三神山が、平城京の「三山が鎮めをなす」とあるのと同じように、藤原京の地を鎮める機能を果たしていたとみられる（「鎮め」については後述）。

名山

京・畿内（大和・山城・河内・摂津）には、律令国家の信仰対象である「名山大川」があった。これは、例えば『続日本紀』によると、文武二年（六九八）五月の旱魃のとき、諸社に奉幣したのに続いて、京畿の「名山大川」に雨乞いをしているように、祈雨の祈祷とつよく関係していたし、また天皇不予のおりなど名山の「浄処」において薬師悔過の法が行われた（天平十七年〈七四五〉九月癸酉条）。『日本後紀』によると、諸国の地図には事跡に疎略があり、またすでに年数が経っているので新たに作り直し、「郡国郷邑、駅道遠近、名山大川、形体広狭」をもれなく詳細に記録するように命じている（延暦十五年（七九六）八月己卯条）。名山は、国家的な管理のもとに祈雨や法会を行うべき山なのであった。

この祭祀ももちろん中国からきたものであろう。中国では、四書五経の『礼』王制に「天子、天下の名山大川を祭る」とあり、『史記』に秦の始皇帝が名山大川を祭ったとあることなど、道教にかかわるのであろうが、名山はさまざまな霊力をもつものとみられていた(38)。

2　平城京と山・山並み

四神と三山

和銅元年（七〇八）二月の平城遷都の詔には、

方今、平城の地は、四禽図に叶い、三山が鎮めを作し、亀筮並びに従う、宜しく都邑を建つべし、

という有名な一文がある。ここでは都の選地について大きく三つの重要な条件が示されている。すなわち、

（1）四禽が図にかなっていること。
（2）三山が鎮めをなしていること。
（3）亀の甲と竹による占いがともによいこと。

である。亀甲や筮竹による占いは説明するまでもないが、第一、第二の条件はどのようなことを意味しているのであろうか。四禽とは四神のことであり、第一の条件は風水思想にいう四神相応の地形であることを意味している。四神

のうちの玄武の岡・山として、平城京の北にある平城山丘陵を想定するのが定説とされている。

一方、鎮めをなす三山とは何か。三山については、具体的に三つの山を比定することに関心が集まり、これまで大和三山とする説、また東の春日山、北の平城山、西の生駒山あるいは平城京に入り込んだ丘陵（現在の六条町）にあてる説など、いくつかの説がたてられてきたが、三山のもつ意味と合わせて論及されるようになったのは、比較的近年のことである。

平城京と相前後する都城をみると、藤原京の耳成山・香久山・畝傍山、平安京の吉田山・船岡山・双ヶ丘など、景観的に目立つ三つの山が近くにある。このことに注目し、これらと都城との位置関係から類推して「平城三山」が比定された。(39) それによると、北の山は「平城天皇陵」（もとは市庭古墳と呼ばれた前方後円墳であり、平城宮の工事により前方部が破壊されている）、東の山は御蓋山（春日山、春日大社がまつる神奈備山(40)）、西の山は「垂仁陵」とされる巨大な前方後円墳であるとする。そして「三山」という地形・構成の共通点、そして垂仁天皇陵が宝来山とよばれたことを論拠に、藤原京・平城京・平安京など都城の三山と、神仙思想の三神山——蓬莱・瀛洲・方丈——とが関連づけられた。

この三神山説を補強するものとして、大和三山の香久山が「天の芳来山《かぐやま》」（『万葉集』巻三―二五七）と表現されたことから、香久山が蓬莱山と見立てられていたとの指摘がある。(41) 都城の三山が神仙思想の三神山にあたるとする見解は有力な説として定着したとみてよい。(42)

以上から、すくなくとも平城京の場合、都城の選地を決定する要件のいずれもが外来の思想であったこと、また都城選地の思想が山と深く関連していたことは明らかである。古代都城は、藤原京が六九四年、平城京が七一〇年、平安京が七九四年と、一世紀のあいだに営まれており、平城京と同じ選地の思想によって造営されたと考えて不都合はなさそうであるが、藤原京と平安京については史料に基づいた具体的な検討がさらに必要であろう。

「鎮め」の山

ところで、神仙の住む山、神仙郷に見立てられた三山が、平城の地の「鎮めをなす」という点、いいかえれば都城に対する三山の機能にも注目しなければならない。平城京の地を鎮める山、都城鎮護の山ということなのであろうが、都城の周りにある三山が都城鎮護の役割を果たしているというのは、神仙の住む世界という見立てよりも、もっと現世的な意味合いが濃厚であり、仏教が個人の信仰から国家の鎮護へと機能を変えていったことと軌を一にする現実的な傾向といえよう。

この点を重視すると、国の鎮めとされた「四鎮」・「四岳」・「五岳」との関連が想い起される。前に記したように、平城京は南に神仙の山を望むかたちで造営されたという。平城京の三山にこの南山を加え、平城京の東西南北にあって京を鎮める「四岳」としてもその意味を理解すべきなのかもしれない。四岳は、神仙思想の三山が陰陽五行思想の影響を受けて「五岳」に変わる過程で存在したとされるので、まったく無意味な捉え方ではないと思われる。

ところで、『万葉集』のなかの富士山を詠んだ一首に、「日の本の　大和の国の　鎮めとも　います神かも　宝とも　生れる山かも」(巻3‐319)とあり、富士山が大和の国の鎮めの山であるとする観念のあったことがわかる。富士山を加えて、五岳の思想があったとみることもできよう。五岳のうち、とくに平城京近辺の山々を取り上げて「三山が鎮めをなす」としたものであろうか。

ともあれ、神仙の山であり、かつ都城鎮護の山であるという意味を担った三山ないし五岳は、平城京にかぎられるものではなく、藤原京や難波京、近江京、長岡京、平安京など一連の都城について想定することができるはずである。藤原京では耳成・香久・畝傍の三山と吉野の金峯山と富士山が比定できようし、また平安京の五岳については、大和の金剛寶山、山城の如意寶山(如意ヶ嶽)と愛宕山、近江の比叡山、日向の高千穂峯と推定できる(後述)。

三、平安京と山・山並み

平安京とその周辺の山・山並みとの意味関係については、遷都以前からの通念を基本的に継承したものと考えてよいであろう。ただ、平安京はもちろん更地に建設された都市ではなく、京都盆地において長年にわたって続けられてきた自然の開発と居住環境の形成のうえに営まれたから、山・山並みのかかわりにも独自の歴史と意味が付け加えられたはずである。ここでは「京都三山」をめぐってこの問題を考えることにしたい。

京都三山

京都三山というと、近年、京都の山並みをよぶときによく使われ、京都の周辺を大きくとりまく東山・北山・西山の山並みをさすということになっている。まず東山・北山・西山の歴史的な移り変わりを検討しよう。

『日本後紀』の大同元年（八〇六）三月癸未条に「西北両山有火、自焚」とあり、また弘仁九年（八一八）ころの成立とされる『文華秀麗集』に、嵯峨天皇の漢詩「和光法師遊東山之作」があって、そこには「幽栖東岳上」ともみえる。早い時期から東山・北山・西山の表現のあったことが知られる。ただこれらが特定の山を指すのか、山並みを意味するのかはわからない。

すくなくとも九世紀中頃には、現在と変わらない山並みの総称としての使い方があったとみてよい。『三代実録』に東山の麓にあった禅林寺の前身として「藤原朝臣關雄東山家」（貞観五年（八六三）九月六日条）とみえ、同じく藤原氏宗の邸宅として「東山白河第」（貞観十四年（八七二）二月七日条）とある。また北山についても、鴨川の上流の山を「北山」（『続日本後紀』承和十一年（八四四）十一月四日条）と呼んでいることからわかる。しかし北山は、ふつう大北山とその山麓一帯を示したようである。『類聚国史』（天長五年（八二八）八月二十四日条）にみえる「北山神」が大北山山麓に鎮座する神と推定されることや、のちの北山殿などの呼称からも首肯できよう。

図 72　平安京と平安京三山（平安京復元模型）

また西山は、『更級日記』や『蜻蛉日記』によると、双ヶ丘から北、宇多野の大内山の辺りにかけての山並みをさしたようである。菅原孝標の女は、「西山なる所」に住んだが、そこからみる景色を『更級日記』に、

> 東は野のはる々々とあるに、東の山ぎはは、比叡の山よりして、稲荷などいふ山まであらはに見えわたり、南はならびの岡の松風、いと耳近う心細く聞えて、

と記している。

平安京三山

もともと距離的に近い東山はともかく、北山と西山は、現在よりもはるかに身近な山々をさしていた。平安京・京都の市街地にもっとも近い山は、東の吉田山（古くは神楽岡）と北の船岡山（船岡）と西の双ヶ丘である。平安宮の真北に位置する船岡山、北京極大路（一条大路）の東西延長上にある吉田山と双ヶ岡には、「平安京の北辺を守衛する形態」[43]という地理的関係が指摘されているが、この三山はまた、大和三山と同じ歴史的・文化的意味をもった「平安京三山」であったらしい。すなわち吉田山・船岡山・双ヶ

丘は、鎮めの山であり、神仙思想にいうところの三神山と考えられるのである。「三山が鎮めをなす」ことを裏付ける史料があるわけではないが、そうみるのがまことに当然のような景観であるといってよい。

そうすると、京都の三方を取り囲む山・山並みを大きく捉えた東山・北山・西山ないし三山の概念は、平安京三山から京都三山へ、古代から現代へと移り変わるにつれて、しだいに近景から中景、遠景へと変わっていった。また三山の古代・中世・近代（近世を含む）は、近景・中景・遠景をなしているといってもよいのではなかろうか。

神楽岡→大文字山　　→如意ヶ嶽／比叡山
船岡　→松ヶ崎西山・東山（妙・法）→鞍馬山
　　　　左大文字山、船山（舟形）
双ヶ丘→曼荼羅山（鳥居形）　→愛宕山

山に対する観念の歴史的な移り変わりが、身近な岡から遠くの山へという視野の広がりと対応しているかのように思えるのが興味深い。

1　平安京以前

太古の海に浮かぶ島

吉田山・船岡山・双ヶ丘の三山は、もともとの名（神楽岡・船岡）が示すように、岡であるが、平坦な市街地からとび出ており、大和三山と同じようにきわだった景観的特徴をもっている。それはかつて、太古の海に浮かぶ島であった。

東の神楽岡（標高一〇三メートル）、北の船岡山（標高一一二メートル）、西の双ヶ丘（標高一一六メートル）は、いずれも高さ一〇〇メートルほどでしかないが、東の大文字山や西の左大文字山などの山地と同じ秩父古生層の山であり、

「孤立丘陵として湖盆に島をなして浮かんでいた」という。[44] 大阪湾から海水が入ってきていた太古の時代には、孤立した丘陵である船岡山や双ヶ丘、神楽岡は海上に浮かぶ島であったようである。いかにも神仙思想の三神仙島を思い起こさせるイメージであり、始原的・幻想的な風景として興味深い。

京都盆地の自然は、天然記念物である深泥ヶ池の堆積物を分析した結果によると、約三〇〇〇年前には常緑のシイ・カシ類などの茂る照葉樹林の原生林であったという。縄文から弥生時代にかけてアカマツ・ソバが増えており、このころから森林を切り拓いて農耕を開始したらしい。住居や燃料などの資材として森林を伐採し、あるいは森林を焼き払ってその跡を開墾して農地としたのであろう。京都盆地における自然開発（破壊）のはじまりである。

神奈備山と古墳

京都盆地での活動が発展するにつれ、周囲の山々は生活とかかわるようになった。その一つとして山そのものを神として信仰の対象とすることがある。神奈備山や磐座など、いくつかの例が挙げられる。[45]

山城国の一宮である賀茂社の北には神山があり、文字どおり御阿礼の神事が行なわれる神奈備山であるし、東山連峰の南端、伏見稲荷大社の東にある稲荷山も神奈備山と考えられている。

三山もまた、そのひときわめだつ地形・地質的な特徴からみて神奈備山と崇められていたであろうことは想像に難くない。神楽岡は、その名称が神座《かみくら》に由来し、すなわち神の依りますところとして、神奈備の特質を備えていたとされているし、また江戸時代の地誌である『扶桑京華志』（寛文五年〈一六六五〉）が神楽岡を天岩戸とする伝えを記すことも参考になろう。[46] 船岡山の山頂には磐座が残っており、古くは信仰の対象となっていたにちがいないし、平安時代になっても都とその周辺においてとくに清浄なところと考えられていた。[47] 双ヶ丘については、神奈備山であったかどうかを示す史料がないが、山容からみて可能性は少なくあるまい。

ところで古墳時代には、こうした神奈備山の山頂に古墳や墓が営まれた。稲荷山には三つの峯があるが、そのいずれにも四世紀の後半ころとされる大型の円墳が築造されている。また双ヶ丘は、その一の岡、二の岡、三の岡の山頂や斜面に多数の古墳が群集している。一の岡の山頂にある古墳は、嵯峨野では蛇塚についで規模の大きい直径約四四メートルの円墳であり、嵯峨野を支配した秦氏の最後の首長墓とみられ、六世紀末あるいは七世紀初頭の築造という。なおほかに、東山の将軍塚古墳群がある。華頂山の山頂（標高二一五メートル）にあり、首長墓の系譜に連なるという3号墳は、京都盆地を眺める格好の地に築造されている。

眼下に村里を眺めることのできる山頂に古墳や墓を築造するのは、政治や祭祀を掌握した地域の首長としてふさわしいとされたからなのであろうが、あるいは人々が神と仰ぐ神奈備山を葬地とすることによって、よりいっそう神聖視されることを期待したのかもしれない。また山を死者の赴くところとする通念があったのかもしれない。ともかくも、古墳ないし墳墓を「山」ともいうのは、こうしたことに由来するのであろう。

民衆の葬地としての山野

葬送と山との関係は、民衆の場合についても注目すべきであろう。のちに平安京となる地域の周辺には、平安京三山や東・北・西の三方に山々があり、その麓に広大な「野」が広がっていたが、それは民俗学では、浄化された霊の赴く山、葬地としての野であったという(48)。

平安京遷都の前後、八・九世紀ころの京都盆地においてもこうした考えが妥当かどうか、考古学と民俗学の主張の食いちがいがあって、検討すべき問題があるが、さしあたりこのように想定して考えてみることにしよう。死者の霊が赴く山という興味深い論点を、史料で跡づけるのは極めて困難であるが、山野を葬地とする点に関して検討してみよう(49)。

平安京遷都の直前、長岡京の時代の延暦十一年（七九二）に出された禁制に、「山城国紀伊郡深草山西面に葬埋するを禁ず、京城の地に近きによるなり」（『類聚国史』七九）とある。深草山は稲荷山を中心に北の阿弥陀ヶ峯から南の桃山にかけての山並みの総称とされるから、八世紀末の京都盆地では、少なくとも長岡京の東方に連なる山々が民衆の葬地であったことがわかる。都城に接近しているために禁制された深草山以外の、東・北・西の山々では、死者を埋葬する習俗が広く行なわれていたのであろう。(50)

平安京が建設された愛宕・葛野両郡については、「山城国愛宕・葛野両郡の人、死者ある毎に、便に家の側に葬る。積習常と為す」とあり（『日本後紀』延暦十六年（七九七）正月二十五日条）、愛宕・葛野両郡に住む人々は「家」の周辺に死者を葬るのを慣習としていたという。この「家」は、日常の生活空間であるムラないしサトの領域とみるべきであろうから、集落の周辺の野や山を葬地としていたと考えてよい。しかし遷都後まもない延暦十六年（七九七）の勅は、「今京師に接近し、凶穢避くべし」という理由から厳しく禁断を加え、違反者は山城国外へ追放するとしている（同前）。強圧的に葬地の変更を迫られたが、長年に渡る民衆の葬送形態は、実際にはなんら変わることはなかったようである。貞観八年（八六六）下鴨神社に接近していることを理由に、神楽岡の周辺に葬歛《そうれん》することを禁じている（『三代実録』同年九月二十二日条）のは、そうした実情を示すものであろう。むしろ平安京に近い山野を葬送の地とする慣習は、天皇の山陵や貴族の葬地の選定にも影響を与えたようである。(51)なお、平安京の住民の葬地は、よく知られているように近くの鴨川や桂川などの河原であった。

2　平安京建都

山並みのヴィスタ

延暦十三年（七九四）の平安京遷都の詔（『日本紀略』十月丁卯条）に、

葛野の大宮の地は、山川もうるわしく、四方の国の百姓の参出来ることも便にして、とあり、遷都の理由として自然の景勝の地であること、交通の便がよいことをあげている。また翌十一月八日の詔（『日本紀略』）では山背国を山城国と改称し、平安京の名を付けたのであるが、それは、

此の国、山河襟帯、自然に城を作す、この形勝によりて新号を制すべし、

と、京を取り囲む自然の形象を理由としたものであった。さらに、翌延暦十四年（七九五）正月十六日の踏歌（あられぱしり）に、

郊野は道平けくして千里を望み、山河、美をほしいままにして四周に連なる、

とあるのも、山河と都城との関係を考える手掛かりとなる。都城選地の思想としてみると、京を囲む山並みと川の流れのうるわしさを理由としているのであろう。

このような考え方の萌芽は、「久迩の新しき京を讃むる歌」（『万葉集』巻六―一〇五〇）に「山並の宜しき国と　川波の立ち合う郷と」とあり、また大伴家持の歌（『万葉集』巻六―一〇三七）に、「今造る　久迩の都は　山川の　清けき見れば　うべ知らすべし」とあるように、すでに恭仁京遷都の時点であらわれていたのであるが、都城をめぐる自然を美の対象として捉え、選地の理由の表面に据えているところに新鮮さがある。

山川のうるわしさという観点は、もちろん四神相応や三山の鎮め、亀筮の占いなどの要件も満たしたうえのことであったにちがいない(52)。つまり都城の選地において山・山並のもつ意味が理念から景観へ変わったというのではなく、新たな選地思想が積み重ねられたのである。これを平安京の選地思想における大きな特質としてよかろう。

延暦十七年（七九八）の太政官符（『類聚三代格』巻十六、同年十二月八日付）には、

其京城側近の高顕の山野、常に衛府をして守らしめ、行幸の経過に及び山岡を顕望す、旧に依り改めず、斫損せしむ莫れ、此等の山野並びに具さに四至を録し、牓示を分明し、此に因り濫に遠所に及ぶことを得ず、

とある。京周辺の山野、というよりも山・岡の風致・景観を保持することを定めた政策が、おそらく遷都前後から施行されており、その伝統を継承して一定の範囲を限って踏襲することを決めたものである。

これは、山野の眺望を重視していること、とりわけ平安宮から出て大路を行幸するときの眺望であるので、道路からの山並み景観、いいかえれば道路から見える山並みのスカイラインやヴィスタを問題としていることが大いに注目される。もちろん視線は天皇のものであるが、しかし、山並みのスカイラインやヴィスタは、平安京の住人すべてが共有することができた。保全すべき山野の指定とその範囲の登録など、いわゆる古都保存法の先例ともいえようか。周辺の山林の木を伐ることは民衆の日常生活にとって不可欠であり、じっさいにどの程度の効果をおさめたのか不明であるが、都市周辺の山並みの眺望という新しい視点から打ち出された、平安初期の自然風致の保全政策として注目すべきであろう。

七高山・五岳

十世紀の終りごろに作られた『口遊』（源為憲、天禄元年〈九七〇〉）は、子供に公家としての知識を教えるためのものであるが、その坤儀門には「比叡　比良　伊吹　神峯　愛宕　金峯　葛木」をあげ、これを「七高山」というとする。またその所在地である国郡の名称を記し、承和三年（八三六）三月十三日の太政官符によって、春と秋二回、各九日間、薬師悔過を修し、その料として寺ごとに穀五十石を給うとみえる。(53)

七高山は、美濃にある伊吹を除いて、近江・山城・摂津・大和など畿内の山である。そして比叡山が奈良時代に編纂された漢詩集『懐風藻』の石見守麻田連陽春の歌に「稗叡寔神山、山静俗塵寂」とあるように、いずれの山も神山

といってよかろう。これらの山々はいずれも高い山ではあるが、富士山などと比べてのものではなく、神山として名高い山とみなされていたと考えるべきであろう。いうならば「名山」なのであった。これらの山には「寺」があって、国家的な援助のもとに春と秋に法会――薬師悔過法――が営まれていた。

ここで思い出されるのが、先述の名山であるが、それは事あるごとに祈雨や薬師悔過法が行われたものであった。多少の相違点があるが、しかし七高山は、名山の先例を制度的に整備し、恒常化したものと推定することもできよう。国家による山の祭祀としてみれば、中国の名山や五岳と共通するものといえよう。ともかくも、七高山は平安貴族の常識なのであった。

ところで、天下の鎮めである五岳は、『本朝文粋』の「山水を弁ず」ではもちろん中国の霊山であったが、日本ではどの山をさしていたのであろうか。江戸時代の地誌、すなわち万治元年（一六五八）の『洛陽名所集』や、寛文五年（一六六五）の『扶桑京華志』、貞享二年（一六八五）の『京羽二重』は、五岳として、金剛寶山（大和）、如意寶山と愛宕山（山城）、比叡山（近江）、高千穂峯（日向）をあげている。(54)

金剛寶山、つまり金剛山（一一二〇メートル）は昔は葛城山と呼ばれた山であり、一言主神が住む山、また役行者などの修験の山として知られる。また如意寶山は東山連峰の主峰である如意ヶ嶽（四七四メートル）のことで、西の山腹のなかほどに大文字山がある。愛宕山（九二四メートル）は山城と丹波の国境にあり、平安京の西北の鬼門を鎮護する山、修験の行場の山であり、また防火の神を祭る愛宕神社がある。比叡山（八八四メートル）は山城との国境に位置し、平安京の東北を守護した。高千穂峯は天孫降臨神話で有名であるが、どの山にあたるかについて諸説ある。

七高山のうち三つの山を含み、またそこになかった如意寶山と高千穂峯を加えたものが、ここにいう五岳である。この五岳の内容がそのまま古代日本の社会的観念を反映しているかどうか、検討の余地が大きい。とくにはるか離れた高千穂峯に違和感があるが、しかし天皇の即位儀礼において高御座は、高千穂峯と意識されていたという。(55)そうすると、高千穂峯は中岳とみなされていたと考えることもできる。また、中国の五岳のなかで日本でとくに知られているのは泰山である。その泰山に住んだ神を泰山府君というが、比叡山の赤山神はこの泰山府君とされているから、(56) 比叡山は泰山とみなされていたのであろう。

五岳についての江戸時代の通念は、おそらく平安時代以来のものを伝承しているといえるのではなかろうか。

四、都市生活の発展と自然——五山の送り火を素材として

1　自然と遊楽

東山・北山・西山は、平安時代の早い時期からしだいに山荘、寺院の適地とされ、名所ともなっていった。(57) また、京都の周辺の野や山は、もちろん民衆の生活と深くかかわっていた。都市生活の進展によって照葉樹の林はアカマツ林に変わり、洛中洛外図屏風（歴博甲本）の神楽岡の場面には、松並木のなかで落葉かきをしている人々の姿が描かれているが、戦国期になると、乱伐のため草木がないハゲ山も現れていたらしい。(58) 戦乱のため東山の要害の地に室町幕府将軍の城などが構築されたことも植生の荒廃をもたらしたのであろう。

とはいえ、名所として知られる寺社の境内周辺では、古くから領主による保護もあって、概して良好な山林が見られたようである。(59) ケンペルの『江戸参府旅行日記』（元禄四年〈一六九一〉）には、

> 四月十八日はわれわれの京都滞在の最後の日であった。樹木の生い茂った自然のままの山の急斜面にある京の神社・仏閣のすばらしさは、国中で最も雄大かつ貴重であり、そして楽しいものであったから、これらを見物するために、この日は昔からの仕来たりで、参府旅行の帰途にあるオランダ人に休暇が与えられていた。(60)

と記されている。[61]

京の年中行事を記した黒川道祐の『日次紀事』（延宝四年〈一六七六〉）[62]も、緑豊かな寺社の「名所」と都市生活との深いかかわりを述べている。正月の項には、

遊覧　凡洛人、年中多くは処々の遊楽を事とす、春知恩院御忌之中是を遊覧之始とす、冬十月十六日東福寺開山忌、是を終と為す（正月十九日条）

とあり、三月の項は、桜の名所として東の白河吉田より始まり、枚挙に暇ないほど多数の名所をあげ、また白藤・紫藤・山吹・つつじ・牡丹・芍薬の名所も記している。そして、

春三月、花開く毎に、良賤の男女出て遊ぶ、是を花見と称す。其の時多くは新たに衣服を製す。俗に花見小袖といふ。男女出て遊ぶ毎に必ず花枝を折りて帰る

とあって、当時の習俗がわかる。十月の紅葉のときも同じような状況であった。

晩秋九月になると、アカマツ林には松茸が生える。洛外の所々で茸狩りが行なわれ、庶民の楽しみとなった。「松茸山を有する人採り来て親戚朋友に贈る」という。安政六年（一八五九）ころの『及瓜漫筆』[63]によると、「江戸にては松茸をよき料理にもつかひて貴けれど、京師にては盛りの頃には価至て賎しければ、いかなる見世にても調味して商ふことはなし」とあり、京と江戸のちがいを示すとともに、およそ二百年に渡ってアカマツ林が良好に維持されていたことがわかる。

2 「山々灯を焼く」――五山の送り火

さて、京都の夏の夜を彩る五山の送り火は、昔も今も「洛陽の壮観」である。いうまでもなく祖霊を送り帰す盆の行事であるが、戦国期に京の町々で行なわれていた万灯会と同じ行事で、山で点された万灯籠に起源をもつという。[64]京都と周辺の山々とのあいだに新たな関係をもたらしたこの五山の送り火が、いつ、どのようなものとして始まったのか、新たな史料を加えつつ再検討してみたい。

山々の送り火

『翁草』(十八世紀末の成立[65])は、「七月十六日山々の火」として、

浄土寺山に七月十六日晩大文字の火を点ず。……松ヶ崎村山上に、妙法の文字炬火を以て点ず。……西賀茂正伝寺後の山、……船の形の火を点じて……。其外、洛の北西の山に、鳥居、左大文字、并に色々の形の火を同時に点ず、

と記している。十八世紀末には現在の五山の送り火とおなじものがあり、そのほかにも北西の山には今日ではみられない「色々の形」の送り火があった。享保二年(一七一七)に刊行された『諸国年中行事[66]』には、山城国の盂蘭盆行事として、「松ヶ崎題目踊り〈今明両夜〉、岩倉・長谷・花園、燈籠おどり」(十五日の項)、「浄土寺村念佛踊り」(十六日項)をあげ、さらに「京」の行事として、

聖霊の送火〈酉のこく〉、雨天なる時は翌日なり、大の字浄土寺村の如意ヶ嶽、妙法の字松ヶ崎村、いの字市原、釣舟西賀茂、鳥井西山、一の字鳴滝の辺、此外諸方の山々に火をともすなり、中にも如意ヶ嶽の大文字を最上とす、

と書いている。「い」の字や「一」の字のほか、諸方の山々にも送り火があったこと、さらには妙法と題目踊り、大文字と念仏踊りとの関連が知られる。また注目されるのは、踊りも送り火も京郊村落が営む盆行事であるのに、踊り

を山城国の、送り火を京の年中行事と区別して記載することである。

このように送り火を京のイベントとみなすのは、江戸時代前期からのものであった。案内記としてもっとも古い記述である万治元年（一六五八）の『洛陽名所集』が、すでに「如意宝山」の解説のところで、

七月十六日の夜、四方の山に松明にて妙法大の三字、或は船のなりなどつくる事也。……年々のことながら、みる人道伝うことなり。

と記している(67)。

五山の送り火は、第一に、現在よりも広い範囲の京郊の村々で行なわれた盂蘭盆の習俗であった。広汎に行なわれた事実に即して、これからは「山々の送り火」（中川喜雲『案内者』寛文二年〈一六六二〉と表記することにしよう。第二に、山々の送り火は一七世紀の半ばころには多くの見物人で賑わう京の年中行事、また「洛陽名所」となっていた。

左大文字

ところで、左大文字は、関連史料の少ない五山の送り火の中で、ただ一つ江戸時代初期の状況を知ることができる事例である。鹿苑寺の住持であった鳳林承章の『隔冥記』(68)は、五山の送り火についてのもっとも優れた記録といってよい。すなわち、日記を書き始めた四四才の年の翌年、つまり寛永十四年（一六三七）の七月十六日条に、

急雨頻りゆえ、万燈籠を點ぜず、〔石〕不動の前における六斎念仏もまた之を略す。然る間、漸く晴天、初更に及び、不動の前において、六斎念仏を催す。

とあるのを始めとして、亡くなる前年、すなわち三〇年後の寛文七年（一六六七）の七月十六日条に、

予、今年はふと思い立ち、山上に登りて、万燈籠見物申すなり。

にいたるまで、三〇年間にわたってほぼ毎年、万燈籠とくに大北山の万燈籠（左大文字山）について記している。

○毎年の如く、山上の大文字之を調う。石不動において梵魯（六斎）念仏之有るなり。……慶安三年（一六五〇）

○町中燈籠を點ずるなり。……慶安五年（一六五二）七月十四日

○日暮れとともに山上に登る。予また五六年また山上に登らず。今晩、山上において、諸方の送り火之を見るなり。……承応三年（一六五四）

○晴天なり。当山の万燈籠当年は仕らざるなり。不動において、梵魯念仏また之無し。（後光明天皇一周忌によるものか——引用者注）……明暦元年（一六五五）

○仙洞より、御使有り。今夕万燈籠御見物有るべし、早々に院参いたし、見物仕るべし、……各高屋に登られ、四方山上の万燈籠見物せしむるなり。……明暦二年（一六五六）

○石不動において、門前の者ども、梵魯念仏をなすなり。……明暦三年（一六五七）

○終日大雨なり。当山の万燈籠、今晩雨天、なるまじき由、三丞申す。然りといえども、少しの間雨晴れる故、百姓ども梵魯仕るといえども、万燈籠明かさざるの由なり。明日万燈有るべきなり。／当山の万燈籠今晩仕るなり。……万治三年（一六六〇）十六・十七日

○山上万燈籠案内来る。予見ず。（中略）石不動において、門前の百姓どもの梵魯の太鼓の音相聞くなり。……寛文三年（一六六三）

『隔冥記』の数多い記述から、わかることをまとめると、次のようになる。

（1）左大文字のみならず、山々の送り火は、「万灯籠」と呼ばれていた。[69]

（2）四方の山々の万灯籠は近世初頭にさかのぼる。
（3）左大文字は、鹿苑寺門前の集落の人々が行なっていた万灯籠であり、石不動（法音寺）の前で行なわれる六斎念仏と一対になった、恒例の盂蘭盆行事である。ときには晴天であるのに実施されないことがあった。
（4）「大」の字を点じるのは慶安三年（一六五〇）以前に、「万燈籠」自体は寛永十四年（一六三七）以前にさかのぼる。
（5）町の灯籠会が行なわれていた。

二つの送り火

さて、町の灯籠会など、洛中の盂蘭盆行事について、『案内者』は、

なによりおもしろきは、京の上下、手ごとに麻木のたいまつを数十本づつもちて、東河原、上は今出川口、下は三条川原まで、さしもに広き川原にみちふさがり、東のたいまつに火付、聖霊の送り火をともし、一二丈づつ空になげあぐる。数百千の火を手ごとにあぐれば、瀬田のほたる見のおもかげあり。

と記している。また本居宣長が京都に遊学したときの『在京日記』には、「精霊のおくり火とて、川瀬にのぞみて、松火ともし、仏の食ぐやうのもの流し侍るとて、（鴨川の）川原へ皆人の出侍るなり。」とある。(70)

京の人々は、鴨川の川原で供物などを焼き、流し、また東方に立てられた大松明（木灯籠・灯籠木）に火をつけ、麻木（あさがら、麻幹・麻殻、皮をはいだ麻の茎）に火を移して空に投げ上げる精霊の送り火を行なっていた。そして、これもまた多数の観客を惹きつけるイベントとなっていたのである。

山々の送り火と精霊の送り火は、同じ日、同じ時に行われた盂蘭盆の行事なのであった。こうした二つの送り火が

あったことは、前掲の地誌や案内記に「山々の送り火」・「亡鬼の送り火」に対して「精霊の送り火」といい、また「燈籠」に対する「麻木」などの記述にもあらわれている。この点に関して黒川道祐は、やや異なった興味深い記述をしている。

・処々の山岳ならびに原野、諸人競ひ集り、枯麻條ならびに樒の枝、破子公卿臺を焼く。是を聖霊の送り火と謂ふ。また施火と称す。(『日次紀事』)
・所々の山岳あるいは原野、諸人枯麻條を炬となし、火を點く。虚空に抛げ、あるいは平地に焼く。俗に是もまた聖霊の送り火と謂う。また施火焼と称す。盂蘭盆会佛に供する所之餘物、悉く携出して之を焼く。諸人鴨川の辺りに群集し、之を観る。(『雍州府志』)

とあり、多数の人が集まって精霊の送り火を行なった場として、ひろく山岳や原野をあげているのが注目される。これは五山の送り火、あるいは山々の送り火よりも、もっと広大な空間が精霊の送り火の舞台となっていたこと、また盆習俗としての精霊の送り火の広がりを示すものであろう。

かつて葬送の地であった山岳・原野、川原が盂蘭盆の送り火の場となっている。しかも山々の送り火は京の近郊農村の、川原の送り火は洛中の町々の年中行事となっているのである。盂蘭盆の夜は、民俗が根深く伝承された場において、都市と田舎の祭礼が交響しあっていたといえよう。

万灯籠の起源

さて、村々の催す盆の送り火には、山々の送り火＝万灯籠と、精霊の送り火＝麻木の投げ上げとがあった。山々の送り火がとくに万灯籠と呼ばれたのは、それが火・灯を固定したもの、すなわち灯籠の大規模なものであったからであろう。投げ上げから灯籠へという変化は、自然に生じたとは考えにくい。いつ、またなぜそうした変化が発生したのか、記録から探ってみよう。(史料には万燈爐・万灯炉などと記されるが、便宜上、万燈籠と統一表記する。)

これまで送り火の初見史料とされてきたのは、船橋秀賢の『慶長日件録』の慶長八年(一六〇三)と翌九年の七月十六日条であり、

・山々灯を焼く、見物に東河原に出でおわんぬ、
・万灯籠見物に東河原に出でおわんぬ、

とみえる。また吉田社の神官である梵舜の日記『舜旧記』元和四年(一六一八)と元和六年七月十六日条には、

・雨降る、暮に及び降る、山々万燈籠アリ(雨にもかかわらず実施される――引用者注)、罷り出で見物す、
・万燈籠見物す、

とある。これらと『隔冥記』によって慶長から元和、寛永にかけて山々の万灯籠が継続的に(時には雨が降っても)実施されていたことが推定できる。

万灯籠の記録は、これよりさらに二〇年ほど前にさかのぼることができる。吉田兼見の『兼見卿記』の盂蘭盆のころの記事にはつぎのようにみえている。

○万灯籠見物す、……天正六年(一五七八)
○今夜、四方山々の万灯炉(籠)見物す、……天正八年(一五八〇)
○暮に及び、万灯籠見物に罷り出で了んぬ、……天正十一年(一五八三)
○暮に及び、万灯籠之を見る、諸山これ在り、……天正十二年(一五八四)
○今夜諸山万燈籠、門外に出て之を見る、……天正十三年(一五八五)

○晩に及び夕立、昏に及び晴、諸山万燈籠見物し了んぬ、……天正十五年（一五八七）
○昏に及び、万燈籠見物のために罷り出で了んぬ、……天正二十年（一五九二）

四方の山々の万灯籠を見物するのが兼見のほぼ恒例になっていたことがわかる。また初見史料というべき天正六年（一五七八）にしても、初めてみたというのではないから、山々の万灯籠は、十六世紀中頃にさかのぼる可能性も考えられる。戦国期の有名な公家である山科言継の日記『言継卿記』は、京都の状況や町衆との交流を記したすぐれた史料であるが、その永禄年間（一五五八〜六九）の七月十六日前後の記事には、禁裏への灯籠の進上や、風流の踊りへの言及はあるものの、山々の万灯籠に関するものはない。したがって、今のところおそらく永禄年間にはさかのぼりえず、その後、織田信長入京より数年後のことではないかと推定するしか術がなさそうである。

『言継卿記』によると、永禄末年から盂蘭盆の風流が盛んになっていた。言継は、永禄十年（一五六七）に吉田の地で粟田口衆の風流を見物したが、それはほぼ二間の大きさの灯籠二〇基ほどを繰り出し、その大灯籠を持って踊ったという（灯籠踊り）。盂蘭盆の風流がその華麗さ、盛大さにおいて頂点を極めたのは、元亀二年（一五七一）七月のものであった。『言継卿記』の伝えるのは、町組に結集した町衆の風流の踊りであるが、おそらくこれにともなう鴨川の川原の送り火もまた同じように盛大なものであったにちがいない。こうした都市民衆の熱気が近郊村落にも伝播して強い反応を引き起こし、精霊の送り火とは別に、大灯籠や、さまざまな形に灯籠（松明）を並べた万灯籠を作らせたのではあるまいか。おそらくそれが現在の五山の送り火に直接連なる山々の万灯籠の起源であろう。

「法」が点じられる松ヶ崎・東山の北面には、麓近くに「木灯籠」、山腹に「大灯籠」という地名があった(71)。南面の法が万灯籠であるから、ここでは北から洛中を向く南へ、木灯籠から大灯籠、万灯籠と並んでいる。村内の盆行事から都市へのメッセージの発信へと発展した足跡を残しているようにみえて興味深い(72)。

山科の送り火

醍醐寺座主義演の『義演准后日記』の慶長四年（一五九九）と同八年（一六〇三）の盂蘭盆の記事に注目したい。

・万燈籠■■見物のため、西ノ山へ登り了んぬ、……慶長四年（一五九九）七月十五日条

・万燈籠見物のため、西ノ山へ登り了んぬ、……慶長八年（一六〇三）七月十五日条

醍醐寺にいた義演が万灯籠を見るために「西ノ山」に登ったというものであるが、それが七月の十五日であったことは重視されねばならない。慶長八年（一六〇三）の「山々灯を焼く」万灯籠は、船橋秀賢の『慶長日件録』によると、同月の十六日に行なわれている。したがって京の万灯籠が二日連続の行事でないとすると、義演が見物したのは京の万灯籠ではなかったことになる。義演のみた万灯籠とは一体何なのか。「西ノ山」がどの山を指すか、が問題となる。

醍醐寺の西方の山というと、大岩山一八二メートル（稲荷山の東南）がある。また史料に「西の山」と現われるものとみると、西野山（稲荷山の東、山科区）であろう。したがって義演のみた万灯籠は、おそらく醍醐ないし山科の山々の送り火であろう。西野山は、醍醐寺からはやや離れているものの、山科盆地を見渡すのに最適の場所とされるから、おそらく義演は山科盆地をめぐる山々で行なわれた万灯籠を見物したのではなかろうか。山科盆地周辺でも、少なくとも十七世紀初頭には山々の送り火が盆の行事として実施され、見物の対象となっていたのであろう。

大文字とヴィスタ

最後に、黒川道祐が『日次紀事』に記した、大文字についての一つのエピソードをみておく必要がある。

伝えて言く、室町家の繁栄の日、遠望之観の為に之を點ぜ使む、故に一条通を当面と為す。

つまり室町将軍が遠くからの眺望を楽しむために大文字を点じさせた、そのため大文字は一条通りからまさに正面にあたるというのである。この伝承の真偽はともかく、これは大文字がどこに向いているのかという疑問が古くから

あったことをうかがわせる。

こうした疑問が発生したのは、大文字の向きが、江戸時代の京都の市街地や鴨川の川原から眺めたときに、かなり北にずれてみえるからであろう。地形的な制約があったとは考えられないから、如意ヶ嶽の万灯籠が特定の方向に意図的に向けられたことはまずまちがいのないことである。おそらくは、要害である「構」に囲まれた小集落「上京」（近世的な発達を遂げる前の上京）を正面としたのではなかろうか。上京のいくつかの通りからは、大文字山が街路からのヴィスタとして、両側に並ぶ町家がつくる透視画の焦点にみえていたはずである。このようにみる人を意識した演出によって、京郊の村々からのメッセージ、それをになった山々が都市と明確に関連付けられたのではないか。

結びにかえて――近代京都と山並みのヴィスタ

あたりまえのようであるが、京都と山・山並みとの関係は、さまざまな生活史的意味や思想が歴史的に重層し、複合したものであった。こうした意味合いは、現在は表立って意識はされていないにしても、まったく忘れ去られているわけではないはずである。古の平安京三山や、送り火の五山、現代の京都三山は、実は山々と都市の相互作用を繰り返しながら、現代都市京都の骨格のなかに、街路のヴィスタの要素として組み込まれてきたからである（図73参照）。京都と周辺を取り囲む山並みの関係は、今のところはなんとか保持されている。こうした関係を継承するのに寄与したものとして、最後に近代の都市政策に注目しておきたい。

遊覧道路

第一次世界大戦以来、京都にも労働人口が集中し、その結果、市街地が急激に膨張していった。そのため大正八年（一九一九）には市域の拡大にともなう都市計画事業として、地区改正道路と都市計画街路の新設・拡幅が一五路線計画され、大正十二年（一九二三）以降実施に移された。このとき田畑を区画整理して計画的に新設された街路が、西大路と北大路、東大路（の一部）であり、現在も京都の外周幹線道路として重要な役割を果たしている。

これらの道路は山並みのヴィスタをもつことを大きな特色としている。すなわち、西大路は左大文字山、北大路は比叡山、東大路は松ヶ崎東山（五山の「法」）を眺望することができるのである。ヴィスタを意図したことを直接示す史料は見出しえていないが、旧市街の東・北・西の周辺部に点在している史蹟名勝を結ぶ遊覧道路として計画されたことによると考えられる。(73) 京都の近代化を進める過程で実施された道路計画、とくに山並みのヴィスタを意識した道路計画によって、京都の都市空間はふたたび自然と強く関連づけられたといえよう。

京都は歴史都市といわれる。それはときに、歴史と文化の豊かな都市というよりも、歴史的遺構・遺物の集積する都市、古臭いものが多い都市として、さらには歴史的文化的遺産をもつことが将来の発展にとって重荷、負債であるかのようなニュアンスで語られる。歴史都市であるということが、自然と人と社会、自然と都市と建築が長い年月をかけて織り成してきた複雑で豊饒な居住環境を尊重することであるとすれば、現在の京都は、はたしてほんとうに歴史都市といってよいのであろうか。

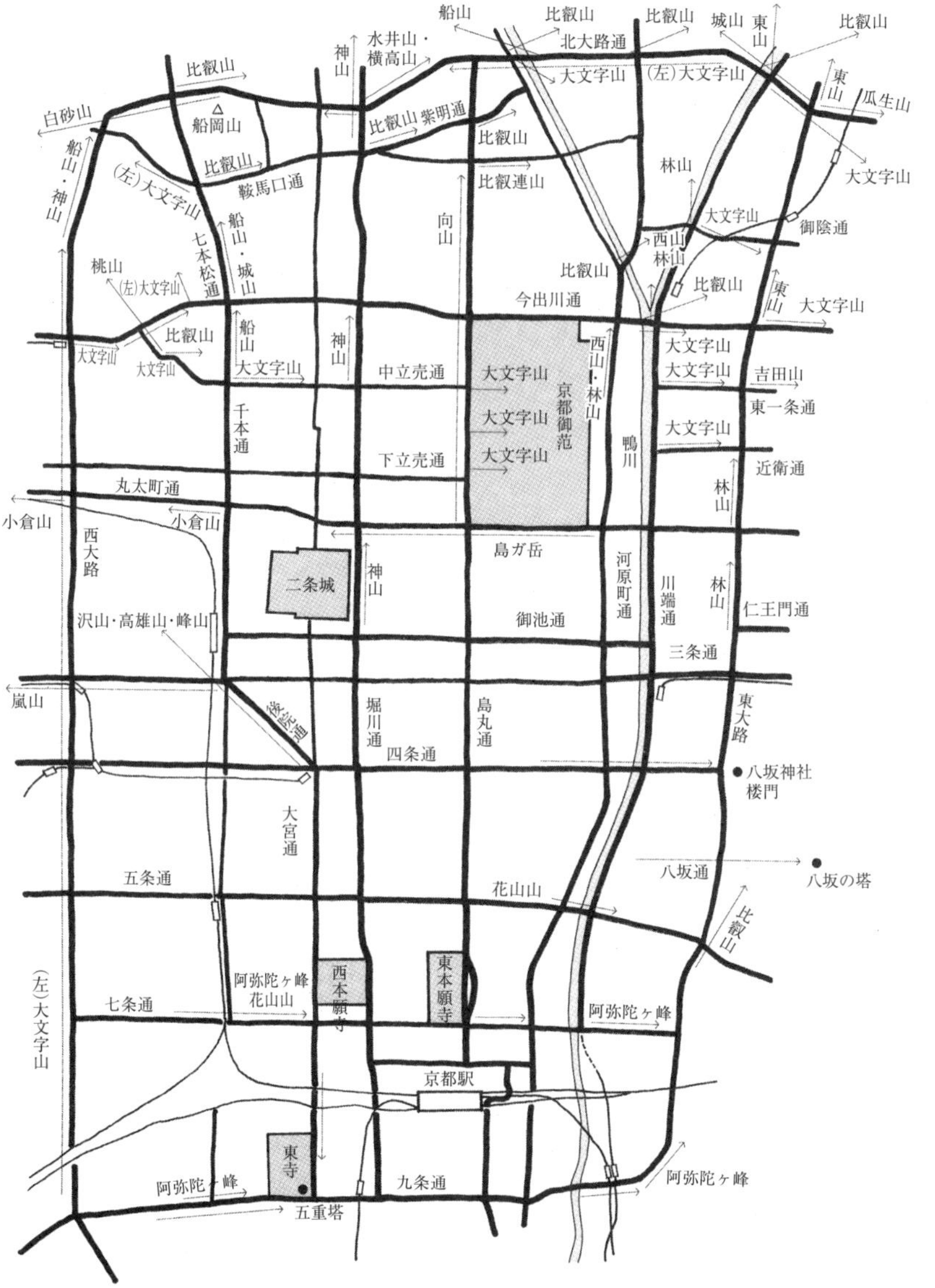

図73　近代京都と山並みのヴィスタ

注

（1）日本建築学会の『建築雑誌』（一九九二年六月）では「特集　京都の都市景観」を組んでいる。また『建築雑誌』（一九九二年十一月）に上記特集の補足がある。

（2）建築学関係では、五山の送り火が市街からどのようにみえるか、また通りから山がどのようにみえるか、山並みのスカイラインを保持するために高度規制をどのようにするべきかといった研究が少なくない。

（3）京都周辺の森林が歴史的にどのように変遷してきたかという問題に関する研究はほとんどない。数少ない著書に、千葉徳爾『増補改訂 はげ山の研究』（そしえて、一九九一年、旧版は一九五六年）や、小椋純一『絵図から読み解く　人と景観の歴史』（雄山閣、一九九二年）がある。後者は絵画史料を中心に中世から近代にかけての森林生態を具体的に明らかにしようとした論著である。

（4）大阪営林局『東山国有林風致計画』、昭和十一年（一九三六）序文。

（5）村田源「京都の自然」（『大文字山』ナカニシヤ出版、一九九一年）。

（6）六六七都市のうち五二〇都市、約八〇パーセントを占める。国土庁地方振興局地方都市整備課「地方都市の景観整備に関する調査」（一九八二）による。

（7）『史料　京都見聞記』第2巻（法蔵館、一九九一年）所収。

（8）『史料　京都見聞記』第1巻（法蔵館、一九九一年）所収。

（9）高橋康夫「都市と名所の形成——京都を素材として」（『季刊　自然と文化』27号、一九八九年、次の第二章）。この小論では、平安京と名所〈都市形成と名付け、自然美の発見、「名所」〉、地方からみた京の名所〈都市と田舎〉、面白の花の都〈庶民信仰と社寺参詣、「京絵」、「市中の山居」〉、都市をみる視点、などについて触れている。なお、「市中の山居論——虚構の自然の展開」（『住まいの文化誌』ミサワ総合研究所、一九九二年）、『洛中洛外——環境文化の中世史』（平凡社、一九八八年）もあわせて参照していただければ幸いである。

（10）『古代日本の山と信仰』（学生社、一九八七年）が以下の五編の論文を収録し有益である。直木孝次郎「三輪山・香久山と雄略天皇」、横田健一「役行者と葛城山」、下出積與「白山と泰澄」、黛弘道「筑波山と富士山」、松前健「降臨神話と高千穂峯」。

（11）巻二一—一五九ほか。以下、『万葉集』の引用は『日本古典文学大系』（岩波書店）による。

（12）直木孝次郎前掲論文（注10）。

（13）同じ人麿の歌に、「春べは　花折りかざし　秋立てば　黄葉かざし」（巻二—一九六）ともある。

（14）宮家準『宗教民俗学』（東京大学出版会、一九八九年）。

(15) 白石太一郎「考古学より見た日本の墓地」(森浩一編『日本古代文化の探求　墓地』社会思想社、一九七五年)によると、民族学の成果である両墓制と考古学資料とのあいだには不整合さが目立つという。
(16) 山口伊佐夫「山と災害と森林」(『東京大学公開講座　山』東京大学出版会、一九八一年)
(17) 天武五年(六七六)五月には、南淵山と細川山で草を刈ることを禁じ、また畿内の山野でも元からの禁止域では木を焼き伐ることを禁じ(『日本書紀』)、和銅三年(七一〇)には、初めて守山戸を設置し、諸山の木を伐ることを禁止させている(『続日本紀』二月庚戌条)。大和三山においても、平城京に都が移ると周辺の人々が山の木を伐採したために、九世紀の初頭には禁伐の措置がとられた。承和八年(八四一)三月の勅では、春日大社の神山のなかで狩猟や伐木するのを、大和の国の郡司にとくに禁制を加えさせている(『続日本後紀』三月壬申条)。
(18) 「藤原京の役民の作る歌」(『万葉集』巻一―五〇)には、「石走る　淡海の国の　衣手の　田上山の　真木さく　桧の嬬手を　もののふの　八十氏河に　玉藻なす　浮かべ流せれ……泉の河(木津川)に　持ち越せる　真木の嬬手を　百足らず　筏に作り　のぼすらむ」とある。
(19) 筒井迪夫『山と木と日本人　林業事始』(朝日選書29　朝日新聞社、一九八二年)ほか。しかし、千葉徳爾前掲書(注3)によると、田上山がじっさいに荒廃しだしたのは十七世紀末のことであったとする。
(20) 小学館『日本国語大辞典』。
(21) この項以下、神仙思想・道教関係の記述は、窪徳忠『道教史』(山川出版社、一九七七年)、小学館『日本大百科全書』の「神仙思想」・「道教」による。「三山」・「五山」・「五嶽」・「終南山」・「南山」・「鎮」・「封禅」などの用例は、諸橋轍次『大漢和辞典』を参考にした。
(22) 窪徳忠前掲書(注21)、二〇九頁。
(23) 『二中歴』(『改定史籍集覧』二三冊、所収)第六、坤儀歴による。なお、諸橋轍次『大漢和辞典』の「三山」の項には、中国本土での三神山をさす用例は記載されていない。
(24) 千田稔「宮都の選地と宗教的意味」(『古代日本の歴史地理学的研究』岩波書店、一九九一年、一三頁。
(25) 上田正昭「和風諡号と神代史」(『赤松俊秀教授退官記念　国史論集』一九七二年、『古代の道教と朝鮮文化』、一九八九年に再録)。
(26) 千田稔「宮都と南山」前掲書(注24)、二六頁において飛鳥や藤原京、近江京、平城京、難波京、長岡京、平安京などを取り上げ、宮都と南山の道教的な関係を調べている。なお飛鳥のミハ山については岸俊男『宮都と木簡―よみがえる古代史―』(吉川弘文館、一九八七年)参照。

(27)『二中歴』（注23）第六、坤儀歴に載せるものであるが、『二中歴』は平安時代に作られた『掌中歴』と『懐中歴』をもとにしており、「手」と注記があるものは、もともと『掌中歴』に記載されていたとされる。『掌中歴』の刊本（『続群書類従』第32輯、上）の底本は、関連する部分を闕失している。以下同様。
(28) ちなみに、「五山《ごせん》」というと、インドにある五つの山のことであり、五精舎があったという。
(29) 諸橋轍次『大漢和辞典』の「五嶽」、平凡社『世界大百科事典』の「五岳」。
(30) 引用は小島憲之校注『本朝文粋』（日本古典文学大系69、岩波書店、一九六四年）による。
(31) 直木孝次郎、前掲論文（注10）。
(32) 千田稔「象徴としての風景—香久山について—」『風景の構図——地理的素描』地人書房、一九九二年。
(33) とくに藤原京と山との関係を考えたものに、鬼頭清明「藤原京と山・川・池・坂」（『国文学』三三—一、一九八七年）、『古代宮都の日々』（校倉書房、一九九二年）に「藤原京とその自然」と改題して収録。
(34) 上田正昭、前掲論文（注25）
(35) 千田稔「都城選地の景観を視る」（岸俊男編『日本の古代9 都城の生態』、中央公論社、一九八七年）。
(36) 金子裕之「平城宮跡」（『月刊文化財』一九八三年八月）、「平城宮」（坪井清足編『古代を考える　宮都発掘』吉川弘文館、一九八七年）、前者の内容を少し改めたもの。千田稔、前掲論文（注35）。
(37) 和田萃「日本古代の道教」（『古代日本人の心と信仰』学生社、一九八三年）、千田稔、前掲論文（注24）。
(38) 中国の名山大川の観念は、日本だけではなく、朝鮮半島にも伝播した。『攷事新書』（一七七一年）巻六、儀礼門は「中祀」として「名山」をあげ、中・西・東・北・南それぞれに山名を示し、祭日を仲春・仲秋とする。岩本通弥氏の御教示による（国立歴史民俗博物館共同研究会、一九九三年三月二十七日）。
(39) 金子裕之、前掲論文（注36）。
(40)『続日本後紀』承和八年（八四一）三月壬申朔の条に、「勅、大和国添上郡春日大神神山之内、狩猟伐木等事、令当国郡司殊加禁制」とあるのも、神山であることを示す。
(41) 千田稔、前掲論文（注35）。
(42) ただし、平城京の三山の比定に関しては、なお論議がある。森浩一「前方後円墳と平城京の三山」（『橿原考古学研究所論集』第九、吉川弘文館、一九八八年）は、自然の山である春日山が異質だとして、そのかわりに平城宮の東南にある杉山古墳をあてる。しかし、千田稔前掲論文（注24）は、改めて春日山を三山の一つとして重視し、藤原京の香久山と同じ位置付けであったことを主張している。

あえて私見を述べれば、平城京三山は春日山・平城山・生駒山ではなかったかとおもう。その理由として、三山が自然の山であることを基本とすることをあげておきたい。具体的には三山は、形の美しい自然の山であり、神山であること、鎮めの山となりうること、また自然の山である玄武の山と一致することなどを三山の大きな要件と考える。古墳を山とみなせないこともないが、藤原京や平安京の三山との歴史的な流れも重視する必要があろう。

なお付言すると、よく知られているように、『万葉集』にみえる平城京周辺の山は、東の春日山・御蓋山・高円山、北の平城山（奈良山）・佐保の山、西の生駒山である。「寧楽の故りにし郷を悲しびて作る歌」（『万葉集』巻六―一〇四七）には「春にしなれば　春日山」、「秋さり来れば　射駒山」とあって、東の春日山と西の生駒山が対で詠まれている。

（43）京都市編『京都の歴史1』（一九七〇年）、三四六頁。

（44）藤岡謙二郎「京都盆地の形成」（京都市編『京都の歴史1』一九七〇年、一九―二一頁）、『京都市の地名』（平凡社、一九七九年）の「総論　京都の地形」。なお前者は、神楽岡を地質年代的につぎの時代に属する古期洪積層であり、大阪層群の段丘のなごりというが、ここでは後者の解説に従った。

（45）上田正昭「神々の世界」『京都の歴史1』（一九七〇年）、九七頁。

（46）「神楽岡」『京都市の地名』（平凡社、一九七九年）。

（47）九世紀半ばの天安二年（八五八）と貞観元年（八五九）のことであるが、陰陽寮に命じて董仲舒祭法の祭礼を船岡において修したが、これは船岡山が「清浄之處」であったことによる（『三代実録』貞観元年八月三日条）。船岡に対する特別な思い入れは、『枕草子』にみえる「丘は船岡」からもうかがえる。

（48）福田晃「民俗学から見た洛西」（後藤靖・山尾幸久編『洛西探訪―京都文化の再発見』淡交社、一九九〇年）の「ケガレの空間からハレの空間へ」。

（49）京都市編『京都の歴史1』第六章（一九七〇年）、田中久夫「文献にあらわれた墓地――平安時代の京都を中心として」（森浩一編『日本古代文化の探求　墓地』社会思想社、一九七五年）。五十川伸矢「平安京・中世京都の葬地と墓制」京都大学埋蔵文化財研究センター『京都大学構内遺跡調査研究年報　昭和55年度』一九八一年）。

（50）なお、翌延暦十二年（七九三）にも、「京下諸山に葬埋し、また樹木を伐るを禁ず」（『類聚国史』七九）と、同種の禁制が出されている。

（51）『延喜式』（延長五年〈九二七〉完成）の「諸陵寮」によると、陵墓の所在地は、紀伊郡―深草、宇治郡―山科・木幡、愛宕郡―鳥辺野・白河神楽岡、葛野郡―嵯峨野・宇多野・大原野、乙訓郡―高畠・石作・宇波多であるという（五十川伸矢、前掲論文（注49））。

陵墓についてとはいえ、平安京周辺の葬地がどこであったかという大きな傾向が知られる。神楽岡白河が古くは「吉田野」とよばれた（『京都市の地名』）ことを思い起こすと、平安京の東郊にあたる愛宕郡の鳥辺野や吉田野、西郊にあたる葛野郡の嵯峨野や宇多野、大原野など、山麓の「野」が葬地であったことがよくわかる。

宇多野が陵墓の地と定められたのは、『日本後紀』に「山城国葛野郡宇太野を以って山陵の地と為す」（大同元年三月十九日条）とあるように、桓武天皇の死の直後のことであった。しかし『日本後紀』の数日後の記事（二十三日条）によると、この日、大井・比叡・小野・栗栖野などの山が焼け、煙灰が四周に満ちて京中は昼なのにたそがれのようであったが、これは山陵の地として定めた所が賀茂神に近かったための祟りであったからという。このため大同二年（八〇七）八月に場所を現在地（紀伊郡柏原陵）に変更した（『類聚国史』）。

実際に宇多野の地に陵墓が営まれたのは、かなり後、九世紀末の光孝天皇（仁和三年〈八八七〉没）の時である。

神楽岡については、斉衡三年（八五六）に潔姫（嵯峨天皇娘、藤原良房の妻）の葬地として神楽岡白川の地を選んだ例が早いものであろう（『文徳実録』斉衡三年六月二十五日条）。葬地の選定における宇多野と双ヶ岡、吉田野と神楽岡との関係は注目しておいてよかろう。いずれも平安京大内裏の東と西にあたる至近の地といってよく、また聖性を備えた山を控えていた。

(52)　長岡京への遷都にあたって桓武天皇は、延暦三年（七八四）、藤原小黒麻呂などを派遣して長岡村の地を相しているが、このとき陰陽師も一人参加していた。したがって、亀筮による占いはもちろん、四神相応や三山の鎮めといった地形上の要点が検討されたことはほぼ確実であろう。平安遷都に際しては延暦十二年（七九三）、小黒麻呂たちを派遣して葛野郡宇多村の地を相しており、このときは陰陽師の名は史料に現れないが、関係者が同じであることからも、陰陽師が参加し、三つの要件を検討したとみてまちがいあるまい。

(53)　『伊呂波字類抄』（也《や》、地儀）は、七高山を見出しとして立て、『口遊』と同じものをあげている。これらは、山名ごとにも取り上げられ、伊吹・愛宕・葛木は国郡として、金峯山・比叡山は諸寺として分類されている。

『二中歴』第四、法場歴には、七高山として同じ山々をあげて、その所在地である国・郡を示す。さらに「已上承和三三十三符、春秋二季各四九箇日之を修す。寺毎に穀五十石」と記し、またある本には「皆有職一口置かるる也」とする。

(54)　それぞれ『新修京都叢書』本による。

(55)　岡田精司「大王就任儀礼の原形とその展開」（『日本史研究』二四五号、一九八三年）。

(56)　小学館『日本国語大辞典』の「泰山」の解説による。

(57)　拙稿（注9）参照。

(58) 注（3）文献を参照。
(59) 寺社の山林保護については、水戸政満「近世成立期における京郊の山林保護」（『京都市歴史資料館紀要』一〇、一九九二年）がある。
(60) 『史料　京都見聞記』第一巻（法蔵館、一九九一年）所収。
(61) 『千種日記』（天和三年（一六八三）、『史料　京都見聞記』第一巻、法蔵館、一九九一年、所収）にも、「ところところ松だにもなきしははら（芝原）にげんけなどさきつゝき、たんほゝ、すみれもうちましれり」とか、「南の山はあみだがみねなり、松おほくしげれり」、「道より左は、皆賀茂の山なり、峰ならび、松しげりあひて、さのみは高からぬ、やまのかたちつくりなせるやうにみえて」、「今出川より鴨川をわたりて、（中略）左の山を松か崎といふ、松いともしげれり。（中略）なを行てひがしの外山に、松のおほくたてる所有、これなむ将軍塚なり」などとある。
(62) 『新修京都叢書』第四巻、臨川書店。
(63) 『史料　京都見聞記』第五巻（法蔵館、一九九二年）所収。
(64) 五山の送り火ついては、林屋辰三郎『町衆』（中央公論社、一九六四年）、村井康彦「祇園祭と風流踊り」（『京都の歴史3』、一九七二年、六二二頁）、『京都市の地名』、『京都大事典』（淡交社、一九八四年）、山路興造「京都の盆行事―その歴史的考察―」（『京都市歴史資料館紀要』一〇、一九九二年）などがある。
(65) 『史料　京都見聞記』第四巻（法蔵館、一九九二年）所収。
(66) 『民間風俗年中行事』（国書刊行会、一九一七年）所収。
(67) 当時、左大文字も行なわれていたが、『案内者』とこれに続く地誌や案内記には、なぜか記述を欠くものが少なくない。
(68) 史料引用は、読みやすくするために表記を改めた。
(69) 後に取り上げる公家・寺家などの日記は、いずれも万灯籠と記す。一方、地誌や案内記では山々の送り火とする。公家・寺家と庶民の用語と視点のちがいを示すものであろう。
(70) 『史料　京都見聞記』第二巻（法蔵館、一九九一年）所収。
(71) 大正十四年（一九二五）の京都市都市計画図。
(72) 隣の「妙」の字の西山は、万灯籠山とも呼ばれた。
(73) 内務大臣官房都市計画課『都市計画要鑑』、一九二二年。

第二章　京都と名所の形成

前章では都市と自然のかかわりのなかから、とくに京都と山並みの関係に焦点をあわせて概観したが、都市生活の発展によって見出された自然の名所が注目される。

平安京の建設と都市生活のはじまりから中世の自律的発展を経て城下町的な近世にいたる、およそ八百年にわたる京都の歴史的な歩みのなかで、名所とくに自然の名所と都市とのかかわりについて考えてみたい。

一、平安京と名所

1　都市形成と名付け

奈良から京へ都を移すとき、「葛野の大宮の地は山川も麗しく」といわれたように、京都盆地は古くから山紫水明の地として知られていた。また東山・北山・西山に囲まれ、東に鴨川、北に船岡山、西に山陰道、南に巨椋池という立地条件は、まさに四神相応というにふさわしい自然景観でもあった。そうした景勝の地に、中国の都城制に範をとった、それゆえきわめて異国風の都市を造営したのであるから、これはある意味で、はるかなる海のかなたの神仙島や須弥山を模した「シマ」――庭のことをこのようによんだ――と共通する造形といえよう。またそれは中国風の絵の構想と似ていることから「唐絵」の世界といってもよい。いずれにしても平安京は、田園的景観を変容させながらし

図 74　本章の論点

だいにその姿を現わしたのであった。

平安京はいうまでもなく藤原京以来の伝統を受け継いだ律令国家の計画都市であった。それは国家機構の所在地としての色彩が濃く、いわゆる都市生活が希薄であり、その意味で計画ないし理念の先行した都市であったといってよい。

にもかかわらず、また規範とした中国の長安などとも異なり、大路や小路、町や坊などに固有の名称がなかったことが注目される。そのため今の鶏鉾町（京都市下京区室町通り四条下ル）をしめすためには「左京五条三坊四保九町西一行北一門」といった、条坊制に基づいた数詞による地点表記の方法を用いていた。合理的ではあるが、抽象的すぎるといえよう。

しかし都市生活が発展するにつれて、生活空間に固有の名が付けられるようになった。唐風文化の盛んであった九世紀前半には、左京と右京のそれぞれの条に唐風の名前を付けた。たとえば左京の一条から九条の各条には、北辺坊・桃花坊・銅駝坊・教業坊・永昌坊・宣風坊・淳風坊・安衆坊・崇仁坊・陶化坊などである。しかし、より重要なできごとは小路の固有名の発生であり、十世紀後半のことであった。町小路・室町小路・具足小路・錦小路・綾小路・油小路・塩小路・梅小路・針小路など、暮しや商品にかかわりの深い名を付けた道路名称が生まれたが、こうした名称の自然発生こそ、平安京が人間的な都市に成長したことを意味していよう。このようにして平安京は、はじめて「名」のある都市空間となったのである。

さて、平安京をとりまく風光明媚な自然は、何時頃からある特定の場がいわゆる名所として広く知られるようになったのであろうか。平安京に遷都する前から天皇や貴族の遊猟の地であったから、周辺の景勝の地はよく知られていたにちがいない。とはいえ、「名所（名のあるところ）」とは、景色のよいところであるとか、歴史的事件や文学の舞台になったとか、その由来はともかくとして、ある場所が社会生活のなかで一定の意味をもつようになり、しかもそうした空間の分節化が社会的に共有されて定着し、さらに継承されることによって成立するものであろう。そうすると、平安京建設以前からある豊かな自然や由緒ある寺社などをふくめて、現代に継承されている京都の名所の多くは、平安京とその都市住民の形成、都市生活の発展とともに徐々に「名のあるところ」として成立したとみてよい。

2　自然美の発見

平安時代の貴族住宅、寝殿造の室内を飾った障子や屏風には、四季絵とともに「国々の名あるところ」を描いた名所絵があったことが知られている。内裏清涼殿の弘庇にたてられた二つの障子、荒海障子と昆明池障子はその名が示すように唐絵が主題であったが、実はもうひとつの面が倭絵という対比的な画題構成をもっていた。そしてその倭絵には宇治の網代、嵯峨野の鷹狩が描かれていたのである。また延長二年（九二四）藤原忠平室の五十賀の屏風にみられる十二の名所は、甲斐嶺・田子浦・逢坂・亀山・白浜・むろふ・松崎・嵯峨野・宇治・柏野社・梅の原・吉野山であり、そのうちに京の名所三ヵ所が含まれていた。全国的な名所を描いた平安時代の障屏画のなかから、京とその郊外の名所を分類して列挙すると、

野——嵯峨野・大原野・伏見里

川――宇治川・清滝川・大井川
山――稲荷山・小倉山・常盤山
池――広沢池
杜――賀茂社・柏野社
庭――河原院
関――淀渡、逢坂関

となる。自然の風景が主であるなかに賀茂社や柏野社という神社がはいっているのは、おそらく杜あるいは社頭の景観が面白かったのであろうし、ただ一つ自然の所産ではない人工の構築物、河原院の庭も、再現された奥州塩釜の風景が自然に準ずるものとみなされたのであろう。

以上の名所をみると、そのいくつかは古くからの歌枕の名所であり、逆に河原院のように新たな名所があることも注目される。歌枕の名所は概念やコンセプトなど社会的に共有されたイメージこそが重要なのであって、現実の名所をみて歌をよみ、絵を描くといったものではまったくなかった。とはいえ名所が〈和歌―書―絵画〉による総合的な芸術活動の主題の一つであったことは興味深いところである。

一方、河原院のような名所はどうして生まれたのであろうか。九世紀初頭の薬子の変の重要な結果として、平安京が「永遠の都」になり、貴族たちはかつての田園生活から完全に離陸し、人工的都市空間において生活し続けることをよぎなくされた。そのため概念としての自然ではなく、ありのままの自然に対するあこがれが強くなり、郊外に離宮や山荘を営んで身近に自然に接し、また田植や収穫のありさまを眺め楽しむようになった。そうして諸国の歌枕の名所とは異なる、自然の名所が再発見される。すなわち京の名所は、「手ごとにぞ人は折りける……秋の花」とあるような春夏秋冬の花見、納涼、紅葉、雪見、稲荷詣、前栽掘り、舟遊びなどの平安京人の生活慣行と深く結びついて

いたのである。具体的に示すと、

花見――嵯峨野、伏見里

紅葉――宇治網代、大井川、小倉山

参詣――稲荷山

納涼――河原院

などが指摘できる。つまり京の名所は四季折々の暮しと一体化した年中行事としての遊楽の場となっていた。さらに「嵯峨野に蔵人所の人々まかりて、おまえの前栽掘りいで」などとあるように、寝殿造の建物のあいだや、垣や塀で囲まれた狭い空間に、周辺の野山から採ってきた木々や草花を植えて壷庭をつくり、また前栽つくりをするなど、都市の内部に小さな自然を演出するようにもなったことも、寝殿造の南庭や寺院の苑池などの流行とあわせて、庭園文化史上注目されてよい。

このような動きは、要するに十世紀ころより本格的に進展した都市生活が、人工的空間ときわめて対比的な自然環境に対する関心をいっそう高め、生活空間のなかに四季の「名所」を織り込み、ハレの空間として分節化する主な要因となったと考えられる。

都市空間の名付けと自然の発見とは、結局のところ同一の都市的現象を背景にもっていたといえよう。

3　「名所」

都市生活の中から生まれてきた「名所」に焦点を合せてみよう。鎌倉時代に成立した有職故実に関する分類百科辞典というべき『二中歴』や『拾芥抄』は、多数の「名所」を列挙している。『拾芥抄』では「諸名所部」と題するが、『二中歴』が「名家歴」とするように、自然の景色のよいところではなく、「名」のある邸宅を網羅したものといってよい。『二中歴』のもとになった平安時代の『懐中歴』や『掌中歴』においても、おそらく同じような内容が含まれていたのはまちがいない。

この「名所」は、「名」の由来によって、①旧跡、②名庭、③悪所、の三つのタイプに分けられる。旧跡は、有名な人の所有・居住、また天皇や皇后などの出生にちなむもので、たとえば三代の天皇の生誕地である、藤原道長の京極殿がある。名庭は、①の要件もさることながら庭の美しさで知られるもので、作庭の名手とされた巨勢金岡が「水石を畳んだ」閑院や五条院、天橋立を写した六条院、南庭に植えられた多数の桜が有名な歌仙紀貫之の桜町がある。一方、悪所は「鬼神などその家に住して人を損じ、種々の形を現ずるに依りて是を捨つ」（『塵添壒嚢抄』）というように、鬼霊の居所であり、「凶宅」として洛中の人々のあえて住もうとはしないところであった。こうした悪所でさえ「名所」に数えるのであり、『二中歴』では山井殿と内記井、『拾芥抄』ではさらに鬼殿をあげている。

上記の三つの条件を兼ね備え、名所の典型ともいえるのが河原院である。平安の当時から著名であったせいか、『伊勢物語』や『今昔物語集』、また貴族の日記などにいくつかの逸話がのる。簡単にのべると、嵯峨天皇の子、左大臣源融の屋敷である河原院の庭は、融が奥州巡行の折りにみた松島湾に面する塩釜の浦の風景を再現したもので、難波から運んだ海水を汲み入れて池にたたえ、塩を焼く煙が絶えなかった。融の没後しばらくして宇多院が伝領するが、鬼霊と化して住み続けていた旧主融が新主の宇多院に苦情を申し立てたという話が都の人々の間に広まったようである。宇多院の没後、いよいよ荒廃して鬼霊の巣窟となった。その後寺院にかわるが、十一世紀前半には荒廃し、「小宅」（小家、庶民の住居）ばかり立ち並ぶところとなった。

名家・名庭から悪所へ、そして庶民の住む町へという河原院の変遷は、平安京の中世都市化への動きを如実に示すものとしても注目されるが、ともあれ都市におけるさまざまな人間活動が「名所」の価値をさらに高め、より「名のある所」らしくしているのである。「名所」が、生活空間の歴史のなかから生み出されたことに大きな意味があろう。

二、「花の都」

『源氏物語』須磨の巻にみえる「花のみやこ」は、もちろん京を指しているのであり、そして京―花の都は、光源氏の蟄居するいかにも田舎びた須磨に対立するものとして使われている。この場合は都人である「宰相の君」自身が京を花の都と詠んでいるのであるが、こうした京都観は地方に生きる人々にとっても同じであったにちがいない。

奥州平泉の地は、とくに藤原三代のころ京に対する関心が深く、建築と美術をはじめ京都の文化を熱烈に吸収しており、小京都といえないこともないほどである。平泉文化の京の名所に対する関心を示す事例として、奥州平泉に藤原基衡が建立した毛越寺観自在王院に「洛陽霊地名所」を描いた障屏画が描かれていたことが知られている。絵の具体的な内容は不詳であるが、寺社などの聖所が京の名所としてみえていることが興味深い。もともと平安京内に寺院をつくることは禁止されていたのであるが、十世紀ころから京を取り囲むように摂関家の御堂や、衆庶の信仰をあつめた革聖の行願寺（革堂）など多くの寺院が建立されている。そうした寺々やまた賀茂社、祇園社、北野社などの神社を画題としたものであろうか。ともかく神聖な宗教的活動の場でさえも、名所に数えられることになったのである。

名所としての京を見物することも早くから行われている。『今昔物語集』によると、五位の位を買おうとして東国から京に上った夫に妻が同伴したが、その理由は「かかる次いでに京をも見ん」ということであった。しかし楽しいはずの都見物は、たまたま泊まったところが悪所として都に知らぬもののない河原院であったため、妻は鬼に吸い殺されてしまい、まことに不幸な京見物の一例となった。

ちなみに寺院の観光化も鎌倉期にはあったようである。藤原道長の息子頼通が営んだ宇治の平等院は「極楽疑わしくば、宇治の御寺をうやまえ」といわれたほどに浄土のありさまを再現したものであった。現存する国宝建築、鳳凰堂の内部にも扉や壁面に描かれた九品往生図が残っている。ところでそのひとつ、側面の扉の内側の絵――九品往生図のうちの下品上生図――には、寛元五年（一二四七）や弘安九年（一二八六）頃の落書がある。参詣の年月日や姓名を刃物などで彫り込んだものであり、鎌倉時代中期には浄土教信仰のためというよりも、観光的な参詣が行われていたことを物語っていよう。

三、「面白の花の都」

1　庶民信仰と社寺参詣

観音信仰の流行によって洛陽三十三箇所観音霊場が南北朝期から成立し、また七仏薬師、六地蔵信仰など、室町から戦国期にかけて「洛陽霊地名所」をめぐる社寺参詣が一般庶民の間にも盛んになった。これは旧仏教が装いをかえ、現世利益を掲げて庶民の信仰を獲得するのに努めたからであるが、庶民信仰の流行のなかでもともと信仰に根ざしたはずの社寺参詣が、むしろ建前に過ぎなくなり、しだいに物見遊山＝観光に移り変っていった。

『閑吟集』（永正十五年〈一五一八〉）の歌謡に、「面白の花の都や、筆でかくともおよばじ、東には祇園・清水、おちくる滝の音羽の嵐に、地主の桜はちりぢり、西は法輪・嵯峨の御寺、廻らばまわれ水車の、臨川の堰の川波、」とうたわれている。いくつもの寺社の名がみえているが、巡礼の聖地とされた清水寺でさえ名があげられているだけで、何の形容もない。ここではむしろ寺や社に向かう途中にみえる音羽の滝や地主神社の桜、大井川の川波など、周辺の自然の風物そのものに関心があるらしい。

「路次」の楽しみが眼目のようである。聖所への参詣ではなく、有名な寺社の見物であり、また自然に包まれた名所旧跡を巡り歩く、その姿と楽しみを謡ったものといってよい。滝・桜・水車・川など自然のかなでる音――音風景――が巧みに文字に写されていることにも注意されてよい。『閑吟集』にはまた「京には車」や「都の牛は車にもまる〳〵」という言葉もでてくる。京の町々は「あふぎは候。みな一ぽん扇にて候」や「菜候《なそう》」などの振売の声が満ちていたが、市街地の中で聞えてくる、重い荷を運ぶ牛車の音を巨大都市京都ならではの景物としてとらえている。名所とは、目と耳と鼻と、全身のすべての感覚を動員して感得するものであった。

「面白の花の都」は、このように洛中洛外にある無数の名所の面白さによって成り立っているらしいが、しかしこの都市観には京に住む都市生活者の感覚が希薄であり、むしろ地方の人々の視線、あるいは外からみたもののめずらしさを意識した観光的な気分が強い。京の名所化、というより観光地化を象徴するものであろう。

2 「京絵」

「京辺土の事ならば幾度も見たが、やまひで知らぬといふ処はなし。世の中の人の見たなどいふは、白河を夜舟にのりたるたぐひならん。それがしがやうに見覚えたる者はあるまいと思ふ。」「うらやましや。さて祇園と清水との間は、いかほどの遠さぞや」と問う時、扇に書いたる絵をひろげ、「それは一寸ほどあらうまでよ」と　（『醒睡抄』）

扇は、公家・武家・寺社家から庶民にいたるまで広く使われていたほか、遣明船で二三〇〇本が輸出されるなど代表的な輸出商品でもあった。さきの笑い話から、そうした大量生産品である扇の絵のなかには京の景観を描いたものがあったこと、おそらく洛中洛外図は扇面絵の主題としてありふれたものであったことがうかがえる。『醒睡抄』の扇には祇園と清水が一寸の間隔で描かれているのであるから、それは少なくとも東山の景観を主題とするものであろう。『田植草紙』にみえる「君に参せう　京絵書いたる扇を」という「京絵」なども、京のさまざまな名所を描いたものとみるよりも、まさに「京」そのものを描いた洛中洛外図扇面絵であったと考えるべきかも知れない。

名所としての京は、「京図」の扇や屏風などの流行に支えられて日本国中に広まったのであろう。平安時代の名所絵が果した役割と共通するところがあるといえようが、大衆化の点ではるかにそれを越えている。

このようにして地方に紹介された名所京をたずねて地方から多くの人々が都に上ってきた。その中で興味深い事例は内裏の「拝観」というべきで、戦国時代の公家の日記をみると、内裏の中を案内して歩いていることが知られる。おそらく将軍邸の見物も同じようになされていたのであろう。

四、都市と名所をみる視点

平安時代の十世紀頃、唐絵の「高遠」ないし「深遠」から大和絵の「平遠」に移り変ったといわれる。すなわち視点を低くとり、みあげるように描く手法から、俯瞰の角度を高くし、一方風景は奥深く平たく広がるようになったという。それにともない描写が、やや写実的になったともいう。鎌倉時代に禅宗が将来されると、新たな視点として「眺望」を楽しむ高さが好まれるようになった。禅宗寺院では盛んに二階建の建築がたてられ、たとえば洛西天龍寺の普明閣（三門）からみた東方の京の市街や東山の眺望は「限界を極む」ものであったという。

洛中洛外の眺望を極めたひとりに、相国寺の瑞渓周鳳がいる。彼は当時の超高層建築、洛中洛外を通じて最高の相国寺七重塔から京の夕景の美しさを眺め、「塔上晩望」という漢詩を詩集『臥雲稿』のなかに残している。現代語訳すると、つぎのようになろうか。

塔上晩望　　　　塔上の夕暮れの眺め
七級浮図洛北東　　七重の塔は京の北東にあって、
登臨縹渺歩晴空　　登ってみるとひろびろとして、晴れわたった空を歩くようだ。

郵 便 は が き

料金受取人払郵便

左京局
承 認

6199

(差出有効期限
平 成 2 8 年
12月31日まで)

606-879

(受 取 人)

京都市左京区吉田近衛町69

京都大学吉田南

京 都 大 学 学 術 出 版 会

読者カード係

▶ご購入申込書

書 名	定 価	冊

1．下記書店での受け取りを希望する。

都道 市区 店
府県 町 名

2．直接裏面住所へ届けて下さい。

お支払い方法：郵便振替／代引　公費書類（　　）通　宛名：

送料　ご注文 本体価格合計額　1万円未満：350円／1万円以上：無料
代引の場合は金額にかかわらず一律230円

京都大学学術出版会

TEL 075-761-6182　学内内線2589 / FAX 075-761-6190

URL http://www.kyoto-up.or.jp/　E-MAIL sales@kyoto-up.o

ですがお買い上げいただいた本のタイトルをお書き下さい。

ついてのご感想・ご質問、その他ご意見など、ご自由にお書き下さい。

前

（　　歳）

所

TEL

業

■ご勤務先・学校名

学会・研究団体

AIL

入の動機

頭で現物をみて　B.新聞・雑誌広告（雑誌名　　）

ルマガ・ML（　　）

会図書目録　E.小会からの新刊案内（DM）

評（　　）

にすすめられた　H.テキスト　I.その他

的に参考にされている専門書（含 欧文書）の情報媒体は何ですか。

入書店名

都道府県　市区町　店名

ありがとうございます。このカードは小会の図書およびブックフェア等催事ご案内のお届けのほか、編集上の資料とさせていただきます。お手数ですがご記入の上、切手を貼らずにご投函下さい。

内の受け取りを希望されない方は右に○印をおつけ下さい。　案内不要

相輪一半斜陽影　屋根の上にそびえる相輪の一半が、夕陽を受けて影となり、
人語鈴声涌晩風　人の声や鈴の音も、夕暮れの風に乗って湧きあがる。

戦国時代の京都を描いた歴博甲本洛中洛外図屏風は相国寺七重塔からみた京の景観であるという学説もあるが、相国寺塔からの眺望がもっとも絵になる洛中洛外の風景であるという評価が巷間に広まっていたのであろう。

戦国時代にはもう一つ新たな視点としてヴィスタ——通景——が獲得された。戦国期の町家をみると、そのファサードの意匠は実用的なものであるが、実に多彩な意匠をもっている。個々には地味な町家が連続する町並みは、あたかも連歌のように全体として町並みの美を発揮し、豊かな都市空間を創り出している。道に、また辻々に展開するヴィスタの面白さや楽しさこそ、洛中洛外図屏風の主題なのであろう。平安から戦国にいたる都市住民による都市改造の成果の一つが、「マチ（街区）」を基盤とする平安京から「通り」を基軸とする戦国の京へという都市構造の転換であるとすると、それは洛中洛外図屏風にみごとに写し出されているといってよい。

参考文献

家永三郎『上代倭絵全史』（高桐書院、一九四六年）。
川嶋将生「近世都市京都への道程——洛中洛外の改新」（『近世風俗図譜　3　洛中洛外（一）』、小学館、一九八三年）
『季刊日本の美学　7　特集……都市』（ぺりかん社、一九八六年）
高橋康夫『洛中洛外——環境文化の中世史』、平凡社、一九八八年。
高橋康夫・吉田伸之『日本都市史入門　Ⅰ　空間』（東京大学出版会、一九八九年）

図 75　社寺参詣と名所（上杉本洛中洛外図屏風、16 世紀後半）

図 76　清水の舞台（林原美術館本洛中洛外図屏風、17 世紀前半）

第三章　「市中の山居」と京町家の庭

前章では平安京・京都の内外に発見された自然の名所、さらにはそれらを包み込む都の華やかさ・おもしろさ、眺望の楽しみなどを概観したが、ここで視線を反転し、都に育まれた庶民の都市住宅、すなわち京町家の内部に目を向けてみよう。そこに創り出された庭は、どのように自然と歴史を取り込んでいたのであろうか。

一、京町家の庭

町家にはいくつもの「庭」がある。京の町家のなかにある庭《にわ》というと、ふつう、町家の表から裏まで梁行全体に設けられた土間、すなわち「通り庭」を指すことが多い。この通り庭は、門口から中戸までの「見世庭《みせにわ》」と、中戸から裏口にいたる「台所庭」（あるいは「内庭」）に分けることができる。「見世庭」は生業のために用いられ、また「台所庭」には、かまど・走り（流し）・井戸などの設備がある。このように通り庭は、通路・店舗・上がり口・炊事など、さまざまな機能をもっている。

もちろん、京の町家には庭園としての庭もある。建物と建物のあいだの狭く限られた空間にさまざまな意匠をこらした坪庭（中庭）や、座敷に面した前栽《せんざい》などがある。これらは、店と住まいのあいだ、座敷と裏の蔵や小屋などのあいだにあってバッファゾーン、境界の装置としての機能を果たしてもいるが、庭石や樹木、灯籠、さらに光と影、音

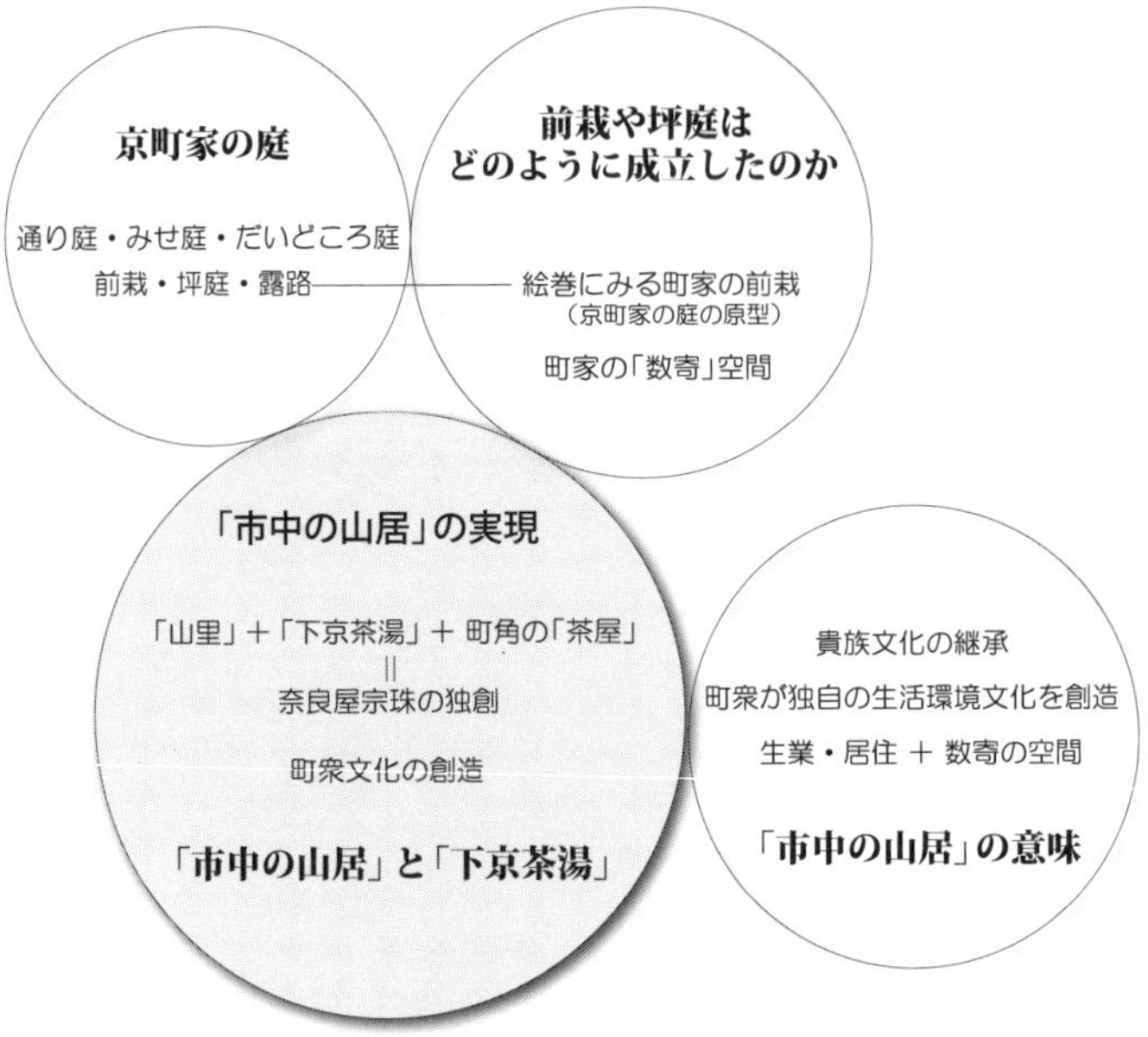

図 77　本章の論点

写真 24　京町家の前庭

を巧みにいかした坪庭や前栽は、おどろくほど静穏な自然環境をつくりだしていて、大都市の喧噪のまっただなかにあることを忘れさせてしまう。いやむしろ繁華街にあってこそ、京町家の庭は、まさに大都会のなかにある山中の閑寂なたたずまい、すなわち「市中の山居」としてその本領を発揮するのである。

坪庭や前栽は、京町家が都市生活のなかで育んだ、たいせつな住空間の一つといってよい。このような京町家の坪庭や前栽は、いつの時代に生まれたのであろうか。当然のことながら江戸時代なかごろの町家のなかにもみることができる。ある京の大工は自身が建設した町家の図面を数多く記録に残しているが、そのうち店舗に使用する棟（「表《おもて》」という）と住まいに用いる棟の二棟からなる規模の大きい町家（「表づくり」）の図面をみると、二つの建物のあいだに「中庭」、奥に前栽がつくられている。

さらに時代をさかのぼってみることにしよう。下京・弁慶石町遺跡（三条通り寺町西入）は、数多くのすぐれた茶陶《ちゃとう》が出土したことで有名であるが、検出された遺構が規模の大きい一つの町家の敷地であることに注目したい。この遺跡では「通り庭をともなう建物、釜屋、井戸、方形石室」が検出され、さらに「裏庭と庭石」の遺構がみつかっている。これは町家に裏庭が存在したこと、それが石を立てた庭であることを具体的に示しており、さらにこの庭が茶の湯と深いかかわりがあったことがうかがえて、たいへん興味深い。この町家の遺跡の年代は、出土した遺物の編年から、豊臣秀吉の時代、天正末年〜慶長期（およそ一五八五〜一六〇〇年ころ）と推定されている。

一方、文献史料によると、おなじころ、下京三条烏丸の饅頭屋町に道徹という人物が住んでいた。この道徹は、十五世紀末にはすでにこの町で営業していたことが知られる老舗の饅頭屋（饅頭屋町の名はもちろんこの屋号に由来するものである）の主人塩瀬宗味であり、茶の湯を好み、塩瀬の茶巾・ふくさは茶人に愛好されたという。

道徹は、間口およそ五間（約一〇メートル）ほどの屋敷地とは別に、間口が四尺（約一・二メートル）ほど、奥行が約一六メートルの土地をもっており、これを敷地の奥にある「数寄屋」（茶室）に通じる「通り道」（別のいいかたをすると、「路地」）として使っていた。この「通り道」は、実用的・機能的でしかない、たんなるロージであったのではなく、茶室へアプローチするための「露地」として、多少とも洗練された造形をもっていたはずである。

近世初頭の町家には、「茶の湯」と深いつながりをもつ前栽や露路がつくられていたようである。後から述べるように、下京の茶の湯の根底には「市中の山居」の造形志向があったから、これらの前栽や露路もおそらく閑寂な山中の趣をたたえていたとみることができよう。

二、前栽や坪庭はどのように成立したのか

1　絵巻にみる町家の前栽――町家の庭の原型

つぎに、ひとまず「茶庭」や「市中の山居」から離れて、京の町家の前栽がいつからあったのか、眺めてみることにしよう。前栽の歴史をたどっていくと、それは町家自身の歴史とおなじほど古く、平安時代にさかのぼることになる。

町家の姿を描いたもっとも早い時期の絵巻物である『年中行事絵巻』（十二世紀のなかごろの作品であるが、現在は江戸時代の写本が伝わる）をみると、道路の側溝と家の前とのあいだの空閑地を囲い込み、そこに小さな前栽をつくっている町家が描かれている。一方、裏の庭には井戸が掘られ、曲物《まげもの》の桶や洗濯に使うらしい踏み石がおかれている。また、野菜を植えた小さな畑や樹木も描かれている。都市民衆の多くにとって裏の庭は、炊事や洗濯など作業の場であるとともに、実用を兼ねたささやかな前栽であったともいえよう。

町家の背後や脇に畠を営み、樹木を植えるすがたはめずらしくはなかったようである。絵巻物『信貴山《しぎさん》縁起絵巻』（平安時代の末の作品）をみると、大和へ通じる街道に沿ってたつ町家の、よく手入れされた畠では、垂髪の女が菜を

図 78　町家の庭（『年中行事絵巻』）

つんでは曲物に入れているし、道との境の垣に沿って植えられた桃の木が花を咲かせている。また石山寺の由来と本尊観音菩薩の霊験を描いた『石山寺縁起』の大津の浦の町並みでも、垣根で囲われた背戸の畠の緑がみずみずしい。

2　町家の「数寄」空間

室町時代、十五世紀のなかごろともなると、平安時代末期や鎌倉時代とことなり、町家の奥の空間は、おおきく変貌を遂げている。東福寺の禅僧大極は、洛中のある富豪の屋敷を訪れたことをその日記『碧山日録《へきざんにちろく》』に記している。その屋敷の門は、はなはだ狭く、体を横にして通らねばならないほどであったという。この門は、屋敷の表口とは別に構えられたもので、おそらく奥の座敷や前栽に通じる専用の出入口なのであろう。そして奥にある建物はすべて良木嘉材を用いたもので、座敷の四周には山水の風景を描き、また牧谿《もっけい》〈中国の宋の末、元の初期〈十三世紀後半〉の禅僧画家で、室町時代の日本で高く評価された〉の群鳥の軸物を掛け、道具などはみな遠来の唐物《からもの》であった。この時代は、喫茶のためにこうした唐物飾りの座敷が用いられたのである。

当時、華やかな室内意匠をもった奥座敷は、京都以外の都市にもつくられていた。十五世紀の末、近江の坂本にあった酒屋の屋敷には、主屋とは別に、後園に座敷があり、その華美は「洛中に過ぐ」ほどであった。しかもその座敷には「炉あり、厠《かわや》あり、安便の至りなり」というように、いろりやトイレなど快適な設備をあわせもっていた。いろりがあることからすると、この座敷では茶が点てられ、喫茶の場となったのであろう。家の後ろ、座敷が立地する庭園そのもののすがたはわからないが、座敷に匹敵する美しさを誇るものではなかったか。

ともかくも、屋敷の奥に前栽と座敷を構えるのは、都市の喧噪から離れて別世界をつくることを意図しているのであろうが、都市の有力商工業者によるそれらの造形にはこの時代に流行していた唐物志向が濃厚であり、「市中の山居」といった環境志向の造形理念はまだあらわれていない。

しかしながら、そもそも自然環境に大きく深い関心をもっていた禅宗寺院では、最新の造形理念として「市中の山居」が、すでに広まっていたようである。寛正五年（一四六四）のある日、室町幕府の第八代将軍、足利義政は洛中七条にあった禅仏寺を訪れた。四面をうっそうとした竹林に囲まれて、無双亭となづけられた楼閣建築がひっそりとたたずみ、まわりには紅白の花が咲き乱れ、その香りが無双亭に満ちている。その無双亭に登って眺めを楽しんだ義政は、この亭をつつむ雰囲気を評して、京中から隔絶されていて「山中の趣」があるとほめたたえた。

また、先にも取りあげた禅僧大極は、北隣に住む僧侶のすべて竹でつくられた庵を見物して「幽邃《ゆうすい》を喜ぶ」、つまり奥深い静けさをおもしろく思ったと記している。表現はちがっているが、これも「市中の山居」と同じ趣向とみてよかろう。大極は述べていないが、奥深い静けさは、総竹づくりの庵によるとともに、庵のたっている環境、すなわち庭のありようからもたらされたものでもあろう。

室町時代の京都は、人口十数万人といわれるように、世界的にみても巨大都市というべき都市であったから、雑踏の巷と「市中の山居」とはきわだった対照をなしていたにちがいない。

三、「市中の山居」と「下京茶湯」

戦国時代、十六世紀の前半ころになると、「市中の山居」あるいは「市中の隠」といった新しい造形感覚が、町衆のあいだにも浸透しはじめていたようである。

有名な連歌師の柴屋軒宗長が泊まった下京の旅宿は、東西南北すべて竹に囲まれており、その名も「竹園」といった。そのようすは「竹の縁、東南ぬれ縁にして、手水所《ちょうず》の水門、石四五たて、梅に椿、篠つくしう添え、砂入れさせて涼しげにぞ有し」という姿であった。ことさら「市中の山居」とはいっていないが、「竹園」は、四面に竹を植えることによって都市の雑踏から隔離しようとしている。

「市中の山居」という新感覚が町衆のあいだに抵抗なく受け入れられたのは、町家の空間そのものが敷地の奥の活用を目指していたからであろう。町家では、専用住居たる「しもたや」を除いて、家業・生業のための「店」が道路に面して立地しているため、町衆の日常生活の場は、敷地の奥にとらざるをえなかった。また接客空間である座敷、隠居座敷、出家したときの庵などを構える場合においても、敷地の奥を活用するのが自然であった。市街地内部空間のデザインを志向する「市中の山居」は、町家の空間形成に適合していたのである。堀や壁などの「構《かまえ》」によって市街の展開を極度に制限され、稠密化した市街に居住することをよぎなくされたという都市的な状況も、「市中の山居」を受容する大きな要因であった。

京の町衆はどのような「市中の山居」を創出したのであろうか。茶道の祖村田珠光（一四二三～一五〇二）の跡目を継いだ「数寄の上手」であり、当時、最新の流行である「下京茶の湯」の第一人者でもある奈良屋宗珠は、新たな環境デザイン志向である「市中の山居」と、下京の町々で町衆が「興行」していた四畳半や六畳の座敷を用いた茶の湯、すなわち「下京茶湯」を統合して一つの境地を創造した。

宗珠は四条室町に住む町衆であったが、「鉾の辻」とも呼ばれる下京の中心地に午松庵という庵を構え、町衆はもちろん公家にまで珠光流の茶を指導していた。宗珠の午松庵に招かれた連歌師宗長は、「門に大なる松あり杉あり、垣のうち清く、蔦落葉五葉六葉色濃き」をみて、「今朝や夜のあらしを拾う初紅葉」と詠んでいる。

この宗珠の茶屋は、松の大木にちなんで午松庵と名付けられていたのであるが、これは雅楽頭《うたのかみ》豊原統秋が庭の松の木の下に「山里庵」を営み、「山にても憂からむときの隠れ家や都のうちの松の下庵」と詠んだのとおなじ趣といってよい。数寄遁世者の住まう山里の草庵をほうふつとさせるが、それはじっさいに伝統的な観念をそのまま踏襲したものにほかならない。しかし、そうした茶屋を見物した公家鷲尾隆康が、その日記『二水記』に「山居の体《てい》、もっとも感有り、まことに市中の隠というべし」と賞賛するほどに、数寄隠遁者の住まう山里の草庵の風情をもっていた。このことは、すくなくとも生活環境の造形において、町衆の文化水準が貴族のそれを凌駕するにいたったことを物語るものであろう。

宗珠の茶屋はたんに貴族文化の延長線上にあるものではない。竹や松、杉などの林で囲い込まれた「市中の山居」には、その核となる建築として屋根を藁や草でふいた粗末な草庵のほかに、二階の亭や竹の庵などがつくられていたが、宗珠がそこにおいたのは、そうしたありきたりの庭間建築ではなく、おそらく街角にたつ「茶屋」(喫茶店)なのであった。町衆文化としての下京茶湯を代表する宗珠の独創は、「市中の山居」の新しい要素として「茶屋」を付け加えたことにあるといってよい。

町衆の娯楽施設である茶屋を町家の奥へ持ち込んだ宗珠は、さらに素朴な茶屋と町家の庭を「山里」という伝統の美意識によって洗練、造形した。そうして「市中の山居」――繁華な市街地の中に見出される山中の閑寂な境致――を実現したのである。

新奇でしかも伝統的な空間を創った宗珠の茶屋は、その後、茶の湯の環境造形に大きな影響を与えた。それは公家などにも関心を抱かせ、万里小路家では屋敷のなかに黒木造り、つまり皮付きの丸太を用いた茶屋をたてた。当時、貴族邸宅に茶屋をつくるのはめずらしいことであったらしく、わざわざ青蓮院門跡や曼殊院門跡が見物に訪れている。この茶屋は喫茶や雑談、風流な酒宴の場として使われた。また、石山本願寺の門主の邸宅においても、広大な裏庭の山頂に茶屋がつくられ、その茶屋では、それぞれが金を出しあって茶を飲むという茶会をしている。いずれのケースも、貴族が街角の茶屋を屋敷のなかに模倣・再現して、庶民的な都市生活を楽しんだとみてよかろう。こうした先例のもとに桂離宮の松琴亭や笑意軒などが営まれたのである。

宗珠の新機軸を、直接的にではないが、受け継いだのが堺の町人武野紹鴎《たけのじょうおう》である。『山上宗二記《やまのうえそうじ》』に収められた「紹鴎四畳半」は、堺の紹鴎屋敷にあったものと考えられており、指図によると、茶の湯座敷である「四畳半」、そして路地にあたる「脇の坪の内」、茶室の庭である「面《おもて》坪の内」、さらに連歌会などに使われる接客座敷である「書院」とからなる。

「面坪の内」は、いわゆる庭とはちがって、草木や石、砂などの庭園材料はなく、ただ北向きの茶座敷に採光するために設けられた空間である。「脇の坪の内」から奥へ通じる木戸が描かれていることからみて、敷地の最奥にはおそらく松や杉、竹などの深く茂る庭があったのであろう。「面坪の内」・「脇坪の内」、書院の竹スノコ縁などは、いずれも土塀（おそらく高塀であろう）で囲われていたようである。茶室と庭と露地が一体となり、市街さらには屋敷内のほかの施設からも隔離されて、草庵風の茶の湯と文芸のための閑寂な別世界をつくっていることが大きな特色といえよう。

四、「市中の山居」の意味

数寄と呼ばれるこの新しい茶の湯の様式は、有名な、富裕な堺の町に始まった。この道で最も傑出した人びとは、茶の湯のあまり重要でない点を改めて、現在流行している数寄を整えた。小さな茶の湯の家を作って、そのために植えられたばかりの小さな林の中に置いた。その中に、狭い場所の許すかぎりに、田園のある隠者の家の風を表わした。すなわち、人里を離れて隠棲する、遁世者の庵を模したのである。

この小家に人びとは、互いに茶に招待し合い、町の周囲に爽涼、閑居の場所のないことの補いとした。そこで町の中でそれを発見し、楽しむことを彼らの言葉でシチュウノサンキョ（xichu no sankio、市中の山居）という。これは、辻広場の中に見出される孤独の閑寂という意味である。

（ロドリゲス『日本教会史』より摘記）

これは十六世紀の終わりから十七世紀の初めにかけて日本に滞在した一宣教師の見聞であるが、堺において流行していた「数寄」の動向を的確に伝えている。これによると、「市中の山居」とは、都市のなかに見出される静寂な境致のことであり、堺の人々は、にぎやかな町のなかに静穏な環境を発見して楽しんでいたという。

ロドリゲスが市中の山居に関心を示し、ヨーロッパに日本語のままで「市中の山居」を紹介したのは、国際貿易都市堺の町人と人里遠く離れて隠れ棲む数寄遁世者、都市の雑踏と山中の閑寂、町家と草庵といった鮮烈な対比がその心を打ったからであろう。あるいはリアリズムとロマンティシズムの深い結合がヨーロッパ人を強く引きつけたのであろうか。

ロドリゲスは「数寄」とよばれる新しい喫茶の方式が堺に始まったとし、堺の状況に注目しているが、草庵風茶の湯や「市中の山居」は、一つの都市に源を発するものではなく、京都・奈良・堺などの都市の文化ネットワークのなかから生み出されたものと理解される。大きな人口を抱える首都であり、伝統文化の基盤である京都は、とりわけ中心的な役割を果たしたであろう。

こうした新趣向が京や堺の町衆のあいだに広く受け入れられていったのは、茶の湯座敷四畳半と「市中の山居」という、内と外の空間の組み合わせが、新興町衆の居住形態とその文化にふさわしかったからであろう。

「市中の山居」について文献史料からしられる実例はすくなく、その実態はあまり詳しくはわからないが、山里の風景を模倣するものであるにしても、京や堺のように過密化した都市に広大な自然をつくりだしうる条件はなかった。じっさいには人工的な自然の小世界——坪庭——を造形して、「市中の山居」にみたてたはずである。したがってきわめて狭隘な敷地の奥に創造することもできたし、むしろそのほうがおもしろい。紹鴎四畳半はおそらくこのようなものであった。「市中の山居」は、都市居住のありかたを示唆しているのである。

「山里の草庵」をもつことは、自然豊かな都市の郊外や山中に別荘・山荘をもつことと共通する点がないわけではない。それは、経済的な理由から都市民衆にとっては別荘・山荘の代替装置なのかもしれない。しかし、「市中の山居」は山荘が営まれる自然とはことなり、あくまでも数寄によってみたてられた自然、すなわち虚構の自然、数寄の空間である。

数寄の空間は、道に面した生業と居住のオモテの空間に対して、屋敷の奥にある。奥は、時間的・空間的に遠く隔たった、また目に見えない所であり、ふつう時間的に現在から遠い先のことを意味し、過去の意には用いないとされる。しかしノスタルジーを漂わせる草庵、侘数寄の造形が象徴するように、町家の奥は過去を向いている。

こうした「市中の山居」という虚構の世界をつくり、そこで遁世者あるいは数寄者としての役をたがいに演じあうことこそ、当時の都市民衆の大いなる楽しみではなかったか。ロドリゲスのことばは、中世から近世へと転換する時代における都市民衆文化の胎動を明らかにする貴重な歴史的証言といえよう。

「市中の山居」とは、都市の民衆にとっていったい何であったのか。歴史的な意義をいえば、第一に、平安時代いらいの伝統的な貴族文化を継承したこと、第二に、都市大衆文化の新時代を迎えて、町衆が独自の生活環境文化を創造したこと、第三に、生業と居住の空間に、次元の異なる数寄の空間を付け加え、都市民衆の生きる空間を多彩にしたことなどが指摘できよう。

現代の京町家の多くは、こうした「市中の山居」とよぶにふさわしい坪庭や前栽を保持し続けている。二十一世紀の都市社会においては、自然との共生をはかり、都市を持続可能にする新たな都市環境文化の創出が期待されているが、「市中の山居」というすぐれた都市伝統文化を継承することが、まずその第一歩となるのではなかろうか。

第四章　京都——中世日本の環境都市

これまでの章では都市と自然とのかかわりを中心に検討を積み重ねてきたが、都市と環境とのかかわりというある意味で現代的な視点から眺めると、中世日本の京都はどのように見えるのであろうか。

「日本中世の環境都市」というテーマは、おそらくこれまでとりあげられたことがないテーマであろう。「都市環境」という用語はありふれているが、「環境都市」となると、少なくとも筆者は目にしたことはない。しかしこの「環境都市」ということばは新鮮な響きをもっており、すぐれた環境をもつ都市、自然と共生する都市、周囲や内部の自然との調和そして共生を求める都市、といった大切なことを内包しているように思われる。

中世日本の都市には、当然のことながら、現今のような地球環境問題は存在しなかったであろう。しかしながら、衛生環境の問題は、おそらく都市の成立とともに発生していたにちがいないし、また、省資源やリサイクル、またエコロジカル・サイクルなども、現代に特有の状況から離れ、その単純な意味においてみるならば、日本の中世という時代のなかでもそれなりに存在したと考えられる。都市と自然環境とのかかわりやそれらの相互作用、また都市の文化環境については、日本中世の都市は、世界的にもすぐれた都市環境文化を創造し、発展させたといってよい。

本章では「日本中世の環境都市」を、エコロジーと文化の視点、とりわけ文化の視点から考える。「日本中世の環境都市」というテーマを、このように捉えなおし、中世日本において最大の都市であった京都を素材として、中世京都のまちづくりと環境文化について具体的に述べることにしたい。

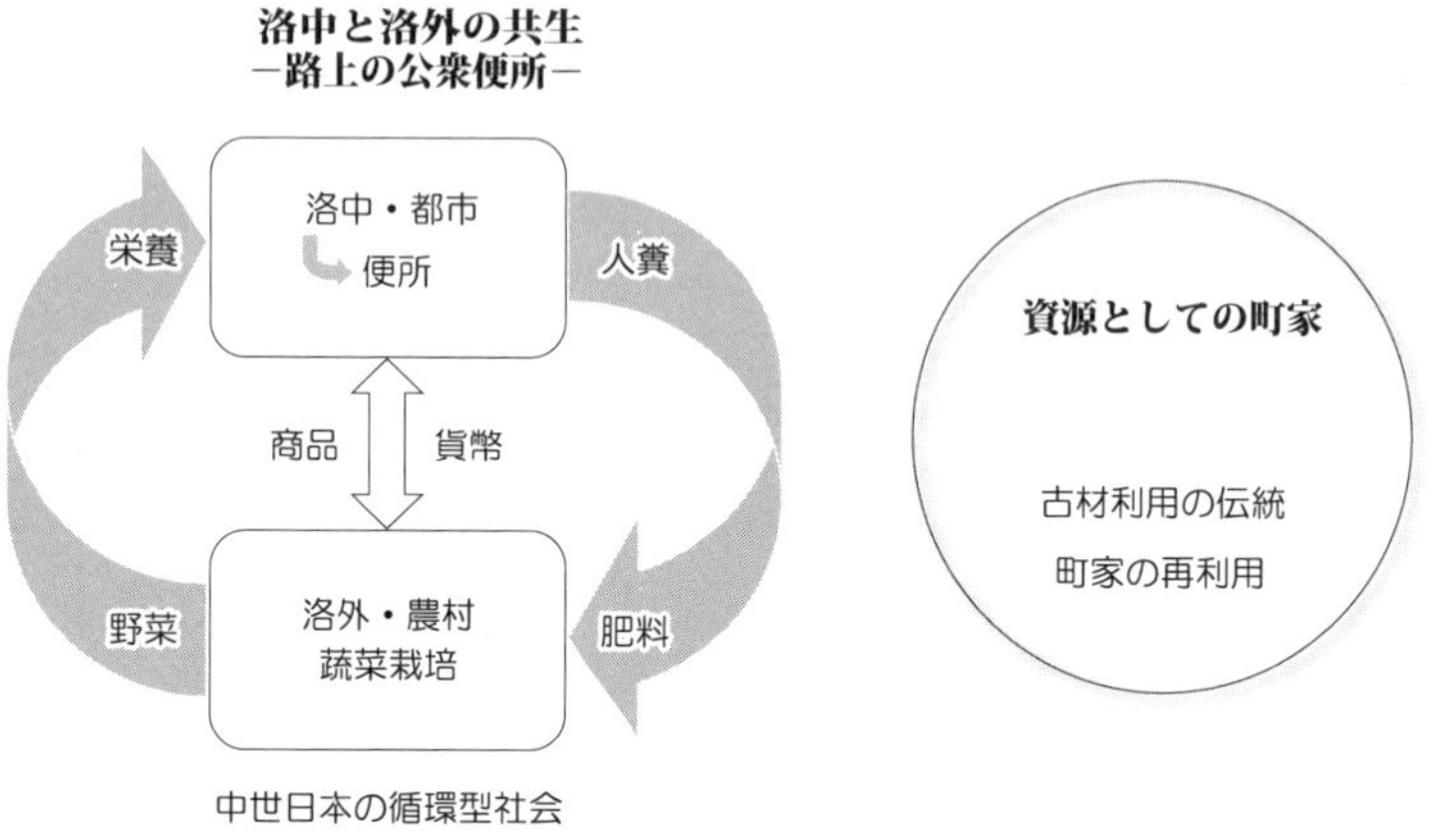

図 79　本章の論点

一、資源としての町家

京都の庶民の住まいである町家は、都市の重要な構成要素である。室町時代以前においては都市民衆が土地を所有することはなく、権門領主などからの借り物に過ぎなかった。庶民は住まいである町家だけを所有することができた。町家は庶民のただ一つの不動産であったといえよう。これらの町家は、もちろん耐用年数の限界にたっすると廃棄されるが、それまでは居住者がかわることによる住み替えや、移築再利用、さらには古材としての活用などを通じて、長期間にわたって利用が継続されていたのである。この意味で、町家は、まちづくりのもっとも大切な社会的資源でもあった。

1　町家の建設資材とその流通

「京の町家の資材源はきわめてゆたかであった」といわれる。それは、京都が平安時代以来政治の中心であり、また経済・流通の中心であったことによるものであろう。膨大な人口を抱え、最大の消費都市であった京都には全国各地からさまざまな物資が流入した。京都の後背地である丹波地方の木材は、平安京以後、保津川・大堰川を利用して京都に入った。室町時代につくられた『庭訓往来《ていきんおうらい》』をみると、諸国の名産をあげたなかに「土佐材木」・「安芸榑《くれ》」があり、四国・高知の材木や中国・広島の榑が、瀬戸内海を通って京都に運び込まれた。中部地方の木曽・美濃・飛騨の材木も、琵琶湖の舟運によって坂本を経て京都へ入った。

京都を南北に流れる堀川が、都市を建設、維持する重要な木材資源の集散地となり、堀川周辺に居住する材木商人の手を通じて公武諸家はもちろんのこと、都市民衆の町家の建設資材として利用された。

都市民衆にとってもっと身近な建材として注目すべきものに竹がある。竹は建築材料として、現在も数寄屋普請や、和風住宅の壁下地などに用いられているが、竹のもつ風情や強度を活かして住居をつくるのは、戦国時代においてはごくありふれたことであった。歴博甲本や上杉本洛中洛外図屏風をみると、京の町家のほとんどは石置き板葺屋根であるが、その素朴な屋根にも葺板を押さえ、石を据えるために長い竹が井桁に組んで用いられているし、竹を細く、また粗く割ってならべて竹連子窓とし、また腰張にも使っている。太い格子の内側には竹の簾がみえる。

中世において竹を用いた建築を調べると、竹屋根・竹木舞・竹垂木・竹長押・竹柱・竹縁・竹床・竹連子窓・竹張壁・竹簾・竹簾戸などすべての部位といってよいほどであり、実際、総竹造と称しうる建築がつくられたことも数少なくない。

こうした建築資源としての竹として、室町時代にはすでに京の西郊、嵯峨や西岡などの地域に産する「性よき厚竹」が好まれていたようである。洛中洛外図屏風には洛中を降り売りして歩く竹売りの姿が描かれており、竹が暮らしに大切であったことやその流通の一端をうかがいみることができる。

戦国時代には町衆の土地所有権、居住権が安定し、その結果、町衆が自らの生活空間に町衆自身の造形意志を発揮できるようになった。町田本と上杉本とを子細に比較すると、上杉本の方がより竹を使った建築を描いており、町田本と上杉本の時代の間に竹の使用がいっそう流行したことは歴然としている。このことは、竹の素材としての特性

――風情と強度――と、入手しやすい材料という経済性からの当然の帰結とも思われるが、町衆の関心が住居に、生活空間に注がれたことを勘案するならば、ただそれだけではなく、おそらくは竹のもつ造形上の意味、すなわち「数寄」の素材であることが一つの要因として考えられるのではないか。したがって、民家に竹が広く用いられていようとも、少なくともこの時期の京の町家にあっては、近郊から入手できる手近な建築資材であることとともに、「数寄」あるいは竹の文化的伝統を念頭において考えなければならない。

2　古材利用の伝統

機能を喪失した建築を再利用することは、古代からしばしば行われていたことである。奈良時代では平城宮の東朝集堂（朝集殿）を移築して唐招提寺講堂（国宝）に改修したことや、貴族橘夫人の中国風の住宅を移築して法隆寺伝法堂（国宝）を建立したこと、また難波から長岡京への遷都に際して宮殿建築の大規模な移築が行われたことなど、事例は少なくない。

つづいて京都の例をいくつかあげてみよう。長岡京から平安京への遷都に際しても、長岡宮の解体・移築が行われた。足利義満の北山殿（後に鹿苑寺（金閣寺）となる）は、室町時代の応永十五年（一四〇八）に義満が没し、また応永二十六年（一四一九）に室の日野康子が亡くなると、早くも翌月には北山殿を構成する建築群のうちいくつかが解体され、南禅寺や建仁寺、等持寺などの禅宗寺院に寄進された。十六世紀の後半、織田信長が京都に建設した城郭は、室町幕府最後の将軍足利義昭の居城として営まれたものであったが、義昭と信長が不和となり、義昭が反旗を掲げて城を出ると、その主要な建築は安土城などへ解体・移築されていった。江戸時代の寛永年間（一六二四～四四）に内裏の造営が行われたとき、慶長度造営の紫宸殿が移築・改造されて仁和寺の金堂（国宝）となっている。いずれも前身建築の由緒が重んじられたのであろうが、一般に古材の有効利用をはかる意図、生活の知恵があったこともまちがいあるまい。

3　町家の再利用

新築された町家は、長年にわたる居住を経て、最終的には廃棄される。建築資源としての利用を終えた廃材は、あるいは焼却され、あるいは放置・腐朽することによって消滅することになる。その間、町家はしばしば移築・再生が繰り返され、また古材として再利用されることもすくなくない。こうした町家のリサイクルの契機は、売買や譲渡、犯罪、逃亡などさまざまであろうが、ここではそうしたことに起因する解体・移築・再建、古材としての再利用などの町家のリサイクルについてかんたんに眺めてみることにしよう。

犯罪にともなう住宅の破却と古材の利用

中世の京都では、公家・寺院・神社などの有力な領主層は、その所領における警察や裁判などの権限をもち（「検断《けんだん》」）、犯罪の軽重に応じて犯罪者の住屋を封印する（「検封《けんぷう》」）、没収して破却する、焼却するなどの処分を行うことができた。もっとも厳しい処罰にあたる焼却処分の場合、犯罪穢を浄化するために家屋が焼却されるので、いうまでもなくリサイクルはありえないが、破却処分では家屋の住機能は破壊されるものの、建築部材は残存し、運び出されて再利用にまわされることになる。

南北朝時代の観応三年（一三五二）九月六日、祇園社は、天龍寺乱入強盗事件の犯人の社領内の三条白河にあった住宅を検封し、破却処分を行っている。このころの祇園社では、解体された建築部材を社家方と目代方が等分することになっていたが、分け方について少々トラブルが生じたものの、社家方と目代方が解体材料を分けあった。

ところが、月末の三十日に室町幕府侍所の小舎人が祇園社にやってきて、「三条白河の強盗の住屋を侍所にことわりなく勝手に社家が解体し、没収したのは理由のないことである。洛中の寺社領の検断屋は、侍所が処分して籠舎（獄舎）を修理する材料に寄せられることと将軍が法を定めている」と抗議した。これに対して、社家はそういったことは知らない、先例によって社領内の検断屋の処分は社家の権利であることなどを主張したところ、社家の申し分は侍所に申し出るべきであるといわれた。そこで、翌十月の二日、社家は使者を所司代に派遣して先例の次第を詳しく説明させたが、侍所の開闔《かいこう》（実務担当の責任者）である斎藤藤内右衛門が奉行なので、斎藤と問答すべきであると指示されている。

幕府侍所が京都市中の検断権を拡大していく過程で生じた紛争の一つであろうが、ともかくも、以上に述べたことは検断屋が、領主として座視することのできない、有益な社会的資源であったことを物語っている。

こうした検断屋は、処分権や流通のありようによって、たんに建築部材として利用されるに過ぎないこともあれば、そのまま移築され、住宅として再利用されることもあったのであろう。解体部材が市場を流通し、商品価値をもつようになった室町時代後期においては、領主層は解体材ではなく、売却益を折半しているので、移築・再利用のケースがより多くなったであろう。

古屋の売買

同じ十月の十八日、祇園社は、祇園社に所属する堀川材木神人が願い出ていた「洛中の古屋を壊《こぼ》ち売ることを禁止してほしい」との申し状を、侍所開闔の斎藤藤内右衛門に送っている。この口利きの結果、十一月十二日になって侍所は、二つの決定事項を洛中と大宿直《おおとのい》（大内裏が市街化した地域）に触れ出した。一つは、古屋を路頭に壊ち売ることの禁止であり、もう一つは、所々の古屋は籠舎（獄舎）の修理にあてることの周知であった。

これによって、古屋を解体して古材を売買することがかなり広く行われており、古材の流通やリサイクルが商業的な段階にいたっていたことがうかがわれよう。

この新しい商業は、平安時代末から堀川辺に集住して営業する材木商人の利益を圧迫するまでになっていたのであろうか。新材を取り扱うこれまでの材木屋と新興の古木屋の対立が背景にあって、旧来の座の商業利権を守るべく祇園社の材木商人が新儀の商売を禁止するよう求めたものであろう、というようにも見えるが、しかしそうではないであろう。

ここでいう「古屋」とは、老朽化してもはや機能を果たせなくなった建築という意味でもあるが、おそらく犯罪や逃亡などによって居住者がいなくなった住屋、つまり無住の家屋、のちの史料にあらわれる言葉でいうと、洛中の「捨家」のことを指していると理解するべきである。こうした「古屋（捨家）」を勝手に解体して古材として売買してはならない、それらは「籠舎（獄舎）の修理にあてる」というのが、幕府の法であったと考えられる。

この訴訟は祇園社の堀川神人の言い分が認められ、古屋の壊ち売りが禁止されることになったが、しかし幕府の禁制によって古屋を路頭に壊ち売ることが終焉を迎えたとは思えない。京都という大都市が持続する限り、「古屋」も「捨家」も尽きることなく再生産されるのであり、路頭で古屋を壊ち売ることも、決して無くなることがないはずである。古屋の売買は、実際にはその後も続いたはずである。

住宅の移築と売買

およそ三〇年後の至徳二年（一三八五）に祇園社領内に出された禁制（『八坂神社文書』二二〇三号）をみると、

一　住宅を社領の外に壊ち渡す事、
一　社領内の住宅を社家に相触れず売買の事、

といった条がある。これは、住宅を解体して祇園社の所領の外へ持ち出すこと、また祇園社領内にある住宅を領主の承認をえずに住人が勝手に売買することを厳禁している。この当時、祇園社領内の住人が自分自身の住宅についても つ権利、不動産所有権が十分なものでなかったことが知られるが、さらに、住宅が都市の資源として重要であったこと、領主がその重要資源を直接的に支配することを目指していたことを示している。その意図は、みずからの領内において資源を有効に再利用するためであった。

ところで、このような住宅の処分にかかわる規制は、東寺領でも、また伏見宮家領でも行われていたから、当時の荘園領主領における通常の「法」であったと考えてよい。リサイクルの範囲を所領内に限定していたところに当時の状況があらわれているようであるが、とはいえ、このような禁制が山城国の守護である山名氏清より出されねばならなかったこと自体が、領主たる祇園社の支配がすでに揺ぎつつあったことを示唆していよう。

時代の趨勢として、荘園領主の「法」がしだいに効力を失い、住人自身による家屋処分の権利がより強くなっていくこと、また古家が領主の支配権や所領の範囲を越えて、都市社会におけるまちづくりの重要資源として流通していたことを物語っている。

洛中捨家の処分

先に少し触れたように、京都の都市民がその住居を捨て逃亡することも少なからずあったようであり、そうした結果、発生する捨家について永享十年（一四三八）の興味深い史料がある。

> 公方として、洛中捨家においては、悉く点ぜられ、因幡堂・六角堂・八坂堂に御寄進の間、ゆめゆめ地主として自専叶うべからざるの由、（「廿一口方評定引付」同年二月二十三日条）

家屋は現在も当時も重要な不動産であったが、洛中に放置された捨家は、地主の自由裁量に任せず、幕府がすべて没収して因幡堂や六角堂、八坂堂に寄進することになっていたという。十五世紀のなかば近くなると、「籠舎（獄舎）の修理」ではなく、因幡堂や六角堂、八坂堂に寄進という点が新たな時代と都市の姿を反映していて注目される。因幡堂や六角堂は、都市に住まう人々の信仰をあつめる有名な町堂であり、京都という都市社会においてある意味で公共的な性格を備えていたといえよう。因幡堂や六角堂などが洛中捨家の寄進を得ているのには、そうした理由が考えられるであろう。

因幡堂や六角堂、八坂堂では、寄進された捨家をそのまま移築したり、また解体して古材として利用することもあったであろうが、おそらく売却することによって現金収入を得ていたのであろう。

中世京都の町家の建築生産の特質は、現在の住宅供給とは異なり、新規の建築が主流ではないことにあるのではなかろうか。裕福な商工業者は、新しい材木を用いて住宅を建設することができたであろうが、都市民衆の多くは、新材と古材をあわせ用いることによって、また古材を再利用することによって自身の住居をたてていた。この町家建設の二つの潮流は、おそらく近代にいたるまで大きな流れであったにちがいなく、前近代の建築生産の一つの特徴といえよう。

こうした建築生産の実情を背景として、室町幕府が、領主権力から京都の都市支配を奪取する動きとも関連させつつ、資源としての町家の処分について、しだいに「リサイクル法」を整備していったようすがうかがわれる。

二、洛中と洛外の共生――路上の公衆便所をめぐって

都市はその成立とともに「公害・汚染・開発・自然破壊」などの環境問題に直面せざるを得なかったといってよい。京都においてもそれは同様であった。とりわけ都市の衛生については、中・高層の共同住宅が発達していた古代ローマほどではないにしても、深刻な状況にあったのではないかと思われる。

また京都という都市の発展は、京都盆地とその周囲の自然の急激な開発によるものであったから、それにともなう大きな自然破壊のために、京都とその周辺地域との関係がかならずしも良好なままに保持されたとも考えられないが、

しかし世紀をこえた都市と近郊農村との密接不可分なかかわりは、両者のあいだに深い生態学的な関係――「循環的・地域主義的生活スタイル」――を確立させることにもなった。

この節では、戦国時代京都のすぐれた都市図というべき洛中洛外図屏風の一作品に描かれた小建築と、当時の京都を訪れたヨーロッパ人宣教師ルイス・フロイスの見聞記をもとに、洛中と洛外のエコロジカルな共生の一端を眺めてみたい。

1　洛中洛外図屏風

戦国時代の京都を描いた洛中洛外図屏風として、現在、国宝に指定されている米沢市上杉博物館洛中洛外図屏風（上杉本）をはじめ、国立歴史民俗博物館蔵洛中洛外図屏風甲本（町田本）・乙本が伝わっている。これらには興味深い路上の建築がいくつか描かれているが、とくに歴博乙本洛中洛外図屏風には、今も京都でよく見られる、家の前の道を清掃する光景とともに、道のまんなかに小さな建築が描かれているのが注目される。

すなわち、上京の烏丸通りの路上に、構造上から明らかに便所とみるほかない建物がたっているのである。『日葡辞書』によると、これは「シャベル〔十能〕で掃除をするのではなく、穴になっている便所」で、「ヲトシ（落し）」と呼ばれていたらしい。

ところで宣教師ルイス・フロイスの『日欧文化比較』には、京都のトイレに関連してつぎのような記事がある。

　われわれの便所は家の後の、人目につかない所にある。
　彼らのは、家の前にあって、すべての人に開放されている。

この一文は、町家の前に便所があり、通行する人々に開放されていたこと、言いかえれば道路上に公衆便所がかな

烏丸通りの路上の公衆便所（歴博乙本・上京隻・第五扇下部）

図80　路上の公衆便所（歴博乙本洛中洛外図屏風）

りたくさん設置されていたことを意味している（蛇足ながら、現代の京都にも少なからぬ路上のトイレが存在している）。便所に関するこれまでの知識は、このフロイスの指摘を知りながらも、日本側の文献史料に関連する記述がないため、確証することができなかった。

この点を明らかにしたのが十数年ほど前に発見された歴博乙本洛中洛外図屏風であった。こうした新たな知識から見直してみると、絵画史料にはもっと路上の便所、公衆便所の絵があるはずである。その一例として歴博甲本洛中洛外図屏風の一条通りの車屋を描いた画面にみえる草葺の小さな建物がある。これは洛中洛外図や京名所扇面図の町並みのウラ側に描かれた便所（共同便所）とよく似た建築構造をもっている。したがって便所、それも公衆便所と推定しても大過あるまい。

フロイスが日本の特色として論じる都市景観が、こうして絵画資料によってはっきりと裏付けられたわけである。このような場合の絵画史料の説得力は、まことに際だっているというほかない。

2　近衛西洞院辻遺跡

近衛西洞院辻遺跡は、平安京の都市計画である条坊制にもとづいてつくられた道路が、戦国期、そして江戸時代へと幅員がどんどん狭くなって行く変化を明らかにした重要な遺跡である。また戦国期には堀がつくられていたこと、さらに西洞院大路の西側に便所の遺構が検出されたことがとりわけ注目される。この便所遺構について報告書（「平安京（左京近衛・西洞院辻）発掘調査概要」、財団法人京都府埋蔵文化財センター『京都府遺跡調査概報』第三三冊、一九八九年）はつぎのように記している。

　これ（土坑ＳＫ13）は西洞院大路の西端の、南北に長い隅丸長方形土坑である。規模は東西約八〇センチメートルで、南北約一三〇センチメートル、深さ約五〇センチメートルである。埋土は炭を含む黄褐色土で、土坑の壁は黄色味のある物質がこびりついていた。土坑は新旧二時期あり、ふるい方は重複して北に一・一メートルのびていた。これらの土坑の四隅に付近には、五～六センチメートル大の円礫（えんれき）が三〇センチメートル範囲に置かれていた。これが、おそらく柱を据えた位置を示す円礫であろうから、ここに細長い建物があったことになり、土坑はその中にすっぽり収まっていた。（中略）……これらの構造物は便所がもっとも可能性が高い。

報告書には、この土壙が便所であるとの証跡は明示されていないようであるが、「黄色味のある物質」を糞便の痕跡と推定したのであろう。筆者には判断不可能であり、考古学者の一般的な見解にしたがっておきたい。

便槽の遺構は、構造的にみておよそ六種類――土壙《どこう》・石組・木組・土器製・桶製・陶器製――に分類されている。近衛西洞院辻遺跡の便所は、もちろんもっとも簡単な土壙であるが、こうしたようすは、さきにあげた『邦訳日葡辞書』の「ヲトシ（落し）」と同じ構造といえよう。便所の建築的な姿は、もちろん不明ではあるが、歴博乙本や甲本の洛中洛外図屏風の便所と大差のないものであったにちがいない。

便所の遺構や画像二点は、いずれも上京にあったものであり、いまのところ下京からは遺構も画像も見出されていない。もちろん上京特有の習俗とは考えられないから、そのうち下京の道路を発掘調査する機会が訪れた際には発見されることであろう。

3　人糞の処理

『日欧文化比較』には、路上の公衆便所はもちろん、他の便所にも当然集積されるものについていくつかの点で興味深い記述がある。

われわれは糞尿を取り去る人に金を払う。日本ではそれを買い、米と金を支払う。
日本では馬糞を塵芥捨場に、人糞を菜園に投ずる。

これによって人糞が肥料であったこと、都市の人糞を農村の人たちが米と金で購入していたことがわかる。それはなぜであろうか。近世のことであるが、つぎのような説明がわかりやすい。

近世における三都（江戸・大坂・京都）をはじめとする都市の発展は、商業的農業を発達させ、蔬菜や加工原料農産物の販売は、農業外部からの肥料購入を可能にした。購入肥料の中心は油かす類、魚肥（干鰯（ほしか）、ニシンかす）、人糞尿であった。
（平凡社『世界大百科事典』「肥料」）

また、中世の京都周辺地域のすがたについても次の説明が参考になる。

京郊の荘園は規模的に決して大きなものではなかったが、大都市に近接する荘園であったため、日常の必需物資で主産物である米以外に、蔬菜供給圏としても重要な役割を担っていた。荘園は洛中を中心に円環状に取巻いていたが、北

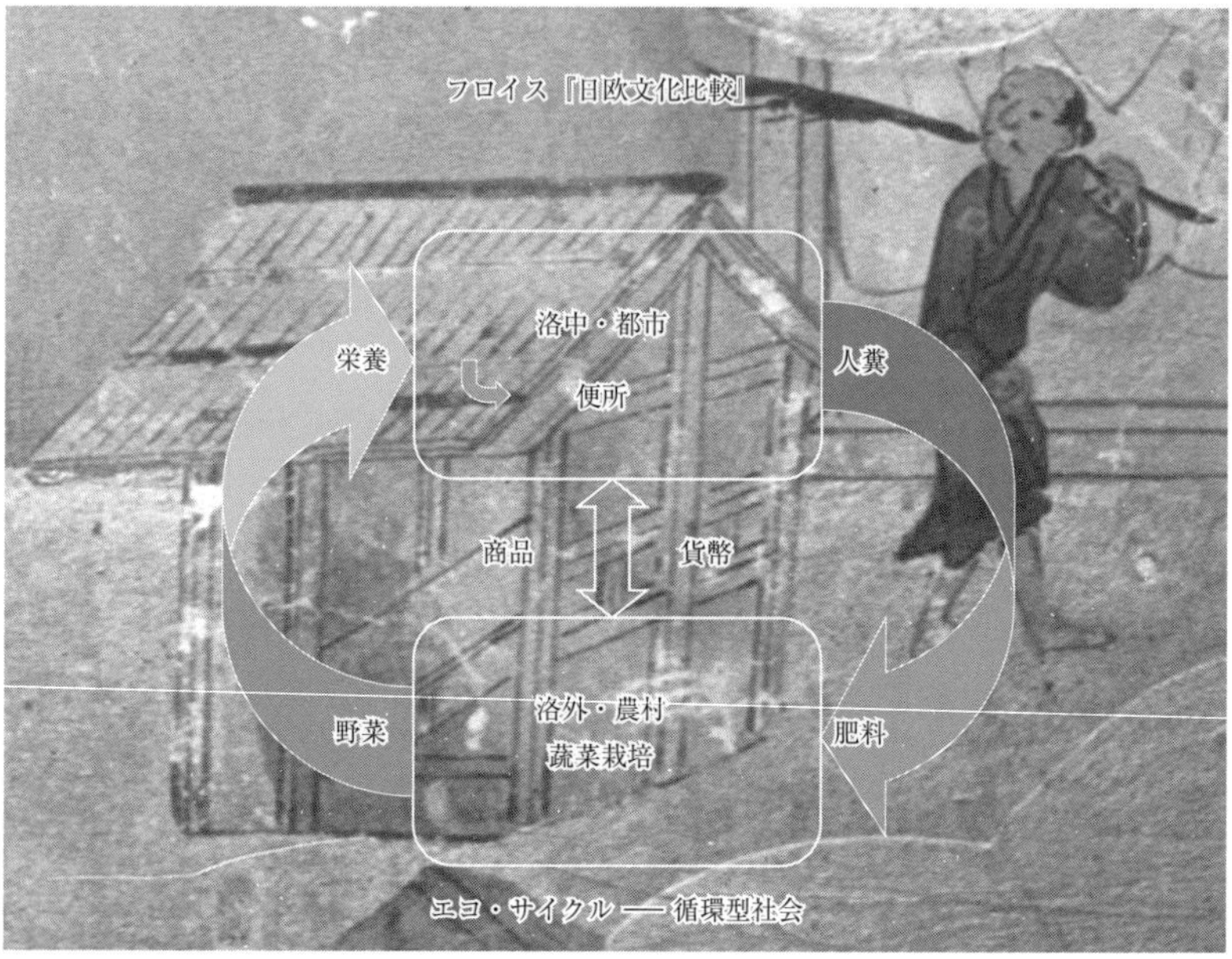

図 81　洛中洛外のエコロジカルサイクル　概念図

> 郊と東郊は少なく、南郊と西郊に集中的にみられた。これは南郊と西郊の地域が桂川と鴨川の水利に恵まれ、更にこの両川が押流す豊沃な耕地が存在したためである。
>
> 一般的に農村（京郊農村……引用者注）は豊かであった。豊かな農村でありえたのは、大都市近郊にあるところから、蔬菜などの特産物を含む商業的農業あるいは副業の発展に支えられていたからでもあった。京郊は古代以来、各種の特産物に恵まれていたが、近世に入るとますますその産出品種を拡大して、全国的にも大きな影響を与えていた。
>
> （『京都市の地名』、平凡社、一九七九年）

フロイスの記述は、戦国期の京都における同様の状況をはっきりと示しているといえよう。京都は蔬菜の大量消費地であり、京都の都市住民が必要とした蔬菜の栽培と供給という商業的農業を京郊農村は営んでいたのである。そのために不可欠の条件が農業用肥料（屎尿）の確保であり、その重要な生産地が京都なのであった。洛中と洛外は、都市と農村の良好な関係、エコロジカル・サイクルを成立させていたということができよう。

4　まちづくりと路上の公衆便所

「われわれは糞尿を取り去る人に金を払う。日本ではそれを買い、米と金を支払う」という事実は、個人の家の便所をはじめ、ウラの共同便所、路上の公衆便所のいずれも共通のことであろう。個人の便所とウラの共同便所は、いずれも便所の所有者が屎尿代金の米と金を受け取っていたはずである。注目したいのは、京都にたくさんあったという路上の公衆便所の米と金はだれが受け取っていたのか、という点である。道は共用の空間（「公界《くがい》」）であるから、おそらくそれは路上の公衆便所の設置者であったにちがいない。

そうすると、この路上の公衆便所をつくったのは誰かが問題となろう。ここからは想像の域を出ないが、道が公共的な空間であること、また道行く人に開放された公衆便所であることを考え合わせれば、便所を建てたのはその道路をはさんで成立している、いわゆる「町《ちょう》」ではないかと思われる。

平安時代末から鎌倉時代初期（十二世紀末）に制作された『地獄草紙』に描かれた、道がそのままトイレであるような、きわめて劣悪な都市の衛生環境に対して、人糞が米と金になるという都市近郊の商業的農業の発展を背景として、良好な都市衛生環境をつくるために町共同体が努力を続けた成果であると考えてみたい。近郊村落の農民に屎尿を売った代金は、町入用費に繰り込まれ、町の運営活動に役立てられたのであろう。都市衛生の向上と地縁共同体の活動資金の補助という、町にとって一石二鳥の役割をになったのが路上の公衆便所ではあるまいか。

室町時代、十五世紀の京都は、中世の巨大都市というべき存在であり、そのこと自体が蔬菜と人糞を媒介として、都市と近郊農村との密接不可分なかかわりを生み出すことになり、しだいに両者のあいだに深いエコロジカルな関係を確立させることにもなった。路上の公衆便所はそうした洛中洛外の共生を象徴しているようである。

第五章　慶長大地震と京都・伏見

これまでの各章が都市と自然との調和や共生、相互作用などを主題としたのに対して、本章と次章で取り扱うのは、地震や洪水などの自然災害、というよりも都市にとりわけ大きな災厄、ときには変革をもたらす自然災害、すなわち都市災害である。

当市（堺）に於て恐ろしき大地震あり、約三時間が程絶え間なく続けり。この間目に映るものとては、ただ人屋壁屋根或は異教徒の寺院その他建物の倒壊する凄惨なる光景のみ。此等のものが樹木又はその他の家屋の上に倒れかかりたる時、偶夜中なりしかば、恰も世界が根本より破壊するかと思はれたり。翌朝になりて見れば、数多の街路の交差せる大通を除きては通という通は総て狭きが故に、到る処に倒壊せる家屋木材屋根石塀などの為に塞がれ、通行することも出来ぬ有様なり。

（『耶蘇会日本年報』慶長元年）

この記述のあと、さらに悲惨なありさまが続く。堺の住民自身が書き留めた大地震の惨状は、阪神大震災の凄惨なすがたと重なって強く我々に迫ってくる。

歴史上、兵庫県南部地震とよく似た、しかしもっと被害範囲の広い大地震があった。およそ四百年前に発生した慶長の大地震である。慶長大地震における震度6の地域は、兵庫県南部地震のそれとほぼかさなり、また震度4の地域

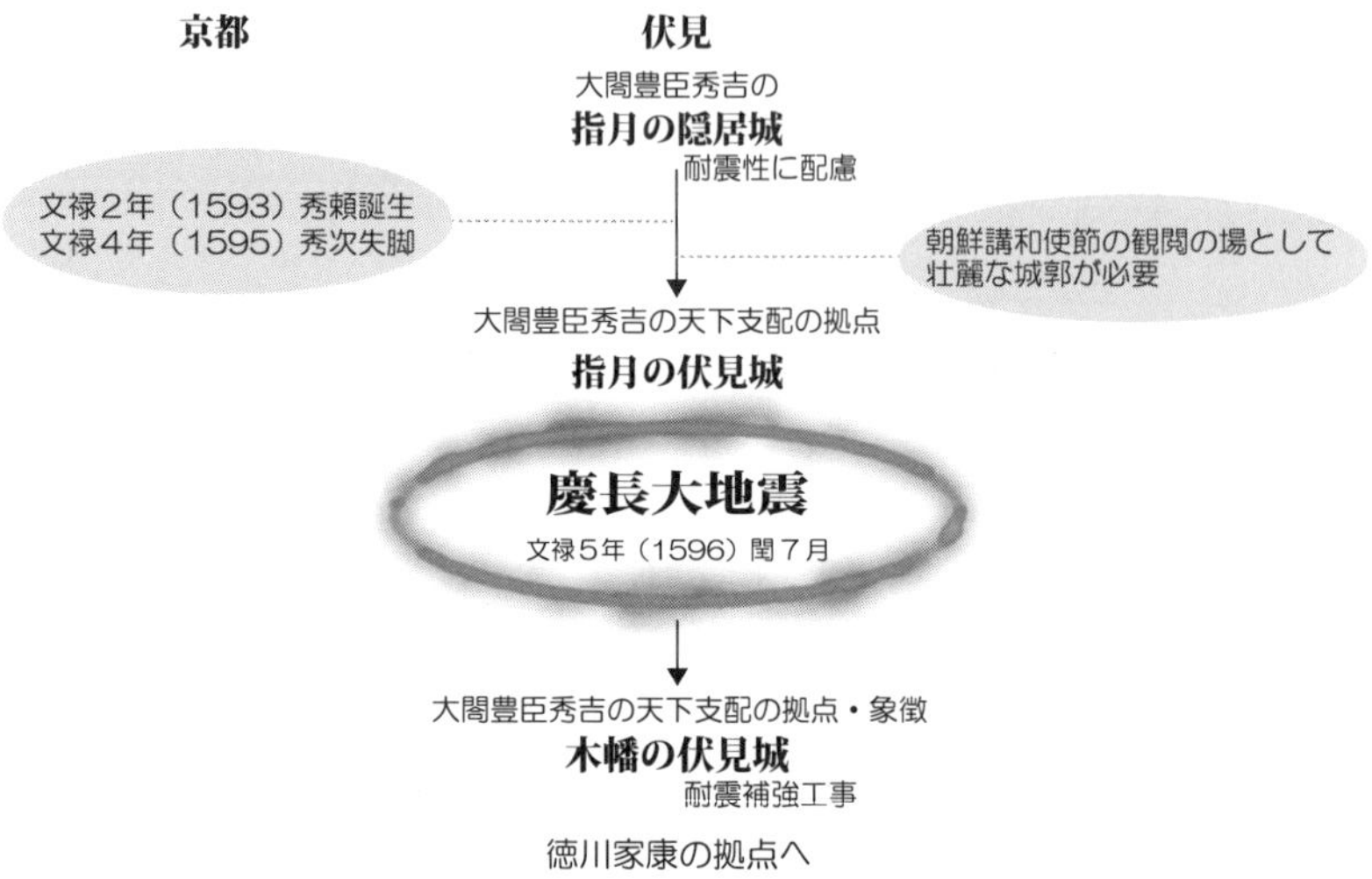

図82　本章の論点

の広さは、兵庫県南部地震をかなり上回っているという。近年とくに発展した歴史地震研究や地震考古学が、こうした興味深い史実を明らかにしてきた（宇佐美龍夫「慶長地震と歴史地震研究」、『ＵＰ』二九一号、東京大学出版会、同『新編日本被害地震総覧』増補改訂版、東京大学出版会、一九九六年、ほか）。

地震それ自体の比較は専門家にゆずるとして、慶長大地震の被害やその影響について、歴史研究の立場から一瞥しておきたい。幸いにして地震関係の膨大な史料を収集した武者金吉編『増訂大日本地震史料』全三巻などが刊行されており、これらに依拠して、とくに被害の中心地の一つであった京・伏見、とりわけ天下人豊臣秀吉の拠点であった伏見と伏見城に焦点をあわせて考えることにしよう。

一、慶長大地震と京都

慶長大地震は、正確には慶長という年に発生したのではない。それは文禄五年（一五九六）の閏七月十三日におきた。午前零時ごろのことであった（史料には子の刻とも、丑の刻ともある）。文禄五年の地震をいつしか慶長大地震と呼びならわすようになったのは、十月二十七日に慶長と改元されたからである。改元は、「京都在家転倒、死人不知其数、鳥辺野煙不断」(『義演准后日記』閏七月十三日条)といった地震被害のあまりの大きさや、いつ果てるとも知れない余震に対し、新たな転機、新たな時代を求める声なき声が、その背景にあったのであろう。

さて、慶長大地震の被害のありさまを広く眺めわたし、記録に残したのが、京の公家、山科言経である。『言経卿記』閏七月十三日条は、次のように簡潔に記している。

去夜子刻大地震、近代是程事無之、古老之仁語之、小動不止、昼夜不知数了、……
一、寺内(本願寺)ニハ門跡御堂、興門御堂等転倒了、……其外寺内家大略崩了、死人三百人ニ相及了、全キ家一間(軒)モ無之、
一、上京ハ少損了、下京ハ四条町事外相損了、以上二(三?)百八十余人死也云々、東之寺も瓦ブキハ崩了、
一、禁中ハ少々相損也云々、
一、伏見御城ハテンシュ崩了、……其外町々衆家崩候て、死人千ニアマリ了、
(中略)
一、東寺ハ塔、鎮守八幡社、大師堂(無事……筆者注)、此外七ツ崩了、但坊々不苦也云々、
一、三十三間ハ少ユガミ了、
一、東福寺ハ本堂年来東へユガミ了、此度地動ニ西へ相直也云々、奇特了、伽藍トモ不苦了、
一、山崎、事外相損、家悉崩了、死人不知数了、
一、八幡在所、是又悉家崩了、
一、兵庫在所崩了、折節火事出来候、悉焼了、死人不知数了、
一、和泉堺、事外相損、死人余多有之云々、
一、大坂ニハ御城不苦了、町屋共大略崩了、死人不知数了、

京・伏見をはじめ大山崎・八幡・兵庫・堺・大坂などの都市がこうむった甚大な被害がしのばれる。京の寺社では、全損のものから無事のものまでさまざまであった。東寺では創建以来と伝えられる食堂が倒壊したが、文禄二年（一五九三）秀吉の母、大政所を檀主として造られた五重塔は、東と北の礎石が三寸ばかり「ニエ」入り、四方の基壇の石が少々倒れた程度の被害ですんだ（『義演准后日記』閏七月十三日条）。また中には、東福寺仏殿のように、東へ傾いていたのが地震によって西へ揺り戻し、歪みの戻った建物があったというのもおもしろい。

ところで、醍醐寺座主義演の『文禄大地震記』は、「京都浄土寺、法花寺、悉く瓦葺分転倒」と記し、こうした被害状況から建物倒壊の理由として、「今度地震ニ転倒、瓦葺ノ故ト云々、諸方此分也」というみかたが広まっていたことを示している。そうして内裏では実際に対屋や女御御座殿、台所以下の瓦をことごとく下ろしたといい、また「伏見城においても瓦葺禁制の御触がだされた」といった風聞が、義演のもとまで伝わっていた。

『言経卿記』は、治安の悪化した町々において夜番が行われたことも記している。言経自身は、人を出したり、また明りのための油を提供したりしているが、こうしたところから、戦国期における公家と町衆との交流としてよく知られている、父言継やその『言継卿記』のことを想起することができよう。

二、慶長大地震と伏見・伏見城

慶長大地震のころの伏見は、ある意味で首都といってもよいような都市であった。豊臣秀吉が天下支配の拠点として伏見城を築き、また城下の町を建設したからである。「伏見時代」といえなくもない、こうした伏見と伏見城のすがたは、しかし最初から計画的につくられたものではなかった。伏見城は、もともと甥の関白豊臣秀次に政権をゆずった秀吉のたんなる「隠居屋敷」あるいは「隠居城」として、観月の名所である伏見指月の地に計画、建設されたのである。着工は、天正二十年(文禄元年、一五九二)八月のことであった。

隠居城の建設に対する秀吉の指示は明快である(十二月十一日付前田玄以宛秀吉書状、保坂潤治氏所蔵文書)。作事(建築工事)については、「利休に好ませ候て、ねんごろに申つけたく候」と、利休の「好み」でつくるよう十分配慮せよと命じている(ちなみに、利休はすでに秀吉の命により前の年に自害していた)。また普請(土木工事)については、「伏見の普請なまつ(鯰)大事」、すなわちとくに地震に気をつけるように命じている点が注目される。秀吉には、なぜか地震に対するはっきりした懸念があったようである。

こうして秀吉は文禄二年閏九月、伏見の新城に移り住んだ。同月二十六日、「惣之屋敷割」を命じており、諸大名もまた伏見城の近辺に邸宅を構えることになり、伏見の地に城下町が形成されていった。

しかし、じつはこのときすでに秀吉の立場に大きな変化が起きていた。一つは、文禄二年八月三日、秀頼が誕生していたことである。秀頼を後継者に望んだ秀吉は、秀次の手から権力を取り戻し、ふたたび実権を直接掌握するようになる(秀次は文禄四年七月十五日に自害させられた)。また、文禄の役を収束するため朝鮮講和使節を迎えるにふさわしい舞台作りをする必要も生じていた。「異国への外聞」のために壮大な「馬揃え」、つまり軍事パレードを催すこと、そしてその観閲の場として、壮麗な城郭を建設することが急務となっていたのである。

こうした状況の変化によって、秀吉は隠居の身から天下人となり、伏見城も隠居城から天下支配の城へと大きく意義をかえていく。文禄二年の暮れには、秀吉はその権力を誇示する壮大な城郭に大改造する決意をしていたらしい。さきに実施された大名屋敷地はじめ武家地や城下の建設も、そうした計画の一環であったにちがいない。

家康の侍医であり、慶長大地震のとき伏見にいた板坂卜斎の覚書『慶長年中卜斎記』は、この経緯を、「文禄三年、秀吉公山城国伏見指月を、仮初のことくに城を構へ、日を追つて次第に結構に石垣・御殿・天守出来」、「東国・北国・西国の大名皆々伏見へ移り家作り夥し」と記している。隠居屋敷をそのまま拡大する形で城郭が構営されたようにいうのは、やや正確さを欠いた表現であろう。六人の造営奉行任命につづいて、諸国の大名に二五万人の人夫動員と、文禄三年二月朔日の伏見必着を令しているところからみて、大規模な工事が一挙に実施されたらしい（『大閤記』）。淀城の天守・矢倉を移し、また、各地から名木名石などを収集している。文禄三年十月にはそうとうりっぱな城郭となっていたようである（『駒井日記』）。

しかしながら、指月の城は、文禄五年のいわゆる慶長大地震によって甚大な被害を被り、城下町も崩壊した。明からの使者を迎え、秀吉との謁見の準備が進められている最中のできごとであった。

伏見の事、御城・御門・（御）殿以下大破、或は顛倒す、大殿守（天主）悉く崩れて倒れ了ぬ、男女御番衆数多死す、いまだその数を知らず、其外諸大名の屋形、或は顛倒、或は相残るといえども形ばかりなり、其外在家のていたらく前代未聞、大山も崩れ大路も破裂す、ただごとに非ず、（『義演准后日記閏』閏七月十三日条）

伏見御城ハテンシュ崩了、……其外町々衆家崩候て、死人千ニアマリ了、（『言経卿記』閏七月十三日条）

内府家康を見廻の為、予伏見へ罷り越す、路次の町屋悉く破倒し了んぬ、路次に於ても数度地震動し了んぬ、京中男女に至る迄、悉く外ニ寝ね了んぬ、（『舜旧記』閏七月十三日条）

帰路ニ伏見へ越し了んぬ、言語道断の次第也、全き所一所も無之、諸人猥雑し、大路通路し難き體也、大地裂て落り入り了んぬ、（『義演准后日記』閏七月十四日条）

いずれの史料も、伏見における震災のただならぬ激しさを物語っている。

こうした凄惨な被害をもたらした地震を、当時の人々がどのようにみたのかは、よくわかっていない。ただヨーロッパ人宣教師たちは、もちろん「異教徒」の被った災害ということで、ある意味で冷淡な記述がみられる。すなわち『日本西教史』によると、大災害は、「天帝」が傲慢な天下人秀吉の暴威を打ち砕き、また「驕奢の地」である伏見に対する怒りを示したものであるとする。伏見城の荒れ果てた姿をみた秀吉自身、「宏大美麗な造営をしたことによって天の憎むところとなったというのも、また理がある」と述懐したといい、みずから反省するところもあったようである。

しかし、それは一瞬といってもよいような、わずかな時間であった。秀吉は、舌の根も乾かないうち、大地の震動が打ち続くなか、新しい城郭の建設に着手する。というよりもむしろ、天下支配の象徴たるべき伏見城を再建せざるを得なかったのである。戦国の疲れも癒えないのに朝鮮出兵を行い、またあいつぐ大建設工事などによって、「国用の費え」は限りなく、世人は、秀吉の心腹には天魔破旬（四魔の一つで、人が善事を行なったり、真理に至ろうとするのを妨げる」『大辞林』）が入れ代わっているのであろうかと、「耳語嘆唱」したという（『伊達秘鑑』）。

むすび

慶長元年（一五九六）閏七月十五日、まさに震災の直後に秀吉は、伏見山の山上を中心とする地域に城郭の再建を開始した（『当代記』）。工事の状況を『伊達秘鑑』は「大小名組々ヲ分ケラレ、普請ノ場所ヲ分定メテ、当年極月二十日限リ惣成就、御移徙アルヘキ旨仰出サレケレハ、夜ヲ日ニ転シ、松明灯シ連レ、石ヲ転シ土ヲ荷ヒ、行通フ人歩万身ヲ労シ、手工万匠斧鐺遠近ニ谺ス」と伝える。

この工事にあたっては、大地震の経験から新たな工夫も試みられたらしい。『伊達秘鑑』には次のような記述がある。

地震程恐ろしきものは無しとて、御殿の柱、二本は礎、三本は土中、五尺掘り入れ、天井も鎹にて吊り、方々を締めて、兼ての普通よりは作事の模様相違にて、専ら地震用心の造作なり、

同年十月には本丸の普請（土木工事）が完成し、そして慶長二年五月四日、壮麗な天守や各殿舎もほぼ完成し、「伏

見御城殿守ノ丸」へ秀吉の移徙が行われた（『義演准后日記』五月五日条）。天下支配の大城郭となった、この伏見木幡山の城は、「豊公伏見城ノ図」や中井家絵図にその姿をみることができる。

伏見城は、慶長三年八月十八日、秀吉の死を迎えた。慶長四年正月五日、秀吉の死が公表され、直後の十日に秀頼は伏見城から大坂城へ移り住んでいる。天下人の城から豊臣家の城への転居と理解してよい。三月九日、石田三成が伏見を出て佐和山に退隠したのにあわせ、三月十三日、徳川家康が伏見城を引き継ぎ、一つの戦闘もなく本丸への入城を果たした。家康の伏見入城を『多聞院日記』は「天下殿に成られ候」と記している。

伏見城は、まもなく慶長五年（一六〇〇）の関ヶ原の戦いに際して落城し、天主なども全焼した。しかし、ただちに再建され、徳川幕府の畿内における拠点として、もちろん天下支配の城として使用され、「伏見幕府」、「伏見時代」と呼ぶことも可能な状況がしばらく続いた。

慶長大地震は、伏見城が担わされていた、重大な政治的社会的意義を明確に実現した、一大契機であったともいえるのではなかろうか。

第六章　平安京・京都と危機

前章では慶長大地震に着目して首都である京都・伏見の都市的動向を一瞥したが、さらに都市の危機という、幅広く重要な視角から、古代平安京から現代京都にいたる災害と危機の歴史を概観しよう。

一、古都京都と災害

二〇一三年九月十六日午前五時過ぎ、気象庁は京都府・滋賀県・福井県に大雨の「特別警報」を発表し、数十年に一度しかないような非常に危険な状況に「ただちに命を守るための行動をとってください」と最大限の警戒を呼びかけた。二週間ほど前の八月三十日に運用が始まった、重大な災害の危険性が著しく高まっている場合に発表する「特別警報」の初めての発表であった。午前九時半、京都市は桂川と宇治川に氾濫のおそれがあるとし、約一一万世帯、約二七万人に対して「避難指示」を出した。実際、有名な嵐山の渡月橋付近で堤防を越えて水があふれ出すなど、桂川の氾濫が確認されている。

桂川は「概ね五年に一度の頻度において堤防決壊の危険にさらされている」といわれる。当然、治水対策が検討されているが、嵐山付近における特有の自然地形（川幅が下流の二分の一しかない、河床が浅い）や、世界文化遺産の天龍寺などがある歴史的な景勝地（嵐山は国指定史跡・名勝）であるため、地形の改変や大規模構造物の建設ができないな

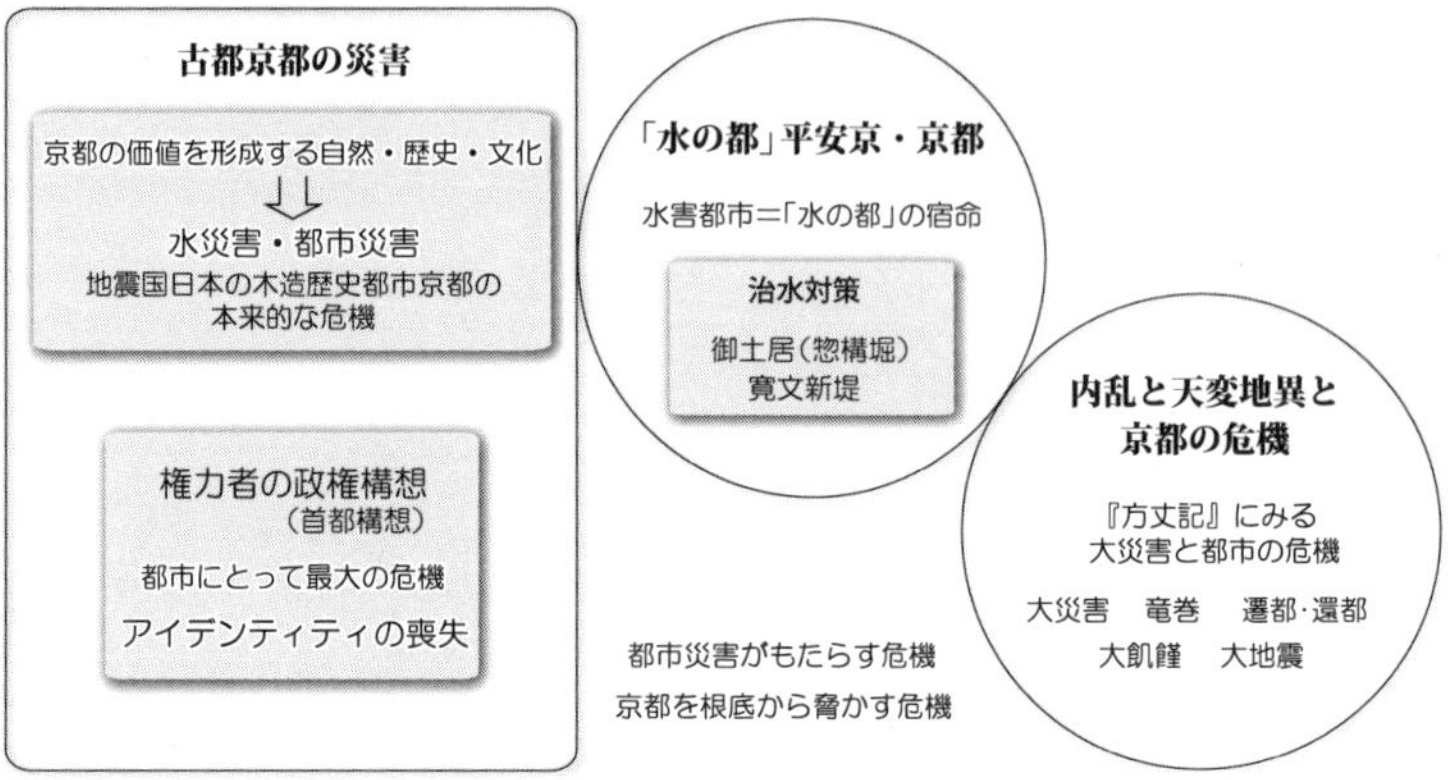

図83　本章の論点

ど、いくつもの課題が指摘されている。まことに皮肉なことながら嵐山の価値を担保する自然や歴史、文化が水の危機をもたらしているということができよう。

これはそのまま京都という千年の古都にも当てはまるのではないか。つまり京都の大切な価値を形成する自然や歴史、文化そのものが水災害はもとより都市災害や都市の危機の大きな要因になっているのではないか。一例を挙げるなら、近い未来に予想される地震は、世界に誇る木造建築文化の都市京都の古社寺や京町家などの伝統的建築に甚大な震災被害をもたらすであろうし、各所で発生する都市火災がさらに致命的な打撃を与えるであろう。起きるかもしれないそうした事態は、歴史都市京都のありようを全面的・根本的に変えてしまう可能性が高いという意味で、まさに都市の危機といわねばならない。そして現代の状況ほど致命的ではないにせよ、このような都市の危機が平安京から近代京都に至るまで連綿と存在し続けてきたことはいうまでもない。それは地震国日本の木造歴史都市京都が抱えこんでいる本来的な危機なのである。

平安京・京都に危機をもたらした災厄はもちろん震災や火災、台風などの自然災害だけではない。飢饉もたびたびあった。しばしば実施された政権拠点や大寺院などの大規模造営なども、土地を強制収用され、移転をよぎなくされた貴族や庶民にとっては天災同様の大災厄というべきであろう。また織田信長の上京焼討や豊臣秀吉の京都焼討（幸いにも未遂に終わった）は懲罰や脅しの意図から行われた人為的な都市火災とみることができよう。さらに都市を破壊するいくつもの内乱や戦乱をあげなければならない。九世紀（平安京定都・平城京還都をめぐる内乱）、十二世紀（源平の内乱）、十四世紀（南北朝内乱）、十五世紀（応仁の乱）、十六世紀（戦国の内乱）、十九世紀（幕末の内乱）など、規模の大小はともかく、いくつもの内乱が生起した。内乱そのものによる被害もさることながら、より根本的・本質的な意味で京都をおびやかし、廃都・棄都という危機的状況に陥らせたのは、こうした内乱期、すなわち歴史的転換期における権力者の政権構想とりわけ首都構想であったといってよいであろう。具体的には、平城上皇の平城京還都、平清盛の福原遷都、豊臣秀吉の大坂「首都」構想、明治維新政府の東京遷都である。一八六九年、ついに京都はその固有の特質であった首都機能を奪われ、急激に衰退した。

平安京・京都の経験を参考にして考えると、都市にとって最大の危機はそのアイデンティティの喪失の危機ではないか。首都が首都であり、都市が都市であることができなくなるような情勢の急激な変化である（そもそも首都も都市もその始まりから危機を内包している）。さらに状況を致命的に悪化させる都市機能の喪失の危機が現実化すると、都市は死に至る。都市機能が失われる前に幸いにも新たなアイデンティティの獲得に成功すれば、復興・再生の道がみえてくる。

このような観点から平安京〈古代〉、京都〈中世～現代〉の災害と危機の歴史の一端を概観しよう。

二、「水の都」平安京・京都

山と川の美しさは平安京の選地に当たって重要な価値、理由であったようである。延暦十三年（七九四）の詔に「葛野の大宮の地は、山川もうるわしく」とあり、翌延暦十四年の踏歌（とうか、あらればしり）にも「山河、美をほしい

写真 25　鴨川

ままにして四周に連なる」とことさらに言及される。

　京都を流れる川・運河には鴨川・桂川・宇治川・白川・堀川・紙屋川・高瀬川・西高瀬川・琵琶湖疏水などがあり、ほかに洛中を流れていた小河川も少なくない。ちなみに鴨川は上下賀茂社の禊・祓の清浄な川として、また耕作や邸宅の苑池の用水として利用された（水運や魚釣は原則的に禁止されていた）。また京都で茶の湯をはじめ京友禅・染織、京料理・豆腐・酒などの文化が発展したのは名水と名井に恵まれていたからである。

　しかし、山川も美しい平安の都の立地は洪水の危険性と隣り合わせでもあった。鴨川などが氾濫して京中が大河のようになる洪水もめずらしくはなく、その都度多くの死者やさらには餓死者、多数の家屋・橋などの流失といった大きな被害が生じた。平安京遷都後それほどまもない九世紀初頭に鴨川の堤防を管理する「防鴨河使《ぼうかし》」という官職（令外の官）が設置されたが、それは鴨川の氾濫による被害が国家的・都市的なリスク管理を必要とするほどのものであったことを端的に示している。「水の都」京都はまた水災害都市でもあった。それはヴェネツィアをはじめとする「水の都」に共通の宿命といえよう。

鴨川を制御しようとする困難な試みのうち、もっとも壮大なものが豊臣秀吉が京都の周囲に廻らした御土居（惣構堀）である。天正十九年（一五九一）に構築され、総延長二二・五キロメートルに及ぶ長大な「堤」で、東は鴨川の西岸、北は上賀茂から鷹ヶ峰、西は紙屋川に沿って南下し、西の京の辺りから屈曲して東に寄り、千本通り（朱雀大路）の西や東を下って、南は東寺を囲む。御土居の機能は、鴨川の水害を防止する堤防、戦乱に際しての要害、洛中洛外を隔てる境界装置、人や物資の流れの制御など、多様であったらしい。

長大かつ堅固な御土居は、京都の都市的発展を強く規制したかにみえるが、じつはそうではなかった。御土居と鴨川の間を開削した運河、高瀬川が慶長十九年（一六一四）に完成したことや、東山の寺社の復興・建設が進んだことを契機として、御土居さらには鴨川を越えて東へ向かう市街の発展は、止めることのできない状況となっていた。そうした趨勢を反映して実行されたのが、寛文九年（一六六九）に着工し、翌年に完成したいわゆる「寛文新堤」（今出川通りから五条通りまで）である。この石垣によって洛中に含まれることになった鴨川以西の河原の地、たとえば河原町の通りなどは目覚ましく発展したが、反対に、無用の長物となった御土居はしだいに破壊され、消滅していった。

ただ、「寛文新堤」の構築にもかかわらず、近代にいたるまで鴨川の氾濫がなくなることはなかった。昭和十年（一九三五）の鴨川大洪水は甚大な被害をもたらしたが、その後の治水対策（これが現在の鴨川景観を形成した）により、昭和十年の水準の降雨量に対しては鴨川の氾濫を防いでいるという。とはいえ、百年に一度、千年に一度の災害がいつ発生しても不思議ではない、と考えるのがいくつもの未曾有の大規模災害を経験した現代の知恵というべきであろう。京都と鴨川の問題は、嵐山と桂川のそれと共通する。

京都を育んだ豊かな自然は、京都という都市自体を危機に陥れる可能性も秘めている。京都はこれからもそうした自然の二面性を受け入れていかざるをえないのであり、そうしたうえで歴史都市として持続しうる方途を探りつづける必要がある。それはふたたび巨大な御土居を構築するような、たんなる治水対策ではありえず、人と水の文化的景観の継承をはかるものとならざるをえないように思われる。

三、内乱と天変地異と京都の危機

中世の隠者文学の代表作とされる鴨長明の『方丈記』（鎌倉時代の随筆、一二一二年成立）は災害史のなかで言及されることが少なくない。それは、人と住まいの無常を述べたあと、自らの体験として京都を中心とする五つの「世の不思議」（世の中の思いもよらないこと）、すなわち大災害や都市の危機を回想し、今目の前で起きているかのように生々しく記述しているからである。以下、できごとと年時を箇条書きに示す。

①　大火災――安元三年（一一七七）
②　辻風（竜巻）――治承四年（一一八〇）四月
③　福原遷都――治承四年（一一八〇）六月、十一月還都
④　大飢饉――養和年間（一一八一～二）
⑤　大地震――元暦二年（一一八五）

「世の不思議」として『方丈記』が取り上げた大火災・竜巻・遷都・大飢饉・大地震は、鴨長明の二二歳から三〇歳にかけて、いわば青年期から壮年期にかけて発生したものである。日本の三大災害とされる災害のうち、都市火災と地震災害は含まれているが、洪水などの水災害について触れられていないのは、鴨長明の二〇歳代（一一七五～八五）

には被害の大きな洪水がなかったからなのであろう（『京都の歴史10年表・事典』学芸書林、一九七六年）。

『方丈記』はそれらの災害・危機を継起の順にしたがって叙述している。したがって大火災・竜巻・遷都・大飢饉・大地震という順序から「世の不思議」の被害や惨状の度合い、都市史的な重要度などを判断することはできないが、これら五つの災害・危機の叙述から京都が人口集中・木造家屋密集都市であったからこそ、被害がいっそう大規模・激甚化したことはすぐさま理解できよう。「風の勢いに堪えきれず吹きちぎられた焔が、空を飛ぶようにして一町も二町も越えて燃え移っていく」状況、すなわち延焼が急激に拡大していく状況は、まさに都市型の災害・危機の典型である。

また、鴨長明は大飢饉と福原遷都について多くの言葉を費やしているのが注意される。それは遷都・大飢饉が二五歳からの三年間に集中し、しかも罹災が長期にわたっていることによるのかもしれないが、むしろ鴨長明の受けた衝撃の強さや思いの深さを反映していると考えられる。

「世の不思議」五つはそれぞれがたまたま発生した一回限り、独立の大災害であるが、次に述べるように火災や遷都の結果とその影響は多大なものがあり、深い関わりをもつ一連のできごとのようにもみえる。まさに「世の不思議」なのである。以下では社会的動向のなかで、もう少し詳しく災害・危機を検討することにしよう。

大火災

鴨長明の二〇歳代には火災・放火が枚挙にいとまないほど頻発しているが、それらのうち大惨事となったのが「安元の大火」、「太郎焼亡」と呼ばれた一一七七年の大火である（一年後に発生した大火が「次郎焼亡」）。

同時代の史料である九条兼実の『玉葉』によって補うと、平安宮の大極殿以下朝堂院の建築、神祇官・民部省以下の官衙、朱雀門以下の諸門などが焼失したほか、「公卿十四人」（『方丈記』は公卿一六家とする）、百十余町という広範囲の地域が焼亡したと伝える。兼実は未曾有の大火に「誠にこれ乱世の至りなり、人力の及ぶところに非ず」と慨嘆している。

火災後、律令国家の儀式の場であり平安宮のシンボルともいうべき大極殿さえ再建されなかった。また天皇の住まいである内裏も再建されることはなく、天皇の京中居住と里内裏の常態化（内裏を核とする新たな地域形成のはじまり）など、この都市火災（都市災害）の影響は京都の都市空間の形態と機能と構造に対しても多大であった。大極殿と内裏の炎上は古代の国家や制度の終焉を象徴するできごとであったといえよう。ある人々には新たな時代の到来を告げるできごとと思えたのかもしれない。

辻風（竜巻）

平清盛が後白河法皇の院政を停止して鳥羽殿に幽閉したのは治承三年（一一七九）十一月のことであった。これにより清盛は国政の実権を掌握し、いわば平氏政権を樹立したのである。大きな社会的・歴史的な画期であり、武士の世の到来ということもできよう。

翌治承四年（一一八〇）四月の辻風は「地獄に吹く業の風」を思わせる激しい竜巻であったようである。とはいえ、それが大火災や大地震、大飢饉と匹敵するほどの災害であるとか、同じような規模の被害が生じたとは考えにくい。鴨長明が「竜巻はつねに吹くものであるが、このようなことがあろうか。ただごとではない。しかるべきもののお告げであろうかなどと考えさせられたことだ」と述べるように、辻風は来たるべき大事件・大災厄の予兆として、叙述の伏線として選択されたのではないか。

遷都、還都

同じ年の五月、源頼政が以仁王《もちひとおう》を奉じて打倒平氏の兵を挙げた。八月には源頼朝も挙兵した。十一月五日には富士川の戦いで大敗した平維盛らの軍勢が帰京し、十二月、清盛は後白河院に院政の再開を請わねばならなかった。一方、源頼朝は鎌倉を本拠と定め「東国」経営を進めた。同じ十二月に盛大に行われた新邸移住の儀式は新政権の樹立の宣言を意味するとされる。

こうした源平の内乱、というよりも源平交代期のさなかの六月二日に清盛は福原遷都を強行したが、その五ヶ月後の十一月二十六日に平安京への還都をよぎなくされ、また政権も手放さざるをえなかった。

この遷都によって京都はどのような危機を迎えることになったのか。『方丈記』の物語るところを列挙してみよう。

① 突然の遷都を世の人々が心配しあった（源平の内乱、平家・朝廷の権威の失墜）。
② 天皇をはじめ、大臣・公卿以下すべてが新都へ移った（天皇・公家の不在、廃都）。
③ 世の中から取り残された人たちは旧都にとどまった。
④ 人々の住まいは取り壊されて畑となり、旧都は荒廃した（旧都の荒廃、都市から田畠へ）。
⑤ 人々の心配がついに現実となる事態が起こった（平家の敗北・凋落、関東の武士政権の台頭）。
⑥ 都は京都に戻ったが、取り壊された家々のすべてがもとのように再建されたわけではなかった（京都還都、衰退）。

旧政治勢力の衰退にともなう社会情勢の不安定化、そして統治の実権を掌握した平氏政権による遷都をともなう新権力拠点の建設・移動は、たんに京都に荒廃をもたらしだけではなかった。家屋が解体撤去されて更地になった屋敷がすぐさま田畑に変貌する姿は、一つの先例を思い起こさせたであろう。鴨長明は福原遷都の叙述の冒頭において、九世紀の初め「嵯峨天皇の治世に都と定まって以来、すでに数百年が経っている」と、平安京の定都を記しているが、これは平安京定都と平城京還都をめぐって生じた嵯峨天皇と平城上皇による内乱の結果である。この平安京定都の知識があったことからすると、おそらく平城京廃都の結果として旧都平城京がまもなく田畑となったことも知っていたにちがいない。鴨長明は、福原遷都によって都というアイデンティティ喪失の危機が現実化したこと、さらには首都機能のみならずあらゆる都市機能を喪失し、村でさえなくなるというきわめて重大な危機、現実を目の当たりにしたのである。その危機が短期間に回避されたにしても、また京都の被ったダメージが実際には少なかったにしても、首都であることに起因する危機の恐怖は大きかったにちがいない。

大飢饉

翌養和元年（一一八一）閏二月、清盛が死去し、その二日後に平氏の本拠である八条第が焼亡したことは平氏没落の前触れともいうべき象徴的な事件であった。

この年に日本全国規模で起きた大飢饉は、翌年の養和二年（寿永元年）には飢饉のうえにさらに疫病も重なって、いっそうひどい状況になった。『方丈記』の叙述する光景は悲惨を極め、正視するに耐えない描写が続く。「何事も田舎に頼っている」京都では飢饉だけでも致命的であるのに、頻発する強盗や放火がいっそう状況を悪化させたようである。ついには数万人の餓死者が出るほどの大災厄となった。四百年ほどのあいだ首都として物資流通の中枢、物資の集積地であり、それに依存しきっていたこと、大きな人口を抱える都市であったこと、社会情勢が不安定であったこと、すなわち京都の都市性が大災厄を惹起したということであろう。『方丈記』が記すように「春・夏の干ばつ、秋・冬の大雨・洪水」など気候や自然災害による五穀の不作が大飢饉の原因ではあるものの、京都における大飢饉はむしろ都市災害と捉えるべきであろう。

武士権門として軍事・警察機能を司るべき平氏が自ら六波羅や西八条など本拠に火を放ち、天皇や建礼門院を奉じて西国に逃げたのは、寿永二年（一一八三）七月のことであった。あるいは都市災害となった大飢饉が平氏を疲弊させ、その没落を早めたのではないか。都では後白河法皇の院政が本格的に再開される。

大地震

二年後、元暦二年〈一一八五〉三月に平氏は滅亡したが、平氏打倒に寄与した源義経と源頼朝が不和となり、後白河院政とのあいだで政争が繰り広げられた。

七月九日に発生した大地震について、『方丈記』は揺れの激しさと「都の辺りではどこの堂塔も一つとして無事なものはない」と被災状況を伝える。ただし、『方丈記』は地震火災については言及しない。多くの堂塔や殿舎、民家に被害をもたらされたが、そのなかに白河天皇が建立した院政の象徴というべき法勝寺や平清盛が造営した蓮華王院などがあるのは歴史の趨勢を暗示していて興味深い。法勝寺九重塔の被害について、『山槐記』は「法勝寺九重塔頽落（くずれおちること）、重々の垂木以上は皆地に落つ、毎層の柱・扉・連子は相残る、露盤ハ残り、其上は折れ落つ」と述べている。また『玉葉』は心柱は倒れなかったが、瓦以下すべて剥がれ落ち、無になったようだといい、『吉記』は九重塔は「過半破損」と記している。白河のランドマーク・タワーは大惨状を呈していた。

着々と武家政権の地固めを進めた源頼朝は、同じ文治元年（一一八五）十一月、朝廷に守護・地頭の設置を認めさせた。これをもって鎌倉幕府の成立とする考えかたもある。また北条時政が京に入り、平氏の旧跡六波羅に宿所を構えた。鎌倉幕府の京都守護とその拠点のはじまりである。

鴨長明の二〇歳代は、いわゆる「治承・寿永の内乱」といわれる時期であった。中世社会へ、そして武士の世に向かう内乱期の世情不安にさらに天変地異が重なった。『方丈記』の「世の不思議」は大災厄を生起の順に事実に即して述べているようにみえる。歴史のなかに位置づけてみると、大火災にはじまり大地震に終わるそれが全体として災害の政治社会史のようになっているのは不思議な感がある。

しかし実は、早くから、かつしばしば指摘されるように、『方丈記』には大災害の年時や叙述の内容に虚構が認められるし、また戦乱など重要な歴史的できごとについていっさい言及しないことや京の都に関心が集中していることも注目される。現実と虚構、大災害など歴史的事件の叙述と歴史のなかで捉えるみかたの欠如、といった対比は、文学作品『方丈記』の大きな特徴となっている。それは、都に住まうことの危うさ、はかなさ、他方で山里の草庵に閑居するやすらかさを効果的に強調するためであると考えられている。

『方丈記』は京都居住について「人の営みはすべて愚かしいものであるが、これほど危険な京中に家を建てるといって、財産を使い、心を悩ますことは、とりわけ愚かな、つまらないことである」という。京都において発生する災害は大火災・遷都・大飢饉などをあげるまでもなく大きく悲惨な被害状況を引き起こすから、確かに、こうした京都に住まうことはきわめて愚かしく、つまらないことである。一方、冒頭で述べているように、「玉敷の都」(玉を敷いたように美しく立派な都)にあいかわらず貴賤の住まいや人口が集中することも事実である。都ならではの安全や快適、楽しみ、さまざまな利便性などによるものであろう。『方丈記』は京都や都市の両義性について、すなわち都市が本来的にそなえる安全・快適と危険・無常を念頭に置いて、とくに都市に住まうことに内在する都市災害の危険性や、それが日常的に無視されることの危うさを強調したと考えることができよう。

おわりに

藤原京や平城京、長岡京など、遷都・廃都によりアイデンティティと都市機能を失った古代都城のすべては地上から姿を消した。また中世以降においても武士の都、奥州藤原氏三代の平泉や源氏の鎌倉、織田信長の安土が同じような運命をたどったこともよく知られている。

他方、豊臣政権の首都といいうる様相を示した大坂は、徳川政権が首都を江戸に移したにもかかわらず、大都市として存続した。そして「京都」(＝首都)ではなくなった近代の京都も、さまざま都市復興策——琵琶湖疏水の開削(一八九〇年竣工)、内国勧業博覧会の開催と平安宮をしのばせるその紀念殿の建設(一八九五年)など——を推進して都市機能喪失の危機を克服し、あらためて「京都であったこと」をそのアイデンティティとすることによって新たな道を歩み、今も生き続けている。

しかしながら、「京都であったこと」をそのアイデンティティとした京都にとって今最大の危機は、京都が本来的に抱えこんでいる水と火と風と地震などの都市災害がもたらす危機である。それらはかつての首都京都には遷都ほど致命的ではなかったが、現在の京都にとってはアイデンティティの実質——文化遺産だけではない、いうならば〈文化的景観〉としての京都——を根底から脅かす危機となったからである。

都市がなぜ衰退・消滅したのか、あるいは持続・発展したのかを都市の危機から探ることは、都市のありよう、アイデンティティを解き明かす興味深いテーマであろう。

参考文献

都市災害：北原糸子『日本災害史』（吉川弘文館、二〇〇六年）、北村優季『平安京の災害史　都市の危機と再生』（吉川弘文館、二〇一二年）、『日本列島地震の2000年史』（朝日新聞出版、二〇一三年）、『危機と都市』（『年報 都市史研究 20』、山川出版社、二〇一三年）

『方丈記』：日本文学研究資料刊行会『方丈記・徒然草』（有精堂出版、一九七一年）、細野哲雄「『方丈記』における詩と真実—「都遷り」について—」（『国語国文』、一九六六年十月号）、細野哲雄『方丈記』解説（日本古典全書『方丈記』、朝日新聞社、一九七〇年）、日本古典文学全集『方丈記』（小学館、一九七一年）、佐竹昭広「方丈記管見」（新日本古典文学体系『方丈記』解説、岩波書店、一九八九年）、今成元昭『『方丈記』と仏教思想—付『更級日記』と『法華経』』（笠間書院、二〇〇五年）、松本昭彦「『方丈記』「養和の飢饉」考：事実と虚構の間」（『三重大学教育学部研究紀要』、二〇一〇年）、歴史と文学の会『方丈記と鴨長明』（勉誠出版、二〇一二年、とくに同書所収の福島尚「五大災厄記事の迫真性の意味」、魚尾孝久「天変地異の描写から」）。

II 首里・那覇

第七章　古琉球の禅宗寺院とその境致

第一部第八章では古琉球の首里や那覇の展開を論じるなかで〈八景〉と〈十境〉の伝来や受容にも注目してきたが、禅寺の〈十境〉である「中山八景」と「円覚寺八景」から、どのような受容の実態、禅寺の景観が浮かび上がってくるのであろうか。

琉球の禅宗寺院の〈境致〉〈十境〉については、古琉球の時代はもとより、近世についても、まったくといってよいほど、研究の蓄積がない。琉球においては〈十境〉という言葉も、〈境致〉という言葉もほとんど使われなかったことが、関心をひかなかった事情を端的に示しているのかもしれないが、〈十境〉や〈境致〉が存在したことは、歴史的事実である。琉球では、禅宗寺院などに造景された、あるいは自然の景物を八つ数えあげ、それらを「八景」と呼んでおり、潘栄の「中山八景記」にみる「中山八景」や、「円覚寺八景」、「同楽苑八景」などの例をあげることができる。すなわち、これらは「八境」なのであるが、瀟湘八景の「八景」と同じ表現をしていたのであり、現代の研究者もとくにそれらを区別しようとはしていない（〈八景〉と〈十境〉のちがいがあることに気がついていないのかもしれない）。瀟湘八景の〈八景〉も、禅宗寺院や別荘の〈境致〉、「八境」も、ともに「八景」であるところに、琉球の環境文化の特質が潜んでいるようであるが、それはともあれ、学術的には、それらを明確に区別してそれぞれの歴史的変遷をたどる必要がある。

今、琉球の環境文化を〈十境〉・〈境致〉に焦点をあてて論ずるとき、もっとも必要な作業は、史料に即して歴史的

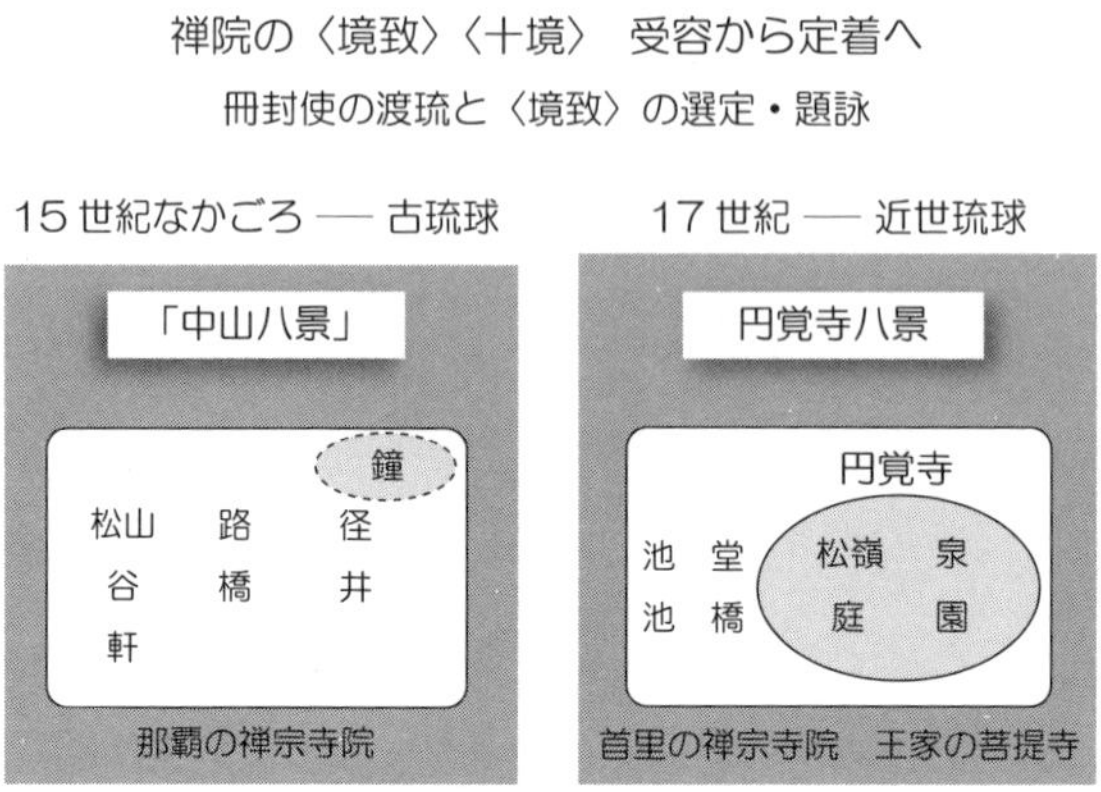

図 84　本章の論点

事実を丹念に掘り起こし、再構成することであろう。このような立場から、本論は王都首里や海港那覇の大規模開発の動向のなかに〈十境〉の源流、ないしはその萌芽を探し求めつつ、禅宗寺院の〈境致〉について、とくに「中山八景」（潘栄「中山八景記」）と「円覚寺八景」を史料に即して検討し、「八景」すなわち〈境致〉の受容とその実態を具体的に示すことにする。

一、那覇の禅院の〈境致〉――「中山八景」

1　潘栄「中山八景記」

十五世紀、「中山八景」という言葉は、琉球王国内のある「八景」をさしていた。一四六三年に尚徳王の冊封使として琉球に渡った潘栄が、その「八景」の見聞を記したのが「中山八景記」と題する記録である。十六世紀以降の冊封使は、ほとんどが冊封使録を記しているが(1)、十五世紀以前の冊封使が遺した冊封時の経験にかかわる記録は、柴山（一四二五年渡琉）の「大安禅寺碑記」と「千佛霊閣碑記」、そして潘栄の「中山八景記」の三点にすぎない。

潘栄「中山八景記」は、柴山の二つの碑記とともに、郭汝霖（一五六二年渡琉）の『重編使琉球録』(2)、蕭崇業（一五七九年渡琉）の『使琉球録』(3)

に収録され、重要な琉球情報のひとつとして後代の冊封使やその従客などに伝えられていった。

潘栄の「中山八景記」については、これまで庭園史の立場から注目されてきたが[4]、ここでは「中山八景」を考える基本史料として利用する。まず「中山八景記」を紹介しておこう（読み下し引用にあたっては常用漢字を用いるなど、表記を改め、また内容から判断して改行し、体裁を整えたところがある）。

中山八景記　　潘栄

大明、萬方を統一す。天子は文武の聖神にして、仁義礼楽を以て億兆に君師たり。故に凡そ華夏・蠻貊、尊親せざるはなし。際天極地、挙げて職責を修む。生民より以來、未だ今日の盛の如き者あらず。天順壬午（一四六二）春、琉球國、使を遣はし世子を立てて嗣君と爲すを請ひ、上、臣榮・臣哲に命じ、往きて之を封ぜしむ。癸未（一四六三）夏六月、閩《びん》藩より舟を発す。天風南よりし、数日ならずして其の國に抵り、徳意を奉宣す。封爵の典礼既に行ひ、國王より以下、皆拝手稽首し、俯伏して上の大恩を頌して已まず。

【史料A】

越えて仲秋八月、國の大夫程均文達、巻を執り、使館に謁し、請ひて曰く、文達敝居の東に、新剏（創）の寺あり、山水頗る清奇、工に命じて図して八景を爲らしむ。願はくは登臨を請ひ、題詠を留め、以て盛美を記さんと。

予念へらく、君親を去りて海外萬里に客たり。方に中に怏怏たり。爰ぞ他事に及ぶの暇あらんやと。大夫均、之を請ひて置かず。因りて皇華の蔡均克智と同に往きて観る。既に至る。

【史料B】

是の日、白雲初めて収まり、天氣清明にして山色秀麗なり。松萬樹有り。いわゆる萬松山なり。山に登りて松を観るに、蒼然鬱然として堅貞愛す可し。因りて孔子の「歳寒後凋」の語を誦す。凡そ與に遊ぶ者、皆興起り心を動かす。

山の東行くこと一里許にして軒に至る。潮月軒と曰ふ。軒中、四面蕭爽たり。天空夜静の際に當り。軒を開き獨り坐せば、水月交々潔く、心體明浄たり。志を當時に有する者、高山景仰の思を起さざるを得んや。

軒の左に地をうがち井を爲る。井上、橘数株を植う。泉は甘くして以て人を活かすに足る。橘葉は以て病を愈すべし。程大夫、井を取るの義は、是れ蓋し古人の心を用ふるなり。

右は則ち径あり、径石奇形怪状なり。旁に皆佳木、異卉を列ね、憩ふべく遊ぶべし。大夫・長史諸君、各酒を酌み奉しみて勧め、慇懃たる礼意、至再至三たり。因りて数杯を飲み上馬す。

送客橋に至り、士大夫、愛重す、過橋は須らく下馬すべし。是に於て各手を相携ふ。顧みて大夫に謂ひて曰く、昔、子産、鄭國の政を聴くのとき、其の乗輿を以て人を秦洧《しんい》に濟ふ。孟子謂ふ、其れ恵して爲政を知らずと。今、均、國の大夫と爲り、此の橋之れ作る。豈ただ送客を爲すのみや、はた濟病を以て之れ民を渉すやと。

橋を過ぎて行くこと數里ばかり、緑江の路に至る。時に天色漸く暮れ、漁舟唱晩す。但々見る、羽毛祥を呈し、鱗介瑞を献じ、極目海天、胸次洗ふが如きを。曾て穹壌の間またいわゆる蓬莱あるを知らず。

是れに由りて樵歌の谷に過《いた》れば、樵人且つ歌ひ且つ樵し、熙熙乎たり、皡皡乎たり。我が國家の仁恩、遍く海隅に及び、太平の象其れ自る所を忘るべけんや。

谷を出で、但《とも》に瀏亮の音を聴き、洋洋として耳に在り。

大夫進みて謂ひて曰く、此れ即ち隣寺の鐘なりと。因りて寺に至る。老僧衆十餘人を率ひ、道に迎拜す。

【史料C】

予既に其の山水の奇勝を佳とし、且つ夷僧の礼を知るを喜ぶ。因りて人をして之を扣せしめて曰く、大夫、隣寺の鐘を以て八景に列する者、僧、此の義を知るやと。因りて之を告げて曰く、此の鐘晨にして敲く、夷人鐘を聴きて起きれば、之をして孜孜として善を爲し、乖争凌犯之れ作すこと無からしむ。暮に鐘を聴きて入れば之をして身心を警省し、閉門して過咎を思はしむ。國の大夫命景の義は、其れ人に益あること此の如しと。僧唯唯として謝して曰く、謹しみて當に斯の訓を佩服すべしと。

他の山川の勝景物の善のごときは、倶に未だ尋ぬるに暇あるに及ばず。

然りと雖も、程大夫は中華の人なり。夏を用って夷を變ずるは均の職なり。果して能く諸夏の道を以てして之を施せば、蠻貊漸く之に染み、之を薫陶し、提斷して之を警覺すれば、将に風俗の淳美を見、中山の民物皆易えて衣冠礼儀の郷と爲らんとす。

予、言官を忝うす。當に之を上に陳ぶるを爲し、史臣をして之を書せしめ、將《ま》た以て天下後世の道と爲すべし。豈但々今日の山川景物の勝のみならんや。姑く之を書し、以て記とす。

歳月　天順壬午八月　日[5]

以上からかんたんに指摘できることがいくつかある。まず「中山八景」の由来についてみると、

① 新たに創建した寺の自然の景色がたいへん清らかでめずらしいので、画工に命じて八景を描かせ、また八景をつくらせた。……【史料A】　寺院の「八景」であることが注目される。

② 一四六三年の時点で、すでに琉球王国内に「八景」の知識をもつ人々がいた。潘栄が「八景」をもたらしたのではない。

③ 琉球王国の大夫程均は、その「八景」を主題として詠んだ漢詩を残し、それによってすぐれた山川の景観美を記録に留めようとした。……【史料A】

④ 「八景」を撰び、「命景」すなわち佳名を付けたのは大夫程均である。……【史料C】

⑤ 程均は、「程大夫は中華の人なり」とあるように、渡来系中国人であり、琉球王国の対明外交・交易などに従事していたのであろう。

また、これまで「中山八景」の「全体像は知り得ない」とされることもあったが、そうではなく、記述の内容を検討することによって「中山八景」の構成や特色について知ることができる。

まず潘栄の叙述、とくに「隣寺の鐘を以て八景に列す」とあり、たんに佳名をつけた景物をあげているだけであることから、「中山八景」は瀟湘八景に由来する〈八景〉ではないことを確認しておきたい。換言すれば、「中山八景」が、禅宗寺院の〈境致〉、あるいはそれを集めた〈十境〉のカテゴリーに属することは明白である。そこで、以下の諸点を指摘することができる。

① 新寺の自然の美しさを「八景」の絵画に描かせ、「八景」を造形させた人々、また景に佳名を与えた程均は、禅宗寺院の〈境致〉、十境の知識をもっていた。

② 「八景」＝「八つの〈境致〉」は、佳名が記されていないものもあるが、「萬松山・潮月軒・井・径・送客橋・緑江路・樵歌谷・隣寺鐘」の八つの〈境致〉からなると考えられる。……【史料B】

③ 当然のことながら、瀟湘八景に由来する後代の中山八景とは異なっている。

以上で、「中山八景」の大要が判明したとはいえ、まだいくつかの疑問が残されている。この「中山」とは、具体的にどの地域をさしているのか。新創の寺は、いったいどこの、どの寺であったのか。

2　「中山八景」の禅院

潘栄が琉球に渡った一四六三年（天順七）ころには、数多くの寺院がすでに創建されていた。これらの寺院のなかで、〈八景〉にかかわる可能性が高いのは、禅宗の寺院である。禅寺の八景の事例として、近世のことではあるが、「円覚寺八景」が知られている。しかしながら、一四九二年（弘治五）に着工する円覚寺は、このときにはまだ存在していなかったのであるから、「中山八景記」の寺院ではありえない。また、一四六九年〜一四七六年（成化年間）創建という天王寺（首里）・崇元寺（泊）・龍福寺（浦添）・神應寺（首里）などが「中山八景記」と無関係であることもいうまでもない。

「中山八景記」にみえる寺院は、当時存在した禅宗寺院のどれにあたるものであろうか。同記に「文達の私宅の東に、新たに建てられた寺がある」とあり、また「國の大夫」の程均文達と深い関係のある寺院であったらしいことが有力な手がかりになる。

潘栄に登臨を請うた程均文達は、琉球王国の外交をあずかる高官であり、彼はまた「中華の人」、すなわち中国から渡来した人ないしその子孫であった。よく知られているように、こうした外交に従事する渡来系中国人の集住する地は、当時浮島であった那覇の地にあった。「九面里《くにんだ》」あるいは「唐営」（のちに「唐栄」）などと呼ばれた集落、久米村である。[6]

したがってその寺院は、那覇の久米村、あるいはその近くに所在した寺院と推定できる。「中山八景」は、那覇久米村の某寺の「八景」であることになる。

そこで、一四六三年以前に那覇周辺に営まれた禅宗寺院にしぼって検討してみよう（表17）。それは冊封使を案内しうるような寺格のある禅宗寺院であり、また渡来系中国人の集落あるいはその近くに創建された、渡来中国人のための寺である。

「中山八景記」に記された周辺の自然を見ると、「松萬樹有り。いわゆる萬松山なり」とする山は、東恩納寛惇が「当に那覇汀地の骨骼」であり、また「全山皆松」と解説する松尾山のことと思われる。[7]この松尾山は、久米村松尾と若狭町松尾と区別されることがあるが、渡来系中国人とかかわりがあるのは、久米村松尾である。

こうした松尾山を背に立地する禅宗寺院には長寿寺と普門寺がある。普門寺は日本の五山、南禅寺の流れを汲む芥

表 17　1463 年に那覇周辺にあったと推定される禅宗寺院

名称	所在	王代	創建	開山	備考
長寿寺	久米村	尚金福	景泰 3 (1452)	満叟	国公道球開基。久米村久茂地。 景泰 7 年 (1456) 鐘銘に住持秀乙。
普門寺	久米村	尚泰久	景泰 7 (1456)	芥隠	景泰 7 年 (1456) の鐘に芥隠の名あり。 「唐栄」の東、久米村久茂地。
清泰寺	久米村		?		徐葆光『中山伝信録』
東禅寺	久米村		?		徐葆光『中山伝信録』
大安寺	若狭町	尚巴志	宣徳 5 (1430)	柴山	柴山の創建。住僧として倭僧受林正棋が推定される (小島 581 頁) 「大安禅寺碑記」・「千佛靈閣碑記」(郭汝霖『使琉球記』)。 ☆「天尊堂及護国寺の東、広厳寺の西隣」に位置するか。 景泰 7 年 (1456) の鐘銘あり。「千佛靈閣」は最初の〈境致〉か。
広厳寺	若狭町	尚泰久	景泰 7 (1456)	芥隠	芥隠がはじめて草庵を営み、数年過ごしたところ。 ☆「護国寺の東にありて若狭町の域内也」 景泰 7 年 (1456) の鐘あり、
潮音寺	泉崎		天順元 (1457) 以前		天順元年 (1457) の鐘銘に、住持比丘以芳、大旦越伊奴母。金氏女性の建立という。
楞伽寺	東村		?		旧「官寺」。袋中『琉球神道記』にあり。 龍界寺という。
龍翔寺	若狭町		景泰 8 (1457) 以前		景泰 8 年 (1457) の鐘銘あり。周煌『琉球国誌略』。那覇の天尊廟近くにあり、住持仙岩は円覚寺 6 世『那覇市史』

- 所在地は東恩納寛淳『大日本地名辞書』、那覇市文化局歴史資料室作成「那覇地区旧跡・歴史的地名地図」(一九九八年三月)、嘉手納宗徳作図「那覇読史地図 (那覇市街図　明治初年)」などによる。
- 徐葆光『中山伝信録』によると、那覇に創建された禅宗寺院は、廣厳寺・東禅寺・清泰寺など三寺であるとする。このころ長寿寺は廃絶していたか。

隠承琥が開いた禅宗寺院であるのに対し、尚巴志王の国相であった懐機が創建した禅宗寺院、長寿寺は、渡来系中国人と深い関連をもっている。「中山八景」をそなえた「新創の寺」とは、この長寿寺のこととみるのが妥当である。

新創の寺が長寿寺であるとすると、(8) 橋や、海、谷の景観なども符合するように思われる。「中山八景」は、長寿寺とその周辺の自然を含み、禅院の〈境致〉として「八境」というべきものであったのではないか。なお、「此れ即ち隣寺の鐘なりと。因りて寺に至る」とある寺は、おそらく普門寺なのであろう。

二、円覚寺と「円覚寺八景」

1　十六世紀の円覚寺

円覚寺一世芥隠が入滅したのは、円覚寺がほぼ完成した直後の一四九五年五月十六日のことであり、芥隠の死は、琉球における禅宗受容の時代の終焉を意味するようにも思える。琉球第一の寺院の住持、また王家と特別にかかわる護持僧の跡を継いだのは誰であったのか。この点を、簡単にみておくことにしよう。

『琉球国由来記』によって円覚寺歴代住持の名が知られるが、それぞれの在住期間や王家との関係は判然としていないので、多少その点を考えてみたい。金石文をもとに整理したのが、次の表18である。

円覚寺の住持の在職期間は一、二年と短く、二世の文為と三世の不材一樗は一年、四世の種桂と五世の熙山周雍は二年と推測される。このような任期で住持を交代していたとすると、熙山の天界寺における住持期間もおよそ二年となり、住山は一般に二年を目途としていたのではないかと考えられる。ともあれ、日本・中国の出身であること、また輪番制のような在住期間の短さは、円覚寺住持と王や王家とのかかわりを深く維持するのにはふさわしくない。

しかし、六世の仙岩はかなり長い期間、住持を務めたようであり、尚真王との深い繋がりが想像される。一五二二年の「国王頌徳碑」(「石門之東之碑文」)に、仙岩の進言を入れて尚真(一五二六没)が殉死の慣わしを廃止したことを仙岩みずから記しているが、このことは仙岩が尚真に対して強い影響力をもっていたことを示すものであろう。おそらく仙岩は、芥隠の後に若い尚真王の有力な護持僧となり、またいわば黒衣の宰相として長年に渡って尚真を補佐する任を果たしてきたのではなかろうか。首里城正殿の前にたつ一五〇九年の「百浦添之欄干之銘」は、尚真の業績を一一項目にわたって褒めたたえている。その撰文者は不明であるが、しかしながら、円覚寺住持であり、護持僧でもある仙岩はもっとも有力な候補者といえようし、銘文のなかに庭園のことを「仮山水」と表現していることも、日本

写真 26　円覚寺総門と放生池、放生橋（1498 年、重要文化財）

表 18　円覚寺歴代住持

	名　前	出身	年 月 日	事　　　　項	出　　　　典
1 世	芥隠承琥	日本	1495 年 5 月	入滅	
2 世	文為		1495 年 7 月	「**住山**文為」	円覚寺殿前鐘
3 世	不材一樗	日本	1495 年 7 月	「扶桑散人一樗謹誌」	円覚寺殿中鐘（大仏宝殿）
			……	1496 年から円覚寺住持？	
			1497 年 8 月	この時以前に住持を退く。	
				「扶桑散人樗不材謹記」	「万歳嶺記」
4 世	種桂	中国	1497 年 8 月	「円覚**住山**釈氏種桂謹記之」	「官松嶺記」
			……	1499 年に住持を退く？	
			1501 年	「種桂謹撰」	「サシカヘシ松尾之碑文」
				「種桂謹製」	「円覚寺松尾之碑文」
5 世	熙山周雍	中国	1496 年 4 月	「四明山人熙山叟周雍」	円覚寺楼鐘
			1497 年 9 月	天界寺住持「天界精舎……周雍謹撰」	「円覚禅寺記」
			……	1499 年から円覚寺住持？	
6 世	仙岩	琉球	1501 年	1501 年から円覚寺住持？	「国王頌徳碑」
			1522 年	「**住山**円覚仙岩叟謹記之」	彰叔守仙『鉄酸蘆』
			1524 年	入滅	

の五山禅林で修行したとみられる仙岩の撰文とすれば理解しやすい。

首里の三大寺といわれた円覚寺・天界寺・天王寺のなかで、もっとも寺格の高いのが十五世紀末に創建された円覚寺であった。円覚寺の開山である芥隠は、京都南禅寺出身の僧であり、禅院の十境や瀟湘の八景についてはよく知っていたはずである。冊封使陳侃が琉球にきた一五三四年には、創建からすでに四〇年ほどの歳月が経過しており、伽藍も整っていたことであろう。円覚寺に〈境致〉を見出し、十境の命名や題詠がなされていても不思議ではない。

円覚寺の姿を記した陳侃の『使琉球録』をもう一度示そう。

寺は王宮の左右にあって、簡単に往来することはできない。天界寺があり、円覚寺があった。これは最も大きい寺で、その他の小さい寺は記すいとまがない。これらの二つの寺の山門と殿宇は、広大にして壮麗であり、王宮につぐものである。

円覚寺の正殿（仏殿）は五間で、仏像一座を安置している。左右には経典数千巻を蔵している。屋根は板葺である。（中略）正殿の外もまた、小さい池を掘り、怪石を敷いている。池のほとりには草花がいろいろと植えてある。蘇鉄が一本あり、樹は棕櫚に似ており、葉は鳳凰の尾に似ている。春夏秋冬いつも、茎は伸びるが、葉をかえることはない。これは中国にはないもので、そこをしばらくゆっくりと散歩すると、俗世の雑念も消えて心がすっきりとする。

陳侃は、伽藍の広大で壮麗な雰囲気、仏殿や池、怪石、花や蘇鉄など、とくに庭園的な情趣の豊かなところについて述べているが、この叙述のなかには禅院の〈境致〉、〈八景〉に言及しているようにみえるところはない。また建築や自然の景物につけられた佳名をうかがわせるようなところもない。

もし〈八景〉や〈境致〉があったのであれば、琉球の文化を冊封使に示す絶好の機会であるから、陳侃を案内した琉球の人たちはかならずやそれらについて説明したであろう。陳侃もまたおそらく記録に留めたにちがいない。円覚寺八景は、この当時にはまだなかったとみるのが妥当であろう。

2　徐葆光『中山伝信録』にみる円覚寺八景

一七一九年の徐葆光は、「この国の人は、円覚寺の中に八景があると称している」と述べる。その「八景」の内容は、徐葆光の『中山伝信録』の円覚寺の説明や、彼の「円覚八景を僧了道に示す」と題する漢詩から、おのずと明らかになる。

> 円覚寺は王宮の北、久慶門の外にある。王家の香火があるところである。その規模は宏大で、諸寺に冠たるものである。寺の門は西向きで、門前にある方形の沼は数畝の広さがあり、四周の林木はうっそうとしている。沼の中には蓮が植えてある。沼の中に一亭があり、観蓮橋がある。弁財天女を安置し、天女堂と名づける。池は、円鑑池と名付け、また弁財天池ともいう。弁財天女とは、中国の斗姥のことである。架けられた橋は、天女堂へ通じていて、名は天女橋である。さらに西に龍潭橋があり、龍淵橋ともいう。
>
> 寺に入ると、仏殿は七間で、きわめて高く美しい。仏殿の右は広い庭になっていて、中に古い松がある。すでに二百年余を経ているという。高さは四、五尺もないが、青々とよく茂っている。古松嶺と名付け、また神木ともいう。香《こう》積厨《しゃくちゅう》の後に、井泉があって、石冷泉《しゃくれいせん》と名づけている。方丈の前は、蓬莱庭と名づける。鐘楼の南には雑華園がある。
>
> この国の人は、円覚寺の中に八景があると称している。(9)

円覚八景示僧了道　　円覚八景を僧了道に示す
円覚寺在中山嶺　　円覚寺は、中山の巓《いただき》に在り、
山囲橋転称龍淵　　山は囲り、橋は転じて龍淵を称し、
鑑円池中水空碧　　鑑円池の中の水は空碧たり、

天女亭外環青蓮　　天女亭外に青蓮を環らし、
蓬莱庭中古松嶺　　蓬莱庭中の古松嶺、
香積厨下清冷泉　　香積厨下の清冷泉、
園裏雑華四時好　　園裏の雑華は四時に好し、
朱幡朝夕飄香烟　　朱幡は朝夕香烟に飄う。
中山世祀三百載　　中山の世祀、三百載、
八景自昔名僧伝　　八景昔自り名僧に伝う、
我来欲訪喝三径　　我来り、訪ねんと欲す、喝三の径、
白頭弟子移興禅　　白頭の弟子、興禅に移る、
蒙茸逼仄入蕭寺　　蒙茸逼《せま》り、蕭寺に仄入す、
本師塔号猶高懸　　本師の塔号の、猶、高く懸るを、
咫尺珠林是遺蹟　　咫尺する珠林は、是れ遺蹟なり、
重題旧景空濟然　　重ねて旧景に題するに、空、濟然たり、(10)

以上から明らかなように、円覚寺の「八景」は、瀟湘八景に由来するものではない。円覚寺とその周辺から、自然や人工の景物に佳名を与えた〈境致〉を八つ数え上げて「八景」といったものであった。すなわち禅宗寺院の〈十境〉のことである。円覚寺「八景」は、徐葆光『中山伝信録』の説明や「円覚八景を僧了道に示す」にみえる佳名から、つぎのように判断してよいであろう。

① 円覚寺の外にある〈境致〉

龍淵橋……龍潭と円鑑池のあいだに架かる橋。龍潭橋。龍潭や安国山・ハンタン山は、もともと人工の山と池

であるが、木々が生い茂るなど、自然の豊かな場所となっていて、自然そのものとみられていたようである。

円鑑池……もともと人工の池。沼の中には、蓮が植えてある。
天女堂……円鑑池のなかにたつ経蔵。
観蓮橋……天女堂へ架した円鑑池の橋、天女橋。

② 円覚寺の中にある〈境致〉
古松嶺……仏殿の右にある広い庭の中にある樹齢二百年余の古い松の木。
石冷泉……香積厨（庫裡のこと）の後にある泉。
蓬莱庭……方丈の前にある庭。
雑華園……鐘楼の南にある花畑。

ちなみに、夢窓疎石の天龍寺十境は、

① 寺外の〈境致〉
絶唱渓（大堰川の清流）、拈華嶺（嵐山）、渡月橋、三級岩（嵐山の音無瀬の滝）、万松洞（門前から渡月橋に至る松並木）、竜門亭（音無瀬の滝に向いてたつ茶亭）、亀頂塔（亀山の山頂にある）

② 寺内の〈境致〉
普明閣（三門）、霊庇廟（鎮守八幡宮）、曹源池（方丈の庭園）

となっていて、天龍寺の四周の〈境致〉に重点がおかれている。天龍寺十境と比較すると、円覚寺八景は、伽藍の内外からの選定は同等であるが、建築よりも、自然に着目して〈境致〉を選んでいるといえよう。

写真 27　天女橋（1502 年、重要文化財）・弁才天堂・円鑑池

写真 28　円鑑池（手前）から龍潭（奥）を望む

ところで、徐葆光は『中山伝信録』において、「この国の人は、円覚寺の中に八景があると称している」と述べているが、これに対して、その詠詩は「円覚八景を僧了道に示す」ものであった。これらから徐葆光が円覚寺を訪れたとき、そこにはすでに「八景」があったこと、また詩に「重ねて旧景に題する」とあるから、円覚寺八景の題詠もすでに先例があったことがわかる。さらに指摘したいことは、『中山伝信録』のたんたんと事実だけを述べた一文と、「円覚八景を僧了道に示す」詩とのあいだには、徐葆光と円覚寺八景のかかわりに少なからぬ変化が感じられるということである。いいかえると、徐葆光は円覚寺そしてその八景に深い関心をもち、積極的にかかわるようになったらしい。それはおそらく、僧了道と知り合ったからであろう。了道は、一〇年ほど前に引退した、円覚寺第四三世の住持（京都妙心寺の出身）である。徐葆光は、この了道から円覚寺八景について興味深い故実を教えられたのではなかろうか。『中山伝信録』の「中山贈送詩文」には、興禅寺了道が徐葆光に贈った次のような詩が収められている。

山院凄清落葉時　　山院は凄清にして、落葉の時
殷勤話舊及先師　　殷勤に旧及び先師を話す
百年古寺増光彩　　百年の古寺、光彩を増し
永鎭禪林天使詩　　永く禅林を鎮む、天使（冊封使）の詩

3　円覚寺八景の成立

この点を踏まえながら、徐葆光以前の円覚寺八景について、あわせて考えてみよう。「円覚八景」のひとつである「天女堂」（「天女亭」）は、円鑑池のなかに立つ経蔵のことであり、弁財天女像を安置したので、天女堂とよばれる。『琉球国由来記』によると、円覚寺方丈にあった弁財天女像を経蔵に奉安したのは一六二一年のこととするから、[11]「天女

堂」を含む円覚寺八景の成立は、少なくともこの一六二一年以前に遡ることはない。

一六三三年の冊封使、杜三策の従客であった胡靖は、『琉球記』のなかで円覚寺について次のように記している。

寺内に古松一株あり。高さ三四尺に満たず。枝柯古勁にして屈曲盤旋す。大きさ四丈ばかり。團、儼として張蓋の如し。観る者羨奇す。

また胡靖には「円覚寺古松」という題詠もある。(12)この詩は、古い松の枝振りの珍しさを述べるだけであって、「古松嶺」の佳名についてはまったく触れていない。このことは、たんに胡靖が円覚寺八景について知るところがなかっただけなのではなく、まだ景物の佳名が選ばれておらず、「八景」が成立していなかったことを示唆しているように思われる。

次の代一六八三年の冊封使汪楫は、円覚寺の様子について、

天界（寺）と比べると、はるかに荘厳である。僧の喝三はすなわち国師である。額に「霊済」とあるが、これは法嗣の径山和尚の書いたものである。(13)

と記すだけである。ただ、汪楫が第三六代住持の喝三全一に言及していることが注目される。徐葆光の詩に「我来り、訪ねんと欲す、喝三の径」とある喝三は、かつて汪楫が訪ねたときの円覚寺の住持喝三のことであり、また「本師の塔号の、猶、高く懸るを」とあるのは、汪楫のみた「霊済」の額のことを指している。要するに、詩の後半部分は、喝三の遺跡を探訪したことが主題となっているが、その背景には汪楫の姿が大きな位置を占めている。

ところで、かつて円覚寺の方丈（龍淵殿南端の一室）には、冊封使たちの詠んだ詩や聯句が掛床になってならべられていたという。(14)そのひとつに汪楫のときの副使林麟焻の「円覚寺の喝三老和尚に贈ると題す」という詩があった。そ

れをみた徐葆光は、「壁に前使林舎人の喝三和尚に贈る詩有り、康熙巳亥興禅寺を過ぐるに了道禅師に贈る」と題した詩をつくっている。この了道について、徐葆光自身が残した記事が『中山伝信録』にある。それは「興禅寺は円覚寺の北の小径の中にある。寺は、はなはだ小さい。庭には、黄楊・松・桂が、はなはだ多い。僧の了道は、かつては円覚寺の国師の喝三の弟子であり、詩をよくする」というものである。(15) 徐葆光にとって、前使の汪楫や林麟焻の行動、さらには文芸の上での営みが大きな意味をもっていたのである。

さて、「円覚八景を僧了道に示す」詩も、方丈に残る詩であり、その末尾には「円覚寺八景歌　興禅寺主持了道禅師の為に作り、即ち正す」とある。この題詠も、おそらく、前使のひそみに倣ったのではないかとみることができよう。そうすると、「中山の世祀、三百載、八景昔自り名僧に伝う」とあるのは、おそらく潘栄「中山八景記」の故事が思い起こされているのであろうが、ここではまた、汪楫がみずから詠んだ円覚寺「八景」の詩を喝三に伝えたということを語っているのであろう。了道が徐葆光に伝えたのは、このような汪楫の事跡であったにちがいない。このように考えると、「円覚八景を僧了道に示す」ことが、徐葆光にとってまさに「重ねて旧景に題する」ことであったことがよく理解できる。

以上から、一六八三年の時点では、円覚寺八景のそれぞれの〈境致〉は、すでに選ばれ、名付けされていたとみてよかろうし、また、汪楫が円覚寺八景の題詠をしたことは、円覚寺八景の定着に大きな契機となったであろう。ただ、汪楫『使琉球雑録』が円覚寺の寺観についてほとんど何も記録していない点を検討しておく必要がある。それは、じつは『琉球国由来記』が、一六五〇年代の修理の後、「康熙三十六丁丑（一六九七）に至りてほとんど荒廃す」と記すように、当時の円覚寺がかなり荒廃しつつあったからであろう。円覚寺の大規模な復興事業は、第四十一代住持の蘭田智休（京都妙心寺出身）によって一六九五年ころから開始され、大殿・山門・鐘楼・大門や仏像などが修理される。(16)「八景」に関連していえば、のちに勝れた景としてあげられる円鑑池の蓮は、一六九五年に蘭田が植えたという。こうして円覚寺の寺観は、旧を超えて整備されたのであろう。円覚寺八景、すなわち八つの〈境致〉の広がりに関係する喝三と蘭田と了道がともに京都妙心寺系の禅僧であるのは、たんなる偶然ではないであろう。〈境致〉を好んだ日本近世禅林のありようが反映していると考えられる。

徐葆光の『中山伝信録』や「円覚八景を僧了道に示す」詩に描かれた円覚寺からは、かつての威容を取り戻した円覚寺の雰囲気がいきいきと伝わってくる。

注

（1）琉球への冊封使の記録については、夫馬進編『増訂　使琉球録解題及び研究』（榕樹書林、一九九九年九月）を参照されたい。

（2）郭汝霖『使琉球録』、那覇市企画部市史編集室編『那覇市史　資料編第一巻三　冊封使関係資料（原文編・読み下し編）』、那覇市役所、一九七五年・一九七七年。原田禹雄『郭汝霖　重編使琉球録』、榕樹書林、二〇〇〇年四月。

（3）台湾銀行経済研究室編『使琉球録三種』（台湾文献叢刊　第二八七種第二冊、台湾銀行、一九七〇年）所収。

（4）謝必震「琉球にある中国文化」、『中国福建省・琉球列島交渉史の研究』第一書房、一九九五年、古塚達朗『名勝「識名園」の創設—琉球庭園の歴史—』上下二巻、ひるぎ社、二〇〇〇年五月。

（5）日付の「壬午」は本文の内容から明らかに誤りであって、「癸未」（天順七年）である。

（6）田名真之「古琉球の久米村」（『新琉球史　古琉球編』、琉球新報社、一九九一年）二四八頁に詳しい説明がある。

（7）東恩納寛惇『大日本地名辞書　続篇（第二　琉球）』、一九〇九年十二月。

（8）長寿寺の創建から十年ほど経過しているが、諸堂が建てられ、環境あるいは「八景」が整い、伽藍が完備するまでにこの程度の年月を必要とするのであって、「新創」と矛盾はしない。

（9）現代語訳は、原田禹雄訳注『徐葆光　中山伝信録　新訳注版』（榕樹書林、一九九九年）巻第四「紀遊」を参照した。

（10）平田嗣全訳『周煌　琉球国誌略』（三一書房、一九七七年）、二七一頁の読み下しを参照した。ただし、一行の脱落があるので、その部分を補足した。

(11)『琉球国由来記』巻十、「肇創弁財天女堂記　附再修事」。
(12)周煌『琉球国志略』巻八、「勝蹟」。
(13)汪楫『使琉球雑録』巻二「彊域」。
(14)新崎盛珍『思出の沖縄』、新崎先生著書出版記念会、一九五六年、九八頁。
(15)現代語訳は、原田禹雄前掲書（注9）巻第四「紀遊」による。
(16)『琉球国由来記』巻十、「肇創天徳山円覚禅寺記　附重修事」。

第八章　首里・那覇とその八景

第一部第八章では古琉球の首里や那覇の展開を論じるなかで〈八景〉と〈十境〉の伝来や受容にも注目し、前章ではとくに禅寺〈十境〉の受容の実態を示してきたが、もう一方の〈八景〉、有名な「琉球八景」などからは、どのような都市環境文化や琉球の風景が蘇ってくるのであろうか。

琉球の景勝地を取りあげた「八景」のなかでよく知られているのは、葛飾北斎が一八三二年に描いた浮世絵版画「琉球八景」である。(1) 北斎の「琉球八景」は、琉球が脚光を浴びた江戸時代の末に刊行され、人気を博したという。実は、北斎は琉球を実見しないでこの「琉球八景」を制作したのであり、その下図になったのは、一七五六年に冊封副使として琉球に渡った周煌の著作『琉球国志略』掲載の「球陽八景図」である。このことは、岸秋正が指摘したように、(2) 両者を対比すると一目瞭然といってよい。北斎は、当時江戸幕府が公刊していた『琉球国志略』を参照し、線描の「球陽八景図」をリライトし、彩色を施して「琉球八景」としたのである。したがって、「琉球八景」の構成は「球陽八景図」と同一であり、泉崎夜月・臨海湖（潮）声(3)・粂村竹籬・龍洞松濤・筍崖夕照・長虹秋霽・城嶽霊泉・中島蕉園の八つの景からなっている。

周煌『琉球国志略』は、目次では「球陽八景図」とするが、本文の説明ではいずれも「中山八景」と記したように、当時の琉球では「中山八景」として有名であった。北斎が「中山」や「球陽」を用いずに、「琉球」としたのは、それが本土の人々にわかりやすい表現であったからであろう。いずれにしても、泉崎夜月以下の八景は、琉球を代表す

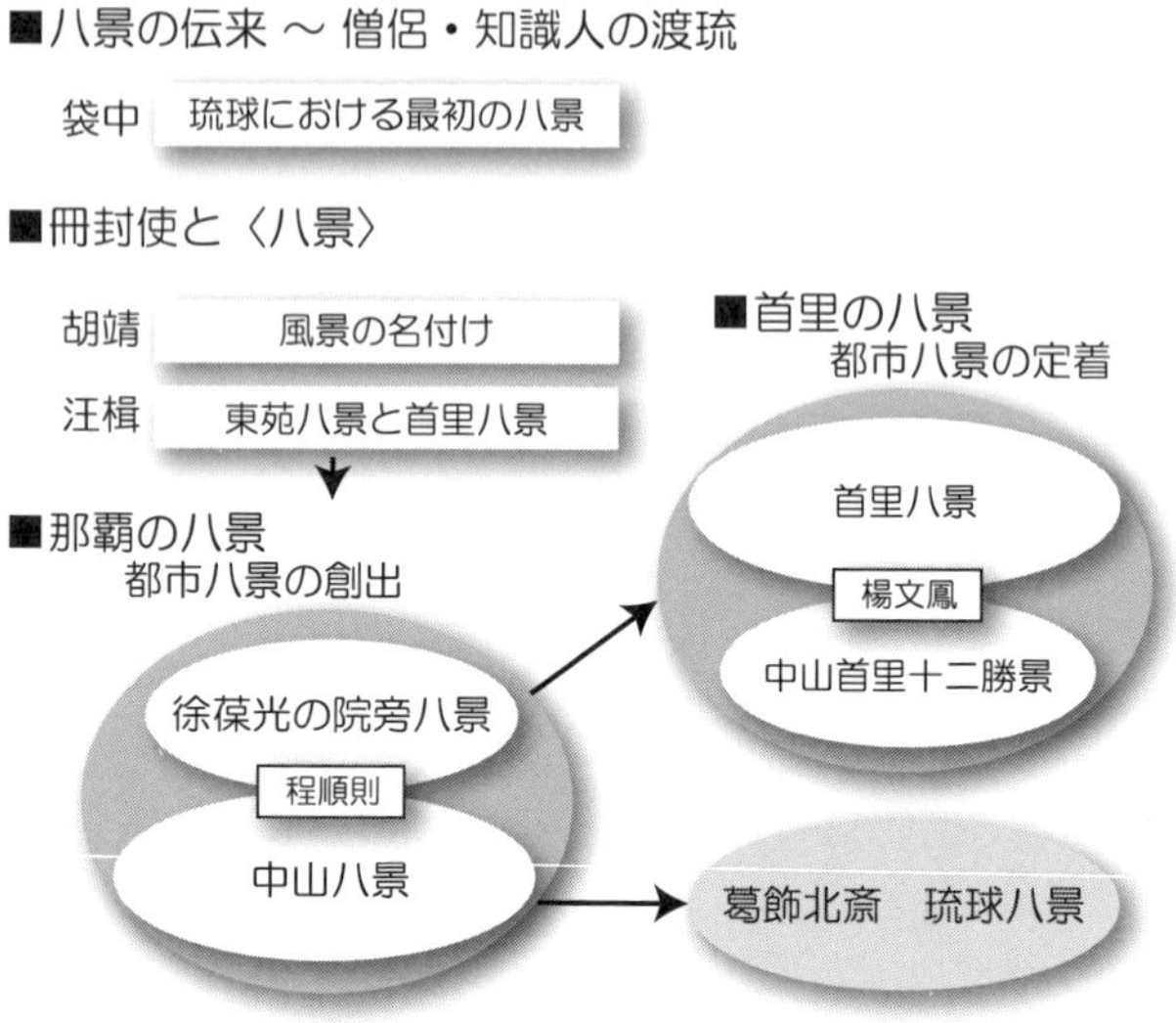

図 85　本章の論点

る景とみられていたのである。『沖縄大百科事典』が「中山八景」と「琉球八景」の項目をたてているように(4)、現在でもそうしたみかたは変わっていないようである。

琉球の「八景」については、この「中山八景」をはじめ、史料上もっとも古い潘栄「中山八景記」の「八景」、袋中『琉球神道記』の「八景」、琉球王国と王家の宴遊施設の「東苑八景」、王都首里の「首里八景」、楊文鳳の「首里十二勝景」、琉球第一の禅宗寺院の「円覚寺八景」、王家の別荘の「同楽苑八景」などが知られている。ただ、よく知られている割にはこれまできわめて研究が少なく、とくに史料に基づいた具体的な歴史研究としては、部分的に言及したものはあっても、本格的に論じたものはないといってよいのが現状である(5)。

また、瀟湘八景に由来する「中山八景」・袋中「八景」・「東苑八景」・「首里八景」と、禅宗寺院に源をもつ境致ないし十境としての潘栄「中山八景記」の「八景」・「円覚寺八景」・「同楽苑八景」とを区別することさえ行われていないのも大きな問題である。潘栄「中山八景記」の「八景」や、「円覚寺八景」、「同楽苑八景」——前二者は禅宗寺院にかかわり、後者は別荘にかかわる——は、いずれも境致を八つ数えあげたものであって、例えば、「同楽苑八景」は、延賢橋、恤農壇《じゅつのうだん》、洗筆塘、望春台、観海亭、翠陰洞、摘茶巌、種薬堤の八つの境致からなっている。[6] 境という漢字ではなく、景を用いているが、明らかに八景ではなく、境致・十境の事例といわねばならない（第一〇章参照）。したがって、「八景」が、八景であるか境致・十境であるかは、内容を具体的に検討しない限り、判然としないのである。八景と境致が、琉球ではともに「八景」と表現されること自体、固有の歴史的背景をもっているのであろうが、その理解のためには両者を峻別して、基礎的な研究を行うことが不可欠である。

　すでに前章において潘栄「中山八景記」の「八景」と「円覚寺八景」を論じているので、本章では、最初に瀟湘八景の伝来、袋中『琉球神道記』の「八景」とその特質を考え、ついで琉球における八景の受容に果たした明・清朝の冊封使たちの役割を検討し、その後、近世琉球の都市の八景を代表する「中山八景」と「首里八景」のそれぞれについて八景の内容と特質、成立時期、選定者などを究明し、あわせて楊文鳳の「首里十二勝景」を検討する。なお東苑の「八景」については、琉球王国や王家の宴遊施設として他と性格が異なり、また史上とくに重要な意義を持っているので、次章で考察する。琉球王国における八景の歴史を史料に即してたどることによって、琉球のすぐれた風景の記憶、そして東シナ海をめぐる世界が共有した環境文化の記憶をあらためて再構成することに努めたい。

一、八景の伝来と受容

1　瀟湘八景の伝来

　琉球の八景に関する史料上最初の記述である「中山八景記」を著した潘栄は、一四六三年に尚徳王の冊封使として琉球に渡った。[7] このとき那覇・久米村の渡来系中国人の有力者や僧のなかにはすでに十境についての知識が存在したのみならず、ある寺院において実際に「八景（＝八つの境、境致）」をつくっていた。そして冊封使の来琉に際して、

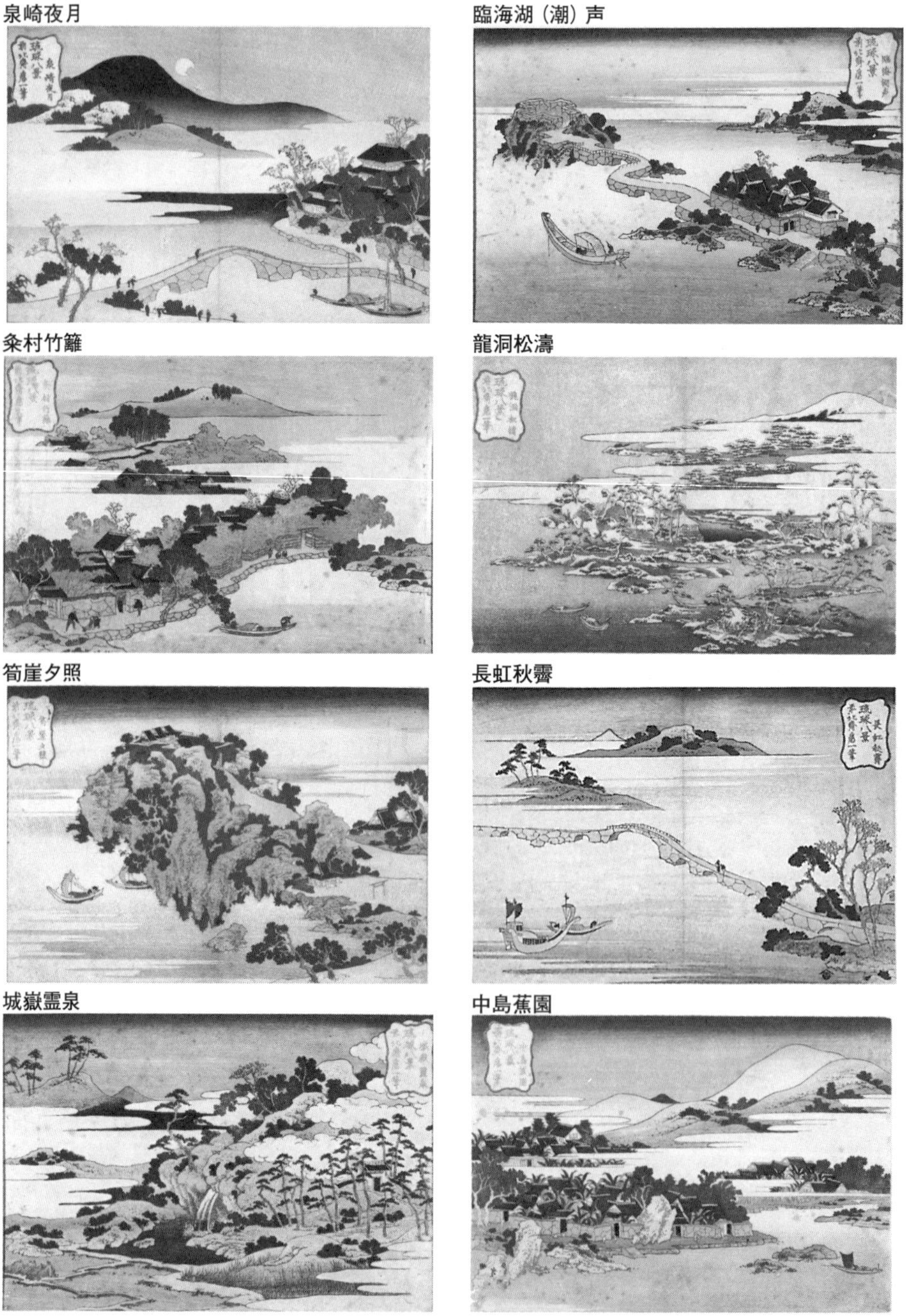

図86　葛飾北斎の浮世絵版画「琉球八景」

泉崎夜月・臨海湖（潮）声・粂村竹籬・龍洞松濤・筍崖夕照・長虹秋霽・城嶽霊泉・中島蕉園

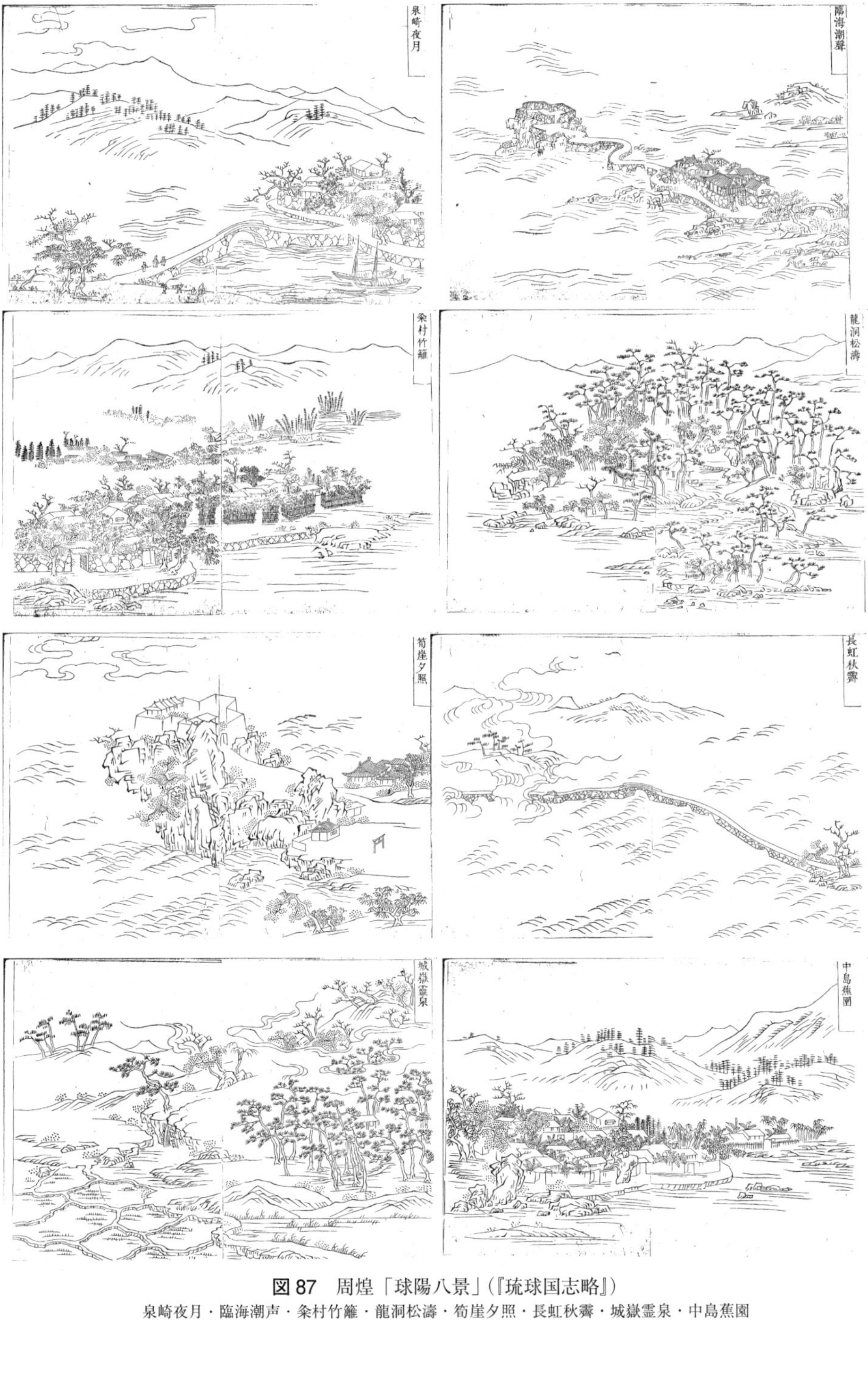

図 87　周煌「球陽八景」(『琉球国志略』)

泉崎夜月・臨海潮声・粂村竹籬・龍洞松濤・筍崖夕照・長虹秋霽・城嶽霊泉・中島蕉園

冊封使に願って「八景（境）」の題詠を残すこともしたのである。潘栄「中山八景記」の「中山八景」とは、瀟湘八景の系統に属するものではなく、禅宗寺院の境致、すなわち「十境」の伝統に根ざしたものであった。

明と朝鮮と日本とのあいだの交流が密であった十五世紀の琉球、とくに渡来系中国人の社会や禅宗の寺院社会に、瀟湘八景と禅寺十境の知識がなかったとはとうてい考えがたい。禅宗寺院は、この時代の琉球、とくに首里と那覇およびそれらの周辺には少なからず建立されていたことが知られている。これらの禅宗寺院の住持は、明から渡ってきた禅僧、日本から渡琉した禅僧、そして明や日本で禅宗を学んだ琉球人僧など、当時の国際環境を反映した出身の禅僧がつとめていた。これらの人々のなかには、歴代の王の帰依をうけ、宗教はもとより、外交や詩文においても大きな活躍をした人々がいたが、十五世紀のなかごろに注目すると、相国寺の渓隠安潜と、普門寺の芥隠承琥（のちに円覚寺開山となる）がその代表的な禅僧である。

渓隠と芥隠は、ともに日本の五山出身の僧という。(8) 渓隠はこれまで推定されていたような日本の「五山僧」ではない、と筆者は考えるが、(9) それはともあれ、日本の禅林で修行したことは、彼の残した鐘銘の文章表現にもあらわれていてまちがいない。京都や鎌倉の五山で学んだのであるから、当然のこととして八景と十境についての知識も、修得していたであろう。芥隠は南禅寺にゆかりのある僧であるから、これもまた、当時の京都、また南禅寺の状況からみて八景と十境について知らなかったはずがない。

八景と十境の知識は、もともと日本の五山で修行した渓隠と芥隠の素養のなかにふくまれていたはずであるが、渓隠と芥隠が琉球における八景と十境の導入、発展にどのような役割を果たしたのかは、残念ながらまったくわからない。あえて推測を重ねるならば、渓隠や芥隠が関係していた禅宗寺院に八景や十境が導入された可能性を否定することはできないであろう。渓隠が長きにわたって住持をつとめた相国寺や、芥隠の拠点であった普門寺などにおいて、その伽藍や周囲の自然のなかから八景や十境が選ばれ、八景詩、十境詩が詠まれ、八景や十境を主題とする絵画が制作されていたとしても、何ら不思議なことではないのである。

ところで、「中山八景記」の数年後の一四六七年、朝鮮から「八景詩帖」が将来された。『李朝実録』によると、朝鮮国王は、琉球国使臣の上・副官人に「八景詩帖」を与えており、琉球国王にも「八景詩帖」を贈っている。[10] 琉球王国から派遣された使者について偽使とみる説もあるが、一四六七年の場合はそうではないと考えられている。[11] 当時、朝鮮と琉球との交流は四期に区分され、そのうちの第二期（一四二九～一四六八）は、「琉球情報の収集が積極的に行われた」時期であるという。[12] この「八景詩帖」は、おそらく瀟湘八景にかかわるものと思われるが、琉球についての情報収集が積極的になされるなかで、「八景詩帖」の贈与が外交的・文化的に少なからぬ意味をもっていたこと、さらには「八景詩帖」をもとめる琉球側の姿勢もうかがわれる。

外交にかかわることもあった禅僧として渓隠と芥隠はこうした八景を介した文化交流の動きを十分に承知していたであろうし、あるいは彼らが主導した結果であるのかもしれない。ともかくも、十五世紀のなかごろには、八景と十境は、琉球の地に種がまかれ、根づきはじめていたとみてよかろう。

2　袋中上人の詠んだ八景

日本の浄土宗の僧、袋中上人は、一六〇三年に教典を求めて明に渡ろうとして琉球に漂着し、一六〇六年に日本に帰るまで三年間滞在した。琉球国王尚寧の帰依をうけることになった袋中は、那覇久米村の桂林寺に住んで浄土宗の布教にあたった。[13] 袋中はいくつかの著作を残しているが、そのなかで琉球に関係の深いものに『琉球神道記』全五巻と『琉球往来』があり、日本の琉球関係文献のなかでもっとも重要な書物とされている。袋中はその『琉球神道記』自筆稿本の一六〇八年の序において、つぎのように琉球王国を紹介している（原文のカタカナを平仮名に改めている。以下同じ）。[14]

當初、国中の高處を掄《えらん》で城を卜《し》め、中山府と名づく、景は八を該《か》ね、隅は三を離る。

「景は八を該ね」とある「景」が具体的に何をさすか、よくわからないが、王都・首里がすぐれた景勝の地にあることを強調するとともに、首里とその周辺に八景が選ばれていたことを示唆しているようにもみえる。そして本書の最後に、

又予、折を得れば、中山府に至ぬ。有時、山山の景気、浦浦の眺望に臨みて、止んごとなくして、卑懐を吐く。瀟湘の題を假りて八首を呈す。只是れ一時の慰遊なり。亦慚愧を忘れて、此に書す。

と、琉球滞在の折々に久米村から首里城のある山に上り、山々の雰囲気を味わい、浦々の眺望を楽しんだこと、そして景色に心を打たれ、やむにやまれぬ気持ちから瀟湘八景の題を借りて漢詩を詠んだことを述べ、それを書きとどめて『琉球神道記』の掉尾を飾っている。題を列挙すると、つぎのようになる。

那覇夜雨・景満秋月・末好晩鐘・泊汀落雁
西崎帰帆・金岳暮雪・首里晴嵐・洋城夕照

自身がいうように、たしかに瀟湘八景の題を借りてはいるが、八景すべてに独自に琉球固有の場所を定め、詩を作っているところに特色がある。具体的にどの土地の、どのような景観、風景なのか、瀟湘八景と対比しながら、それぞれの景を眺めてみよう。

那覇夜雨　　那覇《なは》の夜の雨　……瀟湘夜雨
東西南北信風行　　東西南北、風に信《まかせ》て行く

船止此圻波濤平　　船を此の圻《きし》に止《とど》むれば、波濤、平らかなり
憶想古郷宵夕切　　古郷を憶想すること、宵夕、切なり
涙兼細雨至深更　　涙、細雨と深更に至る

那覇は、広域の地名であり、近世には東村・西村・泉崎村・若狭村の四村からなっていた。近世以前の那覇は、那覇の入江近くの狭い地域、東村と西村を意味している。この那覇は、海港都市那覇の生活空間というよりも、那覇の入江そのものをさしている。瀟湘や洞庭湖に見立てられたのは、漫湖とそこに流れこむ国場川や久茂地川であろう。

景満秋月　　景満《けらま》の秋の月　……洞庭秋月
浮雲収盡九天昂　　浮雲、収まり盡きて、九天、昂し
今夜桂花浴水涼　　今夜の桂花、水に浴して涼し
冰裏夾銀山互耀　　冰裏、銀山を夾《わきばさん》で互いに耀く
中山遊子断哦腸　　中山の遊子、哦腸を断つ

ここでは東シナ海を洞庭湖に見立てている。那覇の西方、東シナ海に浮かぶ慶良間諸島の夕暮れや月夜の美しさは、琉球の人はもちろん、冊封使たちにもしばしば語られるところである。「銀山」は、糸満市にある白銀巌のことで、岩の上に神祠があり、一町の鎮守とする。(15) 一七一九年の冊封使徐葆光の詩題ともなっている。

末好晩鐘　　末好の晩鐘　……煙寺晩鐘
祇園精舎北山頂　　祇園精舎は、北山の頂き
諸行無常鐘響声　　諸行無常は、鐘の響く声
鬱々蓬蒿親友宿　　鬱々たる蓬蒿は、親友の宿り

写真 29　末吉宮（史跡、磴道は県指定文化財）

君何不厭世榮名　　君、何ぞ世の榮名を厭わざらんや

首里の北方にある末吉の丘には、王家とかかわりの深い末吉宮と神宮寺の万寿寺がある。「末好の晩鐘」はこの万寿寺の鐘のことであり、親友の住む末吉の地はもとより、周辺にまで時を告げる鐘の音が響いているという。生活のなかで誰もが知っているような音の「名所」を「八景」の詩題として取りあげている。日常の暮らしが背景にあり、そこに首里城からの眺望に刺激を受けて、この八景詩が生まれたといえよう。近世中期の首里の漢詩人、楊文鳳にも「末好晩鐘」の詩がある。

泊汀落雁　　泊の汀の落雁　……平沙落雁

乍乾乍満定時無　　乍《たちま》ち乾き、乍ち満ちて、定時なし

潮水秋天涼入湖　　潮水、秋天に、涼、湖に入る

鳧雁逍遙沙有印　　鳧《ふ》雁、逍遙して沙《まさ》ごに印有り

風揺檀筆欲成模　　風、檀筆を揺るがして、模を成さんとす

泊は古くから海外交易の港であった。徐葆光『中山伝信録』には、「首里の西五里にある。泊山がある。泊橋があっ

て、海を跨いでおり、高橋ともいう。村の前に泊の津があり、西に流れて海に入る」とある。(16)

西崎帰帆

浦渚混雲水遠幽
往来商客継船周
漁翁舴艋相交雑
暮日一橋入孰洲

西崎の帰帆　……遠浦帰帆

浦渚、雲水に混じて遠幽なり
往来の商客、船を継いで周《めぐ》る
漁翁が舴艋《さくもう》、相ひ交雑す
暮日の一橋、孰《たれ》が洲にか入る

西崎とは、東シナ海に突出した断崖、残波岬のことであり、那覇港を出入りする船は古くからこの岬の沖で船首を転じるという。(17)

金岳暮雪

国作南陽雖未見
地霊人傑雪何無
東山干漢巔浸海
変白変青寒気殊

金岳《きんたけ》の暮雪　……江天暮雪

国、南陽たり、未だ見ずと雖も
地霊人傑、雪、何ぞ無《なか》らん
東山、漢を干《おか》し、巔、海に浸す
変じて白し、変じて青し、寒気、殊なり

「金岳」は、国頭郡の金武にある金武山のことであろう。徐葆光『中山伝信録』は、「金武山がある。山上は金峰である。山の下に(鍾乳)洞があり、千手院がある」と述べ、所載の地図にも「金武」の山を描き込んでいる。(18)「金峰」が観音寺の山号であるとするならば、袋中が金武山をとりあげた理由の一つに、観音寺の開山である日本僧日秀上人の存在をあげることができよう。十八世紀の地誌『琉球国旧記』によると、日秀は、嘉靖年間(一五二二～一五六六)に金武に漂着し、金武山三社・観音寺を創建してみずから刻んだ阿弥陀・薬師・正観音三像を安置したという。[19] 日秀は那覇の波上においても波上権現を中興するなどの宗教活動を行い、琉球の人々の尊崇を得たようである。[20]「金岳」は、こうした日秀の事績を象徴するものとして、首里からは見ることができないのに、あえて選ばれたのであろう。自然と人、宗教が渾然一体となった景といえよう。

なお「暮雪」の表現にやや違和感がある。降雪の南限は奄美大島であり、沖縄に雪が降ることはないという。したがって「金岳の暮雪」は、瀟湘八景の「江天暮雪」にイメージを借りたものにすぎないが、冬に吹く北東の季節風の厳しさをあらわしている。

首里晴嵐　　首里の晴嵐　……山市晴嵐
暮去朝来在霧中　　暮去朝来、霧中に在り
市鄽逐利意忽忽　　市鄽に利を逐い、意《ここ》ろ忽忽《そうそう》
玄冬素雪人憔悴　　玄冬素雪、人、憔悴す
獨荷中山酒売戎　　獨り中山の酒を荷なって、戎《いなか》に売る

首里は、王宮と城郭、それらをめぐる都市の総称であり、琉球第一の都会であるといってよい。「首里の晴嵐」では、小高い丘陵に立地する首里の冬、朝霧のなかの市と、晴れた日に立ちのぼる山の気、すなわち晴嵐に包まれた市のようすを描いている。イメージを醸し出す晴嵐や白い雪に加え、「山市晴嵐」を借りたからとはいえ、「中山の酒を荷なって、戎《いなか》に売る」と、首里の都市の景気に注目したところが興味深い。

洋城夕照　　洋《おき》の城《ぐすく》の夕照……漁村夕照
暮日含山方倒景　　暮日、山を含めて方《まさ》に倒景す
潜鱗深入鳥帰枝　　潜鱗は深く入り、鳥は枝に帰る

一時快活是千日　　一時の快活、是千日
漁老醺醪莫辞百盃　　漁老が醺醪は、百盃をも辞すこと莫し

「洋《おき》の城《ぐすく》」とは、那覇港の入り口を扼して海賊防御のために築かれた南北二つの要害のうち、北の三重城のことである（南の要害は屋良座森城）。長大な堤の突端に三重城があり、また中間の堤上に仲三重城と沖の権現・臨海寺がある。『琉球神道記』巻第五は琉球の神社について由緒や縁起を述べているが、そのうちの「洋《おき》の権現事」、すなわち一品権現（臨海寺）の条に興味深いことを記している。

本地熊野も、三處共に、水辺なり。其境致たらく、吉野河きよくして、十悪の炎、忽に滅除せん。今は琉球なり、江海の涷《みずあい》にして、不二の相を彰す。衆生の差別智、洗ひ易し。上下往来の舵音は、本国他国の響あり。八重の塩風、人を侵さず、只是風鈴を撃つ許りなり。出入には数景を見る。瀟湘の浦をも恋《した》はず、此社実に貴むべし。

袋中は、本地熊野と沖の権現を比較して、その「境致」がともにすばらしいことを述べる。最後の文章は、那覇の入江の出入りにあたってみるいくつかの景は、瀟湘の景色でさえ恋しくないほどであり、沖の権現はじつに貴重であると、袋中自身の感慨を素直に表している。

袋中の八景詩の特色やその意義、また近世琉球に与えた影響について、つぎのような諸点を指摘することができる。

（1）日本の浄土宗僧袋中は、琉球において瀟湘八景の題から四季や時刻、情景などの環境条件――夜雨・秋月・晩鐘・帰帆・晴嵐・暮雪・夕照・落雁――を借りて八景の題をつくり、八景詩を詠んだ。史料の上のことではあるが、瀟湘八景の流れを汲む最初の八景の選定とその題詩ということができる。

（2）いわゆる「薩摩侵攻」以前の古琉球、十五世紀半ばの琉球に、瀟湘八景に由来する八景と、南宋五山禅宗寺

院に発する十境は、すでに伝わり、八景と十境は東シナ海をめぐる中国・朝鮮・琉球・日本の文化交流の大きなテーマとなっていた。袋中が琉球の景色を瀟湘八景の詩趣を借りて八景詩に詠んだことも、そのような背景のもとに理解することができる。

（3）八景の対象として、那覇・慶満（慶良間）・末吉・泊・西崎・金岳・首里・洋の城（沖の城）という具体的な土地・場所を選定しているところに、瀟湘八景と大きく異なる、袋中の八景の特色がある。

（4）瀟湘八景の洞庭湖に見立てられた東シナ海や漫湖をはじめ、那覇の近辺の景勝の地から那覇・慶満・泊汀・洋の城を選んでいるが、さらに那覇から離れた西崎や、親水性を備えていない首里・末吉・金岳も取りあげている。

これは、袋中が瀟湘八景の場所イメージにこだわってはいないこと、また景勝の地であることに加えて、それぞれの場所の選定に袋中の特別の思いが潜んでいることを示唆している。

（5）眺望の視点から、また取りあげている場所が琉球の広い地域にわたることから、これを中山を代表する八景として、袋中の「中山八景」とよんでも誇大に過ぎることはあるまい。

（6）十境を構成する要素、あるいはそれらの全体を表す「境致」という語は、日本の禅林ではしばしば用いられるが、琉球ではほとんど使われていないようである。ただ、先に引用したように、袋中『琉球神道記』にあり、またこれを引用した十八世紀の史書『琉球国由来記』にもあるから(21)、近世琉球の知識人が知らないことばではなかったはずであるが、なぜか用例がみられない。「境致」は、むしろ日本の禅林、とくに近世の禅林においてとくに重視された概念であったと考えられる。

（7）『琉球神道記』は、那覇の住人で黄冠をいただく琉球の役人馬幸明（儀間真常か）の「わが国は神国なりといえども、昔より未だその伝記なし、願わくはこれを記したまへ」という熱心な要請によって著述されたという。

また『琉球国由来記』は、『琉球神道記』を、優れた古典、歴史史料であるように取り扱っている。したがって『琉球神道記』は文芸や歴史、宗教に関心をもつかなり広い知識階層に読まれたとみられる。琉球知識人は袋中の「八景」もよく知っていたはずである。また彼らを通じて冊封使にも影響を与えたのではなかろうか。詩集『四知堂詩稿』を残した首里の人、楊文鳳（一七四七〜一八〇六、嘉味田親雲上兆祥）が、「末好晩鐘」を題に選んで漢詩を詠んだのもそうしたあらわれの一つであろう。

（8）『琉球国由来記』は、沖の権現・臨海寺について袋中の文を引きつつ、目の前に展開する風光のすばらしさがいよいよ信仰を高め、諸国出入りの船が尊信しないことはなく、旅客は貴賤をとわず願望しないことはないのであるから、「本州一品権現」の名は実にふさわしいとする。[22]「一品権現」というめずらしい名称は第一級の景観のみごとさにも由来しているようである。「本州一品権現」の名は一四五九年の鐘の銘にあるから、[23]臨海寺の景はそのときすでに琉球一の評判を得ていたのであろうか。

袋中は「洋の城の夕照」として八景に数え、一六三三年に琉球に渡って「中山詩集」を残した胡靖は「臨海寺聴濤」の題詩を詠み（後述）、また『中山伝信録』を著した一七一九年渡琉の徐葆光も「臨海潮声」詩を詠んだ。「中山八景」の一つである「臨海潮声」は、歳月をこえた歴史と文化の所産であることがよくわかる。

3　胡靖と命景

一六三三年に冊封使杜三策の従客として渡来した胡靖は、その見聞記録である『琉球記』[24]のなかで中山からの眺望を次のように述べている。

　那覇より王城に至るまで十五里なり。余、間ある毎に登殿し、後遠く眺望す。東北は則ち千山起伏し、林樹窅茫として、宛然たる図画なり。(中略)西南を望めば則ち微茫たり万頃、蕩漾たり千峰。目、境に到れば賖《とお》くして、究及すべき莫し。中山は固より大海の一巻石なり。澄湖・石樹・曠壠・高岡は、種種奇抜なり。殿臺・坊閣・橋塋は精に在る在り。良に人巧・天工、両ながら其の美をほしいままにす。

これは琉球の景観美の特色をよくいい表している。袋中『琉球神道記』と同じような感慨といえようし、冊封使たちの多くが共通して抱いた思いでもあろう。『琉球記』には「中山八景」のことばはみられないが、胡靖は琉球の多くの「景」に目をみひらき、「ああ、中山の諸景、流峙として皆奇なり。惜しむらくは、騒人墨士をして遍く詠せしめざるのみ」といい[25]、自らも文を綴り、詩を詠み、絵を描き、のちに大きな影響を与えている。清の時代になって詩文にすぐれた徐葆光が派遣されたのは、清朝の意向によるものであったが、結果的に胡靖の望んだことが実現したといってよい。

那覇の入江近くの臨海寺を訪れた胡靖は、雲板に似た古銅物が風に自らひびいて龍が空中に吟じるような音を出し、「濤声」と相応じていると述べ[26]、「臨海寺聴潮」と題した詩二首を詠んでいる[27]。これらの詩題と詩情は、中山八景の一つ「臨海潮声」の原型ということができよう。

那覇と首里を結ぶ海中の人工道路「長虹堤」は、もともと琉球では「石橋」や「浮道」と呼ばれていたようである。一四七一年に成立した申叔舟『海東諸国紀』は「琉球国之図」を掲載するが、それにはこの道路を「石橋」と注する。この図は博多の商人道安が一四五三年に朝鮮に持ち込んだものであり[28]、即物的な表現である「石橋」は、琉球における呼称がそのまま朝鮮に伝えられたのであろう。

海中の「石橋」を最初に「長虹」と形容したのは胡靖であり、「琉球記」に「遠望すれば長虹の如し」と記し、また胡靖の描いた「琉球図」の画中の書き込みに「長虹橋」とある。その後は、一六六三年の冊封使張学礼が『中山紀略』に「長虹橋」とし、一六八三年渡来の汪楫も『使琉球雑録』(一六八四年)に「長虹橋」とする。徐葆光『中山伝信録』には「長虹堤」とあって、「長虹」の佳名が、胡靖のあと、定着したことがわかる。中山八景の一つ「長虹秋霽」のもとになった橋(堤)の佳名は、胡靖に起源がある。

胡靖はまた、波上の護国寺についてことばを尽くしてその景勝のおもしろさを語っている。鐘の形のめずらしさ、怪石古木の図にでてくるような古樹、目がくらみ、足がすくむような断崖、森立する無数の「石筍」、風が起これば雷鳴のような波の音、水の清らかさ、仰ぎみると雪のように湧きでてくる万里の雲濤。かつて「浪は湧きて千重の雪、潮は来りて一片の雲、胸中に地を呑みて濶《ひろ》く、眼底に天を極めて深し」という詩を詠んだ胡靖にとって、諸景のうちもっとも勝れているのは護国寺の景であった(29)。

胡靖がとりわけ讃えた隆起石灰岩の景観は、「石筍」の佳名が好まれ、汪楫の『使琉球雑録』では「旧録(胡靖『琉球記』――引用者注)は石筍崖とする」とある。中山八景の一つ「筍崖夕照」の筍崖もまた、胡靖に由来しているといってよい。

胡靖は、さまざまな姿をみせる中山の景を「濤声」・「聴潮」、「長虹」、「石筍」などのことばによって写し取り、景そのものを象徴し、景の記憶を残し伝えることを可能にした。胡靖は、ことばによる風景の定着者であり、「命景」の人であった。

4　汪楫と八景

明から清の時代に替わって最初の冊封使である張学礼は、一六六三年に琉球に渡ったが、琉球が冊封を要請したものではなく、清朝が「冊封の要請がないままに、冊封を決定している」という(30)。張学礼『中山紀略』には中山八景にかかわる記述はない。

一六八三年の冊封使派遣は、清王朝に対してなされた初めての冊封要請によるものであり、冊封正使汪楫と副使林麟焻が渡琉した。汪楫には『使琉球雑録』と『中山沿革志』のほか、『観海集』などの詩集があり、ほかにも琉球滞在時に詠んだ詩文が少なからず琉球に残されている。これらの詩文や後の使琉球録のなかには汪楫と八景に関連する資料がある。以下で述べるように、汪楫は八景を琉球へ根付かせる上で大きな働きをした。

まず、汪楫が王家の宴遊施設である東苑の八景の選定者であったことを指摘しておきたい。東苑八景というと、琉球の人、程順則の「中山東苑八景」がよく知られているが、それよりも早い時期、すなわち一六八三年十月に東苑に招かれた汪楫は、国王の求めに応じて東苑と命名し、また「久高朝旭」・「識名積翠」などの東苑八景を選んでいる。[31]また汪楫は円覚寺の境致として「円覚寺八景」（八つの境致）を選んだと考えられる。[32]すなわち近世琉球の広義の「八景」のなかの二つの選定にかかわっていることがすでに明らかになっていて、琉球側の要望に汪楫が応える形であったことが注目される。

こうしたことから琉球滞在中に中山八景や首里八景にかかわる足跡も残したのではないかと推測することができ、事実、新崎盛珍『思出の沖縄』には首里八景とまったく同じ題の汪楫の詩「龍潭夜月」が掲載されている。[33]

龍潭夜月
海心秋月最分明
夾道還教列火城
涼夜肯容軽露下
寒潭遮莫老龍驚

龍潭の夜月
海心、秋月に最も分明す
道を夾みて、還《ま》た火城を列ら教《し》む
涼夜、肯て軽露の下るを容す
寒潭、遮莫《さもあらばあれ》 老龍の驚かんこと

この詩を引用するにあたって典拠とした史料について新崎は何も記していないので、「龍潭夜月」がもともと汪楫による題であるかどうか疑問の余地があるが、おそらく依拠した史料には「龍潭夜月」とあったのであろう。一方、これと同じ字句の詩が東恩納文庫『冊封使真筆集』に掲載されている。末尾に「中山宴歸即事之一篇、瑞和法司正汪楫」とあり、汪楫が中山宴すなわち重陽宴の帰りに詠んだものであることがわかるが、これには題がない。(34) もともと題がなかったのか、たんに記されなかったのか判然としないが、とはいえ、詩が詠まれた状況とその内容からみて「龍潭夜月」の題に不自然なところはないと考える。汪楫が「龍潭夜月」の詩を詠んだと考えて大過ないとするならば、首里八景の一つ、龍潭夜月は少なくとも汪楫に遡ることになる。

汪楫はまた、崎山周辺の景観について、

（東）苑を出て、竹林の小径にそって行くと、うねうねと曲がりながら十数里ほどあるが、細い竹を植えて墻にしている。すきまなく茂った葉と細い枝で、高さは一丈をこえず、削ったように平らでまっすぐに剪定されている。径が廻り、路が転じても、墻はいっこうに乱れたり、そろわないということがない。まことに中山第一の勝境である。(35)

と褒めたたえる。そして竹垣のつづく道筋の眺めを、「崎山道中」と題した詩に、

竹屏十里、栽えたるが如く　　細葉繁枝して、剪裁を費す
記して取る、崎山山下の路　　夢遊の時、此の中に向いて来らん

と詠んでいる。(36) この詩は、首里八景の崎山竹籬と同じ景趣を詠んだものであり、その原型とみることができる。詩題に「竹籬」と「道中」のちがいがあり、汪楫の「道中」のほうが竹の生垣につつまれた小径の美しさ、道を歩く楽しさがよく表れているともいえようが、詩題としては「竹籬」のほうが素直で、わかりやすいために八景としてあげられることになったのであろう。(37)「崎山道中」詩は、汪楫『観海集』掲載の作品のなかで、次に述べる「八月十七日夜

石来過波上候潮」や「波上作」とともに琉球の名勝を詠んだ数少ない漢詩の一つである。波上は自然の石筍崖と人工の波上宮・護国寺からなる景観であり、他方、崎山は土地、あるいは風土に根ざした集落景観である。汪楫がこのような生活空間そのものを「まことに中山第一の勝境である」と、もっとも高く評価したことは、特筆されてしかるべきことであろう。

次に中山八景とのかかわりをみると、汪楫の『使琉球雑録』には城嶽や霊泉、中島についての記述がある。しかしながらそれらには城嶽霊泉や中島蕉園、さらに中山八景への直接の言及はむろんのことないし、そうしたことばや概念を知った上での記述でもない。中山八景の城嶽霊泉や中島蕉園への方向性はあるといえるかもしれないが、たんに名所の解説とみるのが妥当であろう。他方、汪楫の作品『観海集』には波上あるいは石筍崖を詠んだ「波上作」二首や「八月十七日夜石来過波上候潮」があり(38)、このほかにも同じ趣の詩がいくつかあることが注目される(39)。波上の詩は中山八景の筍崖夕照と共通する景の情趣を含んでいて、胡靖の命景から汪楫の詠詩へと、筍崖夕照の原型がつくられ、根をおろしてゆく過程ともみられよう。

汪楫の龍潭夜月や崎山道中そして波上の詩は、残された史料からすると、それぞれ個別の状況の下でつくられており、首里八景や中山八景の題詠を意図したものではないと考えられる。しかし潘栄「中山八景記」と袋中上人の八景、胡靖の命景を歴史的・文化的背景として、汪楫による東苑八景の選定やすぐれた景勝を詠む詩作を考えるとき、汪楫の活動は中山八景や首里八景など都市の八景が生み出される大きな契機になったにちがいない。汪楫は琉球の都市文化史において重要な位置を占めると考えられる。

二、那覇の八景――都市八景の創出

1　中山八景とその特色

周煌『琉球国志略』目次の「図絵」に「球陽八景図」とあるが、実際に「図絵」のところをみると、そこには「球陽八景図」といった見出しや解説などもなく、ただ八枚の絵図が泉崎夜月・臨海潮声・粂村竹籬・龍洞松濤・筍崖夕照・長虹秋霽・城嶽霊泉・中島蕉園の順に収録されているだけである。(40)「球陽八景」の内容を理解するためには本文の説明を読まねばならないが、それも「球陽八景」として一括して叙述されるのではなく、巻四の下「風俗」や巻五「山川」などで取りあげた事項の説明に関連して、それぞれ「中山八景の一つである」と述べているにすぎない。(41)まず中山八景について周煌の説明をあげてみよう。(42)

泉崎橋　漫湖のほとりにある。橋を支えるアーチは大きな月のような形で、つねに白く輝く光が澄みきった水面を照らしている。漫湖の水は見渡すかぎり青々と広がり、玻璃の世界の中にいるようであり、凡俗の想いにとらわれることはない。中山八景の一である。徐葆光の泉崎夜月の詩に……、

臨海寺　那覇北砲台の隄上にある。旧名は定海といい、汪楫の隷書「臨海寺」の額がある。国王の祈願所である。門は東向きで、仏堂は南に面して三楹《えい》あり、東に面して板閣一棟がある。石垣が四周し、潮は墻の下まで来ている。中山八景の一である。(中略)　胡靖臨海寺聴潮詩(中略)　徐葆光の臨海潮声の詩に……、

(久米村)　村の径は、すべてが極めて寛く、清潔である。多くは細葉の小竹を編み、あるいは「十里香」を列べて植え、屏籬としている。時々、剪定して方平にひとしく整える。久米が最も盛んであり、中山八景の一である。徐葆光の粂村竹籬の詩に……、

龍洞　奥山にある。多数の松が青々と茂っており、清風がおもむろに来ると、いつもすぐに潮声と響きあう。中山八景

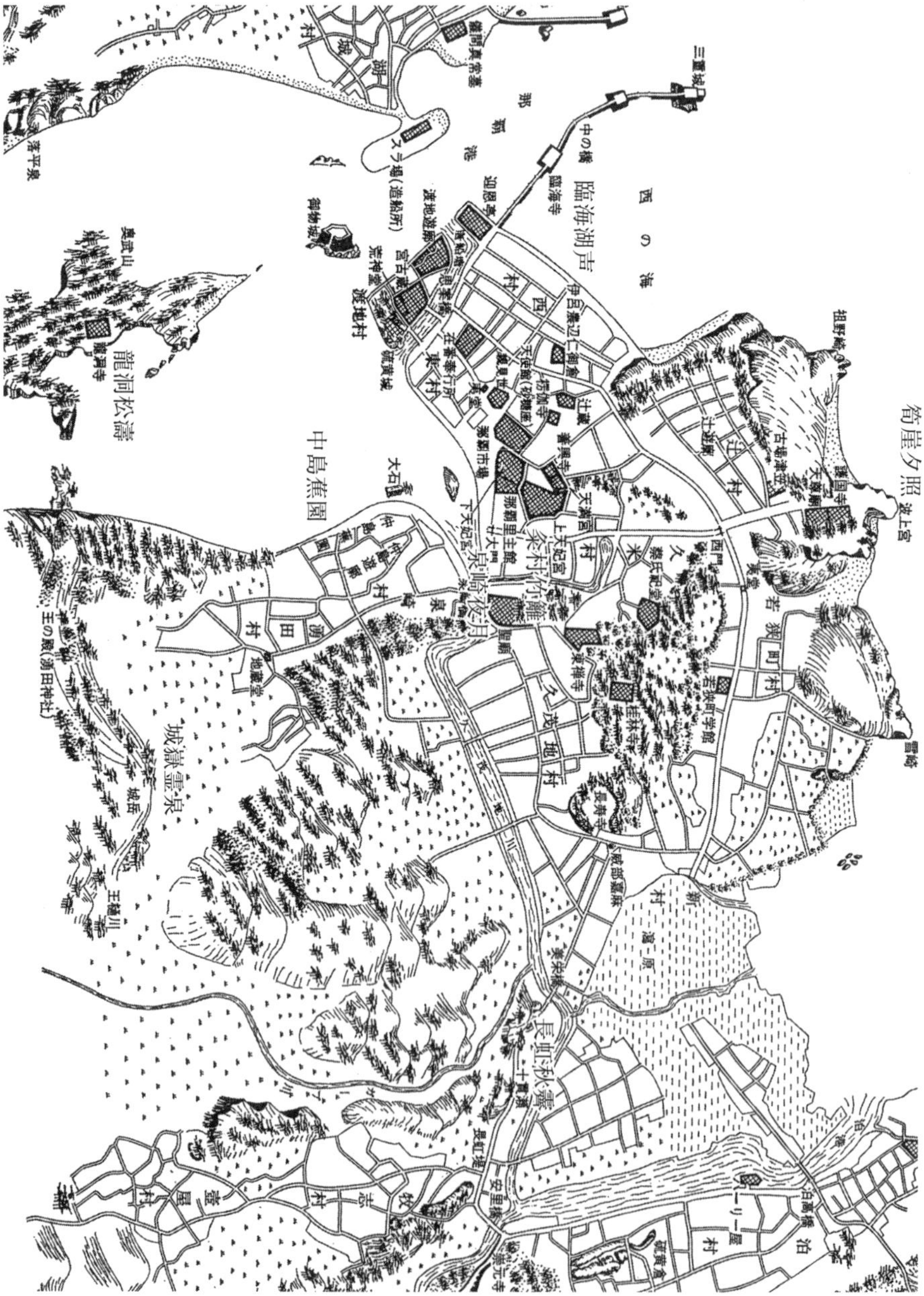

図88　中山八景の分布（嘉手納宗徳「那覇読史地図」）

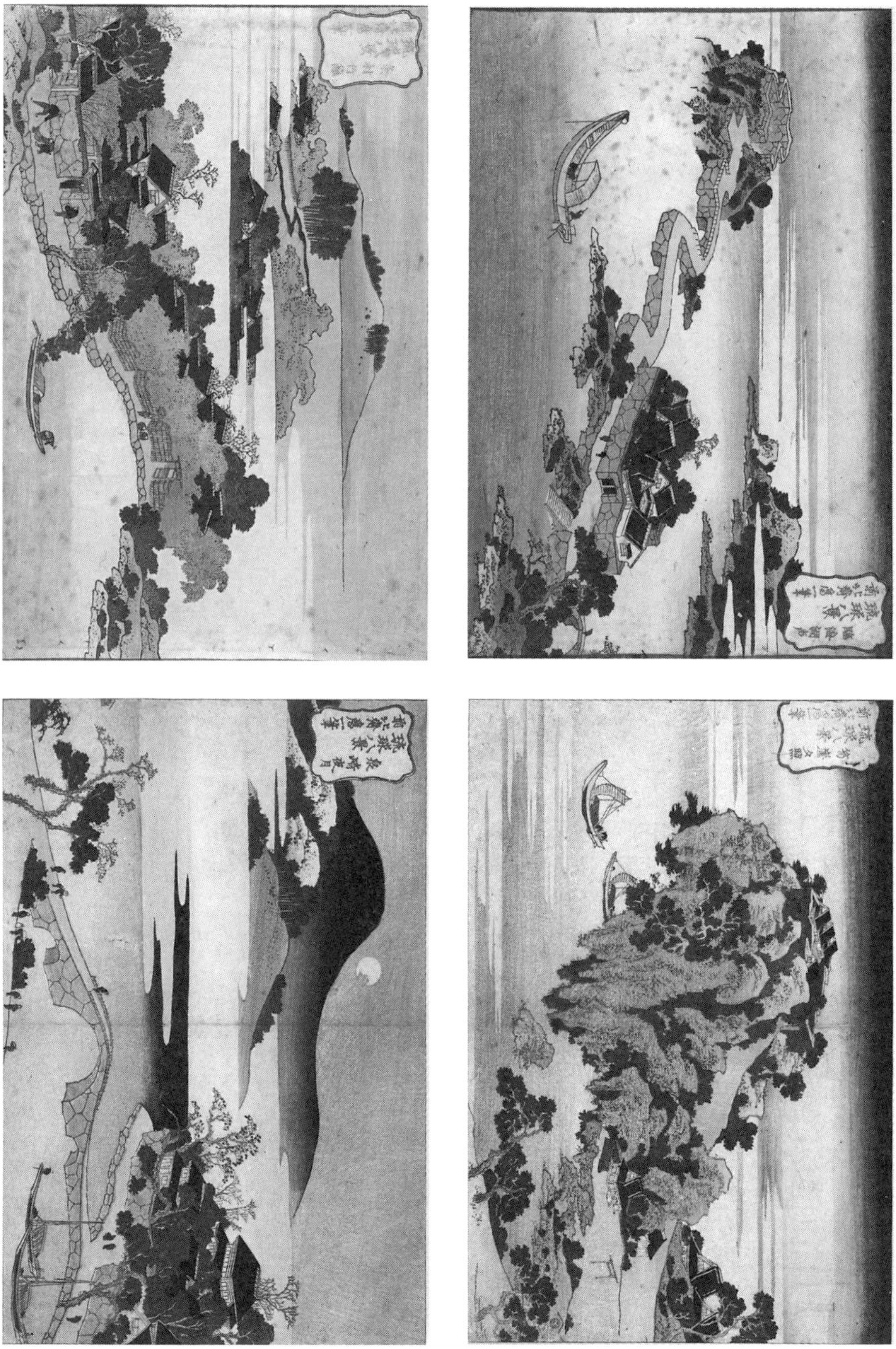

図89　葛飾北斎『琉球八景』のうち、「臨海湖（潮）声」（左上）・「筍崖夕照」（右上）・「粂村竹籬」（左下）・「泉崎夜月」（右下）（浦添市美術館蔵）

写真 30　三重城（「臨海潮声」）

写真 31　波上宮（「筍崖夕照」）

の一である。徐葆光の龍洞松濤の詩に……、

波上　辻山の東北にあり、一名に石筍崖ともいう。山下の海中には、石芝、石松が生えており、白色が多い。透きとおるように美しく、冷たく冴え輝き、木の枝が茂って四方に広がったような形をしている。山頭は石垣が四周し、板閣が三楹《えい》ある。そばに護国寺があり、右の崖の左には小神舎がある。八月十八日夜には、多くのものがここで潮時を見る。中山八景の一である。汪楫波上詩（中略）、徐葆光の筍崖夕照の詩に……、

長虹橋　真和志牧志村長虹堤上にある。近くには塩埠が多い。中山八景の一である。徐葆光の長虹秋霽の詩に……、

城嶽　真和志古波蔵村にある。古松がこんもりと茂っており、数百株ばかりある。東方、三十余歩のところに泉があって旺泉という。石より溜出し、はなはだ甘く清らかである。中山八景の一である。徐葆光の城嶽霊泉の詩に……、

中島　泉崎の南にある。漫湖を隔てて、遙かに奥山と向きあっている。昔は芭蕉が多かったが、今はない。中山八景の一である。徐葆光の中島蕉園の詩に……、

このように周煌『琉球国志略』の記述はほぼ一定しており、泉崎橋、臨海寺、久米村、龍洞、波上、長虹橋、城嶽、中島などを見出しとして説明を加え、「中山八景の一である」と指摘し、その後に、時には汪楫の詩を引くこともあるが、徐葆光によるそれぞれの景の題と詩を引用している。以下では、この内容を吟味することによって問題点を探り、論点を明らかにしていきたい。

説明の内容は、先行する徐葆光『中山伝信録』の説くところ（後述）をおおむね祖述しているといってよいが、もちろん徐葆光とは評価の異なるところもいくつかある。長虹橋や中島など中山八景の一つとしながらも、かんたんな説明しか記さないのは、周煌自身はそれほどの名勝と評価していなかったからであろう。重要な点は、周煌が中山八景を周知のことがらとして書いていることである。『琉球国志略』が、中島蕉園について「昔は芭蕉が多かったが、今はない」と実態を明記しながらも、中山八景の一つとしてあげているのは、中山八景がすでにある種の社会的認知

をうけていたこと、常識であったこと、さらには中山八景の一つとして書かざるをえないほどに定着していたことを明らかに示している。いいかえると、周煌が琉球に渡った一七五六年には、中山八景はすでに存在していたのであり、周煌が選んで中山八景としたのではなかったのである。

この中山八景を構成する八景は、景の名づけ方からつぎのように二つに分けることができる。一つは、景勝の地（場所・空間）に四季や時刻、情景などの環境条件をあたえることによって、より深い情趣を喚起する瀟湘八景のタイプ（以下、A型と略称）であり、泉崎夜月・臨海潮声・龍洞松濤・筍崖夕照・長虹秋霽の五つの景が該当する。残る三つの景、すなわち粂村竹籬・城嶽霊泉・中島蕉園は、瀟湘八景のタイプではない。それらは禅林における境致のみかたに近く、ある土地とそこに存在する自然や人工の景物に佳名を付して取りあげるタイプ（以下、B型と略称）であり、それぞれの場所の特色をモノに即して素直に述べた表現であることが興味深い。さらに八つの景が古くからのいわゆる名所といってよい場所・空間であることにも注目したい。要するに中山八景には、瀟湘八景的な景と禅林十境的な景、さらに名所という、もともと源を異にする三つの環境理念が共存していると理解することができる。

中山八景がどの地域に所在するのかについては、その景の名に含まれた土地・場所の名称からほぼ明らかであり、つぎのようになっている。[43]

那覇　……臨海潮声・龍洞松濤
泉崎　……泉崎夜月・中島蕉園（小字中嶋）・城嶽霊泉（小字湧田）
若狭町……筍崖夕照
久米　……粂村竹籬
泊　　……長虹秋霽

これらの景の所在地からすると、「中山八景」・「球陽八景」のいずれであっても、違和感がないとはいえない題名であり、内容的には、むしろ「那覇八景」というべきものであることが早くから指摘されていた。[44]

那覇は、一六〇九年〜一六一一年の薩摩出兵の顚末を記した喜安入道の『喜安日記』に「那覇・泊・若狭町・久米村・和泉崎」とあることから、[45]近世初頭の那覇とその周辺の地域構成が判明する。近世の那覇は、当初は港周辺の東村と西村の二つの村からなっていたが、その後、泉崎と若狭町が加わり、王都首里の「首里三平等」に対して外港の「那覇四町」と呼ばれるようになった。[46]すなわち、那覇は広狭ふたつの地域を表している。ちなみに、徐葆光『中山伝信録』巻第四の「紀遊」が「以上、那覇にある」とする「那覇」には、那覇と若狭町と久米村が含まれている。那覇とは、一言でいえば国際的な外港としての機能をもち、王都である首里と対比される都市的な空間である。このような那覇とその周辺からすぐれた自然と人工の景物を見出し、あるいは選りすぐって命景したのが中山八景であった。

2　徐葆光の「院旁八景」

周煌『琉球国志略』は、徐葆光の詩を「爲中山八景之一、徐葆光泉崎夜月詩……」というように、中山八景の題詠として、あるいはそうであるかのように紹介している。周煌は『琉球国志略』の「採用書目」に「徐葆光中山伝信録使琉球詩」と記しており、一七三三年ころに刊行された徐葆光の詩集『奉使琉球詩』全三巻を典拠としたことがわかる。ただ、『奉使琉球詩』はこれまで巻之一舶前集しか知られておらず、しかもこれは渡琉以前の詩を集めたものであったから、[47]これまで中山八景の詩を知り、理解するうえで『奉使琉球詩』を引用する周煌『琉球国志略』が依拠すべきただ一つの史料であった。中山八景を考えるにあたって、まずこのことに留意する必要がある。

徐葆光がこれらの詩を残していることは明白な事実であり、これによって徐葆光を中山八景の選定者であるとする見方が一般的であり、定説となっているといってよい。しかし、八景の題そのもの、さらには中山八景の構成が彼の創作であるかどうかについて確かな証拠が示されているわけではなく、検討の余地が十分にある。

どの冊封使も、前代の冊封使の手になる使琉球録をみており、一四六三年に尚徳王の冊封使として琉球に渡った潘栄が記した「中山八景記」を知らなかったはずはない。したがって潘栄の「中山八景記」のものとは異なる中山八景を耳にすれば、多少はともあれ、使琉球録に記し留めたのではないか。記述の詳細な徐葆光『中山伝信録』にもそれはなく、また徐葆光以前の胡靖『琉球記』や汪楫『使琉球雑録』・『観海集』にも、先にみたように中山八景に直接かかわる記録は残されていない。中山八景の記事があるのは、周煌『琉球国志略』以降なのである。中山八景を構成する八つの景それぞれの題詩を詠んだ徐葆光を詳しく検討することによって、八景の詩を詠んだ状況、中山八景の選定者やその時期、過程などを再考したい。

徐葆光が一七一九年の冊封副使に選ばれたのは、その文才によって詩文による琉球との交流をすすめ、また琉球についての詳細な報告を行うためであったという(48)。徐葆光の著作には、全六巻からなる大著『中山伝信録』(一七二一年)のほかに、任命後から帰朝報告までにつくった数多くの詩を収める『奉使琉球詩』(一七二三年ころ)があり、十分にその職責を果たしたといえよう。

徐葆光の琉球滞在は一七一九年六月一日から翌一七二〇年二月十六日まで、およそ八ヶ月という長期に渡った。歴代冊封使のなかでもっとも長い滞在期間中、琉球の著名な多数の人々との友好を深めたが、とくに琉球側の責任者として交渉と接待にあたった程順則、そして彼を補佐した蔡温との交友が重要である。琉球最初の漢詩文集『中山詩文集』を著した程順則(一六六三〜一七三四)は、徐葆光の琉球国内の遊山にも同行したが、徐葆光と程順則の二人は、程順則が徐葆光の帰国を送って北京に行き、また徐葆光がその詩数編を程順則に送って批評を求めるといった親しい関係にあった(49)。程順則には『中山詩文集』に収められて有名な漢詩、すなわち「中山東苑八景」と題した八景詩があることも注目される。

蔡温(一六八二〜一七六一)は、有能な政治家・学者として知られ、琉球最高の政治的地位である三司官となった人物である。徐葆光がみずから「大夫の蔡温と一緒に中山、山南の名勝を訪れた」と記すように、[50]当時三十代後半の蔡温が中山や山南の名勝を案内した。蔡温もまた漢詩を詠み、『澹園詩文集』という作品集を残した人であったから、[51]琉球の名勝探訪は、徐葆光にとって情趣あふれるものであったにちがいない。こうした交友のなかで徐葆光の創作活動が行われたのである。

ところで、前述のように、徐葆光の『奉使琉球詩』全三巻は、沖縄県立図書館東恩納文庫に巻之一「船前集」が所蔵されているだけあり、[52]残る二巻の所在は知られていなかったが、原刊本三巻が中華人民共和国のいくつかの図書館に所蔵されていることが判明した。[53]これによると、『奉使琉球詩』巻之二「船中集」のほとんどは琉球滞在中に詠んだ詩であり、程順則が徐葆光に贈った詩の結句に「盡く景物を収め、詩篇に入る」[54]とあるように、琉球の風景を読んだ詩が多いことが特色の一つといえよう。

「船中集」には次のように、いわゆる中山八景の詩が「院旁八景」の主題のもとにまとめて掲載されている。[55]

院旁八景

泉崎夜月

明月送潮来、橋上不知暮、遙見渡頭人、紛々廠西去

明月は、潮を送りて来り　橋上、暮るるを知らず

遙かに見る、渡頭の人　紛々として廠の西に去る

臨海潮声

晨鐘応潮生、夕唄応潮止、老僧無我聞、常定潮声裏

晨鐘は、潮の生ずるに応じ　夕唄は、潮の止むに応ず

老僧は、無我に聞き　常に定む、潮声の裏《うち》

条村竹籬

村村編竹墻、筠緑満秋径、客伴迷東西、隔籬忽相應
村々は、竹を編みて墻とし　筠《たけ》の緑は、秋の径に満つ
客を伴ふも、東西に迷い　籬を隔てて、忽ち相応ず

龍洞松濤

中山松最奇、臨水更増勝、虚濤應暮潮、颯然満秋聴
中山の松、最も奇なり　水に臨みて、更に勝を増す
虚濤は、暮潮に応じ　颯然として、満秋を聴く

笋崖夕照(56)

日日晩来遊、残霞水外浮、郷心随日下、不覚海東流
日々、晩来して遊ぶに　残霞は、水外に浮かぶ
郷心日に随いて下り　覚えず、海の東流するを

長虹秋霽

跨海臥長隄、秋來宜暁望、脚底彩雲生、月在虹霓上
海を跨ぎて、長隄臥す　秋来り、宜しく暁に望むべし
脚底に、彩雲生じ　月は、虹霓《げい》の上に在り

城嶽霊泉

瑞泉托王居、巨榜標金闕、玉乳瀉巌溜、冷冷自幽絶、
　瑞泉、王居に托し　巨榜、金闕に標す　玉乳
　巌溜より瀉ぎ　冷々として、自ら幽絶たり

中島蕉園
蕉影墻頭合、人家住緑雲、機聲織明月、幅幅冰綃紋
　蕉影は、墻頭に合し　人家は、緑雲に住す
　機声、明月に織り　幅々、綃紋を冰《こお》らす

あらためていうまでもなく、徐葆光が詠んだのは、中山八景ではなく、「院旁八景」であった。「院」とは天使院、すなわち冊封使が琉球滞在の折りに居住する天使館のことであり、徐葆光はその天使館の周辺にある八つの勝景を詠み、院旁八景としたのである。

「舶中集」に見るかぎり、八景の題詠はこの院旁八景が唯一のものである。多少似た題詠として「山南紀遊八首」があるが、これは「垣花村左迎恩亭対岸」・「大嶺」・「砂川」・「砂嶽」・「絲満村白金巌」・「高嶺城山南王故城」・「恵泉在高嶺下」・「石火橋在石火嶺下」からなるもので、同じ八首とはいえ、「八景」としなかったところからも明らかなように、詩題も詩趣も瀟湘八景とは異なっている。ちなみに周煌『琉球国志略』も、これらの詩を引用するが、八景の一つであるというような説明はない。

この院旁八景の名付けとその特色については、先に中山八景について指摘したことがそのまま妥当するのでここでは繰り返さない。ただ、徐葆光が中山八景ないし球陽八景といった規模の大きな八景を構想していたのではなく、身近な景に着目していたこと、そうした姿勢が「院旁八景」という題に明瞭に現れていることを確認しておけば十分で

ある。

徐葆光がこれら「院旁」の名所・景勝をどのように眺めていたのか、あらためて『中山伝信録』から示しておきたい[57]。まず巻第四「紀遊」において「中山の山嶽と寺院、および遊覧のところを、首里と那覇の数ヵ所について、次のように略記する」として説明するなかに、臨海潮声・龍洞松濤・筍崖夕照・城嶽霊泉に関連する景の叙述がある。

臨海寺　北砲台の長堤の中にある。国王の祈願所である。門は東向きで、仏堂は南面して、三楹《えい》である。東向きの板張りの閣一間がある。石垣が四周し、潮は石垣の下まで来ている[58]。

奥山・龍渡寺　砲台の西の水中にある。小さな土の山である。潮が満ちると、数十里にわたって水面となり、潮が退くと、平らな砂地で水は浅くなり、舟を用いることはできない。山は、かつて蛇の巣窟であったが、僧心海が始めてこの蛇窟を開くと、蛇は皆、水を渡って逃げ去った。堤を築いて潮をたちきり、泉を引いて松を種《う》え、屋五、六楹を建てた。（中略）

山の東に小さく尖った山があり、鶴頭山という[59]。

龍洞松濤にかかわる景色を説明して徐葆光は「潮は、板敷・宇平などの湖まで満ち、漁舟と夕照は、那覇近所の第一の勝処」と述べるが、これは原田禹雄も指摘するように、瀟湘八景の「遠浦帰帆」と「漁村夕照」を思い起こして記述しているのであろう[60]。那覇の近くの漫湖や東シナ海の夕暮れ時の美しさは格別のものがあったようである。徐葆光には、奥山、漫湖を詠んだ二首の詩もあり、これは明らかに洞庭湖に見立てている[61]。

波上　辻山の東北にある。一名は石筍崖。山の下の海中に石芝が生えている。沿岸には浮石が多い。透きとおるように美しく、冷たく冴え輝き、白色である。山頭には、石垣が四周をめぐり、垣の向うに海を望むことができる。垣の内側には、板張りの閣が三楹、離れて立っている。閉ざされており、僧はいない。下には平屋の堂が三楹ある[62]。

城嶽　一名は霊嶽。汪楫の旧録に「板屋一区あり」とあるが、今はもう何もない。ただ雑木の林、篠や芭蕉の茂みがあるにすぎない。石を神として、それに酒をそそぎ、福を祈る。航海の安全を祈るところである。その前には古松数百株が立っている。前の地面は少しくぼんでいて、まわりの山はすべて松である。東へ三十余歩の所に泉があり、旺泉と名づけられている。石から湧き出した水が、池のなかにそそぎ、ちょろちょろと流れて絶えることがない。泉の上に老松三株が広がっている姿はとりわけめずらしい。(63)

名所などとして説明を加えるのは以上であるが、巻第六の風俗には粂村竹籬に関わりの深い記述がある。

村の小径は、すべてが極めて寛く、清潔である。多くは、細葉の竹を編み、屏籬を作っている。葉を剪ってそろえ、方形に整え、目をこまかく密にしてある。村落はすべてこれである。(64)

徐葆光は竹籬をつくるのはすべての村落に共通するといい、周煌『琉球国志略』のようにとくに久米村がもっとも盛んであると指摘するわけではないが、粂村の景観を念頭においていたことはまちがいない。粂村竹籬は、他の集落とは異なる特別な集落景観であったのではなく、「竹籬」がもっとも盛んであったに過ぎないということに留意したい。(65)風土に根づいた、土着的な集落のもつ美しさは、冊封使のような異国の人にとりわけ新鮮な感動を与えたのであるが、それだけではなく、琉球人にとってあたりまえの風景が、ときに名所として、また良好な生活環境として受け入れられていたことは、尚育王（第十八代、一八一三〜一八四七）の「崎山竹籬」の題詠や、近代の文献にもあらわれている。(66)

泉崎夜月と長虹秋霽についてみると、泉崎橋や泉崎は、先に掲げた漫湖の詩などいくつかの詩のなかに詠み込まれているので、景色のよいところであったにちがいない。長虹堤も同様であろう。しかし泉崎橋や長虹堤を見出しにたてることはなく、「天使館東有天妃宮、宮前有方沼池。過池、東北沿堤行不半里、有泉崎橋。橋旁有孔廟、由廟東行

數百歩、北折爲長虹堤。堤長亘二里許、下作水門七以通潮」のように、ほかの説明文中に記述されるだけである。(67)

中島蕉園については『中山伝信録』はまったくふれるところがない。ただ「敞の西、麻氏隠居に遊ぶ」という詩に詠まれた麻氏の家の「墻を隔て、翠袖・蕉影に翻る」とある姿が少し関連があろう。

徐葆光の取り上げた項目やその説明にはあきらかに胡靖や汪楫など前代の冊封使などからの影響をみることができる。こうした文化的伝承のもと、徐葆光はその住まいである天使館の近くにあった琉球のすぐれた風景のなかから八つの景を切り取り、泉崎夜月・臨海潮声・龍洞松濤・筍崖夕照・長虹秋霽・粂村竹籬・城嶽霊泉・中島蕉園という短いことばによって表現し、定着したのである。

重要な点は、『中山伝信録』において琉球の勝景が叙述されるなかで、そのどこにも「中山八景」という詩題がすでに存在していたことを示唆するようなところがないことである。そして徐葆光にとって「院旁八景」は文字どおり天使館周辺の身近な勝景なのであり、中山八景などに展開するものではなかったとみられる。

周煌は中山八景の説明にあわせて「使琉球詩」からこれらの「院旁八景」詩を引用したが、周煌『琉球国志略』自体には逆に「院旁八景」という詩題はまったく出てこない。周煌が中山八景を所与のもの、既存のものとして書いていることは前述のとおりであるから、かれがこの院旁八景を中山八景に置きかえたと考えることはできない。

そうすると、院旁八景をもとに中山八景を創出したのは誰なのか、いつのことなのか、なぜそうしたのかといった新たな疑問が生じる。

3　程順則と中山八景の創出

さて、これらのいわゆる中山八景の詩は、その題を含めて、当然のことながら徐葆光自身の作品である。ただ、創作にいたる過程で、案内者であり、詩人でもある程順則や蔡温の関与、あるいは程順則や蔡温が題をつくり、徐葆光が題詠をしたとも考えられるのではなかろうか。このような観点にたつならば、これらの名所・景物の題の作者として、徐葆光、程順則、蔡温が、また徐葆光と蔡温、程順則の合作など、さまざまな可能性が考えられよう。現地において勝れた景を説明した程順則や蔡温があわせて題を提示し、徐葆光が詩を詠んだとするのも、ありうることであろう。このような詩作の機会は中山・山南の遊覧に際して少なからずあったにちがいない。琉球のすぐれた名勝を詠むことを通じて琉球と清の交流をはかること、琉球固有の風景を称揚することによって琉球文化の発展に資すること、これが徐葆光の大きな役割であり、また大きな功績であったのではあるまいか。

ただし、こうした題や題詠をつくることと、これらを中山八景に選ぶこととは別のことがらである。一七二一年に刊行された『中山伝信録』に中山八景を示唆することばさえまったくみられないことからすると、徐葆光には院旁八景という身近な八景の枠を超えて、中山八景を選定するといった意図はなかったと考えなければなるまい。徐葆光は一七二〇年二月に帰国したが、その後、琉球の人たち、おそらく那覇・久米村の漢詩に堪能な人々が、徐葆光の題詠のなかにあった院旁八景を中山を代表する八つの景として再評価し、中山八景として定着させたのではなかろうか。

もっとも可能性の高いのは、前述のように、徐葆光と深い親交があり、徐葆光の題詠に身近に立ち会った程順則と蔡温の二人であろう。これはきわめて自然なみかたでもあるが、ただ、蔡温は、島袋全発の「蔡温年譜」に掲載された漢詩三十三首の題目などをみても、八景に触発されたような題詠はない。(68)「中山東苑八景」の作品がある程順則を、より重視すべきであろう。

『程氏家譜』を眺めてみると、程順則はみずから記したその序（一六八九年）において、祖先の一人として程均文達の名をあげ、潘栄の「中山八景記」に言及している。(69)程順則の名を広めるにいたった『雪堂燕遊草』（一六九八年、中国福建において刊行）は、北京との往復のあいだに詠んだ名所旧跡の詩を収めており、そのなかに「小武當山八景（一筆峯・緑雲峰・望江臺・仙人床・紅花石・石巖洞・石壁泉・仰天獅）」の題詠がある。この「八景」は禅寺の境致のような詩題を八つあげたものであるが、程順則がもともと中国で詠んだ題は「筆岫千霄」・「飛瀑濺珠」・「獅巖宿霧」など瀟湘八景詩に近い題詠であった。[70]程順則には、禅寺の境致・十境と瀟湘八景の二つの潮流が一体化していたようである。

程順則は一七一四年、五十二歳の時に慶賀使に随行して江戸に行き、その帰りの一七一五年に京の摂政近衛家熙に頼まれて京都鴨川物外楼詩文をつくり、家熙から自筆の小武當山八景手巻一軸を賜わっている。家熙は、前年正月に京都の奎文舘が再刊した『雪堂燕遊草』をみて、小武當山八景の詩に興味を覚えていたのであろう。[71]ついで薩摩藩主島津吉貴から小武當山八景を描いた絵画の賛を書き記した報償として瀟湘八景の手鑑を贈られている。[72]程順則の小武當山八景詩が広く好まれたこと、また八景を介して文化的な交流がなされていたことなどがわかるが、程順則の八景に対する関心が相当に反映しているようにも思われる。

ところで昭和四年（一九二九）に作成された沖縄県立沖縄図書館『郷土志料目録』には興味深い書籍が掲載されている。それは『中山八景詠草』というタイトルの詩文集であり、徐葆光・程順則・蔡温の共著となっている。戦災によって失われ、その所在は明らかではなく、内容についてはもちろんまったく不明であるが、おそらく『中山八景詠草』は中山八景の成立にかかわる根本史料たるべきものであって、その書名と三人の著者の名、またこれまでの検討から、中山八景選定の様相を推し量ることができる。『中山八景詠草』には、中山八景の選定にかかわる程順則や蔡温による序や跋があり、そして少なくとも徐葆光による粂村竹籬・筍崖夕照・中島蕉園・泉崎夜月・長虹秋霽・城嶽霊泉・臨海潮声・龍洞松濤の詩が掲載されていたのではなかろうか。

「中山東苑八景」詩を詠み、中山八景の選定に深く関与した程順則は、一七一五年、久米村の最高の地位である総理唐栄司（久米村総役）の職につき、一七一八年に琉球最初の国立教育機関である明倫堂を孔子廟の隣に建てる。彼は若いころから琉球の文化的地位の向上、とりわけ久米村の力量を引き上げることに全力を注いだといわれるが、その結実の一つが明倫堂の建設であった。そして徐葆光の題詠を活かした中山八景の創出にも同様の意図があったにちがいない。程順則の先祖に当たる程均文達が、冊封使潘栄に久米の禅寺の境致を見せ、「中山八景記」を記させたのと同じように、琉球の文化の高さを内外に示すこと、また那覇という地域とその環境を称揚しようとした、いわば、「まちおこし」的な地域文化の向上を願ったことが背景にあったと考えられる。中山八景と「中山東苑八景」は、同じ根に発しているといえそうである。

八景に深い関心を懐きつづけていた程順則は、徐葆光を送りとどけて帰国した一七二一年ころには琉球を代表する八景を具体的に構想しはじめていたのであろう。そして首里の景を対象とする「中山東苑八景」と、那覇を対象とする中山（那覇）八景は、その構想の両輪であったにちがいない。これまで述べた点を勘案すると、程順則の主導のもとに中山八景が選定された時期は、「中山東苑八景」と同じころ、すなわち、一七二一年以降、一七二五年までのあいだと考えるのが妥当であろう。冒頭で少し言及した「同楽苑八景」詩を蔡文溥が詠んだのは、一七二四年のことであった。琉球人による中山八景と「中山東苑八景」、「同楽苑八景」の創出がほとんど同時期であるのは興味深い事実であり、これはおそらく偶然のことではあるまい。

4　中山八景と瀟湘八景

那覇を訪れた人々、また琉球の人々にとって、那覇の港の周辺に広がる東シナ海や漫湖は、おのずから洞庭湖と瀟湘、そして瀟湘八景を連想させた。

袋中の八景の「那覇の夜雨」は、明らかに「瀟湘夜雨」を借りたものであるから、袋中は瀟湘と那覇の入江とを対比させていたということができるし、臨海寺の縁起に関連して「出入には数景を見る。瀟湘の浦をも恋《した》はず、此社実に貴むべし」とあるのも、同様である。

また、十八世紀のなかごろに二年あまり在番奉行として琉球に滞在した島津矢柄の「小禄逍遙」に、「泊・那覇の津に、出入る船の絶え間なく、真帆引き懸けて行きかふは、八つの景にもたとふべし」といい[73]、また徐葆光も「漁舟と夕照は、那覇近所の第一の勝処」と述べて、瀟湘八景の「遠浦帰帆」と「漁村夕照」を想起させているし、また前述のように、洞庭湖との対比を詠み込んだ詩も作っている。周煌の「漁舟と夕照は、那覇近辺の第一の名勝である」というのも同じ趣のものである。

院旁八景（中山八景）は、たしかに瀟湘八景と共通する自然景観の情趣をもとにしている。しかしながら、筍崖夕照をのぞいて、泉崎夜月・臨海潮声・龍洞松濤・長虹秋霽は、瀟湘八景とは異なった情趣の景をつくりだしている。このことは、作者・選者である徐葆光の独創といわなければならない。

中国のほかの〈八景〉と比べてみると、南宋の理宗の時代（一二二五～六四）に選定されたとされる西湖十景――三潭印月、蘇堤春暁、平湖秋月、双峰挿雲、柳浪聞鶯、花港観魚、曲院風荷、断橋残雪、南屏晩鐘、雷峰夕照――とは、瀟湘八景とも共通する「筍崖夕照」をのぞいて、同じ表現はない。また徐葆光や程順則、蔡温が知っていたかどうかはわからないが、呉鎮（一二八〇～一三五四）の「嘉禾八景図」（台湾、個人蔵）[74]の「八景」――空翠風煙、龍潭暮雲、鴛湖春暁、春波煙雨、月波秋霽、三閘奔湍、胥山松濤、武水幽瀾――と比較すると、「秋霽」と「松濤」が共通する。

ところで、那覇の景勝は漢詩にうたわれただけではない。中山八景の成立とほぼ同じころに和文で那覇の美しさを詠んだ作品があることが注目される。組踊を創始した玉城親方朝薫（尚受祐、一六八四～一七三四）の「那覇の入江の名所づくし」は次のようである。

浮き世は牛の小車の、めぐりて爰に来て見れば、実に面白や名にしあふ、なはの入江の其の景色、こま唐土や日の本の、八十嶋船の数見えて、追手の風に皆船の、ゑひさらやさらやさらはやと、沖をはるかにやらざ森、けいや慶良間や久米嶋や、粟国渡名喜も三重城、橋を迫れば沖の寺、宮井久しき神垣や、神の納受はおのづから、心を爰に住吉の、岸による波よるさへやと、よそめかずそふあみや崎、在原寺の跡しめて、名計にほふ垣花、南をはるかに詠むれば、霞の内に布さらす、天つ空なる乙女子が、わざかと計り疑はる、是落平の滝とかや、世々に流れて呉竹の、替わらぬ色は幾廻り、君の恵みに逢ふの山、誰も千年をいはふ崎、汲めど尽くせぬ湧田の里、泉崎とやこれならん、花の名たてる中嶋を、見物城は皆人の、袖をつらねて通堂や、行くか戻るか思案橋、かりの浮世は渡地の、里にもはやく着きにけり。(75)

ここには、中山八景にあげられている臨海潮声＝沖の寺、龍洞松濤＝「逢ふの山」・奥武山、泉崎夜月＝泉崎、中島蕉園＝中嶋、城嶽霊泉＝「湧田の里」などをふくんで、屋良座森や、慶良間の島々、三重城、住吉、落平の滝など、那覇の名所が尽くされている。粂村竹籬・筍崖夕照・長虹秋霽が詠み込まれていないのは、作者の視線が那覇の入江、漫湖の方を向いていたからなのであろう。

平敷屋朝敏（一七〇〇～三四）の作と伝えられる「苔の下」は、

那覇の入江の月見し給ふ。（中略）雲晴れ空澄みて、万里の外まで照りわたる、いはん方なし。瑠璃のようなる水の上よりさしわたしたるほど、この世とも覚えず。

と書いている。(76)漢詩文の世界とは別に、那覇の景勝の感動を広く世に伝える、琉球固有の文芸の世界がひろがっているのである。これらは、文芸の盛行とともに、当時、琉球の人々のあいだに生活環境に対する関心が広がっていたことを示していよう。この時代は、琉球において環境文化が開花した時代ということができるのではないか。

中山八景は、瀟湘八景のたんなる見立てなどではなく、那覇の海や入江の美しさに心を動かされた、琉球はもとより、中国や日本の人々、そしてその歴史と文化のうえになりたっている。このような意味で、いわば普遍性を獲得した中山八景は、原題の「院旁八景」、また那覇八景というよりも、琉球を代表する風景として中山八景の名がふさわしいともいえよう。

三、首里の八景——都市八景の定着

1　首里八景

首里八景は、

晃嶽積翠・雩壇春晴・経台新荷・龍潭夜月
虎山松濤・崎山竹籬・西森小松・万歳嶺夕照

の八景からなる。これらは、八景の情趣をあらわした表現（A型）である晃嶽積翠・雩壇春晴・龍潭夜月・虎山松濤・万歳嶺夕照と、景を素直に叙述した表現（B型）である崎山竹籬・経台新荷・西森小松とに大きく区別される。また場所についてみると、首里の中心にある景を取りあげた龍潭夜月と経台新荷、そして東の晃嶽積翠、西の万歳嶺夕照、南の崎山竹籬と雩壇春晴、北の虎山松濤と西森小松からなっている。このように首里八景は、首里の特定の場所・空間がもつ固有の情趣を切り取っており、独自の香りが濃厚に漂っているといえよう。

とはいえ、直ちにわかるように、その多くが瀟湘八景のタイプである。しかも首里八景における景、そしてそれらに四季折々の風情や刻々と移り変わる時の情趣を添えることば、さらに全体の詩情は、意外にほかの八景と共通していたり、似かよっていたりするところが少なくない。中国の八景とのかかわりをみると、瀟湘八景と共通するのは夕照ただ一つであるが、嘉禾八景では胥山松濤があり、西湖十景では曲院風荷と三潭印月と類似する。また琉球の八景とのかかわりでは東苑八景の北峯積翠や、本章第四節で検討するように中山八景の泉崎夜月・粂村竹籬・龍洞松濤・筍崖夕照・長虹秋霽との対比や類似がある。

首里八景については、中山八景を記しとどめた周煌『琉球国志略』にも、また後の使琉球録にも、個々の景観についての記述はあるにしても、首里八景自体についてまったく言及されていない。いくつかの著作が首里八景を説明す

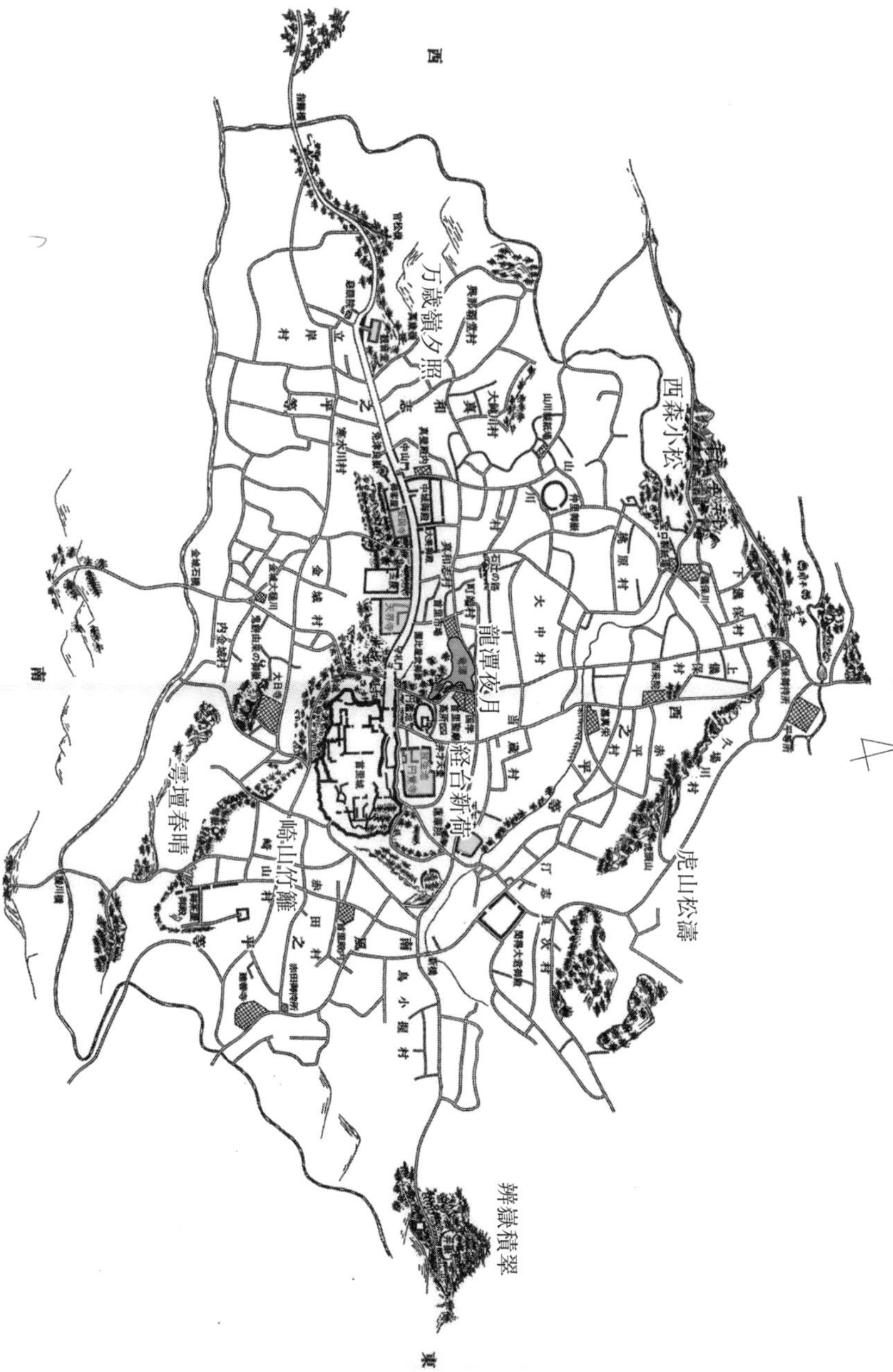

図90　首里八景の分布（嘉手納宗徳「首里読史絵図」）

写真 32　龍潭から首里城を望む

るが、(77)早い時期にしかも詳しく首里八景を解説した新崎盛珍が「首里八景は何時頃の選定か知らない」と述べているように、(78)選定時期のほかに、誰が選定したのか、そもそも首里八景を記した信頼できる史料はあるのか、あるいは伝承されてきた八景なのか、など、首里八景の問題点は少なくない。

池宮正治は、首里八景を詠んだ和歌を紹介している。(79)池宮が拠った『八重山博物館所蔵文書　糸洲家首里八景（和歌集）」と題みると、資料の編纂者が「糸洲家文書　八』を付したところでは、古典的な和歌を写し、また「首里八景」の和歌八首を収めている。首里八景の詠者や成立時期などは不明であるが、(80)首里八景の題のもと、和歌を詠んでいるのが、この「首里八景」の大きな特色である。また冕嶽積翠と雩壇春晴が春、崎山竹籬と経臺新荷が夏、龍潭夜月と虎山松濤が秋、西森小松と万歳嶺夕照が冬というように、四季それぞれに二首ずつ配して構成しているのも興味深い。

一方、首里八景の漢詩が詠まれたのかという点については、まとまった八景詩としては今のところ、知られていない。ただ、一つ一つの景の題詠に関しては、汪楫の「龍潭夜月」など十七世紀にさかのぼる漢詩の作品を見出すことができる。以下では、景に即して詩題の特色や成立を検討していきたい（第一節四項で言及した龍潭夜月と崎山竹籬は除く）。

万歳嶺夕照

万歳嶺の名は、じつは、十五世紀にさかのぼる。一四九七年の万歳嶺碑の碑文が知られていて、尚真王の代に万歳嶺の佳名が選ばれたことがわかる。(81)

玉闕金刹、崢嶸《そうこう》として上に連ぬる者、王府の梵宇也。瓦屋茅舎広闊にして下に接《すむ》者は、民居漁民なり。坎（北）に当りては回巒畳嶂して烟霞の表に屹立し、朝望の佳致なり、兌（西）に当たりては落潮斜日、嶋嶼の交るに渺然として、晩眺の幽趣なり、盡く是れ此嶺の偉観なり。（下略）

万歳嶺がとくに讃えられたのは、形勝の美もさることながら、そこからの眺望が思わず感嘆の思いを口にしてしまうほど、万人の心をうったからであろう。碑文は、そうした点を詩情豊かに伝えている。ここには、朝の眺望と併記されているとはいえ、ほとんど「万歳嶺夕照」というにふさわしい情趣が盛り込まれている。碑文の作者は、日本の禅僧であり、円覚寺三世の不材一樗である。万歳嶺碑は嶺の上にあって、琉球の人々はもちろん、冊封使たちなど、多くの人の目にとまっていたはずである。(82)「万歳嶺夕照」はそうしたなかでおのずと生まれでた詩題なのであろう。なお、冊封使たちの詩文には万歳嶺の西方、下の万松嶺がよく取りあげられる。(83)

経臺新荷

経台とは、円鑑池の中につくられた経蔵のことである。荒廃していた経蔵を一六二一年に建てかえ、弁財天女を安置して弁財天女堂と称した。また池に蓮を植えたのは円覚寺住持の蘭田であり、一六九五年のことと伝える。(84)「新荷」

とは、円鑑池の景観に新たに加わったこの蓮のことを指している。「新荷」が新たな景の創出を表しているとすると、少なくともその題は、一六九五年か、それほど時を経ない時期の作ということになるであろう。「新荷」はたんに新しい蓮の花、夏に咲いた蓮の花を意味するだけかもしれないが、この場合も一六九五年を遡ることはない。いずれにしても、円鑑池の蓮を詠み込んだ詩が一六九五年以降であることは明らかである。

周煌には円覚寺八景の円鑑池に題した「空明露圓相、渾不離者箇、潜龍出聞經、擲得菱花破」がある。(85)『琉球詠詩』には「経臺新荷」と題した尚謙の「好是経臺爽氣多、四圍園沼貼新荷、辨財天女堂□急、萬貫青銭撒緑波」という詩が掲載されている。

虎山松濤

虎山は、虎瀬岳のことで、石虎山あるいは虎峰ともよばれる。首里城の北、赤平にあり、鬱蒼とした松や眺望の良さによって知られ、歌名所となっているという。(86)楊文鳳は、首里八景と同じ題の「虎山松濤」の詩、「石虎山頭夕照斜、松風颯颯拂残霞、幾回葉底琤琮處、錯認濤声入夜譁」を詠んでいる（後述）。『琉球詠詩』は前掲「経臺新荷」に続いて「虎頭松濤」の詩、「虎頭聳峙峻如何、風逗松濤四面過、莫訝山君声猛烈、咆哮偃亞却差多」を載せる。「虎山松濤」は、「虎頭松濤」と同じ韻を踏んでおり、また前掲「経臺新荷」詩も同韻であって、これらの作詩の間に何らかの関係があったことをうかがわせる。「虎頭松濤」と「経臺新荷」は尚謙の作品と考えられるので、楊文鳳の「虎山松濤」の韻に和して、いいかえればそれから影響を受けて、あるいはそれを踏まえて詠まれたと考えてほぼまちがいないであろう。尚謙が「虎頭松濤」・「経臺新荷」の二つだけを詠んだものか、首里八景詩を詠み、その八つの詩のなかからたまたま二首だけが『琉球詠詩』に記されることになったのかは不明である。

西森小松

西森は首里城の北、儀保にある。西森とは、もともとは北丘の意味であるという。丘の上に小祠があり、一六五七

年に国頭（王子）正則が弁財天女を勧請して拝殿を創建したという。(87)

　同じころに松の植林が行われたとすると、「西森小松」という詩題は、十七世紀後半以降の成立ということになる。北の丘に植林されてまもないころの松の姿が「小松」なのであろう。しかし、時がたち、松が繁茂する近代でも、「小松」が慣習的に詠み込まれているといい、(88)また首里八景の和歌にも「小松の　しげる西森」とあるから、「小松」を森のある時期の植生を状況を示す言葉として理解するのは適切ではない。むしろ松が十分に育ち、その緑の美しさが際だつようになったころに成立したとみるべきなのであろう。一六五七年を起点とするならば、やはり十九世紀以後の景観こそ、八景に取りあげる価値があるとみなされたのではなかろうか。

冕嶽積翠

弁ヶ岳は、首里の東にあり、本島中南部の最高峰である。徐葆光は、弁之嶽を琉球の五嶽の一つとし、また、木々が「森々然」としていることで有名な「四森」の一つであるという。「森」は丘の意であるから、「四森」はすなわち四丘のことである。首里・那覇の四丘の一つ、弁之嶽は、琉球松が鬱然と茂り、南北の眺望は海がよくみえると述べる。(89)弁ヶ岳は、国王の登位や冊封を受ける時には、王みずから斎戒して祭るなど、国家や王家にとってもっとも重要な祭祀の場であり、また民間の信仰をあつめる御嶽《うたぎ》でもある。緑豊かな弁ヶ岳は、琉球王国の歴史と文化の上で大きな位置を占めているといってよい。

　一七一九年の徐葆光以下、一七五六年の周煌、王夢楼、一八〇〇年の趙文楷、李鼎元、一八〇〇年の費錫章などの冊封使たちは、琉球王府の高官に誘われて弁ヶ岳を遊覧し、「辨嶽に遊ぶ」詩を残している。

　喜舎場朝賢に「冕嶽積翠」の漢詩二首があり、(90)十九世紀半ばには冕嶽積翠の題が成立していた。程順則の中山東苑八景「北峯積翠」の北峯が弁ヶ岳を意味するとすれば、冕嶽積翠の題が十八世紀前半に成立していたとしても不思議ではない。

雩壇春晴

雩壇《うだん》は、崎山の南端にある高台の「雨乞御嶽」のことであり、「雩舞壇」とも呼んだようである。[91]「美しい景観に富む首里の中でも、視野の最も広く、最も明るい眺望の得らる丶勝地は之であろう」という。[92]春霞の眺めもおもしろいが、楊文鳳に「雩壇秋晴」という漢詩、「佳勝を尋ねるが為に、雩壇に到る、一望秋晴、眼界寛し、雲影徘徊して、峰影浄し、王維の圖画、層峦(山)を写す」があるように、空気の澄んだ秋もよい(後述)。雩壇春晴が楊文鳳の雩壇秋霽より前か、後かはわからない。

以上のように、王都・首里のすぐれた景を少なくとも八つ選び、漢詩や和歌、散文を通じて生活空間の歴史と文化の記憶を後世に伝えるにいたったことは大切なできごとといえよう。首里八景の選定時期がいつかは判然としないが、詩題となった景のいくつかが早い時期から詩に詠まれ、記録に留められてきたとはいえ、全般的な状況からみて、首里の勝れた景が八景として取りまとめられたのは、近世の末に近いころと考えなければなるまい。

ここで首里八景の題詠として知られるのが和歌であるという点を考えてみたい。和歌を詠んだ八景の事例として、「崎山別宮八景」と「玉川王子の別荘の十二勝」があり、ともに三司官をつとめた宜湾朝保(向有恒、一八二三〜七六)の作品で、歌集『松風集』(一八九〇)に収録されている。[93]首里八景の和歌を、これらの二作品と比べると、いかにも稚拙な感を免れない。宜湾朝保の作品に先行して首里八景の和歌があり、それが後世に影響を与えたというのではないであろう。首里八景の和歌は、八景の選定時期よりもかなり遅れて、おそらく宜湾朝保の作品の影響のもとに詠まれたものと憶測しておきたい。

この八景の成立に少なからぬかかわりがあったのは、やはり清の冊封使たちや琉球の文化人であろう。冊封使、とくに汪楫は、首里八景の「龍潭夜月」、「崎山竹籬」の成立に深い影響を与えたということができる。こうした彼らの詩文の積み重ねのなかから、しだいに首里の勝れた八つの景の題として収束したのであろう。しかし、冊封使たちはだれも首里八景に言及していないし、示唆もしていない。とくに徐葆光は不思議なほど、首里の景観についての記述が少ない。冊封使たちが首里八景の成立に直接的に関与したとみることはむつかしい。とするならば、首里八景を選定したのは、こうした文化的蓄積をみずからの血肉とした琉球の知識人、とくに漢文学に造詣の深い人ではないかと推定することできよう。首里八景の選定時期は、次節の検討を経たうえであらためて考えることにしたい。

2　楊文鳳の首里十二勝景

首里八景の成立に関連して注目されるのは、首里八景と同じ詩題や同じ趣の漢詩を詠んだ琉球の人、楊文鳳（一七四七〜一八〇六、嘉味田親雲上兆祥）である。(94) これまで漢学者ないし漢詩人の多くは那覇の出身であったが、楊文鳳はそうではなく、首里の赤平に住み、新たに勃興しはじめた首里漢学出身の人物である。彼は、一八〇六年に詩集『四知堂詩稿』を出版しており、それには特定の地域や場所、別荘・住宅などの風景、また自然の景物を詠んだ詩が数多く収められている。これらの詩編は、一七八八年一月から一八〇〇年十月までの作品であるという。(95)

さて、『四知堂詩稿』巻之二に「中山首里十二勝景」と題した一連の詩がある。楊文鳳が自分の暮らす王都・首里から選んだ十二の勝景は、次のようなものであった。(96)

天徳桜花
幾樹紅櫻傍梵家
瓊葩爛熳映晴霞
若教朶々迎風舞
即是経臺天女花

天徳の桜花
幾樹の紅櫻か、梵家に傍《そ》ふ
瓊葩は爛熳、晴霞に映ず
若し朶々風を迎へて舞はしめば
即ち是れ、経臺天女の花

弁橋蓮花

天女橋邉五月時
芳蓮朶々漾清漪
濂渓説是花君子
為愛淤泥不染姿

弁橋の蓮花

天女橋の辺《ほと》り、五月の時
芳蓮、朶々《だだ》、清漪《せいい》に漾《ただよ》ふ
濂渓《れんけい》は説く、是れ花の君子と
淤泥《おでい》に染まらざる姿を愛するが為なり

松崎秋月

一奩秋月正當空
轉倒松崎便不同
萬壑千峯都入画
還看光動碧濤風

松崎の秋月

一奩《れん》の秋月、正に空に当る
松崎に転倒すれば、便ち同じからず
万壑《ばんがく》千峯、都《すべ》て画に入る
還《ま》た看る、光、碧濤の風に動くを

蓮池流蛍

蓮塘夜景十分清
添得流蛍更有情
點々随風飛上下
明珠錯落翠盤傾

蓮池の流蛍

蓮塘の夜景、十分清く
流蛍を添え得て更に情有り
点々として、風に随ひて飛びて上下し
明珠、錯落して、翠盤傾く

東苑鶯聲

鶯声何處最融和
東苑春晴雅調多
幾度迎風啼不住

東苑の鶯聲

鶯声、何處か最も融和す
東苑、春晴て雅調多し
幾度か風を迎えて、啼て住まず

百花叢裡有笙歌　百花の叢裡に笙歌有り

辨峰朝曦　弁峰の朝曦

辨峰高聳對東瀛　弁峰高く聳えて、東瀛に対す
萬里扶桑一望明　萬里の扶桑、一望明らかなり
好是朝曦初出處　好《よ》きは是れ、朝曦、初出の處
無邉光景繞山城　無邉の光景、山城を繞る

雩壇秋晴　雩壇の秋晴

為尋佳勝到雩壇　佳勝を尋ねるが為に、雩壇《うだん》に到る
一望秋晴眼界寛　一望秋晴、眼界寛し
雲影徘徊峰影浄　雲影徘徊して、峰影浄し
王維圖画写層峦　王維の圖画、層峦《山》を写す

龍潭観魚　龍潭の観魚

一泓潭水漾漣漪　一泓の潭水、漣漪《れんい》漾《ただよ》ふ
正値金鱗踊躍時　正に値《あた》る、金鱗、踊躍の時
鼓鬣揚鬚波上下　鬣《りょう》を鼓《ふるわ》し鬚を揚て、波上下す
天機活潑耐人思　天機、活発、人の思に耐えたり

市橋夕照　市橋の夕照

斜陽一抹市橋中　斜陽、一抹、市橋の中

四面風光便不同
萬紫千紅成錯落
湖光清處有長虹

虎山松濤

石虎山頭夕照斜
松風颯颯拂残霞
幾回葉底琤琮處
錯認濤声入夜譁

亀峰積翠

亀峰屹崿獨嵯峨
石磴雲門積翠多
好是春晴新雨後
随風彷彿掃青蛾

末吉晩鐘

由来古刹謝塵氛
寂滅惟餘貝葉文
日落霜飛人跡罕
鐘声常自扣寒雲

四面の風光、便ち同じからず
萬紫、千紅、錯落を成す
湖光、清處、長虹有り

虎山の松濤

石虎山頭、夕照斜めなり
松風、颯颯、残霞を拂ふ
幾回か、葉底、琤琮たるの處
錯認す、濤声、夜に入りて譁《かまびす》し

亀峰の積翠

亀峰、屹崿《きつがく》して獨り嵯峨たり
石磴、雲門、積翠多し
好《よ》きは是れ、春晴、新雨の後
風に随ひ、彷彿として、青蛾を掃ふ

末吉の晩鐘

由来、古刹、塵氛《じんぷん》を謝す
寂滅《せきめつ》するも、ただ余す、貝葉の文
日落ちて霜飛び、人跡罕《まれ》に
鐘声、常に自ら寒雲に扣《たた》く

さて、首里十二勝景に取りあげられた景の場所・地点・季節を整理して示すと、次のようになる。

（1）円覚寺から西へ
天徳の桜花――春、天徳山円覚寺
弁橋の蓮花――夏、観蓮橋（天女橋）・円鑑池
松崎の秋月――秋、松崎馬場、龍潭
龍潭の観魚――夏？・龍潭
市橋の夕照――秋、首里の市の世持橋《ゆむちばし》

（2）円覚寺から東へ
蓮池の流蛍――夏、蓮小堀
（3）やや遠く南へ
東苑の鶯聲――春、東苑
雩壇の秋晴――秋、雨乞御嶽
（4）東と北の遠くの山々
弁峰の朝曦――　　辨の嶽（弁ヶ岳）
虎山の松濤――春、虎瀬岳・石虎山
末吉の晩鐘――冬、万寿寺
亀峰の積翠――春、末吉の亀山

これをみると、首里の中心部の勝景を核にして、四季にも配慮しながら十二勝景を選んでいるようである。

あらためていうまでもないが、「中山首里十二勝景」は、瀟湘八景型の題詠である。この首里十二勝景について、先行する八景との共通点や類似点をいくつか指摘することができる。第一に、瀟湘八景から、秋月と夕照と晩鐘の三つを借りている。第二に、西湖十景から、瀟湘八景と共通する秋月と夕照と晩鐘の三つ、さらに観魚を借り、柳浪聞鶯と曲院風荷の趣を取り込んでいる。第三に、袋中の八景から、古典的とも、日常生活に根ざしているともいえる末吉晩鐘を採った。第四に、程順則の中山東苑八景との類似がある。楊文鳳の亀峰積翠と弁峰朝曦は、程順則の北峯積翠と東海朝曦から、詩題とその内容において、本歌取りといいうるような影響を受けている。このように「中山首里十二勝景」は、琉球における八景の伝統の蓄積を反映しているということができる。

さらに、首里十二勝景と首里八景とを比較すると、つぎのように、いくつかの共通点や対比のあることも明らかである。

(1) 五つの景が共有されている。虎山松濤はまったく同一であり、龍潭と弁ヶ岳も共通する景勝の地である。また、経台新荷と弁橋蓮花、雩壇春晴と雩壇秋晴は、同じ景勝の地とよく似た詩趣の景を選んでいる。

(2) 首里八景の万歳嶺夕照・崎山竹籬・西森小松の三景は選ばれていない。

(3) 首里の南で、崎山竹籬のかわりに東苑鶯聲をあげているのは、楊文鳳や首里人にとって、竹籬があまりに日常的な風景であるのに対し、東苑のほうがより琉球人としての誇りをもちえた建築・庭園であるからであろうか。

(4)「四森」、すなわち四丘のうち、首里にある弁ヶ岳と亀山の二つを選んでいる。

(5) 首里中心部にある景が多く選定されている（天徳桜花・松崎秋月・市橋夕照・蓮池流蛍）のは、楊文鳳の生活感覚に基づくものであろう。

こうしてみると、十九世紀の初頭にはすでに、生活の場である都市首里の勝景を一つにまとめる志向が確実に生まれていたといえよう。このことはきわめて重要であって、そこに楊文鳳の中山首里十二勝景の独自の価値を認めることができる。彼にはまた、松崎を詠んだ次のような詩がある。序とともに、読み下して引用しよう。

王城の麓、国市の東に岡有り。俗に松崎という。千松、路を夾み、一水、坡を纏う。渓を隔て遙かに見れば、高橋は浪に臥し、龍の騰跳するが如く、複道は空に架して虹の滅明するに似たり。豈に首里の名勝の区ならざらんや。一夜、来遊する間、觴《さかずき》を飛ばして月に酔い、詩を吟じて風に嘯く。その楽しみや、窮まり無し。爰に短律を賦して、聊か為に金谷の罰酒を免れんと欲するのみ。

好《よ》きは是れ、松崎の景最も奇なり
嶺は廻り礀《たに》は復して龍池に倚る
風は清くして、玉兎、晴嶂に懸り
雨は歇みて、金鱗、碧漪に躍る
一坐の高橋に、虹影、臥し
千重の複道に、日光、移る
遙かに看る車馬は、雲の如く集まり
絡繹として謳歌は、意に適う時(97)

楊文鳳の人となりが、序の「一夜、来遊する間、觴《さかずき》を飛ばして月に酔い、詩を吟じて風に嘯く。その楽しみや、窮まり無し」によくあらわれているというのは、上里賢一が指摘するとおりであろう(98)。楊文鳳は、身のまわりに勝れた景を求め、日々の暮らしの空間と生活そのものを豊かにしようとした。これは大切なことであり、そのような意味でも、首里の名勝の地として松崎を歌いあげた詩は注目されてよい。

首里八景と首里十二勝景とは確かに浅からぬ関係にあるが、八景ないし十二景を構成する視点は、生活者として身近なところに目を向けている首里十二勝景と、そうではない首里八景ではかなり異なっている。両者はまったく別の成立の経緯をもっているのであろう。

3　首里八景と中山八景

琉球第一の禅寺であり、首里城に隣接する円覚寺の「円覚寺八景」や、琉球王国ないし王家の宴遊施設である東苑の「東苑八景」と同楽苑の「同楽苑八景」は、その本質が境致・十境であるにせよ、八景であるにせよ、王国や王家の外交とかかわり、王都・首里を荘厳する役割の一端を担っていた。王都・首里は、美しい自然景観と歴史と文化が渾然一体となった、このような「八景」によって荘厳されていたのである。

一方、首里八景や首里十二勝景には、中山八景と同じように、多少はともあれ、地域に暮らす人々の思いが込められ、あるいは反映しているように思われる。首里八景と中山八景の内容・構成を比較しながら、それぞれの特色と首里八景の成立時期について考えてみたい。

題の対比が明瞭なものをあげると、A型では龍潭夜月と泉崎夜月、虎山松濤と龍洞松濤、万歳嶺夕照と筍崖夕照、B型では崎山竹籬と粂村竹籬がある。前者は、四季や時刻、情景などを表す夜月・松濤・夕照が共通するほか、対象となる景勝の地についても池と川の水面、虎山と龍洞、嶺と崖などの対比も明らかに認められる。後者では、竹籬という人工の景物、村落景観に注目して崎山と久米村をとりあげている。残る四つについても、八景としての表現も加味して雩壇春晴と長虹秋霽、冕嶽積翠と臨海潮声、経台新荷と城嶽霊泉、西森小松と中島蕉園というように並べると、それぞれある種の対比的な組み立てを感じざるを得ない。円にかかわる雩壇と長虹の形ならびに春と秋の晴天であり、また山と海の聖地、聖地と水などである。雩壇春晴と長虹秋霽については、こうした鮮明な対比が見られる点と先のA型三景の対比から、雩壇春晴の題はもともとは雩壇秋霽ではなかったかという推測が自ずと生じてくる。

中山八景と首里八景は、那覇と首里それぞれの自然と都市・地域空間の構成をみごとに映しだしているが、しかし中山八景と首里八景にみられる鮮明な対比の関係は、意図的なものとみるほかはあるまい。胡靖や汪楫のよく知られていた勝景の題詠などを念頭において、対比を考えながら創作されたにちがいない。両者の成立時期の前後関係は次のように想定できる。

（1）中山八景が先に成立、その後に首里八景が成立。
（2）首里八景が先に成立、その後に中山八景が成立。
（3）中山八景と首里八景は同じ時期に成立。

中山八景が実は那覇の八景であり、本来「院旁八景」に過ぎないことからすれば、王都首里の八景が先につくられているのにわざわざ中山八景と命名することは考えがたいし、また同じ時期に成立したとも考えられない。したがって中山八景が先に成立し、その後に首里八景が成立したと推定して大過あるまい。前述のように、中山八景の成立時期が徐葆光の帰国（一七二〇年）からまもないころであるとすると、首里八景は、早くとも十八世紀半ば、おそらくは十八世紀の末に近いころであろう。

首里八景が誕生する背景には、首里の地における漢詩文の発展があったにちがいない。もともと漢詩文を得意としたのは福建地方から渡来した中国人の子孫である久米村の人々であったが、しだいに首里の地位が向上し、中国の国子監（大学）に派遣される官生も、一七九七年には久米村と首里からそれぞれ半数を採用することに改革された。また翌一七九八年には首里に国学が創建され、この後、久米村と首里が競い合いながら、琉球の国学の発展を支えたという。[99] 首里八景は、久米村への対抗意識のなかから成立したとみられる。

首里漢学の第一人者というべき楊文鳳の詩集『四知堂詩稿』は、一八〇六年に薩摩藩によって大坂の書肆から出版され、すぐに滝沢馬琴が『椿説弓張月』に引用紹介するほど、本土で愛好されたという。[100] この『四知堂詩稿』巻二には、前述のように、首里八景の一つである「虎山松濤」に題した詩をはじめ、首里の情景を詠んだ漢詩が「中山首里十二勝景」としておさめられている。楊文鳳は首里八景の選定に大きな役割を果たしたのではなかろうか。そうだとすれば、首里八景の選定は、彼の没年であり、また『四知堂詩稿』が刊行された一八〇六年より前、おそらく十八世紀の末と推測することが可能であろう。

四、八景の持続と展開

十九世紀になると、とくに中山八景は、冒頭に述べたように日本の葛飾北斎によって琉球八景の名で版画が制作されるほど有名になっていた。この時期には中山八景の題詠がしばしば行われたことも注目される。「中山秀才」と称された馬執宏（豊平良全）は、「馬姓世系図」によると、一八〇八年の冊封大典のときに副使費錫章の論祭詩四首に和して中山八景詩八首を詠んでおり、[101] そのうち「久米竹籬」と「長虹秋霽」が齊鯤・費錫章『続琉球国志略』[102] に収録されている。この齊鯤と費錫章に「久米村竹籬」の詩があるので、[103] あるいは彼らも中山八景の題詠をしたのかもしれない。

また毛世輝（我謝盛保）も作品集『毛世輝詩集』に中山八景を詠んだ詩を残しており、[104]「泉崎夜月」の詩が『琉球詠詩』に収録されている。毛世輝は、馬執宏などとともに一八一一年に官生となり、清の国子監に入学し、一八一六年に帰国している。官生と冊封使との関係から見て、毛世輝の中山八景の題詠も、一八〇八年に馬執宏が中山八景詩を詠んだのと同じ状況の下でなされた可能性が高い。

「向姓家譜（義村家）」によると、尚天保は、一八二七年に世子尚育に命じられて「中山八景図画」に題した詩を詠み、御製の末に記して一巻としたことを記している。[105] 詩の内容や、「中山八景図画」がどのような内容の絵画作品であったかも不明であるが、周煌の「球陽八景図」とは異なっていた可能性がある。

以上のような中山八景の題詠の盛行、さらに「中山八景図画」の制作などは、中山八景が琉球人や冊封使などの文化人に広く知られ、琉球を代表する景勝として認知されたことによってもたらされたといってよい。

ところで、十九世紀に現れた八景として、「南苑八景」と「玉川王子の別荘の十二勝」、「崎山別宮八景」がある。[106] 興味深い変化は、八景の題詠が琉歌や和歌によるものであることである。

南苑（識名園）は、一八〇〇年以来、東苑とともに冊封使の宴遊に使われ、[107] そこでは冊封使などの手になる漢詩が少なからずつくられているが、「南苑八景」は漢詩の題詠である東苑八景とは異なり、琉歌によるものであった。琉歌集『南苑八景』の冒頭に収められた「南苑八景」は、

春鶯・桃櫻・南檀・夏涼・秋月・園菊・農歌・松波

という南苑（識名園）における四季の景を題として、それぞれ尚育王以下、総勢七名による琉歌九首、全体で七十二首を並べている。[108] 池宮正治は題詠の琉歌が少ないのできわめて貴重な作品であるという。作者の名に「尚育王御製」とあることから、「南苑八景」がつくられたのは尚育王の在位中、すなわち一八三五年から一八四七年の間であることがわかる。この「南苑八景」は、瀟湘八景と比べると、題が四字から二字へと短くなり、また景の名づけ方も相当に隔たっている。ただ「八景」とよんでいることから瀟湘八景の流れを汲んだものであることに気付かされるぐらいで、すでに琉球独自の琉歌の世界に溶けこんでしまっている。

一方、「玉川王子の別荘の十二勝」と「崎山別宮八景」の題詠は和歌によるものである。ともに宜湾朝保（一八二三～七六）が詠んだもので、彼の死後に編まれた歌集『松風集』（一八九〇）に収められている。「玉川王子の別荘の十二勝」は、玉川朝達（尚灝王第六王子）の首里にあった別荘を舞台とするものであり、時期としては十九世紀半ば以降、

写真33　識名園（南苑）

そして恩河事件に連座して朝達が糸満に蟄居する一八五九年までの間に詠まれたと推測される。それは、

春風入簾・樹陰納涼・対菊延齢・爐辺閑談
社壇接雲・西森松林・民田争耕・覇江諸船
平坂行人・農夫晩歌・海辺眺望・夕陽映山

からなっていて、瀟湘八景に近いものもあれば、まったく関連のない別の趣のものまで幅広く題を創り出し、和歌を詠んでいるのが特色である。

一方、崎山御殿は、東苑に隣接する王家の別荘であり、「崎山の御園一件」によると、[109]もともとこの御園は尚穆王が母を慰めるために東苑の「下之壇の第の御軒」を建てたのに始まり、尚温王が板葺を瓦葺に改め、その後、尚育王が建築と庭園とを大々的に整備し直した。すなわち清の道光十八年（一八三八）の春に造営工事が始まり、日ならずして三月三日には目を驚かす「玉楼金殿」や遠近の山景が備わった広大な庭ができあがったという。「崎山別宮八景」は、宜湾朝保の活躍した年代から考えて、尚育王の時代の作品ではなく、おそらく十九世紀中ごろ、すなわち最後の琉球国王尚泰の崎山御殿を詠んだものであろう。「六有齋琴声」・「登嘯台晩眺」・「窓前修竹」・「鑑池遊魚」・「池塘荷花」・「東籬秋菊」・「樹下箭道」・「曲径丹楓」の、どちらかといえば瀟湘八景に由来するといえなくもないもの、また事物に即した八つの景に和歌を添えている。

「南苑八景」や「玉川王子の別荘の十二勝」、「崎山別宮八景」は、いずれも典型的な瀟湘八景型ではなく、また境致の型というわけでもなく、さらに付け加えれば中山八景や首里八景のように都市の八景を歌い上げたものでもない。たんに王や王子の別荘の景物などを八つないし十二数えあげて琉歌や和歌を詠んでいるにすぎないものであった。

十九世紀中葉以降、八景は衰退していったかにみえるが、じつはそうではない。昭和戦前期に二度にわたって沖縄の「八景」を選ぶイベントが実施されている。一つは一九三三年の「南沖縄八景」であり、もう一つは一九三六年の「沖縄八勝」である。「南沖縄八景」の選定の経緯は、つぎのようなものであった。

昭和八年五月、那覇煙草小売人組合発起となり、同組合の管轄区域である首里、那覇両市、及島尻、中頭の二郡に亘り、勝地南沖縄八景決定のため十ヶ月に亘り愛煙家に托して投票募集を試みた。期間実に十ヶ月、応募票数拾参万余、土地民熱狂の裡に遂に茲にあげる八景の当選を見た、之れを抑も本県八勝投票の嚆矢とする。(110)

こうして選ばれたのが、次の八景である。

首里城古韻（首里市）、波上夕照（那覇市）、辻原清明（那覇市）、瀬長白沙（島尻郡）、

与那原朝陽（島尻郡）、天願川長流（中頭郡）、普天間松籟（中頭郡）、比謝川渓流（中頭郡）

このとき第一に、南沖縄といった限定があるにせよ、首里や那覇のみならず、県下の広い地域から選ばれたことが注目される。第二に、瀬長白沙、天願川長流、比謝川渓流といった近代的な命景もあるが、瀟湘八景に由来し、かつ琉球の伝統ともなった景勝のみかたが、波上夕照をはじめ首里城古韻、辻原清明、与那原朝陽、普天間松籟などの命

景に受け継がれていることが重要であり、八景が琉球・沖縄へ広く根深く定着したことを示している。

その後、「南沖縄八景」は「八景絵はがきを製作して広く景勝地の紹介につとめると共に永く之れを記念するため（中略）、各勝地に天然石の碑を建つるに至った」という。

一九三六年の「沖縄八勝」は、沖縄日報社が主催したもので、十月二十日に締め切られた投票によって、波の上（那覇市）と首里城（首里市）を特選とし、以下、

一　中城城址、二　瀬長島、　三　塩屋、　四　渡久地港、
五　万座毛、　六　北山城址、七　名護の浦、八　比謝川

の八勝地が選ばれた。このほかに八重山の於茂登岳など准八勝も決定された。[111]県下全域から選出された十ヵ所の景勝地は、本来の意味での「中山」十景、「琉球」十景ということができよう。

これらの沖縄近代八景の選定において注目されることは、八景の選定が特定の知識人の手によるものではなく、多数の民衆の投票によって行われたことに加えて、自然の景勝とあわせて、「南沖縄八景」の首里城古韻・波上夕照、「沖縄八景」の首里城・波上宮・中城城址・北山城址などのように人文的な景観をも取り込んでいることがきわめて重要である。というのは、昭和にかわってまもない一九二七年、沖縄の八景に先行してきわめて大規模に行われた日本八景の選定は、異なる理念によるものであったからである。日本八景の選定の結果は、

山岳雲仙岳、　渓谷上高地、　瀑布華厳の滝、　河川木曽川、
湖沼十和田湖、平原狩勝峠、　海岸室戸岬、　温泉別府温泉

となっている。これからも明らかなように、日本八景の理念は、自然科学を背景として自然景観のジャンルごとに代表を選ぶ方向へと大きく転換していた。[112]こうした本土の動向に対し、沖縄県ではその影響を受けつつも、自然にかたより過ぎることなく、自然と人の営みの双方を大切にする独自の理念で選んでいたのである。

おわりにかえて

「鉄の暴風」と経済発展によって、琉球のこのような風景観のなかではるかな昔からつねに名声を保っていた「筍崖夕照」・波上夕照・波上宮の景観でさえ、今やかろうじて維持されているにすぎない。また近代の八景に選ばれた比謝川や天願川でも、その状況は芳しくない。

近年になって川を昔のように清流にする運動が進められ、また首里城の復元に続いて、御茶屋御殿（東苑）や円覚寺の復元も構想されているという。こうした活動は、たんなる歴史上の建造物や自然の再生や復活にとどまらない大きな意味をもっている。それは場所の特性の回復であり、記憶の回復であり、琉球の歴史と文化の再生にほかならないからである。歴史の激動を生き抜いてきた自然と人の営みの調和する美、琉球と沖縄の八景に一貫して流れるこのような風景観こそ、二十一世紀に広く定着することが期待されるものであろう。

注

（1）沖縄県では一九九一年に浦添市美術館が葛飾北斎の「琉球八景」を購入したことが大きく新聞報道された。
（2）「北斎の「琉球八景」について」『浮世絵芸術』、第一三号、一九六六年。
（3）「琉球八景」が「臨海湖声」とするのは、「球陽八景」の「臨海潮声」を誤ったものであろう。
（4）『沖縄大百科事典』（沖縄タイムス社、一九八三年）、島尻勝太郎「中山八景」、神山泰治「琉球八景」。
（5）新崎盛珍「首里八景」（『思出の沖縄』、新崎先生著書出版記念会、一九五六年）は、首里八景——旯嶽積翠・雩壇春晴・経台新荷・龍潭夜月・虎山松濤・崎山竹籬・西森小松・万歳嶺夕照——を示し、それぞれについて探勝の説明を加え、さらにそれらの勝景を詠んだ内外の詩歌をあげている。

宮里朝光「八景五題」(『研究余滴』、郷土史研究会、第4号、一九六七年十二月)は、中国の瀟湘八景、日本の近江八景という、もっともよく知られている八景を示し、ついで沖縄の八景の事例として中山八景、首里八景、泊八景(中橋暮雲・前島夜雨・天久晴嵐・泊港帰帆・崇元寺晩鐘・若狭落雁・崎樋川夕照・高橋秋月)をあげ、とくに首里八景について景観内容を説明している。

沖縄風土記刊行会編『沖縄風土記全集　那覇の今昔』(一九六九年十二月)では「沖縄の八景」(宮里朝光)のところで、首里八景、中山八景(那覇八景)、泊八景を取りあげ、詩情豊かに叙述している。宮里朝光「八景五題」と同一の八景であるが、中山八景を「那覇八景」と括弧書きしているところ、すなわち中山八景が実は那覇の地域の八景であるとする点が、早い時期の指摘として注目される。宮里朝光は、「八景五題」の中山八景では「臨海寺観潮」、「龍洞寺松濤」とし、沖縄風土記刊行会編『沖縄風土記全集　那覇の今昔』の「中山八景」では「臨海寺潮声」、「龍洞寺松濤」とするが、正しくは「臨海潮声」、「龍洞松濤」であるので、著者の記憶ちがいであろう。

島尻勝太郎の「中山八景」(『沖縄大百科事典』、沖縄タイムス社、一九八三年四月)は、一四六三年に渡来した冊封使潘栄の「中山八景記」や、一七一九年渡琉の徐葆光の『中山伝信録』にある円覚寺八景と東苑八景、さらに程順則の中山東苑八景、首里八景、同楽苑八景、周煌『琉球国志略』の中山八景図について述べる。代表的な事例を列挙した点はよいが、十境の概念についての知識がなく、また史料に即した事例研究がなかったため不十分な説明になり、またその指摘が誤っているのはいたしかたのないところであろう。同人の「冊封使の見た中山八景」(沖縄尚学高等学校・附属中学校『教育研究誌』第1号、一九八八年五月)は、周煌『琉球国志略』の中山八景図をあげ、徐葆光の漢詩を引用しつつ、景を解説している。

池宮正治は、「王朝の文芸――首里城と城下の面影」(甦る首里城歴史と復元編集委員会『甦る首里城　歴史と復元』、首里城復元期成会、一九九三年三月)の第2節「首里の眺望」において、潘栄の「中山八景記」や袋中の『琉球神道記』所収の琉球の八景の漢詩、程順則の「東苑八景」、宜湾朝保の「崎山別宮八景」について言及し、首里八景に題して詠まれた和歌を紹介している。

那覇市文化局歴史資料室『詩歌集　那覇を詠う』(那覇市、一九九七年三月)は、沖縄戦で焼け野原となり、またその後の激しい開発によって失われた緑深い那覇の入江や赤瓦の古都首里のたたずまい、記憶のなかにのみ残る那覇の自然、名勝を、琉歌・和歌・俳句・近代詩・漢詩文などによってよみがえらせようとしたものであるが、琉球の自然や風景についての優れた史料集ともなっている。冒頭におさめられた池宮正治「那覇をうたう詩歌」は、短文ではあるが、先の論考をもとに琉球の八景の歴史について概述したもので、潘栄の「中山八景記」と袋中の『琉球神道記』にみる八景、周煌『琉球国志略』の中山八景、葛飾北斎の琉球八景へと概観し、「南苑八景」・「首里八景」・「崎山別宮八景」・「東苑八景」などをあげているが、従来の説と同じく、ごく簡単な記述にとどまっている。

伊従勉「風景の多次元――流通する風景と流通以前の風景」（『環境イメージ論』、弘文堂、一九九二年）は、北斎の琉球八景を素材として建築論の立場から興味深い論を展開する。中国人の中山八景図が北斎の手によって日本風の琉球八景となり、そして琉球八景の表現形式に注目したヨーロッパの印象派のもと伝わったという流通現象、また琉球の中山八景の背後に潜む「民俗世界の信仰的風景」を論じている。

古塚達朗『名勝「識名園」の創設―琉球庭園の歴史―』（上下二巻、ひるぎ社、二〇〇〇年五月）は、八景をとくに対象としているものではないが、古琉球から近世末にいたる琉球の庭園史を概観するなかで八景や十境・境致にかかわる庭園の様相について述べていて参考になる。

（6）「同楽苑八景」については拙稿「同楽苑とその八景」（『建築史学』第四二号、四〇～五一頁、二〇〇四年三月）がある（第一〇章）。

（7）潘栄「中山八景記」は、郭汝霖『使琉球録』（那覇市企画部市史編集室編『那覇市史　資料編第一巻三　冊封使関係資料（原文編）』、那覇市役所、一九七七年）所収のものに拠った。

（8）小島瓔禮「芥隠承琥伝」『球陽論叢』、島尻勝太郎・嘉手納宗徳・渡口眞清三先生古希記念論集刊行会、一九八六年十二月。

（9）本書第一部Ⅱ第九章第二節を参照。

（10）『李朝実録』一四六七年八月丁未（十四日）条、一四六七年八月庚戌（十七日）条。引用は、和田久徳「李朝実録の琉球国史料（訳注）（一～一二）」、『南島史学』三六号～五一号、一九九〇年十月～一九九八年五月、に拠る。

（11）和田久徳「琉球と李氏朝鮮との交渉――一五世紀東アジア・東南アジア海上交易の一環として」、石井米雄・辛島昇・和田久徳編『東南アジア世界の歴史的位相』、東京大学出版会、一九九二年。

（12）田中健夫「中国・朝鮮の史料にみる琉球」（『新琉球史　古琉球編』、琉球新報社、一九九一年）。

（13）筑土鈴寛「袋中上人小伝」『中世藝文の研究』有精堂出版、一九六六年。

（14）横山重編著『琉球神道記　弁蓮社袋中集』、大岡山書店、一九三六年、角川書店、一九七〇年。原田禹雄訳注『琉球神道記・袋中上人絵詞伝』（全二冊）、榕樹書林、二〇〇一年七月、袋中筆琉球神道記稿本（重要文化財）の影印を収録する。

（15）東恩納寛惇『南島風土記――沖縄・奄美大島地名辞典――』、沖縄文化協会・沖縄財団（東京）、一九五〇年三月、東恩納寛惇『大日本地名辞書　続篇（第二　琉球）』、一九〇九年。

（16）徐葆光『中山伝信録』巻四、琉球地図。

（17）前掲『南島風土記』「ザンパ岬」。

（18）徐葆光『中山伝信録』巻四、琉球地図。

(19)『琉球国旧記』(『琉球史料叢書　第三巻』鳳文書館、一九四〇年、一九九〇年復刻)巻之七、「金武山三社・観音寺」。
(20)『琉球国旧記』巻之七、「波上山三社」。
(21)『琉球国由来記』巻十四、「沖山臨海寺」の項、外間守善・波照間永吉『定本　琉球国由来記』(角川書店、一九九七年)による。
(22)同右。
(23)小島瓔禮・辻雄三『琉球古鐘銘集成』、琉球大学教育学部小島研究室、一九八六年七月。
(24)胡靖の残した記録は、松浦章「胡靖撰『琉球記』(『杜天使冊封琉球眞記奇観』)解題」(夫馬進編『増訂　使琉球録解題及び研究』、榕樹書林、一九九九年九月)によると、中華人民共和国北京図書館所蔵の『琉球記』と、アメリカ合衆国ハワイ大学ハミルトン図書館宝玲文庫所蔵の『杜天使冊封琉球眞記奇観』があり、「両者の記述内容はほぼ同じである」が、後者には前者にない割注が施される。また前者冒頭には「随行画家」胡靖の「琉球図」五葉半を掲載し、詩集の『中山詩集』(北京図書館所蔵)が付属する。引用は、胡靖『琉球記』(黄潤華・薛英編『國家圖書館藏琉球資料匯編』全三冊、北京図書館出版社、二〇〇〇年十月)により、読み下しは、那覇市企画部市史編集室編『那覇市史　資料編第一巻三　冊封使関係資料(読み下し編)』(那覇市役所、一九七七年三月)所収の『杜天使冊封琉球眞記奇観』を参考にした。
(25)「嵯夫中山諸景流峙皆奇。惜不令騒人墨士偏詠耳」。
(26)「由長堤百餘武有寺。曰臨海。無佛像、惟僧舎東一小殿中懸古銅物。形類雲板、硃砂盈斑。寶色璀璨。旁垂一槌風動自響如龍吟空中。與濤聲相應」。
(27)胡靖『中山詩集』所収、周煌『琉球国志略』(注40参照)巻七にも収録されている。
(28)田中健夫「中国・朝鮮の史料にみる琉球」(『新琉球史　古琉球編』、琉球新報社、一九九一年)。
(29)「過平坡里許、即海涯有輔國寺。僧舎在半嶺。躡數十級有三乃殿。殿宇寂閴、僅懸古銅物。形似鐘而實底。如商周法物博古圖之所未載也。循墻背、有古樹數株。榮枯雜半、盤根錯節、與恠石古木圖無異。樹傍即臨海崖。畦壁削數千仭。縣履之下、瞰蒼茫閃、忽心目俱悸縮、足不能自前。少憩、神恬。見無數石筍森立。其上嶙峋〔谽〕谺、如奇峰錯出。風急、則浪濤湧於崖半、轟洪飊、怒聲若雷霆。波恬、則若潭渚焉。水清如練、魚游可指尾而數。深處甚黒、余疑其無底。投以數小石、少頃見白點如梅花斑、始知其石底苔蒙也。仰望、則萬里雲濤浪湧如雪。余曾有「浪湧千重雪、潮來一片雲、胸中呑地濶、眼底極天深」之句。故諸景之勝、以輔國寺爲最」。
(30)夫馬進「張学礼撰『使琉球記』『中山紀略』解題」(夫馬進編、前掲書)。
(31)第九章第三節2参照。
(32)第七章第二節3参照。

(33) 新崎盛珍前掲書『思出の沖縄』(注5)、一四二頁。

(34) 東恩納文庫『冊封使真筆集』(沖縄県立図書館架蔵写真本)所収。汪楫の詩集『観海集』(東洋文庫蔵)には収録されていない。

(35) 汪楫『使琉球雑録』、巻二、「彊域」「出苑循竹徑行、透迤可十數里、植細竹成墻、密葉細枝、高不踰丈、平直如削、雖徑廻路轉、曾無参差錯出者、是爲中山第一勝境」。引用は、黄潤華・薛英編『國家圖書館藏琉球資料匯編』(全三冊、北京図書館出版社、二〇〇〇年十月)による。

(36) 『観海集』。周煌『琉球国志略』(注40参照)、巻五、「山川」に収録。

(37) 十九世紀の尚育王(一八一三~四七)に「崎山竹籬」の七言絶句がある(新崎盛珍前掲書、一五二頁)。

(38) 波上の詩は「海之水瀰瀰、刻屈勞天風、萬里赴峭壁、一激淩蒼穹。回頭發長噫、紛紛成白虹」、「海之水冷冷、呑天一色青、觸石不受、耆若奔繁星。歷落歸何處、浮光入杳冥」。周煌『琉球国志略』巻五、「山川」、巻十五、「藝文」に収録。

(39) 『東恩納文庫　冊封使真筆集』に「波上驚看雪満堆、怒濤奔石響如雷、自嫌毎出勞車馬、不尓應須日々来、過波上偶成、癸亥冬十月汪楫」、ハワイ大学ハミルトン図書館宝玲文庫所蔵の掛軸に「海潮衝石響如雷、波上時看雪満堆、自嫌毎出勞車馬、不尓應須日々来」。

(40) 周煌『琉球国志略』は、一七五九年の漱潤堂本、黄潤華・薛英編前掲書による。現代語訳に際しては平田嗣全訳『周煌　琉球国誌略』(三一書房、一九七七年)を参照した。

(41) 粂村竹籬は巻四下「風俗」、民家・村落を解説した部分。筍崖夕照は巻五「山川」、波上。中島蕉園は巻五「山川」、中島。泉崎夜月は巻五「橋梁」、泉崎橋。長虹秋霽は巻五「橋梁」、長虹橋。城嶽霊泉は巻七「祠廟」、城岳。臨海潮声は巻七「祠廟」、臨海寺。龍洞松濤は巻八「勝蹟」、龍洞、巻五「山川」、奥山・鶴頭山、巻七「祠廟」、龍渡寺。

(42) 周煌『琉球国志略』「泉崎橋　在漫湖滸、雙門拱月、毎當皓魄澄虚(處の誤植か?)、一碧萬頃、如玻瓈世界中、不復有凡俗想、爲中山八景之一。　徐葆光泉崎夜月詩」、「臨海寺　在那覇北砲臺隄上。舊名定海、汪楫隷書臨海寺額。爲国王祈所。門東向、佛堂面南三楹、面東板閣一。石垣四周、潮至墻下。爲中山八景之一。(中略)　胡靖臨海寺聽潮詩(中略)　徐葆光臨海潮声詩」、「村徑皆極寛潔、多編細葉小竹或列植十里香作屏籬。時時剪剔、令整齊方平。久米最盛。爲中山八景之一。　徐葆光粂村竹籬詩」、「龍洞　在奥山、萬松蒼茂、毎清風徐來、輒與潮聲答響。爲中山八景之一。　徐葆光龍洞松濤詩」、「波上　在辻山東北、一名石筍崖。山下海中生石芝、石松、多白色、嵌空玲瓏、仍具扶疎之態。山頭石垣四周、有板閣三楹。旁爲護国寺、右崖左小神舍。八月十八夜、多候潮于此。爲中山八景之一。　汪楫波上詩(中略)　徐葆光筍崖夕照詩」、「長虹橋　在眞和志牧志村長虹隄上。旁多鹽埠。爲中山八景之一。　徐葆光長虹秋霽詩」、「城嶽　在眞和志古波藏村。古松森立、可數百株。東三十餘歩、有泉名旺泉、従石溜出、甚甘潔、爲中山八景之一。　徐葆光城嶽靈泉詩」、「中島　在泉崎南、與奥山隔湖遙對。昔多蕉樹、今廢、爲中山八景之一。　徐葆光中島蕉園詩」。

(43) 場所の推定もすでに行われており、「那覇読史地図」（宮城栄昌・高宮廣衞『沖縄歴史地図　歴史編』、柏書房、一九八三年）に記載がある。

(44) 沖縄風土記刊行会編『沖縄風土記全集　那覇の今昔』（一九六九年）の「沖縄の八景」では、「中山八景（那覇八景）」と見出しを立てて取りあげている。また、池宮正治「那覇をうたう詩歌」（前掲『那覇を詠う』）も、「「中山」とはあるものの、……那覇の八景にシフトしたものである」と指摘する。

(45) 『喜安日記』（『日本庶民生活史料集成　第二七巻　三国交流誌』三一書房、一九八一年）、一六〇九年三月十六日条。

(46) 島袋全発『那覇変遷記』（琉球タイムス社、一九七八年（復刻）、一九三〇年七月の序あり）。東恩納寛淳『南島風土記』、「那覇」の冒頭。

(47) 岩井茂樹「徐葆光撰『中山伝信録』解題」（夫馬進編『増訂　使琉球録解題及び研究』、榕樹書林、一九九九年九月）、沖縄県立図書館所蔵の徐葆光『奉使琉球詩』巻之一「舶前集」は、渡琉以前に詠んだ詩を集めたものである。

(48) 岩井茂樹前掲論文。

(49) 島尻勝太郎選・上里賢一注釈『琉球漢詩選』（ひるぎ社、一九九〇年）、二七頁。

(50) 徐葆光『中山伝信録』巻四、「琉球地図」。

(51) 蔡温の漢詩については、島袋全発「蔡温年譜」（島袋全発遺稿刊行会『島袋全発著作集』、一九五六年）、前掲『琉球漢詩選』の「蔡温」解説を参照。

(52) 岩井茂樹前掲論文。

(53) 筆者の参照した徐葆光『奉使琉球詩』は、中華人民共和国江蘇省蘇州市図書館所蔵本である。

(54) 徐葆光『中山伝信録』巻六所収。

(55) 読み下しは、島尻勝太郎の周煌『琉球国志略』（那覇市企画部市史編集室編『那覇市史　資料編第一巻三　冊封使関係資料（読み下し編）』、那覇市役所、一九七七年）、平田嗣全前掲書、『那覇を詠う』（前掲、上里賢一分担部分）を参照した。

(56) 「舶中集」では「笋崖夕照」とするが、他の引用箇所では通例に従って「筍崖夕照」を用いた。

(57) 徐葆光『中山伝信録』は、康熙六十年（一七二一）刊、二友斎刊本、黄潤華・薛英編前掲書による。読み下し、現代語訳に際して、以下を参考にした。那覇市企画部市史編集室編『那覇市史　資料編第一巻三』（那覇市役所）所収の『中山伝信録』（原文編、一九七

五年、読み下し編、一九七七年）、島尻勝太郎校訂『中山伝信録』（『日本庶民生活史料集成　第二十七巻　三国交流誌』、三一書房、一九八一年）、原田禹雄訳注『徐葆光　中山伝信録　新訳注版』（榕樹書林、一九九九年）。

(58)「臨海寺、在北砲臺長隄之中、爲國王祈報所。門東向、佛堂面南、三楹、面東、板閣一間。石垣四周、潮至牆下」。

(59)「奥山、龍渡寺、在砲臺西水中小土山。潮至、瀰漫數十里、潮退、則平沙浅水、不勝舟楫。山舊爲蛇窟、僧心海始闢之、蛇相率渡水避去、築隄截潮、引泉種松。構屋五、六楹、前方沼中小亭二所。遍地植佛桑、鳳尾蕉等、頗可憇玩。山東有小尖阜、名鶴頭山。潮至板敷宇平等湖、漁舟夕照爲那覇近所第一勝處」。

(60) 原田禹雄訳注『徐葆光　中山伝信録　新訳注版』、三五六頁、注（8）。

(61)「水遠平如鏡、山圍翠作堆、分明洞庭渚　、不見雁飛來」、「客去山更寂、回首俄成昨　、明月櫂歌聲、又向泉崎落」。

(62)「波上、在辻山東北、一名石筍崖。山下海中、生石芝。沿海多浮石、嵌空玲瓏。白色山頭、石垣四周、垣後可望海。垣内板閣離立三楹、扃鑰、無僧、下有平堂三楹」。

(63)「城嶽、一名靈嶽。汪使舊録云、有板屋一區、今已盡廢。惟叢灌一林、密篠攢蕉。以石爲神、澆酒祈福、渡海報賽處。前古松數百株、亭立。前地少窪、四山皆松。東三十餘歩有泉、名旺泉、從石溜出注潭中、涓涓不絶。泉上老松三株、偃挺尤奇」。

(64) 巻六、風俗「村逕皆極寛潔、多編細葉小竹作屏籬、剪葉令齊、方整縝密、村落皆是」。

(65) 徐葆光は、竹の籬のほかに、黄楊の植え込みや、「十里香」の生垣の美しさについても述べている。「寺院の前では、あるいは黄楊を並べて植え、剪定して方形に整えている。葉が密に茂り、墻のようになっているのが数十歩ほど続く。また冬青（もちのき）のような葉の木があり、六、七月に小さな白い花が咲く。香りは梔子（くちなし）のようで、きわめて強い。土名を十里香という。これもまた剪定して屏籬を作る。王宮にいたる道をはさんで、両側に数里続いている」。

(66) たとえば、新崎盛珍『思出の沖縄』、一五一頁。

(67) 巻第二など。

(68) 島袋全発前掲論文。

(69)『程氏家譜』（那覇市企画部市史編集室編『那覇市史　資料編第一巻六　家譜資料二（下）』、那覇市役所、一九八〇年）。

(70) 上里賢一『閩江のほとりで――琉球漢詩の原郷を行く』、沖縄タイムス社、二〇〇一年七月、一二八～一三四頁。

(71) 上里賢一「雪堂燕遊草」（『沖縄大百科事典』、沖縄タイムス社、一九八三年）。

(72)『程氏家譜』（那覇市企画部市史編集室編『那覇市史　資料編第一巻六　家譜資料二（下）』、那覇市役所、一九八〇年）。

(73) 那覇市文化局歴史資料室『詩歌集　那覇を詠う』（那覇市、一九九七年）。

(74) 蔡敦達『中世の禅院空間に関する研究——境致を中心として』（東京大学博士論文、私家版、一九九四年）。
(75) 東恩納寛淳前掲『大日本地名辞書』、前掲『那覇を詠う』、六七頁。
(76) 前掲『那覇を詠う』、六八頁。ちなみに近代でも東恩納寛惇は、前掲『大日本地名辞書』の「那覇江」の項で、「翠山遠く其縁を回り、碧波淑淑、奥武山、鵝森等の小島盆石の如く其上に浮ぶ。景色絶雅賞すべし」と述べている。
(77) 新崎盛珍前掲書第四章「首里八景」、宮里朝光「八景五題」（『研究余滴』、郷土史研究会、第4号、一九六七年十二月）、「沖縄の八景」（沖縄風土記刊行会編『沖縄風土記全集　那覇の今昔』、一九六九年）、『詩歌集　那覇を詠う』五四頁など。
(78) 新崎盛珍前掲書、一六四頁。首里八景については、本書が参考になる。
(79) 池宮正治「王朝の文芸——首里城と城下の面影」（甦る首里城歴史と復元編集委員会『甦る首里城　歴史と復元』、首里城復元期成会、一九九三年）、池宮正治編「和歌・和文」（『詩歌集　那覇を詠う』所収）。
(80) 筆者が参照したのは、沖縄県立博物館架蔵『八重山博物館所蔵文書　糸洲家文書　八』（写真複写本）である。晃嶽積翠「更にまた　高くもあふぐ　晃嶽　木ごとに春の　みどりかさねて」、雩壇春晴「雨晴れて　なほ目に近く　雩の園に見下ろす　春の海原」、崎山竹籬「つくりなす籬の竹に　すずしさに　ゆきていとはぬ　崎山の里」、経臺新荷「濁りなき　心の水や　かよふらむ　法の台（うてな）の露の蓮葉（はちすは）」、龍潭夜月「龍もさぞ　淵をはなれて　いでやせん　波てる月の　すめる今宵は」、虎山松濤「磯ならで　波立ちくると　おどろけば　虎やま松に　あらし吹く也」、西森小松「千代ふべき　影こそあかね　ふかみどり　そむる小松の　しげる西森」、万歳嶺夕照「夕日さす　嶺の暑さは　しのばれん　万歳てふ　その名したひて」、
参照した史料では「万歳」を一文字につくっているが、ここでは通例に従い、「万歳嶺」と表記した。
(81) 沖縄県教育庁文化課編『金石文　—歴史資料調査報告書V—　沖縄県文化財調査報告書第六十九集』（沖縄県教育委員会、一九八五年）「大明弘治十白竜舍丁巳仲秋之吉旦　奉詔扶桑散人樗不材謹記」。
(82) 徐葆光『中山伝信録』巻四、紀遊に「萬歳嶺、在萬松嶺東大道之北。石碑立阜上。其文畧曰、茲嶺以萬歳爲名、蓋取嵩呼之義、以作中山都會。尚眞君上命於天、俾爲斯記。大明弘治丁巳仲秋吉旦、奉詔扶桑散人樗不材謹記」。
(83) 胡靖『琉球記』は「夾道結頂長松、状若虬龍。皮細色丹與文待詔所畫者無別。故謂之松嶺。徑紆廻升陟」、徐葆光『中山伝信録』巻四、「紀遊」は「上岡東行、爲萬松嶺。石路修整、岡巒起伏、松皆數圍、夾道森立」と記す。また王夢樓は萬松嶺と題した詩「盤岡萬株松、倶作龍鱗色、松徑有行人、籃輿隔深碧」を残す。
(84) 『琉球国旧記』巻之七、『琉球国由来記』巻十の円覚寺の項。
(85) 『東恩納文庫　冊封使真筆集』（沖縄県立図書館架蔵写真本）。

(86) 東恩納寛淳『南島風土記』「虎瀬岳」。
(87) 東恩納寛惇『南島風土記』「西森威部」。
(88) 新崎盛珍『思出の沖縄』、一六四頁。
(89) 徐葆光『中山伝信録』、巻四、「國中亦有五嶽、辨嶽在中山、八頭嶽在山南、佳楚嶽、名護嶽、恩納嶽在山北、比他山爲高。佳楚嶽尤峻、爲琉球第一峯云」、巻六、「後序」、「五嶽、太史圖録已標其大、以余所聞、又有四森焉。森、猶云府也、其地有名山森森然、如首里有辨嶽、龜山、泊府則有天久、久米有雲巒、那覇有辻山。此四府、皆王公冠蓋里居、故得稱爲森」。
(90) 新崎盛珍前掲書、一五七頁。
(91) 『球陽』尚温王六年（一八〇〇）条、「忠開元の妻及び宮城筑登之親雲上は、自己の資財を捐して、雩舞壇より、識名休嶽に至る条路に従新に石を舗く」。
(92) 新崎盛珍前掲書、一四七頁。
(93) 池宮正治・嘉手苅千鶴子・外間愛子『近世沖縄和歌集　本文と研究』（ひるぎ社、一九九〇年五月）所収。
(94) 楊文鳳については、真栄田義見「楊文鳳について」（『沖縄・世がわりの思想』、沖縄タイムス社、一九七二年二月）、島尻勝太郎「楊文鳳――隠れたる詩人」（沖縄大学教養部『沖縄大学紀要』、第2号、一九八二年三月）、その詩については、上里賢一「『四知堂詩稿』巻一の自然詠小考」（『沖縄文化』、第十二巻一号、一九七五年十一月）、崇原寿恵子「琉球漢詩文『四知堂詩稿』について」（『沖縄文化』、第十七巻一号、一九八〇年十月）などがある。楊文鳳の没年は、島尻によると一八〇六年。
(95) 崇原寿恵子前掲論文。
(96) 『四知堂詩稿』巻之二。以下、『四知堂詩稿』の引用は京都大学所蔵本に拠る。本文には薩摩の石塚崔高の訓点が施されており、表題に「琉球楊経齋著　四知堂詩稿　浪華　崇高書房」、奥付に「文化三丙寅年刻　薩州書房　児玉利兵衛　大坂書房　泉本八兵衛　樫本勘兵衛」とある。
(97) 楊文鳳『四知堂詩稿』巻一、「王城之麓国市之東有岡、俗呌松崎。千松夾路、一水纏坡。隔渓遙見、高橋臥浪、如龍騰跳、複道架空、似虹滅明矣。豈不首里名勝區哉。一夜、来遊之間、飛觴酔月、吟詩嘯風。其楽也、無窮焉。于爰賦短律、聊為欲免於金谷之罸酒而已。好是松崎景最奇、嶺廻磵復倚龍池、風清玉免懸晴嶂、雨歇金鱗躍碧漪、一坐高橋虹影臥、千重複道日光移、遙看車馬如雲集、絡繹謳歌適意時」。読み下しは、前掲、上里賢一「『四知堂詩稿』巻一の自然詠小考」を参考にした。
(98) 前掲、上里賢一「『四知堂詩稿』巻一の自然詠小考」。
(99) 那覇市企画部文化振興課編『那覇市史　通史編第一巻　前近代史』（那覇市役所、一九八五年八月）、四三三頁、島尻勝太郎選・上

里賢一注釈『琉球漢詩選』（ひるぎ社、一九九〇年一月）、一二一頁。

(100) 『那覇市史　通史編第一巻　前近代史』、四三三頁。

(101) 沖縄県立図書館所蔵、複写本。

(102) 巻五、藝文下、沖縄県立図書館所蔵、複写本。

(103) 石野瑛『南島の自然と人』、一九一六年四月。一〇五—一〇六頁。

(104) 上里賢一は、前掲『那覇を詠う』の「漢詩」や琉球新報社編『琉球漢詩の旅』（上里賢一選・訳、茅原南龍書、琉球新報社、二〇〇一年三月）において毛世輝の「中島蕉園」・「筍崖夕照」・「泉崎夜月」を紹介している。

(105) 那覇市企画部市史編集室編『那覇市史　資料編第一巻七　家譜資料首里系』（那覇市役所、一九八二年）。

(106) 池宮正治は、那覇市文化局歴史資料室『詩歌集　那覇を詠う』（那覇市、一九九七年三月）においてこれらを紹介している。

(107) 古塚達朗前掲書（注5）。

(108) 南苑八景については、池宮正治「『琉球大歌集』と『南苑八景』——補完と全貌」『日本東洋文化論集（琉球大学法文学部紀要）』（第四号　、一九九八年三月）、嘉手苅千鶴子「『南苑八景』——解説と翻刻」、沖縄国際大学『日本語日本文学研究』（第二巻第二号、一九九八年三月）があり、ともに翻刻を掲載する。

(109) 池宮正治前掲論文「王朝の文芸——首里城と城下の面影」に翻刻紹介されている。

(110) 『絵はがきにみる沖縄　明治・大正・昭和』琉球新報社、一九九三年、による。以下、同じ。

(111) 宜野湾市史編集委員会『宜野湾市史　第六巻資料編五、新聞集成Ⅱ（戦前編）』、宜野湾市、一九八七年、三一三頁。

(112) この日本八景については、白幡洋三郎「日本八景の誕生——昭和初期の日本人の風景観」、『環境イメージ論』、弘文堂、一九九二年がある。

第九章　東苑とその八景

前章では瀟湘八景に由来する〈八景〉の伝来と受容、定着、展開の実態を詳論したが、琉球王国の宴遊施設東苑の八景は、〈八景〉の受容と展開に加え、どのような都市環境文化をものがたるのであろうか。

琉球王国の首都・首里の王城に近い景勝の地である崎山には、王国の宴遊施設、東苑（御茶屋御殿）が営まれていた。東苑は、自然と歴史と文化の渾然一体となったすぐれた環境をもっていたが、今はわずかに残る遺構がかつての姿を偲ばせるだけである。

東苑は琉球王国史のなかで、また都市文化史のなかで重要な位置を占めると考えるが、しかしその重要さのわりに東苑の実証的な研究は、以下に示すように、これまでほとんどなされていない。そこで本稿は、琉球の都市環境文化に関する研究の一環として東苑を取りあげ、東苑の創立期の状況とその後の変容を明らかにした上で、琉球における瀟湘八景の受容と展開という視点から、東苑の勝景を詠んだ八景の成立、そして琉球人である程順則の「中山東苑八景」の成立時期などを考えるものである。

近代以降、早い時期になされた東苑の解説に、東恩納寛惇の「東苑」二編がある。[1] そのうち『南島風土記』の「東苑」は、使琉球録や「茶亭記」、『浮縄雅文集』、琉歌など基本的な史料を示して説明を加え、すぐれた解説となっている。東恩納の解説は、現在ではもちろん修正を加えるべきところもいくつかあり、まずそれらを検討して次章以下の議論の準備としたい。[2]

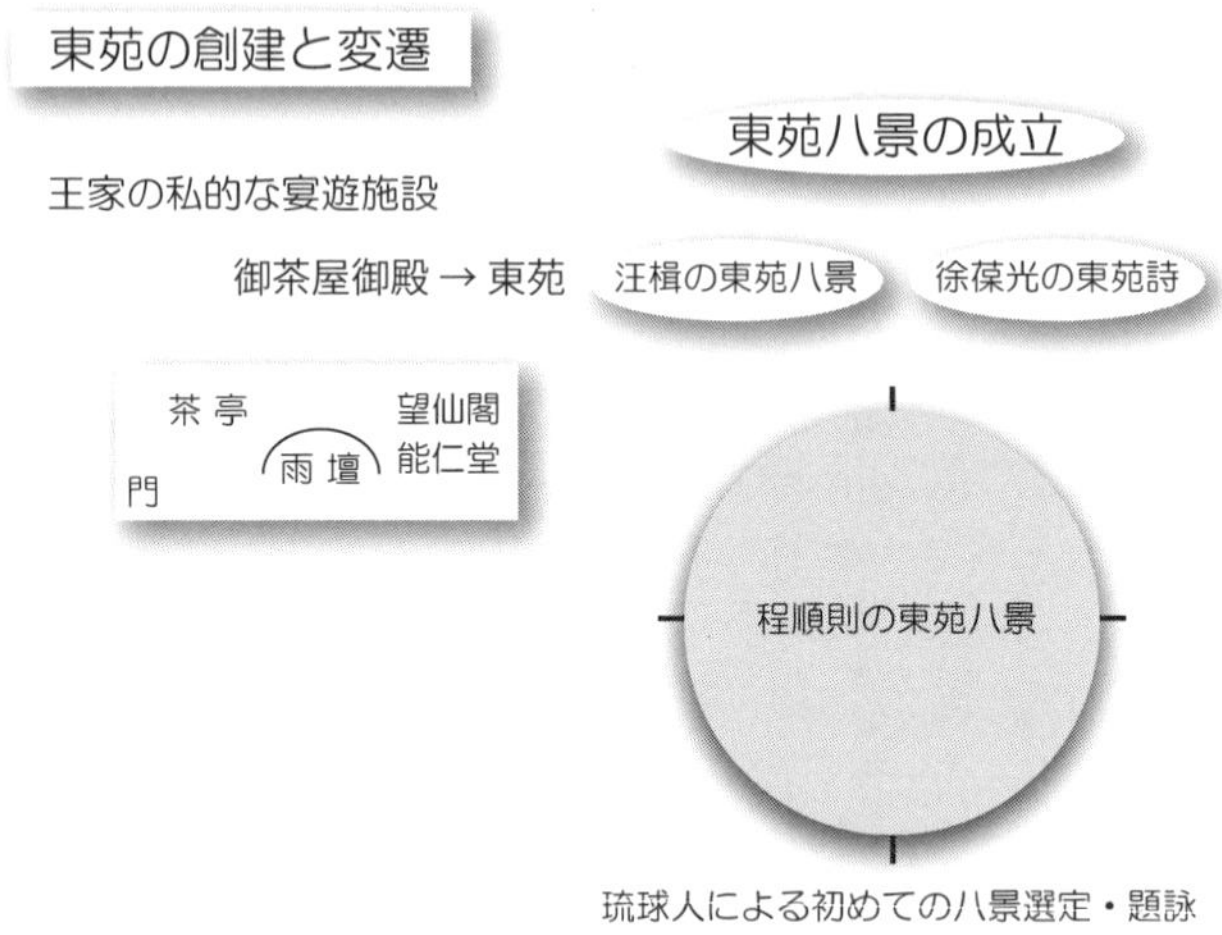

図 91　本章の論点

写真 34　東苑跡（首里カトリック教会）

第一に、苑の創建時期の問題がある。東恩納は、前川系譜を史料として延宝五年（一六七七）、尚貞王の時代の築造で、同年に伊舎堂親方守浄を普請奉行に任じ、四月工を起し、五月成を告げたとする。しかし、原田禹雄が指摘するように[3]、現存する前川家の家譜には、東恩納が引用するような記述はない[4]。原田は、信頼しうる根拠史料がないことから、東恩納に与せず、一六八三年の冊封使の来琉に合わせて造営されたと考える。創建年時については確かな史料による考察が不可欠であるが、新史料が現れる可能性は少ない。

第二の問題は苑の名称である。「東苑」の名称は、一六八三年の冊封使汪楫が命名したものであり、これが東苑の名の始まりである（第一節1項、「東苑」）。東苑は正式の名称として用いられたが、「崎山御茶屋」・「崎御茶屋」・「御茶屋御殿」など「御茶屋」の俗称も広く使われている[5]。問題は、崎山御殿を東苑の別称とする説が東恩納をはじめとして少なからずみられることである。漠然と崎山にある御殿とか御園というような広い意味では東苑も含まれることになるのであろうが、崎山御殿を固有名詞として、すなわち東苑と異なる王家の御殿として、東苑と明確に区別しておきたい[6]。

第三に、東苑と茶亭の関係である。東恩納は「茶亭記」（後掲、第一節2項、「茶亭」）に「壬戌の秋、律は夷則に中り、謹んで霊地を崎山の陽に卜し、茶亭を雩壇の下に築く」とあることから、この茶亭を東苑とは別の邸とするが、これは東恩納が東苑の敷地のなかにあった雩壇を崎山の雨乞い御嶽と誤解したことに原因がある。雩壇と雨乞い御嶽が異なるものである点については、原田禹雄がていねいな考証を行い、また歴代の冊封使の使琉球録の記載からも明らかであり、改めて論ずる必要はない。同様に茶亭が東苑のなかに営まれた中心施設であることも明確である。

ところで東苑では、『球陽』尚温王二年（一七九六）の条に「隔年鑾守を宴請するの典有り。且冊封の時、天使（冊封使）遊観の典有り。是れ定例に係る」とあるように、薩摩藩の在番奉行の接待や清の冊封使の遊観が恒例の宴として行われた。公式には、冊封使のために七宴（諭祭宴・冊封宴・仲秋宴・重陽宴・餞別宴・拝辞宴・望舟宴）が首里城内の北殿（北宮）などにおいて、[7]また在番奉行には端午や八朔の宴などが同じく南殿（南宮）において催されたが、こうした公式の宴とは別に東苑において遊覧や宴が行われたのである。[8]このほか中国や薩摩、江戸へ使者を派遣するにあたっての餞別の宴や、茶や立花、文芸、管弦、歌舞、武芸などの諸芸の達人を集めた宴も開かれた。

東恩納の解説には、東苑と芸能についての重要な指摘が多く、①程順則に東苑八景の題詠があること、また②和文に豊川正英「御茶屋御殿諸芸つくし」などがあり、③山内親方の和文の一部「さまざまの芸能叡覧ましまして終日の御佳興、類も稀にぞ聞えける」を紹介して、こうした詩歌管絃の宴が尚貞王から尚敬王・尚穆王の時代にたびたび催され、琉球王朝最後の尚泰王時代まで続けられたこと、[9]④これを歌った琉歌「拝てのかれらぬ首里天きやなし、あす（遊）てのかれらぬ御茶屋御殿」（拝して立ち去りがたいのは国王、諸芸の遊びで立ち去りがたいのが御茶屋御殿――引用者訳）があることなどを述べる。

冊封使を招いた宴は琉球と中国との文化交流という意味で重要であるが、琉球の文化にとってより重要で興味深いのは、東苑がさまざまな芸能の場であったことである。東苑は、政治・儀礼の場である王城に対して、首都における芸能の場、芸能を介した交流の場であること、いいかえると「文化＝空間」であることに大きな意義がある。『浮縄雅文集』の「御茶屋の景」、「御茶屋御殿諸芸つくし」、「同時」の和文は、十八世紀前半のそうした東苑の活況をいきいきと伝えているし、また「拝てのかれらぬ首里天きやなし、あす（遊）てのかれらぬ御茶屋御殿」の琉歌は、首里城の尊厳と東苑の遊楽を端的に表している。

一、創建期の東苑

1　東苑

一六八三年に尚貞王を冊封した正使汪楫と副使林麟焻は、琉球王国がみずから中国の新国家、清朝に対して王位の襲封を願い出たために派遣されることになった冊封使であった。[10]十月十六日、冊封使としてのほとんどの役目を終えた汪楫と林麟焻は、尚貞王に招かれ、崎山の庭園を訪れている。このとき汪楫は、国王に乞われて苑の門の額に「東苑」と書いた（後掲、史料⑥）。冊封使を接待する遊宴施設としての東苑は、ここに始まるということができる。

この東苑の命名には興味深い点がある。というのは、東苑は首里城の東に位置するからというのであるが、実際にはそうではないからである。一六八二年の中山陪臣真常の「茶亭記」（次項、「茶亭」）には、東苑内の茶亭の建立に関して「謹卜靈地於崎山之陽、築茶亭於雩壇之下」とあり、琉球の人である真常が崎山の南と記している。これは文字どおりには崎山の南と書いたものであり、首里城の南とするものではないが、実際には首里城の南に崎山があり、その崎山の南に東苑が位置するのであるから、結局のところ、茶亭、ひいては東苑は首里城の南ということである。当時の琉球の人々は、東苑が王宮の南にあることをたしかに承知していたということができよう。なぜ、ことさらに東苑と名づけたのであろうか。

汪楫の書いた東苑の額について、一七一九年の冊封副使徐葆光は『中山伝信録』に今はもうなくなったと記したが、そうではなく、能仁堂にあるのを一七五六年の冊封副使で『琉球国志略』を著した周煌が見ているし、また一八〇〇年の冊封副使李鼎元の『使琉球記』は、東苑の額が望仙閣の前にあると記している。[11]「咸豊四年（一八五四）甲寅臘月寫之」の『御茶屋之御掛物並御額御掛床字寫』[12]によると、東苑の額の跋は次のようなものであった。

白虎通曰花圃所以在東方者、取長養萬物之義、東方物所生也、
中山賢王作小苑於王宮之東、深合古義而務崇樸素無彫繢之飾、可謂體天愛民者矣、故余樂爲書之、
康熙癸亥史官汪楫並識

汪楫が東苑と命名したのは、おそらく苑が首里城の東に当たるとの教示によるもの、あるいは王の意向を汲んだものであろう。南をあえて東と呼ぶことによって、中山王の作った小苑が王宮の東にあることになり、後漢の古典『白虎通』の古義に合わせ、東苑を「花圃東方に在る所以者、萬物を長養するの義を取る、東方は物の生れる所也」として意味づけ、価値づけることも可能になったのである。東苑の名は、単純な命名のように見えて、じつは含蓄のある命名であったといえよう。

東苑の立地について、汪楫は首里城継世門の東にあるとするが、徐葆光は、東ではなくて王宮の南に当たるといい、一帯の石山は石の姿がはなはだおもしろいと述べる(13)。周煌は、「在王府繼世門之東、爲中山龍脉」と、汪楫と同じく継世門の東としながら、風水の観点から崎山が中山の龍脈であることを指摘している点が興味深い。原田が指摘するように、地理的な位置関係からすると首里城の南にあたる崎山を、ことさら東というのは、風水上の配慮もあるのかもしれない(14)。

東苑の命名者である汪楫の見聞録『使琉球雑録』は、この東苑を次のように叙述している。

崎山在継世門之東、其最高處曰望仙閣、板屋一楹不蔽風雨、倚山爲梯、因樹爲欄、極疎簡之致（史料①）。閣下有土一丘、形如覆盂、是爲雩壇（史料②）。壇側新建茶亭、爲國王游觀之所、屋三楹、軒窓洞開了、無塵翳、壁有箋曰、粗茶淡飯飽即休、王命都通事蔡某所書（史料③）。亭之東培土爲小山、架石盆、蓄金魚百數、陶瓦爲小龍、發機引水、從龍口噴出、週廻不竭、亭西雑植花樹（史料④）。南下百歩、有石巖、巖上書梵字一、大盈丈、巖下可容數十人、茗竈畢具、甃石爲虎

伏、巖側下、臨大壑、挹山望海、應接不窮（史料⑤）。國王乞臣楫、榜其門曰東苑（史料⑥）。

汪楫のみた東苑の主な景物は、門、望仙閣、茶亭などの建築、梵字のある岩、岩の下の洞窟（程順則東苑八景の「石洞」）、そして庭園では望仙閣の下の土丘（雩壇）すなわち茶亭の東の小山[15]、茶亭の西の花木、「石洞」の石虎、雩壇の上に置かれた金魚を飼う石の盆、水を噴き出す陶瓦の龍などである（史料①〜⑥）。

明の時代、一六三三年の冊封使杜三策の従客胡靖の『琉球記』によると、久米村には書院風の建築と庭をもった屋敷があった。

兩邊夷居櫛比。有劉姓者。年百餘。意、致風雅、類我輩人。屋傍搆別室、四壁圖画中懸張學士草書。舍左築高臺、手栽杉松數十株。屈曲蒼古、垂蘿可愛。臺高、能望海。下多列海石。嵌空玲瓏、恠異奇絶。有石盆、渾然天成、如人工焔鑿者。畜游魚數百。余喜而頻過。過輙踴躍呼童煮茶。毎相桃接佅倚。遘此、可為陽春白雪[16]。

この記事からみると、東苑の姿は、那覇の風雅な人々のものとそれほどちがいがなかったと考えられる。

ところで注意すべきことは、汪楫の叙述によると、茶亭についてのみ新しいという形容があり、このことからおそらくほかの建築や施設は新しいものではなかったとみられる点である。これは、東苑の名は汪楫の命名にはじまるものの、名称の成立が苑そのものの創始を意味していないということでもある。したがって望仙閣や雩壇などの建築・施設の築造は、少なくとも一六八二年以前の時代にさかのぼるのではないかと推測することができる。「東苑」命名や茶亭建立以前には、この苑はどのような性格の施設であったのか。

2　茶亭

最初に建立の趣旨や経過などが具体的に判明する茶亭について考えていこう。周煌『琉球国志略』は茶亭について汪楫『使琉球雑録』を祖述しながら、茶亭に中山王の臣真常の記があり、巻十五「藝文」に掲載したと述べる(17)。従来、「藝文」所収の「茶亭記」が利用されてきたが、この「茶亭記」は日付を欠いているために成立年時が判然としなかった。そのため文中に「壬戌之秋、律は夷則（七月のこと―引用者注）に中る」とあることから、東恩納寛惇『南島風土記』は一六八二年、平田嗣全訳『周煌　琉球国志略』は干支を一巡遡らせて一六二二年などと推定していた。

ところで、「茶亭記」は、『御茶屋之御掛物並御額御掛床字寫』と琉球の漢詩文を収録した『琉球詠詩(18)』にも収められている。しかもこれらには周煌『琉球国志略』が省略した日付が末尾に記されている点が重要である。以下では『御茶屋之御掛物並御額御掛床字寫』の「茶亭記」から茶亭の建立に関する箇所を引用する（以下、〔　〕は『琉球詠詩』および周煌『琉球国志略』により校訂）。

茶亭記　　中山陪臣　眞　常

（前略）、於是、一日令紫巾官夏徳宣、相地擇吉、築茶亭一座、於見朝之暇、汲水、煮茗、為休息之所。經之營之、不丹不雘、毋傷民力、毋勞百工、斯誠吾　王慈之深、倹之至也。夏氏爰奉　教令、壬戌之秋、律中夷則、謹卜靈地於崎山之陽、築茶亭於雩壇之下、不日厥功告成矣。（以下、第5項に引用）

犇　大清康熙二十二年壬戌秋七月吉日

まず「茶亭記」の成立年時の問題を取り上げる。この「茶亭記」には年時の記載があるが、しかしその「大清康熙二十二年壬戌秋七月吉日」には矛盾が含まれている。「康熙二十二年」が正しいとすると、その干支は壬戌ではなく、癸亥であり、一方、「壬戌」が正しければ、康熙二十一年としなければならない。内容から『御茶屋之御掛物並御額御掛床字寫』とは独立に原文を写したテキストであると考えられる『琉球詠詩』も、「大清康熙二十二年壬戌秋七月吉日」とするので、おそらく「茶亭記」自体がまちがっていたのであろう。

茶亭が一六八二年七月に竣工したことは明らかである。そして「茶亭記」も同じ七月に書かれたとするか、あるいは「康熙二十二年」が正しく、茶亭の竣工後、一年経過した一六八三年七月に記されたとみるかのどちらかである。ただ茶亭の竣工後、一年を経て「茶亭記」が記されるというのも、茶亭を建立した王の徳をたたえるその内容からみて時機を失したことであり、ここでは「茶亭記」の成立を一六八二年七月と考えておきたい。

「茶亭記」によって、尚貞王が政務の暇に喫茶を楽しみ、休息の所とするために茶亭を建立したこと、また敷地を選んで茶亭を建築したのが紫巾官の夏徳宣であること[19]、茶亭が苑地の中央に南嶽を望むことができる中心建築として配置されたことなどが判明する。汪楫によると、茶亭は三間の規模であった（史料③）。

こうした人工の茶の建築とは別に、天然の茶屋というべき空間、「石洞」があったことも注意しておいてよかろう（史料⑤）。茶亭の建設とほぼ同時に、「石洞」に竈などの喫茶の設備も整えられたのではないか。

3　雩壇

雩壇は、茶亭に先立って構築されていた。雩壇に関する史料はきわめて乏しく、「茶亭記」以外には使琉球録などに短い記述があるだけである。汪楫は「閣（望仙閣）の下に土の丘があり、形は覆した盂のようである。これが雩壇である」、「茶亭の東に土盛りして小山をつくる」と説明し（史料②③）、徐葆光『中山伝信録』の「亭東土阜一丘、形如覆盂、頗高竦、汪録云是雩壇」や、周煌『琉球国志略』、李鼎元『使琉球記』などの記述は、汪楫を祖述するだけで、とくに新しい情報はない。ただ一八〇〇年の冊封正使である趙文楷の詩集『槎上存稿』に収録された「中山王の招きて東苑に游び、雨に値いて晩に歸る」詩の第一首に「亭東纔咫尺、未上舞雩壇〈亭東土阜一邱、形如覆盂、是其國雩壇。

因雨、未能上〉」（〈　〉は割註を示す、以下同じ）という一句と割註があるのが注意される。[20] 趙文楷は、雨が降ったために雩壇に上ることができなかったといっているから、晴天であればおそらく雩壇に上っていたのであろう。雩壇は雨乞いの儀礼が行われるような壇とは異り、築山のようなものであったらしい。

雩壇のもともとの機能が何であったかは、創建期の東苑を考える上でおおきな問題点であるが、手がかりはその名称だけである。「茶亭記」が「雩壇」と記したのは、かつて雨乞いの儀礼が行われる壇であったとか、崎山の雨乞い御嶽の前身であったなど、かつての由緒を示唆しているのであろうか。あるいはたんに土を積み固めて山とした庭の築山に「雩壇」という佳名を付けたに過ぎないのであろうか。後者の方が可能性が高いように思われる。

4　望仙閣

望仙閣については汪楫の記述（史料①）から、東苑のもっとも見晴らしの良い高所に建てられた一間四方、吹き放しの簡素な庭園建築であることなど、いくらかその姿が判明する。徐葆光は「望僊」の額が今はなくなっているので自分が書いたこと、周煌は望仙閣に林麟焻の「凌雲」の額があったことを記している。現存する「凌雲」の跋には「康熙二十二年癸亥孟冬既望（一六八三年十月十六日）」とあり、[21] また林麟焻の「題望仙閣」の詩には「癸亥小春（一六八三年十月）」とあるので、[22] これらが汪楫と林麟焻が東苑を訪れた十月十六日の作品であることがわかり、望仙閣についての数少ない同時代史料となっている。

「凌雲」の跋や「題望仙閣」詩によって、凌雲亭と望仙閣が同じ建築であること、望仙閣が中山王が休暇に際して文人を招いて宴遊したり、「遊観を修む」ために建てられたこと、汪楫たちの来苑以前に「望僊」の命名と掲額がなされていたこと、命名も額の字も琉球の人によるものであったにちがいないこと、また「凌雲」の佳名によって二重の名づけが行われたこと、したがって望僊の命名時には冊封使の渡琉を想定していなかったと思われること、望仙閣の名には神仙思想の海上三山や仙山、仙人などの文化的背景があること、さらに東苑の地もある意味で仙境に擬せられていたことなどがよくわかる[23]。おそらく東苑の命名と共通の意図が作用したことによるものであろう。

望仙閣は、実際的な機能と空間をもった茶亭に対して、「望僊」や「凌雲」が表しているように象徴的・造景的な建築であったにちがいない。

5　東苑の原形

「茶亭記」において興味深いことの一つは、苑の全体像を叙述しているにもかかわらず、望仙閣についてまったく言及していないことである。冊封使たちがかならず訪れた東苑のすぐれた景物であったことからすると、それはいかにも奇妙である。汪楫『使琉球雑録』は茶亭についてのみ新たに建てたという記述をするが（史料③）、実際には望仙閣も新造の建築であり、それも茶亭より後に造られた建築ではないかという推測が可能であろう。

東苑の地に最初に建てられたのは茶亭であり、「朝を見るの暇に、水を汲み、茗を煮て、休息の所となす」ためであった。これに引き続いて「島王の休暇、遊観を修む」ために敷地の高所に閣が建立されたのであろう。もともと国王の私的なくつろぎの場所であり、時には私的な宴遊の施設としても用いられたのであろう。そこに冊封使を招いて接待を行うことは、少なくとも茶亭や望仙閣の建立当初に想定していなかったらしいことは、先に述べた通りである。

次に「茶亭記」が苑を整備された庭園として叙述する点も重要である。

其為地、東南開園囿、或封土塊者、春秋詠花、賞月之標致也。西北鑿小池、或移松樹者、冬夏乗凉、禦寒之名區也。中架小座、臨南嶽者、茶亭也。峯回、路轉、飛流噴薄於巖中者、芳泉也。縦目瀛海、賈舶漁舟、隨湖〔潮〕下上、汪洋㵱靡涯矣。此澤梁無禁之美利也。回観原野、農夫耒耜麥壠稲畦、民産樂有恒矣。此農時不奪之流風也。至若月影照欄、松風響徑、太平氣象、豊慕（歳）休徵、又何莫非茲亭之佳勝、視聴之美観哉。

苑には東南に草花や樹木を植え、鳥獣を飼う広い庭園や、盛土したところ（築山＝雩壇）があり、また西北には小さな池や松を植えたところ、さらに芳泉などがあって、春夏秋冬折々に詩を詠み、月を眺め、暑さ寒さをしのぎ、大海や原野を眺めることができるようになっていた。その中にあって南嶽に臨む建築が茶亭であった。

茶亭が建立されたとき、苑はすでに庭園として整った姿をしていた。こうした苑の整備は、いつ、またどのような構想の下に行われたのであろうか。「茶亭記」では茶亭の占地について霊地を卜した結果であるというが、事実このとおりなのか、あるいは苑の当初からの計画にしたがって建築されたのをことさらそのように文飾したのかはわからない。ただ敷地の中央に茶亭が立地していることや「御茶屋御殿」の呼称などから後者の可能性が大きいのではないかと思われる。この場合、苑の整備時期も茶亭の建立時期からそれほど隔たることはないであろう。「茶亭記」は、事実上、尚貞王による御茶屋御殿の創立を語っていることになる。

茶亭の建築と庭園の整備、すなわち御茶屋御殿の創立は一六六九年に即位した尚貞王によるものと考えるが、ただ、これは苑自体の始まりを意味するものではあるまい。すぐれた景勝の地を占める中山国王の園囿としては、さらに昔に遡るのではないか。胡靖『琉球記』の始めに掲げられた「琉球図」をみると、「中山王殿」（首里城）の東方に「観旭峰」（弁ヶ岳か）、さらに奥の崖の端部に「望日亭」が描かれている。この「望日亭」は一間四方、吹き放しの四阿風建築のように描写されていて、その立地や名称、形態などから東苑の望仙閣が強く想起させられる。望仙閣の前身建物とみなすことも可能であろう。王家の「東」苑は、少なくとも十七世紀初頭、首里城とのかかわりから創建時に遡る可能性も考えられる。

二、能仁堂——仏堂から書院へ

創建期からの大きな変化を知るために、一八〇〇年に琉球を訪れた冊封副使李鼎元の記録『使琉球記』をあげて比較しておこう。正使の趙文楷とともに東苑に招かれた李鼎元は、東苑内の施設などを説明して次のように述べている（注記は引用者による）[24]。

入門、板亭二（間）、南向、更進而南、屋三楹（間）。亭東有阜、如覆盂。折而南、有巖西向、上鐫梵字一、畫如覊、下蹲石獅一、飾以五采。再下、有小方池、鑿石爲龍首、泉從口出。有金魚池、前竹萬竿、後松百挺。再東爲望仙閣、閣前有「東苑」額、前使汪楫題並跋、後爲能仁堂。東北望海、西南望山、國中形勝、此爲第一。且遊且記、走筆和壁間徐澄齋（一七一九年の冊封使徐葆光）韻四首。

汪楫と李鼎元の記録に描写された東苑の景物は、次のように整理される。

（1）汪楫と李鼎元の記録に共通してあらわれる景物
　門、望仙閣、雩壇、茶亭、梵字のある岩
（2）汪楫の記録にのみあらわれる景物
　茶亭の東の小山、茶亭の西の花木、石虎、金魚を飼う石の盆、水を噴き出す陶瓦の龍
（3）李鼎元の記録にのみあらわれる景物
　二間の亭、能仁堂、石獅子、小さな方形の池、水を噴き出す石造の龍、金魚を飼う池、竹と松

一六八三年から一八〇〇年にいたる一二〇年ほどのあいだ、ずっと存在し続けた門、望仙閣、雩壇、茶亭、梵字のある岩などは、東苑の主要な景物であったということができよう。また口から水を吐き出す龍や金魚など、造りは変

写真35　かつて東苑にあった「石洞獅蹲」の石獅子

わっても景物として受け継がれていることも注目に値しよう。一方、能仁堂の建立と二楹（間）の亭の新築、岩の傍らにうずくまる動物が石虎から石獅子へ変化したことなど、重要な変化もいくつかみることができる。汪楫『使琉球雑録』の石虎から、徐葆光『中山伝信録』の石虎と石獅子へ、そして周煌『琉球国志略』の石獅子へという変化は、おそらく一七〇九年の首里城正殿などの焼失とそれにともなう風水的な防火の観念に起因するものであろう[25]。

以下では東苑において重要な役割を果たした能仁堂の変遷を検討したい。

1　能仁堂の建立

能仁堂とは釈迦を本尊とする仏堂、釈迦堂のことである。この能仁堂の建立時期について、田名真之は「一六八九年に『能仁堂』が建立されている」とするが[26]、その根拠となった「田姓家譜（支流）」四世方房の康熙二十七年（一六八八）戊辰の条には、「造營御茶屋能仁堂之時、自八月三日迄十月二十日、從奉行夏氏田島親方賢宣[27]」とあるので、一六八八年の建立とすべきであろう。同じ一六八八年に絵師の琥自謙が能仁堂の壁画を描いたという。[28]

なぜ尚貞王が能仁堂を建立したか不明であるが、東苑における施設の充実の過程を、

苑 → 雩壇 → 茶亭 → 望仙閣 → 能仁堂

というように概括するならば、その背後にある意味について、

東方の霊地 → 自然信仰 → 茶の湯 → 神仙思想 → 仏教

と憶測してみたくなる。尚貞王はこのような固有の、また外来の多様な信仰・思想・宗教にかかわる構築物を共存させることによって、「文化＝空間」の場の豊かさを創り出そうとしたのではなかろうか。意図はともあれ、東苑のなかにあって、釈迦を安置する仏堂は、やはり異質であったように思われる。こうした特性が、後に能仁堂の変化を引き起こす根本原因となったと推測される。

東苑に新築された能仁堂を初めて見た徐葆光の『中山伝信録』には、「閣後有小佛堂、匾名能仁堂。南面」[29]とあり、能仁堂は望仙閣の後ろにある小規模な仏堂で、「能仁堂」という扁額が掲げられ、南面していた。徐葆光は東苑の景を主題とした「東苑に遊びて中山王に柬する四首」を詠んだが、そのうち能仁堂を詠んだ第四首の結句の割注に「壁に前使林舍人麟焻の東苑の詩有り」とあって、当時、能仁堂の壁に一六八三年の冊封副使林麟焻による東苑の詩、おそらく「題望仙閣」の詩が掛けられていたことがわかる（第三節2項、「汪楫の東苑八景」参照）。

周煌は能仁堂に汪楫の書いた東苑の額があるのを見て、能仁堂を東苑という[30]と記している。李鼎元は、冒頭にあげたように、能仁堂の「壁間の徐澄斎の韻四首に和して筆を走らせたりした」と書いているが、能仁堂の壁に掛けられていた徐澄斎（徐葆光）の詩四首というのは、「東苑に遊びて中山王に柬する四首」のことであり、この詩の韻に和して、李鼎元は「東苑和壁間徐大史韻四首為　中山賢王」という詩を詠んだのである。[31]

能仁堂は歴代の冊封使たちの扁額や軸物などが掲げられる建築であった。このように書や詩を飾ることは、茶亭に

「粗茶淡飯、飽即休」の箋があり（史料③）、望仙閣に「凌雲」の額が飾られていたように、めずらしくはない。ただ能仁堂はもともと仏堂として建立されたにもかかわらず、早い時期からこの場所で冊封使たちに作品をつくらせ、それをいわば展示することを意図していたように思われる。琉球第一の禅刹である円覚寺の方丈には、冊封使たちの詠んだ詩や聯句が飾られていたというが[32]、それと同じような建築空間を意図したのであろう。徐葆光「東苑に遊びて中山王に柬する四首」の第四首の後半、「倹徳存遺搆、清遊繼昔賢、壁紗籠句處、猶寶鳳池篇〈壁有前使林舎人麟焻東苑詩〉」は、こうした能仁堂について詠んだものであり、とくに第七句の「壁の紗は句を籠める処」という叙述は、能仁堂の姿を端的に示しているといえよう（第三章参照）。

2　能仁堂の変容

一七二八年十月、尚敬王は能仁堂に安置されていた釈迦像と仏具を興禅寺住僧石麟に与えた[33]。尚敬王の意図は明らかではないが、能仁堂は、その佳名は受け継がれたものの、仏堂としての機能を失い、歴代の冊封使の作品を展示する施設として機能することになる。ある意味で能仁堂の機能が整理、純化されたとみることができる[34]。

十八世紀の東苑を描いた史料に「首里古地図」がある[35]。原史料はすでに失われ、現在よく用いられているのは、一九一〇年に東恩納寛惇が絵師具志に模写させたものであるが、この東苑の建築描写について、徐葆光『中山伝信録』と周煌『琉球国志略』と対比しつつ、読解してみよう。

（1）東苑の敷地は、西と北に石垣の上に築地塀をめぐらし、西向きに簡素な形の冠木門を設ける。門を入ると広い空地がある。

徐葆光「苑門西向、入門茵草遍地」。

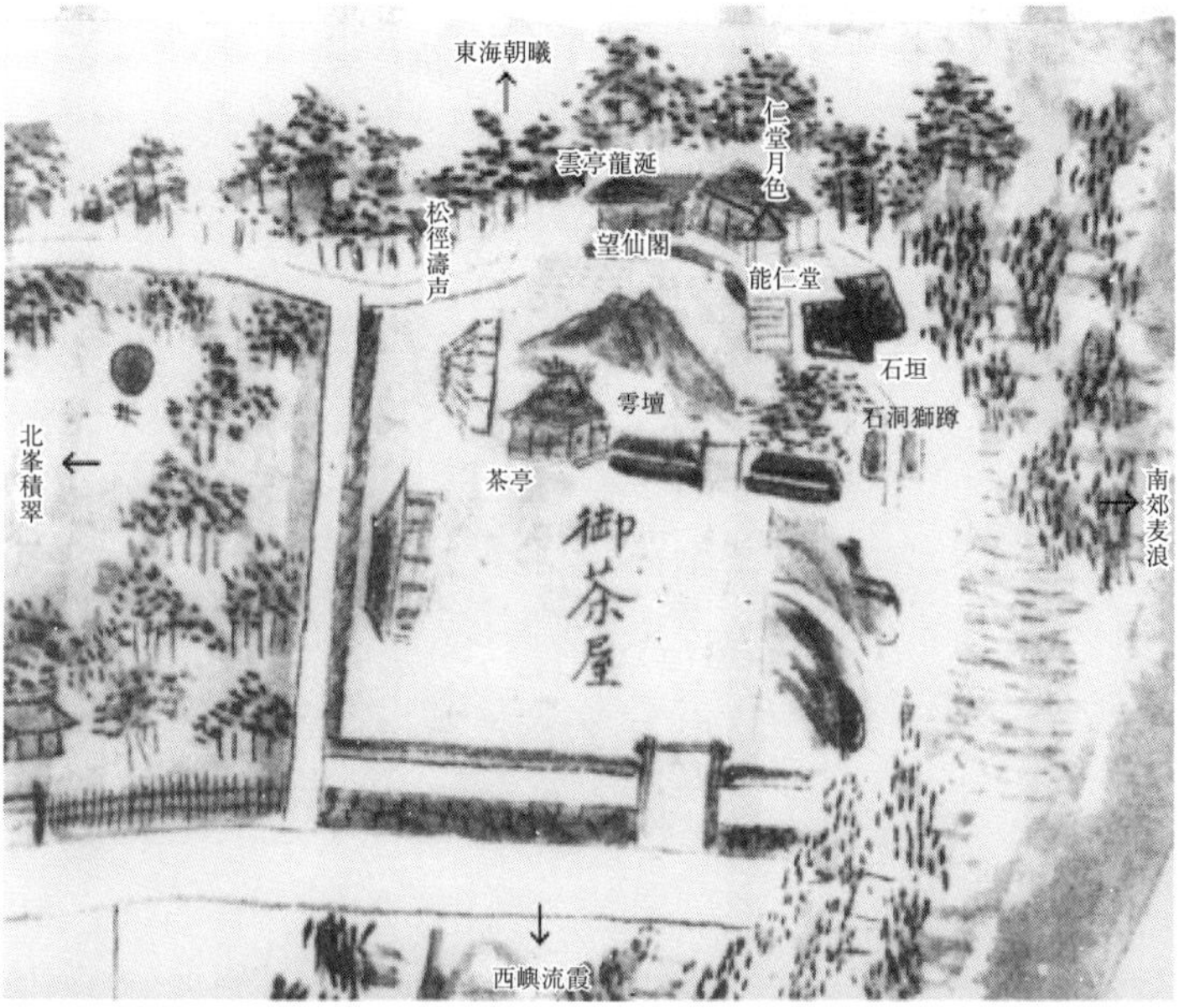

図92　「首里古地図」の東苑とその八景

周煌「門西向、入門茵草遍地」。

(2)左手、北側に二間・三間ほどの瓦葺の建物がある。

(3)まっすぐ東に進むと、また同じ形式の小門があり、両脇に横長の瓦葺建物がある。

(4)小門を入ったところ、その西に一間・二間の草葺、木造の亭と、二間・三間の「茶亭」(草葺か)が立っている。

徐葆光「板亭南面、二間。更進有屋三間、面南」。

周煌「板亭南面二間。更進而南三間」。

(5)茶亭の東に小高く山のように描かれているのが「雩壇」である。

徐葆光「亭東土阜一丘、形如覆盂、頗高竦、汪録云是雩壇」。

周煌「亭東土阜一邱、形覆盂。汪録云是雩壇」。

(6)雩壇の東方、一段高くなったところに二棟の瓦葺建物がある。左手の二間の建物が望仙閣、右手の二間・三間の建物が能仁堂である。能仁堂は崖に築かれた石垣の上に立っている。

汪楫「板屋一楹」。

徐葆光「東行、登小板閣、即望仙閣也、匾已失去、葆光爲重書之。閣中有小龕、以香木爲柱、氣如桂、皮作薄板、刻空作字、大小參差。閣後有小佛堂、匾名能仁堂。南面」。

周煌「東行爲望仙閣、（中略）閣後小板閣爲能仁堂、南面」。

（7）能仁堂の西北、妻側に玄関が突き出し、その前に下へ降りる階段がある。

首里古地図の描く東苑は、徐葆光『中山伝信録』や周煌『琉球国志略』の記載とおおよそ合致しているといえよう。写しであるので、もともとの建築描写の精度などは不明であるが、ある程度、当時の様相を伝えていると考えられる。望仙閣も能仁堂も、徐葆光や周煌の目からみると、「小板閣」、小さな木造建築であったが、こうした記述や首里古地図から判断して、能仁堂は、仏堂ではなくなったものの、少なくとも一七五六年ころまでは梁行二間、桁行三間程度のもとのままの姿を保っていたようである。

3　いわゆる「御茶屋御殿」

御茶屋御殿は東苑の俗称であり、したがってそれは東苑を総称するものであるが、ある特定の建築を指すことばとしてもしばしば用いられる。具体的には第二次世界大戦で焼失するまで東苑に残っていた建築についてよく使われる。この狭義の「御茶屋御殿」は、田辺泰の調査によると、梁行五間半、桁行六間半の正方形に近い規模をもち、入母屋造、瓦葺の建築で、西面の北寄りすなわち妻側に切妻造、瓦葺の玄関を突出させ、外観や細部に琉球的な特色を豊かに備えている。一方、内部は床の間のある部屋をもち、入側縁をめぐらし、長押を打つなど、数寄屋風書院ということができよう。[36] この「御茶屋御殿」が能仁堂とほぼ同じ位置に立っていたことが注目される。

ところで田辺泰が記録した「御茶屋御殿」の間取りは、同治六年（一八六七）の「冠船《かんせん》之《の》時《とき》御座《うざ》構《かまえ》之《の》図《ず》」所収の「御茶屋崎之御殿之図」とほぼ同じものである。[37]「崎之御殿」とはすでに述べたように、東苑の別称であって、「御茶屋御殿」が東苑の中心建築とみなされていたことがこれによってもわかる。そもそも「御茶屋崎之御殿之図」は、一八六六年に最後の琉球国王尚泰を冊封するために来琉した趙新と于光甲を東苑において接待したときの状況を記録したものである。床の間のある七畳を主室として行事が行われたことなどを記しており、「御茶屋御殿」が東苑のもっとも重要な建物であったと考えてまちがいない。[38]

仏堂として建てられた能仁堂は、いつのころか、数寄屋風の建築である御茶屋の「御殿」に変わった。しかしながら、能仁堂の機能の一つ、つまり冊封使の書を扁額や掛け物にして飾る営みは、最後までずっと継承された。戦前の写真を見ても、欄間に掛けられた林麟焻の「凌雲」や林鴻年の「海山一覧」、趙新の「嶽色潮声」の扁額などを確認することができる。

4　書院としての能仁堂

能仁堂が仏堂であることを止めたのは一七二八年であったが、それがいつ書院に変容したかは知られていない。一八〇〇年の李鼎元の『使琉球記』に記された主要な建築は、すでに示したように、門、二間の亭、茶亭、望仙閣、能仁堂であるが、この能仁堂は、周煌の時と同じ建築なのであろうか。あるいは、一八六六年の趙新の時、つまり「崎之御殿之図」と同じ建築なのであろうか。

李鼎元は、本章冒頭の文に続いて、東苑における宴会の様子を

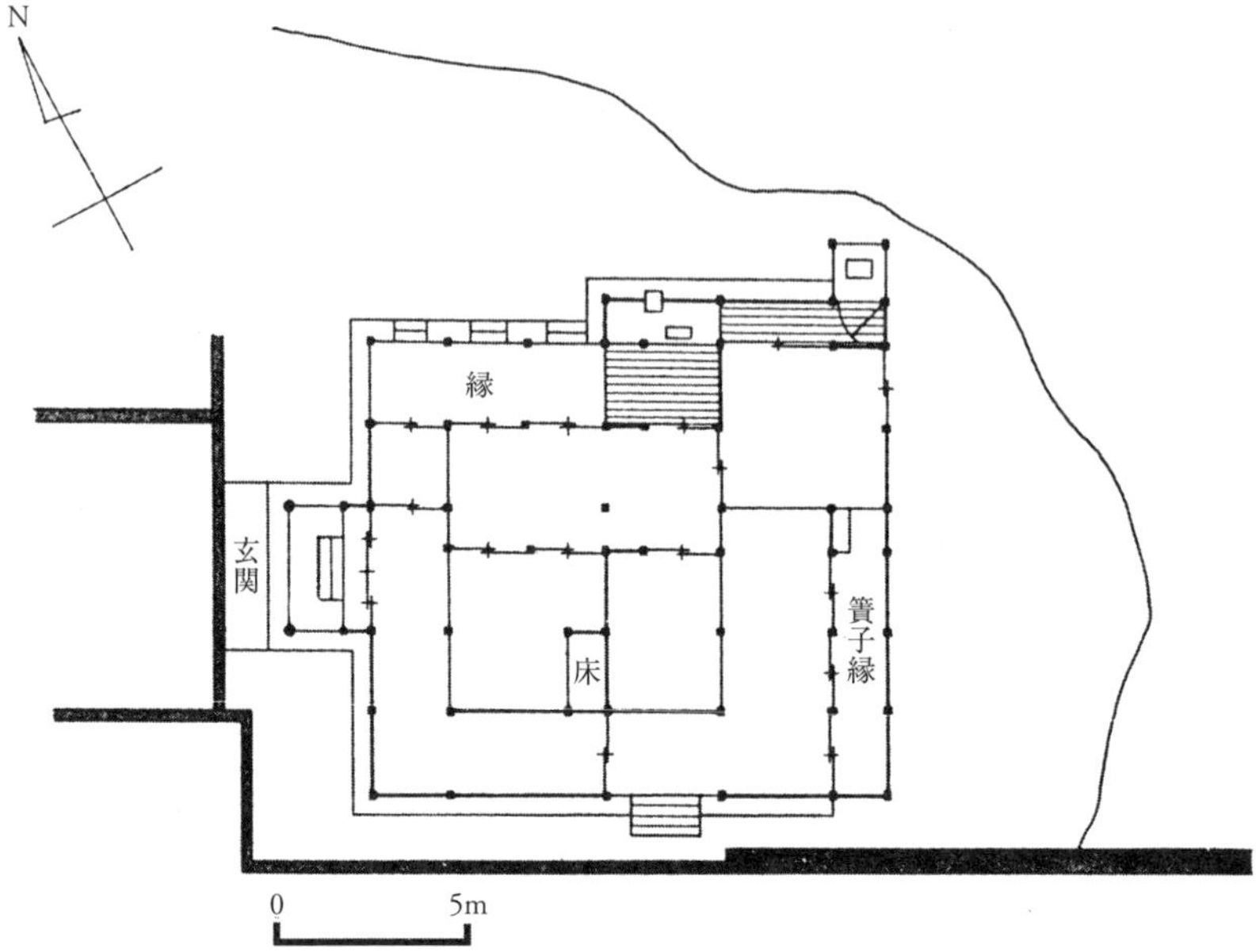

図 93　御茶屋御殿平面図

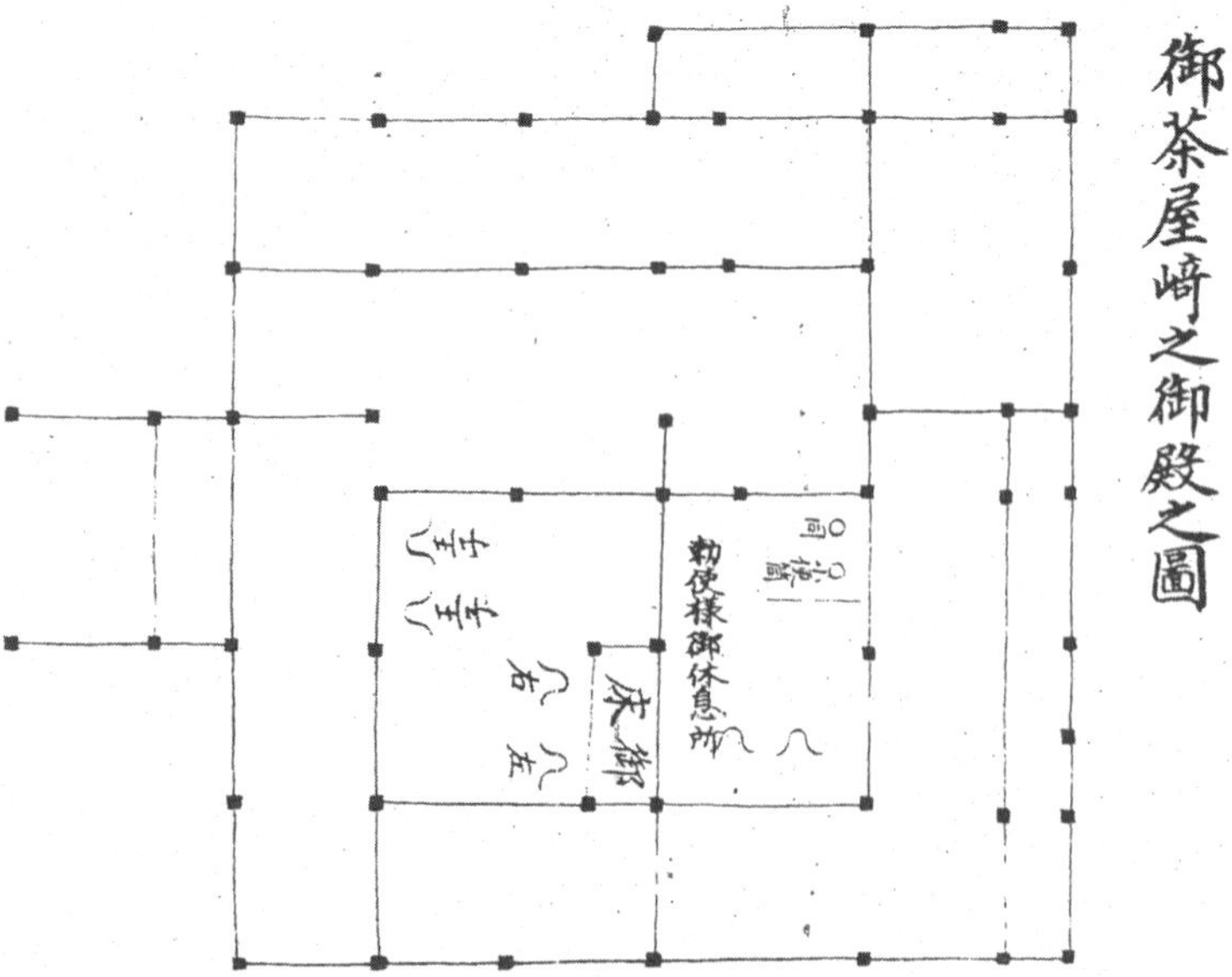

図 94　「御茶屋崎之御殿之図」

國王請入座、食品畧仿中國、器皆景徳磁、設高席、如京師半桌、椅曰交椅、席三、天使、国王各坐其一。紫帽司酒、黄帽司餚、皆跪進。金壺高尺許、形如鳩、金盤圓而微鼓、凹其中以受杯。金爵圓、闊上而稍削其下、可容五合、兩耳高出爵面。唾壺、漱盂、菸架、畢具座側。

と記す。この宴会が二間の亭や二間に三間の望仙閣で開かれたとは建築的にみて考えにくい。また茶亭については李鼎元がその名さえあげていないことから、宴会に用いられたりするような建築ではなかったとみられよう。そこで『使琉球記』の叙述の流れからも判断して、尚温王と冊封使たちの宴会は能仁堂において行われたと考えるのが妥当であろう。すなわち能仁堂には中国風の椅子式の会食が可能な、ある程度の広さの板敷の部屋が設けられていたことになる。したがってこのときにはすでに能仁堂の増改築がなされていたと推測される。

能仁堂の増改築を推定させる手がかりがもう一つある。それは繰り返し引用してきた「後爲能仁堂。東北望海、西南望山、國中形勝、此爲第一。且遊且記、走筆和壁間徐澄齋韻四首」という字句のなかにある。これはひとつながりの叙述であって、「東北に海を望み、西南に山を望む」のも、「かつは遊び、かつは記す」のも、「筆を走らす」のも、すべて能仁堂における行為なのである。「国中の形勝のなかでここが第一である」との感慨は、能仁堂の中から眺めたものであると解釈しなければならない。李鼎元は周囲の海や山を能仁堂の中から見ているのであり、したがって能仁堂は眺望を楽しむことができる建築であったと考えられる。徐葆光の韻に和して詠んだ「東苑にて四首を題し中山王に柬するに前使徐検討葆光の韻を用ふ」の詩の第一首は、

斗室開三面、看山不掩扉、樹横枝礙帽、石乱角鈎衣、
海水因風立、林花帯雨飛、親人魚鳥意、觸処見天機、

と、能仁堂を主題の一つとするものである。最初の二句はまさに能仁堂が建築として眺望の良さをもっていたことを詠み込んでいるといえよう。

一方、十八世紀の徐葆光と周煌はこのようには書いていない。『中山伝信録』には、

南面出佛堂、東過小竹橋登阜、正東見林木叢茂爲佐敷、中隔海港。少西、見小山、林木鬱然、即辨嶽也。南北望、皆見海

とあり、『琉球国志略』には、

閣後小板閣爲能仁堂、南面。出堂東過、可望佐敷、少西見林木欝然、即辨嶽也

とある。明らかに、徐葆光と周煌が眺望をほしいままにしたのは能仁堂を出てからであった。仏堂である能仁堂は見晴らしのよい建築ではなかったようである。

要するに、趙文楷や李鼎元が訪れた能仁堂は、能仁堂の名と機能を受け継いでいるものの、明らかに前代とは異なり、宴会や眺望を楽しむことができる新しい特色をもっていた。「御茶屋御殿」は南面を中心に半部のような開放的な建具を用い、眺望を得るために優れた配慮をしているが、この能仁堂も同様の建築的特色をもっていたにちがいない。こうした改変は、おそらく尚温王の冊封使を迎えるにあたって実施された。東苑の能仁堂の大きな増改築（あるいは新築）は、同じ時期に行われた南苑（現在の識名園）と同じ意図に拠るものであろう。すなわち「冊封の時、天使遊観の典」に備えたと考えられる。

その後、一八〇八年の尚灝王の冊封使齊鯤と費錫章には『續琉球国志略』があるが、東苑について知るところはない。

一八三八年十月に尚育王の冊封使林鴻年と高人鑑が東苑を訪れている。高人鑑はこのとき、「餘慶」の題を書くが、その跋に「苑内舊有茶亭」という字句がみえる。[39]御茶屋御殿の名のもとになった茶亭はすでに姿を消していたようである。このときの東苑の様子については不明であるが、茶亭の消失にともない、残った能仁堂の重要さはいっそう高まったにちがいない。あえて推測を重ねるならば、茶亭と能仁堂の機能をまとめる必要が生じたのではなかろうか。茶亭を兼ねることになった能仁堂は、このときさらに改築されるか、あるいは新築されることになったであろう。数寄屋風書院への変容はこのときのものと考えることができる。

尚育王は同じ一八三八年、東苑に隣接して崎山御殿（崎山別宮）を造営しており、ここに招かれた林鴻年は「題崎山別苑七律二首奉　中山賢王教正」という詩を詠んでいる。[40]尚育王代の東苑の変化と崎山御殿の造営も、先の尚温王による能仁堂の改造そして南苑の造営と軌を一にするものであろう。

冊封使趙新と于光甲を接待し、戦前まで存在した「御茶屋御殿」は、このようにして変貌を遂げた能仁堂の後身であると推測される。

三、東苑八景の成立

東苑の優れた景勝の中から八景が選ばれていたこと、そして那覇・久米村の程順則（一六六三〜一七三四、名護親方寵文）に「中山東苑八景」の作品（一六九六年ころの作とされる）があり、東海朝曦・西嶼流霞・南郊麦浪・北峯積翠・石洞獅蹲・雲亭龍涎・松徑濤声・仁堂月色からなることはよく知られている。以下では、琉球における瀟湘八景の受容と展開という視点から、東苑八景について検討する。

1　程順則の中山東苑八景

中山東苑八景と題した八景詩、七言絶句八首は、一六九六年ころの成立という程順則の漢詩集『雪堂雑組』（雪堂は程順則の雅号）に収録され、程順則の代表作と評価されている。[41]中山東苑八景は、程順則が編纂した琉球ではじめての漢詩文集『中山詩文集』（一七二五年）にも収録され、[42]さらに周煌『琉球国志略』（巻十五、「藝文」）に掲載されるなどして、世に広まった。

程順則の中山東苑八景は、内容的にみて、東苑からの四方の眺めを詠んだ前半の四首、東海朝曦・西嶼流霞・南郊麦浪・北峯積翠と、東苑のなかの景を詠んだ後半の四首、石洞獅蹲・雲亭龍涎・松徑濤声・仁堂月色と、大きく二つに分かれている。[43]まず前半の四首を示す。

中山東苑八景

東海朝曦

宿霧新開敞海東　扶桑万里渺飛鴻　打魚小艇初移棹　揺得波光幾點紅

西嶼流霞

海角清明嶼色丹　流霞早晩張西巒　若教搦管詩人見　定作箋頭錦繍看

南郊麦浪

錦阡繍陌麗南塘　天気清和長麦秧　一自東風吹浪起　緑紋千頃映渓光

北峯積翠

北来山勢独嵯峨　葱欝層層翠較多　始識三春風雨後　奇峯如黛擁青螺

八景というと、瀟湘八景が広く普及、変容、定着してからは、それぞれ個別の景勝の地（場所・空間）や名所・旧跡、建物の眺めであるのがふつうである。しかし、東苑八景の前半部は、東苑内の見晴らしの良い高台、高所からの展望であり、東苑を中心としてそれぞれの地点、場所のおもしろさを述べている。ある特定の場所から四方を眺め渡しているところが、大きな特色といえよう。瀟湘八景などとの共通点がなく、個性的であり、それが程順則の工夫なのであろう。原田禹雄は、「久高の日の出、慶良間の夕あかね、弁ヶ岳の緑、それに眼下にひろがる麦畑と、はればれとした眺めであるとともに、四神相応、風水の充足もうたわれているかのようである」と、興味深い指摘をしている。(44) ただ、原田は北峯積翠を弁ヶ岳の風景と考えているようであるが、楊文鳳の首里十二勝景の一つ「亀峰積翠」との対比から、東苑の北にある亀山とみることもできよう。(45) 山並みの美しさに加え、山腹に名所の末吉宮などもあって、八景の題とするのにふさわしいと思われる。(46) つぎに後半の四首をあげよう。

石洞獅蹲

仙桃花發洞門開　猛獣成群安在哉　將石琢爲新白澤　四山虎豹敢前来

雲亭龍涎

凌雲亭子有龍眠　吐出珠璣滾々圓　今日東封文筆秀　好題新賦続甘泉

松徑濤声

行到徂徠万籟清　銀河天半早潮生　細聴又在高松上　葉葉迎風作水聲

仁堂月色

東方初月上山堂　萬木玲瓏帯晩霜　照見皇華新鉄筆　千秋東苑有輝光

中山東苑八景後半部の石洞獅蹲・雲亭龍涎・松径濤声・仁堂月色は、前半とは一転して、東苑のなかにある情景を取り上げている。これらのうち雲亭とは望仙閣のことであり、掲げられた「凌雲」の額から凌雲亭とも呼ばれた。また仁堂とは前述した能仁堂のことである。松径濤声と仁堂月色が瀟湘八景の特色を備えた題であるのに対し、石洞獅蹲と雲亭龍涎は、景物の叙事的な表現であり、やや詩情に乏しい感がなくもない。仁堂月色と雲亭龍涎の二首については、のちに東苑の歴史を伝える史料として取り上げることにする。

2　汪楫の東苑八景

程順則の中山東苑八景は、その成立年時や内容もすでに明らかであり、検討の余地がないようにみえる。ところが、一七五六年の冊封副使、周煌の『琉球国志略』の記事をみると、東苑の八景に関連していくつか興味深い事実が判明し、後に述べるように中山東苑八景の成立年時についても疑問が生じる。すなわち『琉球国志略』巻八「勝蹟」には、「伝えるところによると、苑内（東苑――引用者注）には八景がある」として程順則の中山東苑八景をあげ、東海朝曦について「もとは、久高朝旭であった。中山の東の属島、姑達佳の訳が久高であったからである」、北峯積翠について「もとは、識名積翠であった。識名村が首里の北《ママ》にあったからである」と注を付けている。(47) これは、程順則の中山東苑八景とは異なる、「久高朝旭」や「識名積翠」などからなる東苑八景があったことをうかがわせるものである。

さらに、一七一九年に渡琉した冊封副使徐葆光の著作『中山伝信録』の巻四「紀遊」にも、「東苑八景と題して、久高朝旭・識名積翠などの八景がある」(48) と記されている。程順則と親しい関係にあった徐葆光自身が中山東苑八景と異なる久高朝旭・識名積翠などの東苑八景があると明記していることは重要である。そこで徐葆光が東苑に関連してどのようなことを知っていたのかについて、『中山伝信録』の記事と東苑を詠んだ四首の詩を中心に検討する。

康熙帝によって冊封副使に任命された徐葆光は、北京から福州への旅、長期に及んだ琉球滞在、その後の帰朝にいたる折々に五百あまりの詩を詠んだ。それらは、彼の死後に汪棟という人物が遺稿を整理し、作品集『奉使琉球詩』三巻、すなわち巻之一・舶前集、巻之二・舶中集、巻之三・舶後集として雍正十一年（一七三三）ころに中国で刊行された。しかし『奉使琉球詩』は、沖縄県立図書館の東恩納文庫に『奉使琉球詩』巻之一・舶前集が所蔵されているのみで、琉球滞在中の詠詩を収めた巻之二・舶中集や帰国後の作品からなる巻之三・舶後集の所在はこれまで知られていなかった。[49]したがって徐葆光の作品は、「採用書目」に徐葆光の「使琉球詩」を掲げ、彼の詩を数多く引用する周煌『琉球国志略』に依拠せざるをえなかったのであるが、[50]『琉球国志略』はかならずしも徐葆光の詩文を忠実、正確に引用したものかどうか定かではなかった（実際には後述するように、とくに割注を割愛しているところが史料として用いる場合に欠点となる）。

二〇〇二年、筆者は『奉使琉球詩』三巻の原刊本が中華人民共和国江蘇省蘇州市図書館の古籍館に所蔵されていることを知った。三巻のうち巻之二、舶中集に東苑を詠んだ四首の詩が収録されており、これによって徐葆光の記した形で東苑の詩をみることが可能になった。また、『御茶屋之御掛物並御額御掛床字寫』に東苑において詠まれた冊封使の詩文が収録され、徐葆光の東苑の詩四首もみることができる。

以下では、『奉使琉球詩』巻之二、舶中集と『御茶屋之御掛物並御額御掛床字寫』に依拠して東苑を詠んだ四首の詩の検討を進めたい。

両者のあいだに字句の異同が少なくないが、それは、後者が実際に東苑において詠まれ、能仁堂に掲げられた詩の写しであるのに対し、前者は徐葆光が東苑において詠んだ詩に手を入れ、彼の死後、作品集に収められたものであることによっている。徐葆光は、作品集を編むことを想定して字句を推敲し、また中国の人々には理解できない字句には注記を施し、一方もともとの作品にあったけれども、中国の人々には不必要と思った割注を削除したりしている。したがって史料として双方を相補的に取り扱うことが有益であり、以下の引用においては舶中集を底本とし、『御茶屋之御掛物並御額御掛床字寫』との異同を〔　〕に注記する（（　）に引用者の注を記す）[51]。

遊東苑東中山王四首〔遊東苑奉東（柬）中山賢王清鑒〕

一曲碕〔崎〕山路　峯回〔廻〕啓苑扉　繚垣藤絡〔連竹徑〕石　蓋地毯為〔茸艸遍〕衣
巖〔岩〕瀑當門落　林禽背客飛　置身瀛海上　寥廓坐忘機

極〔渺〕目浩無界　超然八景空〔前使汪検討有識名積翠等、為東苑八景〕　雲開識名山在首里南三里翠　日上久高土名姑達佳屬島在東面海中紅
宮闕仙山近　樓臺蜃氣通　望来高閣上　坐禦〔御〕列仙風

昔構〔結構〕原〔崇〕從簡　今来未改観　依山微鑿磴　倚樹借爲欄〔闌〕
景色圍空翠　煙〔烟〕雲洗碧丹　亭中祖〔遺〕訓在　澹泊〔蚤〕素能安茶亭中有尚益王書讌茶淡飯飽即休之句〔茶亭中舊有讌茶淡飯飽即休之句〕

疊疊南〔山南〕山繡　都歸東苑偏　海濤晴帯雨　嶽色午浮煙〔烟〕辨嶽在苑東中山最高處
儉徳存遺搆　清遊〔游〕繼昔賢　壁紗籠句〔贈句〕處　猶寶〔是〕鳳池篇壁有前使林舍人麟焻東苑詩〔壁有前使林舍人贈詩〕

「東苑に遊びて中山王に柬する四首」は、尚敬王のために選んだ東苑の景を詩題とするものである。この四首の詩は、

それぞれの詩題が明確に設定されているというよりも、融通無碍なところがあるが、概していえば、第一首は、東苑に至る路次と苑内の景観、第二首は東苑の八景と場所の特色、第三首は望仙閣と茶亭、第四首は眺望と能仁堂を主たるテーマとしているといえよう。四首の構成と内容から、徐葆光が東苑の景観を景物とそれを包み込む環境としてとらえていたことを知ることができる。第三首の第三句・第四句が汪楫の東苑の記事から取ったものであり、第四首の結句の割注にある林麟焻の東苑の詩というのは「題望仙閣」のことであるから、徐葆光の見方には前使の汪楫と林麟焻の詩の影響も少なからずあったはずである。

さて、この東苑の詩の第二首の第三句「雲開識名翠」と第四句「日上久高紅」は、明らかに『中山伝信録』の「東苑八景と題して、久高朝旭・識名積翠などの八景がある」とするのと同一の景を指している。したがって史料的には徐葆光のごくわずかな記述があるだけとはいえ、これらはつぎのような重要な事実を示している。第一に、程順則の中山東苑八景とは内容・構成の異なる「東苑八景」があり、徐葆光の渡琉以前、すなわち一七一九年以前に選ばれていた。第二に、この「東苑八景」は、久高朝旭・識名積翠など、東苑の東・西・南・北に所在する特定の場所を含む題が付けられた八景であった。

この「東苑八景」は、誰によって、いつ、どのようにして選ばれたのであろうか。前掲「東苑に遊びて中山王に東する四首」の第二首の第二句の割注「前使汪検討有識名積翠等、為東苑八景」は、舶中集にもなく、したがって周煌『琉球国志略』にもないが、もともと東苑で詠まれたときには存在していた。前回の冊封正使汪楫が識名積翠など八景の選定・命名を行い、「東苑八景」をつくったと、徐葆光がわざわざ注記している点がきわめて重要である。「東苑八景」を汪楫の選定とする記述は、注意深く読むと『中山伝信録』にも認めることができる。「東苑八景」にかかわる『中山伝信録』の文は、「前使汪楫爲國王題東苑匾、今已失去。題東苑八景、有久高朝旭識名積翠等八景」と書かれていて、後半の「東苑八景と題して、久高朝旭、識名積翠等の八景有り」の主語は、文脈から汪楫と解される。要するに、徐葆光は汪楫が国王のために「東苑八景」を選んだと考えていたのである。

徐葆光は汪楫の「東苑八景」について、前述の通りわずかな記事しか残さないし、汪楫自身の『使琉球雑録』にも「東苑八景」についても直接的な言及はまったくなされていないが、ただ、東苑の景の説明（前掲）にみられるように、のちに雲亭龍涎・石洞獅蹲とそれぞれ題されることになる景のやや詳しい記述がある点が注目される。国王の求めに応じて門の額に「東苑」と書いた汪楫は、さらなる要望に応えて、東苑八景を選んで久高朝旭・識名積翠などの名を付けた。北と西の景勝、さらに東苑内から残る四つの景物を選んだのであろう。あえていうならば、程順則の中山東苑八景と同じ詩趣のものではなかったか。

汪楫の作品集として『観海集』があり、「崎山道中」や「波上作」二首、「八月十七日夜石来過波上候潮」と題した漢詩が収められている。(52) ほかにも波上の景勝や「龍潭夜月」など琉球の名勝を詠んだいくつかの詩が残されている。(53)汪楫はとくに波上と首里、崎山の名勝を好んだようである。波上の詩二首と「崎山道中」の詩は、中山八景の「筍崖夕照」と首里八景の「崎山竹籬」と共通する景の情趣を含み、「龍潭夜月」は首里八景の題詠とみてよい内容である。(54)同じように、東苑八景の文章あるいは題詠を残したのかもしれないとも思われるが、東苑の八景にかかわる詩文については残念ながら現在まで知られていない。

3　程順則の中山東苑八景の成立時期

ところで、汪楫の「東苑八景」を記録した徐葆光が、程順則の詠んだ中山東苑八景の詩についてまったく言及していないことに注目したい。『中山詩文集』の刊行は、徐葆光が帰国した後の一七二五年であり、当然知らなかったであろう。しかし中山東苑八景を収めた『雪堂雑組』が一六九六年ころに成立したとされること、また徐葆光と程順則のあいだに深い交流があったことを考えると、程順則が自分の作品を徐葆光に示さなかったとか、徐葆光が『雪堂雑組』を読まなかったとは、とうてい考えられない。そうすると、『雪堂雑組』はほんとうに一六九六年ころに成立していたのか、また中山東苑八景の詩は、徐葆光が琉球に滞在していた時期にはまだ詠まれていなかったのではないか、といった疑問が自ずと浮かんでくる。

さて『雪堂雑組』そのものは、『中山詩文集』に収録された形で知られているにすぎない。これには序も跋もなく、成立の年代を知るよりどころはないが、上里賢一は一六九六年ころの成立、(55)『雪堂燕遊草』と同じころの成立か、(56)などとし、「名護親方程順則年譜」は、一六九五年の項に「この年、程順則の『雪堂雑組』成る」とするが、(57)いずれも推測の根拠を示してはいない。

『雪堂雑組』の内容は、第一首から第八首までが中山東苑八景、その後に「懐《おもい》を学憲林玉巌（林麟焻のこと）先生に寄す」以下、「寄懐……」の題をもつ詩が数多く収められている。この詩の第三句の割註に、「予燕遊草、先生の賜序を荷《こうむ》る」とあるので、『雪堂雑組』の編纂は、林麟焻が『雪堂燕遊草』の序を書いた一六九八年以降であると推定できる。「寄懐……」の題をもつ詩の多くは、おそらく一六九八年六月以降、程順則が三回目の渡清から帰国した後に詠まれたのであろう。ただ、大きく内容が異なる中山東苑八景も同じころの作品とみてよいかどうかは疑問が残る。

程順則の経歴をかんたんにみると、『程氏家譜』によれば、東苑が完成した一六八三年、二十一歳の時に通事に昇任、勤学として清に渡り、一六八九年、二十七歳の時に接貢存留通事となって清に行き、『雪堂雑組』の成立とされるころ、一六九六年、三十四歳の時に進貢北京大通事となって清に赴いた。一六九八年、福建と北京との往還の折々に風景や名所旧跡などを詠んだ作品を集めた『雪堂燕遊草』を刊行し、程順則の名は中国や日本に広く知られることになった。同年に帰国するが、その後、程順則は王家の寵愛を受け、世子や王孫に学問を講じたり、重要な職務にも就いたりした。四十二歳で中議大夫、四十四歳で正議大夫となった。(58)程順則の経歴から考えると、三十歳代前半の程順則に琉球王国の迎賓・宴遊施設というべき東苑を眺めて八景詩を詠む機会があったとは考えにくい。東苑とのかかわりが始まるのは、四十歳を越えたころからではなかろうか。

先に述べたように、徐葆光の東苑訪問後、彼の「東苑に遊びて中山王に柬する四首」は、能仁堂に掛け物として飾られた。そして、徐葆光はこの第二首に、東苑の「八景」を叙述し、程順則の作品とは異なる「久高朝旭」と「識名積翠」を詠み込んでいるのである。ここで程順則の中山東苑八景のうちの「仁堂の月色」の内容を検討してみよう。(59)

東方から出た新月が、能仁堂の上にあり
木々はみな玲瓏として晩霜を帯びている
月の光を受けて、この度の冊封使の新しい印刻も、明らかに見きわめることができる
長い歳月を経た東苑の扁額は、今も四方に輝きを放っている〈前冊封使の汪楫の扁額に東苑とある〉

程順則の「仁堂月色」の詩が、能仁堂に掲げられていた徐葆光の筆跡をみて詠まれた作品であることは明白である。それは、東苑の詩四首の掛け物であったにちがいない。「仁堂月色」の内容から考えて、程順則の「仁堂月色」を含む中山東苑八景の成立が、徐葆光渡琉の一七一九年をさかのぼることはありえない。いいかえると、この中山東苑八景は、これまでのように『雪堂雑組』の成立時期とされる一六九六年ころに成立したと考えることはできない。

では、いつ中山東苑八景詩がつくられたのか。明確な年代を知りうるる史料を見いだすことはできないが、おおざっぱにみて徐葆光渡琉以後、『中山詩文集』刊行以前、すなわち一七一九年～一七二五年であることはまちがいない。ただ、程順則と徐葆光の交友が続いていた期間であれば、おそらく『中山伝信録』に記載されたであろうから、その時期は除いた方がよい。そうすると、徐葆光を清へ送りとどけた程順則が帰国した一七二一年六月以後、そして『中山詩文集』刊行の一七二五年以前と考えるのが妥当であろう。

ここでもう一つ中山東苑八景のうちの「雲亭龍涎」をみよう。

凌雲亭の近くに、眠れる龍があり
吐き出す水玉はさかんに流れ出て円《まど》かである
今日、ここ東封（雩壇）は、文筆に秀でている
好題の新しい賦が、甘泉のように続く

これによると、程順則の中山東苑八景は東苑で催された詩会で詠まれたようである。「今日」とあるのが具体的にいつのことかはわからないが、前述のように一七二一年六月以後、一七二五年以前に求めるとすると、『浮縄雅文集』（沖縄県立図書館所蔵）に収められた「御茶屋の景」（作者不明）という和文がひとつの参考資料となるのではなかろうか。これには末尾に「于時享保六年丑臘月日」の記載があり、内容から一七二一年十二月に中山国王尚敬が東苑において催した詩歌管弦などの宴の様子を叙述したものである。文中には一七一九年の冊封使の渡琉、中山王の襲封について言及しており、このときの宴が、一七二一年六月の程順則ら謝恩使の帰国によって一世一代の即位儀礼が完了したことに合わせて執り行われたことを示唆している。冊封に際して交渉と接待に終始重要な役目を担った程順則も尚敬王に召され、そして王の求めに応じて中山東苑八景詩を詠むことになったのであろう。中山東苑八景の成立時期の一つの可能性として一七二一年十二月をあげておきたい。

おわりに

琉球における都市環境文化、また瀟湘八景の受容と展開という論点に即して、これまで述べてきたことを要約し、あわせていくつかの点を指摘して結びにかえたい。

（1）汪楫は、国王の求めに応じて門の額に「東苑」と書き、さらなる要請に応えて東苑八景を選んだ。東の久高朝旭、南の識名積翠から推測されるように、東西南北から特定の景勝の地を選んでいること、瀟湘八景とは異なった情趣を添えていることに特色がある。残りの四景は東苑のなかにあるもの、おそらく程順則の中山東苑八景と同じ景であろうが、これも瀟湘八景の詩趣とは異なっていたにちがいない。

（2）東苑に固有の四つの景を除く四景は、東苑八景ということしかできないものではない。きわめて広い範囲から選ばれた四景は、たとえば王都首里の八景を構成する景であるとしても、まったく差し支えのないものである。この意味で汪楫の東苑八景は、首里八景の成立に道を開く契機となったのではないかと推測される。

（3）程順則の中山東苑八景は、十七世紀末ではなく、一七二〇年代に東苑の景観を詠んだものであった。それは、琉球人による初めての八景選定とその題詠なのであり、瀟湘八景の琉球への定着を示す作品と位置づけることができる。

（4）先行する汪楫の東苑八景、徐葆光の東苑の詩にみる崎山の道、岩瀑、望仙閣、茶亭、能仁堂、それらをめぐる自然といった景物への視線は、程順則に大きな影響を与えることになったにちがいない。しかし、程順則は、四方の景勝の地を選ぶ瀟湘八景的な景の選定をせず、東苑を中心に東西南北を眺める新しい視点を獲得した。中山東苑八景は先人の作品の上に新たな叙情・叙景を試みたすぐれた作品として高く評価することができる。

（5）一八〇〇年の冊封使の従客、陳邦光は「東苑八景に題し、録して中山賢王（尚温）に呈す」[60]という八景詩を程順則の題を借用して詠んでいる。程順則の題がもとになった汪楫の八景よりも興趣に富むこと、またその題詠が作品として優れていたことを傍証するものであろう。

（6）東苑の景を詠む漢詩には二つの流れがある。一つは汪楫から程順則「中山東苑八景」、陳邦光「東苑八景に題し、録して中山賢王（尚温）に呈す」へと続く瀟湘八景詩の流れ、もう一つは林麟焻から徐葆光、王文治「東苑に遊び中山王に呈す」[61]、李鼎元へと続く、ある意味で八景詩というべき東苑の詩（七言詩・五言詩）の流れである。

（7）東苑の風景を介した清の人汪楫から琉球の人程順則へ、そしてまた清の人陳邦光へという漢詩の交流のありようは、「八景」を通じてうかがうことのできる琉球の文化的伝統の一面であるように考えられる。

中山国王のために、いわば琉球のためにつくられた汪楫の東苑八景を媒介として、東苑の勝景の記憶は、世代をこえて現代まで受け継がれている。

注

（1）東恩納寛惇「東苑」（吉田東伍編『大日本地名辞書　第八巻　続編　北海道・樺太・琉球・台湾』冨山房、一九〇九年）、東恩納寛惇『南島風土記――沖縄・奄美大島地名辞典』（沖縄文化協会・沖縄財団、一九五〇年）。

（2）田名真之「東苑（御茶屋御殿）」（『国際おきなわ』、第一九号、一九八七年、後に『御茶屋御殿　21世紀へのメッセージ』御茶屋御殿復元期成会準備会、一九九九年に再録）は、東苑を簡潔、的確に解説している。なお、『御茶屋御殿　21世紀へのメッセージ』の「御茶屋御殿について」の章は、田名真之前掲論文をはじめ、写真や図、扁額、漢詩などを紹介しており、東苑の概要を知るのに便利である。

（3）「東苑をめぐって」（『南島研究』第三八号、一九九七年八月）、後に原田禹雄『冊封使録からみた琉球』（榕樹書林、二〇〇〇年）に再録。原田の東苑を風水から理解しようとする視点は興味深いし、重要な指摘がいくつもある。以下、原田禹雄の東苑に関する見解はこれによる。

（4）那覇市企画部市史編集室編『那覇市史　資料編第一巻七　家譜資料首里系』（那覇市役所、一九八二年）。

（5）十八世紀前半の『浮縄雅文集』（沖縄県立図書館所蔵）所収和文の題に「於御茶屋諸芸つくしの時」・「御茶屋の景」などとあり、また『球陽』尚敬王二十二年（一七三四）の条に「東苑〈俗に崎御茶屋と称す〉」とある。以下、『球陽』の引用は、球陽研究会編『球陽（原文編、読み下し編）』（角川書店、一九七四年）による。

（6）この点について、早く新崎盛珍『思出の沖縄』（新崎先生著書出版記念会、一九五六年）が東苑（御茶屋御殿）と崎山御殿がまったく別の施設であることを述べる。近年も繰り返し厳しく指摘されるように（田名真之前掲論文、久手堅憲夫『首里の地名――その由来と縁起』第一書房、二〇〇〇年、「崎山御殿（延秀山荘）跡」）、明確に区別することが必要であるが、池宮正治後掲論文（注9）や最近の『沖縄県の地名』（平凡社、二〇〇二年）でも東恩納寛惇の説を祖述している。

（7）徐葆光『中山伝信録』では、論祭宴が国廟（崇元寺）、冊封宴が北宮、仲秋宴が北宮、重陽宴が龍潭で龍舟の競争を見た後に北宮、餞別宴が北宮、拝辞宴が北宮の後に中城御殿（王世子の御殿）、望舟宴が天使館において行われた。

（8）冊封使とは別の日に、随員の都司・巡捕官以下も東苑に請宴し、花火や演戯などの芸をみせている（『球陽』尚温王六年（一八〇〇）条、『向氏家譜』十一世諱弘猷、「九月十四日都司巡捕官来于御茶屋時作躍以助興」ほか）。

（9）寛保初年（一七四一）十月二十三日に催された東苑における諸芸、詩歌管弦の宴について和文で叙述したのが豊川正英「御茶屋御殿諸芸つくし」と山内親方「同時」であり、同様の和文として『浮縄雅文集』は作者不明の「享保六年（一七二一）丑臘月」の「御茶屋の景」を収めている。池宮正治「王朝の文芸――首里城と城下の面影」（甦る首里城歴史と復元編集委員会『甦る首里城　歴史と復元』首里城復元期成会、一九九三年）に、「御茶屋御殿諸芸つくし」が翻刻されている。

（10）松浦章「汪楫撰『使琉球雑録』『中山沿革史』解題」、夫馬進編『増訂　使琉球録解題及び研究』（榕樹書林、一九九九年）所収。

（11）徐葆光『中山伝信録』巻四、紀遊、「前使汪楫爲國王題東苑匾、今已失去」、周煌『琉球国志略』巻五、山川、「有堂（能仁堂のこと……引用者注）曰東苑、前使汪楫書額」、李鼎元『使琉球記』八月十日条、「再東爲望仙閣、閣前有東苑額、前使汪楫題並跋」。なお東苑の額は戦前まで御殿に掛けられていた（新崎盛珍前掲書）。以下、汪楫『使琉球雑録』、徐葆光『中山伝信録』、周煌『琉球国志略』は、善本を収録する黄潤華・薛英編『國家圖書館藏琉球資料匯編』（北京図書館出版社、二〇〇〇年）に、李鼎元『使琉球記』は嘉慶七年刊、師竹斎版（京都大学文学部蔵）による。これらの使琉球録については、夫馬進編『増訂　使琉球録解題及び研究』（榕樹書林、一九九九年）を参照。また原田禹雄の使琉球録訳注書、『汪楫　冊封琉球使録　三篇』（榕樹書林、一九九七年）、『徐葆光　中山伝信録　新訳注版』（榕樹書林、一九九九年）、『李鼎元　使琉球記　口語全訳注』（言叢社、一九八五年）も有益である。

（12）ハワイ大学ハミルトン図書館（サカマキコレクション、宝玲文庫）所蔵。これは重要な史料であるが、これまであまり利用されていない。

（13）『中山伝信録』「東苑、在崎山。王宮以南一帶石山、皆名崎山、石状甚奇」。

（14）原田禹雄前掲論文。

(15) 望仙閣の下の土丘（雩壇）と茶亭の東の小山が同一物であることは後の使琉球録から明らかである。
(16) 胡靖の残した記録は、『琉球記』（黄潤華・薛英編『國家圖書館藏琉球資料匯編』所収、本書に「万暦刻本」とあるのは「永暦刻本」の誤り）と、胡靖の「八代の孫恩顕重」が刊行した『杜天使冊封琉球眞記奇観』（ハワイ大学ハミルトン図書館蔵）がある。引用は前者に拠った。
(17) 周煌『琉球国志略』「亦在東苑内、汪録云国王游觀之所、屋三楹、壁有箋曰、粗茶淡飯飽即休、王命都通事蔡某所書、今亦失、其臣眞常有記、見藝文」。
(18) ハワイ大学ハミルトン図書館（サカマキコレクション宝玲文庫）所蔵。
(19) 夏徳宣の「詠菊」の詩が汪楫『中山沿革志　附中山詩文』（『國家圖書館藏琉球資料匯編』所収）にあり、実在の人物である。
(20) 趙文楷『槎上存稿』、台湾銀行経済研究室編『清代琉球紀録集輯（第一冊）』（台湾文献叢刊第二九二種、台湾銀行、一九七一年）。『御茶屋之御掛物並御額御掛床字寫』もこの詩を掲載するが、割註はない。
(21) 沖縄県立博物館所蔵。
(22) これを掲載する周煌『琉球国志略』は年紀を省略するが、『御茶屋之御掛物並御額御掛床字寫』に「癸亥小春」とある。
(23) 徐葆光の詩「遊東苑東中山王四首」（後掲）も参考になる。
(24) 李鼎元『使琉球記』嘉慶五年八月十日条。『使琉球記』は日記の体裁をとっているのが大きな特色であるが、日時と記載内容に問題のある箇所が、原田が指摘する以上にあり、注意が必要である。この八月十日条はより大きな疑問があるところで、詳細な考証は省略せざるを得ないが、結論的には八月十日条の東苑にかかわる部分と九月四日条の南宮にかかわる部分を入れ換えて理解しなければならない。すなわち冊封使たちが首里城内の「南宮」（南殿）の「園」を遊覧するなどしたのは八月十日であり、東苑に招かれて遊覧し、詩を詠み、宴会をしたのは九月四日のことであった。このときの趙文楷の詩題は「九月四日中山王招游東苑値雨晩歸」である（『御茶屋之御掛物並御額御掛床字寫』、『琉球詠詩』）。
(25) 原田禹雄前掲論文。
(26) 田名真之前掲論文。
(27) 那覇市企画部市史編集室編『那覇市史　資料編第一巻七　家譜資料首里系』、那覇市役所、一九八二年。田名真之氏のご教示による。
(28) 上江洲敏夫「琥自謙」『沖縄大百科事典』（沖縄タイムス社、一九八三年）。
(29) 巻四、紀遊。

(30) 周煌『琉球国志略』巻五、山川、「有堂曰東苑、前使汪楫書額」。
(31) 『御茶屋之御掛物並御額御掛床字寫』、『琉球詠詩』。李鼎元『師竹斎集』(静嘉堂文庫所蔵)では「題東苑四首東中山王用前使徐検討葆光韻」。
(32) 新崎盛珍前掲書、九六頁。
(33) 『球陽』尚敬王十六年(一七二八)の条。
(34) 原田は、「徐葆光から東苑の詩を贈られた尚敬が、能仁堂をば仏堂としてではなく、歴代冊封使の詩箋、題跋などで満たそうと企画したものだ、と空想してみると、仏像仏具下賜の一件も、すらりとわかる気持ちがする」と述べるが、こうした「企画」は前述のように徐葆光以前に遡る。
(35) 沖縄県教育委員会文化課編『琉球国絵図史料集　第三集――天保国絵図・首里古地図及び関連史料――』(榕樹社、一九九四年三月)所収。
(36) 田辺泰『琉球建築大観』(琉球建築大観刊行会、一九三七年)、田辺泰『琉球建築』(座右宝刊行会、一九七二年)。『御茶屋御殿』に、昭和六年(一九三一)阪谷良之進撮影の昭和初期の写真などを載せる。
(37) 沖縄県立博物館蔵、『御茶屋御殿』に掲載。
(38) 趙新の『續琉球國志略』(『國家圖書館藏琉球資料匯編』所収、光緒八年刻本)には東苑に関連する記事はない。
(39) 『琉球国碑文記』、沖縄県立図書館蔵。
(40) 新崎盛珍前掲書、六一頁。
(41) 上里賢一編『中山詩文集』(九州大学出版会、一九九八年)、三二頁。
(42) 上里賢一編『中山詩文集』。
(43) 本文の引用は上里賢一編『中山詩文集』に拠った。
(44) 原田禹雄前掲論文。
(45) 楊文鳳『四知堂詩稿』所収の「亀峰積翠」は、「亀峰屹始獨嵯峨、石磴雲門積翠多 、好是春晴新雨後、随風彷彿掃青蛾」であり、程順則の「北峯積翠」詩の本歌取りといってよいような内容である。
(46) 徐葆光『中山伝信録』巻四、紀遊、「龜山、在末吉村、土稱末吉山。山在中山之北、重岡環繞。山半有木亭、前後二楹。南望見海、林木鬱然、爲第一勝處。山下有萬壽寺、寺中有察度王舊影、萬暦三十八年燬、今再燬。末吉有社壇」。
(47) 周煌『琉球国志略』巻八、勝蹟、「相傳苑内有八景、東海朝曦、舊爲久高朝旭、中山之東属島姑達佳、譯爲久高故云、西嶼流霞、南郊麥浪、北峰積翠、奮爲識名積翠、以識名村在首里之北也、石洞獅蹲、雲亭龍涎、松径濤聲、仁堂月色」。
(48) 徐葆光『中山伝信録』巻四、紀遊、「題東苑八景、有久高朝旭、識名積翠等八景」。
(49) 徐葆光とその作品である『中山伝信録』、『奉使琉球詩』については、岩井茂樹「徐葆光撰『中山伝信録』解題」（夫馬進編『増訂使琉球録解題及び研究』、榕樹書林、一九九九年）が有益である。
(50) 周煌は『琉球国志略』の「採用書目」の項に徐葆光の「中山伝信録」と「使琉球詩」をあげる。後者は刊本の書名『奉使琉球詩』と異なっており、周煌がみたのは『奉使琉球詩』とは別の詩集である可能性がある。
(51) 周煌『琉球国志略』、巻八「勝蹟」にも収録されている。
(52) 東洋文庫蔵。先にあげた漢詩は周煌『琉球国志略』巻五、山川、巻十五、藝文にも収録されている。
(53) 『東恩納文庫　冊封使真筆集』（沖縄県立図書館架蔵写真本）、ハワイ大学ハミルトン図書館蔵「汪楫の書」（掛軸）、新崎盛珍前掲書、『思出の沖縄』、一四二頁など。
(54) 中山八景は泉崎夜月・臨海潮声・粂村竹籬・龍洞松濤・筍崖夕照・長虹秋霽・城嶽霊泉・中島蕉園、また首里八景は冕嶽積翠・雩壇春晴・経台新荷・龍潭夜月・虎山松濤・崎山竹籬・西森小松・万歳嶺夕照である。
(55) 上里賢一編『中山詩文集』の解説。
(56) 上里賢一「雪堂雑組」（『沖縄大百科事典』、沖縄タイムス社、一九八三年）。
(57) 名護市史編さん室編『名護親方程順則資料集・1――人物・伝記編――』（名護市教育委員会、一九九一年）。
(58) 程順則については、『程氏家譜』（那覇市企画部市史編集室編『那覇市史　資料編第一巻六　家譜資料二（下）』、那覇市役所、一九八〇年）、眞栄田義見『名護親方程順則評伝』（沖縄印刷団地出版部、一九八二年）、名護市史編さん室編前掲書、上里賢一編『中山詩文集』。
(59) 上里賢一「漢詩に見る御茶御殿」（御茶屋御殿復元期成会編『御茶屋御殿』、一九九九年）の現代語訳を参考にした。
(60) 陳邦光は一八〇〇年の冊封使李鼎元の従客であり、「東苑八景に題し、録して中山賢王（尚温）に呈」した七言絶句八首は、程順則の中山東苑八景の題をそのまま借用して詠んでいる（『御茶屋之御掛物並御額御掛床字寫』）。
(61) 王文治『夢楼詩集』巻二、「海天遊草」、京都大学文学部蔵。

第一〇章　同楽苑とその八景

第七章では禅宗寺院の〈境致〉〈十境〉の伝来と受容の実態を概観した。禅院〈十境〉の系譜につらなるものの、王家の別荘の〈境致〉を挙げた「同楽苑八景」は、その特色とともにどのような都市環境文化をものがたるのであろうか。

同楽苑は、首里の久場川にあった王家の別邸であり、俗に久場川の御殿と称したという。一七五六年に尚穆王を冊封するために渡琉した冊封副使の周煌は、その『琉球国志略』巻八、「勝蹟」で同楽苑を取りあげて、「同楽苑は、姑場川にある。ここにもまた八景がある。延賢橋、恤農壇《じゅつのうだん》、洗筆塘、望春台、観海亭、翠陰洞、摘茶巌、種薬堤である」と記し、さらに巻十五、「藝文」に蔡文溥の「同樂苑八景」の詩を掲載している[1]。周煌のこのかんたんな叙述によっても、延賢橋以下の同楽苑八景が、瀟湘八景に由来する八景とは異なること、また禅宗寺院に源泉をもつ境致ないし十境と同じであることがわかる。中国や日本の禅寺では伽藍の内外から十箇所の境致を選んだ「十境」がほとんどであるが、琉球では八箇所の境致＝「景」を選び、「八景」と表現されるのがふつうであって、こうした琉球の「八景」について、すでに第七章において潘栄「中山八景記」の「八景」と「円覚寺八景」を論じている[2]。

同楽苑についてはこれまでいくつかの解説があるが、関連する史料がきわめて少ないことに原因して本格的に論じたものはないといってよく[3]、前述のような同楽苑八景の特徴でさえこれまで指摘されたことはない。そこで本稿は、琉球の「八景」に関する研究の一環として、同楽苑とその八景を詳しく考察する。具体的には創立期の同楽苑の状況を伝える重要な史料として、十八世紀の有名な学者・文人蔡文溥（祝嶺親方天章、一六七一～一七四五）の作品である

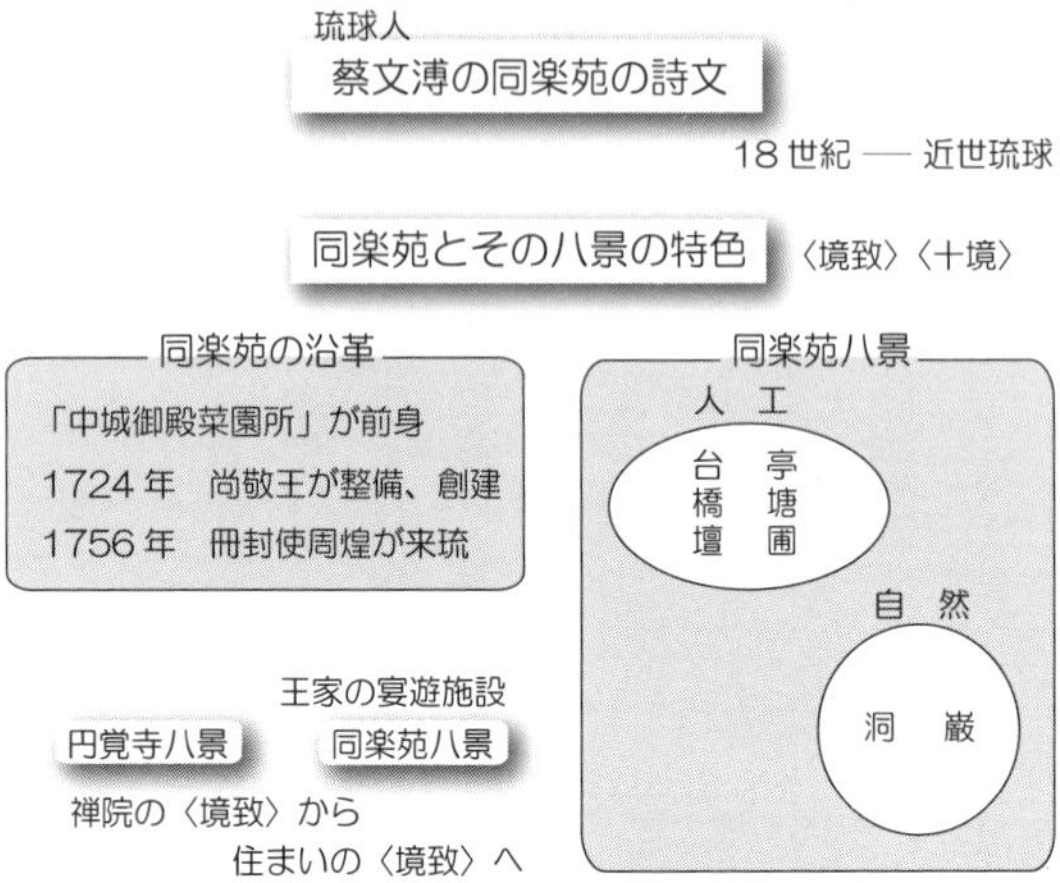

図 95　本章の論点

同楽苑の詩文に注目し、それらを詳細に検討することによって同楽苑の成立過程、同楽苑八景の選定事情、八景の特色などを明らかにする。

一、問題の所在

一七三一年に成立した『琉球国旧記』巻之一は「同樂苑」について次のように記している。[4]

> 同楽苑 俗に久場川御苑と称する
>
> 康熙年間、尚純公が世子でおわした時、この苑が開かれた。時々出遊されるとき、多くはこの苑にお出ましになって、あるいは春の日の静かな花を手にとり、あるいは夏空の清らかな木蔭をめでられ、あるいは秋の夜の明月に吟じられ、あるいは冬の夜の白雪を詠ぜられ、それぞれ、その時その時に、民とともに楽しみを同じくせられた。よって、その苑を同楽苑と名づけられたのである。

同楽苑の所在、名称、沿革などについて述べるとき、これまでかならず利用されてきた史料といってよい。これによると、苑を創建したのは尚貞王（在位一六六九～一七〇九）の子の尚純（一六六〇～一七〇六、王にならずに没。王を贈る）で、尚純が世子であったときの康熙年間、すなわち一六六五年〜一七〇六年のことという。また苑に臨んで春夏秋冬折々の風情を楽しんだのも、そして「民と楽を同じくする」という意味で同楽苑と名づけたのも、ともに世子尚純であると考えられている。『琉球国旧記』は同楽苑の概要が把握できる史料としてこのように利用されてきた。

より古い年代の史料に同楽苑を探っていこう。古塚達朗は、牧氏翁長家家譜の四世翁長親雲上林續の一七〇五年条に「王の世子尚純公が園中に霊沼をつくったとき、臣林續に池底の工事を命じたが、石灰を用いて池の底を固め、それほどの日数を経ずに完成した」とあることから、同楽苑が一七〇五年に創設されたのかもしれないと推測している。(5)この史料からはそもそもこの園が同楽苑のことかどうかさえ明らかではないが、(6)仮にそうだとしても、この一七〇五年を同楽苑の創設年時とすると、一七一三年成立の『琉球国由来記』や、一七一九年に渡琉した尚敬王の冊封副使徐葆光による詳細な『中山伝信録』(一七二一年刊)に記載がない点を説明しにくいので、尚純の営んだ、同楽苑の前身の苑とみるほうがよいであろう。

いわゆる「首里古地図」によると、同楽苑と同じ土地に「中城御殿御菜園所」という書き込みがある。(7)「中城御殿」とは王世子の御殿のことであり、したがって「中城御殿御菜園所」とは王世子の御殿に付属する菜園を意味している。この「首里古地図」の成立年代については、一七一五年〜一七三二年とする真敷名安興と、一七〇二年〜一七一四年とする東恩納寛惇の論争以来、嘉手納宗徳の一七〇三年〜一七〇七年説、最近になって旧説を否定した伊従勉の一七三二年までの情報を含む(上限不明)とする説まで諸説あり、(8)「首里古地図」の情報は一定の年代を示すものではないと推定される。そこで「首里古地図」の成立年代から同楽苑の創建年代を考えるのは避けることにし、さしあたり同楽苑の土地がかつて「中城御殿御菜園所」であったという点だけを認めておきたい。

『琉球国由来記』は琉球最大・最古の地誌とされ、これを簡略化し、あるいは補訂して漢文に改めたものが前掲の『琉球国旧記』である。この『琉球国由来記』にも、『琉球国旧記』がすでにあったと記述する同楽苑に関する記載が

図96　「首里古地図」の「中城御殿御菜園所」（同楽苑敷地）

みとめられない。たんなる記載漏れではないとすると、このことは同楽苑の沿革を考える上で示唆的であろう。すなわち『琉球国由来記』のころには同楽苑はまだ創建されていなかったのではないか、尚純が苑を開いたことが事実であるにしても、それは同楽苑の前身というべきものではないか、そうすると同楽苑と名づけたのも、時に応じて苑に遊んだのも、尚純ではなく、尚敬王（尚純の孫）ではなかったのか、などいくつもの疑問が生じてくる。徐葆光『中山伝信録』には王家の苑である東苑について少なからぬ説明があるものの、同楽苑、久場川の御殿についての言及はない。これも同楽苑がなかったことを示唆している。

以上を要するに、『琉球国旧記』の記載内容そのものについて、その信頼性を疑わざるをえなくなるのである。これらの疑問点を解く史料として蔡文溥の「同樂苑序応令」などがあり、次節以下で詳細に検討する。

二、蔡文溥による同楽苑の詩文

1　蔡文溥と『四本堂詩文集』

同楽苑に関する史料はきわめて少ないといわねばならない。そうしたなかで創立期の同楽苑の状況を伝えるものとして注目すべきは、徐葆光が「君は是、中山第一の才」と賞賛した蔡文溥の作品、「同樂苑應令恭呈二首」と「同樂苑八景」の詩八首、「同樂苑序應令」の一文である。これらの詩文を収録するものに、中国で刊刻された蔡文溥の作品集『四本堂詩文集』（現存の刊本は後述するように一七五五年ころ刊行、四本堂は蔡文溥の堂号）があり、また『蔡氏家譜』がある。いずれも蔡文溥の手になるが、制作や推敲の過程あるいは刊行年時のちがいから、字句に少なからぬ異同がある。まず、『四本堂詩文集』と『蔡氏家譜』の成立事情について検討する。

『蔡氏家譜』は王府に提出して各丁に「首里之印」の押印を得た、ある意味で公的な信頼しうる記録である。(9)その

「十一世諱文溥祝嶺親方」（蔡文溥）の条の「著作」の項に、「東宮菊花応教」以下、「同樂苑應令恭呈二首」、「同樂苑八景」、「同樂苑序應令」で終わる一八題の詩と文が掲載されている。

『蔡氏家譜』は、現存する家譜全体としては後代の重修になるが、蔡文溥が冒頭の「蔡氏家譜総攷」末尾に、

大清雍正七年歳次己酉季秋穀旦、小宗清元公玄孫文溥取吾家法司文若賢弟所撰蔡氏總攷、略換数字冠譜首、而以三十六姓併其裔孫事蹟附於其次、以備考焉、

と記し、さらに「紀録」とした題の割註に

雍正七年己酉　命譜司考正群臣譜牒、文溥就故牒而重修考究加詳、

と記すことから、少なくとも「十一世諱文溥祝嶺親方」の条までは一七二九年九月（「季秋」）の成立であり、蔡温による「蔡氏總攷」は別として、ほとんどは蔡文溥により編集、執筆されたものと考えることができる。

一方、『四本堂詩文集』の現存するものとして、今のところ東洋文庫所蔵の『四本堂集』（写本）と原田禹雄所蔵の版本の二つしか知られていない。原田禹雄は版本について

表紙に題簽はなく、貼付されていた跡はわからない。見返しに文字はなく、従って、書名と刊行年月、刊行所は不明である。序文から『四本堂詩文集』と私は仮称している。

と述べ、原田自身が『南島史学』に翻刻している。(10)

東洋文庫所蔵の『四本堂集』は、一八八四年に沖縄書記官森長義が入手した刊本を貢園盛徳が写したものである。『国書総目録』には「抄本」と記載されているが、実際に内容を調べたところ、そうではなく、原田の版本と同一内

容であることが判明した。以下では原田の翻刻による『四本堂詩文集』を用い、適宜『四本堂集』（写本）を参照する。まず『四本堂詩文集』の成立時期を考えてみる。

序文の筆者と題と日付を掲載順に示すと、次のようになる。

①葉紹芳「四本堂詩集序」、「雍正壬子季夏」……一七三二年六月
②劉敬與「序」、「乾隆二十年歳次乙亥夏五端陽」……一七五五年五月五日
③王登瀛「序」、「雍正三年歳次乙巳暮春既望」……一七二五年三月十六日
④徐葆光「題四本堂集後四絶句」、「康熙己亥十月之望」……一七一九年十月十五日
⑤謝道承「題四本堂詩文集」、「雍正二年歳在甲辰冬十一月下浣」……一七二四年十一月下旬

もっとも年時が古い徐葆光の「題四本堂集後四絶句」は、題からも明らかなように、本来巻尾にあるべきものであるが、序のところに綴じられている。この「四絶句」は、その一七一九年十月十五日という年月日から、蔡文溥が琉球滞在中の徐葆光に「四本堂集」を見せ、序文を求めたのに応じて詠まれたものであることがわかる。

王登瀛による「序」は、その内容から明らかに蔡文溥の父蔡應瑞の作品集「五雲堂詩集」に向けた序文である。蔡文溥は、一七二四年の冬、清への進貢船に託して父の詩集を閩の王登瀛に送り、序を所望した。その結果、記されることになったのが王登瀛の「序」である。[11] したがってもちろん『四本堂詩文集』の序文ではなく、何らかの理由で『四本堂詩文集』に紛れ込んだにすぎないが、これによって蔡文溥の行動の一端を知ることができる点が興味深い。

謝道承の「題四本堂詩文集」には経緯を示す文言は記されていないが、「今其の稿語を讀む」とあることに留意したい。謝道承は「四本堂詩文集」を読んだのであるが、それはいつ閩にもたらされたのであろうか。先の王登瀛の「序」の内容を勘案すると、蔡文溥は父の「五雲堂詩集」のみならず、自身の『四本堂詩文集』も一七二四年冬の進

貢船に載せて閩に送り、謝道承に序文を依頼したと推測することができる。この推測に少し難点があるとすれば、謝道承の序の日付に「雍正二年歳在甲辰冬十一月下浣」とある点である。というのは、この年の進貢船は十一月十五日に那覇を出発し、十二月十日に閩に到着しているからである。(12) ここでは蔡文溥が王登瀛と謝道承に序文を依頼したのを一連の行動とみて、本来十二月とすべきところを、謝道承の不注意か、版刻に際しての誤植かはわからないが、「十一月」と誤ったと考えておきたい。いずれにせよ、遅くとも一七二四年十一月には『四本堂詩文集』が完成していたという成立事情が少し判明するのである。しかしながら、この時点ではまだ版行には至らなかったようである。

冒頭に載せられた一七三二年六月付けの葉紹芳「四本堂詩集序」には「忽有款門投刺者、乃中山蔡君邦用也、捧其尊翁天章公四本堂詩集」とあり、同年の夏に「中山の蔡君」が葉紹芳のもとを訪れ、「尊翁」、すなわち父の蔡文溥の「四本堂詩集」を見せたことを記している。蔡文溥の息子とされる「中山の蔡君」とは、おそらく蔡其棟のことであろう。一七三二年の進貢船が出立したのは冬の十一月であるから、其棟がこれに乗船したのではないことは明らかである。『蔡氏家譜』の蔡其棟の項をみると、「進貢赴京都通事」として中国への進貢に随行した其棟は、一七三〇年十二月二日に那覇を出て、翌年の十一月に北京に着いた。その翌年、一七三二年三月に北京を出立して五月に閩に戻り、六月二十八日に五虎門を出て七月十三日に琉球に帰国している。したがって蔡其棟が葉紹芳のもとを訪れたのは、帰国の年の夏、おそらく六月のことと推測される。

蔡其棟が携えていった父の「四本堂詩集」は、遅くとも一七三〇年十一月には稿をなしていたはずである。一七二九年九月成立の『蔡氏家譜』から一年あまり経過しているから、この「四本堂詩集」は家譜所載の詩文をさらに推敲したものであった可能性が考えられる。

こうして徐葆光の集後四絶句に加えて謝道承と葉紹芳の序文を得た『四本堂詩文集』は、まもなく刊行されたと推定される（初版本）。というのは、一七五五年の劉敬與の「序」に「集已刊本」と記されていて、「四本堂文集」の刊本があったことがわかるからである。

蔡文溥は一七四五年に七五歳で没するが、その十年後の一七五五年に記された劉敬與の「序」によると、一七五四年の進貢にさいして清に渡った「孫の法亮」、すなわち蔡文溥の孫、蔡功熙が「四本堂文集」の序文を劉敬與に依頼した。蔡文溥は、「晩年又自加更定、續以未授梓者若干篇」とあるように、晩年に既刊の集に校訂を加え、また未刊の作品をいくつか増補していたという。こうして劉敬與の「序」を加え、作品を増補して出版された増補再刊本が、原田禹雄所蔵版本であり、東洋文庫所蔵写本の原本と考えられる。

これまで検討した蔡文溥の略歴と出版の経緯、その作品の成立時期などを整理したのが表19である。[13]

さて、『四本堂詩文集』は、日付を含む、あるいは年時が判明する文や詩に注目すると、少なくとも一六九一年から一七二四年までの三十年をこえる長期に渡る作品からなっていることが判明する。

刊本における構成をみると、序に始まり、「四本堂文集」、「四本堂詩集」と続く。詩集における配列は、一七二四年の「同楽苑八景」までは一部に乱れはあるものの、およそ作成年代順であるが、それ以後に収録された詩は、一七一三年の「寄粤山陰隆渡寺心海上人」の次に一七一二年の「王殿落成誌喜」、「壬辰年仲春二十一日返御新殿群臣恭賀三首」が続き、また徐葆光にかかわる詩二首の後に一六九六年の「喜雨」が置かれるなど、年時が前後乱れている（表19を参照）。このこと、そして『蔡氏家譜』の詩が同楽苑の詩文で終わることから「同楽苑八景」までが初版本に含まれていた作品、その後に収録されている分が増補された作品と推測することが許されよう。[14]

『蔡氏家譜』「著作」の作品のうち同楽苑関係を含めて一五題が、現存『四本堂詩文集』（増補版）に収録されている。同楽苑にかかわる詩文については、次節において校訂した本文を掲載するが、両者の間には題をはじめ字句にかなりのちがいがある。先に述べたように、蔡文溥は推敲を重ねていたことが知られ、事実、「同楽苑序応令」や延賢橋、恤農壇、望春台の詩は、『蔡氏家譜』から『四本堂詩文集』（増補版）にいたるまでにかなり大きく手が加えられたこ

表 19　蔡文溥の略歴と作品

	略　　歴	作　　品
1671 年	生。蔡応瑞の長男。	
1688 年	18 歳、北京国子監に留学。	
1691 年		「初春過仙霞關」〔1〕
1692 年	22 歳、帰国。講解師兼訓詁師を務める。	「勉弟文」
1694 年	24〜26 歳、国王尚貞・世子尚純・世孫尚益に四書・詩経・唐詩などを進講	
1695 年		「春日佐敷幸御殿應教」、「東宮菊花應教」
1696 年		「喜雨」〔2〕
1699 年	29 歳、接貢存留通事として閩に滞在	「春日賜唐營諸臣宴於南殿應教」
1701 年	31 歳、帰国。国王尚貞・世子尚純・世孫尚益に四書・詩経・唐詩などを進講	
1704 年	34 歳、病により職を辞す。	
1706 年		「恭哭王世子（尚純）十首」
1712 年		「王殿落成誌喜」、「壬辰年仲春二十一日返御新殿群臣恭賀三首」、「恭哭王世孫」
1713 年		「寄粵山陰隆渡寺心海上人」
1715 年		「學校序」
1716 年	46 歳、正議大夫となる。	
1719 年	徐葆光に「四本堂集」を示し、「題四本堂集後四絶句」を得る。 その後も「四本堂集」に作品を増補する。	「冊封天使四韻」、「奉呈徐徵齋太史」、「題天使院種蕉圖」、「送徐太史帰朝」、「徐太史枉過四本堂誌喜」。これらのほか冊封や徐葆光にかかわる詩は 1719 年ないしそれ以降。
1720 年	50 歳、紫金大夫となる。	「和瑞菴向先生賀余拜紫金大夫次韻答謝」、「題前攝政向公物外樓六首」、「飛來石」
1724 年	54 歳 11 月、『四本堂詩文集』を、進貢船に託して閩に送る。 12 月下旬、謝道承の「題四本堂詩文集」を得る。	2 月、同楽苑の宴があり、蔡文溥、王命により「同楽苑八景」、「同樂苑應令恭呈二首」を詠む。 その後、「同楽苑序応令」を作る。
1729 年	59 歳、9 月、『蔡氏家譜』成立。	
1730 年	60 歳、12 月、息子の蔡其棟が中国への進貢に際して「四本堂詩集」を持参する。	
1732 年	62 歳、6 月、蔡其棟、葉紹芳「四本堂詩集序」を得る。 このころ初版刊行。	
1745 年	75 歳、蔡文溥没。 死に至るまで作品の校訂・増補を続ける。	
1755 年	孫の蔡功熙、劉敬與による「四本堂文集」の「序」を得る。 その後、増補版『四本堂詩文集』（現存）刊行。	

注 1)「島尻勝太郎選・上里賢一注釈『琉球漢詩選』（ひるぎ社、一九九〇年一月）」、一六三頁。
2) 同上、一七七頁。

とを明瞭に示している。[15] 当然のことながら、『四本堂詩文集』の方が文や字句が明快、簡潔であり、整理されている印象がある。

2　同楽苑の詩文

同楽苑についての基本史料というべき「同楽苑序応令」・「同楽苑応令恭呈二首」・「同楽苑八景」を掲載する。ここではほぼ完全な形をとどめ、また最終稿ともいうべき『四本堂詩文集』を底本として用い、[16] 破損のある『蔡氏家譜』[17] との異同を下記の表記により注記した。また読みやすくするために適宜句読点と改行を施した。

注：〔　〕内は対応する『蔡氏家譜』の字句、［　］は『蔡氏家譜』にのみある字句、傍線は『四本堂詩文集』にのみある字句、（　）は引用者による注記、傍点は引用者による。

同樂苑應令恭呈□〔二〕首

上林苑裡多佳勝　登恤壇臨洗筆塘
橋似彩虹晴亦雨　洞垂清蔭夏猶涼
仰看巖上〔霧封巖畔〕茶芽秀　行〔風〕過堤邊□〔藥〕氣香
觀海望春思補助　福膺天眷壽無彊

風光明媚滿園春　景物爭妍氣象新
洞古雲飛侵几席　臺高月冷照松筠
異香有意生幽徑　瀑水當空絶點塵
此日儒臣隨駐駕　歌聲四繞樂同民

同樂苑八景

延賢橋

江芷汀蘭映水青　風飄香氣到前庭
曾傳東閣招賢地　〔未勝斯〕可勝圜橋聚徳星

恤農壇

明王軫念草萊民　時上農壇望畝頻
省歛省耕行補助　海邦〔島々盡同春〕無島不生春

洗筆塘

一曲銀塘供洗筆　光浮星斗自成文
金鱗列隊爭呑墨　彷彿龍宮獻彩雲

望春臺

臺上新晴宿霧披　〔鸞臨豈是為敲詩〕鸞旗掩映日遲遲
春和淑氣催黃鳥　〔欲望農工播種時〕正是農工播種時

觀海亭

峰高路轉欲凌雲　亭上風光自不群
縱目遠觀滄海外　登臨何異讀奇文

翠陰洞

人間似隔紅塵外　錯認桃源有路通
陰鎖洞門閒寂寂　惟餘鶴夢月明中

摘茶巖

香出瓊樓閬苑種　長承雨露葉蒼蒼

春來每向巖頭摘　先製龍團献我王

種藥堤

聞道仙家延壽草　移栽堤上自成叢
莫教劉阮長來採　留與君王佐藥籠

同樂苑序應令

粤稽古之有國者、必有園囿。自王侯以及卿大夫之家亦有之。或因樹木之陰翳、或因花草之幽香、或以鳥語為律呂、或以爽籟〔籟聲〕為文章、或以地而得名、或即物而寓意〔或以物而自樂〕。皆自適其適。従未有、以同樂、名園者也。伏惟、我
王恩、同覆載徳、徧川嶽萬彙、發祥四疆生色、農夫屢慶豊年、史官頻書大有。於是命官重脩〔修〕。

王祖故園、樓臺新築〔加築樓臺〕。〔經之營之〕丹雘不施〔不丹不雘〕。毋傷民力、毋費帑金、不崇朝、而告厥成功〔而厥功告成矣〕。園在　王城東北久場川之地。昔以地名。園、今改之、曰同樂苑。萬機之餘暇命駕頻臨、或潛心於經史、亦〔或〕寓目於豊禔〔烟霞〕。雖曰〔遊観之□□、爲〕養性之行宮、實有同民之至意其中。

如山之崇、如嶺之峻、勢凌霄漢者、望春臺也。

簾捲薫風、雲生曲檻、一帯蒼茫者、觀海亭也。

築土為壇、以望南畝者、恤農壇也。

横空縹緲、勢如長虹者、延賢橋也。

波光灩瀲、藻荇牽〔帯墨〕香者、洗筆塘也。

岩窟幽深、堪容〔為〕避暑者、翠陰洞也。

佳木暢茂、聳翠凌霄〔於□（天カ）半〕者、採茶巖也。

繽紛〔堤畔〕芬芳、百卉〔品〕争秀者、蒔藥〔藥草〕圃也。

江山如畫、雲霞絢彩、海霧迷濛、蜃氣蒸結、風濤乍起於牣魚躍、乃若飛帆危檣出没於烟霧之中、晨光夕色變幻於陰晴之景〔陰晴□幻之景〕、優游其間大塊文章一覽。而得洵爲〔得之豈非〕苑内〔中〕之奇觀〔哉〕、〔洵〕爲中山之〔□〕名勝〔區〕、而足以爲吾

王之所樂也。今其名爲同樂。蓋吾

王欲法周公〔文〕之與民同樂也。然即所謂樂民之樂、民亦樂、其樂矣。

歳在甲辰雍正二年仲春

賜宴羣臣、上命唐榮諸臣同樂賦詩白雪陽春。一時倶獻。

臣文溥因痾解組、久臥山中〔閉門對影常抱鬱〕、何幸

君王不遺草野之陋、忽獲玉音之降〔忽降玉音〕、命臣續賦。〔不〕感激懐慚、不揣蛩吟、以副上意。

3　同楽苑の詩文の成立時期

これらの詩文はいつ作られたのであろうか。年時の記されているのは「同楽苑序応令」だけであり、文中に「歳在甲辰雍正二年仲春」（一七二四年二月）とある。この年時について、上里賢一は「製作年」と考えているが[18]、文脈から考えて執筆年時を示すものではなく、同楽苑において尚敬王が群臣に宴を賜り、唐栄（久米村）の諸臣が詩を献じたのが一七二四年二月とみるべきである。またこの「序」の文章は、王命によってそれらの詩を集めた作品集『同楽苑』を編むにあたって蔡文溥が執筆したものと推測されるから、作成日時は宴の日の後と考えなければならない。「同楽苑序応令」の作成と『同楽苑』という詩集の編纂は、前述のように、蔡文溥が同楽苑の詩文を載せる『四本堂詩文集』を託したこの年の進貢船の出発が十一月十五日であることから、十月には終わっていたのであろう。

「同樂苑應令恭呈二首」は、以上に述べたことと題そのものから明らかなように、同楽苑において催された一七二

四年二月の「此日」、すなわち宴の当日に尚敬王の命令に応じて詠まれた詩である。

「同樂苑八景」の制作年時については判然としないが、上里賢一は一七二四年二月につくられたものとみている[19]。『蔡氏家譜』の「望春臺」の詩に「駕して臨むは　豈に是れ詩を敲する為ならんや」とあることから、宴の当日に詠んだものと考えるのが妥当であろう。

次に、「同樂苑應令恭呈二首」と「同樂苑八景」の成立状況を考えてみよう。「同楽苑序応令」によると、宴において唐栄の諸臣がともに詩を献じた後、国王が蔡文溥に「續賦」を命じた。そこで蔡文溥は合わせて二題一〇首の詩を詠み、国王に献じた。このうち「同樂苑應令恭呈二首」をみると、前節での史料掲載にあたって傍点で強調した箇所、すなわち「恤壇」、「洗筆塘」、「観海」、「望春」などは明らかに同楽苑の八景と解される語であり、また「橋」、「洞」、「巖」、「堤」なども、簡潔な表現であるにしても、同じく同楽苑の八景であることがわかる。つまり、この詩に同楽苑八景が詠み込まれていることは明らかである。したがって、八景はこの詠詩に先立って選ばれていたことになる。

一方、「同樂苑八景」は、詩の内容からは、これに先立って八景が選ばれていたのか、あるいは蔡文溥が初めて八景を選定し、八景詩を詠んだのか、はわからない。しかしながら、「同樂苑八景」では「種藥堤」、「摘茶巖」とある佳名が、やや後に作られた「同楽苑序応令」においては、『蔡氏家譜』が「薬草圃」、「採茶巖」、『四本堂詩文集』が「蒔薬圃」、「採茶巖」と異なっていることに注目したい。蔡文溥が八景の名称を二つも置き変え、また「種藥堤」を「薬草圃」、「蒔薬圃」と改めていること、すなわち佳名の推敲を重ねていることから考えて、八景の佳名は蔡文溥によって名づけられたと推測することができよう。すなわち、蔡文溥が尚敬王に「續賦」を命じられた時点では、八景の佳名はもちろん、八景も選ばれていなかったという結論が導かれる。

要するに、蔡文溥は一七二四年二月の宴の当日、尚敬王の命に応じて同楽苑の数多ある「佳勝」のなかから八景を選定し、佳名を与える「同樂苑八景」詩をつくり、そして「同樂苑應令恭呈二首」を詠んだ。その後、王命による詩集『同樂苑』の編纂にあたって「同楽苑序応令」を書いたと考える。

これらの詩文はまさに同楽苑に関する同時代史料として注目されなければならない。とくに「同楽苑序応令」は、同楽苑の由緒・沿革・景観内容などを記したものとして貴重な史料ということができる。

三、同楽苑とその八景の特色——結びにかえて

「同楽苑序応令」によると、王家の苑、同楽苑の創立は次のようになる。

首里の王城の東北、久場川の地に古くから王家の園があった（「中城御殿御菜園所」に由来する）。尚敬王は官に命じて祖父の尚純が営んだ古い園を改修し、楼台を新築した。そこで地名によって呼んでいた昔の名称を、「與民同樂」に因んで「同楽苑」と改めた。雍正二年仲春（一七二四年二月）のことである。王は政務の暇にしばしば苑を訪れ、書物を読み、風景を眺めた。……（　）は筆者による注記

同楽苑は、たんに王の休息の場所であったのではなく、「雍正二年仲春群臣に宴を賜う」とあるように、時には家臣を集めて宴会が催され、そこで漢詩が詠まれるなど、宴遊・文芸の場ともなっていたことが注目される。これから想起されるのは宴遊施設としての王家の苑、すなわち東苑や南苑（現在の識名園）である。同楽苑は、一六八三年に尚貞王の冊封使を迎えるために整備された東苑や、一八〇〇年に尚温王の冊封使に備えて開かれた南苑と共通する性格をもっていたのではなかろうか。首里城の北にある同楽苑は、東苑や南苑の名称にならえば、「北苑」にあたるのであろう。一七二四年ころ尚敬王によって整備、創建された同楽苑は、もちろん一七一九年の冊封使海宝と副使徐葆光

はみることがなかったが、一七五六年に渡琉した冊封使全魁と副使周煌はこの同楽苑に招かれて遊んだのではないか。はじめに紹介した周煌『琉球国志略』の「勝蹟」や「藝文」の記事は、その経験を背景にしていると考えられる。「同楽苑序応令」は、苑内にあった八つの景の特徴を具体的、かつ叙景的に述べている。最初の二つ、すなわち望春台と観海亭は尚敬王が新築した「楼台」と考えられ、一方、残る六つは、おそらく尚純王の造園に始まるものなのであろうが、尚敬王によって大々的に再整備され、面目を一新したのであろう。景物に即して整理すると、次のようになる。

（1）建築・土木構造物
台……望春台「山の崇なるが如く、嶺の峻なるが如く、勢い霄漢を凌ぐ」
亭……観海亭「簾は薫風を捲き、雲は曲檻に生じ、一帯蒼茫たる」
橋……延賢橋「空に横たわりて縹緲とし、勢い長虹の如き」
池……洗筆塘「波光灩瀲として、藻荇牽香たる」
壇……恤農壇「土を築きて壇を為り、以って南畝を望む」
圃……蒔薬圃「繽紛たる芬芳、百卉争いて秀ずる」

（2）自然
洞……翠陰洞「岩窟幽深にして、容れて暑さを避くるに堪うる」
巌……採茶巌（摘茶巌）「佳木暢茂して、耸翠し凌霄する」

人工の景物が多く、逆に自然の景物が少ないことが注意される。いいかえると、同楽苑は久場川の景勝の地にあったのであるが、そこに少なからぬ人工物を構築して「苑内の奇観」を造形し、「中山の名勝」を生み出したようである。

「同楽苑八景」の特色について、さらに以下の諸点を指摘することができる。第一に、同楽苑の「八景」と題されているが、これは瀟湘八景に源をもつ八景ではなく、禅院の境致、十境のカテゴリーに属するものである。第二に、同楽苑という別荘の境致であり、本来の禅院の境致から住まいの境致へ新たな展開を示すことが注目される。第三に、八景詩を詠んだ蔡文溥は那覇の久米村の人であって、琉球の境致ないし十境を詠んだ詩の作者として、初めて琉球人が現れたことが注目される。

注

(1) 周煌『琉球国志略』(一七五九年、漱潤堂刊本による、以下同じ)。ほかに「中山學校序」、「題使院種蕉圖」、「呈冊封天使四韻」、「徐太史杆過四本堂誌喜」を掲載する。これらの典拠を周煌は『琉球国志略』の「採用書目」にあげていないが、蔡文溥が刊行した『四本堂詩文集』に拠ったと考えられる。

(2) 第二部Ⅱ、第七章第一節および第二節参照。

(3) 東恩納寛惇「同楽苑」(『南島風土記——沖縄・奄美大島地名辞典——』、沖縄文化協会・沖縄財団、一九五〇年三月)、真栄平房敬「同楽苑」(『沖縄大百科事典』沖縄タイムス社、一九八三年五月)、古塚達朗『名勝「識名園」の創設—琉球庭園の歴史—』(上巻、ひるぎ社、二〇〇〇年五月)五八～六三頁、久手堅憲夫「久場川之御殿(同楽苑)跡」、『首里の地名——その由来と縁起——』(第一書房、二〇〇二年十二月)、『沖縄県の地名』(平凡社、二〇〇二年十二月)、「同楽苑跡」などがある。

(4) 原田禹雄『訳注　琉球国旧記』(榕樹書林、二〇〇五年)。なお原文は次の通り(『琉球国旧記』、『琉球史料叢書　第三巻』、鳳文書館、一九四〇年、一九九〇年復刻)。

同樂苑　俗稱二久場川御苑一

康熙年間。尚純王為二世子一時。創二闢此苑一。

時々出遊。多臨二此苑一、或挹二春日幽芳一。或賞二夏天之清陰一。或吟二秋夜之明月一。或咏二冬晩之白雪一。各随二其時一。

以為二與レ民同一レ樂也。因名二其苑一。曰二同樂苑一也。

（5）古塚達朗前掲書（注3）、五九頁。牧氏翁長家の家譜は、那覇市企画部市史編集室編『那覇市史　資料編第一巻八　家譜資料那覇・泊系』（那覇市役所、一九八三年三月）に収録されている。
（6）蔡文溥『四本堂詩文集』所収「王世子捐館後雑詩」に「王世子買建善寺、改名芭蕉園開池養魚」とあるから、家譜の記述を同楽苑と即断することはできない。
（7）沖縄県立図書館所蔵。図版を掲載するものに、沖縄県教育委員会文化課編『琉球国絵図史料集　第三集――天保国絵図・首里古地図及び関連史料――』（榕樹社、一九九四年）がある。
（8）伊従勉「「首里古地図」の製作精度――琉球における測量術の発達と首里絵図」（足利健亮先生追悼論文集編纂委員会『地図と歴史空間』、大明堂、二〇〇〇年八月）を参照。
（9）家譜史料については、田名真之「琉球家譜の成立とその意義」（『沖縄近世史の諸相』、ひるぎ社、一九九二年九月）を参照。
（10）原田禹雄「翻刻資料　四本堂詩文集」（『南島史学』第三五号、一九九〇年六月）。
（11）「甲辰冬天章以迺尊五雲堂詩集従海外郵來、以授梓人邦用請余爲序」。
（12）那覇市企画部市史編集室編『那覇市史　資料編第一巻六　家譜資料二（下）』（那覇市役所、一九八〇年）の「金氏家譜」十一世聲の条、「雍正二年甲辰正月初八日為進貢事奉　使為大船都通事隨耳目官毛健元金城親雲上安承正議大夫蔡淵志多伯親雲上。本年十一月十五日同両船那覇開洋到馬歯山、候風二十二日開船至久米山、十二月初五日在久米山開洋、同初九日到閩安鎮進入内港安挿驛館、公事全竣次年乙巳五月二十五日五虎門開船、六月初二日歸國」ほか。
（13）蔡文溥とその作品については、『蔡氏家譜』（那覇市企画部市史編集室編『那覇市史　資料編第一巻六　家譜資料二（下）』、那覇市役所、一九八〇年）、富島壮英「蔡文溥」『沖縄大百科事典』（沖縄タイムス社、一九八三年五月）、島尻勝太郎選・上里賢一注釈『琉球漢詩選』（ひるぎ社、一九九〇年一月）。
（14）問題点として、徐葆光の「題四本堂集後四絶句」に取りあげられた「春風」という絶句が「同楽苑八景」より後に掲載されていることがある。しかし、実は、徐葆光の引用する「春風」と『四本堂詩文集』掲載の「春風」とは、字句の異なるところが少なくない。すなわち後者は、蔡文溥がさらに推敲を重ねた「春風」と考えられるので、「同楽苑八景」の後にあってもとくに問題にはならない。
（15）島尻・上里前掲書（注13）、一八六頁なども、異同に注目し、解説している。
（16）原田禹雄「翻刻資料　四本堂詩文集」（『南島史学』第三五号、一九九〇年六月）に依拠したが、誤植は沖縄県立図書館架蔵の原田による筆写本「四本堂詩文集」により訂正した。

(17)『蔡氏家譜』。那覇市歴史資料室架蔵の原本の複製によって校訂した。
(18) 島尻・上里前掲書（注13）、一八六頁。
(19) 注18。

第一一章　首里・那覇の風景――胡靖『琉球記』から

第八章では那覇の「中山八景」（琉球八景）を取りあげたが、その成立に大きな影響を与えたのが胡靖の『琉球記』である。胡靖は琉球の風景をどのように眺めたのであろうか。

琉球を描いた絵画作品としてもっともよく知られているのは、葛飾北斎が一八三二年に描いた浮世絵版画「琉球八景」（図86）である。この「琉球八景」（中山八景、那覇の八景）が生まれるにいたった一つの大きな契機として、一六三三年に琉球に渡った胡靖の『琉球記』があると考えられる。胡靖は尚豊の冊封使杜三策の従客であるが、正使杜三策、副使楊掄の使琉球録が残されておらず、胡靖『琉球記』がこのときの冊封使一行のただ一つの記録となっている。胡靖『琉球記』に描かれた琉球王国の首都首里と那覇の景観を検討し、胡靖の記録が後世の中山八景などに与えた影響を考える。

一、胡靖撰『琉球記』（『杜天使冊封琉球眞記奇観』）

胡靖についてはよくわからない。福建省延平府南平縣の出身で、「博学で詩や、とくに書画をよくした。冊封使に従って琉球に渡り、島嶼の風景を覧てそれを絵に描き、勝景を紀した。刊刻されたものは精工である」と伝えられ、「一種の随行画家」とみられている。(1)『琉球記』の序文によると、曹能始先生に推薦され、また冊封使正使杜三策と副使

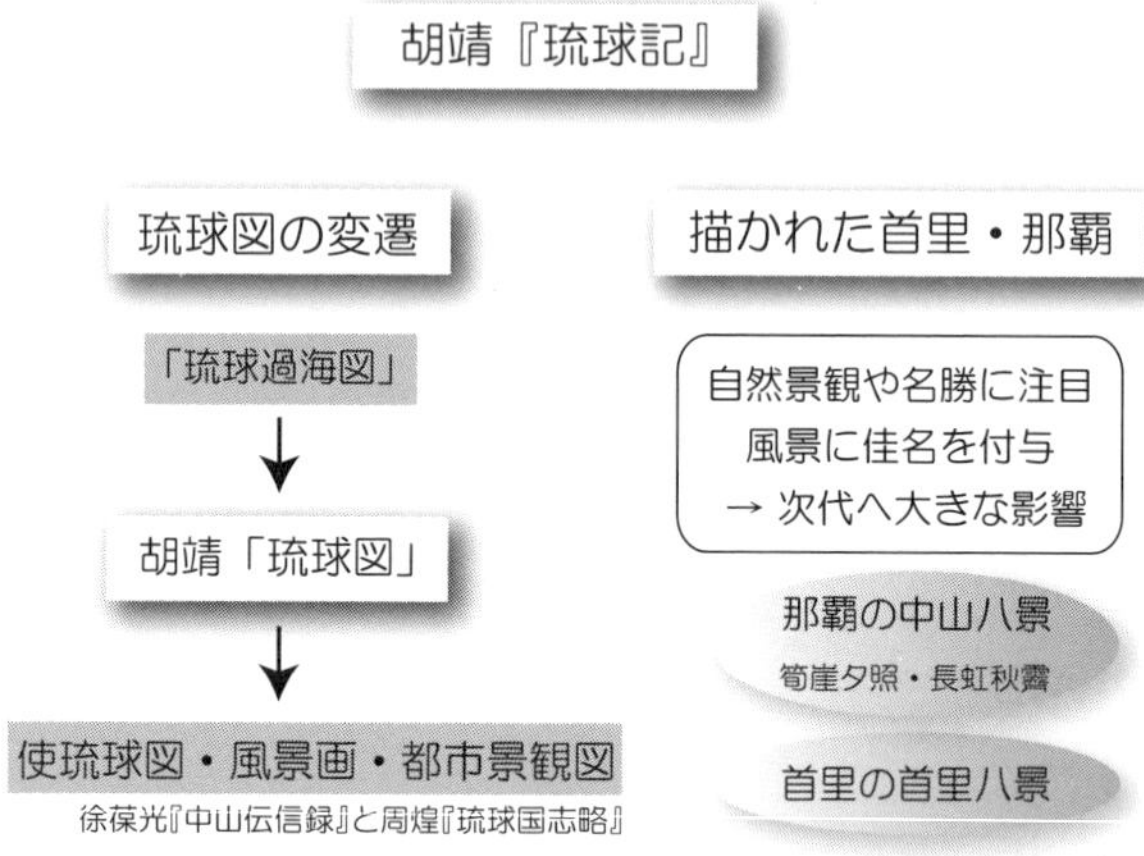

図 97　本章の論点

楊掄の誘いもあって杜三策の従客となったという。

『琉球記』(『杜天使冊封琉球眞記奇観』)とその成立

皇帝から任命された冊封使たちは、北京から福建に赴き、封舟を準備して東シナ海を渡り、琉球では前国王の諭祭、新国王の冊封の礼を行った。滞在中に見聞した琉球の風土や歴史、制度、風俗習慣、言語などを記したのが使琉球録である[2]。

胡靖が著した使琉球録として早くからハワイ大学ハミルトン図書館所蔵の『杜天使冊封琉球眞記奇観』が知られ[3]、また近年中華人民共和国北京図書館所蔵の『琉球記』の存在も知られるにいたった。これらについては松浦章「胡靖撰『琉球記』(『杜天使冊封琉球眞記奇観』)解題」が参考になるが[4]、多少補足しておきたい。

『杜天使冊封琉球眞記奇観』は、胡靖八代の孫、恩顕重が刊行したもので、「崇禎六年　杜天使冊封琉球眞記奇観」と題し、「序」と本文九丁からなる。本書の成立について胡靖の序は、

> 遂に五閲月に爾く、中山に於て杜給諫楊大行両天使に追随することを得たり、時に画を善くする者、崑山の顧西樵、建州の陳仲昭、善く操する者、姑蘇の周凰来たりて、毎に共に書画詩酒

の間に酣にして、興到れば則ち諸君と偕に、山に登りて眺遠し、海に臨みて濤を観る。故に群勝を指点すること、歴歴として几席の間の如し。たまたま杜公の為に中山図を絵きて、遂に其の言を約略して以て之を誌す。(5)

と述べる。このように本書の撰述の動機は、冊封使自身が叙述した他の使琉球録とかなり異なっている。島尻勝太郎は、「これらの人の書畫酒席の間に、見聞したことに関する談笑があり、詩、書、書が作られ、それらがこの「真記奇観」となったのではないだろうか。又、文章が簡潔で、短く段落がつけられているところから、絵畫を中心としてその説明がなされるというのが、この書の原の形ではなかったかと思われる」と推測する。(6)嘉手納宗徳もまた、杜三策のために描いた中山の図に説明文を挿入した「琉球図記」(7)が原著であり、この図記中の説明文だけを集録したのが『杜天使冊封琉球真記奇観』であるという。(8)これらの推定は以下に述べるように、おおよそ妥当と考えられる。

北京図書館架蔵の胡靖『琉球記　附中山詩集』（以下、『琉球記』と表記する）は、最近刊行された黄潤華・薛英編『國家圖書館藏琉球資料匯編』（北京図書館出版社、二〇〇〇年十月）に影印本が収録されている。刊行年時に関して『琉球記』所収「琉球図」の「跋」によると、胡靖は一六四四年に琉球の勝景を描いた絵図を刊行し、その後さらに「琉球図」を刊行したという。「癸巳梅月獻卿胡靖寫并跋」とあることから、一六五三年（明の永暦七年、清の順治十年）に刊行されたと考えられる。(9)帰国後すでにおよそ二〇年が経過していた。

『琉球記』には書名や目次はないが、柱に「琉球図」・「琉球記」・「詩集」とあり、また見出しなどから構成を記すと、次のようになる。

（1）「小引」　一～三丁　……王孫蕃の序文。
（2）「琉球図」　一～七丁　……王孫蕃による題（「琉球図」）、琉球図、胡靖の「寫并跋」
（3）「琉球記」　一～十七丁　……「琉球記并引」

「詩集」　十八～廿四丁……「中山詩集」

王孫蕃による立派な題が付けられているところからも、本書の中核をなすのは琉球の勝景を描いた「琉球図」であると考えることができる。ある意味で本書は『琉球記』というよりも、「琉球図」とみたほうがよい。「琉球図」があり、そこに「琉球図」を説明する簡潔な「琉球記」が加えられた。この点は、実際に図中に記入された固有名詞や説明と「琉球記」の記述とを比較対照すると、自ずから明らかであり、序に「中山図を絵きて、遂に其の言を約略して以て之を誌す」とあるのを信じてよい。汪楫『使琉球雑録』が本書を「琉球図記」とするのは、的確に内容をとらえているといえよう。(10)『杜天使冊封琉球眞記奇観』との大きなちがいは、いうまでもなく「琉球図」があることであり、さらに胡靖の詠んだ詩を掲載する「中山詩集」一巻を含むことも大きな特色であるが、一方、『琉球記』では惜しいことに割註が割愛されている。(11)

ところで使琉球録の最初の作品は、一五三四年渡琉の陳侃による『使琉球録』で、日記風に記述する。陳侃は八月中秋節の条で円覚寺とその周辺の景の面白さを記し、末尾に「向夕回館。明月如晝、海光映白、松影篩青。令輿人緩歩徐行、縦目所適、心曠神怡。樂茲良遇、忘其身之在海外也」と感慨を述べる。しかしとくに『使琉球録』に詩文・藝文の項を立てることはしない。一五六一年渡琉の郭汝霖は陳侃『使琉球録』をもとに使事紀・禮儀・造舟・用人・敬紳・羣書質異・題奏・詩文などの項目をたてて記述し、後代使琉球録のモデルとなった。注目されるのはその詩文の項であり、そこで郭汝霖は寺碑二つと「中山八景記」しかないと嘆き、いつの日か、琉球に遊ぶ人、国子監に学ぶ人が詠むことを期待した。一五七九年の蕭崇業・謝杰『使琉球録』は、使事紀・禮儀・造舟・用人・敬紳・羣書質異・題奏・藝文などを含む『使琉球録』二巻に、蕭崇業と謝杰の詩二〇題ほどをのせる『皇華唱和詩』一巻が付け加わっている。一六〇六年の夏子陽『使琉球録』には詩文や藝文の項目はない。

詩文や書画に堪能な従客胡靖には、もともと琉球の風土・歴史・制度などの記録作成ではなく、自身の旅行記と風景画と詩文が期待されていたであろう。「ああ、夫れ中山の諸景、流峙として皆奇なり。惜しむらくは、騒人墨士をして偏く詠せしめざるのみ」と嘆じた胡靖の「中山詩集」は、郭汝霖の詩文への期待と蕭崇業・謝杰の詠詩を受け継ぎ、より発展させたものとみることができる。

要するに、胡靖が「琉球図」に記と詩を加えて、使琉球録に新しいジャンルを創出したことが重要な点である。従客として使事記以下の記述を必要とせず、ある意味で気軽な立場にあった胡靖にしてはじめて可能なことであったのかもしれない。(12)

ただ、興味深いことに、胡靖『琉球記』は次代の冊封使たちから厳しい評価を受けている。一六八三年の汪楫は『使琉球雑録』に「崇禎中、杜三策の従客胡靖刻するところの琉球図記は、則ち荒誕謬妄、百に一の実なし」とし、また一七一九年の冊封使徐葆光『中山伝信録』は、「崇禎六年、杜三策の従客胡靖の記、尤も俚誕（俗っぽいでたらめ）」と書いた。そもそも使琉球録は先行の使録を厳しく批判することが少なくないが、それにしてもあまりにも酷評に過ぎるように思われる。胡靖『琉球記』には当時の琉球について有益な情報が少なくないし、記述している事実、感慨に偽りや誤りがあるというのでもないであろう。この点について島尻勝太郎は、『琉球記』の興味深い記事を指摘しつつ、「冊封使の使録は、冊封使がその儒学的な、或は正副使という立場から公式的な又は表面的な観察や記述しか出来なかったのに、胡靖は自由に、一般民の中に入って親しく観察し、制扼のない記述をしたことから生ずる差異が、前記の評言となったのであろう」と説明する。(13)そうした状況もあったであろうし、また琉球の風土や勝景に対する視点のちがい、ないしは風景を絵画として記憶にとどめることと絵図として記録に残すことの方法論・態度のちがいが、大きな評価の差を生み出したのではなかろうか。

二、琉球図の変遷――琉球過海図から使琉球図へ

使琉球録のなかで琉球にかかわる絵図（琉球図）を掲載するのは、蕭崇業・謝杰『使琉球録』、夏子陽『使琉球録』、胡靖『琉球記』、徐葆光『中山伝信録』、周煌『琉球国志略』である。これらによって「琉球図」の変遷をたどっておくことにしよう。

1 「琉球過海図」――蕭崇業・謝杰『使琉球録』と夏子陽『使琉球録』

蕭崇業・謝杰『使琉球録』は「琉球過海圖」を載せる。文字どおり、琉球へ航海するための針路を示した図である。その三丁半に渡る画面のうち、三丁表から最後の四丁表までに琉球を描く。三丁表に「姑米山」、三丁裏に「馬歯山」、「慶良《けらま》頼末」、「那覇港」、四丁表に「天使館」、「琉球城」の書き込みがある。王城については守礼門、歓会門、王宮を描いているようである。

夏子陽『使琉球録』は九丁半に及ぶ詳細な「琉球過海図」を掲載する。六丁裏以降が琉球の諸島であり、七丁裏から一〇丁表まで本島の景観をラフなスケッチ程度に描いている。図中の書き込みを少し整理して示す。

六丁裏……「姑米山」
七丁表……「翁居山」
七丁裏……「馬歯山」、三重城
八丁表……三重城に至る長堤にかかる橋
八丁裏……「那覇港」、「迎恩亭」、「那覇里」
九丁表……「三十六姓營中」、「天妃宮」、「天使館」

図 98　「琉球過海図」(蕭崇業・謝杰『使琉球録』)

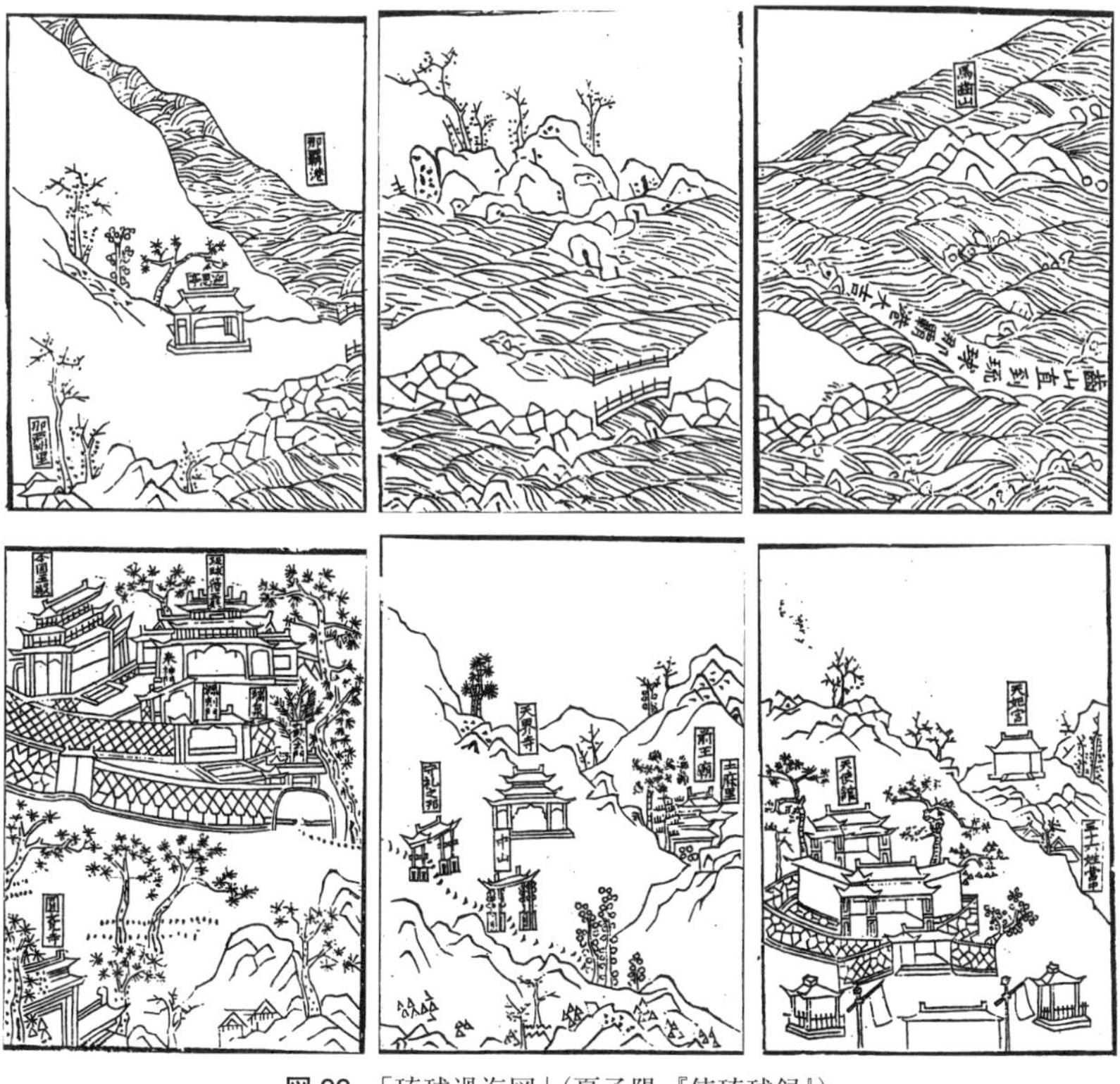

図 99　「琉球過海図」(夏子陽『使琉球録』)

九丁裏……「土麻里《とまり》（泊）」、「前王廟」、「中山」、「守礼之邦」、「天界寺」
十丁表……「歓会門」、「瑞泉」、「漏刻門」、「奉神門」、「今国王殿」、「琉球舊王殿」、「圓覺寺」

夏子陽の過海図は丁数の増えた分、当然のことながら全体に詳細である。那覇港から首里城に至る景観描写も大幅に増えている。首里の王城、とくに門の名称をそれぞれについて記すほか、「琉球舊王殿」、「今国王殿」の記入が興味深い。「今国王殿」が首里城正殿であることは、正殿が十四世紀ないし十五世紀以降、同じ場所、同じ西向きで変遷してきたことからも、「奉神門」との位置関係からも明らかである。南殿の位置に立っている「琉球舊王殿」がどのような建築を意味するかは不明であるが、正殿に匹敵する建築があったことが判明する。(14)

2　琉球図――胡靖『琉球記』

胡靖「琉球図」は、蕭崇業・謝杰『使琉球録』と夏子陽『使琉球録』の琉球過海図をうけて作成されているが、福州はもちろん、そこから姑米山に至る海路を描かない。すなわち過海図としての特質をもっていないことを最初に指摘したい。それに代わって、最初の一丁裏の「姑米山」と封舟の画面に始まり、二丁裏からの本島の場面など、五丁半に渡る描写のすべてが琉球であることに大きな特色がある。書名の通り、まさに「琉球図」なのである。しかも画面への書き込みは四三箇所あり、これまでより圧倒的に増加している。その内容を調べると、王城については夏子陽「琉球過海図」の豊富な記入と比べてわずかに「中山王殿」・「瑞泉」を記すのみであり、王城以外の首里や那覇の景観に注目していることが明らかである。つまり那覇と首里の鳥瞰図、風景画、都市景観図というべき内容であり、景観の説明にかかわる注記が少なくない（後述）。

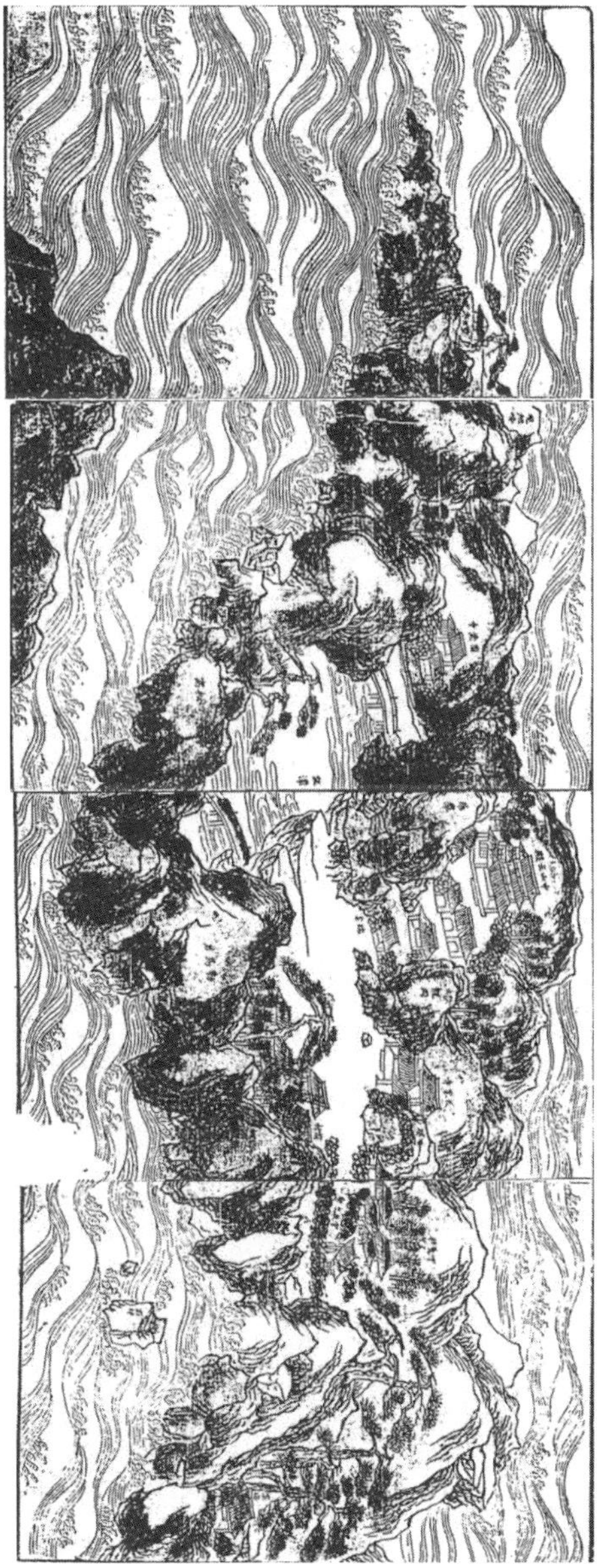

図100　胡靖「琉球図」の首里

図101　胡靖「琉球図」の那覇

3　使琉球図・風景画・都市景観図――徐葆光『中山伝信録』と周煌『琉球国志略』

胡靖『琉球記』が刊行される数年前の一六四九年、琉球の全体像を描いた最古・最大の正保国絵図が幕府に提出されたことは、画期的なできごとというべきであろう。一七一九年の冊封使徐葆光は、『中山伝信録』を執筆するための資料として、王府から『中山世鑑』や「山川圖籍」などを提供させた(15)。おそらくこの正保国絵図も閲覧したであろう。これにより琉球の地理にかかわる絵図の精度が格段に向上したはずである。『中山伝信録』にはいくつもの地図、建築絵図、衣・家具・道具などの挿図など、多数の図版を載せているが、これらのうち都市・建築・風景を描いた図に絞って整理すると、次のようになる。

A．針路図、琉球星野図、
B．琉球三十六島図（琉球国全図）、琉球地図（琉球国都図）、
C．屋宇図、女集図、
D．封舟図、天使館図、諭祭先王廟図、冊封中山王図、天妃霊応図、封舟到港図、中山王儀仗図、中山王府中秋宴図、重陽宴図、

A・Bは過海図から分化し、詳細、精密化した地図、Cは琉球図の流れの中にある都市風景画・景観画、Dは冊封使の出発から帰国までの一連の行事を描いた「使琉球図」として理解することができよう。徐葆光は、絵図についてみるだけでも、これまでの使琉球録を大きく発展させていることがわかる。

次の一七五六年の冊封使周煌『琉球国志略』は、首巻の「図絵」のところに、琉球星野図、琉球国全図、琉球国都図、諭祭先王廟図、冊封中山王図、中山王図、天使館図、球陽八景図、封舟

図、玻璃漏図、羅星図、針路図

をまとめて掲載している。使琉球録として双璧をなす徐葆光『中山伝信録』と周煌『琉球国志略』の両者を、都市・建築・風景を描いた絵画を対象に比較してみよう。

まず両者に共通するものとして、

A. 針路図、琉球星野図、

B. 琉球三十六島図（琉球国全図）、琉球地図（琉球国都図）、

D. 封舟図、天使館図、諭祭先王廟図、冊封中山王図、

がある。

また徐葆光『中山伝信録』にあって、周煌『琉球国志略』にないものとして、

D. 天妃霊応図、封舟到港図、中山王儀仗図、中山王府中秋宴図、重陽宴図、

C. 屋宇図、女集図

がある。

逆に徐葆光『中山伝信録』になくて、周煌『琉球国志略』にあるものは、

C. 球陽八景図——いわゆる中山八景（泉崎夜月・臨海潮声・粂村竹籬・龍洞松濤・筍崖夕照・長虹秋霽・城嶽霊泉・中島蕉園の図八点）

であり、これは都市風景画・景観図といえる。周煌『琉球国志略』は徐葆光『中山伝信録』にみられた四種のジャン

ルをすべて踏襲している。比較的にいえば、徐葆光『中山伝信録』は「使琉球図」に重点を置き、風景画・景観画についてはまだ萌芽的であるが、周煌『琉球国志略』になると、琉球の風景や景観の描写に力を注ぎ、中山八景画という一つのジャンルを生んだといえる。

以上をまとめると次のようになる。

（1）当初の過海図は、針路図、琉球地図、風景画・都市景観図、使琉球図への分化、そして詳細・精密化といいうる内容的発展を遂げた。

（2）発展の画期に位置するのが、胡靖『琉球記』と徐葆光『中山伝信録』である。

（3）過海図の画面構成を踏襲しながら琉球に焦点を合わせた胡靖の「琉球図」は、徐葆光や周煌の作品にみられる風景画・都市景観図の特質をも内包しており、過渡期の絵図として位置づけることができる。風景画・都市景観図への展開を促す契機となった作品と評価される（次章の内容分析を参照）。

（4）徐葆光による一連の地図と使琉球図の作成、風景画・都市景観図の萌芽的形成が注目される。

（5）周煌による風景画・都市景観図の完成――球陽八景図（中山八景図）

（6）芸術作品として評価される段階は十八世紀後半、おそらく十九世紀になってからのことであり、「奉使琉球図巻」やいくつかの屏風などが現れる。(16)

三、描かれた首里・那覇——絵画史料としての胡靖「琉球図」

1　何が描かれたか

前代の過海図よりも詳細で、隆起珊瑚礁の姿など自然景観や名勝に注目し、描写に力を注いでいるのが特色といえよう。景観や事物を説明する画中の書き込みが豊富であり、何が描かれたかがかなり判明する。この景観や事物に付けられた注記を手がかりに胡靖「琉球図」を検討する。以下では本島の首里と那覇の地域を対象に絞る。

那覇は、狭義の那覇（東村・西村）と久米村、若狭町、泊、泉崎一帯の景観が描かれる(17)。

「長堤」、「西埠」、「臨海寺」、「那覇港」、「那覇村」、「迎恩亭」、「□米庫」、「天使館」、「演武場」、「夷墓」、「雲巒」、「（天妃）新殿（上天妃廟）」、「天妃廟（下天妃廟）」、「輔国寺（護国寺）」、「石筍岩」、「唐人街」、「漫湖」、「水母廟」、「長虹橋（長虹堤）」、「家廟」、

一方、首里は王宮へ登る道、王宮、その周辺の景観が描かれる。

「松嶺」、「守礼村」、「守礼之邦」、「瑞泉」、「中山王殿」、「前村」、「王塋」、「天界寺」、「龍岡」、「虎崒」、「圓覺寺」、「龍潭」、「松窩」、「観旭峰」、「望日亭」、

画面中の書き込みは、「臨海寺」、「那覇港」など琉球における呼び名や地名、すなわち固有名詞であるものと、胡靖が付加した説明的なもの、ときに命名したとみられるものなどが混在している。説明のための記入と考えられるものとして「演武場」、「夷墓」、「唐人街」、「前村」、「王塋」、「松窩」がある。

また胡靖が命名したと考えられるものに「雲巒」、「石筍岩」、「長虹橋」、「龍岡」、「虎崒」などがある。胡靖が、隆

起石灰岩の崖とその上に波上宮が立つ姿を描き、画面中に「石筍岩」と記したのは、そこに「無數の石筍の森立するを見」たからであった。汪楫が「旧録は石筍崖と作す。之を国人に詢うに、止《ただ》波上と称す」と記すように、地名としてはただ波上として知られる。「石筍岩」は胡靖が興を感じた風景に名付けた佳名であって、地名でも何でもないのである。また「長虹橋」も、「石一帯の處あり。寔に相続くこと長く、二三里ばかりなるべし。遠望すれば長虹のごとし」という橋の姿から名づけたものである。胡靖が琉球の勝景に与えた名がその後の冊封使に受け継がれ、漢詩に詠まれるうちに、琉球の文化の中に根付いたことが重要である。「石筍岩」と「長虹橋」は、筍崖夕照、長虹秋霽として中山八景に数えられ、八景詩や八景画の対象ともなって広く知られた。

2　首里と那覇はどのように描かれたか

琉球をみる視点は、北ないし北西の高い位置からであり、鳥瞰図的な表現となっている。描写には、画面ごとに写実的な表現から類型的な表現、大きさ・形、距離・位置のデフォルメなど、さまざまな表現が用いられており、なかには不正確な描写、誤った表現さえも認められる。すなわち、山などの表現はステレオタイプ化しているし、建築はほとんどが簡略された類型的表現となっている。建築の多くは標識として描かれ、その描写から建築としての形式を多少とも読みとることは、屋根の鴟尾を描く重層の天使館や三層に描く中山王殿（首里城正殿）を除いて、ほとんど不可能である。画面の上下左右に海を描くのは、大海に囲まれた島々であることを印象づけるが、土地の形、大きさなどはデフォルメされている。個々の山や池なども同様であり、地図のように正確に表現することに意を用いていないというべきであろう。

不正確な描写、誤った表現についても、少なからぬ箇所があげられる。

（1）北山・中山・南山を、それぞれ独立した島として描く。
（2）「松嶺」（官松嶺）と「家廟」（崇元寺）の位置関係が逆になっている。
（3）中山門のところに「守礼之邦」と書き込んでいる。「守礼之邦」あるいは守礼門は、天界寺よりも首里城寄りであって、位置関係を誤っている。
（4）歓会門とみられるところに「瑞泉」とある。
（5）那覇の姿はパノラマのように描写されるので、視点から遠いところ、またみえないところは不自然な位置に描かれることになる。全体として地理的な正確さは犠牲になっている。
（6）冊封使の滞在中の居館「天使館」と「天妃廟」（下天妃廟）は、かなり距離を置いて描かれているが、天使館の前の道を左に行けばすぐ下天妃廟であるから、[18]両者の位置関係は正確ではない。

このように欠点というべきところが少なくないとしても、胡靖「琉球図」は全体として異国的な雰囲気を醸し出し、琉球の「奇観」を伝えるのに成功している。

首里の画面では、大道に沿って西から東へ首里の景観を描き、北方や南方に広がる首里の市街などは視野には入れていない。王城を中心かつ奥の高みに据え、向かって右に龍岡と天界寺、玉陵、そして左手に虎崒と円覚寺、龍潭を描くが、左右対称ではなくて、首里城と円覚寺が並び立つように描写する点は実景に近いものである。また首里城から那覇へ至る綾門大道の南と北では、天界寺と玉陵のある南方と、屋敷街である「前村」の北方とを描き分け、現実の都市空間の対照的なちがいをよくとらえている。首里の王城とその周辺におけるこうした主要な空間要素の配置や構成は比較的にいって正確であり、「写実」に近い描写といいうるであろう。

一方、広大すぎるほどに描かれた龍潭や、空高く聳えるように誇張・強調された松嶺の松などは、これらの勝景に対する胡靖の高い評価を物語っている。同じ意味で、はるか東方の「観旭峰」、「望日亭」を取りあげていることが注目される。「観旭峰」は首里の最高所にある弁ヶ岳、「望日亭」は崎山にあった王家の別苑の亭（東苑の望仙閣の前身建築か）と思われる。これらの諸景は、後の首里八景の龍潭夜月や万歳嶺夕照、冕嶽積翠、崎山竹籬につながるものであろう。(19)

一方、那覇周辺でも景勝の地を描き込んでいるのは明らかである。古くから知られる二つの寺院、すなわち臨海寺と護国寺はいずれも真言宗寺院であり、首里が禅宗寺院円覚寺と天界寺であることと対照的である。那覇にも禅宗寺院があったが、臨海寺と護国寺を選んだのは、臨海潮声、筍崖夕照として中山八景に選ばれるほどに海と寺の景観が面白かったことによるものと考える。胡靖自身、「琉球記」に「諸景之勝、以輔國寺（護国寺）爲最」と記す。「雲巒」は久米の松尾山のことであろう。弁ヶ岳などとともに「四森」、すなわち「四岡」に数えられている。(20)「唐人街」は、長虹橋の近くに描く位置関係が正しいとすると、いわゆる閩人三十六姓の居住地久米村ではなく、長寿寺の傍に少なくとも十五世紀にはあった渡来系中国人の居住地である。これに着目するのはユニークである。

3　絵画史料としての「琉球図」

過海図や琉球図は、現代的な意味ではもちろん地図とはいえないが、当時においてはこうした図は、調査や実見にもとづき琉球を正確に表現したものであり、事実あるいはそうあるべきものと考えられていた。冊封使の任務の一つは実地見聞によって信頼できる記録などを残すことでもあったし、実際に汪楫の『使琉球雑録』・『中山沿革史』・『冊封疏』、徐葆光『中山伝信録』、周煌『琉球国志略』はこうした責を十分に果たした著作といえよう。

しかし、冊封使の一従客に過ぎない胡靖にとって、琉球の地形や地理を正確に描写することや、歴史や地名などを正確に記録することは当初から念頭になかったのではないか。すなわち絵画をよくするものとして随行した胡靖の関心は、過海図でも琉球地図でもなく、「琉球図」を描くことにあったと思われる。前掲の序に「毎に共に書画詩酒の間に酣にして、興到れば則ち諸君と偕に、山に登りて眺遠し、海に臨みて濤を観る。故に群勝を指点すること、歴歴として几席の間の如し。たまたま杜公の為に中山図を絵きて、遂に其の言を約略して以て之を誌す」とあるとおりである。胡靖の「琉球図」は、琉球のすぐれた景観を指摘してそれらを数多く描いた絵画作品であること、またこうしたジャンルを生み出したことに少なからぬ意義がある。胡靖は、こうした立脚点において、汪楫や徐葆光、周煌との間には大きな断絶があり、正確さを評価基準とする彼らにとって、写実的ではない「琉球図」は琉球資料としてとうてい利用できるものではなかったがゆえに、先に示したような厳しい評価になったのであろう。

ともかくも、胡靖は見聞した琉球の景観の中からすぐれた風景を選び出し、それを絵画として記録（伝承）することを意図して「琉球図」と「琉球記」を著した。胡靖が選択し、画面のなかで再構成した琉球の景観のなかから、少なからぬ景勝が、胡靖による佳名とともに次代に受け継がれ、定着していったことは、先に述べた通りである。現代の眼からいかに稚拙にみえるにしても、「琉球図」が絵画であったからこそ「諸景の嘆を盡くす」という胡靖の狙いが十分に果たされたのではないか。

おわりに

琉球の風景は、冊封使たちと琉球の出会い、交流のなかで発見され、琉球の風土や文化の中に根付いていった。胡靖が描いた首里と那覇は、東アジアの文化交流の重要な一面をリアルに物語っている。

注

(1) 松浦章「胡靖撰『琉球記』(『杜天使冊封琉球眞記奇観』)解題」(夫馬進編『増訂　使琉球録解題及び研究』、榕樹書林、一九九九年九月)。近代に編纂された『南平縣志』の記述に依拠している。

(2) 夫馬進編前掲書が詳しく、有益である。

(3) 那覇市企画部市史編集室編『那覇市史　資料編第1巻3　冊封使関係資料(原文編)』(那覇市役所、一九七七年)に活字化して収録されている。

(4) 夫馬進編前掲書所収。

(5) 胡靖『琉球記』の序を以下に引用しておく。『杜天使冊封琉球眞記奇観』と人名などの異同がある。

遂爾五閲月、于中山得追随杜給諌楊大行兩天使。時善畫者、崑山顧西樵建州陳仲昭、善操者、姑蘓周泰来、毎共酬於書畫文酒間、興到則偕諸君、登山眺遠、臨海観濤。故指點群勝、歴歴如几席間。適為杜公繪中山圖、遂約略其言以誌之。

(6) 島尻勝太郎「冊封使録について」那覇市企画部市史編集室編『那覇市史　資料編第1巻3』冊封使関係資料(原文編)、那覇市役所、一九七七年。

(7) 「琉球図記」という題は、汪楫『使琉球雑録』によるものであろう。

(8) 『沖縄大百科事典』(沖縄タイムス社、一九八三年五月)の「杜天使冊封琉球真記奇観」の項。

(9) 『國家圖書館藏琉球資料匯編』は「総目」に明胡靖著『琉球記　附中山詩集』を「萬歴刻本」と記すが、万暦は四八年(一六二〇)が最後の年であり、また胡靖が琉球に渡ったのが崇禎六年(一六三三)であるから、「萬歴刻本」が誤りであることは疑いない(「永暦刻本」とすべきであった)。以下、跋の全文を掲載しておく。

琉球諸勝余別之廿載、殊覺雲濤縹渺、嶼色蒼茫、一・□宛在心目間、則乗風破浪恠ヽ竒ヽ之状、歴ヽ可數、甲申(一六四四)春為吾双林蕢子徴記付梓、率爾擬圖(?)錯舉其略殊有、未盡諸景之嘆、頃承　孔使君観圖濚想、欲余廣而再詳之、殆若乗槎泛斗、胸中已具有滄溟之大自、見斯圖之踽躋、爰廣斯圖恍、又置身於海光島影中、是招余始遊者杜公而、令余再遊者使君也、余徒造鮫人之實、使君則投予以驪龍之珠矣、

癸巳(一六五三)梅月獻卿胡靖寫并跋

(10) 徐葆光『中山伝信録』は、たんに「記」・「記録」・「録」とし、周煌『琉球国志略』の「採用書目」には「胡靖崇禎癸酉記録」と

ある。

(11)「琉球記」には、『琉球記』と『杜天使冊封琉球眞記奇観』のもとになった共通の原本（草稿）が存在したことがわかる。

(12) 胡靖の後、さらに琉球にかかわる詩文の作成が盛行したことは、汪楫の『観海集』、徐葆光の五百首ほどの詩を収録する『奉使琉球詩』、周煌の『海山存稿』、趙文楷の『槎上存稿』、李鼎元の『師竹斎集』などから明らかである。

(13) 島尻勝太郎前掲論文。

(14)「琉球舊王殿」についての説明は『沖縄県の地名』（平凡社、二〇〇二年十二月）にもない。同書は、南殿に創建について琉球国旧記によって天啓年間（一六二一—二七）のこととするが、そうではないであろう。

夏子陽『使琉球録』巻上、礼儀、「門曰「歡會」。其故宮居南、北向：而其常御之宮則居東、西向。別宮皆連楹左右而鉤抱焉、（中略）、復更衣、揖余等至北宮、行交拜禮」。巻下、羣書質異、杜氏「通典」の夏子陽の按に「王之居舍、入門向北者七間、乃其前王之殿：以堪輿（天と地）家不利、乃稍折而東、深數十丈許。又向西者七間、則王所居」。

(15) 徐葆光『中山伝信録』「先致語國王、求示中山世鑑及山川圖籍」。

(16) 沖縄県立博物館所蔵。

(17) 一六〇九年〜一六一一年の薩摩出兵の顛末を記した喜安入道の『喜安日記』（『日本庶民生活史料集成　第二七巻　三国交流誌』三一書房、一九八一年）一六〇九年三月十六日条に当時の那覇周辺が「那覇・泊・若狭町・久米村・和泉崎」とある。

(18) 胡靖『琉球記』「由舘前横道左行、則天妃廟」。

(19) 首里八景は、冕嶽積翠・雩壇春晴・経台新荷・龍潭夜月・虎山松濤・崎山竹籬・西森小松・万歳嶺夕照からなる。

(20) 徐葆光『中山伝信録』後序、「有四森焉。森、猶云府也。其地有名山森森然、如首里有辨嶽、龜山、泊府則有天久、久米有雲巒、那覇有辻山。此四府、皆王公冠蓋里居、故得稱爲森」。

第二部　おわりに

各章は個別のテーマをもった論考であり、それぞれの結論はその章のなかで示しているので、ここでは第二部の視角——都市と自然、東アジアの環境文化——に関連して興味深く、重要な点をいくつか指摘し、あるいは考察を付記しておきたい。

一、都市と自然

京都や首里・那覇は、いずれも豊かな自然のなかで育まれた風景都市である。都市をめぐり、あるいは背後に立地する山々——平安京・京都の三山や首里・那覇などの四岡（弁ヶ岳など）——は、それぞれの都市の歴史と文化のうえで大きな意味をもっている。洛外の「王都」はとりわけ自然と深くかかわって成り立っていた。今もそれぞれの地域に継承されているそうした特性（例えば東山や白川、琵琶湖疏水と南禅寺界隈の近代和風別荘群）は、〈文化的景観〉の基盤をなすものとして重要といえよう（結章第三節　京都・岡崎の文化的景観）。

平安京における自然の発見は、都市生活の発展によるところが大きい。一方、首里・那覇における自然の発見は、固有の自然信仰に加えて、環シナ海世界の文化交流、とりわけ中国皇帝の冊封使の来琉が大きな契機となった。琉球石灰岩の断崖、そこに歴史が重層する波上の場所はそのことを端的に示している。あえて付け加えるなら、おそらく同様のことが朝鮮についても指摘できるのではないか。

京都の特性やアイデンティティはいくつもの自然災害や人的災害などの危機を乗りこえて今に受け継がれ、京都の個性となっている点にも注目する必要がある。首里・那覇も同様であるが、とくに那覇の場合、甚大な戦災被害やその後の復興による自然と都市景観の変容が著しい。とはいえ、海辺には「筍崖夕照」の波上、「臨海潮声」の三重城、漫湖のなかの御物城など、那覇の〈文化的景観〉を構成する重要な要素がかろうじて残っている。早急に「水都」那覇の〈文化的景観〉の維持と再生、すなわち那覇の個性の回復を図ることが望まれる。

二、東アジアの環境文化――〈八景〉と〈十境〉

中世日本に伝来した〈八景〉と〈十境〉の自然観・環境観が、京都や博多、奈良、堺などの生活空間を新たな眼で見なおす大きな契機となり、さらに和風化した環境概念をつくることになった（第三部「居住環境の中世史」）。日本においては、名所と〈十境〉と〈八景〉の流行、定着の大きな流れとして、古代―名所、中世―〈十境〉、近世―〈八景〉と捉えることができるが、それらは時代の推移とともに置き換わるのではなく、重層することによって豊かさを積み増していることに留意しておきたい。

一方、琉球においてはとくに〈八景〉の流行と定着が重要である。程順則の中山東苑八景のうち東海朝曦・西嶼流霞・南郊麦浪・北峯積翠が、東苑や首里のみならず、中山（琉球）を代表する〈八景〉というべき内容をもっていたことが示唆するように、程順則は琉球における〈八景〉の定着、また風景の発見に深く関与した人物であった。

琉球王国が沖縄県となった近代以降も何度か〈八景〉の選定が行われたが、先行する「日本八景」の理念が自然科学的な自然観をよりどころとしたのに対し、沖縄のそれは本土の動向の影響を受けつつも、自然と人の営みの双方を大切にする独自の理念を持ち続けた。今、その理念がとくに注目される。

なお、〈八景〉はその文化的生命を終えたわけではない。一九八六年には「新北京十六景」（北京市）が選定され、二十一世紀になってからも二〇〇四年の「下京八景」（京都市下京区）、そして二〇一四年の「ふるさと麻生八景」（川崎市麻生区）、瀟湘八景を受け継ぐ「遠江八景」（静岡県）など、いくつもの〈八景〉の選定が行われている。〈八景〉は、まちづくりや地域文化の情報発信などの新たな役割を担い、地域の人びとと連携しつつ生きつづけている。

第三部　居住環境の中世史

下京の中心市街（上杉本洛中洛外図屛風）

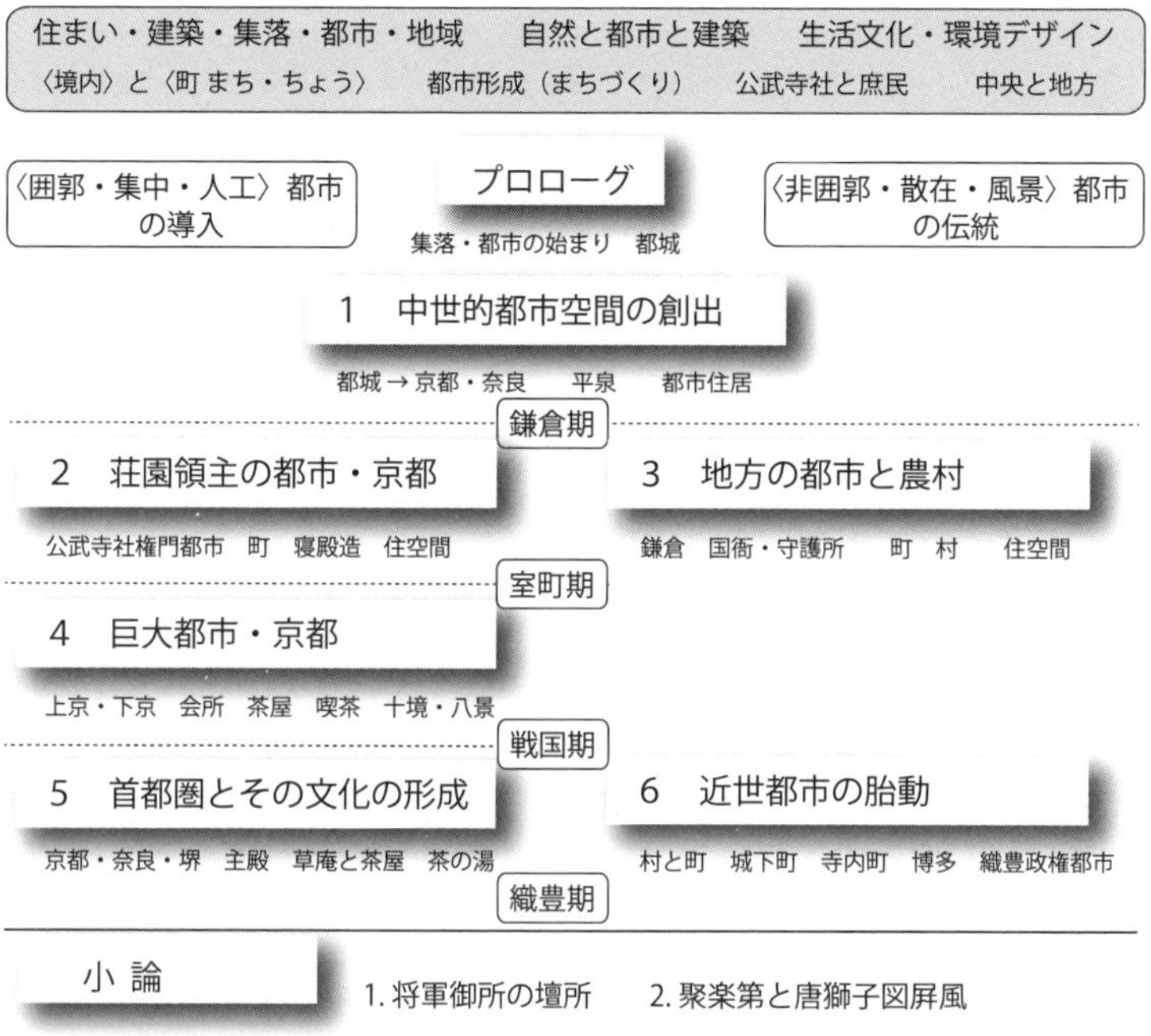

図 102　第三部の構成

人と社会が自然との深い相互作用のもとで土地・場所に織り成した居住環境（*Living environment/Built environment*）は、住まい・建築・集落・都市・地域・国土など、人の活動するあらゆる場所・空間・環境を指す。

居住環境の歴史と文化の叙述が居住環境史であり、対象領域はきわめて広汎に及ぶ。フィジカルな視点から描く「居住環境史」は、自然と都市と建築の相互作用の解明を主目標とするものとなるであろうし、都市史は居住環境史のサブセットといってよい。

第三部「居住環境の中世史」では、人の生きる環境の全体像を描くことはあまりにも困難であることから、対象をかなり狭く、住居とその集合である集落（村や町）、都市に限定し、さらに時代を中世に絞って、その通史を叙述する。要するに、中世日本の住まい・集落・都市の歴史叙述である。〈境内〉と〈町〉という都市形成（まちづくり）の視点（第一部）、都市と自然また

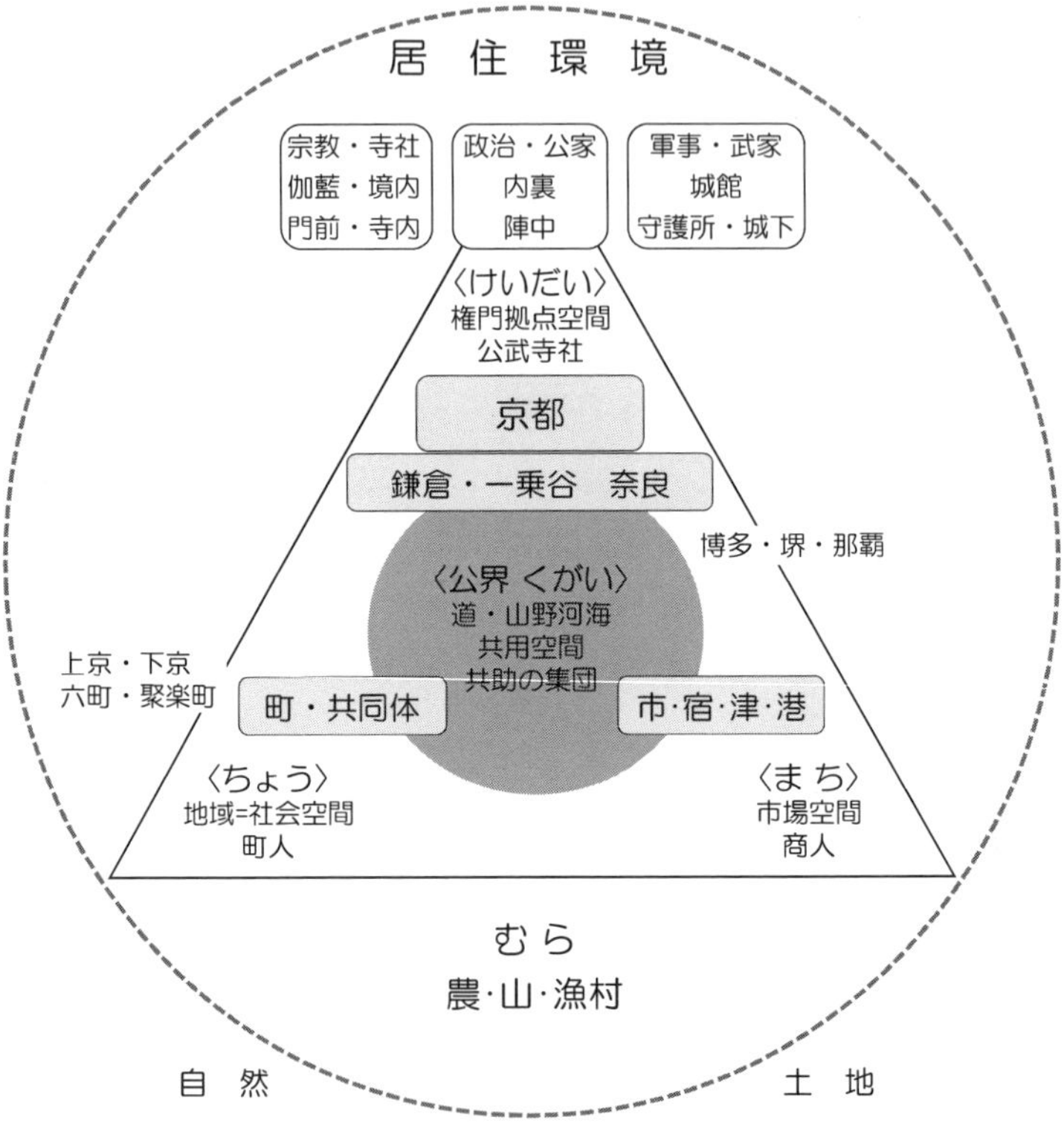

図 103　日本中世の居住環境　模式図

生活文化や環境デザインの視点（第二部）を踏襲していることはいうまでもない。

　ことさら居住環境という概念を持ち出した意図は、一つには都市の時代といわれる今、居住環境全体のなかに都市を位置づけ、都市を捉え直してみたいという点にある。また、それによって日本の都市の特質が明らかになるのではないかという目論見もある。なお、都市的な場あるいは伝統的な都市要素――市・宿・津、城館、寺社など――の成長期である中世は、現代の集落・町並み保存の歴史的な前提であり、基盤であることも付け加えておきたい。

　以下、第三部はプロローグと本論「居住環境の中世史」の核心をなす六章、その小さなエピソード――将軍と人々の交流（寄合・雑談）にかかわる建築、狩野永徳の唐獅子図屏風が飾られた聚楽第――

などを論じた二つの付論からなっている。

さて、中世という時代は、ふつう鎌倉時代と室町時代の二つにわけられる。もう少し細かく区分して鎌倉時代・南北朝時代・室町時代・戦国時代とすることもあるが、およそ十二世紀末から十六世紀末までの四〇〇年間をさす。

中世は、都市史の上では古代都城と近世城下町とのあいだ、また住宅史の上では古代の寝殿造から近世の書院造へとゆるやかに変遷・移行する時代と位置付けられている。しかし中世はたんなる過渡期というのではなく、日本の都市と住宅の歴史において固有の意味をもった時代であると考えなければならない。とくに室町時代は、住まいを場とする生活文化——茶湯・立花・能・狂言——や、自然と人工、歴史と文化を組み合わせて総合的な景観美を創造する住環境デザインの理念などを生みだし、発展させ、現代の日本の文化の底流を形成したからである。

中世社会は、「執政」を任とする公家と、「護持」を任とする寺社と、「守護」を任とする武家とが互いに補完しあうことによって支配を行ない、上皇が権門相互の調整する機能を担ったとされる（権門体制）。京都をはじめ、奈良、鎌倉など当時有数の都市は、いずれもこうした権門の拠点であったといってよい。またいわゆる地方では分業と流通の発展を背景に、数多くの地方都市が成立した。以下では中央と在地の動向そして〈境内〉と〈町〉の発達の双方に視線を向けながら、中世の居住環境史を追究しよう。

まずは、前提条件というべき都城とそれ以前の状況についてかんたんに触れることから始めたい。

プロローグ――集落・都市のはじまり

1　都城以前

集落の形成

列島における集落の形成はかなり早くから進んでいた。縄文時代の中期には、平坦な台地上や丘陵の裾に広い敷地をとり、広場を取り巻いて弧状にあるいは半円状に数戸の家を配置した環状集落があった。集落の核となる広場は、集会、祭、共同作業などの場となっていた。

弥生時代、紀元前二～三世紀のころ、稲作や金属器、また紡織や土木・建築などの新技術が大陸から伝わったことによって、集落立地と住居形式にも新しい傾向が生じた。高床や掘立柱の住居は、前代にはなかったものではないが、この時代に大いに発展し、低地にも建設可能なこの住居は、居住地の広がりをもたらした。農耕社会の成立を示すものは、平野に営まれた水田と環濠集落である。幅・深さが数メートル、径が一〇〇メートルを越える濠もあり、非農耕民から集落を防御するために、また結界や用水路として構築されたという。また、日常生活の行なわれる場から隔絶して墓地がつくられたことも、特色の一つとして数えられる。

なお、「高地性集落」が弥生中期なかごろから後半（紀元一～二世紀）にかけて、瀬戸内沿岸から大阪湾沿岸のおよそ標高一〇〇～三〇〇メートルの丘陵尾根上に発達した。この集落立地は防御に重点を置いたもので、戦乱と関連するという。

古墳時代になると、農業生産の発展、経済力の向上を背景にして、階級・階層の分化が地域においても、集落においても明瞭になった。古墳の築造はもちろん、いわゆる豪族居館や祭祀施設、また大規模な倉庫群の出現したことも注目される。また、大陸から渡来した人々による集落の形成があったことは、東アジアの国際情勢を反映している。これらの集落は技術者集団の集住地として古代社会に大きな意味をもった。なお、古墳時代の五世紀後半期は、「宅地」や「方格地割」の成立期であったという。

四・五世紀以降、大王家を中心とする政治組織が整備され、また大王家の家政機関（内廷）と国政機関（外廷）もゆるやかに分化しはじめた。大王家の内廷ともいうべき宮は、大和・河内を転々としたが、六世紀前半から奈良盆地南部にあいついで営まれた（歴代遷宮が行なわれた）。外廷の諸施設は、大和の山麓部に散在し、付属の官衙もまだ発達していなかった。

宮から京へ――倭京の自然形成

七世紀になると、飛鳥・藤原の地に多数の宮が建設された。狭い谷平野である飛鳥の地は、自然の要害の地であり、また蘇我氏や、朝鮮系渡来氏族である東漢氏などの有力豪族も山沿いや谷あいに散在居住していた。さらに物流・情報・軍事のために中央と地方を結ぶ幹線道路網の整備も早くから行なわれ、奈良盆地を走る南北の道路（上ツ道・中ツ道・下ツ道）と東西の道路横大路などが建設された。

飛鳥・藤原の地における国家的な開発は、五八八年の飛鳥寺の造営が最初であろう。五九二年金堂と回廊が竣工したようであるが、完成にはまだ十数年を費やしている。発掘によりその姿を現わした飛鳥寺は、南北の中軸線上に南門―中門―塔―中金堂―講堂を並べ、塔の東西に東金堂と西金堂を左右対称に配置し、中門の両脇から出る回廊が、塔と三金堂からなる仏の聖的空間を囲んだ。西面に開かれた門から飛鳥川にかけての西方一帯は、石敷きの広場がつくられ、公的な空間となった。飛鳥寺は、最初の国家的寺院であるばかりでなく、最初の大陸的、都市的な空間構成をもった大建造物群であった。

五九三年、はじめてこの地に宮（豊浦宮）を営んだ推古天皇は、六〇三年に小墾田宮に移り、その後二五年間にわたって使用した。この小墾田宮は南北中軸線上に、南門（大門）―朝庭・庁（朝堂）―大門（閤門）―庭（中庭）―大殿とつらなる配置をとっていたと推定されている。まだ官衙を付属させるにはいたっていなかったようであるが、こうした内裏（私的空間）と朝堂（公的空間）の結合には、のちの藤原宮などにみられる構造の原形があらわれている。

その後、舒明・孝徳・天智天皇の一時期を除いて、七世紀の宮は飛鳥に集中してつくられたが、重要なことは、宮の所在地がほぼ定まったことである。すなわち最近の見解では、舒明天皇の飛鳥岡本宮（六三〇）、皇極天皇の飛鳥板蓋宮（六四二）、斉明天皇の後飛鳥岡本宮（六五六）、天武天皇の飛鳥浄御原宮（六七二）は、間をおきながらも、同じ板蓋宮伝承地に造営されたと考えられている。これは、歴代遷宮から都城の形成へ向かう過渡期の現象とみられよう。こうした宮の定着は、飛鳥とその周辺地域への宮殿関係施設と寺院の集中、そして中央豪族層・官人の集住、すなわち権力基盤の整備を意図したものにちがいない。そうしてやがて自然に形成された都市的空間こそ、七世紀半ばからしばしば史料に姿を現わす「倭京」・「倭都」であったといえよう。京にたいする賑給が行なわれ、「京職」も設置されていたから、倭京には一定の京域をもった都市的空間があったといってよい。

飛鳥の宮から倭京へという大きな都市的画期は、「狂心渠」など京の開発を行なった斉明朝の六五六年であるという。六五七年に飛鳥寺の西の広場を整備し、そしてこの年と六五九年には飛鳥寺の西に須弥山をつくって異境の地の人々を饗応し、また六六〇年には石上池のほとりに高い須弥山をつくり、おなじような饗宴が行なわれた。この年、漏刻（水時計）施設を飛鳥寺の西北にたてた（水落遺跡）のは、倭京に居住し、朝廷に仕える官人たちに、鐘によって時刻を知らせるためであった。

また、橘寺や川原寺などの寺院もあいついで建設された。こうして天皇の宮殿を核として国家機構を構成する官衙や広場、寺院などがたち並ぶことになった。

飛鳥の諸施設の立地には、①飛鳥川などの自然地形に規制されたもの、②真北に近い方位をもつもの、とがあり、七世紀なかごろより前者から後者へ推移するという。前者は飛鳥における都市の自然形成を示す段階である。また後者は、中国的世界観・古代的方位観の受容を示しているが、まだ個別的であって、都市計画的な建設といえる段階には達していない。しかし、そこには地域空間全体を統合する空間志向があらわれており、都城の萌芽を見出すことができる。

国家行政機関の整備・拡充にともなって増加した豪族や官人の居住地は、散在する国家的施設のあいだに自然発生的に形成されていったであろう。やがて倭京の都市空間は、周辺へ、とくに山田道を越えて北へ、すなわち藤原の地へ拡大することになったらしい。この意味で、藤原宮下層遺跡から方格地割と掘立柱建物群が検出されたことは重要である。これについては、遷都以前に新益京（藤原京）とおなじ基準でつくられた大路・小路があったこと、飛鳥周辺に集住し始めた人々の居住区とみられること、斉明朝に成立し、藤原宮の直前まで発展しており、都造りと関連すること、などが指摘されている。

倭京は、宮殿・官衙・寺院などがある自然発生的な地区（旧街区）と、整然と区画された新市街地とからなっていたとみてよかろう。

2　都城のコスモロジー

都城の理念

儒教の古典であり、理念法典ともされる『周礼』考工記には、王城（首都）建設計画案がつぎのように記されている。一辺九里の正方形で、側面にはそれぞれ三つずつの門を開く。城内には南北と東西に九条ずつの街路を交差させ、その道幅は車のわだち（八尺）の九倍とする。中央に天子のいる宮闕の左つまり東には祖先の霊をまつる宗廟をおき、右つまり西には土地の神をまつる社稷をおく。前方つまり南には朝廷を、後方つまり北には市場をおき、その市場と朝廷はともに一夫つまり百歩平方の面積を占める。（礪波護「中国都城の思想」、岸俊男編『日本の古代九 都城の生態』中央公論社、一九八七による）。

この『周礼』の首都計画案の骨子は、（一）面朝後市、（二）中央宮闕、（三）左祖右社、（四）左右民廛（民家）、とまとめられている。中国都城の特質としては、さらに南北と東西に走る幹線道路を設定して方格状に道路網と街区をつくり、中軸線に左右対称な空間構成をもつ点を強調してもよいであろう。また、都市を取り囲む城郭は、略奪からの防禦や都市住民の支配などを目的とし、中国都城のもっとも重要な要素であった。

都城の思想には、儒教をはじめとして陰陽説、道教の神仙思想や仏教の思想、風水説（四神相応）などの影響が認められる。都城は中国古代の世界観を象徴している。

都城の系譜

日本の都城の原形となったのは、隋・唐の長安城か、それとも北魏の洛陽城なのか、意見が分かれているが、外交上直接の関係があった前者とみるのが自然であろう。しかし、形態的にみても長安城の特徴をすべて引き継いでいるわけではなく、また洛陽城の影響がなかったわけでもあるまい。まったく取り入れなかったのは「左祖右社」のみであり、中央宮闕や羅城、また複都制など、都城の建設ごとに取捨選択、模倣と変形が行なわれ、部分的にせよ実現したものもあった。しかし、日本の都城思想にもっとも強く影響を与えたのは、選地の考え方ではなかったか。

都城の選地

日本の都城の選地について具体的に地形・景観の理想的な条件を示したものとして、平城京遷都の詔にみえる「平城の地は、四禽が図に叶い、三山が鎮を作し、亀筮が並に従う、宜しく都邑を建つべし」がよくしられている。亀の甲や筮竹による占いはともかく、「四禽が図に叶う」、「三山が鎮を作す」の二点がとくに注目されるが、これらはともに道教の神仙思想の影響であった。

第一点は、風水説に基づくいわゆる「四神相応」の選地のことである。四禽・四神は、天の四方、東西南北をつかさどる四つの神のことで、東は青竜、西は白虎、南は朱雀（鳳凰）、北は玄武（亀と蛇の合体したもの）にあてられる。方位、天の星宿、色、神秘的な動物とを組み合わせた古代的な世界観ともいいうるものである。中国の漢代のころより広く行なわれるようになり、墳墓の壁画などにも四神の図が描かれた。わが国においても飛鳥の高松塚古墳壁画の色鮮やかな四神が有名である。

この四神の居所に応じた地相、すなわち四神相応の土地が、都市や住宅の立地に最良とされたのである。四神相応の地とは、東に流水、西に大道、南に低地または池、北に丘を負うという占地であるが、方位と結びついた神話的世界観が都城の立地を規制していたのである。

「三山が鎮を作す」という第二点は、道教の神仙思想の影響とみられている。この三山は、はるか東の海のなかにある神仙の住む島、蓬萊・瀛洲・方丈をあらわしているという。実際に平城京の三山がどの山をさすのか定まってはいないが、藤原京では京の三方に位置する香久山・畝傍山・耳成山の大和三山を想定することができる。香久山は、「天の香久山」とも、蓬萊山とも記された聖なる山であり、またこの香久山の真南にあたる「ミハ山」も神仙の住む山（「南山」）とみなされていた。二つの神山を結ぶ線が、大和盆地を南北に走る直線道路、中ツ道に一致するのは、偶然の所産ではあるまい。

四神も三山も南山も、ともに古代的な世界観にもとづいて、都城の骨格ないし空間的な構造――都市軸――を規定するものであった。

3　都城の空間構造

条坊制

都城は、宮（内裏・朝堂院・官衙）と、さまざまな都市機能を分担し、また住居を営む街区とからなっていた。条坊制は、都城の都市計画システムであるとともに、その行政システムでもあった。直交する道路によって碁盤目状に区画された都市空間が、条坊制の都市の大きな特徴である。

平安京を例に都市構造を説明すると、南北の朱雀大路（二八丈＝八四メートル）と東西の二条大路（宮城前道路、一七丈＝五一メートル）を主軸として、東西・南北に直交する大路と小路を設置する。朱雀大路が「左京」と「右京」を分かち、それぞれを東西大路（一条〜九条大路）で区画して「条」とよび、各条を南北の大路で四分割して「坊」とよぶ。坊を東西・南北各三本の小路によって一六分割したのが「町」（平城京では「坪」）である。平安京では坊の四分の一、つまり四町を「保」とよんだ。京—条—坊—町（坪）は、「左京四条四坊」（太安万呂墓誌 七二三年）などと地点表記にも使われた。このように条坊制の都市は、幅員を異にする道路と、それによって区画された街区によって階層的に整然と組み立てられていた。

律令制ではこの左右両京に「京職」が設置され、その条の四坊ごとに「坊令」が、坊ごとに「坊長」が置かれた（平安京では保ごとに「保刀禰」も置かれた）。京—条—坊は、都城の行政組織であって、国—郡—里からなる地方制度と対をなしていた。こうした二本立ての国土支配システムは、中国にはなかったという。

都城の全体計画

新益京（藤原京）から平安京にいたる都城の全体計画については、理念としても実態としても全貌が明らかになってはいない。首都か副都か、また貴族や官人などに対する宅地班給の基準などが、それを規定する要因になるのであろう。

新益京では大宝令の規定から、左右京各四坊に一二条、つまり全体として八坊に一二条と推定されてきたが、新益京の規模を考古学・歴史地理学・歴史学的にもっと大規模に復元する意見も近年多い。平城京・長岡京・平安京は、宮の前の大路を二条大路と設定して、その南方に七条、東西に左京・右京各四坊を設定するのを原則としていたらしい。二条大路以北の構成や、外京の有無については都城ごとの差異が大きい。

国府

律令国家が一国支配を行なう拠点として水陸交通の要衝に建設した地方行政都市が国府であり、その政庁や官衙の所在地域が国衙とされる。

国府は、国司が政務をとる政庁を核に、国司の館や工房などを含む官衙地域をつくり、その周囲に国分寺・国分尼寺・総社などの宗教施設を配置していた。市街地が付属した国府もあったらしい。近年の発掘調査の成果によると、これまでの通説とは異なり、全面的に計画建設された国府は存在しなかったとみられる。むしろ国府の計画ないし建設の過程は、諸国府それぞれに固有の状況があり、差異が少なくなかったようである。

大宰府

唐・新羅など外国勢力に対する防御のために地方最大の政治拠点として機能した大宰府には、条坊制の空間システムが施行された。大宰府条坊の復元案は諸説があるが、藤原京の一坊を九分割した大尺二五〇尺の方形の街区を、南北に二二区画、左郭・右郭に各一二区画設定したとする説が、発掘調査の成果とも整合を見る。博多湾岸にあった那津官家を移した大宰府政庁は、藤原京への遷都とほぼ同時期に建設されたと見られ、条坊制に則った道路も八世紀には成立していた。政庁は本来の都城では宮城に当たる地に置かれ、政庁の南方には一八ブロックが配され、東西が大尺六〇〇〇尺、南北が大尺四五〇〇尺となり、藤原京の宮城以南と同一規模となる。

大宰府の北方に大野城、南方に基肄城の二つの山城、さらに博多方面に水城が築かれ、城塞をなしていた。大宰府を特徴づけるのは、これら羅城の存在であるが、対外交渉の窓口として博多湾岸に置かれた鴻臚館とともに、四〇〇年近くにわたって機能し続けた点にも着目したい。

4　都城の社会経済文化システム

人口

都城の居住者数については明確なことはわからないが、人口推計を試みたいくつかの研究によると、藤原京では大まかにみて一～三万人、また平城京では二〇万人、七・四万人、一〇万人、九・五万人～一七・四万人前後などとみる説がある。平安京では、王朝期が多くて一七～一八万人、おそらく一五万人前後、また初期・前期を一二万人前後、一三万人までと推定する説がある。

東市と西市

経済・流通機能を備えた最初の都城は藤原京であったが、市の場所や形態、また近くにあった軽市や海石榴市との関連など明らかではない。官衙工房で生産される物品の余剰物は、市で売買された。

平城京では東市と西市が設けられていた。位置が左右京で対称でないのは、市に物資を輸送するための運河と深く関係している。市の規模は二町四方であり、その周囲に築地塀がめぐり、四辺中央に門が開き、道路が市の空間を四分割していた。官設市場が閉鎖的な空間であることが注意される。小規模な掘立柱建物群が検出されており、市には建物が常設されていたらしい。

平安京では左右京の七条に東西市が設けられた。東西市の建設は早くからすすめられ、延暦十三年（七九四）七月、平安京への遷都に先だって、店舎に市人を移している。もともと市の規模は四町であったが、しだいにその東西南北へ十字状に発達し、市町（外町）八町を形成した。右京の衰退とともに西市の活況は失われ、東市のみが繁栄していった。また、平城京のように市の施設があったのかどうかはまだよくわかっていない。

東西市は官設市場であり、市人が店を運営し、市司が市人を管轄していた。毎月十五日以前は東市、十五日以後は西市が開かれる。午時になると、市門を開いて、売買を行ない、日没前に市門を閉じた。市は、生活用品を買い求める場であるとともに、市のシンボルである市楼の下では犯罪人の処刑が執行され、また宗教者の説教もあり、人とものと情報の交流の場であった。

都城と祭祀

都城やその郊外の地では、いくつかの国家的な祭祀が行なわれた。六月と十二月の晦日には御贖と大祓と道饗祭がある。御贖と大祓は天皇や内裏からケガレを祓う祭祀であり、道饗祭は「京の四方の大路の最極」、つまり都城の四隅の道路上において、外から「鬼魅」が侵入するのを防ぐ祭であった。四角四堺祭もまた、天皇とその都を清浄に保つ祭祀であった。

平城京や長岡京の内外から、墨書人面土器や土馬、竈・鍋が出土している。これらはケガレを祓い清めるために用いられた祭祀用の土器であった。こうした祓えの習俗は、のちに平安京において七瀬祓に整えられた。この祓えの場は、京中・京外・畿内と、三重に設置されていたという。

平安京内では大内裏や貴族邸宅、そのほかいたるところから「けずりかけ」や「人形」という遺物が数多く発掘されている。「けずりかけ」は清めや祓いに、「人形」は、病気・災厄の身代りに用いられた道具であり、都の人々は呪術にさまざまな願いを託していた。

辻の祭祀も同様の例としてあげることができよう。天慶元年（九三八）京の辻々で御霊とか道祖神とよぶ男女一対の木製の神像を祀り、正暦元年（九九四）疫病を防ぐために辻ごとに高座をつくって仁王経を講じ、応徳二年（一〇八五）には辻に宝倉をたて、その鳥居に「福徳神」や「長福神」、「白朱社」などの題額を打ったという。その時々の願いに応じて臨時に祀られたものばかりであり、平安京住民のもっとも身近な祭祀であったにちがいない。

十二世紀の初め頃、すでに賑やかな商店街となっていた四条町の辻では、「町家人」が「美麗極りなき」辻の神の祭礼を催した。これは、聖なる場から遊楽の場への辻の変質、また神事の都市祭礼化をよく物語っていよう。

平安京の葬地

平安中期以前には一般の風習と同じく遺体をたんに山野に放棄するものであったらしい。鴨川の河原や周辺の山麓の野が、葬送の場なのである。京職の仕事の一つには河原に遺棄された死骸の収容・埋葬も含まれていた。貞観十三年（八七二）には河原を開墾して水陸田にすることを禁じ、あらためて「百姓の葬送・放牧の地を制定」しているが、それはもともと河原が風葬ともいうべき習俗の行なわれる場であったからなのである。

風葬の慣習が、現代の葬送の儀礼の発端となるような姿に変化したのは、「市の聖」と呼ばれた空也に代表される聖の活動が大きな意味をもっていた。平安時代中期には鳥辺野・蓮台野・化野といった周辺の野が葬送の地として人々の意識に上るようになった。

第一章　中世的都市空間の創出

一、平安京から京都へ

薬子の変の結果、平安京は首都と定まったが、十世紀頃から平安京の変容を示す現象があらわれる。それは、律令都市から王朝都市へ、そして中世商業都市（公武寺社権門都市）へと展開する過程なのであるが、空間的にみれば、都市域の変化、巷所の発生、辻子の開発、四面町の形成、町（市場）の発展など、まさに平安京を解体・破壊しつつ、自律的（自然的）に新たな中世的都市空間を創り出すことになった。

1　「町」の形成

『池亭記』にもあるように、右京が衰微し、逆に左京は北と東の京外へと市街地を広げてゆく。一条大路の北へ南北の道が延び、また武者小路・北小路・今小路・五辻などの東西に走る道が通じた。禁野や園池であった一条北辺の地は、しだいに市街地となっていった。また東方へは鴨川河原に向かって東朱雀や堤小路といった南北の通りが生まれた。京外の地には、京内では禁じられていた寺院が数多く営まれた。

大路の築垣が崩されて、大路・小路の意味や形態のちがいがしだいに消滅し、また大路や小路の一部を水田や畠、また住宅の敷地とするところがでてきた。このように道路が宅地化・耕地化したところを巷所という。平安京の中軸

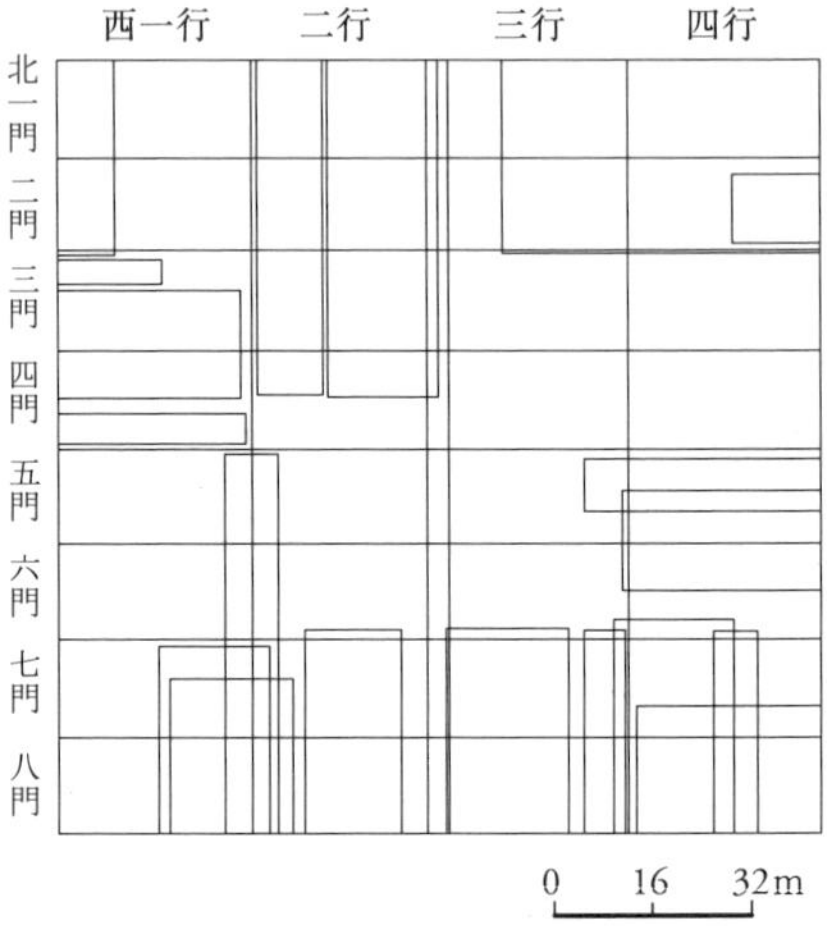

図 104　宅地割変遷図

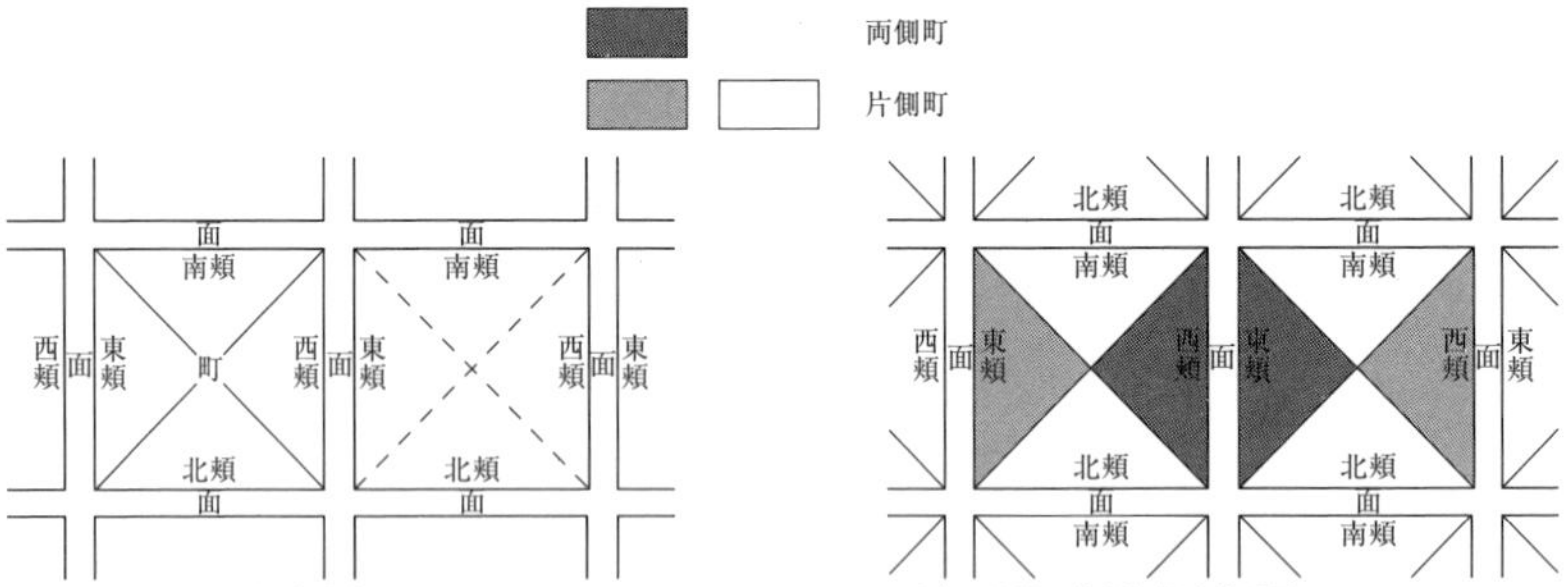

(a) 四面町：四丁町概念模式図　(b) 両側町：片側町概念模式図

図 105　町の変遷模式図

であった朱雀大路でさえ田畑になったが、概して巷所は市街周縁部では耕地化、市街中心部では宅地化といってよい。条坊制に規定されていない道路も生じた。「辻子《ずし》」が街区内に開通され、そこに新たな宅地割が施され、平安京の方一町街区「町」が変容して新たな中世的な街区形態となった。

さらに東西方向の道に面して南北に長い宅地がつくられるようになった。街区の東西しか家並がなかった「二面町」から、東西南北の各面に家並をもつ「四面町」に変っていった。

錦小路や針小路、塩小路、油小路、室町小路など生活に密着した道の名が自然に生まれ、しだいに定着するにつれて、それは京内の地点を表記するのに用いられるようになった。また道の両側を指す「面《おもて》」や「頬《つら》」という表現もあわせて使われた。

町口小路・町尻小路という道路名の成立も平安京の変容を示している。この名は、左衛門町と修理職町という広大な規模をもつ官衙町に由来し、そこから北へ上がる道を「町口小路」、南へ下がる道を「町尻小路」とよんだのであるが、「左衛門町は潤屋の地なり、店家屋を比べ、百物自らに備る」といわれたように、左衛門町と修理職町こそが「町《まち》」＝市場なのであった。

十二世紀の中頃になると「町」に発する通りが、「町小路」とよばれるようになった。すなわち市の開かれる通りという新たな都市状況が生まれた。市の空間が街区から道へと推移しているのは、道が主体となる都市構造へと変化した平安京の趨勢とまさに軌を一にするものといえよう。「町」は、とくに三条や四条、七条など東西の大路と交差する辻がその中核となった。鎌倉時代のはじめには、七条町の繁栄はめざましいものがあり、「土倉員数を知らず、商賈充満し、海内の財貨ただその中にあり」といわれた。

こうして都城の空間と秩序は解体し、「面」の道を生活の場としてその両方の「頬」に沿って家並をつくり、線形に発展する中世的な都市空間形態、「町」に変容した。

2　権門と〈境内〉の形成

一方、律令国家を支えた権門貴族も社会の変化にあわせて居住形態を変えている。摂関家の本所は、寝殿造の邸宅に加え、家政機関に属する諸施設からなっていた。御倉町はその一つであり、東三条殿では東方の街区に所在し、倉庫のほかに細工所や、付属する職人の宿舎・台所があって、保管と生産機能を担っていた。こうした御倉町や細工所などの施設が邸宅周辺の町々に広がっていたのである。土御門殿を本拠とした藤原道長は、後に隣接する京外・鴨川辺の敷地に大規模な御堂、法成寺を建設し、住宅と仏堂とが並立することになった。

院政期には、鴨川を越えて平安京の条坊道路が伸張していき、鴨東の地域に新たな市街地を形成しておおいに発達した。道路の延長にあたるところを末とよんだが、二条大路の末を軸として整然とした条坊地割をもつ新市街「白河」が形成された(1)。「京・白河」と並び称せられた白河の中心には法勝寺をはじめとして「六勝寺」などの寺院が建設され、後には白河上皇の院御所白河殿が造営された。

十一世紀末における洛南鳥羽離宮の造営は、たんなる山荘や後院の造営ではなかった。近習・卿相・侍臣・地下・雑人にも屋地が与えられ、家屋をたて、さながら遷都のようであったという。それは院御所を中核とする大規模都市開発であった。同様に、七条大路末には後白河上皇の院御所である法住寺殿が広大な地を占めて造営された。白河上皇と白河殿、鳥羽上皇と鳥羽殿、後白河上皇と法住寺殿（鴨東七条周辺）など、院御所（と御堂）を拠点とした地域形成が注目される。

白河南方の四条大路末には祇園社とその門前集落などが広がり、法住寺殿北方の葬地鳥辺野に接して六道珍皇寺や市の聖空也が開いた六波羅密寺などがあった。これに隣接する五条大路末以南の六波羅の地は平清盛の六波羅泉殿など平氏政権の政庁所在地ともなった。院政期に台頭した平氏は六波羅、ついで西八条を拠点とし、源氏も六条を拠点として武士団を集住させたが、地域支配を行なう段階にはいたっていなかったらしい。

こうした平安京の構造的変容によって、長安と洛陽に対比された左右両京の構成から、左京の唐名である洛陽が京都をあらわすようになった。「京・白河」と並び称された京都は、荘園領主の集住地、また公武両権力の対峙する都市、商品流通の中心として全国の物資が集まる都市でもあった。やがて上辺と下辺の地域的なちがいが発生し、二条大路辺りを境に、公武・寺社権力の所在地として政治・宗教機能を分担する上京と、町＝市を核として商業機能を担う下京とにおのずから分れていくことになる。

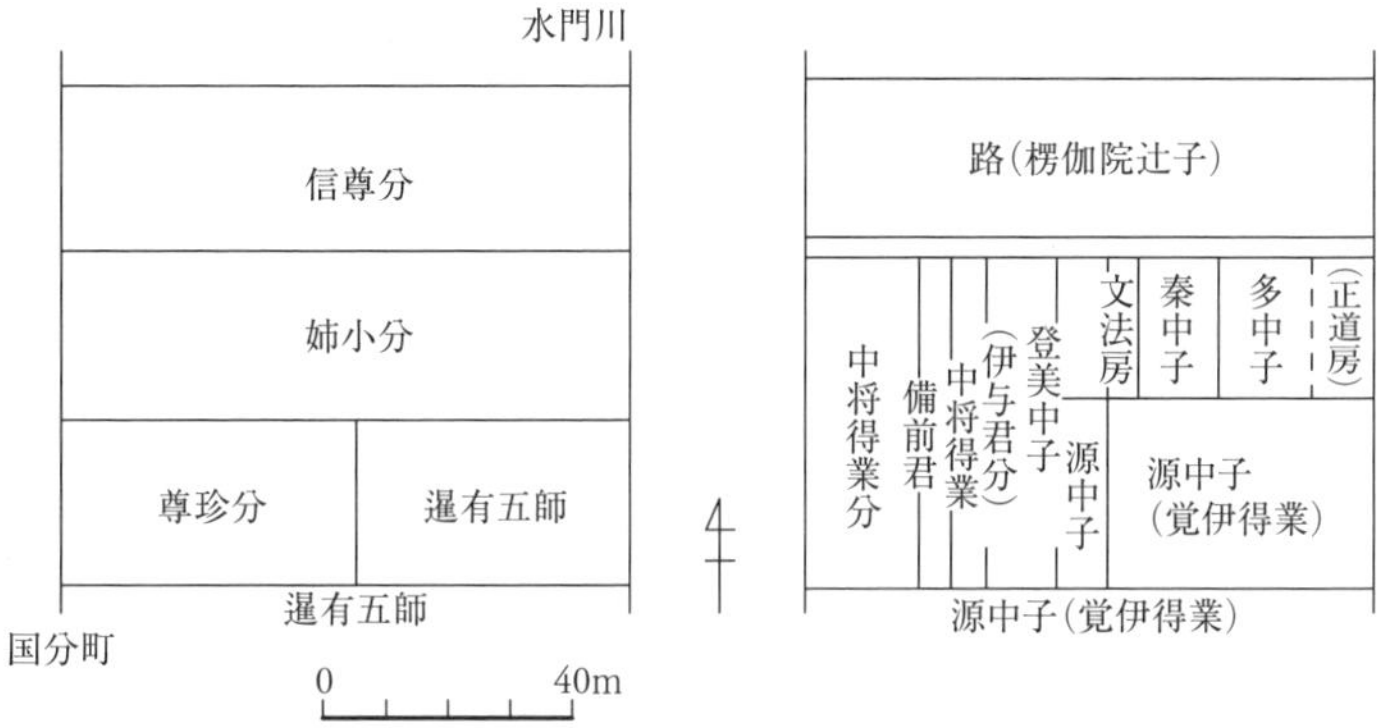

(a)康治2(1143)年　(b)養和元(1181)〜定貞2(1228)年

図106　東大寺楞伽院敷地の変遷

二、平城京から奈良へ

薬子の変のあと平城京は棄都され、街区も道路も田畝に変わっていったが、国家の支持を受けた東大寺、藤原氏一門の氏寺である興福寺、元興寺、藤原氏の氏神である春日社などは繁栄を続けていた。

十一〜十二世紀ころよりこれらの大社寺の周辺、つまりかつての平城京の外京とさらにその東郊にあたる地域に、寺社を領主とする門前の集落（郷）が発達し、中世奈良の都市域を形成した。興福寺郷を中心に東大寺郷や元興寺郷が地を接していたという[2]。

寺社を領主とするこれらの寺領郷には十二世紀末以降、地名を冠した小地域集団である郷が東大寺国分郷をはじめ、ぞくぞくと成立する。郷の名称には、中辻子・今辻子など辻子を名乗るものが少なくなく、中世奈良の市街形成にも辻子が大きな役割を果したことがわかる。

東大寺は市街に接する西面の築地に国分門・中御門・転害門を開いていたが、その門前に国分郷・中御門郷・転害郷が成立した。郷のなかには東大寺水門郷のように、寺院境内のなかに営まれた子院楞伽院の敷地が市街化したところもあった。宿屋が多く、十三世紀末には旅宿郷とよばれていた。

興福寺郷（南都七郷）は、本寺の支配する寺門郷、門跡支配の一乗院郷と大乗院郷にわかれ、境内周辺が寺門領、西北が一乗院領、南方が元興寺の領地をあわせて大乗院領であった。興福寺は大和守護職を称し、官符衆徒に南都七郷・東大寺七郷・元興寺郷の検断にあたらせた。

三、東国の「都」

十世紀の前半、平将門が本拠としたのは「石井宿」や「鎌輪宿」であったが、こうした宿には、在地領主の「館《たち》」を核としてその近くに従者が集住し、さらに周囲に手工業者も住みつくなど、周辺農村との間で人や物資を交流する結節点となっていた。このような在地の動向も、〈境内〉系の地域形成とみることができよう。

東国には古代末から中世にかけて奥州藤原氏や源頼朝など強大な勢力が擡頭するが、その政治・経済・軍事的拠点となった平泉や鎌倉は、「館」を核とする都市的な場を原型として新たに発達を遂げた都市であった。

奥州藤原氏三代の拠点となった平泉は、その初代清衡が康和年中（一〇九九～一一〇四）に江刺郡の豊田館を岩井郡平泉に移し宿舘としたことに始まる。長治二年（一一〇五）には中尊寺を造営した。『吾妻鏡』に載せる史料「寺塔已下注文」によると、藤原秀衡の「館」など、平泉の中心部分の状況がすこしうかがえる。すなわち金色堂のほぼ東方、無量光院の北方に平泉の中心があった。政庁機能をになう公的施設「平泉館」＝「宿館」を核として、当主の日常の住居である「加羅御所」、その息子たちの「家」・「宅」などが並び、周辺の要所には木戸を構えていたようである。平泉のもう一つの核、経済的な中心は、観自在王院南大門前の南北路にあった。平泉に入るこの中心街路には数十棟の「高屋」が並び、また近くには「倉町」（御倉町）が並び造られて経済機能を果たした。

中尊寺（金色堂）の「正方」（東方）と表現される「平泉館」の位置関係、おなじく無量光院と加羅御所との位置関係は、浄土教信仰に根ざすものであり、平泉の都市形成は、信仰と密接に関連している。京都の鳥羽や白河における御

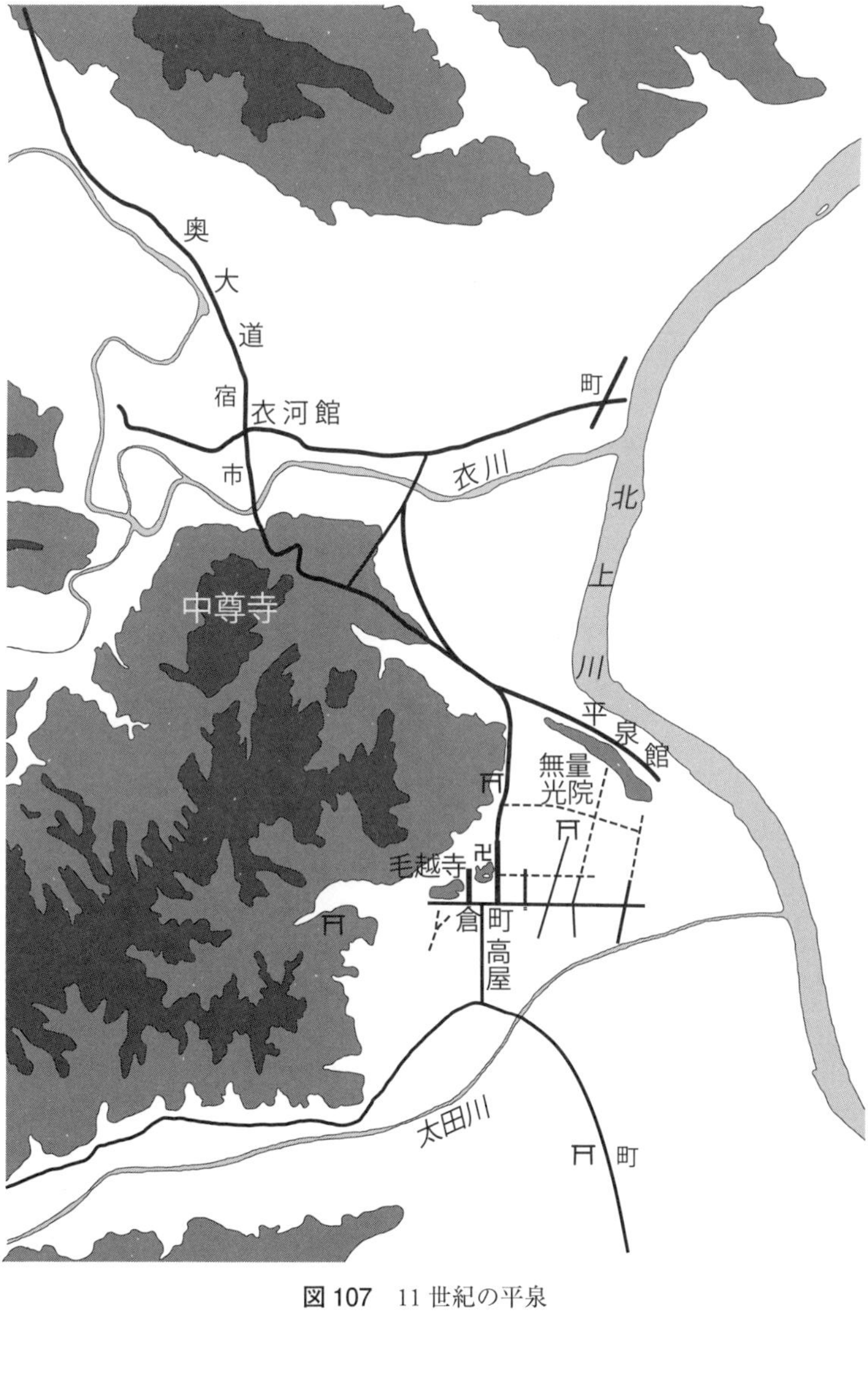

図 107　11 世紀の平泉

所と御堂の関係に照応するとみられ、無量光院が「院内荘厳、悉く以て宇治平等院を摸」したように、建築や庭園など、京都との文化的な関連が強いことも注目される。

平泉の地は、「鎮守」によっても守護されていた。東に日吉・白山両社、南に祇園社・王子諸社、西に北野天神・金峰山、北に今熊野・稲荷などの社があり、中央に惣社が位置していた。

四、都市住居の成立

平安時代では「まちや」ということばは、『倭名類聚抄』（九三五）に「店家」を「俗にいわく東西の町是也、坐して物を売る舎也」とするように、町（市のこと、具体的には東市・西市をさす）の店舗建築を意味した[3]。町屋・町家・町小屋も同じであり、いまの都市住居の概念とはかなりことなっている。庶民の都市住居をさすことばはおそらく「こや」、「小屋」・「小家」であった。

小屋の発生　慶滋保胤の『池亭記』（天元五年〈九八二〉）によると、「東京四条以北、乾艮二方は、人々貴賤と無く、多く群聚する所なり。高き家は門を比べ、堂を連ね、少さき屋は壁を隔て簷を接ぬ」とあり、十世紀後半には成立しているようである。平安京に本貫を有する人々である京戸や諸司諸衛の雑役に従事する雑色人などが、律令体制の動揺の下に京に流入ないし定着して都市民化し、道路に直接面した家を構える新しい居住形態をとったのであろう。『今昔物語集』の「築地くづれながらありしに、みな小屋居にけり」という記述は、そうした動向をよく示している。新たな都市住民をその居住する小屋をもとにして把握・支配しようとするのが「在家」という概念である。

都市民の小屋は、権門の「高き家」、すなわち門を構え築地・塀をめぐらした邸宅に対し、門や垣もなく、接隣・接道している点に特徴がある。『小右記』に「一条桟敷宅に向かう、資高領、垣無く道路の如し」とあるような住居が小屋のありかたであって、小屋は桟敷の仮設性と接道性を共有している。

平安時代末期に制作された『年中行事絵巻』や『信貴山縁起』に描かれた小屋（いわゆる町家）から、都市的な住居の一端を具体的に知ることができる。(4)

『年中行事絵巻』の小屋は、間口二〜五間、奥行二間ほどで、前後に庇を付加するものがある。板葺・切妻造の屋根で、正面に半蔀の高窓を開き、また板戸をたてて戸口とする。内部は、片側を板敷にし、もう一方を土間とする。土間はいわゆる通り庭であろう。土間の表側の一部を囲って厩にし、馬を飼う家もあり、また織手の家では広い土間に織機を据え、工房とする。奥の方の使い方はわからないが、炊事や作業の空間にあてられたのであろう。正面の腰壁は網代張りであり、京の町家の特徴とみてよかろうが、竪板壁や竹張りにするものもある。

板敷部は、多くはおそらく二室からなり、道に面した部屋と土間との境には遣戸（舞良戸）をたてる。『今昔物語集』には小屋の室名として「板敷」「寝所」「客人居」「壷屋」などが見出される。

門を構える家があり、また道との境や裏側、隣家との境界には、垣を設ける。木をまばらにならべた柵、板を立て並べた低い塀、立派な網代塀や拱板塀などの塀がつくられていた。ときには溝と家の前の間の空閑地を庭のように囲い込むこともあった。これは道路の私的占有、巷所化のあらわれということができよう。

裏庭には井戸があり、炊事や洗濯の場となった。町家の背後、街区中央に近い辺りには畑があったようである。なお、祇園御霊会などの祭礼行列の場面にみられる町家について、長屋か、独立の町家なのか、また供給住宅なのかどうかなどその成立をどうみるかについても見解が分れている。軒が反っているなど、個別性を示す絵画表現を重視すると、町家が並んでいることになる。

『信貴山縁起』にみる民家は、大和へ通じる街道にそってたつ。家の背後や脇には畑があり、道路との間は竹垣などで簡単に仕切る。都から離れた地域でも道に直面して家をたてているから、住居が道に接するのは、かならずしも京のような大都市の庶民住居に特有のありかたではないことをよく示していよう。

二棟の民家のファサードはかなり異なり、右側の家は間口四間で、右二間を居室、左二間を土間とするらしい。戸口一間を除いてすべて板壁とし、窓をつくらない。左側の家は、規模と構成はほとんど同じであるが、壁はすべて土塗である。また出入口は大きく、上に冠木（横木）を打ち、暖簾を吊るなど、戸口の構えが立派である。居室の方には幅一間の窓を並べて蔀をたてこみ、採光と通風、さらに桟敷としての機能をもたせている。二つの民家のちがいは、居住者の社会的・経済的な差、つまり階層差を反映しているのかもしれない。

注

（1）井上満郎「院政期における新都市の開発——白河と鳥羽をめぐって」（『中世日本の諸相　上』吉川弘文館、一九八九年）、浜崎一志「白河の条坊地割」（『京都大学埋蔵文化財調査報告四』京都大学埋蔵文化財研究センター、一九九一年）。

（2）永島福太郎『奈良』、吉川弘文館、一九六三年。

（3）高橋康夫「中世都市空間の様相と特質」（高橋康夫・吉田伸之編『日本都市史入門　Ⅰ　空間』東京大学出版会、一九八九年）、本書第一部第八章。

（4）髙橋康夫「『年中行事絵巻』の町家」（『絵巻物の建築を読む』東京大学出版会、一九九六年）。

第二章　荘園領主の都市・京都

一、京都の都市的発達

京都は、商品流通の中心として全国の物資が集まる都市になっていた。また天皇の居所であり、荘園領主である貴族が集住し、国家の最高公権力の所在地でもあった。鎌倉幕府は、内裏あるいは京都の警備にあたる京都大番役を御家人役とし、また出先機関として六波羅探題を設置し、さらに承久の乱後は京中の主要な地点に設置した篝屋の警護を任とする在京人をおくなど、その支配下の武士を京都に居住させていた。これは国家の拠点である都市京都を支える軍事警察機構であったが、そのため京都は公武両権力の対峙する都市ともなった。

1　武家地の形成

鎌倉幕府の在京勢力は、京都の一定地域に集住した。当初は洛中の六条大路近辺であったが、頼朝の上洛を契機として洛中では三条以南・五条以北・東洞院以東・京極以西の地域、また洛外では六波羅とその近辺が集団居住地となった。六条は源氏ゆかりの地であり、また六波羅はかつての平家の本拠地を幕府直轄領としたものであった。

残る洛中東方の地域は、建久元年（一一九〇）の頼朝上洛にあたって、頼朝の邸宅、そして「家人共の屋形」の地として要求したものであるらしい。頼朝の宿所は六波羅の新造亭となったが、しかしこの地域は京都における鎌倉幕府の新たな拠点となった。すなわち、在京御家人が集住したのがこの洛中東部の地域であった。幕府の西国守護である御家人は、在国せずに京都に居住し、国の御家人を催促し勤仕したのであった。これは、京都における武家地の形態の原型を示すものとして重要である(1)。

六波羅　一方、六波羅の地にはおもに北条氏とその被官が居住した。文治元年（一一八五）頼朝の命を受けて京都に入った北条時政が京都守護の始まりとされるが、時政は六波羅を本拠としたらしい。承久の乱後、六波羅守護（探題）がおかれ、執権北条氏の一族が探題の地位を独占した。六波羅南方・南殿と六波羅北方・北殿に二つに分れており、交互に政務の場となったようである。訴訟は六波羅殿の中門廊において行われた(2)。探題の被官たちは、それぞれ南方・北方の近辺に居住し、探題邸を核に武家地を形成していたらしい。こうした武家屋敷が城館的な防御施設を構えていたかは明らかではないが、非常の場合には探題邸の周囲に堀池を掘り、また釘貫を構えた。

このように諸国の武士たちが数多く京都に長期滞在したことは、中央と地方の文化交流に大いに影響したとみられよう。

2　寺院街の形成

鎌倉時代初頭には武家地の形成とともに、寺院・里坊の集中した地域が現われたことも注目される。平安京の北郊、五辻大宮の北にあたる安居院の地には平安時代末から比叡山延暦寺の里坊安居院が営まれていたが、安居院の名を高めたのは澄憲・聖覚父子であり、延暦寺門跡の院家として朝廷・貴族・武家と深い関係をもつにいたった。安居院やその南の五辻の地には山門ゆかりの諸坊が立ち並ぶことになった。

里坊の形成は、三条大路の末と白河の交差する辺りでもみられた。比叡山のうえにあった青蓮院は、この地に三条白川坊を営んだ（後述）。京都の東と北は、こうした寺院街が抑えていたのである。

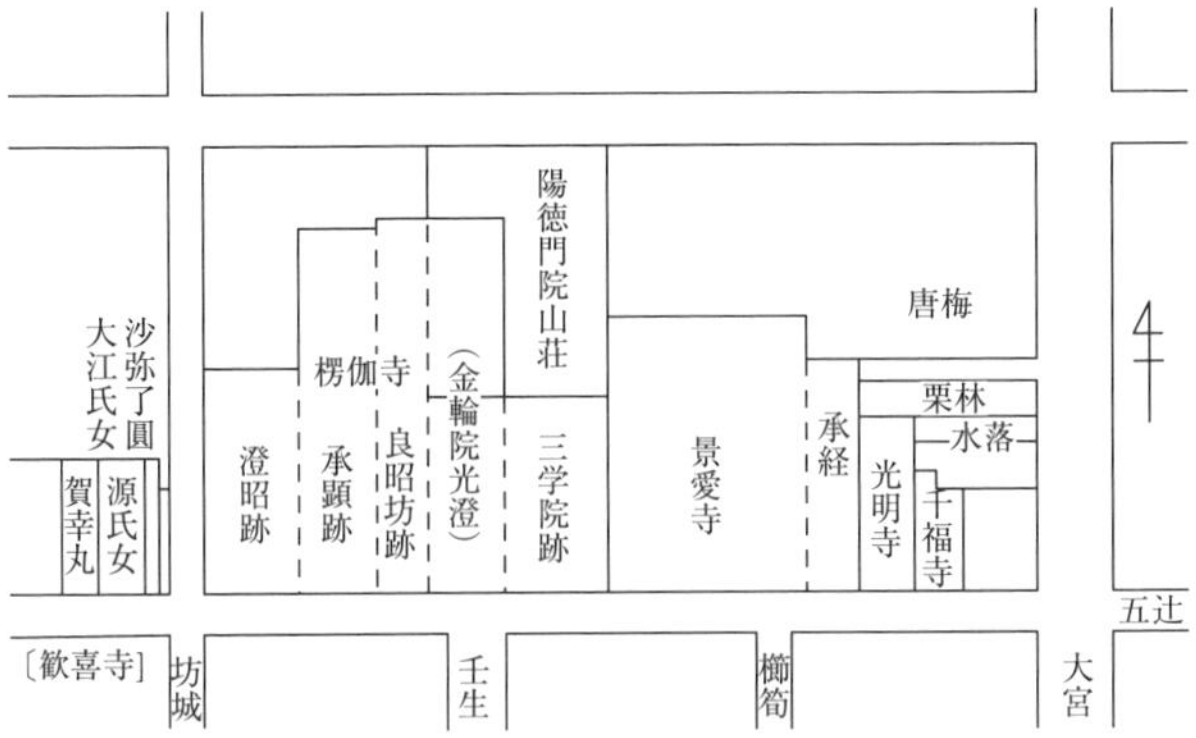

図108　五辻大宮の寺院街

3　町の景観

鎌倉時代末期のある町の状況をみておこう。東寺領八条院町は、八条女院の御所があったところで、建暦元年（一二一一）の女院没後まもなく荒廃がはじまったが、十数年後には東洞院大路に面する築垣を崩して民家が軒を連ね、また築垣の内部は麦畑になり、あるいは小屋が立ち並んでいた。

このようにかつて方一町の規模と寝殿の威容を誇った貴族邸宅は消滅しつつあり、最後の「如法一町家」となった徳大寺中納言邸が焼失したのは嘉禎元年（一二三五）のことであった。しかし、これは中世的な空間形態の形成でもあった。

八条女院の所領は後宇多院に伝領され、ついで正和二年（一三一三）院から東寺へ寄進されて東寺領八条院町となった。元応元年（一三一九）には塗師や番匠、金屋など商工業者の集住する地域となっていた。住人は地子銭に加えて、掃除役などの人夫役を負担していた。

東寺は、境内とその間近にある八条院町などのほか、洛中に多数の散在所領をもっていたが、洛中はこのように公武寺社権門の一円所領、そして支配関係が複雑に交錯する地域とからなっていた。

『春日権現験記絵』　京では、広い敷地の中にすくなくとも主屋と土蔵をもつ裕福な家と貧しい庶民の家を描き、いずれも建築的な特徴を的確に描いている。

図 109　貧しい町家（上）・裕福な町家（下）（『春日権現験記絵』）

庶民の家は、大きな屋敷の築地の前、おそらく路上にあるらしい。つまり巷所の家であろう。正面は間口柱間三間、屋根は長板を三段に葺いた板葺、切妻造、壁は板壁、竪羽目。正面中央の戸口から左側を板敷の居室、反対側を土間とする。居室は表と奥の二室からなり、奥の部屋は、表との境にも土間との境にも遣戸をたてる。寝室であろう。

土蔵のある家は門と塀で囲まれた広い敷地のなかにたつ。主屋の規模はかなり大きく、正面が三間、側面もたぶん三間ある。切妻造、板葺。間取りは前後左右に三分割し、九部屋からなるようであり、四周に榑縁をまわす。中央の部屋は、寝室と貴重品を収納する場所を兼ね、頑丈な袖壁に施錠装置のついた板戸を備える納戸構えをもつ。この部屋の前が居間にあたる。表の部屋と外部との間仕切には蔀が使われ、その他のところでは遣戸と土壁となるようだ。室境では襖が使われていた。床が板敷のようにみえるのは、畳が運び出されたからである。

この二例の間には、敷地の規模や主屋以下の建物の数、主屋の間取り、外壁の仕上げ、建具の種類、屋根の構法などにそうとうな隔たりがあるが、ともに都市民衆の住居のある典型を示したものであろう。

二、荘園領主の邸宅

諸権門の住宅は、居住機能のみならず、それぞれの役割を果たすにふさわしい機能を合わせもたねばならなかった。住宅を構成する施設のなかから特徴的な建築をあげると、公家の寝殿、寺家の御堂、武家の侍所・遠侍・厩、会所などがあろう。むしろ相違点よりも、権門の住宅は、居住空間を規制する生活観念、空間観念として〈晴・ハレ—褻・ケ〉の空間構造をもつという共通点のほうが注目されよう。(3)

公武寺社諸権門はそれぞれ内部に階層構造をもち、たとえば公家は、院→天皇→摂関家などの大臣家→それ以下の貴族、というようになっていたが、大きく二つの階層にわけてみることができよう。『海人藻芥』(応永二十七年〈一四二〇〉の成立)は、公家の住宅について大臣家とそれ以下の身分にわけてちがいをあげ、さらに寺家では門跡とふつうの院家にわけて、門跡が大臣家に相当するとし、武家では大臣家以下の家と同じであるという。大臣家とは太政大臣・左大臣・右大臣のことであり、上層貴族を公卿という場合の公にあたる。公と卿以下の社会的身分地位の差が、住宅のありようを大きく規定していたのである。こうした社会的身分地位による住宅の差異は、社会的に共有された通念となっていた。この意味で中世住宅は、すくなくとも二重の重層構造をもっていたということができよう。

〈晴―褻〉という対立する生活観念は、左右対照の空間構成がその特徴のひとつであった寝殿造の空間構造を変容させることになった。もっとも伝統的・保守的な内裏においても、閑院内裏が東晴、富小路内裏が西晴というように、東西のどちらか一方がより重要視され、その結果施設の配置も左右対称の配置ではなくなっている。鎌倉時代になって支配階級の住宅にどのような変化があらわれたか、その背景はどのようなものであったか。ここでは社会階層ごとに住宅のありさまを述べ、相違点と共通点を明らかにしよう。

なお前代と同じように、洛中のほかに洛外の景勝の地にも山荘を営んでいたことに注意する必要がある。

1　権門の邸宅

（1）内裏・院御所――伝統の継承

権門体制の一つの柱として公家が担う「執政」の建築的表現は、内裏に認められる。鎌倉時代に内裏として使用された施設は、前半期には閑院内裏、後半期には院御所や二条高倉殿、そして末期の文保元年（一三一七）以降は富小路内裏であった。

閑院内裏　平安時代の閑院は寝殿造の形態をもっていたが、鎌倉時代二度にわたって造営されたものは、当初から内裏にならうことを意図して紫宸殿や清涼殿以下、要所の施設をたてている。本来の内裏に比べると、敷地の規模が東西一町・南北二町と狭いことや、もともと南庭に池があったことなどから、建物の規模などに多少のちがいを生じているが、ほとんど内裏とおなじものとなったといってよい(4)。ただし清涼殿の北にたつ弘御所は、もともとの内裏にはない、新たな建物である。この弘御所は、後鳥羽上皇の御所において文芸活動の場として発展した弘御所と共通する性格をもち、詩歌合などの文芸の会場として使用されたが、さらにこの弘御所で評定が行なわれ、政務の場となったことが注目される(5)。

なお、閑院内裏の四周には築地がめぐっていたが、さらにその外側に裏築地が構えられた。この裏築地は、道の中央に独立してつくられ、四周の門を防御するものであった(6)。閑院内裏は、正規内裏の制を受け継ぐものとして、次代の内裏の規範とみなされた。

さて、「治天の君」による院政の場となったのが院御所である。鎌倉時代に院政の舞台となった院御所として、冷泉万里小路殿と持明院殿を取り上げる。

冷泉万里小路殿は、鎌倉時代の中期、寛元四年（一二四六）に後嵯峨上皇の御所となり、その後、亀山・後宇多上皇の内裏ないし院御所として受け継がれ、いわゆる大覚寺統の洛中本所御所であった。たびたび罹災し、再建されているが、全体の構成は共通している。東の万里小路に面して四足門を開いて正門とし、これに対して中門を構え、そのあいだに随身所・車宿などを配し、中門から北へ中門廊が延びて、主要殿舎につながる。寝殿が中心で、その東に透渡殿・二棟廊、東対代が接続している。晴向き施設は東方に位置したが、一方、寝殿の西方、褻向きにあったのが内弘御所、持仏堂（小御所）、さらにその西に弘御所があった。正嘉二年（一二五八）再建以後は、西中門が新たに加わり、院御所の形式を整えている(7)。

この冷泉万里小路殿は、承久の乱後、本格的に始まった院政の舞台となったが、そこで大きな役割を果すことになったのが弘御所である。院政の刷新を意図した後嵯峨上皇は、院政を支える重要な制度として院評定を定め、内弘御所を用いた。また親王家・摂関家、武家、寺社からの奏請を院に伝える伝奏も、上皇が出御した弘御所で行なわれた。ところで、弘御所では和歌や管弦の会も催している。弘御所は廊のように細長い桁行九間・梁行二間の東西棟の建物で、室礼はほぼ一定しており、東端二間分を長押一段高くして上皇の座としている。これ以後、院政の政務執行の場所として、弘御所を用いるようになった。

平安京の北の郊外に営まれた持明院殿は、洛西嵯峨に営まれた亀山殿とともに、鎌倉期の代表的な洛外院御所であ

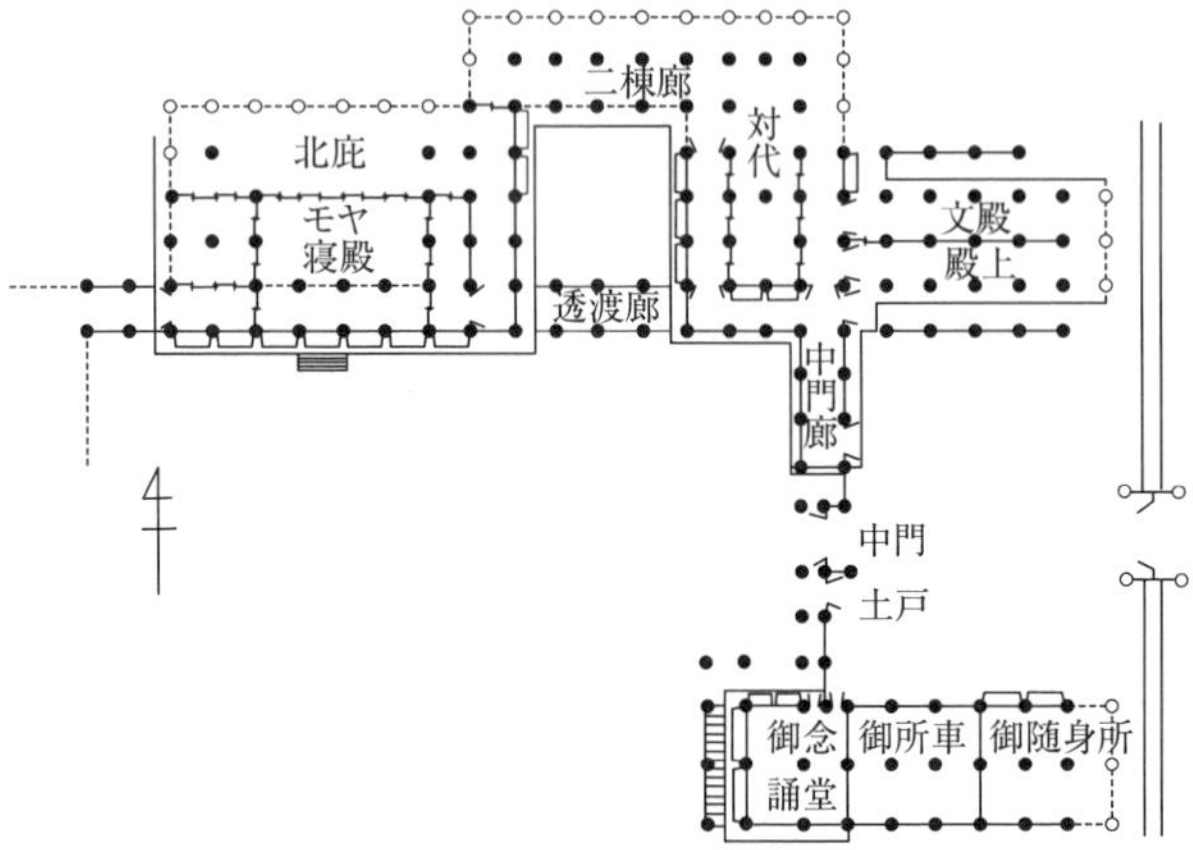

図 110　持明院殿御所方推定復原図

り、鎌倉時代末期には持明院統の本所御所となった(8)。山荘と御堂御所とを兼ねており、大きく御所方と御堂方とに分けられる。御堂である安楽光院は九間四面南弘庇付きの九体阿弥陀堂であり、御所方は洛中院御所とかわらない規模と構成をもっていた。

南北朝期の御所方の構成をみると、東に正門である四足門を構え、その西方に中門を開く。中門から南は土戸・南廊を経て念誦堂・車宿・随身所に至り、またその北には中門廊を経て対代につながる。対代の東には文殿・殿上がある。対代の西方に寝殿があり、両者を南の透渡殿と北方の二棟廊がつないでいる。御堂とはべつに持仏堂が寝殿の西方近くにあった。

寝殿の母屋内部に柱をたてて分割していることなどに新しい動向がうかがえるが、晴向き諸施設の構成は前代の方式を受け継いで、一定の形式をつくっている。

（2）大臣家——寝殿造の変容

貴族社会の最上層部にある人々の住宅も大きく変りつつあった。「公」、すなわち太政大臣や左右大臣などの邸宅においては、晴面を〈寝殿—二棟廊—中門廊—中門〉とする構成を、定まった形式として用いるようになった。いくつかの事例にその動向をうかがうことにしよう。

九条良経京極殿は、摂政太政大臣九条良経が元久二年（一二〇五）

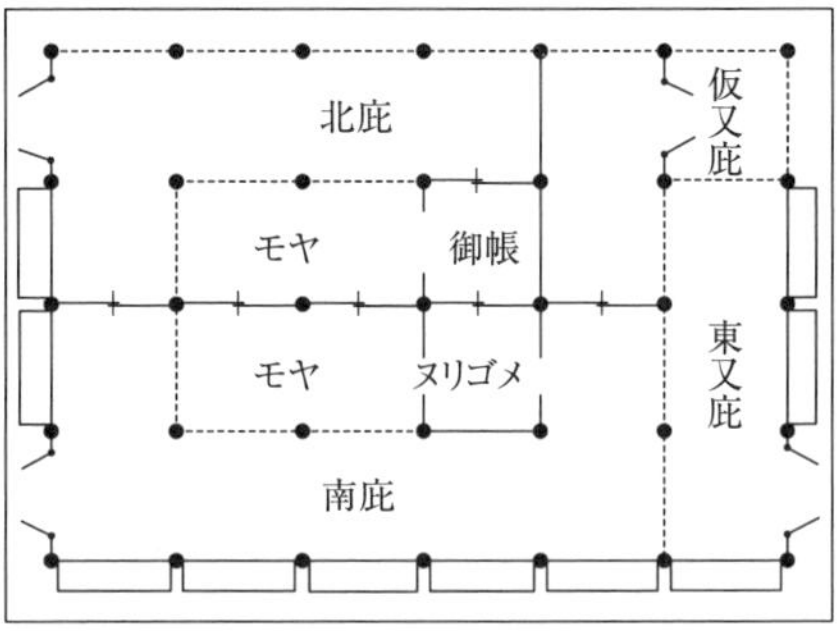

図 111　近衛殿卯酉屋

に移り住んだ邸宅で、中御門京極にあった。西が礼となる構成であり、四足門の東に中門が位置する。中門から南に延びる廊の西方に車宿と随身所があり、一方北の中門廊は侍廊・殿上に取り付く。ここから透渡殿と二棟廊が東に延びて、中心建築である寝殿にいたる。南には池と山があり、屈曲した遣水が流れていた。[9]

近衛殿　摂関家の筆頭である近衛家の本拠地であり、近衛北・室町東の地にあった。この邸については近衛家の本拠として日常的な住居であったことのほか、公家の儀礼のなかで重要な大饗の場として、さらに皇居として使用されたことなど、いくつかの状況が判明していて、鎌倉時代の摂関家ないし公卿邸宅の実態を示す重要な事例となっている。[10]

鎌倉時代初期、近衛兼経の結婚儀礼が行なわれた嘉禎三年（一二三七）の前後の状況からみることにしよう。当時の近衛殿は、室町小路に面して南に板葺の棟門、北に土門を開いていた。寝殿がなく、その代わりに三間四面の卯酉屋（東西棟の建物のこと）を用いていた。中門もなく、廊が卯酉屋の南西に接続しているだけであった。卯酉屋の東に六間の南北棟の対屋があり、北に六間の東西棟の対屋があった。このほか北の対屋の東に贄殿があった。兼経の父で、近衛殿の当主であった家実が卯酉屋に住み、兼経は東の対屋に居住していた。

兼経の婚儀にさきだって家実は武者小路猪熊第に移り、また近衛殿の改築が行われた。棟門を桧皮葺に、土門を桧皮葺の唐門にたてかえ、また新たに中門

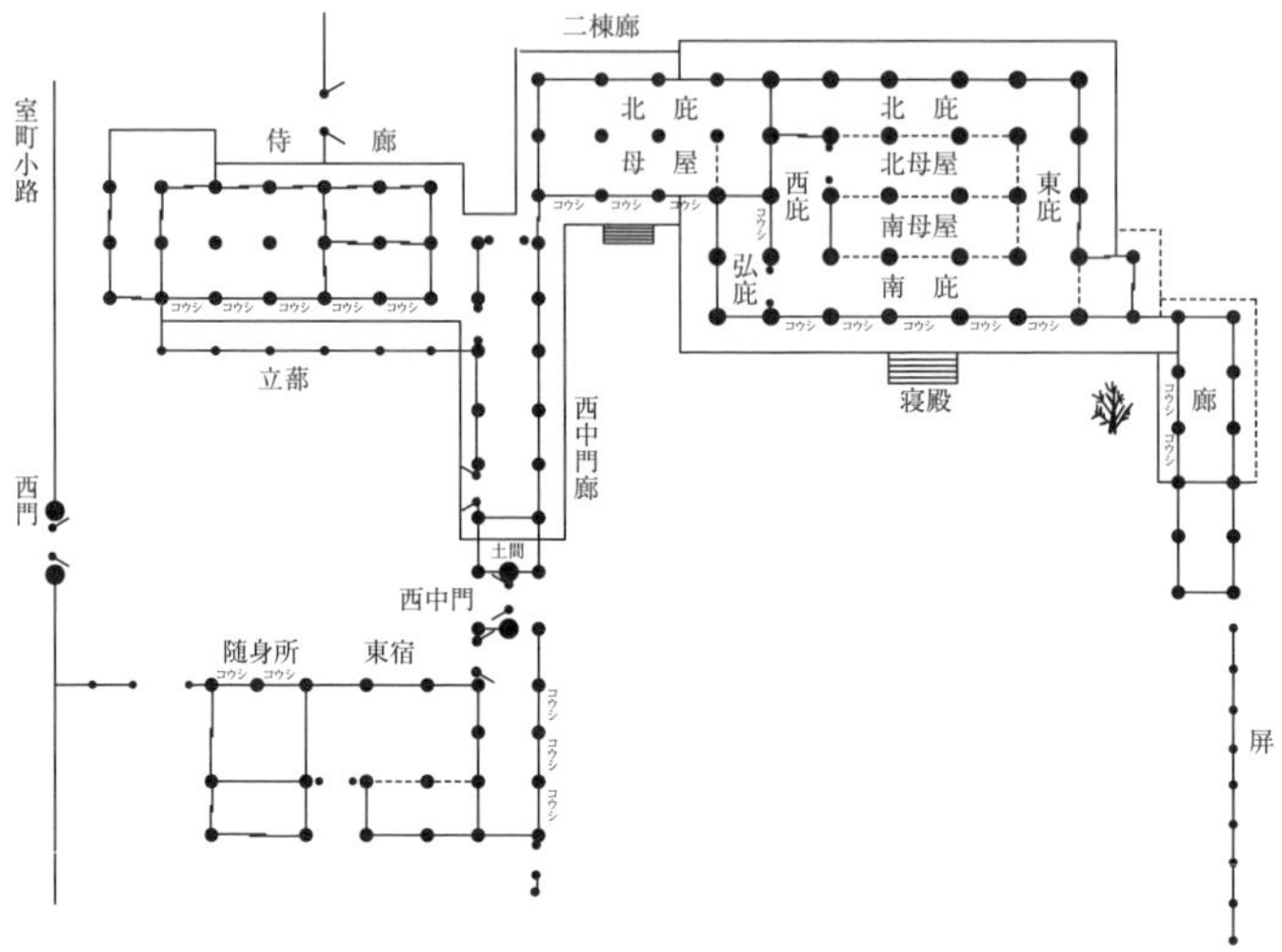

図112　左大臣鷹司兼忠の近衛殿

を廊に差し加えて、中門・中門廊にみたてている。中門は西方の棟門と向い合ったのであろう。中心建築である三間四面卯酉屋が新婦の居所となった。婚儀を経てここに兼経が移り住み、新生活を開始した（婿入りの形式をとった）。その北にあった六間の対屋は、一間ごとに仕切られた長屋ふうの建物であるが、女房局にあてられた。(11) この西方に唐門が位置していたらしい。晴面の施設が西・南にあったのに対し、褻向きの施設は東・北につくられており、晴と褻の対比がよくわかる。

弘安元年（一二七八）には新陽明門院の御所となり、弘安五年（一二八二）には亀山院の御所となり、翌年の弘安六年（一二八三）には山門の強訴をさけて天皇もここに移り住んだ。近衛殿は、「棟門・竹中門・五間寝殿、此のごとき狭少の御所皇居たるの条、先規稀か」といわれたが、当時京中には皇居に使用できる邸宅が近衛殿以外になかったからという。公卿邸宅のありさまがうかがわれる。

最後に正応元年（一二八八）に近衛殿で開かれた内大臣鷹司兼忠の任大臣大饗の状況から近衛殿をみよう。(12) 鷹司家は近衛家から分れており、兼忠も鷹司殿を本拠としていたが、大饗の儀礼のためにわざわざ本家を使用したのである。

儀礼に用いられた晴面の施設を記した指図(13)からその構成と規模がわかる。室町小路に棟門を開き、東に向い合って中門がたつ。中門の南に中門南廊が延び、その西側、築地とのあいだに車宿と随身所がある。中門から北へ六間の中門廊が延びており、その北端から西へ蔵人所、東北へ二棟廊がつらなる。中核となる寝殿は、あいかわらず最小規模の三間四面であるが、寝殿の西北に二棟廊が接続し、また東南の一間をへて南へ延びる廊があり、その南は塀中門・塀となっている。寝殿の前にある南庭は、西の中門・中門廊・中門南廊と、東の廊と塀中門で囲まれている。このほかに室町面、北方の唐門から入ったあたり、敷地の西北辺に小御所があったようだ。

大饗に際してはその前日に兼忠と父兼平たちが近衛殿に入り、小御所において遊びや大饗の習礼があった。当日は、寝殿南庇を大納言座・中納言座・参議座とし、二棟廊が上官座、中門北廊が諸大夫座、中門南廊が料理所となった。簾や屏風で庇と仕切られた寝殿母屋が女房たちの見物の場所であった。内裏参賀から戻った兼忠は唐門から入って小寝殿にいる兼平に挨拶したが、この小寝殿は小御所の中心建築のことであろう。

この晴面の構成は寛元二年（一二四四）の新・改築にさかのぼる。院御所などの晴面の施設構成とくらべると、対代・対代廊や透渡殿がないが、前期の近衛殿からすると、寝殿を中心に二棟廊・中門廊・中門がつらなる構成に格段に整備されている。近衛殿にみる二つの姿は、ともに当代の公卿邸宅の好例といえよう。

（3）門跡の院家

寺家は、宗教的・精神的な面から中世社会を支え、皇子や有力公卿の子弟である僧たちの居住する院家は、門跡として勢威をふるった。延暦寺すなわち山門の門跡寺院である三条白川坊や十楽院は、そうした院家のひとつである。院家は、敷地のなかに仏堂を営むという特色をもつが、そのほかの住居関連施設は、その出身母胎である大臣家の邸宅とほぼ共通する規模・構成をもつものであった。

青蓮院の里坊三条白川坊の指図が『門葉記』にあり、これによって嘉禎三年（一二三七）に再建されたようすがわ

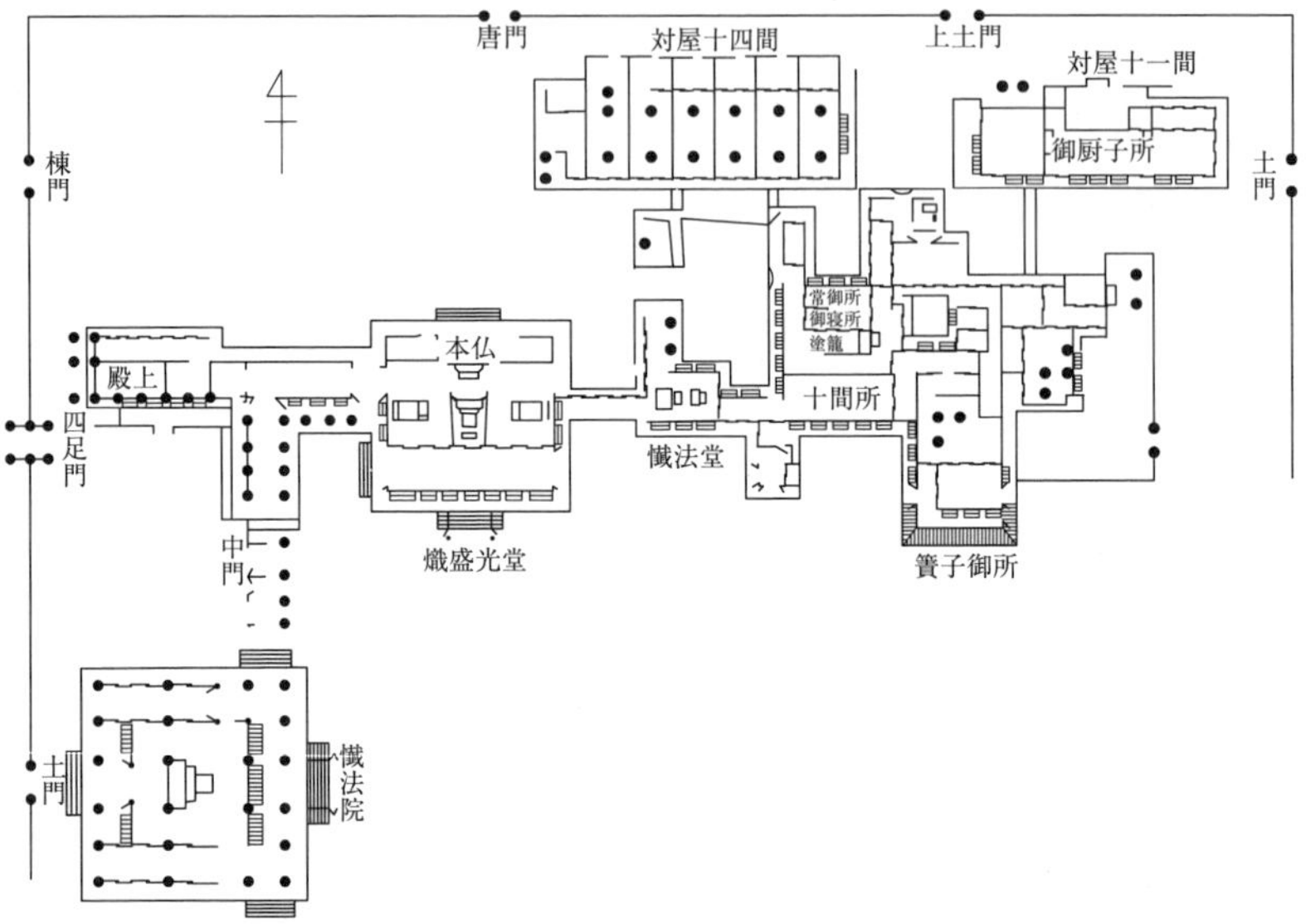

図 113　三条白川坊指図

かる。⒁白川に沿う道に面して四足門・棟門・土門を、北を通る道に唐門・上土門を構え、四足門が正門で、これに対応して中門がたち、中門の南の廊は懺法院（方三間四面堂）につらなる。その北に中門廊が延び、北端の西に殿上、東に公卿座があり、公卿座は熾盛光堂にとりつく。つまり晴面の中心となるのは熾盛光堂であり、その東端から廊を延ばして懺法堂、そして御所にいたる。そのため敷地のほぼ中央に懺法堂、その東西に寝殿と熾盛光堂がたつことになる。公卿座が寝殿ではなくて、仏堂（熾盛光堂）に接続されるところに公卿邸宅とのちがいがある。こうした配置によって寝殿は晴門である四足門からもっとも遠い東側に位置することになる。

　御所はかなり複雑な間取りであり、塗籠・寝所・常御所などのある西方の一画、弘庇と簀子縁のある簀子御所、塗籠に持仏堂のある東方の一画、中居や御湯殿、車寄のある北方部などからなっている。寝殿の北には東西に棟の長い対屋（桁行一四間と一一間）が配置されて居住空間を形成している。

　院家は、持明院殿などと同じように、御堂部分と御所

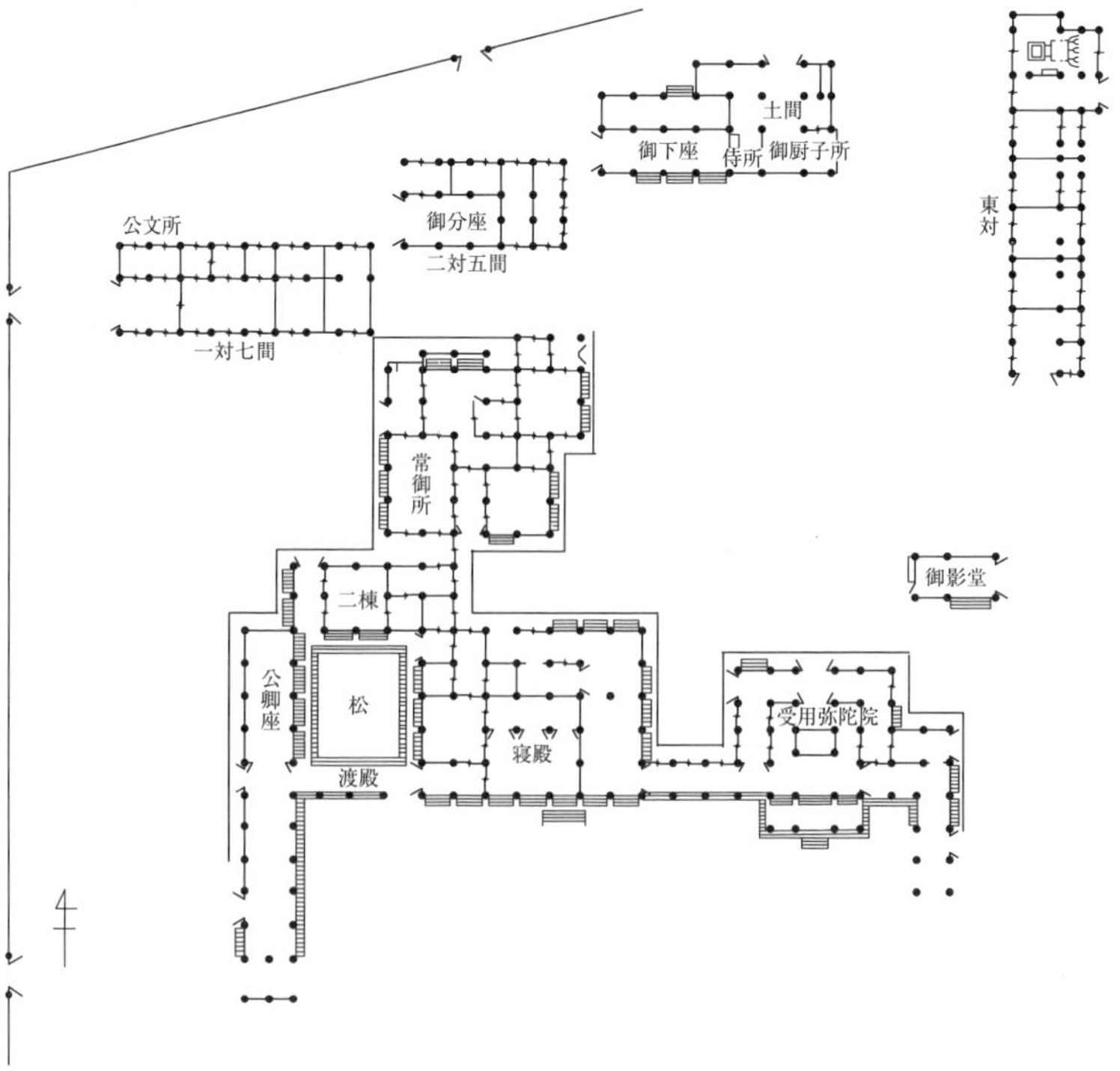

図 114　十楽院指図

部分から構成されていたといえよう。

三条白川坊の近くにあった十楽院については[15]、徳治三年（一三〇八）に再建された姿が同じく『門葉記』にみえる。寝殿と受用弥陀院が中心を占めるが、白川坊と比べると、晴面の中心施設が、御堂ではなくて、寝殿であることに大きなちがいがみられる。西を晴として中門廊・公卿座・透渡殿・二棟廊・寝殿などの御所方が西に、そして御堂である受用弥陀院が東に対峙する。寝殿の北方に小御所がおかれ、その西北から東北にかけて雁行しながら一対七間、二対五間、七間屋がたち、さらに東方に東対があった。行事・儀礼のための寝殿、仏事のための仏堂、門跡の日常居住のための小御所、十楽院の維持・管理の施設として綱所・公文所・御厨子所・侍所を含む対屋からなる。

元徳～文和年間（一三二九～一三五五）に

図 115　院家の暮らし（『慕帰絵詞』）

三条白川坊の本尊である熾盛光仏が十楽院寝殿に移されたといい、そのため寝殿が熾盛光堂ともよばれた。このことは、中心建築として寝殿と御堂との関連が建築的にはかなりゆるやかなものであったことをも示唆している。

醍醐寺の例をみると、三宝院は『醍醐雑事記』（平安末期の成立）によって数多くの堂舎を備えていたことが知られるが、それらは潅頂堂を中核として三群に分れるようである。すなわち礼堂付きの潅頂堂と、廊、中門・中門廊・四足門（正門）、経蔵・宝蔵が中心施設を構成し、これに付随して寝殿と侍廊・客廊（殿上）・随身所、護摩堂・持仏堂、さらに維持管理施設として雑舎（一〇間）、湯屋、厩があった。鎌倉時代の指図にみえるのは、このうち潅頂堂と公卿座、中門廊、中門、四足門、殿上、北対屋などである。潅頂堂の西に公卿座が取り付き、その西方から中門廊が南に延び、中門にいたる。これに相対して四足門を築地に開く。西晴の施設構成で、仏堂が中核となるほかは、およそ住宅とかわらない形態であり、南には築山がつくられていた。なおこのような構成は醍醐寺のほかの院家でも例が多い(16)。

（4）小御所――居住形態の変化

住宅の一構成要素である「小御所」は、中心になる御所（ないし建築）に対して、副次的機能をもつ御所（ないし建築）をさしている。ここでは、内裏・院・摂関家などの邸宅において中心となる御所に対し、別御所の形態をとった小御所をみることにしよう。（「小御所」とよばれた常御所については後述）。

鎌倉時代の内裏や院御所には小御所を設けるのが通例であり、春宮御所や皇后・中宮御所、ときには御影の安置所、御産御所、仏事道場などにも使用された[17]。

冷泉富小路殿の小御所は、角御所ともよばれたように、御所の西北にあり、西を晴とする[18]。十三世紀末の指図や記録によると、中心施設は五間四面の規模をもち、中央三間に二間の母屋を核として、小室に仕切られた四方の庇からなる。南北棟の建物で、西を晴とし、西南に中門廊が付属した。また、おなじころの近衛殿では、西晴の敷地の西北の隅に小御所があった。父子同居に際して、当主は寝殿に、他方が小御所にすんだ。

2　非大臣家の住宅――最小構成の寝殿、寝殿と中門の結合

公卿層のなかから「公」を除いた階層、いわば中流というべき「卿」（大中納言・参議・三位以上の朝官）や、それ以下の官人、武士の住宅はどのようなものであったか。

平安時代には住宅にかかわる身分制限として五位以下の宅地の規模を一／四町以下、また六位以下では桧皮葺と築地が禁止されていた。寝殿の内容についてはわからないが、何らかの制限・規範があったと思われる。そもそも大臣家以下の公家、すなわち卿や殿上人、受領、官人層などにとって必要な施設は、大臣家とは異なり、したがっておのずから別の施設構成となった。

平安期において中流階層の住宅は、たとえば、嘉保二年（一〇九五）、散位従四位下大江公仲の方一町の邸には、東北二面孫庇が付属した板葺五間四面寝屋（寝殿）のほか、多数の建物があったが、中門（ないし中門廊）はなかったらしい。

（1）公家

鎌倉時代のすこし前から寝殿造の小規模化・簡略化が進行していた。この変化は関白藤原基房邸やおなじく関白九

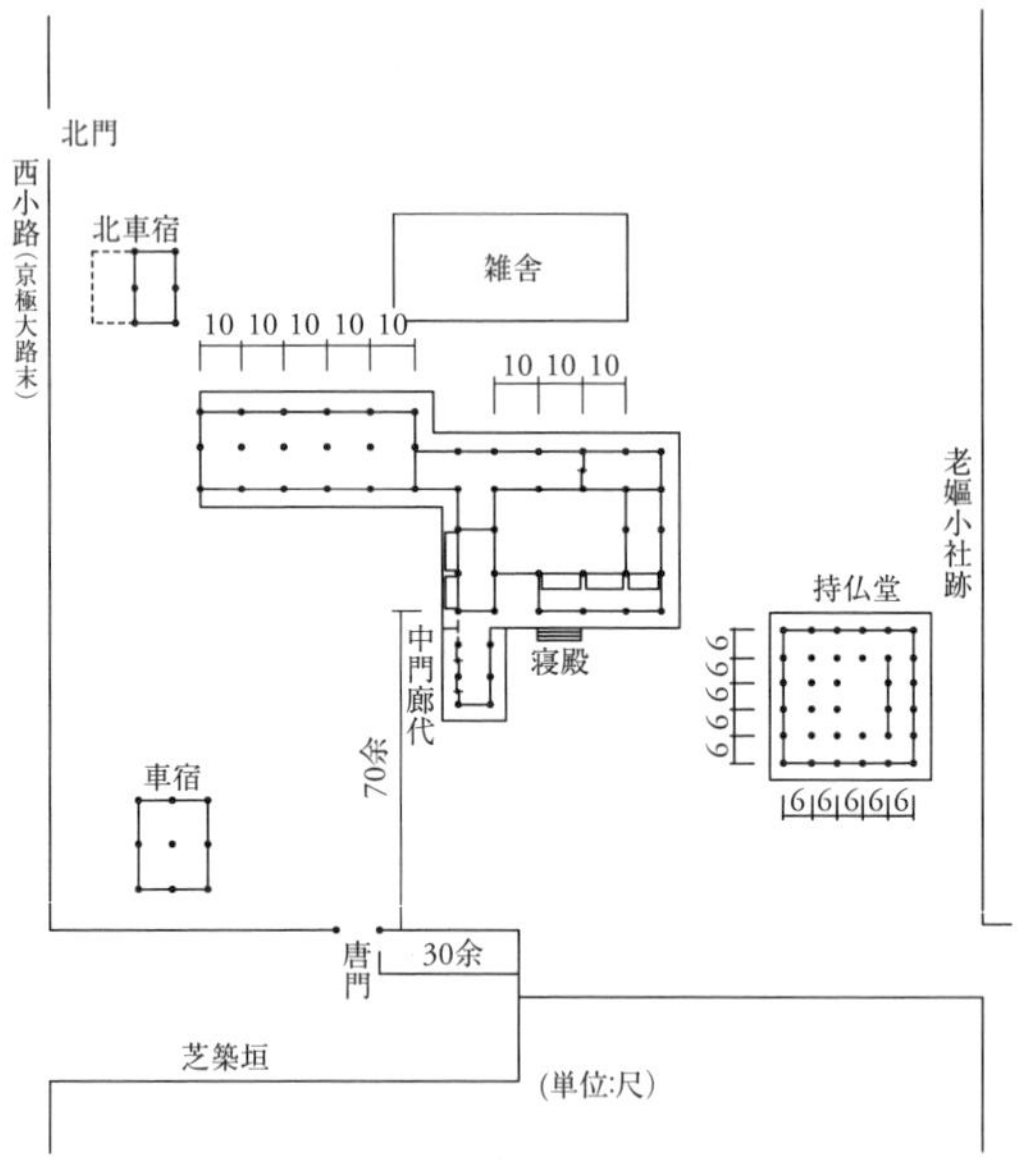

図116　藤原定家一条京極邸

条基通邸など、摂関家の邸宅でさえあらわれている。鎌倉時代の公家住宅の事例として、ここでは『新古今和歌集』の撰者として知られる歌人藤原定家の一条京極邸をあげておこう。

定家は、晩年になって家督と冷泉の邸宅を息子為家に譲り、みずからは一条大路の北、転法輪辻子（一条大路の約一町北の道）以南、京極末（東京極大路を平安京の外側、北へ延長した道）以東の地に新たな邸宅を営んだ。近くには番匠や陰陽師、社司の妹（寝殿と雑舎のみの家）などが住んでいる(19)。

一条京極邸は、京極末から東へ入る道を造成し、そこに南門として唐門を構えた。東西どちらかの道路に面して門をたてるのではなく、南方の道路からアプローチする点に特色がある。

嘉禄二年（一二二六）に始まり四年たった寛喜二年（一二三〇）に邸の全体が完成した。建築構成は、三間四面（正面五間・側面四間）の寝殿と、その東にたつ方三間四面（五間四方）の持仏堂が中心で、ほかに五間二間の侍所、二間四方の車宿、小雑舎があった。前参

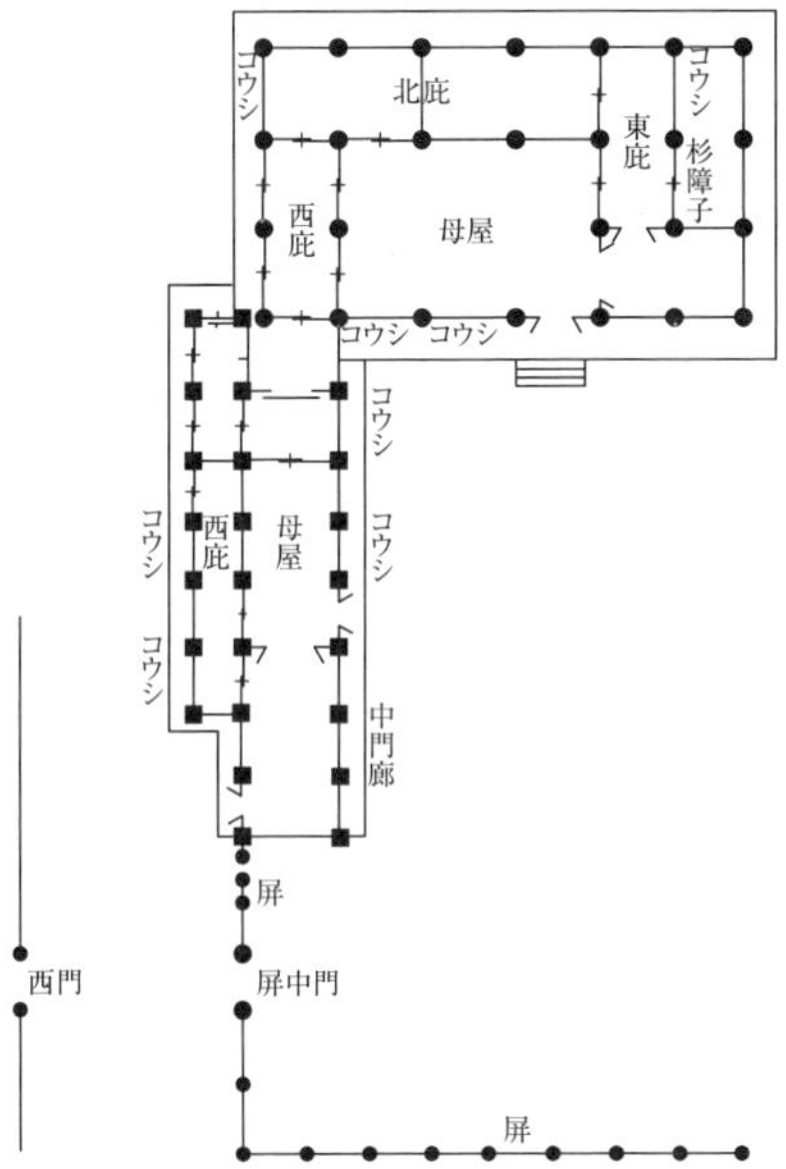

図117　僧正良快の吉水坊

議正二位の貴族の家であるが、「倹約をもって本となす」と定家自身がいうように、最小限の施設構成を示す公家住宅の一例とみることができよう[20]。

寝殿は、母屋と庇からなる建築として最小の規模であり、その北面が定家の日常の居所である。出入口は、最初は南庇の西端一間を連子壁とし、その東一間に妻戸、唐破風屋根を設けて車寄とし、西庇の南端二間に格子と簾を掛けて「客座」とした。なお後になって略式の中門廊を増築した。廊の南端に唐破風をつけて車寄とし、中門はつくらなかった。庭には池はなかったようだが、梅や桃、桜、つつじなど数多くの草木が植えられていた。

なお、定家の日常生活は、この一条京極邸だけで行われたのではない。「北小路小屋」・「西小屋」・「今小路小屋」などを方違などの宿所としてしばしば使用しており、居住圏は一条京極邸の周囲数町の範囲にまで広がっていた。

（2）院家

僧正良快の吉水坊は、十三世紀初頭においては寝殿

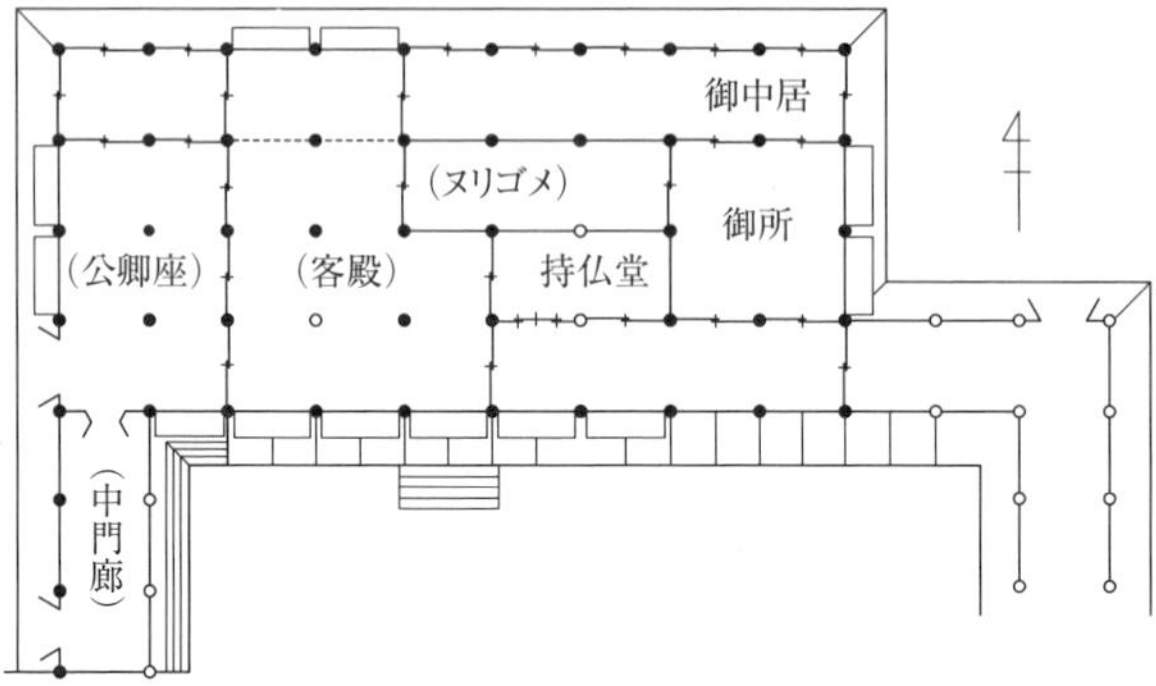

図 118　岡崎坊実乗院寝殿

と中門廊が晴向きの施設となっていた[21]。寝殿は母屋桁行三間で、その西・南・東に庇がまわり、東にはさらに弘庇がつく。正面五間奥行三間という破格に小規模な寝殿であったのはめずらしい。指図の柱配置によれば、母屋と南庇のあいだの柱が省略されていて、母屋の南半と南庇が一体化した空間構成が生まれていることになる。寝殿北半には障子上や学問所などの小さな部屋があった。寝殿内部を仕切る建具として、唐紙障子・杉障子（杉戸）・附障子（壁に張り付けた障子）の使用が知られる。寝殿西南部に直接取り付く中門廊は、西庇を備え、また角柱を用いていた。中門はなく、かわりに塀中門を開いている。

　岡崎坊実乗院寝殿は、元応元年（一三一九）の平面によると、寝殿の規模は東西九間・南北四間と大きいが、寝殿に中門廊を直結した形式であり、簡略形式の寝殿造の一例とみることができる[22]。なお東にも折れ曲がり中門廊がある。新傾向は寝殿の間取りにもみとめられる。つまり、母屋の中央に桁行柱列を並べるが、それは南北に二分する棟分戸をたてるためではなく、母屋の内部をいくつもの小部屋に仕切るために用いている。そうして持仏堂・塗籠・御所などの部屋を設け、これらに中居を加えた寝殿東北部が生活の場となる。一方、寝殿西南部の中門廊・公卿座・客殿は晴向きの空間である。寝殿とはよぶものの、空間分節のありかたは常御所ないし小御所的な性格を示している。

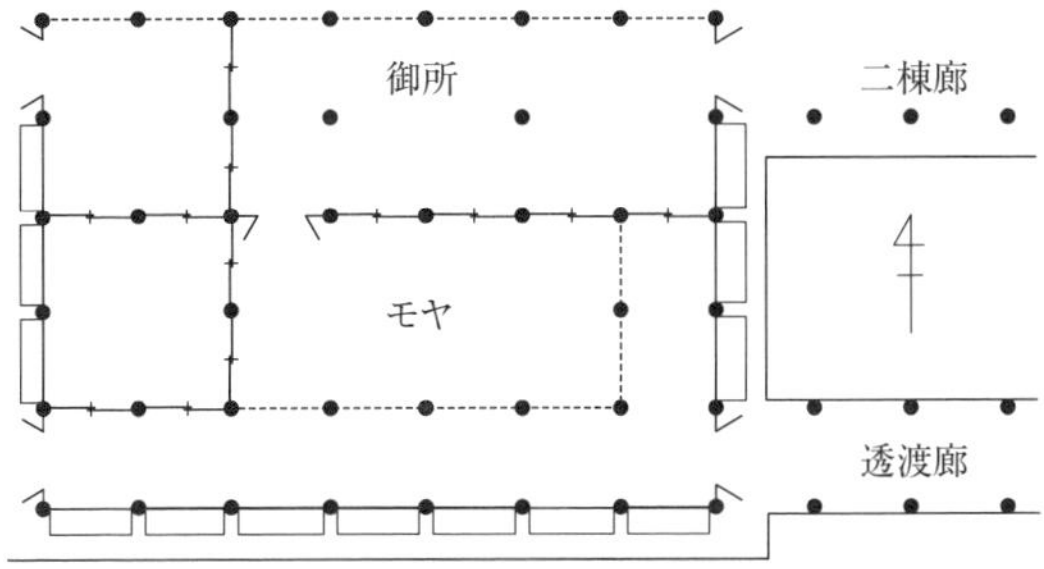

図119　今出川殿寝殿

三、住空間の分化と発展

1　常御所の発達

（1）寝殿の分化

平安時代の終わりごろから、機能や用途にもとづいて空間を固定して使う傾向があらわれた。とくに日常の生活を営む私的な空間と儀礼のための公的な空間とを分離するようになった。寝殿を南北に分割して、その北面を日常的空間とし、南面を儀礼的空間にあてたのである。こうして寝殿北面に設けられた独立した日常生活の空間を「常御所」とよんでいる。

寝殿の内部を南と北に二分するために東西方向の一連の間仕切が用いられた。これを「並戸」という。並戸は、引違いの障子もあれば、開きの戸（妻戸）もあった。また母屋を東西に分ける南北方向の間仕切もあらわれた。一条殿や今出川殿など当代最上層の邸宅をみると、新たに間仕切られた南面の部屋が寝殿の褻の空間として用いられていることが注目される。日常生活のための空間が晴面にも進出してきているのである。

寝殿を分節して常御所を設けるとき、公卿層の住居型に対応してふたつの発展のしかたがあった。規模の大きい寝殿では北庇の北にさらに孫庇が付加している。この場合、母屋と北庇のあいだに並戸が置かれ、この並戸を境に南の母屋と南庇を晴の空間に、北の北庇と孫庇を褻の空間にあてた。乾元二年（一三〇三）の図にみる今出川殿寝殿では北庇と北孫庇との間の柱も省略されている。北庇を主人の居間・寝室、北孫庇を御付きの人の控えの場所として使うのであろう。

一方、近衛殿寝殿（卯酉屋）のような小規模な寝殿の場合には、母屋を南北に二分するように母屋中央に柱列をおき、ここに並戸をたてる。こうした場合の並戸をとくに「棟分戸」というが、この間仕切を境として母屋南半と南庇を晴の空間に、母屋北半と北庇を褻の空間にあてた。

日常生活の場である常御所は、ときに寝殿から独立して一棟の建築となることもあった。早い時期の例としては文治四年（一一八八）の後白川法皇の六条殿にあった褻御所があり、また弘安六年（一二八三）に内裏として計画された二条高倉殿の常御所があげられるが、これは清涼殿として使用された。室町時代には将軍義教の室町殿や義政の東山殿にもあったことがしられるが、将軍御所には独立の常御所を設けるのが通例であった。

二条高倉殿の例からわかるように、独立の常御所をともなう邸宅では、寝殿の機能も変らざるをえず、もっぱら古代的な種々の儀礼の専用にあてられることになった。後に応仁の乱をへた戦国時代になって律令的儀礼が意味を失うと、生活からまったく遊離した寝殿は、その存在理由がなくなり、消滅する。

（2）小御所

寝殿や御堂などの中心建築とは別に設けられた副次的・私的な居住施設、すなわち常御所にあたるものとして小御所がある。さきにみた十楽院には、寝殿の北に小御所があり、門跡の日常の居住にあてられていた。貞和三年（一三四七）に山上の青蓮院に移築されたときの図面によると、間取りは東西方向に三分されていて、西の晴向きに客殿と綱所、東の褻向きに常御所と中居があり、中央には出文机の付いた一間（学問所）、寝所、塗籠、持仏堂など一間四方の小室が南から北へならぶ。

伏見殿の小御所は、永和二年（一三七六）の指図から、その間取りが分る。(23) 中心建築である御堂（方三間四面九体阿

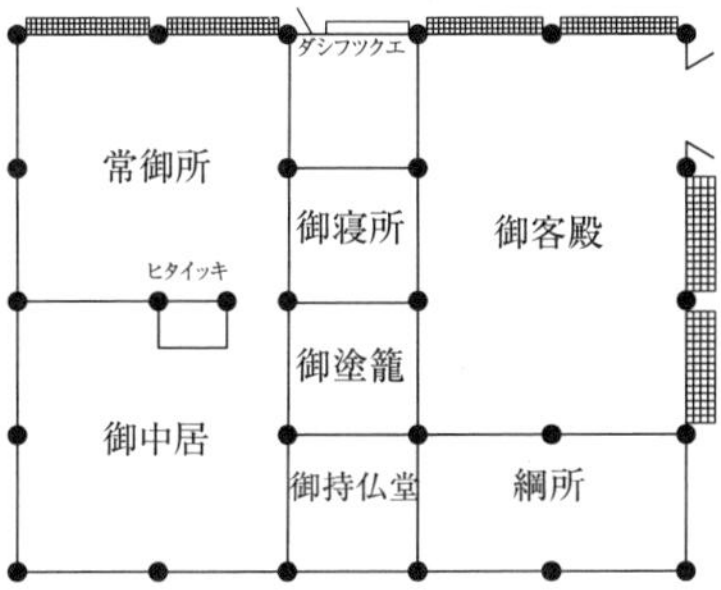

図 120　十楽院小御所

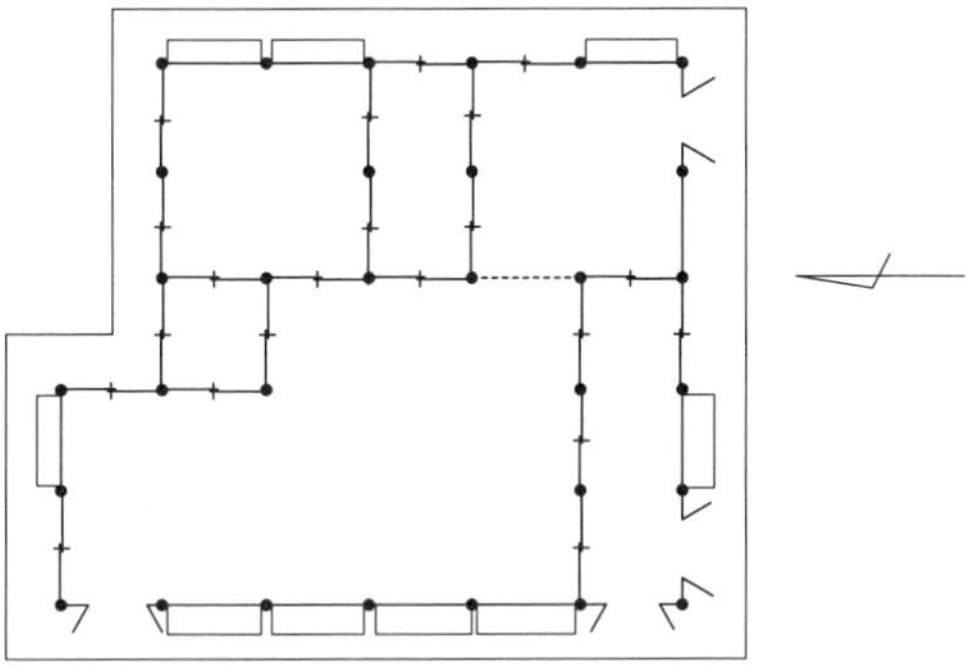

図 121　伏見殿小御所

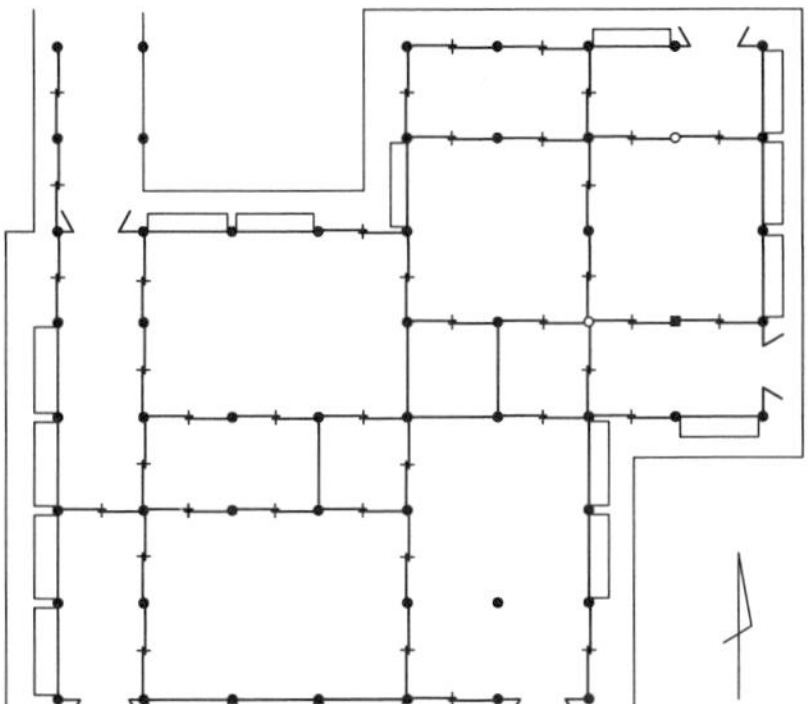

図 122　土御門内裏の小御所

弥陀堂）の東北にあって、西向きにたつ。間取りは中央の南北柱列によって東と西に大きく二分し、仏事に際しては西部を道場、東部を控の場所にあてている。間仕切の引違い障子が多く用いられ、いくつかの小部屋に分けられる。

土御門内裏の小御所は、寝殿の東南に位置し、西面している。東宮御所として使われたこともあった。永和四年（一三七八）の指図などから間取りの構成やその使い方をみると、全体を東西の障子の列によって仕切り、南を晴の昼御座、北を褻の常御所、中央の一間の小室を寝所や塗籠などとしていたらしい。東北部は側近の人々の控室であろう。(24)

2　出居・泉殿・弘御所・会所

平安時代末から鎌倉時代においては、公家的な行事や儀礼にともなう接客・対面の場は、おもに中門廊や二棟廊など晴向きの施設に設けられていた出居であった。また和歌会や詩会など遊芸の寄合が催されたところは、出居のこともあるが、池水に臨んだ釣殿や泉殿などの部屋をそのつど室礼したものであり、専用の施設はなかった。寛喜二年（一二三〇）に西園寺公経の吉田泉殿の泉屋では、めずらしい宝物を積み上げて山や滝などの風景をかたどった風流造物が室内を飾り立てていた。鎌倉末期から南北朝期にかけて、泉殿を唐絵などの唐物によって豪華に飾りたてた例が知られる。

鎌倉時代の院御所や里内裏には弘御所（広御所）とよばれる建物があった。鎌倉期院政の重要な機関である院評定の場にあてられているが、また歌合・連歌など遊芸の場所でもあった。文机・置厨子による室内の飾りつけが行なわれたり、また上段の源流とも考えられる施設があったことなどをみると、弘御所は、泉殿とともに、室町期の会所の先駆けとなった建築といえよう。

南北朝期の土御門東洞院内裏にも会所に用いられた施設があった。泉殿がそれで、北向きのかなり規模の大きい建物であり、ときには常御所として、また詩会の会所として使用された。会所のときには、綾羅錦繍で天井を張り、金銀の玉で殿内を飾ったことがあった。泉殿会所の一例といえよう。なお、室町時代の応永九年（一四〇二）に新造された、いわゆる応永度内裏（土御門東洞院）では、小御所が会所として室礼され、さらに次の康正度内裏では、最初は黒戸が、応仁の乱後には小御所が連歌・和歌・対面・酒宴の会所となっており、独立・専用の会所はなかったようである。

支配階級である公家・武家・寺社家のあいだの相互交流がいっそう必要となった南北朝期から室町時代にかけて、寄合の場所として諸権門の邸宅に設けられた施設が会所である。特定の建物の一部が常設の会所にあてられていたが、遊芸の寄合がひんぱんに行なわれるようになると、独立した建築として専用の会所が設けられた。会所は、和歌・漢詩・連歌・和漢連句・歌合などの文芸、また闘茶や花競べ、さらに貴人との私的な対面・接待の場として、重要な社会的役割を果すことになった。

専用建築としての会所は、晴向きの立地ではなく、奥向きの庭に近いあたりにつくられており、泉殿の系譜を引いているとみられる。会所の室内装飾は、風流造物による飾りつけにかわって、しだいに唐絵などの唐物による飾りつけへと移りかわっていった。こうして連歌会と闘茶会と対面・接待の場としての会所ができあがった[25]。

3　室内構成の変化

中世には、母屋と庇による古代的な空間構成から、釣り天井と畳と襖で囲われた、正方形やそれに近い形の空間の集合へ、という流れが基調となる。日常の暮しに重点をおいて空間の機能を定め、それに合せて小室に分節するようになったのである。構造優先から間取り優先といってもよいであろう。

こうした動向のなかから部屋の広さを示す「間」と、部屋の機能・用途をあらわす「所」・「居」などの呼称が成立してきた。

「所」は、常御所・小御所・弘御所・台盤所・寝所・学問所・綱所・会所などの数多くの用例がみられる（これらのなかには、独立した建物を意味するものもある）。また「居」を付したのも同じで、常居・褻居・出居・中居などがある。さらには持仏堂・塗籠・納戸や、位置関係からきた御湯殿上・障子上・御末などの名称も加わり、室名称が社会的に定着した。

「間」は、現在の坪と同じで、柱間一間四方の広さを意味しており、部屋の大きさを間を単位として、一間・二間・四間・六間・九間・十二間・十五間などとあらわす。間の観念の成立は、建物の外回りに一間ごとに柱がたつこと、そして建物によってさまざまであった柱間一間の大きさがしだいに一定化したことと関連している。つまり、部屋の大きさを判断する基準が整ってきたのである。およそ、室町時代には七尺間、戦国時代になると六尺五寸間といえよう。

間の半分すなわち「間中」は、鎌倉時代なかごろにみることができ、室町時代には「間中、東司（便所）のことなり」と、それに特定の機能をあてることもあった。なお間中の半分、一間の四分の一は、「小間」といい、戦国時代には用いられている。

（1）天井と畳

平安初期は天井がなく、そのまま屋根裏をみせた化粧屋根裏であったが、その末期になると、母屋には天井を張るようになり、構造材である梁を回り縁として天井を張った組入れ天井が使われた。構造技術が発達するにつれて、構造と関連した組入れ天井から、格天井・小組格天井・竿縁天井など、構造と無関係な、梁から吊り下げる方式にかわる。梁は室内から見えない野梁となり、小屋構造と軸組とが分離していき、この結果、間取りに対する構造の制約が少なくなり、より自由な間取りを可能にした。

畳の使い方も、この中世に変化した。平安時代は身分などに応じて一つ一つ独立して敷いていた。『春日権現験記絵』

などにみるように、小さな部屋では早くから畳を敷き詰めていたが、広い部屋では「敷き廻す」とか、「追い廻しに敷く」という方式であった。つまり、寄合の時に座席となる部屋の四周に畳を敷くだけであるから、部屋の中央には板敷が残る。

畳を部屋全体に敷き詰めるようになると、部屋の大きさのちがいによる畳の納まりが問題化し、柱間と畳の寸法に一定の関係が求められ、戦国期には柱間基準寸法六・五尺（現在の京間）にしたがった畳寸法（長さ六・三尺・幅三・一五尺）となる。なお、畳の敷き詰めや引違いの建具（襖や障子）が普及したことにともなって、柱の形が円から納まりのよい角にかわっていった。

（2）建具

平安時代はさまざまな建具を生み出した時代であった。妻戸（扉）と格子・蔀が用いられていたが、いずれも回転式の装置であった。引違い建具を生みだしたことが新たな工夫であり、外回りの建具として、引違いの板戸である遣戸（今の舞良戸）ができ、また間仕切のための建具として障子がつくられた。障子は、今の襖にあたるもので、このほか杉障子（杉戸）や明障子（いまの障子のこと）など多彩なものがあった。明障子は風雨をさえぎりつつ、採光が可能であり、室内環境を革新したといえよう。こうした間仕切建具の発達と、生活の発展とがあいまって、機能に即した小室の増加をもたらしたのである。

（3）違棚・付書院・押板

寝殿造は、母屋と庇からなる広々とした大きな空間を、ハレの儀式とケの生活のそれぞれにふさわしく、衝立・屏風・几帳などよって仕切り、また厨子や棚、文机、卓などのものを置き並べる家具調度によって室内を美しく装飾していた。これが室礼であった。

厨子や棚は、書籍や文箱、楽器、花瓶などを飾り、また収納する家具である。棚が二段あり、下段に開き戸のある

図 123　押板（『慕帰絵詞』）と書院（『法然上人絵伝』）

のが二階厨子で、ふつうは黒漆塗とする。文机（ふみづくえ・ふづくえ）は、本をのせ、読書するための机のことである。

卓も机の一種である。奈良時代から寺院で使われており、仏前に置いて、あるいは壁に懸けた仏画の前に置いて、三具足――華瓶（花をさす、主に銅製の器、花瓶）、燭台、香炉――を供える。なお絵画の鑑賞は、このように壁や衝立・几帳などに軸を懸けて行うのがふつうであった。

平安時代の室内、そして鎌倉時代の室内も、いろいろな家具調度を巧みに配置して飾っていた。棚に置かれた品々はもちろん美的な鑑賞に耐えることが意識されていたであろうし、また二階の棚にしろ厨子にしろ、蒔絵や螺鈿のみごとな仕上げによってそれ自体美術的な価値の高いものであったから、室内装飾の素材として十分優れていた。

中世には、家具調度を造り付けにして建築の設備とすることが行われ、厨子・棚から違棚が、文机から付書院が、卓から押板が生まれた。建築化にいたる具体的な諸相は明らかではないが、いずれも室内から外部へ突き出すように造り、厚板を用いること、また実用的な家具調度からしだいに装飾的な設備に変っていったのも特徴的である。

付書院は「出文机」というのが本来の名称であった。鎌倉時代末期の『天狗草紙絵巻』の詞書に「出文机」とあり、『法然上人絵伝』には唐破風をつけたものなどヴァリエーションに富む出文机の姿が知られる。

また押板さらには蹴込をもった框床も、南北朝時代には成立していたことが注意される。『掃墨物語絵巻』(南北朝末期)の一画面をみると、中央に囲炉裏を備えた畳敷の部屋に押板と蹴込式框床(「床」と略記)の両方の姿が描かれている。押板には一幅の絵を懸け盆を飾るのに対し、「床」は奥行が深く、また上に大きな太鼓を置く。ともに壁面には絵を描いている。「床」は現在の床の間にかなり近い姿と言えよう。「床」の成立事情はよくわからないが、厚板の入手がそもそも容易ではない押板に対し、框と薄板そして薄縁があれば簡単にできるから、あるいは押板の簡略形式なのであろうか。

室町時代には、造り付けになった棚・付書院・押板を一つの部屋に組み合わせて飾りの場所とし、そこに舶来の唐絵などの唐物を豪華に飾りつけるようになる。床の間・違棚・付書院など現代の和風の主座敷にも継承されている建築要素がこの時代に現われたのである。

注

(1) 木内正弘「鎌倉幕府と都市京都」(『日本史研究』一七五号、一九七七年三月)。
(2) 高橋慎一郎「『武家地』六波羅の成立」(『日本史研究』三五二号、一九九一年一二月)、同「空間としての六波羅」(『史学雑誌』一〇一巻一号、一九九二年)、五味文彦「平安京と中世京都」、高橋慎一郎「六波羅と洛中」(五味文彦編『都市の中世』、吉川弘文館、一九九二年）。
（3）川上貢『日本中世住宅の研究』、墨水書房、一九六七年。
（4）太田静六「閑院内裏の研究」（『日本建築学会論文集』第二九号、一九四三年五月）、「建暦・建長御造営閑院内裏の研究」（『寝殿造の研究』、吉川弘文館、一九八七年）
（5）川本重雄「弘御所について」（『日本建築学会論文報告集』第三二〇号、一九八二年一〇月）。
（6）川上貢前掲書（注3）、五四頁。
（7）川上貢「大炊御門万里小路殿の建築」（川上貢前掲書、注3）。
（8）川上貢前掲書（注3）、八八～一〇六頁。
（9）裏松固禅『院宮及私第図』に収められた図による。
（10）川上貢「近衛殿の考察」（川上貢前掲書、注3、一一九～一三〇頁）。
（11）このような対屋については、藤田勝也「北対考」（『日本建築学会計画系論文報告集』四〇八号、一九九〇年二月）、「『対屋』考」（『日本建築学会計画系論文報告集』四二五号、一九九一年七月）。
（12）『勘仲記』正応元年（一二八八）十月十六日条と二十七日条所収指図。
（13）「近衛殿大饗指図」『勘仲記』正応元年（一二八八）十月二十七日条。
（14）杉山信三『院家建築の研究』、吉川弘文館、一九八一年、一六七頁。
（15）川上貢前掲書（注3）、一六九・一九五頁、杉山信三前掲書、一七二頁。
（16）山岸常人「醍醐寺院家の建築的構成」（稲垣栄三編『醍醐寺の密教と社会』、山喜房佛書林、一九九一年）。
（17）川上貢前掲書（注3）、三八～四三頁。
（18）川上貢「鎌倉後期における冷泉富小路殿とその角御所」（『日本建築学会論文報告集』五四号、一九五六年九月）、川上貢前掲書（注3）、三八～四三頁。
（19）高橋康夫『京都中世都市史研究』、思文閣出版、一九八三年、一四八頁。
（20）太田静六「藤原定家の邸宅について」（『考古学雑誌』三四巻四号、一九四四年四月、『寝殿造の研究』、所収）。藤田盟児「藤原定家と周辺住民の居住形態」（『日本建築学会計画系論文報告集』第四四八号、一九九三年六月）
（21）『門葉記』巻第百、「吉水坊寝殿指図」と、安貞二年（一二二八）および寛喜二年（一二三〇）の入室出家受戒の記事を参照。杉山信三「吉水坊」（杉山前掲書、一七〇～一七二頁）、太田静六「僧正良快の吉水殿」（太田前掲書、七一九～七二二頁）。

(22)　川上貢前掲書（注3）、二八三～二八四頁。
(23)　川上貢「伏見殿について」（『日本建築学会論文報告集』第五六号、一九五七年六月、川上貢前掲書（注3）、一一〇～一一二頁）
(24)　川上貢前掲書（注3）、一六七～一七〇頁。
(25)　川上貢「会所について」（『日本中世住宅の研究』私家版、一九五八年、池田道人「南北朝・室町期における場の使用形態と会所の形成」（『日本歴史』二九五号、一九七二年）。

第三章　地方の都市と農村

一、武家の首都・鎌倉

1　鎌倉の都市発達

治承四年（一一八〇）、源頼朝は南を海に、東・北・西の三方を自然の要害に囲まれた鎌倉に幕府をおいた。四神相応の立地を意識したことや、内裏になぞらえて鶴岡八幡宮を造営し、朱雀大路にならって社頭から由比ケ浜にいたる若宮大路・段葛を造り、また戸主や保といった制度を導入し、小路を辻子と呼ぶなど、鎌倉の都市建設は平安京を範としたところもある。伝統的都市形態に軍事要塞機能をあわせた都市を構想したところに、武力による支配を意図する武家の空間志向がよくあらわれているといえよう。

方格状の道路計画が実施され、幅三三メートルに達する若宮大路を主軸として、その東に小町大路、西に今大路が南北に走り、それらを横大路・町（大町）大路などの東西に走る道がつなぐ。なお、大路という表記は『吾妻鏡』によるもので、実体は幅三・五〜五・五メートルほどの小路であった。鎌倉市中においては、「凡下」（庶民）は、洛中とおなじく騎馬による通行が禁止されていた。

鶴岡八幡宮近く、若宮大路以東の地域が鎌倉の中枢であった。最初の大倉の地から宇都宮辻子へ、さらに若宮大路へと移転した幕府をはじめ、政所、北条氏や有力な御家人の屋敷が営まれた。最上層の武士たちは、京の公卿と同じ

写真 36　鎌倉の都市軸若宮大路、二の鳥居と段葛

ように、本邸と別荘・山荘をもち、幕府の近くにも宿所を構えていた。

御家人の屋敷や庶民の住居が混在しているが、こうした居住形態は、近世城下町の身分制に基づく居住地分離とはことなって、中世の特色といってよい。

商業も盛んになり、大町大路に米町があったことや、穀町・魚町などの地名が知られるほか、市街中心に博労座、海岸沿いに材木座があった。鎌倉七座とよばれる多くの座が市場をつくり、都市の経済を支えた。

都市的な広がりは、中世の京の市街地に比べてさえ、小規模なものではあったが、しかし続々と道路が新開され、またその道路を蚕食して町屋が建設されるなど、斜陽の京都とは対照的に、新興の活気にあふれていた。

急速に都市化した鎌倉では、無秩序な開発を抑制することを目的とした禁制が出されている。すなわち、道を作ること、家の軒を路上に差し出すこと、町屋を作りだんだん路を狭めること、溝の上に小家を造り懸けることなどの禁止である。道を狭める行為が、京都の場合とは逆に宅地化・都市化現象であることに注意すべきである。なお、道を作ることを禁じている条は、おそらく辻子の開発を念頭において出されたのであろう。

武士の都として発達した都市鎌倉の周縁、すなわち山中や浜には墓地が営まれていた。浜には多数の死者を埋葬した集団墓地がつくられ、山中には、軟らかい岩を彫り込んでつくった墓（鎌倉特有といわれる「やぐら」）があった。

鎌倉は、鎌倉公方足利成氏が古河へ逃げた十五世紀半ばから急速に衰え、近世以降は観光地となった。近年になって鎌倉の歴史考古学的調査が進み、武家屋敷や民家など、中世都市史上の重要な発見が続いている。

2　鎌倉幕府

治承四年（一一八〇）鎌倉に入った源頼朝は、大倉郷の地に邸宅をかまえて本拠地とし、頼朝そして頼家、実朝の源氏三代が使用した（大倉の幕府とよぶ）[1]。この将軍御所の構成と配置は、『吾妻鏡』によると、寝殿、その西方の西対と西侍（侍所）、そして東方の小御所を主要施設とし、持仏堂や一五間の厩、納殿、釣殿などの建物が付属する。また南庭をつくり、南門をたて、これを御所の正式な門としていた。ここで注目されるのは、西侍と小御所である。

一八間という長大な規模をもつ西侍は、御家人が参集して行う儀式や饗宴の会場であった。将軍専用の座（横座）が設けられ、そこに出て御家人たちと対座することもあった。武家社会に固有の儀礼であり、建築であったといえよう。

また小御所とよぶ施設は、将軍家の嫡男が居住する御所などとして使用されており、将軍御所における居住形態がうかがわれる。これら西侍や小御所などの主要な施設の役割が、院政期の院御所における院殿上廊と小寝殿とに共通していることから、鎌倉幕府は京の院御所にならって建設されたと考えられている。こうした中心施設の構成は、のちの将軍御所にも受け継がれていった。

嘉禄元年（一二二五）に移転、新造された宇都宮辻子の幕府では、四周に築地をめぐらし、東・西・南に門を開き、北にも土門をかまえた。おもな施設として、寝殿、二棟廊、東西渡殿、中門廊、西対、対、車宿、小御所、持仏堂、西侍、小侍所、馬場殿、北西隅に納殿、贄殿、釜殿などが設けられていた。東側にたてられた小侍所は御所内で宿直近侍する特定の御家人の詰所、また西侍は交代勤番で諸門の警固にあたる鎌倉大番役の御家人の詰所であった。

つぎの嘉禎二年（一二三六）に造営された若宮大路の幕府になると、弘御所の名も現われ、将軍御所がしだいに京の寝殿造の住様式に接近してゆく傾向が認められる。三代で絶えた源氏将軍に代わって、京から摂関家出身の将軍頼経を迎えることになった時勢を反映するものであろう。

なお、承久の乱後に幕府の京都出先機関としておかれた六波羅守護（探題）は、六波羅南方（南殿）と六波羅北方（北殿）を交互に政務の場としたらしい。訴訟が六波羅殿の中門廊において行われているから、(2) 中心施設は寝殿造系統の形式であった。ちなみに、鎌倉幕府法では訴訟人の座席は「侍」が客人座、「郎等」が弘庇、「雑人」（庶民）は屋内ではなく、大庭であった。

3　武家屋敷と町家

武家屋敷　今小路西遺跡では南北二つの武家屋敷と庶民の住区、道跡が見出された。敷地がおよそ三六〇〇平方メートルを越える南側武家屋敷では東と南に通路を設け、門を構える。東と南には塀（築地）がまわり、北の武家屋敷との境には土塁があった。敷地の中は大きく二つに分れ、南三分の二を屋敷の主人の居住する中心部にあてる。主屋は南北五間・東西四間（柱間七尺）、北以外の三方に庇がつく礎石立ての建物であり、北西に土台立ての倉庫とみられる建物がたつ。東と南には広大な前庭があり、主屋や東門との間には目隠し塀や仕切り塀がおかれる。塀で遮られた裏側、北三分の一の区画には掘立柱建物が密集してたつが、郎従・下人の住居や、雑舎・厨などにあてたのであろう。井戸は裏との境の塀近くに掘られている。

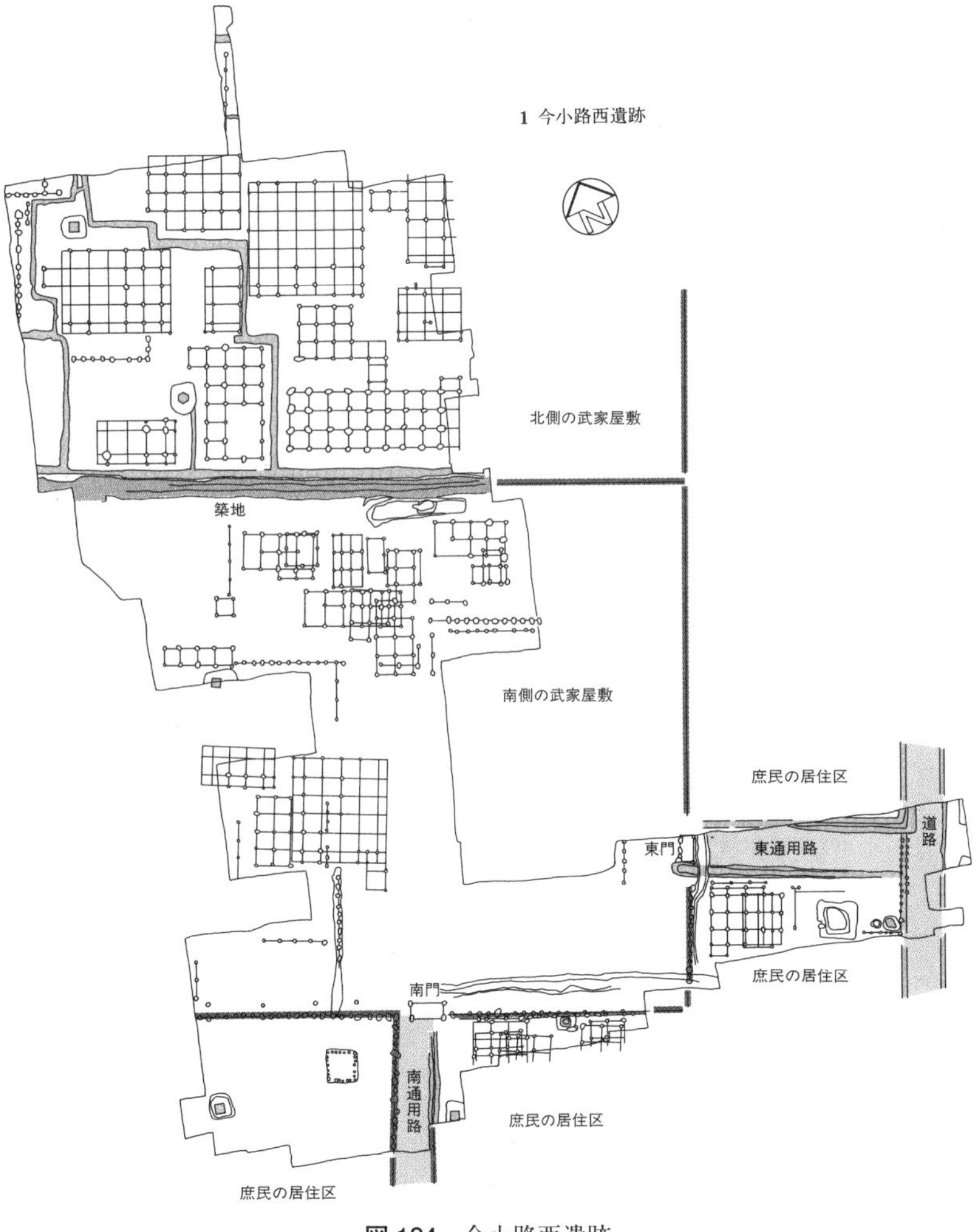
1 今小路西遺跡
北側の武家屋敷
築地
南側の武家屋敷
庶民の居住区
道路
東門
東通用路
庶民の居住区
南門
南通用路
庶民の居住区
庶民の居住区

図124　今小路西遺跡

庶民住居の遺構　長方形の柱を使った柱間六・六尺以下の小規模な掘立柱建築と方形竪穴建築址、境の塀、井戸の跡などが見つかっている。方形竪穴建築址は、掘り込みが垂直で、床は平坦、上部構造を支えるために柱穴、礎石、土台などが使用される。倉庫や作業場として、あるいは住居として用いられたというが、明らかではない。

『一遍上人絵伝』にみる町並み　鎌倉市街への入口近く、巨福呂坂の家並を描く。釘貫があり、中央を小さな川が流れている。片側にそれぞれ十数棟の家並がみえるが、敷地と道路の境界にそろえて住居を建てるというわけではないので、建築線が不揃いであり、隣家との出入りが激しい。竪板張や網代張りの塀をめぐらした屋敷が三つほどあり、ひとつはわざわざ脇道に面して門を開く。最大の屋敷は街道に面して門を開き、板葺切妻の主屋は妻を道に向ける。屋根や縁、妻戸などの形式からすると、庶民の家ではなさそうである。

庶民の家も切妻造・板葺の独立の建築で、長屋形式のものは見当たらない。最小規模の家のみ、店棚を構えており、店舗併用住居である。これら以外は専用住居とみられ、居室の側に突き上げ窓を設け、窓の下の腰壁を網代張りにするのがふつうである。床面まで大きく開放し、半蔀を掲げ、簾を吊り、表に縁を設けているものや、高窓に遣戸を引違いにするめずらしい形式のものもあり、後者は屋根の造りもりっぱで、棟木・鬼板・破風・懸魚などを用いている。京の町家とよく似た形式もあるが、しかし京の場面にないことから鎌倉において発展したとみられる形式の住居が多い。

二、国衙・守護所

1　国府・府中・国衙

律令国家が一国支配を行う拠点として建設した地方行政都市が国府であり、その政庁や官衙の所在地域が国衙とされる。平安時代後期の国府は、国衙の機能を再編し、国司・官人の居館を中心に都市機能を集中して発達した。中世になると、国司はふつうは在国せず、かわりに徴税や管理を任務とする代官＝目代が下向した。現地の有力な豪族などが国衙機構を実質的に担当し、在庁官人層となった。

鎌倉初期の常陸国府は、留守所や上級在庁官人の館を中核として、国衙行政を分担する中級官人層の居住区（左衛門巷）や下級官人の居住区（在庁書生等門巷）があり、官人の下には雑人や下人、細工人（手工業者）、商人などが属していた。また国府の守護神である惣社や国分寺もたっていた。国府の地域内には、木地・大町屋・桶地などの地名があり、職能や分業に応じた居住が推定される。また六斎市の成立は、諸国農村では十五世紀後半に確かめられるが、ここでは南北朝初期には六斎市が行われていた。(3)

また多賀国府でも、商業・交通機能が発達したことにより、「河原宿五日市場」「冠屋市場」「塩竃津」などいくつもの町的な場を形成し、国府商人群を生みだしていた。(4)

中世都市国府は、留守所と在庁官人居住区とからなる中心部と、その周縁の広がりのなかに市・津・宿などの都市的な場を成立させた。こうした国府は府中とよばれるようになった。なお、中世初期の畿内近国（播磨・大和を除く）では、国衙は早くから形骸化し、守護の権力に吸収されていった。

2　守護所

鎌倉・室町幕府が国ごとに置いた守護の居館、および守護館の所在地が守護所であり、国府とはふつう別の場所にあり、国衙とならんで地方権力・地方支配の拠点となった。守護所の多くは水陸交通の要衝に立地したが、守護の交代によってしばしば移動することがあった。守護はしだいに国司を圧倒し、その権能を取り込み、一国単位の地域支配を行うようになると、守護所もまた国府に代わって政治・行政・流通・交通・商工業・宗教の中心となった。これにともない、守護所を府中に移したところもあった（尾張・武蔵・信濃・豊後）。

豊後国守護の大友氏が仁治三年（一二四二）に出した「新御成敗状」は、その守護所である豊後府中にかかわる禁令を含んでいる。すなわち、「大路」を田地化・宅地化すること（つまり巷所化すること）、晴の大路に産屋を建てること、笠をさして府中を往来すること、府中に墓所をつくることなどを禁じており、これらは豊後府中に対する都市法といってよい。

南北朝以降、守護職はしだいに相伝されるようになり、その結果として守護所は一定の地に定着し、守護館を核としてある程度の数の武士や商工業者・寺僧・神官などが集住して城下を形成した。室町期になると守護所は、守護大名の領国支配の拠点となったが、守護は在京が原則であったので、守護所には守護代が居住した。

守護の分国における拠点が守護所であったから、守護の多様なありかた（数か国を領する国持ち守護・半国守護・分郡守護）から、国ごとに一つとは限らなかった。いくつかの国を支配する守護は、本拠としての守護所のほかに、国ごとに出先機関を設けて守護代をおいた。このように守護領国制の発展にともなって、守護所が分立することになった。畿内近国における分立守護所に、堺・兵庫などの国際貿易都市、そして淀や茨木など織豊期ないし近世に城下町として発達した都市、室津など港湾都市がある。中世都市の類型としてあげられてきた門前町や港町、宿場町など、これまで「自生的な地方都市の勃興とみなしてきた地方都市の多くは、実は守護所もしくはその分立を契機として発達した行政都市」にほかならないという(5)。

三、地方武士の住居

寝殿造の晴面施設には、透渡殿（渡殿）の省略、ついで二棟廊の省略、そして中門の省略、という契機のもとに、〈寝

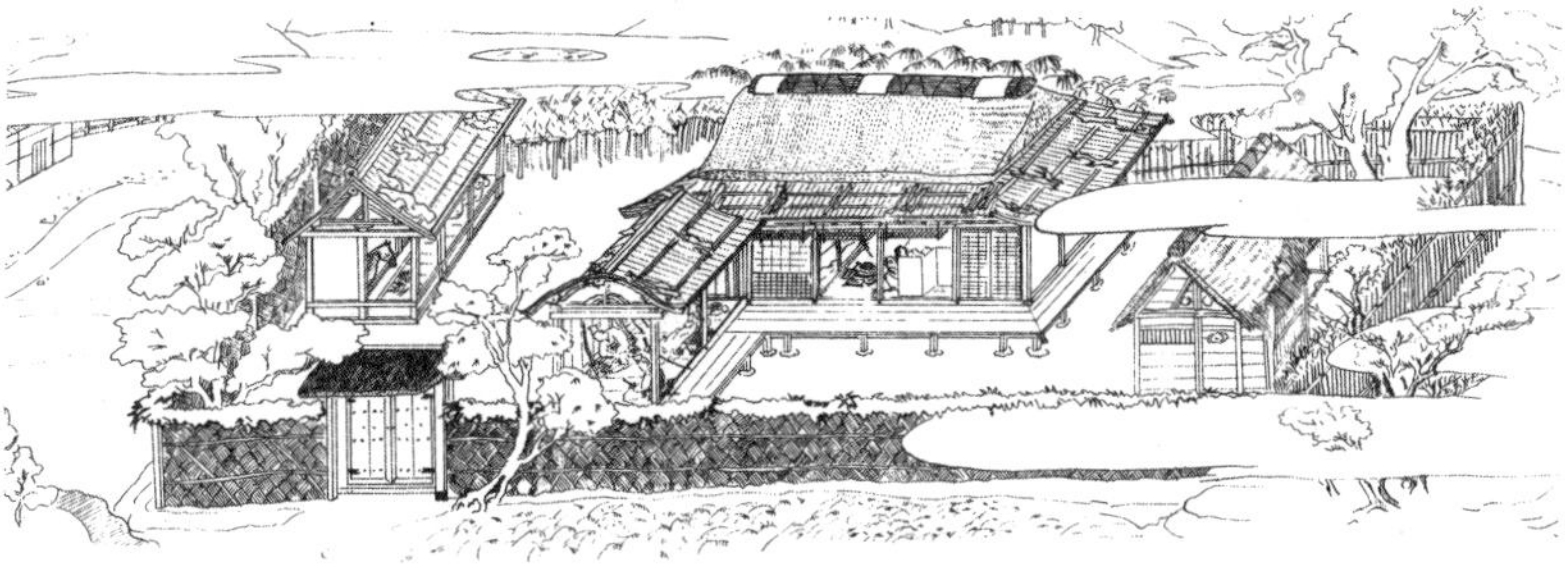

図 125　源時国の屋敷（『法然上人絵伝』）

殿＋中門廊〉という最小規模の構成が生じていた。実際の建築形式としては、寝殿に中門廊を連結したもの、寝殿と中門廊を複合化したもの、というふたつの形式となっていた。この変化は、形態的には小規模化であるとともに社会的には寝殿造の住宅形式の普及と理解される。寝殿造が階層分化し、社会的地位身分の上昇してきた中流公家（受領層）や武士の新しい住空間の様式となったのであろう。

『法然上人絵伝』にみる美作の国の押領使源時国の屋敷（法然の実家）は、網代の塀や木柵をめぐらし、南に板葺の棟門を開く。屋敷の中には中央に主屋（寝殿）、西側に三間厩、東方に厨（台所）がある。寝殿の母屋は草屋根、四周の庇は板葺屋根である。切妻造・板葺の中門廊が寝殿に取り付き、東と南を吹き放しとし、唐破風のついた中門廊南端を入口とする。主屋は正面五間で、奥行はおそらく三間で、良快の吉水坊寝殿と同じ規模である。内部は二部屋以上あるらしい。建具は部屋境に襖障子、外まわりに蔀と明障子をたてる。主人夫婦が寝殿の畳の敷き詰められた部屋に、武器をもった家来が中門廊の板敷で宿直している。中門廊は侍所を兼ねていた。

『一遍上人絵伝』にみる信州佐久郡の武士大井太郎の住宅は、門や塀は描かれていない（あったにちがいない）が、板葺の主屋を中心に、図の左手に（おそらく東方に）煙出しをのせた板葺の厨（台所）、奥に板葺と草葺の建物二棟がたっている。主屋が大井太郎の住居で、草葺の建物はその姉の住居であろう。主屋から突き出している廊には横連子窓や妻戸があって、中門廊であることがわかる。

図 126　大井太郎の屋敷(『一遍上人絵伝』)

鎌倉時代の絵巻物に描かれた地方武士の住宅をみると、武士と公家とのちがいがあるにせよ、藤原定家邸とほとんどかわらない姿をしている。中門廊のついたこの主屋の形式は、種々のディテールのちがいがあるにせよ、武家と公家の住居が共通する基盤をもっていたことを示すといえよう。なお、主屋と中門廊の関係についてみると、たんにふたつの建物が連結されたものではないこと、すなわち複合建築であることが注目される。この意味では大井太郎邸はむしろ戦国期の細川管領邸の主殿とよく似ているといってよい。

四、津・宿・市・町

地方の都市の中で商業と運輸機能を担ったのは津と宿であった。西国では、瀬戸内海水運の発展により多くの港湾都市が成立した。渡辺や堺、尼崎、兵庫関、備後の鞆津や尾道浦などはなかでもよく知られている。淀川の河口に成立した摂津渡辺津は、熊野への参詣路である熊野街道の要所でもあった。東大寺を再建した念仏聖重源は、ここに渡辺別所を営み、浄土堂を建立した。また尾道は、平安末期にたてられた「堂崎別所」が、十四世紀初頭には尾道の富裕な商人と西大寺叡尊の弟子によって律宗寺院浄土寺に改められ、その拠点となった。今にのこる本堂や多宝塔などは、尾道の繁栄と勧進聖の活動をものがたる。

東国では陸上交通の発達が目立った。鎌倉幕府と京都とのあいだの頻繁な人的・物的な交流によって東海道の重要性が高まり、幕府は一定の距離ごとに馬や人夫を配置するなど宿駅を整備し、また新宿を建立するなどの交通政策をとった。こうした宿駅整備・新宿設置は、東海道のみならず、全国において守護・地頭によって推進された。

円覚寺領富田荘の嘉暦二年（一三二七）の状況を描いた『尾張国富田荘絵図』には、富田荘の北東に東海道萱津宿（南端部分）の姿がみえる。荘の境を越えて庄内川沿いに北へ進むと、左手に大御堂・光明寺・千手堂・円聖寺などの寺院とその境内にたつ在家が四つのブロックをつくり、また道をはさんで大御堂の前に一軒の在家、千手堂と円聖寺の前に一群の在家がある（時宗寺院である光明寺のブロックのみ、一棟の仏堂があるだけで、広大な境内は空地となっている）。

鎌倉将軍の宿泊地となる萱津宿ではあるが、四つの寺院・在家ブロックの間には田畑が広がり、農村的なまばらな集落景観であった。宿の東に市場があり、市日には近隣の村々から人が集まり、にぎやかに交易が行われていた。村の自家生産品である絹布、山の木の実、海の贄が中世の地方市場の主要な交易品であったという(6)。

鎌倉時代になると、定期市が地方の荘園、国衙領や守護所近辺に発達した。市が立つ場は、境界の地や河原、寺社の境内や門前などであり、市の場の特質として「無主・無縁」性が指摘されている(7)。

『一遍上人絵伝』には備前福岡の市や信濃伴野の市を描いた場面がある。広場にたつ数棟の市の建物は、横長で床をつくらず土間のままとし、掘立柱に梁や桁をわたし、板屋根をのせただけの、きわめて簡素な構造の建物（仮屋）である。市日でない伴野市では、人影もまばらな空地にただ掘立の小屋がたっているだけである。市の小屋がもともとは市立てにともなって仮設的につくられる施設であったことからすると、市の仮屋があること自体、市の発達を物語る。鎌倉末期には伴野市の近くに二日町屋という町場ができていた。

「越中国奥山荘絵図」（建治三年〈一二七七〉ころ）には、高野市と七日市が描かれている。高野市は集落の西堺のさらに西方にあり、道の両側にあわせて六棟の市場在家が棟を連ねている。また河を隔てた集落の地頭屋敷の近くにある七日市は、同じく八棟の市場在家が密集している。元亨元年（一三二一）の武蔵国小泉郷市では二四軒の市場在家が道の両側に立ち並んでいた。

備中国新見荘の市は領家方が三日市であり、地頭方は二日市庭であった。二日市庭には建武元年（一三三四）の史料をみると「市場在家」一四宇があった。在家は屋敷と後地からなり、小規模な街村をつくっていたようである。あるいは常設の店舗を構え、町場化していたのかもしれない。また「紺仮屋并座役銭」が「商人の多少により、毎年の用途の足不同なり」とあり、紺屋の仮屋があったこと、商人に対する賦課に建物別と市座別の二種類があったこと、また当所以外の商人が多く集まったこともわかる。

市の仮屋　市の施設の大きな特徴は臨時的、仮設的であり、建築に近い屋形・仮屋・桟敷・棚などでさえ、柱間には壁などの仕切りがなく、吹き放しであり、それらを営むことが「打つ」と表現される。いずれも多くは道路上あるいは広場につくられた。

寺社の門前や境内などでも、専用店舗は臨時・常設にかかわらず、長屋形式の仮設の小屋であった。応永二十年（一四一三）宇佐八幡宮末社の放生会のときに大鳥居のまえで催された門前市では、南北両側に長大な仮屋がたてられ、唐物（中国より舶来の物品）を売る座が営業し、また酒屋や茶屋も数軒立ち並んでいた。

京の祇園社や北野社門前の茶屋も、二間茶屋・七間茶屋など長屋であり、文明ごろの壬生地蔵堂の惣門内には茶屋などの諸商売の仮屋が打ち連なり、ときには一〇間、二〇間というありさまであった。

大和の「矢木市ニ毎日市を立つ可きの由、（中略）、数百の屋形之を打つ」とあり、また大坂四天王寺の浜市では「斧座借屋（仮屋）」「小物借屋十二間」「塗物借屋」など数多くの仮屋が営まれ、その中には「カイケタ（桁）六間の斧座」

とあるように棟の長い仮屋もあった。

市から町へ　商品経済が発展するにつれ、市場在家は農業から商業に重点を移すようになり、市もしだいに常設の店舗がならぶ町に変わってゆく。荘園領主・地頭はそうした市・町を支配するために市場禁制を発布した。文和二年（一三五三）安芸国沼田荘の市場に対して地頭の小早川氏がだした禁制は、家臣の市場居住や市場住人との縁組などを禁じ、家臣の館周辺への集住、家臣と市場住人の分離を意図している。

五、農村と住居

1　和泉国日根野村

鎌倉時代後期の正和五年（一三一六）に作成された「和泉国日根野村絵図」は、九条家領として天福二年（一二三四）に成立した日根荘四村のひとつである日根野村の景観を描き、当時の村の姿をみることができる。絵図の範囲は、西が熊野大道、東が和泉山地、北が丘陵、南が川に限られ、画面の中央下半に荒野、同上半に寺社と在家と耕地を描いている。熊野大道近くの禅興寺と東方の無辺光院は、日根荘の経営拠点となり、また丹生大明神・大井関大明神・溝口大明神などの神社は、日根野村の開発と水利に密接にかかわっていた(8)。

家屋は、主要な道沿いに多いが、溝口大明神の門前や無辺光院の境内の隅にもある。「道」と書込みのある道二本は、村内の幹線道路なのであろうが、この道の交わる辻の辺りが中心集落の「本在家」である。無辺光院の惣門跡から境内へ通じる道、またこれと交わる一筋の道に沿ったところにも在家が立ち並び、熊野大道沿いには「人宿本在家」（後の佐野市）の家並が連なっている。

在家の規模はわからないが、延慶三年（一三一〇）の伊勢国泊浦村江向村をみると、本在家では一二坪がもっとも

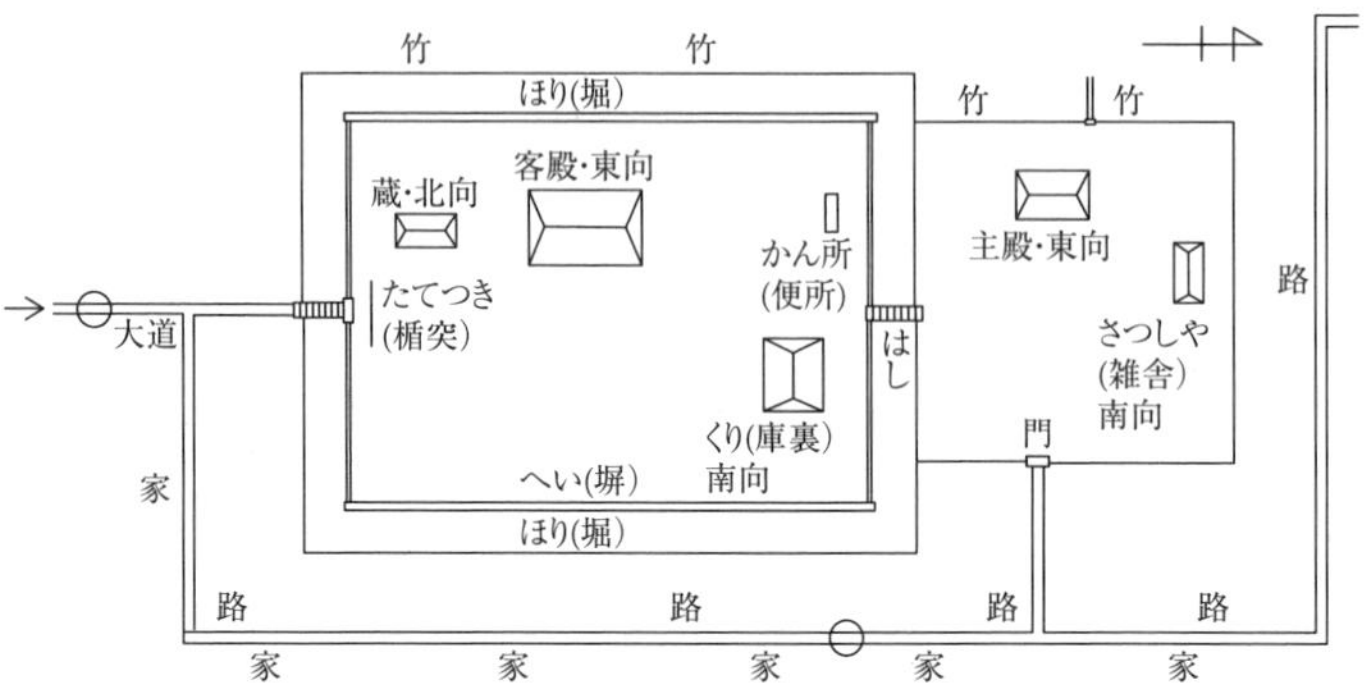

図127　新見荘名主谷内屋敷指図

多く（二〇／一〇七例）、新在家では四坪がもっとも多く（三七／一三五例）、きわめて小規模といってよい。(9)

2　備中国新見荘

中国山地のほぼ中央に位置する新見荘は、後醍醐天皇の寄進によって元徳二年（一三三〇）に東寺領となった。高梁川にそそぐ谷に沿って耕地や屋敷が分布し、大道とよばれる主要道路が地頭方と領家方の政所や市場、また主な名を結んでいる。

この新見荘の住居の一端を示す指図がある。一つは有力な名主であった谷内の屋敷の状況を伝える指図で、もう一つは地頭方政所の指図であり、寛正四年（一四六三）の東寺代官祐清殺人事件に関連して作成されたものである。(10)

谷内の屋敷は谷間の低湿地にあった。南・東・北の三方を道が通り、南は大道であった。道の東側には「家」の書き込みが六ヵ所あり、被官百姓の小屋が並んでいたようである、西方は竹薮である。

屋敷の四周には堀をめぐらし、南と北に橋を架け、南には大道に向かって門を開く。門を入ったところには防御ないし目隠しのために「楯突」がある。敷地の中ほど、西よりに主屋（「客殿」……伊藤鄭爾が「宏殿」とするのは誤読）が東面して立ち、その南には蔵が北向きに、北には庫裏が南向きに立つ。便所（「閑所」）は北の橋近くにある。北方の敷地には堀はなく、東方に門を構

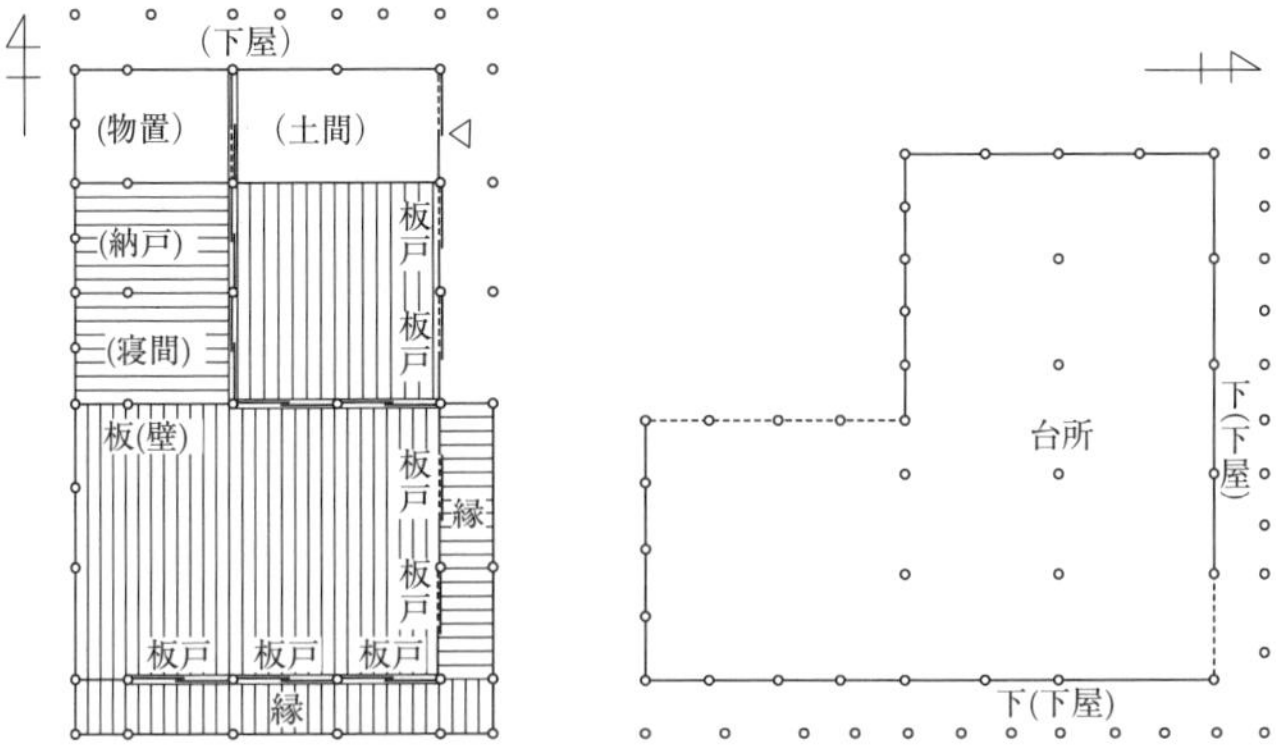

政所本屋の推定復原図　　政所台所の推定復原図

図 128　地頭方政所主屋台所推定平面図

える。事件当時、東向きの「主殿」(客用建築か?)を新築中であり、その北に南向きの雑舎があった。

　地頭の支配の拠点である政所屋敷は、主屋(本屋)・台所・便所・蔵からなり、谷内の屋敷の構成とかわりはない。政所には特有の建築形式はなかったらしく、主屋は地侍奈良殿の住居を移築したものであり、また台所は領家方三職のひとりである有力名主金子の被官百姓の住居と付属屋を合せて一棟としたものであった。被官百姓の住居は三間に五間の規模で、土座の部屋一つだけであった。

　本屋は東西三間・南北五・五間の規模で、四方に下屋が付く。間取りは、一間幅の土間と板敷の床上部からなる。居室は、ほぼ半分を占める広い板敷と、襖障子を隔てた板敷の四間、納戸および寝室と推定される小部屋からなる。外部との境仕切りは板戸がたてられる。東と南に縁が付いた主室は、九間に匹敵する大きさをもち、政所の接客空間とみなされる。奈良殿の住居であったときには畳が九畳あった。敷き詰めではなく、置き畳であった。

　政所には武具や馬具のほか、花瓶や香炉などの装飾品、茶湯の道具、折敷や椀など数多くの什器・食器を所蔵していた。多人数の寄合う茶会や宴会がたびたび行なわれていたようであり、押板の存在も推定される。

注

（1）大熊喜邦「所謂鎌倉御所及鎌倉御所図私見」（『建築雑誌』三七五巻七号、一九一八年）、吉田高子「鎌倉将軍御所について」（『日本建築学会大会学術講演梗概集』一九八〇年）、川本重雄「日本住宅史における鎌倉幕府の位置付け」（『日本建築学会大会学術講演梗概集』一九八六年）、藤田盟児「鎌倉幕府の侍所について」（『日本建築学会大会学術講演梗概集』一九九一年）、太田静六前掲書。
（2）高橋慎一朗「『武家地』六波羅の成立」（『日本史研究』三五二号、一九九一年一二月）。
（3）義江彰夫「中世前期の都市と文化」（『講座日本歴史三 中世一』東京大学出版会、一九八四年）。
（4）斉藤利男「荘園公領制社会における都市の構造と領域」（『歴史学研究』五三四号、一九八四年）。
（5）今谷明「鎌倉・室町幕府と国郡の機構」（『日本の社会史三 権威と支配』岩波書店、一九八七年）。
（6）保立道久「萱津宿――中世の地方市町の景観」（高橋康夫・吉田伸之編『日本都市史入門　Ⅱ　町』、東京大学出版会、一九九〇年）。
（7）網野善彦『無縁・公界・楽』、平凡社、一九七八年。
（8）小山靖憲「荘園村落の開発と景観――和泉国日根野村絵図」（小山靖憲・佐藤和彦編『絵図にみる荘園の世界』、東京大学出版会、一九八七年）。
（9）伊藤鄭爾『中世住居史』、東京大学出版会、一九五八年、一二九頁。
（10）伊藤ていじ「中世農村の住まい」（『週間朝日百科　日本の歴史二』、一九八六年）。

第四章　巨大都市・京都

一、南北朝・室町期の都市発展

1　町座の実態

三条町や四条町、七条町を中核とする「町」は、町家（店舗）商業の代表的な事例とされるが、たんに「店舗街」とみるのは正しくない。「町」や「町座」の実態をみておこう。(1)

四条町周辺の小物座・腰座・刀座などの町座は、きわめて零細に分割された土地の上にあった。四条町周辺の屋地は、一般に間口六尺～一〇尺程度の規模であったらしい。また、路上に座を構えた行縢座などの巷所の座も、めずらしくはなかった。小物座には「後座」もあった。後座は道に面して立地せず、屋地の後方寄り、街区中央に近い部分の営業座席を意味するのであろう。「中座」という街区中央の空閑地＝広場を利用した市場、市の営業空間もあった。

小物座・腰座が一軒の「家」を、行縢座が「屋形」を、刀座が「地」を、数人から十数人の同業の商人で使用していた。間口が五メートルに足りない零細な土地に小物座・腰座商人が八人、また別の小物座では間口二丈に一三人、刀座では三メートルほどの地に七人と、狭い場所に商人たちはそれぞれ商品を納めた櫃一合を置いて営業していた。刀座はまずまちがいなく露店商であろうし、小物座・腰座は、屋根のみで床がない建物のなかで、地面に座って営業していたらしい。

行縢座の営業する「屋形」には、「嶋屋」という固有の建物名称があり、行縢座の商人たちに商品を卸す問屋の存在を暗示している。この「屋形」が巷所に立地することから市の屋形との類似が想定されるが、実際、柱間が十間と長大な長屋であり、柱間が吹き放しであることなど共通の特色があった。また、柱間を単位とする分割所有が行われており、長屋の各区画の独立性を意識している。

2　新仏教寺院の進出

南北朝期から室町時代の京都は、時衆や日蓮宗、禅宗などの布教活動の中心地となった。とくに、天龍寺や南禅寺などの禅宗大寺院が交通の要衝であり、かつ風光明媚な景勝の地に造営されたことは、新しい建築様式（禅宗様、唐様）とともに、「境致」や「十境」といった新たな環境デザインの視点の普及、展開に大きな影響をもたらした。もともと中国の禅林の制に倣った「境致」「十境」は、自然と人工の美、宗教、歴史、文化などをあわせた総合的な景観の美を追求・演出しようとしたものであった。こうした「十境」の理念は、夢窓疎石の再興した西芳寺の庭園など傑出した作品を生みながら、禅寺のみならず、足利義満の北山殿や足利義政の東山殿など、広く公武衆庶の住宅にまで流行していった。

いっぽう、こうした新仏教の展開は旧仏教系の寺院の活性化を促した。観音信仰の流行によって洛陽三十三箇所観音霊場が南北朝期から成立し、また七仏薬師、六地蔵信仰など、室町から戦国期にかけて「洛陽霊地名所」をめぐる社寺参詣が一般庶民の間にも盛んになった。これは旧仏教が装いをかえ、現世利益を掲げて庶民の信仰を獲得するのに努めたからである。

禅寺の方丈　禅宗寺院の塔頭の方丈は、院主の居住施設であり、仏事など宗教的儀礼の場であるとともに、賓客を迎えての食事や茶の饗応、花見・和漢連句の会など接客・遊興にもあてられた。院主の日常生活の場となったのは方

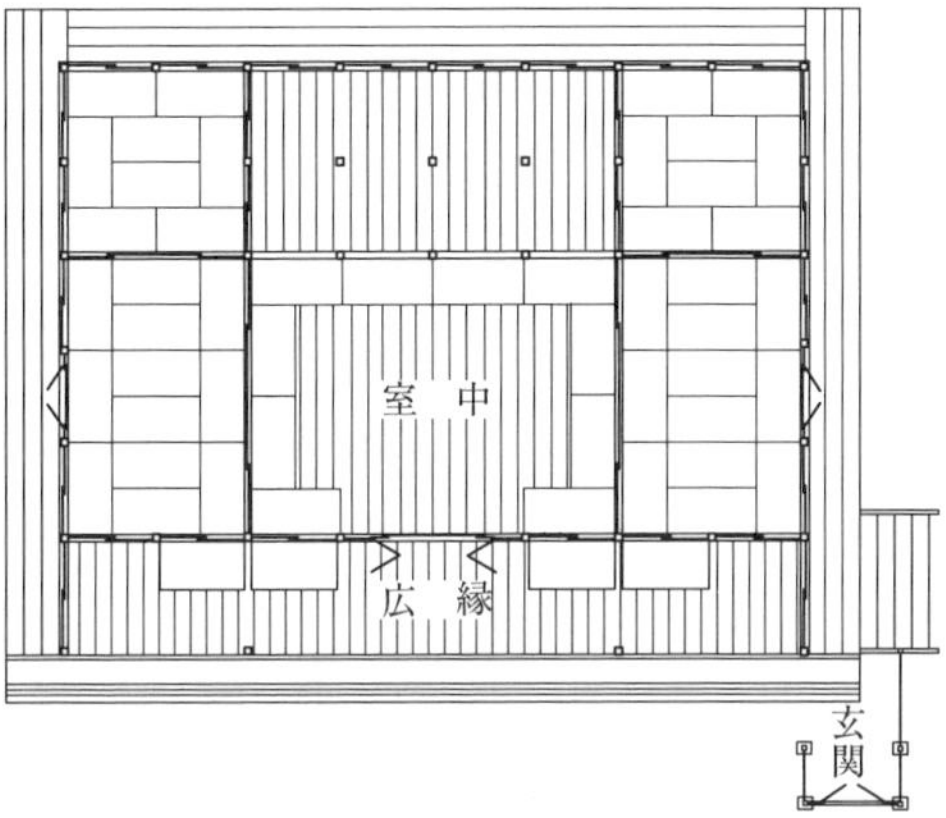

図129　東福寺龍吟庵方丈

丈の北側の部屋であり、書院が居間・書斎に、眠蔵が寝室や収納に用いられた。一方、南側中央に位置する客殿が仏事や接客・遊芸の中心施設となり、両脇二室（上間・下間、檀那間・礼間）や北側の諸室がその補助にあてられた[2]。塔頭方丈の基本構成は、権門の住宅とかわるところはなかった。

京都五山の一つであった東福寺の塔頭龍吟庵の方丈は、塔頭客殿の最古の遺構である。嘉慶元年（一三八七）ころに建立されたともいうが、解体修理によって復原された姿は、応永末から正長頃、つまり十五世紀初頭の状況を再現しているとみられる。この客殿は入母屋造・柿葺で、正面東端に柿葺・唐破風造、土間の玄関を付属する。二列、六間取りで、正面にのみ広縁が付き、東・北・西は榑縁となる。広縁に面する中央の室十二間が広大であり、北の室との境を板壁にするのが特徴である。また仏壇など仏事のための設備がないのは、祭祀施設である昭堂が別につくられていたからである。中央北の部屋は二〜三室に区画されていたらしい。小面取の角柱や一間六尺八寸を基準とする柱間寸法、間仕切による内部空間の分割、遣戸と明障子の組み合わせの外回り建具など書院造の手法が多いが、一方、正面外観をつくる蔀や側面の妻戸などに寝殿造の手法が残り、過渡的な姿を示している。

3　上京と下京

建武元年（一三三四）足利尊氏は幕府を開創した。京都を本拠地とした幕府は、尊氏の押小路高倉邸、義詮の三条坊門殿（姉小路北・万里小路東、下御所）など下京を拠点とした時期と、義満が平安京外の北小路室町に新造した室町殿（花御所、上御所）など上京を拠点とした時期とがあったが、義教以後はほぼ上京に定まった。連合して幕府を支えた守護大名も在京を原則としたため、京都には大規模な武家邸宅が構えられることになった。

在京武士団の居住形態は明らかではないが、将軍御所を中核としてその周辺に集住したと考えてよい。六代義教の時代十五世紀前半は、幕府体制の確立した時期にあたるが、その義教が三条坊門殿から室町殿へ御所を移転するに際して、「大名・近習宿所の地」が問題になった。義教らが談合した上で指図を作成し、かれらの名を書き込んでいるが、これは室町殿周辺の土地を計画的に守護や奉公衆（直轄御家人）などに配分したことを示唆している(3)。八代義政も奉公衆のための屋敷地開発を大規摸に行っており、幕府の所在地（将軍御所）の移動にともない、近辺の土地を収公して武士団を集住させるのが慣例となっていた(4)。

一方、天皇の居所である内裏は、南北朝の対立がはじまってまもない建武四年（一三三七）に内裏とされた土御門東洞院の地が、その後明治維新にいたるまで御所として存続した。こうして京都は名実ともに首都になり、とくに上京には公武寺社諸権門が集住した。

幕府や内裏の周辺には公武諸家の邸宅やその被官の住居などが集まり、武家地・公家地というべき状況を呈したが、しかし近世の武家地や公家地のように身分的に規制された居住形態ではなく、近隣にはさまざまな人々が混住していた。

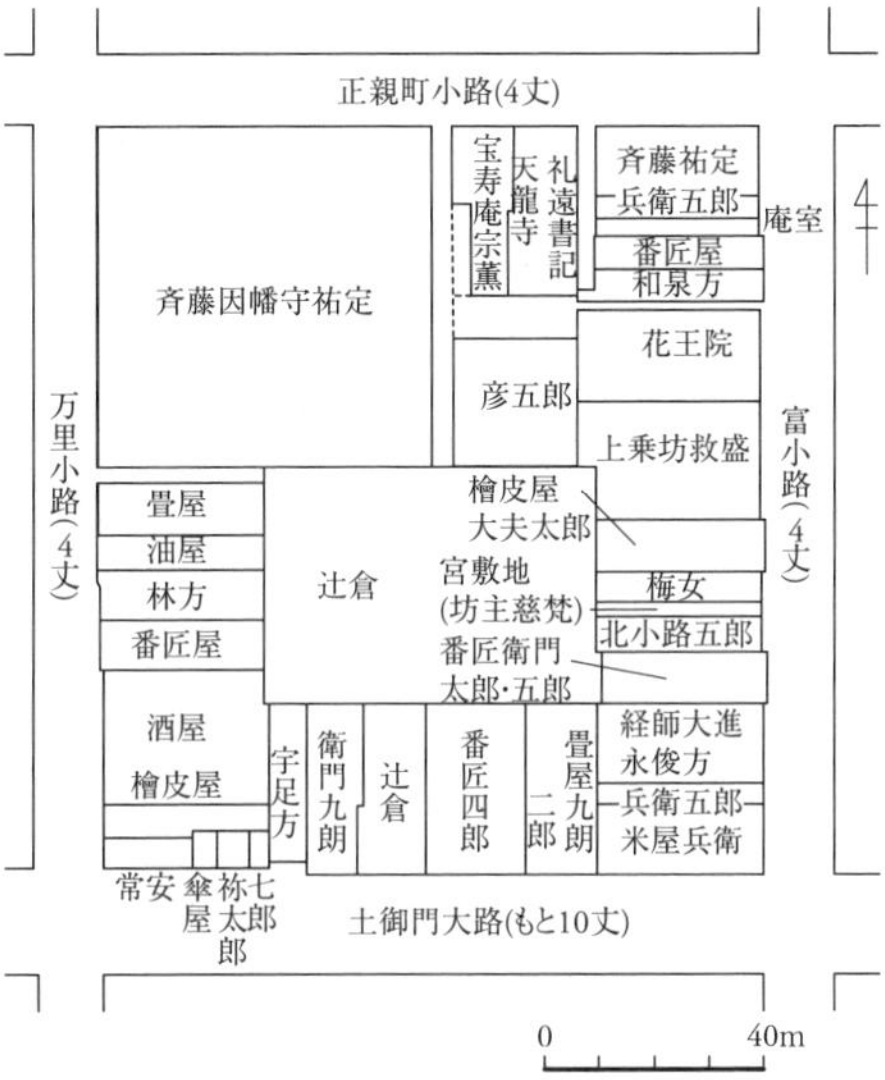

図 130　1452 年（宝徳 4）の土御門四丁町

4　土御門四丁町

この敷地は土御門家の相伝所領であるが、南北朝期には土御門大路の一部を巷所として取り込み、およそ南北四四丈・東西四〇丈の規模となっていた。街区中央部に領主土御門家の屋敷があり、そのまわりの奥行一〇丈の敷地に同家の被官や公武寺社家、その被官、商工人を居住させていた。宝徳四年（一四五二）に土御門家は断絶し、大徳寺如意庵に寄進されたが、その直後の敷地と住人の構成が判明する。典型的な規模の敷地は間口三丈・奥行一〇丈であり、住人の三割が職人で、一人を除いて大工・桧皮屋・畳屋など建設業関係の職人であった。

新たな領主如意庵は、敷地を地下人にのみ貸して、庶民の集住する地域空間を形成しようとしたのであるが、康正二年（一四五六）将軍足利義政は烏丸殿への移住にあたって近辺敷地に奉公衆を配置するために収公し、武士団居住地とした。武家地の計画は、間口五丈・奥行二〇丈を単位とするものであった。

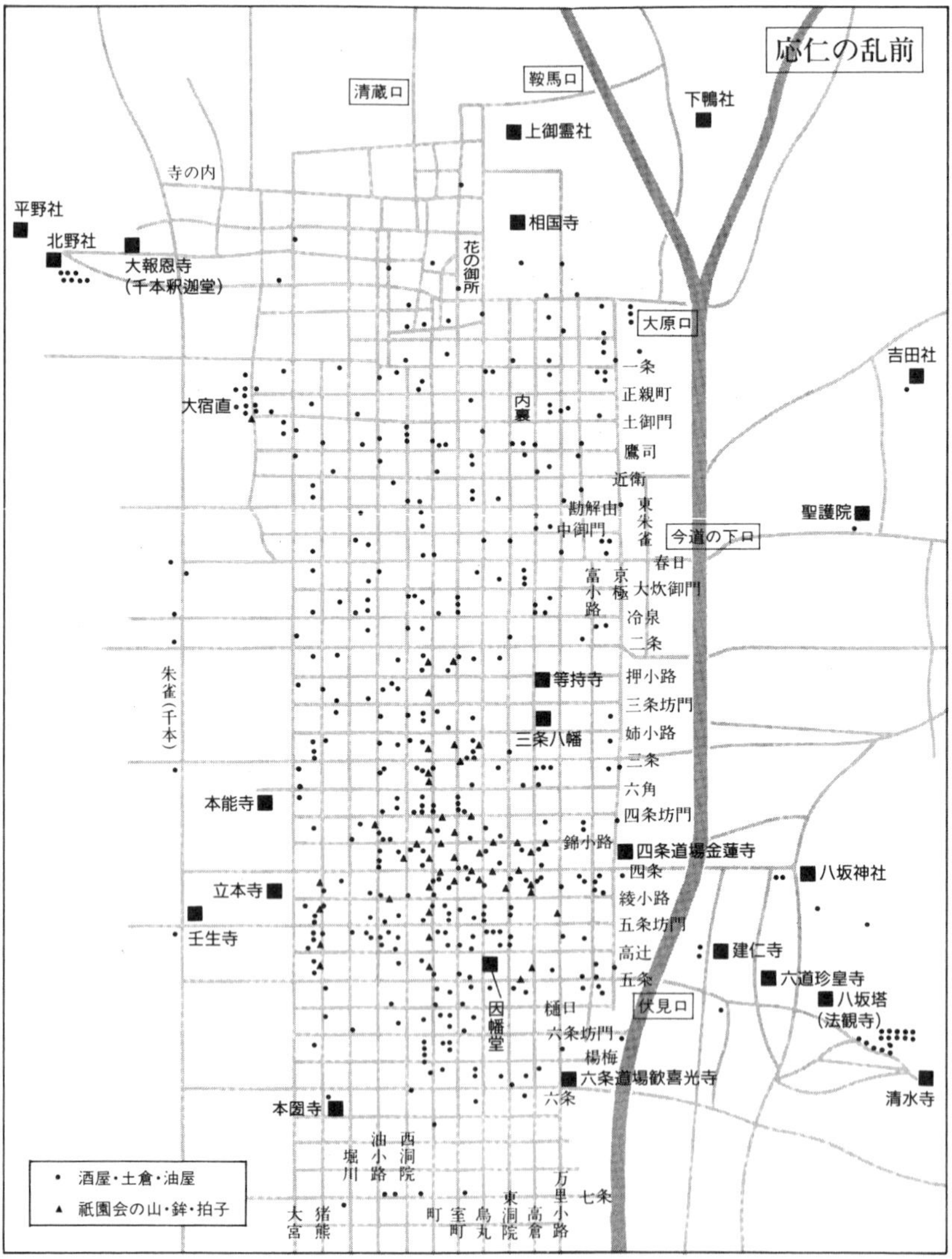

図 131　室町時代京都市都市図

5　市街の広がり

室町時代の市街地は、東は東朱雀、西は千本、北は今の寺の内通り、南は七条の範囲であった。洛中と諸国を結ぶ主な街道の出入口は、「諸州より京へ入る路、その数七なり」といわれ、かならずしも七とはかぎらなかったが、「七口」と俗称された。このほか周辺の北野天満宮や祇園社（八坂神社）、清水寺などの寺社門前や、大内裏の中が市街地化した大宿直の地域なども繁華な市街であった。

大宿直には、かつては官衙工房である織部司に属していた織手が多数居住し、機業者の座、大舎人座を形成していた。この地域こそ京都の伝統産業である西陣の母胎となったのである。

二、喫茶の空間の展開――都市文化の発展

1　喫茶から茶会へ

禅院の茶礼　茶は平安時代より飲用されていたが、鎌倉時代はじめに栄西が禅宗とともに、ふたたび喫茶の風習を伝えた。これは、栄西の著した茶の本が『喫茶養生記』であったように、茶の生理的な効能を重視し、健康法や医療の一端として茶を服用するものであって、のちの「茶の湯」とはおおきく異なっている。

律宗もまた、禅宗とならんで喫茶の普及に影響を与えた。民衆への布教に際して律宗は、病人や非人に対して社会福祉的な事業を行ったが、その一つが茶事であった。

禅宗寺院では、日常生活や修業の規範を定めていた。これを清規という。中国・元の時代につくられた『勅修百丈清規』は、二〇年後の南北町期には早くも日本に導入・公刊され、日本の禅院に受け入れられたが、それには湯茶煎点の方式が含まれていた。また、曹洞宗を開いた道元が中国の清規にならって書いた『永平清規』にも、喫茶に関す

る詳しい規定がある。それは喫茶を媒介とする共同飲食儀礼――茶礼――の法を定めたものであり、入寺のときや年初の会など修業の折々に方丈や寝堂、衆寮などにおいて茶の会が行われた。(5)こうした一定の方式・作法にもとづいて行われる禅院の茶礼は、禅宗が鎌倉や京都を中心に幕府の保護の下に武家や公家などの社会階層に支持されて展開するにつれ、おのずと広まっていった。

茶寄合　鎌倉時代末期から南北朝期になると、連歌や田楽とならんで茶が遊びの寄合の一つとして流行していたことが、有名な二条河原の落首（建武元年〈一三三四〉）にみえる。また建武三年（一三三六）に足利尊氏が制定した『建武式目』にも「或いは茶寄合と号し、或いは連歌会と称して、莫大の賭に及ぶ」（第二条）ことを禁じている。この茶寄合は、豪華な景品を賭けて茶の品種を当てることを競う、いわゆる闘茶の会であった。こうした茶寄合の会場となったのが会所であった。『太平記』には「婆佐羅」（過差・奢侈）大名の典型というべき佐々木道誉が「異国本朝の重宝を集め、百座の粧をして」、盛大な闘茶の会を営んだことがみえる。

「喫茶の亭」　『喫茶往来』は、十四世紀末から十五世紀初ころのそうした「茶会」の姿を記したものである。その次第は、まず会所において水繊（くずきり）・酒、索麺（そうめん）・茶、山海の珍味・飯・果実のもてなしを受ける。いったん退室し、北の築山や南の池泉をめぐり歩く。ついで「喫茶の亭」において闘茶が行われた。それは桟敷を二階にした「奇殿」であり、眺望が四方に開けていた。舶来の唐絵や唐物が華やかに室内を飾り、また豹皮を敷いた胡床や竹の椅子がならんでいる。西廂の前に一対の飾り棚を置き、北壁の下には一双の屛風をたてて色々の懸物で囲い、そのなかに鑵子（釜）を置いて湯をわかしていた。会衆が席についたあと、亭主の息男が建盞（茶碗）をくばり、左手に湯瓶を提げ、右手に茶筅をもって茶を献じてゆく。それから四種十服の勝負などの闘茶が行われ、日が落ちるころに「茶礼」は終わる。その後、茶具をかたづけて酒宴に移り、歌舞音曲の遊びに耽けった。

茶礼とあるように喫茶に際して禅院の茶礼と共通する作法が用いられたが、それは遊宴の一部でしかなく、唐物で荘厳された喫茶の亭もまた、茶会専用の空間ではなかった。

殿中茶の湯　「書院の茶」ともいい、公家や武家のあいだで流行した茶寄合をより豪華にし、また禅院の茶礼をより「格式法儀の厳重」な儀礼としたものであった。室町幕府の体制が確立された義教の時代に、殿中の茶の方式も整備されていき、義政の時代には確固たる規範となっていたらしい。

殿中の茶の特色は、茶を喫するのに唐物飾りの空間を用い、また茶を点てるのに「茶の湯の間」(「茶湯所」・「茶立所」)を別に構えていたことである。茶の湯の間には、座敷飾りから点茶にいたるまでのすべてを担当した同朋衆あるいは茶湯奉行が詰めており、また茶を点てるのに必要な道具を並べた「茶の湯棚」を備えている。ここで点てられた茶が客座敷に運ばれた。つまり、いわゆる「点て出し」の方式によるものであった。

茶の湯棚・茶の湯の間は、義教室町殿や義政東山殿の会所はもちろんのこと、それぞれの常御所にあり、また東山殿では西指庵にもあった。接客のために用意された茶の湯の間のほかに、将軍専用の茶の湯の間もあったことが注目される。

雲脚茶会　雲脚とは、「悪茶」つまり抹茶の少ない、あるいは悪い粗茶のことであり、その粗茶を飲む庶民的な茶寄合が雲脚茶会である。『看聞御記』によると、洛南伏見殿で催された雲脚茶会は、台所を会場とし、女房衆や地下人たちが集って行ったもので、儀礼や賭物、茶の質、場所にもこだわらない民衆的な茶の寄合であった。寄合つまり「衆会」の楽しみを求めてのことであろう。(6)

2　茶屋の流行

室町時代には庶民の間にも喫茶が大流行していた。応永二十年(一四一三)宇佐八幡宮末社の放生会の門前市では、唐物座や酒屋とならんで数軒の茶屋が営業しており、室町時代前期にはすでに喫茶の楽しみが民衆の間に広く流行していたことがわかる。

「衆会」の空間　『七十一番職人歌合』にみえる「一服一銭」は、路傍において一服の抹茶を銭一文で売る行商の茶売であるが、こうした姿が示すように、室町時代の京都において喫茶はすでに大衆化していた。都市民衆にとって茶の空間は、はじめは露天であったが、しかし注目されるのは、おそらく室町時代の早い時期から常設の店舗「茶屋」を構えて茶を飲ませる茶売人が現われたことである。東寺の南大門前で営業した茶売りはよくしられているが、有名な寺社の門前には参詣人をめあてにした茶屋ができていたらしい。さらに、寺社門前以外にも人通りの多い所には茶屋がつくられ、通行人に茶を供していた。土御門内裏のごく近辺、公家の居住地域である土御門烏丸角にまで茶屋が進出し、領主権のなお強い権門貴族の所有地において茶屋の営業が認められていたことは、都市生活のなかで茶屋が小さくない位置を占めていたことを示唆している。

街角の茶屋は、茶を出すばかりではなく、団子や餅、また酒をも供したらしい。「鬮取り」や「博奕」の賭場にもなったし、さらに客に酌や給仕をし、遊び相手となるような女もいた。また「四条道場前の茶屋の事、夜陰に及び、悪党等集会の間、不用心の条之を除かるべき」と幕府が祇園社に命じているように、茶屋は、ときに犯罪者が集まり、あるいは反体制的な集会の場にもなった。こうしたさまざまな活動の場を提供したのが茶屋であって、茶屋は、たんに茶を飲む店というだけではなく、町人の集う空間、茶を介した都市民衆の交流の場であった(7)。

茶屋の形態　洛中洛外図屏風や社寺参詣曼荼羅などから茶屋の建築をみると、二つの形式がある。一つは、差し掛け、長屋、床店などの形態があるが、社寺の祭礼のときなどに臨時に構築された仮設の建物（「仮屋」）。もう一つは、常設の店舗である。茶屋はいずれも草葺または板葺の屋根をもち、ありふれた外観であるが、しかしそれは道路に対して開放的につくられている。すなわち茶屋は道に面する部分には壁や建具などをつくらず、吹き放しにし、あたかも街路の一部であるかのようになっている。内部は土間とし、その一隅に竃土をすえ、他方に床几をおく。床に座るのではなく、床几に腰掛けて茶を飲んだのである。

茶屋の形態は、概して粗末なあるいは簡素なものであったが、ある年の盂蘭盆会の夜、山城伏見庄の光台寺で行われた「茶接待」の仮設の茶屋は、「風流灯籠」や「座敷飾」など目を驚かせるような室礼を施してあり、そのため貴賎が群集したという(8)。

三、会所とその発展——書院造の形成へ

1　室町将軍御所

室町幕府の足利将軍家は、武家支配の拠点として、また居住の施設として洛中に御所を営み、また自然や歴史の豊かな洛外の地に山荘をたてた。洛中御所と洛外山荘とは、自然とのかかわりを別にすると、施設の構成などにおいてはそれほどのちがいはない。実権をになう武家（かならずしも将軍ではない）の居所が、そのまま政権所在地として拠点の役割を果たしたのであり、当主の身分・官職の変化に応じてそれにふさわしく施設が構成しなおされるのである。

将軍御所の構成は、律令的儀礼にそなえた晴向き施設群（武家の公家的側面をあらわす）、公的・私的な形式をとって催される文芸と遊興と対面の施設からなる庭園施設群、将軍の日常の暮しの場となる奥向き居住施設群、将軍邸の運営・管理を業務とする北方の施設群からなるといえよう。

もともと寝殿の南と北と二棟廊で行なわれていた儀礼・生活・接客の機能を、それぞれ寝殿・常御所・会所という一棟の建物（ないし一群の施設）として独立させたものとみてもよい。それはたんに施設規模の巨大化にともなう空間分節というよりも、当代の最高権力者としての立場を具体的に表明するものであった。つまり諸権門間の関係調整を機能とする会所を独立・専用の建築として用意している。広大な部屋を備えた会所は、遊芸の場から行幸・御幸や参

賀の公卿・寺家との接客・対面の会所へとその機能を展開させていった。

（1）義満の室町殿と北山殿

永和四年（一三七八）に三代将軍義満が北小路室町の地に新造・移住した邸が室町殿（花御所ともいわれる）である。[9]西方の室町小路を晴とする御所で、北御所と南御所からなる。公家的儀礼に使う晴向きの施設は、西に四足門を構え、その東方に中門が立ち、その北に中門廊、その北端西に侍所、東に透渡殿・二棟廊がつらなり、中心に寝殿があり、寝殿の北に対屋や台所などがおかれた。また寝殿の東方には小御所と庭園施設群が配置され、池庭の周辺に「指月」の扁額を掲げた禅室と勝音閣、会所、泉殿があったらしい。施設構成について詳しくはわからないが、義満の室町殿が将軍御所の規範となった。

武家にとって官位はこれまで名目・形式にすぎなかったが、国王たることを意図した義満は、権門体制を支える三本柱の一つである公家を超えるために、律令的な位階を形式的にも実質的にも不可欠のものとみた。義満は永徳元年（一三八一）に内大臣になったのを機にみずからを摂関家と同列に格付けし、応永元年（一三九四）に太政大臣に任じられたときには「治天」＝上皇と並ぶ立場に身をおいた。したがって義満の室町殿と北山殿は、武家御所であり、かつ、しかるべき「院」の御所としての配置・構成をとらねばならなかった。

この意味で重要なのが幕府の政庁として、また「院御所」として造営された北山殿である。[10]北山殿はもともとは西園寺家の山荘であり、二階建ての眺望のよい会所や、その北には泉殿もあった。鎌倉時代から有名な邸宅であった北山殿を、強引に所領と交換して手にいれた義満は、応永四年（一三九七）からさっそく寝殿などの工事にかかり、翌年にほぼ完成して移住している。[11]

この北山殿は北御所と南御所からなり、北御所の一画には小御所があった。北御所には義満が住み、小御所は子息の居所にあてられたようである。南御所には義満の妻日野康子が住んだ。北御所は東を晴とする御所であり、東面に

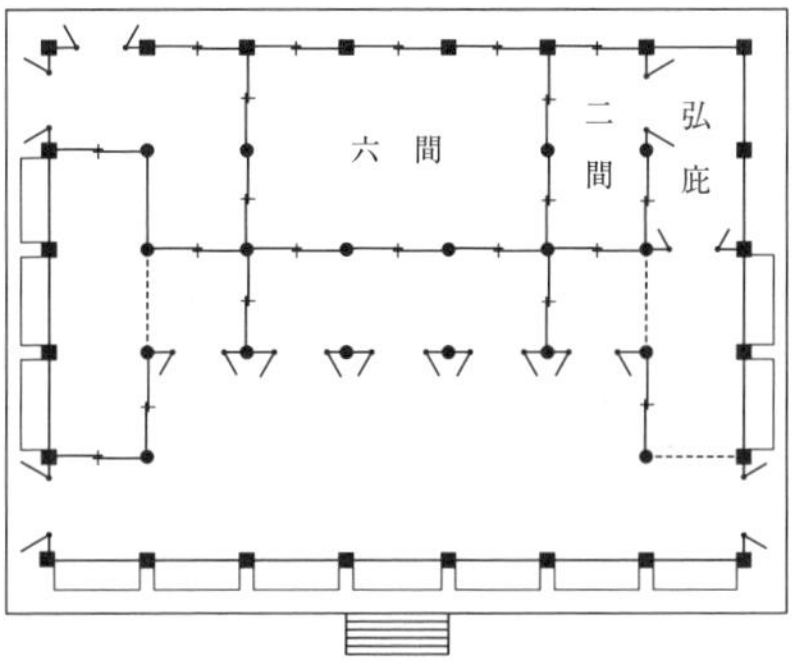

図 132　北山殿寝殿

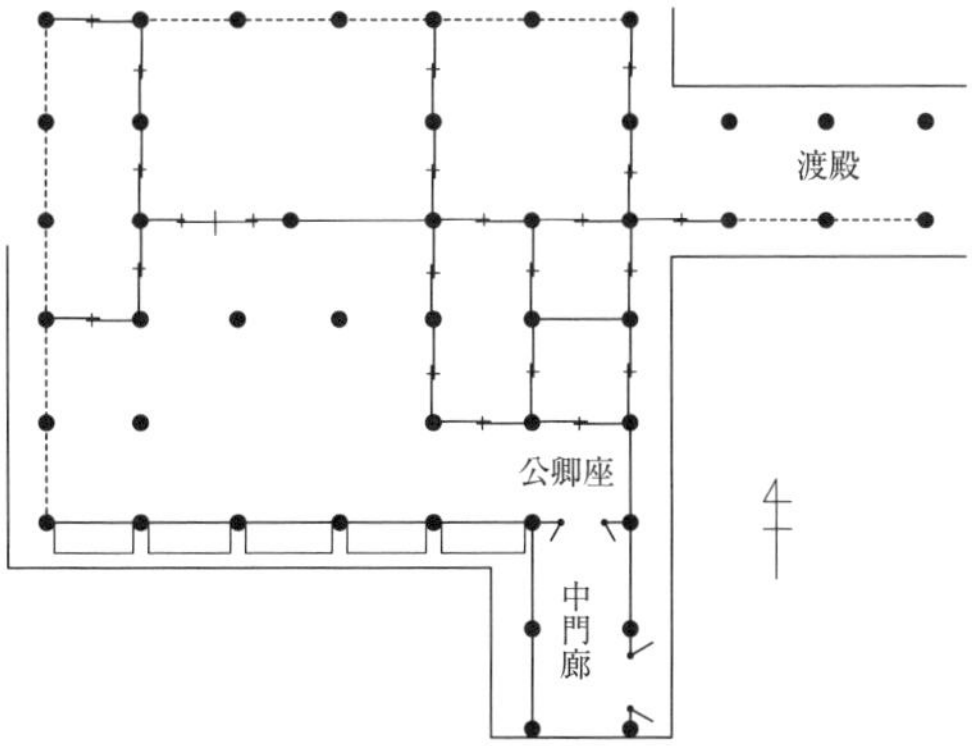

図 133　北山殿小御所

四足門を開き、西方にたつ中門から北に中門廊が延びて殿上にいたる。西南に築山がつくられ、西に大池があった。

寝殿は南面してたち、桁行七間・梁行五間の規模をもつ。年間を通じて国家的な意味をもつさまざまな儀礼と仏事の場となり、儀式の場である南面はもとより、常御所にあたる北面の部屋も控室として用いられた。したがって日常生活のための施設が別に必要であり、独立した常御所があったはずである。

小御所では、寝殿に中門廊を直接付属したものが中心建築となっていた[12]。このように同一敷地でありながら独自に中門・中門廊を構えた小御所、別御所を営むのは、それぞれの身分・格式にしたがって行なわれる

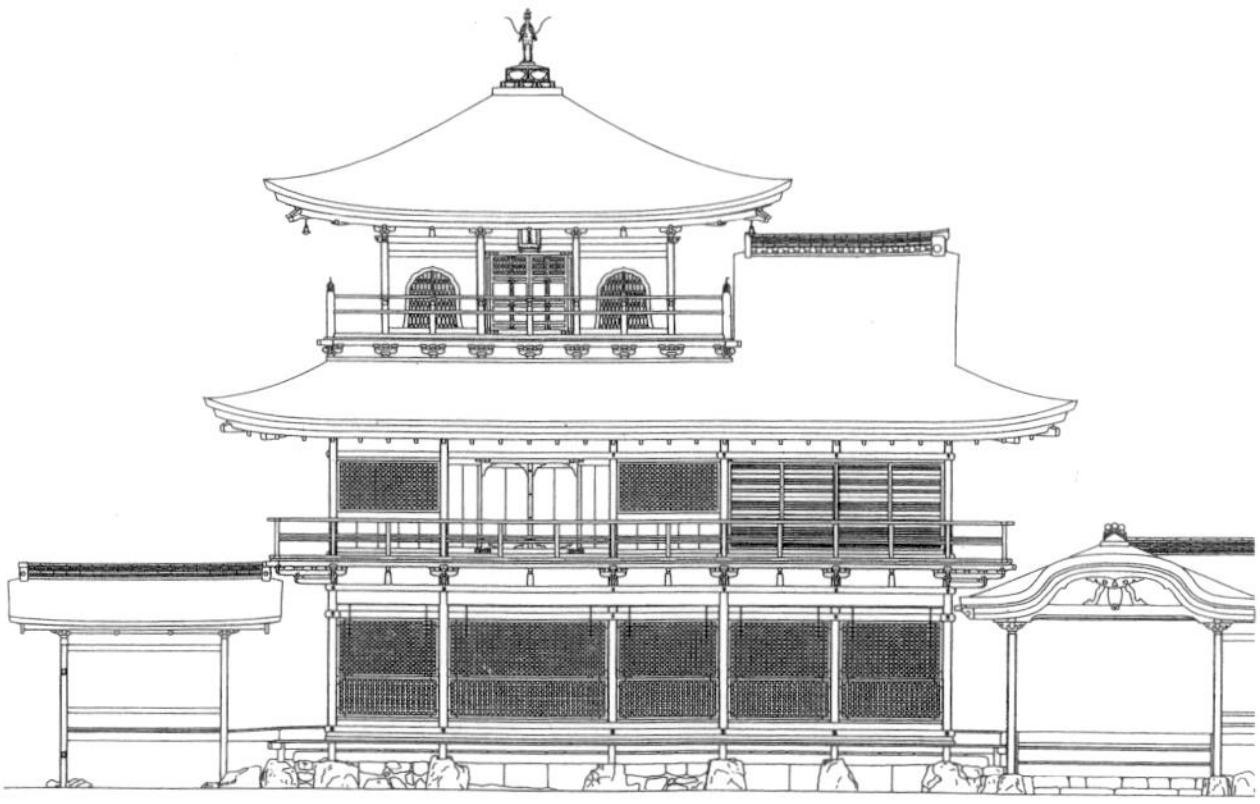

図134　北山殿観音殿（金閣）復原立面図（宮上茂隆による）

儀礼や行事の上での必要な便宜を考えたからであった。

北山殿の奥向き庭園施設については、三層の舎利殿（金閣）と会所（天鏡閣、二階殿）、泉殿が近接してたち、このほか護摩堂・懺法堂、看雲亭などがあった。会所は二階建で、舎利殿と二階建ての高廊で結ばれており、十五間という広大な部屋があった。応永十五年（一四〇八）の北山殿行幸のおりにはこれが主室となり、猿楽の舞など「うちうちの御あそび」が行なわれた。十五間の東と西に座敷を設けて、天皇への進物である唐絵・花瓶・香炉・屏風など多くの唐物・宝物を飾ったが、その西方の飾りかたをみると、押板や付書院、違棚の設備があったらしい。

（2）義持の三条坊門殿と義教の室町殿

義持の三条坊門殿（下御所）と義教の室町殿（上御所）の施設構成は、表20のようになる。永享三年（一四三一）末に義教が室町殿に移住したときには、寝殿・常御所・小御所・対屋三宇・御厨子所・雑掌所・諸大名出仕在所などができただけであるが、翌年に会所・車宿・随身所・月次壇所・御小袖間・持仏堂が完成すると、任内大臣大饗を行っている。そのおりの晴向きの施設構成を図示したのが「室町殿御亭大饗指図」であり、すでに述べた鎌倉時代の近衛殿における同じ儀礼の施設構成とほぼ同じといってよく、摂関家の先例を踏襲した点が注目

表 20　義持の三条坊門殿と義教の室町殿の施設構成表

	三条坊門殿	室　町　殿
公家的儀礼	寝殿・殿上・公卿座	寝殿・殿上・公卿座
	中門廊・中門・四足門	中門北廊・中門南廊・中門・四足門
	随身所・車宿	随身所・車宿・月次壇所
庭園向き	会所・泉殿	南向き会所・泉殿（北向き会所）
		新造会所
「山水向き」	観音殿・持仏堂・禅室	観音殿・持仏堂
	七間厩	厩　　諸大名出仕在所
奥向き居住	常御所	常御所
	小御所	小御所（夫人）
	（息義量、のちに夫人）	
運営・管理	九間対屋・台所・厩	九間対屋・対屋二棟・台所・厩・雑掌所
そのた	唐門・上土門	唐門・上土門・塀中門

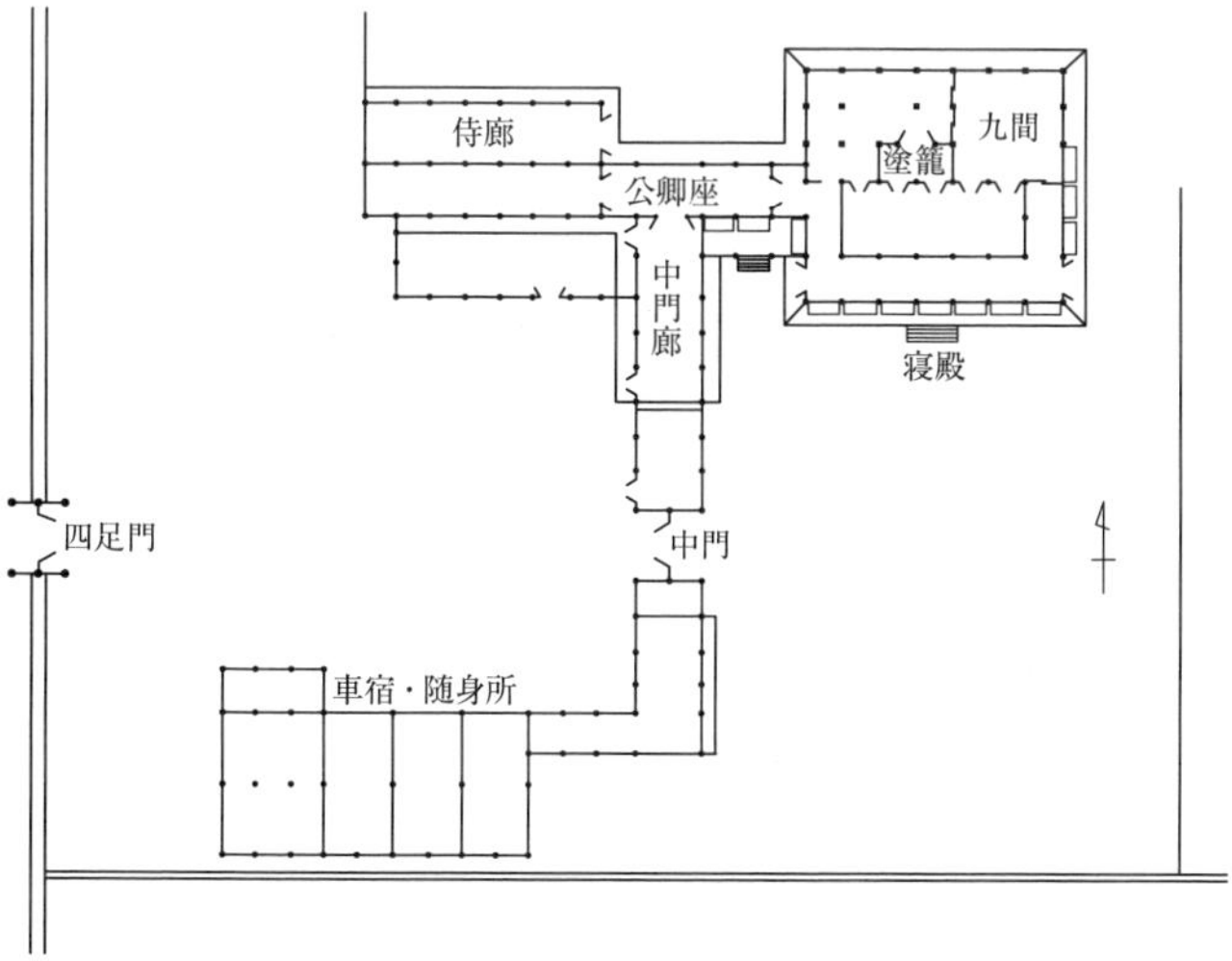

図 135　義教室町殿晴向き施設配置図

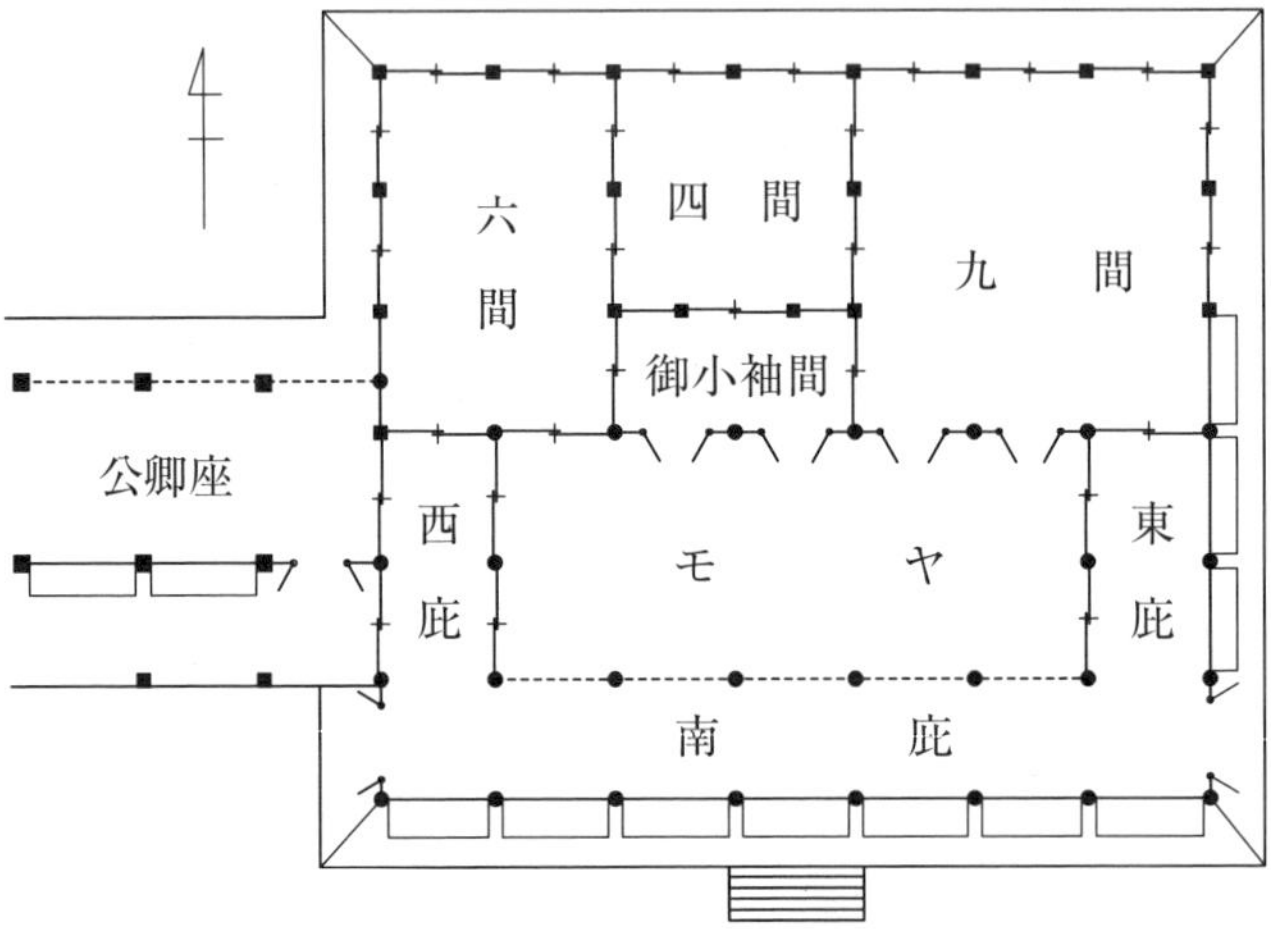

図 136　義教室町殿寝殿

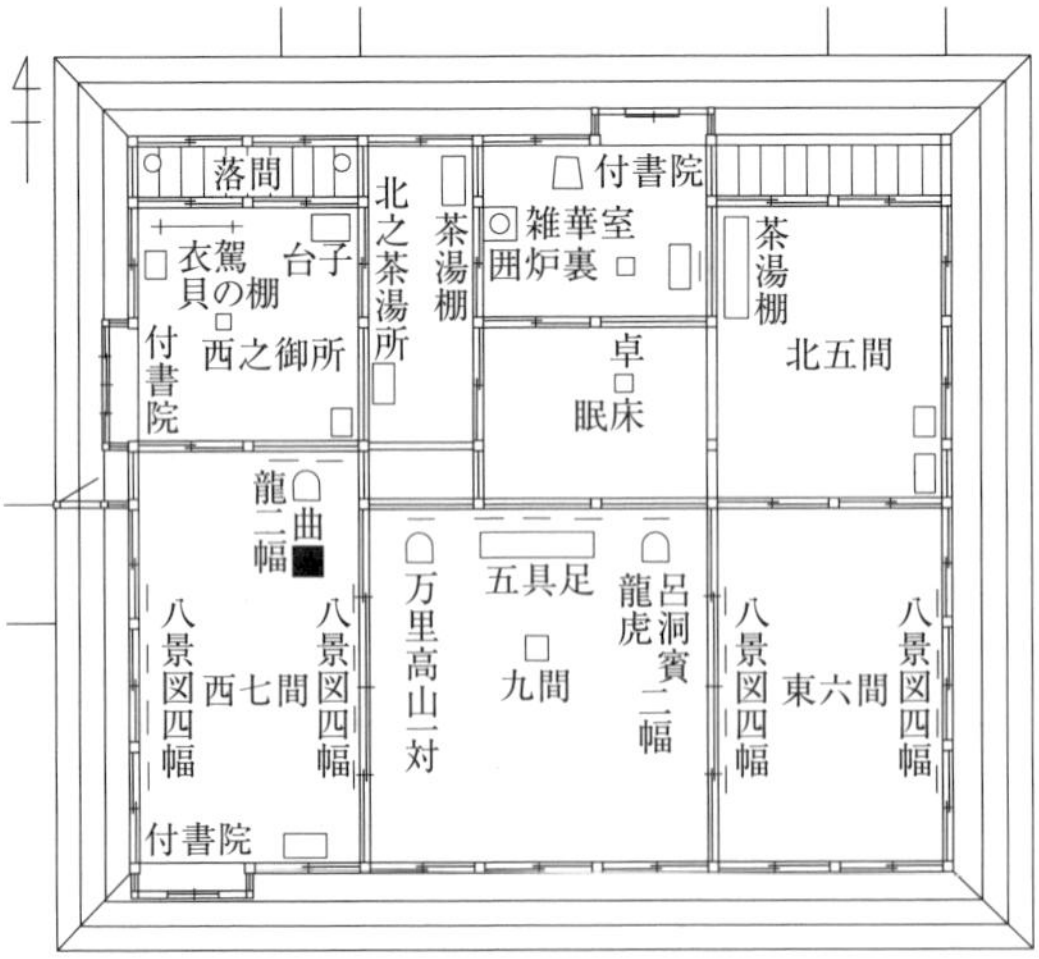

図 137　室町殿南向き会所

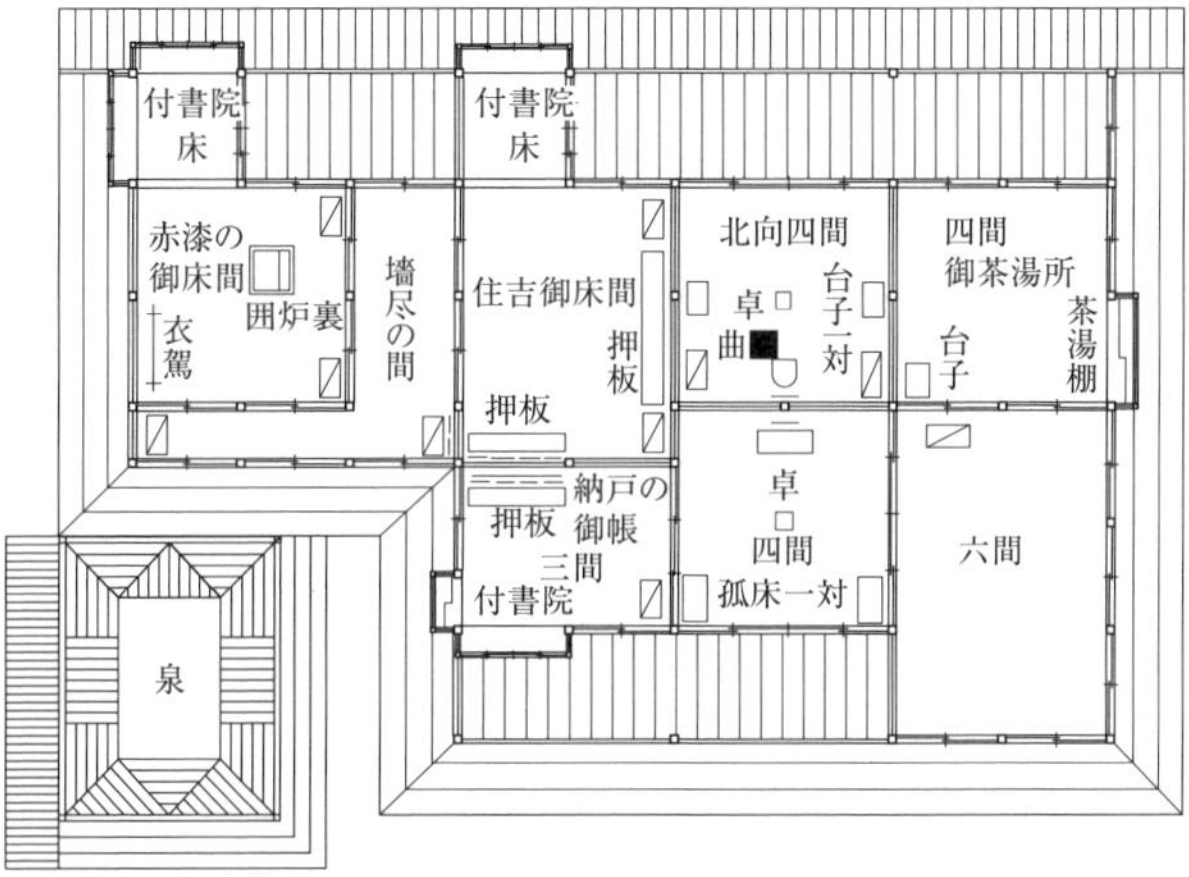

図 138　室町殿泉殿（北向き会所）

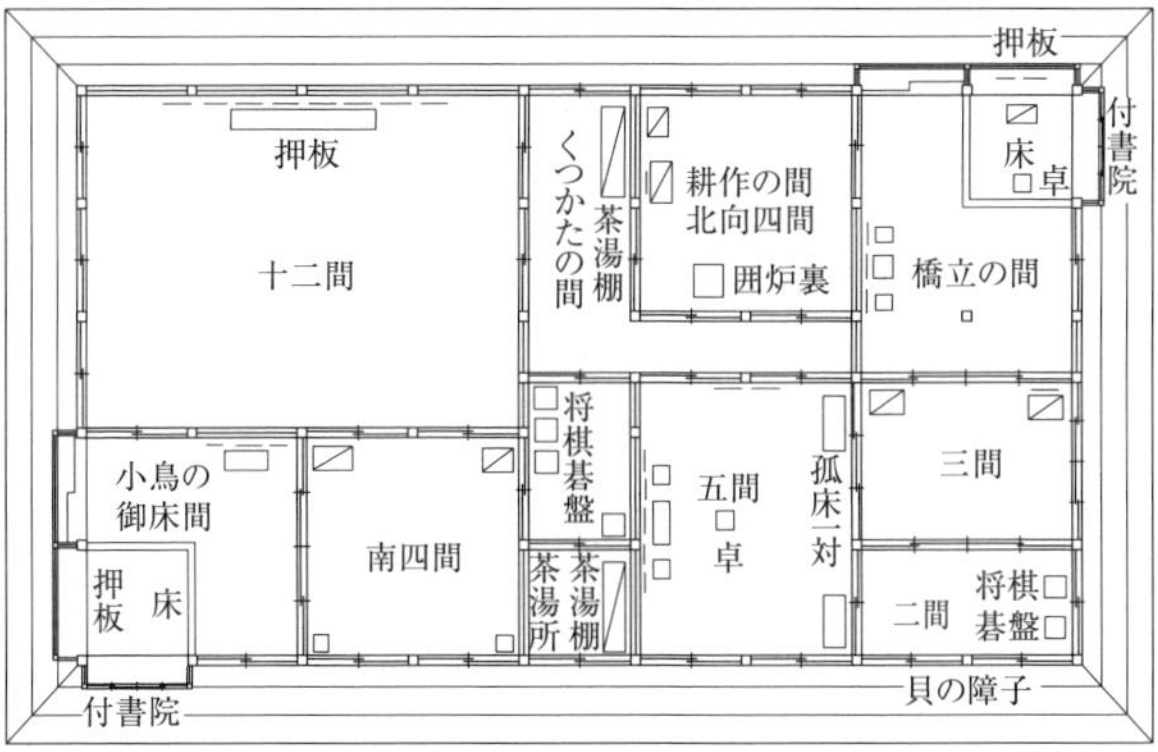

図 139　室町殿新造会所

される。

寝殿をみると、儀礼の場としての南半は、丸柱を用いた母屋と庇からなる伝統的な姿であるが、生活の場となる北半はいくつかの角柱の部屋からなり、新しい傾向を示している。もっとも寝殿は来客の宿泊施設として用いられ、義教自身は独立した常御所を構えて住んだ。

義満から義政まで、歴代室町将軍の邸宅にはかならず専用の会所が営まれたが、なかでも会所を数多く新造し、利用したのは義教であった。幕府体制の確立期にふさわしく、行幸や御幸、対面にそなえ、また和歌会や連歌会などが年中行事として整備されたからであろう。

義教が最初に本拠とした三条坊門殿には会所がすでにあったが、将軍になった永享元年（一四二九）新たに奥会所をつくり、後小松上皇を迎えた。また、室町殿でも毎年会所をたてた。すなわち南向き会所を敷地の東北にある池の北岸に、泉殿北向き会所を池の南岸に、さらに新造会所を南向き会所の東北にたてている。新しい会所ほど規模が大きくなり、座敷飾りも前代の会所よりいっそう豪華に飾りたてられ、「浄土荘厳もこれには過ぎじ」というほどであった。

永享九年（一四三七）後花園天皇行幸のときには、南向き会所で一献あり、次に泉殿で一献、そして新造会所で一献というように使用しており、三会所は、同等ではなく、序列があったらしい。この時の会所の飾り付けを記録した『室町殿行幸御餝記』から、会所の間取りが推定されている。(13)

これらの三会所に共通する特色をみると、第一に、「山水向き」の建築であること。泉殿が南面ともみえ、また新造会所が南とともに東方を重視しているのは、庭園構成との関連によるものであろう。第二に、間取りは全体として禅院の方丈の形式によく似ている。南向き会所九間は、正面に呂洞賓と龍虎の三幅対を掛け、前に五具足をおき、中央に香炉を置いた卓があり、曲ろく（椅子）一対を飾るが、これと同じような唐物飾りをした部屋が、泉殿の南と北

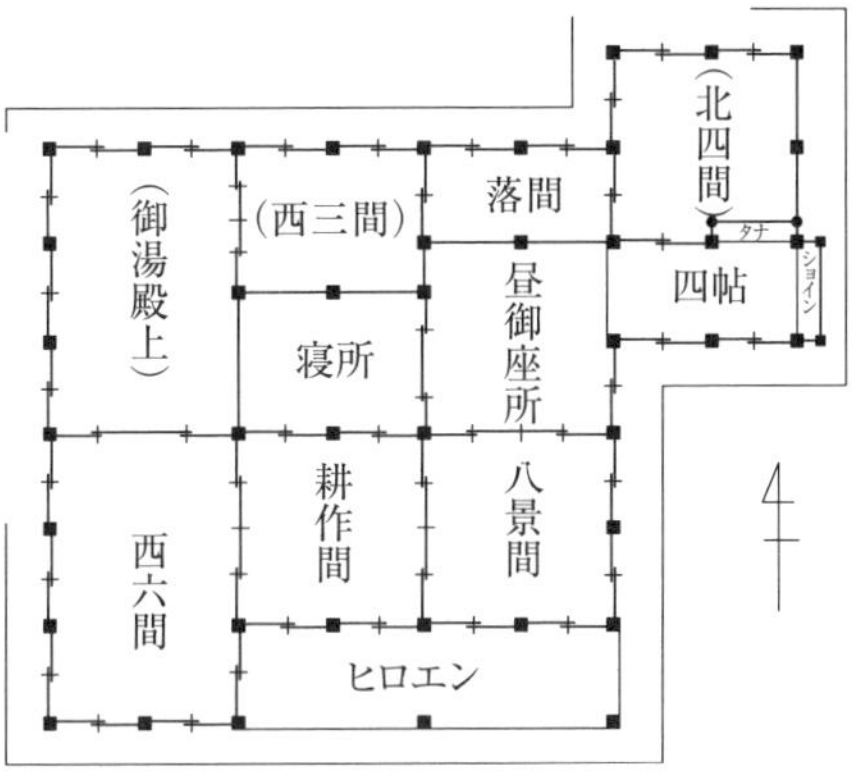

図140　東山殿常御所

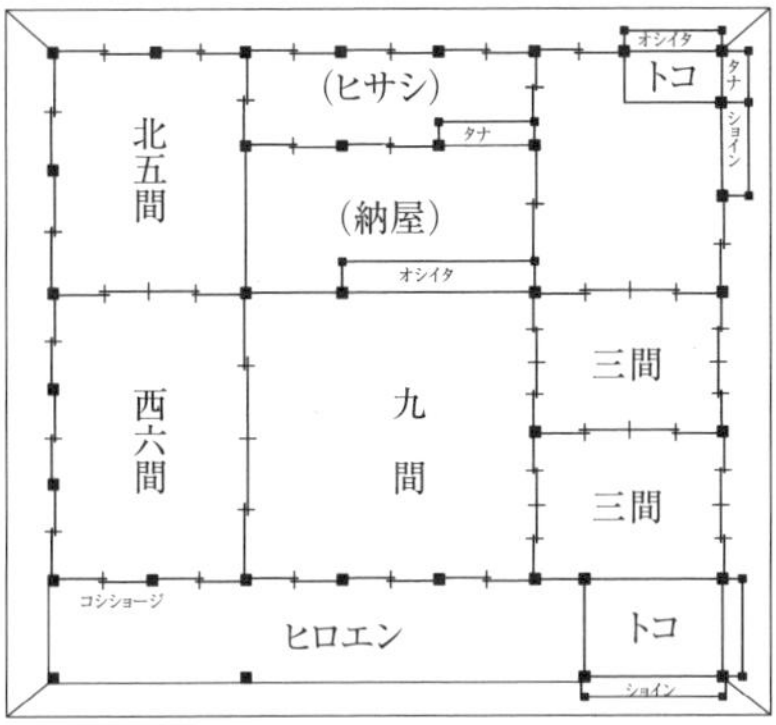

図141　東山殿会所

に二室（四間、北向四間）、新造会所に一室（五間）あり、いずれも会所の中心となる室である。これらの飾りかたは禅院方丈の室中の間における茶礼の飾りに類似している。第三に、将軍の私的な居室（居間・寝所）がつくられ、そこには押板や違棚、付書院、床を構え、また囲炉裏を備えている。

（3）義政と東山殿

義政は、烏丸殿をはじめとして室町殿・小川殿・東山殿などを使用したが、[14] その晩年に営んだ東山殿が重要である。東山殿は義政の山荘として、文明十四年（一四八二）から延徳二年（一四九〇）の死まで造営が続けられた。造営の経過をみると、まず文明十五年（一四八三）に「主殿」である常御所が竣工し、移住している。ついで西指庵・持仏堂、御末・台所・浴室が文明十八年（一四八六）までに完成し、長享元年（一四八七）に会所と泉殿、その後、観音殿や超然亭・釣秋亭・舟舎・橋亭・竹亭などがつくられた。これらのうち持仏堂（東求堂）と観音殿（銀閣）の二つが現存している（国宝）。

東山殿の最大の特徴は、寝殿以下の晴向き施設がつくられなかったことである。義政は小川殿においても寝殿をたてず、常御所と会所を兼用した主殿を営んでいたが、東山殿が常御所を中心とする構成となったのは、これが政界を離れて住む山荘、隠居所であったからのようで、そうした施設のありかたは、まず常御所を、その後四年を経て会所（後述）をつくるという造営の過程にもあらわれている。

常御所は東山殿の中心をなす建築、すなわち「主殿」であった。東山殿の座敷飾りを記した『小河御所并東山殿御錺図』などによって間取りが復原されている。[15]対面や祈祷などは、常御所の南面にある八景間・耕作間・西六間を用いて行なわれ、一方、北面の諸室は、義政の寝所と昼御座所（居間）・学問所（書斎）、御付きの人々の控室である御湯殿の上にになどにあてられた。

ところで、『小河御所并東山殿御錺図』などによって復原された義政の東山殿会所の間取りと座敷飾りをみると、[16]南の広縁に面した九間と西六間が対面の主座敷であって、九間（嵯峨の間）には北に二間の押板が付き、そこに絵と三具足、脇花瓶を飾り、中央の卓に香炉などをおく。一方、北面に並ぶ石山の間と納戸は、義政の居間・書斎と寝室にあたる。石山の間には押板・違棚・付書院が備わり、一段高く床を張った「床」があった。納戸は閉鎖的な部屋で、石山の間との境は、両側を袖壁とし、襖障子を引き分けにする帳台構えとなっている。また東南の狩の間には広縁に張り出した三畳の「床」があり、違棚・付書院を備える。

この会所は、義教の会所の特色を引き継いでいることは明らかであるが、しかし新たな傾向も認められる。すなわち、主室である九間に押板が造り付けになり、また対面に際して義政は九間に座して西を向いている。[17]つまり対面の場の方向性が〈東 ↓ 西〉に変化した。

2　院御所と門跡の院家

（1）後小松院御所と伏見宮御所

伏見宮貞成親王（後崇光院）の御所は、南北五間・東西六間の規模で、出入口近くに番衆の来客の控所である殿上があり、御所南面にはつぎに近臣衆の祗候する廂間、常御所、客殿とならび、その南を弘庇とする。また北半は、東

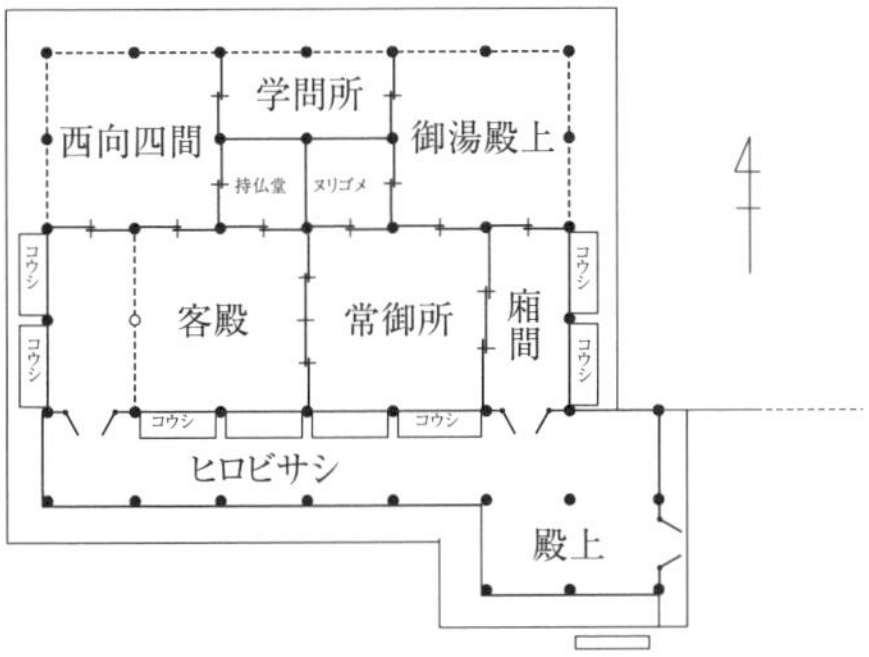

図142　伏見宮御所

に御湯殿上、中央に持仏堂・塗籠・学問所、西に西向き四間があった。このほかは台所など数棟の付属施設があるのみで、ごく小規模な構成の御所であった。親王の皇子である後花園天皇が即位すると、客殿は寝殿と呼ばれるようになった。永享七年（一四三五）移住した洛中御所は、旧後小松院御所の寝殿・一対・随身所・台所・門を移築したものであり、寝殿東面に会所が付属しているのが新しい変化といえよう。しかし、門跡の院家などでは独立の会所を構えていたのに、伏見宮貞成親王（後崇光院）の御所は、ついに独立の会所棟をもたなかった。

（2）院家

醍醐寺三宝院門跡が京都の市中に営んだ院家である法身院は、[18]応永十七年（一四一〇）の指図によって中心施設である小御所と会所の間取りがほぼわかる。小御所というのであるから、正規寝殿の形態をもってはおらず、常御所にあたるものであろう。南面の九間が主室であり、東南に中門廊をもち、東に公卿座、西に六間が付属し、南に弘庇がつく。晴の空間となる九間を中門廊側に配置しているのは、古い形式といえよう。

　また会所は、小御所の西に南面してたち、東西四間・南北三間の主室と次の間と弘庇からなる。主室西端には部屋を飾る「床」と「ツミ棚」（違棚）があったが、応永十七年（一四一〇）の吉書始に使用されたときには、それらの前に屏風をたて、儀式の空間から隔離している。[19]

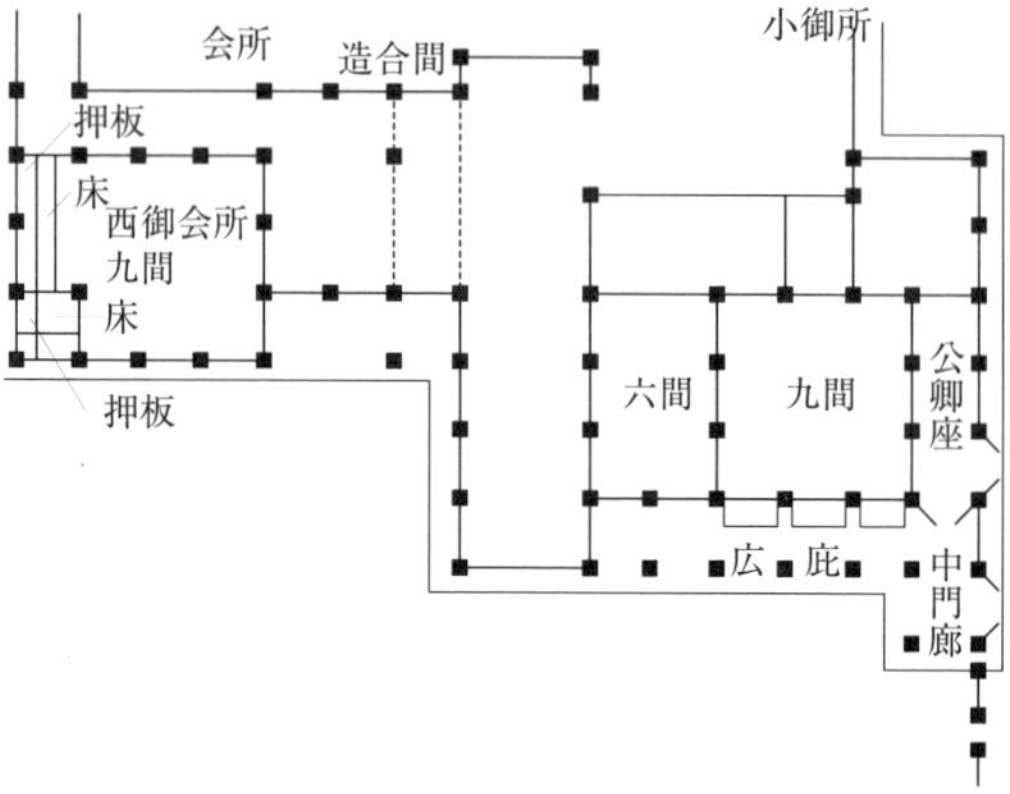

図 143　醍醐寺三宝院門跡御所法身院指図

ところで、前述の金剛輪院も三宝院門跡の院家であるが、永享元年（一四二九）に立柱上棟したその常御所は、会所を兼ねていた。会所を構成する主座敷は南面し、押板を構えた主座敷、そして押板・違棚・付書院をもった「床の間」からなっていた。常御所の内に会所を構えるこうしたありかたは、おそらく住空間構成の新たな動きを示す形式といってよく、十五世紀初頭以前の姿を示している法身院小御所・会所に対し、時代の趨勢を示しているようである。

仁和寺常瑜伽院指図は、長享三年（一四八九）に作成した図を永正六年（一五〇九）に清書したというもので、少なくとも室町時代前期の状況を伝えていよう[20]。

仁和寺の子院である常瑜伽院の敷地は、西と南が道路に接し、西側の北よりに立つ西御門を正門とする。中心施設である御堂と寝殿（常御所）が、西御門の軸線の北と南に向い合っている。寝殿の東北に小御堂があり、また寝殿の東南、東方の苑池に近い建物が小御所（会所）とみられる。南方には付属建物として、御厨子所を含む雑舎と風呂がある。

寝殿の西と南は、桜や梅の木があり、白壁で囲われた庭に向き、一方、会所は東の御池向きの庭に面している。山水との関係が深い主要建築が雁行型の配置をとっていること、またそれらが廊でつながれる

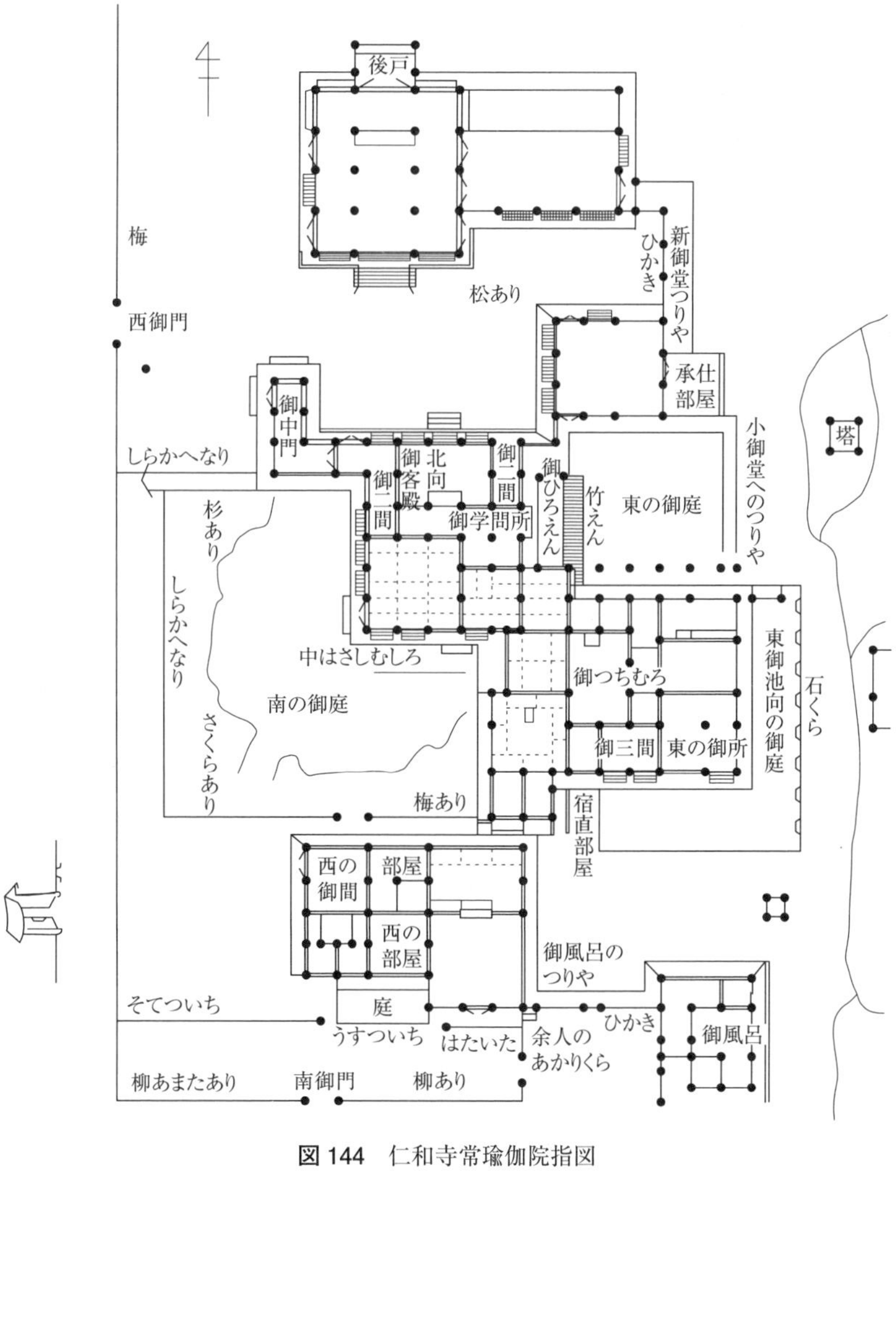

図 144　仁和寺常瑜伽院指図

のではなく、結合されて複合建築となっていることが注目される。

寝殿は北を正面とし、北西に矩折れの中門を出し、北向きの客殿（六間）と西向きの客殿（九間）、四間の常御所、付書院を備えた学問所などからなる。永享四年（一四三二）義教が花見に訪れたときには、西向きの九間に畳を敷いて座敷とした。

寝殿より大規模な小御所は、西半部が納戸・茶湯所・土室・赤へりの間・中居などからなり、鶴のお棚の間という部屋が常御所とのあいだにある。東半部の東御所が会所にあたり、指図では北の部屋は押板や帳台構えを備え、さらに上段であるように描く点が興味深い(21)。

3　会所と座敷飾り

（1）遊芸と対面の空間

対面　後小松院御所では、晴の歌会に広御所を室礼して用いていたが、応永二十九年（一四二二）になって会所を新造している。この会所は泉殿ともよばれており、庭の池水の近くにあったらしい。応永三十年（一四二三）義持が院参したときには、まず常御所で一献の儀があり、ついで会所に移って一献あった。

また正長二年（一四二九）に醍醐寺三宝院門跡の満済准后が院に対面したときの様子をみると、会所「泉殿上」が対面の場となり、座敷は南北三間・東西二間つまり六間が主室で、その東に南北五間・東西三間の十五間があった。六間には、西に幅三間の押板があり、四幅の絵を掛けてまえに花瓶などを置く。南に大文畳一畳を敷き、ほかは小文畳を敷き回して、あいだに指筵を敷いた。対面主座敷の六間に入ったのは、後小松上皇と満済准后の二人だけで、院が大文畳に座って北面し、満済は北の小文畳に南面して対座した。ここでは対面の場に〈南 ↓ 北〉の方向性があったが、これは当時の通例であった。一方、参会の公卿たちは次室である十五間の板敷の円座に座った。空間構成そし

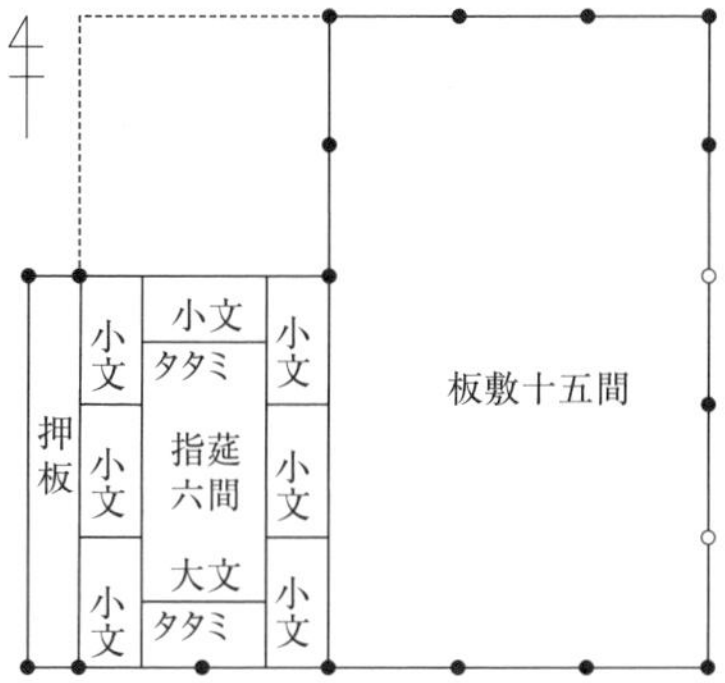

図 145　後小松院御所会所

て座の位置、畳の有無と種類など、六間と十五間には身分・官職の上下の対比が明らかである。

永享二年（一四三〇）、伏見宮貞成親王の御所を義教が訪れたとき、接客の場となった座敷は、寝殿（客殿）六間と常御所四間の間の襖障子を撤去して十間とした部屋であり、殿上に近い手前と奥に大文畳を敷き、庇間に屏風を立て、棚二つをならべ、その傍らに茶の湯道具を置いた。西向き四間に屏風二双をたてて義教の休所と茶立所とした。ここでは、客座敷にことさら唐様飾りの飾り付けをしていないこと、入口からもっとも離れた奥が晴の場所となっていることが注目される。

永享八年（一四三六）に洛中に営まれた貞成親王の御所は、院御所ともいうべき性格であったが、ここを義教が来訪したときの主座敷は、やはり西中門廊からもっとも遠い寝殿東面の会所とよばれた部屋であった。独立の建物ではないにしても会所を新設したのが当代の傾向を示しているが、座敷の室礼は、さきの場合と同様であった。この会所の上段に貞成親王と義教が対座し、他の人々は会所下段に着座した(22)。

なお逆に、貞成親王が参賀などで室町殿を訪ねた場合は、四脚門から入り中門・中門廊を経て公卿座に着座し、申次に参上の挨拶をして義教の内意をうかがい、申次の案内で会所へ通り、対面の儀礼が行われる。ここで酒膳が供されることもある。これは、武家護持僧や公卿の場合も同様である。

御幸　義教が三条坊門殿の奥会所を新造してまもない永享二年（一四三〇）の御幸では、寝殿で三献の儀をすませたあと、東会所に座を移してふたたび三献と御膳が供され、食事が終わると、新造会所へ移り、部屋ごとの飾りや置物を見物した。十二間という広い部屋が主座敷であった。遊芸や接待・対面に来訪した人々は、しばしば会所と庭園の見物を勧められ、「会所以下の荘厳、置物・宝物目を驚かす、山水殊に勝れ、言語に非ざる所か、極楽世界の荘厳も此の如か」と感嘆した。

遊芸　永享四年（一四三二）正月、まだ会所が竣工していなかった室町殿における月次の連歌と和歌の会は、常御所において催され、西向きの上壇九間と次東四間（一段下）がその会場となった。会食の時は、将軍義教は九間の南に北を向いて座し、満済准后・実相院僧正の門跡二人は西に着座して東面し、また他の公家や武家は一段下の東四間に着座した。連歌の会のときには、参会者はすべて九間に同席した。[23] 会所においてもおそらく同じ用法であったにちがいない。

同年三月青蓮院への御成に際しては、寝殿東南の六間が主座敷、その東の四間落間が次の間となり、西の公卿座の西側に棚を構え、置物がならべられた。三献と御膳の饗宴が終わり、連歌が始まると、落間に祗候した人々も、義教や満済准后、摂政の着座する六間に参入した。遊芸の場の特質がよくうかがわれる。

（2）座敷飾りの成立

伝統的な連歌や和歌、茶の寄合、また七夕会、さらに将軍が管領などの家臣や寺家の屋敷を訪れる御成においては、会場となる座敷の室礼を行なった。

十五世紀初頭の伏見宮御所をみると、茶会ではふだんは常御所にしている部屋を会所にあて、屏風を立て回してそこに本尊の観音や脇絵を掛けている。また年中行事である七夕会の室礼は、会所に屏風を二双立て回して二五幅の唐絵を掛けわたし、種々の置物をおく棚、卓、香盤などをおき、五三瓶もの花瓶をにぎやかに並べ立てて、「花座敷」

とした。[24]いずれも唐物などの書画軸や花瓶をある規範にしたがって飾るというよりも、自由猥雑な座敷飾りであった。

しかし、永享二年（一四三〇）花見のために醍醐寺を訪ねた将軍義教を接待した金剛輪院（醍醐寺の院家）の常御所兼会所では、より整然とした座敷飾りをしている。御成の前日に将軍家から会所飾りの唐絵・唐物の置物が贈られ、同朋衆の立阿がそれを会所に飾り付けている。その記録「御会所御飾注文」によると、押板と違棚と付書院を備えた「とこの間」[25]と、南向きの押板のある座敷が主座敷となった。「床の間」の押板には三幅の絵を壁に懸け、古銅の三具足・香箱・卓を置き、また棚には食篭・草花瓶・壷・盆・卓を並べ、付書院には水瓶・小盆・印篭・水入・硯・筆架・墨・筆・小刀・軸物など文房具と書籍を飾っていた。また南向き押板の座敷には絵四幅・華瓶・卓・石の鉢二を飾った。[26]この座敷飾りはのちの方式と大きなちがいがなく、将軍家では座敷飾りの規範が十五世紀前半におおよそ成立していたことがわかる。

こうした座敷飾りの確立には、唐物奉行として唐物の鑑定と購入、保管、そして座敷飾りを管掌した同朋衆、すなわち立阿弥や能阿弥・芸阿弥・相阿弥親子三代などの時宗遁世者がすくなからず寄与していた。すでにみた座敷飾りの記録は、いずれも同朋衆の手になるものであった。「御会所御飾注文」は立阿弥、『室町殿行幸御餝記』は能阿弥、『君台観左右帳記』は能阿弥・相阿弥、『小河御所并東山殿御餝図』・『御飾書』は相阿弥によって筆記ないし撰述されている。座敷飾りの規範的な方式は、義教・義政に奉仕したこれらの同朋衆が実務体験のなかから抽出したのであろう。なお、後代に少なからぬ影響をあたえた『君台観左右帳記』は、原本はなく、写本などの伝来も複雑であるが、内容は唐絵画人伝、座敷飾り、唐物器物の説明からなり、唐絵・唐物中心のありかたと、座敷飾り（押板飾り・書院飾り・違棚飾り）の規範についての記述が注目される。

（3）会所の特質と変遷

室町殿では行幸・御幸や唐使対面、大饗などの儀礼はあいかわらず寝殿を使用したが、通常の接待・対面は会所を用いていた。また接待・対面は、寝殿から会所へ、あるいは第一会所から第二会所へなどと場を移して繰り返し酒・膳などの饗宴を行なっている。

会所における対面の場は、主座敷—次座敷という空間構成をもつ。身分・官職のちがいは厳格に守られ、上壇に対する下壇・落間・庇などの空間的な格差で表現される。尊者・主人の座の向きは、建物・室の向きに関係なく、北向きとしていた(27)。会所は新儀の空間であり、先例や慣習に束縛されない面があった。唐物飾りによって場を室礼し、そのための専門職も確立した。

一方、連歌の場となると、座の位置などに社会関係が示されるにしても、身分・官職のちがいを越えて一室に会している。これは茶会にも共通する特質といえよう。

四、十境——環境造形の思想

1　十境・境致の流行

室町時代には生活環境の造形が新たな展開を示した。それは、「境致」あるいは「十境」という環境造形の思想(28)の盛行、そして眺望という視点の獲得、さらに後に「市中の山居」とか「市中の隠」といわれる都市的な美意識が流行しだしたことである。前ふたつは禅宗の影響のもとにあらわれ、後者は伝統的な美意識が再現したといえようが、室町期以降の日本の造形文化を特徴づけることとなった。

自然と人工の美、宗教、歴史、文化などをあわせた総合的な景観の美を追求・演出しようとした「境致」「十境」は、どのようなものであったか。元徳二年（一三三〇）ころ建長寺住持であった明極楚俊《みんきそしゅん》の「建長寺十境」——玄関・大徹堂（僧堂）・得月楼・逢春閣・拈花堂（法堂）・蘸《さん》碧池・華厳塔（三重塔）・嵩山（開山堂西来庵の後方の山）・玲瓏岩・圓

表21　十境一覧（西芳寺・義満北山殿・義持三条坊門殿・義政東山殿）[29]

境　致	西　芳　寺	義満北山殿	義持三条坊門殿	義政東山殿
観音殿	舎利殿 瑠璃殿 無縫閣	舎利殿 法水院 潮音洞 究境頂	観音殿 覚苑殿 勝音閣	観音殿 心空殿 潮音閣
持仏堂	西来堂			東求堂
書院			安仁斎	同仁斎
会　所		天鏡閣	嘉会	
禅　室	指東庵		探玄	西指庵
関	向上関		要関	太玄関
亭	縮遠亭 山上	看雲亭	悠然亭	超然亭
亭	潭北亭	漱清	養源（泉殿）	弄清亭（泉殿）
亭	湘南亭			釣秋亭
橋	邀月橋	拱北廊	湖橋	龍背橋
池	黄金池	鏡湖池	蘸月池	錦鏡池
舟　舎	合同船			夜泊船

通閣（観音殿）――をはじめとして、元弘三年（一三三三）から建仁寺住持となった清拙正澄の「東山十境」――慈視閣（方丈の上層）、望闕楼（山門の上層）、大悟堂（僧堂）、羣玉林（衆寮）、入定塔（開山塔）、楽神廟（鎮守、吉備津宮第三末社楽御前）、無盡燈（清拙正澄開基の塔頭禅居庵にある）、清水山（清水寺後方の山）、第五橋（五条橋）、鴨川水（鴨川の流れ）――、夢窓疎石が貞和二年（一三四六）に選んだ「亀山十境」（天龍寺十境）――普明閣・霊庇廟・曹源池・龍門亭・万松洞・亀頂塔・絶唱渓（大井川）・拈華嶺（嵐山）・渡月橋・三級巌（戸難瀬の滝）――など、とくに禅寺において発展してきた。いずれも周辺の山や川などの自然を含んでいることが注目される。

なお、同じころ北宋の画家宋迪にはじまる瀟湘八景――平沙落鴈、遠浦帆歸、山市晴風、江天暮雪、洞庭秋月、瀟湘夜雨、煙寺晩鐘、漁村落照――も伝来している。これは景勝の地（場所・空間）に四季・時間・天候を特定して景を切り取る新たな風景観として中国の内外各地に広まった。博多聖福寺の鉄庵道生の博多八景――香椎暮雪・筥崎蚕市・長橋春潮・荘浜泛月・志賀獨釣・浦山秋晩・一崎松行・野古帰帆――は、瀟湘八景に倣いながらも独自の景を詠んでいる。南北朝期には八景の和風化が進み、南都八景では東大寺鐘、春日埜鹿、南円堂藤、猿沢池月、佐保河蛍、雲居坂雨、轟橋旅人、三笠山雪となり、和歌によって八景が詠まれるに至った。

南北朝期に歌人としても知られた関白二条良基の二条殿では、邸内に十境が命名されていた。二条殿は、中門・中門廊・二棟廊を備えた寝殿を構え、その庭園は龍躍池を中心に亭や閣を配し、また水の上に楼閣建築をつくるなど、十境が名付けられるほど興趣に満ちたものであった。泉亭には唐絵・華瓶・香炉による唐様飾りを行っていた。正長元年（一四二八）義教が訪れたときには、寝殿に準じる梅香軒が対面の場となり、その後「竹泉黒木造」の漱玉亭で酒宴が行われた。

将軍御所では奥向きの苑池をめぐって多彩な建築群が配置されていたが、それらは一つの環境造形の理念のもとに相互に深く関連しあっていた。敷地の中から深い雅趣のある建築を選んで、象徴的な名称をあたえ、そうした境致を一〇ヵ所ほど選んで十境と称したのである。

室町将軍邸のモデルとして大きな影響をあたえたのが夢窓疎石の西芳寺である。はやく義満の室町殿において境致が選ばれたことが知られるし、義持三条坊門殿でも「相府十境」と称した。義教・義政の室町殿や東山殿においても苦心して十境とその名称を選び、詩文を詠み、篇額を掲げている。

2　東山殿十境

東山殿の十境は、夢窓疎石のつくった西芳寺をモデルとし、また北山殿を意識して組み立てられていることはよく知られている。「錦鏡池」には「夜泊船」（舟舎）がそなわり、その北岸に常御所や会所、よくしられた「東求堂」、「弄清亭」（泉殿）が並び、西岸に「観音殿」が東面し、南岸に「釣秋亭」と「漱蘚亭」がたち、池の中島に「龍背橋」が

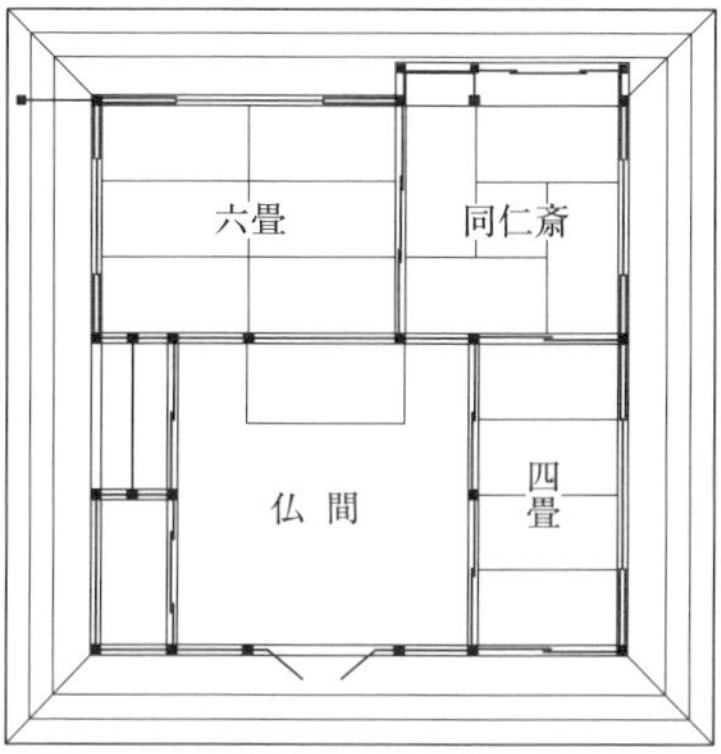

図 146　東求堂平面図

写真 37　東求堂

写真 38　観音殿（銀閣）

架かり、東の裏山の中腹に「太玄関」を構えた「西指庵」が、その上に「超然亭」があったという。なお、漱蘚亭は竹で造られた亭であるが、義政の室町殿には同じような竹亭と、黒木（皮付丸太）で造った黒木亭など、趣向を凝らした庭園建築がつくられていた。

東求堂は、義政の持仏堂であり、正面・側面ともに三間半の規模をもつ（一間＝六・五尺の心々制の平面計画）。単層入母屋造、桧皮葺で、四室から構成される。南半には阿弥陀仏を祀る二間四方の仏間があり、須弥壇と二重脇仏壇、奥行の狭い位牌棚が付属する。仏間の東側の四畳敷は控の間にあたる。北東の四畳半の書院は、同仁斎と名付けられ、付書院と違棚を備え、囲炉裏も切られていた。『御飾書』によると、囲炉裏に釜を掛け、違棚には茶の湯道具を飾っていた。四周に榑縁を廻し、西側の縁に「床」と称する腰掛をつくり、隔簾の額を掲げる。

なお、環境造形や風景のみかたに強い影響を与えたのが、眺望を楽しむ楼閣建築の流行である。こうした二階建ての建築を好んだのは禅宗寺院であるが、それが住宅にもつくられ、二条殿の水上の二階亭、そして北山殿の舎利殿（金閣）や会所二階殿、東山殿の観音殿（銀閣）などがある。これらは庭園建築として境致の一部を構成しつつ、境致を楽しむものであった。

観音殿は、正面四間・側面三間、重層宝形造、桧皮葺で、東面してたつ。初層の心空殿は当時の住宅様式、上層の観音を安置する潮音閣は禅宗様と和様の混在する仏堂形式である。このような二重の殿閣は、義満の室町殿、義持の三条坊門殿、義教の室町殿につくられ、義政も烏丸殿・室町殿に義教の観音殿を移築していたから、奥向きに必須の建築として先例を踏襲したものといえようが、東山殿の境致の範を西芳寺に求めていることからすると、西芳寺の舎利殿を意識してつくったとみられる。義政が観音殿に銀箔押しの装飾を意図していたかは明らかではないが、銀閣の呼称が現われるのは江戸時代に入ってからのことである。

眺望の楽しみはまた、都市の景観を見出した。空中から眺めた都市景観をいきいきと描く、洛中洛外図という絵画ジャンルの出現をもたらした。

造形思潮として新しい傾向は、「山中の趣」、すなわち都市の市街地のなかに山里の静穏な環境の創出である。戦国時代の後半になると、「市中の山居」「市中の隠」は、とくに草庵風茶室の創成、侘茶の環境造形に大きな影響をあたえた。

注

（1）高橋康夫「中世都市空間の様相と特質」（高橋康夫・吉田伸之編『日本都市史入門　Ⅰ　空間』、東京大学出版会、一九八九年）本書第一部第八章。

(2) 川上貢『禅院の塔頭』、河原書店、一九六八年、七〇～八六頁。
(3) 『満済准后日記』永享三年（一四三一）八月十九日条。
(4) 高橋康夫『京都中世都市史研究』思文閣出版、一九八三年、二六五～二八五頁。
(5) 村井康彦「茶湯の形成」（『千利休』、NHK出版、一九七七年）。
(6) 『看聞御記』応永二十四年（一四一七）閏五月十四日条。
(7) 高橋康夫「茶屋」（高橋康夫・吉田伸之編『日本都市史入門　Ⅲ　人』東京大学出版会、一九九〇年）本書第一部第七章コラム6。
(8) 『看聞御記』応永三十年（一四二三）七月十四日条。
(9) 川上貢『日本中世住宅の研究』墨水書房、二一〇頁。
(10) 今谷明『室町の王権』、中央公論社、一九九〇年、七七頁。
(11) 川上貢前掲書（注9）、二一三～二二一頁。
(12) 川上貢前掲書（注9）、二一六～二一七、三五七頁。
(13) 佐藤豊三「将軍御成について（二）（三）」（『金鯱叢書』第二・第三輯、一九七五～一九七六年）。三会所の復原平面図は、中村利則『町家の茶室』、淡交社、一九八一年、二九頁、宮上茂隆「会所から茶湯座敷へ」（『茶道聚錦　七』、小学館、一九八四年）にあるが、とくに北面の構成について見解がわかれている。
(14) 川上貢「義政の御所」（前掲書、注9）。
(15) 以下の四者による推定復原図がある。川上貢前掲書（注9）、二六三～二七七、三五八頁。また、その修正図が同『室町建築』、至文堂、一九八二年、七七頁にある。中村昌生「金閣と銀閣」（『京都の歴史　三』第四章第一節、一九八六年）。鈴木充「御飾書の考察」（『建築史研究』三三号、一九六三年二月）、宮上茂隆「東山殿の常御所・会所と近世の対面所」（『日本建築学会大会学術講演梗概集』、一九七〇年）。
(16) 以下の人々による推定復原図がある。川上貢前掲書、二六三～二七七、三五八頁。また、その修正図が同『室町建築』至文堂、一九八二年、七七頁にある。中村昌生「金閣と銀閣」（『京都の歴史　三』第四章第一節、一九八六年）、鈴木充「御飾書の考察」（『建築史研究』三三号、一九六三年二月）、宮上茂隆「東山殿の常御所・会所と近世の対面所」（『日本建築学会大会学術講演梗概集』、一九七〇年）、中村利則前掲書（注13）、三三頁、斎藤英俊「会所の成立とその建築的特色」（『茶道聚錦　二』、小学館、一九八四年）。
(17) 『蔭凉軒日録』長享元年（一四八七）十一月七日条。
(18) 太田博太郎『書院造』、東京大学出版会、一九六六年、九五頁。

(19) 斎藤英俊前掲論文(注16)。
(20) 杉山信三『院家建築の研究』吉川弘文館、一九八一年、七〇〜七二頁。
(21) ここでは一間半の柱間が用いられている。また、便所(「まなか」)が、寝殿の西端と、会所の東北端に設けられている。
(22) 『看聞御記』永享八年(一四三六)八月二十九日条。
(23) 『満済准后日記』永享四年(一四三二)正月十三日・十九日条。なお、これは上段という言葉の早い用例である。
(24) 『看聞御記』永享六年(一四三四)七月七日条ほか。
(25) この「床の間」は、現在の床の間のことではなく、床が一段高くなった部屋、あるいは床が一段高くなった一画をもつ部屋のことを意味する。
(26) 川上貢前掲書(注9)、二三四頁。
(27) 池田道人「南北朝・室町期における場の使用形態と会所の形成」(『日本歴史』二九五号、一九七二年)。
(28) 関口欣也『五山と禅院』、小学館、一九九一年。
(29) 川上貢前掲書(注9)、二七九頁、中村利則前掲書(注13)、二二二頁。

第五章　首都圏とその文化の形成

一、三都の発展

1　応仁の乱と京都

「構」　応仁の乱（一四六七～一四七七）による戦禍はすさまじく、下は二条、上は御霊辻子、西は大宿直、東は室町の範囲にある百町余、公武寺社・民家などおよそ三万余軒が灰燼となり、さらに火は下京にも及んだ。こうして上京・下京・西京の市街、さらには鴨東の寺社も姿を消し、「京中大焼」となった。

応仁の乱は、都市住民の地方への離散という結果をもたらした。そのため大乱が終息し、幕府が市街還住・復旧政策を打ち出しても、旧状に復するにはいたらず、市街地は上京・下京の一部を除いて荒野と化した。

京に残った人々は、乱中に構築された、堀や土塀を備えた要害のなかに住んだ。東軍の本拠地として最大の規模をもつ要害が上京の中心となり、その狭い地域にバラック小屋が軒を接してたてられ、道路の通行もままならない状態であった。

戦国の京を描いた洛中洛外図屏風(1)をみると、上京と下京の市街は独立の集落であり、それらをただ一筋の室町通りが結んでいただけであったことがわかる。上京と下京は、「構」によって囲まれていた。上京と下京は環濠城塞化されたのである。「構」は「壁」（土塀のこと）や土居、堀、「釘貫」（木戸門）や櫓などの要害施設からなり、市街全体を

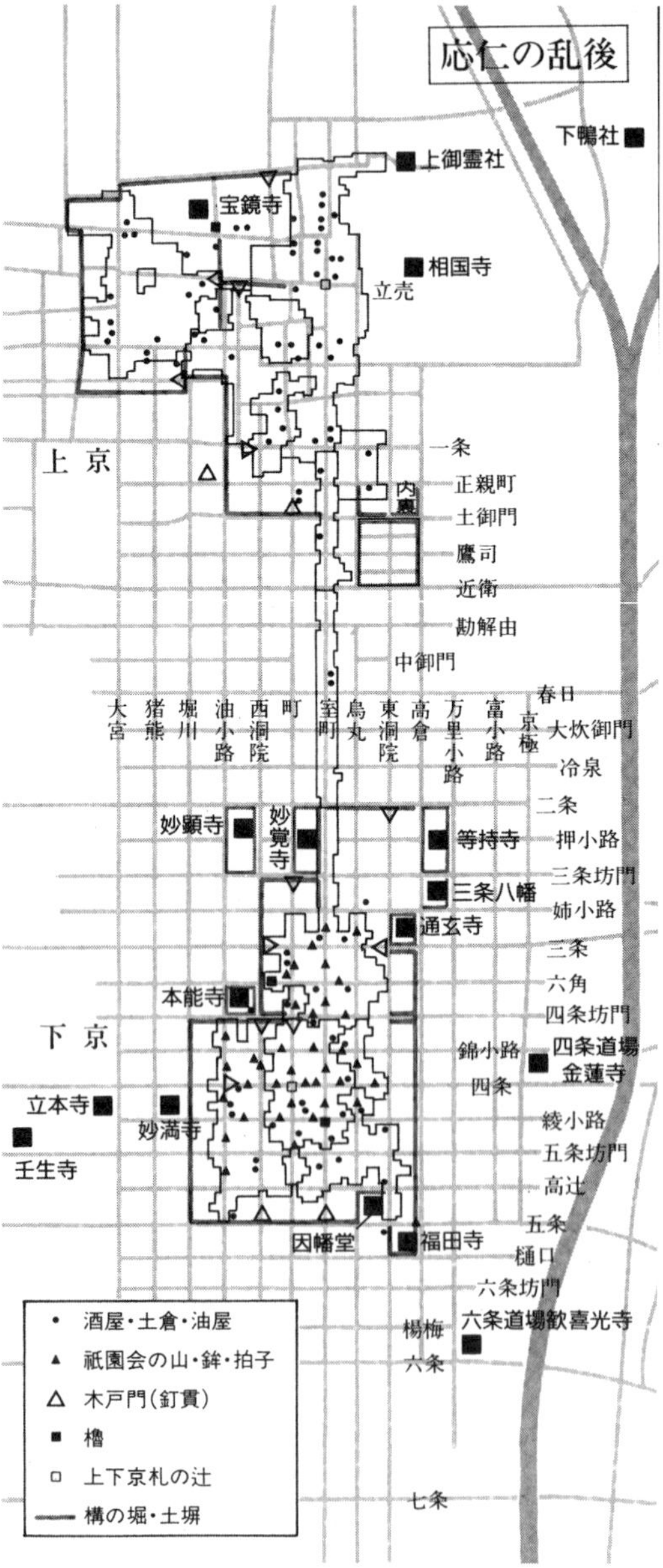

図 147　戦国期京都都市図

囲む「洛中総堀」・「惣構」だけではなく、町々の間にも構の土塀が築かれていた。構の入口には「釘貫」(木戸門)や櫓が構築され、夜には見張りが立てられた。都市民衆の生活空間を守るこの「壁」は、地縁的な生活組織である町や、町の連合体である町組、さらにはその連合体である上京・下京惣町によって構築・維持されたのである。下京の「構」では、その四隅の要衝を法華寺院が押さえており、その姿は法華宗が下京町衆の物心両面のより所であったことを如実に示している。

洛外農村　周辺の村々も狭間をつくった「壁」(土塀)をめぐらし、木戸門を構えていた。西の京や吉田、祇園、賀茂などの集落は、洛中と同じように防御施設をともなった「構」であった。鴨東の吉田郷は、「北の在所」約四〇戸、「南の在所」約三〇戸からなるが、領主吉田家の命令によって「北之構」と「南之構」の堀や橋、木戸門を築いた。また賀茂郷では賀茂社家中の氏人が結集して構築したもので、構築にあたって分担を決めたり、置文を定めて構の維持管理を行なっていた。洛外の集落では、洛中の町家とよく似た小規模な草葺農家が立ち並び、道路を前庭として行なわれる農作業の風景がみられた。

河川　洛中洛外を流れる大小の河川は、耕作のための潅漑用水として、また物資の運送手段として、庭園の遺水の水源として、要害として、納涼や有楽の場として民衆の生活にさまざまに利用されてきたが、水上家屋の建設が注目される。「壁」によって生活領域が制限されたため、上京の繁華な市街地を流れる小川や堀川の水面上にも町家が建てられ、道沿いの町並みとなんらかわらないふつうの町並みを形成していた。

同業者の集住　戦国の動乱期にあっても新しい町の胎動があった。堺や大津、奈良に戦乱を避けていた織物業者がしだいに帰京するようになったが、かつての集住地である大宿直にはもどらず、西軍の陣地の跡——西陣——に新たに同業者町をつくったことである。織屋を中心に数多くの関連業者が集まり、こうして現代にも生き続ける京の伝統産業地域西陣が誕生した。

上京小川以西のある通りでは魚屋がならんでおり、まわりをながめると魚の振売の姿もみられる。ここは生魚を売る市場、今町である。もともと生魚は、近江粟津・橋本の供御人達が琵琶湖で釣った魚を下京六角町の店舗を借りて売っていた。女性の商人たちが生魚などを販売していたという。戦国期の今町には魚売りが集住し、棚を構え、あるいは荷を持って魚を売っていた。上京の魚売りの拠点であり、同業者集住の町の一つといえよう。

町組　町の自治の発展は、十六世紀中ごろには上京・下京それぞれの地域ごとに町の連合体である町組を結成し、さらに上京五組・下京五組の惣町組織を成立させた。上京は立売組・一条組・中筋組・小川組・川より西組、下京は、中組・西組・巽組・艮組・七町半組であった。上京は一条小川の革堂行願寺に集まり、また下京は六角堂に寄合ってその活動について衆議した。

町組六町　「六町」は、上京の東南隅に位置した内裏の近辺に成立、発展した六つの町が結成した町組である。これらの町の名は「一条」・「正親町」・「烏丸」・「橘辻子」で、生活空間たる道路の名称をそのまま地縁的生活組織である「町」の固有名称としている。この地域は、かつては後小松院仙洞御所であったが、応仁の乱の後、零落した公家や新興の商工業者が集住するようになった。住人たちは一致協力して盗賊に抵抗し、また町焼討ちなどの事件を未然に防いだ。大永七年（一五二七）の終わり、京都を軍事支配下においていた「堺公方府」の軍勢の諸家乱入事件に際し、「烏丸」の町衆達は「町の囲い」、すなわち町を守る壁＝土塀を構築して抵抗したが、このとき同じ町内の山科家や柳原家などの公家も材木を提供したり、酒を振る舞ったりしたのであった。

天文三年（一五三四）二月、町組「六町」を結成した。町組結成の直接の動機は、禁裏から要請された禁裏堀普請人夫役に応じることによって種々の免除特権を獲得しようとしたからであったが、同年の洛中をめぐる「総堀」の普請に際して「六町」にも賦課された幕府人夫役の適用除外に成功したことを契機として禁裏と相互扶助的な関係を結ぶこととなった。さらに織田信長の入京頃を画期として「六町」は「禁裏様六町」と通称されるようになる。つまり、禁裏は「六町」から人夫役を調達することによってその安全確保の一助とし、一方「六町」は禁裏から寄宿・一切諸役・徳政などの免除特権を獲得した。こうして町組「六町」は部分的にせよ権力の都市支配から脱しえた洛中唯一の町組となったのである。

洛中洛外図屏風　この時代には京の都市景観や生活風俗を描写した絵画作品である洛中洛外図屏風や扇面が制作され、それらの作品を通じて戦国期の京を具体的に目にすることができる。

庶民の住居はミセ（またはオウエ）、ナンド（またはヘヤ）の二室構成であったらしい。店舗のファサードは、蔀を下ろして見世棚とし、また長押を使わずに窓をつくる。蔀の内側にかならず連子や粗い格子を組み込んだ用心堅固な窓とするのが特徴である。十六世紀後半になると、大きく床面まで開口部を設ける店家がでてくる。見世棚をもたない住居は、門口に小庇が付き、門口以外はすべて土壁で、窓などはなく、あっても小さな連子窓・格子窓である。家屋の両側、また正面と側面の三方に高壁（高塀）を上げるのは、土蔵や酒屋、油屋など有力な商工業者の屋敷構えであった。

外壁はほとんどが土壁となり、ときに太い丸竹を半割にして打ち並べた竹張りの壁や、板壁が用いられる。網代壁はまれにしか使われていない。柱は礎石をおいていたという。屋根は石置き板葺屋根が多く、また市街地でも藁葺がある。竹で葺かれた町家もあったらしい。屋根は垂木の上に小舞を配し、その上に榑板を軒から棟に葺き上げてゆく。井の字に組んだ竹を置き、石をのせて葺板を押える。

二階建の町家は、室町時代から宿屋などにはみられたようであるが、戦国期には上京の立売や小川、また下京四条室町あたりなど、京のもっとも繁華な町には建てられていた。四条の町家では二階の座敷から山鉾の巡行をみることもあった。

2　奈良

（1）市の発達

平城京では八条大路の北に東市、西市が位置した。両市は棄都とともにすたれてしまったが、十三世紀後半になると北市、南市二つの市場ができていた。興福寺の一乗院門跡が領内北端に開設した北市と、大乗院門跡が領内南方の紀寺郷の東に開設した南市である。その後、応永二十一年（一四一四）には興福寺の六方衆によって南都七郷の隅に中市が立てられた。このように奈良の市場は、領主である興福寺の寺院組織と密接に関連していること、またいずれもその開設者である大乗院・一乗院・興福寺の院や伽藍などから遠く離れた領内のはずれに立地していることが注目される。

応永十四年（一四〇七）の南市には、食料や衣料、武具などを商う座が三〇座あった(2)。座衆たちは集会所（「市宿」）をもち、市場での営業やその管理を自治的に行なった。座の人々は、集団居住することもあったが、多くは諸郷に分散して居住した(3)。永享七年（一四三五）奈良の北市には市商人の二階屋があった(4)。

市を興行し支配するその目的はいうまでもなく、市場から収益をあげることであった。市の開設者である門跡や六方衆は、市場の商人に対して、座銭と市屋形地子銭、そして夫役を課したほか、臨時の課税も行なったのである。厳しい課税のために室町時代末期には北市・南市・中市がすたれてしまった。

戦国期の天文二年（一五三三）に興福寺の学侶が、春日社への神供備進を目的として高天郷に新しい市を開設した。この高天市について「市場法」ともいうべき内容をもつ史料「高天市懸札掟書案」があり、これによると、（一）市の規模は方一町とする、（二）市の周辺一町内での諸商売の禁止、（三）市における武士や寺家被官の居住の禁止、など市のありかたがよくわかる(5)。

学侶の高天市に対抗して六方衆も猿沢池の南に新市を設けた。のちに南市と呼ばれるようになるが、この南市と高

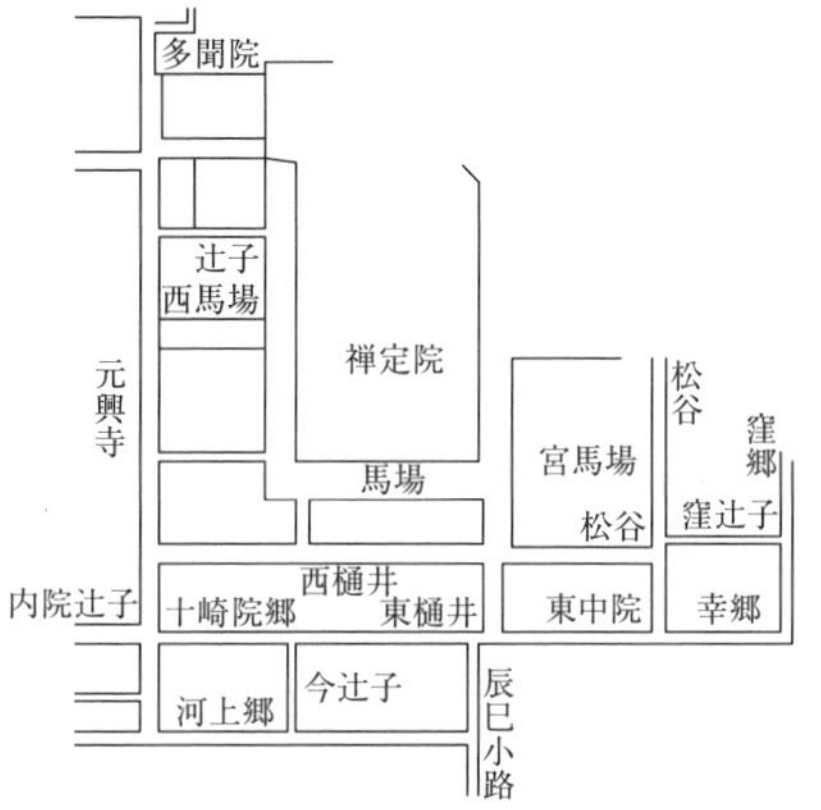

図 148　大乗院門跡郷地図

天市は、領主側の意図に反してさほど繁栄しなかったようである。その背景には十五世紀中頃には目立っていた、店舗を構える商人の増大傾向がある。当時、奈良の町中における振売しか認められていなかった「シタミ座」の塩売のなかにも、「居座」すなわち通りに「屋形」を構え、「屋内において本座の如く我意に任せ売買」する人々が九人いた。[6] 店舗商業の自然の発展に、寺社権門主導の門前町内市場は衰退をよぎなくされたのである。

（2）郷と自治

奈良には早くから郷民の自治的な会合のための集会所があった。室町時代の康正三年（一四五七）の史料によると、元興寺近くの薬師堂郷は、薬師堂を中心にしてできた郷で、大乗院と一乗院が半分ずつ支配していたが、郷民の年長者から一名の刀禰が選ばれ、この刀禰が主宰する惣郷の会合評定が、毎年薬師堂を集会所として開催されていた。[7]

応仁の乱が勃発すると、京の貴族や町人が奈良に移住したが、これにともない法華信者が増大した。「奈良中止住の輩は、皆もって寺社の公人・被官人なり」という状況から、戦乱のなかで衆徒や国民と結んだ有力な商工業者は、しだいに社寺への隷属から離れ、独立した町人となる道を歩み、領主権を越えた住民自治組織を結成するようになった。松永久秀が多聞山城を構え、奈良を城下町化した永禄三年（一五六〇）ころには「奈良惣中」があらわれた。

小五月郷　大乗院の鎮守天満社で催される小五月会に参加する諸郷を小五月郷といい、郷民は土地の間口に応じて小五月銭を徴収されていた。元亀三年（一五七二）の「小五月郷間別改打帳」から諸郷における商人と職人の分布などをみると、小五月郷の南部に畠が多く、北部の餅飯殿・高御門郷など南市周辺の郷は商・職人の占める比率が高い。(8)

戦国期の住居は、小規模であり、間口いっぱいにたてられていなかったから、隣とのあいだには空地があった。西桶井郷の茶屋孫四郎の住居敷地は、間口が六間六尺五寸（一間＝七尺）で、このうち三間が「本家」、残りは「小屋」であった。小屋には非血縁の下人が住んだのであろう。一軒の家に一家族が居住するのがふつうであるが、相屋（合屋）といって、一軒の家を二つに分割して二家族が同居することもあった。間取りはわからないが、住居間口が九尺程度の小規模なものでは二室であろう。このころ住居規模が拡大する傾向があらわれていた。屋根は、板葺と草葺があった。(9)

3　堺

摂津国と和泉国の境界の地に開けた港である堺の名は、平安中期に現われ、熊野詣の宿ともなった。鎌倉中期に堺北荘・堺南荘が成立したが、南北に長く延びた砂堆上を縦断する紀州街道（大道）と、もとは摂津・和泉の国境線にあたる東西の大小路が交差するところに、大小路の北と南に分れて立地していた。

堺港は畿内と瀬戸内海各地を結ぶ要衝として発展し、そのため南北朝期には両勢力の争奪の的となったし、またその後も丹波・和泉・摂津の守護山名氏清の守護所としてその根拠地となり、室町期には北荘は大内氏の支配下に入った。応永の乱（一三九九）には幕府に反抗したため義満に攻撃され、民家一万戸ほどが焼失という。この後、細川氏の支配に帰した。同じころ南荘は相国寺領であったが、屋地子七三〇貫を地下請しており、在地住民勢力の拡大がうかがわれる。幕府領となったときには南北荘ともに地下請の権利を踏襲し、納屋衆による運営が行われた。

応仁の乱後、兵庫にかわって京都の外港としての地位を受け継いだ堺は、日明貿易や朝鮮・琉球貿易、さらに東アジア・南蛮貿易などの根拠地として発展し、国際貿易都市となった。

京都大徳寺の禅僧は、応仁の乱前から堺において布教活動を行い、富裕な商人の信仰をあつめた。応仁の乱によって焼失した大徳寺方丈・法堂の復興は、当時の住持である一休宗純に帰依した堺の豪商とその財力によるところが大であったし、一休の没後、大徳寺山内に真珠庵を創立したのも堺商人であった。古岳宗亘（大仙院開基）も南荘に南宗庵（のちの南宗寺）を開いて住民の支持をえたが、そのなかには参禅して「茶禅一味」を学んだ茶人武野紹鴎や、その弟子で法号を受けた津田（天王寺屋）宗達もいた。

また、日蓮宗京都本山の末寺も、室町時代中期いらい妙国寺などがつぎつぎにたてられ、有力な商人が檀家となった。大永七年（一五二七）以降堺北荘を拠点とし、堺を経済的な基盤として畿内に勢力を広げた細川晴元・三好元長は、京都や畿内の支配のために、また本願寺の一向一揆勢力との対決のために、洛中の法華本山を通じて法華一揆を起こし、巧妙にその戦力を利用した。堺に権力基盤をおいたこの勢力はわずかな期間であるが、京都を支配した。また元長の子で、南宗寺を外護した三好長慶は、将軍義輝を追放して京都を支配し、晴元のかわりに細川氏綱をたて、畿内・四国支配の実権をにぎった。織田信長は堺を直轄領とし、豊臣秀吉は大坂城下の建設にあたり、堺住民を強制移住させた。

経済の発展、宗教や政治の動きにつれ、京都と堺は深く一体化したが、堺町衆と京都公家の文化交流もみおとすことはできない。豪商の一人武野新五郎、のちの紹鴎は、当代きっての文化人であった公家三条西実隆に文芸を学んだのである。

中世堺は、開口神社とその神宮寺である念仏寺、さらに住吉大社の神幸所の宿院を中核とした南荘と、菅原神社とその神宮寺である常楽寺を中核とする北荘との複合的な都市構成をとっていたが、両荘の発達は平行していたわけではなかった。長享二年（一四八八）には南荘は田地なしといわれるほどに家屋が密集していたが、一方、北荘は大永二年（一五二二）においてもまだ田畑があった。この年常楽寺が風呂の跡地を再開発して屋敷にし、面一間半の火鉢屋、面二間の火鉢屋、面二間の大工新五郎、面一間半コマイの太郎五郎、面二間一尺六寸の八丈座に貸したが、彼らに対して、道に面したところの耕作と、肥料を道に並べること、さらに面に二階屋を建てることも禁じている。土地利用状況の一端がうかがわれる。享禄五年（一五三二）の火災では北荘の大部分と南荘の三分の一が罹災し、民家千軒が焼失したという。

『耶蘇会士日本通信』（一五六二年）によると、堺の市街を囲む深い堀があり、二つの都市門をもっていたという。また宣教師は「ベニス市の如く執政官によって治めらるる」とも伝える。これは会合衆という特権的門閥町人層による自治のことで、「堺北荘経堂」を会所として運営されていた。

近年の発掘調査により明らかにされた戦国末の都市状況は、近世の元和町割とは方向が異なる三種類の遺構が見出され、南北両荘がそれぞれ大道沿いに微地形に対応して広がる。堺全体を取り囲む堀とともに寺院や神社の境内をめぐる堀があり、幅約七間の堀がめぐる真宗寺内町とみられる遺跡では「御堂」の東・北・西に屋敷があり、その平均間口は約一間半、奥行は一四・五間と推定されている。

二、住空間構成の変質

1　主殿の発展

応仁の乱（一四六七～一四七七）のあと、室町幕府は、一地方政権として京都を中心に畿内を支配するにとどまり、またその実権も将軍から管領へ、すなわち細川氏に移行した。細川政元は、文亀二年（一五〇二）、将軍義澄の任参議中将拝賀式と後柏原天皇の即位式を中止する理由を、「一切の大儀共、末代不相応の事なり、御沙汰無益なり」とした。連綿と続いてきた律令的・古代的儀礼が無意味と断じられたのである。[10]下剋上が特徴的な社会相となった戦国時代は、住宅の歴史においても、古代的な儀礼空間の終焉、すなわち寝殿に代表される晴向き施設がついにその歴史的使命を果し終えた時代であることを意味している。

そうした時代の趨勢は、すでに義政のときから明瞭にあらわれていた。応仁の乱が勃発したときには義政の室町殿に天皇が同居し、公家と武家が本拠を同じくするという異常な事態となったし、また義政の営んだ小川殿と東山殿では、ともに寝殿が造営されず、前者では常御所兼会所を主殿と称し、また後者では常御所を主殿とした。将軍邸でも中心施設のありかたと名称が変っていた。時代の潮流は寝殿から主殿へと流れていたのである。

事情は、公卿層や京・奈良の寺院においてもまったく変らなかった。摂関家や門跡など大臣家においても、古代的儀礼をさほど重視しないようになり、寝殿を不可欠とする呪縛・桎梏から解放されてはじめている。「小御所」「常御所」「下御所」といった、本来の形式ではないという表現をとりつつ、ことさら寝殿を営まないで、住空間を構成したのである。ここで新たに重要な位置を占めるようになったのが、「主殿」である。主殿は、文字どおりには邸宅の中心的な建築のことであるが、それはおおむね一定の間取りと外観をもつ、つまり一つの住宅様式を備えていた。住宅においても下剋上が進行したのである。

2　門跡の院家

成就院　文明十二年（一四八〇）の記録に残る南都興福寺成就院の施設構成（表22）は、宝徳三年（一四五一）以前にさかのぼる状況を示すが、大きく分けて「主殿向分」と、築地によって隔てられた「主殿西方分」とからなっていた。[11]公卿座・中門が付属した規模最大の主殿が、この成就院の中心施設であり、日常の生活が行なわれる空間であった。また主殿の西方には、山水向きともいわれるように庭園が営まれ、会所や持仏堂などが配置されていた。

主殿とは、常御所や小御所など正規の寝殿ではない中心施設をさす言葉として大和の顕密寺院においては早くから使われている。応永六年（一三九九）法隆寺蓮池院には主殿があったし、また興福寺では成就院のみならず、禅定院や仏地院でも応仁の乱前から中心施設を主殿と称していた。

成就院は大乗院門跡の坊官の住む院家であり、そうした院家の典型的な事例なのであろう。ただ、門跡の住房である禅定院が焼失したときには門跡が、また応仁の乱の時には京の一条家の人々が居住しており、坊官の住房とはいえ、門跡や摂関家など大臣家が住むに耐える施設であった。

成就院の会所に押板などの座敷飾りの設備があったかはわからないが、大乗院門跡の支配下にある内山の仏光院には長さ二間の押板があった。

禅定院　応仁の乱頃は、一条家（摂関家）出身の尋尊が居住していた。[12]明応三年（一四九四）における施設構成は、常御所（障子上棟あり）や北棟・亭（廊あり）・塀中門（左右に土塀あり）・弁財天社などの桧皮葺の建物と、そのほかに塗葺の釜居殿、炬所・風呂・兵士番屋・上御樋屋・綿屋・北雑舎・小門・土門・東司（便所）、桧垣・壁（土塀）・築地（覆いあり）、井戸四ヵ所、新宮社、山茶屋などがあった。

享徳三年（一四五四）に再建されたときから寝殿がなく、そのため常御所を主殿とし、「下御所」・「下小御所」などと称したが、形式はともかくも、規模は寝殿に劣らぬ大きさであり、会所を兼ねていた。常御所の南西に別棟の建物

表22　興福寺成就院の施設構成

	建物名称	坪数	間　数
主殿向分	主　殿	四二	
	同 公卿座 中門	七	
	対　屋	二〇	
	風 呂 台	二八	南北四間・東西七間
主殿西方分	会　所	三二	南北四間・東西八間 七尺間
	源 氏 間		南北三間・東西二・五間
	屋　具	九	六・六尺間
	持 仏 堂	六	
	屋	四二	
	サ シ 出	五	
	大門一、小門二、ワラ屋、渡屋、貯守社、土蔵		

をたてて「障子上」とよび、中門に准じるあつかいをしている。南面には東から西へ、東九間・御前四間・中四間・中屋四間・六間・障子上と並び、九間は持仏堂を、御前四間は学問所を兼ねていた。これらが仏事の道場や、南都に下向した将軍義政との対面・接待の座敷、猿楽・田楽・七夕会など遊芸の会所となった。

七夕会の華やかな座敷飾りは伏見宮御所とよく似ており、南面の部屋と障子上を会所として屏風に唐絵一五幅を掛け、卓の上に花瓶一〇〇個を並べた。なお、この常御所には、十五世紀半ばの再建であるのに、押板や違棚、付書院など造り付けの座敷飾りの設備はなかったようである。

主室となったのは、中門からもっとも遠い九間であり、次の御前四間以下は補助的に用いられたが、ただ観能のときは、見物の都合から中央の御前四間と中四間の二室を合せて主室とし、九間を次室にしている。

大乗院門跡における演能は、門跡の権威を在地の人々にあらわす社会的意味をもっており、文明十年（一四七八）に御前四間・中四間を合せ奥を広げて十二間に改造したのは、観能の場として大室が必要であったからという。後には最大の部屋である十二間が常御所の主室に変化した[13]。

尋尊は、文明九年（一四七七）に禅定院会所の計画案を記録に残している。それは東山殿会所と匹敵する規模をもち、常御所の東南に立地して東方にあった苑池に向かってたつ。東の広縁に九間二室が並ぶが、主室であ

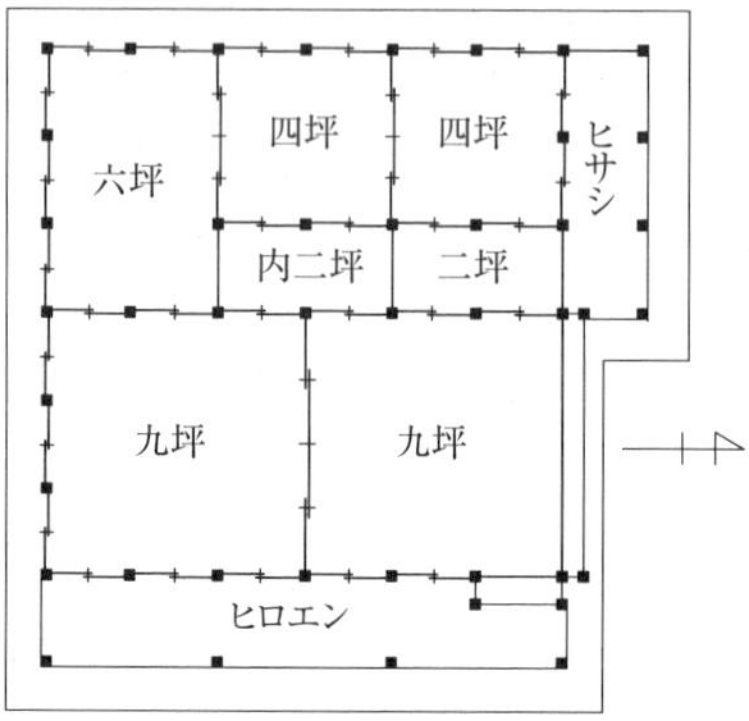

図 149　禅定院会所指図

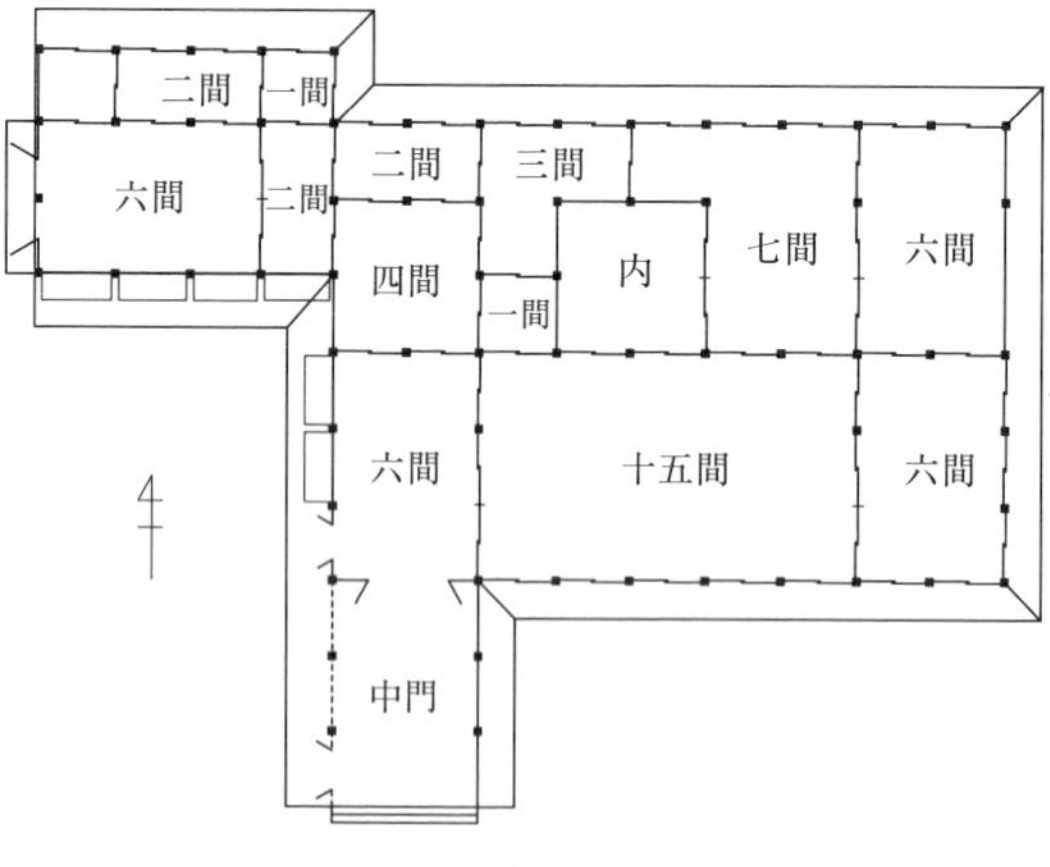

図 150　仏地院主殿

る北の九間には三間の押板と一間の付書院が備っている。この計画案は、会所の一事例を明らかにするとともに、主殿（常御所）の次には会所が必要とされたことも示していよう。この計画は実現しなかったが、そのかわりに主殿十二間の増築を行ない、会所の機能を主殿に取り込んだらしい。

仏地院主殿　仏地院は、文明十四年（一四八二）の火災のあと、大乗院門跡の院家となり、尋尊が管理・復興した。文明十七年（一四八五）に再建されたときの主殿の指図や材料注文によると、主殿は南北六間・

東西九間の規模をもち、南西に中門、北西に突出部がある。禅定院常御所の文明改造後の間取りと似ており、南面の十五間という大室が主室となっている。会所として用いるときも中心となる部屋であろう。柱はすべて角柱で、また建具は、蔀が中門の西面に使われただけで、そのほかの外回りの大部分を腰障子とするのが新傾向を示す。なお一部に遣戸と明障子を併用している。内部の間仕切には襖障子と板戸などを用いている。

3　禅寺塔頭の方丈

龍源院本堂　龍源院は大徳寺塔頭であり、その創立時の永正十四年（一五一七）に新造された本堂と玄関、表門が残っている。本堂は南面し、入母屋造・桧皮葺、東南端に土間四半敷瓦、折れ曲がり廊の玄関を付属する。本堂の間取りは、南正面の広縁に面して東から礼間・室中・檀那間が並び、その北に大書院・東眠蔵・北眠蔵・仏間・衣鉢間がある。外回りの建具は、正面中央間を双折桟唐戸とするほかは、すべて遣戸（舞良戸）二枚・明障子であり、内部の室境は襖とする。柱は面取角柱で、六尺五寸を基準とする心々制で計画されている。

古くは仏間を真前・祠堂、室中を客殿といい、全体も客殿と称した。院主の生活の場である書院と眠蔵と、接客と仏事の場である客殿・真前・祠堂が併存しているのが特色といえよう。

大徳寺には戦国期に創立された塔頭方丈の遺構として、ほかに大仙院本堂などがある。

4　戦国武将の館

群雄割拠、下剋上の世となった戦国時代に、いわゆる戦国大名など武将たちはどのような住まいを形成したかをみておこう。

細川殿　細川政元の邸は、京都上京の小川にあった。主殿と、対面所である会所とからなり、会所は「山水向」に

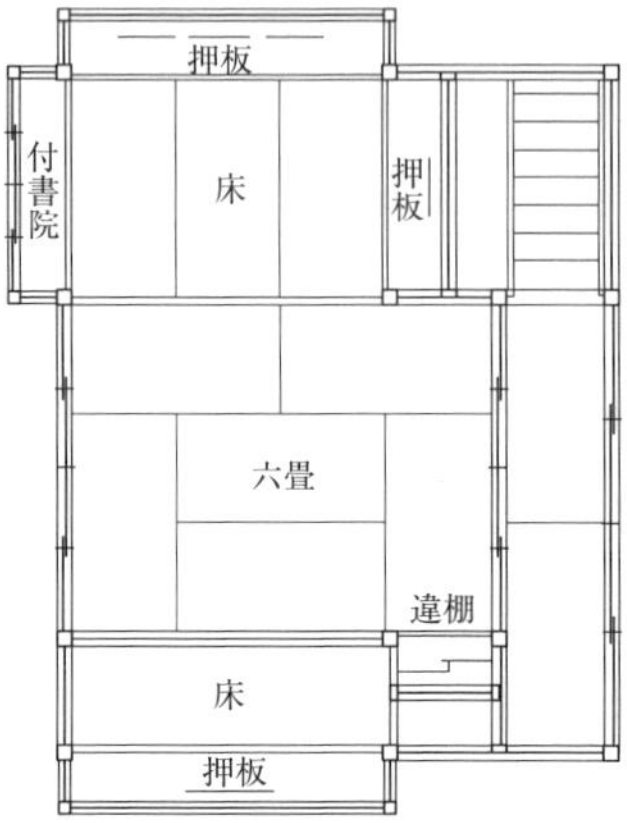

図 151　細川高国邸兵庫の間

位置したというから、将軍邸や奈良の院家と共通する施設構成であったとみられる。

政元暗殺後、そのあとを襲ったのが細川高国であり、政元の屋敷を受け継いだその邸宅は、戦国期の京都を支配した実権者の拠点として注目される。高国の邸には永正九年（一五一二）に将軍義尹（義稙）の御成があった。そのときの座敷飾りの記録によると、御座之間・次の間が南面し、その北に官女の間・納戸が位置し、そのほかに兵庫の間などがみえる。

主室である七間半（一五畳）の御座之間は、北に押板を備え、西に将軍の御座を東に向けて設けていた。次の間である西の六間には南西隅に三畳敷の床があり、その床には西に一間半の押板と南に一間の付書院があった。官女の間には矩折れの床とその上、西に押板があり、納戸にも押板がつくられていた。絵画を鑑賞するための押板がどの室にもあるのが特徴的である。

兵庫の間は、三間（六畳敷）の小さな部屋ながら複雑な構成をもっている。南と北に床をもち、北の床には押板二ヵ所と付書院が、南の床には押板と違棚が備っていた。ここに数多くの唐物を並べたてており、唐様飾りのための室内構成といえよう。

三好邸　永禄四年（一五六一）、管領細川晴元にかわって畿内を支配

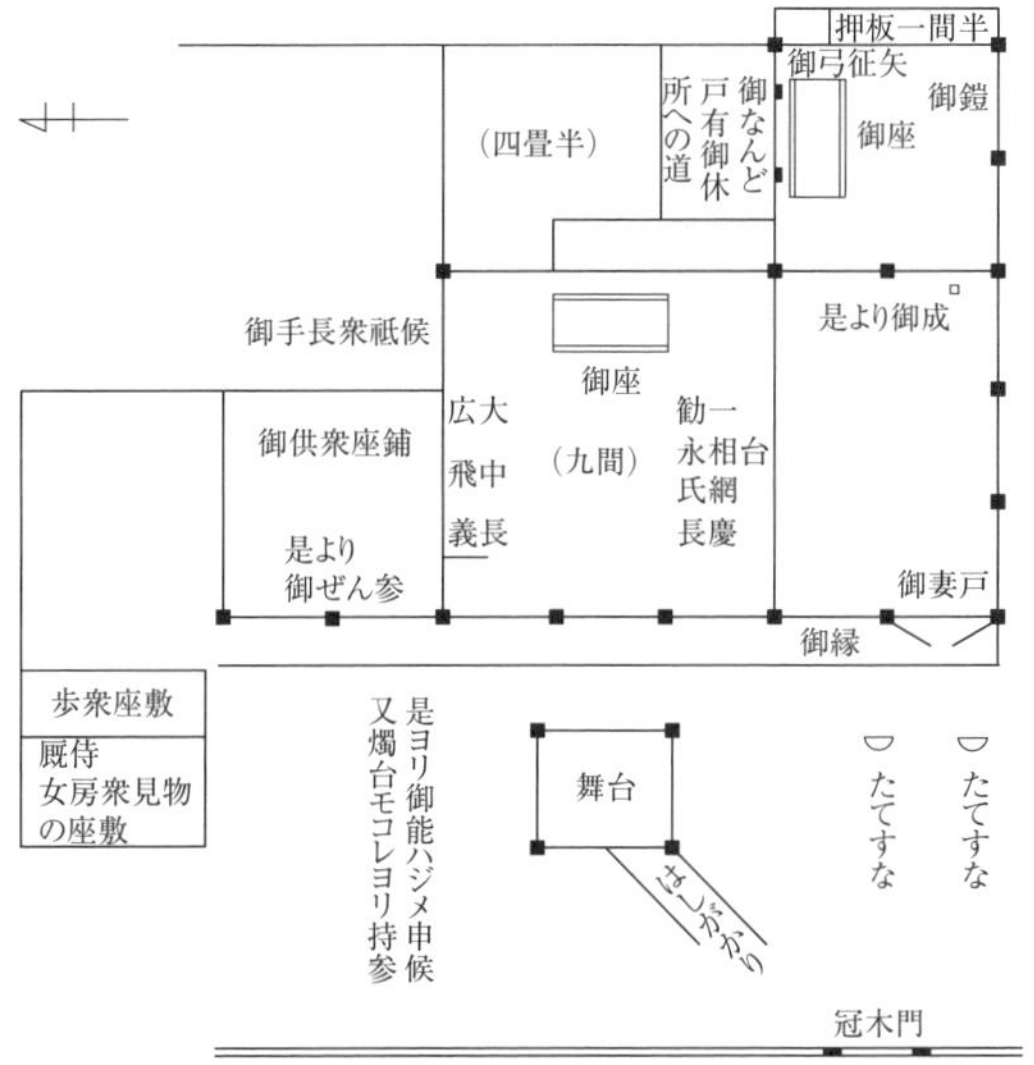

図 152　三好義長邸御成御殿

した三好長慶は、その息三好義長邸に将軍義輝を迎えている。そのときの記録と図面によると、(14) 正門である冠木門を入ったところに、西面して会所がたち、間取りは東山殿会所によく似ている。東半部の四間と納戸が義輝の居室と寝所にあてられた。なお四間・納戸の境には、納戸構え（帳台構え）があった。御成の座敷になった四間や、主室である九間の押板には、『君台観左右帳記』にあるような唐様座敷飾りがなされていた。四間で式三献があり、そのあと九間でまた三献があり、湯漬をすませたあと、能を見物している。橋がかりをそなえた能舞台が、主座敷九間の正面につくられていた。

三、草庵の伝統と茶屋の文化

1　草庵の伝統

（1）山里の草庵

草庵とは、藁や草で葺いた粗末な家のことであるが、田舎風の住まいの観念として、清少納言の『枕草子』にもみえる。また、田舎や山中の風景に都会とは異なった情趣をみとめた「山里」は、和歌を詠むための一つの境地であって、山里にある侘しい粗末な藁屋である草庵は、ある美的概念ともいえよう。たとえば、『源氏物語』須磨の寓居にみる「おろそかなるものから珍らかにをかし」という美意識は、都会的な「みやび」・優雅・華麗なものとは対象的な田舎風の「ひなび」・「侘び」の美意識、すなわち草庵の造形原理を端的かつ明瞭に示している。それは文化史的な源泉として、『古今和歌集』や『源氏物語』、『枕草子』などの王朝文学の世界、さらには中国・唐の白楽天の『白氏文集』にみえる隠者の庵をふまえているといってよい。こうした草庵のありようが、出家者、また中世の文芸の道に生きる隠遁者の住処の規範となった。

出家者や隠遁者の庵は、鎌倉時代には「形のごとくなる庵」としばしばいわれたように、ひとつの型が生まれていた[15]。絵巻物はこうした庵を、山深い人里はなれた地に営まれ、大きな松や杉、桜の木の下にひっそりとたたずみ、かたわらには谷水を引いた筧が静かな音をたてる、というように描いている。庵の建築は、切妻造り板葺きの身舎とその南の妻側に一間の板庇を付加した入側縁からなるもので、四周に縁をめぐらすことが多い。間取りは仏間と居間と世事の間の三つの空間からなっていたらしい。一定の形式があったとはいえ、実際に造られた庵は各種のヴァリエーションがあり、興味深いことは、黒木の柱や竹縁などを用いた、その意匠の変化が「数奇」とみられることである。

『方丈記』（建暦二年〈一二一二〉の成立）を著した鴨長明は、日野山のほとりに隠遁、居住したが、その住まいである一丈四方の庵は、竹造りの庵であった。『方丈記』によると、それは竹の柱を立て、苅萱を葺き、松葉を壁としたもので、室内には竹の吊棚をつくり、南には竹の簀子を敷き、竹の編戸を立てていた[16]。文芸の道を目指した隠遁者の庵の常として、室内には琴や琵琶を備え、また竹の吊棚に置いた革篭には「和歌、管弦、往生要集のごとき抄物」が入っていた。

『慕帰絵詞』（南北朝期の成立）をみると、本願寺覚如が大谷の地に営んだ「竹杖庵」もまた、その名のとおり、竹柱・竹縁・竹長押・竹垂木を用いた竹造りの庵であり、門や塀も竹で造っていた。

（2）市中の庵

室町時代の京都の市街には、内部に庵を構えた屋敷があった。出家・入道した山科教言が屋敷の一画を竹垣で囲んで構えた景総庵は、仏壇を備えた部屋と「床間」とよぶ四間、そしてほかに少なくとも四間と六間の部屋があり、囲炉裏を切った部屋もあった。壁に趣向を凝らし、鹿子斑に仕上げた土壁となっていた。この庵は、持仏堂であり、また日常居住の住まい、接客や納涼の場でもあった。教言は喫茶に関心を寄せ、茶道具を買い求めていたから、囲炉裏のある部屋で客に茶を勧めることもあったのであろう。[17]

歌人東益之は、永享年間（一四二九〜四一）に三条堀川の隠居屋敷に竹亭と黒木の亭を構えていた。「一撃亭」と名付けられた竹亭は、大竹を集めその節をえぐり取って竹瓦に用いたのをはじめ、柱や梁、戸、壁、また机などすべてに竹が使われた。また池をうがち、山を築き、橋を架けた庭に、皮付きの桧や杉の材を用いて茅茨を葺いた黒木の亭をたて、なかに琴を置いた。数寄隠遁者の住まう、俗世を離れた別世界をつくりだしたのである。[18]

（3）「山中の趣」

禅僧春渓の今是庵は、その庵のうちに十境を形成していた。東辺に大池があり、また亭を築いた。その間に小径を開き、数百の菊を植えて墻垣とした。さまざまな花が盛んに咲いて見ものであり、また大池は波瀾渺茫として江湖万里の遠景を望むようであったという。[19]庵と亭の姿はわからないが、「市中にしてこの景あり、奇となす」と評価されている。

寛正五年（一四六四）、足利義政が訪れた洛中七条の禅仏寺には、四面をうっそうとした竹林に囲まれて、無双亭という楼閣建築がひっそりとたたずみ、まわりに咲き乱れる紅白の花の香りが無双亭に満ちていた。この無双亭に登って眺めを楽しんだ義政は、この亭をつつむ雰囲気を評して、京中から隔絶されていて「山中の趣」があるといった。[20]

また、『碧山日録』を書いた禅僧大極の北隣に住んでいた僧侶の庵は、すべて竹でつくられていた。この庵を見物した大極は「幽邃を喜ぶ」、つまり奥深い静けさをおもしろく思ったと記している。

なお、応永度造営の内裏には泉殿があり、その泉水の近くに「山中の亭」がつくられていた。(21) 奥深い山里の趣を漂わせる境致のなかにたっていたのであろう。当時の内裏はまわりを市街地に囲まれていたから、これは市中の山居ともいうべき風景であったのかもしれない。

いわゆる東山文化の時代には、都市の市街のなかに山里の草庵を創出する新たな環境造形の動きが生まれていた。のちにみる「市中の山居」や「市中の隠」へと美意識が大きく転換しつつあったといえよう。

2　茶の湯座敷の創成

『山上宗二記』は、千利休の弟子である茶匠山上宗二（一五四四～九〇）が著した、戦国期の茶の湯の動向を伝える重要な茶書である。その内容はおおよそ、茶の湯の起りを説いた序、茶の湯道具など名物の由緒、茶の湯者の伝記、茶の湯者が創りだした茶の湯座敷の図（六図）などからなっている。宗二は、戦国時代初期の喫茶の状況を「茶の湯せざるもの人非人と等し。諸大名は云うに及ばず、下々、殊に南都・京・堺町人に至る迄、茶の湯専一とす」とのべ、また、茶の湯を義政の時代に珠光が創始したと考えていた。その当否はともかくとして、東山文化の時代が茶にとって一つの画期であること、またさまざまな喫茶のなかから、のちに侘数寄の茶を開花させることになる茶の湯の方式を発展させたのが珠光であることは確かである。

珠光　侘茶の祖とされる村田珠光（一四二三～一五〇二）は、青年期を奈良称名寺で過ごし、その後は京都において活動したという。珠光の流れを汲む茶の湯の特色は、『山上宗二記』によると、茶の湯は四季を通じておもしろい遊びであり、その楽しみは「唐物飾り」を鑑賞することと、主客の「雑談」（よもやま話）にある、また茶の湯のなかには仏法（禅宗）もあるという。さらに、京・奈良・堺といった畿内の都市を基盤とするものであったこともあげてお

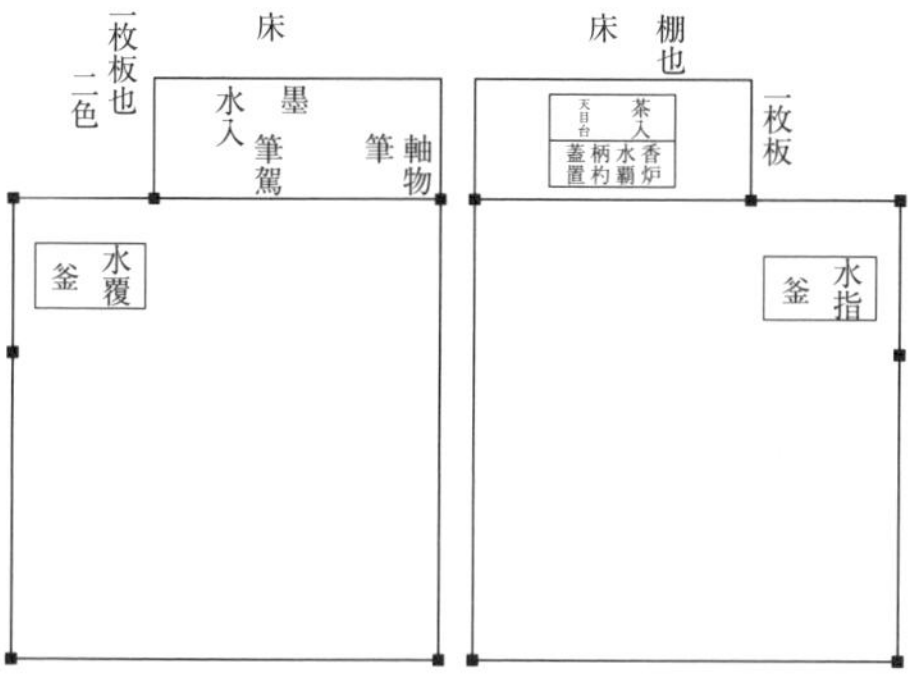

図 153　『鳥鼠集』より座敷図

きたい。

茶伝書　茶の湯道具の一覧や、座敷におけるその飾りかた、茶の湯の方式を図示した古い史料に、大永三年（一五二三）の奥書をもつ「相阿弥茶伝書」（東京国立博物館所蔵）がある。これにはやや問題があるが、ほぼ同じ内容の『鳥鼠集』（今日庵文庫所蔵）と合わせて考えると、十五世紀末から十六世紀初頭にかけて茶の湯のようすがよくわかる。

初期の茶の湯座敷の特色は、第一に、茶立所（茶の湯の間）と客座敷が一体化している。第二に、図示された座敷がすべて畳敷、四畳半で、幅が一間の「床」がついている。床の形式には、ふつうの框床と、框の下に蹴込板を入れた蹴込式框床とがあったらしい。第三に、風炉・囲炉裏・丸炉などの炉の方式、また左勝手・右勝手などのちがい、棚（袋棚・台子）や箪笥の置きかた、飾りかたなど、茶の湯道具と茶の湯の方式が多様であることである。

幅一間の床には、壁に軸を懸け、立花や卓を置き、また軸物や筆・墨・筆架・水入れなどの文房具を飾る。あるいは茶入れ・天目台・香炉・水覆・柄杓・蓋置などを並べた棚や箪笥を飾り、点前のときには下ろす。会所などの座敷飾りと比べると、一間床は、押板や棚や付書院や「床」（蹴込式框床）の飾りを合わせた多彩な内容をもち、機能が集約された設備となっている。

こうした一間床を備えた茶の湯座敷は、殿中の茶の施設とその方式を解体、再構成したうえで、四畳半という小空間に凝縮したものとみることができよう。袋棚や台子も、茶の湯棚を簡略化したものといってよく、相阿弥『君台観左右帳記』によると、永正ころ（一五〇四〜一二）から流行しはじめたらしい。

3　町衆文化と茶の湯

（1）町家の「数寄」空間

十五世紀のなかごろ、ある禅僧が訪れた洛中の富豪の屋敷は、門がはなはだ狭く、体を横にして通らねばならないほどであったが、奥にある建物はすべて良木嘉材を用いており、座敷の四周には山水の風景を描き、また牧谿の群鳥の軸物を掛け、道具などはみな遠来の唐物であった。ここで茶を点て、向かいあって礼をした。(22) 喫茶に用いられたのは、こうした唐物飾りの座敷であった。奥に通じる門は、おそらく主屋の戸口とは別に構えられた、専用の出入口であろう。

当時、華やかな室内意匠をもった奥座敷は、洛中以外にもたてられていた。十五世紀の末、近江坂本にあった酒屋の屋敷にも、主屋とは別に、「後園に座敷」があり、その華美は「洛中に過ぐ」ほどであった。しかもその座敷には「炉あり、厠あり、安便の至り也」というように、快適な設備をあわせもっていた。(23) 囲炉裏があることからすると、ここで茶が点てられたのであろう。

（2）「下京茶湯」――市中の山居と茶屋

十六世紀前半の京都では、路傍や寺社の境内など開放された外部空間に立つ茶屋がさらに盛行していたが、その一方で「数奇」とか「下京茶湯」とよばれる新しい茶が流行しており、町衆たちは四畳半や六畳の座敷で茶を飲む寄合を催していたという。(24)『奇異雑談集』（天文年間〈一五三二〜五五〉成立）には「おうえにて炉をあけて釜をつり、茶の湯をするなり」とあるが、この「おうえ」とよばれる部屋は、茶の湯専用の空間ではなく、ふつうの町家では二つある部屋のひとつであった。[25] おうえは、家族の日常の暮しに使われていたが、それが茶の湯の空間ともなっていたのである。永禄八年（一五六五）、堺の茶人道叟の家では、来訪した天王寺屋宗達に茶をもてなしたが、それはいつものように「おうえ」で囲炉裏を用いた茶の湯であった。[26] なお、富裕な町家においては早くから奥地の利用が進んでいたから、茶会は裏の座敷においても行われていたとみなければならない。

この下京茶の湯の第一人者とみなされていたのが、珠光の跡目を継いだ宗珠である。下京の中心地四条室町に住む町衆であった宗珠は、午松庵という庵を構え、町衆はもちろん公家にまで珠光流の茶を指導していた。宗珠の午松庵は、数寄隠遁者の住まう山里の草庵の風情をもっており、またその茶屋を見物にきた公家たちに「山居の躰、尤も感有り、誠に市中の隠と謂うべし」と賞賛される環境をつくっていた。[27] 宗珠は、町衆の娯楽施設である茶屋を町家の奥へ持ち込み、さらに素朴な茶屋と町家の庭を「山里」という伝統の美意識によって造形した。そうして「市中の山居」――繁華な市街地の中に見出される山中の閑寂な境致――を実現したのである。新奇でしかも伝統的な空間を創った宗珠の茶屋は、その後の茶の湯の環境造形に大きな影響を与えたし、また桂離宮の松琴亭や笑意軒などの茶屋の先例ともなった。

喫茶の流行は、大衆化にともなって喫茶を媒介とする社交の空間である町の茶屋を生み、さらには芸術的に洗練された新たな下京茶の湯を創造したといえよう。

（3）数寄座敷と茶の湯の亭

享禄三年（一五三〇）、公家の万里小路家では皮付きの丸太を用いた黒木造の茶屋をたてた。当時、貴族邸宅では茶屋がめずらしいことであったらしく、わざわざ青蓮院門跡や曼殊院門跡が見物に訪れている。この茶屋は、喫茶や雑談、風流な酒宴の場として使われた。また、石山本願寺の門主の邸宅においても、広大な裏庭の山頂に茶屋がつくられていた。その茶屋では、それぞれが金を出しあって茶を飲むという茶会をしている。いずれも街角の茶屋を邸宅内に模倣・再現して、庶民的な都市生活を楽しんだとみてよかろう。

ただ、公家など上層階級の遊びは、茶の湯ではなく、あいかわらず連歌会が中心であり、そのための施設として「数寄座敷」を備えていた。それは二階座敷や、山里と称する庭にたつ二階の亭であることもあった。ときには二階座敷で茶の湯が行われてもいる。

（4）侘数寄の流れ

宗珠の新機軸を、直接的にではないが、受け継いだのが堺の町人武野紹鴎である。『山上宗二記』に収められた「紹鴎四畳半」は、堺の紹鴎屋敷にあったものと考えられており、指図によると、茶の湯座敷である「四畳半」、そして路地にあたる「脇の坪の内」、茶室の庭である「面坪の内」、さらに連歌会などに使われる接客座敷である「書院」とからなる。

面坪の内は、いわゆる庭とはちがって、草木や石、砂などの庭園材料はなく、ただ北向きの茶座敷に採光するために設けられた空間である。脇の坪の内から奥へ通じる木戸が描かれていることからみて、敷地の最奥にはおそらく松や杉、竹などの深く茂る庭があったのであろう。面坪の内・脇坪の内、書院の竹スノコ縁などは、いずれも土塀（高塀か）で囲われていたようである。茶室と庭と露地が一体となり、市街さらには屋敷内の他の施設からも隔離されて、草庵茶の湯と文芸のための閑寂な別世界をつくっていることが大きな特色といえよう。

茶室そして庭と露路、市中の山居という、内と外の空間の組み合わせは京や堺の町衆のあいだに広く受け入れられた。それが新興町衆の居住形態とその文化にふさわしかったからであろう。

注

（1）洛中洛外図屏風には国立歴史民俗博物館所蔵甲本（旧三条本、町田本、重要文化財）・同乙本、そして米沢市蔵本〈上杉家旧蔵、上杉本、国宝〉がある。近世の模写ではあるが、戦国期の景観を描くものに東京国立博物館所蔵模本がある。扇面には光円寺所蔵扇面流図屏風がある。

（2）永島福太郎『奈良』（吉川弘文館、一九六三年、一八五・一八六頁）によると、魚座・絹座・小袖座・紺座・布座・綿座・紙座・苧座・小物座・菓子座・蓮座・引入座・烏帽子座・莚座・大豆座・鉄座・桶座・塩座・釘座・斧座・布鬻座・薯蕷座・大根座・矢座・鍋座・米座・鳥座・松座・蒟蒻座・炭座など。

（3）永島福太郎前掲書（注2）、一八八頁。

（4）永島福太郎前掲書（注2）、一八六頁。

（5）佐々木銀弥「中世奈良の高天市掟書案」（『中世日本の諸相』下巻、吉川弘文館、一九八九年）。

（6）『大乗院寺社雑事記』文正元年（一四六六）閏二月十九日、文明五年（一四七三）五月二十九日条。

（7）川上貢「近世における町と村の会所」（『日本建築学会大会学術講演梗概集』一九七四年）

（8）藤田裕嗣「奈良」（高橋康夫・吉田伸之編『日本都市史入門　Ⅰ　空間』、東京大学出版会、一九八九年）。

（9）伊藤鄭爾「中世奈良の町と住居」（『世界建築全集　二』、平凡社、一九六〇年）。

（10）今谷明『室町の王権』中央公論社、一九九〇年、二〇〇頁。なお、後柏原天皇即位儀礼は十数年後に執行された。

（11）川上貢『日本中世住宅の研究』、墨水書房、一九六七年、二八九〜二九二頁。

（12）川上貢前掲書、二八五〜二八八頁。

（13）宮本征矢子「興福寺禅定院における十二間について」（『日本建築学会大会学術講演梗概集』一九九一年）。

（14）「三好筑前守義長朝臣亭江御成之記」。

（15）斎藤英俊「桂離宮の建築様式の系譜」（『桂離宮』、小学館、一九八二年）。

（16）斎藤英俊前掲書（注15）。

（17）斎藤英俊前掲書（注15）、中村利則『町家の茶室』、淡交社、一九八一年、四一頁。

（18）芳賀幸四郎『近世文化の形成と伝統』、河出書房、一九四八年。

（19）『蔭涼軒日録』寛正四年（一四六三）九月二十六日条。
（20）『蔭涼軒日録』寛正五年（一四六四）三月九日条。
（21）川上貢前掲書（注11）、一七五・一八五頁。
（22）『碧山日録』寛正三年（一四六二）三月十二日条。
（23）『蔭涼軒日録』延徳四年（一四九二）正月二十二日条。
（24）『宗長手記』大永六年（一五二六）八月十五日条。
（25）伊藤鄭爾『中世住居史』、東京大学出版会、一九五八年、一八八頁。
（26）『天王寺屋会記』永禄八年（一五六五）十一月条。
（27）『二水記』享禄五年（一五三二）九月六日条。

第六章　近世都市の胎動

一、畿内近国の村と町

1　京郊農村と住居

荘園領主の都市であった京都の周辺には、とくに鴨川流域の南郊と桂川流域の西郊に数多くの荘園が集中し、米と蔬菜を都市に供給した。荘園の領有・支配関係は錯雑していたが、早くから郷村の自治的結合が進み、山科七郷や西岡十一箇郷、東山十郷など、支配の枠を越えた地域的結合が生まれた。

東寺領荘園である植松荘の名主琳阿弥が、応永四年（一三九七）に「三聖人の里坊」として東寺に寄進した住宅の指図が残っている。(1) 植松荘の所在は洛中から洛西にかけての広い範囲に渡るが、琳阿弥宅はおそらく洛中に、かつての右京の南端近くに位置した可能性がある。規模は間口四間・奥行六間、南面、妻入りである。板敷の居室は、南の二間四方（四間）の部屋と一間半×二間の部屋、中央の一間半×二間の部屋と一間四方の持仏堂（地蔵菩薩を安置）・帳台、その北の方一間の塗籠とからなる。半間の脇戸以外は板壁で隔離された南面の二部屋が接客に、残りが居住に使われたのであろう。畳が一〇畳しかないので、客間に敷く座具として用いられたとみられる。土間には釜土を据える。なお壁は板壁らしい。

家財道具として畳と釜土のほかに、茶臼・鍋二・唐鍋・盆・天目茶碗四・葉茶壷・唐椀一〇・折敷二〇・立臼・花

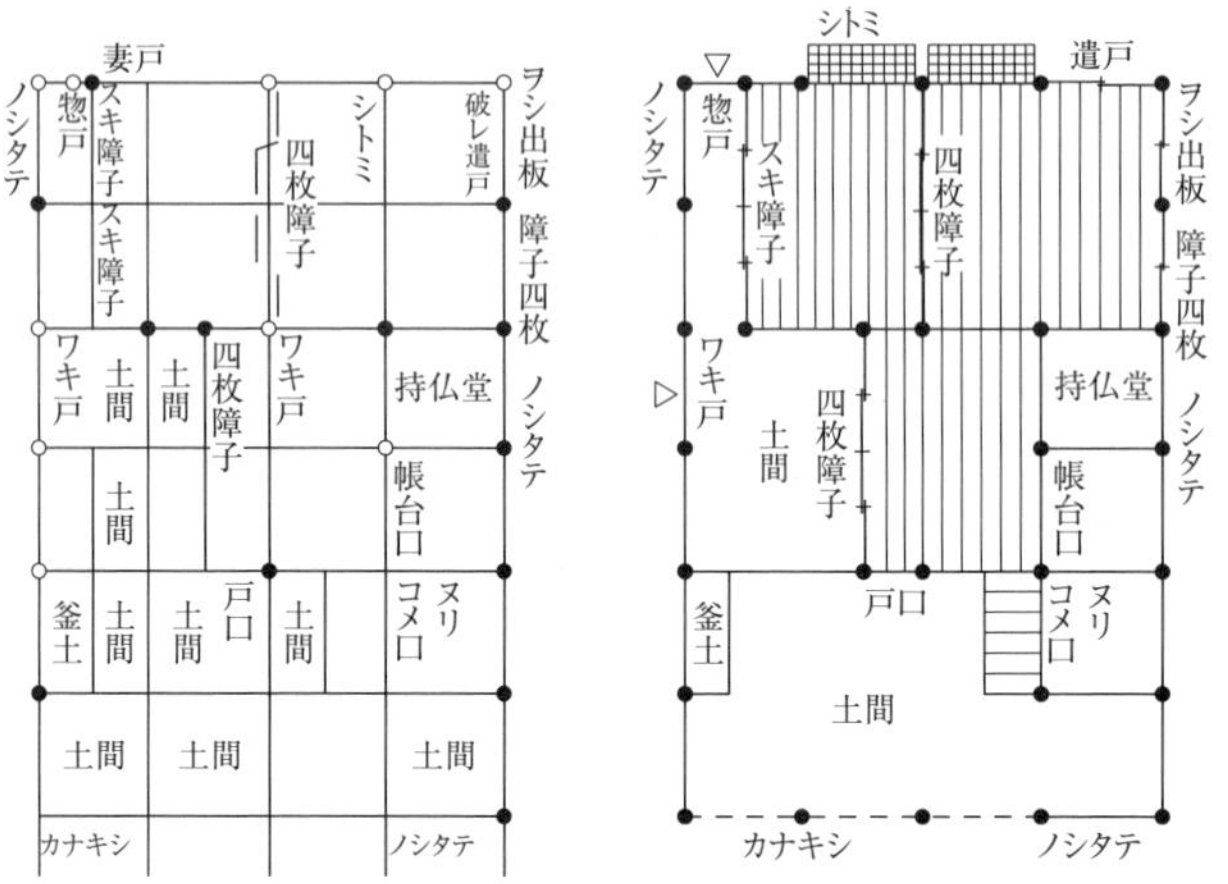

図 154　琳阿弥宅推定復原図

瓶・香炉・燭台があった。花瓶・香炉・燭台の存在から、接客空間には唐物飾りをしていたとも推定できる。あるいは押板が備っていたかもしれない。

東寺領上久世荘（現在の京都市南区）は、足利尊氏が寄進したもので、戦国末期まで東寺の寺院経済を支え、東寺領荘園の中核となった一円所領であった。戦国期には有力な土豪層をつくる年寄衆（侍衆）が検断権を握り、荘の共同風呂の実権を獲得するなど、村落生活を支配していた。

のちにもふれるように、村落民衆の信仰生活は少なからぬ寺庵によって支えられていた。大永二年（一五二二）、この上久世荘にあった惣堂は、そうした庵の姿を示してくれる。惣堂である板屋およびその付属屋である藁屋の家具と家財は、表23のようになっていた[2]。

この二つの家屋には、階層の差が認められ、藁屋は百姓層、板屋は年寄層（土豪層）の住居にあたるとみられる。表から以下の推定ができよう。

惣堂の中心施設である板屋には、およそ三分の二の面積に相当する広さの畳がそなわり、おそらく二部屋には畳を敷き詰めていた。仏画を掛け、花瓶や香炉、灯台を飾る場所すなわち押板を設けた主室、そして釈迦を安置する持仏堂、寝室にあたる帳台、囲炉裏が切っ

表23　上久世荘の惣堂と付属屋の家具・家財

	藁屋 面二・五間・奥三間（七・五坪）	板屋 面三・五間・奥三・五間（一二・二五坪）
家具・什器	臼・杵二・釜・鍋 鑵子（つるの付いた茶釜） 櫃・桶四・盥・鉢二・摺小鉢 小箱・小机 畳三帖・いなはそ五枚	小折敷 板一五枚・膳棚・桶二・鉦 鑵子（つるの付いた茶釜） 茶碗二・茶臼・囲炉裏の縁 花瓶・香炉二・木灯台二 萱莚五枚・畳一六帖
建具他	板戸一間・明障子半・竹戸二	明障子（竹骨二間）・蔀四間 板戸一・五間・帳台の戸・妻戸板 のしたて六間
仏具	地蔵一体	仏の厨子・釈迦一体 仏（画）七幅

てある部屋があったようである。宴会や茶の寄合が行なわれたこともわかる。なお、土間はなかったかもしれない。琳阿弥邸や奈良殿（前述）の床上部と同じような間取りが想定される。

2　惣村と町場

十三世紀末に畿内とその周辺に惣村が形成され、十五世紀にはしだいに他の地域にも拡大し、十六世紀には荘園制の枠にとらわれない農民の地域共同体である自律的な村落組織が成立した。惣村の条件は、惣による土地・財産の所有と管理、惣による年貢請負（地下請）、惣掟の制定と検断権の掌握（自検断）とされる。

中世後期の近江国琵琶湖の周辺には広く惣村が成立し、菅浦や堅田、今堀などが有名である。菅浦や堅田は湖上の廻船業を主として漁業や商業を営み、都市的な集住形態の集落を形成し、また陸上交通の要衝にあった今堀は、商業活動が活発であり、町場を生み出した。

今堀　典型的な惣村史料といわれる『今堀日吉神社文書』を伝えた今堀日吉神社境内にある庵室は、惣村得珍保（保内）八郷のうち下四郷の商人たちが商売にでかけるとき、ここに銭一〇〇文を納入し記帳した。この庵室は、今堀が山門の得珍保支配の拠点であることもあって、荘務全般を行う場であり、保内商業の事務一切を管理していたと推定されている。延徳元年（一四八九）の「今堀地下掟書案」は、屋敷の借り請けと分割、惣有地と私有地との境界、家の売買と・家建てを詳細に規定し、堀より東の屋敷化を禁止するなど、惣の掟が集落と居住の形態を規制していたことをよく示す。

菅浦　禁裏供御人である菅浦住人は、漁業権を堅田漁民と争い、また大浦荘との田地相論を経るなかで惣的な結合を深めていった。十三世紀後半から十四世紀の菅浦供御人は、廻船をおもな生業とする非農業民的な集団であり、南北朝期には七二宇の住人全員が供御人としての特権を認められていた。貞和二年（一三四六）「所の置文」＝浦の法が定められ、阿弥号（時宗法名）や房を名乗る一二名の人々が連署しており、「惣」の宿老の合議による自治の進展がうかがわれる。このころ「西村」の名が史料に現われるので、村落の中心地区であった西村からすでに東村が分れていたらしい。

十五世紀後半になると、守護使不入や自検断の権利を掌握し、また惣として年貢公事を請け負い、惣の機構が成立してきた。文明十五年（一四八三）「菅浦荘地下法度置文」では独自の自検断や自治の掟を定め、死罪・追放者の家をその子が相続するのを認めるなど、集落構成員である家の存続とその居住の安定を基盤として惣の維持を計っている。十六世紀には東村と西村が惣村内の独立した地縁共同体として確立し、おとな衆（宿老・乙名）、中老衆、若衆などが運営した。

当時の集落の状況が復原されており、家屋は、西村では塊村状に集まり、東村では浜沿いにまばらに点在している。西村の西端と東村の東端に「四足門」と称する木戸があり、集落の境界を示した。また西村と東村との境は、惣有の集落内耕地「前田」が明示していた。後背地に寺院・庵がならぶが、集落のほぼ中央の辺りに菅浦の惣寺的寺院・道場である西村の長福寺と東村の阿弥陀寺がたっている。長福寺は十四世紀から菅浦の「本堂」と称され、また時宗道場の阿弥陀寺は十五世紀末以降しだいに東村の道場から菅浦の惣寺へと地位を高めていった。また「菅浦文書」を伝える須賀（保良・小林）神社も、惣結合の紐帯となった。

「近江菅浦棟別掟」(十五世紀末~十六世紀前半成立)は、惣への棟別出銭を「本家」一七三文以下、「かせや」八五文、「むなはしらや」七〇文、「つのや」五〇文と規定している。これより住居形態には「本家」以下、「かせや」(悴家＝貧家)、「むなはしらや」(極小規模、棟柱家)、「つのや」(屋敷地を持たず、屋敷所持階層の主屋に付属)という四つの階層的類型があったことがしられる。住居形態に端的に表われる家の格差は、惣における身分や地位などに反映されたのである。

堅田　京都下鴨社供祭人として漁業と湖上水運を生業とした堅田の住人は、十四世紀末には菅浦との契約状に惣領・西浦・今堅田など集落ごとに代表者が署名するなど、中世末期の「堅田四方」(宮切・東切・西切・今堅田)につながる地域的な結合をもっていた。堅田は、供祭人であり有力地侍層である殿原衆と、新加供祭人や商工業、農業に従事した人々などの全人衆からなっていた。堅田の中心集落である宮切には、堅田大宮(伊豆神社)が鎮座するが、その宮座組織は殿原衆が独占的に構成し、祭祀の面でも堅田を支配していた。

十四世紀中期に臨済宗(大徳寺派)と浄土真宗の布教活動が始まった。十四世紀末に建立された祥瑞庵は殿原衆の信仰をあつめた。一方、十四世紀後半建立の真宗寺院本福寺は、第三代の法住自身が滋賀郡紺屋支配を山門から安堵されているように、商職人層に支持された。湖西の拠点として勢力が伸張するにつれ、山門との対立が激化し、応仁二年(一四六八)に山門の襲撃(堅田大責)をうけ、堅田の住人は沖島に難を避けた。

文明二年(一四七〇)山門に莫大な礼金を納めて和解し、堅田に還住するが、このとき下人などの衆は出銭免除とされたが、それ以外は礼銭負担者のみ還住を認められた。本福寺住持以下多額の礼銭を負担し、これ以後、全人衆が台頭した。門徒のなかには東は奥州、西は石見まで商いをする商人もいて、本福寺を経済的に支えたのであろう。殿原衆と全人衆との勢力が拮抗し、両者の立合いのもとで検断が行われるようになった。

中世末期の堅田は、湖水と環濠に囲まれた島状の土地であった。還住のとき、堅田大責以前の集落形態を継承しつつ、「切」といわれるように、新たに一町規模の街区を単位とする明確な区画を施し、宮ノ切・東ノ切・西ノ切を創出した。まもなく周辺部に街区が広がり、新在家などができていった。中心部は路地型の高密度居住形態であるのに対し、周辺部の新街区は短冊型街区であった。本福寺は、独自に寺内町を建設せず、境内を中心に計画的な街区をつくり、門前を走る大道の両側に門徒が集住している。なお、『近江名所図屏風』から中世の堅田の景観をうかがうことができる。

3　中世民家の遺構

摂津国山田荘にあった箱木家住宅（重要文化財）は、千年家ともいわれた古民家である。建立年代は明らかではないが、戦国時代と考えてよい。平面や構造、柱材の仕上げなどが特異であり、年代の古さをうかがわせる。入母屋造・茅葺のいわゆる前座敷型三間取りで、正面に「おもて」、その裏側に「おいえ」と「なんど」があり、また主屋の半ば以上を占める広い土間をもつ。正面の柱間二間の開口部を除いて周囲を大壁とし、閉鎖的である。文献で知られる琳阿弥や奈良殿の住居、上久世荘の板屋に比べて簡明な間取りであるが、地侍層の住居として一つの類型をかたちづくっていたようである。

小屋構造は、農家に広くみられる扠首構造ではなく、棟束（「おだち」）をたて、横木（「とりい」）と束で補強する垂木構造である。なお、摂津・丹波地方や畿内周縁地域には、このような垂木構造の古民家が分布している。

戦国社会と地域色の成立

箱木家住宅は近世の畿内四間取り型民家の祖型と考えられる特色をもっていた。近世初頭にはすでに民家の地域色が成立しているから、その形成は戦国時代以前に行なわれたとみるほかない。この意味で注目されるのは、細川氏の領国支配と摂丹型民家の形成との関係である。

摂丹型民家は、摂津や丹波地方を中心に分布し、正面に広縁をもつ妻入縦割り型三間取り、棟束を用いた小屋構造で、妻の破風が外観を特色づけている。この民家型の分布地域が、戦国期に管領として畿内を支配した細川氏の領国と重なりあっていること、そして摂丹型民家の特徴ある形式が成立したのは、十六世紀の前半であること、正面外観を飾る破風は細川支配下の名主・地侍層の身分を象徴するものであることなどが指摘されている。[3] 戦国大名の領国支配にもとづく社会関係が近世につらなる固有の民家形式を生み出したといえよう。同様のことは、ほかの地域・民家類型についても考えられねばなるまい。

二、地方都市の展開

1　戦国城下町

領国に本拠地を構えた戦国大名は、富国強兵やその基盤として領国経済を確立することを意図していくつかの政策を実行した。在地の国人・土豪層を給人として家臣団に組み込み、また商工業者を誘致して、ともに領国支配の拠点として建設した城下に集住させた。また地域の経済活動の中心となっていた市町や、交通の要である宿駅、港・津の整備を行った。しかし、戦国期においては、城下においても身分や職能による居住地区制は徹底しておらず、武士と商職人は混住していたし、岡豊（土佐）のように城下の中心に田畑が少なくないところもあった。また在地の都市的な機能を城下に吸収する段階にもいたっていなかったから、領国の地域構造は城下と市町の二元的な構造となっていた。

越前一乗谷

戦国大名朝倉氏が一乗谷川に沿った山の間の谷に営んだ城下町一乗谷は、天正元年（一五七三）織田信長によって焼き滅ぼされたが、近年の発掘調査によってその実態がしだいに明らかになってきている。[4]

上と下の城戸（堀と土居）で閉ざされた南北約四キロメートルの地「城戸の内」に、朝倉義景の居館を中核として、馬場や武家屋敷、道路網と町割、民家、寺院などが計画的に建設されていた。一方、上城戸と下城戸の外には火葬場や骨捨て場があったし、下城戸の外には市町があり、また流浪の室町将軍の居所ともなった「公界所」の含蔵寺もあった。城下の外縁は中世都市に特有の様相を示している。

平井地区では、道に面して井戸や甕、石積み施設をもった民家遺構がならび、その向い側には規模の大きい武家屋敷群が門と土塁をめぐらして立っている。また赤淵・奥間野地区では、通りに沿って桧物師や塗壁師・鋳物師・数珠師・紺屋などの商職人の住居が家並みをつくり、その背後に武家屋敷や寺院が立地する。また裏に通じる細い路地があり、砂利敷の広場を囲むように住居群がある。広場には井戸が二基、便所が一基つくられていた。狭小な「城戸の内」の空間に武家屋敷、寺院、民家が混在していること、大規模屋敷地の細分化など街区内において自律的な宅地開発が進行していることなど、都市的状況が注目される。

民家は溝によって区画された、間口に比して奥の深い敷地のなかに、一棟の建物と井戸、裏庭がある場合にはさらに便所などがつくられる。建物はほぼ敷地間口いっぱいにたち、切妻造の石置き板葺か、草葺の屋根で、平入としていたらしい。間取りは片側を通り庭とするものが多く、そこに流しと井戸があった。居室は一～三部屋であり、床は、ふつうの板敷や畳敷のほか、転ばし根太の上に板を張ったものや土座もみられる。

越前一乗谷に本拠を置いた戦国大名朝倉氏の居館が、近年の発掘調査によって姿をあらわした。十六世紀後半、五代朝倉義景のころの様子を伝えるという。

館は方一町（約一二〇メートル四方）の規模をもち、城山を背にして西面し、北・西・南に土塁と堀をめぐらし、同じ三方に門を構える。内部の施設構成は、朝倉館復原図によると(5)、敷地の東北部に施設が集中し、西南に空地をとっている。表向きに主殿と遠侍、泉殿、奥向きに常御殿（兼会所）・持仏堂・茶座敷、御清所・台所がある。このほか東

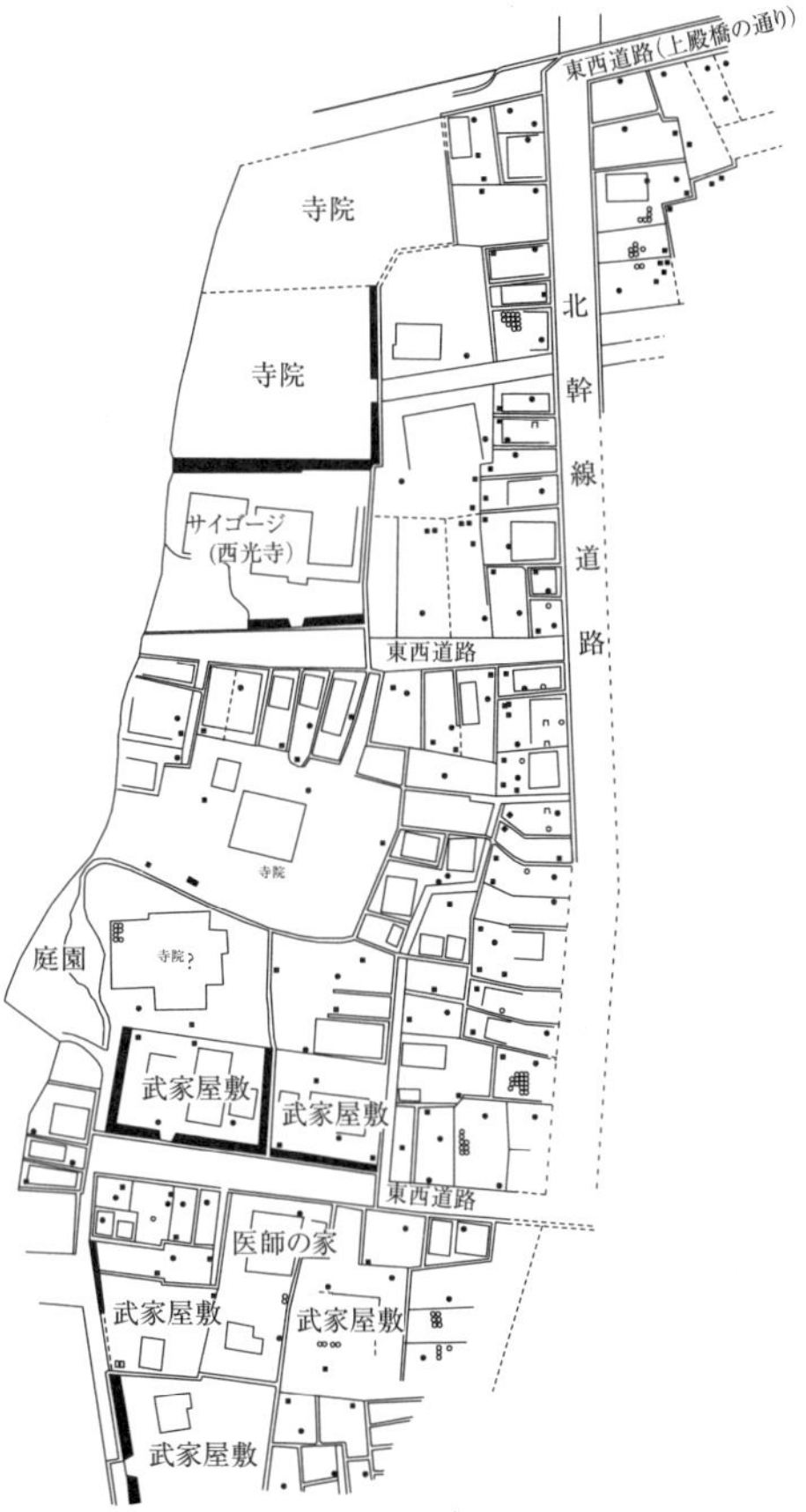

図155　一乗谷朝倉氏遺跡　赤渕・奥間野地区

に五間厩、西に七間厩などがある。細川殿と比べると、構成要素となる建築は同種であるが、配置にはちがいが少なくない。

なお、朝倉館から池と石を配した庭園が、また武家屋敷から枯山水の庭などが見つかっており、中世の庭園についてもすぐれた資料を提供している。

一乗谷の都市空間を形成した朝倉氏がいかなる空間認識のありかたをしていたか、都市形成主体である戦国大名の空間志向が問題のひとつとされてよい。

写真 39　一乗谷朝倉氏遺跡の町並み（復元）

写真 40　一乗谷朝倉氏遺跡の武家屋敷の並ぶ通り（復元）

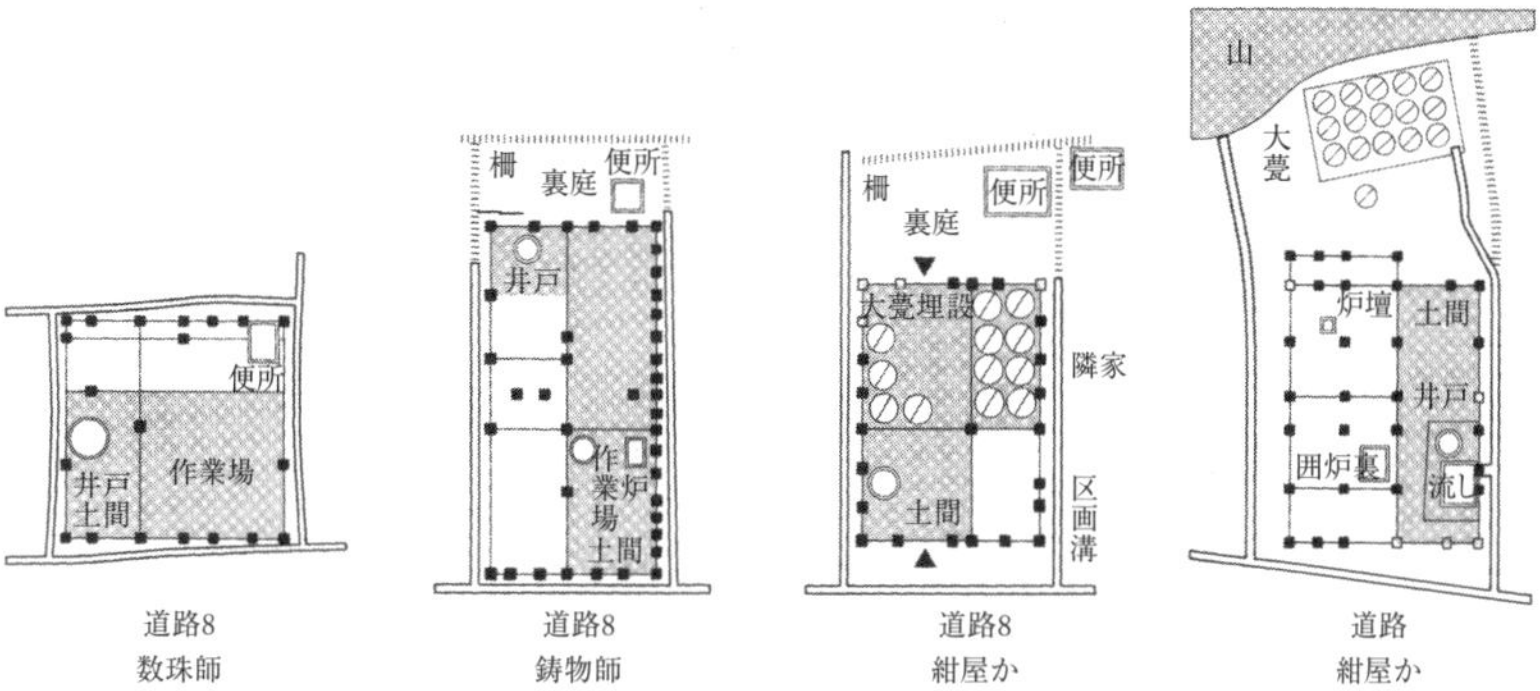

図 156　一乗谷朝倉氏遺跡の町家復元図

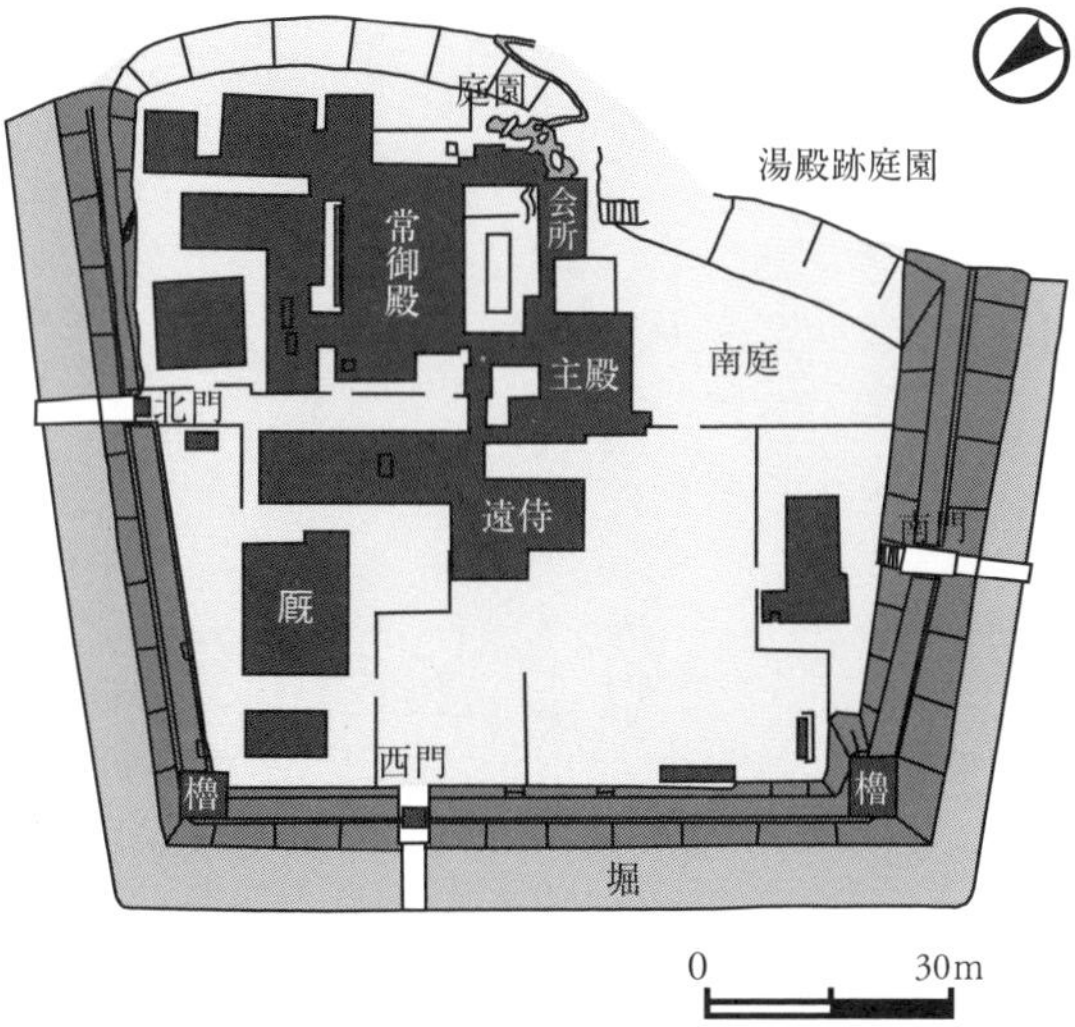

図 157　一乗谷朝倉館復原図

2　寺内町

寺内町[6]は、ふつう戦国時代において真宗寺院の堀などの要害に囲まれた境内地に発達した都市的集落をさす。畿内や北陸地方に多く分布するが、東海地方にもある。寛正六年（一四六五）山門の弾圧により京都東山大谷の地を追われ、各地を転々とした本願寺八世蓮如は、文明三年（一四七一）越前吉崎に本坊を中心に多屋を営んで拠点とした。文明十一年（一四七九）には山科の地に本願寺と寺内町の建設を始めた。山科は、山科七郷の名のとおり、惣村の自治的結合が進んでいたが、この地域の郷民を教化することによって、本願寺の基盤を築こうとするものであった。

山科寺内町は、二重・三重に堀と土居をめぐらし、要所に櫓を構え、本願寺を中心に「本寺」と「内寺内」と「外寺内」とから構成される。本寺に御影堂・阿弥陀堂・寝殿、内寺内に一家衆と直参の有力末寺の坊舎があり、外寺内はそのたの末寺や門徒、町衆の屋敷地となった。ここには「八町の町」があって、塩・魚・餅・酒を売る人々や絵師などが住み、「在家また洛中の居住にことならず」といわれた。こうした全体構成は、本願寺の教団組織の階層性をよくあらわしている。山科寺内町は、計画的な都市建設が行われた最初の寺内町として、その後の寺内町建設の範となった。

天文元年（一五三二）山科本願寺は近江国の守護六角氏と日蓮宗徒に焼かれ、そのため十世証如は、大坂（石山）本願寺にうつり、これを本拠地とした。石山本願寺は、要害と景勝、交通と経済などの立地条件にめぐまれ、しかも未利用の土地であった上町台地の一画に、明応五年（一四九六）蓮如が建設したものであったが、一向宗の本山として飛躍的に発展することになった。

天文初年より堀や櫓など要害の工事を進め、また守護である細川氏と対抗しつつ、半済免除・徳政免許・諸公事免除などの特権を獲得し、さらに土地の一円支配をめざすなど、寺内町の都市経営の安定にほぼ一〇年を費やした。その後、境内敷地の西に東を向いてたつ本願寺御坊の中心施設として、阿弥陀堂や御影堂、寝殿を再建した。寺内町は、北町・清水町・南町・北町屋・新屋敷・西町の「寺内六町」からなり、御坊の北と東と南をコの字型に囲んでいた。永禄二年（一五五九）に一一世顕如が門跡に列せられ、石山本願寺寺内町は、顕密寺院と並ぶ宗教権門の拠点都市となった。

摂河泉の地域には石山本願寺を核として多数の一向宗寺院が建設された。富田（摂津）や久宝寺（河内）、今井（大和）、やや遅れて富田林（河内）、貝塚（和泉）などがある。これらの寺内町は、その建設主体によって、真宗寺院主導の山科や石山、有力土豪の寄進、門徒化による久宝寺・今井、門徒集団（惣中）が買得した荒地を開発して町場、御堂を建設した富田林や貝塚などの三類型がある。

寺内町についてはこれまでとくに真宗寺院の寺内町が注目されてきたが、しかし寺院を中心として要害化された境内のなかに町を形成したのは真宗寺院だけではない。洛中では真言宗寺院東寺の「寺内」、法華宗寺院本国寺の「寺内」があり、また禅宗寺院である博多聖福寺にも「関内」があった。

摂津尼崎も法華寺院を核として形成された「寺内」であった。中世前期には材木集散地であった尼崎浦は、大覚寺、とくにその伽藍の四周の広大な空地において開かれた「市庭」が、都市形成の契機となり、さらに境内が万雑公事免除であったことからしだいに市庭に住人が定着して寺内町的な景観を呈した。中世末には、応永二十七年（一四二〇）大覚寺の西に建立された本興寺がもう一つの核となって、法華宗の寺内町を形成した。領主本興寺は惣堀のなかにある町屋敷から地子を収取したが、寺内と門前の住民たちは十六世紀後半には徳政免除、諸役免除の特権を得ていた。(7)

3　博多

博多は古くから海外文物を輸入し、日本文物を移出する窓口であり、対外関係・国際貿易が博多の都市的発展を推し進めた。中世において対外関係と都市形成に大きな役割を果したのは筥崎宮と、禅宗寺院である聖福寺、承天寺な

写真41　博多・聖福寺

どの寺社であった。博多に集住していた多数の南宋の貿易商人たちは、筥崎宮の庇護を受ける一方、栄西が聖福寺を建立するのを援助し、またみずから承天寺を建立したのである。(8)

十二世紀末の聖福寺の創建が中世博多を形成する基点となったというが、その都市状況がはっきりとするのは戦国期である。「聖福寺古図」・『安山借屋牒』によると、聖福寺とその東方にある承天寺の境内の西・北・東の三方を堀がめぐり、その内側に土塁と塀がつくられている。築地塀で囲まれた聖福寺・承天寺の伽藍は、山門・仏殿・法堂・方丈が軸線上に並ぶ、禅寺の特色を示す。伽藍のまわりに家並ができている。いわば環濠化された寺内町というべき姿をしている。

室町・戦国期の博多は、内陸の博多（博多浜）と海側の息浜の二つの領域からなっていたが、この「聖福寺関内」は中世博多浜の領域のほぼ半分を占めており、しかも聖福寺と承天寺の境内と門前を核として戦国期の博多浜の都市空間が展開していた。また、近年の発掘調査によって、天正十五年（一五八七）の豊臣秀吉による町割（太閤町割）以前の町割を示す道路や溝の遺構が発見され、中世の姿が具体的に明らかになりつつあるが、そうした道路遺構の一つとして、聖福寺と承天寺の門前を通る幹線道路の遺構と、それに直交しかつ聖福寺の伽藍中軸線と平行する道路遺構が検出されている。聖福寺境内の中軸線は、門前の都市空間の町割を規定していたのである。[9]

三、織豊政権と近世都市化

1　織田政権と都市開発

（1）京都

永禄十一年（一五六八）入京以後、信長によって実施された二条城の建設、上京焼討、新在家絹屋町の開発を取り上げ、織田政権の都市政策やそれによる都市空間の変容について考える。

二条城の建設　永禄十二年（一五六九）に竣工した二条城は、将軍義昭のためのものとはいえ、実質的に信長が采配を振るって築城したものであった。「勘解由小路室町」にあり、北は近衛、南は春日、東は東洞院、西は室町を限り、南北三町・東西二町の規模を有していたと考えられる。[10]これは上京の南端である内裏の南築地から南へ二町、下京の北端である二条から北へ三町にあたる。上京と下京を結ぶ都市軸である室町の通りに、しかも上・下京のまさに中間に立地していたのである。四周に大規模な堀と石垣をめぐらし、南御門櫓、西門櫓、など三ヵ所の出入口、また「南巽のだし」、「東のだし」などがあり、内部にも堀があったという。

『言継卿記』に「此方の近衛の敷地悉く奉公衆の屋敷に成り了んぬ」[11]とあるように、信長の建設した城郭は、周囲に武士団の屋敷地を備えていた。室町幕府の先例にならったのであろう。奉公衆屋敷地の全体規模は不明であるが、北と南を上京と下京の要害にはさまれているから、二条城の四周およそ三町の範囲が武家屋敷地に設定されたとみて大過あるまい。ともかくも、永禄末年の京都は、信長の二条城と武士団居住地の建設によって、上京と下京の集落が一体化し、室町時代と同様の都市空間形態になったようである。

しかし、これは室町時代と同じ空間構造に戻ったというわけではない。書院造形成期の住宅室町殿と城郭二条城のちがいはいうまでもないが、権力拠点である二条城を核として、その廻りに武家屋敷地を配し、さらにその外に町場を含む市街地を付属させる都市空間のありかたは、市街地のなかに武家地が点在する中世的状況とは明らかに異なっている。

当時の上京は公武寺社権門に従属した商工業者が数多く居住する地域であり、またこれに対して下京は市町的といえるような町場であって、それぞれに特徴をもっているが、いずれも市町や寺院などを有する複合的な、二つの大規模な集落であった。信長は、分散的・二極的な地域集落であったこの上京と下京を、城下の建設によって一元化、統合したのである。中世的都市空間の止揚、近世的な都市空間への再編とみなければならない。

上京焼討[12]　室町幕府最後の将軍義昭との対立が深まった元亀四年（一五七三）、信長の軍勢は賀茂から西の京、嵯峨にいたるまで洛外を打ち回り、在々所々悉く放火し、また西陣より放火して二条より北の上京を一軒残らず焼き払った。家康に宛てた信長の書状には、「二日三日両日、洛外無残所令放火、四日ニ上京悉焼拂候」とある。京中放火は義昭の追放にともなって実行する必要があった処罰であった。家の焼却の意味を、「犯罪＝穢」とする観念にもとづいて穢を除去するためとする見解があるが[13]、これは都市の焼却の場合も当てはまる考え方であろう。信長は焼討＝「祓」によって上京の土地から穢・禍を除去し、そうして信長は、土地と旧住人（旧体制）とのつながりを抹消し、更地となった上京をみずからの直接支配に組み込むことができたのであろう。このような意味で『御湯殿上日記』の「京中にわかに大焼けにて、上京内野になる」という文言が注目される。大火災＝祓によって上京が無主・無縁の場としての野になったことを暗示しているようである。

同年七月、信長は上京の再興に関する「条々」を出し、還住を命じるとともに、陣取り、非分課役、地子銭、人足を免除している。注意されるのは、地子銭免除にかかわる一条に「追々申し出ずべきの条、その以前、何方へも納所あたうべかざるの事」とあることで、領主権が信長にあり、以前の土地所有者を否定している。下京についても七月一日付朱印状に「地子銭の事、前々のごとく万此方奉行人収納馳走せしめらるべき」とあって、同じ事態がうかがわれる。

上京は再興にあたって新たに町割が行われたと推定され、また室町幕府の滅亡とともに、奉行人はともかくも、奉公衆など武士団は四散したにちがいないから、住人構成のうえでも大きな変動があったはずである。町の焼却によって無主・無縁の空間に還元し、さらに新たな道路網・町割の施行によって都市空間を再生するのは、中世においては都市空間の更新・再開発にあたって当然で、また不可欠な観念なのかも知れない。

新在家絹屋町の建設　上京焼討後の京都は、三つの異なった市街発展の道を歩むことになった。焦土からの復興をめざす上京と、また中世的な市街が残存した下京と、新たな土地に移転を命じられて新市街形成を始めた新在家絹屋町である。

もともと上京の白雲の地にあった絹屋町は、織物業者の集団である練貫座の人々の集住する町であり、同じ伝統産業に従事する西陣の大舎人座と対抗関係にあった。もちろん上京焼討のときに焼失したが、信長は、室町幕府と特別の関係にあったこの絹屋町を、旧地で復興させるのではなく、新地に移転させた。これは、信長が織物産業を支配する意図をもっていたからであろう。新在家絹屋町の建設は、商工業者のための地域開発として特筆に値するものである。(14)

新在家絹屋町に宛てた「条々」によると、新屋敷地の位置は、内裏の惣堀より南、近衛より北、高倉より西、烏丸より東で、方二町の規模をもち、惣構は下京に倣って構築するように命じられた。また町中にそれぞれ法度を定めるように命じたのは、信長の洛中支配のありかたを示すものである。

新在家絹屋町のようすを寛永ころの史料も含めて推定すると、少なくとも「上ノ町」・「中ノ町」・「下ノ町」があった。住人構成は、身分が明確には分化していなかった当時の状況を反映して、土蔵を営む公家の青侍なども混住しているが、多くは商工業者であった。

町割の形態は、寛永の『洛中絵図』によると、東西に長い長方形街区であったようである。そこに短冊型地割が施されたと考えることは誤りではあるまい。寛永一七年（一六四〇）に朱雀野に移転を命じられた遊廓島原と比べるならば、規模や惣構の存在、また町割の方式（ただし街区は南北に長い長方形であるが）などの基本的構成がよく似ていることに気付く。新在家絹屋町は、近世都市の先駆的形態ということもできよう。

（2）安土

安土城下町は、中央政権化した織田信長が天正四年（一五七六）にその居城として、また湖東の地域中心機能を果す核として建設した都市である[15]。安土山の西に南北に延びる城下町は、城下と市町とが分離・併存した戦国城下町の段階（たとえば信長の岐阜城下）から進展して、両者が一体化した構造となっている。安土城に近接したところが家臣団居住地区、残りが庶民と職人の住居、寺院などのある地区（格子状の地割をもつ）であったらしい。しかしまだ武士と商職人とのあいだで身分や職能が明確には分化しておらず、武士と商職人が混住し、武家屋敷地区と町屋地区の空間分化も十分ではなかった。近世城下町のような「武士」と「町人」、「武家地」と「町人地」の明らかな区分はできていなかった。

町屋の所在地の中に含まれている常楽寺は、安土城下が建設される以前から港としてまた宿場としての機能をもった町場であった。安土は中世以来形成されてきた周辺の町場を取り込み、地域構造を再編したうえで成立しているのである。天正五年（一五七七）に「安土山下町」に出された有名な掟書（楽市令、都市法）は、新建設都市への在地の商工業者の集住を促し、かつ新たな経済秩序のもとに商工業を再編するための意味をもっていた。

安土はまもなく放棄され、八幡へ移転することになったが、そこでは身分・職能の区分によって明瞭に居住地を分離しており、「八幡堀」が城・武家地と町人地とを隔てていた。中世以来の武士による地域支配は、近世城下町とそれを核とする領国体制の確立によってようやく完成された。

2　豊臣政権と近世都市化

天正十四年（一五八六）に始まる一連の京都都市改造事業は、豊臣秀吉による近世都市建設のありようを典型的に示している。すなわち武家関白の拠点聚楽第と武家町の建設、御所の修築と公家町の形成、市中町割の改造、寺町の形成、御土居（惣構堀）の建設などによって空間的にも身分的にも京都の近世都市化＝城下町化を推進し、さらに天正十九年（一五九一）洛中地子免除を実施することによって、旧来の領主と都市民との関係を断ち切り、軍事統一権力による一元支配を実現した（中世的〈境内〉の解体・再編）。

注

（1）伊藤鄭爾『中世住居史』、東京大学出版会、一九五八年、一四〇・一四二頁。
（2）『東寺百合文書』を二四五。
（3）永井規男「摂丹型民家の形成について」（『日本建築学会論文報告集』第二五一号、一九七七年一月）。
（4）福井県立朝倉氏遺跡資料館による発掘調査報告書が多数刊行されている。『よみがえる中世　六―実像の戦国城下町　越前一乗谷』、平凡社、一九九〇年。
（5）『よみがえる中世　六――実像の戦国城下町　越前一乗谷』、平凡社、一九九〇年。
（6）脇田修「寺内町の構造と展開」（『史林』四一巻一号、一九五七年）、西川幸治「寺内町の形成と展開」（『日本都市史研究』、日本放送出版協会、一九七二年）、岡田保良・浜崎一志「山科寺内町の遺跡調査とその復原」（『国立歴史民俗博物館研究報告』第八集、一九八五年）、伊藤毅『近世大坂成立史論』、生活史研究所、一九八七年、仁木宏『空間・公・共同体』、青木書店、一九九七年。
（7）宮本雅明「尼崎」（高橋康夫・吉田伸之編『日本都市史入門　Ⅱ　町』、東京大学出版会、一九九〇年）。
（8）川添昭二『よみがえる中世一　東アジアの国際都市　博多』、平凡社、一九八八年。
（9）宮本雅明「空間志向の都市史」、「聖福寺関内」（ともに高橋康夫・吉田伸之編『日本都市史入門　Ⅰ　空間』、東京大学出版会、一九八九年）。
（10）第一部第五章「織田信長と京の城」参照。
（11）同記、永禄十二年（一五六九）四月二日条。
（12）以下、関係史料は『大日本史料』第十編之十五、天正元年（一五七三）三月二十九日、四月四日条による。
（13）勝俣鎮夫「家を焼く」（網野善彦ほか編『中世の罪と罰』、東京大学出版会、一九八三年）。
（14）拙著『洛中洛外——環境文化の中世史』、平凡社、一九八八年、三一一頁。
（15）小島道裕「戦国期の都市法と都市遺構」（『国立歴史民俗博物館研究報告　八』一九八五年）、「戦国・織豊期の城下町」（『日本都市史入門　Ⅱ　町』、東京大学出版会、一九九〇年）。

小論2　将軍御所の壇所――雑談の場として

これまで中世社会の寄合の施設として会所や壇所、茶屋にかんたんに触れるにとどまったが、将軍御所のなかの「壇所」に着目し、本来の機能である加持祈祷の場所から、雑談や政治の寄合の場への変遷を考えてみることにしよう。

護持僧といえば、天皇の身体を守護するために勤行・祈祷する僧を指すのがふつうであろう。しかし、将軍の身体を護持するために勤仕する武家の護持僧も、少なくとも室町時代初期から存在していた。武家の護持僧の存在は、これまでほとんど注目されてこなかったが[1]、室町時代の将軍の御所において、仏法にもとづくさまざまな加持祈祷が護持僧によって行われ、そのための場所・施設も設けられていた。

ここでは、武家の護持僧が行う加持祈祷において用いられた場所・施設、すなわち加持祈祷の場である「壇所」について検討したい。三宝院門跡の満済が記した記録『満済准后日記』を主な史料とする制約から、四代将軍義持から義量、義教の時代に焦点を合わせ、常設の壇所であった「月次壇所」について雑談の場としての特質に注目したい。

一、武家護持僧と壇所

1　武家護持僧の成立・員数・臈次・祈祷

室町幕府の将軍の護持僧は、足利尊氏の時にすでに存在していたらしいが、正月八日に将軍御所に参賀することや、そのときの装束などが定まったのは、三代義満のころであったらしい。[2] 四代義持の時代になると、応永十七年（一四一〇）に定められた「法」にのっとって、正月八日は護持僧のみが参賀する日となり、一般僧俗の参賀は十日に行われた。[3]

護持僧の人数については、義持・義量の時期には、「今日護持僧参賀如恒年、……当年護持僧一人未補間、五人参賀、岡崎、竹内□□院、地蔵□□□（院僧正）、寳池院参賀」[4]、「今日任佳例護持僧六人参賀室町殿御所」[5]とあることから、六人と定まっていたことがわかる。

義量が没し、義教が後継者に選ばれた直後の応永三十五年（一四二八）正月晦日条には、花頂定助僧正は聖護院が闕のとき拝任したもので、聖護院が護持僧に還補されたからには退くべきであるが、義教は閏月の担当として残すことにしたとある。これ以降、護持僧は七名となった。翌正長二年（一四二九）正月八日条には、「参室町殿、護持僧十人大略出仕」とあり、護持僧が十人に増えている。その後もさらに追加され、永享三年（一四三一）正月八日条には、「武家護持僧十二人悉参賀」とある。のみならず、護持僧の臈次を「一臈常住院准后、二臈予（三宝院准后）、三、聖護院准后、四、実相院僧正、五、花頂僧正定助、六、随心院僧正祐厳、七、浄土寺僧正持辨、八、寳池院僧正義賢、九、地蔵院僧正持圓、十、竹内僧正良什、十一、円満院僧都、十二、岡崎（実乗院）」と記す。[6] このころ一応、武家護持僧の制度が整ったらしい。

護持僧たちが行う加持祈祷は、多岐に渡っていた。義持から義量へ将軍職が移る直前である応永三十年（一四二三）二月、将軍のための月次御祈と臨時御祈、将軍の後継者義量のための御方御所御祈、将軍夫人のための御台御祈があり、「此等御祈去年以来結番也、於護持僧中ハ相副月次御祈勤仕之者也、七月以後ハ非護持衆結番、此等臨時御祈勤修也」[7]と、護持僧ではない僧も含んで結番し、加持祈祷に当たっている。義教の時代も、「去月（正長元年〈一四二八〉四月）以来為当御代新御願御祈両様被定置内也、去月ハ聖護院准后此護摩勤仕也、御（護）持僧為順臈次可沙汰由被仰

表 24　修法とその壇所・道場

御　修　法	壇　所・道　場	日 付
御修法始	道場震殿如常、壇所殿上同前、	応永 29.7.23
仁王経法	壇所殿上、……随身所伴僧休所両所用意、	応永 32.3.21
仁王経法	壇所殿上、道場震殿南面、護摩師以下休所随身所也、	応永 34.3.14
愛染准大法	壇所公卿座、僧正以下壇所殿上	正長 2.4.22
不動准大法	道場震殿、……殿上壇所狭小之間、……震殿西二間ニ構壇、	応永 27.6.24
御祈始不動大法	壇所公卿座、	永享 2.2.3
不動小法	壇所公卿座相兼殿上半也、	永享元 . 12.3
不動小法	壇所殿上、去年去々年大略同前、	永享 2.12.13
仁王経大法	壇所公卿座相兼殿上了、護摩師壇所殿上西端也、	永享 2.3.19
尊星王大法	阿闍梨壇所公卿座也、	永享 2.5.1
五壇法	道場震殿、南向、	応永 22.8.13
五壇法	道場御所震殿如常、……壇所事中壇両人殿上参住、軍大随身所、金御車宿也、	応永 33.10.7
五壇法	壇所事、中壇殿上東限布障子構之、降壇布障子ヨリ西二ヶ間構之、軍壇随身所西二間構之、大壇同東一間并御車宿へ構出之、金壇御車宿東構之、随身所ニハ板敷在之、御車宿ハ無之、仍金壇所構大儀歟、道場震殿南面五間也、以東中壇ニ立之、降以下次第ニ西へ立之、	応永 34.6.14
五壇法	中壇壇所公卿座云々、殿上東半分相兼云々、	正長 1.10.21
五壇法	中壇＝公卿座、降三世＝殿上、軍荼利＝壇所（月次壇所？）、大威徳＝随身所、金剛夜叉＝車宿、	正長 2.6.27
五壇法	道場震殿南向、以東第一間為中壇、脇壇以下次第建壇、西端金剛薬叉壇云々、	永享 3.6.19
五壇法	道場室町殿寝殿南向如常、	永享 6.5.22
女中御祈	於室町殿御所臺屋、大威徳護摩勤修、壇所殿上西端云々、	永享 1.10.5
御台御祈	自今日於室町殿殿上、禅那院僧正愛染護摩始行、……壇所同殿上布障子ヨリ西構之了、道場布障子東二ケ間構之、	永享 4.3.28

出故也」[8]と、大きくは変わらない。

2　壇所

護持僧は結番して毎月交替で月次壇所に参住し[9]、北斗護摩・不動護摩ならびに北斗供・不動供・愛染供などの祈祷を行い、また五壇法・北斗法・愛染護摩・不動護摩、尊星王大法、不動大法、不動小法、愛染准大法、金剛童子大法などの場合は、寝殿・公卿座・殿上など、月次壇所とは異なる道場・壇所を設けて勤修している。

二、義教と月次壇所

1　三条坊門殿の月次壇所

応永三十五年（一四二八）正月十九日、義持の死去にともない、後継者として籤で選ばれた青蓮院門跡義円（義教）は、まず裏松邸に入り、下御所＝三条坊門殿に移ったのは三月二十一日のことである。この間、義持の御台が三条坊門殿に住んでいたし、月次壇所も機能していた。

祈祷についての義教の方針が定まったのは、同年四月のことらしく、「去月以来為当御代新御願御祈両様被定置内也、去月ハ聖護院准后此護摩勤仕也、御（護）持僧為順臈次可沙汰由被仰出故也」と『満済准后日記』にみえる[10]。

義教が住み始めたころの三条坊門殿の月次壇所は、独立の建築として存在したのではなく、「当月月次壇所番地蔵院僧正自今夕参住云々。壇所殿上如去月云々」[11]とあるように、殿上の一部が壇所に当てられていたらしい。これでは不都合があるので、壇所の新築が計画され、六月二十一日に「月次御壇所立柱上棟」が行われている。きわめて迅速に工事が進められ、七月五日には「新造御壇所月次」が竣工し、聖護院准后が祈祷のために移り住んでいる。

満済が月次壇所の当番として参住したのは、八月一日のことで、[12]その後十日には義教を壇所に迎えており、新造壇所における初めての渡御であった。[13]翌日夕方からはじまった北斗法では新造壇所の「東向六間」が道場として使用されているが、壇所は少なくとも六間の広さをもっていたことがわかる。[14]

2　室町殿の月次壇所

正長二年（一四二九）三月に将軍職に就いた義教は、その後およそ二年ほどの間、下御所＝三条坊門殿に住み続けるが、永享三年（一四三一）に上御所＝室町殿への移転がきまり、十月十三日に「寝殿以下棟数十ケ所、門六」がそれぞれ立柱上棟し、十二月十一日に室町殿移徙が行われた。十九日には、新造御所において御沙汰始、御的始とともに、御祈始が行われた。聖護院准后が不動准大法を勤仕し、「寝殿の後」が壇所となった。二十六日、今月当番の護持僧常住院は月次壇所を上御所へ渡しているが、これは建築としての壇所の移築ではなく、修法の施設の運送であった。月次壇所の場は、さきに壇所となった寝殿の後であり、ここに常住院が参住している。[15]

翌永享四年（一四三二）正月八日、当番である満済は月次壇所に行き、月次御祈のためにその室礼を検知し、改めている。満済の記述から判明する月次壇所の位置と規模は、次のようになる。壇所は、室町殿の中心施設である寝殿の北側に位置を占め、東西四間、南北三間の広さをもつが、そのうち、南東よりの二ヶ間は足利家累代の鎧や剣を安置する「御小袖間」とよばれる部屋であり、その北側の四間を道場としている。[16]

この月次御祈の壇所はおそらくほかの祈祷と場の関係で問題があったようで、独立施設の月次壇所が計画され、二月二十四日に立柱上棟している。[17]新造壇所について満済は四月十五日条に次のように記している。

酉末参壇所、……於四脚前下車、経随身所西入壇所了、此壇所自下御所三条被引渡、雖然大略如新造也、今度ハ雑舎如根本別立之了、内々献意見了、凡此壇所指図以下悉予計申了、……道場北東向、北向ハ三間蔀鉤之、東二間遣戸也、(18)

新造壇所は、当初は移築の必要がないとされた三条坊門殿の壇所を移築したものであったが、ほとんど新造といってよいほどであり、元々のように、独立して建てられている。随身所の南にあり、三条坊門殿の位置を踏襲しているのであろう。規模は東西三間、南北二間であり、北面の三間は蔀を釣り、東面の二間は遣戸がたて込まれている。この壇所の新造に当たっては、満済が意見を具申して計画を進め、指図以下、ことごとく満済の意向が反映されたようである。

3　月次壇所の使われ方

月次壇所は、当然のことながら毎月恒例の祈祷の場として使用されたが、ここでは、祈祷の場としてよりも、それ以外の使われ方に注目して検討する。

（1）雑談

壇所は、将軍義教にとって日常の雑談の空間なのであり、おそらくは唯一の雑談の場ではなかったか。『満済准后日記』によると、三条坊門殿に壇所が完成した次の月、八月十日に初めて渡御し、その後二十三日には「今日御所様壇所に渡御、数刻御雑談」とある。将軍となった正長二年（一四二九）三月以降もその習慣は続いており、「将軍壇所に渡御、数刻御雑談」という記事は、四月二十三日条や五月二十七日条などしばしばみえている。とくに永享二年（一四三〇）四月は、三日以後毎日のように訪れ、八日には二度も壇所に来ることがあった。将軍義教が壇所に赴き、そのとき壇所に詰めていた満済などの護持僧と長時間にわたって「雑談」することは、めずらしくなかったいってよい。

（2）談合・打合せ……政治的打ち合わせの場

こうした日常的なありかたを踏まえてであろうが、壇所では政務にかかわる重要な用件や情報が内々に将軍と側近衆とのあいだに交わされている。永享三年（一四三一）七月二十八日に管領以下、諸大名の評定が行なわれ、室町幕府の拠点である将軍邸を上御所、つまり花御所（室町殿）へ移すことに決定をみたが、実はこの日の評定に先立って、義教は満済から内々に話を聞いていた。つまり三日前の二十五日に、満済は壇所において義教に室町殿御所の件について畠山が去年より内々申し入れていた事情を説明しており、義教は「御悦喜極まり無し」という様子であったという。

逆に、将軍から命令が発せられることもあったことは、「早旦将軍壇所に渡御す、条々仰せらる」（永享四年〈一四三二〉正月二十三日）という記事からもわかる。

寳池院の壇所で待っているときに、幕府奉行、津、飯尾肥前、飯尾加賀、飯尾大和、松田対馬がきて、洛中米商売のことを談合し（永享三年（一四三一）七月八日条）、また畠山・細川・山名と談合している（永享三年（一四三一）八月晦日条）。

（3）待合せ・控えの間

松拍子をみるために集まり、時間待ち（永享二年（一四三〇）正月十三日条）。

香染の衣を召し寄せ着替え（永享二年（一四三〇）十一月二十五日条）。

（4）社交……護持僧との交流、表敬訪問

「山名右衛門左禅門来壇所、二千疋随身也、」（正長元年（一四二八）八月七日条）。

（5）対面（私的・内密）

摂政二条持基が壇所を訪れた時、たまたま義教が現れたので、そのまま壇所で対面が行われ（永享四年〈一四三二〉正月十七日）、また「乗阿御前に召し出だされ、面目の至り」（永享三年〈一四三一〉七月二十四日）ともみえる。

（6）宿所

壇所を宿泊施設として利用している。

（7）小宴会……永享二年（一四三〇）正月二十五日条、

随心院の壇所において歌会を待つ間、一献あった（永享四年（一四三二）四月九日条）。

満済晩年における月次壇所参住の事例を示すと、次のようになる。

永享二年（一四三〇）正月八日……「自今日〈八日〉参住恒年規式也」。満済は、「予又当年始武家正月月次壇所ニ参住」と述懐している。

永享四年（一四三二）正月八日……一・四・八・九月参住。この間、多数の記事が残る。

永享五年（一四三三）正月八日……聖護院参住。前年十二月から病気によるもので、二月参住。

永享六年（一四三四）正月八日……参住。この日以降、多数の記事が残る。

永享七年（一四三五）正月八日……参住。この日以降、多数の記事が残る。

なお、同様のことは、臨時の壇所においても認めることができる。正長二年（一四二九）四月二十二日に三条坊門殿で行われた愛染准大法では、満済准后の壇所は公卿座、そして僧正以下の壇所は殿上が用いられた。将軍の渡御が頻繁にあり、同二十三日「数刻御雑談」、二十五日「御雑談等在之」、二十七日「御雑談」などとみえている（このときの月次壇所は、花頂定助僧正。二十三日条）。

永享二年（一四三〇）三月二十九日～四月九日の仁王経法における参住では、「公方様又連々渡御之間」（十日条）など、多数の記事が残る。義教は、壇所を訪れる際に、比叡山上の桜の枝や、梅の枝と実を持参したこともあった。義教が壇所においてどのような内容の雑談をしたかは、もちろん雑談のこととて断片的なことしか記録に残っていないが、例えば「心気興盛」であるとか、「塩断ち」をしているとか「御物語る」というものであった。永享三年（一四三一）七月二十日、臨時の公卿座壇所に参住した満済のもとへ、義教はしばしば渡御し、二十六日には将軍との内々の打ち合わせがあり、また将軍の御書案文の執筆の場ともなっている（当月壇所は寶池院）。

将軍と側近の僧侶や家臣たちが身近な話題をめぐって気さくに雑談しあうことは、身分の関係が厳重な当時においてはきわめて稀なことであった。このような場が成り立ちえたのは、おそらく壇所自体の備える場の性格によるものであろう。壇所が仏事・祈祷の場、つまり宗教的な場として世間を超越した空間とみなされていたこと、また壇所が義教個人に深くかかわる施設であったなどの理由が想定できよう。

要するに、壇所では数刻に及ぶ雑談が義教を交えて行われているが、先の例にみられるように永享四年（一四三二）正月頃から政治の場として重要さを増してきたことに注意を向けるべきであろう。室町幕府の体制確立期において、壇所は私的にも公的にも重要な雑談と寄合の場となったのである。

これらからわかるように、三宝院満済が月次壇所に参住しているときのできごとは、当然のことながら満済という人に固有の状況を物語るものである。したがって、ほかの護持僧の場合にも同じような状況であるかどうか、聖護院などの身分地位の高い護持僧に限られるかといった疑問もある。しかしながら、満済と将軍義教とのとくに親密な個人的な関係によるものを別にすれば、おおよそ他の護持僧にも当てはまる状況と推定してよいと考える。

三、将軍御所と壇所

1　義満の北山殿

義満のころの状況については詳しいことはわからない。先に述べたように護持僧の正月八日の参賀、またその装束などのありかたが儀礼として定まったこと、護持僧による壇所勤行が月々の当番で実施されていたこと、月次壇所が設けられていたこと、などが知られる。(19)

北山殿についてみると、月次の壇所については史料がないが、『門葉記』によると、応永五年（一三九八）四月二十二日、北御所において安鎮法が勤修されたときには東対屋が壇所にあてられている。(20)なお、義満はこの壇所を対面の場として利用している。応永九年（一四〇二）十二月六日の祈祷では、北御所の殿上が壇所となった。(21)

2　義持の三条坊門殿

義持の三条坊門殿における壇所の事例を『満済准后日記』から列挙し、義教期の状況と比較することにしよう。

応永二十年（一四一三）四月一日条……「月次壇所御祈不動護摩百座北斗供等開白」、二十八日条「御所様渡御壇所」、月次の祈祷はほとんど同じ。

応永二十一年（一四一四）八月三日条……愛染准大法始まる。

しばしば将軍・若君、壇所に渡御、雑談。

四日条「初夜時以後渡御壇所、御加持料云々、暫御雑談等在之、」

五日条「若君光儀壇所、御加持申之、」

六日条「渡御壇所、種種御雑談在之、川崎観音御参詣由被仰き、岡崎来臨、山訴事等物語、」

七日条「公方様渡御壇所、結願可為十日由被仰出了、」

応永二十三年（一四一六）十二月十四日〜二十日条……五壇法
十五日条「渡御聖護院壇所、数刻御雑談、管領来臨此壇所、数刻閑談事在之、富樫大輔来、」

十九日条「渡御中壇、以毎阿可参由被仰間、即参了、御雑談数刻、関東へ御教書事伺申了、可令談合管領由被仰下、仍罷向彼亭」

応永二十五年（一四一八）八月十七日条……五壇法を始行。

十九日条、満済らを中壇壇所に呼び集めて、雑談。

応永三十年（一四二三）二月二十九日条……「今月月次御祈……、臨時御祈……、御方御所御祈……、御台御祈、……此等御祈去年以来結番也、於護持僧中ハ相副月次御祈勤仕之者也、七月以後ハ非護持衆結番、此等臨時御祈勤修也」

以上から、義持期においても、壇所のありかたは同様であったことがわかる。義教はこの状況を受け継いでいるが、それは義教と満済の関係が良好であったというよりも、むしろ壇所の性格がしからしめるものであったと理解すべきであろう。

注

（1）富田正弘「室町時代における祈祷と公武統一政権」（日本史研究会史料研究部会編『中世日本の歴史像』、創元社、一九七八年）。天皇の護持僧については、山折哲雄「天皇霊と呪師」（『日本人の霊魂観』、河出書房新社、一九七六年）、湯之上隆「護持僧成立考」（『金沢文庫研究』二六七、一九八一年）、堀裕「護持僧と天皇」（『日本国家の史的特質』古代・中世、一九九七年）がある。
（2）『満済准后日記』永享二年（一四三〇）十二月十五日条「如根本者臈次相違時、正月外ハ十二月ヲ勤仕来也、於正月者等持寺殿以来不守臈次、此門跡参住来也」、応永三十年（一四二三）正月八日条「今日護持僧参賀、恒例儀也、……但等持寺殿御代、護持僧参賀事、定日無之歟、装束又同前、菩提寺僧正五日衣體由、自筆記在之、八日参事并装束等令一定事、故鹿苑院殿以来之儀也、但北山殿へ御移以後ハ細々参護持僧、正月朔参賀着重衣了、地蔵院聖快僧正計八日参、香鈍色着之云々」。以下、同記からの引用は、書名を省略して表記する。

(3) 応永十八年（一四一一）正月八日条。

(4) 応永二十八年（一四二一）正月八日条。

(5) 応永三十四年（一四二七）正月八日条。応永三十五年（一四二八）正月八日条「今日任佳儀護持僧六人参賀室町殿御所」。

(6) 永享六年（一四三四）正月八日条によると、一常住院准后、二予、三聖護院准后、四実相院、五随心院、六浄土寺、七寶池院、八地蔵院、九竹内、十円満院、十一岡崎、十二花頂となっている。永享十一年（一四三九）には、常住院・寶池院・竹内の名が消え、住心院が加わり、十人である（『建内記』永享十一年（一四三九）二月二十八日条）。

(7) 応永三十年（一四二三）二月二十九日条。

(8) 正長元年（一四二八）五月三日条。

(9) 正長元年（一四二八）五月三日条、「御（護）持僧為順臈次可沙汰由被仰出故也」、永享二年（一四三〇）十二月十五日条、「如根本者臈次相違時、正月外ハ十二月ヲ勤仕来也、於正月者等持寺殿以来不守臈次、此門跡参住来也、」

月番の交替・変更については、応永三十年（一四二三）七月朔日条に「今月々壇所岡崎准后当番也、去々月以来病悩雖少減、未修法等勤仕難叶、来月八月予番ニ可相転由被申間、其由去々月五月廿七日於嵯峨南芳地蔵御参籠中伺申處、不可有子細由被仰間、自今日恒例壇所勤行等始行、……月次壇所相転近代出来歟、故地蔵院僧正聖快重服之間依難叶、八月壇所当番於次月九月浄土寺僧正慈弁ニ相転、故鹿苑院殿御時事也、此子細予則（申）沙汰候了、大略壇所相転初云々」とある。

(10) 正長元年（一四二八）五月三日条。

(11) 正長元年（一四二八）五月一日条。

(12) 正長元年（一四二八）八月一日条、「自今夕月次壇所当番之間参住、則依召参御前、」。

(13) 正長元年（一四二八）八月十日条、「今日御所様渡御壇所、新造壇所初光儀之間」。

(14) 正長元年（一四二八）八月十一日条、「自今夕月次北斗法始行、道場新造御壇所東向六間傍西壁奉懸本尊、其前立壇」、永享二年（一四三〇）正月十三日条、「道場月次壇所東向六間也」。

(15) 永享三年（一四三一）十二月二十六日条、「常住院自今日月次壇所被渡上御所了、壇所年中不可事行間、不及被渡之、月次壇所寝殿之後〈此間聖護院参住在所〉被定了、自今日常住院件所参住了、」。

(16)　永享四年（一四三二）正月八日条、「酉初参壇所、……壇所室礼等悉令検知改之了、寝殿北向間障子ヨリ西、東西四間、南北三間也、但此内南東寄二ヶ間号御小袖間、被安置累代御鎧御剣等也、此間北四ヶ間ヲ以テ為道場、」。

(17)　永享四年（一四三二）二月二十四日条、「上御所御会所并御車宿、随身所、月次壇所等、立柱上棟云々、」。

(18)　永享四年（一四三二）四月十五日条。

(19)　応永三十年（一四二三）正月八日条、「今日護持僧参賀、恒例儀也、……但等持寺殿御代、護持僧参賀事、定日無之歟、装束又同前、菩提寺僧正五日衣體由、自筆記在之、八日参事并装束等令一定事、故鹿苑院殿以来之儀也、但北山殿ヘ御移以後ハ細々参護持僧、正月朔参賀着重衣了、地蔵院聖快僧正計八日参、香鈍色着之云々」、応永三十年（一四二三）七月朔日条、「今月々壇所岡崎准后当番也、去々月以来病悩雖少減、未修法等勤仕難叶、来月八月予番ニ可相転由被申間、其由去々月五月廿七日於嵯峨南芳地蔵御参籠中伺申處、不可有子細由被仰間、自今日恒例壇所勤行等始行、……月次壇所相転近代出来歟、故地蔵院僧正聖快重服之間依難叶、八月壇所当番於次月九月浄土寺僧正慈弁ニ相転、故鹿苑院殿御時事也、此子細予則（申）沙汰候了、大略壇所相転初云々」、永享六年（一四三四）九月二十九日条、「百ヶ日中重服阿闍梨修法勤仕、一両度例在之歟、一ヶ度ハ此阿闍梨師匠聖快僧正、母重服百ヶ日中、於北山殿月次壇所、北斗法勤仕了」。

(20)　『門葉記』巻第三十五安鎮法補二、応永五年四月二十二日、「於北山殿被始行安鎮法事」、「次自南御所入御。先於御壇所御対面御壇所東対屋也」。

(21)　『大日本史料』第七編ノ五、応永九年十二月六日条、「今日御壇所北山殿北御所殿上云々」（『松崎文書』）。

小論3　聚楽第と「唐獅子図屏風」

天下統一の象徴というべき秀吉の聚楽第。その大広間を飾ったのは狩野永徳の「唐獅子図」ではなかったか。秀吉の「王都」の最高のハレの場として行幸を迎え、武家関白の権力と権威を支えた空間について考えてみよう。

狩野永徳の作品とされる「唐獅子図屏風」（宮内庁三の丸尚蔵館）について美術史学の分野において少なからぬ研究が行われてきた(1)。後述するように、近年になって川本桂子や山本英男の研究が現れ、「唐獅子図屏風」がもともと屏風仕立てであったのではなく、壁貼付絵であったと考えられるようになり、その議論の延長線上でどの御殿の壁貼付絵であったのかに大きな関心がもたれている。それは、永徳が制作に従事した安土城や大坂城、聚楽第などの作品群の中で、ただ一つ残された金碧大画の作品であるからでもあろう。

ここでは、聚楽第の建築史的特質や都市史的意義（第一部第六章）を踏まえながら、「唐獅子図屏風」の際だった特徴、すなわちその大きさを手がかりとして建築史学の立場から秀吉の大坂城や聚楽第の御殿などについて検討を加え、「唐獅子図」が聚楽第の中心建築である大広間の主室に設置された可能性が高いという仮説を提示したい(2)。

一、聚楽第の大造営と後陽成天皇行幸

天下統一のための拠点として、また権力の誇示と安定に大きな意味を担った後陽成天皇行幸の晴れの舞台として、

天正十四年（一五八六）豊臣秀吉が京都・内野（大内裏の跡）に建設した大規模な城郭・御殿が聚楽第（じゅらくだい、じゅらくてい）である。[3]

当初は「内野御構」ともよばれた新第の佳名が「聚楽第」とされたことについて、いろいろ憶測がなされたようである。『聚楽第行幸記』は「誠に長生不老のたのしびをあつむるものか」といい、フロイス『日本史』は「快楽と歓喜の集りを意味する」と述べている。大規模な城郭であることから聚楽城とよばれることもあった。

秀吉が関白の地位に就いた天正十四年（一五八六）二月二十一日、大坂城の建設工事は継続中であったが、新たに京都における本拠の造営工事が開始された。「去廿一日ヨリ内野御構普請、大物以下事々敷、諸国衆自身々沙汰之、ヲヒタ、シキ事也」と、『多聞院日記』は記している。大坂城の築造に諸国から徴発された人夫が七、八万から一〇万人ほどであったのに対し、聚楽第の建設工事に動員された人数は尋常ならざるものがあったといい、『宇野主水日記』は、「京都ノ普請ソノツレ（常）ナル事ニテハナシ。猶以大篇之事ト云々」と伝えている。六月ころには中国・東国の各地から建築用の大材が集められ、翌十五年正月から作庭に用いる木石を諸家から徴発している。

秀吉は二月七日に新第で廷臣の歳首の礼を受け、また八月には八朔の祝を行っている（『兼見卿記』）。こうして九月十三日、大坂より正式に移り住んだ（『言経卿記』）。

フロイスの『日本史』は聚楽第の建設に対して、信長の手になる二条城の描写をはるかにうわまわる賛辞を呈している。

それらは疑いもなく壮大かつ華麗で、見事に構築されており、木造建築としてはこれ以上を望めないように思われた。……ヨーロッパのどこに建てられていても、大いに賞賛され、（人々を）感嘆せしめずにはおかぬであろう。なぜならば、部屋という部屋、広間という広間、その内外と上下は言うに及ばず、台所までが、その用具や机の置場に至るまで、ことごとく金が塗られているからである。……しかもさらに驚くべきことは、それらの家屋がほとんど無数といえる場所を占めるほど広大であるのに、(たった) 六ヵ月間で落成したことである。

秀吉の本拠は名実ともにこの新造の城郭におかれ、京都はふたたび首都としての地位を回復した。

こうして天正十六年 (一五八八) 四月に後陽成天皇の行幸を迎えることになった。後陽成天皇は、十四日から十八日にかけて管弦・和歌会・舞楽などの贄を尽くしたもてなしをうけたが、その様子は直後に『聚楽第行幸記』としてくわしく書き留められている。

最重要の行事は二日目、天皇が見守るなかで、大広間において秀吉への臣従を誓う儀式が執り行われたことであった。ここに武力による臣従から権威による臣従へと大きな転換が果たされた。

聚楽第がもっとも華やかな姿になったのは、後陽成天皇の行幸、すなわち秀吉の本来の目的が実現されたときであったにちがいない。(4)『聚楽第行幸記』は大仰なまでの美辞麗句を連ねて、

四方三千歩の石のついがき山のごとし。楼門のかためは鉄のはしら鉄の扉。瑤閣星を摘んで高く、瓊殿天に連なりてそびえたり、

と描いている。

二、聚楽第の大広間

聚楽第にどのような建築があったのかという問題については、すでに桜井成広や内藤昌らの研究がある。(5)「聚楽第

図158　聚楽第の景観（聚楽第図屏風）

図屏風」と「御所参内・聚楽第行幸図屏風」から主要な建築を眺めておくと、金箔瓦、白亜・総塗籠の天守、大棟に金箔瓦を置いた檜皮葺の「儲の御所」（『聚楽第行幸記』、行幸御殿のこと）[6]、行幸儀礼の中心的な場として主・従、そして支配・被支配を確認する対面の空間となった、金箔瓦、檜皮葺の大広間が描かれている。「聚楽第図屏風」では天皇の「儲の御所」と秀吉の大広間が、他方、「御所参内・聚楽第行幸図屏風」では秀吉の天守と天皇の「儲の御所」がセットで描かれているようである。

さて、聚楽第の大広間とされる平面図が知られている。室町末期以来の大工岸上家に伝わった指図で、「京壽楽（聚楽――引用者注）」と題されている。戦前に大熊喜邦が「豊公聚楽第の大広間」において紹介したこの図は、[7]日本建築学会編『日本建築史図集』（彰国社）に「聚楽第大広間」として掲載されていて、少なくとも建築の分野では広く知られた指図である。[8]

大熊による「京聚楽」図の検討結果を摘記すると、次のようになろう。

図 159　聚楽第の景観（御所参内・聚楽第行幸図屏風）

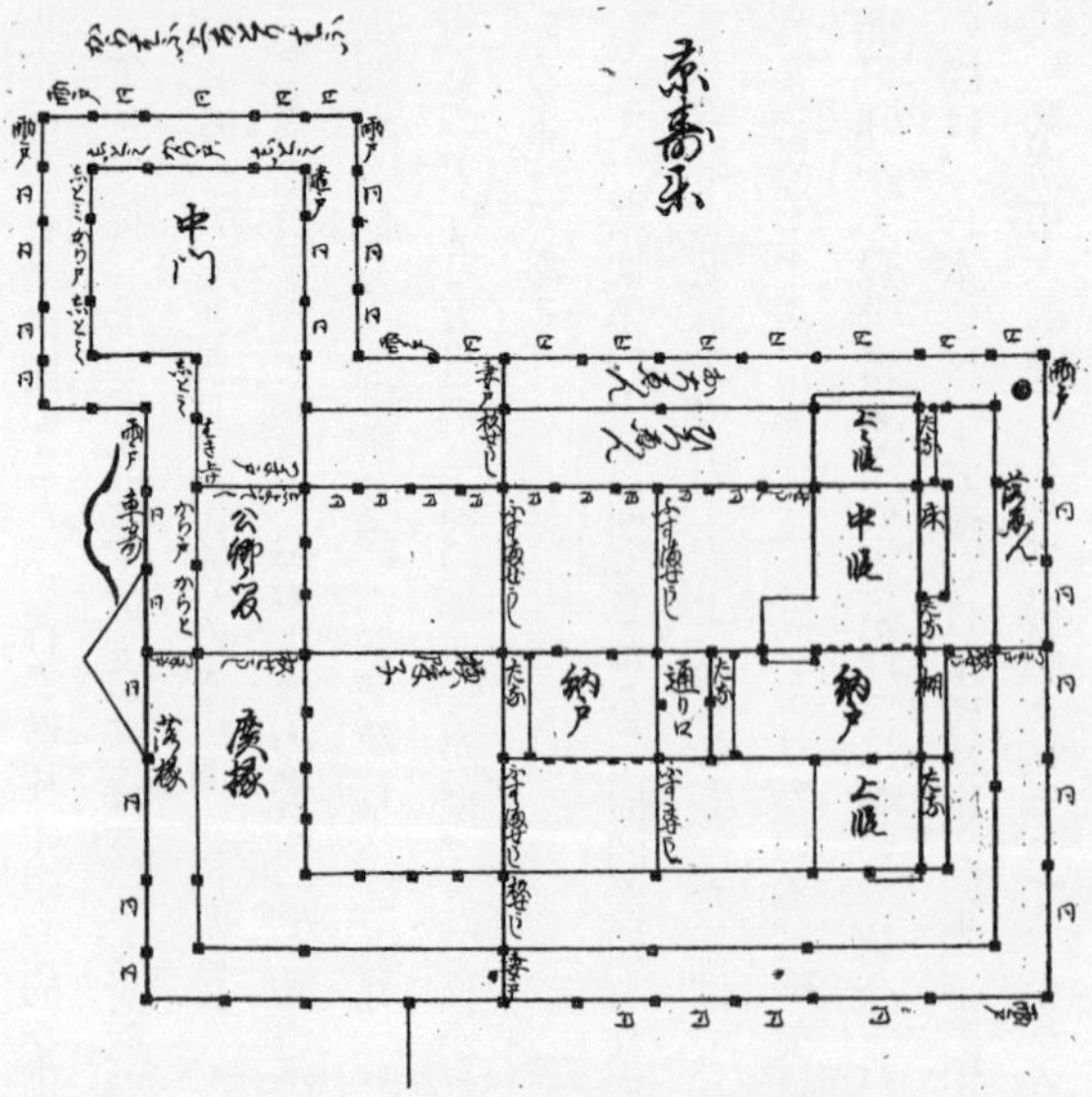

図 160　「京聚楽」（聚楽第大広間）指図

一　岸上家伝来の覚書の一冊に、寛永五年（一六二八）六月岸上九右衛門署名の「御広間の木砕」とするものがあり、そこに「京壽楽」の大広間の指図が記載されている。
二　この九右衛門（三代目）は聚楽城の造営にかかわり、また伏見城の番匠を勤め、いずれも彫刻を担当したという（由緒書）。
三　伊達政宗の仙台城大広間（慶長十五年〈一六一〇〉竣工）は聚楽第大広間の図と酷似し、それを範としたとみられる。
四　『匠明』「殿屋集」の大広間などと比較して、平面構成の推移から見ても聚楽第大広間の図として信頼できる。
五　毛利輝元公上洛日記所載天正十六年（一五八八）七月二十四日における聚楽第大広間着座の図とよく対応、一致する。

以上から大熊は「京聚楽」図を聚楽第大広間の図と結論したのであるが、とくに第五点は重要であり、後に内藤らの研究も指摘・賛同するように[9]、同時代の「天正記」（毛利輝元公上洛日記[10]）所収の図とよく一致すると考えてよい。すなわち、「京聚楽」図は同時代の史料ではないにしても、内容には信憑性があり、史料としての価値は高いといえよう。なお、「京聚楽」の図には「上々段」、「中段」の書き込みがあり、行幸時には後陽成天皇、秀吉の御座所と考えられている[11]。

三、狩野永徳の「唐獅子図屏風」

1　「唐獅子図屏風」の問題点

狩野永徳の「唐獅子図屏風」は、天正十年（一五八二）高松城水攻めの講和に際して豊臣秀吉から毛利家に贈られ

図 161　狩野永徳「唐獅子図屛風」（三の丸尚蔵館）

た陣屋屛風と伝わり、その後近代になって明治天皇に献上され、現在は宮内庁三の丸尚蔵館の所蔵となっている。

永徳の代表的な作品とされるこの「唐獅子図屛風」について、伝来について確たる証拠がないことを踏まえ、近年、川本桂子は極端な大画形式を採ることから天正十年以前の制作とみることに疑問を呈し、さらに秀吉関係のどこかの御殿の壁貼付絵であったものを屛風に仕立て直したのではないかとした[12]。山本英男もまた、画面下方・上方ともにかなり大きく切り詰められていることなどからもともと屛風ではなく、壁貼付の可能性が高いと主張する。さらに屛風の金具が豊臣家の菊桐紋であることを合わせ、秀吉関連のどの御殿の障壁画であったかと問題提起し、画風から永徳最晩年期（永徳は天正十八年没――筆者注）に位置づけるのは困難であるから、時期的に見て聚楽第か大坂城本丸御殿あたりが可能性として高いといえるかもしれないという[13]。

「唐獅子図屛風」は、①本来は一枚の壁貼付絵、金碧大画として制作されたこと、②制作時期は天正十年以降、天正十八年以前であること、③秀吉関連の御殿、大坂城本丸か聚楽第の障壁画であった可能性が高いことなど、川本と山本の説は建築史研究者にとってもたいへん興味深い新知見といえよう。

2　「唐獅子図」はどこにあったのか

このような先行研究を踏まえて、以下では建築史の立場から「唐獅子図」はどこにあったのかという問題を検討してみたい。着目するのは「唐獅子図屛風」の並外れた大きさである。現在、縦二・二四二メートル（約七・四〇尺、但し一尺＝〇・三〇三メートル）、横四・五三三メートル（約一四・九六尺）であるが、[14]前述のように屛風への改装に際して周囲を切断しており、したがって当初は現状をかなり上廻る巨大なサイズの壁貼付絵であった。

まず御殿室内のどの壁面かという点については、三つの可能性、すなわち①壁（鴨居の下）、②小壁（鴨居の上）、③床（押板）の壁が考えられるが、室境の壁においては一間ごとに柱が立つので、幅四・五三三メートルの一枚の貼付絵はありえない。したがって③床（押板）の壁に可能性が絞られよう。広間や対面所などの主室に設けられた床（押板）の壁貼付絵であったとみるのが自然である。

次に、幅四・五三三メートル以上の床（押板）であることから、大規模な広間や対面所を想定する必要がある。可能性のある建築はどのようなものなのであろうか。時代が近い建築遺構から床（押板）、あるいは貼付壁のサイズを検証してみよう。

園城寺光浄院は室町幕府将軍の御所や織田信長の陣所となった由緒のある子院であり、桃山時代・慶長六年（一六〇一）建立の客殿（国宝）は桃山時代の標準的な住宅形式を示すものと考えられている。[15]その三間四方の広さをもつ主室（十八畳敷）の床（押板）の両脇柱間は十三尺であり、[16]その貼付絵（松に滝図、紙本金地著色、狩野山楽、桃山時代、重要文化財）の大きさは、縦二・九四メートル、横三・八一メートルである。したがって光浄院客殿やそれと同様の規模の建築には、「唐獅子図」を設置することはできない。例えば、近世初期慶長十三年（一六〇八）の建築技術書『匠明』（江戸幕府の棟梁平内政信著）の「殿屋集」に収められた「昔六間七間ノ主殿之図」[17]の「主殿」の平面形式は、光浄院客殿と酷似するとされるが、そうすると、この主殿にも「唐獅子図」を設置することができない。柱間寸法六尺五寸

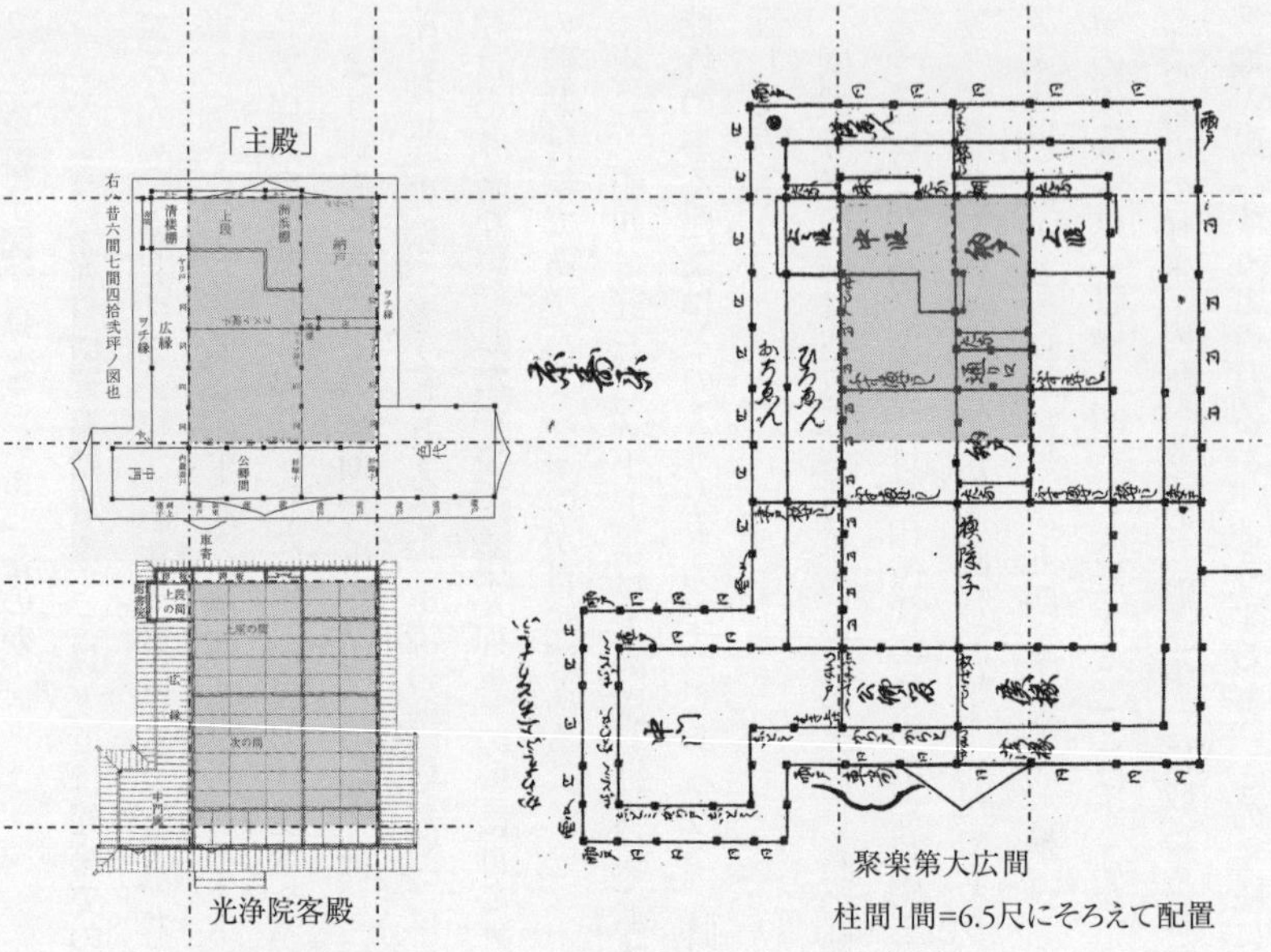

図162 「主殿」と光浄院客殿と聚楽第大広間の比較

の標準的な客殿・主殿よりもはるかに大きな建築を考えなければならないのである。

二条城二の丸には慶長創建、寛永改築の御殿群が現存し、さらに寛永三年（一六二六）の後水尾天皇二条城行幸時の御殿群の指図などが残されている[18]。主要御殿の主室について床（押板）の幅（両脇柱心々寸法）をみると、およそ次のようになっている。

大広間上段の間　十七・一尺（実測値）
黒書院上段の間　十六尺
遠侍勅使の間　十五尺
白書院上段の間　十三尺
行幸御殿　十三尺か

以上から、寛永行幸時の二条城二の丸御殿においても、「唐獅子図」を設置することが可能な施設は大広間や黒書院の主室に限られることがわかる。これらはともに三間四方の空間と見ることができるが、光浄院客殿と基準的な柱間寸法を比べると、六・五尺に対して八・六尺と一回り大きく、当然のことながら畳数もはるかに多く、際だった規模を有するものということができる。

以上からわかるのは、「唐獅子図」を壁貼付とした御殿は、行幸を迎えた二条城二の丸御殿の中心建築、大広間や黒書院に匹敵する格と規模をもつ建築であったと考えなければならないということである。

四、「唐獅子図」を飾る御殿

1　二つの可能性――大坂城と聚楽第

こうして「唐獅子図」が飾られた御殿の可能性は、かなり狭く限定された。さらに考察を進めるために「唐獅子図」が永徳の作品であることを前提条件としてよいであろう。そうすると、永徳の作風から制作年代が天正十年（一五八二）以降であるとされていること、永徳の没年が天正十八年（一五九〇）であることから、わずか十年足らずの期間について考えるだけでよい。言い換えると、信長の安土城や秀吉の伏見城は検討対象から除外してよいことになる。

要するに、①天正十年から天正十八年にいたる時期に造営された、②二条城ないしその二の丸御殿大広間に匹敵するような大規模建築について検討すればよいことになる。当該時期において大規模建築というと、秀吉の大城郭、すなわち大坂城と聚楽第をあげざるを得ないであろう。美術史においても「唐獅子図」と秀吉の関わりが想定されており、建築史と美術史の推測はおのずから一点に収束するようである。

そこで大坂城か聚楽第か、規模と格式と伝来の視点から可能性を比較してみよう。それぞれの沿革を簡単に記しておこう。

大坂城：天正十一年（一五八三）　築城開始
　天正十三年（一五八五）　天主・本丸御殿竣工
　天正十四年（一五八六）　二の丸工事

慶長二十年（一六一五）焼失

聚楽第：天正十四年（一五八六）造営開始

天正十五年（一五八七）秀吉、大坂より移徙

天正十六年（一五八八）後陽成天皇行幸

天正二十年（一五九二）秀次聚楽第へ後陽成天皇行幸

文禄　四年（一五九五）破却

規模・格式からみると、大坂城は豊臣家の城郭であり、一方、聚楽第は天下支配の拠点であり、天皇の行幸を迎える城郭であった。フロイスは『日本史』において、聚楽第が豪華さと経費において大坂城をはるかに上廻っていたことを繰り返し述べている。[19]

また大坂城・聚楽第に「唐獅子図」の床（押板）壁貼付絵があったとして、それをわざわざ取り外す状況はさまざまに想像することが可能であろう。城郭が終焉を迎えた時に限ってもおおざっぱな推測しかできないが、要点を記すと、

聚楽第――文禄四年破却、一部の建物を移築、時間的余裕あり

大坂城――慶長二十年大坂夏の陣、戦時焼失、時間的余裕なし

となろうか。右の三点からは大坂城の可能性は少ないようにみえる。

さらに具体的に大坂城の本丸御殿に幅四・五三三メートル以上の床（押板）を備えた御殿がありえたのかという点を検討しておこう。秀吉の大坂城については、「大坂城本丸指図」（二枚、中井家蔵）などの指図が残り、[20]また宮上茂隆によって詳細な復原的研究がなされ、本丸図が信頼できること、「表向御殿平面図」・「奥向御殿平面図」などのほか、多くの成果が得られている。[21]本稿の目的からすると、最大の大きさをもつ表向き御殿の「御対面所」について可能性

の有無を考慮すれば十分であり、宮上の成果に依拠しつつ要点を列挙すると、次のようになる。

一　本丸図に描かれた表向きと奥向きの御殿は、天正十四年（一五八六）において実際に存在していた。

二　天正十四年に大友宗麟が秀吉に対面した座敷、つまり「御対面所」の南側三室はそれぞれ九間（三間四方）の広さがあり、図では三間×四間、三間×三間、三間×四間である。

三　本丸図に描かれた御殿の基準柱間寸法は、七尺であった。

四「本丸図」の「御対面所」の南側三室には押板・棚は描かれていない。一方、北東の室の北側にはそれぞれ二間（一四尺）の床・棚が描かれている。

五「御対面所」の平面規模は、二条城大広間の半分ほどである。

以上のように、「大坂城本丸指図」とその研究によって判断する限り、とくに二条城大広間に匹敵するような規模の大きい御殿であるとか、幅四・五三三メートル以上の床（押板）を備える主室があるとは考えられない。以上を合わせ、結論的には大坂城の可能性はかなり少ないと考えて大過ないであろう。

2　聚楽第大広間と「唐獅子図」

以上のように、伝来や規模・格式の検討結果から、「唐獅子図」が設置された可能性は、今のところ消去法的にではあるが、聚楽第に絞られてきている。「唐獅子図」の壁貼付絵は、秀吉の権威と威光の誇示に重要な役割を果たしたにちがいなく、後陽成天皇を迎えての秀吉と諸大名の対面の場である聚楽第大広間がもっともふさわしい設置場所と考えられるが、果たしてどうであろうか。

イ　伝統を受け継ぐ聚楽第大広間

聚楽第大広間の平面形式は、主室や上々段の間の構成など、前述の光浄院客殿、『匠明』の「昔六間七間ノ主殿之図」の「主殿」とよく似ている部分がある。聚楽第大広間の図にも「主殿」の図にも寸法記入はないが、柱間をそろえて比較してみると、おおよそ重なりあう部分がある。あるいは聚楽第大広間の平面は「主殿」を内包するといってよい。聚楽第大広間が中世以来の主殿の伝統を受け継いだ建築、主殿の発展型であることがよくわかる。

ここで『匠明』の「主殿」について説明を補足すると、「昔六間七間ノ主殿之図」は、同じく『匠明』所収の「東山殿屋敷ノ図」の中心建築、すなわち主殿を詳細に示した図とみられるということである。そこで先に「東山殿」について述べると、方一町敷地で四周に築地をめぐらし、東を晴とし、東面に四脚門と棟門を設け、対面、接客・居住、サービス、弓場などの四郭からなる。対面の空間は「主殿」・「泉殿」・「遠侍」・「厩」、「蹴鞠坪」、接客・居住の空間は「行幸間（上段付）」・「湯殿」・「対屋（上段付）」から構成されるが、とくに行幸のための施設を持つところに大きな特色がある。「東山殿」はいかにも戦国期の将軍御所のようであるが、川上貢『日本中世住宅の研究』（一九六七年）は、小川殿など、足利義政以前のいずれの御所でもないことを指摘し、室町末期の「上層邸宅にみる施設構成の規範」と解している。また鈴木充『日本中世都市建築の研究』（私家版、一九六五年）は、「誰れか将軍御所の指図なり計画」と考え、足利義稙の三条御所に当てたが、しかし義稙の三条御所は西がハレの御所なので、鈴木の説は誤りというほかない。

「東山殿屋敷ノ図」が現実の将軍御所の指図である可能性は乏しいが、とはいえまったく意味がないということではない。一つには近世初頭において戦国期の室町幕府将軍御所の指図として理解されていたことがわかるし、さらには「行幸間」を会所に、また四足門を上土門に読み替えるなら、この図が戦国期洛中洛外図屏風に描かれる「細川殿」とよく対応する点で重要な意味をもっている。「東山殿屋敷ノ図」から「細川殿」（洛中洛外図屏風）の建築名称を比定することができることに加え、戦国期京都の実質的な支配者というべき細川氏の館の空間構成を具体的に窺うことができるからである。

本稿の目的に即して要約するなら、「東山殿屋敷ノ図」・「昔六間七間ノ主殿之図」は、たんなる上層邸宅や将軍邸、また主殿の一例などではなく、戦国期京都を実効支配する権力者の、行幸のための施設を備えた邸宅とその中心建築・「主殿」の指図として描かれたものではないか。時代は戦国動乱の終焉、天下統一へ向けて動き、聚楽第そして広間を生み出すが、下克上の時代に京都、天下を窺う大名が願望する館として認識されていたであろう通念を図化した指図（概念図）として理解すべきであろう。聚楽第や広間の前段階の状況を示す建築指図として史料的な価値が高いと考える。

さて、聚楽第大広間は、前述のような「主殿」の伝統を受け継ぐとはいえ、当然のことながら新たな天下統一の時代の「広間」であるから、後陽成天皇行幸時の中心的な儀礼空間として必要な機能を備えること、また統一権力と権威の象徴として「主殿」を凌駕する壮大かつ豪華な意匠表現を採ることなどが、求められたはずである。必然的に大広間の柱間寸法や内法高さ、天井高さ、柱の大きさなどは、柱間寸法六・五尺の「主殿」に比べて圧倒的な巨大さを印象づけるために大きく拡げられたであろう。聚楽第大広間は、天下人の対面空間として、戦国期の主殿を格段に巨大化したものとなったにちがいない。『匠明』の「殿屋集」に、「天正ノ比、関白秀吉公聚洛ノ城ヲ立給フ時、主殿ヲ大キニ広ク作リタルヲ、広間ト俗ノ云ナラワシタルヲ、爾今広間ト云リ」[22]とあるのはそうした状況を伝えているのであろう。

以上、聚楽第大広間の柱配置が六・五尺間ではありえないこと、またそれが大坂城の七尺間に勝るとも劣らない規模であることから考えて、聚楽第大広間の室は「主殿」の九間（柱間六・五尺の三間四方、一八畳敷）をひとまわり大きくしたものが基本となると推論することができよう。具体的には九間を四方に半畳分ずつ、つまり縦横に一畳分拡

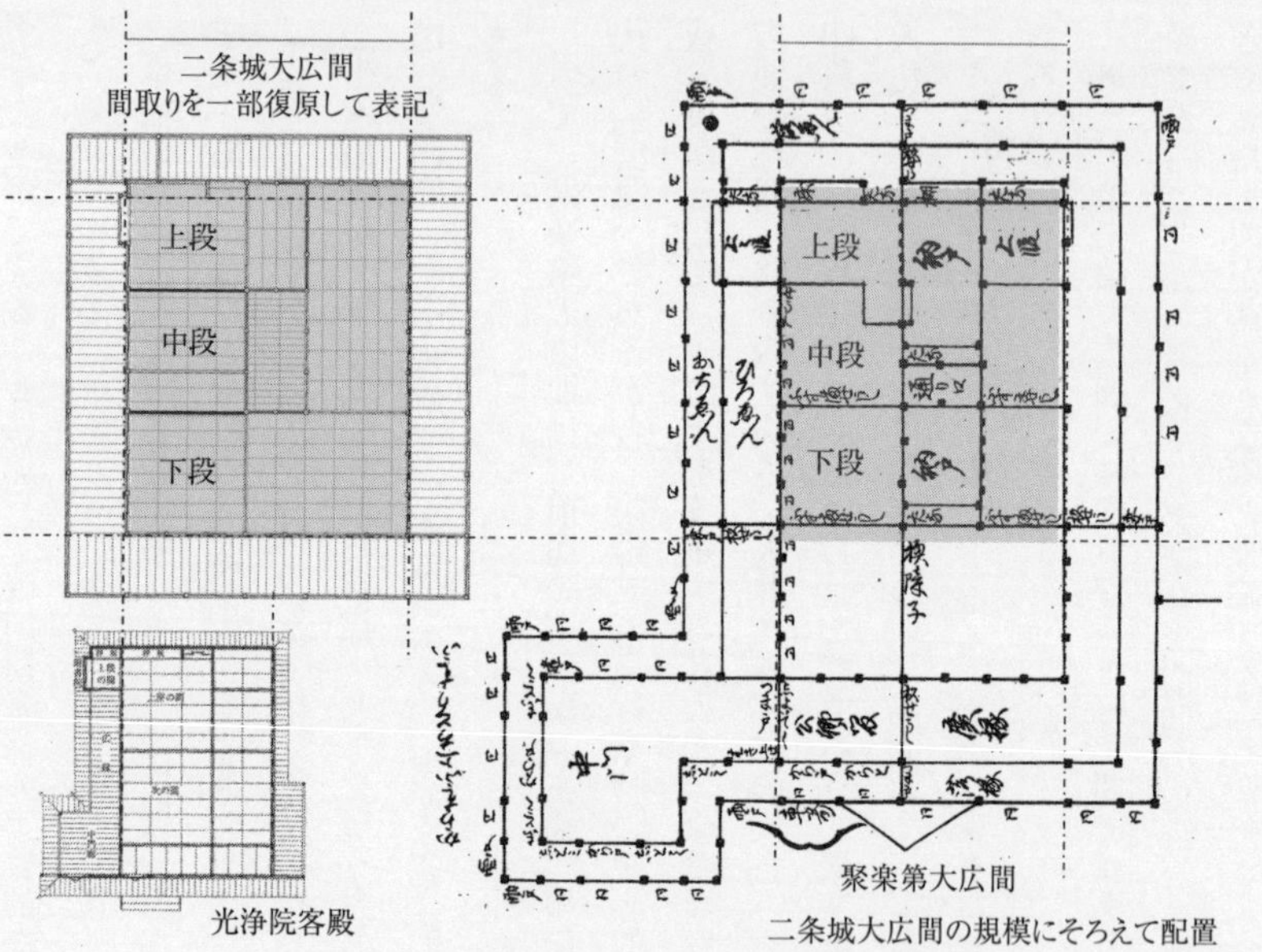

図 163　二条城大広間と聚楽第大広間の比較

大したと考えておきたい。いいかえると、平面計画は六・五尺間×四間＝二十六尺の規模が基本となり、すなわち二条城大広間の室と同じような規模となる。

ロ　先例となった聚楽第大広間

さて、二条城大広間は、聚楽第大広間と比較すると、とくに外観・平面構成などにおいて、中門廊や唐破風がないこと、車寄が別棟になることなど、機能に即して独立の建物を建てる江戸期の新たな動向をも反映してかなり異なっている。しかし、その一方で、聚楽第大広間によく似た空間構成を残していることも事実である。それは対面空間が一の間・二の間からなる現状の二条城大広間よりも、上段・中段・下段の三室から構成される慶長創建期の大広間[23]により明瞭にうかがわれ、主殿から広間への歴史的推移からみて当然という以上に類似しているようである。その理由として「大きく広く作られた」聚楽第大広間の平面が先例として参照、踏襲されたためではないかと考えられる。

おそらく二条城大広間は、柱配置のみならず、柱間寸法や内法高さ、天井高さなども聚楽第大広間を模倣、引き写して造られたのであろう。二条城大広間の基準的な柱間寸法は、『匠明』の「主殿」、また光浄院客殿など当代の建築の六・五尺に比べて、八・六尺と一回り大きいが、そのような破格の柱間寸法は、独創的な計画によるものというよりも、天下人秀吉の構想による聚楽第大広間の柱間寸法を受け継いだからとみたほうがよい。いいかえれば、聚楽第大広間は、二条城大広間に匹敵する規模をもっていた可能性が高いし、同じく聚楽第大広間の主室「中段」とその床（押板）も、二条城大広間のそれらと同様の規模であった可能性が高いと考えてよいであろう。

聚楽第大広間の主室「中段」の床（押板）は、壁貼付絵として「唐獅子図」を設置することが可能な規模であったと考えるのが自然であり、妥当でもあろう。

おわりに

検討結果をまとめ、また関連して指摘しうる点をあげると、次のようになる。

（1）狩野永徳の「唐獅子図」は、聚楽第大広間の主室を飾る床（押板）の壁貼付絵であった可能性が高い。

（2）そうすると、「唐獅子図」の制作時期は、早く見て秀吉が移住した天正十五年（一五八七）九月ころ、遅くとも後陽成天皇行幸の天正十六年（一五八八）四月とみられよう。

（3）建築史研究者の通説によると、聚楽第の建築遺構はまったく現存していないという。「唐獅子図屛風」は、聚楽第の建築にかかわる唯一の遺品として価値が高い。

（4）さらに永徳が制作に従事した安土城や大坂城、聚楽第の作品群の中で、ただ一つ残された金碧大画の作品として、きわめて貴重な意義を有する作品でもあろう。

（5）秀吉の聚楽第が存在したのはわずか十年の期間であり、いかにも短命の城郭建築であったが、建築史的・都市史的に重要な意義をもつのみならず、美術史的にも大きな価値が付加されることになろう。

注

（1）石田佳也「「唐獅子図屏風」をめぐる考察――その主題と制作背景について」（辻惟雄先生還暦記念会『日本美術史の水脈』ぺりかん社、一九九四年）。
（2）本稿は、二〇一一年二月二十一日開催の日本文化美術研究会における口頭発表「聚楽第と『唐獅子図屏風』」をもとに原稿化したものである。
（3）天下人豊臣秀吉の〈京の城〉聚楽第、また聚楽第を描いた絵画作品については建築史学はもとより歴史学・考古学・美術史学などの立場から数多くの著書・論文が刊行されている。近年の論著をあげると、京都市歴史資料館編『聚楽第と京都』（二〇〇〇年）、日本史研究会編『豊臣秀吉と京都――聚楽第・御土居と伏見城』、文理閣、二〇〇一年、狩野博幸『秀吉の御所参内・聚楽第行幸図屏風』（青幻舎、二〇一〇年）などがある。
（4）完成した聚楽第がきわめて豪華、壮麗であったことは、フロイス『日本史』・『聚楽第行幸記』が伝え、「聚楽第図屏風」（三井記念美術館）・「御所参内・聚楽第行幸図屏風」（二〇〇九年発見、上越市、個人蔵）が描くとおりであろう。
（5）桜井成広『豊臣秀吉の居城　聚楽第／伏見城編』、日本城郭資料館出版会、一九七一年、内藤昌・大野耕嗣・中村利則「聚楽第――武家地の建築」（『日本建築学会論文報告集』一八〇号、一九七一年二月）。
（6）天皇の住まいとしては珍しい二階建ての建築に描く。「御所参内・聚楽第行幸図屏風」によれば、行幸御殿の庭に棕櫚と蘇鉄が植えられている。また二階壁面に丹頂鶴と松、龍を載せた大棟を描く。大棟の龍は天皇の「正殿」を象徴し、「玉虎風にうそぶき、金龍雲に吟ず」（『聚楽第行幸記』）とあるのに対応している。なお龍を大棟に戴く建築に首里城正殿がある。
（7）大熊喜邦「豊公聚楽第の大広間」（『建築史』第二巻一号、一九四〇年）。
（8）同書（新訂第一版、一九八〇年）、七三頁1図、解説一四四・一四五頁。
（9）内藤ら前掲論文（注5）。

(10) 三坂圭治校注『戦国史料叢書　第二期9　毛利史料集』(人物往来社、一九六六年)所収。解題によると、「天正記」は天正十六年(一五八八)七月から九月まで毛利輝元に随行して上洛した家臣平佐就言が輝元の動静を書き綴ったものという。
(11) 注8。
(12) 川本桂子『狩野永徳』(『新潮社美術文庫』3、新潮社、一九九七年)。
(13) 山本英男「狩野永徳の生涯」、京都国立博物館『特別展覧会　狩野永徳』(毎日新聞社、二〇〇七年、二四・二五頁)。
(14) 京都国立博物館『特別展覧会　狩野永徳』、毎日新聞社、二〇〇七年、二七七頁。
(15) 永井規男「光浄院客殿」(『日本建築基礎史料集成』一六、一九七一年)。
(16) 光浄院客殿の平面計画については、内藤昌「東寺観智院客殿の柱間寸尺について：間の建築的研究　一二」(日本建築學會研究報告(四五)、一九五九年三月)、宮上茂隆「畳割について」(『日本建築学会大会学術講演梗概集』一九七二年十月)がある。
(17) 伊藤要太郎校訂『匠明』、鹿島出版会、一九七一年。
(18) 二条城についてはわかりやすい文献として『二条城』(学習研究社、一九九六年)がある。
(19) 以下の引用は松田毅一・川崎桃太訳『完訳フロイス日本史⑤』(中央公論社、二〇〇〇年)による。「それら(聚楽第――引用者注)は豪華さならびに経費において、大坂の築造物(大坂城)の二倍にあたり」(二〇頁)、「(それまでに造営したもの)よりもはるかに大きく優れた城と宮殿を都の町の中に築いた」(一一〇頁)、「かつて信長が安土山で造ったものや、数年前に彼が大坂で築いたものよりもはるかに豪華であり、規模においても卓越していた」(一七六頁)。
(20) 日本建築学会編『日本建築史図集』、彰国社、谷直樹『大工頭中井家建築指図集―中井家所蔵本』、思文閣出版、二〇〇三年。
(21) 宮上茂隆「豊臣秀吉築造大坂城の復原的考察」『建築史研究』三七号、一九六七年五月。
(22) 伊藤要太郎前掲書。
(23) 西和夫・小沢朝江「二條城二の丸御殿の研究――建築平面と障壁画の復原(上)」(『国華』第一一六八号、一九九三年三月)、小沢朝江「家康の御殿・大広間の復原」(『二条城』、学習研究社、一九九六年)がある。

結章　都市史研究とまちづくり

本書は、海の「京都」という主題、そして都市を通時的・共時的に捉えるために居住環境と都市形成〈まちづくり〉という視点ないし方法を大きな枠組として設定し、中世における二つの「京都」、すなわち日本の首都・京都と琉球の首都・首里を具体的に検討対象とした。ここでは本書全体のささやかな成果というべきものをいくつか示しておきたい。

本書の第一の目的、海の「京都」の探究に即していうと、次のようになろう。

（1）海の「京都」の様相と社会＝空間的特質を詳細に検討した。その結果は、本論第一部一二章、第二部一一章それぞれの部・章末にまとめているとおりである。

（2）琉球の首里と日本の京都がもつ都市性、すなわち海の「京都」の〈非囲郭・拠点散在・風景〉は、東アジア〈ユーラシア〉のなかで一定の普遍性と〈固有性／特殊性／多様性〉を示すものと考えられること。ヨーロッパ中世都市・東アジア古代都城の〈普遍性／一般性／画一性〉の相対化が可能となったといえよう。

また、本書の第二の目的、〈まちづくり史〉と〈都市景観〉の探究に即していうと、次のようになろう。

（3）第一部、第二部、第三部は、京都や首里・那覇など、また中世に重点がおかれた成果とはいえ、歴史と伝統をもつ都市の多様な〈まちづくり〉に一つの歴史的立脚点、いわば指針を提供できる。

以下の各節は、本書第二の目的に関連して、京都の〈まちづくり〉、〈まちづくり史〉、〈都市景観〉、〈文化的景観〉の問題を取りあげている。いずれも都市史研究の社会的な実践ないしフィールドワークというべき立場からの考察であり、ある意味で、これらの考察と結果そのものが本書の結論であるということもできよう。

それぞれの小論はいずれも都市・地域における人びとの暮らしを基底に、場所性・重層性・象徴性の視点を重視して〈歴史―環境―空間―景観―建築〉構造の解析から都市の成り立ち〈形成―構成〉を読み解こうとしており、広く「都市遺産」の継承を目指すものといってよいであろう。

「都市遺産」とは、ただ都市の中にある文化遺産という意味ではないし、たんに歴史的町並みや伝統的建造物群保存地区をいうだけでもない。それは例えば「建築遺産」や「風景遺産」と並び、また「集落・町並み」「考古遺産」「自然遺産」と並称されるような概念であり、またそのなかに「伝統的建造物群」や「伝統景観」(「文化的景観」「歴史的都市景観」)、歴史的風致などの概念を含み込んだ広い概念である。歴史都市そのものを文化遺産と捉える新たな文化財概念である「都市遺産」は、居住環境としての歴史都市の一体的・統合的・全体的なありかたに価値を見出そうとしている。

一、「まちづくり史」とは

第一部第一章「中世の巨大都市・京都」や第七章「京・まちづくり史」、第八章「生業と地域空間形成」など、〈町まち・ちょう〉の足跡、都市住民によるまちづくりの過程を検討してきたが、「まちづくり史」という新規な概念を

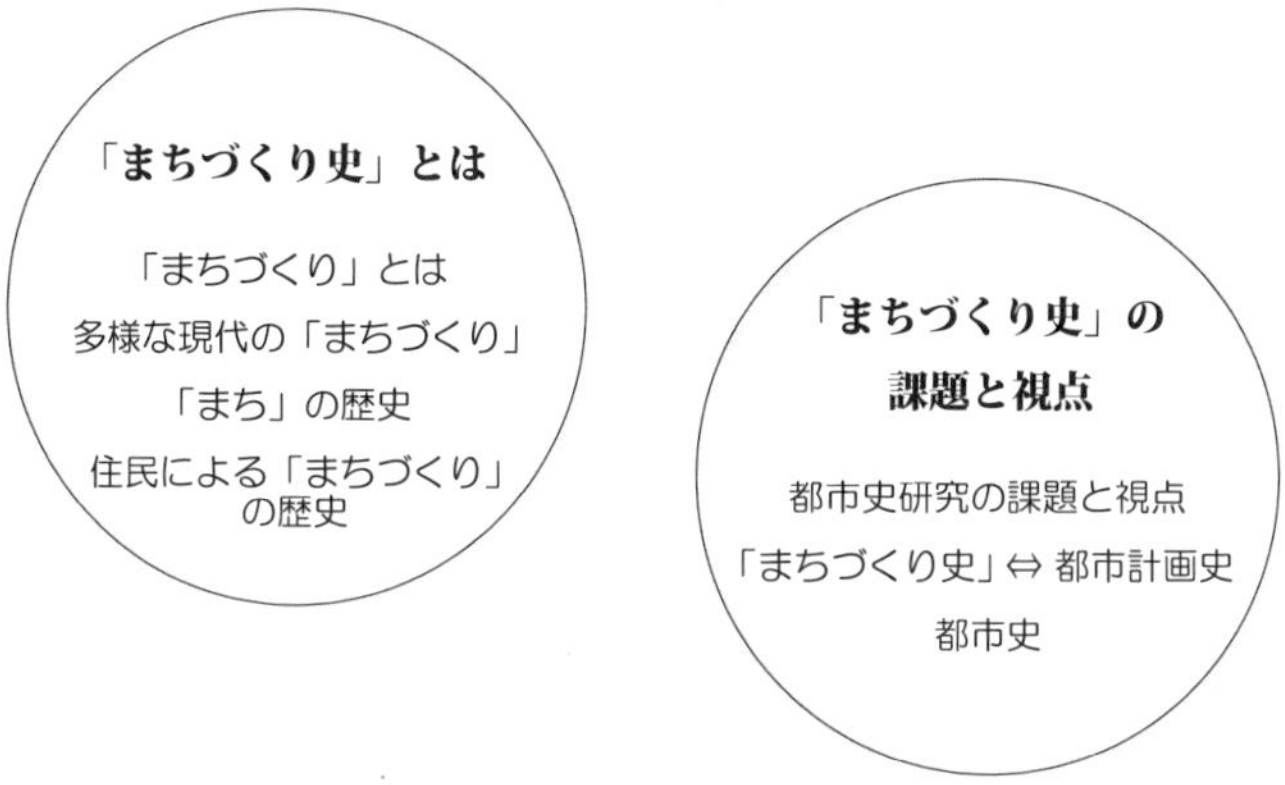

図164　本節の論点

考えておきたい。

1　「まちづくり史」の定義

「まちづくり史」を定義するならば、「まちづくり」の変遷を主題とする歴史の記録であるということになろう。むつかしいのは「まちづくり」とはいったい何か、ということである。一九六〇年代、すなわち高度経済成長期以降、各地で広く「まちづくり」が行われてきたが、その意味するところは、初期の区画整理事業、都市計画やその関連事業から、地場産業の振興、安全な住まいの実現、福祉の充実、近年の地域の活性化を目指した各種の活動やひとづくり、仕組みづくりまで、またハードからソフトまでじつにさまざまであり、こうした内容の移り変わりと多様さは、「街づくり」から「町づくり」、「まちづくり」へという表現の推移にもよく表れている。最近は、主なねらいを表す福祉・環境・歴史・景観・防災などのことばを冠して、「福祉のまちづくり」などと呼ばれることが多い。「まちづくり」の多様化は「つくり」、つまり「材料にあれこれ手を加えて目的の物をこしらえ出す」（『広辞苑』）という具体的な行為では表せないようにもなり、「育む」、つまり「成長発展をねがって育成する」（『広辞苑』）というほうがふさわしい「まちづくり」も少なくない。

このような加速度的な意味の広がりは、現代社会が期待する都市の将来像がきわめて多岐にわたっている状況がもたらしているようにみえる。そもそも「まち」ということば自体、豊かな内実をもったことばであって、場所・空間、社会や経済、文化など広範囲にわたる意味を内包しており、多義的、あいまいな表現を可能にしていることもその背景にあるのであろう。

このような「まちづくり」の概念を具体的にわかりやすく説明することのむつかしさを反映して、「まちづくり」の定義をしないことを積極的に主張する市町村さえあるのがおもしろい。「まちづくり」の意味を規定してそれに縛られるよりも、未定義のまま、より自由に「まちづくり」を推進しようというのである。「まちづくり史」研究においても同じ立場に立つべきなのであろう。「まちづくり史」について現時点で最善の定義を行うことは可能であるかもしれないが、それによって「まちづくり史」の豊かな未来が制約されることがあってはならないからである。とはいえ、学術研究なのであるから、そのもっとも重要な概念を未定義のままおいておくのも問題であろう。そこで作業仮説としてゆるやかに「まちづくり史」を定義しておきたい。

さしあたっての立脚点は、第一に現代社会における「まちづくり」のありかたであり、第二に「まち」の概念とその歴史である。「まち」ということばは空間から社会まで多様で豊かな意味をもっているが、これはいうまでもなく歴史的な所産であり、したがって「まち」ということばの歴史をたどることによっても、「まちづくり史」の一端を示すことができる。このような「まちづくり」の現代的状況と「まち」の特質を了解事項として、「まちづくり史」とは、「まち」に住む人々による「まちづくり」の歴史の記録であると考える。住民の視点から都市の社会と経済と文化と空間、それらの関係の歴史を叙述することといってもよい。現代に即していうと、土地・地域・コミュニティに根ざした住民の自主・自立の活動としての「まちづくり」の変遷を記録したもののことである。今後「まち」に新しい意味が付け加わり、あるいは過去に異なる意味があったことが発見され、また「つくり」に新しい理念が生まれたなら、それによって現在と過去を照射して「まちづくり史」を書き換えていけばよいであろう。

2　「まちづくり史」の課題と視点

「まちづくり史」のもっとも大切な課題が、都市の住民がどのような「まち」を実現することを目指したのか、それによって実際にどのような「まち」を創り出したのか、そして住民とその集団・組織は土地・地域・コミュニティとどのようにかかわって活動したのか、であることは、いうまでもないことであろう。しかしながらこれまで述べたことから自ずと明らかなように、「まちづくり史」として取りあげるべき課題は、きわめて広範囲な領域にわたることになるであろうし、またそうでなければなるまい。そうした「まちづくり史」の全体像を明らかにすることは、「まちづくり」を定義することと同じように困難である。そこで都市を空間的にとらえる立場から「まちづくり史」と都市史や都市計画史などとのちがいを考え、その一端を眺めてみよう。

筆者は都市史研究の課題と視点について次のように述べたことがある（「日本都市史の視点」、『中世都市研究　6　都市研究の方法』、新人物往来社、一九九九年）。

建築学の課題は、今後の生活空間をより良くするということであって、とくに現代的な状況の中では地球と社会、あるいは人にとって最適な生活空間をどのようにつくっていけばいいかということです。それは、結局のところ、生活空間の安全、自然環境、歴史環境の保存と再生の問題に帰着するのでしょう。したがって、建築学の研究と実践の拠り所は、都市史の研究であると考えております。

では、実際にどういうことを考える必要があるかということですが、自然の中に人と社会が形成してきた生活空間を出発点にしたい。都市史の研究、あるいは建築学に基盤を据えた都市史研究のあり方としてどのような課題と視点が必要になるか、四つほどあげております。

第一に、都市と自然の関係、とくに都市を包み込み、また都市の中にある自然について、都市との相互作用を考えてみるということが大事ではないか。

第二に、都市における居住のあり方。社会、人と空間の関係を考えてみたい。

第三に、都市の自然形成のあり方。日本近代の建築学は、近代的な学問のあり方のもとで、大体、設計とか計画を重要視してきましたが、それはかならずしも日本の都市史を理解するのにふさわしくない。つまり、日本の都市史全体を通観すると、計画が大きな意味をもつのはごくわずかな時期でしかない。重要なのは、与えられた都市空間を住み変えてきたことです。地球環境の問題を考えると、今最も大事なことは、今ある都市に住み続けていく、資源を無駄にしないこと、つまり建築の再生、生活空間の再生ではないか。都市がどのようにつくり変えられたかを、歴史の中で調べ直してみることが重要です。

第四に、場所とか空間構造の研究。都市の中にあるさまざまな歴史の積み重なりを解き明かしていくことが、生活空間の再生、あるいは歴史的環境の保存のためにも重要である。

空間的な視点からの「まちづくり史」の課題と視点は、都市史研究の課題としてあげた四点すべてを共有することができよう。ただ、当然のことながら「都市史」や「都市計画史」と異なるところもある。都市の歴史を包括的に記述するのが「都市史」であるとすれば、「まちづくり史」は、「都市史」の一分野であるといってもよいが、住民による「まちづくり」という固有の視点にもとづくところが大きな特色となる。一方、「都市計画史」は、都市計画といういかにも近代的な視点にもとづく「都市史」の一分野であり、都市計画とその実施、政策などに関心を集中し、したがって権力者・為政者・行政・自治体・計画者を都市形成の主体として歴史を叙述するところに特色がある。「まちづくり史」は、このような本流の、いわば正史とも見なされてきた「都市計画史」の対極にあり、住人によるまちづくりの歩みを歴史の底流のなかから発掘し、住民を都市形成のもう一方の主体として歴史を叙述し直すことになる。

「まちづくり史」と「都市計画史」とは一見関連がなく、相互の接点をもたないようにみえるかもしれないが、そうではない。計画された都市に暮らす住民が都市空間を改変し、また都市計画に住民による「まちづくり」の成果や意向が反映されるなど、相互の影響関係は、近代はもちろん、前近代においてもしばしばみられるところである。したがって「まちづくり史」と「都市計画史」はそれぞれの発展のためにも関心を共有し、密接な連携のもとに研究が行われる必要がある。両者の調和のとれた発展によって、豊かなしかも有益な「都市史」が叙述されることになろう(二十一世紀の都市史においては「まちづくり史」と「都市計画史」の区別が意味を失っていることが期待される)。

さて、このような「まちづくり史」の視点は、いうまでもなくとくに近・現代社会において重要な意味をもっているが、前近代社会にはそのまま適用することはできないかもしれないという危惧がある。江戸時代以前においては住民やその共同体の活動は比較的にいって未熟であったし、またかならずしも住民によるまちづくりが積極的・計画的に進められたわけでもないと考えられるからである。しかしながら「まちづくり」の歴史を考えるにあたって、現代に特有の状況に見方を制約されることがあってはならないであろう。都市に住む人々の眼差しをもっとも大切な立脚点として、都市空間の変容にかかわる住民のさまざまな動向に広く目を配り、住民によるまちづくりの変遷を見直していく必要がある。

近代以前における「まち」に住む人々による「まちづくり」には、とくに多様な様態が想定される。古代都市・中世都市・近世都市など都市の歴史的段階や、都城・城下町・門前町・寺内町・在郷町など都市の類型、計画都市と自然形成都市のちがい、都市をめぐる地域的な状況、住民による組織の発展段階などに応じた「まちづくり」の多様性であって、こうした点に十分留意する必要がある。

また前近代都市の住民も、日々の生活のなかで暮らしの改良・改善をたえず行っていたはずである。遅々とした歩みであり、ささやかな流れであったであろう。そうであっても、それらの微少な積み重なりが町や都市にしだいに一定の方向をもった変化を与え、ついには大きな変化、変革を生み出し、町を、都市を変えることもあったにちがいない。このような努力と成果もまた「まちづくり」とよんでよいと考える。一見したかぎりでは、無名性・アノニマス、土着性・ヴァナキュラー、無計画性・非計画性などを特質とするこうした住民の動向も、長い時間のなかで、また都市全体のなかでとらえ直すと、そこにある種の「意図」や「理念」、「秩序」、「計画」、「計画原理」がみえてくるのではなかろうか。

このような「まちづくり」はもちろん現代にもある。名が知られることもない人々の長い歳月にわたる「まちづくり」の証跡を発見し、その変化と画期、意義などを考えることこそ、とりわけ「まちづくり史」にとって興味深く、しかも大切なことであろう。

二、京都らしい都市景観とその継承

これまでいくつかの章において京都の変遷を眺めてきたが、そのなかに現代から未来にわたって継承すべき都市景観があるとするならば、それはどのような都市景観なのであろうか。

花の都は二百年前にて、今は花の田舎たり、田舎にしては花残れり

（二鐘亭半山『見た京物語』天明元年、一七八一年）

1　「京都らしさ」とは

京都は「水の都」であるという。水に関わる生活意識の調査（『水の文化』第三号、一九九九年十月）によると、「水

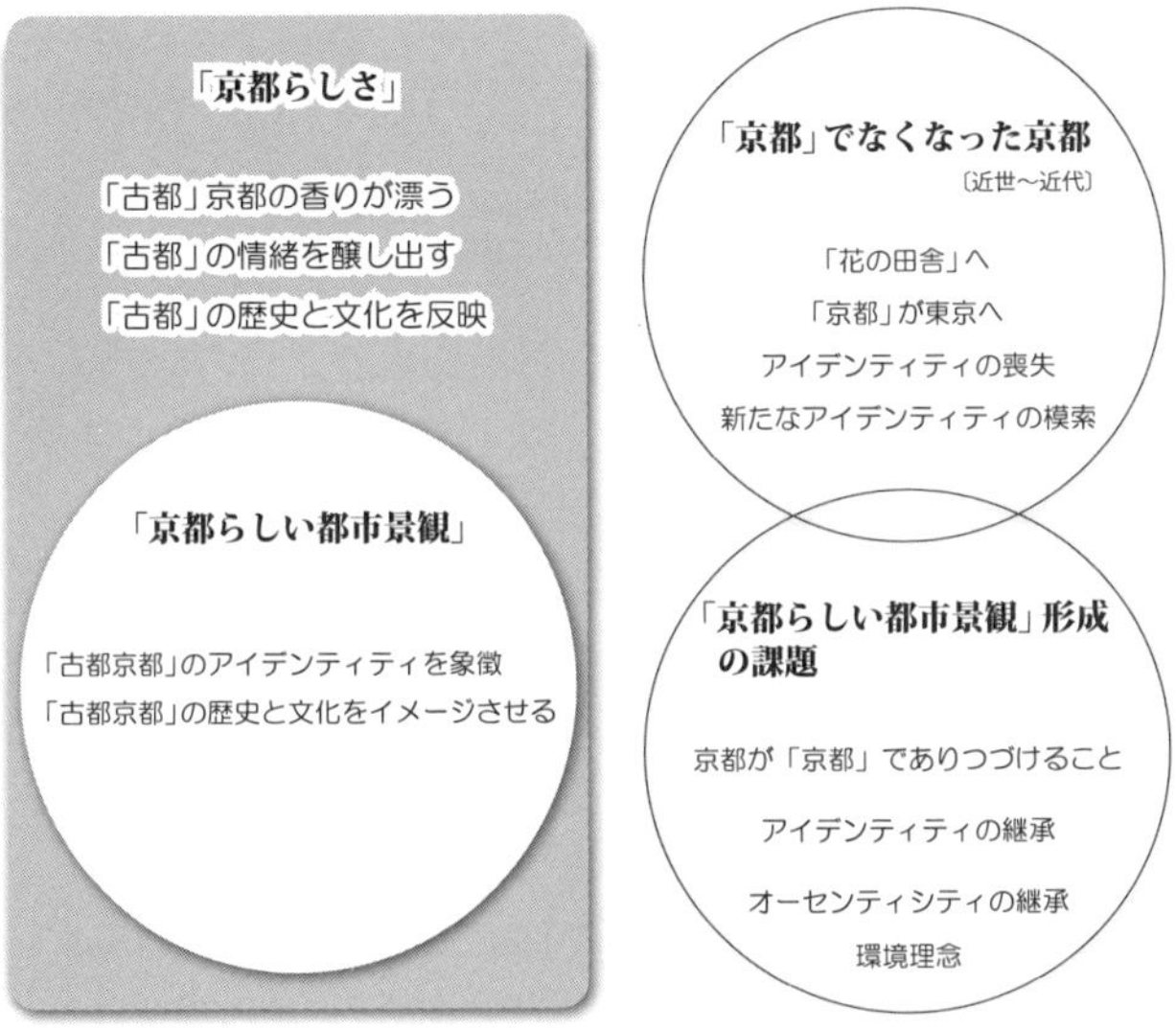

図 165　本節の論点

の都」というイメージの都市は、過去三年間にわたって一位が大阪、二位が京都であるというのである。「水の都」京都は、筆者にとってはかなり意外なのであるが、全国的には、京都の景観の特色の一面を捉えたものであって、「京都らしい」都市景観といわねばならないのであろう。

「京都らしい」とか「京都らしさ」とかいうときに、しばしば「山紫水明」という表現が用いられる。京都三山や鴨川の水の美しさを端的に述べているが、これと「水の都」のイメージは、かならずしも一致するものとは思えない。「京都らしさ」はかなり多様な側面をもっているようである。

「京都らしさ」は、よく王朝文化、貴族文化、禅宗文化、町衆文化、みやび、わび、さび、などのことばによっても語られる。「古都」京都の香りが漂い、「古都」の情緒を醸し出し、「古都」の歴史と文化を反映しているものが、「京都らしい」のである。ひとつの「共同幻想」といってもよいものであろう。このような「京都らしさ」は、よく「京風」とか、「京」を冠する熟語をつくって表現される。一例を挙げると、平安時代の「京童」、室町時代の「京扇」（京の特産、輸出品)、江戸時代の「京暦」・「京料理」・「京格子」・「京間」などがあり、現代では「京町家」が最近、よく用いられるようになった。

こうした熟語の成立が古くさかのぼり、しかもそれぞれの時代にみられることは、「京都らしさ」が時代によって異なることを示唆している。

「京都らしい都市景観」についても同じことが指摘できるが、すこし厳密に考えて、「京都らしさ」とは「京都としての特質をよくそなえている」ことであるとすると、京都の都市景観のなかで、①「京都」としての特質を、②良く備えているものが、「京都らしい都市景観」であるということになる。どのような「京都としての特質」を、どのようにもっているかが、「京都らしさ」を区別するものであり、それは絶対的な価値をあらわすというよりも、相対的な、あるいは多様な価値の概念なのである。

ところで、もともと「京都」という言葉は首都を意味する普通名詞であり、当然のことながら『続日本紀』などの史料にも平城京や恭仁京、長岡京も京都と記されている。それが平安京の固有名詞となった背景には藤原京以来の首都の歴史がある（第一部第二章第一節）。

「京都」は歴史的な概念である。したがって都市域や都市景観が時代ごとに異なっているように、「京都としての特質」も時代によって異なり、当然ながら「京都らしさ」も時代によってちがうということになる。このような意味で、「京都らしさ」の歴史上もっとも大きな変化は、京都が「京都」でなくなったとき、すなわち天皇の住む都、また日本の首都でなくなったときに生じた。「京都としての特質」や「京都らしさ」は、「京都」ではなくなった近代になって大きく変化した。前近代と近代では、「京都らしい」の意味が異なっているはずである。

2　「京都」ではなくなった京都

京都は、一一〇〇年のあいだ、首都であった都市である。首都「京都」であった京都の「京都らしさ」とは何であろうか。それは首都「京都」が形成した都市文化、「京都」文化であろう。首都としての京都がよく備えていたもの、すなわち、それぞれの時代にあって政治・経済・文化・宗教・情報の中心、交流の拠点であり続けることによって獲得した現代的・先端的・伝統的・中心的な文化、日本を代表する都市文化こそが、「京都」文化であり、「京」を冠して呼ばれるものなのである。そこに「万代の宮」、すなわち「永遠の都」京都の「京都らしさ」を認めることができよう。

「花の田舎」へ

「京都」としての地位の喪失は、突然のできごとではなく、江戸時代初期からじょじょに生じていた。徳川幕府が江戸を現実の統治権力機構の所在地としたため、首都機能の事実上の移転が生じていたのである。このように現実の京都と首都としての「京都」との乖離は、江戸期（あるいは戦国期）から始まっており、「京都」が、江戸・大坂と並んで、近世「三都」の一つと数えられるにいたったことが、京都の凋落を端的に示している。

こうして花の田舎へのゆるやかな変化が始まる。

「京都」が東京へ——東京遷都

政権争いの熾烈であった幕末期に、一度「京都」が復活したような状況が生まれるが、しかし結局、東京遷都がおこなわれ、京都は首都の地位を喪失した。京都は都市のアイデンティティの喪失を否応なく体験することになった。興味深いことに、あるいはきわめて皮肉なことに、京都の名称は残された。首都でなくなると、当然のことながら「京都」ではなくなるのに、地名として京都の名が残されたことは、京都の形骸化を示すものであろう。

京都において、首都の意味はしだいに希薄になり、かつての首都「古都」となった。

新たなアイデンティティの模索

このような大きな変化の後、京都に何が残ったか。京都は、残されたものを懸命に発見することによって、アイデンティティの回復をめざした。それは、かつて「京都」であったこと以外の何ものでもあるはずがない。一一〇〇年の間、首都として蓄積し続けた歴史と文化（たんなる地域文化ではない、基層的な文化）の継承、伝承こそが、京都が京都であることにつながる。それは、次のように語られる。

> 其名所旧跡は千百年歴代の文化を語りて盡くる無きの興味を與ふ、而して此事まことに他に特異なる所にして、
> （『京都日出新聞』明治二十八年（一八九五）十月三十日）

そしてもう一つのよりどころが「京都」であったことの属性の一つ、「山紫水明」である。

> 山紫水明、此の天然の美を除きては京都無しと云うも不可無きなり、（中略）山水の美風光は即ち京都主一の元素たり、
> （『京都日出新聞』明治二十八年（一八九五）十一月一日）

このような意見が広く受け入れられたからこそ、京都市の市制施行後、周辺の山々を含む広大な地域、洛外の町村が京都市の市街地に組み込まれることになった。かつての「京都」の地理的範囲は、こうして京都市の行政区域となったのであり、「京都らしい景観」の保持と、京都の近代化の基盤が成立し、近代京都が誕生する。

新たなアイデンティティと京都の空間的基盤が、近現代の京都を規定したのであって、「京都」のルネッサンスといえないこともない。京都は、「もはや権力の中枢や経済活動の場ではなく、過去の輝かしい文化を保存する象徴的場所、つまり字義通りの〈劇場都市〉」となりつつあるし、そうあらねばならないのであろう。

3 「京都らしい都市景観」とは

「京都らしい都市景観」の特質は、「京都」のアイデンティティを象徴していること、また「京都」の歴史と文化をイメージさせることであると考える。以下では、その特質を少し敷衍し、具体的な事例をあげてみよう。

イ 山紫水明の自然

京都盆地の山々や河川は「京都」の原風景であり、山林の植生や河川の景観などに大きな変化がみられるにしても、それらは今も京都を育む美しく豊かな自然である。

①平安京三山（神楽岡〈吉田山〉・船岡・双ヶ岡）と大文字山など送り火の五山、現代の京都三山——その山並みと植生

四周をめぐる山並みは、平安京三山から送り火の五山、京都三山まで近景・中景・遠景の三重構造をなしている。

②鴨川・堀川・紙屋川・御室川・桂川・白川

③深泥ヶ池

池底に厚く堆積した泥土は京都盆地の歴史をうかがわせる。中島や池中に群生するジュンサイなどの珍しい水生植物や食虫植物の群落は天然記念物。

④糺の森

歌枕でも知られる賀茂御祖神社（下鴨神社）の社叢。

紀の森にも、京都という都市の原風景への思いを強く刺激するものが潜んでいる。紀の森の植生については、近年、詳細な調査が行われ、また文献史料や古絵図などを活用した景観変遷の研究も積み重ねられてきている。その成果を拾いあげてみると、①現在、多くを占めるクスノキは植栽されたものであること、②ムクノキやエノキ、ケヤキなどのニレ科の落葉広葉樹が本来的な樹種であること、③それらは河畔林の特徴を示すこと、④紀の森の景観変化は、自然災害からの復興も含め、平安京以降の都市生活の変化を映し出していること、などがある。賀茂川と高野川の出合うところ、そして平安京・京都の周縁という固有の地理的環境によって、京都盆地の原植生であったとされる常緑広葉樹林とはことなる特色がもたらされたようである。

大切なのは、もっとも早く市街化した平安京北郊に近い紀の森が、ずっと森であり続けたことである。一条以北の地域には、禁野である北野や紫野、いくつもの原野、そして供御のために果樹や疏菜を栽培する広大な園池（京北園）などがあった。梨・桃・柑・柿などの果樹が植えられた人工的な京北園に対して、おそらく禁野などは平安京以前の自然景観を残していたにちがいない。しかしながら、北郊の市街地開発によって北野や紫野なども姿を消し、京北園もまた「桃園」の地名のみが伝わっているだけである。

平安京のごく近く、しかも都市発展に呑み込まれた地域のなかに、その原風景をしのぶことができる森があることはじつに「有り難い」ことと思われる。

ロ「京都」のイメージや記憶を喚起する都市景観、あるいは「京都」のイメージや記憶を喚起する景物と調和する都市景観。

①「京都」の原型・平安京……グリッドパターンの町、東寺、神泉苑
②首都・「京都」……京都御所・公家邸
③戦国時代の京都……上京・下京の町割
④「城下町」京都……二条城とその周辺

⑤首都「京都」の宗教性……本山寺院と門前境内
⑥近代京都……近代建築と歴史・自然環境
⑦重層する「京都」の都市空間の秩序と構造

ハ　自然と調和しつつ、「京都」の記憶につながる都市景観（Urban Cultural Landscape）である。

①自然・歴史・文化・建築が渾然一体となった環境（名勝・名所）……世界文化遺産「古都京都の文化財」が体現している景観・風景が典型

「京都としての特質」をもっともよくそなえた都市景観であり、「京都」のアイデンティティをもっともよく象徴する都市景観ではなかろうか。

なお、「京都」イメージがマスコミを通じて国内外に流布され、広く共有されていることにも留意しておきたい。米国・マイクロソフトの製品に含まれる画像のひとつに、〝Kyoto〟と名づけられたものがある。夕暮れの山並みを背景にたたずむ五重塔のシルエットを描いており、おそらく東寺の五重塔と東山が題材となっているのであろう。これが京都をイメージさせることは確かであるが、そのような「京都」イメージの多くがステレオ‐タイプ（型にはまって固定）化しているということもできよう。

「京都」についての学際的な研究によって、「京都」の新鮮で多彩なありようを描き、社会に発信する必要を感じさせる。

4　「京都らしい都市景観」形成の課題

京都が「京都」であるということ

何を失うと、京都は京都でなくなるのか。京都は、「京都」として生み出してきた「歴史と文化」の総体を継承している。それらを、どのように、どれほど多く活用・継承していくか、にかかわっている。

アイデンティティの継承

一二〇〇年をこえる歴史都市・京都にはいくつもの時代・社会が織りなした空間構造が重層している。たとえば、伝統的な空間構造として次のようなものをあげることができよう。

①都城の空間構造――街区と道路と空閑地
②浄穢の空間構造――内裏・平安京・山城国境
③内裏→平安宮→平安京→平安京外→三関
④里内裏→左京・洛陽→京外・洛外
⑤〈町〉の空間志向――平行軸／直交軸／垂直軸
⑥通り庇――道と町家の中間領域＝共用空間
⑦町家の空間構造――オモテ（生業）／ナカ（居住）／ウラ（庵・離れ・借家）、オク（茶屋・茶室）

これらは、古代・中世・近世にみられた典型的な空間構造であると同時に、時代を超えて受け継がれているようにみえる。このように空間構造の重層性を保持し続けていることが、京都を京都らしくさせている。京都の景観の特質は、優美な十二単のように、都市空間そのものが「合わせ」と「重ね」による対比と調和の美をもっているといえよう。

こうした多彩な空間構造を保持し、また再生することは、京都のアイデンティティの継承、また都市景観の再生につながる大切な試みである。京都の空間構造は、歴史においては前近代の権力・統治・生業・文化・自然がもたらした空間構造であったが、現代にあっては自然と歴史と文化のもたらす空間構造が大切であろう。たとえば、Urban Cultural Landscape として「通り庇」——道と町家の境界領域であり、共用の空間——を再生したり、「町家」や「洛中洛外」の再生を構想することは、とりわけ前近代の権力や社会がもたらした空間構造のうえに、環境との共生を願う都市民が新たな空間構造を付け加える動きとして望ましいことではなかろうか。

現在、阪神大震災級の地震がそれほど遠くない時期に発生すると予想されている。旧市街地の多くや、三山の山麓部において京町家を含む木造家屋の被害は甚大である。震災復興がふつうの都市計画手法で実施されるならば、旧市街地の景観は、建築的にも、都市空間としても完全に失われ、アイデンティティの喪失にいたることになる。古都京都にあって地震災害を想定した都市防災は不可欠である。

オーセンティシティの継承

「京都らしい都市景観」を形成するにあたって、アイデンティティの保持・継承とあわせて重要なことが、オーセンティシティ（Authenticity 真正性・真実性・らしさ）をどのように保持するかということである。「京都らしい都市景観」は、にせものやまがいものであってはならないのである。

オーセンティシティの評価は、世界文化遺産の評価、すなわち形態と意匠、材料と材質、用途と機能、伝統と技術、立地と環境、精神と感性、その他の内的外的要因、などの情報源の評価にならって行えばよいであろう。

環境理念

これまで古代が名所を、中世が十境を、近世が八景を流行・発展させてきたように、現代でも新たな社会にふさわしい環境理念が生まれている。昭和四十一年（一九六六）に制定された古都保存法は、「わが国の歴史上意義を有する建造物、遺跡などが周囲の自然的環境と一体をなして古都における伝統と文化を具現し、及び形成している土地の状況」を「歴史的風土」とした。

また昭和五十年（一九七五）改正の文化財保護法は、伝統的な建造物群が「周囲の環境と一体をなして歴史的風致を形成している」状況を価値の高い重要なものとして新しく認めた。これらは、建築文化遺産を保存する一〇〇年の歩みのなかで成熟してきた理念が、法に反映されたものといえよう。

そして世界文化遺産リストへの登録が広く進むなかで、新たな文化遺産としてCultural Landscape文化的景観が注目されるようになった。興味深いことに、この概念は日本前近代の環境理念を受け継ぎながら生まれた文化財概念「名勝」にきわめて近い。

近年になって建築と史跡と名勝をともに歴史的環境を構成するものとしてみる視点、また都市を自然とのかかわりのなかで捉える視点など、総合的かつ融合的な考え方が定着しつつある。都市景観デザインは、このような新たな社会にふさわしい建築・環境理念――建築文化遺産を保存するなかで成熟してきた理念――にもとづいてなされなければならない。

今、これらを新たな二十一世紀社会にふさわしい建築・環境理念として捉えなおし、それにもとづいて今後の建築・都市デザインを進めることが大きな課題である。近代において解体された「自然」を再構築し、生活と自然と歴史と文化が調和した都市景観を保全し、再生することこそ、京都のアイデンティティとオーセンティシティを継承しながら、未来の生活空間をつくること、京都らしい都市景観をつくることにほかならない。

おわりに――京都の二つの道

花の田舎は二百年前にて、今はただの田舎たり、田舎にしては花少なし
花の田舎は二百年前にて、今は花の都たり、都らしく花咲き誇れり

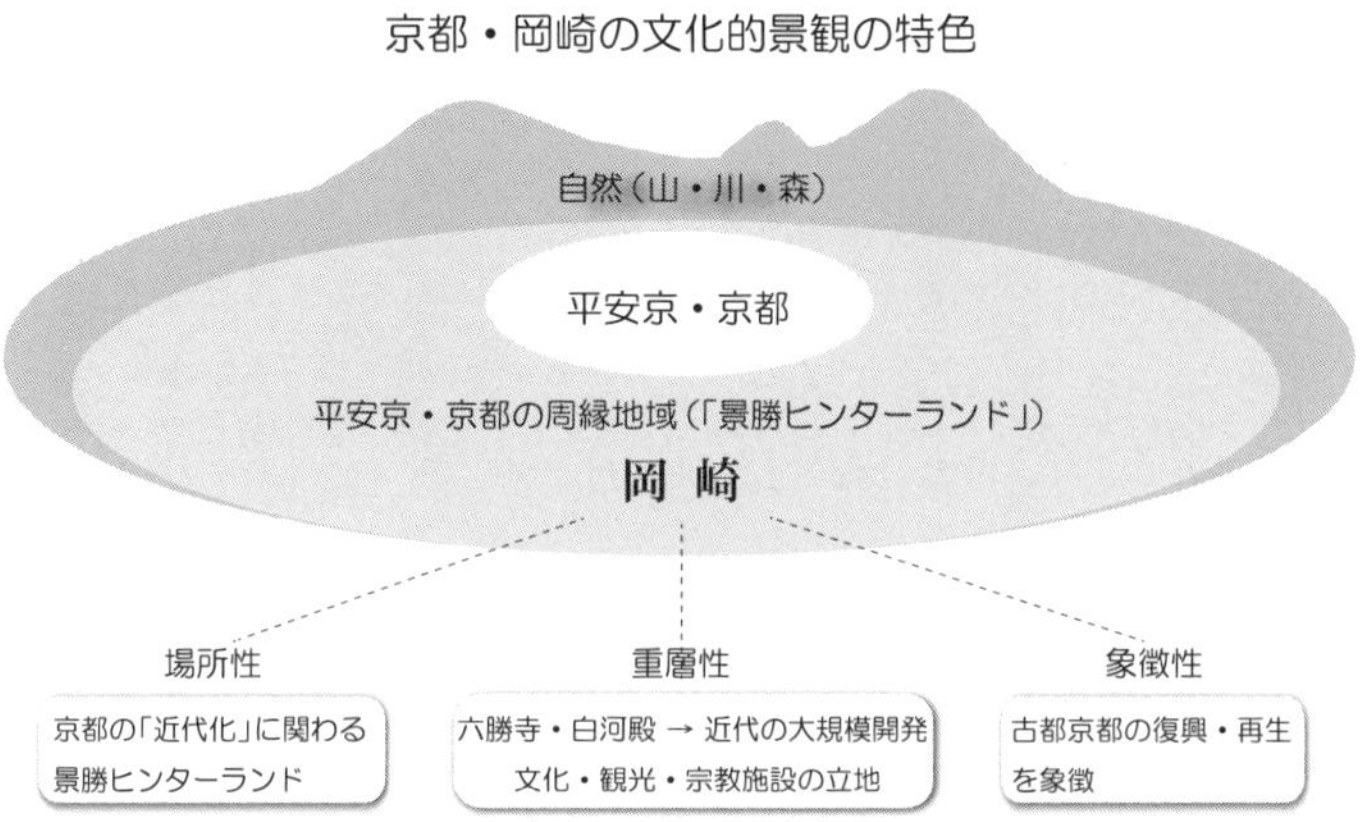

図166　本節の論点

三、京都・岡崎の文化的景観——京都のなかの岡崎

二〇〇四年の文化財保護法改正によって「文化的景観」という領域が設けられたが、都市史の立場から考えると、古都京都の一角を占める岡崎の地域は、「文化的景観」としてどのような価値や特色をもっているのであろうか。

本節の目的は、岡崎の地域史ないし都市史を読み解くことによって文化的景観としての岡崎の特色を明らかにすることである。以下、第1項では平安京・京都の周縁地域の一つである岡崎を「景勝ヒンターランド（後背地）」として捉え直し、第2項では「景勝ヒンターランド」岡崎の都市史的な動向を岡崎の場所性・重層性・象徴性などに留意しつつ検討し、最後の第3項では岡崎の文化的景観の特色を指摘することにしたい。

1　平安京・京都と周縁地域

平安京から京都へ、古都から現代都市へ発展することができた大きな要因に京の町々を取り囲む豊かな自然があることは、しばしば指摘されるとおりである。本節では平安京・京都とその周囲に拡がる地域との関係を捉えるため、最初に平安京と周囲の山々の関係、ついで平安京・京都と周縁地域との関係、さらに平安京の変容と京都の展開につれて転変する周縁地域の姿を検証する。

(1)平安京と山並み

山並みの美

延暦十三年(七九四)の平安京遷都の詔に、「葛野の大宮の地は、山川もうるわしく、四方の国の百姓の参出来ることも便にして」とあり[1]、遷都の理由として自然の景勝の地であること、交通の便がよいことをあげている。また翌十一月二十八日の詔では「此の国、山河襟帯、自然に城を作す、この形勝によりて新号を制すべし」とあって[2]、山々が城壁のように京を取り囲む自然の形象を理由として山背国から山城国へと改称したことがわかる。

さらに、翌年正月十六日の踏歌に「山河、美をほしいままにして四周に連なる」とあるのも[3]、平安京ないし都城選地の思想と山河との関係を考える手がかりとなる。京を囲む山並みと川の流れのうるわしさを選地の大きな理由としているのであろう。このような考え方の萌芽は、「久迩の新しき京を讃む歌」(『万葉集』巻6—1050)に「山並の宜しき国と　川波の立ち合う郷と」とあり、また大伴家持の歌(『万葉集』巻6—1037)に、「今造る　久迩の都は　山川の　清けき見れば　うべ知らすべし」とあるように、すでに恭仁京遷都の時点であらわれていたのであるが、都城をめぐる自然を美の対象として捉え、選地の理由の表面に据えているところに新鮮さがある。

山川のうるわしさという新たな条件は、平城京遷都に際して明示された四神相応や三山の鎮め、亀筮の占いなどの要件も当然のこととして満たしたうえのことであったにちがいない。つまり都城の選地において新たな選地思想が積み重ねられたのであり、これを平安京の選地思想における大きな特質としてよかろう。

延暦十七年(七九八)の太政官符には「其京城側近の高顕の山野、常に衛府をして守らしめ、行幸の経過に及び山岡を顕望す、旧に依り改めず、斫損せしむ莫れ、此等の山野並びに具さに四至を録し、牓示を分明し、此に因り濫に遠所に及ぶことを得ず」とある[4]。京周辺の山野、というよりも山・岡の風致・景観を保持することを定めた政策が、おそらく遷都前後から施行されており、その伝統を継承して一定の範囲を限って踏襲することを決めたものである。

これは、山野の眺望を重視していること、とりわけ平安宮から出て大路を行幸するときの眺望であるので、道路からの山並み景観、いいかえれば道路から見える山並みのスカイラインやヴィスタを問題としていることが大いに注目される。もちろん視線は天皇のものであるが、しかし、山並みのスカイラインやヴィスタは、平安京の住人すべてが共有することができた。保全すべき山野の指定とその範囲の登録など、いわゆる古都保存法の先例ともいえようか。周辺の山林の木を伐ることは民衆の日常生活にとって不可欠であり、じっさいにどの程度の効果をおさめたのか不明であるが、都市周辺の山並みの眺望という新しい視点から打ち出された、平安初期の自然風致の保全政策として注目すべきであろう。

平安京三山、そして京都三山へ――山並みの重層性

東の吉田山（標高一〇三メートル）、北の船岡山（標高一一二メートル）、西の双ヶ丘（標高一一六メートル）は、いずれも高さ一〇〇メートルほどでの岡であるが、東の大文字山や西の左大文字山などの山地と同じ秩父古生層の山であり、「孤立丘陵として湖盆に島をなして浮かんでいた」という。大阪湾から海水が入ってきていた太古の時代には、孤立した丘陵である船岡山や双ヶ丘、神楽岡は海上に浮かぶ島であったようである。いかにも神仙思想の三神仙島を思い起こさせるイメージであり、始原的・幻想的な風景として興味深い。

吉田山・船岡山・双ヶ丘の三山は、もともとの名（神楽岡・船岡・双岡）が示すように岡とみなされていたが、平安宮や平安京を囲繞するそれらは、よく似た景観的特徴と「三山が鎮めをなす」機能をもつ藤原京の三山（耳成山・畝傍山・香久山の大和三山）や平城京の三山[5]にならって、平安京三山と呼ぶのが相応しい。

平安京三山は平安京の立地とも深い関わりをもっているとされる。船岡を通る南北線と平安京の都市軸である朱雀大路が一致し、神楽岡と双岡を結ぶ東西線と平安京の北の京極大路（今の一条通り）が一致するというのである。

平安京と周囲の山並みの関係は、時代とともに深みを増し、中世末には祖先の霊などを祀るお盆の送り火の山々、すなわち大文字山（四六六メートル）、松ヶ崎西山・東山（妙・法）、左大文字山、船山（舟形）、曼荼羅山（鳥居形）などがあらわれ、近代になって遠く如意ヶ嶽や比叡山、鞍馬山、愛宕山などが周囲の山並みとともに東山・北山・西山、そして京都三山となる。平安京・京都をめぐる山並みは、その歴史を重層化しつつ同心円状に広がり、景観的には近景・中景そして遠景をなしているということができる。(6)

（2）平安京・京都と周縁地域

ところで、日本の都市は周囲の農村から隔離されることはなく、それらに対する開放性、連続性ともいうべき特質を備えている。(7)条坊制によって綿密に計画、施工された平安京の街路網はやがて京域を越えて近郊地域にまで延伸し、それらは「末」を付加して二条大路末などと呼ばれた。都市壁をもたず、道を介して周縁地域に連続する開放的な都市平安京・京都は、都市民や周辺住民などのさまざまな活動に応じて拡大し縮小することになる。

平安京は、その建設当初から理念・計画としての平安京と、現実の都市空間としての平安京とのあいだに大きな乖離が存在した。それは、明確な計画にもとづいて平安京が建設されたにもかかわらず、実際には京の西南隅の部分では街路が建設されなかったことなど、都市建設が全体として未完成のままであったからである。さらに、もともと都城は宮と京というまったく異なる構成原理をもつ空間が一体化し、他から隔絶されたものであるが、永遠の都と位置づけられた平安京は、九世紀以降そうした都城制の理念と実体がしだいに崩れていき、「京都」という固有の名で呼ばれる中世的な都市へ変容を遂げた。「京都」の範囲は、五位以上の王族や貴族の「京都」居住を義務化した寛平七年（八九五）の法に、「東は会坂（逢坂）関、南は山崎・与渡（淀）の辺り、西は摂津・丹波との境、北は大兄山」となっているという。(8)ここで興味深い点は、「京都」の範囲が平安京域に限られておらず、周囲の自然を含んだはるかに広い地域を都市的な領域としていることである。現在、常識的に「京都」という場合、東は東山、北は北山、西は西山、南は淀にいたる地域をさすようであるが、その概念よりもかなり広い。現代的ともいえる地域概念が、九世紀末には成立していたことがわかる。

「京都」は、平安京を意味する場合と、東山・北山・西山などに囲まれた広い地域を意味する場合と二重の意味をもった。平安京・京都という観念、京中・京外あるいは洛中・洛外という観念は、平安京の理念と現実、京都の両義性、その都市活動と都市域の広がりとのあいだでゆれうごくことになった。こうした点が一元的・統一的な中国や朝鮮半島の城郭都市との大きなちがいであろう。

中世の京都は、公武寺社権門が相互に補完し合いながら権力を分有する都市であり、その拠点もそれぞれ京中（洛中）と京外（洛外）に建設された。京都の実体は朝廷・幕府の拠点都市である洛中と、寺社権門（荘園領主）の門前都市が散在する洛外からなっているのである。幕府は洛中を直接支配するが、洛外は寺社を介した間接的な支配にとどまった。このように京都はある意味で散在的、多元的な構造をもっており、大陸の都市と比較してあえていうならば村落的な都市と表現しても誤りではあるまい。村落的な都市である京都は自然を克服したり、対立したりすることはなく、自然と共存しているのである。自然のなかにたたずむ山麓の寺社や住宅などの姿が如実に示すように、自然との融和は京都の特質の一つともなっている。

京都という複合的、重層的な構造をもった都市では、周縁地域（marginal area）が重要な役割を果たしていたと考えられる。中世を例に簡単に述べるなら、「洛中」と「洛外」の境界をなす周縁地域では、おそらく農家風の町家や町家風の農家が混在し、《町 → 半村・半町 → 農村》、すなわち都市から農村へ、中心から周縁へと緩やかに変化していたにちがいない。戦国期、十六世紀半ばのことではあるが、洛中洛外図屏風（国立歴史民俗博物館所蔵甲本）の「西の京」の集落をみると、「構」のなかにある民家は、いずれも草葺の農家風であるが、農家本来の姿というべき屋敷型ではなく、町家と同じ型の、道に直面する住居として描かれている。周縁に両義的な領域が広汎に存在するこうしたありかたこそ、おそらく室町期京都の巨大さの実体であり、大きな都市的特性といえよう。

(3) 平安京周縁地域の構造変化

京都盆地北部は葛野郡・愛宕郡・紀伊郡・乙訓郡などがあり、いくつもの河川がながれ、水田や畠が広がり、古くからの農村集落が散在するなど、地方のありふれた田園景観を呈していた。そうした姿を大きく変える契機となったのが首都・平安京の建設であった。延暦十三年(七九四)の平安京遷都そしてその後の都市化の進行とともに、周縁地域はしだいに都市近郊農村へと性格を変えていった。前述のように寛平七年(八九五)に貴族の居住すべき「京都」として、「東は逢坂関、南は山崎・淀の辺り、西は摂津・丹波との境、北は大兄山」の範囲が定められた。平安京の周縁地域は、「京中」に対する「京外」、平安京の都市圏・首都圏を構成する「後背地」として位置づけされることになったのである。

都市の後背地(ヒンターランド hinterland)というと、通常は経済的・社会的機能が及ぶ地域を意味するのであるが、平安京周縁地域「京外」の場合はそれらに加えて、さらに政治的・文化的・宗教的影響が及んでいる。そこにヒンターランドとしての「京外」の大きな特徴を認めることができる。

平安京の周縁地域は、四周が同時に都市的なヒンターランドとなったのではなく、歴史的にいくつかの段階を追っている。最初に都市化を遂げたのは平安京北辺(一条北辺)の地域であり、かなり早く平安中期からスプロールが始まったようである。京内の南北道路が北に延びるとともに武者小路・北小路・今小路・五辻などの東西の道路が開かれ、また方格地割が敷かれて上層貴族の邸宅、寺院、庶民の住宅が営まれた。ついで左京の発展にともなって東西の条坊道路は東京極大路を越えて延び、鴨川との間に「東朱雀」や「堤」などの南北の道が開通した。藤原兼家の法興院や道長の法成寺などが建てられ、また「東朱雀」を中軸として鴨川沿いに市街地が発達した。東西道路は京域を越え、さらに鴨川を越えて東進し、院政期には鴨東白河にも条坊制による方格状市街地が形成されることになった。その後、鳥羽、東山七条、六波羅の地域が、鎌倉時代になると洛西の嵯峨が、近世初頭には洛南の伏見が都市的大発展を遂げた。

一条北辺地域は、「京中」と連続する市街地を形成し、厳密に「平安京」を解釈する例外的な場合を除いて「京中」とみなされていたし、室町期以降は「上京」の中心部を占めることになる。また「京・白河」、「洛中・嵯峨」、「京・伏見」などと並称される都市域が周縁地域に形成されたことは、平安京・京都の都市的な発展と同時に、ヒンターランドの分節化、地域中心市街地の形成を端的に物語るものであろう。

これらのヒンターランド(後背地)は、いうまでもなく平安京・京都の政治的・経済的・社会的・文化的・宗教的な影響が強く及ぶ地域であったが、その歴史が明確に示すように受け身に終始するヒンターランドであったのではなく、平安京・京都を政治的・経済的・社会的・文化的・宗教的に支えるヒンターランドであったこと、いいかえれば首都機能を補完する地域であったことが注目されよう。平安京・京都の周縁地域はとくに白河がそうであったように、平安京・京都と栄枯盛衰をともにするヒンターランドであったといってもよい。

平安京・京都の周縁地域については固有の地域的な特色として、①離宮や別業が造営された自然の景勝の地であること、②交通の要衝であること、などの点を挙げることができよう。有名な景勝の地であることが地域形成に大きな契機となったことに着目して、これらを「景勝ヒンターランド」・「景勝後背地」とよぶのが相応しい。

2 「景勝ヒンターランド」岡崎——場所性・重層性・象徴性

鴨川東岸から京都盆地東方の山麓部にかけての一帯が「東山」であり、白川の流域一帯の地域名である「白河(白川)」も時には東山と同じ意味で用いられることがあった。この東山・白河地域には古くは愛宕郡の蓼倉・栗野・出雲郷・粟田(上・下)・八坂・鳥戸・愛宕などの郷があった。その中心部にあって、東国と結ぶ交通の要衝そして別業の営まれる景勝の地が白河（狭義）あるいは岡崎である（岡崎という地名は平安時代末期には使われていたようである）。後述するように、「京中」・「洛中」の東に位置する白河＝岡崎地域は都心部と相互作用・補完関係にあり、隆盛と衰微など運命をともにした。岡崎の景観や住居の様式、生業などは、平安京・京都の発展あるいは衰退にあわせて、〈都市〉と〈農村〉のあいだで揺れ動いたのである。

本項では、そうした「景勝ヒンターランド」岡崎の転変する姿、そして岡崎の場所性・重層性・象徴性などについて検討することにしよう。

（1）平安京の都市化と別業の開発――前史

平安京遷都後まもない頃からこの地域にはいくつもの別業が営まれた。坂上田村麻呂の粟田別業や、[9]藤原関雄の東山山荘、[10]藤原基経の山荘粟田院、[11]藤原道兼の粟田殿、[12]藤原頼通が伝領した藤原家累代の別業白河殿[13]などはよく知られている。

別荘から寺院への機能転換が早い時期にみられることも興味深い。東山山麓の景勝地は寺院にとっても適地なのであって、仁寿三年（八五三）には藤原関雄の東山山荘を買得して禅林寺（永観堂）が創始されている。永観堂の紅葉を「岩垣もみじ」というのは、東山の「山里」に隠れ住んだ関雄が詠んだ歌に由来するが、それはまた土地の歴史を伝えているのである。

（2）院政と「副都心」白河の形成

承保二年（一〇七五）には頼通の白河殿を寺地として白河天皇による法勝寺の造営が始まった。法勝寺は、このあと続いて白河の地に建設された寺院、いわゆる六勝寺――法勝寺・尊勝寺・最勝寺・成勝寺・延勝寺・円勝寺――の最初で、しかも最大規模の寺院であった。伽藍の規模や構成についてはいくつかの説があるが、敷地はおよそ東西二町、南北二～三町を占め、主な建築は敷地の南北中心軸線上に南から北へ、重層の南大門、八角九重塔、金堂、講堂、

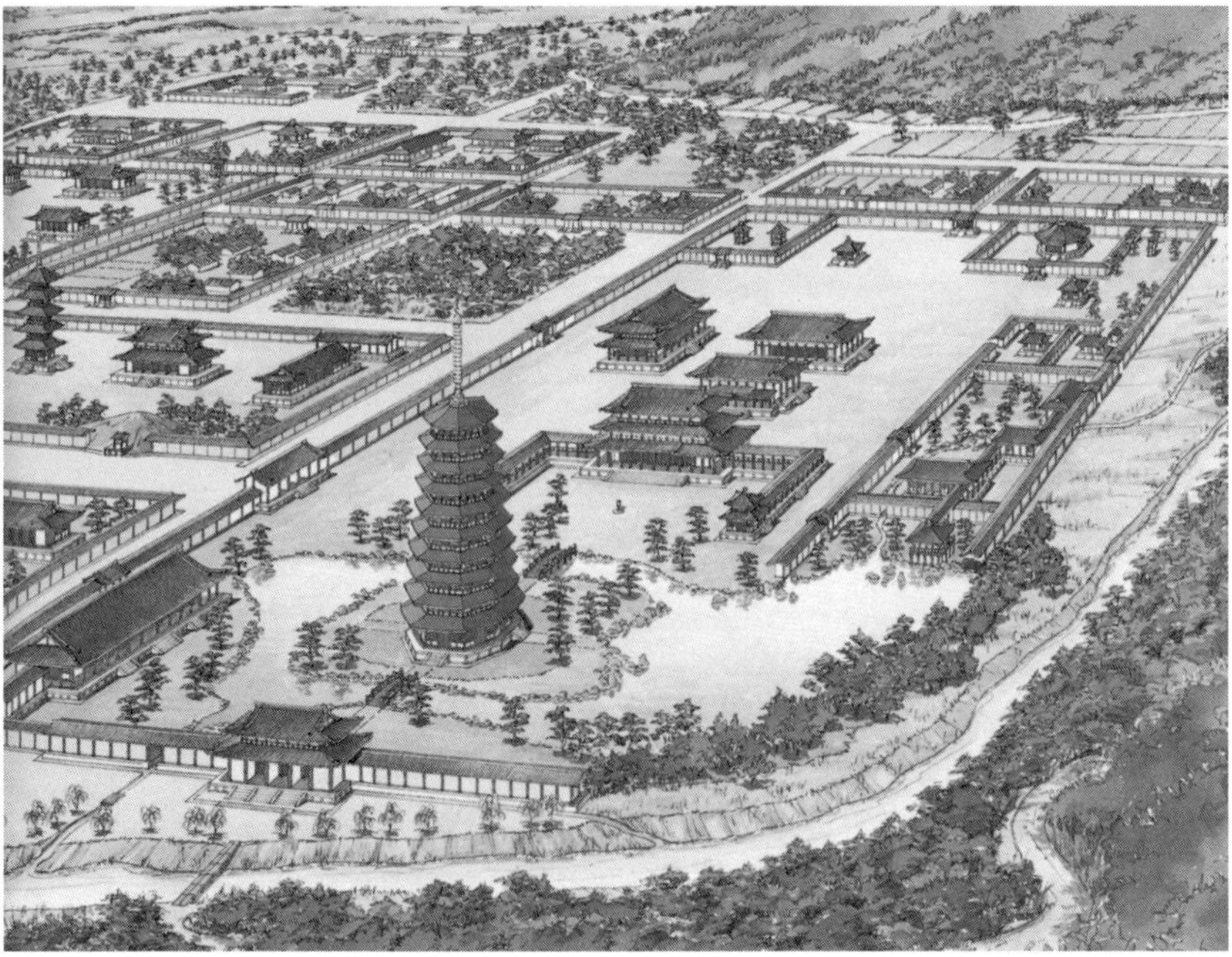

図 167　法勝寺周辺復元図（梶川敏夫氏作成）

薬師堂が並びたっていた。奈良時代の東大寺大仏殿に次ぐ大きさといってよい巨大な金堂そして広大な苑池の中島に聳え立つ高さ二七丈（約八一メートル）の八角九重塔が、密教の両界曼陀羅の世界とともに白河上皇の院政権力を象徴していた。なお、法勝寺の占地には、平城京や平安京と同じく「四神相応」の観念が認められること、つまり自然との関係に配慮していること、また平城京と東大寺（聖武天皇の創建した総国分寺）の位置関係を継承していること（二条大路の末に西大門が立つことなど）、いわば古代的な都市と国家と寺院のイメージを継承していることなども注目される。

二条大路末の白河の地には六勝寺のほかにも得長寿院・蓮華蔵院・金剛勝院・証菩提院などの寺院が創建され、また白河上皇の院御所である白河殿や貴族の邸宅が構えられた。当然のことながらそれまでの条里制地割の上に「今朱雀」すなわち都市軸をともなう条坊制街区が造成されていた。

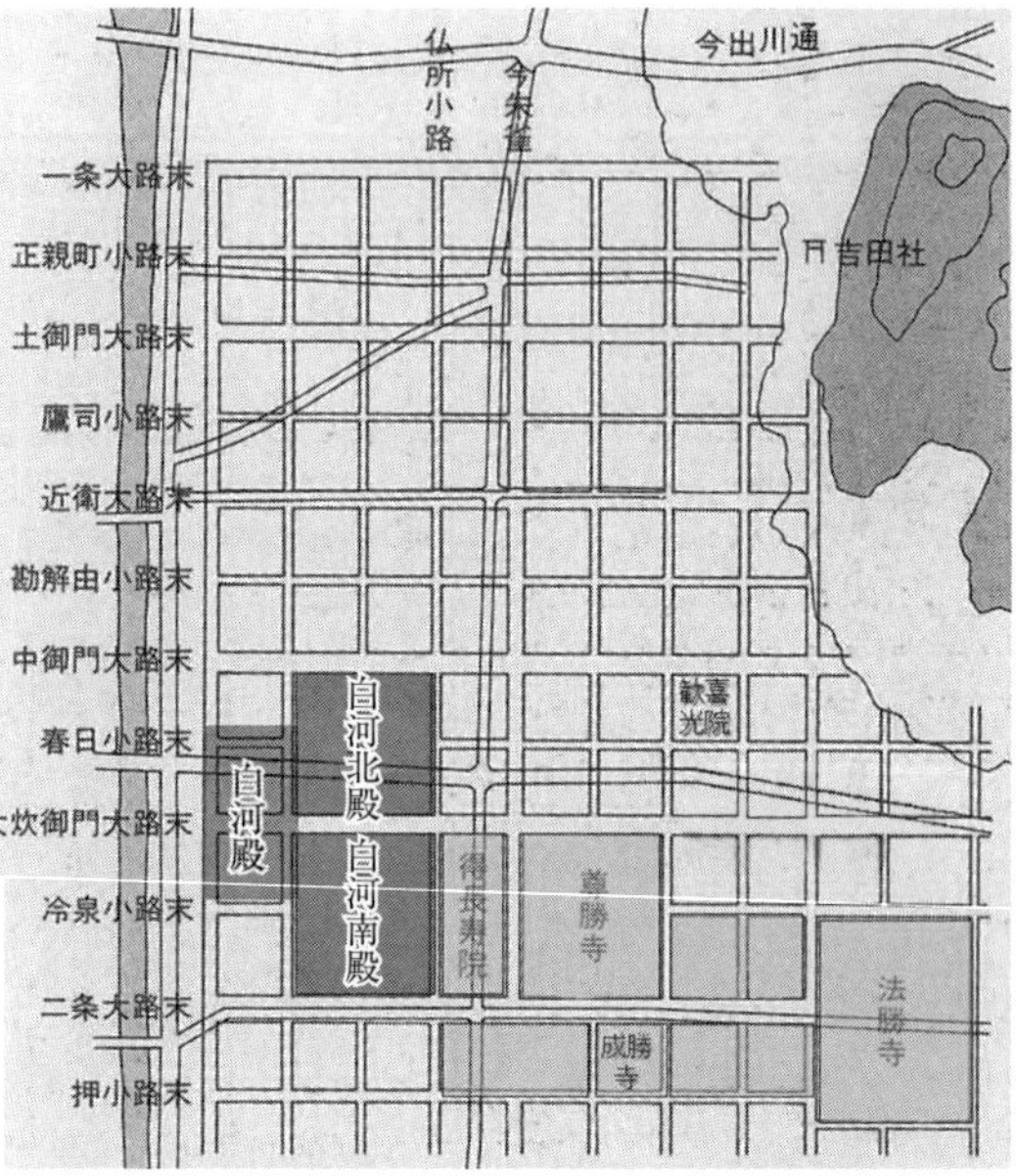

図 168　六勝寺と白河殿

こうして法勝寺と白河殿を中心に「京・白河」と並称される地域、いわば京を補完する「副都心」が発展した。

この地域には鴨川近くの白河殿と東端に位置する法勝寺のあいだに数多くの寺院群が並び立っていて、大は八角九重塔から小は三重塔まで多数の塔が林立する景観が印象的であったにちがいない。当時の貴族のあいだには「延齢之祈祷」として京の内外にある塔に参詣する「百塔詣」が流行っていたようであり、中山忠親は治承三年（一一七九）二月二十三日からの三日間で合計一二八基の塔に参詣したことを日記『山槐記』に記している。これらの塔のなかで最大にして最高の塔である法勝寺八角九重塔は、ランドマークであることは当然のこととして密教の金剛界曼荼羅の世界や院政政権の権威のみならず、長寿延命への期待なども象徴していたにちがいない。

（3）中世京都と岡崎の近郊農村化

平安時代末には東山の七条辺りに後白河法皇の法住寺殿や蓮華王院（三十三間堂）などが営まれ、またその北方の六波羅の地に平清盛の六波羅泉殿を初めとする平氏一門の屋敷が甍を並べた。後白河院政と平氏政権の洛外拠点として活況を呈したのが東山七条と六波羅であった。

鎌倉幕府が成立すると、鎌倉と結ぶ東海道の出入り口となる岡崎周辺は交通の要衝としてより重要性が増した。また十三世紀末、正応四年（一二九一）には亀山天皇が離宮である禅林寺殿を改めて禅宗の南禅寺を創建したが、南禅寺は京への入り口を防御する機能を担ったと考えられている。

一方、六波羅は、鎌倉幕府によって六波羅探題などが設置され、京都における拠点の一つと位置づけられた。「東山」という周縁地域にとっては権力拠点が北の白河から南の六波羅へ移動したにすぎないともいえるが、白河の地にとって副都心としての機能を喪失したその影響はきわめて大きかった。

源頼朝は罹災した法勝寺の復興を支援したが、本来の庇護者を失った六勝寺は鎌倉時代末から南北朝期にかけてしだいに衰退・荒廃することになった。最大の威容を誇った法勝寺の伽藍に壊滅的な打撃を与えたのは暦応五年（一三四二）三月二十日の大火災であり、八角九重塔や阿弥陀堂とともに創建以来の金堂も焼け落ちてしまい、その後再建されることはなかった。白河は宗教的・地域的なシンボルも無くしたのである。

室町時代の初期には幕府の所在地は一定しなかったが、三代義満のときから室町殿（花御所、北方の周縁地域である一条北辺に所在する）に定まった。この地域は持明院統の拠点である持明院殿や院御所の営まれた地域であることに留意しておきたい。さらに、室町幕府は東方の白河ではなく、西方の周縁地域、すなわち嵯峨を重視し、天龍寺や宝幢寺などを造営するなど「朱雀」を都市軸とした新たな宗教都市をつくりだした。「洛中・嵯峨」と併称されたように、嵯峨はかつての白河にとってかわる新都市として発展した。

この時代の京都は「多核複合都市」（脇田晴子）とも、「巨大都市コンプレックス」（山田邦和）とも理解されているが、どちらも洛外の都市と洛中との連携に注目する見かたといえよう。周縁地域のもつ都市・農村の両義的な性格に配慮

図169　戦国期の岡崎（上杉本洛中洛外図屏風）

して、都市間のネットワークにとどまらず、周縁の農村地域をも包含した都市京都のありかたを考えることが重要であろう。

さて、白河に最後のとどめを刺したのが応仁の乱であり、最勝寺・成勝寺・延勝寺などが廃絶したと伝える（尊勝寺の廃絶も同じ頃か）。法勝寺と円勝寺が十六世紀半ばの永禄四年（一五六一）まで存続していたこと、[14]さらに永禄六年においても法勝寺の寺内には「寮舎」などの建物がわずかに残っていたことがわかるが、[15]かつての大伽藍は地震・落雷などの自然災害や戦災・火事などの人災によって荒廃し、見る影もない姿となっていた。

それは白河・岡崎の地域も同様であり、「京・白河」と並び称された繁華な町並みや条坊制市街地も戦国期には農村集落や田畑へと景観的・機能的・社会的・構造的な転換を遂げていたと考えられる。十六世紀初頭には近郊農村連合ともいうべき「東山十郷」――岡崎・聖護院・粟田口・南禅寺門前・鹿谷・若王子・白川（北白川）・浄土寺・

田中・吉田の十郷――が成立していたが[16]、このことは岡崎の都市から農村への質的転換を端的に示している。ただ、交通の要衝であり、風光明媚な土地であるという地理的条件は変わっていないから、純然たる農村地域というわけではなかったに違いない。天文五年（一五三六）、南禅寺門前に足利義晴の御所が造営されたことはそうした状況を示唆していよう[17]。

（4）近世京都の発展と岡崎の大規模新地開発

天下統一を果たした豊臣秀吉は、天正十四年（一五八六）から京中大内裏跡に聚楽第を造営し、天正十六年後陽成天皇の行幸を迎えた。晩年の秀吉は甥の秀次に関白職を譲り、天正二十年（一五九二）伏見指月の地において隠居城の造営に着工した。京の南の周縁地域である伏見は平安時代以来、橘俊綱の伏見山荘や伏見殿などが営まれるなど、巨椋池を臨む風光明媚な景勝の地として知られていた。

しかし文禄二年（一五九三）秀頼の誕生によって情勢は一変し、権力を取り戻した秀吉は、同年末には本格的な天下支配の城郭として伏見指月城とその城下町の建設を決定した。翌文禄三年八月に秀吉は指月の城に入り、ここに伏見の城下は首都といってもよいような状況となった。なお、秀吉は文禄四年（一五九五）に東山の七条辺りに東大寺大仏殿に匹敵する壮大な規模の大仏殿方広寺を建立したが、東山の地域を洛外拠点とはしなかった。

さて、近世岡崎村の地は織豊政権に注目されることはなかったし、それは徳川幕府においても同様であったが、江戸幕府の成立によって東海道の重要性が増大し、交通の要衝としての地位は高まった。戦国期とかわらず近郊農村の一つにすぎない岡崎に宗教的色彩を付加することになったのが、袋中上人が慶長十六年（一六一一）に再興した浄土宗檀王法林寺（鴨川以東、三条以北）である。

洛中に近い岡崎の地域には寺地や屋敷地などに転換できる畠地、いわば市街化に対応できる空閑地が大量に存在したが、寛文九年（一六六九）から同十年にかけていわゆる「寛文の新堤」が築造されたことは、その後の都市的展開の大きな要因となったと考えられる。寛文十三年（一六七三）の禁裏大火後、当地に日蓮宗頂妙寺（鴨川以東、二条以南）が移転させられたのはそうした立地条件の改善があったからなのであろう。

延宝二年（一六七四）の「四方洛外町続之町々小名之覚」には、「二条東堤、但三条法林寺境迄四町ニ而御座候得共、未町小名宛不申候、未家建致不申候ニ付、町数書付不申候」とあり[18]、延宝二年には鴨川東堤に沿って二条から三条に至る四町の町立がすでになされていた。法林寺の北に位置し、四町の一つと考えられる孫橋町は、寛文九年（一六六九）に岡崎村の耕地を町地としたというから[19]、四町は寛文の新堤の竣工後まもなく町地として赦免されたと考えてよい。しかし、延宝二年になってもまだ町名が定められていないし、家屋も建てられていないという状況であった。孫橋町などの町々が姿を現すのは、すなわち岡崎村の市街化の進行は延宝期より後のことであり、十七世紀末、遅くとも宝永五年（一七〇八）の「二条川東」の開発以前と考えられる。なお法林寺の東に心光寺が移転してきたのは貞享二年（一六八五）以前のことである。

宝永五年（一七〇八）の京中大火は岡崎村にも大きな変化をもたらした。焼失した禁裏の南の町々と多数の寺院が、禁裏拡張のあおりを受けて鴨川以東、二条以南、三条以北の地域に集団移転してきたからである[20]。大量の空閑地を有する岡崎村は京中の大火復興都市計画にともなう立ち退き地域を吸収するバッファゾーンの役割を果たすことになったのである。新たに開発された町々は西北の頂妙寺、西南の檀王法林寺、そして東方の寺院街で囲まれたブロックの中央部を占め、「富小路通」や「車屋町通」など旧地に因んで名付けられた数本の南北通りが走り、南北に細長い町割を形成している。条坊制の街区とも、また近世初頭に町人によって開発された新在家絹屋町や島原の東西に長い街区とも異なり、いわば従前からの伝統的な街区形態がそのまま踏襲されたといえよう。

その後しばらくして享保十九年（一七三四）に「二条川東」の北方の畠地（聖護院村に属する）に、旅籠屋や茶屋などの営業が許可された「二条新地」が開発された。「二条川東」や「二条新地」は近世中期の京都における大規模新地

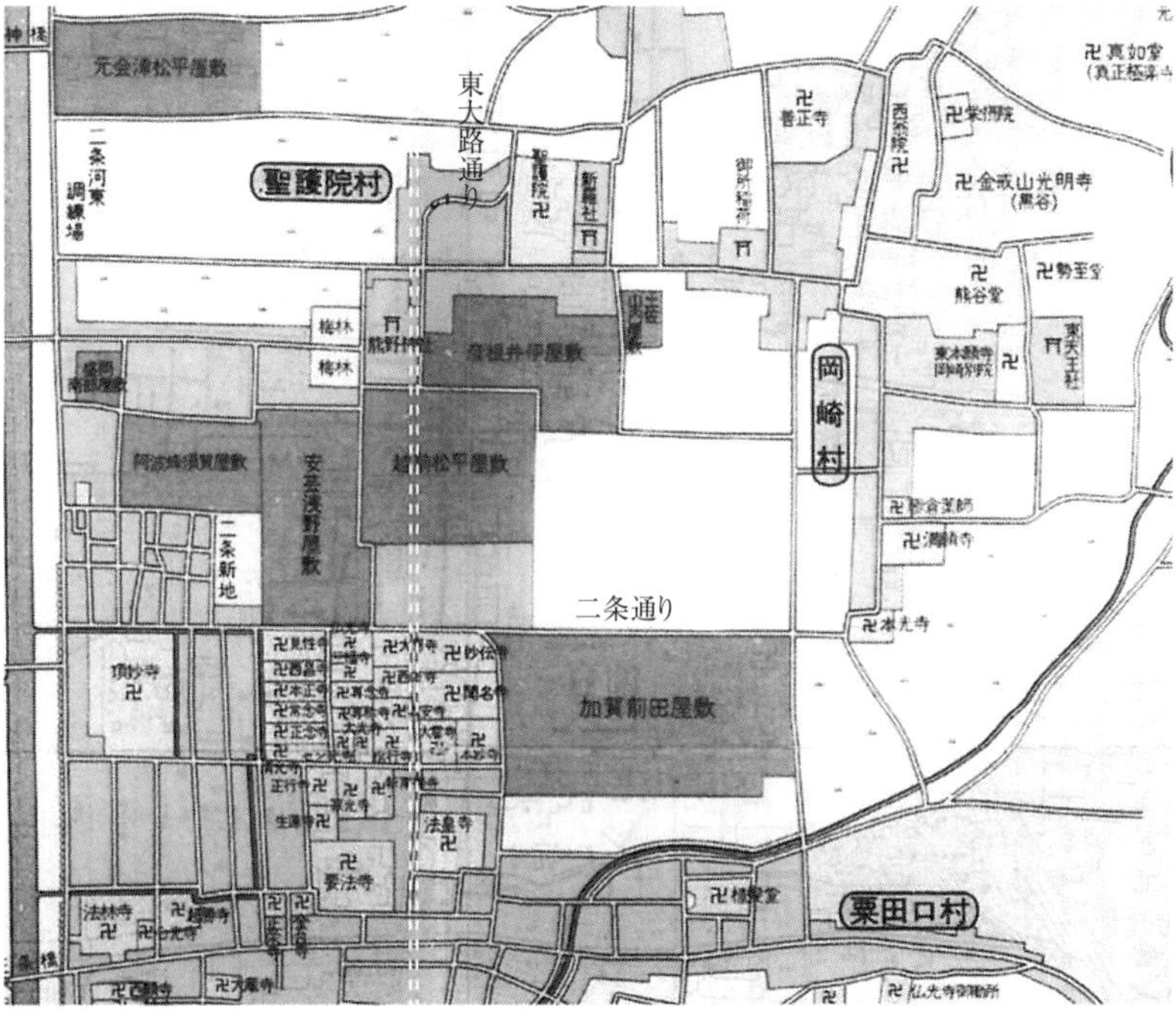

図 170　慶応 4 年（1868）における岡崎地区の復原案（『京都の歴史 7 維新の激動』）

開発の好例といってよいと思われるが、そうした結果、岡崎地域はそれぞれ特徴のある「二条川東」や「二条新地」という大きな都市域を抱え込むことになった。久方ぶりに町並み、歓楽街、寺院街など都市性を回復したといってよいであろう。

（5）「京都」でなくなった京都の近代化を支える岡崎

幕末の動乱期には京都が政治活動の中心となり、岡崎の地域にも彦根・阿波・安芸・越前・加賀などの大規模な藩邸が造られ、耕作地から武家屋敷へと地域景観が一変した。京中における諸藩の活動を支援する場所として新たな都市的機能を担うようになったのである。しかしながら、それはきわめて短期間で終わった。

慶応三年（一八六七）の大政奉還と王政復古の号令によって皇居は二条城に移され、京都で維新政府の首都建設がなされるかのように思われたが、明治二年（一八六九）東京への遷都が

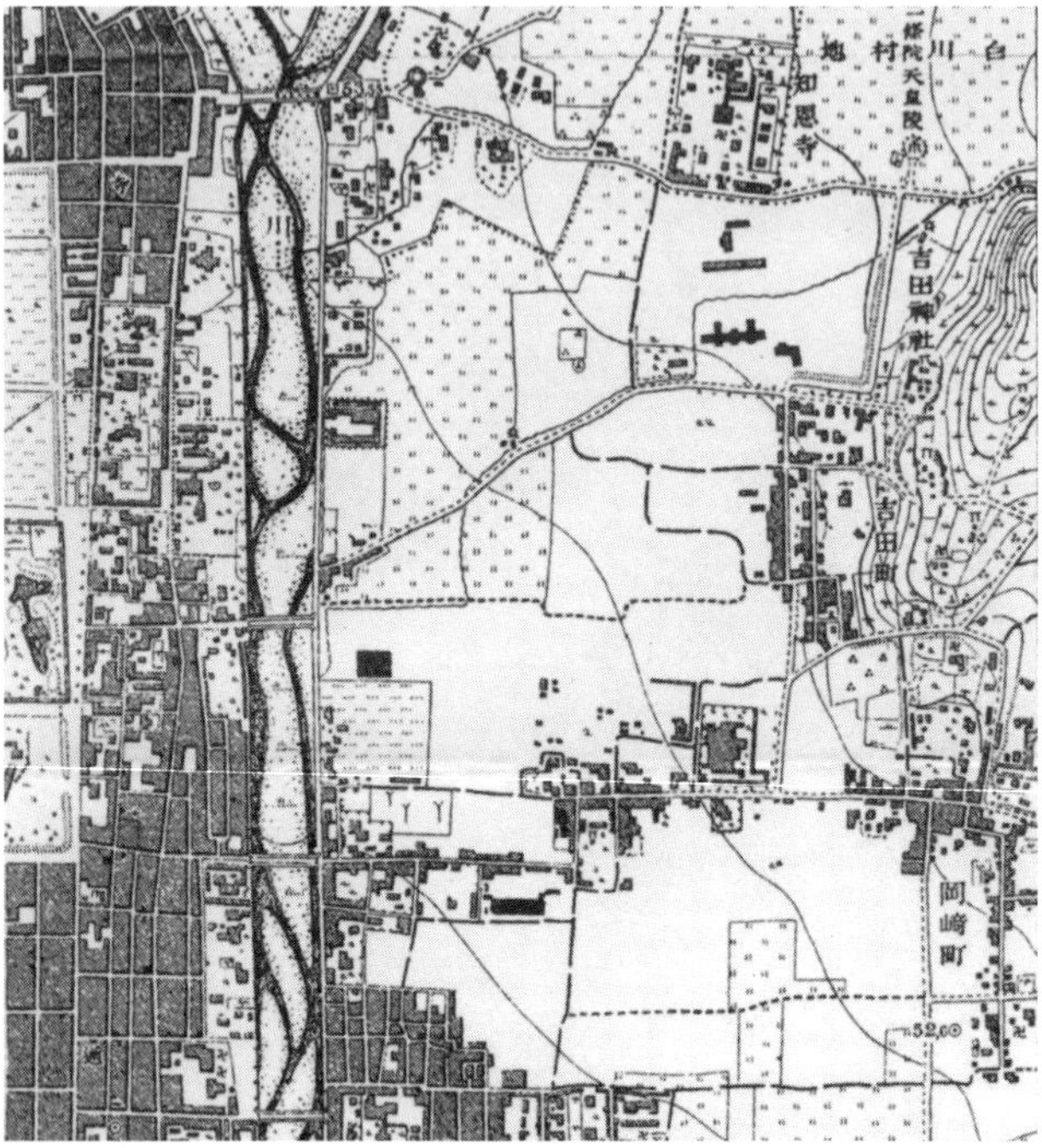

図 171　明治 22 年（1889）の岡崎

決定され、京都は首都・「京都」ではなくなったのである。岡崎の藩邸群もまた廃絶してふたたび広大な空閑地と化した。

明治維新とくに東京遷都は、一一〇〇年にわたって首都であった京都にとりわけ大きな負の影響を与えた。しかし、こうした逆境のなかでさまざま改革がなされ、古都京都は近代都市京都へと変貌していったのである。

京都の近代化は、明治初年から十四年（一八八一）の第Ⅰ期、十四年から二十八年（一八九五）の第Ⅱ期、二十八年から大正年間までの第Ⅲ期という三段階にわたって行われた。

まず第Ⅰ期には、欧米の新技術を取り入れて勧業政策がとられた。四辻の木戸門を撤去して道路整備を行ない、学区制の導入によって地域を再編成し、新京極を開通した。第Ⅱ期には琵琶湖疏水が建設され、運輸・動力を向上させるとともに、蹴上発電所を設けて産業動力の電化を進め、日本最初の路面電車を

写真 42　岡崎の景観・琵琶湖疏水

運行した。この時期の明治二十八年に平安建都一一〇〇年を記念して特別に岡崎を舞台に内国勧業博覧会が開催され、全国からの募金によって平安宮の朝堂院を模倣した平安神宮が建設された。第Ⅲ期の政策は「三大事業」といわれ、道路拡張・電鉄敷設、上水道建設、第二疏水建設が行われた。

これらからわかるように京都の近代化と岡崎の動向は一体の関係にあり、近代化を追求する京都が必要とする都市機能や発展の契機、場所を提供したといえよう。

岡崎における近代工業地開発、また疎水を利用した「近代和風」の住宅・別荘と庭園の建設も重要であるが、ここでは琵琶湖疏水や平安神宮などが当初に想定されていた役割を果たし終えたあとも生き続け、京都の近代化を象徴するすぐれた文化遺産となっていることを指摘しておきたい。平安神宮の大極殿や應天門・蒼龍楼・白虎楼などは平成二十二年（二〇一〇）に重要文化財に指定され、その北西の地に明治三十二年（一八九九）建立された武徳殿は平成八年（一九九六）に

上：大極殿
右：蒼龍楼
左：応天門

写真 43　平安神宮（重要文化財）

同じく重要文化財に指定されている。

平安宮の朝堂院とその北西の宴の松原に立つ武徳殿を思い起こさせる平安神宮と旧武徳殿（現在の京都市武道センター）は、平安京・京都のはじまり、そして京都の復興と再生を象徴しているともいえよう。

3　京都岡崎の文化的景観

（1）文化的景観としての特質

京都岡崎の文化的景観の特質を簡潔に整理しよう。

A　場所性

①　自然の景勝の地である。

②　交通の要衝である。

③　平安京・京都の後背地（ヒンターランド hinterland）として、経済的・社会的機能のほか、さらに政治的・文化的・宗教的影響が及んでいる。

④　京都の「近代化」をもたらし、またその復興と再生を支える「景勝ヒンターランド」である。現代において岡崎が「伝統と進取の地」と

いわれることと不可分の関係にある。

B　重層性

①　自然：　東山、鴨川・白川→東山、鴨川・白川、琵琶湖疎水
②　周縁地域：　蔬菜栽培　→近代工業・伝統産業
③　景勝地：　貴族の別業　→近代和風別荘群
④　副都心：　六勝寺、白河殿→近代の大規模開発、文化・観光・宗教施設の立地。
⑤　空間構造：　条里制地割、条坊制地割、中近世の地割、近代道路網が重層、残存している。

岡崎は、景勝地そして副都心としての白河の遺伝子を受け継いでいる。

C　象徴性

①　六勝寺跡や藩邸跡に形成された文化・観光地区岡崎は、古都京都の復興・再生を象徴している。
②　平安京や大内裏を思い起こさせる平安神宮は、京都のはじまり、そして京都の復興と再生を象徴している。
③　高さ八〇メートルを超える法勝寺八角九重塔の特異な基礎地業の上に動物園の観覧車が建っていることは興味深い。

（2）文化的景観としての価値評価

こうした特徴を持つ岡崎の文化的景観について、あえて価値評価を行うなら次のようになるであろう。

①　京都岡崎の市街地は、平安京遷都を契機として首都の近郊農村となり、十一世紀末に形成された平安京の「外京」ともいうべき条坊制市街地、白河を基盤とする。

② 白河市街地の形態と景観は考古学、歴史学、都市史学、建築史学の成果によってほぼ判明しており、その後の変遷、景観形成についても戦国期の洛中洛外図屏風や近世・近代に版行された多くの地図類において確認することができる。

③ 東山、鴨川、白川と近代の琵琶湖疎水、また方格状地割が、岡崎の市街地の街路および街区の構造を決定している。

④ 自然はもとより、平安京・京都の栄枯盛衰と深くかかわり織りなされた歴史と文化、人々の生活と生業が一体となって現在の社会的・空間的な特色がつくり出されている。

以上のように、京都岡崎の文化的景観は、わが国における首都の発展の各段階を投影した都市構造を現在まで継承し、山並みや河川を基盤に疏水、街路網などの諸要素が現在の都市景観に反映されるとともに、京中・京外、また洛中・洛外が醸成した伝統と文化に基づく社寺や和風住宅群が独特の界隈を生みだす貴重な文化的景観であるといえよう。

注

（1）『日本紀略』延暦十三年（七九四）十月二十八日条。
（2）『日本紀略』延暦十三年（七九四）十一月八日条。
（3）『日本紀略』延暦十五年（七九六）正月十六日条、『類聚国史』72、踏歌。
（4）『類聚三代格』巻十六、延暦十七年（七九八）十二月八日付。
（5）平城京遷都の詔において「鎮めをなす」とされた三山が具体的にどれを指すかについては、北の「平城天皇陵」（もとは市庭古墳と呼ばれた前方後円墳であり、平城宮造営工事により前方部が破壊された）、東の御蓋山（春日山、春日大社の神奈備山）、西の「垂仁陵」とされる巨大な前方後円墳とする説など、いくつかある。
（6）この項については拙稿「京都と山並み――居住環境史の一素描」（高橋康夫・宮本雅明・伊藤毅・吉田伸之編『図集・日本都市

史』、東京大学出版会、一九九三年、二九四～三〇七頁、本書第二部第一章）を参照いただければ幸いである。
（7）こうした特性は近世における都市の発展を示す「町続町」という言葉によく表れている。
（8）保立道久『平安王朝』、岩波書店、一九九六年、五八頁。『類聚三代格』所収寛平七年十二月三日付太政官符。
（9）『日本後紀』弘仁二年（八一一）五月二十三日条。
（10）『文徳実録』仁寿三年（八五三）二月十四日条。
（11）『三代実録』元慶三年（八七九）五月四日条。
（12）『栄花物語』巻五。
（13）「法勝寺金堂造営記」（『続群書類従二十七上　釈家部』）。
（14）「別本賦引付三」、桑山浩然編『室町幕府引付史料集成　上巻』、近藤出版社、一九八〇年。
（15）今谷明・高橋康夫編『室町幕府文書集成　室町幕府奉行人奉書篇』（思文閣出版、一九八六年）三八九七号。
（16）永正二年（一五〇五）の室町幕府奉行人奉書に「東山十郷々人等中」とある（『室町幕府文書集成　室町幕府奉行人奉書篇』二四〇八号）。十郷の構成について、田中克行「村の『平済』と戦乱・徳政一揆――戦国期京都近郊村落の連帯と武力動員」（『史学雑誌』一〇二巻六号、一九九三年）は、聖護院・岡崎・南禅寺・粟田口・鹿ヶ谷・浄土寺・白川・田中・吉田の九郷を挙げ、十郷ではなく、九郷であった可能性を示すが、それは天文十五年（一五四六）の東山十郷内地下人申状（「徳政賦引付」、『室町幕府引付史料集成下巻』）に、「東山十郷内《粟田口　岡崎　聖護院　鹿谷　同若王子》」とある鹿ヶ谷の若王子を、「同」と表記されていることから「鹿谷」郷から完全に独立していないとみたからであった。しかし、「鹿谷」は郷名であると同時に広域地名でもあるので、若王子を十郷の一つとみなすことができると思われる。また同じ天文十五年と推定される関係史料に「東山粟田口・同岡崎・聖護院・鹿谷・若王子地下人等」（『室町幕府文書集成　室町幕府奉行人奉書篇』三六四〇号）とあり、「鹿谷」と「若王子」はそれぞれ一つの独立した郷であると解したほうがよい。
（17）『厳助往年記』天文五年（一五三六）四月条。
（18）「荻野家文書」、『京都市の地名』（平凡社、一九七九年）「法林寺門前町」の項。
（19）『京都市の地名』「孫橋町」の項。
（20）詳細は、鎌田道隆「近世都市における都市開発――宝永五年京都大火後の新地形成をめぐって」、『奈良史学』第一四号、一九九六年を参照。

参考文献

『京都の歴史』全一〇巻、學藝書林、一九六八年～一九七六年。

『史料京都の歴史』全一六巻、平凡社、一九七九年～一九九四年。

『京都市の地名』、平凡社、一九七九年。

脇田晴子『中世都市論』、東京大学出版会、一九八一年。

高橋康夫『京都中世都市史研究』、思文閣出版、一九八三年。

高橋康夫『洛中洛外――環境文化の中世史』、平凡社、一九八八年。

高橋康夫・宮本雅明・伊藤毅・吉田伸之編『図集・日本都市史』、東京大学出版会、一九九三年
高橋康夫『京町家・千年のあゆみ――京都にいきづく住まいの原型』、学芸出版社、二〇〇一年
河内将芳『中世京都の民衆と社会』、思文閣出版、二〇〇〇年。

日本史研究会編『豊臣秀吉と京都――聚楽第・御土居と伏見城』、文理閣、二〇〇一年。

大村拓生『中世京都首都論』、吉川弘文館、二〇〇六年。

高橋康夫編『中世のなかの「京都」――中世都市研究12』、新人物往来社、二〇〇六年
金田章裕編『平安京―京都　都市図と都市構造』、京都大学学術出版会、二〇〇七年。

杉森哲也『近世京都の都市と社会』、東京大学出版会、二〇〇八年。

堀内明博『日本古代都市史研究――古代王権の展開と変容』、思文閣出版、二〇〇九年
山田邦和『京都都市史の研究』、吉川弘文館、二〇〇九年。

四、京都・祇園祭山鉾町の文化的景観――京町家とまちづくり

前節では京都・岡崎の文化的景観についてその価値を評価したが、同じように都市史の立場からみると、平安京の時代から中心市街地であり続けた祇園祭山鉾町は、〈文化的景観〉としてどのような価値や特色をもっているのであろうか。

地球化時代の今日、画一的な町並み景観が世界中に蔓延するなかで、地域の固有性を保持し続けることは大切である。それは場所・建築が記憶や〝こころ〟と深く結びついているからである。都市史の叙述はそうした土地の記憶を回復する営みの一つにほかならないであろう。本節では祇園祭山鉾町の〈文化的景観〉の特質を探ることを通じて「京町家とまちづくり」の一端を眺めてみたい。

1　都市史研究とまちづくり

都市史研究とまちづくりの関係が、以前に比べてはるかに密接になった理由や背景はいくつもあろう。一つには生活の場として都市が重要性を増していることを反映してまちづくりを支える法律があいついで制定・整備されたこと、それらが都市の歴史と文化を重視していることがある。

二〇〇四年制定の景観法によって京都の景観まちづくりが進められ、多数の京町家が「景観重要建造物」の指定を受けるに至ったことはいうまでもない。また二〇〇八年制定の歴史まちづくり法においても、『京都市歴史的風致維持向上計画』（二〇〇九年認定）のもとで市域の広い範囲を重点区域に含め、京都の歴史的風致の維持向上が計られている。「歴史的風致形成建造物」に指定された京町家も、今や少なからぬ数に達している。

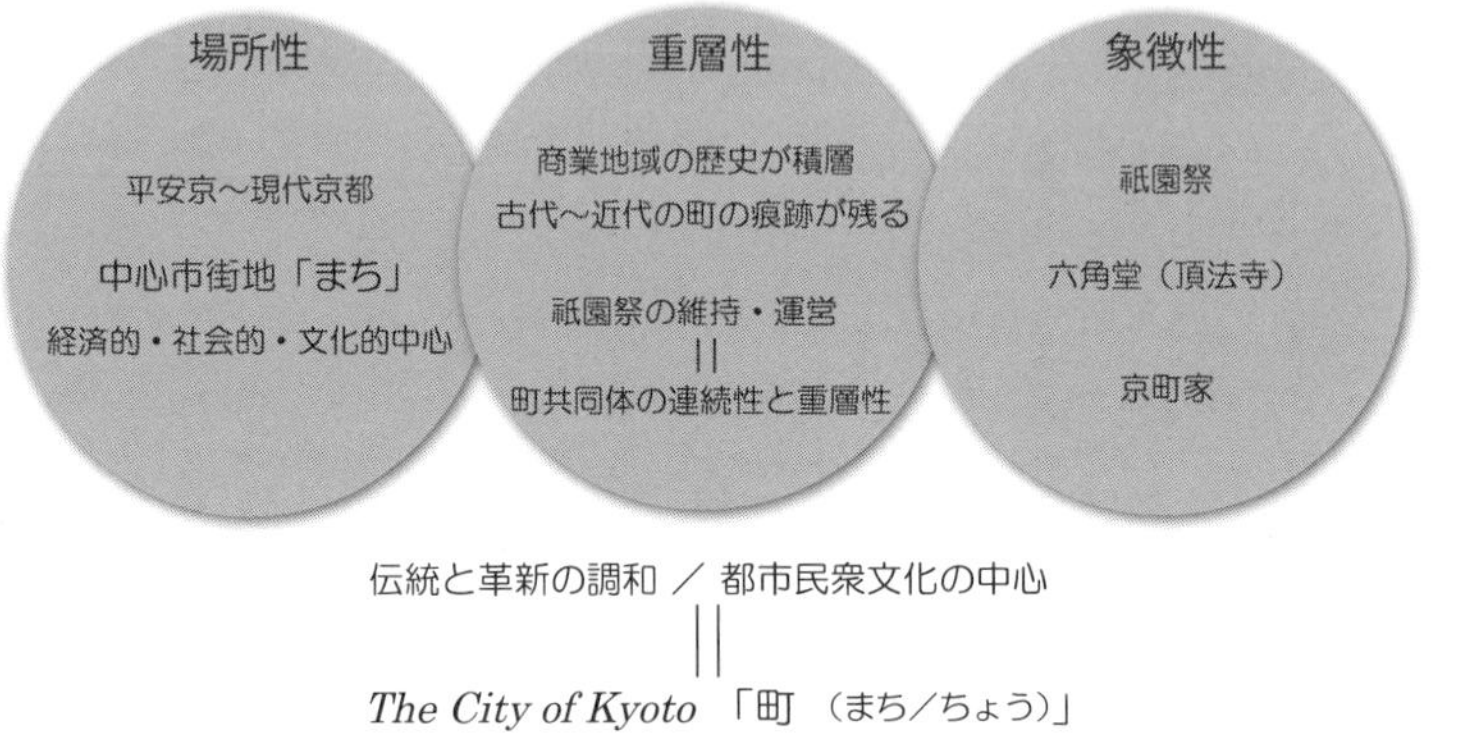
場所性
平安京～現代京都
中心市街地「まち」
経済的・社会的・文化的中心
重層性
商業地域の歴史が積層
古代～近代の町の痕跡が残る
祇園祭の維持・運営
||
町共同体の連続性と重層性
象徴性
祇園祭
六角堂（頂法寺）
京町家
伝統と革新の調和 ／ 都市民衆文化の中心
||
The City of Kyoto 「町（まち／ちょう）」
図 172　本節の論点

図 173　山鉾町の中核地域（戦国期の四条室町周辺、上杉本洛中洛外図屏風）

京都の歴史的街区の景観は、ゆるやかに移り変わっていくことが望ましいし、京町家の存在とその継承が景観の変化をゆるやかにすると期待される。こうした観点からは二〇〇四年の文化財保護法改正による文化的景観が注目される。「重要文化的景観」の選定はこれまで村落たとえば棚田などの文化的景観が中心であったが、最近では宇治市や金沢市の例が示すように「都市の文化的景観」が重要になっている。京都市でも二〇一〇年から「京都岡崎の文化的景観」の調査検討が始まった。

以下では、同じように重要性をもつ祇園祭山鉾町の文化的景観について都市史の立場から、その特質と価値評価を示したい。それが山鉾町のまちづくりの基盤を示唆すると考えるからである。

※本節で用いる上京・下京は、前近代における京都の地域区分である。

2　*The City* あるいは「町　まち／ちょう」

山鉾町の歴史と文化については記述を割愛し、山鉾町の文化的景観の特質に限って場所性・重層性・象徴性の視点から整理することにしよう。

結論を一言で表すなら、「町（まち／ちょう）」となろう。シティ（*The City*）といえばロンドンの有名な金融街であるように、「町」は首都・京都の経済機能を担い続けた地域であった。山鉾町一帯は、今も銀行などが集中する京都の経済の中心地であるが、このような地域の特徴は、はるかな昔、千年近く前にまでさかのぼることができる。

The City of London にならって、*The City of Kyoto* と呼んでも差し支えあるまい。もちろん経済機能のみならず、地域空間、地域社会の意義が複合している都市空間であることも共通している。

（1）場所性

「町」の形成と持続——中心市街地

山鉾町は、下京の歴史的街区の中核をなし、また都市民衆の祭礼として五〇〇年ほどの歴史をもつ世界民俗遺産・祇園祭を運営する町々である。その分布域は、現在、姉小路以南・松原以北・東洞院以西・油小路以東となっている。四条烏丸の周辺に広がり、京都の中心市街地、いわゆる田の字型地区の中心に立地すると言ってよい。ただ、烏丸通りが山鉾町の南北中軸街路となったのは現代のできごとである。この地域の中軸街路は、西から東に新町通り→室町通り→烏丸通りと移り変わってきた。そのことは四条と室町通りの辻が「鉾の辻」（祇園祭山鉾の中心）、また四条と新町通りの辻が「札の辻」（室町幕府の高札場）と呼ばれたことが端的に示している。

「新町通り」は近世〜現代の道路名であり、戦国期には「町通り」、古代・中世には「町小路」と呼ばれた。原点ともいうべき「町小路」の出現は平安時代に遡る。道の名称としては一条から九条にいたる南北の通りを指すが、文字通り「まち」＝市場として活況を呈したのが、三条や四条、五条、七条と交差する辻の周辺であった。

南北朝期の四条町辺りは洛中で最も賑やかなところで、道に面して女性たちが商う小さな店屋（小物座などの町座）が並び、その背後に民衆の住まいなどがあった。室町時代には室町将軍家との深い縁故から日野家の「御恩地」（「四条町十二町々」・「六角町八町々」）となる。

この地域の中核部はいつの時代にも京都を支えた経済的な中心「まち」であったが、さらに社会的・文化的な特色も濃厚である。いくつか事例を挙げると、①祇園社の氏子圏——二条以南、五条（今の松原通り）以北——に含まれる（祇園祭の地域的基盤）。②戦国期の下京「惣構」の範囲は二条以南、五条以北、東洞院以西、堀川以東の地域である。この範囲が、祇園社の氏子圏から鎌倉幕府が定めた「家人共の屋形」の地——三条以南・五条以北・東洞院以東・京極以西——を除いた地域であることは興味深い。③戦国期に成立した下京の町組は「丑寅組」・「巽組」・「西組」などと称したが、山鉾町の多くが属する町組の名は「中組」である。山鉾町が、地理的な意味のみならず、経済的な、また社会的な意味においても占めていた立場を物語るものであろう。④戦国期の町衆文化の一つとして「下京茶湯」はよく知られている。その中心は「市中の隠」(「市中の山居」)で名高い四条室町の「数寄の上手」奈良屋宗珠であり、四条町の十四屋宗吾であった。ちなみに宗吾の弟子となった武野紹鴎は、四条室町夷町に大黒庵を営んだ。

微地形と地域性

周知のように京都の旧市街地は全般に北が高く、南に向かって低くなる地形である。そうしたなかで興味深いのは、街と道は平坦ではなくて起伏に富んでおり、微高地やまた低地がいくつもあることである。小高く南北に連なる微高地、いわば尾根筋には道が開かれている。上京では新町通りや室町通り、下京では新町通りである。

水はけのよい微高地に平安京の町小路や室町小路が開かれたことはおそらく偶然の賜物であるにしても、新町通りが平安時代中期から今に至るまで居住地・商業地区として繁栄を持続できたことは、そうした微地形的な立地条件に恵まれたからであろう。平安京以前に遡る可能性のある微地形が、地域の性格、「町」の基本的な骨格を規定したと考えることができよう。

山鉾町は、平安京の時代から現代に至るまで千年を超えて、人・モノ・情報の交流の場として、都市機能が集中する拠点として、地域コミュニティの中核として、持続的に発展してきた京都の中心市街地である(この点に上京とのちがいをみることもできる)。また山鉾町は、伝統と革新の調和する地域、都市民衆文化の中心でもあった。まさに「町まち／ちょう」、*The City of Kyoto* であった。

(2) 重層性

いわゆる自然は平安京の建設とともに失われ、また西洞院川や堀川も残念ながら近代になって地上から姿を消した。今もよく残っているのはただ微地形的な特徴だけかもしれない。

写真44　膏薬辻子の町並み
繁華な市街地・山鉾町にも閑静な伝統的空間が残る。

とはいえ、戦国期の「市中の山居」は、繁華な市街地の中に山里の閑寂なたたずまいを創り出す思想として注目に値しよう。しかもそれは、都市大衆文化の新時代を迎えて町衆が独自の生活環境文化を創造し、生業と居住の空間に次元の異なる数寄の空間を付け加え、都市民衆の生きる空間を多彩にした。京町家の坪庭や奥の庭は、そうした環境志向の所産なのである。

山鉾町には、古代・平安京条坊制の格子状街路パターンや、四行八門制の二面町から変化した中世の四面町の形態、四条町近くに開かれた数本の辻子、多数の「路地 ろーじ」を内包する近世の町割、近代の道路網などが残存し重層している。京都の、また下京の過去の姿、とくに中世的な面影をよくとどめる地域である。

戦国期に造りあげられた地縁にもとづく町共同体は、町組や惣町の結成、近世下京への再編成を経て近代の番組に至るが、山鉾町では祇園祭の維持・運営が大切な年中行事であったため、より連続性と重

図 174　近世初頭の山鉾巡行（林原美術館本洛中洛外図屏風）

層性が強い。

都市の構成要素とその機能についても、当然のことながらコンビニやスーパー、デパートが建ち並び、近・現代オフィスビル林立するなど劇的な変化があったとはいえ、近世末の風情を伝える町家や町会所などが少なからず残り、連続性、重層性をみることができる。「町」には商業地域の歴史が積層し、わずかながらそれぞれの時代の「町 まち／ちょう」の痕跡が残っているといえる。

山鉾町では、地域の特色が短い時間で置き換わっていくのではなく、ゆるやかに変化しつつ継承、持続されてきた。これが山鉾町の歴史と文化の多面的かつ豊かな重層性を生んだのであろう。

（3）象徴性

この地域の歴史と文化を象徴するものとして最初に挙げられるのは祇園祭であろう。祇園祭は都市・下京の祭礼として五世紀に近い伝統を誇るが、見落としてはならない重要なものがほかにもある。一つは六角堂（頂法寺）である。平安遷都から後、京内に建てられた

写真 45　祇園祭の頃の京町家

写真 46　祇園祭　鉾建てと町家

図 175　下京の惣堂六角堂（上杉本洛中洛外図屛風）

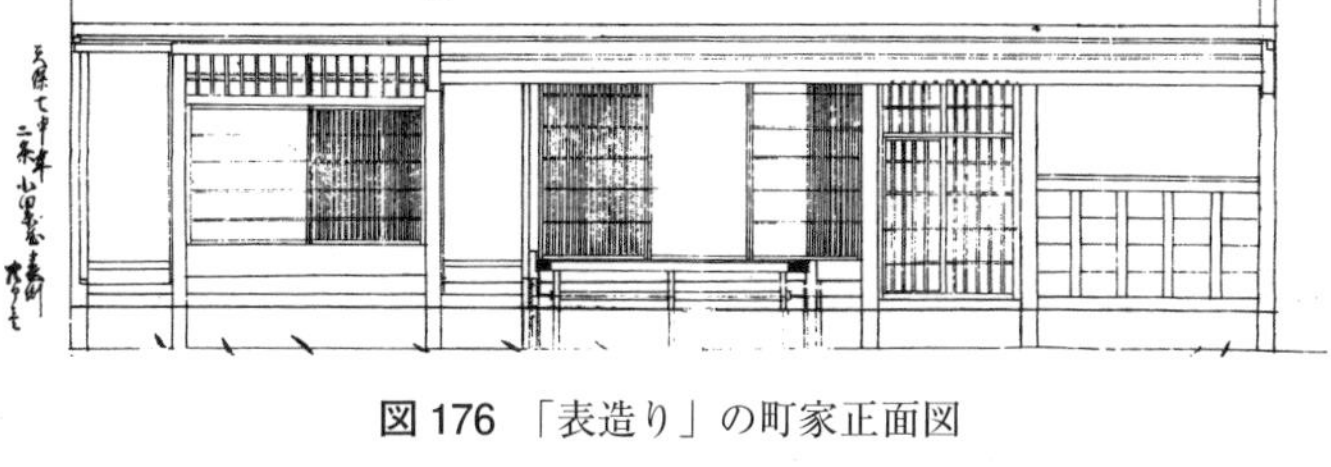

図 176　「表造り」の町家正面図

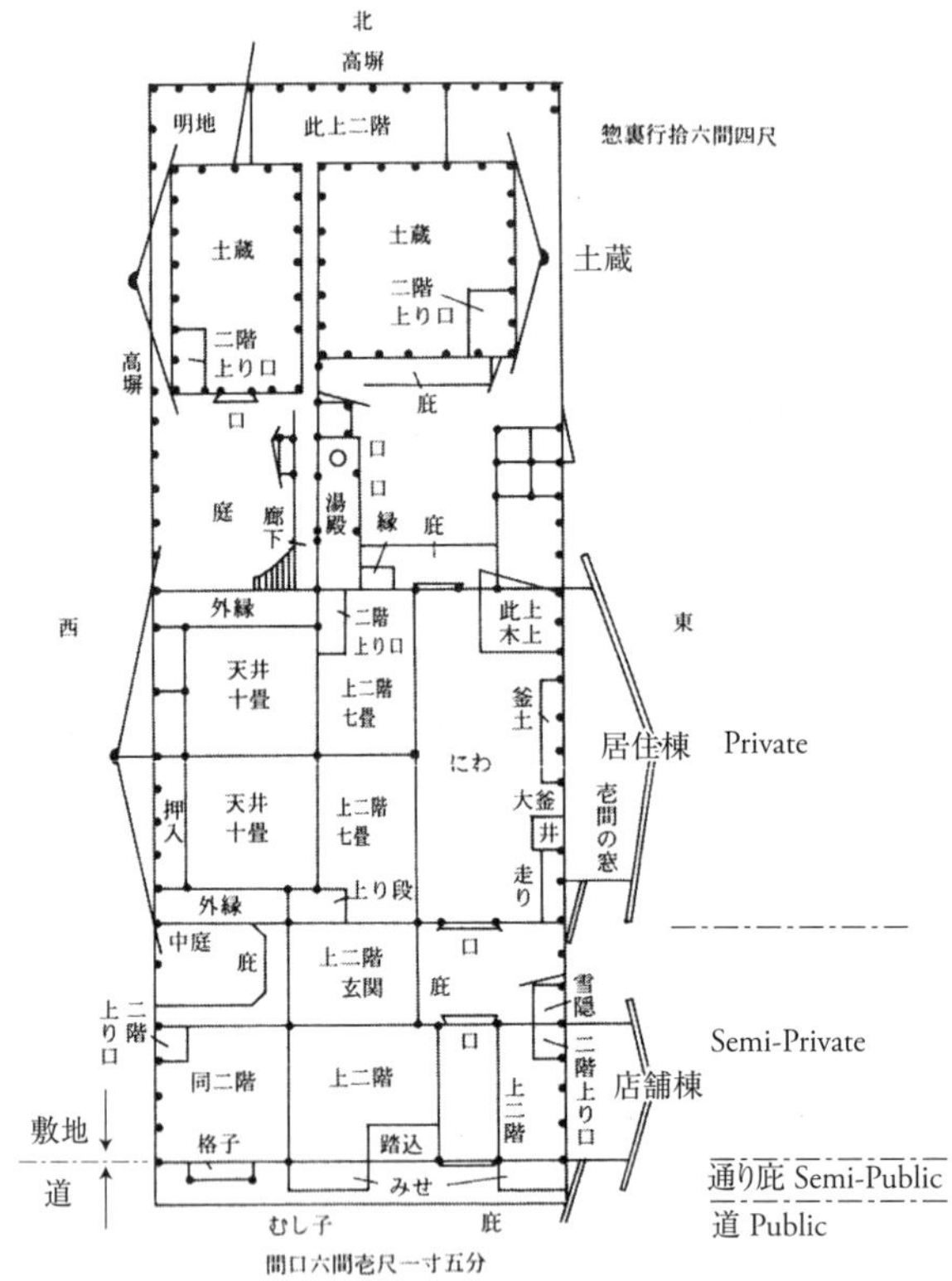

図 177 「表造り」の町家平面図と空間構造

最初の寺院であり、十世紀にさかのぼる。本尊の観音菩薩は貴賤を問わず京の人々の信仰を集めた。とくに注目されるのは、戦国期に下京の町組の寄合の場であったこと、六角堂の鐘が下京に危急を知らせ、また平時には時を告げる鐘であったことである。下京の人々の暮らしは六角堂の鐘とともにあった。

もう一つはこの地域に今も生きる「町家 まちや」である。それは民衆の暮らしと都市空間の歴史と文化をその空間に内包しており、とくに「表造り」の町家に典型的なかたちで認められる。「表造り」町家の空間は、共在する生業と居住の機能の分節化が一つの建築として現れる。つまり道に面した店舗棟〈オモテ〉、さらに中の居住棟〈ナカ〉、さらに奥の離れや土蔵〈オク〉

写真 47　杉本家住宅（重要文化財）の外観

あるいは裏の借家〈ウラ〉などからなる。それらのあいだに坪庭や奥庭が散在している。

ここに〈公―私〉の視点を付加すると、町家の社会＝空間構造は、〈道―パブリック〉に接して、〈通り庇下―セミ・パブリック〉、〈オモテ―セミ・プライベート〉、〈ナカ―プライベート〉と続き、〈ウラ―セミ・プライベート〉といえよう。それは古代・中世の京都の都市空間構造である、道―中間領域―街区〈店―住居〉と対応している。町家は京都と同じ社会＝空間構造をもっている。

一方、離れや庵、茶室などがある町家の奥は、生業と居住の空間とは異なった意味を有している。それは坪庭・前栽や「下京茶湯」・「市中の山居」の伝統を背景とした数奇の空間である。

要するに、町家は *The City of Kyoto*、「町 まち／ちょう」＝都市・下京の歴史と文化を内に秘めている。町家は、このような意味で山鉾町のみならず、下京のシンボルといえよう。

3　祇園祭山鉾町の文化的景観

祇園祭山鉾町の文化的景観は、「重要文化的景観」選定基準

の「(7)道・広場などの流通・往来に関する景観地」であり、詳細な調査検討と価値評価を行う必要があるものの、前述のことから次のような基本的な価値は明らかである。

(1)わが国における首都京都の発展の各段階を投影した都市構造を現在まで継承する中心市街地であり、条坊制街路を基盤に中世の辻子や近世の路地、近代街路網などの諸要素が現在の都市景観に反映されるとともに、都市・下京が醸成した伝統と文化、信仰に基づく寺院や町家群が独特の界隈を生みだす貴重な文化的景観である。

(2)杉本家住宅(重要文化財)などの町家群は山鉾町の文化的景観の重要な構成要素である。

おわりに

山鉾町の人々が国の「重要文化的景観」への道を歩むかどうかにかかわらず、町家を次の世代に伝える保全・再生の意義は決して小さくはない。それは町家が京都という都市・建築の縮図であり、また京に住まう人々の暮らしの歴史と文化を体現しているからである。

さらにいうなら、京町家の保全・再生は文化遺産の保存や歴史的風致、文化的景観の継承にとどまらない意味をもっている。京町家は、京都の中心となる最も大切な〝ところ〟、京都の最も奥深い大切な〝ところ〟であり、京都の〝こころ〟なのではなかろうか。

その京町家は新たな都市建築と都市景観を創造する可能性を秘めている、と私は思っている。

五、都市・建築史学と文化的景観

前の二節では京都という都市の文化的景観について事例検討を行ったが、今後、都市・建築史学が都市の〈文化的景観〉選定の動向と連携するとき、その果たすべき役割や課題はどのようなものになるであろうか。

1　都市・建築史学の発展――町並み・集落保存とのかかわりから

都市・建築史学という用語にはなじみがないにちがいない。ここでは都市史学と建築史学を足しあわせた学問領域、また「都市とその建築」を対象とする史学の分野を便宜的にこのように称していると考えておきたい。

それは建築学を基盤の一つとしているところに特徴があり、建築史学・考古学の西川幸治の主著『日本都市史研究』（日本放送出版協会、一九七二年）にみられるように、当初より「都市史」という用語を使っていた。一方、歴史学の分野ではかなり長い間、脇田晴子『日本中世都市論』（東京大学出版会、一九八一年）のように「都市論」を用いていたが、近年はそうではなくなり、「都市史」が使われることが多いようである。

以下では、建築史学の展開といってよい側面をもつ都市史の立場から、都市・建築史学の発展の経過をざっと概観することにしたい。

（1）戦後の復興・開発と民家・町並み・集落の消滅

庶民住居あるいは民家への関心は戦前から認められ調査もおこなわれているが、民家研究を飛躍させることになったのは、第二次世界大戦後の復興と経済成長にともなう国土乱開発であり、壊滅的状況に置かれた民家・町並み・集落の記録調査の必要性と遺構の保存への熱意であった。個別の民家の調査や集落のデザインサーヴェイが実施され、早くにすぐれた研究成果が現れた。

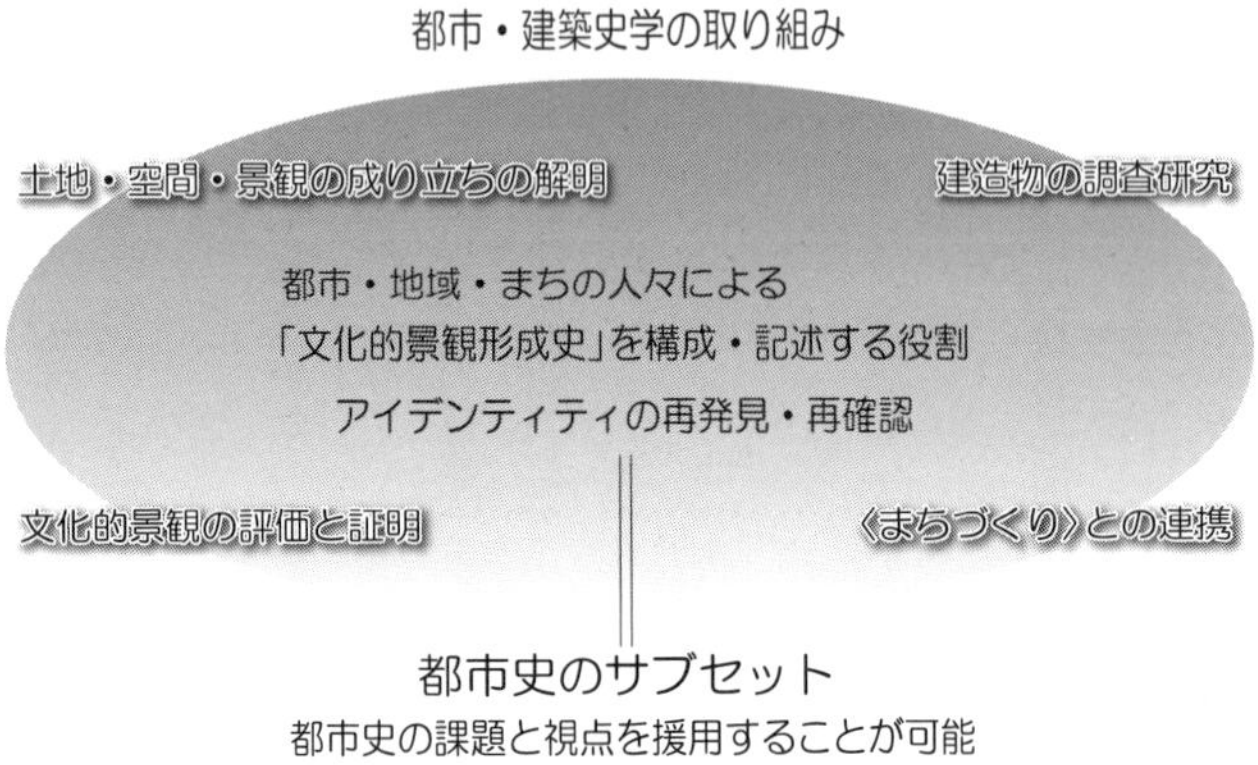
都市・建築史学の取り組み
土地・空間・景観の成り立ちの解明
建造物の調査研究
都市・地域・まちの人々による
「文化的景観形成史」を構成・記述する役割
アイデンティティの再発見・再確認
文化的景観の評価と証明
《まちづくり》との連携
都市史のサブセット
都市史の課題と視点を援用することが可能

図 178　本節の論点

・稲垣栄三「山村住居の成立根拠1・2・3」『建築史研究』一〇・一二・一五号、一九五二年十月、一九五三年三月、一九五四年三月、稲垣栄三『稲垣栄三著作集第三巻』（中央公論美術出版社、二〇〇七年）に再録。

・伊藤ていじ『民家は生きてきた』、美術出版社、一九六三年

・都市デザイン研究体『日本の都市空間』、彰国社、一九六八年（二〇〇七年第一八刷）

（2）民家遺構の歴史的研究のはじまり——高度成長期　一九六〇年代

この時期は民家が大量に破壊され、集落が大きく変貌を遂げたが、一方で研究方法に革新がもたらされた。復原調査と編年という新たな研究方法が確立されたことによって民家遺構を正しく歴史史料として利用することが可能になったのである。それは遺構に残された痕跡による復原とそれによる遺構の変遷過程の解明、すなわち民家遺構という史料の厳密な史料批判と解釈をおこない、さらに細部技法の変化に基づいて遺構の年代を推定するものであった。こうした方法によって従来の現状調査・把握に留まらざるをえなかった段階を克服し、歴史研究へ展開することになった。復原調査と編年という新たな武器を手に全国で民家緊急調査などが実施され、多数の調査報告書が刊行されて、中世末から近代初頭に至る民家の変遷過程について膨大な知識が獲得された。その一つの成果として数多くの民家遺構が重要文化財をはじめ地域の文化財に指定されている。そして民家保存の流れは単体の保存から集落保存、歴史的環境の保全へと進んでいくこ

とになる。

飛鳥や京都・奈良・鎌倉などの劇的な変容を目の当たりにして、一九六六年には古都保存法が制定された。〈歴史的風土〉ないし歴史的環境の大切さが社会的に認められるようになったといえよう。

・文化財保護委員会（監修）『民家のみかた調べかた』、第一法規出版、一九六七年。

（3）町並み・集落の保存、そして都市史研究へ——一九七〇年代〜

町並み・集落（伝統的建造物群）の面的保全が大きく前進したのはこの頃からであり、長野県中山道妻籠宿の保存運動（第一次妻籠宿保存事業一九六八年〜）はよく知られているが、各地で町並み・集落の調査と保存活動が展開されていた。それらの動きを背景に、一九七五年の文化財保護法の改正で「伝統的建造物群保存地区」制度が発足した。その後、伝統的建造物群保存地区の調査と保存活動が活発におこなわれ、重要伝統的建造物群保存地区の選定へ結実した。

町並み保存の様態には「凍結保存」（復原保存—妻籠宿）と「動態保存」（保存修景—東山八坂）があったことに留意してよいであろう。後者は地域の成り立ちや将来像をもとにつくられたガイドラインに沿ってファサード景観を保存修景することによって「京都らしさ」を維持・継承することを目標としており、文化的景観の考え方と共通する思想があると考えられる。

・西川幸治・高橋康夫ほか『東山八坂地区における歴史的環境の保全修景計画』、京都市都市開発局、一九七二年
・西川幸治『都市の思想　保存修景への指標』、日本放送出版協会、一九七三年
・稲垣栄三『稲垣栄三著作集　第七巻　歴史的環境保存論』、中央公論美術出版社、二〇〇九年

一方、しだいに民家単体の復原調査研究から町並み・集落、そして重要伝統的建造物群保存地区選定のための調査などに軸足が移るにつれて、歴史的環境の物理的・空間的な把握を中心とした集落・地域・都市の歴史的研究へ発展していった。建築類型学（タイポロジー）の導入、ある時代、ある場所についての「分節把握」から集落・地域・都市全体の通時的な「総体把握」へ、さらに「都市史」への展開が注目される。

・稲垣栄三ほか『竹原――竹原市伝統的建造物群調査報告書』、竹原市、一九七九年（一九六七年調査開始）

（4）都市・建築史学の発展――一九八〇年代～

都市・建築史学の基底には民家や町並み・集落の調査研究で培われた方法や思想がある。研究と保存活動が一体的であること、復原研究を固有の方法とすることなどその現れであろうし、さらに土地と建築・景観・空間、空間と社会、自然など地域形成にかかわる歴史的・構造的な視点を継承している。逆に都市史の成果が町並み・集落の調査研究に多大な影響を与えるようにもなっている。

この時期以降の都市・建築史学の大きな発展は歴史学・地理学・考古学などとの学際的な共同研究によってもたらされたといってよいであろう。そうした成果の例として次のようなものがあげられる。

・玉井哲雄『江戸町人地に関する研究』（近世風俗研究会、一九七七年）
・髙橋康夫『京都中世都市史研究』（思文閣出版、一九八三年）
・伊藤毅『近世大坂成立史論』（生活史研究所、一九八七年）
・髙橋康夫・吉田伸之編『日本都市史入門』全三巻（Ⅰ・空間、Ⅱ・町、Ⅲ・人）、（東京大学出版会、一九八九年・一九九〇年・一九九〇年）
・伊藤裕久『中世集落の空間構造』（生活史研究所、一九九二年）
・髙橋康夫・吉田伸之・宮本雅明・伊藤毅編『図集　日本都市史』（東京大学出版会、一九九三年）

『図集　日本都市史』は空間的にみた日本都市史の大きな枠組として、〈境内〉と〈町〉という都市空間形成の理念型を提示し、〈境内〉と〈町〉の多様な様相――発生・展開・複合・解体・再編・移動・純化など――に注目して、日本都市史の叙述を試みた。多くの点で対照的な空間的特質をもつ〈境内〉と〈町〉を軸にした通史は、都市・建築史学の固有の成果といってよいのではないかと思う。

二〇〇〇年代になって現れた著作は、都市・建築史学が一定の成熟を遂げたことを示していると考えられるし、各地の町並み・集落の調査・保存事業にともなう成果の集大成ともみることができる。また町家（あるいは建築遺産）への社会的関心のたかまりからその保全・修復・再生が広く流行・普及してきたこと、〈景観まちづくり〉など〈まちづくり〉が全国各地でおこなわれる社会動向も反映していよう。

・高橋康夫『京町家・千年のあゆみ――京都にいきづく住まいの原型』（学芸出版社、二〇〇一年）
・高橋康夫・中川理編著『京・まちづくり史』、昭和堂出版、二〇〇三年
・伊藤裕久『近世都市空間の原景――村・館・市・宿・寺・社と町場の空間形成』（中央公論美術出版社、二〇〇三年）
・伊藤毅『都市の空間史』（吉川弘文館、二〇〇三年）
・宮本雅明『都市空間の近世史研究』（中央公論美術出版社、二〇〇五年）

二〇〇四年には景観法の制定と文化財保護法の改正（文化的景観保護制度の新設）、二〇〇八年には歴史まちづくり法の制定などがあって、都市・建築史学は従来の都市・建築遺産の保存のみならず、〈まちづくり〉ともより密接にかかわるようになっている。近年関心が寄せられる都市の文化的景観は、伝統的建造物群保存地区とは異なり、都市・建築史学の研究と実践活動のなかから生まれたものではないが、都市・建築史学にかかわる研究者は都市史研究の枠組と方法そして伝統的建造物群保存地区調査と保存の経験から自然に対応できる分野であるし、貢献できる可能性が少なからずあると考えられる。

2　都市・建築史学と文化的景観――ケーススタディ

都市・建築史学研究者は「都市の文化的景観」の何に取り組むのか。都市・建築史学の得意分野として文化的景観の重要な構成要素である土地・空間・景観の成り立ち（歴史と構造）の解明や建造物の調査研究、文化的景観の価値の評価と証明、〈まちづくり〉との連携などをあげることができよう。

しかし、そうしたことと同時に都市の文化的景観調査の中核をなす課題の解明にも参加することが求められるであろう。それは、〈都市・地域・まち〉の人びとが、〈都市・地域・まち〉を包み込む自然のなかで、いつ、なぜ、どのようにして、固有の文化的景観を形成してきたのか、という大きな課題である。いいかえれば、「文化的景観形成史」を構成、記述する役割を担う必要があろう。

ここでは、都市・建築史学の立場から都市の文化的景観に取り組んだ、筆者の初めてのささやかな体験二例を紹介したい。「京都のなかの岡崎――都市史の立場から」[1]（本章第三節）は京都・岡崎の文化的景観調査検討委員会のメンバーとして、「京町家とまちづくり――祇園祭山鉾町の〈文化的景観〉をめぐって[2]――」（本章第四節）は京都・祇園祭山鉾町の文化的景観が持続されることに個人的な期待を込めて、文化的景観の特質の一端を記述したものである。

3　都市・建築史学と文化的景観――課題

（1）岡崎と山鉾町の文化的景観について

京都の岡崎そして山鉾町の文化的景観について何をどのように記述したのか。この点についてあらためて省みてみたい。

都市・建築史学の立場から、場所性・重層性・象徴性を基軸として都市の「細部」とその変化を見直し（「分節把握」）、それを通して都市の「全体像」や「骨格」、特質を把握することに努め（「総体把握」）、結論的に岡崎を「景勝ヒンターランド（後背地）」、山鉾町を「中心市街地」と捉えた。それは〈都市・地域・まち〉の文化的景観の顕著な特性あるいはイメージを抽出してそれに適切な名付けをすること、アイデンティティ（固有性・個性）を把握すること、端的に「このようなところ」と理解することが重要と考えたからである。結果的に「ヒンターランド（後背地）」や「中心市街地」など地理学の用語を援用・流用している（せざるを得ない）ことは、今の都市史学に都市性を語る適切な用語がないことを示しているのかもしれない。

岡崎＝景勝ヒンターランド（後背地）、そして山鉾町＝中心市街地と位置づけようとする視点は、〈中心と周縁〉から京都を理解しようとする視点と言いかえてもよいであろう。こうした視点は、京都をいくつかの地域に分けて個々に文化的景観を評価しようとする現実的な動向に起因するともみえようが、京都の歴史的特性から自ずと導かれ、採られたものである。すなわち平安京・京都が「京中京外」、「洛中洛外」、「京・白川」、「洛中・大宿直」、「京中・嵯峨」、「京・伏見」などと呼ばれたように歴史的に複合的な構造を有しているからである。とはいえ、あえて強調するまでもなく歴史都市京都を一体的・統合的な不可分の文化的景観と捉える姿勢を根底に持ち続けなければ、京都の理解を誤ることになろう。

ところで、京都でなくとも、〈都市・地域・まち〉が自然を含めた周囲の環境と関係をもつこと、また機能や社会構成に即して分節されていることは自明であろうから、〈中心と周縁〉から「関係構造」や「分節構造」を分析することは基本的な方法の一つではないかと思われる。

〈都市・地域・まち〉が生まれ、成長し、変化しながら、個性を獲得したり、失ったり、自ら創りだしたりしていくありさまがそのアイデンティティとするならば、端的に「このようなところ」と捉えるのみならず、それを核心として固有性・個性の生成と変化の姿を読み解いて、文化的景観の継承やまちづくりなど現代の視点から景観形成史を叙述することが大切であることはいうまでもない。

（2）「都市史」と「景観形成史」

「都市史」と「景観形成史」のかかわりについて述べる前に、都市・建築史学の私の立場から都市史や都市・集落、景観などの用語について私見を整理しておこう。

都市・集落は自然と人と社会によって土地に形づくられた環境である（第一次産業の農山漁村集落と、第二次産業などの都市に分けられる）。そのような環境の物的・可視的な一面が景観であり、視覚・聴覚など五感で捉えられる環境と考えてよい。これは一般的な定義の一つであろう。景観が自然的（風土的）・歴史的・文化的な所産であることはいうまでもない。

都市史は都市を対象とする学術（歴史学・建築学など）の一領域であり、都市は研究対象であると同時に豊かな情報を内包する資料・史料であり、未来へ継承・保全すべき文化遺産（資源）であることもある。都市・建築史学の研究者にとっては可視的・物的な都市・建築、空間や景観などが研究の基底にあり、そこから機能や構造、インフラ、生活・生業、社会、産業、象徴、イメージ、イデア、社会＝空間構造、文化＝空間構造などに視野や課題が拡がっていく[3]。集落・町並みなど歴史都市の研究から都市の歴史的研究への展開、またその逆に都市史から集落・町並みの研究への展開が少なくないのは当然であるといえよう。さらに場所・建築は記憶や〝こころ〟と深く結びついており、都市史は土地の記憶を回復する営みであるということも、都市・建築史学研究者の共通の認識となっていて、集落・町並み保存や景観まちづくり、歴史まちづくりなどの活動の原動力となっているのではなかろうか。

ところで、「景観」が深く関わるいくつかの法律、つまり古都保存法・文化財保護法（伝統的建造物群・文化的景観）・景観法・歴史まちづくり法においてそれがどのように扱われているかをみると、景観法も文化財保護法も景観を明確に定義していない（「環境」という言葉についても同様である）。しかし、相互に複雑に絡み合う法文からあえて重要なキーワードを拾い出し、さらに近年の動向そして法の趣旨を憶測して最大公約数的にまとめると、表25のようになろ

表25　歴史・景観まちづくりに関わる法とその中心概念

古都保存法 1966年	**〈歴史的風土〉**：わが国の歴史上意義を有する建造物、遺跡などが周囲の自然的環境と一体をなして古都における伝統と文化を具現し、及び形成している土地の状況。
文化財保護法 1975年改正	**〈伝統的建造物群〉**：周囲の環境と一体をなして歴史的風致を形成している伝統的な建造物群で価値の高いもの。 **〈伝統的建造物群保存地区〉**：「伝統的建造物群およびこれと一体をなしてその価値を形成している環境を保存するため」に決定される地区。
景観法 2004年	**〈良好な景観〉**：①地域の自然、歴史、文化等と人々の生活、経済活動等との調和により形成される、②地域の固有の特性と密接に関連する、③観光その他の地域間の交流の促進に大きな役割を担う。
文化財保護法 2004年改正	**〈文化的景観〉**：地域における人々の生活又は生業及び当該地域の風土により形成された景観地で我が国民の生活又は生業の理解のため欠くことのできないもの。
歴史まちづくり法 2008年	**〈歴史的風致〉**：地域におけるその固有の歴史及び伝統を反映した人々の活動とその活動が行われる歴史上価値の高い建造物及びその周辺の市街地とが一体となって形成してきた良好な市街地の環境。

う。ここで「地域」ないし「地域における人々」を重視する現代的な潮流が「景観」などをめぐる動きの背景にあることは強調するまでもないであろう。

景観とは〈自然・風土〉・〈歴史・伝統・文化〉・〈人びとの活動（生活・生業）〉・〈伝統的建造物と周辺市街地〉・〈遺跡〉などが一体となって形成している〈環境〉の表出のうち、可視的（フィジカル）な一面である。

景観は、良好な景観と良好ではない景観、歴史性の豊かな「伝統景観」と創出されてまもない「現代景観」などに分けることもできようが、文化的景観というとき、ほとんどは良好な景観、「伝統景観」を指しているといってよい。「伝統的建造物群保存地区」はある意味で「伝統景観」の特別なケースとみることができる。一方、歴史都市はその構成要素の一部（豊かな自然や歴史的町並みなど）が文化遺産であるのみならず、それらを内包し、将来に持続し続ける都市そのものが文化遺産である、すなわち「都市遺産」であると考えるとき、都市全体のなかで「伝統景観」のありようを考える意義は増大し、「伝統景観」と「現代景観」の共存、そのための調整が重要な課題となろう（「歴史的都市景観」）。さらに二十一世紀以降における居住空間としての都市の重要性を思えば、将来にわたって持続する歴史都市としてその総体を眺める視点が不可欠であることは繰り返すまでもないであろう。都市の歴史的特性の追求はその根幹をなすということができよう。「伝統景観」とされる景観が近代という一時代の所産である事例はしばしば見られるが、いっそう深く歴史的特性を掘り起こし、豊かで多彩な「伝統」＝アイデンティティを再発見ないし再確認する必要があるのではないか。都市・建築史学が文化的景観とかかわるとき、その現代的な意味や意義はこのようなものであると考える。

〈都市・地域・まち〉における「伝統景観」の成り立ちを読み解く文化的景観形成史は、焦点を絞り込んだ都市史、すなわち都市史のサブセットということもできよう。したがってその課題と方法の多くは都市史のそれと共通し、援用することができるはずである。前掲の『日本都市史入門』や『図集　日本都市史』、『都市空間の近世史研究』などはある意味でその基礎を提供するものであろうし、二〇一〇年刊行の吉田伸之・伊藤毅『伝統都市』全四巻（東京大学出版会）は近年の都市史研究の到達点をよく示しており、景観についてはとくに都市・建築史学研究者の論考が参考になる。(4) また宮本雅明の遺作となった『都市遺産の保存研究』（中央公論美術出版社、二〇一二年）は伝統的建造物群保存地区を対象とした調査報告の集成とその総括であるが、宮本のフレームは文化的景観を捉える一つのモデルとなりうるうえに、都市遺産をも視野に収めている。

おわりに

都市・建築史学の文化的景観への取り組みはむろんのこと、都市の文化的景観への取り組み自体まだ始まったばかりである。都市・建築史学の果たす役割は小さくないであろうし、それによって都市・建築史学にもたらされる実りは大きいものがあると期待している。

注

（1）奈良文化財研究所編『京都岡崎の文化的景観』、京都市、二〇一三年三月、本章第三節。

（2）髙橋康夫「京町家とまちづくり――祇園祭山鉾町の〈文化的景観〉をめぐって――」、日本民俗建築学会公開シンポジウム資料集、二〇一一年十月、本章第四節。

（3）髙橋康夫・吉田伸之編『日本都市史入門』全三巻（東京大学出版会、一九八九年・一九九〇年・一九九〇年）、吉田伸之・伊藤毅『伝統都市』全四巻（東京大学出版会、二〇一〇年）。

（4）『年報都市史研究』一九号（二〇一二年三月）は『伝統都市』全4巻についての特集が組まれ、筆者の「『伝統都市』全四巻を読む」も掲載されている。

あとがき

懸案であった論文集の出版について具体的な作業をはじめたのは、京都大学を定年退職し、花園大学に勤務して二年あまり経ち、ようやく自分の仕事をまとめる時間の余裕ができてきた二〇一二年一〇月のことであった。ただ、当初の案から大幅に内容・構成を組み変え、主題も改めたため、翌二〇一三年四月になってほぼ草稿がまとまった。

その後、出版会編集長鈴木哲也さんや編集担当の永野祥子さんと協議を重ね、少なからぬ課題と期待に懸命に対応しつつ、学術書（論文集）でありながら一般読者も読むことができるような本をめざして改稿を続けた（研究の結果を一冊の著書として公刊するにあたってとうぜん必要な修正などの作業はいうまでもない）。各部冒頭に議論の枠組を図示し、さらに章の最初のところに「本章の論点」をグラフィカルに示したのは、少しでも読みやすくなるようにという出版会の配慮の一つである。また再編と統合の副作用（反作用）として新たに論文を執筆、追加せざるをえないことにもなった。結局、図版や写真なども含め最終原稿が完成したのはほぼ一年が経過した二〇一四年四月のことであった。

そうして十月になって手元に届いた初校ゲラは、予想をはるかにこえる厚さと重さがあり、校正作業の苦手な私は呆然とするほかなかった。それがさらに再校、三校と続いた。自分が望んだこととはいえ、たいへんな仕事を背負い込んだという思いが何度も去来したが、出せるかぎりの力を注いだ（と思う）。今、あとがきも書けそうにないという疲労感とともに、「本」をつくったという久しぶりの充実感、そして当初の案よりもはるかに良い内容の「本」、四半世紀に及ぶ研究の集大成ともいうべき「本」ができあがったのではないかという達成感ももつことができた。

私が琉球の研究を本格的に行うようになったのは二〇〇〇年のころからであろうか。その数年前に初めて沖縄の地を歩き、首里や那覇、各地のグスクなどの史跡、文化財建造物をみたのであるが、沖縄の青い空と海、歴史と文化、食と酒（泡盛・古酒）、音楽（島唄）などに強烈に惹かれたことが琉球研究の大きな原動力になったといってよい。とくに古琉球期（中世）の都市の歴史と文化、自然との関係をテーマとして研究を進めたが、おのずと東アジア中世の時空のなかで琉球と日本、明、朝鮮の交流を考えるようになり、その後の研究テーマが時間的にも空間的にも大きく展開することにつながった。

一方、文化遺産の保存・継承や「景観まちづくり」、「歴史まちづくり」、都市の「文化的景観」の選定、世界文化遺産登録などに向けた実践的な取り組みなどにかかわる機会が増えてきたのも二十一世紀に入ったころからであった。同じ時期に琉球という異文化を多少とも理解しようと力を尽くした経験、またアジアやヨーロッパの中世都市をいくつか視察することができた体験とがあわさって、視野も少しは広がったのではないかと思う。

本書を刊行できたのは、研究書や学術論文からの学恩をはじめ、日本学術振興会科学研究費補助金の多大な助成、さらに多くの方々からさまざまなかたちでいただいたご教示やご支援、叱咤激励などの賜物であり、心より感謝の気持を表したい。とくに労作の図を掲載させていただいた梶川敏夫氏（前京都市埋蔵文化財研究所次長・京都市考古資料館館長）と河角龍典氏（立命館大学教授）、資料の閲覧や図版の掲載・転載を許諾された国内外の図書館・博物館・出版社などの関係各位にお礼を申しあげる。出版会の鈴木哲也さんと永野祥子さんからいただいた数々の適切なご提案は、私にとってまことにありがたいことであった。あらためて謝意を表したい。花園大学文学部文化遺産学科の新旧二人の助手、青江智洋氏（現在は京都府立山城郷土資料館技師）と伊ヶ崎鷹彦氏には筆者の研究活動や本書の作業にあたって多くのご協力をいただいた。お礼を申しあげたい。

私事にわたるが、妻の晶子そして篤史と三起子、里沙と秀爾にも感謝している。家族のおかげで本書を構想し一冊の本に仕上げる気力や体力を持続することができた。

二〇一五年四月　京都　　髙橋　康夫

付記

あとがきを書き終わってまもないこの十四日、ともに沖縄の調査、研究をした河角龍典氏の訃報に接した。本書第一部第十章「浮島「那覇」の造営と地域形成」は、氏の那覇研究と対をなすものであった。古琉球の自然地理学的研究のさらなる成果を待ち望んでいたのに、それもかなわぬこととなった。まことに残念でならない。河角龍典氏のご冥福をお祈り申し上げる。

初出一覧

本書のもとになった論文などの初出は、以下のとおりである。

序　章

一　「本書の概要」（新稿）一部は、「日本都市史のなかの平泉」（基調講演）、『平成25年度「平泉」の拡張に係る研究集会講演・報告資料集』（一関文化センター、二〇一三年一一月二三日）

二　“Capitals in Medieval East Asia,” Proceedings of the International Conference on East Asian Architectural Culture, Kyoto, 2006, Discussions Panels Executive Committee of the International Conference on East Asian Architectural Culture, Kyoto 2006, 2006.12（日本語タイトルは「東アジア中世の「京都」」）

三　「日本の中世都市像」、日本建築学会都市史小委員会主催シンポジウム「歴史都市の古代と中世」、日本建築学会建築会館ホール、二〇〇五年一二月二一日

コラム１　「公界――道を中心に」、高橋康夫・吉田伸之編『日本都市史入門　Ⅰ　空間』、東京大学出版会、一九八九年

コラム２　「京都の空間構造」、『思想』八二九、一九九三年七月

第一部

第一章　「室町期京都の空間構造と社会」、『日本史研究』四三六号、一九九八年一二月

コラム3　「寄合と雑談の建築」、『花の御所と日野富子』、NHK出版、一九九四年四月
第二章　「日本中世の「王都」」、『年報都市史研究　七　首都性』、山川出版社、一九九九年一〇月
コラム4　「日本都市史のなかの平泉」、『平成25年度「平泉」の拡張に係る研究集会講演・報告資料集』（一関文化センター、二〇一三年一一月）
第三章　「室町期京都の都市空間――室町殿と相国寺と土御門内裏――」、『政権都市――中世都市研究　九』、新人物往来社、二〇〇四年九月
第四章　「描かれた京都――上杉本洛中洛外図屏風の室町殿をめぐって――」、『中世のなかの「京都」――中世都市研究一二』、新人物往来社、二〇〇六年九月
第五章　「織田信長と京の城」、日本史研究会編『豊臣秀吉と京都――聚楽第・御土居と伏見城』、文理閣、二〇〇一年一二月
第六章　豊臣秀吉の「王都」（新稿）
第七章　「前近代の京・まちづくり史」、髙橋康夫・中川　理編著『京・まちづくり史』、昭和堂出版、二〇〇三年七月
小論1　「京の通り名」、髙橋康夫・中川　理編著『京・まちづくり史』、昭和堂出版、二〇〇三年七月
コラム5　「京都・四条綾小路」、髙橋康夫・吉田伸之編『日本都市史入門　Ⅱ　町』、東京大学出版会、一九九〇年二月
第八章　「中世都市空間の様相と特質」、髙橋康夫・吉田伸之編『日本都市史入門　Ⅰ　空間』、東京大学出版会、一九八九年一一月

コラム６　「京都・六角町――マチからチョウへ」、髙橋康夫・吉田伸之編『日本都市史入門　Ⅱ　町』、東京大学出版会、一九九〇年二月

コラム７　「扇座」、髙橋康夫・吉田伸之編『日本都市史入門　Ⅱ　町』、東京大学出版会、一九九〇年二月

コラム８　「茶屋――町衆文化の一断面」、髙橋康夫・吉田伸之編『日本都市史入門　Ⅱ　町』、東京大学出版会、一九九〇年二月

第九章　「古琉球の環境文化――禅宗寺院とその境致――」、『都市・建築・歴史　四　中世の文化と場』、東京大学出版会、二〇〇六年五月（原稿は二〇〇一年一一月提出）

第一〇章　「古琉球期における「浮島」那覇の造営と地域形成」、『年報都市史研究』二〇号、二〇一三年三月

第一一章　「古琉球期那覇の三つの天妃宮――成立と展開、立地をめぐって――」、『沖縄文化研究』三六、四九～九九頁、二〇一〇年三月

第一二章　「古琉球の波上権現護国寺について」、『沖縄文化』第四四巻一号（一〇七）、二〇一〇年七月

付論　「補陀落渡海僧日秀上人と琉球――史書が創った日秀伝説――」、『沖縄文化研究』三七、二〇一一年三月

第一部「おわりに」「日本都市史のなかの平泉」、『平成25年度「平泉」の拡張に係る研究集会講演・報告資料集』（一関文化センター、二〇一三年一一月）

第二部

第一章　「京都と山並み――居住環境史の一素描」、髙橋康夫・宮本雅明・伊藤毅・吉田伸之編『図集・日本都市史』、東京大学出版会、一九九三年九月

第二章 「都市と名所の形成――京都を素材として」、『季刊 自然と文化』二七（一九九〇新春号）、一九八九年一二月
第三章 「京町家の庭」、『国際交流』第九三号、国際交流基金、二〇〇一年一〇月
第四章 「中世日本の環境都市――京都を素材として――」、小林正美編『木造都市の設計技術』、コロナ社、二〇〇三年八月
第五章 「慶長大地震と京都・伏見」、『阪神・淡路大震災と歴史的建造物』、思文閣出版、一九九八年二月
第六章 「平安京・京都と危機」（新稿）
第七章 「古琉球の環境文化――禅宗寺院とその境致――」、『都市・建築・歴史 四 中世の文化と場』、東京大学出版会、二〇〇六年五月（原稿は二〇〇一年一一月提出）
第八章 「琉球の八景について」、『建築史学』第四二号、二〇〇四年三月
第九章 「琉球の東苑について」、『年報都市史研究』第一一号、二〇〇三年一一月
第一〇章 「同楽苑とその八景」、『建築史学』第四二号、二〇〇四年三月
第一一章 「胡靖『琉球記』にみる首里・那覇の風景」、二〇〇三年七月二五日、Symposium on Socio-spatial Structures and Typology of Traditional Cities, 23 July 2003–25 July 2003. Venue: The teaching room at the Kaetsu Educational and Cultural Centre, New Hall, Huntington Road, Cambridge, CB3 0DF

第三部

プロローグ 「総説（日本都市史）」（髙橋康夫執筆分担分）、髙橋康夫・宮本雅明・伊藤毅・吉田伸之編『図集・日本都市

史』、東京大学出版会、一九九三年九月

第一章〜第六章　「（中世の）住まい・都市・集落」、『新建築学大系』、彰国社、一九九九年一〇月

小論2　「室町幕府将軍御所の壇所——雑談の場として」、『Traverse』創刊号、二〇〇〇年六月

小論3　「聚楽第と唐獅子図屛風」（新稿）。内容は日本文化美術研究会（京都ブライトンホテル、二〇一一年二月二一日）において発表。

結　章

一　「まちづくり史とは」、髙橋康夫・中川　理編著『京・まちづくり史』、昭和堂出版、二〇〇三年七月

二　「京都らしい都市景観」、日本建築学会京都の景観特別研究委員会第二回京都の都市景観シンポジウム資料集『京都らしい都市景観とは何か——景観の特徴とそのコントロールをめぐって』、一九九九年一一月

三　「京都のなかの岡崎」、奈良文化財研究所編『京都岡崎の文化的景観』、京都市、二〇一三年三月

四　「京町家とまちづくり——祇園祭山鉾町の〈文化的景観〉をめぐって——」、日本民俗建築学会公開シンポジウム資料集、二〇一一年一〇月

五　「都市・建築史学と文化的景観」、『文化的景観研究集会（第4回）報告書』（奈良文化財研究所研究報告　第一〇冊）、奈良文化財研究所、二〇一二年一二月

写真 17　仲島の大石（久米村の風水にかかわる石「文筆峰」、かつては海中にあった。沖縄県指定史跡・天然記念物）
写真 18　上天妃宮石門（近代初頭に立地していた場所に残る）
写真 19　波上にある天尊殿と天妃宮
写真 20　琉球石灰岩の上に鎮座する波上宮
写真 21　沖宮本殿（旧地を離れ、今は奥武山公園にある）
写真 22　金武観音寺
写真 23　金剛嶺碑
写真 24　京町家の前庭
写真 25　鴨川
写真 26　円覚寺総門と放生池、放生橋（1498 年、重要文化財）
写真 27　天女橋（1502 年、重要文化財）・弁才天堂・円鑑池
写真 28　円鑑池（手前）から龍潭（奥）を望む
写真 29　末吉宮（史跡、磴道は県指定文化財）
写真 30　三重城（「臨海潮声」）
写真 31　波上宮（「筍崖夕照」）
写真 32　龍潭から首里城を望む
写真 33　識名園（南苑）
写真 34　東苑跡（首里カトリック教会）
写真 35　石獅子（かつて東苑にあった「石洞獅蹲」の獅子）
写真 36　鎌倉の都市軸若宮大路、二の鳥居と段葛
写真 37　東求堂
写真 38　観音殿（銀閣）
写真 39　一乗谷朝倉氏遺跡の町並み（復元）
写真 40　一乗谷朝倉氏遺跡の武家屋敷の並ぶ通り（復元）
写真 41　博多・聖福寺
写真 42　岡崎の景観・琵琶湖疏水
写真 43　平安神宮（重要文化財）
写真 44　膏薬辻子（こうやくのずし）の町並み
写真 45　祇園祭の頃の京町家
写真 46　祇園祭　鉾建てと町家
写真 47　杉本家住宅（重要文化財）の外観

図 165　本節の論点　　二　京都らしい都市景観とその継承
図 166　本節の論点　　三　京都・岡崎の文化的景観
図 167　法勝寺周辺（梶川敏夫氏作成）
図 168　六勝寺と白河殿
図 169　戦国期の岡崎（上杉本洛中洛外図屏風）（米沢市上杉博物館所蔵）
図 170　慶応 4 年（1868）における岡崎地区の復原案（京都市『京都の歴史　7　維新の激動』（学芸書林、1974 年）付図より、京都市歴史資料館の許可をえて転載）
図 171　明治 22 年（1889）の岡崎（大日本帝国陸地測量部二万分一地形図「京都」）
図 172　本節の論点　　京都・祇園祭山鉾町の文化的景観
図 173　山鉾町の中核地域（四条室町周辺、上杉本洛中洛外図屏風）（米沢市上杉博物館所蔵）
図 174　近世初頭の山鉾巡行（林原美術館本洛中洛外図屏風）（（財）林原美術館所蔵）
図 175　六角堂（上杉本洛中洛外図屏風）（米沢市上杉博物館所蔵）
図 176　「表造り」の町家正面図（田中家所蔵）
図 177　「表造り」の町家平面図と空間構造（田中家所蔵）
図 178　本節の論点　　都市・建築史学と文化的景観

写真 1　都市壁で囲われたヨーロッパ中世都市（スペイン、アビラ）
写真 2　都市壁で囲われたヨーロッパ中世都市（イギリス、ヨーク）
写真 3　南京の都市壁
写真 4　町小路周辺の景観（中世四条町復元模型）（模型は京都市景観まちづくりセンター「京のまちかど」）
写真 5　相国寺境内
写真 6　平安京復元模型（模型は京都市歴史資料館所蔵、京都市平安京創生館展示）
写真 7　四条町の景観（中世四条町復元模型）（模型は京都市景観まちづくりセンター「京のまちかど」）
写真 8　首里城正殿と御庭
写真 9　龍潭（人工の池）
写真 10　首里城正殿にかけられた万国津梁の鐘（複製）
写真 11　旧崇元寺石門および石牆（1527 年以前、重要文化財）
写真 12　円覚寺跡　総門を望む
写真 13　第二尚氏王統の墓、玉陵（1501 年、重要文化財）
写真 14　園比屋武御嶽（そのひやんうたぎ）石門（1519 年、重要文化財）
写真 15　明治橋からみる那覇港と御物グスク（城）
写真 16　波上の波上宮（左）と護国寺（中）と天尊廟（右）

図 143　醍醐寺門跡里御所法身院指図（太田博太郎『日本住宅史の研究』（岩波書店、1984 年）157 頁、図 76）
図 144　仁和寺常瑜伽院指図（『日本建築史図集』新訂第一版（彰国社、1980 年）56 頁、図 4）
図 145　後小松院御所会所（川上貢『日本中世住宅の研究』（墨水書房、1967 年）190 頁、第 68 図）
図 146　東求堂平面図（『日本建築史図集』新訂第一版（彰国社、1980 年）57 頁、図 3、5）
図 147　戦国期の京都（高橋康夫『洛中洛外――環境文化の中世史』（平凡社、1988 年）23 頁）
図 148　大乗院門跡郷地図（高橋康夫『京都中世都市史研究』（思文閣、1983 年）32 頁、第 4 図）
図 149　禅定院会所指図（川上貢『日本中世住宅の研究』（墨水書房、1967 年）358 頁、第 107 図）
図 150　仏地院主殿（『日本建築史図集』新訂第一版（彰国社、1980 年）57 頁、図 4）
図 151　細川高国邸兵庫の間（『茶道聚錦　七』（小学館、1984 年）75 頁、図 24）
図 152　三好義長邸御成御殿（『茶道聚錦　七』（小学館、1984 年）75 頁、図 25）
図 153　『烏鼠集』より座敷図（『茶道聚錦　七』（小学館、1984 年）62 頁、図 12）
図 154　琳阿弥宅推定復原図（伊藤鄭爾『中世住居史――封建住居の成立』（東京大学出版会、1958 年）140 頁、第 21・22 図）
図 155　一乗谷朝倉氏遺跡赤渕・奥間野地区（高橋康夫・吉田伸之・宮本雅明・伊藤毅編『図集　日本都市史』（東京大学出版会、1993 年）127 頁、図 4）
図 156　一乗谷朝倉氏遺跡の町家復元図（『日本建築史図集』新訂第三版（彰国社、2011 年）64 頁、図 5）
図 157　一乗谷朝倉館復原図（『戦国城下町一乗谷を歩く――発掘調査と環境整備のあゆみ』（福井県立一乗谷朝倉氏遺跡資料館、2011 年）69 頁）
図 158　聚楽第の景観（聚楽第図屏風）（三井記念美術館所蔵）
図 159　聚楽第の景観（御所参内・聚楽第行幸図屏風）（小林英好氏所蔵、上越市博物館の「御所参内・聚楽第行幸図屏風」パンフレット）
図 160　「京聚楽」（聚楽第大広間）指図（大熊喜邦「豊公聚楽第の大広間」（『建築史』第二巻一号、1940 年））
図 161　狩野永徳「唐獅子図屏風」（宮内庁三の丸尚蔵館所蔵）
図 162　「主殿」と光浄院客殿と聚楽第大広間の比較
図 163　二条城大広間と聚楽第大広間の比較
図 164　本節の論点　　一「まちづくり史」とは

図 122　土御門内裏の小御所（川上貢『日本中世住宅の研究』（墨水書房、1967 年）167 頁、第 59 図）
図 123　押板（『慕帰絵詞』）と書院（『法然上人絵伝』）（『日本建築史図集』新訂第一版（彰国社、1980 年）59 頁、図 3・5）
図 124　今小路西遺跡（高橋康夫・吉田伸之・宮本雅明・伊藤毅編『図集　日本都市史』（東京大学出版会、1993 年）72 頁、図 1）
図 125　源時国の屋敷（法然の実家）（『日本建築史図集』新訂第一版（彰国社、1980 年）56 頁、図 2）
図 126　大井太郎の屋敷（『日本建築史図集』新訂第三版（彰国社、2011 年））
図 127　新見荘名主谷内屋敷指図（『週間朝日百科　日本の歴史　2』4–66 頁）
図 128　地頭方政所主屋台所推定平面図（『週間朝日百科　日本の歴史　2』4–66 頁）
図 129　東福寺龍吟庵方丈（『日本建築史図集』新訂第一版（彰国社、1980 年）60 頁、図 5）
図 130　宝徳 4 年（1452）の土御門四丁町（高橋康夫・吉田伸之・宮本雅明・伊藤毅編『図集　日本都市史』（東京大学出版会、1993 年）89 頁、図 5）
図 131　室町時代の京都（高橋康夫『洛中洛外——環境文化の中世史』（平凡社、1988 年）22 頁、図 1）
図 132　北山殿寝殿（川上貢『日本中世住宅の研究』（墨水書房、1967 年）352 頁、第 99 図）
図 133　北山殿小御所（川上貢『日本中世住宅の研究』（墨水書房、1967 年）357 頁、第 105 図）
図 134　北山殿観音殿復原立面図（復元考証：宮上茂隆）（宮上茂隆「足利将軍第の建築文化」（『金閣寺・銀閣寺』、新潮社、1992 年）107 頁）
図 135　義教室町殿晴向き施設配置図（『日本建築史図集』57 頁、図 1）
図 136　義教室町殿寝殿（川上貢『日本中世住宅の研究』（墨水書房、1967 年）352 頁、第 100 図）
図 137　室町殿南向き会所（『茶道聚錦　七』（小学館、1984 年）78 頁、図 38）
図 138　室町殿泉殿（北向き会所）（『茶道聚錦　七』（小学館、1984 年）53 頁、図 5）
図 139　室町殿新造会所（『茶道聚錦　七』（小学館、1984 年）54 頁、図 6）
図 140　東山殿常御所（川上貢『日本中世住宅の研究』（墨水書房、1967 年）358 頁、第 106 図）
図 141　東山殿会所（川上貢『日本中世住宅の研究』（墨水書房、1967 年）270 頁、第 80 図）
図 142　伏見宮御所（川上貢『日本中世住宅の研究』（墨水書房、1967 年）114 頁、第 39 図）

第三部扉　下京の中心市街（上杉本洛中洛外図屛風）（米沢市上杉博物館所蔵）
図 102　第三部の構成
図 103　日本中世の居住環境　模式図
図 104　宅地割変遷図（高橋康夫・吉田伸之・宮本雅明・伊藤毅編『図集　日本都市史』（東京大学出版会、1993 年）66 頁、図 2）
図 105　町の変遷模式図（高橋康夫・吉田伸之・宮本雅明・伊藤毅編『図集　日本都市史』（東京大学出版会、1993 年）89 頁、図 7・8）
図 106　東大寺楞伽院敷地の変遷（高橋康夫・吉田伸之・宮本雅明・伊藤毅編『図集　日本都市史』（東京大学出版会、1993 年）74 頁、図 3・2）
図 107　11 世紀の平泉
図 108　五辻大宮の寺院街（高橋康夫・吉田伸之・宮本雅明・伊藤毅編『図集　日本都市史』（東京大学出版会、1993 年）65 頁、図 3）
図 109　貧しい町家・裕福な町家『春日権現験記絵』（宮内庁三の丸尚蔵館所蔵）
図 110　持明院殿御所方推定復原図（川上貢『日本中世住宅の研究』（墨水書房、1967 年）105 頁、第 36 図）
図 111　近衛殿卯酉屋（川上貢『日本中世住宅の研究』（墨水書房、1967 年）349 頁、第 94 図）
図 112　左大臣鷹司兼忠の近衛殿（太田静六『寝殿造の研究』（吉川弘文館、1987 年）710 頁、図 170）
図 113　三条白川坊指図（杉山信三『院家建築の研究』（吉川弘文館、1981 年）169 頁、第 16 図）
図 114　十楽院指図（杉山信三『院家建築の研究』（吉川弘文館、1981 年）176 頁、第 17 図）
図 115　院家の暮らし（『慕帰絵詞』）（国立国会図書館デジタルコレクション）
図 116　藤原定家一条京極邸（藤田盟児「藤原定家と周辺住民の居住形態」『日本建築学会計画系論文報告集』448 号、1993.6　108、図-2）
図 117　僧正良快の吉水坊（太田静六『寝殿造の研究』（吉川弘文館、1987 年）722 頁、図 178）
図 118　岡崎坊実乗院寝殿（川上貢『日本中世住宅の研究』（墨水書房、1967 年）356 頁、第 103 図）
図 119　今出川殿寝殿（川上貢『日本中世住宅の研究』（墨水書房、1967 年）350 頁、第 96 図）
図 120　十楽院小御所（『門葉記』）
図 121　伏見殿小御所（川上貢『日本中世住宅の研究』（墨水書房、1967 年）357 頁、第 104 図）

所蔵）
図 76　清水の舞台（林原美術館本洛中洛外図屏風、17 世紀前半）（(財)林原美術館所蔵）
図 77　本章の論点　　第三章　「市中の山居」と京町家の庭
図 78　町家の庭（『年中行事絵巻』）（国会図書館デジタルコレクション）
図 79　本章の論点　　第四章　京都――中世日本の環境都市
図 80　路上の公衆便所（歴博乙本洛中洛外図屏風）（国立歴史民俗博物館所蔵）
図 81　洛中洛外のエコロジカルサイクル　概念図（国立歴史民俗博物館所蔵）
図 82　本章の論点　　第五章　慶長大地震と京都・伏見
図 83　本章の論点　　第六章　平安京・京都と危機
図 84　本章の論点　　第七章　古琉球の禅宗寺院とその境致
図 85　本章の論点　　第八章　首里・那覇とその八景
図 86　葛飾北斎の浮世絵版画「琉球八景」（浦添市美術館所蔵）
図 87　周煌「球陽八景」（『琉球国志略』）（北京図書館所蔵。黄潤華・薛英編『國家圖書館藏琉球資料匯編　上巻（全三冊）』（北京図書館出版社、2000 年）所収の影印本、『會稽夏氏宗譜・使琉球録』に拠る。）
図 88　中山八景の分布（「那覇読史地図」）（嘉手納宗徳作成「那覇読史地図」（球陽研究会編『球陽』（原文編、読み下し編）、角川書店、1974 年）に加筆）
図 89　葛飾北斎『琉球八景』のうち、「臨海湖（潮）声」・「筍崖夕照」・「粂村竹籬」・「泉崎夜月」（浦添市美術館所蔵）
図 90　首里八景の分布（「首里読史絵図」）（嘉手納宗徳作成「首里読史絵図」（球陽研究会編『球陽』（原文編、読み下し編）、角川書店、1974 年）に加筆）
図 91　本章の論点　　第九章　東苑とその八景
図 92　「首里古地図」の東苑とその八景（沖縄県立図書館所蔵）
図 93　御茶屋御殿平面図（田辺泰『琉球建築』（座右宝刊行会、1972 年））
図 94　「御茶屋崎之御殿之図」（沖縄県立博物館・美術館所蔵）
図 95　本章の論点　　第一〇章　同楽苑とその八景
図 96　「首里古地図」の「中城御殿御菜園所」（同楽苑敷地）（沖縄県立図書館所蔵）
図 97　本章の論点　　第一一章　首里・那覇の風景
図 98　「琉球過海図」（蕭崇業・謝杰『使琉球録』）（『明代史籍彙刊　⑥使琉球録』（台湾学生書局、1969 年）所収の國立中央圖書館所蔵蕭崇業・謝杰『使琉球録』（影印本））
図 99　「琉球過海図」（夏子陽『使琉球録』）（前掲）
図 100　胡靖「琉球図」の首里（前掲）
図 101　胡靖「琉球図」の那覇（前掲）

図 50　義満と秀吉の「王都」を比較する
図 51　「琉球那覇港及首里城間之図」（近代初頭）
図 52　現在の那覇（河角龍典氏作成）
図 53　本章の論点　第九章「王都」首里の大規模都市開発
図 54　『首里古地図』（沖縄県立図書館所蔵）
図 55　本章の論点　第一〇章「浮島」那覇の造営と地域形成
図 56　那覇の景観（「首里那覇泊全景図」泉川寛英筆、19 世紀）（沖縄県立芸術大学附属図書・芸術資料館所蔵）
図 57　那覇周辺（「琉球那覇港及首里城間之図」、近代初頭）
図 58　「琉球国之図」（申叔舟『海東諸国紀』（岩波書店、1991 年））
図 59　『琉球国図』（沖縄県立博物館・美術館所蔵）
図 60　長虹堤（葛飾北斎「琉球八景」の「長虹秋霽」）（浦添市美術館所蔵）
図 61　15 世紀半ばの那覇島推定図
図 62　本章の論点　第一一章　那覇の三つの天妃宮
図 63　「天妃新殿」など那覇の景観（胡靖『琉球記』）（北京図書館所蔵。黄潤華・薛英編『國家圖書館藏琉球資料匯編　上巻（全三冊）』（北京図書館出版社、2000 年）所収の影印本、胡靖『琉球記　附中山詩集』に拠る。）
図 64　久米村の天妃宮（夏子陽『使琉球録』）（北京図書館所蔵。黄潤華・薛英編『國家圖書館藏琉球資料匯編　上巻（全三冊）』（北京図書館出版社、2000 年）所収の影印本、『會稽夏氏宗譜・使琉球録』に拠る。）
図 65　本章の論点　第一二章　波上権現護国寺の再興
図 66　波上周辺（「琉球那覇港及首里城間之図」、近代初頭）
図 67　波上の景観（「首里那覇泊全景図」泉川寛英筆、19 世紀）（沖縄県立芸術大学附属図書・芸術資料館所蔵）
図 68　波上宮・護国寺の景観（「琉球進貢船図屏風」、19 世紀）（京都大学総合博物館所蔵）
図 69　本論の論点　【付論】補陀落渡海僧日秀上人と琉球
第二部扉　「城嶽霊泉」（葛飾北斎の「琉球八景」から）（浦添市美術館所蔵）
図 70　第二部の構成
図 71　本章の論点　第一章　京都と山並み
図 72　平安京と平安京三山
図 73　近代京都と山並みのヴィスタ（高橋康夫・吉田伸之・宮本雅明・伊藤毅編『図集　日本都市史』（東京大学出版会、1993 年）304 頁）
図 74　本章の論点　第二章　京都と名所の形成
図 75　社寺参詣と名所（上杉本洛中洛外図屏風、16 世紀後半）（米沢市上杉博物館

図 22　本章の論点　　第三章　足利義満の「王都」
図 23　室町殿周辺推定復元図（マシュー・スタブロス氏、高橋康夫作成）
図 24　南北朝期北辺推定復元図
図 25　室町殿変遷模式図
図 26　本章の論点　　第四章　中世「王都」の解体
図 27　「公方様」（上杉本洛中洛外図屏風）（米沢市上杉博物館所蔵）
図 28　「細川殿」（上杉本洛中洛外図屏風）（米沢市上杉博物館所蔵）
図 29　細川殿周辺図
図 30　細川殿と小川の町並み（上杉本洛中洛外図屏風）（米沢市上杉博物館所蔵）
図 31　本章の論点　　第五章　織田信長と京の城
図 32　織田信長期の京都図（マシュー・スタブロス氏作成）
図 33　本章の論点　　第六章　豊臣秀吉の「王都」
図 34　天正 13 年（1585）「京廻」検地の区域割図（『京都の歴史　4』（学芸書林、1969 年）296 頁の図 99 に追加）
図 35　聚楽第の選地　京都のなかの聚楽第（髙橋康夫「天下人信長と「将軍の城」」（『二条城』、学習研究社、1996 年）23 頁の図を改変）
図 36　「御所参内・聚楽第行幸図屏風」にみる聚楽第と内裏（小林英好氏所蔵、上越市博物館の「御所参内・聚楽第行幸図屏風」パンフレット）
図 37　秀吉の「王都」とその空間構造模式図
図 38　平安京・京都・伏見（明治 22 年（1889））（高橋康夫・吉田伸之・宮本雅明・伊藤毅編『図集　日本都市史』（東京大学出版会、1993 年）286 頁、図 9・7・1）
図 39　本章の論点　　第七章　京・まちづくり史
図 40　上京・一条室町周辺の辻子
図 41　下京・四条新町周辺の辻子（©Google）
図 42　京都市街地の移り変わり　京都市景観・まちづくりセンター「京のまちかど」
図 43　本稿の論点　　【小論 1】京の通り名
図 44　下京の「室町とほり」（上杉本洛中洛外図屏風）（米沢市上杉博物館所蔵）
図 45　諸司厨町・町小路・新町通り（マシュー・スタブロス氏・高橋康夫作成図（図 23）を改変）
図 46　本章の論点　　第八章　生業と地域空間形成
図 47　下町の店（『福富草紙』）（大阪大谷大学図書館所蔵）
図 48　商職人と社会と都市空間
図 49　六角町の魚屋（『年中行事絵巻』）（国立国会図書館デジタルコレクション）

図版・写真一覧

図 1　中世の東アジア世界

図 2　平安京復元図（梶川敏夫氏作成）

図 3　ソウルとその都市壁（『Seoul Museum of History』、Seoul Museum of History、2002 年、24 頁）

図 4　戦国期京都上京の「構」（上杉本洛中洛外図屏風）（米沢市上杉博物館所蔵）

図 5　戦国期京都下京の「構」（上杉本洛中洛外図屏風）（米沢市上杉博物館所蔵）

図 6　中国北宋の首都・開封の賑わい（『清明上河図』）（伊原弘編『清明上河図をよむ』（勉誠出版、2003 年）第 23 図・第 24 図を合成）

図 7　近衛大路・西洞院大路の辻周辺　街路空間の浸食（高橋康夫・吉田伸之・宮本雅明・伊藤毅編『図集　日本都市史』（東京大学出版会、1993 年）131 頁、図 4・5・6 に加筆）

図 8　中世四条町復元模型の町並み配置図（京都市景観・まちづくりセンター「京のまちかど」）

図 9　琉球の町並み　イベガマ周辺（「琉球進貢船図屏風」）（京都大学総合博物館所蔵）

図 10　現代と日本中世の都市空間形成（まちづくり）

図 11　路上の井戸と洗濯石（『融通念仏縁起』）（清凉寺所蔵）

図 12　川の上の空間利用——水上の町家（歴博乙本洛中洛外図屏風）（国立歴史民俗博物館所蔵）

第一部扉　上京の中心市街（上杉本洛中洛外図屏風）（米沢市上杉博物館所蔵）

図 13　第一部Ⅰの構成

図 14　第一部Ⅱの構成

図 15　本章の論点　　第一章　中世の巨大都市・京都

図 16　室町期京都　全体図（©Google）

図 17　「山城国嵯峨諸寺応永鈞命絵図」（高橋康夫・吉田伸之・宮本雅明・伊藤毅編『図集　日本都市史』（東京大学出版会、1993 年）92 頁、図 3・4・1）

図 18　町家の「壁」（上杉本洛中洛外図屏風）（米沢市上杉博物館所蔵）

図 19　街角の茶屋（歴博乙本洛中洛外図屏風）（国立歴史民俗博物館所蔵）

図 20　本章の論点　　第二章　日本中世の「王都」

図 21　「京都」へ——都城の展開（高橋康夫・吉田伸之・宮本雅明・伊藤毅編『図集　日本都市史』（東京大学出版会、1993 年）36 頁、図 1・2・1）

フロイス　179, 187, 192, 195, 196, 197, 199, 217, 219, 640, 644, 1011, 1020
文為　679
平氏　862
平城上皇　657, 663
平敷屋朝敏　729
北条氏　870, 899
北条時政　870
鳳林承章　590
細川氏綱　959
細川勝元　130, 179
細川京兆家　177, 179
細川氏　958, 961, 982, 983, 988, 1023
細川高国　179, 966
細川晴元　179, 959, 966
細川政元　157, 171, 179, 961, 965
本願寺覚如　968

ま行

松永久秀　204, 957
満済准后　81, 82, 938, 940, 997, 1001, 1002, 1004, 1005
水谷　332
源融　612
源時国　907
源義経　107, 664
源頼朝　106, 662, 664, 665, 864, 869, 899, 901
源頼政　662
三好長慶　186, 959, 967
三好元長　959
明極楚俊　942
夢窓疎石　99, 100, 556, 684, 916, 944
村田珠光　625, 970, 973
毛世輝　746
毛利輝元　1015
以仁王　662
牧谿　623
本居宣長　592

や行

山科言継　187, 193, 195, 202, 260, 262, 294, 336, 337, 595
山科言経　649
山科教言　969
大和相秀　378
山名氏清　638, 958
山上宗二　970
葉紹芳　808
楊文鳳　693, 700, 705, 734, 736, 737, 743, 745, 785
慶滋保胤　866
吉田兼見　594
与那原　749

ら行

頼英　491
頼玖　500, 503
頼慶　518
頼賢　518
頼重　490, 498, 500, 505, 506
頼仁　523
蘭田智休　688, 689, 733
立阿弥　941
李鼎元　457, 735, 765, 773, 775, 779, 781, 782, 795
劉敬與　808
良舜　376, 387
了道　686, 688, 689
梁邦基　452
琳阿弥　977, 979, 982
臨済義玄　364
琳盛　376, 387
林鴻年　779, 783
林麟焻　708, 765, 770, 775, 779, 789, 791, 794
蓮池秀明　339
蓮如　988
六角氏　988
ロドリゲス　628

わ行

鷲尾隆康　158, 344, 626

平清盛　95, 657, 662, 663, 664, 665, 862, 1057
平将門　864
滝沢馬琴　746
武野紹鴎　627, 959, 974, 1073
橘俊綱　1059
伊達政宗　1015
玉川朝達　747
玉城親方朝薫　728
張学礼　367, 459, 460, 465, 474, 706, 707
重源　908
趙新　779, 783
趙文楷　735, 769, 770, 782
陳侃　364, 365, 384, 416, 681, 824
陳邦光　794
津田（天王寺屋）宗達　959, 973
程均文達　675, 676, 677, 725, 727
程順則　708, 718, 719, 724, 725, 726, 727, 728, 735, 742, 761, 764, 783, 785, 786, 789, 791, 792, 793, 794, 841
鄭秉哲　445, 463, 516, 521, 522, 523
鉄庵道生　943
天屋裔則　359, 362
天武天皇　86, 572, 850
道安　706
道元　921
道徹（塩瀬宗味）　621
東益之　969
徳川家康　62, 85, 215, 269
徳川家　201
杜三策　448, 463, 687
鳥羽院　91, 93, 94, 98
豊川正英　764
豊臣秀次　214, 651
豊臣秀吉　62, 85, 185, 211, 267, 278, 283, 293, 297, 346, 347, 546, 547, 650, 652, 654, 657, 659, 959, 990, 995, 1011, 1015, 1019, 1025, 1059
豊臣秀頼　651, 654
豊原統秋　626
豊平良全　746

な行

中大兄皇子　573
名護親方寵文（程順則）　783
奈良屋宗珠　344, 625, 973, 974, 1073
南浦文之　512
日秀上人　10, 490, 492, 494, 495, 499, 500, 504, 506, 512, 519, 701, 702
二鐘亭半山　563
二条持基　82, 1004
二条良基　117, 944
能阿弥　941

は行

白楽天　968
馬幸明　704
馬執宏　746
潘栄　671, 673, 676, 677, 692, 693, 696, 718, 725, 727
費錫章　735, 746, 782
不材一樗　368, 679, 733
伏見宮家　638
伏見宮貞成親王　79, 116, 934, 939
藤原家信　378
藤原兼家　89, 1052
藤原清衡　105, 546, 549, 864
藤原国光　378
藤原国吉　378
藤原国善　378
藤原氏（奥州）　546
藤原定家　884, 908
藤原経清　549
藤原秀衡　105, 546, 549
藤原道兼　1054
藤原道長　89, 90, 91, 313, 612, 613, 1052
藤原基経　1054
藤原基成　107, 549
藤原基衡　105, 546, 613
藤原頼通　90, 613, 1054
仏地院　962, 964
船橋秀賢　594
武寧　392, 393, 413, 414, 428

珠光　→村田珠光
十四屋宗吾　1073
祝嶺親方天章　801
受林正棋　360, 362
春屋妙葩　135
春渓　969
尚育　723, 746, 748, 783
尚益　518
尚円（金丸）　354, 388, 389, 395, 476, 528
尚温　748, 781, 782, 816
尚金福　352, 394, 414
尚敬　764, 776, 788, 793, 803, 805, 814, 815, 816
尚謙　734
尚元　466, 476
尚灝　782
尚氏　547
尚思紹　352, 393, 414
尚質　459, 517, 518
尚受祐　728
尚純　802, 805, 817
向象賢　445, 514
尚真　351, 354, 362, 388, 390, 392, 394, 395, 476, 514, 516, 522, 524, 527, 528, 535, 679, 733
蕭崇業　467, 672, 824, 825, 826, 828
尚清　476, 492, 495, 497, 505, 514, 520, 521, 526, 527
尚泰　749, 764, 779
尚泰久　352, 370, 383, 386, 387, 392, 393, 394, 395, 420, 423, 469, 492, 500, 502, 505
尚貞　763, 764, 765, 769, 772, 775, 802, 816
尚天保　746
尚徳　384, 388, 392, 394, 672, 693, 718
証如　988
尚寧　697
尚巴志　351, 352, 357, 389, 393, 395, 402, 413, 414, 415, 417, 418, 419, 423, 425, 427, 429, 430, 431, 451, 462, 463, 464, 476, 500, 548, 678
尚豊　497, 821
尚穆　748, 764, 801
聖武天皇　86
向有恒　736
徐葆光　376, 448, 452, 453, 454, 455, 456, 457, 459, 466, 471, 498, 512, 522, 523, 529, 682, 683, 686, 687, 688, 699, 700, 701, 705, 706, 707, 711, 715, 717, 718, 719, 721, 722, 725, 726, 728, 735, 765, 766, 770, 774, 775, 776, 778, 781, 782, 786, 789, 792, 794, 803, 805, 807, 808, 816, 825, 826, 830, 831, 832, 836
舒明天皇　572, 850
白河天皇（院）　91, 92, 93, 98, 101, 1054, 1055
申叔舟　424, 706
瑞渓周鳳　616
推古天皇　849
崇光院　119
清巌正徹　343
齊鯤　746, 782
清拙正澄　943
仙岩　679
全魁　817
禅鑑　390
千利休　651
相阿弥　80, 941
宗珠　→奈良屋宗珠
宋迪　555, 943
蘇我氏　849

た行

第一尚氏王朝　25, 352, 392, 413, 414, 419, 420, 428, 430, 451, 454, 464, 476, 492, 497, 505, 542, 548
大極　623
大乗院尋尊　171, 962, 963
袋中上人　10, 355, 356, 382, 406, 473, 474, 475, 487, 488, 491, 492, 501, 502, 503, 505, 692, 693, 697, 703, 705, 706, 727, 1059
第二尚氏王朝　354, 388, 476, 492, 495, 505, 506, 518, 528, 542

狩野元信　339
狩野宗秀　339
神沢杜口　284, 285, 288
嘉味田親雲上兆祥　705, 737
神谷宗湛　345
亀山天皇　1057
鴨長明　660, 661, 662, 665
喜安入道　406, 717
義演　504, 596, 650
季瓊真蘂　140
熙山周雍　364, 394, 679
喜舎場朝賢　735
亀泉集証　169
義堂周信　135
紀貫之　612
儀間真常　704
木村探元　564
宜湾朝保　736, 747, 748
空也　858
九条兼実　661
九条良経　876
黒川道祐　588, 596
芸阿弥　941
渓隠安潜　10, 370, 374, 375, 376, 377, 378, 380, 383, 385, 469, 492, 549, 696
源氏　666, 862
顕如　989
ケンペル　587
玄了尼　336
康熙帝　786
皇極天皇　850
高人鑑　783
古岳宗亘　959
後光厳天皇　119, 120
後小松上皇　932, 938
後嵯峨上皇　96, 98
後白河院　91, 95, 96, 98, 102, 662, 664, 862, 1056
後崇光院　934
胡靖　367, 416, 448, 455, 458, 460, 461, 463, 466, 467, 468, 470, 471, 472, 687, 705, 706, 707, 718, 724, 745, 767, 772, 821, 823, 826
琥自謙　775
後醍醐天皇　99, 100, 912
後高倉上皇　95
呉鎮　728
後土御門天皇　125
後鳥羽上皇　94, 95, 874
近衛家熙　726
後花園天皇　79, 935
後陽成天皇　1010, 1012, 1015, 1021

さ行

蔡應瑞　807
柴屋軒宗長　625
蔡温　412, 414, 463, 464, 498, 514, 522, 523, 718, 719, 724, 725, 726, 728, 806
西園寺家　926
蔡其棟　808
柴山　359, 361, 362, 382, 421, 427, 464, 465, 468, 500, 502, 503, 505, 672
西大寺叡尊　908
蔡鐸　514
蔡文溥　727, 801, 805, 806, 807, 809, 814, 815, 818
斉明天皇　850
嵯峨天皇　91, 663
崎山里主　492, 497, 505
佐々木道誉　922
察度　389, 392, 393, 413, 422, 425, 426, 428, 490, 492, 498, 505
三宝院満済　1005
塩瀬宗味　621
斯波氏　190
島津矢柄　727
島津吉貴　726
謝杰　467, 824, 825, 826, 828
謝道承　807, 808
周煌　455, 456, 459, 466, 471, 512, 691, 695, 711, 715, 723, 730, 734, 735, 765, 766, 768, 774, 775, 776, 778, 782, 786, 787, 789, 801, 817, 826, 830, 831, 832, 836
種桂　679

人名・組織名索引

あ行

朝倉氏　983
朝倉義景　984
足利尊氏　58, 60, 99, 100, 115, 918, 922, 978, 997
足利直義　99, 100, 119
足利成氏　901
足利義昭　159, 167, 191, 195, 199, 204, 634, 991, 992
足利義詮　60, 119, 918
足利義量　997, 998
足利義勝　128
足利義澄　157, 171, 179, 961
足利義稙（義尹）　157, 167, 170, 171, 177, 966
足利義輝　159, 186, 188, 190, 959, 967
足利義教　60, 62, 78, 79, 82, 127, 329, 918, 923, 928, 934, 939, 940, 941, 944, 997, 998, 1000, 1001, 1002, 1003, 1005
足利義晴　158, 167, 1059
足利義尚　156, 157, 169, 170
足利義政　69, 78, 80, 127, 156, 167, 169, 170, 175, 624, 916, 919, 923, 933, 941, 961, 963
足利義満　57, 60, 61, 62, 78, 85, 100, 101, 111, 120, 122, 135, 138, 144, 149, 164, 167, 346, 347, 546, 547, 634, 916, 926, 944, 958, 998, 1006, 1057
足利義持　123, 928, 944, 997, 998, 1006
安倍氏　106
安倍頼時　106
新崎盛珍　708
安陽澹菴　359, 362
伊舎堂親方守浄　763
伊勢貞親　146
伊勢貞宗　156
板坂卜斎　651
一休宗純　959
于光甲　779, 783
栄西　361, 921, 990
英祖　390
永楽帝　352
大井太郎　907
大内氏　380, 958
大内政弘　384, 385
大江公仲　883
大友氏　906
王垓　460
汪楫　368, 376, 416, 448, 452, 455, 458, 463, 466, 687, 688, 707, 708, 718, 724, 733, 736, 745, 763, 765, 766, 768, 770, 771, 773, 774, 786, 789, 790, 792, 794, 824, 825, 836
奥州藤原氏　547, 666, 864
王登瀛　807
王文治（王夢楼）　735, 794
織田信長　62, 85, 168, 185, 195, 204, 236, 263, 293, 296, 297, 347, 634, 657, 666, 954, 959, 983, 992, 994, 1011, 1019

か行

芥隠承琥　10, 376, 377, 378, 380, 381, 385, 386, 387, 388, 389, 395, 421, 428, 516, 528, 549, 678, 679, 696
懐機　352, 358, 382, 420, 421, 549, 678
海宝　816
鶴翁智仙　383
郭汝霖　428, 466, 468, 470, 471, 476, 672, 824, 825
覚遍　500, 503, 525, 527
我謝盛保　746
夏子陽　427, 448, 460, 461, 467, 475, 477, 824, 826, 828
喝三全一　687, 689
葛飾北斎　691, 746, 821
夏徳宣　769
狩野永徳　1010, 1025

弁慶石町　621
坊津　504, 512, 529
保津川　632
北山　351, 835
鉾の辻　274, 626, 1072
北方アジア　545, 547
仏の辻子　146
堀川　633, 658, 953, 1041, 1073

ま行

孫橋町　1060
真玉道　362
町（大町）大路　899
町口小路　861
町小路　25, 62, 258, 272, 286, 294, 297, 329, 330, 861, 1072, 1073
町尻小路　861
町通り　333, 1072
松尾山　677, 836
松ヶ崎西山　1050
松崎　743
松崎馬場　741
漫湖　368, 466, 699, 704, 722, 727, 729, 833, 841
饅頭屋町　266, 621
曼荼羅山　1050
三重城　411, 703, 729, 826, 841
深泥ヶ池　1041
南市　956
南町（石山本願寺寺内町）　989
耳成山　572, 574, 576, 577, 853, 1049
宮辻子　35
三輪山　565
武者小路　126, 859, 1052
室津　906
室町小路　130, 272, 324, 1073
餅飯殿郷　958
桃園　1042

や行

矢木市　910
薬師堂郷　957
柳原　122, 123, 124, 126, 127
柳原通り　124
山科　596, 988
山田荘　982
山田道　851
八幡　650
ユーラシア　550
横大路　899
吉崎　988
吉田　953, 1059
吉田山　576, 579, 1041, 1049
四辻　120, 127
淀　906
淀渡　610

ら行

洛外　53, 69, 70, 74, 869
洛中　53, 65, 66, 67, 68, 69, 70, 100, 289, 869, 953
洛陽　11, 12, 852, 862
琉球　108, 351, 535, 547, 548, 549, 550, 691, 841
龍潭　352, 358, 367, 369, 685, 741, 742, 833, 835
冷泉町　236
蓮小堀　393
蓮台野　858
六条　862, 869
六波羅　95, 665, 862, 869, 870, 1053, 1057
六角小路　329
六角町　329, 330, 331, 332, 333, 954

わ行

若狭町　405, 406, 407, 408, 421, 432, 543, 716, 717, 833
若狭町村　404, 408, 456
若狭村　699
若宮大路　899
湧田　529, 531, 534
渡辺　908
渡地　412

那覇津　404
那覇泊　404, 410, 419
那覇町　406, 407, 408, 432
那覇湊　412
波上　404, 420, 421, 422, 423, 424, 426, 427, 428, 429, 430, 432, 446, 455, 459, 460, 461, 465, 470, 473, 474, 475, 476, 477, 487, 505, 543, 548, 702, 707, 710, 715, 722, 749, 790, 834, 840, 841
奈良　320, 345, 628, 841, 863, 953, 956, 970
双ヶ丘　576, 579, 580, 581, 1041, 1049
奈良盆地　849
平城山丘陵　576
南京　98
南山　351, 835
西大路　126, 127
錦小路　325
錦小路町　330, 333
西崎　701, 704
西陣　259, 261, 339, 921, 953, 993
西高瀬川　658
西ノ海　430
西の京　231, 953, 992, 1051
西洞院川　1073
西八条　862
西町（石山本願寺寺内町）　989
西村　404, 408, 416, 456, 699, 833
西森　734
西山　561, 578, 587, 607, 1050
二条大路　854
二条川東　1060
二条新地　1060
二条町　312, 318
日本橋　304
若王子　1058
如意ヶ嶽（如意寶山）　577, 586, 597, 1050
鶏鉾町　274

は行

博多　29, 345, 706, 841, 855, 943, 989
博多浜　990
博多湾　855
橋本　331
八条院町　871
八幡　995
万歳嶺　366, 368, 369, 733
万松嶺　733
比叡山　577, 585, 586, 1005, 1050
東・南アジア　547
東アジア　429, 550, 959
東シナ海　430, 545, 547, 722, 727
東朱雀　66, 67, 89, 91, 859, 921, 1052
東村　404, 408, 416, 456, 699, 833
東山　89, 95, 98, 561, 578, 587, 607, 615, 659, 1050, 1053, 1057
比謝川　749, 751
毘沙門堂大路　124, 126, 127, 137, 321, 322
左大文字山　590, 1050
備中国新見荘　910, 912
日野山　968
兵庫　650, 906, 959
兵庫関　908
平泉　105, 107, 108, 545, 546, 547, 548, 613, 666, 864
広沢池　610
琵琶湖　954
閩　807, 808
富士山　577
伏見　85, 102, 215, 216, 217, 243, 267, 348, 547, 647, 648, 650, 1053, 1059
伏見里　609
伏見庄　925
伏見山　653
札の辻　1072
二日町屋　909
福建　791, 822
普天間　749
船岡　579, 580, 1041, 1049
船岡山　576, 579, 581, 607, 1049
豊後府中　906
北京　12, 791, 808, 841
弁ヶ岳　495, 517, 735, 741, 742, 785, 836, 840
弁之嶽　735

白雲絹屋町　261
白鳥　108
新京極　1062
新在家絹屋町　264, 296, 993, 994, 1060
新町　263, 268, 294, 296, 297
新町通り　258, 286, 294, 296, 297, 313, 329, 1072
嵩山　570
末吉　700, 704, 741
菅浦　979, 980, 981
朱雀　89, 90, 95, 98, 102, 1057
朱雀大路　89, 97, 98, 99, 284, 854, 899
薄馬場　100
炭座町　313
住吉　729
清蔵口　67
瀬戸内海　908, 958
瀬長　749
千本　921

た行

泰山　570, 587
大乗院郷　864
大仏朱雀通り　89
大文字山　586, 1050
高雄　561, 562
高倉小路　142
高瀬川　658, 659
高千穂峯　577, 586
高天郷　956
高御門郷　958
糺の森　1041
立売西町　321
田中　1059
中山　351, 725, 835, 841
長安　11, 12, 18, 19, 608, 852, 862
長虹堤　352, 368, 369, 411, 412, 414, 420, 706, 707, 723, 724
長者町　235, 267
頂妙寺通り　285
月鉾町　274
筑波山　566
辻原　749
土御門四丁町　71, 919
堤小路　859, 1052
海石榴市　856
寺の内　223
寺の内通り　921
天願川　749, 751
転法輪小路　126
転法輪辻子　884
唐営（唐栄）　424, 427, 446, 447, 449, 454, 455, 466, 467, 677, 814, 815
東寺口　231
唐船口　416
唐船堀　412
東大寺郷　863
洞庭湖　699, 704, 722, 727
常盤山　610
鳥羽　93, 95, 98, 864, 1053
泊　388, 406, 407, 475, 700, 704, 716, 717, 828, 833
泊村　389, 407
鞆津　908
虎瀬岳　734, 741
鳥辺野　858, 862
富田　989
富田林　989
通堂崎　418

な行

長坂口　231
中島　710, 715
中立売　321, 322
仲三重城　418, 703
那覇　9, 29, 351, 352, 355, 357, 370, 379, 387, 401, 406, 407, 409, 430, 445, 446, 450, 454, 512, 513, 514, 519, 530, 534, 542, 543, 547, 548, 549, 555, 704, 716, 717, 727, 840, 841
那覇区　407, 408
那覇港　404, 413, 826, 828, 833
那覇里　826
那覇市　407, 408

431, 677
久米村町　406, 407, 408, 432
久茂地川　430, 699
鞍馬口　67
鞍馬山　1050
慶良間　704, 729, 785
慶良間諸島　699
恒山　570
衡山　570
興福寺郷　863
小川　179, 180, 261, 337, 953, 954, 955, 965
国場川　430
穀町　900
五虎門　808
小五月郷　958
虎山　734
五条町　63, 71, 73
木幡山　654
巨福呂坂　904
虎峰　734
小町大路　899
米町　900
小結棚町　313
御霊辻子　951
衣河　106, 107, 108, 546, 547, 548, 549
衣川　548
衣棚町　313
金剛山　586
金剛寶山　577, 586
紺屋辻子　100

さ行

左衛門町　308, 861
嵯峨　55, 56, 89, 96, 97, 98, 99, 100, 992, 1053, 1057
堺　29, 345, 628, 650, 841, 906, 908, 953, 958, 970
堺北荘　958, 959, 960
堺南荘　958, 959, 960
嵯峨野　609
坂本　159, 623
崎山　710, 736, 744, 761, 765, 794, 836
左京　854
桜の馬場　201
薩摩　504
山陰道　607
三条町　316, 319, 330, 915
山南　719, 725
残波岬　701
塩釜の浦　610, 612
塩小路　325
信楽図子町　266
識名村　786
指月　102, 650, 1059
鹿谷　1058
四条綾小路　272
四条坊門町　333
四条町　22, 25, 309, 313, 314, 316, 318, 319, 321, 330, 333, 858, 915
四条室町　322, 626, 955, 973
七条　921
七条町　259, 309, 861, 915
島原　264, 994, 1060
清水町（石山本願寺寺内町）　989
持明院大路　124, 126, 127, 137
下京　74, 185, 205, 267, 273, 274, 277, 296, 297, 321, 322, 345, 862, 918, 992, 993
下立売　321, 322
聚楽　216, 348, 547
聚楽町　267
首里　9, 25, 26, 45, 351, 352, 355, 357, 362, 370, 407, 413, 420, 431, 475, 513, 514, 518, 530, 534, 542, 543, 545, 547, 548, 549, 550, 555, 681, 700, 702, 704, 727, 736, 737, 741, 742, 745, 761, 786, 794, 801, 840, 841
首里市　407
修理職町　861
首里三平等　407, 717
白河　55, 89, 93, 95, 98, 100, 217, 548, 862, 864, 1052, 1053, 1054, 1055, 1057, 1058, 1065
白川　658, 1041
白雲　264, 993

奥山　722
巨椋池　607, 1059
小倉山　610
岡豊　983
落平の滝　729
尾道浦　908
御室川　1041

か行

開封　12, 18, 19, 27
霍山　570
香久山　566, 570, 571, 572, 574, 576, 577, 853, 1049
神楽岡　579, 580, 581, 583, 587, 1041, 1049
勘解由小路　321
華山　570
堅田　979, 980, 981
潟原　430
桂川　655, 658, 977, 1041
葛城山　586
金沢　1071
狩野辻子　261, 339
鎌倉　29, 98, 666, 696, 864, 899, 901
釜座町　313
上京　55, 58, 74, 185, 205, 267, 296, 297, 321, 322, 345, 546, 597, 862, 918, 991, 992
上久世荘　978, 982
上立売通り　124, 126, 127, 130, 321, 322
紙屋川　658, 1041
亀山　741, 785
賀茂　953, 992
鴨川　563, 578, 607, 658, 858, 859, 977, 1037, 1041, 1053, 1056, 1060
萱津宿　909
軽市　856
革棚町　313
河原町　659
河原町通り　285
元興寺郷　863
函谷鉾町　273
関山　106, 107
漢城　12
漢陽　12
神名備山　565
甘奈備山　570
祇園　953
菊水鉾町　274
北市　956
北小路　126, 130, 136, 137, 161, 859, 1052
北白川　1058
北町（石山本願寺寺内町）　989
北町屋（石山本願寺寺内町）　989
北山　546, 561, 578, 587, 607, 1050
城戸の内　984
儀保　734
久宝寺　989
京極大路　284
京都　2, 10, 16, 29, 45, 88, 89, 98, 216, 219, 220, 244, 345, 348, 383, 545, 546, 548, 549, 550, 628, 666, 696, 840, 841, 859, 869, 915, 991, 1029, 1038
京都盆地　607, 639, 1041, 1052
京北園　1042
清滝川　610
金武　514
金武郡富花津　520, 523
金鶏山　107
金武山　701
金岳　701, 704
金峯山　577
金峰山　866
久高　785, 786
具足小路　325
恭仁京　86, 88, 584, 1048
久場川　801, 817
久米村　404, 405, 406, 407, 408, 416, 419, 422, 423, 424, 425, 426, 431, 432, 446, 447, 448, 449, 450, 455, 456, 461, 462, 466, 467, 468, 470, 471, 474, 475, 476, 477, 478, 543, 548, 677, 693, 697, 698, 715, 716, 717, 723, 726, 744, 745, 767, 783, 814, 818, 833, 836
九面里　405, 419, 422, 423, 424, 425, 429,

■地名索引

あ行

赤平　734, 737
安芸国沼田荘　911
安居院　870
安里　475
安里川　430
飛鳥　849, 853
愛宕山　577, 586, 1050
化野　858
安土　85, 203, 219, 666, 994, 995
姉小路町　63, 266
尼崎　908, 989
余部辻子　273
綾門大道　835
綾小路　325
嵐山　561, 562, 655
粟田口　73, 1058
安国山　358
泉崎　405, 406, 716, 717, 833
泉崎町　406, 407, 408
泉崎村　404, 408, 416, 456, 699
和泉国日根野村　911
一乗院郷　864
一条北辺　859
五辻　859, 1052
糸満　699, 748
稲荷山　581, 582, 610
茨木　906
イベガマ　420, 421, 424, 475
今井　989
今大路　899
今小路　126, 137, 859, 1052
今朱雀　89, 1055
今辻子　100
今出川　130, 161, 163
今堀　979
今町　331, 954
石見（国）　981
植松荘　977
魚町　900
右京　854
宇治　613, 1071
宇治川　610, 655, 658
内辻村　517
内野　34, 214, 235, 1011
宇都宮辻子　899
靫屋町　338
畝傍山　572, 574, 576, 577, 853, 1049
浦添　352, 370, 386, 387, 388, 413, 428, 431, 513, 514, 530, 534
裏築地町　132
営中　478
越前一乗谷　983
江戸　216, 269, 302, 348, 666, 1039
夷町　1073
御池通り　325
奥州　981
扇座町　313, 337
近江粟津　331
大堰（大井）川　97, 568, 610, 632
大浦荘　980
正親町（小路）　321
大倉　899, 901
大坂　85, 215, 216, 267, 348, 547, 650, 666
大阪　1037
大谷　968, 988
大津　953
大伝馬町　302, 303, 304, 319
大宿直　34, 64, 70, 259, 636, 921, 951, 953
大原野　609
大町大路　900
大山崎　650
岡崎　998, 1047, 1054, 1057, 1058, 1061, 1086
岡崎村　1060
息浜　990
奥大道　107, 548

臨海湖（潮）声　691
臨海潮声　542, 705, 706, 714, 716, 719, 722, 724, 726, 729, 744, 836, 841
臨海堤　411, 418
臨海寺　370, 381, 487, 491, 492, 542, 543, 703, 706, 715, 722, 833, 836
臨海寺聴潮　706
臨海寺聴濤　705
臨済宗　355, 981
臨川寺　99, 101
『類聚三代格』　584
留守所　905
霊応寺　374, 377, 380, 387
冷泉院　90, 91
冷泉富小路殿　883
冷泉万里小路殿　875
霊地　775
歴史的環境　1084
歴史的環境の保全　1082
歴史的風致形成建造物　1069
歴史まちづくり法　1069, 1085, 1088
歴代遷宮　849
『歴代宝案』　358, 387, 413, 419, 450, 451, 452, 453, 454, 464, 476
歴朝の王廟　388, 392, 393
『列子』　569
連歌会　922, 974
蓮華王院　95, 665, 1056
蓮華蔵院　1055
蓮池流蛍　738, 742
漏刻　850
漏刻門　828
『老人雑話』　202, 203
鹿王院　100, 188
鹿苑院　137, 138, 140
『鹿苑日録』　161
六勝寺　862, 1054
六地蔵　614, 916
六条院　612
六条殿　888
六町　61, 187, 235, 954
六波羅泉殿　862, 1057
六波羅探題　96, 869, 902, 1057
六波羅南方（南殿）　902
六波羅北方（北殿）　902
六波羅密寺　862
六斎市　905
路地　265, 622, 1074, 1080
露地　622, 627, 974
六角堂（頂法寺）　638, 639, 954, 1075
六角堂の鐘　1078

わ行

和歌　556, 732, 747, 749, 944, 968
若狭町夷堂（夷殿）　518, 531
若狭町地蔵　531, 534
若宮大路幕府　902
『和漢禅刹次第』　139
脇座　320, 336
湧田地蔵　529, 531, 534
和鐘　370
侘数寄　970, 974
『倭名類聚抄』　306, 307, 308, 866

180, 291, 294, 322, 323, 337, 618, 633
洛中洛外図屏風（東博模本）　323, 337
洛中洛外図屏風（舟木本）　294, 304, 310, 337
洛中洛外図屏風（歴博甲本・町田本）　72, 162, 303, 304, 322, 323, 324, 336, 337, 617, 633, 642
洛中洛外図屏風（歴博乙本）　84, 280, 337, 640, 642
洛中洛外図屏風（林原美術館本）　618
洛中洛外地図屏風　203, 294
洛陽三十三箇所観音霊場　614, 916
落葉広葉樹　561
『洛陽名所集』　586, 590
洛陽霊地名所　613
羅城　852, 856
『李朝実録』　383, 697
律宗　921
律令都市　859
龍淵殿　687
龍淵橋　682, 683
龍王殿　412, 418, 422, 429, 445, 446, 447, 448, 449, 450, 462, 463, 475, 542, 543
琉歌　369, 556, 747, 749, 764
『琉球詠詩』　734, 746, 768
琉球王国　352
『琉球往来』　473, 474, 488, 492, 501, 502, 503, 505, 697
琉球過海図　460, 475, 826, 828
『琉球記』　367, 416, 448, 455, 458, 460, 463, 466, 467, 468, 470, 472, 687, 705, 706, 718, 767, 772, 821, 823, 826
「琉球記」　460, 461, 706, 837
琉球交易港図屏風　416
『琉球国旧記』　389, 390, 412, 420, 422, 445, 497, 498, 501, 502, 513, 514, 701, 516, 519, 521, 524, 526, 527, 529, 531, 532, 533, 534, 802, 803
『琉球国創建天尊廟天妃宮龍王殿関帝祠総記』　453, 462, 467, 468
「琉球国高究帳」　406
『琉球国志略』　455, 456, 459, 466, 471, 512, 691, 711, 715, 723, 730, 765, 768, 774, 776, 778, 782, 786, 787, 789, 801, 817, 826, 830, 831, 832, 836
『琉球国図』　405, 412, 413, 421, 424, 428, 499
「琉球国之図」　405, 412, 413, 706
『琉球国由来記』　382, 389, 390, 393, 412, 414, 420, 422, 445, 446, 490, 491, 492, 494, 500, 501, 502, 513, 514, 516, 517, 518, 519, 520, 521, 522, 524, 527, 528, 529, 530, 531, 532, 533, 534, 686, 705, 803
琉球城　826
「琉球進貢船図屏風」　490
『琉球神道記』　355, 356, 382, 406, 473, 487, 491, 505, 692, 693, 697, 703, 704, 705, 706
琉球図　460, 706, 772, 823, 824, 826, 828, 832, 835, 836, 837
琉球第一大霊現　487, 491, 492, 494, 497, 506, 535
琉球地図　830, 832
「琉球那覇港及首里城間之図」　403, 489
琉球八景　487, 555, 691, 692, 694, 713, 746, 821
琉球貿易　959
龍翔寺　377, 381, 382, 421
龍潭観魚　739
龍潭橋　682
龍潭夜月　370, 708, 709, 710, 730, 732, 733, 736, 744, 790, 836
龍洞松濤　691, 715, 716, 720, 722, 724, 726, 729, 744
龍洞寺（龍渡寺）　498, 722
龍尾壇　64
龍福寺　354, 388, 391, 499, 677
龍脈　766
凌雲亭　770, 785, 793
両替屋　305
『凌雲集』　571
龍吟庵　917
霊山城　185

門前　29
門前町　906, 1035
『門葉記』　879, 881, 1006

や行

屋形　22, 25, 312, 315, 317, 318, 320, 324, 910, 916, 957
薬園　99
薬師悔過法　586
薬師堂　957
やぐら　901
櫓　201, 951, 991
八坂堂　638, 639
屋敷替　226
屋地　35
屋地子　959
『康富記』　135
『耶蘇会士日本通信』　960
『耶蘇会日本年報』　647
柳之御所　105, 107
柳原御所　122
柳原亭　127
家主　341
山井殿　612
山里　344, 626, 629, 665, 967, 968
山里庵　626
山里の草庵　973
山科七郷　977, 988
山科寺内町　988
山科本願寺　988
山城　185
大和絵（倭絵）　609, 616
倭京　849, 850, 851
大和三山　853, 1049
東漢氏　849
山並み　561, 563, 565, 1048
『山上宗二記』　627, 970, 974
山鉾　158, 260, 272, 276, 279
山鉾町　277, 278, 1072, 1073, 1086
弥生時代　848
屋良座森城　703, 729
遣戸　893
遊芸　940
遊覧道路　597
遊行宗教者　512
遊行僧　535
遊行聖　535
論祭　389, 390, 392, 822
要害　72
『雍州府志』　337
横町　205
義昭の城　195, 196, 199, 204, 205
吉田泉殿　890
義輝御所　190, 191, 192
義輝の城　186, 198, 204
吉野の山　574
吉水坊　885
淀城　652
世持橋　741
寄合　58, 78, 345, 891, 997, 1078
寄町　277, 278
万代の宮　88

ら行

楽市令　994
洛外山荘　925
落書　614
『洛中絵図』　127, 130, 137, 204, 264, 267, 294, 296, 994
洛中検地　267
洛中御所　925
洛中惣構　226, 229, 231, 232
洛中総堀　953
洛中辺土　66
洛中本所御所　875
洛中町割　223, 236
洛中洛外　953
洛中洛外図　335, 947
洛中洛外図扇面　339, 335, 615
洛中洛外図屏風　17, 160, 172, 261, 280, 301, 303, 305, 312, 317, 319, 324, 337, 338, 341, 587, 617, 640, 924, 951, 955, 1022, 1051
洛中洛外図屏風（上杉本）　160, 163, 172,

松拍子　329
万里小路時房　129
間中　892
マリア　10
丸竹夷　281, 286
『満済准后日記』　146, 997, 1000, 1002
万寿寺　375, 381, 382, 383, 392, 393, 394, 487, 700, 741
万灯会　589
万灯籠　589, 594, 597
政所屋敷　913
『万葉集』　571, 584
御贖　857
御影堂扇　335
御厨子所供御人　311, 330
水城　855
水災害　660
水の都　657, 659, 1036
店　311
見世売り　340
見世（店）棚　311, 324, 904, 955
見世茶屋　312
見世庭　619
店屋　1072
『見た京物語』　563
道　35, 259
道饗祭　857
御堂　92, 94, 98, 167, 546, 862, 866, 873
水無瀬殿　95
港　983, 994
港町　29, 906
南沖縄八景　749, 750
南御所　167, 926
南向き会所　932
壬生地蔵堂　312, 910
御幸　78, 167, 925, 932, 940
妙覚寺　186
妙顕寺城　214
『名語記』　311
妙国寺　959
妙荘厳域　144, 145, 146
妙心寺　686, 688
三好義長邸　966, 967
民家　982, 1081
『明実録』　419
明朝　352, 413, 415, 431, 542, 547, 548, 652, 696, 707, 767
無囲郭　108
無縁　32, 260, 323, 909, 993
行縢座　25, 314, 315, 317, 319, 915
無主　909, 993
無双亭　624
棟別　69
棟別銭　67
無量光院　105, 546, 864, 866
室町殿　57, 60, 61, 79, 80, 81, 85, 101, 111, 119, 120, 123, 125, 127, 128, 130, 131, 132, 133, 134, 137, 142, 148, 155, 156, 163, 164, 167, 168, 169, 170, 172, 173, 174, 177, 191, 346, 549, 550, 888, 918, 923, 926, 928, 933, 940, 944, 946, 961, 992, 1001, 1003, 1057
『室町殿行幸御餝記』　941
室町幕府　60, 98
室町幕府侍所　635
『明月記』　259
名山　574, 575, 586
名所　335, 557, 588, 590, 607, 609, 611, 612, 615, 616, 700, 716, 734, 785, 1045
名所絵　609
明倫堂　726
免除特権　954
眠蔵　917
『毛世輝詩集』　746
毛越寺　107, 546
毛越寺観自在王院　613
目代　635
木工寮　336
百浦添御殿　543
百浦添之欄干之銘　366, 679
『師郷記』　161
『師守記』　116, 119
門跡　873
門跡の院家　934, 962

封禅　570
望仙閣　765, 767, 769, 770, 771, 772, 773, 775, 776, 777, 778, 779, 785, 789, 794, 836
寶池院　998
坊長　854
宝幢寺　100, 101, 1057
望日亭　772, 833, 836
『法然上人絵伝』　895, 907
蓬莱　569, 572, 573, 576, 853
蓬莱山　570
蓬莱庭　682, 684
法隆寺伝法堂　634
法隆寺蓮池院　962
坊令　854
『慕帰絵詞』　968
北岳　569
北宮　543, 764
北殿　543, 764
北峯積翠　730, 735, 742, 783, 784, 786, 841
法興院　1052
細川管領邸　908
『細川家記』　198
細川殿　155, 172, 173, 174, 175, 176, 177, 179, 180, 965, 985, 1022
『細川両家記』　198
保存修景　1083
菩提寺　354, 363, 382, 516, 542
墓地　901
法華宗　195, 953, 989
法華信仰　512
法勝寺　55, 93, 99, 665, 862, 1054, 1056, 1057, 1058
法勝寺八角九重塔　57, 93, 101, 665, 1055, 1056
法身院　114, 116, 935
布袋屋　336
保刀禰　854
堀　72, 74, 187, 192, 199, 203, 642, 870, 951, 960, 990, 991
堀川材木神人　636
盆　589
本覚寺　186
本願寺　223, 226, 959, 988
本興寺　989
本国寺　159, 188, 195, 196, 989
本座　310, 320, 336
本州一品権現（沖宮）　492, 497, 505, 705
本所御所　91, 92, 94, 95, 96, 98, 159, 163, 170, 171
『本朝文粋』　571, 586
本福寺　981, 982

ま行

間　891, 892
牧氏翁長家家譜　803
間切　406, 407
『枕草子』　968
媽祖　361, 415, 463, 465, 548
真玉橋　362
「真玉湊碑文」　362
町（まち）　27, 28, 29, 185, 257, 269, 279, 292, 301, 306, 308, 309, 313, 319, 324, 345, 406, 845, 854, 861, 908, 953, 1032, 1033, 1035, 1072
町（まち / ちょう）　1071, 1073, 1079
町（市場）　859
まちおこし　727
町方　50, 406, 407
町組　185, 278, 953, 954, 1074
町座　23, 309, 313, 314, 316, 317, 321, 322, 324, 330, 332, 336, 915
町衆文化　972, 1073
まちづくり　8, 9, 10, 22, 29, 32, 253, 256, 268, 271, 281, 291, 293, 297, 638, 1030, 1031, 1032, 1035
まちづくり史　8, 283, 291, 297, 346, 1030, 1031, 1032, 1033, 1034, 1035
町（まち）並み　1081
町家　269, 311, 320, 321, 324, 622, 628, 632, 633, 634, 635, 902, 953, 1075, 1078
町割　226, 277, 995
松崎秋月　738, 742
抹茶　924

藤原京　38, 567, 572, 576, 577, 608, 666, 851, 854, 855, 856, 1049
普請奉行　763
『扶桑京華志』　586
『扶桑五山記』　139
『扶桑略記』　93
補陀落山　520
補陀洛山極楽寺　390, 391
補陀洛僧　390
補陀落渡海　506, 512, 525, 526, 535
府中　905, 906
仏教　546, 548, 550, 775
仏光寺　325
仏師　512, 535
仏智円融国師（→芥隠承琥）
普天間権現　487, 491
武徳殿　1064
普門寺　380, 386, 677, 696
振売　304, 312, 320, 340, 954, 957
風流踊り　200, 262
風流造物　890, 891
風流灯籠　342, 925
ふるさと麻生八景　842
古屋　636, 637
風呂　978
文化遺産　1088
文化財保護法　1083, 1085, 1088
『文華秀麗集』　578
文化的景観　667, 1030, 1046, 1047, 1069, 1071, 1081, 1085
『文禄大地震記』　650
文禄の役　651
平安宮　235, 585, 661, 662, 666, 1063
平安京　16, 34, 35, 65, 87, 88, 114, 256, 267, 290, 293, 297, 308, 312, 322, 325, 546, 568, 576, 577, 583, 607, 608, 609, 610, 632, 634, 656, 663, 854, 856, 857, 859, 899, 1048, 1050, 1052, 1055, 1065, 1073, 1074
平安京三山　579, 582, 597, 1041, 1049
平安京定都　663
平安神宮　1063
平氏政権　662, 663
平城宮　634
平城京　86, 87, 88, 291, 567, 575, 576, 577, 666, 852, 855, 856, 857, 863, 956, 1048, 1055
平城京還都　657, 663
平城京三山　576, 1049
『碧山日録』　623, 969
戸主　899
冕嶽積翠　730, 732, 735, 744, 836
弁橋蓮花　738, 742
弁財天対面石　517
弁財天池　682
弁財天女　517, 682, 733, 735
弁財天女像　686
弁財天女堂　685, 733
便所　642
辺土　66, 68, 100
弁峰朝曦　739, 742
保　854, 899
坊　854
鳳凰堂　613
報恩寺　358, 359, 362, 387
法界門　133, 142, 143, 145, 146, 147, 148
方格地割　851
防鴨河使　658
防御性集落　548
方広寺大仏殿　89, 102, 223, 225
奉公衆　60, 202, 918, 919, 991
防災まちづくり　269
方冊蔵経（大蔵経）　366, 384
坊市制　11, 19, 25
法住寺殿　95, 96, 102, 862, 1056
望春台　809, 815, 817
方丈　569, 573, 576, 686, 687, 776, 853, 916, 965
『方丈記』　660, 661, 664, 665, 666, 968
法成寺　89, 91, 862, 1052
坊牆制　11, 19, 22, 25
『奉使琉球詩』　717, 718, 719, 786, 787, 789
「奉使琉球図巻」　832
奉神門　543, 828

八景画　834
八景詩　703, 704, 718, 834
八景詩帖　697
八景間　934
八講堂　138, 148
八幡神社　475
法度　264
花御所　60, 101, 120, 125, 135, 155, 156, 159, 160, 162, 163, 164, 168, 169, 172, 175, 176, 177, 918, 926, 1003, 1057
花御所跡　161, 162, 163, 169, 170, 172
花城　378, 421
花亭　120, 122
花の都　613, 614
花見　611
離れ　1079
馬場　90, 193
馬場殿　90
浜市　312, 910
『晴富宿禰記』　125, 134, 343
番組　1074
万国津梁の鐘　352, 376, 543
半済免除　988
万歳嶺碑　733
万歳嶺夕照　370, 730, 732, 733, 742, 744, 836
番匠　871
番屋　280
日吉社　866
東市　306, 307, 309, 322, 856, 956
東山御所　95
東山十境　141, 943
東山十郷　977, 1058
東山殿　80, 169, 888, 916, 923, 933, 961, 1022
東山殿会所　963, 967
東山殿十境　944
彦根藩邸　1061
常陸国府　905
微地形　1073
秀吉政権　243
非人風呂　71
百万遍　179, 180
廟　420
評定　1003
評定所　543
平等院　613, 866
平泉館　105, 546, 864
平城　185
弘御所（広御所）　874, 875, 890, 902, 938
広場　848, 910
広間　1017, 1023
琵琶湖疏水　658, 666, 1062, 1063, 1066
閩人　477, 478
閩人三十六姓　422, 425, 426, 427, 477, 836
ヒンターランド　→後背地
風景画　832
風景都市（Landscape city）　2, 108, 840
風水　12, 49, 548, 569, 766, 774, 785, 852, 853
風葬　858
武衛陣　197
武衛邸　189, 190
武衛御所　159
深草山　582
福岡の市　312, 909
復原調査と編年　1082
復原保存　1083
複都制　852
福原遷都　137, 657, 660, 661, 663
武家関白　214, 347
武家護持僧　997
武家政権　546
武家地　869, 918, 994
武家の城　195
武家町　223, 243, 348, 995
武家屋敷　902, 984
伏見山荘　1059
伏見指月城　1059
伏見城　85, 170, 215, 648, 650, 653, 1019
伏見殿　102, 888, 923, 1059
伏見宮　102, 158
伏見宮御所　934, 940, 963
藤原宮　572, 850

南島路　401, 404, 428, 547
南都七郷　863, 956
南都八景　944
南蛮　410, 419, 430
南蛮貿易　959
『南浦文集』　512
二階屋　960
西市　306, 307, 322, 856, 956
西岡十一箇郷　977
西組　261, 954, 1072
西崎帰帆　701
西侍　901
虹市　322
西陣機業　34, 72
西之御殿　543
西森小松　730, 732, 734, 742, 744
二条河原の落首　922
二条御所　85
二条城　85, 204, 263, 269, 296, 991, 992, 1011, 1018
二条城二の丸大広間　1019, 1024
二条高倉殿　888
二条殿　944
『二水記』　158, 626
『日欧文化比較』　640, 643
『日次紀事』　588, 596
日明貿易　959
『二中歴』　570, 611, 612
日蓮宗　916, 959, 988, 1060
日秀上人像　518
日秀上人伝　527
『日葡辞書』　32, 640
『日本教会史』　628
『日本紀略』　583
『日本後紀』　578, 583
『日本史』　191, 198, 1011, 1020
『日本書紀』　571
『日本西教史』　652
日本第一大霊験所　491
日本八景　750, 841
二面町　256, 264, 860, 1074
如法一町家　871
庭　619, 621, 627, 974
仁和寺　936
仁和寺金堂　634
仁和寺常瑜伽院指図　936
塗師　871
根来寺　505
練貫座　261, 296, 993
年中行事　611
『年中行事絵巻』　36, 311, 319, 622, 867
念仏寺　960
農家　953
能仁堂　765, 773, 774, 775, 776, 777, 778, 779, 781, 782, 785, 787, 789, 792, 794
能舞台　967
納涼　611
後飛鳥岡本宮　850
『宣胤卿記』　125, 158
暖簾　302

は行

『掃墨物語絵巻』　895
廃都　666
南風之御殿　543
博多八景　943
白銀巌　699
白山社　866
『白氏文集』　968
泊汀落雁　700
博労座　900
箱木家住宅　982
筥崎宮　989
婆佐羅　922
場所性　1072, 1086
旅籠屋　1060
八条第　664
八町の町　988
八幡宮　487, 491
八景　9, 10, 54, 57, 358, 361, 362, 366, 369, 370, 555, 556, 557, 671, 675, 682, 683, 686, 688, 692, 693, 696, 697, 704, 705, 721, 728, 736, 742, 749, 750, 761, 792, 801, 841, 1045

都市門　960
都城　11, 12, 16, 25, 38, 39, 89, 291, 545, 546, 549, 550, 567, 571, 584, 607, 666, 847, 848, 850, 851, 852, 854, 861, 1035, 1048
都城鎮護　577
土城　423, 424
年寄衆　978
都心型　71
土倉　861
土蔵　100, 955, 994
土地造成　402
土地の記憶　171
突堤　418
『杜天使冊封琉球眞記奇観』　463, 821
鳥羽殿　95, 96, 662
鳥羽の造道　89
鳥羽離宮　862
土塀　951
土木史　404
泊橋　700
伴野の市　312, 909
豊浦宮　849
豊田館　105, 864
土塁　990
『不問物語』　157, 159

な行

内記井　612
内国勧業博覧会　666, 1063
内乱　546, 657, 660
中市　956
長岡京　87, 88, 577, 582, 634, 666, 855, 857
『長興宿禰記』　125, 134
中尾城　185
中城御殿　803
中城御殿御菜園所　803, 804
中組　261, 954, 1073
中座　25, 316, 320, 336, 337, 915
中島蕉園　691, 710, 715, 716, 721, 724, 726, 729, 744
中筋組　261, 954
長暖簾　324
『中昔京師地図』　125, 137
長屋　304, 319, 321, 910
七口　67, 231, 921
『七十一番職人歌合』　340, 924
七瀬祓　857
七町半組　261, 954
難波京　86, 87, 577
七日市　910
那覇夷殿　531
那覇地蔵　529, 531, 534
『那覇築港誌』　416
那覇の入江　728, 729
那覇八景　717, 729
那覇夜雨　698, 727
『那覇由来記』　518
那覇四町　404, 405, 407, 408, 717
生魚供御人　331
生魚座　330, 331, 332
波上宮　427, 428, 490, 493, 710, 714, 751
波上権現　405, 421, 429, 459, 475, 487, 491, 505, 512, 517, 522, 523, 527, 528, 530, 535, 543, 702
波上権現護国寺　513, 514
波上権現本地仏　526, 529
波上夕照　749, 751
納屋衆　959
奈良惣中　958
南苑（識名園）　747, 782, 816
南苑八景　747, 749
南嶽　769, 772
南宮　543, 764
南郊麦浪　784
南山　106, 569, 570, 572, 853
南禅寺　117, 136, 386, 677, 681, 696, 916, 1057, 1058, 1059
南宋　728, 990
南宗庵　959
南宗寺　959
南殿　543, 764
納戸　966
『南島風土記』　408, 490, 498, 761

天妃廟　368, 459, 460, 833, 835
天変地異　660
天満社　958
天龍寺（京都）　57, 99, 100, 101, 141, 170, 556, 635, 655, 684, 916, 1057
天龍寺十境　57, 684
天龍寺（天龍精舎、浦添）　374, 376, 380, 386, 387
土居　74, 192
唐　410, 419, 855
「唐栄記」　449, 456, 462, 466
「唐栄旧記全集」　425, 446, 447, 458, 462, 468, 474
東苑　693, 708, 738, 741, 744, 747, 748, 751, 761, 763, 764, 816, 836, 841
東苑鶯聲　738, 742
東苑八景　692, 708, 710, 730, 744, 764, 783, 786, 789, 790, 794
東海朝曦　742, 784, 786
東海道　909, 1059
道教　355, 420, 505, 548, 569, 572, 575, 852, 853
同業者集住　305, 954
同業者店舗　302, 303, 305, 307, 319, 324
同業者町　953
東京遷都　657, 1039, 1061
東求堂　933, 944
東京夢華録　20
東寺　29, 58, 60, 64, 70, 83, 340, 343, 638, 650, 871, 912, 924, 977, 978, 989
東寺五重塔　650
『東寺執行日記』　330
等持寺　138, 158
唐招提寺講堂　634
唐人街　428, 833, 836
東禅寺　457
『当代記』　202, 653
東大寺　908, 1055
東大寺大仏殿　1055
闘茶　922
東福寺　383, 588, 623, 917
東福寺仏殿　650
同朋衆　80, 923, 941
同楽苑　744, 801, 802, 803, 805, 809, 811, 814, 816
同楽苑八景　671, 692, 693, 727, 744, 801, 802, 805, 809, 811, 815, 816, 818
灯籠　595
灯籠踊り　595
灯籠木　592
遠侍　873, 984
遠江八景　842
通り　281, 290, 291, 292, 617
通り庭　265, 304, 619
通り庇　271
通り名　281
『言国卿記』　133
『言継卿記』　159, 162, 187, 193, 199, 200, 201, 202, 260, 273, 294, 595, 991
『言経卿記』　649, 650
徳政一揆　64
徳政免除　989
得長寿院　1055
渡月橋　655
床　895, 933, 934, 966, 1017
床（押板）　1020, 1021, 1025
床（蹴込式框床）　971
床の間　895, 936, 941
所　891, 892
都市遺産　1030
都市火災　660, 662
都市壁　2, 11, 14, 550
都市計画史　346, 1033, 1034, 1035
都市景観　7, 1030, 1043
都市景観図　828, 830, 832
都市形成　8, 9
都市災害　647, 656, 664, 666, 667
都市史　845, 1033, 1034, 1069, 1081, 1088
都市図　339, 640
都市性　664
都市の記憶　297
都市の危機　554
都市の文化的景観　1085
都市八景　711

勅願寺　100
『勅修百丈清規』　921
珍皇寺　35, 862
鎮護国家　546
鎮守　866
鎮守社　488
鎮守七社　491
『椿説弓張月』　746
津　905, 908, 983
通玄寺　157, 170, 171
月次京洛風俗図扇流屏風　339
月次壇所　997, 1000
突抜　236, 265, 268, 283
突抜町　268
付書院　893, 894, 895, 928, 933, 934, 936, 941, 963, 964, 966, 971
辻　32, 322
辻風　660, 662
辻祭　32
土一揆　64, 67, 100
土御門烏丸殿　92
土御門内裏　112, 143, 341, 890
土御門殿　90, 91
土御門東洞院内裏　61, 101, 111, 890
土屋形　316, 318
常御所　164, 172, 192, 193, 201, 887, 890, 923, 925, 934
常御殿　984
坪庭　619, 621, 622, 629, 630, 1079
壷庭　611
妻籠宿　1083
妻戸　893
頬　39, 861
釣殿　890
鶴岡八幡宮　899
出居　890
庭園　105, 344, 365, 985, 1063
定期市　909
『庭訓往来』　311, 322, 632
『程氏家譜』　725
摘茶巌　815, 817
寺御幸　281
寺町　223, 225, 267, 995
廛　307, 310
店家　306, 308, 310, 861, 866, 955
天界寺　352, 378, 380, 381, 383, 384, 385, 392, 393, 499, 542, 679, 681, 828, 833, 835, 836
天下統一　214
『天狗草紙絵巻』　895
天后　548
天后宮　454
天使院　721
天使館　412, 414, 418, 423, 429, 430, 448, 456, 460, 464, 466, 543, 723, 724, 826, 833, 834, 835
天主　168, 195, 200, 203, 204, 225
天井　892
殿上　1000
天正地割　223
伝奏　875
天尊堂　446, 447
天尊殿　355, 370, 374, 376, 387, 421, 469, 478
天尊廟　368, 422, 427, 428, 429, 431, 445, 447, 448, 450, 459, 462, 463, 466, 475, 477, 487, 498, 503, 505, 543
殿中茶の湯　923
天童山景徳寺（天童寺）　362, 556
伝統的建造物群保存地区　1083, 1085, 1089
天徳桜花　737, 742
天女橋　685, 738, 741
天女堂　682, 684, 686
天王寺　354, 388, 391, 393, 395, 499, 528, 542, 677, 681
天妃（媽祖）　10, 445, 543, 548
天妃宮　355, 361, 370, 379, 415, 421, 426, 427, 429, 430, 445, 451, 452, 453, 459, 460, 461, 465, 466, 467, 468, 469, 470, 471, 472, 475, 476, 477, 478, 487, 503, 505, 542, 543, 723, 826
天妃小学校　456
天妃新殿　458, 460, 466, 470, 471, 476
天妃殿　475

茶屋　58, 78, 83, 84, 280, 312, 340, 626, 627, 769, 910, 923, 924, 967, 972, 973, 1060
茶屋孫四郎　958
茶寄合　922, 923
茶礼　922
中岳　587
『中古京師内外地図』　137
中山宴　709
『中山沿革志』　708
中山王　352
中山王殿　834
『中山紀略』　367, 459, 706, 707
「中山詩集」　705, 824, 825
『中山詩文集』　718, 784, 790
中山首里十二勝景　737
『中山世鑑』　445, 514, 830
『中山世譜』　388, 392, 393, 412, 414, 445, 451, 462, 463, 464, 466, 498, 502, 513, 514, 519, 521, 522
『中山伝信録』　376, 452, 455, 456, 457, 459, 466, 471, 498, 512, 522, 523, 529, 682, 683, 686, 688, 700, 701, 705, 707, 715, 718, 724, 765, 774, 775, 776, 778, 782, 786, 789, 792, 803, 805, 825, 826, 830, 831, 832, 836
中山東苑八景　708, 718, 725, 726, 727, 735, 742, 761, 783, 784, 786, 789, 792, 794, 841
中山東苑八景詩　793
中山八景　370, 487, 542, 543, 555, 671, 675, 676, 678, 691, 692, 693, 696, 704, 705, 706, 707, 708, 710, 711, 712, 715, 716, 717, 721, 724, 725, 726, 727, 728, 729, 730, 744, 745, 746, 749, 821, 834, 836
『中山八景詠草』　726
中山八景画　832
「中山八景記」　671, 673, 677, 692, 693, 696, 697, 718, 725, 727, 824
中山八景詩　746
中山八景図画　746
中山門　835
中心市街地　1073, 1080, 1087
中世商業都市　859
中世都市　547, 549
中尊寺　106, 546, 548, 864
中尊寺金色堂　106, 107, 547
町（ちょう）　27, 28, 29, 32, 39, 40, 260, 263, 264, 269, 272, 645, 1071, 1079
長安城　570
潮音寺　377
町掟　269
町会所　1075
朝覲行幸　94, 95, 96
町共同体　278, 1074
朝貢（進貢）　413, 415, 418, 431
長虹橋　368, 414, 459, 706, 707, 715, 833, 834
長虹秋霽　370, 691, 707, 715, 716, 720, 723, 724, 726, 729, 744, 746, 834
長講堂　112
長者ヶ原廃寺跡　106, 549
町衆　260, 340, 345, 633
朝集堂（朝集殿）　634
長寿宮　420, 475
長寿寺　382, 420, 475, 677, 678, 836
朝鮮　366, 651, 696, 706
『朝鮮王朝実録』　423
朝鮮出兵　653
朝鮮貿易　959
帳台構え　934, 938
町中　264
朝廷　851
町堂　638
朝堂　850
朝堂院　1063
町（ちょう）並み　269
町人　278, 957
町人地　994
町（ちょう）の囲い　185, 260, 954
長福寺　980
眺望　616
頂妙寺　285, 1060
町名　273
重陽宴　709

対面　193, 938
対面所　168, 187, 188, 192, 193, 1017, 1021
大門　447, 688
太陽信仰　49
内裏　61, 90, 92, 117, 148, 173, 187, 217, 218, 219, 220, 223, 235, 264, 346, 634, 650, 662, 850, 869, 874, 883, 888, 899, 918, 954, 991, 993
『田植草紙』 335, 615
高壁　955
高倉御所　157, 159, 161, 162, 169
多賀国府　905
高野市　910
高天市　956
高松塚古墳壁画　853
高屋　105, 864
竹売り　633
竹亭　969
蛸薬師　325
大宰府　855
出文机　895
畳　892
館　864
立売　32, 293, 301, 312, 320, 321, 324, 325, 345, 955
立売組　261, 954
立売四町　61
橘寺　850
竜巻　660, 662
巽組　261, 954, 1072
建具　893
竪小路　284
楯突　912
『伊達秘鑑』 653
竪町　205
棚　311, 313, 895, 910, 971
谷内屋敷　912
玉陵　835
玉川王子別荘十二勝　736, 747, 749
『多聞院日記』 170, 654, 1011
多聞山城　204, 957
多屋　988
太郎焼亡　661
『澹園詩文集』 719
檀王法林寺　1059, 1060
段葛　899
壇所　81, 82, 83, 997
段銭　67
反物屋　304, 305
檀林寺　97
地域形成史　404
地域生活空間　329
地縁共同体　329
地縁組織　278
知恩院　588
違棚　893, 894, 928, 933, 934, 936, 941, 963
『親元日記』 161
ちきりや　332
竹杖庵　968
地口銭　67
地下請　959, 979
地子銭永代免除　223
地子銭免除　332
地子銭　871
智積院　505
『池亭記』 866
治天　875, 926
茶会　921, 922
茶会記　345
茶室　621, 627, 974, 1079
茶接待　342, 925
茶禅一味　959
茶立所　923
茶亭　763, 767, 768, 769, 771, 772, 773, 775, 777, 779, 781, 783, 789, 794
「茶亭記」 761, 763, 765, 768, 771
茶伝書　971
茶陶　621
茶の湯　622, 775, 921, 972
茶の湯座敷　629, 971
茶の湯棚　923
茶湯所　923
茶の湯の間　923
茶湯奉行　923

扇面絵　339
禅林寺　578, 1054
「相阿弥茶伝書」 971
草庵　628, 665, 967, 968
草庵風茶室　947
草庵風茶の湯　628
惣掟　979
惣構　14, 69, 192, 213, 216, 223, 232, 243, 278, 550, 953, 993, 994, 1072
惣構堀　214, 547, 659
『総見記』 198
崇元寺　354, 388, 389, 391, 392, 475, 491, 499, 677, 835
惣郷　957
惣寺　980
雑色　332
雑色人　866
惣社　546, 866, 905
掃除役　871
惣村　979
雑談　78, 970, 997, 1002
葬地　567, 582, 858
惣中　989
惣町　185, 235, 261, 267, 407, 953, 954, 1074
双対性　548
曹洞宗　921
惣堂　978
宗廟　14, 388, 389, 391, 392, 491, 851
宗廟之霊社　487, 491, 497
惣堀　14, 60, 74, 232, 264, 954, 989, 993
惣門　132, 133, 134, 142, 148
総理唐栄司　726
『続琉球国志略』 746, 782
蔬菜　644
蘇鉄　366
外寺内　988
外堀　199
外町　856
祖廟　388
尊勝寺　93, 1058

た行

大安寺　359, 361, 362, 379, 382, 421, 427, 428, 465, 469, 477, 490, 498, 500, 502, 503, 505, 506
「大安禅寺碑記」 360, 361, 465, 500, 502, 672
大覚寺　989
大覚寺統　875
大火災　660, 661, 665
大飢饉　661, 664
太閤町割　990
大黒庵　1073
大極殿　64, 661, 662
醍醐寺　80, 81, 596, 882, 941
醍醐寺三宝院　504, 935, 938
醍醐寺三宝院里坊　114
『醍醐雑事記』 882
泰山府君　587
大社　487, 491
大乗院　504, 958
『大乗院寺社雑事記』 125, 128, 130, 316
『大乗院日記目録』 98
大乗院門跡　956, 962, 963, 964
太政官庁　64
大臣家　873, 876, 961
大政奉還　1061
大仙院本堂　965
大内裏　34, 64, 91, 116, 235, 259, 549, 857, 1011, 1059
袋中八景　742
大徳寺　959, 965
大徳寺如意庵　919
台所庭　619
大日寺　514, 518
大日如来堂　518
大仏踊り　224
大仏殿　223
『太平記』 922
太平寺　501, 502
大名　651, 652, 1003
大名屋敷　217, 218, 219, 243, 547

陣中　90, 92, 111, 114, 115, 116, 117, 118
清朝　707, 708, 725, 763, 765
寝殿　164, 167, 873, 925, 932, 961, 988, 1000, 1001
寝殿造　90, 609, 611, 847, 861, 874, 883, 893, 906, 917
『塵添壒嚢抄』　612
仁堂月色　785, 792
神應寺　394, 487, 677
神徳寺　475, 487, 502
神女組織　354
真如堂　188, 195
新北京十六景　841
新益京　572, 851, 854
新屋敷　989
針路図　830, 831, 832
翠陰洞　817
随縁正衆　495, 525, 527
水上家屋　953
瑞春院　128, 129
随心院　998
瑞泉　828, 833, 835
水都　841
末吉宮　700, 785
末吉権現　383, 487, 491
末吉晩鐘　699, 700, 705, 740, 742
須賀神社　980
菅原神社　960
数奇　629, 634, 968, 972, 1074, 1079
数寄隠遁者　969
数寄座敷　973, 974
杉障子　893
杉戸　893
杉本家住宅　1080
数寄屋　267, 621
数寄屋風書院　778, 783
朱雀院　90, 91
辻子　22, 34, 256, 265, 266, 311, 859, 860, 863, 899, 901, 1074, 1080
捨家　637, 638, 639
住みこなし型まちづくり　256, 259, 301
住吉大社　960
栖霞寺　97
誓願寺　179, 180, 261, 337, 338
西湖十景　728, 730, 742
制札　322
西指庵　923
成勝寺　1058
西嶼流霞　784
『醒睡抄』　335, 615
政庁　855
『清明上河図』　20
清凉寺　97
清涼殿　609, 874
石筍岩　833, 834
石筍崖　707, 710, 715, 834
石洞　767, 769
石洞獅蹲　785, 790
摂関家　91, 861, 928
接待館遺跡　107
摂丹型民家　982
『雪堂燕遊草』　725, 726, 791
『雪堂雑組』　784, 790, 791
禅院の茶礼　921, 922, 923
戦国城下町　983
前栽　611, 619, 621, 622, 630, 1079
禅宗　351, 501, 505, 548, 836, 916, 921, 989, 1057
禅宗様　916
禅定院　962, 963, 965
仙台城　1015
選地　852
禅寺（禅林）十境　696, 716
遷都　94, 217, 660, 662, 663, 666, 862
仙洞御所　119, 120, 122, 549
千利休　970
洗筆塘　817
千佛閣　362
「千佛閣記」　362
禅仏寺　624, 969
千佛霊閣　361, 420, 421, 427, 465, 500, 503, 505
「千佛霊閣碑記」　360, 361, 465, 468, 500, 503, 672

『掌中歴』　291, 570, 612
象徴性　549, 1075, 1086
『正徹物語』　343
承天寺　989
浄土教信仰　864
浄土寺　908, 998, 1058
浄土宗　697, 1059
浄土真宗　981
正八幡宮（鹿児島神宮）　512
『松風集』　736, 747
聖福寺　943, 989
聖福寺関内　990
「聖福寺古図」　990
相府十境　944
小武當山八景　725, 726
条坊制　16, 22, 34, 97, 256, 267, 278, 290, 291, 293, 608, 642, 854, 855, 860, 1050, 1052, 1055, 1058, 1060, 1065, 1074, 1080
正保国絵図　416, 830
証菩提院　1055
称名寺　970
鐘銘　370, 420, 422, 498
『匠明』　1015, 1017, 1022, 1023, 1025
唱門師　329
縄文時代　848
『小右記』　866
常瑜伽院　936
照葉樹林　562, 587
常楽寺　960, 994
条里制　97, 1055
精霊の送り火　592, 593, 595
青蓮院　870, 879, 888
鐘楼　688
諸公事免除　988
『続日本紀』　87, 88, 1038
織豊政権　991
植林　366
『諸国年中行事』　589
諸役免除　261, 332, 989
白河泉殿　93
白河北殿　93
白河殿　96, 1054, 1055
新羅　855
白雲寺　125
『使琉球記』　457, 765, 773, 779, 781
『使琉球雑録』　368, 376, 416, 448, 452, 455, 458, 463, 466, 688, 707, 708, 710, 718, 766, 768, 771, 774, 790, 824, 825, 836
使琉球詩　724
使琉球図　826, 830, 832
使琉球録　448, 455, 718, 730, 761, 763, 822
『使琉球録』　364, 384, 427, 460, 467, 477, 672, 681, 824, 826, 828
城　186, 187
志魯・布里の乱　394
神学校　217
侵街　18, 19, 20, 21
清規　921
神祇官庁　64
神宮寺　487, 488, 504, 700, 960
陣口　90, 114, 117, 118
賑給　850
人口　45, 53, 856
心光寺　1060
進貢船　413, 807, 808
『新古今和歌集』　884
新御成敗状　906
真言院　116
真言宗　355, 488, 501, 504, 518, 535, 548, 836, 989
真言密教　512
新座　310
新在家　203, 264, 296, 345, 982, 993, 994, 1060
神山　572, 573, 574, 581, 585
神社　420, 429, 488, 505, 548
真珠庵　959
真宗寺院　988
真宗寺内町　960
新宿　909
神仙思想　569, 572, 576, 577, 580, 581, 771, 775, 852, 853
神仙島　607
新造会所　932, 940

守護　905
守護所　29, 905, 906, 909, 958
守護大名　547, 906, 918
守護領国制　906
恤農壇　809, 817
主殿　168, 172, 187, 193, 908, 913, 961, 962, 964, 984, 1022, 1023
首都　53, 85, 86, 88, 108, 111, 211, 216, 243, 348, 545, 546, 547, 548, 650
首都圏　951
首都構想　546, 657
須弥山　568, 607, 850
種蘂堤　815
『周礼』　12, 851
聚楽城　1011
聚楽第　85, 185, 214, 215, 223, 225, 232, 235, 267, 346, 995, 1010, 1011, 1059
聚楽第大広間　1024
聚楽第行幸　224
『聚楽第行幸記』　1011, 1012
「聚楽第図屏風」　1013
首里漢学　737, 745
「首里古地図」　393, 776, 778, 803, 804
首里十二勝景　692, 693, 737, 742, 743, 785
首里城　25, 358, 370, 380, 381, 394, 412, 475, 495, 542, 543, 549, 550, 698, 734, 749, 763, 765, 772, 816, 828, 835
首里城古韻　749
首里城正殿　459, 543, 828, 834
首里晴嵐　702
「首里那覇泊全景図」　403, 489
首里八景　370, 692, 693, 708, 709, 710, 730, 731, 734, 736, 737, 742, 743, 744, 745, 749, 836
守礼之邦　828, 833, 835
守礼門　826, 835
筍（箏）崖夕照　543, 691, 707, 710, 714, 715, 716, 720, 722, 724, 726, 729, 744, 751, 834, 836, 841
書院　779, 917
書院造　847, 917, 925, 992
書院の茶　342, 923
笑意軒　344
荘園領主　638
紹鴎四畳半　974
城下　29, 224, 906, 983, 994
城郭　159, 188, 195, 224, 550, 992
城嶽　710, 715, 723
城嶽霊泉　691, 710, 715, 716, 720, 722, 724, 726, 729, 744
城下町　220, 223, 269, 297, 607, 651, 652, 847, 900, 906, 957, 1035, 1059
小京都　335, 613
松琴亭　344
将軍御所　60, 156, 164, 177, 192, 901, 902, 944, 997
松徑濤声　785
聖現寺　487
聖護院　998, 1000, 1001, 1058
相国寺　57, 101, 111, 133, 135, 136, 137, 140, 146, 148, 149, 161, 163, 167, 186, 188, 338, 346, 370, 380, 381, 383, 393, 469, 492, 542, 549, 616, 696, 959
「相国寺供養記」　136, 141, 144
相国寺十境　139
相国寺七重大塔　57, 101, 137, 138, 144, 148, 616, 617
「相国寺塔供養記」　144
相国寺八講堂　137
相国寺門前　147
浄金剛院　97, 98
床子・床　310
障子　893
常住院　998, 1001
瀟湘　699, 703, 727
瀟湘八景　555, 671, 676, 681, 683, 692, 693, 696, 697, 698, 703, 704, 716, 722, 726, 727, 728, 729, 730, 742, 747, 748, 749, 761, 783, 784, 785, 794, 801, 818, 842, 943
瀟湘八景詩　726
瀟湘夜雨　727
聖寿寺　125
「向姓家譜（義村家）」　746

紫宸殿　634, 874
鎮め　570, 571, 574, 577, 580, 586
自然　8, 553, 659
自然災害　647, 656, 664
自然保護　562
地蔵院　998
シタミ座　320, 957
七高山　585, 586
『四知堂詩稿』 705, 737, 745
七仏薬師　614, 916
市中の隠　40, 54, 344, 625, 942, 947, 1073
市中の山居　40, 54, 344, 619, 621, 624, 629, 942, 947, 970, 972, 1073, 1074, 1079
市中町割　267, 268
四鎮　570, 577
十境　9, 10, 54, 57, 139, 140, 358, 361, 362, 364, 366, 555, 556, 557, 671, 676, 681, 683, 692, 693, 696, 704, 801, 818, 841, 916, 942, 944, 969, 1045
実乗院　998
十刹　359, 360, 387
実相院　998
四天王寺　312
私道　267
蔀　893
寺内　29, 989
寺内町　223, 226, 982, 988, 1035
寺内六町　989
持仏堂　933, 969
『四本堂詩文集』 805, 806, 807, 811
『四本堂集』 806
シマ　607
島津侵略　519
持明院統　115, 876, 1057
持明院殿　119, 124, 875, 1057
四面町　256, 859, 860, 1074
下鴨神社　981, 1041
下京五組　261
下京茶湯　54, 344, 345, 625, 972, 1073, 1079
下京八景　842
下京町組　1072
下京六十六町　260
下御所　159, 191, 928, 1000, 1001
下座　320, 336
しもたや　625
下天妃宮　376, 412, 414, 418, 422, 445, 446, 447, 448, 449, 450, 451, 452, 453, 454, 455, 459, 460, 461, 462, 463, 464, 466, 468, 469, 471, 474, 476, 477, 543
下天妃廟　446, 447, 475, 835
四森　735, 742, 836
寺門郷　863
謝恩使　793
謝恩船　413
釈迦堂　97, 774
蒔薬圃　817
石冷泉　682, 684
『寂蓮法師集』 309
社家　635, 636
社寺参詣　614
社寺参詣曼荼羅　341, 924
社稷　14, 851
捨身行者　512
舎利殿　928
ジャンク船　401
『拾遺抄註』 308
周縁　17, 71, 1051
衆会　343, 923, 924
集会所　490, 501, 504
『拾芥抄』 611, 612
宗教都市　29, 108
重層性　549, 1044, 1073, 1086
『重編使琉球録』 428, 466, 672
重要伝統的建造物群保存地区　1083
重要文化的景観　1071, 1080
十楽院　879, 881, 882, 888
集落保存　1082
宿　549, 905, 908
宿院　960
宿駅　909, 983
宿場　994
宿場町　906
宿老　261, 980
修験　567

822
冊封使 367, 368, 414, 415, 416, 423, 427, 448, 459, 463, 464, 466, 468, 472, 476, 504, 543, 672, 673, 681, 687, 693, 696, 699, 705, 706, 718, 723, 724, 733, 735, 736, 746, 763, 764, 765, 771, 775, 776, 781, 782, 787, 792, 793, 794, 816, 822, 835, 836, 840
『冊封使真筆集』 709
桜町 612
「サシカヘシ松尾之碑文」 366
桟敷 36, 313, 910, 922
桟敷殿 97
座敷 623, 624
座敷飾り 80, 81, 342, 925, 938, 940, 941, 963, 966
『槎上存稿』 769
座銭 956
『薩戒記』 138, 144, 146
雑華園 682, 684
察度王朝 542
薩摩藩 535, 543, 726, 745, 763
里座 320, 336
里内裏 90, 91, 92, 96, 98, 114, 115, 662, 890
里坊 870
『実隆公記』 133
侍所 636, 873
侍所開闔 277, 341, 344, 636
『更級日記』 579
『山槐記』 665
参詣 611
三光院 504
『三国名勝図会』 499, 504, 512, 529
三山 563, 569, 571, 573, 575, 577, 581, 771, 1048
三司官 718, 736
山紫水明 1040
三十三間堂 95, 1056
三十六姓 422, 425, 426, 427, 475, 477, 836
三条御所 157, 158, 159, 160, 163, 177
三条白川坊 879, 882
三条橋 223
三条坊門殿 60, 78, 81, 123, 158, 159, 191, 918, 928, 940, 944, 1000, 1001, 1002, 1004, 1006
三神山 576, 580
三神仙島 1049
山水画 556
三清殿 459
「山川圖籍」 830
『三代実録』 578, 583
三都 951
三宝院 116, 882, 997, 998
山門 688
山門十境 140, 141
指帰橋 531, 533
塩売 320
慈恩寺 389, 392
四岳 570, 574, 577
紫香楽宮 86
『史記』 569
『信貴山縁起』 622, 867
敷地請文 262
識名園 782, 816
識名大権現 487, 491
識名積翠 708, 786, 789, 794
四丘 735, 742
四禽 575
軸銘 494, 495, 524, 525, 526, 527
資源 567
四岡 836, 840
四行八門制 256, 1074
『地獄草紙』 645
地子免除 995
寺社 546, 547
時衆 916
地主神社 614
慈照寺 159, 163
治承・寿永の内乱 665
四条道場 344, 924
四神 575
四神相応 49, 569, 607, 785, 852, 853, 899, 1048, 1055
地震 647, 648, 660, 665

小御所　882, 888, 890, 891, 901, 926
護国寺　427, 459, 487, 488, 490, 499, 505, 512, 517, 518, 519, 527, 528, 535, 543, 707, 710, 833, 836
後小松院仙洞御所　114, 115, 116, 934, 938, 954
古材　634, 639
小五月銭　958
五山　136, 217, 218, 219, 569, 597, 696
五山十刹　359
虎山松濤　730, 732, 734, 740, 742, 744, 746
五山禅院　556
五山の送り火　561, 589, 595
護持　549
腰座　23, 314, 315, 316, 317, 915
護持僧　10, 383, 528, 549, 679, 939, 997, 998, 1002, 1006
御所　92, 94, 98, 167, 546, 866
「御所参内・聚楽第行幸図屏風」 1013
午松庵　344, 626, 973
五条院　612
五条橋　223
古松嶺　682
コスモロジー　49, 546, 851
国家守護　494
国家鎮守　487, 504
古都　655, 1037, 1039
虎頭松濤　734
小舎人　332
古都保存法　585, 1083, 1088
近衛殿　877, 878, 883, 888
近衛西洞院辻遺跡　642
後花園天皇行幸　932
古墳時代　848
古木屋　637
小間　892
小物座　22, 23, 314, 315, 316, 317, 915
後陽成天皇行幸　214, 1023
御霊　857
衣河館　106, 107, 549
『混効験集』 408, 409
金剛勝院　1055
金剛輪院　936, 941
金剛嶺碑　532
紺座　330
『今昔物語集』 308, 612, 613, 866
今是庵　969

さ行

座　956
災害　655
在京　869, 870, 918
『在京日記』 592
細工所　861
在家　99, 100, 866, 911, 912, 988
在郷町　1035
『蔡氏家譜』 805, 808, 811, 815
西照寺　531
最勝寺　93, 1058
最勝四天王院　95
採茶巌　817
在庁官人　905
道祖神　857
在番奉行　543, 727, 763, 764
西芳寺　916, 944
材木座　900
材木屋　637
座売り　304, 320, 332, 340
堺北荘経堂　960
堺公方府　260, 954
魚屋　954
嵯峨野の鷹狩　609
酒屋　910, 923, 955
「酒屋交名」 100, 130, 147, 179
崎山御茶屋　763
崎山御殿　748, 763, 783
崎山竹籬　709, 723, 730, 732, 736, 742, 744, 836
崎山道中　709, 710, 790
崎山別宮　783
崎山別宮八景　736, 747, 748, 749
『作庭記』 569
冊封　352, 413, 414, 415, 418, 431, 542, 543, 547, 548, 707, 708, 735, 746, 765, 793,

景総庵　969
境内　27, 28, 29, 546, 845
慶長大地震　647
『慶長日件録』　594
『慶長年中卜斎記』　651
芸能　764
桂林寺　697
闕所　341
家廟　389, 390, 459
景満秋月　699
「元亀二年記」　200
『源氏物語』　613, 968
『厳助往年記』　187
検断　635, 636
検断権　978, 979
検断屋　635, 636
検地　223, 227, 228, 278
建築史学　1081
建築類型学（タイポロジー）　1084
建長寺十境　942
『建内記』　115, 118, 128, 129, 161
元和町割　960
建仁寺　35, 141
検封　635
『原本信長記』　199, 201, 202
遣明船　615
『建武式目』　98, 922
後院　90, 91, 92, 94, 101, 862
光円寺　339
『皇華唱和詩』　824
広厳寺　374, 376, 380, 386, 387, 421, 428, 475, 503
公儀　243, 547
光源院　188
格子　893
港市国家　108, 432, 548
孔子廟　422, 446, 447, 448, 450, 458, 466, 726
香積厨　682
公衆便所　639, 640, 643
巷所　18, 20, 21, 22, 23, 34, 39, 256, 278, 280, 315, 859, 872, 906, 915, 916, 919
光浄院客殿　1025
康正度内裏　891
荒神堂　475
洪水　647, 658, 660
興禅寺　686, 688, 776
光台寺　925
高地性集落　848
革堂（行願寺）　179, 180, 613, 954
弘仁普済　465
後背地（ヒンターランド hinterland）　432, 548, 1047, 1052, 1053, 1087
興福寺　956, 962
公武寺社権門都市　859
紅葉　611
合力銭　277
『荒暦』　137
広隆寺　64
鴻臚館　856
港湾都市　548
「五雲堂詩集」　807
御影堂　988
魏古城（越来城）　370, 375, 378
コーヒー店　341
五岳（五嶽）　570, 571, 577, 585, 586, 735
小川組　261, 954
『小河御所并東山殿御餝図』　934, 941
小川殿　80, 130, 131, 156, 157, 169, 170, 171, 933, 961
御願寺　93, 98
『古今著聞集』　309
『古今和歌集』　968
国王頌徳碑　679
国衙　855, 904, 909
国子監　745, 746, 824
獄舎　636, 638
国廟　388, 389, 391, 392, 393, 491
国府　855, 904, 905
国分寺　905
『後愚昧記』　114, 117, 120
極楽寺　387, 388, 389, 390
御家人　899, 900
「苔の下」　729

京都三山　561, 578, 597, 1037, 1041, 1049
『京都市歴史的風致維持向上計画』　1069
京都守護　665
京都首都構想　223, 224, 225, 232
京都新城　215
『京都日記』　564
『京都土産』　323
京都焼討　657
京都らしさ　1036, 1037
The City of Kyoto　1071, 1073, 1079
経墓　531, 532
『京羽二重』　586
『京町鑑』　285, 321
京町家　619
京名所扇面図　641
『玉葉』　661
居住環境　8, 554, 845
居住環境史　564, 845
漁村夕照　722, 728
巨大都市　47, 301, 624, 645, 915
拠点御所　92, 93, 96
拠点散在　108
拠点都市　546
清水寺　614, 921
切　982
キリシタン教会　219
金閣　547, 928
銀閣　933
金岳暮雪　701
金武観音寺　514, 517
近郊農村　640
金武権現　487
禁制　261
近世城下町　550, 995
近世都市　547, 991, 995
金箔瓦　547
金峰山観音寺　513
金峰山三所大権現　514, 520, 522, 523, 530, 535
禁野　859
禁裏　954
禁裏供御人　980
禁裏堀普請　954
禁裏六町（六丁町）　267, 345, 954
公界　29, 30, 32, 34, 35, 36, 260, 267, 271, 323, 645
公界所　984
釘貫　72, 117, 118, 148, 870, 904, 951, 953
公卿座　1000
公家地　918
公家町　223, 348, 995
供御人　331
薬子の変　610, 859
薬屋　305
久高朝旭　708, 786, 789, 794
『口遊』　585
功徳茶　342
恭仁京　86, 88, 584, 1048
国見　565, 566, 571, 572
久場川御殿　801
熊野権現　355, 356, 357, 418, 428, 492, 524
熊野信仰　383, 429, 488, 512, 535, 543
熊野詣　958
組踊　728
粂村竹籬　691, 711, 716, 720, 723, 724, 726, 729, 744, 746
久米村天妃宮　471
倉町　105, 864
鞍や寺　288
庫裏　912
グリッドプラン　546
厨町　306, 308
黒木　968, 973
黒木の亭　969
黒戸　891
『君台観左右帳記』　941, 967
迎恩亭（通堂）　412, 414, 418, 504, 826
計画型まちづくり　260, 262, 263, 264
慶賀使　726
景観形成史　1088
景観重要建造物　1069
景観法　1069, 1085, 1088
景勝ヒンターランド（後背地）　1087
継世門　766

寛文新堤　285, 659, 1059
管領　82, 961, 1003
観蓮橋　682, 684, 741
『喜安日記』　406, 717
基肄城　855
『奇異雑談集』　972
祈雨　586
『義演准后日記』　504, 505, 596, 650, 654
祇園会　158, 259, 272, 274, 276, 277, 278, 330
祇園会出銭　276, 277
祇園会山鉾　278
祇園会寄町　276
祇園御霊会　63, 867
祇園社　35, 58, 63, 71, 84, 260, 310, 312, 341, 344, 613, 635, 636, 637, 862, 866, 910, 921, 924
祇園社氏子圏　1072
祇園祭　1072, 1075, 1069
祈願所　487, 505, 506
飢饉　656, 660
菊亭　119, 120, 122, 127
紀州街道　958
寄宿免除　261
北小路殿　125
北御所　130, 131, 167, 926, 1006
北野大茶湯　224
北野天神　866
北野天満宮　64, 187, 273, 312, 613, 910, 921
『北野天満宮文書』　130
北山殿　62, 85, 101, 167, 634, 916, 926, 944, 1006
北山殿観音殿（金閣）　547, 928
喫茶　58, 83, 623, 624, 769, 921, 922, 923
『喫茶往来』　922
喫茶店　626
喫茶の亭　922
『喫茶養生記』　921
城戸　984
木戸　72, 980
木灯籠　592, 595
城殿扇　335
木戸門　280, 953, 1062
記念建造物　224
亀峰積翠　740, 742, 785
君誇御門　543
鬼門　586
客殿　912, 917
加羅御所　105, 864
宮闕　851
旧跡　612
宮殿　549
旧二条城　159, 185, 186, 236
『球陽』　388, 392, 393, 413, 414, 445, 462, 463, 464, 474, 475, 498, 499, 500, 513, 514, 516, 519, 521, 522, 524, 526, 531, 533, 534, 763
球陽八景　695, 716, 721
球陽八景図　691, 711, 830, 831
『及瓜漫筆』　588
京　217, 243, 267, 970
京絵　335, 339, 615
京外　17, 1052
行願寺（革堂）　179, 180, 613, 954
行幸　78, 79, 167, 925, 928, 932, 1012
京極殿　612, 876
京職　850, 854, 858
「京聚楽」図　1013, 1015
行商　924
『経尋記』　157, 158
京図　615
『京雀』　285, 321
経蔵　367, 686, 733
経台新荷　370, 730, 732, 733, 742, 744
凶宅　612
境致　139, 351, 364, 370, 555, 556, 671, 672, 676, 681, 683, 684, 692, 693, 703, 704, 708, 716, 749, 801, 818, 916, 942
京中　17, 1052
京中大火　1060
京戸　866
共同便所　645
京都大番役　869
京都改造　214, 267, 283

春日社　956
河川　953
堅田大宮（伊豆神社）　981
堅田大責　981
堅田四方　981
刀座　23, 314, 315, 915
学区制　1062
学校　475
桂離宮　344, 627, 973
角座　316
角地　276, 279
『兼見卿記』　294, 594
『兼宣公記』　138
家譜　422, 452, 453
壁　72, 74, 185, 951, 953
構　74, 159, 167, 260, 263, 277, 278, 296, 297, 597, 625, 951, 1051
鎌倉七座　900
鎌倉幕府　665, 869
上京五組　261
上京中百二十町　261
上京焼討　264, 657, 992
『上古京親町之古地由来記』　125
上御所　60, 101, 131, 159, 191, 918, 928, 1001, 1003
上山荘　119
上天妃廟　446, 447, 463, 475
上天妃宮　370, 375, 421, 422, 427, 428, 429, 431, 445, 446, 447, 448, 449, 450, 451, 452, 453, 454, 455, 456, 457, 458, 459, 460, 461, 462, 466, 467, 468, 469, 471, 472, 473, 474, 476, 477, 543
上天妃宮石門　457
髪結い床　280
亀山殿　96, 97, 99, 100, 875
亀山十境　141, 556
鴨川新堤　285
賀茂社　610, 613
賀茂社家中　953
賀茂祭　36
高陽院　90, 95
唐絵　607, 609, 616, 890, 891, 895, 922, 941
唐門　175
唐獅子図　1010, 1019
烏丸殿　80, 146, 919, 933
唐物　624, 890, 891, 895, 910, 922, 941, 966
唐物飾り　623, 923, 970, 978
唐物座　923
唐物奉行　941
伽藍　99, 135, 145
仮屋　312, 320, 910
枯山水　985
川端殿　99
川より西組　261, 954
河原院　610, 612
川原寺　850
閑院　612
閑院内裏　96, 874, 875
『観海集』　708, 710, 718, 790
観海亭　817
歓会門　826, 828, 835
官衙町　306
環境都市　631
環境文化　555
『閑吟集』　614
観旭峰　833, 836
環濠　981
環濠集落　848
函谷鉾　274
漢詩　556
環状集落　848
官松嶺　366, 367, 369, 835
勧進僧（聖）　377, 494, 512, 535
官生　746
岩栖院　158
「冠船之時御座構之図」　779
含蔵寺　984
関帝廟　422, 446, 447, 448, 449, 450
還都　662, 663
神奈備山　581, 582
観音寺　487, 520, 522, 523, 701
観音信仰　10, 512, 614, 916
観音殿　933, 944
『看聞御記』　146, 330, 342, 923

御仮屋　543
『翁草』　284, 285, 288, 289, 589
『沖縄県土木史』　416
沖縄八勝　749, 750
沖権現　412, 418, 429, 430, 475, 487, 491, 492, 497, 505, 506, 542, 543, 703
沖（洋）の城　703, 704
洋城夕照　702
沖宮本殿　493
置道　412
奥会所　932, 940
御倉町　91, 92, 93, 94, 98, 546, 861
送り火　1041, 1050
御小袖間　1001
押板　893, 894, 895, 928, 933, 934, 936, 938, 941, 963, 964, 966, 971, 978, 1017
押小路高倉邸　60
御茶屋御殿　751, 761, 763, 764, 772, 774, 778, 779, 780, 782, 783
「御茶屋御殿諸芸つくし」　764
「御茶屋崎之御殿之図」　779
『御茶屋之御掛物並御額御掛床字寫』　765, 768, 787
「御茶屋の景」　793
御土居　213, 214, 223, 225, 226, 227, 228, 229, 231, 267, 285, 547, 659, 995
御成　966
鬼殿　612
小墾田宮　568, 849
『思出の沖縄』　708
面　39, 861
表造り　1078
表長屋　302, 304, 305, 307, 319, 324
御物城（おものグスク）　412, 414, 415, 418, 841
オモロ　404, 408, 410, 411, 413
『おもろさうし』　404, 408, 410, 496
『親町要用亀鑑録』　132
親見世　412, 414, 418, 430, 543
『御湯殿上日記』　992
織手　34
織部司　921
織物業　953, 993
織屋　339
小禄逍遙　727
『尾張国富田荘絵図』　909
園城寺光浄院　1017
女松拍子　329, 330, 331, 333
陰陽説　852

か行

海域アジア　547, 548
絵画史料　301, 305, 310, 339, 833, 836
会合衆　960
会所　78, 79, 80, 84, 164, 167, 172, 873, 890, 891, 922, 923, 925, 926, 928, 932, 934, 938, 941, 960, 964, 984
海商　419, 426, 431, 547
廻船　979, 980
海蔵院　517
海中道路　411
『懐中歴』　570, 612
貝塚　989
『海東諸国紀』　405, 424, 706
『懐風藻』　585
『臥雲稿』　616
替地　226
歌垣　566
過海図　832, 833, 836
加賀扇　338
嘉禾八景　730
「嘉禾八景図」　728
加賀藩邸　1061
篝屋　869
華僑　425, 426, 431, 463
『隔冥記』　590
『蜻蛉日記』　579
歌辞　556
鵲鉾（笠鷺鉾）　259, 330
仮山水　366
勧修寺殿　179
柏野社　610
華人街　425, 426, 427, 428, 429, 477, 478
『春日権現験記絵』　871

雲脚茶会　923
雲亭龍涎　785, 790, 792
雲林院　91
永観堂　1054
瀛洲　569, 570, 573, 576, 853
『永平清規』　921
絵師　337, 338, 339
「絵図郷村帳」　407
越前藩邸　1061
「越中国奥山荘絵図」　910
『江戸参府旅行日記』　587
江戸城　348
江戸図屏風　302, 303
江戸名所図屏風（出光本）　302
夷神　518
絵巻物　301
円覚寺　25, 354, 363, 364, 365, 366, 380, 384, 388, 392, 393, 394, 395, 488, 499, 516, 528, 542, 549, 676, 679, 681, 682, 683, 686, 687, 696, 708, 733, 741, 744, 751, 776, 824, 828, 833, 836
円覚寺八景　366, 671, 676, 679, 681, 682, 684, 686, 687, 688, 689, 692, 708, 734, 744
円覚寺廟　475
「円覚寺松尾之碑文」　366
「円覚禅寺記」　363, 364
円鑑池　366, 369, 682, 684, 685, 688, 733, 741
『延喜式』　35, 38, 307, 308
延賢橋　809, 817
円勝寺　1058
延勝寺　1058
『園太暦』　115, 119
苑池　94, 105, 107, 611
園池　859
演武場　459
遠浦帰帆　722, 728
円満院　998
延暦寺　117, 870
応永度内裏　891, 970
扇　335, 615
扇売り　336
扇座　320, 335, 336, 337, 338
扇屋　261, 304, 305, 336, 337, 338, 339
黄金建築　547
逢坂関　610
王子諸社　866
王城守護　546
王政復古　1061
王朝都市　859
王都　47, 48, 91, 94, 96, 98, 101, 108, 111, 243, 346, 348, 351, 545, 546, 547
『応仁記』　135
『応仁広記』　68
『応仁前記』　142
応仁の乱　961, 1058
王妃廟　389
王廟　387, 388, 389, 392, 828
近江粟津・橋本供御人　954
近江京　577
近江八景　555
『近江名所図屏風』　982
大倉幕府　901
大坂（石山）本願寺　988
大坂首都構想　214, 217, 223, 225, 232, 348, 657
大坂城　214, 215, 217, 218, 219, 654, 1010, 1016, 1025
大坂城下　959
「大坂城本丸指図」　1020
大地震　664, 665
オーセンティシティ　1045, 1046
大松明　592
大灯籠　595
大舎人　259
大舎人座　261, 921, 993
大宿直座　330
大野城　855
大祓　857
大広間　1010, 1012
大堀　187
岡崎坊実乗院　886
『御飾書』　941

『伊勢物語』 612
板蓋宮伝承地 850
市 301, 312, 313, 320, 549, 905, 908
肆 307
市座 314, 316, 336
市宿 956
一乗院 504, 512, 529
一乗院門跡 956
一条京極邸 884, 885
一条組 261, 954
『一条故関白記』 124
一条御所 157
一条殿 179, 887
市立て 321
市の聖 858
市場 25, 26, 308, 309, 320, 329, 851, 989
市場在家 910, 911
市橋夕照 739, 742
市人 856
市町 263, 311, 322, 856, 983, 984, 994
市門 857
市屋形地子銭 956
市楼 857
一間床 971
一向一揆 959
一向宗 988, 989
一服一銭 58, 83, 312, 340, 924
『一遍上人絵伝』 312, 904, 907, 909
一品権現 370, 378, 381, 703
一品霊社 491
糸座 330
因幡堂 638, 639
稲荷社 866
衣服寺 146
今熊野社 866
今小路西遺跡 902
今出川御所 159, 160, 162, 163, 164
今出川殿 887, 888
今堀日吉神社 979
『今堀日吉神社文書』 979
隠居城 650
院家 879, 885
院政 1054
隠遁僧 535
院御所 98, 101, 115, 862, 874, 875, 883, 890, 901, 926, 934, 939, 1055
院旁八景 717, 719, 721, 724, 725, 728, 729, 745
院評定 875
蔭涼軒 169
『蔭涼軒日録』 140, 143, 145, 147, 148
ヴィスタ 106, 107, 583, 585, 596, 617, 1049
魚棚 331
浮島 352, 401, 404, 408, 409, 410, 412, 419, 677
浮道 411, 412, 418, 431, 706
『浮縄雅文集』 761, 764, 793
宇治殿 95
艮組 261, 954, 1072
宇治の網代 609
後座 25, 314, 316, 317, 915
『烏鼠集』 971
宇多院 612
御嶽 548
卯建 302, 303, 304
歌枕 610
雩壇 736, 765, 767, 769, 770, 772, 773, 775, 777, 793
雩壇秋晴 736, 739, 742
雩壇春晴 730, 732, 736, 742, 744
内寺内 988
内庭 619
内野御構 1011
内堀 199
宇都宮辻子幕府 901
御庭 412
『宇野主水日記』 1011
雩舞壇 736
厩 873
裏地 276
浦添城 499, 505
裏築地 72, 114, 132, 134, 345, 875
裏庭 621
盂蘭盆 590, 592, 594, 925

索　引（事項索引 / 地名索引 / 人名・組織名索引）

■事項索引

あ行

アイデンティティ　554, 657, 663, 666, 667, 840, 1039, 1040, 1044, 1045, 1046, 1087, 1090
アカマツ林　561, 562, 587, 588
明障子　893
安芸藩邸　1061
幄　312
悪所　612
開口神社　960
『足利季世記』　192, 198
足利尊氏邸　114
飛鳥板蓋宮　568, 850
飛鳥岡本宮　572, 850
飛鳥浄御原宮　572, 850
飛鳥寺　568, 849, 850
愛宕神社　586
安土山下町　994
安土城　85, 203, 634, 1010, 1019, 1025
安土城下町　994
『吾妻鏡』　105, 106, 864, 899, 901
油屋　955
雨乞御嶽　736, 741
『海人藻芥』　873
阿弥陀寺　980
阿弥陀堂　988
天久権現　475, 487, 491
綾織　259
粟津供御人　311
阿波藩邸　1061
安元の大火　661
「安国山樹華木之記」　358, 359
安国寺　394, 395, 499
『安山借屋蝶』　990
安禅寺　125
『案内者』　592
安楽光院　876
硫黄グスク　412, 418
居座　320, 957
石置き板葺屋根　955
石垣　192, 199, 991
石神遺跡　568
石蔵（石垣）　187, 195
石敷きの広場　849
石獅子　774
石厨子　534
石堂　518
石虎　767
石虎山　734, 741
石橋　405, 414, 418, 431, 706
「石門之東之碑文」　679
『石山寺縁起』　623
石山本願寺　988
石山本願寺寺内町　989
泉崎橋　458, 715, 723
泉崎夜月　691, 711, 716, 719, 723, 724, 726, 729, 744, 746
泉殿　890, 891, 926, 928, 938, 970, 984
泉殿会所　891
泉殿北向き会所　932
「和泉国日根野村絵図」　911
泉屋　890
伊勢邸　161, 164

著者略歴

髙橋　康夫（たかはし　やすお）
1946年生。1969年京都大学工学部建築学科卒業、1971年京都大学大学院工学研究科建築学専攻修士課程修了。工学博士。1971年京都大学助手、講師、助教授を経て、1995年教授。2010年3月定年退職、4月京都大学名誉教授、花園大学教授。
主な著書に『京都中世都市史研究』（思文閣出版）、『建具のはなし』（鹿島出版会）、『洛中洛外 ── 環境文化の中世史』（平凡社）、『日本都市史入門Ⅰ・Ⅱ・Ⅲ』（共編著、東京大学出版会）、『図集　日本都市史』（共編著、東京大学出版会）、『京町家・千年のあゆみ』（学芸出版社）、『京・まちづくり史』（共編著、昭和堂出版）などがある。
受賞：1994年日本建築学会賞（論文）、2002年建築史学会賞

海の「京都」
──日本琉球都市史研究

平成27（2015）年7月10日　初版第一刷発行

著　者　　髙　橋　康　夫
発行人　　檜　山　爲　次　郎

発行所　京都大学学術出版会
京都市左京区吉田近衛町69番地
京都大学吉田南構内（〒606-8315）
電　話（075）761-6182
FAX（075）761-6190
Home page http://www.kyoto-up.or.jp
振　替　01000-8-64677

ISBN 978-4-87698-876-1
Printed in Japan

印刷・製本　㈱クイックス
定価はカバーに表示してあります